서양중세 세계의 역사

이 원 근

탑 북 스

저자서문

이 책은 유럽세계와 인간의 내력인 유럽인 내력을 살펴보려는 것이다. 유럽세계 구성원에 대하여 다양한 언어-종족 모자이크와 같다고 흔히 특징지우곤 한다. 유럽세계의 개별 국가는 서로 다른 국가주의를 선택하고 있으나 유럽중심주의를 이탈하지 않는 유럽인 의식을 갖고 있다. 유럽인 의식은 그 어떤 것보다 질긴 밧줄인 것이다. '유럽인'의 질긴 밧줄은 크리스트교 교회조직의 윤리, 로마인 법률의 도덕, 라틴어 관습의 시스템, 이 세 가지 로마인 문화유산이었다. 이 책은 중세 유럽세계 인간이 이 세 가지 로마인 문화유산을 활용하여 유럽인 의식을 만들어냈다고 전제했다. 이 책은 크게 5부로 나누어 각 부분마다 그 부분 설명에 필요한 11개장을 설정하여 구성했다. 로마인 문화유산을 지중해세계의 문화유산과 문화영역으로서 '로마인 제국'으로 구분하여 제시했다.

제1부는 지리관습으로서 유럽, 소위 '중세' 관습, 유럽인으로 묶어두는 질긴 밧줄이라는 제목으로 두개의 장으로 구성했다. 제1장 머리말 부분에서는 지리관습으로서 유럽, 소위 '중세' 관습을 유럽인의 질긴 밧줄에 얽어매어야 하는 이 책의 임무를 밝혀두었다. 제2장은 지중해세계의 두 가지 문화유산인 제2장 1절: 크리스트교 교회조직과 제2장 2절: 문화영역으로서 로마인 제국이라는 제목으로 구성했다. 제2장 1절: 크리스트교 교회조직에서는 지중해세계의 크리스트교 교회조직이 로마제국 사회조직으로서 발전 개요를 제시했다. 제2장 2절: 문화영역으로서 로마인 제국에서는 이동종족이 로마인 문화영역으로 들어와 로마제국의 방어 군대나 로마제국 속주의 하급 행정 관리와 같은 로마인으로 정착했던 과정에 대한 개요와 게르만어계 종족왕과 서부 로마제국 영역에서 활동 개요를 제시했다.

제2부는 흔히 중세 초기를 유럽문화 생성시대라 지칭했다. 다양한 게르만어계 이동종족은 입말을 상용했으나 글말을 지니지 못했다. 그렇다고 로마어계 라틴어 관습도 거의 '미무식자'(*prelitterati*) 수준이어서 기록물이라고는 남길 수 없었다. 이런 맥락에서 '무식자'(*illitterati*) 수준에도 이르지 못했던 이 중세 초기시대를 라틴어 해독자 입장에서 암흑시대라 지칭했던 연구자 입장도 이해 가능한 것이다.

그러나 이 시대를 거치면서 다양한 게르만어계 이동종족은 유럽세계에 정착하기 시작하여 '로마니'(*romanus* 혹은 *romani*)를 버리고 유럽인 명칭을 사용하기 시작했다. 따라서 이 시대를 유럽인 생성시대나 유럽문화 생성시대라 하더라도 무방하리라고 판단했다. 유럽문화 생성시대 세계의 국가 역시 애매했다. 유럽문화 생성시대 세계의 애매한 국가 개념을 두고 흔히 '중세 국가'라고 지칭한다. '중세 국가'는 재정 담당자가 지배자 개인이었고 의회 기구도 재정 개념도 없었다. 그러나 '근대 국가'의 재정 담당자는 조세 법정주의에 근거한 국민 개인이었고 조세를 의회에서 의결하여 재정 개념을 갖게 된 국가를 지칭했다. 따라서 유럽문화 생성시대 세계의 국가란 곧 중세 국가 생성시대 세계의 국가, 즉 다양한 게르만어계 종족왕의 영지 국가를 지칭하는 것이다. 이런 맥락에서 제 2부는 우선 유럽문화 생성시대 세계의 국가로서 다양한 게르만어계 종족왕의 영지국가 생성시대와 그 종족동아리 정착지역을 개괄하고 지리 환경을 그려두고자 했다. 다음으로 로마제국시대 크리스트교 교회조직을 유럽인의 교회조직으로 만드는 과정과 '유럽인' 출현과정에 크리스트교 교회조직이 담당했던 역할과 유럽어계 종족왕이 크리스트교 교회조직을 자기네 통치조직으로 정착시켜 권력동아리를 안정시키는 과정까지를 카롤루스 막뉴스라는 특별하게 출중한 주인공을 중심으로 그려두고자 했다.

제3부는 유럽문화 생성시대 세계와 그 주변세계인 지중해세계의 아랍인과 유대인, 비잔티움제국(500~1100년)이 유럽세계의 문화이동자로서 담당했던 역할을 유럽사 연구자 입장에서 유럽중심주의자 시각이나 유럽 국가주의자 입장을 탈피하고 그려두고자 했으나 유럽사 연구자 입장을 완전히 배제하기란 쉬운 일이 아니었다. 특히 유대종족 역사와 몽골종족의 역사를 문화이동이론 주장자 입장에서 설명하기란 아쉬운 점을 인정하지 않을 수 없다. 특히 오아시스 공동체의 문화 교류자 역할에 대해서는 전혀 접근할 수 없었다. 그러니 지중해세계, 페르시아세계, 이슬람세계에 대한 유럽세계의 관계를 바르게 설명할 수 없었다. 이 책의 독자 역시 필자의 이런 단점을 보완했으면 좋겠다는 생각을 미리 밝혀두는 바이다. 거기다 세계 각지의 유대종족 역할 역시 역사 진행과정에서 바르게 설명하는 것이 쉬운 일이 아니었다는 점을 지적해 두고자 한다.

제4부는 유럽문화 여명시대 세계라고 할 수 있는 근거로서 개인주의와 합리주의 출현으로 유럽인 영역이 북부 유럽세계와 동부 유럽세계로 넓어지는 역사 진행과정을 지적해 두고자 했다. 유럽인 문화영역과 슬라브어계 종족의 관계, 북부 유럽세계의 덴종족, 바이킹계 노르만종족 등과 유럽대륙 관계 등을 카롤루스 가문 왕

국의 몰락과 로마 교황청 교회조직 변화의 역사 진행과정에 초점을 맞추어 유럽세계 구성원을 지적해 두었다. 특히 크리스트의 보편주의에 기생했던 교황청 예하의 로마 정통론자동아리 교회조직과 신의 외피를 걸친 황제 종족왕의 영지에 기생하던 권력동아리가 개인주의 영향으로 변화하며 다양한 사회조직 구성원으로서 생존원리를 찾아내는 유럽식 국가주의 역사의 진행과정을 그려두었다. 다양한 사회조직 구성원으로서 유럽인의 생존원리는 바로 로마인의 사법운영관습이었다. 유럽인은 로마인의 사법운영 사례를 활용하여 유럽식 개인주의와 합리주의를 정착시켜 유럽인으로 묶어두는 튼튼한 유럽중심주의 밧줄을 만들 수 있었던 역사 진행과정을 지적해두었다.

제5부는 유럽문화 여명시대 세계의 유럽인 모형을 넘어 유럽문화 정착시대 세계의 인간 모형을 유럽세계의 사회조직 변화와 방향에 초점을 맞추어 지적해두려고 했다. 유럽문화 여명시대 세계의 유럽인 모형 발원지는 라틴어 해독력을 갖춘 수도자 학문동아리였다. 그러나 유럽문화 정착시대 세계의 인간 모형 발원지는 이제 수도자 학문동아리가 아니라 현대 개념의 대학인 중세 학문동아리 연합체였다. 학문동아리 연합체는 로마인 사법사례에 근거한 교회조직으로부터 자유 개념을 찾아내고 개인주의와 합리주의를 골격으로 한 신분질서를 지향하여 교회조직을 개혁하고 봉건관습을 부착한 법률을 정당화하여 현실화했다. 거기다 오늘날 상공인 동아리인 상인동아리나 장인동아리를 인정하고 도시 영주의 권력을 정당화했다. 거기다 전문지식 원리를 사회조직 구심점으로 만들어갔다. 이런 사회조직 구심점으로서 전문지식 원리를 인문주의나 유럽식 국가주의라고 폄하하기란 아쉬움이 있기 마련이었다.

이 책은 다양한 언어 종족 모자이크와 같으면서도 유럽인 의식으로 넘쳐흐르고 거기다 유럽중심주의 결과물인 유럽 연방과 유럽형 국가주의 지속체계인 개별 국가의 균형감각을 흐트러뜨리지 않고 세계질서 유지에 기여하고 있다는 점에 초점을 맞추어 크리스트교 산물인 유럽인 윤리, 로마인 법률의 산물인 유럽인 개인주의와 합리주의, 유럽인 창의력의 소통매체인 라틴어 관습의 시스템과 같은 유럽인의 강한 밧줄이 중세 유럽세계 인간의 발자취와 관련되어 있다는 점을 지적코자 했다. 어떤 책이든 부족함이 있게 마련이다. 이 책 역시 필자의 부족함을 그대로 드러내고 있다. 독자의 너그러운 아량을 바라고 독자의 행운을 간절히 기원하는 마음 간절함을 전해드리고 싶다.

마지막으로 어려운 출판환경에도 이 책의 출판을 결정해주신 탑북스 김광식 사장님과 이 책의 얼굴을 드러나게 하신 이신정 주간님께 각별히 고마움을 피력코자 한다. 출판사의 행운을 빈다.

CONTENTS

유럽, 소위 '중세', '유럽인'의 밧줄 제1부

제01장 유럽의 지리 관습과 중세 관습

제02장 지중해 세계 문화유산과 유럽세계 인간

유럽문화 생성시대 세계 제 2 부

제 03 장 유럽문화 생성시대 세계의 게르만어계 종족과 그 정착 영지(493~568)

제04장 메로베크 가문과 카롤루스 가문 시대의 프랑크왕국(7~8세기)

제05장 카롤루스 막뉴스와 프랑크왕국

유럽문화 생성시대 세계와 그 주변 세계 제3부

제06장 지중해세계의 아랍인, 유대인, 비잔티움제국(500~1100)

유럽문화 여명시대 세계와 유럽인, 유럽 국가 제5부

제10장 14~15세기 유럽세계의 사회 조직과 문화

제1부
유럽, 소위 '중세', '유럽인'의 밧줄

제 1 장
유럽의 지리 관습과 중세 관습

유럽의 지리관습

유럽은 세계 지도에서 아시아 대륙의 조그마한 반도에 지나지 않는다. 이런 아시아대륙의 조그마하고 이상야릇한 괴물 같은 모습의 반도를 누가 어떻게 유럽이라 불렀을까. 그리스어계 신화에서는 아시아계 페니키아 출신의 상인동아리가 해적동아리와 항해사를 거느리고 금은보화를 찾아 유럽 대륙에 첫발을 들여 놓았다고 전하며 페니키아 종족왕이 공주 유라(Eura)를 유럽으로 추방하여 유라 공주의 귀신이 살고 있다는 의미로 유럽이라 지칭했다는 것이다. 그리스어계 저작자인 아이킬로스는 어떤 용사가 보스포루스 해협을 건너갔던 것을 두고 유럽과 아시아를 다음과 같이 구분했다. 즉, '너(=어떤 용사)'는 이제 유럽을 떠나 아시아에 서 있다.' 이런 맥락에서 아이킬로스의 희곡에서 언급하는 유럽과 아시아의 경계선은 보스포루스 해협으로, 아프리카와 유럽의 서쪽 경계선을 지브랄타르 해협으로, 지브랄타르 해협의 헤라클레스 곶과 카나리아 군도, 프랑스의 브레타뉴 반도, 잉글랜드와 북해 연안까지를 유럽에 포함했다. 물론 실제로 아이킬로스의 희곡에서와 마찬가지 유럽 명칭을 고전시대 이후 기록물에서도 사용해 왔고, 이런 유럽 명칭을 현재 우리까지도 흔히 사용하고 있다. 이런 맥락에서 파악하면 유럽은 이미 고전시대부터 특정한 지역을 지칭했다는 것을 반증하고 있다. 그러나 유럽 거주자가 스스로 유럽세계 인간이라 부르지는 않았다는 점도 간과해서는 안 될 것이다. 특히, 흑해 연안의 소아시아와 아시리아는 고전시대부터 최근세대까지도 두 유럽 문화 발원지였다. 즉, 고전시대 지중해세계 문화가 이 고전시대 소아시아와 아시리아 문화에서 분화했다는 점을 두고 보면 유럽 지리 명칭 역시 고전시대 소아시아와 아시리아 문화영역에서 발원하여 크리스트교 외피를 걸치고 정착했다. 즉 유럽 명칭은 고전시대 그리스어계 문화 수용, 크리스트교동아리의 생활관습을 유럽 특성으로 현재까지도 부착한 채 아시아 대륙의 조그마한 반도에 그치고 있지만 존속하고 있다.

유럽 명칭은 로마어계 저작자의 역할에 힘입어 역사에서도 지리 명칭으로 정착했다. 물론 로마어계 저작자는 그리스어계 저작자의 유럽 명칭을 수용했다. 특히, 고전시대 그리스어계 저작자 중에서도 히포크라테스, 아리스토텔레스, 소크라테스, 플라톤 등은 실제로 유럽을 다양한 종족 연합체로 언급했다. 이 그리스어계 저작자의 유럽명칭 영향을 로마어계 저작자도 거의 그대로 수용했다. 그런데도 고전시대 로마어계 저작자의 기록물에서는 유럽과 아시아를 '서양'과 '동양'으로 지칭했다.

서양과 동양 관습, 유럽 관습

로마어계 저작자는 이 두 대륙의 서로 다른 생활관습을 반영하여 유럽과 아시아의 대체 명칭인 서양과 동양으로 구분했다. 물론 로마어계 저작자의 기록물에서는 생활관습에 따라서 로마제국의 지리명칭과 행정조직까지를 포함하여 유럽을 서양으로 아시아를 동양으로 지칭했다. 로마어계 저작자의 이런 유럽 명칭은 이집트의 피타에 섬에서 발굴된 기록물에서도 황제 아우구스투스를 아시아와 유럽의 통치자로 지칭하고 있다. 이런 증거는 로마시대의 동양이 아시아를 의미했고, 서양이 유럽을 지칭했다는 것을 반증하고 있다.

물론 이런 유럽 명칭 정착과정에서도 동양과 서양을 시대에 따라서 조금씩 달라졌다. 로마제국이 동부세계의 비잔티움 제국과 서부 세계의 이탈리아 제국으로 분할되던 시기에는 유럽과 서양이 조금씩 달라졌다. 로마제국에서는 395년 동부세계의 비잔티움제국 황제위에 아르카디우스(395~408)가 즉위했고 서부세계의 이탈리아 제국의 황제위에 오노리우스(395~423)가 즉위했다. 이 두 황제 등장과 함께 동부세계의 비잔티움제국과 서부세계의 이탈리아제국은 서로 다른 로마제국이 되었다. 이런 로마제국 분할 영향으로 로마제국 정치와 행정 역시 동양과 서양의 지역 명칭에 맞게 분리되었다. 심지어는 교회조직조직 관할구역도 로마 대주교와 이스탄불[콘스탄티노플] 대주교를 정점으로 한 동양과 서양의 지역 명칭에 맞게 분할되었다. 이런 맥락에서 동부세계인 비잔티움의 로마제국과 서부세계인 이탈리아의 로마제국 분할은 곧 동양과 서양의 지역 분할이었던 셈이다. 동양과 서양의 지역명칭 분할 이면에는 생활관습 분할, 특히 언어관습 분할이 권력동아리와 종교동아리의 분할 요인이었다. 로마제국의 이런 권력동아리 분할은 종교동아리 분할이자 지리 명칭 분할이었다. 이와 함께 동양과 서양의 지역 명칭 분할은 다시 종교동아리를 지역 명칭의 특성으로 수용케 했다. 따라서 로마제국의 권력동아리 분할 역시 종교동아리를 지역 명칭의 특성으로 내세워 서양을 유럽 명칭으로 정착케 했다.

물론 아시아와 유럽의 종교동아리는 생활관습 차이 때문에 교리까지도 서로 달랐다. 서양의 종교동아리는 신비를 수용하여 현실 사건과 물질을 중시했던 반면 동양의 종교동아리는 선지자의 계시와 환경을 중시했다. 즉 동양의 종교동아리는 인간의 생활관습과 환경의 영향을 수용한 나머지 상식주의를 표방하며 표준관습 창안자를 선지자로서 중시했다. 동양과 서양의 이런 종교동아리 차이는 서양과 동양의 지리 명칭을 서로 다른 반대 특성으로 만들어 놓았던 것이다. 처음에는 서양 사람이 크리스트교를 반대한다는 논리에 편승하여 동양 사람과 서양 사람의 차이를 만들어냈다. 특히 첼시우스와 같은 저작자도 크리스트교를 동양 사람의 종교라고 해서 서양 사람으로서 처음으로 반대했다. 첼시우스는 2세기경 서양 사람으로서 자기네 생활관습을 지켜야 한다고 주장했다. 그런데도 서양세계 저작자는 첼시우스를 유럽 사람이라 지칭했다. 아마 첼시우스를 유럽 사람이라 지칭했던 서양세계 저작자의 의도는 동양 사람인 예수 크리스트의 보편주의에 반대한다는 의미를 깔고 있었을 것이다. 예수 크리스트의 보편주의가 곧 기존 서양인 생활관습 파괴라고 해석하여 새로운 변화 수용을 거부한다는 의미였을 것이다. 이런 맥락에서 서양 사람은 동양 사람인 예수 크리스트의 보편주의보다는 기존 생활관습을 유지하기를 바랐다. 첼시우스 역시 예수 크리스트의 보편주의를 반대했던 서양 사람이었다. 그런데도 예수 크리스트의 보편주의를 실현하려는 크리스트교라는 종교동아리는 서양 사람의 특성이자 유럽 사람의 특성이 되어 유럽 명칭의 특성으로 정착했다. 크리스트교의 보편주의는 서양 사람이 곧 유럽 사람이라는 등식을 만들어 버렸다. 물론 유럽 사람의 보편주의는 예수 크리스트교의 보편주의에서 발원하여 유럽 사람의 생활관습 발원지로 정착했다.

술피치우스 세베리누스(+410)는 크리스트교의 보편주의를 유럽 중심으로 파악했던 수도자동아리 저작자였다. 세베리누스는 프랑스의 아퀴텐느에서 출생하여 수도자로서 투르의 주교인 마르티누스의 전기와 메르쿠리 결혼에 관한 문헌을 저작했던 저술가였다. 세베리누스는 이 저작물에서 비탈리스와 암브로시우스 이후의 여러 성자를 테베 전사동아리의 순교자라고 지칭했다. 세베리누스는 이 테베 전사동아리의 여러 순교자가 유럽을 지나 예루살렘 성지를 순례했다고 해서 서양사람 성자가 동양사람 순교자와 대등한 위치에 섰다고 지적했다. 세베리누스의 이런 저작물에서도 서양은 단순한 문헌상의 지역 명칭이 아니라, 크리스트교가 서양이라는 지역 명칭의 특성으로 정착했다는 것을 암시했다. 즉, 세베리누스의 저작물에서는 크리스트교의 특성으로 채색된 유럽 명칭을 서양으로 언급했다. 유럽 명칭은 동양사람과 서양 사람의 생활관습이 서로 다르다는 의미에서 정착하기 시작하여 서양 명칭에 일치해갔고, 크리스트교 특성을 지니게 되었다.

프랑크종족왕 시대의 여러 교황청 기록문서, 특히 카롤루스 막뉴스시대(768~814)에 황제 영지와 교황청을 오가며 교류되던 교황청 기록 문서를 비롯하여 찬송가 구절이나 성자 전기 등에서는 유럽 명칭과 크리스트교 특성을 일치시키고 있다. 아일랜드계 선교자요 수도자인 뤽세이의 주교 콜룸바누스(615년 사망)가 591년부터 612년까지 유럽대륙에서 선교활동에 매진하며 대교황 그레고르 1세(590~604)를 유럽 사람의 꽃이라 지칭했다는 점도 유럽 명칭과 크리스트교 특성을 일치시킨 사례인 것이다. 콜룸바누스 주교와 거의 비슷한 시대였던 7세기 부르군드종족왕의 아방시 연대기에서도 유럽 명칭과 크리스트교 특성을 일치시켜 언급하고 있다. 여기서는 프랑크종족왕의 라인강과 도나우강 이내 영지인 남부 도이취어 영역을 유럽이라 지칭하며 크리스트교 특성에 일치시키고 있다.

세비예의 대주교인 스페인계 이시도르(+636)는 유럽세계 종족이 신 앞에 나서게 되었다고 언급했다. 당시 이시도르의 이런 유럽 명칭 언급은 스페인에서는 로마제국 기능의 정지에도 불구하고 로마제국시대 전문 지식 교육관행을 유지했다는 증거인 것이다. 이시도르의 무슬림 연대기에서 아랍계 전사동아리와 카롤루스 마르텔의 전쟁을 유럽 명칭과 관련 지워 세세하게 서술했던 사례는 아랍계 전사동아리가 유럽 사람을 자기네 적이라고 언급했다는 것이다. 이 연대기에서는 특히 유럽 사람이 자기네 아랍계 전사동아리를 적으로 간주하여 공동으로 방어하고 있다고 기술했다. 어쨌든 유럽 명칭은 당시까지도 언어관습에 불과했다. 그러나 카롤루스 막뉴스의 영지인 프란치아로부터 공동의 지역관습을 찾아냈다. 유럽 명칭은 카롤루스 막뉴스의 정복전쟁시대를 거치면서 유럽 사람의 공동체의식과 관련된 지리 명칭으로 정착했다. 카롤루스 막뉴스시대의 유럽 명칭에는 여러 지역을 포함했다. 앵글로색슨계 교회사가인 베다(675~735)는 갈리아, 게르마니아, 스페인, 이탈리아를 유럽 명칭에 포함했다. 그러나 베다는 브리타니아 섬까지 유럽 명칭에 포함하지 않았다. 그런데도 베다는 카롤루스 막뉴스시대 정복 영지였던 랑고바르드종족왕의 이탈리아 영지까지를 유럽 명칭에 포함시키며 카롤루스 막뉴스가 스스로 이탈리아인의 왕이라 지칭했다고 지적했다. 베다는 카롤루스 막뉴스를 파리를 포함한 영지 네우스트라시아의 종족왕, 영지 아우스트라시아의 종족왕이 되었다고 지적했다. 카롤루스 막뉴스가 종족왕위에 올랐던 정복 영지는 이미 과거 로마제국 영역을 벗어나고 있었다. 카롤루스 막뉴스의 정복영지는 북으로 아이더강과 쉬라이강에 이르고, 잉글랜드 해협과 북해로 둘러싸인 지역으로서 유럽 명칭의 지역을 거의 포함했다. 그래서 연대기 저작자 역시 카롤루스 막뉴스를 유럽 사람의 영주라 지칭하고 카롤루스 막뉴스의 정복 영지를 유럽이라고 지칭했을 것이다.

물론 이 연대기 저작자도 카롤루스 막뉴스의 정복 영지에다 유럽 명칭을 적용하고 그 정복영지 특성으로 크리스트교 표지를 부착했다. 로마인은 유럽 특성을 크리스트교의 표지로 만든 주인공이었다. 또한 카롤루스 막뉴스는 과거 로마제국시대 문화영역을 정복하고, 유럽세계 인간의 종족왕이 되어 로마제국시대 문화를 재생하는 한편, 크리스트교의 보편주의를 실현했던 정복영지 지배자였다. 크리스트교의 보편주의를 실현했던 카롤루스 막뉴스의 정복 영지에다 유럽 명칭을 부치는 경우, 유럽 명칭은 과거 로마제국시대 문화영역과 크리스트교 표지를 지니게 되는 것이다. 또한 카롤루스 막뉴스가 크리스트교의 보편주의를 활용하여 유럽 사람이라는 생각과 질서를 발원케 했다는 점에서 카롤루스 막뉴스를 유럽 사람이면 누구나 크리스트교를 믿는 사람이라는 생각을 갖게 했던 인물이라고 지적하게 되는 것이다. 특히 카롤루스 막뉴스는 신의 선택자 위치인 서부 유럽세계의 최초 황제가 되어 그 위치에 걸맞게 영향력을 행사했다. 안겔베르트(790~814)는 카롤루스 막뉴스의 이런 위치를 이미 파악하고 황제로서 카롤루스 막뉴스의 영향력을 고려한 나머지 카롤루스 막뉴스를 유럽 사람이라는 생각 발원자라고 지칭했다. 즉, 안겔베르트는 카롤루스 막뉴스가 처음으로 유럽 사람의 왕이 되었다는 취지에서 유럽 명칭에다 새로운 정치 옷을 입혔던 것이다. 즉, 카롤루스 막뉴스시대 이후 프랑크종족왕 카롤루스 막뉴스의 정복 영지는 유럽 명칭과 함께 공동의 생활관습을 지니게 되었다.

유럽 명칭은 카롤루스 막뉴스 시대의 프랑크종족왕 영지에 국한하지 않고 그 계승자의 정복 영지로까지 넓어져 갔다. 즉, 프랑크종족왕 영지의 크리스트교 표지와 유럽 사람이라는 생각은 카롤루스 막뉴스 계승자 영지로 넓어져 가며 지리상으로도 유럽을 크리스트교 영역으로 인식했다. 카롤루스 막뉴스 이후시대의 유럽 명칭은 고전시대 그리스어계와 로마어계 기록문서에 등장했던 유럽 명칭과 전혀 달라졌다. 즉, 프랑크종족왕 시대 이후 유럽 명칭은 아프리카의 리비아 지역과 흑해 연안의 소아시아 지역, 그리고 지중해세계로 구성됐던 고전시대 유럽 명칭과 다르게 크리스트교 표지를 부착한 유럽으로 축소되었다. 그런데도 유럽 명칭은 카롤루스 막뉴스의 방대한 정복영지를 의미했다. 유럽 명칭은 카롤루스 막뉴스의 정복영지로 축소되었으나 프랑크종족왕 영지와 함께 크리스트교 표지를 부착하여 종족의 생활관습과 언어관습이 자유롭게 샘솟는 영역을 지칭했다. 지리상의 유럽 명칭은 이런 맥락에서 카롤루스 막뉴스 시대에 정착했다고 지적하게 되는 것이다. 유럽은 다양한 종족의 자유로운 언어관습을 서로 인정하고 크리스트교로 결속했던 세계인 것이다. 따라서 전체 유럽세계 입장에서도 다양한 종족의 언어관습에서 오는 분리관습을 작은 상용 언어 단위의 지방 사람이라는 생각으로 인정했다. 이런 점에서 크리스트교는 유럽 사람이라는 생각을 만들어냈고 결속시킨 매체였다. 카롤루스 막뉴스시대 앵글로색슨계 수도자 신학동아리 좌장 알쿠인(735~804)은 크리스트교 신학동아리 이론으로 유럽 사람을 결속하며 유럽 사람의 생각을 성사관습을 활용하여 통일해가기 시작했다. 유럽 명칭은 알쿠인의 신학동아리 이론과 함께 유럽세계 종족의 결속관습이 수그러들며 거주종족이면 누구나 함께 살면서 숨 쉬는 세계를 의미했다. 물론 유럽 명칭 역시 고전시대 서양 명칭에 가까워졌다.

유럽 사람은 동양사람 예수를 크리스트라는 구세주로 내세우며 외형을 드러내기 시작했다. 즉, 유럽 사람은 예수 크리스트를 표준 인간으로 내세웠다. 여기서부터 유럽은 크리스트교 세계가 되었다. 이런 맥락에서 프랑크종족왕 시대를 중세라 지칭하게 되는 것이다. 유럽 사람은 다양한 게르만어계 종족의 의례관습과 로마시대 문화유산을 혼합하여 새로운 역사무대를 출발케 했던 원동력이었다. 이 새로운 역사무대 주인공으로서 카롤루스 막뉴스는 구약성서의 다비드 왕과 거의 대등한 위치에 올랐다. 이어서 프랑크종족왕 카롤루스 막뉴스의 제국은 유럽에서 다비드 왕의 왕국에 버금가는 위치와 함께 신약성서나 로마제국시대 문화영역보다 훨씬 강하게 유럽 명칭을 지니게 되었다. 즉, 카롤루스 막뉴스 위치는 구약성서 이전으로 돌아가 유럽 명칭을 역사무대로 다시 인식토록 만들었다. 유럽 명칭은 다양한 종족 생활관습을 수그러들게 하고 유럽 사람으로 결속했다는 의미와 함께 언어관습과 생활관습 단위 발원지라는 의미까지 포괄하고 있다. 따라서 현재의 유럽 명칭은 프랑크종족왕 카롤루스 막뉴스의 영지에서 발원했다고 지적하게 되는 것이다.

이런 유럽 명칭도 카롤루스 막뉴스 시대 이후 다양한 게르만어계 종족왕 영지를 지칭했다. 특히, 카롤루스 막뉴스 사망 이후 계승자인 루이 경건자 왕 시대(813~840)에 이르러 프랑크종족왕 영지는 게르만어계 종족왕 영지로 분할되어 다양한 종족왕 영지가 창건되었다. 그런데도 유럽 명칭은 전혀 퇴색하지 않았다. 심지어 스페인의 테오두르프(800~821)까지도 프랑크종족왕 카롤루스 막뉴스의 제국을 유럽이라고 지칭했다. 유럽 명칭은 다양한 게르만어계 종족의 자율 영역임을 표지했다. 물론 게르만어계 종족의 자율 영역은 서로 다른 종족왕 권력동아리와 언어관습을 지녔다. 그런데도 유럽 명칭은 전혀 손상되지 않았다. 따라서 유럽 명칭이 프랑크종족왕 카롤루스 막뉴스의 제국을 떠날 수는 없는 것이다. 유럽 명칭은 세계국가를 실현하려 했던 로마 대주교의 이념까지를 포용했다. 이런 맥락에서 로마 대주교의 세계국가 실현 이념도 유럽 명칭 발원지인 프랑크종족왕의 제국 영지를 탈피할 수 없었다. 크리스트의 대리인 로마 대주교는 프랑크종족왕 황제를 보증하고 선택했다. 프랑크종족왕 황제는 크리스트교 세계 보호자 위치를 차지했다. 유럽 명칭은 이런 황제 권위의 보완과정에서 중세 표지를 부착했다.

크리스트교는 유럽 명칭을 묶어 두던 질긴 밧줄이었다. 유럽 명칭은 크리스트교의 질긴 밧줄을 특정한 지방 사람과 특정한 지역 사람의 생활관습으로 만들며 종족왕 유력자의 영지를 권력동아리와 종교동아리의 연합 조직체로 발전시켰던 터전이었다. 카롤루스 막뉴스는 권력동아리와 종교동아리의 연합 조직체를 창시했다. 유럽 명칭의 정상에는 권력동아리와 종교동아리의 연합 조직체 수장으로서 게르만어계 황제가 사도성자 베드로를 보호하며 우뚝 서 있었다. 이런 유럽 명칭을 두고 보면 서로 다른 종족이라 하더라도 유럽 명칭의 종족은 게르만어계 황제를 중심으로 서로 연합세력을 구축하여 로마 교황청 중심의 유럽명칭 통합을 반대했다. 교황 그레고르 4세(827~844)는 로마 교황청 중심의 유럽명칭 통합 반대에 부딪쳐 843년 동부세계의 비잔티움제국 교회조직과 서부세계 유럽명칭의 교회조직을 따로 떼어내어 분리했다. 유럽명칭의 이런 교회조직 역시 결국 황제와 교황의 성직자 서임권 논쟁시대를 거치면서 다시 분리되었다. 중세 유럽 명칭은 황제와 교황의 주도권 경쟁으로 평화 분위기를 상실했다. 아마, 현대 유럽세계 인간은 황제와 교황의 지난 유럽명칭 통일시대를 회상하며 새로운 유럽 연합을 가상하고 있을 지도 모른다. 특히, 방대한 대외 경쟁력으로 무장한 미국과 일본의 전문 지식 파도가 밀려오면 올수록, 현대 유럽세계 인간은 카롤루스 막뉴스 가문 프랑크종족왕시대의 유럽명칭 통일을 꿈꾸면서, 유럽 합중국 시대를 그리고 있을 것이다.

게르만어계 종족의 결속관습도 유럽명칭에서 발원했다. 유럽명칭 통합은 도이취어계 황제인 오토 3세 시대(983~1002)까지도 카롤루스 막뉴스 가문 프랑크종족왕시대의 제국을 유럽명칭 통합의 상징물로 그리는 향수 속에서 남아 있었다. 오토 3세는 물론 잠시 동안에 불과했지만, 과거 로마제국 황제가 될 수 있기를 갈망했었다. 작센 종족왕 가문 출신의 황제인 하인리히 2세(1002~1024)는 이탈리아에 머물렀고, 유럽명칭 발원지 이탈리아를 잊지 못했다. 하인리히 2세는 '성인 황제 하인리히', '유럽의 멋쟁이', '영원한 영주인 당신에게 유럽 사람이면 누구나 안주하고 싶어 한다' 등으로 표현했던 것 이상으로 유럽 명칭을 한 몸에 담고 있었다. 하인리히 2세 사망 이후 라인란트의 어떤 시인은 '목이 잘린 우리 유럽 사람은 탄식하고 있다'고 읊으면서 공동의 유럽 명칭을 확인했다. 유럽 명칭은 유럽사람 전체의 질서관습 발원지였다. 유럽 명칭은 투르크인과 몽골인의 침입시대를 거치면서 크리스트교세계 방어의식으로 변하여 다시 고무되었다.

유럽중심주의를 표방한 유럽 관습

유럽 명칭은 카롤루스 막뉴스 시대에 발원하여 통일제국의 생활관습 영역으로 정착했다. 유럽 명칭의 통일제국에서도 여러 갈래의 권력동아리와 종교동아리는 등장했다. 당시 유럽 명칭의 제국은 교회조직을 골격으로 했던 국가였다. 유럽 명칭의 제국 결속력은 크리스트교 선교운동에서 발원했으나 여러 갈래 권력동아리와 종교동아리의 등장으로 급격하게 수그러들기 시작했다. 즉, 유럽 명칭의 통일제국은 무너지고 교회조직 국가와 세속 권력동아리 국가로 분열했다. 교회조직 국가와 세속 권력동아리 국가의 분열은 11세기 성직자 서임권 논쟁으로 표면화했다. 유럽 명칭의 통일제국은 성직자 서임권 논쟁시대를 거치면서 교회조직의 국가와 세속 권력동아리 국가로 분리되었다. 한편, 유럽 명칭의 통일제국에서 성직자 서임권 논쟁 확대는 특정한 지역 사람이라는 관습과 특정한 지방 사람이라는 관습을 확산케 했다. 교황과 황제는 서로 유럽 명칭의 대표권을 확보하기 위하여 권력동아리 조직을 분리했다. 그런데도 황제와 교황은 크리스트교 세계를 벗어나지 못했다. 성직자 서임권 논쟁에서 황제와 교황은 서로 우위를 두고 경쟁했으나 그 논쟁은 크리스트교 세계의 대표권을 확보하기 위한 명분 경쟁에 지나지 않았다. 그러나 유럽 명칭의 핵심은 생활관습과 질서였다. 이런 유럽 명칭은 평화를 지탱하고, 유럽을 보호해야 한다는 새로운 결속원리를 채택했다. 카롤루스 막뉴스시대 이후 유럽 명칭은 지중해세계의 유통질서와 거래질서가 새로운 교역지역인 대서양, 북해, 발트해 연안으로 이동하며 새로운 결속원리를 수용하기 시작했다. 유럽 명칭은 거래질서의 전제인 수요와 공급을 평화와 안정의 전제로 수용하는 한편 수도자동아리의 복음론을 수용하기 시작했다. 수도자동아리의 복음론은 유럽 명칭에서 샘물처럼 솟아나서 홍수처럼 번져나가 선교운동으로 발전했다. 수도자동아리의 선교운동은 생활관습 변화로 이어졌다.

수도자동아리의 선교운동은 다양한 문화 욕구를 유발하여 유럽 명칭을 새롭게 채색하기 시작했다. 유럽 명칭은 수도자동아리의 복음론과 함께 종족이동시대 잔재를 벗어던지기 시작했다. 이런 유럽 명칭 변화는 지방 사람의 생각을 일깨우며 라틴어 해독력 영향으로 전문 지식에 접근하여 종족이동시대의 결속관습을 씻어내기 시작했다. 라틴어 해독력은 특히 문화이동 매체로서 새로운 표현양식을 전달하며 유럽 명칭에 다양한 문화를 채색하기 시작했다. 라틴어 해독력과 유럽 명칭의 결합으로 전문 지식은 출현했다. 전문 지식은 크리스트교의 보편주의를 전문 개념으로 실현하기 시작했다. 한편 라틴어 해독력은 11세기 이후 점차 성문 법률의 운영원리와 함께 관례 모음집과 의례관습 절차 모음집을 비롯한 저작물을 발원토록 보조했다. 12-13세기 이후 생활언어 관습과 함께 구전하던 민담, 전설, 여행담 등의 설화를 전문 지식 모음집에 담기 시작했다. 이 설화 문학의 줄거리는 대개 종족구성원의 평화와 방어를 인식시키는 주인공의 노래로 구성되었다.

성직자 서임권 논쟁시대 이후부터 14세기 다양한 종족 주인공인 군주는 등장했다. 유럽 명칭에서 군주 출현은 다양한 종족의 공동체 이념으로 참여하게 될 새로운 국민 국가를 예고했다. 물론 군주는 교황 지위를 정면으로 거부하고 교황의 세속권력을 차단했다. 군주의 영향으로 교회조직도 변화하기 시작했다. 십자군 원정은 급속한 교회조직 변화와 함께 유럽 사람의 지리 관습을 확대했다. 십자군 출정시대를 거치면서 마르코 폴로는 세계 일주에 도전하여 성공했다. 마르코 폴로의 세계 일주는 곧 유럽 사람의 지리 관습을 동양세계에까지 확대해 놓았다. 유럽 사람의 지리 관습 확대는 크리스트교세계에 대한 방어의식과 크리스트교세계를 이념으로 변질케 했다. 몽골인과 투르크인의 유럽세계 침략은 크리스트교 세계에 대한 방어와 평화를 정당화하는 명분을 제공했다. 특히 유럽세계 군주는 실지회복이라는 명분을 내세워 18세기까지 동양세계 재정복의 빌미를 제공했다. 유럽세계 군주 권력동아리는 실지회복 명분을 일종의 보편주의로 추구했다. 유럽세계 군주 권력동아리의 이런 보편주의는 외부 세계인 아시아와 아프리카 국가를 강탈하는 제국주의로 전락했다.

유럽중심주의로서 유럽 중심의 보편주의는 유럽 내에서도 다양한 권력동아리이동과 문화운동으로 이어졌다. 유럽 중심의 보편주의는 프랑스 철학자 뒤보와(1280~1320)와 뫼렌의 종족왕 포디에브라트 시대(1420~1471)에 발원하여 교황 레오 10세와 세기의 천재 라이프니츠 시대(1640~1716)에 이르러 거의 완성되었다. 유럽 중심의 보편주의는 물론 유럽 내외로부터 다양한 권력동아리이동 현상을 유발했다. 유럽세계 군주는 지리 관습 확대에 편승하여 모험가동아리를 앞세워 외부세계로 식민지를 찾아 나섰다. 유럽 내부에서는 권력동아리가 국가 정치에서 주도권을 확보코자 세력경쟁에 나서는 한편 다양한 문화운동에 휩쓸리기 시작했다. 유럽 중심의 보편주의는 유럽 통일을 추구했다. 우선 교회조직세력은 정통론자동아리와 개혁론자동아리로 분리되었다. 정통론자동아리와 개혁론자동아리의 교회조직 분리는 교황 그레고르 7세의 교회조직개혁에서 발원했다. 거기다 십자군운동, 평화운동, 수도자동아리의 교회조직 개혁운동은 정통론자동아리와 개혁론자동아리의 분리 양상을 끝없이 넓혀나갔고, 이 과정에서 세계를 주도해나갈 개인동아리 연합체와 같은 시민 조직은 모습을 드러내기 시작했다. 소위 근대세계의 개인동아리 연합체와 같은 시민 조직은 다양한 문화에서 발원했다. 그럼에도 근대세계 시민 조직은 개인주의와 합리주의로 결속했다. 이런 근대세계 시민 조직은 타당한 판단기준[도덕]과 자유로운 생활방식[윤리]을 분리하며 지방 사람의 결속관습, 종족의 결속관습, 종교동아리의 동질관습을 잠재워갔다. 근대세계의 시민 조직 결속력은 성문 법률, 특히 사법에서 발원했다. 사법은 개인 결속력의 발원지요 표준관습의 상징물이었다. 근대세계에서 사법은 경영과 조직 관리를 전제한 행정 도구로서 행정조직을 조세법정주의와 국가재정에 접목한 매체나 다름없었다. 특히 사법은 개인으로 하여금 신을 떠나서 합리주의 규격에 접근토록 안내하며 문화 외형처럼 중세 인간에게 새로운 대중개념에 접근토록 보조했다.

종교동아리 영역에서도 개인 출현은 교회조직 변화를 예고했다. 개인 출현은 즉 종교동아리의 형식논리를 수그러들게 했다. 개인 길들이기에는 합리주의를 확인해주는 문헌 증거가 필요했다. 문헌 증거는 곧 인문주의에서 발원했다. 물론 인문주의는 성서 인문주의였다. 성서 인문주의는 11세기 성서 문헌 해석에서 발원했다. 성서 인문주의는 '사회 재구성'이라는 르네상스 이론의 기본 틀인 시민 인문주의를 예고했다. 그런데도 성서 인문주의는 개인주의 발원지였다. 교황 피우스 2세(1458~1464)는 탁월한 인문주의자였다. 인문주의 관례의 축적은 유럽 명칭의 새로운 특성인 진보개념을 부착했다. 유럽 명칭의 사회 변화를 설명하는 3단계, 즉 르네상스—종교개혁—혁명이라는 3-R 시스템도 개인의 존엄함으로부터 개인의 미래 능력과 창의력을 중시하게 되던 단계까지를 지적하는 도식일 수도 있다. '사회 재구성'이라는 르네상스가 인문주의 관례를 새로운 합리주의에 포함하여 개인 출현을 축소했다면, 중세 사회조직 역할을 지나치게 축소했을 가능성도 있다. 인문주의는 아시아계 투르크인의 유럽세계 침입 때문에 방어와 평화보다는 실지회복이라는 재정복에 초점을 두었다. 유럽세계 인간은 15세기 방어와 평화의 옷을 걸친 재정복이라는 이상을 추구했다. 투르크인은 비잔티움제국의 중심 도시인 이스탄불을 1458년 차지했다. 이어서 유럽 명칭은 비잔티움세계를 상실했다는 의미와 함께 과거의 로마제국을 문화영역 개념에서나마 인식했다. 유럽 명칭은 실지회복을 내세우고 실제로 서양에 일치하면서 동양을 평화영역 외부에 위치한 비유럽으로 인식했다. 물론 이런 유럽 명칭에는 지리 관습이 더욱 우선했다. 유럽 명칭은 또한 종족구성원과 언어, 그리고 역사로 묶여진 생활관습에서 발원했다. 유럽 명칭은 또한 방어와 평화를 실현하는 생활공동체 조직을 표지했다.

유럽 명칭은 반목과 갈등을 상징했다. 그러나 유럽 명칭은 '과거세대 문화'(*antiqui*)와 '최근세대 문화'(*moderni*)의 융합을 지고 이상으로 수용했다. 또한 고전시대 그리스와 로마로 거슬러 올라가 크리스트교 교리에 포함된 그리스인, 로마인, 예루살렘인의 생활관습을 공유했다. 따라서 유럽 명칭은 다양한 종족와 다양한 언어 모자이크와 같지만 방어, 평화, 생활관습을 공동으로 추구하여 질서 위주의 공동체 조직을 포괄했다. 유럽세계에도 16~17세기에 이르러 합리주의는 발아하여 새로운 제도를 축적하기 시작했다. 즉, 고전시대 생활관습의 틀은 현저하게 축소되었다. 종족 언어관습도 개혁이나 지리상 발견과 같은 분리요인을 수용했다. 물론 '과거세대 문화'는 '최근세대 문화'로 대체했다. 최근세대 문화는 기존 질서에 대한 반작용 형태로 새로운 유행을 만들어내기 시작했다. 새로운 유행은 지리상의 발견시대와 함께 유럽세계 외부인 아시아, 아프리카, 아메리카로 이동했다. 유럽세계 인간은 유럽 외부 세계를 정복하여 착취했다. 유럽 명칭은 유럽 중심의 문명의식으로서 유럽중심주의를 조장하여 유럽 외부 세계에서 표준처럼 인식되었다. 즉, 유럽 외부세계에서는 유럽 사람의 이론 수용을 '근대화'로 잘못 인식했다. 유럽 명칭의 핵심은 골동의 생활수준 향상이 아닌 상대를 착취하기 위한 경제력으로 둔갑했다. 유럽 명칭은 제국주의 대명사로 둔갑하여 신생국가 이상을 말살했다. 이런 맥락에서 유럽 명칭은 신생국가의 근대화를 곧 유럽 사람의 이론 수용이라는 등식으로 정당화하며 유럽세계 인간의 우월의식을 신생국가로 이동했다. 유럽 명칭은 후진국, 저개발국이라는 명칭하의 신생국가와 심각한 견해차를 드러냈다. 유럽 명칭과 신생국가의 이런 견해 차이는 세계질서 연속 문제, 바로 국가 간의 무역과 관세에 관한 마찰 요인이 되었다. 세계질서는 기존의 '핵무기'라는 힘의 논리에서 과학과 기술에 바탕을 둔 새로운 힘의 논리로 변모했다. 이런 힘의 논리 역시 유럽 명칭의 테두리를 벗어나지 못하고 있다. 유럽 명칭은 이처럼 12세기 이후 시대마다의 갈등과 조화를 담으며 체계화했다.

유럽 명칭은 보편주의로 포장되어 유럽사람 중심의 우월의식을 나타냈다. 유럽 명칭의 보편주의는 종교개혁을 거치며 확고한 실천 전제를 지녔다. 종교동아리의 결속력은 수그러들었으나 소위 정통론자동아리에 반항하는 다양한 종교동아리 출현으로 유럽명칭의 보편주의를 오히려 다양하게 정당화했다. 신은 다양한 모습을 드러냈으나 그 위치는 적어도 유럽 명칭에서 바뀌지 않았다. 황제와 교황은 여전히 유럽 명칭의 대표자였다. 유럽 명칭의 변질은 다양한 종족왕의 통치조직 분화에서 발원하여 통치조직 분권화로 발전했다. 이후 종교동아리 통합 명목은 크리스트교의 결속력을 오히려 더욱 강화했다. 스위스의 칼벵(1509～1564), 도이취어계 제국의 루테르(1483~1546), 스페인의 로욜라 등도 종교동아리 중심의 결속을 지향했다. 이탈리아의 캄파넬라(1568~1639)는 종교개혁이 정통론자동아리세계, 나아가 종족왕의 결속력을 취약하게 만들어 투르크인을 막아낼 수 없었다고 지적했다.

유럽 명칭은 합스부르크 가문의 카를 5세 시대(1500~1555), 특히 1519년 이후 3/4으로 위축되었다. 또한 카를 5세의 재임시대 종말과 동시에 하나의 유럽 명칭은 결국 완전히 사라졌다. 유럽 명칭의 대표 군주나 통합이념도 역시 사라졌다. 그럼에도 불구하고, 교회조직은 하나로 통합 체제를 유지했다. 유럽 명칭은 '동양'과 '서양'이라는 지리 관습에 편승하여 넓어졌다. 이런 유럽 명칭은 지리상에서도 확고한 위치를 차지했다. 유럽 명칭은 정통론자동아리의 교회조직 이념을 '동양'과 '서양'이라는 지리 관습에 부착하여 정착했다. 종족왕의 지위와 다양한 크리스트교도 동아리는 공통의 생활관습을 유지하며 문명의 구성물이 되었다. 황제와 교황, 그리고 교회조직의 보편주의도 사라졌다. 그런데도 유럽 명칭의 문명은 유럽 사람이라는 우월의식 발원지였다. 이런 유럽 명칭의 문명은 언제나 균형과 조화, 즉 합리주의와 결속이란 중용의식의 평등사상을 개인과 개인, 개인과 개인동아리, 다양한 제도 등의 영역에서 실천하면서 공동의 생활수준 향상이라는 평화이념을 향하여 나아가고 있다.

유럽인의 중세 관습에 포함된 소위 '중세'유럽세계의 시작 년대와 마지막 년대

중세는 인문주의자의 성과물이었다. 중세는 고전시대 문화와 최근세대 문화에 대한 다양한 원격 감각, 즉 인문주의자의 시간 감각과 거리 감각 때문에 심화되었다. 인문주의자는 고전시대 문화를 최근세대 삶의 표본, 고전시대 학문동아리 전문지식 교육관행을 다시 찾아내는 계기로 삼았다. 중세는 고전시대 문화와 최근세대 문화 사이의 수 백 년이란 세월의 진보를 한탄조로 표현했던 시대관습이었다. 라틴어 '중세'(*media tempestas*)는 1469년에 안드레아 드 보씨가 르네상스 정신을 칭송하는 과정에서 처음으로 언급했다. 이보다 조금 이른 시기에 추기경 니콜라우스(+1464)도 '중세'를 사용했던 적도 있다. 그런데도 추기경 니콜라우스가 사용했던 '중세'는 문헌상에서 연대가 확실하지 않은 것이 문제시되고 있다. 스위스 인문주의자이면서도, 후기 쌍 갈 수도자동아리 은신처를 개혁했던 수도자동아리 은신처 좌장 바디안은 수도자동아리 은신처 좌장 쉬트라보(+849)를 '무지하지 않았던 중세 저작자'(*mediae aetatis autor no ignohilis*)라고 언급했다. 수도자동아리 은신처 좌장 쉬트라보의 '중세'는 고전시대와 최근세대의 중간 시대(*media antiquitas*)를 지칭했다.

현재의 중세, 즉 고전시대와 최근세대 사이의 중간 시대로서 '중세'(*medium tempus*)는 도시 바젤의 인쇄공이었던 헤르베겐의 필사본에서 나타나고 있다. 헤르베겐은 라인강 홍수를 염려하면서 '중세'를 고전시대와 최근세대 사이의 중간시대로 언급했다. 고전시대와 최근세대의 중간시대로서 중세는 물론 인문주의 운동이 확산되면서 과거세대 문화보다는 나은 미래세대 문화를 희망한다는 정서를 시대차이로 표현했다. 이런 중세관습은 중세가 개인주의와 합리주의를 찾아내지 못했던 생활관습과 고루한 사고방식을 지녔다는 취지의 인문학 원리와 함께 정착했다. 특히 중세관습은 사회학에서 무지와 탈법, 폭력과 무질서의 대명사를 지칭했다. 인문학 역시 사회학의 중세관습과 결합하면서 다시는 재현되어서는 안 될 불평등한 시대로 중세를 지칭했다. 이외에도 중세는 고전시대 생활관습을 시간으로 분리하여 최근세대 문화에 합당하게 현시대를 평가하는 경우 최근세대의 판단기준으로 고전시대와 최근세대의 중간 시대임은 틀림없다. 이런 중세관습은 인문주의 변화 과정에서 끊임없이 최근세대가 지난 과거세대 생활관습을 최근세대 문화에 합당하게 평가하기 위한 진보이론의 상징물 의미를 지녔다. 이 경우 중세관습은 시간 단위와 특성에 대하여 타당성 여부를 간과하고 '중세'를 언어 관습처럼 지칭했다. 중세는 최근세대 입장에서 타당한 판단기준이 없었던 시대, 즉 무지 표상처럼 정착된 시대개념이었다. 현대 유럽세계 인간은 역사 서술에서 전문 지식이나 전문 개념이 나타나지 않았던 무지한 시대 의미로서 중세를 전적은 아니지만, 어느 정도 관련 지워 활용하고 있다.

그렇다면 이제 중세에서 우리는 무엇을 인식할 수 있는가 문제를 제기해야 할 것이다. 현대 우리는 중세 시작과 중세 종말을 연대기에 맞추어 고정시킬 수도 있다. 이처럼 중세 시작과 중세 종말을 확정하여 시대로서 고정하는 이면에는 거기에 합당한 근거를 제시해야 할 것이다. '중세'를 시대개념으로 고정하는 근거는 우선 크리스트교 윤리를 밀어내고, 타당한 판단기준을 내세웠던 계몽주의시대 분위기를 배제할 수 없다. 계몽주의시대 분위기는 중세인의 생활관습을 사회와 문화의 유형으로 설정하여 자기네 시대와 전혀 다르다는 취지를 드러냈다. 즉, 계몽주의시대 인문주의자는 중세를 중세 세계에서 발원하기 시작했던 게르만어계 종족와 그 문화, 즉 다양한 이동종족의 동질감 발원지를 중세 근거로 제시하고 이동종족의 이런 동질감이 다양한 게르만어계 종족를 종족 연합체 형태의 국가를 결속하여 중세 세계의 신분관습으로부터 근대 세계에 접근했다는 전제인 것이다. 중세 세계의 신분관습은 다양한 모습으로 변형되어 근대 유럽의 합리주의, 절대주의, 산업사회의 발원지가 되었다. 물론 근대 유럽의 이런 경향은 크리스트교에로의 개종으로 출발했던 크리스트교동아리의 생활관습에서 발원했다. 따라서 근대 유럽의식 근저에는 근대 유럽사조가 중세 세계의 신분 골격으로 구성됐던 근대 세계의 사회를 거쳐 발원했다는 점도 부인할 수는 없다. 크리스트교에로의 개종 쇠퇴, 종교동아리 개혁으로 정통론자동아리 교회조직 와해와 함께 중세는 종말에 이르렀다는 논리로 일관했다. 경우에 따라서 종교동아리 개혁은 생활관습과 종교동아리 의례관습을 결합했다고 할 수 있다. 종교동아리 개혁은 양과 질의 측면에서도 당연히 생활관습을 더욱 풍부하게 만들었음도 부인할 수 없다. 한편 종교동아리는 국가에다 새로운 과제를 부여했다는 지적도 나올 수 있다. 종교동아리 개혁에 대한 이런 지적을 수용하는 경우, 중세 세계를 거쳐 중세 세계에 이른 유럽 세계는 침묵의 평화가 종결되었다. 특히, 정통론자동아리가 주종을 이루던 유럽세계 국가는 종교동아리 분리, 지방민 사회의 분화와 같은 일대 전환시대를 거쳐야 했던 것도 간과할 수 없다. 종교동아리 개혁의 이런 의미를 뒷받침 하듯 이 계몽주의 문화는 발원하여 정치운동 내지 문화운동으로 발전했다. 또한 계몽주의 문화는 종교동아리를 국가 변동요인에서 배제하고 사회 안정시대 정착에 중요한 동기로 제공했다. 즉, 계몽주의 문화는 크리스트교동아리의 보편주의를 와해하고, 권력동아리의 보편주의를 상승케 하여 지방문화와 개인주의를 가속화했다.

오늘날 '중세'라는 용어를 대략 568년(훈 종족이 최후의 이동종족이었다는 사실을 상기하면서)경부터 16세기까지 시대 특성으로 사용하지는 않는다. 지금까지 '중세'의 여러 가지 사례를 중심으로 분석하더라도, 상당한 의미상의 차이는 나타나고 있다. 현재까지 중세학 연구자가 중세 근거로 제시했던 것은 중세인의 생활관습이었다. 중세인의 생활관습과 사고방식은 특수한 사회조직 관계로서 '기존 질서관습'의 발원지였다. 현대인의 시각에서는 적어도 중세가 생활관습으로 구성된 기존 질서 발원지를 지칭하고 있다. 즉, 중세는 생활관습을 연장하는 질서 일부를 차지하고 있다. 따라서 중세 시작과 중세 종말을 언제라고 단정하기는 대단히 어렵다고 하겠다. 중세는 흔히들 7세기부터 시작된다고 언급하고 있다. 7세기를 당시의 사회와 문화에 근거하여 중세 출발시기로 파악하려는 데는 나름대로 타당성을 지니고 있다. 우선, 유럽대륙을 이끌어 나갈 차세대 주인공은 7세기를 기점으로 권력동아리를 형성했다. 차세대 권력동아리 주인공을 중심으로 새로운 종족이 발원하면서 고전시대 인간의 생활관습은 사라져갔다. 외부 이동종족이 로마제국 문화영역에 합류하면서 고전시대 윤리와 전혀 다른 윤리를 창출했다. 게르만어계 프랑크종족왕은 새로운 윤리에서 등장한 새로운 권력동아리 주인공이었던 셈이다. 따라서 크로도베크(+511)의 권력동아리 창건은 이동종족이 고전시대 세계 국가와 문화를 수용하여 새로운 생존양식을 완성했다는 표준 사례인 것이다. 크로도베크의 프랑크종족왕 권력동아리 창건보다는 황제 디오클레티아누스 집정시대(284~305)를 크리스트교 윤리에 초점을 맞추어 물론 중요하게 인식할 수도 있다. 디오클레티아누스 집정시대를 거쳐 황제 콘스탄티누스의 크리스트교 공인칙령(313)이 발포된 것도 부인할 수 없다. 이런 맥락에서 황제 디오클레티아누스 집정시대는 현재까지 유럽세계 인간이 유지하고 있는 크리스트교 윤리와 관련 지어 파악하는 경우 중세세계 시작이었다는 주장도 있을 수 있다. 이 2가지 현상에서 고전시대 국가조직과 사회조직이 내부로부터 쇠퇴하기 시작했다는 점도 배제할 수 없다.

새로운 이동종족도 로마제국시대 생활관습을 수용했다. 그런데도 이런 윤리 대표자가 로마인이 아니라, 이동종족이라는 사실을 중시해야 한다. 또한 새로운 이동종족의 생활관습과 교회조직은 서로 결합하여 생활관습과 정신의 깊이와 폭을 종족에 어울리게 축소했다. 이런 맥락에서 7세기는 생활관습과 사고방식에서부터 새로운 문화 출발점인 것이다. 특히, 기존 지방질서도 국가조직과 사회조직처럼 기존 사법체계에서 이탈하고 협소한 지방사회와 지역문화에 얽매여 위축되었다. '중세'라는 시대를 특징짓고자 한다면, 이는 세계 모습일 것이다. 중세 세계 모습은 생활관습의 호흡 파악에서부터 출발해야 할 것이다. 따라서 중세 세계 모습은 권력동아리의 결속력 창출과정, 생활관습 운용질서, 지리 관습 확대 등을 권력동아리 세력에 관련지우고, 주변세계와 상호 관계를 면밀하게 분석하여 특징 지워야 할 것이다. 주변 세계와 상호 관계에서 특히 비잔티움제국 영향력은 중세 유럽세계에 심하게 밀려오지 않았다. 비잔티움 제국은 발칸 반도로 위축되었고 이슬람도 유럽세계 인간과 직접 관계보다는 십자군 원정과 관련되어 있었다. 그런데도 아랍인과 유대인은 유럽세계 인간에게 '타당한 판단기준'의 발견과 관련되어 유럽세계 인간의 새로운 질서에 영향을 끼쳤다. 유럽세계 인간은 아랍인과 유대인으로부터 전문지식 원리에 대한 아리스토텔레스의 접근 방법을 전수받았다. 유럽세계 인간은 또한 중세 스콜라 철학동아리의 논리 근거로서 '타당한 판단기준', 즉 다수동아리의 판단기준을 전문 개념 원리의 발원지 형식으로 제시했다. 중세 유럽세계 사이언스도 스콜라 철학동아리의 존재 이론처럼 아랍인과 유대인의 역할을 인정하지 않고서는 언급할 수 없다. 중세 유럽세계의 사이언스는 아랍인과 유대인의 광학이론과 숫자관습을 기호에 연계했고, 원근법을 자연과 매개체로 활용하여 발전했다. 또한 중세인의 이런 숫자관습은 회계방법과 토지 측량법에도 유입되었다. 한편 중세 세계 인간의 숫자관습은 시장원리에 유입되어 수요와 공급 일치점에서 상품 가격을 결정토록 상인동아리를 자극했다. 여기서부터 시장원리는 중세 유럽세계에 등장했다.

중세 유럽세계 상인동아리는 주조 화폐를 새로운 유통수단으로 활용하여 시장의 가격관습을 축적했다. 중세 유럽세계 상인동아리도 아랍인과 유대인의 영향을 받으며 시장에 활력을 제공했다. 중세 유럽세계 상인동아리는 로마시대 회계 방법을 재생했던 아랍인과 유대인의 창의력에 힘입어 시장 영역을 확장했다. 시간 측정기구와 시간 측정단위인 12진법 등장으로 시장은 더욱 그 영역을 넓히며 생산자와 소비자를 쉽게 만나게 했으나 한편으로 생산자와 소비자를 서로 분리하며 효율에 접근하기 시작했다. 시장은 효율로서 가격을 공정하게 조정하며 생활관습 변화로 이어주었다. 공정한 가격과 함께 시장은 생활관습에 부착하는 한편 상인동아리 역할을 바꾸어 놓았다. 상인동아리는 중세 유럽세계 인간과 비잔티움세계 중개자였다. 유럽세계 상인동아리는 아랍세계와 슬라브어계 종족세계를 뛰어 넘어 비잔티움세계와 페르시아세계와 교류하며 공동 문화영역을 가꾸어갔다. 특히 상인동아리는 이 주변지역과 중세 유럽세계 예술 교류자 역할을 담당했다. 중세 유럽세계 예술은 아랍 세계와 비잔티움세계로부터 상인동아리 손을 거쳐 유입되었다. 이런 맥락에서 상인동아리 예술 교류는 슬라브어계 종족세계, 중세 유럽세계와 같은 다양한 종족세계를 상호 결속해주는 문화 발원지였다. 또한 상인동아리 예술교류는 현재 중부 유럽이 서부 유럽의 크리스트교세계에 편입되었다는 근거를 제공하고 있다. 물론 서부 유럽세계의 크리스트교 생활관습은 중부 유럽을 거쳐 동부 유럽으로 이동했다. 이런 맥락에서 상인동아리의 예술 교류는 유럽세계를 하나로 통합하는 문화운동이었다는 지적도 가능한 것이다. 유럽세계 인간은 아메리카 대륙을 발견했다. 종교동아리 개혁의 전개와 함께 기존 질서는 물론 변질하기 시작했다. 과거에는 천하가 모두 정통론자동아리 교회조직이 지배하던 유럽세계였으나 이제 유럽세계에도 기존 평화가 무너지고 새로운 생활관습 질서가 모습을 드러내기 시작했다. 즉, 중세 유럽세계가 기존 질서 대변자라 하더라도 새로운 유럽세계와 중세 유럽세계를 이어주는 사건의 상호 관계를 이미 지적했듯이 빼놓을 수 없을 것이다. 중세 유럽세계는 양과 질의 측면에서 끊임없이 변화하며 역사 담당자의 새로운 사고방식을 창출했다. 이런 맥락에서 중세 문화는 시대개념인 것이다.

유럽세계 문화는 물론 중세 후기 르네상스와 종교동아리 개혁, 상인동아리 등장, 산업사회 출현으로 새로운 창의력을 더한 것도 사실이다. 상인동아리와 생산자동아리의 산업은 새로운 유럽세계 문화 발원지요, 심각한 윤리 변화시대의 극복 자였다. 이런 맥락에서 '중세' 혹은 '근대'라는 시대를 명확하게 선을 그을 수 없다. 질서 기본 틀인 사고양식과 윤리 역시 중세와 근대, 혹은 현대에 이르기까지 뚜렷하게 달라진 것이 없다. 그런데도 인간의 행동방식은 변화했다. 따라서 중세에 대한 인식 문제는 현대 사회조직 다원화 요인과 관련하여 생활이념 토대 위에서 분석해야 할 것이다.

제 2 장
지중해 세계 문화유산(300~375)과 유럽 세계 인간

2-1. 황제 콘스탄티누스와 지중해세계의 크리스트교 교회조직

기원 200년경의 로마의 제국

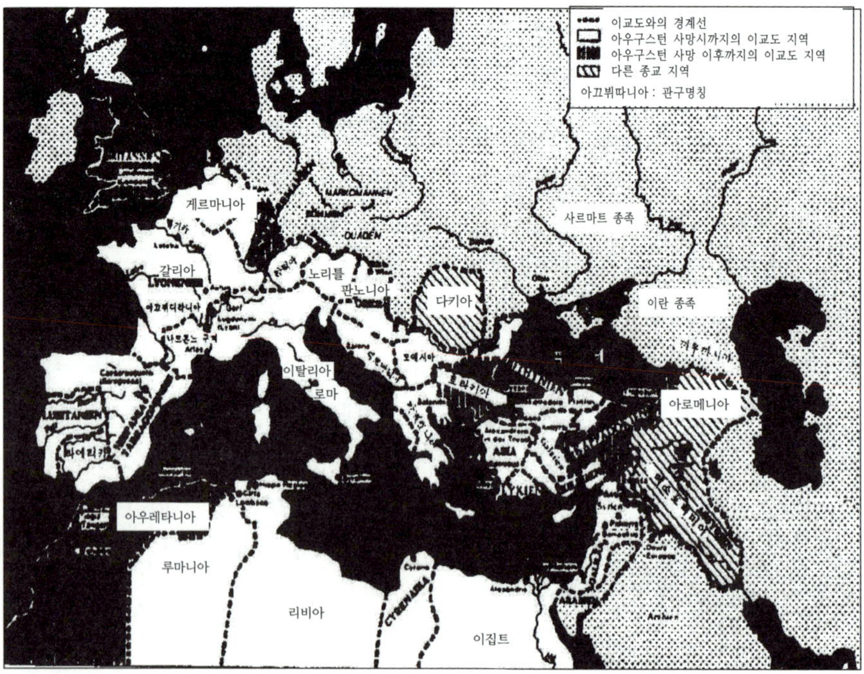

황제 콘스탄티누스와 교회조직

로마제국시대 크리스트교 교회조직은 중세 세계에서도 권력동아리의 보편주의 발원지였다. 크리스트교는 황제 콘스탄티누스의 밀라노협약(313년)으로 로마제국에 정착했다. 밀라노협약은 크리스트교를 비롯한 모든 종교를 로마제국에서 허용하자는 것이었다. 밀라노협약은 동부 비잔티움세계 로마제국 황제 콘스탄티누스(306~337)와 서부세계 로마제국 황제 리키누스(+325)의 타협으로 찾아낸 일종의 크리스트교를 허용하는 협약이었다. 밀라노협약은 이후 지중해세계 의례관습을 변화케 했던 계기였다. 크리스트교는 새로운 로마제국 종교로 등장했다. 따라서 기존 로마제국 의례관습 질서 역시 크리스트교동아리 의례관습 영향을 받으며 변화하지 않을 수 없었다. 로마제국 시민은 주로 토착 신앙을 믿었다. 로마제국에서 유대교를 비롯한 여러 소수 종교동아리의 의례관습 질서는 시민 윤리에 영향을 미치지 못했다. 물론 밀라노협약 당시까지도 크리스트교는 로마제국 시민의 종교가 아니었다. 밀라노협약으로 두 로마제국 황제는 크리스트교동아리의 교회조직을 제국 제도에 흡수코자 시도했다. 그러나 로마제국 당국에서 크리스트교 동아리를 통치조직에 수용하려고 노력하면 할수록, 크리스트교동아리는 제국에 반항하며 영향권으로부터 더욱 멀어져갔다. 특히 크리스트교동아리 조직은 자체 질서를 세우며 종교동아리 기능과 권력동아리 단위로서 문화 발원지 역할을 담당하기 시작했다.

크리스트교동아리는 교회조직을 활용하여 고전시대 의례관습 상속자 위치에서 문화이동 관례로서 예언자 역사를 발굴하여 로마제국 시민사회에 전파했다. 크리스트교 교회조직은 황제 권력동아리의 제국 정치에 대해서도 문화 발원지로 등장했다. 이런 크리스트교 교회조직의 위치변화는 로마제국 윤리 변화로 발전했다. 4세기 말엽 이후 교회조직은 크리스트의 보편주의 발원지로 정착하여 로마제국의 황제 권력동아리에 영향을 미치며 제국 기능까지 상실케 했다. 그러나 황제 테오도시우스(379~395) 이후 황제 권력동아리와 교회조직은 크리스트의 보편주의를 이념으로 선택하여 과거 대립관계를 청산했다. 로마제국 역시 크리스트의 보편주의라는 새로운 결속력으로 150년 이상 연명할 수 있었다. 서부 제국 황제 막센티우스(409/10~411)와 동부 제국의 황제 콘스탄티누스는 도시 로마의 밀바노 다리 위에서 312년 만나서 담판하여 로마인의 제국관습을 유지하겠다는 의도를 갖고 있었으나 두 황제의 이런 의도와 다르게 오히려 로마인의 제국관습은 의외로 와해되기 시작했다. 즉 밀라노협약은 결국 크리스트교를 국가 종교로 허용했으나 결국 로마제국 약화요인이 되었다. 두 권력동아리 수장 입장에서도 동부 제국의 황제 콘스탄티누스는 서부 제국의 황제 막센티우스를 누르고 승리했으나 사실상 밀라노협약 선포는 크리스트교 제국이 되겠다는 것을 선포한 것이나 다름없었다. 특히 동부 제국의 황제인 콘스탄티누스는 크리스트교를 수용한 공로 때문에 유럽문화 발원자로서 존엄한 위치에 올랐다.

당시 로마제국에서 프랑스 남부지방(갈리아)은 이동종족 정착지였다. 갈리아관구 방어는 이동 종족 때문에 주요 황제 관심사였다. 로마제국의 변경 방어 문제는 동부 제국 황제 콘스탄티누스가 사쿠타리에서 서부 제국 황제 리키누스와 담판하여 로마제국 단일 황제가 되는 순간부터 주요 황제 관심사였다. 이것은 동부 제국 황실 자체가 서부 제국을 거의 직접 통치할 수 없는 거리에 있었기 때문이었다. 324년 이후 제국 방어 문제가 주요 황제 관심사로 부각했다는 것은 또한 콘스탄티누스의 탁월한 재능과 치밀한 재사 성격을 그대로 반영한 것이었다. 황제의 이런 재사 성격은 자기 어머니 헬레나의 영향도 받았다. 황제는 이런 이유로 기존 의례관습을 고수하면서 로마제국을 유지해 갔던 것이다. 황제는 특히 자기에게 반항하던 회의주의자까지도 크리스트교동아리에 포용했다. 콘스탄티누스는 단일 로마제국 황제로서 이후 자기 어머니 헬레나와 관련된 여러 가지 기념물을 로마 시내에다 신축했다. 여러 가지 기념물 중에서도 유명한 기념물은 산타 크로체(Santa Croce)라는 십자형 성당 옆에 남아 있는 성곽이다. 이 교회 성곽은 황제의 어머니 헬레나가 기거했다고 해서 지금까지도 헬레나 궁전이라고 지칭하고 있다. 이 궁전은 팔레스티나에서 가져온 자재로 건축되었다. 교회 예배당은 크리스트의 십자가를 수많은 보석으로 장식했다. 산타 크로체 성당과 멀지 않은 곳에 현재 라테란 성당이 자리 잡고 있다. 황제는 그 근처에다 또한 교황청 법정을 설치하여 서부 세계 교회조직을 관장했다. 콘스탄티누스는 성당과 그 부속 건물을 비롯한 모든 서부 세계 교회조직 관할권을 로마 대주교에게 넘겨주었다. 로마 시에 황제가 남겨둔 기념물 품목은 「교황청 일과 기록문서」에 명시되어 있다. 이런 기념물 중에서도 콘스탄티누스 황제 궁전 마루바닥이 콜로세움에까지 이르고 있다는 것은 추측컨대 팔라티네 궁전의 황제 임종 자리를 예수 크리스트의 임종 자리에 일치시켜 추모하기 위한 통로였을 것으로 추정하고 있다.

황제 콘스탄티누스는 동부 세계와 서부 세계를 통일하여 과거 로마제국을 재현코자 했다. 황제는 크리스트교가 동부 제국과 서부 제국의 통일이념 발원지가 되어 주기를 바라는 한편 단일 황제 위상에 어울리는 신정 정치 협조자를 교회조직에서 찾아내고자 했다. 황제와 교회조직의 신정 정치는 중세 세계에서도 시대마다 자유정신을 통하여 재생했다. 특히 지배자와 교회조직의 이런 자율 정신은 정복자 프랑크종족왕 클로도베크로부터 궁재 피핀을 비롯하여 중세 후기 모스크바 공작 영지의 러시아계 유목민 영주에게까지도 콘스탄티누스와 교회조직의 신정정치 관계처럼 재현되었다. 탁월한 정치가 황제 콘스탄티누스는 주교회의를 소집하고 주재하는 한편 교회조직 생활관습을 문화 발원지로 만들어갔다. 황제는 크리스트의 순수함과 신비주의를 성사관습에 담아 현재까지도 당연하게 받아들이는 생명의 존엄함을 강조하는 한편 생명의 존엄함을 당시의 크리스트숭배관습에 담기 시작했다. 황제는 생명의 존엄함을 실현하는 성사관습을 집전했다. 따라서 황제는 생명의 존엄함을 실현하는 성사관습을 황제숭배관습으로 전달하며 황제 자신을 신의 은총 대행자로 인식시켰다. 크리스트는 신의 은총에 대한 표상이었다. 신의 은총은 크리스트라는 표상으로 전달되었다. 성직자의 성사관습은 신의 은총을 전달한다는 취지를 전달했다. 성직자의 성사관습은 물론 절차를 중시했다. 황제는 도덕 쇠퇴와 계급투쟁을 우려하여 성사관습 절차를 더욱 중시한 한편으로 도덕 쇠퇴와 계급투쟁의 방지를 국가 정책 목표로 추진했다. 황제는 사회 안정에 초점을 맞추어 가족제도와 혼인 제도를 다시 정비하고 엄격하게 관리했다. 이런 국가 정책은 곧 신정정치 이론에서 발원했다. 황제의 신정정치는 성직자의 성사관습을 매개로 크리스트라는 신의 표상에 복종하는 한편 계급투쟁의 분리관습을 제거하고, 신이라는 중개자를 내세워 다양한 제국 종족을 황제 권력동아리에 결속하겠다는 이론이었다.

콘스탄티누스의 신정정치는 특정한 전제 군주 옹호이론에서 발원했다. 신정정치는 국가의 권력동아리가 신에서 발원했기 때문에 군주의 절대권력 추구가 신의 의지에서 발원한다는 이론이었다. 즉, 신정정치 이론은 크리스트교동아리의 권력동아리이동이론에 근거하여 종교동아리와 권력동아리의 권위를 일치시키는 이론이었다. 그러나 황제는 크리스트교도임에도 불구하고 황제 권위를 신의 권위보다 상위에 설정하여 고유한 종교동아리 권위를 이탈했다. 황제는 신정정치 주관자로서 동부 세계에서 국가와 사회의 변절자로 전락했다. 황제는 신정정치 이론에서 신의 권한 대행자로서 절대 권력자 위치를 확보했다. 따라서 황제는 크리스트의 성서보다 높은 위치를 차지했고, 지상에서는 신의 권한 대행자였다. 황제는 동시에 국가와 사회에서 전지전능한 지배자였다. 이런 신정정치는 시대에 따라 새로운 모습으로 유럽세계에서 나타났다. 중세 유럽세계에서는 800년경 카롤루스 막뉴스의 신정정치도 그 사례인 것이다. 800년경 비잔티움세계에서 황제의 신정정치는 본래 취지와 전혀 다른 방향으로 발전했다. 황제는 서부세계의 로마 대주교, 즉 로마 교황과 전혀 다른 위치를 차지했다. 어느 정도 시대가 흐른 이후 비잔티움세계의 신정정치는 서부세계에서 새로운 게르만어계 종족왕의 권력동아리 존속원리를 제시했다. 즉, 11세기 도이취어계 황제-종족왕도 로마제국 황제 콘스탄티누스처럼 국가정치를 신의 위치에서 대행했다. 작센 스타우퍼 가문의 황제 하인리히 2세(1002~1024)는 지상의 크리스트라는 칭호를 지니고 국가 정치를 신의 권한 일부로 간주하여 대행했다. 물론 콘스탄티누스도 신의 권한을 위임받아 대행하던 절대 군주였다. 콘스탄티누스 이후의 후계 군주는 방대한 교회조직과 신의 권능을 활용하여 비잔티움제국과 이탈리아제국이라는 분할 제국을 통일하려고 염원했다. 황제 콘스탄티누스 후계 군주 역시 신의 권한 위임자인 절대군주로서 제국 평화를 이어가며 제국통치와 제국의 평화유지를 황제의 통치업무로 만들어 신정정치 이론을 계승했다. 물론 이런 신정정치이론은 크리스트교동아리의 결속력에서 발원했다. 황제는 종교동아리를 제국의 통치 도구 활용하여 제국관습을 실현했다.

중세 세계에서도 종족왕의 통치관습은 비잔티움세계 황제처럼 신정정치에서 발원했다. 국가조직도 교회조직 골격을 그대로 계승했다. 국가조직과 교회조직은 종교동아리의 결속력에 바탕을 두고 황제의 권력동아리를 구성했고, 황제 역시 국가조직과 교회조직의 정점에 앉아 제국 정치를 주관했다. 따라서 교회조직은 황제 권력동아리의 통치도구였다. 이미 황제는 또한 제국 정치에서 중요한 위치를 차지했다. 교회조직이 국가 기본조직에 편입됨에 따라서 크리스트교동아리에 대한 ‘박해’는 사라졌으나 황제의 다양한 특권관습이 교회조직에 부착되기 시작했다. 황제는 교회조직에 대한 황제의 특권관습을 인정했고, 성직자동아리는 황제 관리로 전락했다. 성직자동아리와 교회조직은 황제의 특권관습에서 발원하는 확고한 일체감으로 국가 하부조직 즉 황제의 권력동아리 일원으로 둔갑하여 제국관습 창출기구 역할을 담당했다. 황제 콘스탄티누스는 신정정치를 활용하여 새로운 군주정치를 창출했다. 황제의 신정정치에서 물론 신의 은총은 권위의 발원지였다. 황제는 신의 구원을 결정하는 최고 사제장으로서 황제의 통치관습에다 신의 은총을 일치시켰다. 황제는 따라서 절대군주로서 제국을 통치했다. 황제의 절대자관습은 고전시대 도시국가의 군주관습과 유사했다. 비잔티움제국은 이런 고전시대 도시국가 생활관습을 제국 종말기인 16세기까지 유지했다.

비잔티움제국은 세계국가 건설을 정책목표로 설정했다. 즉, 비잔티움제국 도시국가는 권력동아리 단위를 표준으로 설정했다. 고전시대 생활관습에서는 주로 도시 시민, 자치 도시 시민, 부르크 주민을 구분했다. 고전시대 로마 시민의 이런 생활관습 구분은 도시 사람 관습과 촌사람 관습에서 발원했다. 그러나 크리스트교 제국에서는 도시 사람 관습과 촌사람 관습도 사실상 기능을 상실했다. 비잔티움제국에서는 도시 사람 관습도 권력동아리의 통치관습에 따라서 도시 사람이 자유민인가와 도시 사람이 선출한 대표가 시민 대표 권한을 행사하고 있느냐에 따라서 달라졌다. 또한 비잔티움세계의 도시에서 도시 사람 관습은 특히, 다양한 크리스트교 영향으로 개인동아리로 변모했다. 이런 점에서 중세세계 이전의 크리스트교는 실제로 장구한 시대 적응력을 갖춘 농촌사회에서 그 적응력을 상실하고 도시 사람의 종교가 되었다. 비잔티움세계에서 성사관습은 도시 사람 관습의 발원지였다. 제국의 신정정치에서 황제관습은 성사관습을 거치면서 황제를 신의 권한 대행자로 전달했다. 또한 황제관습은 최고 자산가 권위에다 신의 은총을 부여함으로써 황제를 자유 시민에 대해서도 절대자로 내세웠다. 황제는 신의 은총으로 모든 제국구성원을 구원하는 존엄한 절대자였다. 그러나 이런 황제관습이 고전시대 지배자관습은 아니었다. 그러나 동양의 황제관습에서는 이미 고전시대부터 황제가 최고 성직자요, 최고 지배자였다. 이런 동양 황제관습 영향 때문인지는 알 수 없으나, 비잔티움제국과 이탈리아제국의 존엄한 황제관습은 크리스트교의 성사관습을 거치면서 일반 제국구성원에게 존엄한 황제 권위를 지속해 나갔다. 크리스트교의 성사관습은 황제관습을 정당하게 만드는 일종의 통치 도구였다. 비잔티움제국에서 크리스트교의 성사관습은 제국 황제의 권위 발원지였다. 황제는 신의 은총을 베풀고, 크리스트의 권한을 대행하는 사도 성자와 대등한 위치에서 권력동아리를 통제했다. 이런 황제관습은 저절로 보이지 않는 언어관습 도구를 활용하여 신의 존재관습을 다양하게 전달했다. 이런 황제관습 영향으로 비잔티움세계의 중심 도시인 이스탄불까지도 자기의 이름을 따서 콘스탄티노플이라 지칭했다. 콘스탄티노플은 326년 비잔티움세계 제국의 새로운 문화 센터로 등장했다. 콘스탄티노플은 새로운 제국 도시로서 그리스어계 문화를 계승했다. 황제 콘스탄티누스는 세계제국 수도에서, 사도 교회의 최고 성직자로서 저절로 12사도 중에서도 최고의 위치에 올랐다.

그러나 황제 콘스탄티누스는 미 세례자였다. 콘스탄티누스에게 성수로 세례를 줄 수 있는 인물이 지상에는 있을 수 없었다. 황제 콘스탄티누스는 최고 사도로서 성사관습으로부터 발원하는 신의 권위를 이용하여, 325년 제1차 니케아 주교회의에서 다수 주교를 설득하여 신학동아리의 크리스트 보편주의를 실현하는 중심 위치인 사제동아리의 최고수장 지위에 올랐다. 비잔티움제국 궁정의 성사관습은 12신관 위치에 바탕을 두었다. 12신관은 교회조직의 성사관습에서 12사도를 상징했다. 비잔티움제국 궁정의 이런 성사관습은 황제가 신앙을 활용하여 세계 교회조직을 통일하겠다는 취지를 담고 있었다. 황제는 세계의 교회조직 통일을 곧 과거 제국 통일로서 실현했다. 황제관습은 따라서 궁정관습과 황제위를 성사관습 정상에 위치하도록 설정했다. 따라서 황제는 궁정관습 정점에 오르고, 황제 위는 12 사도의 정점에 앉아 있었다. 황제관습은 성사관습에서 발원하는 크리스트의 직분과 권위로써 확고한 절대자 위치를 유지했다. 존엄한 황제 권위는 성사관습에서 발원했고, 신정정치로 제국을 통치했다. 이런 신정정치 이론은 18세기, 즉 프랑스 혁명시대까지 유럽세계 신학이론의 주류 정치이론이었다. 그러나 신정정치 이론은 종족왕의 통치 권력에 정당함을 부여하여 영지 구성원을 억압하는 도구나 다름없었다. 18세기 이후 국가 정치에 보통선거 제도를 도입하면서 통치자를 국민 투표로 뽑게 되었다. 신정정치이론과 신학이론은 보통선거 제도의 도입, 왕정 폐지로 역사 뒷면으로 사라졌다. 유럽세계의 신학은 원숙한 후기 고전시대 성사관습 상속자였다. 특히 크리스트교 신학을 크리스트교로 채색된 후기 고전시대 세계 모습에 비추어 보면 크리스트교 신학은 유럽관습 발원지였다.

비잔티움제국은 교회조직을 하부조직으로 황제 권력동아리를 유지했다. 비잔티움제국에서 교회조직은 신과 종교동아리, 교회조직의 법률과 성사관습으로 통치자의 의지를 전달하는 한편 통치자에 대하여 동의를 요청했다. 비잔티움제국의 황제 권력동아리, 종교동아리, 교회조직 사이의 새로운 관계는 제국 질서를 교회조직의 위계질서에 따라서 재편했다. 따라서 비잔티움제국에서 교회조직은 곧 새로운 표준 제국질서 발원지로 정착했다. 즉 로마제국 붕괴에도 불구하고 교회조직은 다양한 지중해세계 종족에 대하여 문화 발원지로서 장기간에 걸쳐 크리스트교세계 문화를 커다란 단절 없이 유지하는 버팀목이었다. 로마제국 붕괴와 함께 고전시대 세계는 종말을 고했으나 교회조직 역할 때문에 문화이동은 단절되지 않았다. 그러나 로마제국 붕괴 이후 문화센터는 서부세계 프랑스남부[갈리아]지방으로 이동하기 시작했다. 특히 갈리아지방에서는 메로베크 가문 프랑크종족왕의 권력동아리가 서서히 등장했다. 물론 당시 갈리아는 로마제국 속주였다. 그런데도 갈리아는 당시 비잔티움제국 영향력이 단절된 상황이었다. 서부세계 갈리아에서 메로베크 가문 프랑크종족왕의 권력동아리가 등장했다는 것 자체가 질서 변화의 증거이며 이런 질서 변화는 7세기 이후 유럽문화 발원지인 것이다.

크리스트교는 후기 고전시대 로마제국을 문화 발원지로 만들었다. 중세 세계에서도 크리스트교동아리의 교회조직은 새로운 권력동아리의 하부조직이었다. 크리스트교는 유럽세계 특성으로 정착했고 교회조직은 후기 고전시대 문화 상속자였으나 다양한 게르만어계 종족세계에서는 이교도였다. 그런데도 크리스트교는 다양한 종족를 융합하여 유럽세계 인간으로 만들었다. 크리스트교는 로마시대 라틴어관습, 특히 라틴어 계약관습을 게르만어계 종족의 생활관습에 부착하여 게르만어계 종족의 생활관습을 로마시대 라틴어관습과 생활관습에 동화케 했다. 크리스트교는 황제 콘스탄티누스에게 미친 영향 못지 않게, 프랑크종족왕의 영지 창건자 크로도베크에게도 중요한 위치를 차지했다. 크리스트교는 프랑크종족왕 크로도베크에게 권력동아리 조직을 제공했다. 이런 크리스트교 숭배대상은 신비였고, 이 신비에는 조상숭배관습도 포함되어 있었다. 크리스트교는 제국에 대하여 불안을 해소해주는 한편 그 대가로 공납 물을 받았다. 여기에 그치지 않고, 크리스트교는 후기 고전시대 세계에서 문명 산물인 불신풍조를 제거해주었다. 크리스트교는 또한 거친 전사 종족의 기질을 잠재우며, 극단의 종족 기질을 수용하여 본래 목적과는 전혀 다른 방향으로 이동종족을 순화시켰다.

수도자동아리 세계와 이교도동아리

종교동아리는 313년 밀라노 칙령 이후 로마제국세계에서 활기차게 이동하기 시작했다. 크리스트교동아리도 이단자동아리와 정통론자동아리로 대립하기 시작했던 반면 유대교동아리를 비롯하여 다양한 이교도동아리가 비잔티움세계로 유입되어 활동하기 시작했다. 다양한 종교동아리 활동은 고전시대 표준 질서 와해로 인하여 새로운 질서 발원지가 되었다. 로마제국 문화영역의 다양한 종교동아리이동 현상은 기존 질서를 해체했다. 수도자동아리는 고전시대 질서의 해체 상황에서 새로운 결속 원리를 제시했다. 이런 전환시대에 수도자동아리의 표준 인물은 성자 아우구스틴이었다. 아우구스틴은 아프리카의 도시 히포의 주교였다. 4~5세기 아우구스틴은 후기 고전시대 세계로부터 중세 세계로 전환하던 시대를 살면서 생소한 이교도동아리의 범람을 잠재우고, 이단자동아리와 정통론자동아리로 분리된 크리스트교

세계를 실제로 결속할 수 있는 표준 덕목을 제시했다. 고전시대 이후 크리스트교 세계는 아우구스틴의 이런 덕목을 버팀목으로 지탱해 갔다. 특히 수도자 학문동아리는 그리스어와 라틴어 관습의 성서를 종합코자 시도했다. 크리스트교동아리는 수도자 학문동아리의 이런 역할에 힘입어 3세기 말 과 4세기 초엽 이후 다양한 교리를 종합하면서 정착했다.

교회조직도 자연히 이단자동아리의 활동 때문에 분열했다. 이런 교회조직 분열은 다양한 종족의 생활관습과 특정한 수도자의 금욕수행관습 때문에 발생했다. 특히, 정통론자동아리 교회조직도 도나투스계 수도자동아리와 아리우스계 수도자동아리의 반항으로 극심한 분열상황에 직면했다. 이런 교회조직 분열은 크리스트교 세계와 국가의 인식 차이, 자산 운용관습 차이, 신비관습 차이 때문에 발생했다. 이 수도자동아리는 정통론자동아리의 교회조직 분열을 비판하고, 새로운 금욕수행관습을 교리로 실천하는 한편 정통론자동아리 교회조직 분열에 대하여 반항했다. 수도자동아리의 반항은 교회조직의 분열 위험에 직면한 정통론자동아리 교회조직 모습을 변화토록 자극했다. 수도자동아리의 금욕수행관습은 교회조직의 표준 덕목으로 정착하여 18세기 이후까지도 서양세계 교회조직 분열을 극복하는 권위 발원지였다. 물론 수도자동아리의 금욕수행관습은 개인의 창의력에서 발원하여 중세 세계의 윤리 발원지 역할을 담당했다.

수도자동아리 은신처는 결속력 발원지로 변모했다. 수도자동아리 교회조직의 자산은 증가했다. 이후 수도자동아리 교회조직의 자산 증가는 곧 성직자동아리와 국가 정치에서 주교로 하여금 공명심에 사로잡히게 했다. 그러나 이와는 반대로 수도자동아리는 영혼 구제 명분으로 금욕수행관습을 실천하면서 빈곤 퇴치에 기여했다. 이런 수도자동아리 좌장은 안토니우스(+356)와 파치아누스(+390년?)였다. 이 두 수도자는 이집트사막지대에서 금욕수행관습을 실천하던 표본 인물이었다. 그 이외에도 현재 오스트리아 티롤지방인 노리쿰(Noricum-중심도시 인스부르크)의 세베리누스(+482)는 서부세계에서 정통론자동아리 교회조직에 반항하며 정통론자동아리 교회조직 분열을 주도했다. 세베리누스계 수도자 학문동아리는 게르만어계 종족왕의 권력동아리 구성원을 배출하여 정통론자동아리 교회조직의 분열을 극복하려는 개혁 세력을 조직하기 시작했다. 물론 프랑크종족왕의 권력동아리 구성원도 세베리누스계 수도자 학문동아리에서 배출되어 신흥 귀족으로 등장했다. 프랑크종족왕의 신흥귀족은 수도자 학문동아리 영향으로 금욕수행관습을 중시했고 교회조직에서도 구원을 신앙 목표로 설정했다. 또한 세베리누스계 수도자 학문동아리 영향으로 수도자 신학동아리도 인간의 구원을 교회 임무로 설정했고 후기에는 인간 구원이 바로 구원 예증으로 이어졌다. 프랑크종족왕 영지의 수도자 신학동아리는 구원 예증을 선전하며 혼란한 후기 고전시대 전환시대를 잠재웠다. 이런 점에서 수도자 신학동아리의 구원 예증은 후기 고전시대 문화의 기본 틀을 유지하면서 새로운 유럽문화 발원지가 되었던 셈이다. 따라서 세베리누스계 수도자 학문동아리와 함께 세베리누스는 후기 고전시대 세계에서 수도자의 표본 생활관습을 제시했다. 수도자 세베리누스는 구원 예증을 입증하여 성자 위치에 올랐고 현재 도나우강 유역에 위치한 현재 오스트리아의 티롤지방인 노리쿰(인스부르크)에서 활동했다. 성자 세베리누스는 원래 게르만어계 이동종족의 정복지로부터 도망 나온 탈주병이었다. 노리쿰지방은 아쿠이레야스와 알프스산맥 사이에 위치한 안전한 피신처였다. 성자 세베리누스는 노리쿰에서 도나우강을 건너 도주해 온 탈주자를 도우면서, 기본 수도자 덕목으로 금욕수행관습을 제시했다.

아프리카 카르타고의 주교 도나투스(+314년)는 정통론자동아리 교회조직을 분열시킨 인물이었다. 주교 도나투스는 주로 현실 정치와 타협 문제를 제기하며 정통론자동아리 교회조직 분열을 주도했다. 도나투스계 반항자동아리는 정통론자동아리 교회조직과 콘스탄티누스 제국의 정치와 타협하는 것을 반대했다. 도나투스계 반항자동아리는 대개 사도성자시대 교회를 표준 교회로 제시하며 사도성자시대 교회로 돌아가야 한다고 주장했다. 도나투스계 반항자동아리는 교회조직과 제국 정치와 타협을 반대하고, 당시 교회가 순교자시대 교회로 돌아가야 한다고 주장하며 정통론자동아리 교회조직 분열을 주도했다. 이 도나투스계 반항자동아리의 반항에 대처하기 위하여 갈리아 관구인 아를르에서는 313년 (종교)주교회의를 개최했다. 황제 콘스탄티누스는 정통론자동아리 교회조직과 제국 권력동아리의 타협을 반대하는 교회를 변절 교회라는 명목으로 탄압했다. 황제의 교회조직 탄압에 대하여 북부 아프리카 교회조직은 반항하기 시작했다. 과격파 농민도 순수한 정통론자동아리 교회조직을 복구하기 위하여 황제 반항운동에 참여했다. 황제는 아프리카의 과격파 농민동아리의 반항운동을 혹독하게 탄압했다. 콘스탄티누스는 과격파 농민동아리 반항자에 대하여 재산관습과 혼인관습까지 박탈하며 탄압했다. 황제 콘스탄티누스는 반항자동아리의 탄압 정치를 정당화하기 위한 대비책으로서 밀라노 칙령을 발포했다. 도나투스계 반항자동아리 대표자는 역시 주교 도나투스였다. 주교 도나투스는 교회가 순교자시대 교회로 돌아가야 한다고 주장했다. 이 도나투스계 반항자동아리는 아프리카에서 아랍인의 침입시대까지 잔존했다.

아리우스(대략 +336)는 이집트의 도시 알렉산드리아 주교였다. 알렉산드리아는 그리스어계 생활관습을 그대로 유지했다. 아리우스는 플라톤의 이데아이론을 수용한 나머지 크리스트가 신의 아들이라는 교리를 부인했다. 아리우스의 이런 반항은 크리스트교의 교리 핵심인 삼위일체이론의 기본 틀을 흔들어 놓았던 것이다. 당시 황제 콘스탄티누스의 제국 교회조직에서는 삼위일체이론을 골격으로 '구원 예정'을 종교동아리 목표로 믿게 했다. 아리우스의 이론은 결국 로마제국 교회조직에 대하여 318년경 타격을 가했다. 당시 성직자동아리를 비롯한 일부 세속인도 구원 예정을 부인하고 아리우스의 주장에 동조하고 나섰다. 아리우스의 삼위일체이론 부인으로 로마제국 교회조직에서 성직자와 세속인도 분열하기 시작했다. 로마제국 교회조직의 이런 권위 손상은 황제의 제국 정치에도 타격을 가했다. 특히, 당시까지는 황제 콘스탄티누스도 삼위일체이론을 거부했다. 아리우스는 본래 창조주가 만물을 창조하지도 않았으므로 신의 속성도 변화될 수 없다고 주장하다. 아리우스는 크리스트가 신의 아들이라는 것에 대하여 문제를 제기하고 크리스트의 존재 근거(logos)는 그저 말에 지나지 않는다고 주장했다. 이 문제는 크리스트의 존재 문제로 비화했다. 삼위일체이론의 타당함 문제는 또한 크리스트 숭배관습 절차 문제로 발전했다. 그러나 당시 콘스탄티누스는 크리스트 숭배관습 절차를 로마제국 교회조직을 중심으로 통일해 놓았다. 황제는 크리스트 숭배관습 절차 통일의 필요함을 강조하기 위하여 비토니아 지방의 소도시 니코메디아 근처에 있는 니케아에서 325년 제국 주교회의를 소집했다. 황제가 주교회의를 소집한 이면에는 자기의 교회조직 정책이 정당하다는 논거를 확보하려는 의도가 깔려 있었다. 이런 비잔티움세계 상황과 달리 서부세계 황제는 종교동아리의 신학논쟁에 말려들지 않았다. 당시 로마의 대주교 실베스트 1세(314~335)는 병으로 제국 주교회의에 참석하지도 않았다. 그런데도 황제 콘스탄티누스는 주교를 모아 놓고 주교회의를 주재하며 제국 교회조직의 통합을 호소했다.

아타나시오스(대략 295~373)는 주교회의에서 황제의 교회조직 통합을 당당하게 반대하고 나섰다. 아타나시오스는 알렉산드리아 주교인 알렉산더의 수석 부사제였다. 아타나시오스는 주교회의에 참석한 주교에게 삼위일체란 곧, 신비이기 때문에 개인의 판단기준에 맡겨야 한다고 설득했다. 아타나시오스는 삼위일체이론의 상징물을 신비로서 인식해야 한다는 것이었다. 또한 아타나시오스는 신앙 대상인 크리스트의 상징물을 찬미해야 한다고 주장하며 오늘날의 성사관습처럼 삼위일체 징표로서 빵과 포도주를 신비의 상징물로 활용했다. 아타나시오스의 삼위일체이론은 결국 아리우스의 논리를 약화시켰으나 크리스트가 신의 아들임을 부인하다가 파문과 함께 유배형을 받았다. 아리우스 이후 플라톤의 이데아이론과 아리우스의 저작물도 사라졌다. 아리우스의 저작물은 '논리학'에 근거하여 삼위일체를 부인했다는 사실 때문에 결국 금서로 전락했다. 이후 아리우스는 사형 당했다. 아리우스의 사형과 함께 황제 콘스탄티누스의 교회조직에 대한 통일정책은 출발했다. 황제 콘스탄티누스는 이단자동아리를 잠재우고 교회조직 통일을 이룩했다. 그런데도 황제 콘스탄티누스의 승리 이면에는 다양한 이단자동아리 씨앗이 뿌려져 있었다. 즉, 이단자동아리의 교리논쟁은 언제나 재연될 수 있었다. 니케아 주교회의는 정통론자동아리 교회조직의 교리를 채택하고 폐막했다. 정통론자동아리 교회조직 입장에서는 자기네 교회가 표준관습 발원지임을 인정받았다. 니케아 주교회의 이후부터 정통론자동아리는 자기네 교회를 전체 교회조직을 대표하는 '정통론자동아리 교회'라고 지칭했다. 물론 황제는 정통론자동아리 교회조직 수장임도 인정받았다. 따라서 황제는 황제숭배관습에 스며있던 종교동아리의 의례관습을 배제하기 시작했다.

고전시대 그리스인과 로마인의 신전은 중세 세계 인간의 마음속에 과거처럼 자리 잡고 있었다. 고전시대 인간의 신전 숭배관습은 중세 세계의 예배관습, 즉 크리스트 숭배관습으로 대체되었다. 고전시대 신전의 둥근 기둥양식은 중세 교회 건물의 박공천정 양식으로 대체되었다. 중세 세계에서 교회가 고전시대 신전 관행을 계승했다는 점에서도 교회조직은 곧 문화 발원지로서 전환시대 생활관습을 새로운 종교 관행에 부착하며 정착했다.

과거 로마, 새로운 로마, 속주세계 변화

황제 콘스탄티누스와 함께 후기 고전시대 도시인 콘스탄티노플은 비잔티움세계의 새로운 로마로 부상했다. 콘스탄티누스는 326년 비잔티움세계의 문화를 바탕으로 자신의 도시인 황제도시를 건설했다. 330년 이후 콘스탄티노플은 제국 중심도시로 정착했다. 황제는 동양을 향하여 웅비하는 헬레나 후예처럼 제국 기틀을 확충해 갔다. 황제는 신중하고 교활하게 문화정치를 펼치며 제국을 관리하기 위한 인재를 양성하기 위하여 학문동아리를 양성하기 시작했다. 학문동아리의 주요 과목은 그리스어와 라틴어를 비롯하여 문학, 철학, 수사학, 법률학 등이었다. 비잔티움세계는 아라비아, 페르시아, 시리아, 흑해 연안 , 그리스, 서부세계 속주로부터 필요한 인재를 초빙하기 시작했다. 특히 속주의 의사와 교사는 콘스탄티노플로 모여 들고 있었고, 속주 예술가를 후원했다. 당시 비잔티움 제국의 여러 박물관은 황제의 예술 보호정책을 그대로 반영했다. 콘스탄티노플은 비잔티움제국의 중심 도시로 번창했으나 이탈리아 로마는 과거 영광을 간직한 채 역사 이면으로 사라져갔다. 로마 대주교는 특정한 위치도 없이 비잔티움제국 교회조직 관구장에 불과한 존재로 전락했다. 티베르강 유역의 도시 로마에도 비잔티움 풍의 예배당이 들어섰다. 당시 비잔티움제국 황제 콘스탄티누스를 상대하던 서부제국 황제는 막센티우스였다. 특히 황제 막센티우스는 콘스탄티누스 예배당을 건축했다. 황제 막센티우스가 건축했던 콘스탄티누스 예배당이 비잔티움세계의 고전풍을 간직하고 있다는 것은 서부세계에 대한 황제 콘스탄티누스의 영향력을 살피기에 충분한 증거인 것이다. 콘스탄티누스 예배당은 콘스탄티누스가 당시 로마에다 비잔티움세계 고전풍이 담긴 예배당을 신축토록 막센티우스를 고무했을 수도 있다. 특히 이 예배당은 로마 대주교의 당시 위치를 충분하게 암시하고 있다.

이 무렵 로마에는 4개의 주요 예배당이 새로 들어섰다. 그렇다면, 콘스탄티누스와 로마 대주교의 관계가 어떤 상태였는지를 충분하게 가늠할 수 있을 것이다. 로마 대주교와 서부 제국은 이미 콘스탄티누스 영향력을 배제할 수 없었다. 콘스탄티누스는 이들 4개 중심 예배당 중에서도 '로마 마리아 교회'를 신축토록 서부제국의 황제 막센티우스를 자극했을 수도 있다. 콘스탄티누스는 밀바노 다리에서 황제 막센티우스를 제압한 승리를 기념하기 위하여 자신의 필치를 남겨두었다. 이런 점에서도 콘스탄티누스는 서부 제국의 황제나 대주교를 압도했을 수도 있다. 황제 콘스탄티누스의 이런 영향 때문인지는 분명치 않으나, 로마의 황제 교회는 게르만어 관습을 비롯하여 세계 문화와 지식의 풍모까지 함께 담고 있다. 도시 로마의 다양한 외부 문화 수용은 당시 제국의 중심부에 위치한 지리 환경 때문일 수도 있으나 어쨌든 도시 로마는 방대한 제국 역사를 보여주는 박물관으로 변모했다. 당시 로마제국은 동부세계 비잔티움제국과 서부세계 이탈리아제국으로 분리되어 있었다. 로마제국 분리는 문화 수준의 격차를 더욱 확대하며 속주 행정의 중심지를 동부세계의 비잔티움제국으로 이동케 했다. 비잔티움제국은 서부세계의 이탈리아 지역에 산재한 속주를 통치하기 위하여 황제 도시를 이미 창설한 상황이었다. 황제 디오클레티아누스(285~305)는 니코메디아, 시로미움, 밀라노, 트리어 등의 도시에 황제 관저를 설치하고, 이 도시를 황제 도시라 지칭했다. 당시 비잔티움제국은 다양한 생활관습 유입과 풍부한 물자 흐름에 힘입어 서부세계의 문화 발원지로 변모했다. 이런 비잔티움세계와 다르게 서부 제국에는 문화 빈곤과 물자부족으로 어두운 그림자가 드리우고 있었다.

서부세계 제국에서는 황제나 대주교 위치에는 아랑곳 하지 않고, 욕구와 불만이 터져 나오고 있었다. 황제 관저나 '대주교 관저'는 이미 과거부터 비잔티움제국에도 존속해 왔다. 비잔티움제국은 과거부터 중요한 지중해세계 교역중개지를 서부세계 황제 도시처럼 확보해 두고 있었다. 주요한 비잔티움세계 교역중개지는 이스탄불이었다. 이스탄불은 콘스탄티누스시대에 성숙하여 중세 세계의 문화 발원지 위치를 차지했다 이와 반대로 지중해세계에서 이탈리아의 로마 위치는 과거의 문화 발원지 기능을 상실했다. 따라서 서부세계에 산재했던 비잔티움제국 총독 관저도 자연히 아드리아 해변의 도시 라벤나로 옮겨 갔다. 라벤나의 번성과 함께 로마는 더욱 격심한 타격을 입었다. 이런 로마 기능축소는 심지어 로마 대주교가 크리스트교세계 일인자가 되는데에도 크나 큰 방해요인으로 작용했다. 서부세계는 이후 다시 로마 대주교 지위가 크리스트교세계 일인자가 되기까지, 즉 론강-가롱느강-르와르강-센 강 등의 유역, 즉 고전시대 갈리아의 과거 속주 문화가 새로운 문화로 성장할 때까지 기다려야 했다. 비잔티움제국 권력동아리는 지중해세계로부터 고전시대 갈리아의 하천 유역을 따라서 내륙을 관리했다. 비잔티움제국 권력동아리는 고전시대 속주 갈리아로 이동하여 서부세계 권력동아리 세력과 충돌했다. 그러나 서부세계 권력동아리 세력은 비잔티움제국을 인정하지 않았고 오히려 새로운 권력동아리를 창건하여 분리하기 시작했다.

후기 로마제국의 행정체제와 방어체제

과거 로마제국 행정조직은 15개 속주로 구성되었다. 로마제국시대 속주 행정조직은 각각 100~120여 개 구역으로 구성되었다. 최고 속주 행정기구는 관구였다. 관구 행정은 다시 재정, 내정, 법률로 세분되어 있었다. 물론 로마와 이스탄불의 황실 관리는 속주행정을 감독했다. 관구행정 중심지는 황제도시였다. 관구는 다시 그 아래의 행정단위를 관할구역으로 세분했다. 제국 관구에는 관구장, 즉 총독 이하의 관리가 주재했다. 그 황실 관리는 황제 권한을 대행했다. 관구행정 감독관은 황제 권한을 위임받은 대행자였다. 갈리아관구는 전체 서부세계와 브리타니아 섬을 비롯한 아프리카의 북서 해안지대도 관할했다. 갈리아 관구 중심도시는 4세기 말경까지 현재 도이취란트의 모젤강 유역에 위치한 황제도시 트리어였다. 황제는 군대와 행정 관할권을 단일 통제자 지휘 아래에 두지 않았다. 군대 전투명령은 관구 행정관리에게 공동 합의사항으로 지정되어 있었다. 그런데도 관구 관리의 의지는 황제의 전횡때문에 흔히 묵살되기 일쑤였다. 따라서 제국의 속주행정은 불신풍조와 탈법 사례가 만연하여 행정 관리의 명령체계도 이미 무너졌다.

황제는 명령체제 정점에 앉아서 행정조직에 대하여 절대권을 행사했다. 황제는 관리조직을 거쳐 명령을 속주로 전달했다. 이런 명령 집중은 오히려 제국 관리조직 와해를 부채질했다. 후기 고전시대까지 황제 절대권을 상식처럼 받아들였다. 그러나 황제 절대권은 불신과 부패의 발원지처럼 인식되었다. 일반 제국에서는 절대군주인 황제보다 이교도동아리의 신인 크리스트를 더욱 높이 추앙했다. 로마세계에서는 크리스트를 이교도동아리의 신으로 인식하면서도 자기 종족의 신관이 크리스트를 숭배하면 크리스트는 고결한 숭배대상으로 변화하거나, 크리스트에게로 더욱 가깝게 다가갔다. 신의 숭배관습 주관자가 크리스트 숭배로 전향하면 황제숭배를 반대하기 마련이었다. 여기저기서는 성자유물 절취 사건과 같은 성물파괴 사건들이 일어났다. 로마제국 속주에서 일어났던 성물파괴 사건은 황제숭배관습에 대한 반대 행위였다. 황실에서는 이런 황제숭배관습 반대를 잠재우고 성자유물 절취사건을 방지하기 위하여 비밀경찰을 파견하여 속주행정을 감시했다. 속주 관리는 황실 관리에 저항했고, 속주 관리와 황실 관리의 갈등은 오히려 커져갔다.

이런 상황에서 최대 제국 관심사는 제국변경 방어였다. 제국 경계선은 확정되어 있었으나, 방어 체제를 제대로 갖추지 못했다. 게다가 제국은 제국변방의 다수 이동종족이 침입할 적마다 수비 전략을 바꾸어야 한다는 부담도 안고 있었다. 제국변방에는 페르시아어계 종족, 고트종족, 알레만종족까지 제국속주의 변경 방어선을 넘어서 제국 내부까지 깊숙하게 이동했다. 이런 게르만어계 이동종족은 로마제국의 생활 자체를 동경했다. 특히, 게르만어계 이동종족은 로마제국 화폐를 얻어내기 위하여 속주 수비 용병으로 합류했다. 속주 수비 용병은 황실 지휘관의 지휘 아래서 제국방어 임무를 수행할 수 있을 정도의 기동력을 갖추고 있었다. 그러나 평화시대가 도래하면 이 지휘관은 황제 종사동아리 일원으로서 일반 관구행정을 담당했다.

비잔티움제국 방어 군대는 카자흐의 이란계 아란종족과 흑해 북부 연안의 고트종족으로 구성된 페르시아어계 혼성종족 군대였다. 페르시아어계 기병은 경무장 기병, 궁술병, 중무장 기병 등의 혼성 부대로 편성되었다. 비잔티움제국 방어 군대는 또한 칼과 창으로 무장했기 때문에 로마제국의 중무장 보병에게는 힘겨운 상대였다. 페르시아어계 기병은 중세까지 비잔티움제국 주력 부대로서 방어군 주축을 이루고 있었다. 비잔티움제국에서는 페르시아어계 기병 부대를 흔히 표준 군대조직 단위로 인식했고 신분에서도 특정한 위치를 차지했다. 비잔티움제국 군대는 변경지역에서 방어 임무를 활기차게 수행하고 방어군 지휘관의 명령에 복종하며 변경지역 거주자와 접촉하여 로마제국 시민의 생활관습에 동화했다. 로마제국에서는 이 군대를 주로 시민군대라고 지칭했다. 로마제국에서는 이 시민 군대를 후기시대에 직업 군인과 용병으로 구분했다. 이런 시민군대 구분은 사실상 과거 시민군대 해체를 반영했다. 시민군대 해체는 곧 로마제국 재정 악화를 반영했다. 로마제국 시민군대는 이제 제국변경에 거주하는 종족의 혈족, 게르만어계 종족 연루자, 과거 시민군대의 후예 등으로 구성되었다. 로마제국 시민군대는 갈리아와 이탈리아에서 여전히 주둔했다. 로마제국 시민군대는 인구 감소지역에서도 주둔했다. 로마제국의 인구감소 요인은 전쟁포로, 정착지를 떠나는 거주지 이동 때문에 발생했다. 그러나 로마제국 시민군대는 여전히 로마제국 중심지역으로 다시 이동했다. 로마제국 시민군대가 센 강과 르와르강 이내 갈리아로 이동한 경우는 로마제국 중심지역으로 시민군대가 이동하여 게르만어계 종족과 혼합된 사례인 것이다. 이런 이동종족의 혼합 현상은 비잔티움제국에서도 마찬가지였다.

사르마트종족은 흑해 연안의 유목 종족이었다. '사르마트'란 종족 명칭은 '여러 가지 종족'를 지칭했다. 사르마트종족처럼 '여러 가지 종족' 명칭은 비잔티움제국 변경지역인 흑해 연안에서도 흔히 나타났다. 비잔티움제국에서는 '여러 가지 종족'이 산재했으나 후기에 이르러 이 종족 거주지역은 이교도동아리 거주지를 의미했다. 특히 이런 이동종족은 여전히 로마제국 시민의 생활관습과 라틴어관습을 수용했다. 비잔티움제국에서도 대 영지 소유자나 화폐 주조자는 대개 농촌에서 배출되었다. 서부세계나, 비잔티움세계를 막론하고 로마제국의 어떤 변경지역에서든 로마제국 방어군 지원자는 충분했다. 로마제국 방어 군대에 지원하여 일단 선발되면 당시 사정으로 보아 높은 급료를 지급받았다. 또한 방어 군대로 선발된 신병은 일정한 기간 동안 신병 교육과정을 거쳐 정규 방어 군대로 편성되었다. 로마제국 방어 군대에 지원하는 신병의 최대 관심거리는 전쟁에서 획득한 전리품을 분배받는 것이었다. 전리품 분배는 게르만어계 종족을 비롯한 변경 종족의 마음을 사로잡고 있었기에 방어 군대의 편성은 더욱 용이했다. 로마제국에서 대개의 이동종족, 특히 게르만어계 종족도 로마제국 방어 군대의 편입과정을 거치면서 로마제국의 생활관습과 라틴어관습에 동화했으나 로마제국의 사회를 변화케 했다. 로마제국 사회는 게르만어계 종족의 생활관습 유입으로 서부세계의 이탈리아 제국이나 비잔티움제국을 막론하고 표준관습이 무너져갔다. 로마제국 시민이나 이동 종족인 게르만어계 종족, 모두 고전시대 라틴어 관습과 생활관습은 새로운 표준관습을 만들어내기 시작했다. 로마제국 시민과 이동종족의 혼합과정에서 중세 세계는 발원하기 시작했다. 이 두 종족는 르와르강 이남의 프랑스 남부지방, 라인강과 도나우강 유역 지방 등에서 더욱 뚜렷하게 혼합했다. 로마제국 사회변화를 두고 보면, 종족 혼합은 변경지역에서 시작했으나 점차 이동종족이 이탈리아지역으로 이동하면서 이동종족의 생활관습도 함께 로마제국 중심지역인 이탈리아로 이동했다. 이후 로마제국의 라틴어관습과 생활관습은 현저하게 쇠퇴하기 시작했다. 라틴어 관습은 로마제국 시민의 사법과 생활관습을 지탱했으나 제국 쇠퇴와 함께 기능을 상실하기 시작했다. 로마제국 방어 군대는 이미 이동종족의 생활관습과 언어관습에 동화해 있었다. 로마제국의 군대 지휘자는 로마제국 시민과 게르만어계 언어관습과 생활관습을 수용하여 세대 간의 상식 격차를 조정했다. 물론 게르만어계 종족의 최고 지휘자는 로마제국 유력자가 되기도 했고 경우에 따라서는 황제 영지의 관직, 혹은 지방 관직에 올라 로마제국의 최고 유력자로 변신하는 경우도 나타났다. 게르만어계 종족의 이런 위치 변화는 오히려 로마제국 약화 요인이 되었다.

경제 질서와 사회조직의 변화와 제국이라는 폭력단체

로마제국 통치기능은 방어정책의 실패로 인하여 위기에 직면했다. 로마제국 통치기능 약화는 라틴어관습과 화폐유통의 단절, 조세제도의 기능정지, 관리 통제권의 정지 요인이 되었다. 로마제국의 황제 디오클레티아누스가 군대를 개혁하고 행정단위를 개편한 이후 실제로 황제 권력동아리 기능은 정지되었고, 재정악화로 이어졌다. 이런 상황에서 제국 권력동아리는 농민에게 영지세와 인두세를 15년간 소급하여 징수했다. 이런 로마제국 기능마비 상황은 고통스런 노동으로 얻은 일정한 수입조차도 조세 대상으로 만들었다. 후기 고전시대 주요 조세단위는 영지였다. 또한 물자유통, 즉 거래물건이나 통관물건에 대해서도 간접 조세를 부과했다. 지대는 주로 현물로 바뀌어 우마를 동반한 부역으로 둔갑했다. 이외에도 군대 부역, 당직 부역, 정벌전쟁에 출정한 군대에게 우편물 송달부역, 특히 관리와 황제의 우편물 송달 부역자에게 침식을 제공하는 부역까지도 일종의 의무형식으로 둔갑했다. 이런 부역을 국세라 한다면, 이런 국세는 로마제국의 황제 권력동아리 구성원인 귀족과 대영주를 포함하여 교회조직에까지 확대되어 적용되었다. 그러나 로마제국의 황제 권력동아리 구성원은 그들 나름대로 면제특권의 자유를 확보했다. 이런 자유를 면세특권관습이라 지칭했다. 면세특권관습은 개인에게 면제특권관습의 본질인 자유영역 확대와 관련되었다. 면세특권관습의 자유영역에서는 면세특권 소지자를 세 가지 부류로 구분했다. 물론 이 면세특권관습 소지자는 면세 권한을 가지는 것을 의미했다. 이 세 부류의 면세특권관습은 '영외 영지'에 대해서도 적용되었다. 조세와 부역 의무는 다수 중간 이하 부류의 제국 구성원에게 부과되었다. 물론 국가의 권위는 관리 역할 증대와 함께 확대되었다. 제국구성원의 생활수준 격차는 확대되었다. 제국구성원의 생활수준 격차 확대는 도시에서 빈민 증가요인이 되어 수평형의 사회변동을 유발했다. 당시까지도 로마제국에서는 도시민의 생활수준을 표준으로, 그리고 도시를 거주단위로 인식했다. 그러나 도시민의 생활수준 격차 확대는 로마제국 재정 악화로 이어졌다. 생활수준 격차 확대는 생활관습과 라틴어관습의 와해를 유발하며 도시를 동질의식 공백지대로 만들었다. 우선 이런 상황에서 로마제국의 존속 수단은 강압 통치였고 제국구성원도 강압에 시달리다 지쳐 제국관리에게 반항했다. 제국 관리 역시 제국 구성원의 반항에 견디다 못해 도주하는 사례가 빈번하게 발생했다.

로마제국 행정도 더 이상 공신력을 유지하지 못했다. 제국구성원에게 부역의무는 가중되었다. 로마제국 사회에서 일정한 부류의 질서 관습은 특정 제도처럼 인식되었다. 로마제국 관리는 일반 제국구성원을 일종의 부역자로 지배하는 한편 제국행정을 군대조직의 명령하달형식으로 독점했다. 로마제국은 또한 전매 기관에서 재정을 조달했고 로마제국의 전매기관은 광산, 무기 제조소, 화폐 주조소 등이었다. 제국 전매기관은 군대 명령권자의 지휘체계에서 사병이 복종하듯이 강제 부역으로 운영되었다. 로마제국 행정력으로 더욱 가중된 강제 부역은 물자 유통을 막고 개인의 자율성향을 마비시켜 생활관습 흐름의 단절과 함께 시장 위축을 초래했다. 물론 상인동아리 활동 역시 현저하게 퇴색했다. 이제 국가는 행정 구속력을 강화하고 시장 기능에서 수요자와 공급자 역할을 겸비했다. 그러나 국가는 더 이상 어떠한 경제 수요도 창출할 수 없는 강제 기구로 전락했다. 이런 유통질서 상황은 서부세계에서도 마찬가지였다. 갈리아 관구의 황제 도시 트리어는 제국행정에서 중추 기능을 담당했다. 당시 트리어에는 화폐 주조 청을 비롯한 2개의 직조소와 3개의 무기 제조소가 자리 잡고 있었다. 그러나 이런 제국 전매기관도 기능을 상실하여 실업자 증가와 노동조건 악화로 발전했다. 특히 트리어의 주요 제국 전매기관조차도 노동시장 와해와 노동조건 악화를 극복하지 못했다. 그런데도 국가는 노동자를 일자리와 직책에 묶어둔 채 국가와 동업자 형식으로 결속하려고 시도했다. 노동자는 물론 정상의 노동시장에서처럼 일정한 수익을 보장받지 못했던 터라 노동자의 저항운동 역시 끊임없이 일어났다. 노동시장 붕괴는 질서마비와 함께 노동자를 개인의 물건 운반, 건축 공사장, 일용품 생산 직종에서 일당 노동자로 전락케 했다. 노동시장 붕괴는 또한 자유 분위기 위축으로 생활의 긴장감을 가중했다. 도시민의 식량 공급도 기능마비로 발전했다. 그런데도 제국 관리는 도시민의 생활을 통제했다. 이런 제국 상황에서 도시민의 입에서는 무의식중의 콧노래처럼 '빵과 오락'의 은어가 흘러나오고 있었다.

도시민의 생필품 문제는 도시민 위치를 바꾸어 놓았다. 한편 농촌마을 부역민은 경작지에 얽매인 소작농 신세로 전락했다. 영구 소작농은 바로 제국의 조세제도 때문에 발생했다. 제국은 개간 영지의 수확기와 임대기간 만료시점에 맞춰 그 개간 영지에 조세를 부과했다. 개간영지 조세는 중간 이하 부류의 경작민을 끊임없이 위축시키며 대영지 소유자의 입지를 넓혀 주었다. 결국 제국 조세제도는 소유관습 격차를 확대하여 제국 질서의 와해로 이어졌다. 제국의 속주에서도 질서는 무너져갔다. 제국 속주에서도 황제, 행정관리, 원로원 귀족, 유력자, 도시 소재의 교회 등은 더욱 방대한 영지를 소유했다. 소유관습 격차는 확대되어 속주 주민의 상대 빈곤으로 동질의식은 사라져갔다. 이런 속주사회 분리 현상은 소유영지 표지까지 조세를 징수하기 위한 수단으로 전락케 했다. 즉, 영지대장은 조세 징수를 위한 행정 근거로 전락했다. 영지대장은 가축 마리 수까지 표기했고 영구 소작지에는 소작농 표지까지 부착했다. 즉, 소작농은 인간이 아니라, 장원 경작지의 부속물건으로 표기되었다. 소작농은 장원이나 토지를 매매하는 경우, 이들 물건과 함께 매매 물건으로 전락했다. 영지 경작자는 갈리아에서도 이미 정착 종족의 구분 수단으로 활용되었다. 소작농과 영지 소유자의 이런 경작관습은 이탈리아 지역에서 중세까지 존속했다. 특히, 프랑스에서 영지 예속관습은 후기 고전시대 조세제도에서 발원하여 유럽문화 여명시대 이후까지도 프랑스 전체에 영향을 끼쳤다. 후기 고전시대 질서는 라틴어관습과 생활관습, 그리고 고전시대 라틴어 계약문서와 계약관습으로 생명력을 발휘했다. 그러나 제국 행정은 창의력을 말살했다. 직업관습과 계약관습 파기는 제국의 행정 기능과 법률 기능의 마비로 이어졌다. 즉, 고전시대 후기의 질서는 자생력을 상실한 채 폐쇄사회로 전락했다. 고전시대 후기의 이런 폐쇄성향은 게르만계 이동종족과 로마인의 융합을 저해하여 서로의 동화를 가로막았다.

로마인 제국의 쇠퇴와 몰락

후기 고전시대 로마제국 종말과 쇠퇴는 곧 중세 세계의 출발을 의미했다. 다양한 이동종족은 로마제국 속주세계에 정착했다. 다양한 이동종족과 로마제국 시민의 생활관습도 융합했다. 로마제국 시민과 이동종족은 공동의 표준관습을 갖고 문화 이질감을 해소하며 중세 세계 주인공으로 등장했다. 로마제국은 특히 서부세계에서 현저하게 쇠퇴했고 유통질서, 거래질서, 생산 질서의 기능 역시 물자 부족으로 마비되었다. 제국의 권력동아리와 종교동아리 역시 미래를 내다볼 수 있는 여유를 상실한 채 표류했다. 또한, 이동종족 유입은 정복전쟁의 빌미였다. 따라서 이동종족 유입은 로마제국 시민의 적개심을 자극했다. 그런데도 이동종족은 전쟁으로 게르만어계 종족 영역을 확보하고, 나아가서 권력동아리를 창건했다. 이동종족의 권력동아리는 로마제국이라는 문화 영역에서 아무런 충격 없이 은신처를 마련했다. 게르만어계 종족왕은 중세 세계의 새로운 주인공으로 등장했다. 이동종족 주인공은 크로도베크였다. 크로드베크라는 게르만어계 종족왕은 후기 고전시대로부터 새로운 중세로 전환하는 이정표를 세웠던 것이다.

이동종족의 갈리아 유입은 로마제국 질서와해 출발점이었다. 이동종족 유입으로 법률 기능은 마비되기 시작했다. 로마제국 행정조직은 자연히 이제 강제력 대명사로 전락했다. 로마제국에서 학문동아리 교육관행은 라틴어관습과 생활관습을 이어가는 원동력이었다. 특히 학문동아리의 전문 지식 교육 관행은 라틴어관습과 그리스어관습의 교육에서 발원했다. 라틴어관습과 그리스어관습은 과거와 현재를 일깨워 방향을 제시하며 새로운 가치를 창출했다. 그러나 로마제국의 학문동아리 와해는 신이라는 얼굴 없는 표지물을 생활관습 발원지로 만들며 무가치한 언어관습 범람과 그 이면에서는 후기 고전시대 생활관습 쇠퇴로 까지 이어졌다.

비잔티움세계 상황은 이런 서부세계와 판이하게 달랐다. 비잔티움세계 공용어는 그리스어였다. 그리스어는 서부 라틴어세계보다 그리스어관습을 확고하게 유지했다. 비잔티움세계는 유연한 언어관습에 힘입어 이동종족의 새로운 생활관습을 활발하게 수용했다. 비잔티움세계는 이동종족의 언어관습이 범람하던 서부세계와 달리 크리스트교도동아리에 대해서도 유연하게 대처했다. 서부세계에서는 제국관습도 미래감각과 현실감각을 상실했던 반면 비잔티움세계는 그리스어 의례관습 내면에서 새로운 문화이동관례를 찾아내어 이동종족의 파고를 순탄하게 수용했다. 비잔티움세계든, 서부세계든, 크리스트교는 후기 고전시대 이후 전환시대의 새로운 문화 발원지였다. 황제는 로마제국 성직자를 억압하고 교회조직을 국가 통치도구로 이용했다. 서부세계에서 로마제국 교회조직은 비잔티움세계 교회조직 기능과 다르게, 고전시대 생활관습을 수용하여 이동 종족왕 영주와 종족에 대하여 새로운 목표로서 크리스트교를 제시했다. 그러나 일반 제국구성원의 창의력과 잠재력은 크리스트교라는 새로운 목표 때문에 오히려 위축되었다.

한편 일반 제국구성원은 크리스트교동아리의 윤리 속박을 이탈하여 자유를 찾아 나서고 있었다. 이런 상황은 몽골종족의 앞잡이였던 '금장 칸 영주'가 승리한 이후 러시아어계 종족이 처했던 빈곤 상황과 다를 바 없었다. 또한 현실 감각과 생활관습도 교회조직과 종교동아리를 유지하기 위하여 살아가는 인간 모습으로 변질했다. 그러나 역사의 입장에서 교회조직과 종교동아리는 제국 입장으로 돌아왔다. 즉, 제국구성원은 교회조직과 종교동아리를 역사 선물로 받았고, 지배자는 교회조직과 종교동아리로부터 경각심을 터득했다. 디오클레티아누스는 로마제국 체제를 완성했다. 콘스탄티누스는 신의 대리인 위치를 활용하여 신정정치 현실체인 절대 군주권력을 확보했다. 콘스탄티누스는 절대 군주권으로 제국구성원을 억압하여 무질서한 제국 질서를 극복하며 교회조직과 종교동아리로 지탱했다.

서부세계의 이탈리아 제국은 교회조직과 종교동아리를 활용하여 180여 년간이나 연명했다. 이러한 맥락에서 파악하면 종교동아리와 교회조직은 시대 산물처럼 윤리 변화를 새로운 제국 상황에 수용했던 문화 발원지였다. 그런데도 종교동아리와 교회조직은 후기 고전시대 제국의 업적인 것이다. 이런 교회조직과 종교동아리는 중세 세계에 대하여 새로운 생활관습 전파자로서 18세기까지 사회이념이자 국가이념 발원지로 자리 잡았다. 로마제국은 여러 가지 요인으로 쇠퇴했다. 물론 로마제국의 쇠퇴요인에는 다양한 사건의 진행과정을 포함할 수 있다. 여러 가지 로마제국 쇠퇴요인 중에서도 이동종족이 기존 로마제국 사회에 참여함으로써 과거 로마제국의 라틴어관습과 생활관습, 라틴어 계약문서와 여러 가지 신의 숭배관습이 무너졌다는 점도 지적할 수 있다. 로마제국 사회의 이런 생활관습 변화는 곧 문화 발원지를 상실케 했고, 로마제국 사회의 윤리 역시 급격하게 변화했다. 이런 로마제국 상황은 사법 기능과 학문동아리 기능 마비로 발전했다. 여기다 장기간에 걸친 크리스트교동아리 영향 역시 빼놓을 수 없었다.

다음으로 교역 쇠퇴와 물자흐름 단절도 로마제국 사회의 변화 요인이었다. 물자흐름의 단절현상은 빈곤한 제국구성원의 증가로 이어졌다. 물질생활 피폐는 전제정치를 야기했다. 황제의 전제정치, 조세제도 붕괴, 전쟁 빈발 등은 제국구성원에게서 생활 활력을 빼앗았기 때문에 로마제국 와해 요인이 되었다. 이런 로마제국 사회변화를 제국의 와해 요인으로서 연계한다면, 로마제국 사회 연구자는 게르만어계 종족의 유입, 도시 로마에 대한 물자흐름 단절, 100여 년간 이어진 흉년, 농민의 사기 위축, 이탈리아 동부와 남부의 무질서한 행정 등을 지적하지 않을 수 없을 것이다. 또한, 경작지는 과거 제국시대 이주정책으로 개간되었으나 황무지로 변했고 산림 부식에다 관개 시설 역시 쓸모없이 변했다. 이런 무분별한 제국 정책도 사회 변화를 촉진한 요인일 것이다.

로마제국 사회에서 농업 생산량의 감소 요인은 한발과 같은 기후 변화에서 기인했다. 그러나 이보다는 노동윤리 위축, 유아 질병으로 인한 인구 감소, 청·장년 세대의 사기 저하도 빼놓을 수는 없을 것이다. 특히, 로마제국의 인구감소는 비잔티움세계와 이탈리아를 막론하고 공통이었다. 로마제국의 인구감소를 지적하는 이면에는 성년 남자의 부족이 오히려 이동종족의 유입을 부채질했을 수도 있다. 이외에도 로마제국의 인구감소 요인은 흑사병, 사회기강 해이와 같은 변혁사건이 일어난 데다 전쟁으로 인한 출산율 저하도 지적할 수 있다. 실례로서 라티움과 토스카나의 모기와 말라리아는 인구 증가에 커다란 장애요인이 아닐 수 없었다. 로마제국 시민은 이동종족의 생활관습에 동화했다. 이동종족의 생활관습은 로마제국 시민의 생활관습을 동양인의 생활관습으로 채색했다. 특히, 이탈리아의 로마제국 시민은 동양인의 생활관습에 동화했다. 이탈리아 북부의 이동종족도 남부 거주자로부터 동양인의 생활관습을 받아들였다. 즉, 로마제국 시민과 이동종족의 생활관습 혼합 요인을 동양인의 생활관습 때문이라 지적한다면, 로마제국 시민의 생활관습을 분해한 것도 동양인의 생활관습인 것이다.

이탈리아 북부에는 동양인의 생활관습과 함께 영주관습이 이미 정착했다. 이동종족인 게르만어계 종족은 기존 로마제국 영주관습에 동화하면서도, 로마제국 영주관습 외형을 손상하지 않고 거의 그대로 유지했다. 그러나 기존 로마제국 영주관습은 동양인의 생활관습 영향을 받아 내면으로부터 와해되었다. 기존 로마제국 영주관습의 와해는 바로 사회 무질서로 이어졌다. 로마제국 사회의 무질서는 물론 크리스트교 성장으로 인한 로마제국 영주관습 와해에 비롯되었다. 크리스트교 성장은 이처럼 로마제국 와해 요인이 되었다.

크리스트교 윤리는 평화 애호와 무저항을 원칙으로 표방했다. 이런 크리스트교 윤리는 조세제도 운영과정에서 소수 유력자의 특권을 허용했다. 유력자의 특권화와 같은 로마제국 권력동아리 폐쇄성향은 일반 시민으로 하여금 희망을 더욱 강력하게 표현토록, 즉 크리스트교동아리를 타도대상으로 만들며 전기 봉건관습에 대한 정당함과 신뢰를 파괴하는 요인으로 변화했다. 이런 크리스트교 윤리는 크리스트교동아리의 눈물로 얼룩 졌던 로마제국 사회로 점차 이동하기 시작했다. 크리스트교동아리는 로마제국 신민의 신뢰를 회복하고, 로마제국 시민과 함께 인간의 존엄함을 윤리 근간으로 유지해 나갔다. 크리스트교동아리는 기존 라틴어관습과 생활관습을 배격하고, 새로운 계약관습으로 새로운 질서를 찾아내기 시작했다. 로마제국 영역에서 크리스트교동아리 영향으로 종족의 생활관습과 윤리는 사라져갔고 질서도 기존 표준관습을 상실한 채 인간의 시각을 축소했다.

특히, 시장질서 붕괴는 갈리아에서 기존 질서 쇠퇴를 재촉했다. 시장질서 붕괴는 물자유통 중단에다 생활 빈곤을 가중했다. 또한 상인동아리의 교역 쇠퇴를 부채질했다. 이탈리아의 시장질서 붕괴는 저절로 속주 시장의 기능 상실로 이어져 속주는 자치성향을 갖게 되었다. 그러나 제국 권력동아리의 정치 감각은 오히려 망각 늪으로 사라져갔다. 갈리아와 브리타니아 섬에서도 시장 기능 위축과 군사력 약화와 같은 통치권 부재상황은 두드러졌다. 속주 총독은 과거 황제위를 차지하기 위하여 무모한 세력 경쟁을 벌였다. 제국시대의 군대 지휘관은 조국의 신을 위해 싸웠다. 그러나 통치권 와해로 게르만어계 종족왕의 군대에 편입되어 게르만어계 종족왕의 종사로 전락했다. 지휘자를 잃어버린 용병은 빈민으로 전락하거나 농민으로 정착했다. 그런데도 이 용병은 이방인의 침입에 대하여 증오심을 품고 있었다. 황제 대리인 관저도 물자 유통지였다. 황제 대리인의 관저는 상인동아리의 교역이 활발한 경제구역으로 옮겨갔다. 행정력 마비는 곧, 여러 주요 도시 퇴색, 방어체계 와해로 이어졌다. 제국은 몰락의 소용돌이에 휩싸였다. 제국은 갈리아와 브리타니아 섬에서 게르만어계 종족과 스코틀랜드계 종족의 침입을 묵인했다. 브리타니아 섬에서는 제국 묵인을 틈타 정복 군대의 지휘자는 전략 근거지를 확보했다. 한편 스페인과 아프리카 지역은 게르만어계 종족에게 거의 반항하지 않았다.

중세 유럽세계에 대한 고전시대 후기 세계의 인간과 이동종족

로마제국은 지중해와 주변 지역을 정복하여 200년 이상 평화와 질서를 유지했다. 게르만어계 종족도 그 동안 제국 국경으로부터 멀리 떨어져 생활했다. 서부세계에서도 로마제국 문화는 국가, 즉 제국이라는 일종의 통치모형 발원지였다. 로마제국 문화는 종족의 결속력 발원지였다. 서부세계의 이런 문화이동 현상은 곧 로마제국의 존속, 로마제국 문화 자체가 하나의 국가, 즉 제국이라는 표준 통치단위 관습으로 정착했다는 의미였다. 로마제국이라는 통치단위는 국가 모형으로서 군주정치 · 귀족정치 · 대중정치 등과 같은 정치모형과 다양한 인간 동아리 문화라는 집합모형을 제시했다.

로마제국은 도시라는 문화유산을 남겼다. 도시는 문화이동으로 자치 행정을 가르쳐 주었다. 현대인의 시각에서 파악하면 로마제국 도시는 '로마제국 평화'와 번영을 상징했다. 또한 지중해세계의 문명에서도 로마제국 도시는 정치단위였다. 로마제국 도시는 평화와 그리스어관습을 계승하여 로마제국 문화를 세계 문화임을 과시했다. 이런 로마제국 문화는 라틴어관습을 중세 세계에 제공했다. 라틴어관습은 물론 로마제국 문화에서 발원하여 그리스어관습을 계승했다. 라틴어관습은 크리스트 숭배관습을 전달한다는 취지에서 크리스트교동아리의 숭배관습을 상징하며 다양한 문화이동 매체로 정착했다. 라틴어관습은 크리스트라는 신의 존재관습을 빵과 포도주의 십자가를 통하여 중세인의 심리작용에 자리잡았다. 즉, 라틴어관습은 크리스트교동아리의 성자숭배관습을 전달하는 언어로 자리잡았다. 이런 라틴어관습은 중세 세계, 유럽문화 여명시대 세계, 유럽문화 정착시대 세계를 거쳐 근대세계와 현대세계에 이르기까지 소위 르네상스이론, 즉 라틴어관습 재생이론과 관련되어 있다. 라틴어관습은 9세기 르네상스, 12세기 르네상스, 13 · 14세기 르네상스라는 라틴어관습 재생이론의 기본축으로서 13세기 이후 문화이동을 담는 학술언어로 존속했다. 라틴어관습은 로마제국의 문화 영역에서 발원하여 이탈리아, 루마니아, 프랑스, 도이취란트, 스페인, 포르투갈, 라틴 아메리카 등의 생활언어 철자관습으로서 관용어귀를 담았다. 라틴어관습은 18세기까지 유럽관습을 담는 그릇으로서 오늘날까지 과반수이상의 백인세계에서 중심언어로 활용되고 있다. 라틴어관습은 오늘날까지 식물학, 동물학, 의학 등의 분야에서 광범한 세계 언어로 존속하고 있다.

서부세계에서 교회조직은 후기 고전시대 문화를 계승자로서 물밀듯이 밀려드는 이동종족의 다양한 생활관습과 그 절차를 수용했다. 교회조직은 이동종족의 생활관습과 언어관습을 차단하는 한편, 교리를 선전물로 활용하여 크리스트교동아리의 신정정치를 종족왕의 옷으로 만들기 시작했다. 서부세계에서 황제 권력동아리의 기능이 마비된 이후 교황은 황제를 대신했다. 교황은 설득력으로 권력동아리의 갈등과 불평을 신정정치로 잠재우고 생활관습을 통제했다. 교회조직의 우월감도 후기 고전시대 생활관습에서 발원했다. 395년 이후 로마제국은 비잔티움제국과 서부세계의 이탈리아제국으로 분리되어 점차 사라지기 시작했다. 교회조직 내부의 다양한 생활관습은 권력동아리와 종교동아리에서도 모습을 드러냈다. 476년 서부세계에서는 이탈리아 제국의 몰락으로 권력동아리 부재상황을 맞이했던 것에 반해, 비잔티움제국은 이후 1453년까지도 유지되었다. 특히, 337년 비잔티움제국의 황제 콘스탄티누스가 사망한 이후, 그의 후손시대에 비잔티움제국과 이탈리아제국은 완전히 분리되었다. 로마제국의 권력동아리 분할은 곧, 종교동아리 분할로 이어졌다. 두 로마제국 분할과 함께 교회조직과 언어관습도 동서로 분할되었다. 비잔티움제국 교회조직에서는 내부로부터 황제와 신의 관계를 설정하기 위하여 성상파괴운동, 혹은 우상파괴운동이 전개되기 시작했다. 권력동아리 분할과 함께 일어났던 종교동아리 분리운동은 신학이론과 힘의 논리를 황제의 권력에 연계했다. 알렉산드리아의 주교 아타나시오스는 신학동아리의 이론논쟁을 제기했다. 아타나시오스는 신학동아리의 이론이 곧 신앙의 권리라는 명분으로 이론논쟁을 자극했다. 알렉산드리아는 콘스탄티노플이 비잔티움세계의 중심 도시가 되기 이전까지 지중해세계의 교회조직을 관장하는 비잔티움제국 관구도시였다. 알렉산드리아의 주교도 자연히 지중해세계의 비잔티움제국 교회조직을 통제했다. 알렉산드리아 관구의 이런 영향력 때문에 알렉산드리아 교구는 4~5세기까지도 독특한 위치를 차지했다.

비잔티움제국은 신학동아리의 이론논쟁으로 혼란에 휩싸였다. 신학동아리의 정통함이 곧 신앙의 권리라는 주장은 과거 논쟁자가 사망한 이후 더욱 가열되었다. 알렉산드리아 교구에서 발원한 위대한 정통론자 신학동아리는 시리아와 소아시아로 이동했다. 정통론자 신학동아리 이동으로 아리우스계 수도자동아리는 사실상 퇴색했다. 로마제국의 종교동아리 평온은 황제 테오도시우스시대에 이르러 처음이자, 마지막으로 찾아왔다. 테오도시우스는 380년 삼위일체의 교리를 정통론자동아리 교회조직의 교리로 채택하는 칙령을 발포했다. 이후 크리스트교동아리는 니케아 주교회의에서 황제 테오도시우스의 칙령을 수용하여 제국종교로 정착했다. 정통론자동아리 교회조직의 교리가 제국이념으로 채택된 이후부터 정통론자동아리 교회의 교리에 대한 반항자는 물론 거의 투옥되었다. 로마제국이 정통론자동아리 교회조직의 교리 반항자를 박해한 이후부터 아리우스계 이단자동아리는 실제로 자취를 감췄다. 아리우스계 이단자동아리에 대한 정통론자동아리 교회조직의 이런 박해는 무려 2세대에 걸쳐 줄기차게 진행되었다. 대개의 게르만어계 종족은 아리우스계 이단자동아리였다. 그러나 프랑크종족은 예외였다. 이탈리아 북부의 랑고바르드종족도 7세기까지 아리우스계 이단자동아리 교리를 그대로 견지했다. 특히, 정통론자동아리의 교회조직은 율리아누스 아포스타타의 통치시대(361~363), 즉 4세기 이후 다양한 이단자동아리의 반항 때문에 곤경에 처했다. 정통론자동아리 교회조직에서는 그 내부에서 토속신앙을 내세우는 이교도동아리의 반항을 잠재우는 과업을 떠맡고 있었다. 크리스트교동아리 내부는 물론이고, 이교도동아리 유입으로 종교동아리는 분열했고, 제국 자체 통일까지도 위협당했다.

서부세계에서는 로마제국 귀족동아리는 여전히 크리스트교보다 기존 토속신앙을 견지했다. 이런 서부세계에 비하여 비잔티움세계에서는 오히려 크리스트교 통일세계를 혼란 없이 유지했다. 비잔티움제국에서도 크리스트교동아리는 물론 이교도동아리를 거부하고 4세기에 정착했다. 그런데도 로마제국 사회는 다양한 종교동아리로 채색했고 5세기 이후 이교도동아리와 이단자동아리 교리를 잠재우고 크리스트교세계를 통일했다. 이후 로마제국은 크리스트교를 제국 전체의 문화 발원지로 제시하며 크리스트교세계를 확장했다. 황제 유스티니아누스(527~565)의 교회 정책은 비잔티움제국의 학문동아리 교육에 격심한 타격을 가했다. 유스티니아누스는 529년 고전시대 그리스 철학동아리의 교육관행이 이단자를 배출한다고해서 아테네의 고전시대 그리스 학문동아리 폐쇄했다. 그런데도 아테네의 고전시대 그리스 학문동아리에서는 여러 유명한 크리스트교동아리 이론가를 배출하여 새로운 크리스트교 교리 발전에 기여했다. 특히, 아테네의 크리스트교동아리 이론가는 알렉산드리아와 가자에서 그리스어계 철학동아리의 이론으로 크리스트교 교리를 윤색하여 새로운 크리스트교 교리를 가르쳤다. 아테네의 크리스트교동아리 이론가는 고전시대 그리스 학문동아리이동이론과 함께 크리스트교동아리이동이론을 탐구하여 새로운 문화이동이론을 제시하여 비잔티움제국 안정에 공헌했다.

아테네의 그리스어계 학문동아리는 또한 크리스트교동아리 발원지로서 새로운 표준관습을 제시했다. 유스티니아누스는 고전시대 그리스어계 학문동아리의 교육관행을 활용하여 비잔티움세계에 크리스트교 특징을 부착했다. 유스티니아누스의 교회조직 정책은 비잔티움제국의 정통론자동아리 교리를 교회조직의 결속이론으로 채택했다. 유스티니아누스시대 문화 색소는 지금도 과거의 문화 연속, 즉 신앙과 문화의 통일체였다. 비잔티움세계에서 정통론자동아리 교리는 곧 통치이념이었다, 국가의 종교동아리 의례관습에서 황제는 성사관습을 주관하던 성직자와 분리되었다. 유스티니아누스의 이런 교회조직 정책 영향으로 고전시대 그리스와 로마시대 신전은 이교도동아리의 문화유산으로 돌변했다. 또한 고전시대 신전은 크리스트교동아리 교회로 대체되었다. 비잔티움제국에서 크리스트교동아리 교회는 그리스와 로마시대 신전 기능을 대신했다. 그리스와 로마시대 신전은 이교도세계에서 미네르바와 시라쿠스의 오르티기아가 차지하던 위치를 고전시대 신전과 결부시켜 오늘날 성곽으로 둘러싼 돔으로 대체되었다.

비잔티움제국은 성상파괴운동, 혹은 우상파괴운동이 발발하기 이전과 다를 바 없이 고전시대 신전을 예술품처럼 보호하며 신전에서 토속신 숭배관습을 올리고 있었다. 비잔티움제국은 시리아와 소아시아에서처럼 서부세계와 언어관습과 생활관습을 서로 완전히 분리했다. 특히, 비잔티움제국과 서부세계의 언어관습과 생활관습은 농촌의 이교도와 관련되어 완전히 분리되어 두터운 언어장벽으로 갈라서고 있었다. 위태한 서부세계 교회조직 개혁자는 아우구스틴(+430)이었다. 아우구스틴의 신학이론은 국가에 대하여 의무를 다해야 하며, 권력자도 궁지에 빠지면 교회조직으로 돌아온다는 논리에 기초했다. 아우구스틴의 신학이론에 바탕을 두고 교황청은 종교동아리 개혁을 반대했다. 종교동아리 개혁에 대한 교황청의 반대논리는 제국의 결속 보다는 오히려 제국의 분열을 자극했다.

2-2. 게르만어계 종족과 문화영역으로서 로마인 제국

제국 방어와 게르만어계 종족, 훈종족과 서고트 종족(375~568), 도시 로마에 진출한 알라리크. 스틸리코 지휘하의 게르만어계 종족과 '로마인 문화영역', 프랑스 남부지역과 스페인으로 침입한 게르만어계 종족, 아틸라 지배하에 있는 훈 종족 왕조와 교회조직 정치의 변화, 서부 세계 로마인 제국의 종말, 게르만어계 훈종족왕 오도아케르(476~493), 5세기 말 이탈리아 상황과 유럽문화 생성시대 세계, 국가 조직 결속원리로서 신앙과 교회조직, 교황청 형성, 비잔티움세계와 서부세계의 교회조직 스승 수도자

제국 방어와 게르만어계 종족

로마제국은 약 5만km에 걸친 영역 방어선을 지켜내기엔 힘겨웠다. 여러 게르만어계 종족는 로마제국 변경에 거주하며 로마제국과 관계 단절을 기대했다. 로마제국은 비잔티움세계에서도 페르시아제국과 직접 대치하지 않았다. 로마제국과 페르시아제국 사이에는 아랍어계 권력동아리가 성장하며 이 두 제국을 위협했다. 아랍어계 영역은 페르시아 전체와 로마제국 영역의 거의 절반에 가까운 방대한 영역이었다. 아프리카의 에디오피아종족, 리비아종족, 베르브종족, 수메르종족, 마우종족 등도 로마제국 영역에 거주했다. 스페인도 로마제국 영역이었다. 특히, 스페인은 4세기이후 게르만어계 종족 활동무대로 등장했다. 그러나 스페인은 8세기 이후 사라센에게 정복되어 순수한 유럽문화와 다른 혼합문화를 지녔다. 스페인의 혼합문화는 고전시대 라틴어계 학문동아리에서 발원했다. 고전시대 라틴어계 학문동아리는 인접한 스페인 영향으로 갈리아로 이동했다. 갈리아는 고전시대 라틴어계 학문동아리 발원지였다. 갈리아는 풍요한 로마제국시대 곡창지대였다. 이런 갈리아는 실제로 다양한 종족의 생활관습으로 채색했다. 갈리아는 로마제국과 게르만어계 종족의 전쟁터였다. 로마제국의 갈리아 전투력은 취약했으나 스코트종족과 픽트종족을 격퇴하고, 브리타니아섬을 방어하는 한편, 노르웨이종족과 작센종족을 보호했다. 고트종족은 스웨덴 남부로부터 현재 도이취란트의 바이크설강 유역으로 이동하여 브리타니아섬을 넘보고 있었다. 당시 동고트종족은 돈강과 드네프강 이내에 위치한 러시아 남부지역으로 이동했다. 바이크설강과 도나우강, 라인강 이내의 지역에는 동 게르만어계 종족가 정착했다. 따라서 유럽세계라는 새로운 종족 영역은 북서 유럽을 기점으로 라인강 유역으로부터 슬라브어계 종족 영역과 분리되었다. 유럽세계는 새로운 종족 영역으로 변모했다. 유럽세계 종족 영역에는 튀링겐종족, 알레만종족, 유트종족, 프리젠종족, 게피드종족, 크바드종족, 반달 종족, 쉬베브종족, 랑고바르드종족 등과 함께 프랑크종족이 정착했다.

이런 게르만어계 종족는 로마제국의 생활관습과 라틴어관습을 무너뜨리고, 로마제국을 약화시켰다. 국경 밖의 게르만어계 종족는 로마제국 내의 게르만어계 종족 생활수준보다 열악했으나 혈족단위로 정착했다. 로마제국 문화는 이 게르만어계 종족에게 생소하지 않았다. 특히, 게르만어계 종족는 로마제국 권력동아리의 통치방식과 사법관습, 행정양식까지 터득했다. 게르만어계 종족 대표는 로마제국의 귀족 지위에 올라 국가조직 운영자, 군대 지휘자, 주교로도 활동했다. 게르만어계 종족왕이 게르만어계 군대 지휘자 중에서 선출되었다는 것은 로마제국 귀족의 생활관습이 게르만어계 종족에까지 이동했다는 증거인 것이다. 게르만어계 종족은 비자유민이 다수를 차지했고 토속신앙을 유지했다. 게르만어계 종족의 조상숭배와 같은 토속신앙은 종족 신의 발원지에 얽힌 전설과 은총으로 종족왕과 귀족이 태어났다고 믿는 것이었다. 종족왕과 귀족은 종족 신의 은총으로 태어났기 때문에 예술과 문학에서 보통 종족구성원으로서는 도달할 수 없는 표준인물이라는 의미를 지녔다. 스틸리코와 리키메르는 로마제국의 고위 관직에 올랐던 게르만어계 고트종족 인물이었다. 이 두 인물은 물론 라틴어로 읽고, 쓸 수 있을 정도로 로마제국 생활관습을 깊이 터득했고 심지어 로마인조차도 이들 두 인물을 대단한 엘리트로 인식했다. 고트종족은 이미 로마제국 생활관습과 사회에서 적응 능력을 갖추고 로마제국 문화가 우월하다는 점을 터득했다.

로마제국 문화는 이동종족이 로마제국 생활관습을 익히게 했던 매체였다. 특히, 로마제국 문화는 게르만어계 종족이 로마제국의 전제정치에 적응하면서 게르만어계 종족에게로 이동했다. 물론 게르만어계 종족은 장기간에 걸쳐 로마제국의 전제정치에 순응한 다음 로마제국 시민의 생활수준을 인식했다. 게르만어계 종족은 로마제국 사회에 동화하면서 정착했다. 즉, 게르만어계 종족은 로마제국 시민의 생활수준을 표준으로 설정하여 로마제국 사회에 동화했던 것이다. 게르만어계 종족의 이런 표준 설정은 아무런 구심점없이 일단 로마제국 사회에 적응하여 게르만어계 종족의 창의력과 잠재력을 발견토록 보조했다. 거기다, 게르만어계 종족은 로마제국 문화와 전혀 다른 문화를 로마제국 사회로 이동케 했다. 게르만어계 종족은 로마제국 황제 칼라칼라 때문에 로마제국 시민으로 편입되었다. 로마제국 황제 칼라칼라는 도나우강 남부 변경과 알프스 산맥의 북부 변경으로 게르만어계 종족을 이주시켰다. 따라서 도나우강 남부 변경과 알프스 산맥의 북부 변경에는 이미 게르만어계 종족의 생활관습이 유입되어 4세기 말경 이후 광범하게 정착한 상황이었다. 도나우강 남부 변경과 알프스 산맥 북부 변경의 게르만어계 종족 생활관습 영향으로 발칸 반도와 갈리아 동부 변경에 주둔하던 로마제국 군대에까지 게르만어계 종족의 생활관습은 희미하게나마 파급되어 있었다. 이런 맥락에서 게르만어계 종족의 생활관습 영향이 로마제국의 생활관습 보다 컸다는 것을 반증하고 있다. 게르만어계 종족은 로마제국 시민군대에서도 시민 지위를 누리며 군대 지휘자 위치에까지 올라 로마제국의 생활관습과 라틴어관습에 동화했다. 한편 로마제국 사회 역시 게르만어계 종족의 생활관습을 수용했던 것이다.

훈 종족과 서 고트 종족(375~568)

특히 아시아계 훈종족(흉노)은 유럽세계의 최후 이동종족이었다. 훈종족은 현재 헝가리의 서부, 즉 크로아티아 영역인 판노니아에 정착했다. 유럽세계 종족이동도 실제로 훈종족의 정착과 함께 막을 내렸다. 종족이동은 고트종족을 필두로 375년부터 568년 훈종족의 이동시대까지 거의 200여 년 동안 진행되었다. 게르만어계 종족의 일파인 훈종족의 이동시대까지를 포함한다면 종족이동시대는 기원전 500년 직전부터 대략 기원후 550년까지였다. 훈종족의 최후 이동지역은 로마제국의 서부 변경이었다. 훈종족은 최후로 로마제국 문화영역으로 들어 왔으나 자기네의 생활관습을 탈피하지 않았다.

훈종족은 '뚜라니'라는 혈족 단위로 로마제국 문화영역으로 이동했다. 훈종족은 로마제국의 문화영역에 들어오기 이전까지 유목민 생활을 하면서 3세기 경에는 바이칼호와 아랄호 북부에서 정착했다. 그러나 355년경 이후 훈종족은 현재 우크라이나지방으로 이동하여 현재 이란어계 아란종족에게 복속되었다. 훈종족은 아란종족과 함께 이어서 동고트종족을 공격하고 우크라이나에서 동고트종족과 싸우다가 종족왕을 잃고 말았다. 이후 훈종족 일부는 우크라이나에 남아있었으나, 일부 훈종족은 도나우강 북부유역의 서고트종족 정착지로 이동했다. 훈종족은 드네프강과 드네스트르강 사이의 지방에서 서고트종족왕의 군대 지휘자를 무너뜨리고, 도나우강 남부 모에시아와 트라키아의 로마제국 문화영역으로 이동하여 정착했다. 물론 트라키아는 로마제국 문화영역이었으므로 훈종족의 이런 이동에 대하여 아시아계 종족이라는 이유 때문에도 달가워했을 리가 없다. 로마제국은 훈종족을 환대하지는 않았다. 훈종족은 로마제국 문화영역에서 굶어죽지 않을 정도 생활수준을 유지했을 것으로 추정하고 있다. 서고트종족왕은 훈종족과 싸움에서 패배했다. 그런데도 서고트종족왕 프리티거른은 절망에 가득 찬 종족 전열을 가다듬고 트라키아에서 훈종족과 다시 싸우다가 볼모 신세가 될 뻔도 했다. 서고트종족왕은 또한 트라키아에서 종족 내의 격심한 갈등을 이겨내야 했다. 서고트종족왕은 378년 아드리아노프르 평원에서 로마제국 황제 발렌티우스의 용병대장과 싸웠다. 당시 서고트종족왕은 여왕 카나였다. 여왕 카나 시대(기원전 216년경) 이후 서고트종족왕은 로마제국 군대, 특히 기병 군단을 물리치고 드디어 비잔티움제국의 중심 도시가 될 콘스탄티노플(=이스탄불)을 위협했다. 그러나 서고트종족왕은 비잔티움제국의 중심 도시 이스탄불의 방어망을 뚫지 못했다. 서고트종족왕은 따라서 비잔티움제국 영역을 빠져나와 발칸 반도로 이동 방향을 바꾸었다. 서고트종족왕은 이 무렵 훈종족을 비롯한 동고트종족과 함께 발칸 반도를 거쳐 이탈리아의 동·서 제국 국경지대인 포강델타를 위협했다.

이탈리아 제국은 변경방어를 강화했다. 서부제국에서는 375년에 사망한 황제 바렌티아누스 1세(364~375)가 제국 변경방어를 강화하기 시작했다. 바렌티아누스 1세의 이런 변경방어 정책은 갈리아 진지에도 이어졌다. 서부 제국은 방어망을 진지 중심으로 강화했다. 갈리아의 게르만어계 종족는 라인강 동부까지 퇴각했다. 당시 비잔티움제국 황제는 새로 즉위한 테오도시우스였다. 새로운 비잔티움제국 황제 테오도시우스를 서부 제국에서는 바렌티니아누스 2세(375~392)라 지칭했다. 바렌티니아누스 2세는 오늘날 밀라노에서 서부제국의 황제위에 올랐다. 물론 서부 제국은 바렌티니아누스 2세가 황제위에 즉위하기 직전까지 부패 장군과 관리시대를 거치고 있었다. 테오도시우스는 서부 제국에서도 '존엄한 자'의 황제위에 올라 스페인 군대 지휘관으로서 명성을 높이 떨치고 있다는 사실을 이미 알고 있었다. 당시 서부 제국 황실에는 게르만어계 인물이 황제 고문이나, 제국 관직에 진출한 상황이었다. 스페인에서도 게르만어계 인물인 스틸리코는 높은 식견으로 명성을 떨치고 있었다. 스틸리코는 고위 군대 지휘관이었으나 반달계 인물이었다. 바렌티아누스 2세는 고트계 지휘관을 제국 군대에 기용하여 서부세계 서고트종족까지 제국 군대에 흡수했다. 발렌티니아누스 2세는 게르만어계 인물을 황실 고문과 고위 제국 관리로 발탁하여 황실정치에 대하여 자문을 받고 있었다. 황실 측근세력 중에는 프랑크종족 인물도 포함되어 있었다. 프랑크계 인물은 갈리아에서 마치 황제처럼 행세하고 다녔다. 이런 인물 부류에는 392년 갈리아의 도시 비앙느에서 바렌티니아누스 2세를 암살한 군대 지휘자 아르보가스트(+394)도 포함되어 있었다. 아르보가스트는 에우게니우스(392~394)를 황제위에 올려놓고, 황실에서 무신정치를 꾀한 인물이었다. 동부의 비잔티움제국에서 테오도시우스는 여러 게르만어계 종족으로 구성된 혼성 군대를 편성했다. 여러 게르만어계 종족의 혼성 군대는 고트종족, 아란종족, 카자흐종족, 이베종족, 훈종족 등으로 구성되었다. 특히, 이 혼성군대의 종족구성원 중에는 후에 도시 이스탄불을 공략했던 고트계 인물인 가야스를 비롯하여, 고트종족이 이탈리아를 침입했을 때 도시 로마를 방어했던 반달계 스틸리코도 포함되어 있었다. 여러 게르만어계 종족으로 혼성된 테오도시우스의 군대에는 또한 410년 서고트종족을 거느리고 도시 로마를 약탈했던 알라리크(395~410)도 포함되어 있었다. 테오도시우스의 제국 군대는 아쿠이레아야의 프리기두스를 퇴각시키는 성과를 거두기도 했다.

그러나 테오도시우스는 서부제국 황제까지 잠시 동안 겸임했으나 395년 암살당했다. 이후 비잔티움제국 황제는 알카디오스(395~408)에게로 넘어갔다. 서부제국 황제는 바렌티니아누스 2세 겸 동부제국 황제 테오도시우스의 아들 오노리우스(395~423)가 계승했다. 동부세계의 비잔티움제국과 서부세계의 이탈리아제국은 아르카디우스와 오노리우스가 각각 황제위에 즉위한 이후 제국 권력동아리도 완전히 분리되었다. 이런 권력동아리 분리는 종교동아리까지 완벽하게 갈라놓으며 지중해세계를 두 로마제국시대로 열었다. 로마제국은 이제 공명심에 사로잡힌 황실 관리의 놀이 공 모습으로 전락했다. 지중해세계 로마제국은 고트계 인물을 기용하여 겨우 평온을 유지해갔다. 물론 이 고트계 인물은 반대급부를 받았다. 이런 서고트계 인물 중에는 외교사절과 군대 지휘관으로서 명성을 떨치던 인물도 있었다. 서고트종족왕 아라리크도 당시 로마제국 군대 지휘관이었다. 알라리크는 흩어진 서고트종족을 규합하여 주변지역 정복전쟁에 나섰다.

알라리크는 우선 트라키아의 고트종족을 규합하여 이끌고 그리스의 펠로폰네소스반도 정복에 착수했다. 알라리크는 에레우시스의 데메테르 신전을 파괴하고 396년 그리스 중심지역을 점령한 다음 아테네를 점령했다. 당시 비잔티움제국 황제는 알카디오스였다. 알카디오스는 고트종족왕 알라리크에게 에피루스에 정착하도록 허용했다. 알카디오스는 에피루스에서 무기 제조소를 확보한 다음 그 무기 제조소에서 갑옷과 투구를 제작하여 게르만어계 종족 전사에게 제공했다. 고트종족왕 알라리크는 바로 이 게르만어계 종족 혼성군대를 이끌고 401년 이탈리아제국의 포강델타를 공략했다. 이탈리아제국 시민은 가재도구와 재산을 챙겨서 가축을 앞세우고, 밀라노, 라벤나, 로마 등의 도시로 피난했다. 주요 서부제국 행정기구도 지중해의 코르시카, 사르디니아, 시칠리아 등의 섬으로 옮겨갔다. 서부제국 군대 지휘관은 당시 스틸리코였다. 스틸리코는 아무런 준비도 없이 흩어진 군대를 모아 혼성 군대를 편성한 다음 그 혼성군대를 이끌고, 고트종족왕 알라리크의 군대에 대적했다. 스틸리코는 포렌치아 전투에서 알라리크의 고트종족 군대에 패했으나 다시 알라리크의 군대를 유인하여 베뗑에서 물리쳤다. 서부제국 황제 오노리우스는 이탈리아로 들어온 고트종족왕의 군대를 물러가게 하는데 거액의 배상금을 지급했다. 하지만 오노리우스의 이러한 회유책에도 아랑곳하지 않고 고트종족왕의 군대는 방어망도 전혀 갖추지 못한 도시 로마를 향하여 거침없이 진군했다. 오노리우스는 황제도시 밀라노를 버리고 황급히 라벤나로 피신했다. 라벤나는 당시에도 개펄로 둘러싸인 늪지대였으나 비잔티움제국의 이탈리아 관문 도시였기 때문에 개펄로 제방을 쌓아 방어망을 어느 정도 갖추고 있었다. 라벤나는 오노리우스의 피신 이후부터 아드리아해 연안의 방어진지로서 서부 제국을 침입하던 게르만어계 종족왕의 군대를 막아내는 최후 비잔티움제국 보루가 되었다. 고트종족왕 알라리크는 밀라노를 포함한 포강 델타를 점령한 채 후퇴하지 않았다. 고트종족왕은 오히려 아페넨 산맥을 넘어 스틸리코의 방어 진지인 프로렌치아까지 점령했다. 고트종족왕 알라리크는 포강델타에서 다시 라다가이스(+406)를 중심으로 2만여 명에 달하는 이동종족계 혼성군대를 편성했다. 이 혼성 군대는 아란종족, 쿠아르종족, 동고트종족, 반달종족으로 구성되었다. 이 게르만어계 혼성 군대는 라다가이스 지휘 하에 알프스산맥 이북까지 위협했다. 그런데도 서부세계 이탈리아제국 황실은 여전히 잔인한 음모를 일삼았다. 오노리우스의 황실 관리 역시 사치와 부패로 타락해 있었다. 이런 도시 귀족, 황실 귀족, 주교를 비롯한 심지어 하위직 환관까지 타락하여 제국 운명에 대해서는 아랑곳하지 않았다.

또한 제국과 황실 운명을 짊어진 장군까지 공명심에 사로잡혀 음모에 가담하며 사치에 탐닉했다. 이런 고위 관리와 귀족, 장군과 함께 로마제국은 운명은 영원히 종말을 고했다. 게르만어계 종족왕의 군대는 종사관습으로 대단위 군대를 이루고 한결같이 전사동아리를 유지했다. 게르만어계 종족왕의 종사관습과 전사동아리는 대 혈족의 결속 수단이자, 게르만어계 권력동아리의 창건 방법을 찾아냈던 근거였다. 또한 게르만어계 종족왕은 종사관습과 전사동아리를 종족이동시대에도 그대로 유지했다. 이런 게르만어계 종족왕에 관한 설화와 신화를 로마제국 세계에서도 물론 재생했다.

도시 로마에 진출한 알라리크

스틸리코(+408)는 이미 지적했듯이 반달계 인물로서 서부세계 제국 황제인 오노리우스의 군대 지휘관으로서 이탈리아 중심 도시 로마에 대한 방어 책임자였다. 스틸리코는 오노리우스 황실에서 23년 동안이나 서부세계의 최고 군대 지휘관이었다. 스틸리코는 천여 명의 하급 지휘관을 거느렸고 이 하급 지휘관은 게르만어계 종족왕의 군대를 지휘했다. 이 하급 지휘관도 물론 라벤나 황실의 잔악한 정치 음모를 모를리 없었다. 고트종족왕 알라리크는 서부 제국의 최후 보루인 스틸리코를 제치고 승리했다. 고트종족왕 알라리크의 승리 순간부터 서부세계 이탈리아제국은 몰락 순간을 맞이했다. 게르만어계 종족왕의 폭풍은 서부의 이탈리아, 갈리아, 스페인의 중심부를 강타했다. 게르만어계 종족왕의 폭풍은 아쿠이레아와 크레모나를 죽음의 도시로 만들었고 프라미나 도로를 따라서 로마 시내로 진군했다.

이탈리아 제국의 군대 지휘자는 고트종족왕 알라리크의 살육에 대하여 반드시 원한을 갚을 것이라고 떠들어대면서 3만 여명의 도시 동맹자를 자극하여 전쟁 분위기를 선동했다. 고트종족왕 알라리크는 로마를 포위하고 점령하기 위하여 전투력을 점검하면서 군대를 증강했다. 로마제국 장군의 전쟁 선동은 오히려 알라리크의 전사동아리를 고무해 주었다. 로마제국 군대 역시 게르만어계 용병으로 구성되었다. 로마제국 군대는 고트종족왕 알라리크 전사동아리의 포위망을 막아내기 위해 도시 로마 방어에 주력했다. 그러나 게르만어계 용병은 막대한 돈과 생필품때문에 오히려 전투력을 상실했다. 게르만어계 용병은 410년 희생 제물로서 파멸했다. 물론 200여 년 간에 거쳐 요새화해 왔던 도시 로마에 대한 방어망까지 오히려 정복자 알라리크의 방어 진지가 되어버리고 말았다. 고트종족왕 알라리크의 4만여 군대는 도시 로마를 완벽하게 점령했다. 그러나 고트종족왕 알라리크의 군대는 베드로 교회와 바오로 교회를 손상하지 않았다. 알라리크의 군대에는 훈종족과 다수 노예도 포함되어 있었다. 이 훈종족과 다수 노예는 정복군대 일부였다.

특히, 정복군대는 다수 로마제국 군대를 포로로 사로잡았다. 정복군대 포로 중에는 오노리우스의 이복 누이동생으로서 후기에 서고트종족왕 아타우르프(410~415)의 왕비가 된 가라 플라치디아(+450)도 포함되어 있었다. 가라 플라치디아는 로마제국 황제의 공주로서 정복군대 포로였다가 서고트종족왕의 왕비가 되어 로마제국

시민과 게르만어계 종족왕을 서로 이어주고, 이탈리아 통치에 영향력을 행사했다. 가라 플라치디아 왕비의 이런 위치는 라벤나의 산 비탈레 성당 옆에 남아있는 왕비 묘지에서도 입증되고 있다. 당대인의 시각에서 파악한다면, 왕비 묘지에 대하여 거액의 돈과 온갖 정성을 쏟은 흔적은 묘지 예술에서도 드러나고 있다. 혼란한 시대 주인공 알라리크는 로마제국의 생활관습과 라틴어관습에 흠뻑 빠질 수밖에 없었다. 알라리크시대 예술품은 당대 귀금속 장식품에서 나타나듯이 사회를 반영하도록 제작되었다. 로마제국에서 노예는 당대에 명성을 떨치던 화가와 건축가의 작품에서 로마제국이 자기네의 불타는 증오심 때문에 몰락했다고 묘사했다. 로마제국에 대한 노예의 분노는 과거 제국 군대가 알라리크의 통제 하에 들어온 이후에도 계속되었고 알라리크의 죽음에서도 드러났다. 알라리크는 지중해세계 곡창지대인 시칠리아를 정복하려다가 말라리아에 감염되어 칼라브리시아의 코센차에서 415년 사망했다. 이후 고트종족왕의 정복군대는 종족왕의 사망을 숨기기 위해 다수 노예까지도 살해하여 이 노예 시체를 이탈리아 남부 부센토 강변에 매장했다고 한다.

고트종족왕 알라리크는 이탈리아를 정복했다. 당시 로마제국의 사회와 문화는 장기간에 걸쳐 침체상태에 있었다. 후기 고전시대 역사가 마르체리누스(+468)는 시리아계 그리스인으로서 당시 로마제국의 사회와 문화를 목격하고 알라리크의 사망 당시 상황을 생생하게 기술해 두었다. 그러나 여기서는 알라리크의 도시 로마 함락 당시 상황에 관한 마르체리누스의 목격담 전부를 수용할 수는 없을 것이다. 그런데도 마르체리누스는 우선 로마 시민의 사치스런 생활을 경멸하고 로마 거리에 음주와 가무가 유행병처럼 성행했다고 기술하고 있다. 마르체리누스는 로마 시민의 생활이 현실감각을 상실했다는 것을 지적하고 있다. 특히, 로마 시민이 탐닉하던 겉치레 이면에는 타락 징후가 만연했다고 한다. 마르체리누스는 그 징후를 시장에서까지 찾아내어 기술하고 있다. 마르체리누스의 목격담은 그와 거의 유사한 시인 클라우디아누스(404년경)에게서도 입증되고 있다. 클라우디아누스는 로마에서 '백조의 노래'(394년 이후)를 지었다는 시인이었다. 클라우디아누스는 라틴어 문장관습으로 간결하게 알라리크 사망 당시 상황을 기술하고 자기 시를 황제 오노리우스에게까지 전달했다고 한다. 클라우디아누스는 황실 시인이자, 스틸리코의 고용인으로서 부유한 명망가 출신의 부인과 결혼했다고 한다. 클라우디아누스는 반달계 인물로서 최고 서부제국 지휘관인 스틸리코를 드높이 칭송하고 있다. 클라우디아누스는 스틸리코가 전쟁과 법률 발원지인 도시 로마를 황제 권력동아리 발원지로 만들었고 스틸리코를 모든 인간의 법률 발원지라고 칭송하고 있다. 클라우디아누스는 서부제국 사회와 문화 이외에도 이주자의 직업 실태를 그대로 전해주고 있다.

서부세계 이탈리아제국에도 도시 로마를 비롯하여 비잔티움제국의 알렉산드리아나 아테네와 같은 도시에서처럼 4세기 말경 소수 이교도동아리가 거주했다. 특히, 로마에는 당시 700여 개의 이교도동아리 신전이 자리 잡고 있었다. 이 소수 이교도동아리의 생활은 심마쿠스(+402년 이후)의 편지글에서도 어느 정도 묘사되고 있다. 심마쿠스는 소수 이교도동아리 지도자로서 로코코 풍의 저택에 살았다고 한다. 심마쿠스의 이런 생활관습은 저명한 귀족동아리 일원의 생활환경을 입증하고 있다. 비잔티움제국이나, 서부제국을 막론하고, 귀족동아리는 제국 쇠퇴에도 불구하고 과거 지위를 거의 그대로 유지했다는 것을 입증해 주고 있다. 귀족동아리는 이탈리아 전체에 산재해 있었으며 방대한 영지와 풍부한 자산을 소유했다. 이 귀족동아리도 대 영지 소유자 즉 거대한 농장 소유자로서 로마제국 시민의 생활관습과 고전시대 이후의 토속 신앙을 그대로 유지했다. 로마제국 시민의 이런 생활관습은 알라리크가 로마를 점령했을 당시 로마 시민이 알라리크를 불경하게 대하면서 신이 자기네 정복자 알라리크에게 앙갚음을 내리게 될 것이라고 굳게 믿었다는 점에서도 입증되었다. 로마의 귀족동아리 구성원은 신의 앙갚음이 알라리크에게 내릴 것이라고들 떠들면서, 로마 시민을 전쟁 분위기로 몰아갔다. 이런 로마 귀족동아리 태도는 지중해세계의 중심 도시 로마가 실제로 더 이상 회복될 수 없는 운명을 맞이했지만, 성숙한 문화 분위기에 감싸였던 것을 입증하고 있다.

서고트종족왕의 권력동아리도 개창자 시대를 지나고 후계자 시대를 맞이했다. 알라리크의 후계 종족왕은 아타울프였다. 아타울프는 권력동아리 창건자 알라리크의 동생이었다. 이탈리아 정복전쟁의 포로인 이탈리아제국의 황제 오노리우스의 누이 동생 가라 플라치디아(+450)를 왕비로 맞이했다. 서고트종족왕 아타울프는 서고트종족의 전사동아리를 거느리고 나르본느, 툴루즈, 보르도 등의 도시가 자리 잡은 현재 프랑스 남부 갈리아로 이동했다. 서고트종족왕 아타울프는 414년 툴루즈에서 서고트종족왕의 권력동아리를 창건했다. 서고트종족왕 아타울프도 반년 밖에 통치할 수 없었다. 서고트종족왕 사망 이후 왕비 가라 플라치디아는 아타울프의 아들 발렌티니아누스 3세(434~455)를 섭정하며 동부 비잔티움제국 황제 테오도시우스의 딸로서 반달계 군대 지휘관인 이탈리아제국 스틸리코와 적대관계를 유지했다.

스틸리코 지휘하의 게르만어계 종족과 '로마인 문화영역'

게르만어계 스틸리코는 로마제국 시민의 생활관습을 지닌 인물이었다. 한편 스틸리코는 게르만어계 종족이 자기네 생활관습을 버리면서 고래의 이동종족으로부터 분리되어 로마제국 시민으로 동화한 사례인 것이다. 이런 점에서 게르만어계 종족은 로마제국 시민에게 부담 없는 상대자였다. 다르게 표현하면, 게르만어계 종족에 대하여 로마제국 시민 역시 부담 없는 상대자였을 것이다. 스틸리코는 황제 권위를 거역하지 않았다. 따라서 스틸리코는 로마제국 사회로부터 아무런 저항도 받지 않고 최고 군대 지휘관에까지 올랐다. 스틸리코는 로마제국 관직을 수행하는 동안 로마제국 권력동아리에서도 자기에 대한 로마제국 시민의 거부감을 감내해냈다. 스틸리코는 황제에게 충성을 맹세함으로써 로마제국 사회에 동화하여 로마제국 사회 일원이 되었다. 게르만어계 종족은 달갑지 않은 로마제국 사회에서 황실 관직을 부여받아 스틸리코 경우처럼 전문 관리직에까지 참여했다.

로마제국 문화는 게르만어계 종족세계로 이동했다. 로마제국 문화는 게르만어계 종족이 로마제국 조직운영에 참여함으로써 로마제국 시민의 지혜를 터득하는 방식으로 게르만어계 종족세계로 이동했다. 본래 게르만어계 종족의 성품은 난폭하고 냉정했다. 그러나 게르만어계 종족의 성품은 로마제국 사회에 동화하면서 지식을 숭상하고 혈통을 중시했다. 즉, 게르만어계 종족은 로마제국 사회에서 터득한 지식 때문에 로마제국 사회에 동화했다. 로마제국 시민의 지식은 게르만어계 종족을 로마제국 사회에 동화시킨 매체요 새로운 중세 세계의 발원지였다. 중세 세계는 로마제국의 문화이동 영역에서 발원하여 모든 종족의 개성과 혈통, 생활관습을 상호 확실하게 드러내게 만들며 다양한 게르만어계 종족을 포용했다. 각 종족 또한 중세 세계의 특징으로 채색했으나 종족 동질감의 와해 때문에 분리 상황에 처하는 경우도 나타났다. 중세 세계의 종족 동질감은 경우에 따라서 시대흐름을 가로막는 장애요인이 되기도 했다. 개개 게르만어계 종족왕은 외형상 모두 개개 권력동아리를 창건하지는 못했다. 그러나 종족 고유의 생활관습을 이어갔다. 여러 게르만어계 종족은 특이한 생활관습과 언어관습에다 크리스트교를 특징으로 부착했다. 물론 크리스트교는 로마제국에서 발원했다. 그러나 크리스트교는 게르만어계 종족 표지로 정착했다. 크리스트교는 로마제국에 대하여 게르만어계 종족을 보호하는 일종의 방패였다. 그런데도 크리스트교는 로마제국 시민과 게르만계 종족의 생활관습에 대하여 표준관습을 제시했다. 크리스트교는 로마제국 문화를 게르만어계 종족 세계에 이동하여 중세 세계의 발원지로 등장했다. 게르만어계 종족은 다양한 경로를 거쳐 유럽대륙으로 이동했다.

프랑스 남부지역과 스페인으로 침입한 게르만어계 종족

서고트종족왕 아타울프(+415)는 사망했다. 이어서 서고트종족은 피레느 산맥을 넘어 스페인의 바르셀로나로 진출했다. 당시 스페인은 이동종족이 거쳐 가는 곳이었다. 서고트종족은 프랑스 남부의 투루즈에서 출발하여 스페인의 바르셀로나에서 정착했다. 한편, 일부 서고트종족은 바르셀로나를 거쳐 아프리카로 향했다. 서고트종족왕은 황제 오노리우스시대부터 600,000세펠의 곡식을 스페인의 제국 황실에 바치는 계약을 체결하며 로마제국 관직을 유지했다. 서고트종족왕과 로마제국 황제의 이런 조공 계약은 409년 이후부터 효력을 발생했다. 서고트종족왕은 로마제국 황제의 후원을 받으며 반달종족의 이동로를 가로막았다. 서고트 종족왕은 또한 반달종족을 따라서 이동하던 페르시아어계 아란종족에 대하여 강력한 징세권을 발동했다. 물론 아란 종족은 서고트종족왕의 징세권 때문에 단일 종족으로 성장할 수 없었다. 서고트종족왕의 이런 종족 분열정책 때문에 스페인에는 서고트종족이 거부하지 않았던 반달계 아스딩종족과 쉬베브종족이 남아 갈리시아를 중심으로 정착했다. 안달루시아(Andalusia)는 반달루시아([W]andalusia)라는 명칭에서 입증되듯이 반달종족 정착지를 지칭했다.

서부세계의 제국 황제는 당시 이름만 남아 있었으나 여전히 오노리우스였다. 오노리우스는 유능한 서고트계 바리아를 대서양 연안 갈리아의 방어 책임자로 임명했다. 바리아는 또한 작센종족의 해적활동을 저지한 이후 지중해연안으로 주둔지를 이동했다. 서고트종족왕 테오데리크 1세는 지중해연안 방어 책임자로 진출한 바리아 후임이었다. 오노리우스는 바리아 후임으로 테오데리크 1세(493~526)를 제국 황제의 방어 지휘관에 임명했다. 테오데리크 1세가 대서양연안의 갈리아를 방어하는 지휘관으로 임명된 이후 서고트종족왕의 권력동아리는 다시 이탈리아제국 관할권으로부터 분리되기 시작했다. 이어서 서고트종족왕 테오데리크 1세는 415년 로마제국 황제의 거점 진지인 아를르를 공략하고 로마제국 황실의 관직을 떠났다. 로마제국 황제는 유능한 방어자를 새로 만났다. 새로운 로마제국 방어자는 아에티우스였다. 아에티우스는 그리스의 모에시아에서 출생했고 고트계 부인과 혼인했던 인물이다. 아에티우스는 도시 로마를 함락했던 고트종족왕 알라리크의 전사동아리 일원으로서 군사 전략을 익혔다. 아에티우스는 훈종족 가이세르의 전사동아리를 따라 다니며 훈종족와 함께 생활했다. 아에티우스는 한마디로 전략과 지략을 두루 겸비한 전사동아리 수장이었다. 아에티우스는 로마제국 황제 오노리우스와 동맹을 체결하려던 서고트종족왕 테오데리크 1세를 고립시켰다.

반달종족은 발카반도에서 이탈리아의 포강델타와 프랑스 남부지방을 거쳐 스페인의 바르셀로나로 진출했다. 반달종족은 그동안 도이취란트 프로이센 중부와 동부 지방에서 4세기경 헝가리 평원으로 이동했다. 406년경 반달종족은 아란종족을 비롯한 스베브종족과 함께 라인강을 건넜다. 반달종족은 도이취란트 마인츠 지방과 벨기에지방을 거쳐 프랑스 남부로 향했다. 반달종족은 벨기에의 프리즈란드에서 로마제국의 황제 도시 트리어를 공략했다. 이어서 반달종족은 렝, 아미엥, 아를르, 투르네 등의 지방을 위협하면서 잉글랜드 해협 방향으로 이동했다. 잉글랜드 해협 쪽에서 반달종족은 센 강과 르와르강을 건너 투르와 보르도를 중심으로 한 아퀴텐느지방을 침입했다. 아퀴텐느지방에서 반달종족은 주교를 정점으로 한 투루즈 정착민의 강력한 저항을 받았다. 투루즈 정착민은 대개 서고트종족으로서 주교를 정점에 앉힌 일종의 도시 방어군을 형성했다. 반달종족은 투루즈에서 서고트종족 방어군으로부터 저항을 받고 진로를 다시 동부로 변경했다. 반달종족은 동부로 향하다가 도시 나르본느를 약탈한데 이어, 409년에는 로마제국 황제의 강력한 방어진지이요, 10,000여 명의 로마제국 군대가 주둔하며 방어하던 스페인 관구를 침입했다. 메리다, 카르타게나, 코르도바, 세비예, 타르라고나 등 스페인 도시는 로마제국 황제의 방어 진지가 개발되면서 형성되었다. 이런 스페인 도시의 로마제국 방어진지는 여러 게르만어계 종족을 분열시키기 시작했다. 이것은 제국의 방어 군대를 유지하려는 제국정책에서 비롯되었다. 여러 게르만어계 종족 분열은 로마제국 방어정책에서 기인했다. 로마제국 방어정책으로 황실 관리와 군대 지휘관은 이런 도시 주민에게 조세와 과도한 부역을 부과하고 '라티푼디움'(383)을 경영하기 위하여 노예와 농노를 비롯하여 심지어는 자유민에게까지 과도한 부역을 부과했다. 로마제국은 당시까지 스페인 방어진지를 유지했다. 이동종족인 반달종족이 스페인에 정착하기에는 여전히 미약한 형편이었다. 그런데도 반달종족은 스베브종족을 비롯한 아란종족과 함께 아프리카 연안을 위협했다. 반달종족은 429년 지브랄타르 해협을 건너 아프리카로 건너갔다. 반달종족은 당시 아프리카에서 로마제국 황제권을 대행하던 보니파티우스의 도움을 받아 로마제국 황제군대 지휘자 아에티우스와 대적했다. 반달종족왕 게이세리크(428~477)는 금욕수행관습 실행자요 노예 서자로서 대담한 성격을 지니고 있었다. 반달종족왕 게이세리크는 아란종족의 전사동아리와 연합하여 아프리카의 로마제국 성곽을 대담하게 점령했다. 게이세리크는 로마제국 황제의 대리인 보니파티우스를 주교 도시인 히포에서 위협했다.

당시 히포의 노련한 주교 아우구스틴은 용감하게 나섰다. 아우구스틴은 세력을 규합하여 반달종족, 스베브종족, 아란종족의 정복군대에 저항했다.(430~431) 당시 로마제국 황제는 바렌티니아누스 3세였다. 그도 반달종족의 아프리카 점령으로 최후 순간을 맞이했다. 반달종족왕 게이세리크는 436년 드디어 아프리카 곡창지대인 카르타고를 점령했다. 게이세리크는 이어 로마제국 황제영지를 몰수하고, 유력한 주교나 귀족과 같은 저항자를 유배나 추방 형식으로 복종시켰다. 게이세리크는 로마제국 주교나 귀족의 예속민을 노예로 만든 다음 해상함대를 가지고 지중해로 진출했다. 게이세리크는 거대한 로마제국 해상함대를 거느리고 지중해를 '반달종족의 호수'라고 지칭하며 그리스를 포함하여 지중해세계 전체를 지배했다. 아프리카는 당시 이탈리아의 곡창지대였다. 아프리카는 물론 로마와 라벤나에 대하여 식량을 공급했다. 로마제국 황제는 이런 아프리카 특질 때문에 아프리카를 점령한 반달종족과 평화를 유지하지 않을 수 없었다. 그러나 이탈리아 제국, 특히 도시 로마의 분위기는 아프리카를 반달종족이 파괴했다는 피해의식 때문에 흥분을 가라앉히지 못했다.

아틸라 지배하에 있는 훈 종족 왕조와 교회조직 정치의 변화

이탈리아의 도시 로마는 이제 게르만어계 종족의 놀이공으로 전락했다. 아프리카의 반달종족왕 게이세리크는 영원한 도시 로마를 포위했다. 훈종족도 발칸반도에서 관문 이탈리아를 넘보고 있었다. 훈종족 수장은 아에티우스였다. 아에티우스는 그리스의 모에시아에서 출생하여 인질 상태에서 성장했다. 우연히 아에티우스는 432년 게이세리크를 만나 반달종족왕 게이세리크의 후원을 받았다. 게이세리크는 아에티우스의 전사동아리와 협력하여 이탈리아에 대한 영향력을 장악했다. 아에티우스는 반달종족왕 게이세리크의 이탈리아 장악을 도운 대가로 이탈리아제국의 황제 영지인 헝가리 서부의 판노니아를 차지했다. 훈종족는 로마제국 황제가 넘겨 준 판노니아에서 정착했다. 한편 훈종족왕 아틸라의 전사동아리는 기마 종족의 특질을 충분히 발휘했다. 훈종족왕은 발칸반도의 동부와 흑해 연안의 소아시아를 침입하여, 비잔티움제국 황제의 조공자 위치에 올랐다. 비잔티움제국과 아틸라의 관계는 공물을 통하여 종족왕 위치로 더욱 개선되었으나 아틸라는 비잔티움제국에서 어떤 것도 얻지 못했다. 즉, 비잔티움제국 황실에 바치던 아틸라의 조공은 헛수고에 불과했다. 아틸라는 냉정한 판단력과 잔인한 성품을 지녔다. 아틸라는 즉시 정복 방향을 서부세계의 이탈리아제국으로 돌렸다. 아틸라는 중부유럽을 지나 대서양 연안까지 진출했다. 훈종족왕 아틸라의 권력동아리 은신처는 라벤나였다. 아틸라의 라벤나 은신처는 이탈리아제국 황실로부터 쫓기던 적을 피신시키는 대피소였다.

물론 다른 게르만어계 종족왕도 훈종족왕 아틸라의 보호를 갈구했다. 아틸라는 이탈리아제국의 최고 지휘관인 아에티우스에게 이탈리아제국을 포기하라고 451년 요구하며 여러 갈래의 게르만어계 종족를 종족왕 단위로 규합했다. 아틸라의 전사동아리에는 게피드종족왕, 동고트종족왕, 루기종족왕, 스키르종족왕, 헤루르종족왕, 스베브종족왕, 튀링겐종족왕, 부르군드종족왕, 프랑크종족왕도 포함되어 있었다. 훈종족왕 아틸라는 게르만어계 종족왕을 규합한 다음 갈리아를 초토화했다. 훈종족왕의 거센 파고가 갈리아로 밀어 닥친 이후 갈리아의 게르만어계 종족왕도 훈종족에 대항하여 싸웠다. 물론 이 대항자 중에는 싸보엥의 부르군드종족왕, 프랑크종족왕(아마도 당시 지휘자는 메로베크인 듯), 아란종족왕, 작센종족왕, 사르마트종족왕, 아모리카종족왕 등이 연합하여 훈종족왕 아틸라에게 대항했다. 이 게르만어계 종족왕은 대개 정착해 있었다. 종족왕의 전사동아리는 종족 중에서 선발되었다. 이탈리아제국 군대는 트로에 전투에서 훈종족왕의 공격 예봉을 꺾었다. 이탈리아제국 군대와 훈종족왕의 전투는 도시 샤롱의 카타라우니아 수장의 언급에 근거하여 거의 확실했을 것으로 추정하고 있다. 이 게르만어계 종족왕의 전언에 의하면 서고트종족왕도 훈종족왕의 전사동아리를 격퇴시키는 데 큰 공훈을 세웠다고 한다. 훈종족왕 아틸라의 정복전쟁은 게르만어계 종족왕의 전사동아리에 합당하게 진행되었다. 훈종족왕 아틸라의 거친 파고는 유럽대륙을 거의 휩쓸다가, 다시 이탈리아 방향으로 밀려오기 시작했다. 그런데도 아에티우스는 서부세계 제국 방어를 책임지고 있었으나, 익명의 로마인 손에 의해 암살되고 말았다. 아에티우스는 게르만어계 종족으로서 아마 서부세계 제국의 마지막 최고 지휘관이었다.

아에티우스는 트로예 전투에서 승리했다. 그러나 어떤 공훈의 대가조차도 누리지 못하고, 영원히 떠났다. 유럽세계 인간의 입장에서는 오늘날까지도 아에티우스는 훈종족왕의 말 발굽에서 유럽대륙을 구출한 찬란한 공훈자였다. 특히, 훈종족왕 아틸라의 전사동아리와 아에티우스가 트로예 전투에서 싸웠을 때 훈 종족왕 아틸라가 승리했더라면, 훈종족왕의 분노가 이탈리아에까지는 미치지 않았을 것이고, 따라서 서부 이탈리아제국 황제도 단절되지 않았을 것이다. 훈종족왕 아틸라의 말 발굽은 이탈리아로 향했으나 이탈리아에서 최후를 맞이했다. 훈종족왕 아틸라의 침입으로 이탈리아제국의 경계 관구인 아쿠아레이아 관구는 극심하게 파괴되었고, 이후까지 아쿠아레이아 관구를 복구하지 못했다. 그러나 베로나와 비첸차와 같은 도시는 다행히 복구되었다. 아쿠아레이아 관구에서 도시 로마로 향하던 도로는 정복자 훈종족왕의 전사동아리 수중에 들어갔다.

서부 세계 로마인 제국의 종말

아에티우스는 이탈리아 제국의 최고 군대 지휘자였으나 훈종족왕의 정벌 군대에 전혀 대항하지 않았다. 훈종족왕 아틸라는 포강델타에서 오래도록 주둔했다. 당시 서부제국의 황제는 발렌티니아누스였으나 무능했다. 황제가 포강델타의 훈종족왕 아틸라에게 대처한다는 것은 기껏해야 교황 레오 1세(440~461)의 사절과 2명의 원로원 의원을 로마에서 파견하여 화해를 구하는 정도에 그쳤다. 그러나 황제와 교황 사절의 협상으로 훈종족왕은 물러갔다. 훈종족왕의 정복전쟁으로 이탈리아 사회는 격심하게 변화했다. 우선, 이탈리아 사회의 무기력과 불신풍조는 최고조에 달했다. 이처럼 이탈리아 사회조직의 기강 와해와 함께 제국관습은 사라지고 협소한 지방의식이 주류를 이뤘다. 제국관습 와해와 협소한 지방의식 출현은 곧 제국의 질서 와해, 곧 제국 방어 자체의 와해로 이어져 이제 제국 방어는 도시 주교에게로 돌아갔다. 도시 주교는 황실 관리 역할을 대행했다. 도시 거주자에게 주교는 식량을 보급하고, 질서를 유지하며, 도시 거주자의 안전을 떠맡고 있었다. 도시 주교는 제국 행정과 시민 생활을 책임지고, 제국 정치에도 참여했다. 도시 주교의 이런 활동은 교회조직에 오히려 활력을 불어넣었다.

특히, 주교는 도시 거주자의 정치와 생활을 책임지고 통치조직을 대체했다. 교회조직의 기능 변화는 주교를 사회 문제를 해결하는 정치가로 인식케 했다. 주교는 이탈리아 제국에서 도시 대표자로 변모했다. 서부 제국의 몰락 이후에도 주교는 아드리아 연안의 라벤나를 비잔티움제국과 서부세계의 관문으로 활용하는 한편, 이탈리아 남부의 대표권을 지키면서, 서부 제국의 황제 보호자 역할을 대행했다. 이탈리아 남부는 그리스어 상용지역이었기 때문에 교회가 극복해야 할 외부 세계에 대한 한계영역이었다. 교회는 이 한계를 교황의 통치이론으로 극복했다. 교황권의 통치이론은 교황 레오 1세 이후 서부세계 비잔티움세계로까지 이동했다. 특히, 교황 게라시우스 1세(492~496)는 교황의 통치이론을 양검설에 일치시켜 수용했다. 이런 양검설도 훈종족왕의 정복전쟁이 가져다 준 혼란을 극복하기 위한 서부세계 방어논리였을 것이다. 훈종족왕 아틸라의 정복군대는 헝가리 평원으로 물러갔다. 이후에도 아틸라는 2차에 걸쳐 이탈리아 정복을 시도하다가 453년 갑자기 사망했다. 아틸라 사망 이후 아틸라의 권력동아리는 무능한 후계자를 맞게 되어 결국 분할되고 말았다. 아틸라의 권력동아리가 융성했던 지역에서는 그리스어계 종족, 게르만어계 종족, 갈리아인의 생활관습에다 정복욕을 부착해 두었으나 이런 정복욕도 이탈리아 분위기를 재생하지 못했다. 아에티우스도 서부세계 제국 운명을 더 이상 연장하지 못했다. 서부세계 제국 운명은 피도 흘리지 않고 바뀌어 서부세계 제국은 이탈리아 반도로 축소되었다. 이탈리아에서나마 제국 운명을 연장했던 것은 아에티우스가 이탈리아의 반달종족을 마우레타니아와 누미디아로 퇴각시켰기 때문이었다. 스베브종족은 스페인 산중의 안달루시아로 들어갔다. 아란종족은 사파우디아(현재 프랑스 싸보엥)에 정착했고, 살리-프랑크종족은 투르네 지방에 정착하는 한편 작센종족은 브리타니아 섬에 정착했다.

어떤 로마제국 황제 명령도 더 이상 영향력을 발휘하지 못했다. 사실상 아에티우스는 서부 세계의 이탈리아 제국을 해산하라는 황제 명령을 억지로 수행했다. 물론 아에티우스는 재정력도 군사력도 행사치 못했다. 그런데도 로마제국 황제는 아에티우스에게 아틸라를 이탈리아에서 추방하라고 명령했다. 아에티우스는 실제로 이런 황제 명령을 무척 못마땅하게 여겼다. 황제는 아에티우스의 못마땅한 태도를 알아차리고 아에티우스의 특권을 박탈했다. 아에티우스가 특권을 상실하자 아에티우스는 서부세계 제국을 더 이상 가눌 수 없었다. 아에티우스 사망 이후 서부세계 제국은 붕괴상황으로 치달았다. 무능한 황제 발렌티아누스 3세도 황실에서 454년 살해당했다. 황제 발렌티아누스 3세의 사망과 함께 테오도시우스 왕조가 지배하던 이탈리아 제국은 실제로 종말을 고했고, 제국 자체도 사라졌다. 게르만어계 종족의 군대 지휘관은 스스로 황제관 주인공이 되기도 했다. 그러나 서부세계 제국 황제관은 동네 아이들의 축구공도, 멍석도 아닌 운명으로 전락했다.

리키메르(+472)는 게르만계 종족의 군대 지휘관 중에서도 황제관의 주인공이 되었던 인물이다. 스베브계 제국 귀족 리키메르는 스베브종족왕 바리아(415~418)의 조카이자, 부르군드종족왕 군도바드(+436)의 삼촌이었다. 리키메르는 코르시카 섬과 시칠리아 섬에서 벌어졌던 반달종족과 전투를 승리로 이끈 이후 최고 제국 군대 지휘관직에 올랐다. 최고 제국 군대 지휘관 위치에서 리키메르는 각 게르만어계 종족의 군대를 이탈리아에서 넘겨받았다. 리키메르는 스틸리코나 아에티우스와 같은 제국 권력동아리 지위에서 무려 16년 동안이나 영향력을 행사했다. 그러나 리키메르는 전쟁에 출정했다가 궁정 살해자에게 472년 암살당하고 말았다. 리키메르는 전제자로서 457~472년 황제 정치를 섭정했다. 리키메르는 실제로 서부세계 제국을 통치했다. 리키메르의 손아귀에서 이탈리아 제국 권력동아리는 게르만어계 종족의 생활관습 영향을 받았다. 리키메르는 게르만어계 종족왕처럼 자기 종사를 이끌고, 이탈리아 제국을 통치했다. 리키메르의 이탈리아 제국 권력동아리 장악과 동시에 영지 소유자인 봉건 귀족동아리 영향력은 오히려 커져갔다. 봉건 귀족동아리의 영향력 증대로 인하여 영지 경작에 매달린 소작농과 계약문서에 매달린 계약농민은 예속민으로 전락했다. 리키메르의 권력동아리는 이탈리아 제국 사회에 변화 바람을 불어넣었다. 리키메르의 세습계급은 황제 권한의 대행수단이었다. 스베브계 리키메르는 이탈리아 제국의 최후 지배자였다. 리키메르가 사망한 4년 이후 서부세계 제국은 완전히 종말을 고했다.

게르만어계 훈종족왕 오도아케르(476~493)

오도아케르(476~493)는 훈종족 후예이자 이탈리아제국의 운명 결정자로서 서양역사에서 독특한 위치를 차지했다. 오도아케르는 훈종족왕 에델가의 아들로서 아틸라 사망 이후 군대에 입문했다. 오도아케르는 군대에 입문하기 이전까지 지중해 해적단 일원으로 활동했다. 오도아케르는 작센종족과 함께 대서양 연안과 지브랄타르 해협에서 해적활동에 참가했다. 오도아케르의 활동 영역은 앙그르를 중심으로 한 르와르강 유역의 갈리아와 잉글랜드 북부였다. 그 후 오도아케르는 해적활동에 염증을 느껴 발칸 반도로 건너가서 수도자 세베리누스를 만났다. 수도자 세베리누스는 이탈리아제국의 운명 결정자 오도아케르의 인생 방향을 지도했다.

5세기의 종족 이동

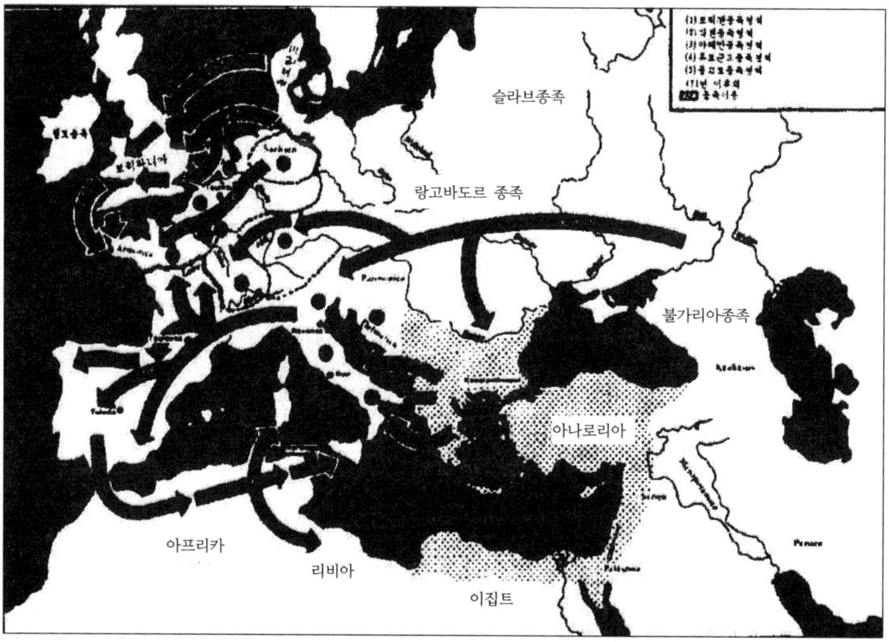

당시 수도자 세베리누스는 오늘날 헝가리의 프라텐 호수근처, 살츠아크강과 인강 유역, 즉 헝가리 서부인 판노니아와 현재 티롤인 노리쿰에서 수도자 생활을 수행했다. 특히 수도자 세베리누스가 이탈리아에서 피신한 은둔자와 함께 판노니아와 노리쿰을 방어했다는 점에 근거하여 중세 세계 연구자는 흔히 세베리누스를 도시 방어자 전형이라고 지칭하고 있다. 중세 세계 연구자는 수도자 세베리누스의 도시 방어모형을 이탈리아제국 와해 이후 프랑스 남부의 수도자 도시방어 모형과 대비하고 있다. 특히 중세 세계 연구자는 프랑스 남부 도시의 수도자 방어모형이 이탈리아제국의 방어모형일 것을 전제하고 있다. 수도자나 주교의 도시방어 문제는 유럽사 연구자 입장에서 중부와 동부 유럽에 대한 방어모형을 게르만어계 종족이 로마제국 문화에 동화하는 모형에 관련짓기 위한 방편일 수도 있다. 수도자 세베리누스의 도시방어 모형은 로마제국 문화에 대한 게르만어계 종족의 동화가 주교의 도시 방어에서 발원했다는 증거라는 점을 강조하기 위한 방편일 수도 있다.

수도자 세베리누스는 482년에 사망했다. 오도아케르는 수도자 세베리누스의 도나우강 유역의 방어진지에서 세베리누스와 함께 로마제국 군대를 방어했다. 그러나 오도아케르는 488년 이탈리아로 귀환하라는 황제의 전보 명령을 하달 받았다. 수도자 세베리누스는 방어 진지 이탈자를 감독하면서 방어 진지를 유지하기 위하여 최후까지 결속자를 규합했다. 게르만어계 종족에 대한 수도자 세베리누스의 이런 도시방어는 관구 도시를 보호하고, 크게는 크리스트교세계 중심인 교황청을 보호한다는 취지에서 수행되었다. 이런 맥락에서 수도자 세베리누스의 도시방어가 중세 세계의 크리스트교세계 결속 문제와 관련되었을 것이다. 수도자 세베리누스는 크리스트세계를 방어했던 성자 위치에 올랐다. 수도자 세베리누스 사망 이후 제자동아리는 성자 스승의 시체를 이탈리아로 가져와, 나포리 근처에 위치한 루쿨라눔이라는 수도자동아리 성지에 매장했다. 루쿨라눔 수도자동아리 좌장은 에우기피우스(+533년 이후)였다. 에우기피우스는 「성자 세베리누스의 전기」에서 성자 세베리누스 사망 이후 도나우강 유역에서 로마제국의 조직이 와해되어 이제는 도나우강 유역에서는 위대한 스승의 감화력도 아무런 소용이 없게 되었다고 기술했다. 수도자동아리 은신처장 에우기피우스는 「성자 세베리누스의 전기」에서 어려운 당시 상황에서도 고통을 함께 나누며, 교회조직 방어군 참여자의 결속의식을 높이 평가하고, 도시 방어 자체를 잊어서는 안 될 증거라고 지적했다.

다양한 이동종족은 도나우강 유역을 거쳐갔다. 도나우강 유역은 아시아계 훈종족과 게르만어계 종족에게 라인강유역보다 힘겨운 크리스트교세계의 방어선이었다. 판노니아와 노리쿰에 대한 주교나 수도자의 도시방어는 로마제국 행정조직이 무너졌던 촌락 도시에 대한 표준모형이었다. 판노니아와 노리쿰에서는 로마제국 와해와 함께 로마제국 방어군조차도 사라졌고, 촌락 방어나 도시 방어는 완전한 공백이었다. 도나우강 남부는 북부보다 로마제국 기능이 오래 동안 존속했다. 도나우강 남부에서 북부유역보다 로마제국 기능이 오래 존속했던 것은 교회조직이 도시방어를 담당했기 때문이었다. 도나우강 남부유역에서는 로마제국 와해 이후 이미 고위 성직자가 로마제국 관리나 군대 지휘관 역할을 대행하며 도시나 촌락을 방어했다. 오도아케르는 훈종족의 스키르혈족으로서 이탈리아 북부의 리구리아에서 로마제국 군대에 입문했다. 오도아케르는 게르만어계 종족이 전체 거주자의 절반 정도에 달하는 리구리아에서 용병대장이 되었다. 용병대장 오도아케르의 방어영역은 드라우강 유역에서 페타에 이르는 리구리아 관구였다. 당시 리구리아 속주의 용병대장은 오레스테스였다. 오레스테스도 오도아케르의 충성에 따라서 바람 앞의 등불이나 다름없었다. 오도아케르를 훈종족왕 아틸라의 입장에서 바라보면 오도아케르는 분명히 게르만어계 훈종족이었지만 로마제국 입장에서 바라보면 도나우강 유역을 관리하고 방어하던 황제 관리요, 군대 지휘관이었다. 황제 친위대에서는 오도아케르를 창던지기 전문가로 알았다. 오도아케르는 황제 친위대답게 장기간에 걸쳐 로마제국 방어임무를 황제 명령에 따라서 충성스럽게 수행했다. 오도아케르는 자기의 아들 로물루스 아우구스투루스(475~476)가 로마제국 황제가 될 때까지 로마제국 방어임무를 유지했다.

리구리아관구의 방어 군대는 여러 게르만어계 종족군대, 즉 헤루트종족, 프랑크종족, 부르군드종족, 아란종족, 스키르종족 등으로 편성되었다. 리구리아 관구의 방어 군대인 로마제국의 게르만어계 방어 군대는 황제가 자기네 정착지를 확정해 주지 않는다고 476년 반란을 일으켰다. 오도아케르는 리구리아관구 방어 군대의 반란 때문에 476년 리구리아에서 종족왕이 되었고 이어서 최고 황제군대 지휘관 오레스테스도 사망했다. 스키르가문 오도아케르는 황제인 자기의 아들 로물루스 아우구스투루스를 루쿨라눔으로 유배 보냈다. 로물루스 아우구스투루스는 루쿨라눔에서 향락에 빠져 있었고, 오도아케르는 이어서 로마제국 황제에 반란을 일으켜 라벤나와 로마 영주가 됨으로써 사실상 이탈리아 지배자로 등장했다. 이제 이탈리아 반도, 즉 아펜닌산맥의 동쪽과 서쪽 어느 쪽에서도 로마제국은 사라졌다.

오도아케르에게는 황제인 존엄한 명령권자의 위치에 오른 것도 무의미했다. 오도아케르에게는 용병대나 로마제국 군대와 같은 어떤 방패막이도 없었다. 그러나 오도아케르는 훈종족왕의 후손으로 종족왕이 되기를 갈망하여 직접 '훈종족왕'이라고 지칭했다. 오도아케르는 전제자였다. 오도아케르는 평온과 질서를 유지하기 위하여 법률을 활용하며 군대를 자기편에 묶어 두고자 시도했다. 오도아케르의 이런 취지는 황제가 법률에 근거해야 정당함을 확보할 수 있다는 사실을 비잔티움제국 황제로부터 터득했기 때문일 것이다. 비잔티움제국 황제가 법률에 따라서 합당한 절차를 밟아 서임된다는 사실을 오도아케르는 염두에 두었을 것이다. 오도아케르는 비잔티움제국 황제인 체노(474~491)에게 황제 휘장을 넘겨주고 비잔티움제국의 황제 체노를 명령권자로 받들면서 '최고 사제장'의 직위를 자기에게도 허용해 달라고 요청했다. 비잔티움제국 황제 체노는 최고 사제장 직위를 오도아케르에게 부여하는 것을 망설였다. 물론 오도아케르는 스스로를 최고 사제장이라고 지칭했다. 오도아케르는 황제 체노의 이름으로 이탈리아제국 통치권을 넘겨받는 형식을 취하기 위하여 제국승계 절차를 거쳐 이탈리아제국 황제가 되었다. 이제 서부세계의 이탈리아제국은 영원히 사라졌다. 그런데도 오도아케르는 로마제국 시민이기를 원했다. 오도아케르는 비잔티움제국 황제인 체노에게 '최고 사제장직'을 내려 달라고 요청했다. 오도아케르는 라벤나의 비잔티움제국 황제 관저에서 여러 관리를 불러 모아 놓고 과거 제국을 다스려나갈 방법을 찾아내고 있었다. 오도아케르는 과거 제국의 통치조직을 정비하고 황제 고문단을 구성하여 자신의 위치를 강화할 목적으로 과거 제국 귀족동아리의 협력을 얻어 통치기반을 다지고 있었다. 오도아케르는 아리우스계 동아리의 교리를 신봉했다. 오도아케르는 물론 어떻게든 교회조직과 충돌을 피해야 했다. 오도아케르는 수단방법을 가리지 않고 이탈리아 사회를 안정시켜 자신의 권력기반을 강화하려는 욕망에 불타고 있었다. 오도아케르는 우선 이탈리아 사회를 안정시키기 위하여 반달종족왕 게이세리크로부터 시칠리아 섬의 곡창지대를 사들이려는 계획을 추진했다.

그러나 비잔티움제국 황제 체노는 오도아케르의 시칠리아 매입을 반대했다. 당시 나르본느는 비잔티움제국 영향권이었다. 나르본느의 비잔티움제국 총독 가라치아는 오도아케르의 시칠리아 매입 계획을 알아차렸다. 갈라치아는 반달종족왕 게이세리크에게 시칠리아 섬을 투루즈의 서고트종족왕에게 팔아넘기도록 권유하고 나섰다. 드디어 시칠리아 섬은 투루즈의 서고트종족왕에게로 넘어갔다. 한편 오도아케르는 당시까지 이탈리아를 위협하던 반달종족왕의 전사동아리를 잠재웠다. 오도아케르는 반달종족왕이 점령하고 있던 달마티아까지 차지하고 이어서 동부로는 노리쿰까지 차지했다. 오도아케르의 동부 진출을 비잔티움제국 황제입장에서는 커다란 부담거리였다. 비잔티움제국에서는 게르만어계 종족을 이단자동아리로 단정했다. 비잔티움제국 황제는 게르만어계 종족왕에게 대항할 기회를 호시탐탐 노리며 동고트종족왕 테오데리크 1세를 자극하려는 계략을 꾸미고 있었다. 테오데리크 1세는 아마르가문이었다. 아마르가문에서는 테오데리크 1세를 구세주라고 지칭했다. 테오데리크 1세는 이손초를 공략한 스키르가문까지 대수롭지 않게 여겼다. 테오데리크 1세는 또한 파비아 근처에서 스키르가문을 패퇴시키고, 이어서 황제 도시 라벤나를 493년 차지했다. 493년 이후 오도아케르는 라벤나에서 회의를 진행하던 도중 교살당하고 오도아케르의 가문은 종말을 고했다. 오도아케르는 게르만어계 최초 권력동아리 수장이었다. 오도아케르는 로마제국 문화영역에서 게르만어계 종족의 권력동아리를 출발시킨 주인공 위치를 차지했다. 오도아케르가 게르만어계 종족의 권력동아리를 출발시켰다고 한다면, 동고트종족왕 테오데리크 1세는 오도아케르 다음으로 게르만어계 종족의 권력동아리를 창건하려고 시도했던 인물이었다. 그러나 게르만어계 종족의 권력동아리를 성공리에 완성했던 인물은 카롤루스 막뉴스(768~814)였다. 카롤루스 막뉴스가 게르만어계 종족의 권력동아리 창건자가 되기까지 시대흐름을 바라보면, 480년경 서부세계에는 황제나 황제 권위까지도 사실상 사라져 버렸다.

5세기 말 이탈리아 상황과 유럽문화 생성시대 세계

5세기 말엽 이탈리아 상황은 피폐한 모습 그대로였다. 당시 이탈리아에는 게르만어계 종족이동이라는 대혼란의 연속에다 흑사병까지 유행했는데도 흉년처럼 무서운 것도 없었다. 도시 거주자는 생지옥 같은 도시를 빠져 나갔다. 도시에서 거주민이 빠져 나간 이후 영지는 폐허처럼 미 경작 상태의 황무지로 둔갑했다. 농가는 허물어져 본래 모습을 잃었다. 특히, 모레나, 볼로냐, 피렌체 등의 도시는 거의 텅 빈 상태였다. 종족이동 피해는 이탈리아 북부에서 더욱 두드러졌다. 도시 로마 인구도 100여 년 동안 30만에서 거의 절반으로 감소했다. 로마 근처의 캄파냐 거주자도 성곽을 빠져 나갔다. 성곽을 벗어나는 사람들은 보다 나은 방어 진지나, 요새 지역을 찾아 나섰다. 도시 중앙의 극장, 예배당, 신전도 거주자가 떠남에 따라서 허물어졌다. 이탈리아에서 특히 로마로부터 거주민이 빠져 나가게 된 것은 455년 반달종족왕 게이세리크의 침입 이후였다. 바로 게이세리크의 로마 침입 직후부터 로마 거주자는 거의 절반쯤으로 감소했다. 5세기 말엽 이탈리아 도시는 로마를 비롯하여 대개의 도시가 동고트종족왕 테오데리크와 랑고바르드종족왕의 권력동아리 수중에 들어가 있었다. 470년경부터 이탈리아 사회는 빈곤에 시달렸다. 이탈리아 사회는 도시나 농촌을 막론하고 빈곤했고 원로원 귀족 역시 빈민이나 다를 리 없었다. 이탈리아 사회 전반에는 불신풍조가 만연했고 유아유기, 퇴폐행위, 생계위협과 같은 무질서가 난무했다. 무능한 권력동아리는 패거리 이기심에 뇌물수수와 같은 부정부패, 인신매매 등을 자행했다.

게르만어계 종족은 이제 서부세계에서 제국 영역을 차지했다. 반달종족은 아프리카를 차지했고, 서고트종족은 스페인에 정착했다. 또한 앙겔종족과 작센종족은 브리타니아 섬에 정복했다. 프랑크종족은 프랑스 중부 이남인 갈리아를 정복했다. 게르만어계 이동종족은 이런 과정을 거쳐 서부세계의 유럽대륙으로 들어왔고 로마제국 와해 이후 상인동아리 교역도 위축으로 유통질서 와해와 함께 경제생활도 자연히 후퇴했다. 들판에는 농사, 목축, 사냥, 전쟁이 함께 수놓아졌다. 후기 고전시대 도시 거주자의 생활관습이나 라틴어관습도 거의 생명력을 잃고 왜소해졌다. 후기 고전시대 표준관습은 도시에서부터 무너져 있었다. 중세 세계는 도시의 유통질서에서 새로 발원하기 시작했다.

서부세계 제국영역에서 로마제국 사회는 후기 고전시대 특질을 지녔으나 이제 와해되었다. 이제 여러 게르만어계 종족과 로마인은 서로 새로운 종족인 유럽대륙의 종족으로 변모했다. 물론 다양한 새로운 종족은 새로운 표준관습을 함께 만들어가야 했다. 이탈리아, 스페인, 프랑스 중부 이남의 갈리아는 특히 게르만어계 종족의 영향을 심하게 받았다. 그러나 이런 서부세계와 달리, 러시아, 헝가리, 발칸반도는 아시아계 종족이동으로 본래 질서를 완연하게 상실했다. 대개 이들 유럽대륙의 생활수준 또한 저하되었다. 서부제국 영역의 생활수준 저하는 자연히 미숙한 생활관습을 피할 수 없었다. 중세 세계의 미숙한 생활관습은 고도로 발전했던 고전시대 국가의 법률과 제도를 밀어내며 개인 위주의 권력동아리 권위를 수용했다. 중세 세계의 미성숙한 권력동아리는 시대흐름을 퇴색케 하고 다양한 문화이동을 외형과 함께 무너뜨렸다. 한편, 중세 세계의 미성숙한 생활관습은 로마제국관습의 생활수준에 어울리는 새로운 표준감각을 찾아내기 시작했다. 이탈리아 제국은 서부세계에서 사라졌으나 로마제국시대 문화영역에서 로마어계와 게르만어계 종족은 함께 새로운 국가 주인공으로서 크리스트교의 교회조직을 활용하여 표준관습을 축적하기 시작했다.

국가조직 결속원리로서 신앙과 교회조직

크리스트교 교회조직은 권력동아리의 보편주의를 만드는 도구였다. 크리스트교는 로마제국시대 생활관습과 라틴어관습을 바꾸어놓았다. 과거의 크리스트교는 후기 고전시대 종교동아리의 보편주의와 함께 쇠퇴했다. 크리스트교와 교회조직은 게르만어계 종족을 로마제국 문화에 동화케 하여 새로운 권력동아리의 보편주의 발원지로 등장했다. 중세 세계의 권력동아리는 크리스트교와 교회조직에서 보편주의를 배워 후기 고전시대와 다른 보편주의를 창출했다. 새로운 사회와 문화의 핵심 자료는 다양한 종족 윤리였다. 새로운 윤리는 후기 고전시대 신비주의를 수용하여 절차와 형식을 발원하게 했다. 우선, 교회조직은 크리스트교 교리로 신화와 기적관습을 인간의 생활관습에서 씻어내는 한편 미성숙한 생활관습과 불확실한 의례관습의 선택에서 일어날 수도 있는 공포심과 경외심을 버리도록 위안을 주었다. 즉, 크리스트교와 교회조직은 새로운 인간, 즉 유럽세계 인간의 발원지였다. 중세 세계의 교회조직은 먼저 이동종족을 유럽대륙의 자연환경에 길들이는 한편 유럽대륙 북부와 동부에서 이동해 온 이동종족에게 고유한 종족 기질을 버리고, 인간 중심의 생활관습을 지니도록 교화했다. 이동종족의 보편주의는 서부세계 제국의 크리스트교가 아니라, 그리스어계 마술관습과 동양의 신비주의를 포괄한 아리우스계 동아리 교리였다.

그러나 서부세계 제국의 크리스트교는 그리스어계 마술관습과 로마제국 윤리를 결합했다. 콘스탄티누스 이후부터 교회조직은 국가 권력동아리 발원지로서 가난으로 고통 받는 사람에게 생필품을 제공하고, 생존경쟁에 시달린 이동종족에게는 마음의 고갈상태를 채워 주었다. 물론 교회조직의 이런 구제 역할이 중세 세계에서 가능했던 것은 기적관습의 예증을 활용하여 고달픈 이동종족을 끌어 모을 수 있었기 때문이었다. 크리스트 재림과 구원 예증은 물론 크리스트교의 보완논리였다. 크리스트교의 이런 보완원리는 생활고와 죽음의 공포로부터 이동종족을 구출하고, 위안과 기적관습의 희망을 갖도록 이동종족을 위로해주었다. 중세 세계의 교회조직은 인간 동아리 발원지였다. 대주교는 대체로 작은 단위의 다양한 인간동아리 정상에 앉아 있었다. 특히 콘스탄티노플, 안티오크, 예루살렘, 알렉산드리아, 로마 등의 대주교는 최고 교회조직 관리자였다. 최고 교회조직 관리자는 황제 총대주교로서 주교회의 구성원인 주교를 소집했다. 중세 세계의 교회조직은 명성과 권위로써 교회조직의 이상을 현실 세계에 일치시켰다. 국가의 권위와 명성은 교회조직 권위에 비례했다. 즉 교회조직 권위는 국가 권위로 변화하여 국가 이상을 통일하여 국가조직을 강화했다. 국가 권위와 교회조직 권위의 타협은 어느 한편의 권위가 다른 편의 권위를 추종하는 경우 실제의 권력동아리 권위를 상승케 했다는 점에서 새로운 권력동아리 발원지였던 것이다. 비잔티움제국에서는 교회조직 권위가 국가 권위에 대하여 타협을 시도했으나 서부세계 제국에서는 국가 자율과 교회조직 우월함이라는 두 가지 원리를 가지고 국가 권위와 교회조직 권위가 상호 견제하는 모습을 띄었다. 국가 권위와 교회조직 권위가 각자의 자율과 우월함을 유지하기 위하여 타협하는 것 자체는 크리스트교동아리 영향으로 나타난 윤리에서 발원했다. 교회조직은 국가 권위에 대하여 우월함을 포기했다. 교회조직은 국가 권위가 세속인에게 평화를 가져다준다고 세속인을 설득했다. 물론 교회조직은 이런 국가권위 선전을 선교임무라고 선전했다. 교회조직은 세속인에게 평화 보장이라는 선교 임무를 수행하기 위하여 새로운 모습으로 바뀌었다.

한편 중세 세계의 교회조직은 국가에 대하여 영향력을 행사코자 시도했다. 실제로 국가 와해도 교회조직의 목적 변화에 기인했다. 그러나 교회조직은 풍부한 재산을 그대로 보유했고, 국가는 풍부한 교회조직의 재산에 대하여 공포를 느꼈다. 국가는 교회조직의 재산에 대한 공포감을 탈피하기 위하여 교회조직에 영향력을 행사코자 했다. 그런데도 교회조직은 국가에 대하여 여전히 언어 설득력이 무력보다 강하다는 현실을 확인해 주었다. 교회조직은 국가와 논쟁에서 승리하여 국가 요구를 포용하고 이단자동아리를 크리스트교의 위협대상으로 여기지 않았다. 이단자동아리는 정통론자동아리 교회조직보다 오히려 제국의 권력동아리에 저항했다. 이단자동아리의 이런 태도 변화는 시리아와 이집트의 단성론자동아리와 아프리카의 도나투스계 이단자동아리에서도 드러났다. 중세 세계의 교회조직은 국가의 종족을 결속하여 중앙에 집중된 제국 권위를 무기력하게 만들었다.

아리우스계 이단자동아리는 소아시아의 고트종족이 로마제국 방어 군대의 포로가 됨으로써 게르만어계 종족에게로 이동했다. 아리우스계 이단자동아리의 교리는 게르만어계 종족이 서부세계의 제국 영역에서 지배종족으로 등장하면서 중심 종교로 자리 잡았다. 아리우스계 이단자동아리는 게르만어계 종족가 발칸 반도, 프랑스 중부 이남의 갈리아, 스페인, 아프리카 북부, 이탈리아 등에서 창건했던 종족왕의 권력동아리에서도 중심 종교로 채택되었다. 원래 아리우스계 이단자동아리는 교리를 그리스어관습으로 기술했다. 고트종족 저작자 불필라(+393)는 이 그리스어 필사성서를 게르만어계 고트로 최초로 번역했다. 불필라의 고트어 번역에 힘입어 아리우스계 이단자동아리의 게르만어 필사성서는 서부세계에서 처음으로 모습을 드러냈다. 그러나 아리우스계 이단자동아리는 게르만어계 종족에서 중심 종교 위치를 상실했다. 이런 상황은 게르만어계 종족왕과 정통론자동아리 교회조직의 관계가 변화하던 과정과 일치했다. 정통론자동아리 교회조직의 교리는 아리우스계 이단자동아리보다 게르만어계 종족왕을 정통론자동아리 교회조직 안으로 포용했다. 게르만어계 종족왕의 이런 개종은 아리우스계 이단자동아리와 정통론자동아리 교회조직이 게르만어계 종족왕을 사이에 두고 국가 정치의 쟁점이 되었기 때문이다. 게르만어계 종족왕은 종교를 선택했다기보다 국가 정치를 선택했다. 아리우스계 이단자동아리와 정통론자동아리 교회조직의 반목은 5~6세기경 국가 정치의 주요 쟁점이 되었다. 게르만어계 종족왕의 개종으로 아리우스계 이단자동아리 교회조직은 서부세계에서 활동무대를 상실했다. 게르만어계 프랑크종족왕 크로도베크(+511)의 권력동아리가 갈리아에서 뿌리내리기 이전 서고트종족왕도 갈리아에서 물러났다. 또한 아리우스계 이단자동아리 교회조직은 아프리카 북부와 동고트종족왕의 활동무대인 이탈리아의 포강델타에 분포했다. 비잔티움제국의 용병대장 베리사리오스(+565)가 이탈리아를 정복한 이후 이탈리아의 아리우스계 이단자동아리는 정통론자동아리로 개종했다. 스페인의 서고트종족왕 레크카레드(586~601/2)도 589년 정통론자동아리로 개종했다.

아리우스계 이단자동아리 이외에도 당시 서부세계에는 여러 가지 이단자동아리와 이교도동아리 교리가 유포되어 있었다. 이 이단자동아리와 이교도동아리 교리는 서로 정통론자동아리 교회조직의 교리와 우위를 차지코자 경쟁했다. 그 중에도 마니교동아리는 4세기경 비잔티움제국과 서부세계 제국에 골고루 확산되어 있었다. 마니교동아리의 교리는 선과 악으로 사물을 판단토록 악마를 지옥의 상징물로 설정했다. 마니교동아리 교리는 고행을 수행하여 선의 경지에 이르면 악마의 지옥을 피하고 선의 상징물인 천국에 이른다는 논리였다. 마니교동아리 교리가 강요했던 고행은 일종의 금욕수행관습이었다. 마니교동아리 교리는 11세기 이후 만개된 종교동아리 운동시대에 보고미르계 이단자동아리와 아르비겐스계 이단자동아리 교리로 재생했다. 도나투스계 이단자동아리도 정통론자동아리 교회조직 통일에 커다란 장애물이었다. 도나투스계 이단자동아리는 성사관습에서 성직자 역할을 부인했다. 도나투스계 이단자동아리는 타당한 성사관습을 저절로 인정받게 된다고 주장했다. 도나투스계 이단자동아리 교리는 로마제국의 황제권한 강화에도 장애요인이 되었다. 도나투스계 이단자동아리는 아프리카 북부 베르브종족에게로 이동했다. 7세기 이후 아랍계 세력이 아프리카를 지배하게 된 이후 도나투스계 이단자동아리는 아랍계 세력의 저항세력으로 변신했다. 프랑스의 아를르는 서부세계에서 도나투스계 이단자동아리가 가장 번성했던 곳이었다. 아프리카에서도 이 도나투스계 이단자동아리는 아랍계 세력에 대하여 격렬하게 저항했다. 아프리카의 거주종족은 도나투스계 이단자동아리 교리를 종족문화로 흡수했다.

네스토리아계 이단자동아리는 여러 이단자동아리 중에서도 단성론을 주창하며 지중해세계 질서를 위협했다. 네스토리아계 이단자동아리의 단성론은 수도자동아리 관구장 에우티크(+454년 이후)의 주장에서 발원했다. 에우티크는 이스탄불 근처에서 수행한 단성론 자였다. 2차 에페소스 주교회의에서는 에우티크의 단성론을 이단으로 확정했다. 교황 레오 1세(440~461)는 네스토리아계 이단자동아리의 단성론이 정통론자동아리 교리를 약탈했다고 생각했다. 네스토리아계 이단자동아리의 단성론은 정통론자동아리 교리의 가치를 손상했다고 해서 이단자 교리로 전락했다. 네스토리아계 이단자동아리의 단성론은 크리스트에게 인간의 본질은 없고, 신의 본질만 있다는 것이었다. 칼케돈 주교회의(451)는 크리스트가 신의 본질과 인간의 본질을 모두 지녔다고 천명했다. 또한 칼케돈 주교회의는 이스탄불 대주교와 로마 대주교 위치가 서로 동등하다는 것을 천명했다. 이런 칼케돈 주교회의 천명은 물론 이 두 대주교가 권위와 자율을 주장하며 서로 반목했다는 것을 반증하고 있다. 네스토리아계 이단자동아리의 단성론은 비잔티움세계 주교와 로마 주교의 반목 과정에서 등장하여 로마제국 영역으로 이동했다. 크리스트의 신 본질이 자연 종교를 강조했다면 단성론은 자연 종교에서 차용했기 때문에 크리스트교를 믿던 이집트인과 아르메니아인의 자연 종교로 변모했다. 단성론은 6세기 시리아 서부와 아르메니아로도 이동했다. 크리스트가 신의 어머니에게서 태어났다는 네스토리아계 이단자동아리의 단성론도 메소포타미아와 시리아 동부로 이동했다. 이런 이단자동아리는 모두 로마 정통론자동아리 교회조직 입장에서 보면 교회조직 통합의 방해 요인이었다.

이 이단자동아리 교리는 후기 제국 권력동아리의 권위를 훼손하며 과반수에 달하는 이집트와 근동을 제국질서로부터 이탈케 하는 명약이라고 선전토록 아랍인을 자극했다. 즉, 7세기 아랍인은 종교·정치·재정을 비잔티움제국의 흉악한 황제권인, 이스탄불의 억압으로부터 구출한 것이 바로 이들 이단자동아리 교회조직이었다고 확신했다. 다양한 이단자동아리와 이교동아리의 교리는 동·서 교회조직 통합에 장애물로 등장했다. 교회조직 통일 세력도 여러 갈래로 분열했다. 그런데도 교황청은 통일교회조직 심장부를 이루며 정통론자동아리 교회조직의 권위와 위상을 유지해 나갔다.

교황청 형성

로마 주교의 권위와 위상에 대한 우월함과 자율을 확보하려는 국가와 교황청의 경쟁은 대교황 레오 1세 시대(440~461)에 발원했으나 서로 타협점을 찾아냈다. 프와티에의 주교 힐라리우스(대략 300/325~대략 367)는 황제 발렌티니아누스 3세와 교황 레오 1세 사이에 타협점을 제시했다. 대교황 레오 1세는 힐라리우스의 타협점을 수용하여 새로운 시대에 맞도록 교령을 발포했다. 대교황 레오 1세의 교령은 로마 대주교 권능이 황제 권위보다 상위임을 확인하고, 로마 대주교가 모든 교회조직을 다스리고 있음을 확인했다.

서부세계에서 황제는 제국에 대해서만 황제 권한을 행사했다. 그러나 로마 주교는 세계 교회조직을 다스렸다. 그럼에도 서부세계 대주교는 제국 황제에게 머리를 숙이지 않을 수 없었다. 비잔티움제국 대주교는 세계 교회조직의 수장인 로마 대주교에게가 아니라 비잔티움제국의 황제에게 복종해야만 했다. 비잔티움제국과 서부세계의 교회조직 분열은 언어관습 차이와 교통상의 장애요인에다 콘스탄티노플, 안티오크, 예루살렘, 알렉산드리아 등의 사제장이 로마 대주교와 동등한 권능을 주장하고 나서면서 일어났다. 로마 대주교도 이 사제장의 요구에 맞섰고, 로마 대주교의 권한은 방대한 분야에까지 확대되었다. 서부세계의 제국 사회는 사제장 위치를 고수하려는 방향으로 급격하게 변화했다. 로마는 비잔티움제국 관구 콘스탄티노플로부터 멀리 떨어져 있었다. 로마 대주교는 비잔티움제국 사제장보다 서부세계에 대하여 우월함을 훨씬 용이하게 확보했다. 로마 주교의 이런 지위는 곧 교황청 발원지였다. 특히, 이 시기는 바야흐로 종족이동 시대였다. 게르만어계 종족은 이동종족으로서 서부세계에 정착했으나 성격이 전혀 다른 정치세력으로 등장했다. 로마 대주교는 정치세력으로 부상하는 게르만어계 종족을 중요하게 인식했다. 게르만어계 종족에 대한 로마 대주교의 이런 인식전환은 게르만어계 종족의 개종으로 이어졌다.

서부세계에서 게르만어계 종족은 정치세력으로 등장하여 정통론자동아리로 개종했다. 따라서 로마 대주교는 교황으로 상승했다. 게르만어계 종족의 정통론자동아리 개종은 비잔티움제국 관구에 대하여 로마 교황의 권위를 상승케 했다. 게르만어계 종족왕과 귀족도 크리스트교로 개종했다. 이 종족왕과 귀족은 교황청에 대하여 방대한 영지를 기증했다. 교황청은 종족왕과 귀족의 기증 자산에 힘입어 웅장한 모습의 예배당을 지을 수 있었다. 지금도 웅장한 크리스트교 예배당은 400년경 고전시대 도시를 고색으로 찬연하게 장식하고 있다. 크리스트교가 처음부터 서부세계에서 다수를 차지했던 것은 아니었다. 크리스트교가 다수 동아리로 성장했던 이면에는 소수 동아리로 출발했지만, 소수 선교자동아리가 복음주의를 생명으로 여기며 교황청을 지원했기 때문이었다. 처음에 교황청은 비잔티움세계의 소수 수도자로서 복음론자 선구자인 안토니우스(+356), 쉐누타스(+450년경), 파코니우스(+347) 등을 지원했다. 물론 이 수도자동아리 선구자는 수도자동아리 은신처를 창건했던 복음론자동아리였다. 이 복음론자동아리 선구자는 수도자동아리 은신처에서 금욕수행관습을 실행하며 다수 지방 세속인에게 생활귀감을 제시했다. 이후 교황청 권위는 서부세계의 결속력 발원지로 정착하기 시작했다. 이동종족의 이런 동질감은 '신화'와 '역사'로 이어지면서 풍부한 상상력을 창출했다. 중세 세계에서 크리스트교는 게르만어계 종족의 생활관습과 고전시대 후기의 생활관습을 이어주며 게르만어계 종족의 고달픈 이동 이야기와 로마제국의 지난 과거 역사를 현실에 맞게 재생했다. 크리스트교는 새로운 중세 세계에다 신화와 역사의 재생과 같은 문화 발원지로 정착했다.

비잔티움세계와 서부세계의 교회조직 스승 수도자

새로운 중세 세계에서 교회조직은 물론 크리스트교 교리를 전파하면서 새로운 문화 발원지로 등장했다. 바로 복음론자동아리는 교회조직에다 언어관습과 생활관습에 대한 표준을 제시했다. 복음론자동아리의 라틴어관습은 교회조직 법률과 문학동아리의 이야기에 대하여 표준관습을 제시했다. 복음론자동아리의 라틴어 관습은 교회조직 법률과 문학동아리의 '이야기'를 '문화이동관례' 형식으로 재생하며 크리스트교를 자연스럽게 결속력 발원지로 만들었다. 특히 히에로니무스(+대략 346년경), 암브로시우스(+397), 파울리누스(+대략 431년 이후), 아우구스틴(354~430) 등을 비롯한 다수 시인은 교회조직 법률과 문학동아리의 '이야기'를 '문화이동 역사' 형식으로 라틴어 관습에 근거하여 재생했다. 히에로니무스는 아쿠아레야 스트리도 출신 성직자요, 저작자로서 후기 고전시대 최후 라틴어계 저작자였다. 히에로니무스의 이야기는 수도자생활에 커다란 영향을 끼쳤고, 후기 고전시대와 중세 세계의 라틴어관습을 이어줬다. 히에로니무스는 로마와 트리어의 고전시대 학문동아리에서 고전시대 그리스어계 저작물을 배웠고, 안티오크 근방 키르키스에서 수도자동아리에 입문하여 수도자 학문동아리 좌장으로 활동했다. 이후 히에로니무스는 교황 다마수스 1세(366~384)의 비서로서 이 시대 복음서를 라틴어로 번역했으나 로마제국 사회와 문화를 비판했다. 히에로니무스는 타락한 로마제국에 대하여 혐오감을 느낀 나머지 385년 로마를 떠나 베틀렘에다 수도자동아리와 수녀동아리 은신처를 창건했다. 히에로니무스는 베틀렘의 초대 수도자동아리 좌장으로서 50여 종의 신학 서적을 저술했다. 히에로니무스는 그리스어와 라틴어 성서를 생활언어로 번역했다. 히에로니무스의 번역 성서에 힘입어 중세 신학언어와 문학 언어는 정착했다.

암브로시우스는 히에로니무스와 더불어 트리어 관구 대주교 후손이요, 이탈리아 북부 관구인 밀라노 대주교였다. 암브로시우스는 황제 권력동아리에 대한 설교에서 교회조직에 대하여 매력을 심어주었다. 암브로시우스는 한 주일 동안 세례를 받고 즉시 주교직에 올랐다. 암브로시우스는 정치가다운 풍모와 언변을 갖추, 주교직을 수행했다. 그러나 암브로시우스는 자신의 이런 재능 때문에 정치에 휘말리기도 했다. 암브로시우스는 자신의 설교를 통해서 마니교동아리였던 아우구스틴을 정통론자동아리 교회조직으로 개종케 했다. 그 이외에도 암브로시우스는 여러 편의 찬미가를 작곡함은 물론 가사까지 작사했다. 새로운 중세 세계의 문화는 프랑스 중부이남 갈리아 관구에서 수도자 학문동아리의 영향으로 발원하기 시작했다. 11~12세기에 이르러서는 유럽문화 여명시대 세계를 거쳐 유럽문화 정착시대 세계를 개창했다. 중세 세계의 문화는 4세기 이후 주교 암브로시우스의 눈부신 업적을 발판으로 크리스트교를 유럽세계 특징으로 채색했다. 이런 주교 중에는 히라리우스, 렝의 레미기우스(+533년경), 투르의 마르틴(+397) 등도 포함되어 있었다.

주교 마르티누스는 메로베크 가문 프랑크종족왕의 영지 보호성자였다. 메로베크 가문 프랑크종족왕과 귀족동아리는 마르티누스를 영지 보호성자로 숭배했다. 그 증거는 유럽대륙에서 마르티누스라는 이름을 지닌 4000여 개의 교회와 마르티누스와 관련된 촌락 명칭이 425여 개에 달한다는 사실에서도 입증되고 있다. 주교 마르티누스는 316년경 판노니아에서 출생했다. 마르티누스는 아버지가 로마제국 방어 군대였기 때문에 병영에서 성장했다. 마르티누스는 5년 정도 이탈리아에서 생활하다가 프와티에 근처의 수도자동아리에 입문했다. 마르티누스는 371년 투르의 주교가 되었다. 마르티누스는 모든 희생을 무릅쓰고, 사람을 돕는 직분을 철저하게 수행했다. 주교 마르티누스는 프와티에의 마르무티에 수도자동아리에서 금욕수행관습을 실천하여 수도자로서 귀감이 되었다. 마르티누스는 362년 마르무티에 수도자동아리에서 출발하여 투르에다 여러 개의 수도자동아리 은신처를 창건했다. 서부세계 수도자동아리 은신처는 투르 수도자동아리에서 발원하여 서부세계 전역으로 확산되었다. 이 마르티누스계 수도자동아리는 금욕수행관습을 실천하여 곧 서부세계에서 권위 발원지로 등장했다. 한편 금욕수행관습은 수도자동아리 금욕수행관습으로 정착하여 권력동아리와 종족를 결속했다. 특히 수도자동아리 은신처는 종족정신을 교육하던 장소였다.

마르티누스처럼 요한 카시아누스도 금욕수행관습을 실행했던 표본 인물이었다. 요한 카시아누스(+430/35)는 비잔티움세계로부터 아시아계 금욕수행관습을 서부세계로 이동했고, 현재 프랑스 남부의 해안 도시 마르세이유에다 수도동아리 은신처와 수녀동아리 은신처를 창건했다. 카시아누스는 서부세계에다 베네딕트보다 먼저 수도자 금욕수행관습을 마르세이유 수도자동아리 은신처와 수녀원에 도입했다. 카시아누스는 435년 사망했다. 카시아누스가 435년 사망하기 이전에도 프로방스에는 500여 명의 수도자가 수도자 금욕수행관습을 실천하며 살았다고 한다. 이 수도자가 카시아누스처럼 수도자 금욕수행관습을 실천했는지는 명확하지 않다. 프로방스의 생활풍토에도 적어도 금욕수행관습이 생활관습으로 정착했던 것은 부인할 수 없다. 서부세계에서는 특히 레렝 섬(Lerins = lerinum)의 수도자동아리 은신처에서 금욕수행관습을 최초로 실천했던 것은 틀림없다. 레렝 섬은 지중해 연안인 프로방스의 칸느 곶 앞에 위치한 조그마한 섬이다. 바로 이 조그마한 섬에도 수도자동아리 은신처는 정착했다. 레렝 섬의 수도자동아리 은신처는 수도자동아리 교육장이었다. 레렝 섬의 수도자동아리 교육 영향으로 수도자동아리는 광범한 서부세계, 특히 북부 관구 트리어에까지도 이동했다. 레렝 섬의 수도자동아리는 금욕수행관습을 실천하여 로마제국 문화를 게르만어계 종족에게 이동했다. 특히, 레렝 섬의 수도자동아리 교육은 권력동아리에다 금욕수행관습을 제시했고 갈리아의 로마계 귀족동아리도 그 금욕수행관습을 수용했다. 이런 맥락에서 레렝 섬의 수도자동아리 교육은 갈리아의 후기 고전시대 로마제국 속주 관행을 해체하고 금욕수행관습을 생활이념으로 만들었다. 즉, 최초로 수도자동아리 금욕수행관습을 성문 규칙으로 남긴 인물이 카시아누스라면, 금욕수행관습을 윤리 귀감으로 만들어 권력동아리 권위에 정당함을 부여케 했던 권위의 교육장이 레렝 수도자동아리 은신처인 것이다. 새로운 문화의 물결은 금욕수행관습의 실천을 권위 발원지로 만들었다. 금욕수행관습은 새로운 생활관습으로 정착했고, 수도자동아리 은신처는 인간의 의지 소재지로 변모하여 고전시대 후기의 의례관습을 탈피하고, 활동영역을 넓히는 문화 발원지였다. 수도자동아리 은신처의 주인공은 은둔하는 수도자 학문동아리였다. 이 수도자 학문동아리는 인간 의지 창출 방식처럼 회의론을 극복하고, 낙천가답게 새로운 생활관습을 찾아냈다.

수도자동아리 출현은 서부세계에서 새로운 생활관습을 예고하며 권력동아리를 전혀 다른 인간 모습으로 교육하기 시작했다. 권력동아리도 후기 고전시대와는 전혀 다른 인간으로 구성되었다. 수도자 학문동아리는 금욕수행관습으로 높은 덕망을 쌓은 표준 인간처럼 인식되기 시작했다. 수도자 학문동아리는 신앙과 교육 능력을 두루 갖춘 탁월한 표본인간으로서 새로운 인간의 스승으로 인식되었다. 그러나 새로운 인간도 창의력 한계를 극복하지 못하여 과거세대 관례, 특히 라틴어 기록문서를 지체 없이 뒤적이며 문화 발원지를 탐구하기 시작했다. 수도자 학문동아리 은신처인 수도자동아리 은신처는 이런 점에서 중세 세계의 발원지인 것이다.

수도자동아리의 금욕수행관습 실행은 크리스트교동아리 이상으로 정착했다. 순교자는 크리스트교동아리에 대하여 순수한 금욕수행관습 실행자로 인식되었다. 권력동아리의 전기 저작물에서는 순교자와 수도자동아리의 금욕수행관습 실행을 덕목 유지자와 덕목 실행자라고 칭송하며 표준 인물로 제시했다. 5-6세기 유럽문화는 고전시대 관례에서 발원했다. 새로운 종교동아리는 새로운 권위에서 발원했다. 새로운 종교동아리는 고전시대 관례와 새로운 권위를 이어주었다. 수도자 학문동아리는 고전시대 관례 발굴자였다. 즉 수도자 학문아리는 문화 이동자요 문화 전파자였으나 특정한 명칭을 갖지 못했다. 당시 서부세계에서는 크리스트교세계 이탈자도 많았다. 이런 서부세계에서 수도자는 비잔티움세계에서보다 더욱 중요한 위치를 차지했다. 기존 서부세계 교회조직은 고전시대 생활관습을 개조하며, 지나칠 정도로 민감하게 라틴어관습을 수용했다. 교회조직 권위는 대단히 미약했다. 그러나 수도자동아리는 미약한 교회조직 권위를 세속인 세계로 이동시키며 교회조직과 세속 세계를 이어주었다. 수도자동아리의 권위 전달수단은 주로 상징물이었다. 당시 수도자동아리의 상징물은 주로 성자 유골이었다. 수도자동아리는 이곳저곳으로 떠돌아다니며 금욕수행관습 실행을 설교했다. 한편 수도자는 성자 유골을 설교 증거로 활용했다. 특히 이교도동아리 상인은 경우에 따라서 성자 유골을 상품으로 둔갑하여 매매하는 사례도 나타났다. 수도자동아리는 이 도시 저 도시로 떠돌아다니다가 교직자 회의에 나타나서 미약한 신도를 선동하는 사례도 있었다. 또한 이들 유랑 수도자동아리는 이교도동아리 신전을 파괴하고, 조상의 조각물을 부수는 경우도 나타났다. 유랑 수도자동아리는 정신 과민으로 오히려 질서를 파괴하고 최후 책임을 교회에다 전가하는 사례도 빈번했다. 이런 무질서에 대비하여 교구 교회는 지방 세속인의 종교생활을 점차 엄격하게 통제하기 시작했다. 지방 세속인에 대한 로마 교회조직의 종교생활 통제는 비잔티움세계와 서부세계에도 여러 가지 영향을 미쳤다.

비잔티움세계에서도 수도자동아리 지위는 상승했다. 이교도동아리의 조상 숭배는 퇴색했다. 그런데도 이단자동아리는 끊임없이 재생했다. 크리스트교동아리는 교회조직 속성과 성사관습 절차를 문제 삼아 서로 논쟁했다. 비잔티움세계 전체에서도 서부세계보다 교리논쟁이 한층 가열되며 격심하게 동요했다. 비잔티움세계에서는 거리를 비롯한 도처에서 교리논쟁이 가열되었다. 비잔티움세계 콘스탄티노플은 교리논쟁 중심지였다. 콘스탄티노플에서는 성직자동아리를 이미 400년경부터 수도자동아리 세력을 위협하는 부류라고 단정했다. 또한 고위 성직자도 서부세계 성직자 보다 교리논쟁 분위기에 휩쓸려 오히려 교리논쟁을 즐기는 편이었다. 귀족동아리도 교리논쟁에 휘말리고 있었다. 안티오크의 귀족 크리소스토모스(+407)같은 인물은 교리논쟁과 이단자동아리운동에 교회조직이 말려들도록 오히려 부채질했다. 교회조직은 자산가에게 재물을 교회조직에다 희사하도록 강요한 나머지 풍족한 물자를 확보했다. 그러나 성직자의 방만 사치는 극도에 달했다. 거리의 유랑 수도자는 수도자동아리의 방만 사치를 경멸하고, 아예 골방 같은 구석진 은둔지로 잠적했다. 그럼에도 불구하고 로마제국 교회조직은 거의 단절 없이 존속했다. 로마제국 교회조직은 크리스트교를 지키면서, 수준 높은 도덕을 이어가는 사회와 문화 계승자였다. 로마제국 교회조직은 또한 비잔티움세계에서도 도덕 방어자였다. 그 이후부터 비잔티움세계 교회조직은 로마제국 황제의 통치도구가 되도록 강요당했다. 이단자동아리는 결국 교리논쟁에서 발원하여 교회조직을 약화시킨 나머지 로마제국 통치도구로 교회조직을 만들어버렸다.

아우구스틴은 서부세계 교회조직을 자극했다. 아우구스틴은 카르타고의 히포에서 성직을 수행하고, 견문을 넓힐 겸 로마에 들렀다가 고향인 밀라노에서 수도자학문동아리 교사가 되었다가 밀라노의 대주교 암브로시우스의 설교에 감명을 받았던 사실을 이미 지적한 바 있다. 아우구스틴은 개종 이후 곧 신학을 공부하기 시작했다. 아우구스틴은 마니교동아리 교리의 두 가지 크리스트교 속성, 신의 속성과 인간의 속성을 파악했다. 아우구스틴은 플라톤과 프로틴의 이론을 분석한 이후부터 플라톤 철학이론에 대하여 회의론을 제시하고 신 프라톤계 학문동아리 창시자가 되었다. 아우구스틴의 신 플라톤 철학이론은 후세(11~12세기)에 이르러 파리 학문동아리 교사인 아베라르(1079~42)는 회의론 발원지 탐구에서 핵심원리로 채택했다. 성서와 바오로의 편지글 연구는 특히 아우구스틴으로 하여금 고전시대 그리스어계 저작물의 회의를 벗어던지게 했고, 그를 크리스트교에 귀의하도록 만들었다. 아우구스틴은 아프리카로 가서 타가스트에다 조그만 교회를 창건했다. 그 교회에서도 아우구스틴은 수도자 금욕수행관습을 실행했다. 아우구스틴은 396~430년까지 히포 주교로서 흥분 잘하고, 단정하기 좋아하던 성격을 잊고서 크리스트교를 수용했다. 아우구스틴은 또한 히포 주교로 재직하면서, 중세 신학과 정신에 커다란 영향을 끼친 저작물 『신국론』을 저술했다. 아우구스틴의 저작 취지는 질서를 보호하고 무질서한 세상을 바로 세울 수 있는 판단기준을 조화라고 가정했다. 아우구스틴은 판단기준의 조화를 교리로 삼아야 한다고 확신했다. 아우구스틴은 크리스트교동아리 교리를 의지 자율과 신의 예정조화라는 이분법논리로 가정했다. 아우구스틴은 생활의 죄도 신에게 참회하면 구원받을 수 있음은 물론, 아담과 이브가 에덴동산에서 범한 인간의 원죄까지도 신에게 참회하면 구원받게 된다는 교의를 발전시켰던 것이다. 아우구스틴은 종교동아리 세계상을 실제생활에서 실행하면 감지하게 되나, 생각만 해서는 안 된다고 지적했다. 즉, 종교는 생활의 체험대상이지, 상상력의 대상이 아니라는 것이었다. 아우구스틴은 230여 편에 달하는 논문 형식의 저작물을 남겼다. 이처럼 탁월한 아우구스틴은 철학과 신학의 여러 가지 문제를 완벽하고 깊이 있는 필치로 예리하게 분석했다. 아우구스틴의 저작물 중에서도 「신앙고백」과 『신국론』은 특히 탁월한 저작물로 손꼽히고 있다. 이 저작물은 아우구스틴의 역사 철학을 담고 있다. 아우구스틴의 이 두 가지 저작물을 세계인은 지금도 표준 저작물로 채택하고 있다. 「신앙고백」과 『신국론』은 고트 종족왕 알라리크가 416년 로마를 침입했을 당시 혼란한 로마제국 질서 상황을 목격하면서 저작했다. 아우구스틴은 이 저작물에서 크리스트교의 시간이라는 기반을 유지코자 시도했다. 반달종족왕 게이세리크이 자기의 담임 주교구 히포를 함락한 이후 아우구스틴은 사망했다. 크리스트교의 보편주의가 곧 신비관습과 철학으로 구성된 합일체 논리는 철학과 신학을 구성한 핵심원리였다. 아우구스틴의 학문논리를 위클리프, 후스, 루테르, 칼벵, 토마스 등은 다시 채택했다. 이런 점에서 아우구스틴은 복잡한 인물이었다. 아우구스틴의 저작물을 구성한 핵심 논리는 명확하게 중세인의 논리였다. 그러나 아우구스틴은 후기 고전시대 로마제국에서 생존했다. 이런 사실 때문에 아우구스틴은 현재까지 인상 깊은 인물로 인식되고 있다.

교회조직의 의례관습은 후기 고전시대 로마제국 사회의 생활관습 조합체나 다름 없었다. 교회조직은 후기 고전시대 로마제국 사회의 생활관습과 이동종족의 생활관습을 조합하여 크리스트교를 정착케 했다. 즉, 교회조직은 이동종족의 생활관습을 개조하여 수용하며 새로운 라틴어관습을 다양한 감각과 신앙에 이어주었다. 교회조직은 또한 특정한 이동종족이 라틴어를 읽고 쓰진 못하지만 라틴어를 체험하고 들을 수 있도록 잠재의식세계에 부착하여 넘겨주었다. 특정한 종족이 고유하게 간직했던 성 관계와 부부 사이의 도덕도 크리스트교 영향으로 라틴어관습을 수용했다. 또한 후기 고전시대 로마제국 사회에서는 노예관습까지도 완화되어 고전시대 저작물의 관례와 로마제국시대 학문동아리의 교육이 활기를 찾기 시작했다. 교회조직은 고전시대 저작물의 관례를 활용하여 이동종족과 함께 지닐 수 있는 사물에 대한 판단기준을 설정코자 시도했다. 교회조직의 이런 고정관념은 경우에 따라서 신앙을 신비주의에 빠뜨리는 반작용을 유발하는 경우도 있었다. 교회조직은 크리스트교를 통하여 게르만어계 종족과 후기 고전시대 후기 생활관습을 한데 묶는 한편 새롭고 미숙한 사회조직 발원지로 등장하기 시작했다.

제2부
유럽문화 생성시대 세계

제 3 장
유럽문화 생성시대 세계의 게르만어계 종족과
그 정착 영지(493~568)

3-1. 유럽문화 생성시대 세계의 새로운 종족

이탈리아지역과 동 고트종족왕 테오데리크

동고트종족은 훈종족왕 아틸라가 453년 사망할 때까지 아틸라에게 복속되어 있었다. 그러나 동고트종족은 아틸라 사망 이후 비잔티움세계에 정착했다. 동고트종족왕 테오데리크 1세(493~526)는 아마렌가문 아틸라가 사망한 다음 해인 493년에 태어났다. 당시 동고트종족은 당시 판노니아에서 세 혈족동아리로 나누어져 아마렌가문 종족왕의 섭정을 받고 있었다. 아마렌가문 종족왕 테오데리크 1세는 오딘(Odin)신을 숭배하며 가우트(Gaut)라는 권력동아리를 창건했다. 가우트는 '오딘신을 숭배하는 고트종족 세계'를 지칭했다. 스칸디나비아도 본래 고트종족 발원지인 '고트종족 세계'를 지칭했다. 물론 비잔티움제국 황제 권력동아리도 고트종족을 주시했다. 동고트종족은 5세기 중엽 비잔티움제국의 예속상태에서 탈피하여 이동종족 지위를 황제로부터 부여받았다. 로마제국 법률에서 일단 '이동종족 지위'는 황제가 이동종족에 대하여 로마제국 영역으로 자유로운 이동을 허용한다는 규정에 근거했다. 동고트종족은 비잔티움제국 황제상이 새겨진 동전을 보조 화폐로 사용했다. 동고트종족왕은 비잔티움제국 황제와 동맹협약을 체결하는 한편, 이탈리아의 반달종족왕 게이세리크에게서도 동맹자 관계를 보장받았다. 동고트종족왕 테오데리크 1세는 7세에 콘스탄티노플의 제국 황제에게로 가서 황실교육을 받았다. 즉 동고트종족왕 테오데리크 1세는 461~470년까지 비잔티움제국의 황실에서 성장했다. 제국 정치에 대한 테오데리크 1세의 판단 능력은 사실상 콘스탄티노플의 제국 황실에서 터득했다. 테오데리크 1세는 주변 정세에 대한 탁월한 판단능력으로 이동종족이 이탈리아에서 살아남을 수 있는 입지를 훤히 꿰뚫어 보고 있었다. 테오데리크 1세는 어린 나이에 선친을 계승했다. 그러나 정치 경험을 활용하여 로마제국 권력동아리의 약점과 게르만어계 종족의 장점을 파악했다. 테오데리크 1세는 풍부한 식견으로 반달종족왕 게이세리크와 비잔티움제국 황제 모두를 충족시킬 수 있는 동맹자 협약을 이루어냈다. 당시 비잔티움제국 황제는 체노(474~491)였다. 체노는 27세였고, 최고 사제장과 최고 군대 지휘관을 겸임했다. 체노는 7세 소년에 불과한 동고트종족왕 테오데리크를 비잔티움제국 황제 양자로 맞아들였다. 테오데리크 1세는 황제 양자로서 황제 고위관직인 친위대장직에 올라 발칸반도의 불가르종족 정벌 전쟁에 출정했다.

테오데리크 1세는 불가르종족왕을 정복하고 로마제국 수도로 귀환했다가 다시 488~489년 비잔티움제국과 오도아케르의 전쟁에 동고트종족왕 군대를 이끌고 출정했다. 그 당시 테오데리크 1세는 잠시 동안이나마 이탈리아 사정을 파악했다. 훈종족왕 오도아케르가 고전시대 로마제국 세계를 노리고 있다는 것도 알았다. 테오데리크 1세는 훈종족왕 오도아케르의 야망과 이탈리아 사정을 비잔티움제국 황제 체노에게 소상히 알려주었다. 비잔티움제국 황제도 서부세계에 황제가 없어 게르만어계 종족왕인 오도아케르가 서부세계 황제를 노리고 있다는 테오데리크의 말에 귀를 기울였다. 그러나 테오데리크는 자기가 이탈리아 대표자(=일인자) 지위에 오를 것임을 황제에게 은근히 알려 주었다. 테오데리크 1세(493~526)는 게르만어계 종족 활동무대를 이탈리아로 옮겨 이탈리아 일인자로 등장했다. 이것은 이탈리아에서 출토되는 주조화폐 전면에는 테오데리크 황제상이 새겨지고, 뒷면에는 테오데리크라는 조형문자가 새겨져 있는 데서도 입증되었다. 이런 테오데리크 1세 위치는 이탈리아의 고트종족 위치를 그대로 반영하는 증거인 것이다.

동고트종족왕 테오데리크 1세는 비잔티움제국이 너무나 취약하다고 판단했다. 이것은 그의 사망 이후에 발생한 사건에서도 입증되었다. 특히, 동고트종족왕 테오데리크는 로마제국 문명을 조금도 좋아하지 않았다. 동고트종족왕 테오데리크 1세는 이탈리아에서 로마제국 시민처럼 고트종족을 거느리고 다니는 한편 자기네 고트종족이 로마제국 학문동아리를 찾아다니거나, 라틴어관습을 배우지 못하도록 금지했다. 동고트종족왕 테오데리크 1세는 자기의 이상을 실현했던 최초의 게르만에계 종족왕으로서 위대한 게르만어계 권력동아리 창건자 과업을 이룩했다. 로마제국도 동고트종족를 받아들인 로마제국 시민 법률의 선례에 따라서 후속 이동종족과 권력동아리를 로마제국 구성원으로 받아들였다. 로마제국에서 동고트종족왕은 다대한 발자취를 남겼다. 동고트종족왕은 자기가 위대한 권력동아리 창건자였다는 발자취를 그림과 조각에 담아 남겨두었다. 그런데도 동고트종족왕은 군대나 권력동아리 운용관습에서 비잔티움제국 권력동아리 운용방식을 탈피하지 못했다. 동고트종족왕은 실제로 중세 세계의 통치조직 조차도 구축하지 못했다. 그런데도 이동종족의 활동무대는 동고트종족왕의 권력동아리 창건과 함께 이탈리아로 이동했다. 새로운 이동종족의 영향으로 이탈리아도 변화하기 시작했다. 동고트종족왕 테오데리크는 고전시대 로마제국의 황제 도시인 라벤나에 정착했다. 테오데리크는 라벤나를 중심으로 로마제국과 동맹자협약, 혼인, 경우에 따라서는 전사동아리를 내세워 종족왕의 세력 기반을 확보했다. 테오데리크는 종족 내의 반목을 용의주도하게 잠재웠고, 다른 게르만어계 종족왕과도 혼인 관계를 맺어 거대한 권력동아리를 거느린 가문으로 성장했다. 고트종족세계에서 권력동아리 주체는 어디까지나 종족왕 혈족이었다. 게르만어계 종족왕의 이런 혈족 정치는 11~13세기 초엽까지 유럽 대륙과 잉글랜드까지를 거대한 혈족 덩어리가 지배하는 유럽 모습으로 채색했다.

스페인지역과 서 고트종족

게르만어계 종족의 혈족 관계는 서고트종족에게서도 마찬가지였다. 서고트종족은 스페인에 정착했다. 서고트종족왕 아라리크 2세(대략 484~507)는 부르군드종족왕 시기스문드의 누이 동생과 혼인했다. 아라리크 2세의 매형은 자기의 누이 아마라프리다와 혼인한 반달종족왕 트라사문드였다. 아라리크 2세는 조카 딸을 튀링겐종족왕과 혼인케 하여 튀링겐종족왕 가문과도 인척관계를 맺었다. 아라리크 2세의 이런 혼인 책략도 동고트계 아마렌 가문을 중심으로 권력동아리를 구축하려는 의도인 것이다. 아마렌 가문에서 종족왕 아라리크는 종족 중재자, 보호자 위치를 차지하려고 시도했다. 아라리크는 동시에 종족 중재자 위치에서 다른 종족을 보호했다. 아라리크는 서부세계의 다른 종족과 협력하여 당시 세력이 확장되던 프랑크종족을 갈리아에다 묶어 두고, 비잔티움제국 세력을 이탈리아가 아닌 발칸반도와 지중해 동부세계에다 묶어 두고자 했다.

그런데도 프랑크종족왕 크로도베크는 496년 아라만종족왕을 정복한데 이어 고트종족왕의 영지로 접근했다. 테오데리크 1세는 빈델리키아와 헬베티아에 남아있던 아라만종족왕의 전사동아리와 규합하여 비잔티움제국 황제에게 대항하는 한편 슬라브어계 종족왕, 스칸디나비아의 핀 종족왕과 훈종족왕 아틸라의 후예 전사동아리를 규합코자 그들과 관계를 개선하려다가 사망했다. 이후 테오데리크 1세는 크로도베크와 비잔티움제국의 권력동아리 세력 때문에 자기의 꿈을 실현하지 못했다. 동고트종족왕 테오데리크 1세의 이런 야망은 종족과 인종의 분열, 즉 게르만어계 종족세계의 분열을 자극하여 그의 사망한 이후까지도 일정한 권력동아리를 갖추지 못했다. 고트종족왕은 로마제국을 원망하면서도, 로마제국의 동의와 관계없이 로마제국 세계를 방어했다. 테오데리크 1세는 자기 권력동아리 음모를 언제나 두려워했다. 테오데리크 1세는 이런 심리상태 불안 때문에 자기 친구요, 당대 최고 관리였던 보에티우스(450~524) 조차도 처형하는 과오를 범했다. 이외에도 테오데리크 1세는 콘스탄티노플에서 돌아오는 교황 요한 1세(523~526)를 감금하고, 526년 정통론자동아리와 논쟁을 선포해두고 정신불안에 헤매다가 추측컨대 훈종족왕 아틸라 가문의 사주로 526년 결국 독살당하고 말았다. 프로코프는 탁원한 비잔티움세계 역사가로서 테오데리크 1세를 탁월한 법률 운영자라고 칭송했다. 프로코프는 테오데리크 1세를 라틴어관습과 의례관습을 터득하는 능력이 가히 기재에 가까웠다고 평가하고 게르만어계 종족세계 수호자였다고 지적했다. 아울러 프로코프는 종족왕 테오데리크를 실제로 황제나 다름없었고, 기백을 갖춘 현명한 전제 군주였다고까지 칭송했다. 동고트종족왕 테오데리크 1세의 활동 무대는 이탈리아 동부였다. 테오데리크 1세는 이탈리아 동부, 즉 알프스 산록의 래티(현재 티롤)을 진지로 활용하여 주로 알프스 산맥과 포강델타 이내 지역에다 자기 종족을 이동시켰다.

테오데리크 1세는 자기의 전사동아리 수장이 어떤 방향으로든 신속하게 이동할 수 있다는 지리상의 이점을 알프스 산맥과 포강델타 이내 지역이 지니고 있다는 이점을 알고 있었다. 동고트종족왕 테오데리크 1세는 이탈리아 진출 이후 황제 도시 라벤나를 벗어나 베로나(현재 스위스의 베른)로 천도했다. 테오데리크 1세의 베로나 천도는 베로나 영웅 전설과 함께 지금까지 전승되고 있다. 테오데리크 1세는 이탈리아 거주자를 결속하기 위해서 로마제국 시민처럼 행세하며 '철학 위안'을 저작한 보에티우스와 같은 로마계 인물과도 협력했다. 물론 '철학 위안'은 조그마한 저작물이긴 하지만, 중세 지식인이 가장 많이 읽었던 저작물 중 한 가지였다. 테오데리크 1세는 아리우스계 이단자동아리였다. 로마제국 시민의 시각에서 보면 테오데리크 1세는 당연히 이단자동아리 일원이었으나 로마제국 사회에서 덕망을 쌓았다. 테오데리크 1세는 과거 로마제국 귀족동아리, 교회조직, 교황청과도 긴밀한 유대관계를 유지했다. 테오데리크 1세는 로마제국 행정양식과 법률관습을 유지했다. 테오데리크 1세는 프랑크종족왕 크로도베크보다 탁월하게 이탈리아를 통치했다. 테오데리크 1세는 500년 5월 중순 황제 복장을 갖추고 도시 로마로 가서 5월 축제에 참석하여, 5월 축제장에서 로마제국 황제로서 시민에게 인사했다. 테오데리크 1세는 인사말에서 거룩한 성자 업적에 감명을 받아 로마인 광장에서 거행되는 5월 축제에 참석했다고 밝히기까지 했다. 테오데리크 1세는 이어서 곡마단 축제를 관전하던 중 교황이 자기를 아리우스계 이단자동아리여서 불경하다고 해서 밀어내려고 하자, 베드로 무덤으로 가서 무릎을 꿇고 있었다고 한다. 로마에서 테오데리크 1세는 익명의 건축 기사에게 베드로 기념물을 보호해 달라는 부탁까지 곁들였다는 것이다.

아드리아 바다연안의 도시 라벤나는 테오데리크 1세 시대를 거치면서 이탈리아 관문으로 변화했다. 테오데리끄 1세 이후부터 도시 라벤나는 아드리아 바다관문으로 자리 잡고 콘스탄티노플 버금가는 지중해세계 대도시로 발전했다. 테오데리크 1세 시대의 라벤나 발전으로 이탈리아 번영시대를 예고했다. 도시 라벤나 번영으로 캄파냐 저습지대를 개간할 관개시설을 다시 정비했다. 도시 라벤나 번영과 함께 캄파냐 평원은 기름진 옥토로 바뀌었고 캄파냐 평원을 떠났던 사람들도 다시 모여들었다. 과거 광산도 다시 활기를 찾기 시작했다. 비잔티움제국의 콘스탄티노플로부터 아드리아 바다로 들어오는 물자가 풍부해짐에 따라서 이탈리아에서 상인동아리의 교역도 활기를 회복했다. 이탈리아 종족 사회도 이동종족 유입으로 변화하기 시작했다. 예술과 종교도 이동종족 정착과 함께 질서를 회복하기 시작했다. 테오데리크 1세는 예술 작품을 애호했다. 테오데리크 1세의 이런 기질은 후세인이 때 이른 죽음을 아쉬워하여, 그를 예술가로 기억토록 했다. 테오데리크 1세의 권력동아리는 비잔티움제국 황제의 함정에 빠져 무너졌다. 그 이후 이탈리아는 18년 동안이나 참혹한 전쟁 늪에 빠졌다. 이탈리아 전쟁 상황은 황제 유스티니아누스(527~565)의 이탈리아 재정복시대인 535년까지 이어졌다. 고트종족왕 중에서도 비테게나 토틸라와 같은 종족왕도 중요한 위치를 차지했다. 공주 테야는 553년 초

나포리에서 동고트종족이 항복할 때까지 비잔티움제국 군대에 저항하며 고트종족왕의 전사동아리를 이끌고 10여 년 동안이나 베로나의 브레스치아를 지켜나갔다.

동고트종족왕도 역사에서 이제 자취를 완전히 감췄다. 비잔티움제국 군대는 테오데리크 1세 시체를 라벤나 묘지에 안장했다. 테오데리크 1세는 라벤나 무덤 속에 편안히 잠들어 오늘날까지 지나가는 길손의 관심을 끌고 있다. 테오데리크 1세는 게르만어계 종족왕이자 이탈리아 종족왕이었다. 게르만어계 종족왕으로서 로마제국 시민의 종족왕이 되었던 인물은 테오데리크 1세와 카롤루스 막뉴스였다. 테오데리크 1세가 라벤나 황제 관저의 주인공이 되었던 것도 황제 콘스탄티누스와 아우구스투스 계승자였기 때문일 것이다. 즉, 로마제국 시민의 종족왕으로서 말을 타고 가는 테오데리크 모습은 아헨 황제 영지에서 말을 타고 가는 카롤루스 막뉴스 모습과 다를 바 없었다. 로마제국과 게르만어계 종족왕의 관계라는 맥락에서 테오데리크를 파악한다면, 테오데리크 1세는 로마제국을 프랑크종족왕 카롤루스 막뉴스에게 넘겨준 최초 게르만어계 종족왕이었다. 테오데리크 1세는 이탈리아 중심 지방에서 활동했던 최초 게르만어계 종족왕이요 로마제국 영역을 통치했던 최초 게르만어계 지배자였다.

서고트종족은 스페인 주인공이었다. 서고트종족왕 에우리크(466~484)는 서고트종족왕의 권력동아리 창건자였다. 오늘날 유럽세계에서는 서고트종족왕 에우리크를 탁월한 법률 제정자로 기술하고 있다. 서고트종족왕의 권력동아리는 484년 에우리크 사망 이후 서부세계에서 세력을 확장하여 에브로강과 르와르강 이내와 대서양 연안으로부터 코트 드 아주르에 이르렀다. 에우리크 계승자는 테오데리크 2세(453~466)였다. 서고트종족왕 테오데리크 2세는 455년 권력동아리의 중심 도시인 아를르에서 황제위에 올랐다. 그러나 466년 서부세계 제국의 최고 군대 지휘자인 리키메르(+472)와 전쟁에 패하여 황제 위를 내놓고 말았다. 게르만어계 군대 지휘자인 리키메르는 테오데리크 2세를 황제위에서 퇴위시켜, 도시 피아첸차의 주교직에 눌러 앉혔고 서고트종족왕의 권력동아리는 스페인을 무대로 활동했다. 서고트종족왕의 권력동아리 위축은 프랑크종족왕 등장 때문이었다. 서고트종족왕의 권력동아리는 507년 프랑크종족왕 크로도베크의 전사동아리와 부이레에서 싸웠다. 서고트종족왕은 부이레 전투에서 패하여 스페인으로 쫓겨 갔다. 서고트종족왕의 권력동아리 위축, 526년 이탈리아의 동고트종족왕 테오데리크 1세 사망 이후 프랑크종족왕은 서고트종족왕의 영지인 피렌느산맥 이북의 셉티마니아를 차지했다.

서고트종족왕의 권력동아리 계승자는 당시 에우리크 계승자인 알라리크 2세

(484~507)였고, 에우리크는 프랑크종족왕 크로도베크와 전쟁에서 사망했다. 에우리크의 권력동아리 계승자는 알라리크 2세의 아들 아말리크(526~531)였다. 서고트종족왕 아마르리크의 권력동아리는 귀족동아리 반란으로 내란 상황에다 아리우스계 이단자동아리와 로마 정통론자동아리의 분쟁에까지 휘말렸다. 서고트종족왕은 아리우스계 이단자동아리였으나 로마제국 정통론자동아리로 개종했다. 즉, 아리우스계 이단자동아리는 로마제국 시민과 게르만어계 종족을 비롯한 예속 종족까지 분리했다. 서고트종족왕 아말리크도 권력동아리 안정 위하여 579년 토레도 주교회의에서 로마 정통론자동아리로 개종했다. 서고트종족왕은 로마 정통론자동아리 개종으로 스페인에서 권력동아리를 유지했다. 이제 서고트종족왕은 스페인 주인공으로 등장했다. 여러 게르만어계 종족왕 중에서도 서고트종족왕은 탁월한 재능을 발휘했다. 서고트종족왕은 비잔티움제국과 스페인으로 지중해세계를 양분하여 통치했다. 비잔티움제국 황제 유스티니아누스는 마라가, 카르타게나, 코르도바 등을 포함한 스페인 동부 지중해 연안을 544년 서고트왕으로부터 되찾아 통치했다. 비잔티움제국의 스페인 정복은 서고트종족왕으로부터 강한 도전을 받았다. 서고트종족왕의 보복 전쟁 때문에 비잔티움제국 군대는 취약하여 스페인 교두보를 유지하지 못했다. 서고트종족왕은 스페인의 지중해 동부 연안을 탈환하기 위하여 권력동아리 은신처를 바르셀로나에서 내륙 토레도로 옮겼다. 이후 스페인의 지중해 연안으로 비잔티움제국 영향력은 오히려 증대했으나 스페인 문화는 변화하기 시작했다. 서고트종족왕의 영지에는 비잔티움세계 유행물인 로마제국 풍의 고유 의상, 주조 화폐, 장식품 등이 유입되었다. 서고트종족왕 레오빌드(569~589)의 궁정에는 비잔티움세계 생활용품, 즉 다기류, 도기류, 의복, 신발, 기호품 등이 유입되었다.

서고트종족왕 레크카레드(586~601/2)는 선친 레오비르드를 계승했다. 레크카레드 시대에는 서고트종족왕의 영지를 아프리카 북부로까지 확장했다. 종족왕 레크카레드는 스베브종족을 로마 정통론자동아리로 개종케 하고, 자기도 아리우스계 이단자동아리에서 589년 로마정통론자동아리로 개종했다. 서고트종족왕의 개종은 사실상 스페인을 중세 유럽 문화에 편입시키는 출발점이었다. 이런 스페인 변화는 법률상에서도 나타났다. 스페인에서는 기존 고트종족왕 법률보다는 로마계와 게르만어계 종족 모두에게 통용될 수 있는 법률을 제정하려는 시도가 나타났다. 레크카레드를 계승한 레크케스빈드(653~672)는 황제 유스티니아누스의 법률을 모방하여 '서고트종족왕 법률'을 제정했다. 황제 유스티니아누스의 법률도 로마계와 게르만어계 종족 모두에게 공통으로 적용되도록 라틴어관습으로 표기했고 서고트종족왕 법률도 유스티니아누스 법률처럼 라틴어관습으로 표기했다. 유스티니아누스 법률과 서고트 종족왕 법률은 로마계과 게르만어 종족의 동화 과정에서 라틴어관습 위치를 설명해 주고 있다. 라틴어관습은 로마계와 게르만어계 종족이 일상생활에서 접촉하는 과정에서 주요한 표준관습 발원지로 정착했다. 로마계와 게르만어계 종족 사이에서 라틴어관습은 계약문서의 공용 부호였다. 즉, 스페인에서도 라틴어관습은 법률 언어의 표준관습 발원지로 정착했다. 스페인의 서고트종족도 라틴어관습을 수용하여 중세 유럽구성원이 되었다. 이제 중세 세계에서 스페인인으로 활동하게 될 새로운 종족은 로마인도 아니고, 서고트종족도 아니었다. 스페인인은 서고트종족 소멸과 함께 등장했다. 서고트종족왕의 권력동아리도 아랍인에게 정복된 711년 이후 이슬람을 국교로 채택하지 않을 수 없었다. 그런데도 로마 정통론자동아리는 아랍인에 대한 국가회복 논쟁에 나서 랑그베도크의 피렌느 산맥 북부 기슭을 중심으로 로우실롱에 이르는 영지에서 회교를 반대하는 성전을 전개했다.

로마 정통론자동아리는 갈리치아와 아스트리아의 산악지대로 퇴각했다가 종족왕 페라호 시대에 드디어 오비에도를 확보했다. 로마 정통론자동아리는 이미 페라호 이전시대의 성전에서 카딕스와 아르제시라스 이내 영지를 지키고 있었으나 711년 잔다(혹은 쿠아다레트) 전투에서 아랍인에게 참패했다. 당시 로마 정통론자동아리 종족왕 로레리크는 711년 아랍인과 전쟁에서 참패하고 관구도시 세비에를 결국 아랍인 수중으로 넘겨주었다. 711년 이후 스페인 주인공은 아랍인으로 바뀌었으나 과거 주인공인 서고트종족왕의 영지수복운동은 스페인 수복운동으로 전환했다. 서고트종족왕 페라호는 스페인 수복운동의 근거지를 확보하여 스페인 중세사를 열어갔다.

중세 유럽사의 스페인 국민관습은 스페인 수복운동에서 발원했다. 중세 문학작품의 영웅 전설도 스페인 수복운동에서 발원했다. 스페인 영웅으로 정착한 키드(+1099)라는 인물도 로마 정통론자동아리를 거느리고 수복운동을 전개하던 스페인 종족왕 로데리크를 풍자한 인물이었다. 키드는 스페인 국민 영웅으로서 수복운동 주인공이었다. 특히 루리크도 스페인 종족왕 로데리크처럼 영웅 전설의 주인공으로서 개인 특질 형성단계에서부터 게르만어계 종족 생활관습을 그대로 지녔다. 추측컨대, 스페인 영웅 서사시는 바르셀로나를 중심으로 한 카스틸리아를 배경으로 묘사했다. 스페인 영웅 서사시는 서고트종족 민요 가사를 인용하여 10-11세기 스페인 독립투쟁을 찬미했다. 특히 스페인 민요 칸타레의 살인자에 대한 복수관습은 게르만어계 종족 언어관습을 그대로 나타내고 있다. 서고트종족 경우처럼 게르만어계 종족은 중세 세계의 주인공, 즉 새로운 유럽세계 인간으로 변모했다. 과거 로마제국 문화는 스페인에서도 새로운 유럽문화 발원지였다. 게르만어계 종족은 로마제국 문화를 수용했으나 로마제국 문화가 간혹 불신 화근이 되기도 했다. 게르만어계 종족은 물론 로마제국의 황제 모습을 대수롭지 않게 받아 드렸다. 자기 종족왕 또한 대수롭지 않게 받아들였다. 게르만어계 종족의 이런 오류는 경우에 따라서 스페인 국민 사이에서 반목의 씨앗이 되어 스페인 국민을 분리하는 요인이 되기도 했다. 스페인 국민 사이의 이런 불신 요인은 물론 문화 정책의 오류에서 기인했다. 게르만어계 종족이 스페인에서 로마인을 자기네 적으로 오인하는 경우도 있었다. 로마인과 게르만어계 종족의 이런 적대 감정은 생활관습과 문화 차이에서 비롯되었다. 특히, 게르만어계 종족의 이런 판단 착오는 게르만어계 종족이 정착 종족으로 변모하여 종족왕 권력동아리의 영지확장 과정에서 발원했다. 게르만어계 종족왕의 권력동아리 창건 역시 로마제국 문화영역에서 출발했다. 로마제국 문화는 새로운 유럽문화 발원지로 정착했다.

브리타니아 섬과 작센종족

브리타니아 섬은 로마제국 문화이동 영역이었다. 당시 브리타니아 섬은 화초로 가득 찼으나 4세기 이후 외부 종족이 사방에서 유입하여 새로운 주인공을 맞이했다. 브리타니아 섬의 주인공도 로마인이 아닌, 이동종족이었다. 브리타니아 섬에도 364-367년 이동종족이 등장했다. 브리타니아 섬의 종족도 로마제국 쇠퇴에서 이동했다고 앵글로색슨계 교회사가 베다(+735)는 지적했다. 베다는 브리타니아 섬에서 로마제국 군대가 떠난 이후 브리타니아 섬이 이동종족의 전쟁 마당이 되어 버렸고 특히 409년을 브리타니아 섬의 운명을 좌우했던 시기라고 기술했다. 브리타니아 섬은 작센종족의 해적 마당이었다. 작센종족 명칭은 무사라는 삭스(Sax)를 지칭했다. 고전시대 토레메우스(Claudius Ptolemaeus of Alexandria, 146?-170?)가 작성한 지도에서도 작센종족이 현재 도이취란트 함부르크 지방에서 벨기에 대서양 연안인 홀스타인 서부와 엘베강 하구 연안에 정착했다고 표지해 두었다. 작센종족은 갈리아 북부 대서양 연안의 살리계-프랑크종족과 함께 286년 브리타니아 섬을 공략했다고 표지해 두었다. 고전시대 역사 저작물로서 토레메우스의 지도는 최초로 작센종족의 활동 영역을 표지해 두었다. 작센종족이 프랑크계 살리종족과 함께 브리타니아 섬을 침입했다는 전설도 남아 있다. 전설대로 라면 로마제국은 이 두 종족의 침입을 저지하기 위하여 바타브종족 출신으로서 로마제국 군대 지휘자 카라우시우스(Carausius, †293)를 함대와 함께 285~286년 파견했다는 것이다. 카라우시우스는 이 두 종족을 정복하고 전리품을 획득했으며, 이어 브리타니아 섬의 권력동아리 수장이 되었다고 한다. 이렇게 카라우시우스는 브리타니아 섬을 최초로 지배했던 인물로 문헌에 등장하고 있다. 작센종족은 대서양 연안의 해로에 익숙했기 때문에 다른 지방으로 신속하게 이동할 수 있었다. 작센종족의 해적선은 갈리아의 대서양 연안이나 르와르강과 센 강 유역을 휩쓸기도 했다. 작센종족은 톨레메우스의 지도에서처럼 노르만디의 바이요 지방에서 처음으로 정착하기 시작했다.

작센종족은 현재 도이취란트의 쾰른 부근인 게르마니아로부터 튀링겐에 이르는 지방을 위협했다. 브리타니아 섬의 권력동아리 수장은 엘베강 유역의 작센종족, 뷔레스뷔히강 유역의 앙겔종족, 유트란드 반도의 유트종족 등과 협력하여 픽트종족의 빈번한 침입을 저지했다. 민담으로 전승되는 사건이라서 확실하다고 단정할 수는 없으나, 픽트종족과 스코트종족은 유트종족 때문에 449년 아일랜드와 스코틀랜드로 쫓겨 갔다는 것이다. 민담에는 유트종족의 수장이 헨기스트(Hengist)와 호르사(Horsa)라는 형제였다고 한다. 유트종족의 이 두 수장은 픽트종족과 스코트종족이 종사동아리를 구성하여 유트종족 수장에게 보상을 요구했으나 유트종족 형제 수장은 종사동아리의 픽트종족과 스코트종족의 보상 요구를 묵살하고, 픽트종족을 아일랜드로, 스코트종족을 스코틀랜드로 배를 태워 쫓아 보냈다고 한다. 그런데도 이동종족은 브리타니아 섬으로 끊임없이 발길을 돌리고 있었다고 한다. 브리타니아 섬에서는 정착종족과 정복종족이 바뀌며 전쟁으로 발전했다. 브리타니아 섬에서 정착종족과 정복종족은 100여 년 간 전쟁을 거쳤고 최후 정복종족은 앙겔종족이었다. 앙겔종족은 577년 데오람 전투에서 작센종족을 물리치고 지배종족 위치를 굳혔다. 이제 브리타니아 섬은 앙겔종족의 승리로 인하여 '앙겔종족 영역'(Angeln Land = England), 잉글랜드가 되었다. 앙겔종족에게 정복당한 브리타니아 섬의 여러 종족은 웨일즈 산악 지대로 활동무대를 옮겨 줄기차게 앙겔종족에게 대항했다. 브리타니아 섬의 여러 게르만어계 정착종족은 지배종족인 앙겔종족에게 대항하는 과정에서 정복종족과 타협하여 서로 융합했다. 그러나 저항 종족 일부는 웨일즈 산악 지대를 떠나 도버해협 건너편에 위치한 브레타뉴 반도로 정착지를 옮겼다.

앙겔종족의 등장으로 브리타니아 섬의 로마제국 문화는 점차 퇴조하고 자연히 물자유통의 중심지인 도시 역시 퇴색했다. 브리타니아 섬에서는 로마식 도시 퇴색, 상인동아리의 교역 쇠퇴 생산 질서 와해, 로마제국시대 법률관습과 질서를 비롯한 크리스트교까지 인간의 망각 속으로 빠져들었다. 브리타니아 섬의 언어관습도 게르만어관습으로 변화했다. 브리타니아 섬의 게르만어관습은 1066년 노르만종족왕의 등장으로 유럽대륙 영향을 받았다. 특히 프랑스어관습은 노르만종족왕의 정복과 함께 브리타니아 섬의 정착 종족에게 파급되어 브리타니아 섬의 문학과 예술을 바꾸어 놓았다. 브리타니아 섬에 대한 외부 종족의 침입 상황은 대개 영웅전설형식으로 구전되고 있다. 영웅전설에 등장하는 브리타니아 섬의 중심인물은 앙겔종족왕 아더(Arthur = Aritus)였다. 아더왕은 웨일즈종족인 넨니우스(Nennius)가 800년경 저작한 '브리타니아 역사'(Historia Britonum)에서 처음으로 등장하고 있다. 게르만어계 앙겔종족의 침입에 저항했던 종족이 켈트종족이라고 전하고 있다. 아더왕은 켈트종족을 몰아내고, 브리타니아 섬의 주인공이 되었다는 것이다. 브리타니아 섬의 영웅전설에는 아더왕과 그 기사동아리가 등장하고 있으며 켈트종족의 비운을 충분하게 회상케 하고 있다. 전설대로라면 켈트종족은 앙겔종족의 침입을 저지하지 못하고 고향을 떠날 수밖에 없었다.

아일랜드와 켈트종족

아일랜드는 유럽문화 발원지였다. 아일랜드의 거주 종족은 중세 세계의 크리스트교 문화 발원지로서 중요한 역할을 담당했다. 아일랜드의 초기 역사는 그림 속의 풍경처럼 안개와 풍요 섬으로 시작했다. 그리스어계 종족과 스키타이어계 종족은 이미 기원전부터 아일랜드로 이주해 왔다는 것이다. 아일랜드 섬에는 이미 기원전 500년경 갈리아와 브리타니아 섬으로부터 켈트종족이 들어왔다. 이 켈트종족과 함께 철기 문화가 아일랜드로 이동했다고 한다. 아일랜드의 거주 종족은 씨족사회를 형성했고, 그 씨족은 조상신을 숭배했다. 아일랜드의 씨족 귀족은 신의 후예로 인식되었다. 아일랜드의 씨족 중에서도 신의 후예로 인식되던 씨족 귀족 가문은 쿠크라인(Cuchlain), 코노르(Conor), 코나르(Conal)의 세 가문이었다. 이 씨족 귀족은 신의 구원을 받은 선택자로 인식되었다. 켈트종족의 조상숭배관습은 씨족의 결속 매체였다. 씨족의 조상숭배관습은 신의 후예인 귀족을 통하여 씨족을 구원받는다는 것이다. 켈트종족은 죽은 자와 함께 그의 평소 무기를 비롯한 다른 생활 용품과 함께 매장했다. 켈트종족은 죽은 자의 묘역에서 제사를 올리고 묘역에 비를 세웠다. 또 이 비석에다 씨족 내력, 조상이나 종족왕의 이름, 결투자 이름을 새겨 묘역을 숭배했다. 조상숭배 묘역을 중심으로 분석하면, 이 켈트종족은 대략 다섯 갈래 정도의 씨족으로 나누어져 있었던 것으로 추정하고 있다.

다섯 갈래 씨족은 서로 다른 종족왕을 따르고 있었다. 씨족의 종족왕은 우르스테르(Ulster), 북부 레인스테르(Nord-Leinster), 남부 레인스테르(South-Leinster), 문스테르(Munster), 코나우트(Connaught) 등의 종족왕이었다. 이런 씨족 종족왕은 제사장이었고, 골품제 형식의 귀족동아리를 대표했다. 종족왕의 즉위관습은 미트(Meat)라는 타라(Tara)제단 앞에서 거행되었다. 켈트종족의 씨족은 타라 제단 앞에서 귀족회의까지도 개최했다. 물론 미트의 타라 제단은 씨족 제사장소였다. 레인스테르와 투아타르(Thuathal)는 켈트종족 역사에서 최초로 등장하는 주인공으로서 기원전 160년경 종족왕으로 등장했다. 이 두 인물에 이어서 등장하는 종족왕은 니알르(Niall)로서 종족왕 니알르는 358년 전리품을 가져오기 위하여 웨일즈와 갈리아를 원정한 다음 르와르 강변 전투에서 전사했다. 켈트종족왕은 대개 종족왕 투아타르 후손인 것으로 전해지고 있다. 베다는 교황 코에레스틴(Côlestin, 422~432)이 파견한 선교 주교인 팔라디우스(Palladius, 364~420년 이후?)가 아일랜드에 도착했고, 아일랜드 성자 파트리크(Patrick, +463~493?) 역시 432년 아일랜드의 크리스트교 전파에 크게 기여했을 것으로 추정하고 있다. 파트리크는 잉글랜드 서부 보나벤타(Bonnaventa)라는 촌락에서 태어났다. 유럽어계 역사서는 파트리크를 흔히들 제국시민 후손이라고 기록하고 있다. 그런데도 파트리크는 16살 되던 해에 스코트종족과 함께 배를 타고 푸른 섬을 향하여 떠났다고 한다. 파트리크는 물론 수도자동아리에 입문할 목적으로 이탈리아로 갔다.

이탈리아에서 파트리크는 로마 정통론자 수도자동아리에 입문하여 금욕을 수행했다. 이후 파트리크는 마트로손이라는 인물과 함께 갈리아를 거쳐 잉글랜드로 다시 돌아왔다. 파트리크는 잉글랜드에서 오래 머물지 않고, 다시 칸느 곶 앞의 레렝 수도자동아리 은신처로 가서 수도자 교육을 받고 432년 옥세르 주교직에 올랐다. 당시까지 레렝 섬의 수도자동아리는 유럽대륙 예비 고위 성직자 교육장이었다. 비잔티움세계 수도자동아리는 이집트 사막에서 수행했으나 서부세계 수도자동아리는 레렝 섬의 수도자동아리 은신처에서 수행했다. 당시 갈리아와 게르마니아에서 로마제국 속주는 이미 사라졌다. 당시 레렝 섬에는 로마제국 속주 귀족동아리가 피신해 있었다. 피신 귀족동아리에게서 파트리크 같은 인물은 로마제국 학문동아리 교육관행과 문화를 익혔을 것이다. 레렝 섬의 수도자동아리 은신처는 비잔티움 세계에서 이동한 다양한 수도자동아리 금욕수행관습을 수용하여 새로운 수도자동아리 금욕수행관습인 금욕 수행을 윤리로 발전시키고 있었다. 즉, 레렝 수도자동아리 은신처에서는 비잔티움세계 서부세계의 수도자동아리 금욕수행관습을 혼합하여 전혀 다른 수도자 금욕수행관습을 발전시켰다. 이런 혼합 수도자동아리 금욕수행관습은 수도자 베네딕트 이전 서양세계 수도자동아리 금욕수행관습으로서 누르시아 몬테카시노 수도자동아리 은신처에서 발원했다. 이런 맥락에서 베네딕트는 혼합 수도자 금욕수행관습 창시자였다. 베네딕트의 수도자동아리 금욕수행관습은 아일랜드, 잉글랜드, 갈리아로 급격히 이동했다. 켈트종족은 본래 태양신을 숭배하여 켈트종족왕 레리(Leary) 역시 타라 제단에서 제사를 올렸다. 켈트종족왕 레리는 왕가 교육을 받았으나, 파트리크로 하여금 크리스트교를 선교하도록 허용하여 드루이데(Druide) 가문의 성직자동아리로부터 저항을 받았다. 그런데도 파트리크는 최면술과 마술을 활용하여 저항자를 물리쳤다고 한다. 켈트종족왕 레리에 저항했던 드루이데 가문의 종교는 다신교였다. 켈트종족의 전설에서는 켈트계 학문동아리와 다신교 영향으로 풍부한 언어관습이 발원했다고 전하고 있다. 이런 전설을 또한 문학과 시에도 그대로 반영했다. 드루이데 혈족은 종족왕 고문직을 비롯하여, 법률 제정자와 운영자 위치뿐만 아니라, 고위 성직까지 담당했다. 따라서 드루이데 혈족은 권력동아리 발원단계에 영향을 미칠 수밖에 없었다.

당시 아일랜드인은 내세 극락을 믿었다는 것이다. 그런데도 파트리크는 아일랜드종족왕의 보호성자가 되었다. 성자 파트리크의 생애는 여러 가지 전설과 기적담을 담은 기록물을 통하여 전해지고 있다. 성자 파트리크는 아일랜드에서 여러 가지 교회조직과 수도자동아리 은신처를 창건했다. 당시 아일랜드는 크리스트교 영역이 아니었다. 파트리크는 이교도 영역에서 크리스트교를 전파하며, 주요 인물을 양성했다. 아일랜드 종족왕은 588년 이후 이교도인 크리스트교라는 새로운 문화를 수용했다. 아일랜드 토양에서 성장한 새로운 크리스트교 문화는 유럽대륙의 메로베크 가문 프랑크종족왕 영지로 이동했다. 중세 세계의 교회조직은 아일랜드계 수도자동아리가 갖다 준 베네딕트계 수도자동아리 금욕수행관습으로 표준인간을 만들며 사회 결속력을 만들어내기 시작했다. 즉 아일랜드 선교자동아리 문화는 수도자 콜룸반을 통하여 중세 세계로 이동하여 메로베크 가문 프랑크종족왕의 권력동아리 발원지로 등장했다.

비잔티움세계와 서부세계에서 발원했던 이동종족왕의 통치조직

이동종족의 권력동아리는 로마제국 문화영역에서 발원하여 중세 세계 주인공으로 등장했다. 게르만어계 이동종족은 두 가지 권력동아리 모형, 로마제국 형 권력동아리와 이동종족 형 권력동아리로 출발했다. 우선, 로마제국 형 권력동아리는 동고트종족왕, 서고트종족왕, 반달종족왕, 부르군드종족왕의 사례인 것이다. 이런 종족왕의 권력동아리는 종족 단위로 구성되었으나 인구밀도가 높으면서 로마제국 생활관습 영향에서 발원했다. 지중해 서부세계 이동종족 권력동아리는 물론 작은 수자 단위였으나 권력동아리 외형은 방대했다. 또한 로마제국 시민의 판단기준을 지녔기 때문에 신속하게 결속하지 못했다. 고트종족왕이나 부르군드종족왕도 외형상에서는 로마제국 생활관습을 지녔으나 로마제국 동맹자였기 때문에 로마제국 변경종족으로 정착했다. 그런데도 이 종족은 게르만어계 생활관습을 그대로 유지했다. 물론 이런 종족의 생활관습은 로마제국 시민사회와 조화를 이루지 못하여 로마제국 입장에서도 지중해세계의 게르만어계 종족왕의 권력동아리를 싫어하지 않을 수 없었다. 이동종족은 로마제국 생활관습 영역에서 권력동아리를 창건했다. 이런 부류의 이동종족은 성격이 약간 다르지만 서고트종족왕, 프랑크종족왕, 알레만종족왕, 바이에른종족왕, 슬라브어계 종족왕, 아바르종족왕 등이었다. 서고트종족왕은 여타 게르만어계 종족왕과 다른 모형의 권력동아리를 창건했다. 서고트종족왕의 권력동아리와 함께 프랑크종족, 랑고바르드종족, 알레만종족, 작센종족, 튀링겐종족 등의 종족도 로마제국 북부로 이동했다. 이런 게르만어계 종족는 이웃 종족과 별다른 마찰 없이 느린 속도로 300여 년 동안에 걸쳐 개인, 혹은 혈족단위로 띄엄띄엄 로마제국 문화영역으로 이동하여 정착지역에서 고유한 생활관습을 그대로 유지했다.

프랑크종족은 라인강과 솜므강 이내의 지방에 정착했다. 알레만종족은 라인강 중부에서 남부 유역, 도나우강 남부유역과 알프스 북부, 즉 현재 도이취란트 중부와 남부 지방에 정착했다. 그러나 현재 도이취란트 남부의 바이에른종족 유입 경로는 명확하게 밝혀지지 않고 있다. 켈트종족은 도나우강 유역에서 알프스 북부 산기슭에 정착하여 로마제국 생활관습을 유지한 채 9세기까지도 이 정착지역을 떠나지 않았다. 켈트종족의 귀족동아리는 고유한 생활관습을 유지했으나 바이에른의 켈트종족은 크리스트교 영향으로 바이에른종족에 혼합했다. 바이에른종족 명칭은 6

세기 중엽 처음으로 나타났다. 앙겔종족, 유트종족, 작센종족 일부는 브리타니아 섬으로 건너갔다. 이 종족은 브리타니아 섬에서 과거부터 그곳에 정착했던 켈트종족을 포함한 다른 종족과 혼합했으나 일부는 웨일즈로 이동했고, 일부는 갈리아 내륙에 위치한 아모리카로 이동했다. 브레타뉴 반도는 갈리아 내륙으로 이동하던 켈트종족 영향으로 켈트종족의 언어관습을 수용했다. 그런데도 대부분의 작센종족을 비롯한 튀링겐종족과 프리젠종족은 현재 도이취란트의 쾰른과 마인츠 이내의 게르마니아에서 다른 이동종족의 영향을 받지 않고 정착했다. 프리젠종족은 현재의 벨기에에 정착한 다음 게르마니아로부터 라인강, 모젤강, 쉘데강으로 둘러싸인 삼각주로까지 퍼져나갔다.

슬라브어계 종족는 6세기 이후부터 현재 동부 유럽세계에 등장했다. 슬라브어계 종족는 엘베강 연안과 도나우강의 중간유역인 뵈멘 이내 유역에서 정착했다. 그러나 주로 슬라브어계 종족는 게르만어계 종족가 외부로 떠난 지역을 차지했다. 그러나 아바르종족왕은 6세기 중엽 판노니아를 침입하여, 슬라브어계 종족을 정복하거나 내쫓고 도나우강 남부유역에는 훈계 기마종족인 불가르종족이 정착하여 슬라브어계 종족를 예속민으로 통치했다. 당시까지 중부유럽은 과거부터 로마제국 통치영역이었다. 슬라브어계 종족는 5세기 말엽 이후 여러 갈래의 혈족동아리 단위로 이주하여 정착하여 서부유럽세계를 중부유럽과 남부유럽으로 분리하며 유럽문화 주인공이 되어갔다. 따라서 유럽 명칭의 특성도 다양한 종족 모습이 등장하는 시기부터 출발해다고 지적해야 할 것이다. 서부세계에서 기존 로마제국시대 질서는 이동종족 유입으로 완전히 사라졌다. 그럼에도 서부세계는 종족이동이라는 천지풍파를 겪으면서도 새로운 세계모습을 드러내기 시작했다. 그런데 비잔티움제국은 서부세계처럼 변화 물결에 연루되지 않았다. 비잔티움제국은 협소한 지중해 동부지역 국가로 전락한 채 서부세계를 완전히 상실했다. 비잔티움제국은 서부세계처럼 아시아나, 아프리카를 침략하지도 않았다. 그러면서도 비잔티움제국은 주변종족의 요구사항을 외면하지 않고 로마제국 법률관습이 정하는 범위 내에서 상호타협점을 찾아냈다. 비잔티움제국은 서부세계에서 게르만어계 종족왕의 전쟁 중단을 기다렸다. 훈계 스키르 혈족의 오도아케르와 동고트종족왕 테오데리크는 비잔티움제국 황제 권력동아리가 서부세계에서 게르만어계 종족왕이 비잔티움제국과 정복전쟁을 중단하게 되면 서부세계를 되찾으려고 할 것이라는 의도를 간파했다. 비잔티움제국 황제 권력동아리가 과거 제국영역을 다시 통일하려는 의지는 유스티니아누스시대에 이르러 실현되기 시작했다.

유스티니아누스는 6세기 중엽 아프리카를 되찾고, 지중해 서부세계의 스페인 연안을 탈환하기 위한 정복 정책을 강력하게 추진했다. 비잔티움제국 황제 유스티니아누스의 지중해세계 실지 회복전쟁이 최후 전쟁이었다. 이후 비잔티움제국도 아랍인 침입으로 협소한 지역 국가로 전락했다. 따라서 서부세계에서 비잔티움제국 영향력은 완전히 사라졌다. 그러나 특히 스페인에서 비잔티움제국 영향력은 오래도록 남아 있었다. 즉, 비잔티움제국 사법관습은 새로운 스페인 사법 발원지였다.

랑고바르드종족과 이탈리아

랑고바르드종족은 이탈리아의 최후 이동종족이었다. 랑고바르드종족은 이탈리아에서 서부세계 동부를 위협하다가 일부는 스칸디나비아로부터 또 일부는 이탈리아로 이동했다. 따라서 스칸디나비아는 랑고바르드종족 발원지를 지칭했다. 랑고바르드종족은 게르만어계 종족 중에서 극히 소수에 불과했지만 그 종족이동 내력이 확증 가능한 유일한 종족이었다. 디아코누스는 랑고바르드종족왕의 역사를 저작했다. '랑고바르드종족왕의 역사'를 저술한 디아코누스(Paul Warnefried = Paulus Diaconus, +799)도 랑고바르드종족이었다. 랑고바르드종족왕의 역사 제1장에서 디아코누스는 다음과 같이 기술하고 있다. 즉, '랑고바르드종족왕은 잉그뵈온 신(Ingwôonen)을 숭배했으며 그 종족왕이 거대한 혈족동아리 수장이었다'는 것이다. 랑고바르드종족는 1세기경 엘베강 북부 연안에 정착했다가 작센종족을 따라서 남쪽으로 이동했다. 랑고바르드종족왕은 남부로 이동하면서 뵈멘을 약탈한 다음 6세기 초엽 판노니아로 침입했다. 랑고바르드종족왕은 판노니아에서 50여 년 동안 정착하다가 나르세(Narse, +574)라는 비잔티움제국 군대 지휘관을 따라서 다시 지중해 연안으로 향하여 이동하기 시작했다.

랑고바르드종족왕은 당시 비잔티움제국 동맹자로 비잔티움제국 군대에 들어가 522년 동고트종족왕 토티라(Totila, 541~552)와 전쟁에 출정했다는 것이다. 이 전쟁에서 랑고바르드종족왕도 고트종족왕처럼 비잔티움제국 군대로서 지중해세계 사정을 파악했다. 랑고바르드종족왕은 558년 게피드종족왕의 침입을 받았고, 게피드종족왕은 훈계 기마 종족인 아바르종족왕의 보호 하에 있었다. 랑고바르드종족왕은 게피드종족왕의 침입을 저지하기 위하여 아바르종족왕과 동맹자 관계를 맺었다.

당시 랑고바르드종족왕이 아르보인(568~573)이었다는 것이다. 랑고바르드종족왕 아르보인은 작센종족 정착지 도나우강 유역을 568년 정복하고, 이어서 중심 무대를 이탈리아 포강 델타로 이동했다. 랑고바르드종족왕은 비잔티움제국 군대와 수차 교전하면서 프랑크종족왕을 비잔티움제국 군대와 전쟁에 끌어들인 다음 슬그머니 빠져나와 황제 도시 라벤나를 차지했다. 도시 라벤나는 비잔티움제국의 이탈리아 관문이었다.

비잔티움제국은 랑고바르드종족왕과 전쟁에서 이탈리아 중심 도시 라벤나를 상실한 나머지 아드리아 바다의 베네치아만 연안 개펄과 도시 로마에 한정하여 영향력을 행사했다. 즉, 랑고바르드종족왕의 권력동아리 세력 영향으로 비잔티움제국 영향력은 이탈리아에서 점차 사라져갔다. 이제 서부세계 로마제국 상속자는 로마 교황이었다. 이탈리아에서 랑고바르드종족왕은 비잔티움제국과 로마 교황청 사이에 끼어들었으나 로마 교황청은 비잔티움제국과 랑고바르드종족왕의 전쟁에 오히려 끼어들지 않았다. 로마 교황청은 랑고바르드종족왕을 방어하고 교회조직과 로마 주교의 위치를 유지하기 위하여 비잔티움제국과 별개 입장을 견지했다. 로마 교황청의 이런 입장 변화는 교황 그레고르 1세(590~604) 이후 756년 교회국가 탄생 과정에서 국가와 교회 사이에 복잡한 문제를 제기했다. 랑고바르드종족왕은 일부 랑고바르드종족이 아리우스계 이단자동아리였고 다시 일부는 조상숭배관습을 유지하던 다신교동아리 이교도라는 점을 감안하여 로마 교황청에 대한 정책을 세워나갔다. 그러나 랑고바르드종족왕 아우타리(584~590)도 로마 정통론자동아리 반란으로 사망했다. 이후 왕비 테우데린데(+628)는 로마 정통론자동아리 타협을 받아들여 로마 정통론자동아리로 개종했다. 왕비 테우데린데는 로마 정통론자동아리와 타협으로 라벤나로부터 파비아로 천도했다. 당시 랑고바르드종족왕은 아기루르프(590~616)로서 밀라노 궁정에서 어머니 도움을 받아 즉위했다. 랑고바르드종족왕은 왕비의 로마 정통론자동아리 개종으로 왕정을 복구했다. 랑고바르드종왕 아기루르프의 통치시대는 시작됐으나 최후 랑고바르드종족왕이었다. 랑고바르드종족은 왕비의 로마 정통론자동아리 개종으로 독실한 로마 정통론자동아리로 변모했다. 랑고바르드종족왕은 이탈리아의 권력동아리 은신처를 유지하기 위하여 로마 교황청을 보호한다는 정치명분을 내세웠다. 랑고바르드종족왕과 교황청의 이런 관계는 이탈리아에서 전쟁 요인이 되기도 했다.

랑고바르드종족왕은 로마 교황청을 보호하겠다는 명분을 내걸고 있었다. 그럼에도 불구하고 8세기 중엽 프랑크종족왕과 교황청의 결탁 관계는 랑고바르드종족왕의 교황청 보호 명분을 상쇄하려는 데서 출발했다. 거기다 또한 랑고바르드종족왕과 교황청의 결탁은 프랑크종족왕 카롤루스 막뉴스가 랑고바르드종족왕의 이탈리아 영지를 침입하도록 좋은 구실거리를 제공했다. 랑고바르드종족왕은 스스로의 덫에 걸려 774년 몰락했다. 랑고바르드종족왕 데시데리우스(756~7~774)는 폐위되고 프랑크종족왕 카롤루스 막뉴스가 랑고바르드종족왕위를 차지했다. 카롤루스 막뉴스가 이탈리아인의 왕이 된 이후 이제 이탈리아에도 평화 기운이 감기 시작했다. 서부세계 전체에도 크리스트교 문명의 특질을 반영할 새로운 분위기 전제가 나타나기 시작했다. 과거 랑고바르드종족왕의 권력동아리 기반은 서로 다른 종족 전사동아리였다. 랑고바르드종족왕의 다른 종족 전사동아리는 종족왕과 별개 위치에서 이탈리아 북부 도시에 정착했다. 그러나 카롤루스 막뉴스가 이탈리아의 왕이 된 이후 랑고바르드종족왕의 권력동아리는 774년 이후 몰락했다. 랑고바르드종족왕의 다른 종족 전사동아리는 종족 단위 수장으로 구성되었다. 수장 단위의 다른 종족 전사동아리는 프랑크종족, 알레만종족, 바이에른종족 등의 종족 수장으로서 권력동아리를 구성했다. 랑고바르드종족왕의 권력동아리에서 다른 종족 전사동아리는 카롤루스 막뉴스가 이탈리아인의 왕이 된 후에도 이탈리아의 귀족동아리 위치를 유지했다. 랑고바르드종족왕의 다른 종족 귀족도 주로 이탈리아 북부 도시에서 거주하며 도시 자치관습을 획득하기 위하여 장기간의 자치관습 논쟁에 돌입했다. 물론 이 다른 종족 전사동아리는 자치 도시 선구자 위치에 우뚝 섰다. 중세 이탈리아 자치도시는 소규모 도시 거주자동아리 연합체로 출발하여 이탈리아 국가 질서를 구축했다. 이탈리아 북부의 자치도시인 이탈리아인 동아리 연합체도 랑고바르드종족 명칭을 차용하여 '롬바르드인 동아리 연합체'라 지칭했다. 카롤루스 막뉴스는 중세 이탈리아인의 권력동아리를 창건했다. 그러나 이탈리아인은 틀림없이 게르만어계 종족왕에게 힘겨운 상대자였다. 도이취어계 황제 오토는(936년부터) 랑고바르드종족왕의 귀족을 황실 관리직에 임명하여, 제국의 권력동아리에 참여할 수 있는 기회를 부여했다. 이탈리아 랑고바르드종족왕의 귀족동아리는 강력한 세력을 유지하며 랑고바르드종족왕의 정신으로 이탈리아 국가와 이탈리아인이라는 국민정신 발원지로 자리 잡았다. 그런데도 이탈리아 귀족동아리의 관심은 여전히 도시 자치관습과 도시 재정, 즉 지중해 상업 이익이었다.

알레만종족

알레만종족왕의 역사는 부르군드종족왕과 함께 서부세계 주인공이 탄생하게 되는 과정, 즉 프랑크종족왕이 지배 종족왕 위치를 차지하게 되는 과정에 대한 해답인 것이다. 흔히 지적하고 있듯이, 알레만종족을 셈논종족이라고 한다. 이런 알레만종족 일부는 엘베강 서부 연안과 뵈멘 산악 지대를 거쳐 로마제국영역으로 이동했다. 알레만종족은 178년 황제 마르쿠스 아우렐리우스시대(161~180)에 이르러 로마제국영역에 정착했다. 다른 알레만종족 일부는 이미 당시 마인란트로 이동하여 물론 마인란트에서 정착했다. 마인란트에서 알레만종족은 알레만종족이라는 명칭을 부여받았다. 알레만종족 명칭은 혈통과 종교가 달랐음에도 서로 결속하여 종족왕 단위의 권력동아리를 유지했다는 것을 지칭한다. 알레만종족은 현재 도이취란트 마인강 북부 유역에 정착했다가 213년 로마제국영역으로 이동했다. 당시 알레만종족 다수는 말을 타고 다녔고, 종족는 수장과 종사관계를 유지했다. 당시 알레만종족왕은 수장 지휘를 받으며, 로마제국 변경을 위협했다. 알레만종족왕은 바로 이 시기부터 라인강과 도나우강 이내의 도이취란트 남부의 로마제국 '변경 진지'를 약탈했다. 로마제국의 켈트종족도 당시 도이취란트 남부에서 정착했다가 갈리아로부터 이동하여 정착했다. 알레만종족왕이 이 로마제국의 다른 이동종족을 약탈한 이후 로마제국 진지는 무너졌다. 당시 로마제국 방어 책임자는 이동종족이었으나 로마제국 진지가 무너진 이후 로마제국 평화도 점차 사라졌다. 알레만종족왕은 259~260년 라인강과 도나우강 이내의 현재 도이취란트 남부를 중심으로 하여 남쪽과 서쪽으로 안전한 정착지를 찾아 나서 현재 스위스의 프랑스어 지역인 헬베티아와 갈리아를 지나 이탈리아까지 진출하여 라벤나를 위협했다.

황제 크라우디우스 2세(268~270)는 라벤나를 침입한 알레만종족왕을 가르도 호수 주변에서 물리쳤다. 그러나 알레만종족왕은 정착지를 찾는다는 명목으로 다시 갈리아를 침입했다. 로마제국 황제 바렌티아누스 2세(375~392)는 갈리아를 침입한 알레만종족왕을 392년 마인란트로 내쫓았다. 그런데도 알레만종족왕은 로마제국에 정착지를 요구하면서, 마인란트를 계속 위협했다. 당시 로마제국 황제는 현재 프랑스의 스트라스부르(Argentoratum) 앞에서 알레만종족왕을 정복하여 복속한 다음 455년 알사스를 알레만종족 정착지로 허용했다. 거기서 알레만종족왕은 주변 로마제국의 다른 이동종족을 노예로 예속하는 사례도 있었다고 한다. 알레만종족왕은 로마제국의 다른 이동종족과 함께 정작하여 생활하면서도 게르만어계 종족의 생활 관습을 그대로 유지한 채 455년 경 이후 코플렌츠와 쾰른 북부로 이동하여 세쿠아나이세를 침입했다. 알레만종족왕은 5세기 중엽 랑그르 근처의 고지 평원에 정착했다. 부르군드종족왕은 프랑크종족왕과 함께 알레만종족왕의 침입을 방어하면서 갈리아로 이동했다. 이 게르만어계 종족왕은 로마제국 속주인 갈리아의 다른 이동종족 전설에서 주인공으로 등장했다. 로마제국의 다른 이동종족 전설에 나오는 내용대로라면, 이 게르만어계 종족이 크리스트교를 믿는 로마제국에서 기피 대상이 되었음은 확실하다. 알레만종족왕은 씨족 단위로 서로 분열되어 있었다. 알레만종족의 이런 분열은 권력동아리 창건에 필요한 영웅을 찾아내는 데 장애요인이 되었다. 알레만종족은 15명의 종족왕을 거치면서까지 이렇다 할만한 지도자를 지닐 수 없었다. 알레만종족은 혈족단위로 구성되어 결속력의 중심체인 완벽한 권력동아리를 갖추지 못했다. 이런 알레만종족은 469~497년 메로베크 가문의 프랑크종족왕 크로도베크에게 정복당했다. 그동안 동고트종족왕 테오데리크는 알레만종족왕과 프랑크종족왕의 중재자 위치를 유지했다.

알레만종족과 스위스

알레만종족의 중심지역은 오늘날 스위스였다. 알레만종족왕은 259~260년 현재 스위스 프랑스어 지역인 헬베티아를 침입했다. 알레만종족왕은 이어서 바젤을 파괴하고, 로마제국 거점 도시인 아방쉬를 2차에 걸쳐 약탈하다가 점령했다. 354년 이후부터 아방쉬를 중심으로 하여 스위스 북부까지 차지했다. 알레만종족왕은 500년부터 700년 스위스 도이취어 지역까지 확보했다. 물론 그 이전인 470년경에도 스위스의 도이취어 영역으로 진출했다. 알레만종족왕은 6세기 취리히, 보렝, 뛩 등의 주변에 위치한 호수 근처에 정착하면서 알프스와 유라를 더 이상 떠나지 않았다. 이처럼 알레만종족은 장기간에 걸쳐 현재 스위스로 유입되었다. 알레만종족 정착지는 알프스 산간지대였다. 알프스 산간지대는 갈리아에 자리 잡고 있던 로마제국시대 영주 귀족의 피신처였다. 특히, 갈리아의 로마제국 영주 귀족은 대담한 게르만어계 정복자를 피하여 알레만종족 정착지인 알프스 산간지대로 도주했다. 알레만종족은 알프스 산간지대에서 로마제국시대 갈리아 영주로부터 로마제국 생활관습을 섭렵했다. 현재 스위스 프랑스어 지역과 도이취어 지역도 바로 로마제국 생활관습의 정착 지역과 게르만어계 생활관습의 존속 지역인 것이다.

알레만종족은 로망스어계와 게르만어계라는 언어영역을 이때부터 지니며 라인강 상류인 스위스의 도이취어 영역에서 특히 상이한 방언을 형성했다. 라인강 상류 계곡인 위르세 계곡에서 로망스어계 방언은 15세기 이후 사라졌으나 로망스어계 언어영역은 15세기 이전 수도자동아리 좌장의 관할구역 단위로 분리되었다. 특히, 우리 수도자동아리 자치 영역이 디센티스 수도자동아리 좌장의 관할영역으로부터 분리되면서 로망스어계 방언은 사라지고, 게르만어계 도이취어가 자리 잡았다. 디센티스 수도자동아리 좌장 관할영역의 중심 도시는 현재 이탈리아의 티롤 지방인 래티아의 스울이었다. 언어영역에서 나타나듯이, 스위스는 게르만어계 종족의 생활관습과 로마제국 문화영역을 융합했다. 스위스의 표준융합 지역은 칸통 주의 프리부르크처럼 알프스 산맥과 유라 이내의 산간지대인 것이다. 이 산간지대 명칭은 크로쉬 프라투였다. 크로쉬 프라투 명칭에서 크레시예라는 명칭이 부여되었다. 크레시예는 갈리아로부터 이주해 왔던 로마제국의 다른 종족 영주 크리시우스의 이름을 차명했고 도이취어 영역을 그리사흐라고 지칭했다. 크리시예와 크리쉬우스라는 거주지가 동일한 지명이라는 점을 감안하면 아마도 알레만종족이 이 지역으로 이주할 수 없었을 것이다. 이런 맥락에서 로마제국의 다른 종족 거주지역을 중간 위치에 두고, 게르만어계와 로망스어계 언어영역이 형성되었을 것으로 추정하고 있다.

알레만종족은 장기간에 걸쳐 알프스 산간지역으로 이주했다. 알레만종족의 이주지인 알프스 산간 정착지역도 갈리아와 래티아로 분리되었다. 알프스 산간의 로마제국계 종족과 알레만종족의 정착지역은 알프스 산간, 즉 오늘의 스위스이다. 스위스인의 상용 언어도 로마제국계 종족과 알레만종족의 거주지역에 따라서 도이취어, 프랑스어, 이탈리아어 등으로 서로 다르게 통용되고 있다. 특히, 로마제국계 종족 거주지역이었던 주네브에서 알레만종족이 정착했던 관문 지역인 시르 이내 지방에서 라틴어를 알레만종족 방언으로 상용했다는 점에 근거하여 이 지역에서 다시 알레만종족 언어가 유입되었다는 것을 확인해주고 있다. 이런 알레만종족도 7세기까지 로마제국 문화를 거부하여 로마제국 생활관습에 동화하지 않았다. 알레만종족은 크리스트교를 통하여 로마제국 문화에 동화했다. 알레만종족에게 크리스트교를 전파했던 선교자는 아일랜드계 수도자 콜룸반(+615)이었다. 알레만종족에게 콜룸반은 파리영지의 권력동아리 세력경쟁에서 613년 밀려나 크리스트교 선교자로서 갈루스(+640)와 같은 선교자동아리를 거느리고, 바젤과 취리히를 거쳐 보텐제 호수 연안에서 오늘날 도이취란트와 오스트리아의 국경 도시인 브레겐츠까지 선교활동을 전개했다. 8세기 중엽까지 스위스에는 교회조직이 형성될 수 없었다. 알프스 북부 산기슭에서 처음으로 형성된 교구는 바젤과 콘스탄츠에 자리 잡았고 선교활동 영향으로 도이취어와 프랑스어의 언어영역은 더욱 확고하게 자리 잡았다. 알레만종족은 라인강을 중심으로 세 갈래로 나누어졌다. 세 갈래의 알레만종족을 쉬바벤종족, 스위스인, 알사스인이라 지칭했다. 쉬바벤종족은 남부 도이취란트의 라인강 물줄기를 사이에 두고 스위스인과 구분되고 있다. 알사스인은 이미 오래 전부터 로마 정통론자동아리로 개종했다.

그 이외에도 알레만종족은 부르고뉴와 프로방스에까지 분포하고 있다. 이 프랑스 지방은 이탈리아와 인접하고 있기 때문에 라틴어 문명권이나 다름없었다. 특히, 보텐제 호수 연안 라이헨아우와 가까운 쌍 갈렌 수도자동아리 은신처는 라틴어 문명과 게르만어계 문명을 이어주는 역할을 담당했다. 이런 쌍 갈렌 수도자동아리 은신처는 로마 정통론동아리 선교활동에서 특히 중요한 위치를 차지했다. 쌍 갈렌 수도자동아리 은신처는 서부세계 생활관습을 중부 유럽세계로 내보내는 문화 배출창구 역할을 담당했다. 알레만종족왕의 적대자는 부르군드종족왕이었다. 부르군드종족왕도 쌍 갈렌 수도자동아리 은신처라는 문화 배출창구를 통하여 중부 유럽세계 중심지역인 프랑스와 스위스의 베른 등에다 크리스트교세계 문화를 이어주었다. 부르군드종족은 로마제국 수도자 학문동아리의 저작물을 통하여 서부세계 생활관습을 알레만종족왕의 협력으로 전수받았다.

부르군드종족과 부르군디아왕국

부르군드종족 고향은 발트해 연안이었다. 부르군드종족 명칭은 발트해 섬 보른호름(Bornholm)에서 차용되었다. 이런 부르군드종족은 기원전 1세기 경 이미 도이취란 북부에 정착했다. 특히, 톨레메우스의 지도에서도 부르군드종족은 오데르강과 바이크설강 이내분지로 이동했던 것으로 표기되어 있다. 부르군드종족은 200년경 처음으로 브란덴부르크와 라우시츠를 거쳐 실레지아까지 위협하며 이동하여 게피드종족왕에게 복속되어 반달종족을 포함한 여러 종족와 함께 마인강 계곡에 정착했다. 마인강 계곡에서 부르군드종족왕은 알레만종족왕을 만났다. 부르군드종족왕은 4세기 이후 로마제국 동맹자 위치에서 알레만종족왕을 보호했다. 일부 부르군드종족는 마인강 북부계곡에 정착했다가 랑고바르드종족왕의 권력동아리에 흡수되었다. 그러나 이 부르군드종족의 중심 혈족은 고향을 벗어나지 않았다. 일부 부르군드종족는 쉬레시아로부터 흑해 연안으로 이동했다가, 동고트종족왕의 권력동아리에 복속되었다. 부르군드종족는 반달종족 때문에 406년경 흑해 연안으로 이동하지 못하고 방향을 바꾸어 서부세계로 이동했다. 부르군드종족은 라인강 중부 유역의 남부, 즉 마인츠, 보름스, 스파이어 등에 정착하여 로마제국 보호를 받았다. 로마제국 황제는 부르군드종족왕과 보호협약을 체결하고, 라인강 남부 상류를 부르군드 종족에게 넘겨주었다.

부르군드종족왕은 435년 벨기에를 침입했다. 로마제국 방어자인 훈종족왕 아에티우스는 부르군드종족왕을 뒤쫓던 훈종족까지 로마제국영역에서 몰아냈다. 전설에 의하면 당시 부르군드종족왕은 훈종족왕과 치열하게 싸웠다고 한다. 훈종족과 부르군드종족왕의 전쟁전설에 의하면 부르군드종족왕 군다바르(Gundabar = Gunther, 대략 413~437)가 훈종족왕 아에티우스와 전쟁에서 사망했다고 전하고 있다. 이 등장인물 군다바르는 니벨룽겐 시에 등장하는 영웅 군테르이다. 당시 로마제국 최고 군대 지휘자는 아에티우스였다. 아에티우스는 싸보엥(Sapaudia=Savoyen)에다 부르군드종족 정착지를 확보해 주었다. 이제 부르군드종족은 정착지를 확보하고 로마제국 군대조직과 법률관습에 따라서 생활했다. 이것은 로마제국 영지의 소유이동관습에 관한 법률 조항에서도 입증되고 있다. 로마제국 영지의 소유이동관습에 관한 법률에 의하면 부르군드종족 정착지역에 로마제국의 다른 종족이 영지를 소유하고 있는 경우, 로마제국의 다른 종족 소유영지 2/3는 로마제국의 다른 종족이 소유하고, 1/3은 부르군드종족에게 넘겨주도록 되어 있었음에도 그 영지를 로마제국의 다른 종족이 다시 압류했다는 것이다. 영지 소유관습에 관한 법률에서 임야와 방목지를 별개 지목으로 구분하지 않았다. 포도원과 채권은 영지와는 다른 지목으로 설정했다. 부르군드종족은 로마제국시대 갈리아 귀족 가문을 각별하게 예우하여 로마제국시대 귀족 가문을 비롯한 다른 로마제국 종족과 위화감을 전혀 느끼지 않았다. 다른 로마제국 종족과 부르군드종족은 갈리아에서 쉽게 융합했다. 부르군드종족왕은 메로베크 가문 프랑크종족왕의 권력동아리에 복속되어 법률관습까지 프랑크종족왕의 법률에 맞추고자 시도했다. 부르군드종족왕은 메로베크 가문 프랑크종족왕의 영지에는 프랑크종족왕의 법률을, 다른 로마제국 종족에게는 로마 법률관습을, 부르군드종족에 대해서는 고래의 종족왕 법률을 적용했다. 갈리아의 게르만어계 종족은 각각의 종족왕 법률을 운용했기 때문에 로마제국시대 법률을 따르지 않았다. 즉, 여러 갈래의 갈리아 종족에서는 종족왕 법률과 로마 법률을 분리하여 적용했다. 부르군드종족왕은 454년 훈종족왕 아에티우스 사망 이후 알레만종족왕의 위협을 받던 다른 로마제국 갈리아 거주종족에 대한 보호자가 되었다. 부르군드종족왕은 로마인 법률과 종족왕 법률을 더 이상 분리하여 적용하지 않았다. 그러나 메로베크 가문 프랑크종족왕 법률은 부르군드종족왕 법률과 로마인 법률을 모두 흡수했다.

부르군드종족왕은 세쿠아나이세로 진출하여 알사스를 회복했다. 다음 부르군드종족왕은 이탈리아에서 갈리아로 이동하는 고트종족을 저지하기 위하여 론강 유역의 뒤랑스까지 진출했다. 론강 유역의 뒤랑스에서 부르군드종족왕은 리옹인과 함께 457년 앙브뢰 근처까지 진출하여 고트종족의 이동을 방어하는 한편, 461년과 465년 전쟁이나 약탈 없이 리옹으로 이동했다. 부르군드종족왕은 종족왕의 권력동아리 무대인 부르군디아를 창건했다. 부르군디아의 권력동아리 은신처는 르와르강 상류, 아르강, 론강, 라인강 등의 발원지였다. 동고트종족왕 테오데리크 1세는 부르군드종족왕 군도바드(473~516)에게 보낸 편지글에서 군도바드의 권력동아리 은신처를 부르군디아라고 지칭했다. 이 편지글에서 테오데리크 1세가 지칭한 '부르군디아'는 알프스 산기슭의 론강 발원지로부터 프로방스에 이르는 지역을 지칭했다. 특히, 테오데리크 1세는 부르군디아를 서부세계 로마제국 계승자라고 지칭했다. 그런데도 부르군드종족왕은 부르군드종족만을 위한 종족왕이었던 반면, 로마제국에서는 부르군드종족왕을 로마제국 군대 지휘관이라고 지칭했다. 즉, 로마제국에서는 부르군드종족왕인 로마제국 군대 지휘관을 황제 권한 대행자로 파악했다. 부르군드종족왕은 로마 정통론자동아리로 개종함으로써 다른 로마제국 종족의 생활관습을 터득했고, 알레만종족왕과 싸우면서도 동고트종족왕 테오데리크 1세의 조언에 따라서 로마제국 예술과 전문 지식을 터득했다. 부르군드종족왕은 로마제국 금세공업자와 예술가, 그리고 교회 건축기사 등을 고용하여 다른 로마제국 종족의 재주를 배웠다. 부르군드종족왕은 또한 로마제국 화폐를 주조하여 유통시키고, 로마제국 문화를 수용하는 한편, 인근의 프랑크종족왕과 전쟁 없이 정상 관계를 유지했다. 부르군드종족왕은 로마제국 황제를 경배했다. 그러나 부르군드종족왕은 비잔티움제국 황제가 콘스탄티노플에서 거주한다는 사실을 유리하게 활용했다. 부르군드종족왕도 다른 게르만어계 종족왕과 다름없이 아리우스계 이단자동아리였으나 아리우스계 이단자동아리를 버리고 로마 정통론자동아리로 개종했다. 부르군드종족왕은 개종과 동시에 다른 로마제국 종족의 생활관습을 더욱 활기차게 수용하여 로마제국의 다른 갈리아 거주종족과 융합했다.

부르군드종족왕은 라인강 중부 유역에서부터 이미 크리스트교동아리 일원으로 생활했다. 갈리아 부르군디아에서는 아리우스계 이단자동아리 교회조직도 이미 다른 로마제국 종족의 생활관습을 수용한 상태였다. 이런 부르군디아 상황은 적어도 갈리아에서 아리우스계 이단자동아리 교회조직과 로마제국의 공인 종교인 로마 정통론자동아리 교회조직이 공존했다는 것을 반증하고 있다. 갈리아의 프랑크종족왕은 아리우스계 이단자동아리를 후원했다. 부르군드종족왕 군도바드는 왕비 영향으로 로마 정통론자동아리로 개종했다. 부르군드종족왕 군도바드의 세례 주교는 비엥의 아비투스(대략 490~518)였다. 부르군드종족왕 군도바드는 로마 정통론자동아리 교회조직과 결탁하여 성자 위치에 있던 아비투스 주교와 함께 종교동아리 문제를 해결하려고 시도했다. 부르군드종족왕의 권력동아리는 그 아들 시기스문드시대(516~523)에 이르러 로마 정통론을 공인 종교로 수용했다. 이후 부르군디아는 534년 프랑크종족왕의 권력동아리에 복속되었다. 부르군드종족왕은 로마제국 사회에 탁월하게 적응한 나머지 로마제국의 다른 갈리아 거주종족을 비롯하여 비잔티움제국까지도 부르군드종족왕을 서부세계 대표자로 인식했다. 부르군드종족왕은 비잔티움제국과 교류하는 한편 비잔티움제국에 대하여 군사력과 대외정책을 강화했다. 부르군드종족왕은 또한 라틴어관습의 문화에 적응했으나, 결국 프랑크종족왕에게 복속되었다.

이제 부르군드종족 역시 프랑크종족 일원으로 흡수되었다. 이렇게 게르만어계 종족은 고유한 생활관습과 문화를 유지했으나 변화하기 시작했다. 프랑크종족은 지배종족으로 변모했다. 게르만어계 종족 입장에서 보면, 당시 갈리아의 문화이동은 서로 다른 문화 와해했으나 중세 세계의 입장에서 파악하면, 분명히 새로운 문화는 발원하기 시작했다. 인간의 심리상태에서도 어떤 우월한 순간이 문화이동 방향을 결정했던 것처럼 게르만계 종족 문화도 서로 달랐지만 흔히 외부 요인으로 새로운 문화를 수용했다. 우선 게르만어계 지배종족 출현이라는 문화이동 통로는 종족의 생활관습과 언어관습을 변화시키며 곧 문화 발원지로 등장했다. 따라서 게르만어계 지배종족 출현 자체는 서로 다른 게르만어계 종족의 생활관습과 로마제국 생활관습을 혼합하기 시작했다. 게르만어계 지배종족은 다양한 게르만어계 종족의 생활관습과 의례관습을 혼합하는 문화이동 중심체였다. 이제는 과거의 게르만어계 종족이 아니고, 과거의 로마제국 사람이 아닌, 지방 명칭에 뿌리를 둔 새로운 유럽문화 발원지였고, 마침내는 새로운 유럽세계 인간 동아리의 결속력 발원지였다. 이런 새로운 유럽세계 인간동아리를 굴러가게 만들었던 것은 크리스트교와 로마제국으로부터 물려받은 법률관습, 즉 라틴어 계약관습과 라틴어 계약문서의 해독력이었다.

특히, 부르군드종족왕 군도바드는 방대한 종족왕 법률을 남겨 놓았으나 534년 메로베크 가문 프랑크종족왕의 전사동아리에게 정복되었다. 그런데도 이후까지 부르군드종족왕의 권력동아리 표지인 부르군디아는 존속하며 네우스트라시아, 아우스트라시아, 아퀴타니아와 함께 프랑크종족왕의 중심 권력동아리를 구성했다. 이후에도 부르군디아 명칭은 프랑크종족왕의 영지를 지칭했고, 부르군드종족왕 군도바드의 법률(Lex Gundobadus)은 부르군드종족의 생활관습을 반영했다. 부르군드종족왕 법률은 여타 게르만어계 종족왕 법률 중에서도 서고트종족왕 법률과 더불어 게르만어계 종족왕 법률의 표준이었다. 부르군드종족왕 법률은 서고트종족왕 법률처럼 종족 신분, 종족와 개인의 관계를 명시하고 있다. 따라서 부르군드종족왕 법률은 게르만어계 계약관습 모음집인 것이다. 부르군드종족왕 군도바드의 종족왕 법률은 부르군드종족의 생활관습에서 오래도록 지켜지던 계약관습을 라틴어 문장으로 표현했다. 게르만어계 종족왕 법률은 게르만어계 종족왕의 영지 발원지가 갈리아라는 점을 입증하고 있다. 현대 유럽문화에서 종족왕 영지는 지역 사람이나 지방사람, 나아가 국가의 상징물과 언어관습 발원지인 것이다. 게르만어계 종족왕 영지는 이미 프랑크종족왕 영지에서 발원했다. 부르군드종족왕 영지인 부르군드는 서고트종족왕의 영지 아키텐느와 갈리아 사이에 발원하여 프랑크종족왕시대에도 부르군드종족왕 영지로 계승되었다. 후세에 부르고뉴종족왕이 종족왕 영지를 확장했으나, 부르군드종족왕 영지는 싸오느강과 론강 사이의 계곡으로 한정되었다. 그런데도 과거 부르군드종족왕 영지는 부르군디아와 부르군드라고 지칭하여 흔히 혼용했다. 갈리아 동부로서 영지 부르군드는 지중해 연안으로부터 알프스 산간의 유라에 이르는 지역으로서 이탈리아와 동부에서 서부세계로 밀려오는 외부 충격을 막으면서, 새로이 발흥하는 프랑크종족왕 세계를 보호하는 일종의 방패막이였다.

프랑크종족왕시대에 부르군드종족왕 영지는 네 영지로 분할되었다. 프랑크종족왕의 궁재 카를 마르텔(714/5~741)은 영지 부르군드를 영지 아를르, 영지 비엥, 알레만계 영지 부르군드, 부르군드계 영지 부르군드 등의 지방으로 분할했다. 카를 마르텔의 이런 영지분할 의도는 부르군드종족을 아랍인의 화살 받이로 만들어 프랑크종족를 보호하기 위한 조처였다. 프랑크종족이라는 지배종족이 부르군드종족을 이처럼 전쟁 소모품으로 인식한 배경 때문에 영지 부르군드도 시대에 따라서 다른 모습을 드러냈다. 영지 부르군드 명칭도 '부르고뉴', 도피네, 즉 싸보엥, 공작영지 부르군드, 백작영지 부르군드로 부려졌다. 후기에는 헬베티아, 즉 체링거 가문영지 부르군드라 지칭하기도 했다. 체링거 가문영지 부르군드는 베르톨드 4세 시대(1152~1186) 프라이부르크에다 부르군드종족왕의 권력동아리를 창건한 데서 연유했다. 이외에도 베르톨드 5세는 베른에다 부르군드종족왕의 권력동아리를 창건했다. 이런 사례에서 보더라도, 영지 부르군드는 시대와 지배자에 따라서 매우 복잡한 역경을 담고 있다.

프랑크종족과 갈리아지역의 로마인 속주 문화

유럽명칭과 그 문화는 4~5세기경 로마제국 문화에서 발원했다. 갈리아는 로마제국 속주였으나 새로운 모습으로 변화했다. 특히, 원거리 상인동아리는 산물을 하천과 해상으로 갈리아 내륙으로까지 운반했다. 나르본느, 아를르, 보르도, 투루즈, 리옹, 마르세이유, 프와티에, 트리어에서는 로마제국 학문동아리의 교육관행, 특히 갈리아 남부의 우수한 수도자 학문아리를 그대로 받아들였다. 4~5세기 이런 수도자 학문동아리 일원인 루앙의 주교 아우스도니우스(+684), 마인츠의 주교 시도니우스(+6세기)와 같은 시인과 저작자의 노력으로 로마제국시대 학문동아리 교육 관행은 점차 이동하기 시작했다. 게르만어계 종족왕은 5세기 중엽 이후 갈리아를 완전하게 장악했다. 그런데도 갈리아의 로마제국 종족는 사실상 그대로 존속했고 유통질서나 거래질서도 붕괴되지 않았다. 특히 유럽 내륙의 산물을 원거리 상인동아리의 역할에 힘입어 론강과 지중해의 교역로를 이용하여 비잔티움세계와 거래했다. 갈리아에서는 화폐 주조도 중단되지 않았다. 화폐는 내륙 상인동아리와 원거리 상인동아리를 이어주는 유통수단이었다.

시도니우스는 469년 이후 갈리아 남부와 서부의 서고트종족왕 권력동아리(466~507)에다 '질서관습'과 '전문 지식 문명'을 가르쳤다. 시도니우스는 질서관습과 문명 발원지를 법률이라고 판단했다. 시도니우스는 당시 클레르몽 주교로서 법률을 표준관습 발원지로 인식하여 서고트종족왕 알라리크의 법전(506년)(Breviarium Alarici)과 서고트종족왕 법률(510년)을 편집했다. 4~5세기 이후 게르만어계 종족은 질서관습과 문명으로 협소한 법률관습을 지녔다. 한편 문명은 로마시대 법률관습과 함께 종족를 지역사람 관습과 지방 사람관습으로 정착케 했다. 로마시대 법률관습은 갈리아를 포함한 서부세계에서 표준관습 발원지로 등장했다.

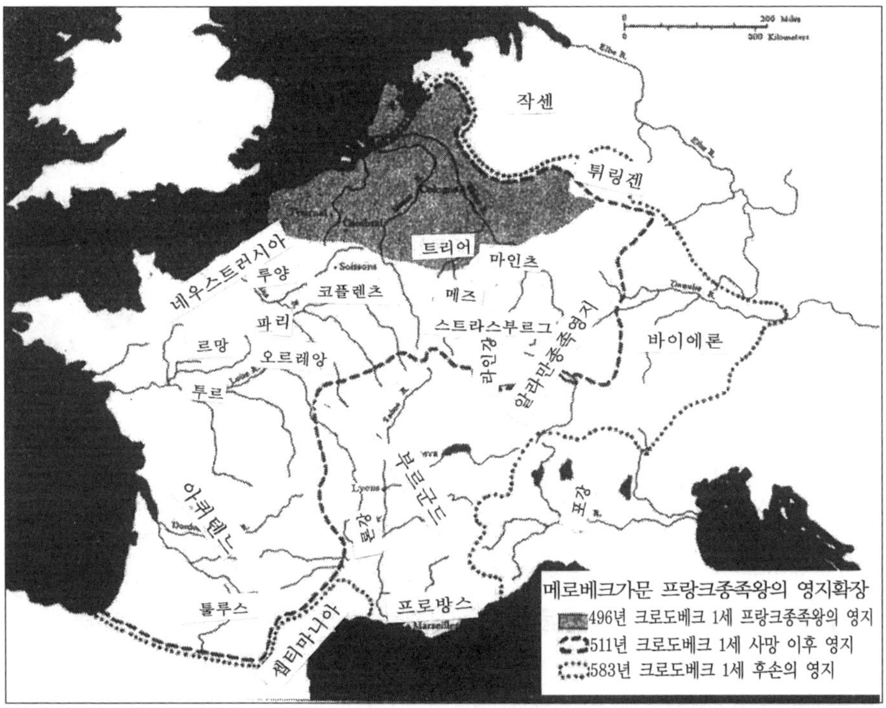

로마시대 법률관습은 고트종족왕, 부르군드종족왕, 프랑크종족왕 법률로서, 그리고 유럽문화 여명시대 라틴어관습과 라틴어 계약문서를 중세 후기인 유럽문화 정착시대 세계의 봉건법률인 물론 가신법과 영주법 발원지였다. 이런 중세 봉건 법률은 신분의회에서 근대헌법 발원지로 등장했다. 따라서 로마시대 법률관습은 서양근대 국가 법률의 발원지였다. 게르만어계 종족은 로마시대 법률관습을 활용하여 자기네의 생활관습을 지방 사람의 문화로 착색했다. 이르네리우스나 페포와 같은 볼로냐 법률학동아리 교사는 12세기에 처음으로 유럽대륙에 로마시대 법률관습이 존속하고 있다는 것을 알아냈다. 이런 로마시대 법률관습은 15~16세기 이후 비로소 전체 유럽세계에서 법률문서로서 모습을 드러내기 시작했다. 인간은 질서관습과 문명으로부터 발원하는 법률관습을 활용하여 두 눈으로 국가질서의 상징물에 접근하기 시작했다. 질서관습과 문명의 상징물에서 물론 의례관습과 거기에 합당한 국가관습과 질서관습의 상징물은 발원하여 성문 법률로 등장하며 유럽문화 정착시대 세계를 열어갔다. 이런 점에서 바로 유럽문화 발원지는 로마시대 법률관습인 것이다.

로마시대 법률관습은 국가나 종족왕의 권력동아리라는 상징물 발원지이자 현실의 표준관습 발원지였다. 즉, 로마시대 법률관습은 사건 당사자의 문제를 해결하는 근거가 아니라, 질서관습과 문명 발원지였던 것이다. 서부세계에서 로마시대 법률관습이 사라진 배경에는 라틴어 계약문서와 조서를 중심으로 한 법률 집행제도가 발전했던 점을 배제할 수 없다. 그러나 라틴어 계약문서와 조서를 골격으로 한 법률 집행제도 역시 로마시대 법률관습의 위축으로 효력을 상실했다는 것과 로마시대 법률관습이 집행자, 제정자, 준수자 모두에게 고정관념 없이 합의를 찾아내는 경우에만 효력을 발휘했다는 것은 현대인의 교양인 것이다. 이런 맥락에서 로마시대 법률관습은 현대세계에서도 세계질서와 문명 운영 도구를 제공하며 11~12세기 성문 법률로서 모습을 드러냈다. 성문 법률 운용과정에서 관료제는 법률 시행세칙과 함께 법률 집행수단이었다. 한편 조서와 공증제도는 로마시대 법률관습에서 발원하여 종교동아리 교리와 학문동아리 증거로 편입되었다. 특히 중세 세계에서 게르만어계 프랑크종족, 특히 이스트베온 가문(Istwäonen)은 로마 정통론자동아리 교리와 증거를 성문 매개체로 로마 교황청과 결탁하여 중세 세계 주인공인 프랑크종족왕의 장래를 기진장이라는 라틴어 계약문서에 담아 확정했다.

프랑크종족 명칭은 게르만어계 종족명칭이었다. 이것은 카마브, 카트투아르, 브루크트러, 앙그리바르, 아마도 카트, 카우크 등이 프랑크종족 단위를 나타냈다는 사실에서도 입증되고 있다. 크로도베크는 481년경 프랑크종족 수감부르 가문 수장이었다. 크로도베크는 성년기에 수감부르 가문의 공포 여신인 타우파나 신 앞에서 선서를 하고 종족 수장이 되었다. 당시 크로도베크 가문은 리페와 란 사이의 지역인 현재 도이취란트의 도르트문트와 노이비이트 근처에서 정착했다. 이런 크로도베크 가문은 기원전 55년경 라인강을 건너온 케사르에게 정복되어 있다가 도르트문트와 노이비트 이내 지역에서 자기네 보호를 받고자 했던 우시페트 가문과 텐크트 가문과 합류했다. 이들 프랑크종족 수장 가문은 로마제국의 근대 반격을 받고, 쾰른 근처의 숲 속으로 도주했다고 한다. 프랑크종족 수장은 황제 아우구스트시대에 이미 로마제국 상인동아리를 볼모로 잡아 나무에 매달아 두고 처형했던 사례도 있다는 것이다. 프랑크종족왕은 갈리아로 이주하기 위하여 다섯 개 로마제국 군단의 보급로를 차단했다. 프랑크종족왕은 로마제국 군단을 끊임없이 괴롭히다가 로마제국 황제의 동맹자가 되어 로마제국으로 들어왔다. 프랑크종족왕은 이때부터 로마제국 문화를 터득한 다음 라인강 양안을 떠났고, 자연히 수감브르 혈족이라는 명칭도 사라졌다. 그런데도 수감브르 혈족 명칭은 프랑크종족, 게르만어계 종족, 바이에른종족 등의 경우처럼 특정한 종족 표지로 정착되어 문헌상에서 활용되었다.

투르 주교 그레고르(573~594)는 프랑크종족왕, 특히 크로도베크와 크로도베크의 개종에 관하여 다음과 같이 언급해 두었다. 즉, 크로도베크의 세례자인 렝 레미기우스(458~533)는 탁월한 덕망과 수사학 지식을 갖춘 인물로서 크로도베크를 세례하면서 다음과 같이 기도했다는 것이다. 즉, "가만히 머리를 숙여라. 이 수감브르 혈족아(=크로도베크) 주님께서 너에게 눈을 뜨게 하실 것이고, 기도한 것 이상으로 너를 돌보아 주실 것이다."(프랑크종족 역사) 프랑크종족왕은 도이취란트 중부 게빌크 뒤벨레와 현재 헤르킨 발트 이내의 지역에서 가문의 서열관습을 유지한 채 정착했다. 프랑크종족 발원지는 라인강과 바다가 인접하는 현재 북부 도이취란트 평원지대로 추정하고 있다. 북부 도이취란트 평원지대는 쾰른을 중심으로 하여 라인강 동부 하류였다. 즉, 프랑크종족은 현재 벨기에와 프랑스 북부로부터 아르뎅 산맥에 이르는 화산 분지에서 활동했다. 또한 프랑크종족은 서부 경계선인 샤르보이네르 산맥 이내 평원에서 번성했다. 이 평야지대는 로마제국 발길이 닿지 않았던 미개척지였다. 물론 이 평원지대를 풍요한 갈리아에 비교할 수는 없다. 프랑크종족의 야만성도 이런 평야 에서는 발휘될 수 없었다.

프랑크종족 명칭에서 프랑크는 자유민 혈통을 지칭했다. 자유민 혈통은 곧 귀족 혈통이며, 전사동아리를 지칭했다. 이런 프랑크종족 명칭은 용감한 전사를 지칭했다. 프랑크종족의 결속력은 거대한 혈족에서 발원하여 보편주의관습을 지녔다. 프랑크종족 명칭이 보편주의관습을 지닌 이후 혈족 명칭은 사라졌고, 프랑크종족은 6세기 말엽 지배종족으로서 권력동아리 위치를 이룩했다. 프랑크종족이 알레만종족이나 작센종족보다 뛰어났던 것은 아니었다. 프랑크종족은 잔인하고, 끈질긴 전사 종족로서 잔인함과 강인함을 내세워 지배종족 위치를 확보했다. 이런 지배종족으로서 프랑크종족의 위치는 지혜와 능력을 겸비한 종족왕의 업적에 힘입었다. 프랑크종족은 253년 이후 우연히 갈리아로 들어왔다. 프랑크종족은 당시 피레느 산맥을 넘어 가려다가 257년 갈리아를 침입했다. 그러나 프랑크종족은 로마제국 황제 프로보스(267~282)의 반격으로 라인강 동부 유역으로 추방당했다. 프랑크종족은 로마제국 군대 반격을 받기 이전에도 70여 갈리아 도시를 차지하고자 시도한 적도 있었다. 프랑크종족은 408년부터 423년 쯤 라인강 서부에 정착하기 위하여 두 계열로 나누어 라인강을 건넜다. 406년 이전까지 두 갈래 프랑크종족 계열구분도 로마제국과 관계에 근거했다. 프랑크종족 일부는 로마제국 도로를 방어하면서 로마제국 도시로 이동하던 다른 게르만어계 종족 방어자로서 로마제국 동맹자 계열이었고, 나머지 일부 계열은 제국과 무관하게 정착한 전사 혈족으로서 현재 도이취란트 쾰른과 마인츠 이내의 게르마니아에 정착했다. 전사 혈족의 프랑크종족은 반달종족, 스베브종족, 아란종족 등이 카트종족과 동맹하여 라인강 유역을 침입했을 때에도 라인강 유역을 방어했었다. 로마제국은 얼마 동안 갈리아의 로마제국 진지를 방어했으나 더 이상 갈리아를 방어할 수 없었다. 그렇다고 프랑크종족이 갈리아 로마제국 사회에 참여했던 것도 아니었다. 프랑크종족은 여전히 이전 정착지와 관계를 유지한 채 정착했다. 이런 프랑크종족은 또한 쉘데강 상류와 북해 연안 지대와도 관계를 유지했다.

살리 프랑크종족은 종족 선발대였다. 살리 프랑크종족 명칭은 사르(Sal = 바닷물의 의미)에서 나타나듯이 북해 연안과 쉘데강 상류의 정착지에서 발원했다. 살리 프랑크종족은 황제 율리아누스시대인 357년 경 로마제국 군대에 정복되어 현재 벨기에 브라방에서 정착했다. 살리 프랑크종족은 로마제국 신분에서도 로마제국 동맹자 종족이었다. 살리 프랑크종족은 로마제국 동맹자로서 브라방을 로마제국으로부터 넘겨받아 로마제국을 방어했다. 당시 로마제국 방어는 로마제국 동맹자인 게르만어계 종족에게로 넘어갔다. 이런 프랑크종족은 로마제국 동맹자 위치에서 벨기에 브라방으로 이동했다. 살리 프랑크종족인 메로베크 가문의 크로도베크와 그 가문도 벨기에 이주과정에서 혈족 족보에 처음으로 등장했다. 리프아리아 프랑크종족은 브루크터 혈족이 출현했던 쾰른에 정착했다. 리프아리아 프랑크종족은 쾰른 인근의 부르트지방에 거주하던 예비 종족이었다. 리프아리아의 종족 명칭도 강변 거주종족을 지칭했다. 리프아리아 프랑크종족은 해안 지대의 살리 프랑크종족과 알레만종족처럼 이동하지 않고 부르트지방에 그대로 정착했다. 리프아리아종족의 원래 정착지는 현재 도이취란트 마인츠지방이었다. 그러나 로마제국 최고군대 지휘관 아에티우스가 훈종족왕 아틸라를 방어하다가 실패하여 전사한 이후 이 두 갈래 프랑크종족은 솜므강 유역에서 현재 도이취란트 마인츠 바로 건너편에 위치한 라인란트로 이동했다. 본래부터 리프아리아 프랑크종족은 라인란트에 정착했다.

그러나 살리 프랑크종족이 라인란트로 이동한 이후 리프아리아 프랑크종족은 과거 정착지인 라인 가우와 남부 베터라우를 살리 프랑크종족에게 넘겨주고 쾰른을 침입했다. 이 리프아리아 프랑크종족은 이어 475년경 메스, 투울, 로마제국 황제도시 트리어를 침입했으나 쾰른의 일부 리프아리아 프랑크종족은 프랑크종족왕의 권력동아리 일원이 되었다. 쾰른의 리프아리아 프랑크종족은 마인강 하구 유역과 네카르 이내의 산림지역에서 정착하면서 알레만종족과 프랑크종족으로 분리되었다. 프랑스 남부의 갈리아는 로마제국 속주 중에서도 중요한 위치를 차지했다. 로마제국은 후기 고전시대 서부세계의 속주 갈리아를 최후까지 유지하려고 시도했다. 로마제국의 최고군대 지휘자는 마요리아누스였다. 마요리아누스(457~461)는 452년경 투르네와 콩브레 이내 지역에 정착한 살리 프랑크종족왕을 정벌하려고 계획했으나 살리 프랑크종족왕 크로요는 이 두 도시를 사수하면서 마침내는 솜므강 유역까지 차지했다. 당시 로마제국 최고군대 지휘관은 아에티우스와 살리 프랑크종족왕을 거느리고 훈종족왕 아틸라 정벌 전쟁에 참여했을 것으로 추정하고 있다. 당시 로마제국 최고군대 지휘관은 갈리아 출신으로서 아에티우스를 계승했던 아에기디우스(+464)였다.

아에기디우스는 메로베크 가문 프랑크종족왕의 권력동아리 창건자요 크로도베크 선친인 킬데리크(대략 460~481)의 동맹자였다. 킬데리크는 로마제국 군대 지휘관으로서 게르만어계 종족왕의 침입을 방어하다가 463년 르와르강 계곡에서 서고트종족왕을 정복했다. 그러나 킬데리크는 작센종족왕을 정벌하기 위하여 아에기디우스와 동맹하여 출정했다가 전사했다. 킬데리크의 주요 활동무대는 르와르강 유역의 앙그르였다. 이것은 1653년 투르네 근처의 킬데리크 무덤에서 발굴한 부장품[금을 수놓은 자주색 외투, 돈 주머니가 달린 허리대, 호공제상이 새겨진 300여개의 금화와 은화 등]에서도 입증되었다. 이 부장품은 게르만어계 종족왕 권력동아리의 생활관습과 의례관습 연구에 필요한 자료인 것이다. 프랑크종족는 킬데리크의 지도로 로마 정통론자동아리 주교와 다른 로마제국 종족로부터 여러 가지 기술과 교양, 생활관습까지도 익혔다. 프랑크종족왕은 갈리아 북부에 정착하여 권력동아리를 창건했고, 독특한 게르만어계 문화를 꽃 피웠다. 프랑크종족왕은 로마제국 방어임무를 수행하며 다른 로마제국 종족왕과 접촉하여 지방 사람의 생활관습과 로마제국 정치 모형을 익혔다. 중세 세계의 주인공도 프랑크종족왕의 권력동아리였고, 프랑크종족왕의 권력동아리는 로마 정통론자동아리 교회조직을 문화 발원지로 채색했다.

로마제국 방어정책으로 프랑크종족 용병대는 방어진지 개간자로 정착했다. 프랑크종족은 변경 방어진지 개간과정에서 군대 경력을 축적했다. 프랑크종족 용병대는 로마제국 방어 군단에서 방어 임무를 수행하며 행정상 전사로서 로마제국 영지에 예속되어 있었다. 이 프랑크종족 전사동아리는 가능하면 로마제국 거주지와는 멀리 떨어진 지역에 거주하여 로마제국 행정의 영향을 받지 않았다. 그러나 갈리아 도시에서 프랑크종족 유입은 빈민자 급증으로 이어졌다. 따라서 로마제국 행정 전략은 프랑크종족을 개간지에 묶어두는 것이었다. 프랑크종족이 로마제국 변경에서 개간지에 묶여 자기네 종족과 혼인하며 자기네 생활관습을 유지함으로써 다른 로마제국 종족의 생활관습에 동화할 기회를 가질 수 없었다. 특히 프랑크종족이 고유한 조상 묘지를 유지하고 있었던 사례 역시 로마제국의 이동종족 정책 때문에 억지로 로마제국 사회와 실제로 동떨어져 있었다는 것을 반증하고 있다. 한편 로마제국 황제 권력동아리에서는 프랑크종족왕의 전쟁 능력을 높이 평가했고 프랑크종족왕 역시 로마제국 변경방어에 대한 흡족한 보상에 만족했다. 프랑크종족의 이런 만족감은 프랑크종족이 로마제국 사회에 동화하는 과정에서 표면화했다. 프랑크종족왕은 로마제국 사회에 동화하고 있었으나 로마제국 문화는 끊임없이 쇠퇴했다. 갈리아 속주의 로마제국 관리와 군대 지휘관은 모두 다른 로마제국 종족이었다. 로마제국 군대 지휘자 아브로가스트도 이미 로마제국 사회에 완전히 동화한 프랑크종족이었다. 로마제국이라는 상징물의 힘으로 로마제국 관리는 탄력 성향과 내구 성향을 유지하며 정치, 행정, 군대 분야에서 이동종족과 합의점을 찾아냈다. 이동종족에게 이런 로마제국 관행은 프랑크종족이 표준관습을 공유하며 아무런 마찰 없이 로마제국 행정 계승자가 될 것을 예시했다. 이런 로마제국 행정관행에 힘입어 프랑크종족왕은 다른 로마제국 종족의 예술과 영지관습 계승자가 되어 갈리아 주인공으로 성장했다.

476년 이후 이런 서부세계 권력동아리이동 상황에 대하여도 비잔티움제국 황제의 영향력은 전혀 미치지 못했다. 비잔티움제국 황제의 영향력이 서부세계에서 사라진 이후 프랑크종족왕은 갈리아에서 다른 로마제국 종족왕 위치를 대신했다. 프랑크종족왕은 로마제국의 갈리아 계승자가 되기 이전부터 이미 로마제국 원로원 귀족동아리, 영지 귀족동아리, 고위 성직자동아리 위치에 올라 있었다. 프랑크종족왕도 물론 로마제국의 권력동아리이동 상황, 즉 로마제국 와해과정을 파악했다. 프랑크종족왕은 이전부터 자기네가 로마제국 시민이라는 생각을 떨치지 않았다. 이런 프랑크종족왕은 순식간에 자기네를 다른 서부세계 로마제국 종족로 인식했다. 5세기 갈리아는 무인지경 상황이었다. 이런 갈리아 상황은 곧 서부세계 로마제국 속주경제에도 심각한 타격을 가했다. 게다가, 갈리아는 전염병이 만연하여 인명을 앗아갔고, 혹독한 가뭄으로 갈리아 사회는 극도의 공포 분위기였다. 질서관습 와해, 기아로 인한 고통, 약탈과 방화와 같은 파괴행위, 강도와 인신매매, 살인행위는 서부세계, 특히 갈리아를 폐허지대처럼 휩쓸고 있었다.

도시 문화는 고전시대 생활관습을 이끌어 갔으나 갈리아 남부로부터 생명력을 잃어가기 시작했다. 도시 거주자의 생활관습은 갈리아 남부 도시 니므, 나르본느, 아를르, 비엥 등에서부터 무너져갔다. 이 도시 거주자는 요충지 방어자인 유력자 보호 아래 들어가 있었고 도시 범위도 축소되었다. 갈리아 남부도시에는 천재에다 질병이라는 재앙까지 겹쳐 사망자는 급증했고, 도시 거주자의 생활수준 역시 낮아진 상황이었다. 심지어 사망자 무덤 돌보는 이도 없어졌다. 축제장소 신전 주변의 도시 가옥 주인도 모두 떠나고 텅 비워있었다. 결백을 권고하며 계도하던 신전 주변은 무인지경이었다. 도시는 당대인의 생활관습 발원지였으나 주인공이 떠난 이후 그 도시 주인공의 관행은 사라졌고, 도시 기념물도 무너져 버렸다. 5세기 이런 갈리아 도시 상황은 생활 질서의 위기 증폭에다 인구 감소로 이어지며 고전시대의 생명력을 잃어갔다. 암울한 갈리아 도시 상황은 도시 영역을 두터운 성곽 안으로 축소케 했다. 도시는 나지막한 성곽 출입문 몇 개를 통해 사람들이 드나드는 협소한 방어진지로 변모했다. 오툉과 니므 같은 갈리아 남부의 도시 사례도 도시 위축을 그대로 입증하고 있다. 도시 오툉은 황제 아우구스투스의 축성 당시보다 그 범위가 무려 1/20으로 줄었고, 도시 니므는 200ha에서 30ha로 줄었다. 도시와 농촌 마을의 생활관습도 구분할 수 없었다. 교회조직은 도시와 농촌 마을의 생활관습에 대한 표준관습이 사라진 이후 단일한 표준관습 발원지로 자리 잡았다. 교회조직 수장은 후기 고전시대 최고 도시 유력자로 등장했다. 교회조직 관리자인 주교는 행정과 사회조직 정점에 서 있던 도시 거주자의 보호자였다. 그러나 도시 쇠퇴 이후 교회조직 위축으로 주교 권위 역시 사라졌다. 교회조직 위축은 특히, 통거른, 쾰른, 마인츠, 보름스, 스파이어, 스트라스부르, 바젤 등과 같은 라인강 유역도시를 주교 없는 도시로 만들었다. 갈리아의 게르만어계 종족은 6~7세기 이후 크리스트교를 수용했다. 갈리아 거주자의 크리스트교 수용으로 세속인 사회 분위기도 달라졌다. 과거 로마제국 기능 상실은 세속인사회의 질서 와해로 이어져 문화이동까지 정지되었다.

갈리아 북부의 게르만어계 종족 정착지인 마스-모젤 델타와 인접했던 갈리아 북부 속주와 훈종족왕 오도아케르가 지배하던 도나우강 유역의 노리쿰과 래티아에서는 교회조직 배척운동으로 성직자 파직 사건까지 일어났다. 일부 성직자는 도나우강유역의 평야지대를 탈출하여 케른텐, 티롤, 그라우뷘덴, 프로방스 산간으로 피신하기도 했다. 이런 교회조직 배척운동은 메로베크 가문 프랑크종족왕시대에 유명한 주교 교회가 있던 베나스크에서도 입증되었다. 주교와 세속인은 공동으로 냉혹한 시대흐름을 체험하며 권력동아리 부재시대가 지나고 평화시대가 오기를 간절히 희망했다. 시아그리우스(464~486)는 평화를 유지해나가던 로마제국의 갈리아 군대 지휘자로서 아에기우스 아들이었다. 로마제국 관리인 시아그리우스는 프랑크종족왕의 군대에 대하여 권리를 주장하고 로마제국 속주에서 프랑크종족왕을 추방하기 위하여 최후 내란을 일으켜 모험까지 했으나 변경 속주의 게르만어계 종족왕처럼 게르만어계 종족를 지배할 수 없었다. 변경 속주 거주자도 한결같이 냉혹한 격변시대 종식, 평화와 질서 시대 회복을 갈망하며 국가와 질서 공백시대를 두려워했다. 국가와 질서관습 공백시대는 역사 기념비에서도 여러 가지 자취를 남겼다. 갈리아의 세속인은 무엇보다 강력한 군대를 가지고 자기네를 힘으로 보호해 줄 수 있는 지배자를 필요로 했다. 프랑크종족왕은 이런 당대 상황을 극복할 수 있던 세력이었다. 그러나 다른 로마제국 종족은 프랑크종족왕을 비정하고 흉악한 종족 수장으로 인식했다. 정통론자동아리 교회조직은 로마제국 사회 계승자였으나 당시까지 프랑크종족왕과 어떤 관계도 갖지 않았다. 프랑크종족왕, 부르군드종족왕, 서고트종족왕 모두는 여전히 아리우스계 이단자동아리를 고수했다. 알레만종족왕과 작센종족왕은 신앙도 없이 도둑단이나 해적동아리 수장으로 살아갔다. 게르만어계 종족의 로마제국 생활상황 때문에 프랑크종족왕은 다른 게르만어계 종족왕을 능가했다. 교회조직은 다른 게르만어계 로마제국 종족왕과 중재하며 교회조직 자체를 회복해 갔다. 갈리아 주교는 본래부터 로마제국시대 원로원 귀족동아리 혈족이었다. 다른 로마제국 종족 역시 이런 주교를 자기네 보호자로 인식했다.

갈리아 관구 주교는 도시 방어자 위치에서 다른 게르만어계 로마제국 종족왕에게 프랑크종족왕을 안내했다. 당시 주교는 갈리아 지도자로서 실제로 권력동아리 대행자 역할을 수행했다. 주교는 다른 로마제국 종족과 게르만어계 종족에게 표준관습을 제시하며 기존 관행을 운영했다. 주교는 사실상 로마제국 문화계승자로서 정치를 구상하며 법률을 운용했다. 주교는 로마제국 법률관습에 따라서 관례를 제시했다. 따라서 갈리아 주교는 새로운 프랑크종족에게도 과거 로마제국 문화전달자였다. 물론 주교는 다른 로마제국 종족의 관례와 예절까지 터득하고 있어 제도 운영자 재능을 두루 갖췄다. 갈리아 주교는 프랑크종족 포함한 다양한 게르만어계 이동종족와 긴밀하게 접촉하여 여러 종족를 풍부하게 체험했다. 주교는 게르만어계 종족왕, 특히 프랑크종족왕에 대하여 영향력을 행사했다. 주교는 행정과 치안을 유지하며 프랑크종족왕을 보호했다. 로마제국 주교의 권위와 명망은 프랑크종족왕을 포함한 이동종족의 종족왕과 장기간 접촉과정에서 점차 높아갔다. 교회조직은 무질서한 이동종족에 대해서도 본래 위치를 지키고 있었다. 교회조직은 어떤 시대든 국가 격변시대나 전환시대에도 용이하게 국가체제에 편승했다. 이런 교회조직 속성은 후기 고전시대 갈리아와 이탈리아에서 국가체제 대행자였기 때문에 예외가 아니었다. 그런데도 교회조직은 스스로가 권력동아리 주인공이 될 수 없었다. 당시까지 권력동아리 주인공은 등장하지 않았다. 이런 갈리아 상황에서 화폐유통은 위축되었고, 상품 가격의 등귀현상 또한 현저했다. 특히, 갈리아의 교회조직 재정도 어려웠다. 그런데도 교회조직은 국가 행정기능을 보조하고 도시 거주자 생계까지도 돌보았다. 이외에도 교회조직은 무너진 성곽을 복구하고, 새로운 성곽을 축조하여 도시를 방어했다. 도시 주교는 교회조직의 이런 국가 기능을 지휘하며 교회를 찾아온 프랑크종족을 다른 로마제국 종족에게 소개했다. 킬데리크나 크로도베크도 도시 주교의 이런 국가통치 기능을 도우며 다른 로마제국 종족사회에 접근했다. 이런 프랑크종족왕은 투르네, 콩브레, 렝, 아미엥, 파리와 같은 도시의 성곽복구 작업장에서 당시 로마제국 원로원가문 출신의 명망 높은 주교를 만났다.

당시 프랑크종족 생활수준은 궁핍했다. 프랑크종족은 풍성한 갈리아에 정착했으나 중세 세계에 가까운 권력동아리를 유지했다. 프랑크종족왕이 로마제국 영역에서 자기네 권력동아리를 유지하려면 유력자요, 명망가인 원로원 귀족가문 주교의 협력이 필요했을 것이다. 교회조직과 프랑크종족왕의 관심은 서로 달랐다. 그러나 이 양자는 갈리아 질서 정착을 위하여 함께 봉사했다. 국가 권력동아리의 부재 상황에서는 크리스트교동아리의 선교 기능도 없어졌다. 교회조직의 선교기능 상실 문제를 극복하기 위하여 교회조직은 생존방식으로 국가 권력동아리에 대한 버팀목을 자처했다. 교회조직은 종족왕의 권력동아리와 새로운 관계를 정립해야 했다. 이런 교회조직 의도는 유력자를 내세워 교회조직 중심의 새로운 결속력을 찾아내겠다는 취지였다. 로마제국 주교 입장에서는 교회조직과 권력동아리 유력자의 공존공생을 희망했다. 그러나 이런 공존공생의 가설이 교회조직 입장에서는 대단한 모험이었다. 그런데도 프랑크종족왕의 권력동아리는 이런 교회조직 가설을 실현하기 시작했다. 즉 프랑크종족왕의 권력동아리는 갈리아에 새로운 질서를 세우기 시작했다. 크리스트교는 또한 프랑크종족왕의 통치 이념으로 정착했다. 새로운 문화이동 물결은 프랑크종족왕 크로도베크를 서부세계 지배자 위치로 끌어올리기 시작했다.

3-2. 프란치아와 게르마니아 지배자

서부세계 지배자 크로도베크

크로도베크(482~511)는 메로베크 가문 프랑크종족왕의 권력동아리를 창건하여 프란치아와 게르마니아를 지배했다. 크로도베크는 아리우스계 이단자동아리와 타협하지 않고, 로마 정통론자동아리로 개종했다. 크로도베크는 로마제국시대 군대 지휘자로서 로마 정통론자동아리 세계를 익힌 다음 개종하여 종족왕이 되었다. 따라서 크로도베크의 개종은 게르만어계 종족왕이 후기 고전시대 로마제국 문화에 흡수되었다가 후기 고전시대 로마제국 문화 계승자요 크리스트교세계 대표자로 변모했다는 의미인 것이다. 즉, 크로도베크의 개종은 서부세계에서 크리스트교 역사의 출발점임과 동시에 후기 고전시대 종말이라는 점에서 전환시대인 것이다. 크로도베크는 로마제국 문화와 문명에 동화한 이동종족이었다. 크로도베크는 로마제국의 생활관습과 의례관습에 적합한 질서를 창출했다. 특히 크로도베크란 인물은 크리스트교의 옷을 입은 이교도인 것이다.

투르의 주교 그레고르(+593)는 『프랑크종족왕의 역사』에서 크로도베크의 영향력을 상세하게 기술했다. 주교 그레고르는 당대 갈리아의 원로원 가문인 아우베르뉴 가문 출신이자, 귀족동아리 출신의 주교였다. 그레고르의 『프랑크종족왕의 역사』는 프랑크종족왕의 권력동아리 창건 이후 처음으로 중세를 언급한 기념물이었다. 그레고르는 급격한 전환시대 인물 중에서도 거의 전형인 것이다. 특히, 그레고르는 메로베크 가문 프랑크종족왕의 권력동아리를 로마제국으로 파악했고, 자기를 비롯한 메로베크 가문 지배자까지 로마인이라는 착각에 빠져 있었다. 이런 『프랑종족왕의 역사』는 그레고르가 전환시대 인물임을 입증해주고 있다. 메로베크 가문시대의 표지는 프랑크종족과 로마인의 융합이며 지배자의 명칭에서 입증되고 있다. 한편 크로도베크를 '크로도베쿠스(Chlodovechus)', '흐루도비쿠스(Hludovicus)', 다시 '루드비히(Ludwig)'라고 지칭하는 지배자 명칭 변화에서도 나타나고 있다.

크로도베크는 466년경 투르네에서 태어났던 것으로 추정된다. 크로도베크는 482년 선친 킬데리크로부터 종족왕의 권력동아리와 교회조직을 승계했으나 혈통이나 언어관습에서 여전히 프랑크종족이었다. 프랑크종족왕 크로도베크의 권력동아리는 갈리아에서 중세 세계를 열어가기 시작했다. 즉, 크로도베크는 유럽역사 창시자요 중세 세계의 발원자인 것이다. 프랑크종족왕 크로도베크의 영지에서는 이제 로마인도, 게르만어계 종족도 아닌 새로운 유럽 종족이 발원하기 시작했다. 크로도베크는 선조의 종교와 도덕에 대하여 어떤 영향도 끼치지 않고, 기존 종교와 도덕을 유지했다. 프랑크종족의 생활관습과 의례관습은 다양한 기록문서에 등재되어, 음유시인의 시구를 타고 새로운 유럽 종족에게까지 전달되었다. 음유시인 시구는 특히 게르만어 생활관습과 라틴어관습을 이어주었다. 크로도베크는 동고트종족왕 테오데리크의 인척이었다. 크로도베크는 대담하고 냉철한 성품에다 지혜와 음흉한 기질을 겸비한 정치가였다. 크로도베크는 통일 영지를 방해했던 정적에게 철저하게 보복했다. 크로도베크는 정치보복 일환으로 자기의 정적을 음흉하게 암살하면서까지 정치 안정을 꾀했다. 크로도베크는 통거른의 종족왕 카라리크(+486~87)를 통일 영지를 방해했다고 해서 복수하려다 미수에 그친 적도 있다. 크로도베크는 종족왕 카라리크에 대한 정치보복이 탄로 날 것을 우려하여 카라리크를 수도자동아리 은신처의 골방에 감금하여 결국 죽게 만들었다. 크로도베크는 종족왕 카라리크 아들을 살해하면서까지 정치보복을 감행했다. 이외에도 크로도베크는 자진하여 포로가 됐던 콩브레의 종족왕 락나카리스(+486~87 이후)를 두개골을 쪼개어 죽이는 복수극을 벌였고, 구리사슬과 칼의 장식물을 황금이라고 속여 종족왕 락나카리스의 전사동아리를 매수하는 정치보복을 일삼았다. 크로도베크의 이런 기질은 개종으로 크리스트교동아리 일원이 되었다고 해서 천성까지 개조할 수 없었을 것이다. 크로도베크는 종족 감정과 기질을 로마제국시대 시민의 교양, 문화, 교육 등으로 씻어내지 못하고, 문화 충격에 시달리던 인물처럼 불안정한 정서를 드러냈다. 크로도베크는 정치보복과 같은 사건 때문에 요절했다. 이런 맥락에서 크로도베크에 대한 평가에서 개종도 중요한 의미를 지닐 수 없는 것이다.

크리스트 교회조직과 크로도베크

크로도베크는 오딘 신의 후예였으나 오딘 신을 포기하고 로마 정통론자동아리로 개종했다. 크로도베크의 개종을 가지고는 교회조직과 메로베크 가문 프랑크종족왕의 관계를 설명할 수 없다. 특히, 크로도베크의 개종에 대하여 과오 여부를 판단하기란 현재 게르만어계 중세학 연구자는 개종 자체에 아예 관심도 두지 않고 있다. 바로 여기서부터 게르만어계 종족왕의 개종이 후기 고전시대 지식수준을 저하했거나, 지식 자체를 종교동아리나 권력동아리의 정치수단으로 오염시켰을 것이다. 크로도베크는 우직할 정도로 튼튼한 심장과 냉철한 정열을 지녔던 인물임은 틀림없다. 크로도베크의 가슴속에서는 오딘 신과 크리스트라는 두 가지 신이 서로 교차하면서 박동 쳤을 것이다. 오딘 신과 크리스트가 크로도베크의 운명을 확정했을 것이다. 다시 오딘 신과 크리스트 중에서 어느 한쪽을 선택했을 것이다. 크로도베크의 이런 선택은 일상생활의 외부 분위기 때문이었을 것이다. 크로도베크의 이런 미래는 선친 킬데리크와 교회조직 관계에서도 입증되었다. 킬데리크는 쌩 쥬노베에바 교회에 드나들면서 주교 레미기우스와 가까워졌다. 크로도베크는 선친의 교회조직 관계 때문에 크리스트교 영향을 받았을 것이다. 한편 크로도베크의 개종 동기는 아마도 부인과 교회조직 관계에서 출발했을 것이다. 크로도베크는 부르군드종족왕의 공주인 크로데키르데(+544)와 혼인했다. 주교 레미기우스는 왕비 크로데키르데의 혼인을 주선했다. 크로도베크가 아리우스계 이단자동아리라고 해서 적개심을 품었던 부르군드종족왕 가문은 처가였고, 서고트종족왕과 동고트종족왕의 가문은 매제와 매형관계였다. 이와는 다르게 크로도베크는 부르군드종족왕 가문에 대하여 적개심을 품었고 서고트종족왕이나 동고트종족왕도 신뢰하지 않았다. 이런 게르만어계 종족왕에 대한 불신은 이 게르만어계 종족왕이 모두 아리우스계 이단자동아리였다는 점에서 출발했다. 특히 아리우스계 이단자동아리 자체는 게르만어계 프랑크종족왕 입장에서 이해관계 제공자였다. 물론 아리우스계 이단자동아리는 다른 로마제국 종족의 간섭을 받지 않았다. 또한 로마 정통론자동아리 교회조직은 프랑크종족왕에게 편승했다. 즉, 아리우스계 이단자동아리와 로마 정통론자동아리 교회조직은 프랑크종족왕에게 기득권을 넘겨주게 될까봐 내심으로 두려워했다. 게르만어계 프랑크종족왕은 로마 정통론자 교회조직과 아리우스계 이단자동아리를 결속하여 권력동아리 실세가 되겠다는 의도를 갖고 있었다.

게르만어계 종족의 조상숭배관습은 게르만어계 종족 의례관습이었다. 게르만어계 종족에게 크리스트는 신이 아니라, 인간 영웅이었다. 크리스트교 교회조직은 게르만어계 조상숭배관습에 합당하게 라틴어관습을 전달했다. 프랑크종족왕 크로도베크도 물론 오딘 신의 후예였다. 메로베크(Merovech)는 프랑크종족왕의 선조였다. 라틴어 '마레(mare)'는 바다를 지칭했다. 메로베크는 '마레'에서 발원한 해양신이었다. 메로베크 후예인 크로도베크는 자기의 개종을 정당화하기 위하여 메로베크 숭배관습을 자기의 추종자 앞에서 거행하기도 했다. 메로베크 숭배관습에 대한 종족왕의 이런 태도는 종족왕의 개종 이후 결과였을 것이다. 크로도베크의 부인은 크리스트라는 신을 지배자에게로 이동케 했다. 그러나 크로도베크는 자기 고유 신을 그대로 간직했다. 그러나 크로도베크에게 크리스트는 다른 신보다 중요한 위치를 차지했다. 크리스트라는 신은 자기에 대한 구원자요, 선택자라는 특정한 위치에다 자기를 올려놓았기 때문이었다. 크리스트의 이런 선택자 위치는 갈리아에 대한 정복전쟁 착수과정에서도 적중했다. 메로베크 가문 지배자는 갈리아에 대한 정복전쟁 수행과정에서 여러 게르만어계 종족 저항세력과 싸웠다. 이 저항세력은 매년 북부 해안지대에서 활동하던 부르군드종족왕, 서고트종족왕, 알레만종족왕, 작센종족왕 등이었다. 크로도베크는 이들 저항세력에 대해서도 일종의 선택자라는 인식을 간직했다. 크로도베크가 이 저항세력을 정벌하고, 기적에 가깝게 성공했던 것도 5~6세기 종족 구성원에게는 조상숭배라는 신앙이 가져다 준 증거였고 교회조직의 선택권 이행 증거였다. 갈리아에서는 메로베크 가문의 지배자가 이 저항세력을 물리치고, 이룩한 승리를 메로베크 가문 지배자에 대한 신의 구원 표지로 인식했고, 갈리아 중부와 남부의 여러 게르만어계 종족에게로 널리 퍼져나갔다. 신은 메로베크 가문 지배자를 구원했고, 그에 대한 신의 구원표지가 바로 크로도베크의 로마 정통론자 동아리 개종이었다는 것이다. 크로도베크의 개종은 미래에 나타날 중세 세계의 인간이 메로베크 가문 프랑크종족왕에게 복종하게 했던 출발점이었다. 크로도베크의 개종 미사는 갈리아 관구 렝에서 496년 12월 25일 주교 레미기우스의 집전으로 거행되었다. 크로도베크는 주교 레미기우스 앞에서 영세를 받고, 가공의 로마 정통론동아리 구성원으로 변신했다. 크로도베크는 도도한 시대흐름을 이미 간파했다. 크로도베크의 이런 발자취는 권력동아리이동으로 여러 게르만어계 종족왕의 욕구를 타협과 조화로 충족시키며 중세 세계의 출발점이라는 커다란 획을 그어주었다.

크로토베크의 왕국 창건

게르만어계 언어관습에서 '종족왕의 권력동아리'(regnum)는 종족왕의 영지관습을 지칭했다. 권력동아리 수장은 종족왕이었고, 영지관습은 종족왕의 권력동아리에 부속된 것으로 인식했다. 이런 맥락에서 종족왕의 권력동아리나 영지관습은 여전히 종족 한계를 탈피하지 못했다. 크로도베크가 창건했던 프랑크종족왕의 권력동아리 영향권은 현재 스위스에 위치한 쉘데강과 라인강 유역 이내의 지역이었다. 라인강 유역은 카롤루스 가문 프랑크종족왕시대 이후 처음으로 작센종족왕의 영지로 넘어갔다. 크로도베크의 관심거리는 어디까지나 게르만어계 종족였다. 크로도베크의 권력동아리 영향력은 작센종족왕 영지인 라인강 유역의 중부 도이취란트와 아우그스부르크를 중심으로 한 바이에른의 알프스까지 미쳤다. 크로도베크는 라인강 발원지를 포함한 현재 티롤로부터 라인강 하구 베네룩스 지역까지를 장악했다. 크로도베크는 자기를 위협하던 알레만종족왕을 현재 스위스의 베른에서 정벌했다. 크로도베크는 자기가 로마제국 수장이라는 환상에 사로잡혀 있었고 여타 게르만어계 종족왕과 마찬가지로 로마제국 환상을 실현하기 위하여 영지를 확장했다. 크로도베크의 영지 확장은 동고트종족왕 테오데리크 1세의 간섭으로 중단되었다. 당시 서고트종족왕 테오데리크 2세는 스페인 지배자였다. 크로도베크는 스페인을 정벌하려다 때 이른 과일 수확처럼 수포로 돌아갔다. 그러나 크로도베크는 자기의 종사동아리를 전면에 내세워 테오데리크 2세의 영지에 영향력을 행사했다. 크로도베크는 정복영지 분할에서도 로마제국시대 전쟁 법률을 적용하여 권력동아리 창건에 기여한 공훈 귀족에게 정복영지를 넘겨주었다. 이어서 크로도베크의 영지는 아모리카(Amorica = Bretagne)까지 확대되었다. 아모리카는 크로도베크의 선친 킬데리크 시대부터 이미 프랑크종족왕의 영향권에 들어와 있었다. 이후 크로도베크는 르와르강 유역 평원지대를 장악했다. 르와르강 유역의 평원지대에서는 로마제국 군대 지휘자 시아그리우스가 로마제국 황제에 반란을 일으켜 최후 로마제국 통치자로 행세하고 있던 터였다.

당시 크로도베크는 어린 나이였으나 영지 확장과 함께 알프스 산간의 유라로 진출하기 위하여 권력동아리 은신처까지 투르네에서 스와송으로, 마침내는 파리에서 정착하여 확고한 권력동아리를 구축했다. 크로도베크의 권력동아리는 종족왕관습에서 발원했다. 크로도베크의 이런 종족왕관습은 크리스트교세계였던 갈리아의 로마제국시대 영지를 비롯하여 아리우스계 이단자동아리인 부르군드종족왕과 알레만종족왕을 정벌하면서 더욱 확산되었다. 종족왕관습이동 과정에서 로마 정통론자동아리를 이끌고 있던 로마제국 주교의 후원은 중요한 위치를 차지했다. 부르군드종족인 비엥의 주교 아비투스(대략 490~518)같은 인물도 크로도베크를 후원했다는 사실에서 나타나듯이 이는 곧 종족왕관습의 확산에 영향을 미쳤다는 점을 시사하고 있다. 크로도베크는 부르군드종족왕 군도바르와 형제 반목을 전쟁이 아닌 화해로서 조정하고, 군도바드 가문과 혼인했다. 부르군드종족왕 가문과 혼인으로 어느 정도의 관계를 정상화한 다음, 크로도베크는 서고트종족왕에 대한 정벌전쟁에 나섰다. 크로도베크는 507년에 부와레 전투에서 서고트종족왕 아라리크 2세를 제압하여 정벌하는데 성공했다. 이로써 프랑크종족왕 크로도베크는 프랑스 남부까지를 차지하여, 소위 아퀴텐느를 프랑크종족왕의 영지로 편입했다. 서고트종족왕은 크로도베크와의 전쟁에 패하여 스페인으로 쫓겨 갔다. 크로도베크의 정복전쟁은 프랑크종족왕의 영지를 프랑스 남부로 확장함은 물론, 서부 유럽세계의 지역 구조를 변화시켰다.

프란치아와 프랑크종족 중심의 질서

프란치아는 프랑크종족왕의 질서영역이었다. 크로도베크는 주변 게르만어계 종족왕의 영지 일부와 로마제국 영지 일부를 정복했다. 크로도베크의 정복영지인 갈리아로부터 프랑크종족왕의 지배영지인 프란치아는 발원했다. 갈리아의 프랑크종족왕과 다른 로마제국 종족왕의 관계는 전례 없이 원활했다. 다른 로마제국 종족왕과 게르만어계 종족왕의 이런 관계 정립은 갈리아의 법률관습 절차에 따라서 종족왕의 권력동아리 출현을 가능하게 만들었다. 물론 프랑크종족왕의 권력동아리는 갈리아의 법률관습 절차에 따라서 정당함을 부여받아 더욱 강화되어 갔다. 프랑크종족왕의 권력동아리 강화는 곧 프랑크종족 개종을 활성화하며 불신 장벽까지 허물었다. 로마제국 종족왕과 게르만어계 종족왕 사이를 가로막고 있던 불신 장벽이 사라짐으로써 크로도베크는 부르군드종족왕과 서고트종족왕 영지에 거주하던 다른 로마제국 종족에게는 해방자로 등장했다. 특히, 로마제국 주교는 크로도베크를 크리스트교세계와 교회조직 방어자로 인식했다. 이제 브리타니아, 스페인, 이탈리아에 정착했던 게르만어계 종족도 크로도베크를 정복자가 아니라 로마제국 후계자로 인식했다. 프랑크종족은 소수였지만 지배종족 위치에서 로마제국 후계자로 변모하여 피 정복종족 대다수와 혼합을 회피했다. 프랑크종족왕은 별다른 마찰 없이 행정조직, 군대조직, 교회조직까지 장악했다. 프랑크종족왕의 영향력은 어떤 근거도 없던 불모지에서 발원했고 프랑크 종족왕의 영향력에 대하여 아무런 반대자도 나타나지 않았다. 다양한 게르만어계 갈리아 종족는 프랑크종족왕을 중심으로 더욱 결속하기 시작했다. 크로도베크의 권력동아리는 기존 권력동아리와 전혀 달랐다. 프랑크종족왕의 권력동아리는 프랑크종족왕 크로도베크를 정점에 앉히고 갈리아의 여러 로마제국 종족 라틴어관습과 프랑크종족의 생활관습, 로마 정통론자동아리 교회조직에서 발원한 새로운 문화를 창출하기 시작했다. 이제 로마제국 황제도 사라졌다. 로마제국 귀족동아리와 주교는 갈리아의 분할 속주인 벨기카의 수장 크로도베크로부터 동맹자와 지휘자 모습을 찾아내기 시작했다. 물론 갈리아의 여러 기존 로마제국 종족는 로마제국시대 법률관습 골격인 라틴어관습을 여전히 유지했다. 게르만어계 종족왕은 통치관습 일환으로 조세를 거두어들였다.

여러 로마제국 종족과 게르만어계 종족은 초기부터 서로 혼합했다. 크로도베크는 선친처럼 종족왕의 법률을 유지했다. 갈리아의 여러 로마제국 종족은 프랑크종족왕의 영지에서도 노예로 전락하지 않고 기존 생업과 지위를 그대로 유지했다. 즉, 노예는 다른 로마제국 종족의 생활관습에 따라서 노예 지위를 유지했다. 소작인은 다른 로마제국 종족왕의 영지관습에 따라서 소작인 지위로 남아 있었다. 자유민은 로마제국시대 법률관습의 지위를 유지했다. 프랑크종족왕의 권력동아리는 로마제국 황제의 갈리아 영지를 약탈했고, 로마제국 황제의 전쟁 법률을 적용하여 로마제국의 금화, 현물 자산, 노예 등을 압류했다. 그러나 프랑크종족왕의 권력동아리가 전쟁 법률을 별도로 제정했던 것은 아니었다. 프랑크종족왕의 권력동아리가 갈리아를 지배했으나 로마제국시대 재산관습과 재산이동관습은 라틴어 계약문서와 함께 그대로 존속했다. 프랑크종족왕은 정복자로서 갈리아의 교회조직이나 개인 영지를 전리품으로 압류하지 않았다. 과거 로마제국 귀족동아리와 교회조직도 정복자와 관계없이 영지관습을 그대로 유지했다. 그리고 프랑크 종족왕의 권력동아리는 정복자 법률에 근거하여 갈리아 로마제국 종족에서 영주 지위를 차지했다. 프랑크종족왕의 귀족동아리는 혈족 대표자로 구성되었으나 로마제국시대 원로원 출신 귀족동아리를 적대시했다. 이처럼 프랑크종족왕의 귀족동아리는 고립을 자초했다. 메로베크 가문 프랑크종족왕의 귀족동아리는 크로도베크를 정점에 앉히고 공훈에 따라서 역할을 부여받아 서열관습을 확정했다.

귀족동아리는 권력동아리 창건에 대한 공훈을 우선으로 인정했다. 귀족동아리는 권력동아리에서 역할과 혈통 순서로 추천을 통하여 가입하는 형식으로 권력동아리에 참여했다. 메로베크 가문 프랑크종족왕의 귀족동아리는 다양한 게르만어계 종족왕을 중세 세계의 인간으로 결속했다. 메로베크 가문 프랑크종족왕의 귀족동아리는 다른 로마제국 종족왕을 비롯한 다양한 종족 대표로 구성되었다. 특히, 메로베크 가문 프랑크종족왕의 귀족동아리는 과거 로마제국시대 귀족 몰락을 외면하지 않았다. 갈리아의 로마제국시대 종족왕과 프랑크종족왕 사이에는 외형상 어떤 예속관습도 존속하지 않았다. 다만 여러 다른 로마제국시대 종족왕과 프랑크종족왕의 대표자가 프랑크종족왕이였을 뿐이다. 다른 로마제국 종족과 프랑크종족은 서로 메로베크 가문 프랑크종족왕을 존경하며 고유한 생활관습과 법률관습을 그대로 유지했다. 그러나 여타 게르만어계 종족왕은 메로베크 가문 지배자에게 적개심을 품고 있었다. 메로베크 가문 시대 개막 이후 갈리아의 로마계 종족과 다양한 게르만어계 종족의 생활수준이 거의 평준화한데다 프랑크종족이 지배종족의 위치를 차지했다고 해서 다른 로마제국시대 종족왕에 대하여 무장 해제를 강요하지도 않았다. 갈리아 도시에서 로마제국시대 종족왕은 기존 군대조직까지 그대로 유지했다. 메로베크 가문 프랑크종족왕시대의 갈리아 사회는 새로운 인간동아리 발원지로서 거대한 실험장이었다. 크로도베크의 개종은 다른 로마제국 종족와 프랑크종족왕을 결속하는 계기였고, 현대인 시각으로도 이념 창출의 출발점으로 인식되기에 충분한 여건을 갖췄다. 크로도베크의 개종은 다른 로마제국 종족왕과 프랑크종족을 비롯하여 다양한 게르만어계 종족왕까지 결속했다. 이런 맥락에서 크로도베크의 개종은 권력동아리 질서 발원지였다. 따라서 메로베크 가문 프랑크종족왕의 권력동아리의 출현은 크로도베크의 개종으로 명실 공히 중세 세계의 출발점이 되었다.

비잔티움제국과 크로토베크의 '왕국'

메로베크 가문 프랑크종족왕인 크로도베크는 비잔티움제국 황제와도 서로 협력관계를 견지했다. 당시 비잔티움제국 황제는 아나스타시오스(491~518)였다. 황제 아나스타시오스는 프랑크종족왕 크로도베크에게 비잔티움제국 총독 칭호를 부여했다고 주교 그레고르는 언급하고 있다. 크로도베크는 도시 투르의 쌩 마르텡 성당에 비잔티움제국 관리 관복인 자주색 외투를 걸치고 성당 앞줄 좌석에 앉아 있었다는 것이다. 그리고 크로도베크는 그 성당에 모인 사람들이 말을 탄 자기 모습을 보기 위하여 모여들자, 그 사람들을 향하여 동전을 던져 주었으며, 그 쌩 마르텡 성당에서 말을 타고 파리까지 와서 496년 파리 종족왕 영지에다 예배당을 지었다는 것이다. 크로도베크는 그 예배당에다 종족왕 기도실을 설치하여 비잔티움제국 황제가 콘스탄티노플의 황제 교회에서 받던 예우처럼 제국 황제 모습을 본뜨고 있었다. 비잔티움제국 황제는 물론 프랑크종족왕을 로마제제국 총독으로 예우했다. 그 이면에는 프랑크종족왕을 서고트종족왕의 정복자로 인식했기 때문이었을 것이다. 비잔티움제국 황제가 크로도베크를 메로베크 가문 프랑크종족왕이라 지칭했다는 것은 프랑크종족왕과 비잔티움제국 관계가 당시 권력동아리이동 상황 영향으로 단절되지 않고, 유지되었다는 증거인 것이다. 프랑크종족왕과 비잔티움제국의 이런 관계는 당시 여러 지역 정치상황, 즉 비잔티움제국과 적대관계였던 동고트종족왕을 프랑크종족왕과 공동으로 견제하기 위한 비잔티움제국의 화해 조처였을 것이다. 동고트종족왕 테오데리크 1세의 전사동아리는 비잔티움제국을 위협했고, 서고트종족왕도 프랑크종족왕을 더욱 불안케 했다. 프랑크종족왕과 비잔티움제국의 이런 관계는 종교동아리와 권력동아리의 공동 관심사였다. 당시 비잔티움제국에서는 단성론이 황제 아나스타시오스 1세에 도전하여 복잡한 종교동아리이동 상황에 직면했고, 프랑크종족왕 영지에서는 부르군드종족왕과 고트종족왕의 아리우스계 이단자동아리가 로마 정동론자동아리 교회조직에 도전하여 종교동아리이동 상황을 거치던 과정이었다. 이런 서부세계 권력동아리이동 상황에서도 프랑크종족왕은 비잔티움제국 집정관 칭호를 사용했다.

프랑크종족왕 크로도베크는 자기의 권력동아리가 혈족 신의 칼에서 발원했다는 신화를 교리처럼 믿었다. 프랑크종족왕은 비잔티움제국 집정관이라는 표지를 활용하여 프랑크종족 뿐만 아니라, 갈리아의 다른 로마제국 종족왕에게도 앞으로 도래할 중세 세계의 새로운 권력동아리 수장 직에 오른 것을 알리고 있었다. 특히 아마 비잔티움제국이 프랑크종족왕에게 중세 세계의 새로운 권력동아리 수장 직에 오르는 방법을 가르쳐주었을 것이다. 프랑크종족왕은 서부세계에서 로마제국 황제가 사라졌음에도 여전히 로마제국 존속을 믿고 있었다. 이것은 476년 이전까지 프랑크종족왕이 직접 자기가 로마인이라 지칭했던 사실에서도 나타나고 있다. 물론 당시까지만 하더라도 두 황제가 로마제국을 통치했으나 로마제국은 하나의 제국이었다. 즉 하나의 로마제국은 두 체제를 유지했다. 특히 이 두 체제를 지니면서 로마제국의 동질 성향은 허물어져 갔다. 비잔티움제국 황제는 로마제국의 새로운 수도인 콘스탄티노플에서 과거 로마에서처럼 크리스트교동아리 수장의 역할을 담당했다. 비잔티움제국 황제는 최고 사제장 지위를 교회조직에 대하여 요구했다. 서부세계의 프랑크종족왕은 비잔티움제국 황제의 추천을 받아서 황제위에 즉위하는 것을 관행으로 인식했다. 그러나 476년 이후 서부세계 로마제국 황제는 비잔티움세계에서만 존속했다. 서부세계에서는 황제관습이 점차 쇠퇴했다. 그런데도 로마제국은 로마 법률상에서 엄연히 생활관습 통일체로서 존속했다. 서부세계에서 로마제국관습은 문화 발원지로서 정착했다. 제국관습은 어떤 측면에서 파악하든 비잔티움세계의 우월함에서 발원했다. 특히 서부세계의 주교와 교직자는 잠깐 동안이라도 서부세계를 로마제국 문화영역으로 착각하여, 통치체제 자체가 서부세계에서 사라졌다고 판단했다. 서부세계의 성직자와 교직자는 로마제국이 사라진 이후 신이 재림하여 과거 로마제국을 부활해줄 것이라는 기대감을 지니고 신의 재림과 제국 부활을 일치시켜 선전했다.

크로도베크는 프랑크종족 대표자였다. 교회조직도 크로도베크를 종족 대표자로 인정하고 크로도베크를 신이 지상에 내려 보낸 구세주로 선택했다. 주교 레미기우스는 신이 크로도베크를 지상에 내려 보냈기 때문에 크로도베크가 여러 게르만어계 종족을 통치하는 지배자가 되었다고 칭송했다. 주교 레미기우스의 이런 언급은 서부세계에서 황제관습이 여전히 존속했다는 것을 반증했다. 주교와 교직자는 교회에서 신의 대행자가 나타나 제국을 부활해줄 것이라고 선전했다. 한편으로 새로운 황제가 나타나야 한다는 것을 서서히 느끼기 시작했다. 메로베크 가문의 프랑크종족왕 크로도베크는 신의 혈족임을 자처하면서, 자기 종족에서 신이 지상에 내려 보낸 제국 부활자 위치에 올랐다. 따라서 크로도베크는 신의 '선택자' 종족왕으로 변모했다. 서부세계에서 로마제국 부활을 꿈꾸던 고위 성직자도 개종을 통하여 신의 선택자가 된 크로도베크를 로마 정통론자동아리 선교활동에 활용했다. 당시 프랑크종족왕의 권력동아리는 다른 로마제국시대 종족왕을 비롯한 다양한 게르만어계 종족왕 단위로 구성되었다. 그런데도 프랑크종족왕은 로마 정통론자동아리 선교활동과 함께 새로운 지배자 위치를 구축했다. 프랑크종족왕은 교회조직의 다른 로마제국시대 종족왕을 권력동아리 영역에 끌어들여 과거 로마제국 계승자 위치에 우뚝 섰다. 이후 과거 로마제국 부활은 갈리아 지역민의 꿈이었다. 즉, 프랑크종족왕은 갈리아 지역민의 이런 꿈을 실현하는 대행자였다. 프랑크종족왕은 로마제국의 갈리아 계승자, 신의 구원자, 지배종족 수장 위치를 확고하게 차지했다.

프랑크왕국의 통치체제와 질서

메로베크 가문 프랑크종족왕은 기존 질서관습의 와해 이후 발원하여 새로운 질서 생성시대 세계, 즉, 전환시대를 헤쳐 갔다. 메로베크 가문 프랑크종족왕시대 세계의 사회를 도덕상을 내세워 평가한다면, 퇴폐풍조와 부패상이 극에 달했던 야만인 시대로 평가할 수도 있다. 현대 도덕상이라는 고정의식을 특히, 방대한 로마제국 황제의 권력동아리에 결부하여 메로베크 가문 프랑크종족왕을 바라본다면, 실제 전환시대 체험자인 당대인 생활을 이면에 덮어두고 메로베크 가문 프랑크종족왕 시대를 '암흑시대'라고 평가할 가능성도 있다. 지금까지도 프랑크종족왕시대 권력동아리이동 상황을 정확하게 인식하지 못하고, 과거 세계질서 구축자가 로마제국이라는 유럽세계 인간 시각에서 평가하면 프랑크종족왕시대 사회상은 과거 세계질서 무덤과 같았을 것이다. 특히 로마제국 황제 권력동아리와 그 사회의 사라짐과 함께 보이지 않는 기존 질서의 사라짐이라는 운명을 받아들이고, 새로운 질서가 발원하여 사회를 결속하기 시작했다는 시각에서 프랑크종족왕시대 사회상을 바라보면 프랑크종족왕시대 사회상은 새로운 질서가 과거세계 무덤으로부터 나오든 기존 질서 변질에서 나오든 분명히 앞으로 중세 세계를 지탱해 나갈 새로운 질서 발원시대 모습인 것이다. 프랑크종족왕은 새로운 주변 환경에 적응하며 크고 작은 혈족동아리를 수장 단위로 조직하고, 마침내는 전쟁으로 이어졌던 이동시대를 극복했다. 프랑크종족왕은 수장의 종사동아리를 새로운 생활관습과 라틴어관습에서 발원한 유럽관습에 적응했다. 프랑크종족왕이 중세 세계에 정착한 이후 로마제국시대 생활관습은 자연히 쇠퇴했다. 그런데도 로마제국관습은 중세 세계의 질서 발원지였다. 특히, 로마제국관습은 프랑크종족왕의 질서에 대하여 보조 자료 제공자였으며 문화 발원지였다.

프랑크종족왕관습과 크리스트교의 세계관습은 신이라는 존재관습과 함께 상징물을 활용하여 원활하게 전달되었다. 상징물은 인간 동아리 발원지요 권력동아리 발원지였다. 따라서 프랑크종족왕관습은 개인의 업적, 즉 신의 존재관습이라는 외피를 걸친 영지소유관습에서 발원하여 혈족동아리와 신앙을 결합하여 정착했다. 게르만어계 종족왕은 종족와 혈족동아리 수장으로서 신의 구원 대행자였다. 이런 종족 수장 종족왕은 물론 로마제국 황제를 대신했고, 바로 교회조직에서는 신이 로마제국 황제 대신자로서 게르만어계 종족왕을 선택했다고 선전했다. 이런 게르만어계 프랑크종족왕은 4세기 이후 권력동아리 대표자 위치에 올라 다른 로마제국 종족왕까지 대표했다. 크로도베크는 프랑크종족왕으로서 선택된 대표자 혈통이라는 명분으로 세습했으나 귀족동아리 참여를 거부하지 않았다. 프랑크종족왕은 로마제국 황제의 권력동아리를 귀족과 공동으로 세습했다. 프랑크종족왕의 이런 로마제국 황제 권력동아리 세습은 귀족동아리가 프랑크종족왕을 방패 위에 올려놓고, 수장 왕이라고 헹가래를 치면서 추천하는 의례관습에서도 입증되었다. 종족왕의 권력동아리와 귀족은 공동 운명체였다. 귀족동아리는 프랑크종족왕의 혈족 귀족과 공훈 귀족으로 구분되었다. 이 두 부류 귀족은 권력동아리 담당세력이요 프랑크종족왕의 권력동아리 발원지였으나 세력과 영향력 때문에 분열되는 경우도 나타났다. 심한 귀족동아리 분열 때문에 프랑크종족왕의 권력동아리는 약화되고 오히려 귀족동아리 세력과 영향력은 오히려 커졌다. 프랑크종족은 종족왕의 지위를 종족신 오딘으로부터 부여받았다고 해서 종족왕의 권력동아리까지도 선조로부터 상속받은 일종의 소유관습으로 받아들였다. 이런 프랑크종족왕관습은 중세 세계의 국가를 존속시키는 질서관습에 포함되어 있었다. 이런 질서관습은 중세 세계의 국가를 유지하며 종족이동시대 재산이동관습으로부터 유입되어, 혈족관습, 소유관습, 종사관습, 인신 예속관습, 보호관습, 교회조직 지배관습 등에까지 파급되었다. 물론 이런 질서관습은 신으로부터 물려받은 가문과 혈족의 가부장관습에서 발원했다. 종족왕에 대한 신의 구원관습도 가부장의 보호관습으로서 일정한 서열관습과 혈족의 서열관습에 따라서 임무 수행을 유지했다. 특히 혈족의 가부장관습은 절대자 권한과 심지어 재판관습까지 행사했다. 프랑크종족왕관습 사례처럼 혈족동아리관습에서 로마라는 국가 역시 발원했고, 모든 인도-게르만어계 국가도 발원했을 것이다. 프랑크종족왕의 권력동아리는 영지관습에서 발원했다. 영지관습이 프랑크종족왕의 권력동아리 발원지가 되었던 것은 중세 세계의 생활관습을 포함한 기본 권력동아리 생성모형이었다. 특히 영지관습은 18세기까지 유럽세계에서 영지 거주자의 인신지배관습으로 이용되었다.

프랑크종족왕은 방대한 영지에다 다수 예속민을 거느린 수장이었다. 귀족도 종족왕의 영지관습에서 발원했다. 귀족은 주로 공훈 귀족과 종사 귀족이었다. 종족왕의 종사로서 귀족은 교회조직이나 수도자동아리, 교구나 수녀동아리에다 방대한 영지를 기증했다. 귀족은 물론 영지를 기반으로 종족왕과 세력경쟁을 벌였다. 종족왕과 귀족은 개간과 이주를 통하여 영지를 확장했다. 교회조직도 자기네 영지에 예속민을 이주시키면서 주변지역을 개간했다. 종족왕, 귀족, 교회조직은 변경에다 개간과 이주로 영지를 확장하거나 사람의 발길이 닿지 않았거나, 거주자가 떠나버린 갈리아에 식민형식으로 영지를 확장했다. 종족왕, 귀족, 교회조직의 영지 확장 과정에서 게르만어계 종족은 로마제국 계약관습과 라틴어관습에 동화했다. 즉, 다른 로마제국 종족의 계약관습과 게르만어계 종족의 생활관습 혼합은 영지소유관습에서 발원했다. 종족왕, 귀족, 교회조직의 영지 확장과정에서 로마제국 조세관습은 현저하게 효력을 상실했다. 그런데도 로마제국의 인두세와 영지세 관습은 로마제국 말기의 영향력을 이집트와 갈리아에서 그대로 유지했다. 프랑크종족왕 역시 로마제국시대의 인두세와 영지세를 거둬들였다. 이런 맥락에서 프랑크종족왕은 영지 예속자 영주였다. 프랑크종족왕의 영주 지위는 주조 화폐로 표지된 살해와 상해에 대한 벌금, 즉 프랑크종족왕 법률의 살인 배상금에서도 입증되고 있다. 프랑크종족왕 법률의 이런 살인 배상금관습은 로마제국시대 법률관습에서 발원했다. 그러나 금화는 주조되지 않았다. 추측컨대, 메로베크 가문시대 금화는 무게 단위로 계산되어 유통되었을 것이다. 메로베크 가문시대 생활관습을 금화 유통기준으로 평가하면, 순수한 자연 경제가 아직도 정착하지 않았다는 것을 반영했다. 메로베크 가문시대에 이르러 고전시대 유통, 거래, 생산 양식인 화폐 경제 속성은 여전히 단절되지 않았으나, 소멸단계였다.

게르만어계 프랑크종족왕은 전사동아리 수장이었다. 게르만어계 종족왕은 종사동아리와 함께 전리품을 획득하기 위하여 새로운 정착지를 찾아갔다. 게르만어계 프랑크종족왕과 종사동아리는 호혜관습을 유지했다. 프랑크종족왕은 종사동아리를 거느리고, 종족왕의 종사는 예속민을 보호했다. 종족왕 영지 예속민에 대한 종족왕 종사의 보호관습은 로마제국 황제영지의 법률관습에서 발원하여 게르만어계 종족왕에게로 이동했다. 이런 로마제국시대 영지관습에서는 영주가 영지를 대여하고, 영지 경작자를 보호하는 관습을 포함했다. 영지를 대여함으로써 성립됐던 로마시대 법률의 보호관습이 게르만어계 종족왕의 종사동아리로 이동하면서 종사관습은 발원했다. 프랑크종족왕의 권력동아리 골격은 종사관습이었고, 이 종사관습에서 봉건관습은 발원했다. 따라서 보호관습과 종사관습은 프랑크종족왕의 권력동아리에서 분리할 수 없는 것이다. 종사관습은 수장왕, 수장왕의 종사, 수장왕의 예속민이라는 세 가지 인신지배관습과 로마제국시대 황제영지의 법률관습과 결합한데다 종족왕의 예속민과 정착민이 섞이면서 발원했다. 즉, 종사관습은 로마제국 황제영지의 법률관습과 게르만어계 종족왕의 종사관습이 혼합하면서 종족왕의 법률 제도로 정착했다. 이런 종사관습은 후기에 영지관습에서 발원한 영주와 가신의 주종관습으로 발전했다. 영주와 가신의 주종관습은 또한 피라미드형 종사관습으로 자리 잡았다. 종사관습은 크리스트교의 복종관습과 일치했다. 크리스트교의 복종관습은 로마제국시대 법률의 보호관습과 게르만어계 종족왕의 종사관습과 결합했다. 로마제국시대 법률의 보호관습과 크리스트교의 복종관습은 봉사관습과 서열관습 발원지였다. 또한 게르만어계 종족왕의 종사관습은 크리스트교의 복종관습과 결합한 다음 호혜관습과 충성관습을 발원케 했다. 프랑크종족왕의 권력동아리에서 봉건관습은 크리스트교의 복종관습과 로마인 법률의 보호관습 영향으로 게르만어계 종족왕의 종사관습을 기본 틀로 정착했다.

크리스트교의 복종관습은 로마제국시대 법률의 보호관습을 변질케 했다. 즉, 크리스트교의 복종관습은 봉사관습과 서열관습, 즉 관직관습으로 발전했다. 다시 호혜관습과 충성관습은 게르만어계 종족왕의 종사관습에서 발원했다. 특히 봉사관습과 서열관습, 호혜관습과 충성관습은 크리스트교동아리의 복종관습 영향으로 게르만어계 종족왕의 종사관습을 보완했다. 중세 세계의 질서관습으로서 봉건관습 역시 프랑크종족왕의 권력동아리이동 영향으로 영지관습과 결합했다. 한편 크리스트교의 봉사관습과 서열관습, 호혜관습과 충성관습은 프랑크종족왕이 권력동아리를 유지하는 수단이었다. 바로 여기서 프랑크종족왕의 권력동아리는 일종의 균형을 창출하여 장차 나타날 유럽 인간을 만들어내며 중세 세계의 인간 동아리 연합체를 조직하기 시작했다. 크리스트교동아리의 법률관습은 생명체와 같은 다양한 생활관습과 라틴어 계약관습을 봉건관습의 외피와 내피로 축적하기 시작했다. 특히, 13세기 이후 성문 법률의 상징물은 크리스트교의 이런 법률관습에서 발원하여 국가라는 거대한 인간 동아리 연합체에서 표준관습 발원지로 정착했다. 성문 법률의 상징물은 국가에 대한 권리와 의무를 구분하여 충성관습과 호혜관습, 관직관습과 봉사관습을 자유와 평등, 결속과 협력의 표준관습으로 제시한 다음 근대 국가의 중산층 관료제는 발전했다. 종족왕의 종사동아리는 눈앞의 이익이나 다량의 전리품 획득에 급급하지 않았다. 종족왕은 종사동아리 수장으로서 종사를 부양하고 종사에게 정복영지와 전리품을 공동으로 분배했다.

종사동아리 수장이 정복이나 개간에 착수하여 수행하려면 수장은 당연히 위험이 따르는 모험을 무릅써야 했다. 여기서 종사동아리 구성원은 수장에 대하여 충성관습을, 수장은 종사에 대하여 보호관습을 유지했다. 수장과 종사의 이런 호혜관습은 게르만어계 종족왕의 정복영지 확장과 함께 크리스트교의 복종관습에서 발원한 게르만어계 종족과 켈트종족의 생활관습을 수용한 것이었다. 종족왕의 권력동아리도 크리스트교의 복종관습 영향으로 영지를 분할했다. 메로베크 가문 프랑크종족왕의 권력동아리도 일정한 통치규격을 갖추지 못했다. 메로베크 가문 프랑크종족왕 크로도베그의 권력동아리는 프랑크종족의 생활관습을 유지했다. 즉, 크로도베크의 권력동아리 수장은 프랑크종족왕이었다. 따라서 영지 분할 과정에서는 영지 특징인 언어관습, 종교동아리 조직인 교회조직 등을 전혀 고려하지 않고 분할상속관습을 적용했다. 물론 이런 권력동아리 분할상속관습은 무질서했으나 종족 수장으로서 종족왕위 상속자의 이런 분할상속관습이 물론 영원히 존속하지는 않았다.

분할영지 통치자는 한치 양보도 없이 지루하게 전쟁을 계속했다. 분할영지는 서로 독립을 유지했다. 따라서 분할영지는 서로 다른 영지나 다름없었다. 분할영지 종족왕은 상대자 종족왕의 권력동아리를 피하여 인접 영지로 피신하는 사례도 발생했다. 이런 맥락에서 영지로서 지방단위 문화는 종족왕의 영지 분할상속관습에서 발원하여 분할영지 통치자와 함께 정착했다. 이런 영지로서 지방단위 문화는 오히려 종족왕의 권력동아리 쇠퇴나 약화 요인이 되기도 했다. 특히, 분할영지 통치자는 지방 사람이나 지역 사람의 대표자로서 영지 생활관습과 조화를 이루도록 조정하며 안정을 추구하다가 점차 자치를 추구하기도 했다. 특히 지역 사람과 지방 사람의 생활관습은 분할영지 경계로부터 물자유통의 단절과 표준관습 분리를 일삼아 협소한 자치관습이 되기도 했다. 한편 분할영지의 생활관습 폐쇄화와 지리관습 단절로 협소한 시각을 갖게 되어 결국 이주는 중단되고, 지방 사람의 생활관습을 표준으로 갖게 되는 사례도 있었다. 메로베크 가문 프랑크종족왕의 영지는 우선 종족왕이 감당할 수 없을 정도로 급속하게 확장되어 권력동아리이동 방향조차 파악할 수 없었다. 프랑크종족왕은 중세 수준의 권력동아리를 게르만어 계약관습으로 조직하여 로마제국시대 행정조직 잔재와 타협해야 했다. 따라서 프랑크종족왕은 과거 로마제국시대 행정조직 잔재인 영지 분할상속관습과 속주관습으로 게르만어계 종족와 다른 로마제국시대 종족를 결속해야 했다. 특히 종족의 이런 결속과정에서 게르만어계 종족은 로마제국시대 종족에 비하여 우월한 모습으로 변모했다. 게르만어계 생활언어관습은 로마제국시대 종족에 파급되어 혼합 언어관습을 갖게 되었다. 갈리아의 이런 혼합 언어관습은 이미 정착한 로마제국관습을 확산하는 한편, 보편주의관습을 갖게 했다. 갈리아의 혼합 언어관습은 틀림없이 이전부터 높은 수준의 수도자 학문동아리 교육과 문화이동에서 발원했다. 갈리아의 혼합 언어관습은 실제로 라틴어 계약문서와 게르만어 계약관습의 혼합에서 발원했다. 크로도베크의 권력동아리와 영지는 네 후손에게 로마제국시대 법률의 분할상속관습과 게르만어계 재산이동관습에 따라서 승계되었다. 이 네 상속자는 테우데리크(511~533), 크로도메르(511~524), 킬데베르트(511~558), 크로타르 1세(511~561) 등이었다. 영지 아퀴텐느는 크로도베크가 서고트종족왕을 몰아내고 차지했던 영지여서인지 특이하게 분할되었다. 테우데리크의 분할 영지는 현재 파리 영지였다. 둘째 아들 크로도메르는 스와송 영지, 셋째 아들 킬데베르트는 오르레앙 영지, 막내아들 크로타르는 렝 영지를 분할했다. 네 종족왕의 분할영지는 북부 영지, 즉 쎄느강과 라인강 이내의 영지에서 어려움에 직면했다. 이 영지는 구성 종족도 복잡한데다 크로도베크 후손이 공동으로 관심을 갖던 영지였다.

크로도베크 후손 시대는 정복시대였다. 크로도베크의 후손은 6세기 알레만종족왕, 바이에른종족왕, 튀링겐종족왕 등 중부유럽 동남부 영지, 부르군드종족왕의 영지인 프로방스 남부 영지를 차례로 정복했다. 프랑크종족왕은 정복활동을 끊임없이 추진하며, 피렌느 산맥과 론강 이내의 셉티마니아 영지를 제외한 갈리아 전체와 게르마니아 대부분을 차지했다. 프랑크종족왕은 다양한 게르만어계 종족 혈족이 정착한 네델랜드 남부, 벨기에 북부, 프랑스 일부와 알사스, 로트링겐과 라인강 유역의 영지, 즉 다양한 게르만어계 종족왕 영지를 차지했다. 이 일부 영지는 당시까지 공백 상태였으나 게르만어계 종족의 생활관습과 계약관습은 영지 확장과 함께 현재 전체 유럽세계로 확산되었다. 프랑크종족왕의 영지는 분할영지였으나 오히려 더욱 강하게 결속했다. 이 결속력 발원지는 영지 수장인 '명망자'(nobilis)였다. 물론 이 '명망자'는 불로소득자요, 어떤 측면에서 보면 부당 이득자였다. 이 명망자 귀족동아리는 권력동아리 유력자로서 자기네 영지를 공화국으로 만들었다. 특히 귀족동아리의 이런 영지분리관습은 개인의 분할영지에서 발원했다. 로마제국시대 구 귀족은 프랑크종족왕의 새로운 귀족동아리와 일정한 거리를 유지했으나 오히려 지방민을 더욱 결속했다.

프랑크종족왕의 영지분할 전쟁은 7~8세기까지 이어졌다. 프랑크종족왕은 영지분할 전쟁을 치르면서, 바이에른왕과 알레만종족왕의 영지뿐만 아니라 아퀴텐느를 포함한 르와르강 남부 유역을 영지로 편입했다. 그런데도 바이에른과 알레마니아에서는 물론 아퀴텐느와 르와르강 남부 영지에서도 귀족공화국의 분리주의가 태동하기 시작했다. 이 귀족공화국에서는 혈족단위 관리체제가 나타났다. 특히, 아퀴텐느 영지의 귀족공화국은 게르만어계 종족이 소수 단위로 이주하여 혈족단위로 정착했기 때문에 관리조직 자체가 혈족대표 성향을 띠었다. 그런데도 게르만어계 종족은 수백 년에 걸쳐 다른 로마시대 종족 생활관습에 젖어 있었다. 즉, 게르만어계 종족의 생활관습과 언어관습은 개종과 함께 다른 로마제국시대 종족의 라틴어 계약문서와 라틴어 계약관습을 수용하여 새로운 문화 발원지로 등장했다. 프랑크종족왕의 영지는 다양한 종족과 다양한 종교 전시장, 다양한 종교의 실험장이었으나 새로운 사회 발원지였다. 프랑크종족왕 영지의 '우리 의식'은 흔히들 갈리아 북부의 다양한 종족과 다양한 종교, 다양한 지역 사람 문화와 다양한 생활관습에서 발원하여 프란치아와 게르마니아의 발원지로 등장했다. 유럽명칭관습도 프란치아와 게르마니아에서 발원했다.

제 4 장

메로베크 가문과 카롤루스 가문 시대의 프랑크왕국(7~8세기)

4-1. 유럽문화 생성시대 세계의 출발

메로베크 가문 지배자의 영지 확장과 지중해세계 접촉

프랑크종족왕은 6세기 말경 최대 영지를 확장했다. 메로베크 가문 프랑크종족왕의 영지는 브레타뉴 반도와 셉티마니아를 제외한 과거 로마제국시대 갈리아 전체였다. 메로베크 가문시대 프랑크종족왕은 라인강 동부로 뻗어나가 엘베강, 사알레강, 뵈멘 늪지대, 엔스강 유역에 이르는 방대한 영지를 확장했다. 한편 메로베크 가문 프랑크종족왕은 지중해까지 진출했다. 따라서 프랑크종족왕의 영지는 비잔티움제국 황제 유스티니아누스와 이탈리아의 동고트종족왕 영지와 경계했다. 메로베크 가문 프랑크종족왕의 권력동아리는 동고트종족왕과 협상에서 경계 영지를 속이면서까지 지중해로 진출코자 시도하여 지중해 연안의 리구리아와 아드리아해 연안 베네치아만도 차지했다. 메로베크 가문 프랑크종족왕은 이 영지를 지중해 관문으로 활용하며 비잔티움제국의 군대 지휘관 나르세(+574)와 대치했다. 나르세는 아르메니아 출신으로서 당시 비잔티움제국 군대 지휘자로서 비잔티움제국의 이탈리아 북부 영지를 안정되게 통치했다(535년). 그런데도 지리 여건으로 인하여 발칸반도와 도나우강 유역에서 비잔티움제국과 프랑크종족왕 영지 교류는 활발하지 못했다.

메로베크 가문 프랑크종족왕 시대의 도나우강 중부 유역은 비잔티움제국 영지와 교류할 수 있는 교두보였다. 비잔티움세계 관문인 도나우강 중부 유역에서 메로베크 가문 프랑크종족왕은 난폭한 기마종족 아바르종족왕과 대적했다. 아바르종족왕은 당시 현재 도이취란트의 바이에른영지 일부, 오스트리아의 알프스 산간 영지, 헝가리 서부로 둘러싸인 판노니아에 정착했다. 아바르종족왕은 도나우강 중부 유역을 장악하고, 튀링겐종족왕의 엘베강 이내 영지와 프랑크종족왕 영지까지 위협했다. 메로베크 가문 프랑크종족왕은 아바르종족왕에게 공물을 바쳐 공격을 완화코자 시도했다. 그러나 아바르종족왕은 공격을 중단하지 않았다. 마침내 동부 프랑크종족왕 영지도 아바르종족왕과 경계영지가 되고 말았다. 아바르종족왕은 기마훈종족왕으로서 엘베강 동부 유역을 비롯하여 뵈멘 산간과 알프스 동부를 장악했다. 그리고 아바르종족왕은 동부 슬라브어계 종족을 정복한 다음 6세기 말경 이후 게르만어계 종족이 떠나간 알프스 동부 영지를 공략하고 나섰다. 아바르종족왕은 그곳의 게르만어계 종족을 합병하여 알프스 동부에서 거대한 세력을 형성했다.

카롤루스 막뉴스(768~814)는 처음으로 아바르종족왕을 정복하고, 작센종족왕까지 정복했다. 카롤루스 막뉴스는 프랑크종족왕의 동북부 영지를 넘보는 이동종족을 방어하기 위하여 동북부 영지에다 마르크를 창설했다. 프랑크종족왕 카롤루스 막뉴스의 동북부 영지 마르크는 이동종족의 침입을 저지하고 변경을 개간하는 한편 로마 정통론자동아리 선교영역을 확장하려는 취지에서 설치했다. 물론 당시 크리스트교동아리 선교는 프랑크종족왕 카롤루스 막뉴스의 이념이자 서부세계 교회조직의 이념이었다. 카롤루스 막뉴스의 동북부 영지 마르크는 동유럽으로 진출하기 위한 로마 정통론자동아리의 선교활동 전진기지였다. 이런 맥락에서 카롤루스 막뉴스시대의 동북부 마르크는 문화운동 발원지였다. 메로베크 가문 시대의 발칸 반도는 서부세계와 비잔티움세계의 문화이동 지역이었다. 발칸 반도 동북부는 슬로바크종족과 불가르종족의 정착지이자 서부세계 프랑크종족왕 영지와 비잔티움제국의 완충지대였다. 발칸 반도 동북부의 슬로바크종족은 발칸 반도의 도나우강 중부 유역에 정착했고, 불가르종족은 일리리아에서 정착했다. 이 두 종족은 라틴어를 상용했으나 그리스어 상용지역인 비잔티움제국과도 교류했다. 특히, 세르비아의 슬로바크종족과 불가르종족은 6세기 이후 로마제국 속주를 활동무대로 넓히면서 라틴어관습을 오히려 수용했다. 그런데도 발칸반도 일부는 그리스어계 정통론자동아리가 아닌, 로마 정통론자동아리 관구에 편입되었다. 즉, 발칸반도의 슬로바크종족과 불가르종족은 그리스어계 정통론자동아리와 로마 정통론자동아리의 중간 영역임에도 불구하고 라틴어관습을 수용했던 것이다. 슬로바크종족과 불가르종족의 라틴어관습과 함께 이탈리아 동고트종족도 로마 정통론자동아리에 들어왔다. 발칸 반도의 도나우강 유역에서 동고트종족왕은 다른 게르만어계 종족왕의 선교활동에 참여했다. 발칸 반도의 게르만어계 종족 역시 크리스트교동아리와 접촉하면서 고트어 관습과 그리스어관습 영향을 받았다. 이런 게르만어계 생활언어 관습은 특히 봉건관습에 관련된 언어관습인 '봉토'(feodum)의 사례에서도 명확하게 입증되었다. 그런데도 슬로바크종족과 불가르종족은 아바르종족왕의 영향을 받고 있었다.

아바르종족왕은 판노니아를 장악하여 비잔티움세계와 서부세계의 문화이동을 차단했다. 판노니아에서 아바르종족왕의 권력동아리는 발원하여 영지를 확장하기 시작했다. 아바르종족왕의 세력 팽창으로 발칸 반도의 도나우강 유역은 일단 문화이동 중단지대로 변했다. 즉, 아바르종족왕의 영지는 비잔티움세계와 서부세계의 경계이자 완전한 분리지대였다. 또한 교역과 상업을 포함한 경제활동까지 중단되었다. 아바르종족왕은 도나우강 유역의 발칸반도에 거주하던 슬로바크종족왕과 불가르종족왕을 비롯한 주변 종족왕을 위협했다. 당시 서부세계는 지중해세계 문화이동에 참여할 수 없었다. 특히, 지중해 주변의 종족왕은 대개 아리우스계 이단자동아리여서 그리스어계 정통론과 로마계 정통론의 이동 자체를 불가능하게 했다. 이탈리아, 스페인, 갈리아의 다른 로마제국 종족과 게르만어계 종족 문화는 아바르종족왕의 영향으로 이 비잔티움세계와 접촉하지 못하여 문화 격차 역시 커져갔다. 서부세계에서는 로마제국관습도 완전히 사라졌고, 권력동아리 역시 공백상태였다. 서부세계의 권력동아리 부재는 곧 게르만어계 종족세계와 지중해 세계를 격리해 놓았다. 게르만어계 종족왕 입장에서는 이제 지중해세계 법률관습, 즉 다른 정복자 법률관습에 따라서 정복영지에 대한 통치법령을 발포하게 되니 로마제국 관습이 게르만어계 종족왕의 권력동아리를 제약하기 마련이었다.

고전시대 후기 세계의 도시와 유럽문화 생성시대 세계의 생활관습

게르만어계 종족은 5세기 이후 로마제국 생활관습에 동화했으나 그 반작용으로 로마제국 생활관습이 게르만어계 종족세계에서 오히려 약화되어 게르만어계 종족왕의 권력동아리 기반구축이 가능했을 것이다. 즉, 로마제국의 생활관습 약화가 게르만어계 생활관습 자체 약화로 이어지며 다양한 전환시대 문화가 발원하기 시작했다. 로마제국 생활관습은 이동종족의 생활관습에 이미 스며들어 게르만어 생활관습으로 표현되기 시작했다. 즉, 게르만어계 종족이 로마제국 생활관습 계승자였으나 오히려 게르만어계 생활관습 자체가 로마제국 생활관습에 오히려 흡수되어 로마제국시대 생활관습을 게르만어계 권력동아리이동 상황에도 그대로 반영했다.

게르만어계 종족왕은 로마제국 황제의 권력동아리 계승자였다. 게르만어계 종족왕의 권력동아리는 수장 교체를 포함하여 복잡한 양상으로 발전했다. 서부세계의 권력동아리 수장 교체는 새로운 권력동아리 출현과정이었다. 권력동아리 출현은 국가체제 구축이라는 절대절명의 과제를 해결해야 하는 전환시대였다. 그런데도 행정조직이나 경제질서 등은 과거 로마제국과 단절되지 않았다. 로마제국시대 질서관습은 새로운 생활관습을 창출하기 위한 문화 발원지로서 다양한 게르만어계 생활관습을 버리게 했다. 이런 게르만어계 생활관습 변화는 새로운 생활관습 생성시대였다. 메로베크 가문 프랑크종족왕은 다양한 질서관습 발원지로서 어려운 시대상황을 극복해 갔다. 농촌과 도시는 황무지나 다름없었다. 메로베크 가문 프랑크종족왕시대의 도시와 농촌에서는 낯선 이동종족 침입으로 전쟁이 끊이지 않았고, 이방인의 약탈과 방화가 일상사처럼 이어졌다. 특히 혈족 간에도 재산을 선점하려는 암투로 인하여 핏자국 얼룩이 가득했으나 혼란을 거듭하면서도 점차 안정에 접근했다. 지방 교회는 이방인들의 약탈이나 방화와 같은 파괴행위를 두려워하여 대개 군사 진지나 교통 요지와 인접지로 옮겨갔다. 그런데도 서부세계 문화이동은 수 백 년의 권력동아리 부재시대를 겪으면서도 위축되지 않고, 과거 종족 모습을 바꾸어갔다. 서부세계에서는 6세기 이후 표준 생활관습도 크리스트교동아리의 생활관습과 라틴어관습에서부터 정착하기 시작했다. 크리스트교 교회조직에서 교직자와 주교의 선교활동은 종족의 생활에서 주요한 위치를 차지했다. 특히, 크리스트교 교회조직에서 귀족동아리는 종족을 결속하며 종족세계의 문화이동을 주도했다. 따라서 귀족동아리는 크리스트교 선교활동을 중세 세계의 문화운동으로 바꾸어갔다. 중세 세계의 이런 문화운동 영향으로 기존 게르만어계 생활관습과 로마제국 생활관습 잔재도 점차 사라졌다. 후기 고전시대 생활관습 역시 사라졌으나 사회와 경제는 단절되지 않았다. 특히, 권력동아리는 7세기 이후 확실히 전환시대를 맞이하여 후기 고전시대 속주 문명을 분명히 탈피했다. 이런 맥락에서 7세기는 후기 고전시대 종말시대요, 중세 세계의 출발시대인 것이다.

서부세계 종족의 생활영역은 좁아질 수밖에 없었다. 물론 도시와 농촌 거주자의 생활 격차 역시 커졌다. 특히, 갈리아 남부 도시와 농촌 거주자의 생활수준은 현저한 차이를 드러냈다. 즉, 갈리아 남부의 도시 거주자 생활은 큼직한 성곽 속으로 들어갔다. 도시 거주자와 농촌 거주자의 이런 생활격차 확대는 라인강 유역에서도 마찬가지였다. 라인강 유역의 쾰른, 마인츠, 트리어, 레겐스부르크, 살츠부르크와 같은 도시 거주자와 그 도시주변 거주자 사이의 생활 격차는 현저하게 커졌다. 라인강 유역 도시 거주자도 농촌 거주자와 분리되어 도시 성곽 속으로 들어갔다. 물론 도시와 농촌의 새로운 영주 역시 로마제국시대 라틴어 계약관습을 자기네 유산처럼 계승했다. 그 이면에는 로마제국시대 법률관습을 지키는 것이 자기네에게 도움이 된다는 인식이 깔려 있었다. 이런 게르만어계 영주는 로마제국시대 라틴어 계약관습에 근거하여 로마제국시대 영지관습을 그대로 계승했다. 새로운 영주는 로마시대 영지관습을 답습하면서 거대한 영지 소유자로 정착했다. 즉, 영주의 거대한 영지소유관습은 권력동아리이동 속성과 함께 고유한 게르만어계 소유관습으로 발전했다. 로마제국시대 영지소유관습은 새로운 영주의 영지소유관습으로서 생활관습 혼합을 반영했다. 종족왕의 권력동아리 영향력도 이 새로운 영주의 영지에서는 거의 공백상태와 다름없었다. 물론 교회조직 역시 이 새로운 영주 수중으로 넘어갔다. 영주의 영지소유관습은 교회조직 근간이었다. 교회조직은 후기 고전시대 로마제국에서도 황제 권력동아리 영향력을 분산하여 귀족 수중으로 넘어가 있었다. 교회조직은 이미 중세 세계에서 영지 소유자 모습으로 등장하여 종족왕의 권력동아리에서 다양한 기능을 담당하기 시작했다.

게르만어계 종족왕의 군대에 숙박을 제공하는 것도 노역세였다. 영지를 소유하고 있다고 해서 군대에 숙박을 제공하는 것과 같은 노역세를 누구나 담당하지는 않았다. 이탈리아와 갈리아 남부의 이주자는 소작농이었다가 추방당하면 갈리아 무인지대를 찾아서 이주했다. 게르만어계 영주와 로마제국 영주 역시 보다 넓은 영지를 확보하기 위하여 기존 소작농을 거느리고 갈리아 무인지대로 이주했다. 갈리아, 이탈리아, 라인강 유역에서는 이런 영주 농장이 소작농을 거느린 모습으로 정착했다. 라인강 유역은 갈리아나, 이탈리아보다 로마제국시대 영지관습이 물론 늦게 이동했으나 라인강 유역의 영주는 영지 산물을 거둬들여 도시와 농촌에 두루 농장을 보유했다. 당시까지 게르만어계 자작농은 나타나지 않았다. 로마제국시대 영지분할관습은 게르만어계 자작농 출현보다는 게르만어계 영주 농장 분할과 함께 오늘에까지 이르고 있다. 게르만어계 영주가 다른 로마제국 종족왕 영지를 분할하여 자기네 농장으로 만든 흔적은 로마어계 지역 명칭에서도 입증되고 있다. 로마제국의 황제 영지에서 분할된 게르만어계 영주 농장을 로마어계 명칭에서 입증할 수 있는 사례는 라인강과 센 강 유역, 르와르강과 론강 유역에서 널리 분포하고 있다. 이런 전환시대는 로마제국의 황제 영지를 게르만어계 영주가 분할하여 소유했던 사례에서처럼 도시나 농촌 구분 없이 나타났으나 도시와 농촌의 문화이동 차이는 커졌다. 과거 로마제국시대부터 도시는 주요 행정단위였다. 마을 단위인 가우(Gau) 역시 주요 행정 단위로 도시행정 관할권에 편입되어 있었다. 도시나 농촌의 행정단위는 주로 주민세로 운영되었다. 당시 도시 주민과 농촌 주민에게 차등을 두어 조세를 부과했다. 그래서 도시 주민은 무거운 조세 부담으로 도시를 떠나는 사례도 빈번했다. 특히, 도시 주민과 농촌 주민의 조세 차등에도 불구하고 도시 시장은 원거리 상인동아리의 물자유통 영향으로 활기를 잃지 않았다. 갈리아 남부와 스페인 동부의 지중해 연안 도시도 과거 로마제국시대처럼 원활하게 물자를 유통시켜 물자 생산증가를 또한 조세 수입 증가로 이어졌다. 특히 원활한 현물 유통으로 종족왕의 조세 수입을 올려 주었으며 조세 종류도 증가했다. 물자 유통세와 거리 통행세 증가는 종족왕의 조세 징수관습의 농촌 확대로 이어졌다.

지중해세계 유통질서는 갈리아 남부와 스페인 남부의 지중해 연안도시 시장기능에 힘입어 과거와 다름없이 운용되었다. 메로베크 가문 프랑크종족왕은 갈리아와 스페인의 도시, 특히 프로방스와 아퀴텐느의 지중해 도시를 차지하기 위하여 정벌 전쟁에 나섰다. 이후부터 메로베크 가문 종족왕과 서부 세계 권력동아리 유력자는 끊임없이 '우리의 바다'인 지중해 진출을 시도했다. 즉, 메로베크 가문 종족왕 역시 지중해 진출을 목적으로 프로방스와 아퀴텐느를 정벌했다. 남부 갈리아는 물자유통 중심지였다. 남부 갈리아의 도시는 상인동아리의 활발한 해상 교역과 내지 상인동아리의 상업 활동에 힘입어 번성했다. 남부 갈리아 도시는 후기 고전시대 도시를 중세 세계 인간에 넘겨주었다. 당시까지도 남부 갈리아 도시는 과거 로마제국시대 자치 행정을 그대로 유지했다. 그러나 이탈리아 인근 도시는 남부 갈리아나, 동부 스페인의 사정과 판이하게 달랐다. 당시 랑고바르드종족왕은 이탈리아 지배자였다. 북부 이탈리아의 도시는 당시 기능을 상실했다.

스페인 도시는 이탈리아 도시와 다르게 서고트종족왕의 권력동아리 영향 아래서 이미 650년경부터 로마제국시대 계약관습과 문서 형식을 활용하기 시작했다. 이후 도시 자치행정은 오히려 거주자를 결속하며 의무관습을 도입했다. 도시 자치행정의 의무관습 도입은 행정관리 선출 과정보다는 관리 기능을 중시하여 권력동아리 안정을 보조했고, 4세기 이후 도시에서 사라졌던 로마제국시대 행정조직 기능을 재생하기 시작하여 행정관리를 등장케 했다. 이 도시 행정관리는 대개 황제영지나 종족왕 영지 관리, 영지 백작이나 도시 백작, 군대 지휘자 등의 경험을 쌓은 인물로서 이탈리아, 스페인, 갈리아에서처럼 과거 로마제국시대 행정조직이 사라진 도시에서 행정업무를 관장했다. 그러나 스페인의 도시 행정관리는 서고트종족왕의 권력동아리 관리로 대체했다. 랑고바르드종족왕의 이탈리아 영지인 포강델타에서는 종족왕의 도시 행정관리를 군대 지휘자 명칭, 즉 '공작'(dux)이라고 지칭했고, 스페인과 갈리아에서는 종족왕의 도시 행정 관리를 '백작'(comes)이라 지칭했다. 종족왕의 명령 대행자인 공작이나 '도시백작'은 황제나 종족왕의 종사동아리 일원으로서 행정관할지역의 최고 후원자 위치에서 종족왕의 고위관리로부터 하위관리까지를 통솔했다. 게르만어계 종족왕은 로마제국시대 원로원 귀족에게 갈리아 관직을 위임했고, 이 로마제국시대 원로원 귀족은 게르만어계 종족왕의 도시 행정관직을 위임받아 종족왕 권력동아리의 고문이나 영지백작 또는 도시백작으로 변모했다.

게르만어계 종족왕은 라틴어 입말관습이나 글말관습을 전혀 갖추지 못하여 계약관습과 관련된 사건을 다루지 못했다. 게르만어계 종족왕은 로마제국시대 엘리트인 백작에게 계약관습 사건 내용을 조사케 했다. 특히 게르만어계 종족왕은 계약관습 사건에 대한 조서를 정리하도록 라틴어 계약문서 기록관 직책을 로마제국시대 백작에게 위임했다. 이 로마제국시대 엘리트는 물론 게르만어계 종족왕 보조자로서 다른 로마제국시대 종족왕과 게르만어계 종족왕을 융합토록 다양한 분야에서 후원하며 프랑크종족왕 권력동아리에서 유력자로 등장했다. 후기 고전시대 갈리아의 도시조직 골격은 로마 정통론자동아리 교회조직이었다. 실제로 중세 세계의 영지프랑스 교구조직도 중세 세계의 로마 정통론자동아리 교회조직을 권력동아리 하부조직으로 흡수했던 갈리아 도시조직을 승계했다. 특히, 프랑스 남부의 교구조직은 후기 고전시대 도시조직을 승계하여 근대 프랑스의 기초 자치조직 발원지였다. 로마시대 도시조직과 게르만어계 종족왕의 통합배경에는 로마 정통론자동아리 교회조직이 게르만어계 종족왕을 도시의 교회조직 수장으로 앉히면서 교회조직 자체가 저절로 변화했다는 점을 지적해 두어야 한다. 물론 도시 교회조직 유력자 역시 게르만어계 혈통으로 교체되었다. 그러나 도시 교회조직은 게르만어계 종족왕과 로마제국시대 종족왕의 혈족동아리를 이어주었던 융합 단위였다. 그러나 로마제국시대 도시 모형은 변화하지 않았다. 게르만어계 종족왕은 도시 교회조직 영향으로 로마시대 도시생활에 동화했다.

도시 교회조직 수장은 주교였다. 주교는 실제로 도시 행정을 담당했다. 과거 로마제국시대 속주 행정조직도 사실상 갈리아 도시에서는 주교를 행정조직 정점에 앉혀둔 하부조직으로 변모했다. 게르만어계 종족왕은 갈리아의 로마제국시대 도시

행정조직을 도시영지 행정조직으로 계승했다. 게르만어계 종족왕의 도시영지 행정에서 주교는 과거 로마제국시대 속주 총독처럼 종족왕을 대행했다. 주교는 메로베크 가문 프랑크종족왕 영지에서도 과거 로마제국시대 총독처럼 도시 행정조직 정점에 앉아 도시를 지배했다. 특히 주교는 브리타니아 섬으로부터 마우레타니아에 이르는 유럽세계 전체에서 과거 황제 대행자 위치로 변모했다. 최초의 주교 관저는 과거 제국시대 황제도시인 도이취란트 마스-모젤 델타의 도시인 트리어에 있었으나 프로방스 아를르에도 주교 관저를 설치했다. 주교가 과거 로마제국 총독을 대신한 이후 과거 로마제국시대 갈리아 관구 조직은 실제 도시 행정조직에서 사라졌다. 이어서 공작이나 도시백작도 도시 행정조직에서 사라졌다. 그런데도 프랑크종족왕 크로도베크는 처음부터 행정조직을 관구 수장에게 위임했다(511~531년). 메로베크 가문 프랑크종족왕은 서고트종족왕을 공작으로 받아들였다. 메로베크 가문 프랑크종족왕은 여러 변경 도시를 통치하기 위한 방편으로 바이에른종족왕과 튀링겐종족왕도 공작으로 받아들였다. 이것은 메로베크 가문 프랑크종족왕은 이 변경 정복영지와 거리상 멀리 떨어져 있었기 때문일 것이다. 메로베크 가문 시대에 이르러 공작은 변경의 정복영지에서 종족왕을 대신했다. 그런데도 동부 변경의 바이에른종족왕 공작은 자치 조직을 갖추어 행정조직, 재판, 군대 명령까지 행사했다.

메로베크 가문 시대에도 권력동아리 영향력은 종족왕 영지에서 발원했다. 메로베크 가문 시대까지 종족왕의 표준 영지운영관습은 비잔티움세계 로마제국의 콘스탄티노플 황제영지 운영관습이었다. '궁재'(maior domus)는 메로베크 가문 프랑크종족왕의 영지 행정조직 정상에 앉아 있었다. 궁재는 종족왕의 군대 명령권자로서 귀족이나 종족왕의 친위대와 함께 종족왕의 영지 행정조직을 관할했던 최고 종족왕 관리였다. 그 이외에도 종족왕 영지에는 종족왕의 건강을 검진하는 '의료 관리'를 비롯하여 교회에서 성사관습을 관장하던 신부와 악사 등도 종족왕의 관리였다. 메로베크 가문 종족왕 영지에서는 과거 제국시대 영지 재판관 후손을 '영지백작'이나 '영지 재판관'(iudex)이라 지칭했다. 메로베크 가문 시대 종족왕 영지에서 '라틴어 계약문서 기록관'(notariati)은 현대세계에서는 공증인제도로 발전했지만 종족왕의 명령을 사실상 집행하고 막료회의 내용 기록자요, 막료회의 자료 작성자였다. 특히, 라틴어 계약문서 기록관은 막료회의 구성원의 의견 대립 경우, 종족왕의 판단을 돕기 위하여 특정 사안에 관한 증거나 조서 자료까지 제출했다. 이런 메로베크 가문 시대 라틴어 계약문서 기록관은 이후 공증인 위치를 이미 예시했다. 라틴어 계약문서 기록관은 표준 라틴어 계약관습을 고전시대 라틴어 계약문서에서 찾아내며 각양각색의 언어관습 보유자를 라틴어관습 영역으로 흡수해갔다.

그런데도 로마제국시대 문서관습이나 법령관습은 변화하지 않았다. 종족왕 법률을 로마계 법률 전문가의 라틴어관습으로 표기했으나 과거 로마제국시대 행정문서 종류는 점차 감소해갔다. 메로베크 가문시대에 이르러 행정 근거나 법률 시행근거는 라틴어 문서가 아니어서 문서 종류는 점차 기능을 상실할 수밖에 없었다. 라틴어관습에 게르만어 생활관습 유입으로 라틴어관습의 효율은 저하하기 시작했다. 라틴어관습은 오히려 게르만어 생활관습에 흡수되며 표준관습보다는 종족왕의 의례관습이나 계약관습을 전달하는 입장, 즉 1인칭의 의사보다는 2인칭에 대한 의사 전달 수단으로 전락했다. 이런 라틴어관습 위축은 '공물'(tributum)에서도 나타나고 있다. 즉, '공물'은 정복민을 포탈한다는 뜻에서 발원하여 현물과 노역으로 구분되었다. 이런 공물관습은 과거 로마제국시대 부역, 즉 개인의 노동 부역과 개인이 마소를 거느리고 담당하던 부역관습에다 우편물 배달도 포함되어 있었다. 과거 부역관습에서 로마제국시대 편지글 전달관습은 완전히 사라졌다. 편지글을 전달하는 부역관습은 외부로 출타 중인 종족왕 관리의 편익을 도모하기 위한 공물관습이었다. 특히 편지글이나 소식, 물건 전달자를 목적지까지 데려다 주기 위하여 말을 대기해야 하는 부역, 외부 출타 중인 종족왕 관리에게 잠자리와 먹 거리를 제공하는 부역관습으로 존속했다.

그러나 지방 영지의 권력동아리 유력자와 교회조직은 부역 면제자였다. 이런 부역이나 공물 면제특권관습은 주로 지방의 권력동아리 유력자 영지, 교회조직 영지, 수도자동아리 영지에서 발원했다. 지방의 권력동아리 유력자 영지와 교회조직 영지는 부역이나 공물 면제관습을 영지관습에 예속된 경작자에 대한 인신 지배관습으로 악용했다. 그러나 지방 영지의 권력동아리 유력자 영지와 교회조직 영지의 부역이나 공물 면제관습은 예속민의 자율관습을 신장했다. 지방의 권력동아리 유력자 영지와 교회조직 영지는 종족왕의 권력동아리를 이탈하는 수단이었다. 지방 권력동아리 유력자 영지와 교회조직 영지의 이런 자율관습은 종족왕 영지의 특권관습 축소로 발전했다. 메로베크 가문 종족왕은 스페인, 이탈리아, 갈리아의 방대한 영지에 대해서도 부역이나 공물 면제관습을 지방 영주의 특권관습으로 부여해두었다. 메로베크 가문시대 영지 교회조직은 과거 로마제국시대 국가 교회조직과 같은 모형이었다. 로마제국시대 국가 교회조직은 영지를 소유했고, 속주에서는 교회조직까지 갖추었다. 그러나 후기 고전시대와 메로베크 가문시대 이후 영지 교회조직은 국가 교회조직으로부터 완전히 분리되었으나 과거 로마제국시대 교회조직 영지와 그 조직을 그대로 보유했다. 메로베크 가문 종족왕은 과거 로마제국시대 황제영지를 그대로 계승했고, 과거 황제영지의 교회조직 모습을 모방하여 영주 교회조직을 두고 있었다. 메로베크 가문 프랑크종족왕의 영주 교회조직 역시 과거 로마제국 황제 교회조직을 그대로 이어받았으나 영주 교회조직의 성사관습은 라틴어 관습과 게르만어 관습으로 분리하여 진행되었다. 주교는 영주 교회조직의 성사관습을 집전했다. 물론 영주 교회조직에서 주교는 특권을 지니고 주교 회의와 사목자 회의에서도 우선권을 행사했다. 이런 주교 특권관습은 부르군드, 남부 갈리아, 스페인에서도 존속했다. 이런 주교 지위는 과거 로마제국시대 주교회의 황제관습에서 유래했다. 물론 종족왕 역시 과거 황제처럼 주교회의를 소집했다. 프랑크종족왕과 서고트종족왕도 주교회의를 소집했고 주교회의에서 주교 추천권을 행사하여 주교 선출에 참여했다. 종족왕은 주교회의 의결을 승인하는 동의권을 행사했다. 주교회의에 대한 종족왕의 동의권은 바로 영주 교회에서 발원했다. 종족왕은 영주 교회조직을 종족왕의 권력동아리에 예속하여 교회조직을 종족왕의 하위 통치도구로 활용했다.

지배자동아리의 결속력

과거 로마제국시대 질서관습과 로마제국관습은 이어지며 프랑크종족왕의 영지에서 문화 발원지로 정착했다. 그러나 후기 고전시대 황제 권력동아리는 이미 사라졌다. 황제 권력동아리 부재상황의 최고 피해자는 로마제국시대 시민이었다. 로마제국시대 시민은 빈민이나 노예로 전락했으나 소수 정복자는 방대한 영지를 갖게 됐다. 특히 로마제국시대 시민 다수는 개인의 자유는 물론이고, 이주 권리조차 상실한 채 노예나 다름없이 영지관습에 얽매인 '소작농'(coloni)으로 전락했다. 로마제국시대 시민 다수는 물론 이 '소작농'으로서 영지 계약관습에 묶여 대개 질서 희생물로 둔갑했다. 질서관습 골격인 다양한 라틴어 계약문서는 다수 로마제국시대 시민 정착지와 함께 상속관습 · 증여관습 · 교환관습 · 매매관습과 같은 소유이동관습에서 효력을 발생했다. 즉, 다수 로마제국시대 시민은 자기도 모르게 자기에 대한 보호자를 두었거나 어떤 경우에는 영주의 보호관습에 묶여 있다가 의무를 마치고 해방된 경우도 있었다. 그러나 로마제국시대 시민은 자기 의무가 끝났다고 해서 영원히 해방되지 않았다. 영주는 단순한 영지 소유자가 아니라, 의례관습 주관자였다. 질서관습 발원자 영주는 다양한 의례관습과 계약관습 절차를 해석하여 만들며 의례관습에 참여토록 권고했다. 영주는 또한 영지 거주자에 대하여 확고한 예속관습을 유지했다. 영주는 식솔, 소매상인, 영지, 자본 등의 소유자였다. 이런 영주는 자기 영지의 예속민을 형사소송으로 구금했고, 민사소송으로 자산 소유관습을 행사했다. 이렇게 모든 질서관습은 정복자 영주에서 발원했다. 프랑크종족왕의 영지에서 영주 지위는 영지 소유자, 영지의 의례관습 주관자, 영지의 예속민 보호자, 영지사회 대표자 등의 관습에서 발원했다. 즉 영주는 '고귀한 혈통'(nobilis)이었다. '고귀한 혈통'의 영주는 영지조직이나 지역의 영지조직 정상에 앉아 있었다.

프랑크종족왕의 권력동아리는 귀족동아리였다. 종족왕의 권력동아리에서 귀족은 영지관습에서 지방민 공동체 소유자요 지방민 보호자, 영지 대표자, 영지 거주자 보호자, 영지의 최고 군대 지휘자, 영지교회의 성사관습 주관자였다. 귀족은 종족왕의 권력동아리에서도 군대 지휘자, 교회조직 대표자, 교회조직 보호자로서 종족왕을 자문했다. 귀족은 경우에 따라서 권력동아리 산실인 종족왕과 그 종사동아리를 경멸했다. 귀족의 이런 태도는 분권주의로 발전하는 경우도 있었다. 귀족은 예속민 보호자, 영지 구성원의 구원을 책임진 명망자로서 영지 구성원을 결속했다. 이런 고귀한 혈통은 과거 로마제국시대에도 원로원 귀족 후손이었다. 프랑크종족왕은 갈리아에서 원로원 귀족혈통의 인물에게 갈리아의 행정 관리직과 주교직까지도 위임했다. 메로베크 가문 프랑크종족왕의 권력동아리에서 주교직은 고귀한 혈통의 귀족과 새로운 종족왕의 권력동아리 구성원인 귀족을 결속했다. 프랑크종족왕의 권력동아리 구성원으로서 귀족은 7세기 갈리아 북부, 특히 파리 영지에서 발원하여 주교직을 통하여 과거 고귀한 혈통의 귀족과 결속하기 시작했다. 즉, 종족왕 권력동아리 결속력은 주교직 교류에서 발원했다. 소위 메로베크 가문 프랑크종족왕의 귀족동아리 역시 주교동아리에서 발원했다. 메로베크 가문 프랑크종족왕시대 귀족사회는 수도자동아리 은신처인 수도자동아리 은신처 창건운동으로 보다 강력하게 결속했다. 메로베크 가문 귀족사회의 새로운 결속력은 아일랜드계 수도자동아리가 전파했던 베네딕트계 수도자동아리 금욕수행관습에서 발원했다. 아일랜드계 수도자동아리의 베네딕트계 수도자동아리 금욕수행관습 전파자는 코룸반이었다. 코룸반은 군트람(+592년)을 만나 598년 12월 크로타르 2세의 파리 영지에 도착했다. 메로베크 가문 프랑크종족왕 크로타르 2세는 콜룸반이 아일랜드에서 가져온 베네딕트 수도자 금욕수행관습을 실천하기 위하여 파리 영지로부터 수도자동아리 은신처를 창건하기 시작했다. 이로써 메로베크 가문 프랑크종족왕의 권력동아리는 베네딕트 수도자 금욕수행관습을 실천하여 과거와 전혀 다른 새로운 결속력을 찾아냈다.

게르만종족왕의 권력동아리에서도 로마시대 사법관습은 전혀 변화하지 않고 게르만어계 종족왕 법률로서 존속했다. 게르만어계 종족왕 법률은 물론 로마시대 사법관습과 그 형식을 그대로 모방했다. '살리종족왕 법률'(lex salica)조차도 여러 게르만어계 종족왕 법률 중에서도 게르만어계 종족 생활관습을 가장 두드러지게 드러냈지만 로마시대 사법관습과 그 형식을 그대로 수용했던 것이다. 살리종족왕 법률은 갈리아 북부, 특히 현재 도이취란트의 라인란트에서 존속했다. 살리-종족왕 법률은 리프아리-프랑크종족왕 법률과 함께 로마제국시대 사법관습의 기본 형식과 표현관습까지 그대로 모방했다. 즉, 로마제국시대 사법관습은 갈리아의 프랑크종족 생활관습에 정착하여 다른 로마제국시대 종족까지 결속했다. 로마제국시대 사법관습에 게르만어계 종족이 동화했든, 게르만어계 종족이 로마제국시대 사법관습을 수용했든, 로마제국시대 사법관습은 결국 최후의 잔존물로서 게르만어계 종족와 로마제국시대 종족를 해체하고 중세 세계의 새로운 유럽세계 인간을 만드는 도구였다.

갈리아의 로마제국시대 원로원 귀족은 게르만어계 종족왕에게 로마제국시대 사법관습 이치를 가르쳤던 스승이었다. 물론 게르만어계 종족왕의 권력동아리에서도 로마제국시대 귀족 혈통의 지위는 전혀 퇴색하지 않았다. 메로베크 가문 프랑크종족왕은 로마제국시대 귀족을 불안요인으로 인식하기 시작했다. 물론 로마제국시대 귀족 역시 메로베크 가문 프랑크종족왕의 이런 적대감을 알아차렸다. 바로 이 무렵 프랑크종족왕은 서고트종족왕에 대한 정벌전쟁에 착수했다. 서고트종족왕에 대한 정벌전쟁에서 갈리아의 로마제국시대 귀족과 프랑크종족왕 사이의 적개심은 그대로 표출되었다. 아우베르뉴 가문은 당시 갈리아의 로마제국시대 귀족 가문 중에서도 유력한 귀족가문이었다. 아우베르뉴 가문은 프랑크종족왕을 반대하여 서고트종족왕 에우리크의 편에 서서 싸웠고, 507년 부이레전투에서 크로도베크에 대항하여 서고트종족왕 에우리크를 후원하여 프랑크종족왕에 대하여 로마제국시대 귀족이 품고 있던 적개심을 입증했다. 메로베크 가문 프랑크종족왕에 대하여 갈리아의 로마제국시대 귀족이 적개심을 품었던 요인은 간과하기 어려운 문제이다. 갈리아의 로마제국시대 귀족을 메로베크 가문 프랑크종족왕 입장에서 파악하면, 과거 메로베크 가문 프랑크종족왕이 한낱 로마제국 군대 지휘자에 불과했다는 점에서 메로베크 가문의 프랑크종족왕은 과거 로마제국시대 귀족 위치보다 아래였음을 잊지 않았을 것이다. 그런데도 현재 로마제국시대 귀족은 메로베크 가문 프랑크종족왕을 보필하는 고문이나, 하찮은 도시백작 위치에서 메로베크 가문 지배자를 당당한 종족왕으로 모시던 입장이었다. 메로베크 가문 프랑크종족왕과 로마제국시대 귀족의 이런 인식 차이 때문에 북부 갈리아의 고위 관직은 게르만어계 종족왕의 귀족동아리 혈통으로 대체했다.

로마제국시대 원로원 귀족의 활동은 지역마다 커다란 격차를 드러냈다. 특히, 랑고바르드종족왕의 영지인 이탈리아의 포강델타에서도 로마제국시대 원로원 귀족은 갈리아와 다르게 랑고바르드종족왕의 권력동아리에 전혀 협력하지 않았다. 이탈리아의 로마제국시대 원로원 귀족은 랑고바르드종족왕의 권력동아리 정착과 함께 콘스탄티노플이나 로마로 아예 빠져나가 게르만어계 종족왕의 권력동아리에서 어떤 역할도 담당하지 않고, 게르만어계 종족왕을 적대시했거나 주로 이탈리아 도시에서 칩거하며 생활했다. 갈리아와 스페인의 로마제국시대 귀족은 이탈리아의 로마제국시대 귀족과는 전혀 다르게 서로 이해관계를 조정하며, 메로베크 가문 지배자와 협력했다. 갈리아와 스페인의 로마제국시대 귀족은 게르만어계 종족왕의 방대한 정복영지를 함께 통치하며 메로베크 가문 지배자를 후원했다. 갈리아와 스페인에서는 5세기 말경 이후 생활수준도 정치 안정과 함께 급속하게 신장했고, 게르만어계 종족왕도 신속하게 로마제국시대 사법관습에 동화했다. 로마제국시대 귀족은 게르만어계 종족왕 권력동아리 일원으로 변모했다. 로마시대 귀족과 신흥 게르만어계 귀족의 결합 매체는 혼인과 라틴어 관습이었다. 갈리아 북부에서 게르만어계 권력동아리 유력자는 2개 언어를 병용했다. 이런 생활언어 병용 문제는 물론 숫자상 열등한 게르만어계 정복자에게서 제기되었고 특히 스페인의 서고트종족이 50여 종족으로 분할되어 있던 상황에서도 제기되었다.

서부세계에서는 로마제국관습은 일종의 문화 발원지였다. 서부세계의 게르만어계 종족왕 권력동아리도 새로운 국가라기보다 제국관습의 문화이동 영역에서 발원하기 시작했다. 게르만어계 종족왕의 권력동아리에서도 제국관습은 문화 발원지로서 지방사람, 지역사람의 발원지로 정착했다. 특히 게르만어계 종족왕이 갈리아 북부, 갈리아 남부, 이탈리아 북부, 스페인을 제국시대 행정구역에 따라서 구분했던 데서도 입증되었다. 특히, 프로방스는 가장 오랫동안 로마제국 속주로서 과거부터 이탈리아나 다름없이 로마제국시대 질서관습을 유지했다. 프로방스는 또한 프랑크종족왕의 영지로 편입된 이후 100여 년이나 경과했음에도 과거 모습 그대로 로마제국시대 질서관습을 유지했다. 이런 프로방스 특징은 오늘날까지도 그대로 남아 있다. 그러나 유럽 세계 전체가 과거 로마제국시대 문화이동 영역으로 남아 있었던 것은 아니었다. 프로방스를 제외한 서부세계의 북부 갈리아는 로마제국시대 질서관습을 탈피하기 시작했다. 후기 로마제국시대 이후 서부세계는 문화이동 영역으로 점차 전환했고, 게르만어계 종족왕의 권력동아리는 중세 세계의 주인공으로 등장했다.

메르베크가문 시대의 프랑크왕국

유럽문화 생성시대 세계의 교육과 새로운 문화운동

어떤 세계든, 학문동아리의 전문 지식 교육은 결속에 극히 중요한 요소였다. 서부세계에서 로마제국이 사라진 이후 서부세계와 비잔티움세계의 분리 요인을 지적하려면 아마 학문동아리의 전문 지식 교육 관행일 것이다. 비잔티움세계는 기존 로마제국시대 학문동아리의 전문 지식 교육 관행을 그대로 유지했다. 그런데도 서부세계에서는 로마제국시대 학문동아리의 전문 지식 교육관행이 거의 사라졌다. 특히 이탈리아에서는 물론 다른 지역에서보다 오래 동안 학문동아리의 전문 지식 교육관행이 존속했다. 스페인의 로마제국시대 학문동아리의 전문 지식 교육관행은 세속인세계에서 존속했다. 갈리아에서는 8세기 이후 수도자 학문동아리의 전문 지식 교육관행 형태로 존속했다. 카롤루스 가문 프랑크종족왕은 권력동아리 행정업무와 전문 지식 교육을 성직자동아리에 위임하고, 성직자동아리 교육을 위하여 수도자 학문동아리를 창건했다. 게르만어계 종족왕은 대개 라틴어 문장을 해독하지 못했고, 라틴어 철자관습으로 서술하지 못했다. 프랑크종족왕, 서고트종족왕, 랑고바르드종족왕 모두에게 공통이었다. 랑고바르드종족왕은 라틴어 상용지역에서 일상사를 라틴어 문장관습으로 기술했다. 이탈리아는 수도자 학문동아리가 6-7세기 나폴리와 라벤나에서 등장했다. 갈리아의 파리 영지에도 수도자 학문동아리가 등장하여 라틴어 계약문서와 행정업무를 처리하기 위하여 인재를 양성해야 했다. 갈리아에서는 후기 라틴어 초서체 철자관습을 해독하고, 라틴어 문장관습으로 기술한 편지글과 문학작품을 해독하여 성서 해석에 필요한 보조 자료를 찾아내기 시작했다. 성직자 사이에서도 수도자 학문동아리가 중요하다는 것을 인식하기 시작했다. 갈리아에서 순수한 학문동아리의 전문 지식 교육관행은 6세기 경 이미 사라졌다. 네우스트라시아 영지의 킬페리크 2세(715~6-721) 사망 이후, 갈리아에서 순수한 고전시대 학문동아리의 전문 지식 교육관행은 단절되고 말았다. 그러나 이탈리아에서는 갈리아와는 다르게 후기 고전시대 학문동아리의 전문 지식 교육관행이 명맥을 유지했다. 프레데가르(+대략 7세기)의 연대기는 학문동아리의 전문 지식 교육관행의 와해상황을 자세하게 당대 학문동아리 이동 사건과 함께 기록해 두었다. 『프레데가르의 연대기』는 서고트종족왕의 영지인 스페인으로부터 아바르종족왕과 슬라브어계 종족왕의 영지에 걸친 주요 학문동아리이동 사건을 나름대로 담고 있다. 특히, 『프레데가르의 연대기』에서는 서고트종족왕이 로마 정통론자동아리로 개종한 이후 안정, 평화, 번영이 찾아왔던 스페인 상황까지를 담고 있다.

서고트종족왕 시에부트는 탁월한 문학 재질을 지녔고, 자연학에도 관심을 가졌다. 특히 서고트종족왕 시에부트는 세비예 대주교 이시도르(+636)에게 '자연학'을 저술하도록 격려했다. 서고트종족왕 시에부트시대에는 자연학동아리와 인문학동아리도 스페인에서 활동했다. 이런 학문동아리이동 상황은 카롤루스 막뉴스의 파리 영지에서 활약하던 테오둘프(800~821)가 서고트종족왕의 영지인 스페인 출신이었다는 데서도 입증되었다. 테오둘프는 탁월한 카롤루스 막뉴스시대 시인이었다. 테오둘프는 고전시대 저작물을 두루 섭렵하여 당대 저작자에게 고전시대 저작자가 창안했던 저작물 원리를 시에 담아 표현했다. 당대 저작자는 테오둘프처럼 고전시대 저작자가 창안했던 원리와 논리를 형식으로나마 모방했다. 그러나 당대 저작자는 정교한 고전시대 저작자의 저작물에 담겨 있던 원리나 이론을 정확하게 파악하지 못하면서도, 그저 전문 지식 교육관행과 저작물 형식으로 명맥을 이어갔다. 교회조직 영역에서도 후기 고전시대 학문동아리와 문학동아리는 거의 사라졌다. 그런데도 후기 고전시대 학문동아리의 전문 지식 교육방법과 문학 양식은 문화 발원지로 정착했다. 후기 고전시대 학문동아리와 문학동아리는 문화 발원지로서 전문 지식의 교육 재료와 저술양식을 제공하는 일종의 표준관습을 남겨놓았으나 권력동아리 정착과 함께 재생하기 시작했다. 학문동아리와 문학동아리의 전문 지식 교육 관행이 확고한 기반을 구축하기까지는 여러 가지 종교동아리 편견을 극복하지 않을 수 없었다. 특히, 초기 교부는 후기 고전시대 저작자의 전문 지식 교육관행과 문학동아리에 대하여 편견을 지녔고, 초기 교부의 이런 편견은 가까스로 남아있던 후기 고전시대 학문동아리의 전문 지식 교육관행과 문학동아리 재생작업에 장구한 시간을 소모케 했다. 그런데도 초기 교부는 고전시대 저작자의 저작물에 근거하여 의례관습과 계약관습의 전거를 찾아내어 전문 지식 교육 재료로서 고전시대 저작자의 저작물을 활용했다.

전환시대 저작자 투르 주교 그레고르(+593년 이후)는 「프랑크종족왕의 역사」에서 갈리아 귀족동아리 자제의 전문 지식 교육관행을 언급했다. 귀족동아리는 영주 교회에다 수도자 신학동아리를 창설하여 중세 세계의 크리스트교 특징을 이어갔다. 그레고르는 북부 이탈리아 출신인 포르투나투스(+대략 600년 이후)와 함께 갈리아 귀족동아리가 로마제국시대 학문동아리의 전문 지식 교육관행을 여전히 유지했다고 지적하며 학문동아리의 전문 지식 교육관행 유지를 신앙의 기적이라고 묘사했다. 특히, 그레고르는 순교자 기적 이야기와 성자 기적 이야기를 언급하며 메로베크 가문 프랑크종족왕의 불행한 전쟁 경위를 세계사 주기로 파악했다. 그레고르는 이런 점에서 저작자다운 시각을 지녔던 인물임은 틀림없다. 당시 갈리아에서 게르만어계 귀족동아리는 새로운 수도자동아리 은신처를 창건하기 시작했다. 그레고르는 그 수도자동아리 은신처는 갈리아에서 로마제국시대 귀족과 게르만어계 신흥 종족을 결속하여 동질감을 지니게 했고 이런 결속의식이 진정한 신앙심에서 발원했다는 것을 거의 기적에 가깝게 바라봤다. 어쨌든 크리스트교 선교운동은 게르만어계 귀족을 프랑크종족왕 권력동아리 창건자, 과거 로마제국 계승자로 만들었다. 게르만어계 귀족은 크리스트교 선교운동 주인공이자, 미래 새로운 문화운동 주인공으로 등장했다. 즉, 게르만어계 귀족은 성자숭배관습을 활용하여 유럽 명칭 특징을 크리스트교로 만들며 크리스트교 선교운동을 펼쳐가기 시작했다.

중세 세계에서 문화운동은 프랑스 남부 수도자 신학동아리의 성자숭배관습과 수도자동아리 금욕수행관습의 이동과정과 일치했다. 성자숭배관습은 투르의 성자 마르티누스(371~397) 숭배관습에서 출발했고, 베네딕트 수도자의 금욕수행관습은 레렝 섬의 수도자동아리 은신처로부터 서부세계로 이동하기 시작했다. 6세기 이후 성자숭배관습과 금욕수행관습은 함께 갈리아에 정착했다. 당시 갈리아 수도자 신학동아리는 고전시대 갈리아에서 은둔하며 활동했던 순교자나 성자가 자기네 은신처를 보호했다고 해서 자기네 은신처 출신 순교자 성자를 숭배했다. 이런 순교자 성자 숭배관습이 메로베크 가문 프랑크종족왕시대에는 영지 보호성자 숭배관습으로 변모했다. 특히 프랑크종족왕은 특정한 성자가 자기네 영지를 보호해줄 것이라는 취지에서 순교자 성자의 금욕수행관습을 관행으로 유지했던 수도자동아리에 대하여 영지에다 은신처를 창건해주기 시작했다. 투르 주교 마르티누스는 당시 프랑크종족왕이 영지 보호성자로서 숭배했던 중심 성자였다. 수도자동아리의 성자 마르티누스 숭배관습도 프랑크종족왕의 영지 보호관습에서 발원하여 점차 정착했다. 이런 맥락에서 프랑크종족왕의 이런 성자숭배관습 발원지는 투르의 생 마르텡 수도자동아리 은신처인 것이다. 다시 성자숭배관습을 크리스트교 선교활동에 도입했던 수도자동아리는 레렝 섬의 수도자동아리였다. 따라서 레렝 섬의 수도자동아리가 서부세계의 성자숭배관습, 즉 크리스트와 그 제자 숭배관습을 서부세계에 전파하며 크리스트교를 선교하기 시작했다는 맥락에서 지중해 연안 칸느 곶 앞 레렝 섬의 수도자동아리를 문화운동 발원지로 설정하게 되는 것이다. 이런 수도자동아리 보호성자 숭배관습은 투르 생 마르텡 수도자동아리 은신처로부터 아퀴텐느 영지의 수도자동아리 은신처로, 그리고는 론강 유역의 수도자동아리 은신처를 거쳐 북부 갈리아인 파리 영지를 거쳐 마스-모젤 델타로까지 이동했다.

레렝 섬의 수도자동아리는 400년 경 로마제국 와해 이후 갈리아 동북부 출신의 피신 귀족을 받아들이고 이 피신 귀족 혈통에게 비잔티움세계에서 활동하던 아시아계 수도자동아리의 금욕수행관습을 성자숭배관습으로 교육했다. 갈리아의 로마제국시대 귀족혈통과 게르만어계 신흥 귀족은 물론 함께 레렝 섬의 수도자동아리로부터 성자숭배관습으로서 금욕수행관습을 전수받아 함께 수행함으로써 더욱 견고한 유대관계를 갖게 되었다. 프랑크종족왕의 귀족 혈통도 이 아시아계 금욕수행관습을 터득한 이후 갈리아 주교직을 거의 독점했고 프랑크종족왕 영지의 고위 관리직에 올라 서부세계로 선교활동 영역을 넓혀나갔다. 이런 맥락에서 투르와 레렝 섬의 수도자동아리 은신처는 6~7세기 문화운동 발원지인 것이다. 한편 투르와 레렝 섬의 수도자동아리가 유지해나갔던 성자숭배관습으로서 금욕수행관습의 기본 틀은 수도자동아리 금욕수행관습이었다. 비잔티움세계의 수도자동아리도 과거부터 금욕수행관습을 금욕수행관습으로 유지해 왔으나 그 수도자동아리 금욕수행관습의 금욕수행관습이 서부세계로 이동하여 어떤 영향을 미쳤는지를 해명하기란 애매한 실정이다. 그러나 수도자동아리 금욕수행관습의 금욕수행관습을 두고 보면 베네딕트 수도자의 금욕수행관습이 비잔티움세계의 아시아계 수도자동아리 금욕수행관습을 대체했다. 투르와 레렝 섬 출신의 수도자동아리가 베네딕트 수도자의 금욕수행관습을 터득했던 것은 아일랜드계 수도자 코룸반의 선교운동 과정이었다. 590년 이전 투르와 레렝 섬 출신의 두 부류 수도자동아리는 물론 다른 이론이 있을 수 있겠으나 아일랜드계 선교수도자 코룸반을 프와티에에서 만나 베네딕트 수도자의 금욕수행관습을 터득했다. 이런 맥락에서 코룸반은 서양세계 수도자동아리 선구자요, 수도자 베네딕트의 금욕수행관습 이동자인 것이다. 즉, 투르와 레렝 섬 출신의 수도자동아리는 프와티에에서 찾아낸 코룸반의 베네딕트 수도자 금욕수행관습을 수도자동아리의 표준 금욕수행관습 모델로 수행하기 시작했다. 따라서 이 콜룸반의 수도자동아리 금욕수행관습은 메로베크 가문 프랑크종족왕 귀족동아리의 윤리 발원지가 되었다. 이후 메로베크 가문 프랑크종족왕의 귀족동아리는 갈리아의 다양한 게르만어계 종족왕을 결속하며 베네딕트 수도자의 금욕수행관습을 론강 유역으로 이동시켰다. 당시 론강 유역의 수도자동아리 활동

영역에는 여러 갈래 비잔티움세계 금욕수행관습이 수도자동아리 금욕수행관습으로 정착해 있었다. 그러나 콜룸반계 베네딕트 수도자 금욕수행관습은 다양한 비잔티움세계 금욕수행관습을 흡수하며 서양세계 수도자동아리 금욕수행관습으로 정착했다. 메로베크 가문 프랑크종족왕의 권력동아리는 이 베네딕트 수도자 금욕수행관습을 전파하라는 취지로 콜룸반계 수도자동아리 은신처를 창건하기 시작했다. 이 콜룸반계 수도자동아리 은신처 창건운동은 수도자동아리 창건운동 또는 서양세계의 제1차문화운동인 것이다.

콜룸반의 최초 수도자동아리 은신처 창건지는 현재 프랑스 보게생의 뤽세이였다. 콜룸반은 뤽세이 수도자동아리 은신처에서 프랑크종족왕 군트람의 파리 영지와 접촉하여 프랑크종족왕 군트람의 후원을 받아냈다. 이후 뤽세이 수도자동아리 은신처는 콜룸반계 본산 수도자동아리 은신처로 다수 예하 수도자동아리를 거느리게 되었다. 뤽세이계 수도자동아리는 한국 불교 조계종 본찰의 예하 사찰처럼 100여 개 뤽세이계 수도자동아리 연합체로 발전했다. 뤽세이계 수도자동아리 은신처는 그 수행자 중에서 프랑크종족 혈족의 다수 주교를 배출했다. 이들 주교는 콜룸반계 베네딕트 수도자 생활관습의 금욕모델 전파를 선교운동 일환으로 추진했다. 콜룸반계 베네딕트 수도자의 금욕수행관습모델은 베네딕트 수도자 본인의 금욕모델과 혼합했다. 즉, 수도자의 새로운 혼합 금욕모델 출현은 아일랜드계 수도자동아리의 활동영역 확대와 함께 프랑크종족왕 권력동아리와 여러 종족왕의 관계 개선을 반영했다는 증거임과 동시에 자연히 아일랜드계 수도자동아리 출신의 주교와 수도자동아리 금욕모델이 서부세계에 정착했다는 증거인 것이다. 프랑크종족왕의 네우스트라시아 영지인 파리영지는 혼합 금욕모델 발원지로 등장했다. 프랑크종족왕의 파리 영지는 콜룸반계 수도자동아리의 센 강 유역 본산으로 자리잡았다. 프랑크종족왕의 고위 관리도 파리 영지에 세워진 콜룸반계 수도자동아리에서 배출했다. 프랑크종족왕 영지의 이런 고위 관리는 루앙, 노용, 렝, 부르주, 오탱, 리옹, 메스 주교직까지 차지했다. 이 콜룸반계 수도자동아리 출신 주교는 프랑크종족의 귀족 혈통으로서 아일랜드계 수도자동아리 금욕모델로 수행하던 프랑크종족왕의 권력동아리 유력자였다. 프랑크종족왕 영지의 수도자동아리는 주로 파리 영지에서 활동했다. 이 아일랜드계 수도자동아리의 활동 영역이 파리 영지였다는 증거는 지미에주, 파비르리, 몽티빌레르, 노와뭉티에, 생 앙드리르, 루앙 등의 수도자동아리 은신처 사례인 것이다. 이 이외에도 리옹의 생 퀴양텡, 파리의 생 마르타아르, 라크니의 페로노, 모뵈주 등의 수도자동아리 은신처를 비롯하여 뫼의 생 파롱, 리모주의 소리주나크, 크레르몽의 샤마티에, 주아르, 라베, 생 크리엥, 부르주의 생 시르피와 생 아망뎅, 그리고 카오르의 생 벵죄트, 브와조의 생 피레 등도 그 사례인 것이다. 이 프랑크종족의 혈족 주교와 귀족은 새로운 수도자동아리 은신처를 중심으로 주로 아우스트라시아 영지와 부르군드 영지로 활동무대를 넓혀갔다. 이런 수도자동아리 창건자는 프랑크종족왕의 권력동아리 운용에 간여하지 않았지만, 당대 귀족동아리 유력자인 카롤루스 가문 궁재의 권력동아리는 파리 영지의 주교직과 수도자동아리 좌장 직을 넘겨받음으로써 번성하기 시작했다.

아르눌프(614~629, +641)는 카롤루스 막뉴스 가문 창시자였다. 아르눌프는 메로베크 가문 프랑크종족왕 다고베르트 1세(623~638)의 영지 고문이었다. 아르눌프는 다고베르트 1세의 섭정 자 위치에서 아우스트라시아 영지의 귀족동아리 정상에 오른 이후 이 영지 귀족이 프랑크종족왕 관리로 등용되어야 한다고 인식했다. 프랑크종족왕 다고베르트 1세는 아르눌프의 관리등용 방법을 수용하고 아우스트라시아 영지 출신의 귀족을 파리 영지의 권력동아리 정치에 참여케 했다. 카롤루스 가문의 권력동아리는 아르눌프를 정점에 앉히고 정치세력으로 성장하기 시작했다. 카롤루스 가문의 권력동아리는 파리 영지의 권력동아리 정치에서 중심 세력으로 변모했다. 메로베크 가문 프랑크종족왕도 아일랜드계 수도자동아리 세력을 앞세워 보게셍 서부의 네우스트라시아 영지로 세력을 확장했다. 알사스 영지는 메로베크 가문의 파리 영지와 카롤루스 막뉴스 가문의 아우스트라시아 영지와 경계 영지였다. 알사스 영지 공작은 서부의 네우스트라시아 영지에 대하여 메로베크 가문의 영향력을 차단하면서 카롤루스 가문 쪽으로 기울었다. 이런 알사스 영지의 세력 변화에도 불구하고, 생 모리스, 부르군드 영지의 아고넹과 레렝, 그리고 뤽세이, 샤롱의 생 마르스, 브리의 르베 등의 수도자동아리 은신처는 메로베크 가문시대 교회사에서 주요한 위치를 차지했다.

그런데도 카롤루스 가문 세력은 점차 메로베크 가문 프랑크종족왕 영지의 보호성자 숭배관습을 계승하는 한편 그 보호성자 숭배관습을 새로운 성자숭배관습으로 대체했다.

메로베크 가문시대 보호 성자관습과 선교 문화

서부세계 수도자동아리 은신처 역사는 성자 마르티누스 숭배관습과 함께 시작되었다. 메로베크 가문 프랑크종족왕과 수도자동아리 은신처 관계도 성자 마르티누스를 프랑크종족왕 영지 보호성자로 숭배하는 관습과 함께 출발했다. 메로베크 가문시대 프랑크종족왕 영지에서 마르티누스는 프랑크종족왕 영지 보호성자였다. 5세기 이후 아퀴텐느 가롱느강 유역, 나아가 아일랜드에서조차도 마르티누스를 숭배했다. 프랑크종족왕이 갈리아 남부를 정복한 이후 갈리아 남부의 프랑크종족도 이미 과거부터 마르티누스를 갈리아 남부 영지에 대한 보호성자로서 숭배했다. 갈리아 남부에서 일어났던 이런 마르티누스 숭배관습의 이동영역 변화는 크로도베크의 개종이나 갈리아 남부에 대한 크로도베크의 정복전쟁 승리와 무관하지 않았다. 실제로 마르티누스라는 성자 이름은 프랑크종족왕 영지를 보호하던 교회조직의 상징물이었다. 마르티누스는 로마 출신 수도자인 아우구스틴(596~604)이 갈리아에 오기 이전, 즉, 597년 이전에도 마르티누스 숭배관습은 프랑크종족왕 영지의 보호성자로서 갈리아 남부에서 널리 퍼져 있었다. 심지어는 앵글로색슨종족의 정착지인 캔터베리에도 마르티누스 교회가 이미 활동해 왔다는 것도 중요한 근거일 것이다. 거기다 이탈리아에서도 교황 심마쿠스(498~514)는 로마 시내에다 마르티누스 이름을 지닌 산 마르티노 아이 몬티 수도자동아리 은신처(San Martino ai Monti)를 창건했다. 수도자동아리의 마르티누스 숭배관습은 아마도 성자 마르티누스에 대한 베네딕트의 언급에 근거하여 베네딕트가 이미 마르티누스의 금욕생활을 이미 알고서 수도자의 생활 지침으로 채택하면서 출발했을 것으로 추정하고 있다.

또한 누르시아의 베네딕트(+547)는 자기가 창건한 몬테카시노 수도자동아리 은신처에다 마르티누스 기도실과 요한 기도실을 고전시대 그리스의 아폴로 신을 대신한 위치에다 설치해 놓았었다. 이런 점에서 수도자동아리의 마르티누스 숭배관습이 이 시기에 서부세계에 깊숙이 파급되었을 것으로 추정하고 있다. 이탈리아 북부의 프랑크종족왕 영지에도 마르티누스 이름을 지닌 교회가 있었다. 프랑크종족왕의 라벤나 영지에는 이탈리아 북부와 아드리아 연안의 관문으로서 '새로운 산 아폴리나레 교회'를 세우고, 본래 하나의 수도자동아리 은신처였던 산 아폴리나레 교회를 마르티누스 교회로 개칭했다. 따라서 마르티누스는 프랑크종족왕의 동부 영지에서도 종족왕의 보호성자였다. 마르티누스 숭배 관습이 프랑크종족왕의 문화이동 역할과 함께 동부 영지로까지 확산된 것을 감안하면, 마르티누스의 이름은 프랑크종족왕의 권력동아리이동 지역과 궤도를 같이 했다. 따라서 마르티누스 숭배관습은 프랑크종족왕의 문화이동 요소인 것이다. 메로베크 가문 시대 이후 성자 마르티누스 이름은 프랑크종족왕의 영지를 표지하여 프랑크종족왕의 권력동아리 이동 지역이면 어디든 마르티누스 이름을 지니고 다녔다. 마르티누스는 프랑크종족왕의 귀족동아리 보호성자요, 프랑크종족왕의 교회조직 보호성자였다. 따라서 마르티누스 숭배관습 자체는 갈리아의 게르만어계 종족와 이탈리아의 여러 게르만어계 종족가 공동의 문화를 갖게 했던 매체였다.

특히 마르티누스는 갈리아 동북부에서도 프랑크종족왕의 영지와 교회 보호 성자였다. 보덴제 라이헨아우 섬의 수도자동아리 은신처 좌장의 방에서도 마르티누스 성자 이름을 발견했다. 라이헨아우 수도자동아리 좌장의 「성자숭배관습 절차서」에서도 숭배대상 성자로서 마르티누스 이름을 기재해 두었다. 이에 근거하여 판단하건대, 여기의 마르티누스 숭배관습이 아마도 가장 오래 된 것임은 틀림없다. 이처럼 마르티누스 성자 이름은 베드로를 포함한 로마의 여러 사도성자 중에서도 가장 오랜 동안까지, 즉 8~9세기까지 서부세계의 숭배 성자였다. 이것은 마르티누스 성자의 이름을 지닌 생 오머, 보르뮐트, 디센티스, 마르티니 인 알리스 등 수도자동아리 은신처의 성자숭배관습에서도 입증되었다. 이 수도자동아리 은신처는 7~8세기까지 도이취란트 남부 변경지대에 자리 잡고 있었다. 북해 연안으로부터 알프스 남부 산악지대에 이르는 광범한 지역에서는 마르티누스 성자 이름을 숭배했다. 성자숭배관습은 프랑크종족왕의 크리스트교 선교활동과 함께 서부 유럽세계로 이동했고, 마르티누스 이름은 프랑크종족왕 영지와 교회조직의 보호성자 표지였다. 중세 세계에서 성자숭배관습은 선교운동과 함께 서부세계로 이동하여 아우스트라시아 영지에서도 마르티누스를 종족왕 영지와 교회조직 보호성자로 인식했다. 메스의 고르체 수도자동아리 은신처는 마르티누스 숭배관습 중심지로 변모했다. 마르티누스는 5세기까지도 아퀴텐느 영지의 성자에 불과했으나 카롤루스 가문 창시자인 6세기 메스 주교 아르눌프가 마르티누스를 숭배하기 시작한 이후 성자 마르티누스 숭배영역은 아우스트라시아 영지까지 넓어졌다.

카롤루스 가문과 새로운 혼합 문화

메스 주교 아르눌프는 아우스트라시아 영지의 귀족동아리 정상에 앉아 메로베크 가문 프랑크종족왕 크로타르 2세를 강력하게 후원했다. 아르눌프는 613년 네우스트라시아, 부르군드, 아우스트라시아 영지에 대한 메로베크 가문 프랑크종족왕 크로타르 2세의 통일과정에서도 프랑크종족왕의 파리 영지를 로마리크(+대략 653)와 함께 대변하며 크로타르 2세의 통일영지를 유지토록 후원했다. 메로베크 가문 프랑크종족왕 크로타르 2세의 통일 영지에서는 콜룸반계 수도자 금욕수행관습과 순수 베네딕트 수도자 금욕수행관습이 혼합하여 새로운 수도자 금욕수행관습으로 발전했다. 이 혼합 수도자 금욕수행관습은 크로타르 2세의 통일 영지에 편승하여 아우스트라시아 영지로 이동했고, 네우스트라시아 영지, 특히 파리 영지는 프랑크종족왕 영지에 자리 잡은 아일랜드계 수도자동아리의 선교운동 발원지로 변모했다. 메로베크 가문 프랑크종족왕 크로타르 2세는 파리 영지, 즉 네우스트라시아 영지를 포함한 프랑크종족왕 영지 전체를 하나의 권력동아리로서 지배하기 시작했고, 그 권력동아리 정상에는 카롤루스 가문 선조가 될 아우스트라시아 영지의 귀족동아리 대표인 아르눌프도 포함되어 있었다. 이런 파리 영지의 통일체제는 다고베르트 1세 시대까지 계속되었다. 그러나 다고베르트 1세 사망시기인 638년 이후부터 파리 영지의 통일체제는 약화하기 시작했고, 프랑크왕의 권력동아리도 쇠퇴했다. 즉 과거 수도자동아리의 결속력도 파리 영지의 귀족동아리를 떠나 아우스트라시아 영지의 귀족동아리로 이동했다. 선조 피핀(+640)은 다고베르트 1세의 파리 영지 재상이었다. 선조 피핀은 도이취란트 모젤델타 영지 출신의 귀족동아리 일원인 쿠니베르트(+대략 663)와 함께 통일 영지의 권력동아리에 참여했다. 선조 피핀은 쿠니베르트의 후원을 받으며 아우스트라시아 영지의 귀족동아리에서 주도권을 장악했고, 이어서 쿠니베르트는 쾰른 주교직에 올랐다. 쿠니베르트는 메로베크 가문 프랑크종족왕 다고베르트 1세의 사망 이후, 카롤루스 가문의 새로운 권력동아리가 출현하도록 선조 피핀과 공동으로 아우스트라시아 영지 출신의 귀족동아리를 강력하게 후원하여 파리 영지의 아우스트라시아계 귀족동아리를 새로운 권력동아리의 주인공이 되도록 후원했다.

아우스트라시아 영지의 귀족동아리는 7세기 새로운 문화이동 주역으로 등장했다.

7세기 새로운 문화는 중세 세계의 주인공인 카롤루스 가문 영주를 정상에 앉히고 아우스트라시아 영지의 귀족동아리와 함께 모습을 드러냈다. 베네딕트 수도자의 금욕수행관습은 중세 세계의 문화 발원과정에서 여러 가지 자취를 남기는 한편 기존 질서관습에서 예기치 못했던 저항을 받기도 했다. 그런데도 대체로 베네딕트 수도자의 금욕수행관습은 기존 질서관습을 이면으로 덮으면서 반항자동아리 저항력을 완화했다. 베네딕트 수도자의 금욕수행관습은 중세 세계의 미성숙한 문화 발원지였다. 미성숙한 문화는 혼합 수도자 금욕수행관습에서 발원하여 로마제국계 종족왕, 게르만어계 종족왕, 앵글로색슨종족왕의 생활관습까지 채색하며 이동하기 시작했다. 앵글로색슨종족의 금욕수행관습은 베네딕트 수도자의 순수한 금욕수행관습이었다. 바로 이 베네딕트 수도자의 순수한 금욕수행관습을 프랑크종족왕의 권력동아리는 수용했다. 기존 혼합 베네딕트 수도자 금욕수행관습은 라인강 동부로 이동했다. 이제 메로베크 가문 프랑크종족왕 영지의 로마제국계 종족왕과 게르만어계 종족왕도 베네딕트 수도자 금욕수행관습을 수용하여 새로운 중세 세계의 주인공으로 등장했다. 중세 세계의 수도자동아리 금욕수행관습은 로마제국계 종족와 게르만어계 종족의 의례관습을 해체하고, 새로운 문화이동 매체로 자리매김했다.

귀족동아리도 수도자 금욕수행관습을 문화 발원지로 설정하여 공동 윤리를 갖기 시작했다. 중세 세계의 메로베크 가문 권력동아리는 자석 양극처럼 아일랜드계 수도자 금욕수행관습을 윤리와 도덕의 발원지로 제시하며 로마제국계 종족와 게르만어계 종족에 대하여 대등한 생활수준 운영원리를 제시했다. 수도자 금욕수행관습은 대등한 생활수준의 운영원리를 찾아내던 수단이자 새로운 종족, 즉 유럽세계 인간을 전제했다. 특히, 메로베크 가문시대 다고베르트 1세 시대까지 사회 전체는 안정되어 있었다. 그러나 네우스트라시아 영지의 귀족과 아우스트라시아 영지의 신흥 귀족은 프랑크종족왕의 권력동아리에서 주도권을 장악하기 위하여 세력경쟁을 전개했다. 이후 메로베크 가문의 권력동아리 안정은 무너지기 시작했다. 아우스트라시아 영지의 신흥 귀족인 카롤루스 가문 선조는 687년 네우스트라시아 영지와 부르군드 영지의 귀족동아리 대표인 에브로인(+680) 일파를 테르트리 전투에서 제압하여 프랑크종족왕의 권력동아리 정상에 한발 다가섰다. 카롤루스 가문 선조의 승리는 프랑크종족왕의 권력동아리에 활력을 불어 넣으며 라인강 유역 일대의 여러 게르만어계 종족왕 세력을 뭉쳐 새로운 권력동아리이동으로 발전했다. 카롤루스 가문의 권력동아리 등장은 새로운 문화이동을 예고했던 나머지 이제 프랑크종족 이외의 다른 종족은 프랑크종족왕의 권력동아리에서 귀족이 될 수 없었다. 이런 카롤루스 가문 권력동아리 속성은 오히려 라인강 유역과 모젤-마스델타를 포함한 쉐르데강 유역 영지를 중심 활동무대로 만들기에 충분했다.

새로운 사회조직과 문화 발원

카롤루스 가문 선조는 새로운 권력동아리 창건자로 등장했다. 7세기 이후 새로운 권력동아리이동 상황은 이제 중세 세계를 제시하기 시작하며 수도자동아리의 금욕수행관습을 문화 발원지로 만들어놓았다. 즉, 수도자동아리의 금욕수행관습은 다양한 종족왕 권력동아리와 종족구성원에게 일체감을 부여했다. 즉, 수도자동아리는 권력동아리와 일반 종족의 중개자 위치를 차지했다. 프랑크종족왕 영지에서 라틴어관습은 수도자동아리의 금욕수행관습과 성사관습 전달 도구였고, 그 전달 장소는 교회였다. 프랑크종족왕의 영지 교회는 라틴어 성사관습을 활용하여 지배자와 종족구성원의 일체감을 만들어내기 시작했다. 7세기는 글말도 없고, 입말도 생활언어 관습을 축적하지 못했던 암흑시대가 아니라 중세 세계의 출발점이었다. 이런 맥락에서 7세기는 기존 문화 종말시대, 즉 고전시대 생활관습 청산시대였다. 7세기는 대변혁시대가 아니었다. 그럼에도 불구하고 중세 세계 권력동아리와 비잔티움제국 교류는 지속되지 않았다. 따라서 비잔티움세계는 이제 더 이상 서부세계가 아니었다. 이제 새로운 문화는 중세 세계의 문화요 우리개념의 서양문화였다.

프랑크종족왕은 7세기까지 황무지 개간으로 영지를 확장했다. 중세 세계의 교역은 잉글랜드로까지 넓어졌다. 갈리아의 지중해 연안에서 활동하던 상인동아리의 교역양도 감소했다. 특히 이탈리아의 상인동아리 교역은 이미 6세기부터 최악 상태였다. 수도자동아리 숫자는 현저하게 증가하여 교회조직과 종교동아리에까지 영향을 미쳤다. 물론 중세 세계는 새로운 문화 옷을 갈아입으며 새로운 담당자를 갈구했다. 그 주인공은 마인츠 대주교인 빈프리트 보니파티우스(722-754)와 카롤루스 가문 권력동아리였다. 보니파티우스와 카롤루스 가문 권력동아리는 8세기 교황청과 협상과정에서 권력동아리의 정통함을 확보하기 위하여 마침내 선교운동의 정통함에 관한 실마리를 스페인의 교회 법률과 문헌류에서 들추어내고 있었다. 그러나 비잔티움세계의 종교동아리이동 방향은 7세기까지 정치운동으로 전환했다. 비잔티움세계의 종교동아리이동운동은 교회조직의 정통론 문제를 떠나서 황제 및 귀족의 후원을 받으며 종교동아리와 권력동아리의 통합운동으로 발전하여 교회 법률까지 바꾸어놓았다. 갈리아의 여러 갈래 로마제국시대 종족왕 세력과 게르만어계 종족왕세력은 프랑크종족왕 황제를 교회조직과 권력동아리 정상에 앉히고 공조해 나갔다. 그런데도 7~8세기까지도 서부세계의 노르만디와 브레타뉴 반도를 비롯한 센 강 남부 유역으로 이주민이 유입했다는 전거가 없는 실정이다.

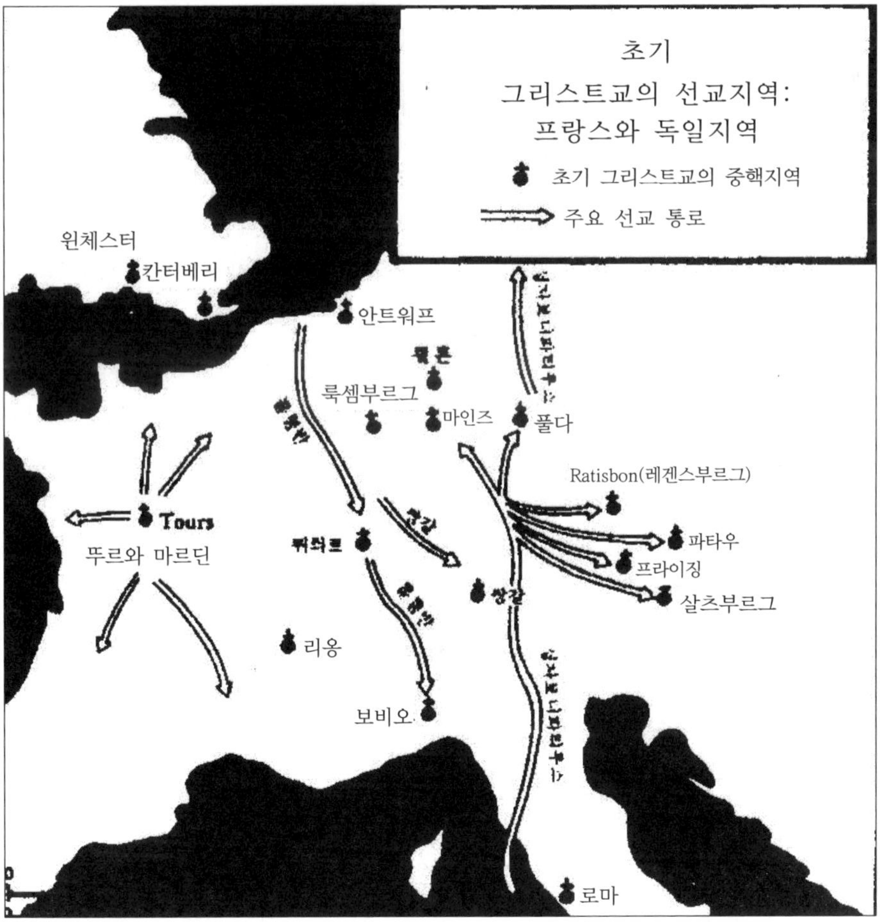

4-2. 유럽문화 생성시대 세계에 대한 이탈리아와 스페인 역할

이탈리아와 스페인의 비잔티움제국 질서로부터 이탈

이제 이탈리아와 스페인이 비잔티움제국과 서부세계의 문화교류, 즉 중세 세계의 출현과정에서 어떤 역할을 했는지를 분석했다. 한마디로 지적하면, 이탈리아와 스페인은 비잔티움세계와 서부세계를 분리하는 경계영역 역할을 담당했다는 점이다. 스페인에서는 여러 종족왕의 권력동아리는 복잡하게 얽히며 이동을 거듭했다. 여러 종족왕의 권력동아리이동 영역은 물론 대개 로마제국시대 속주였다. 그런데도 여러 게르만어계 종족왕 권력동아리는 이동종족과 혼합했으나, 특정한 종족왕 권력동아리가 두각을 나타내며 세력경쟁을 주도하지는 않았다. 스페인의 이동종족 단위는 종족왕이었다. 그런데도 종족왕 단위의 이동종족은 과거 로마제국시대 질서를 이탈하지 않았다. 특히 서고트종족왕은 스페인 이동 이후 여러 종족왕의 권력동아리를 합병했음에도 여전히 스페인 지배자로 남아 서부세계로 이동하던 비잔티움제국 영향력을 차단했다. 또한 중세 세계의 입장에서는 서고트종족왕이 후기 아랍인의 침략으로 잃어버렸던 스페인 회복운동을 주도했다고 평가했던 것이다. 이탈리아는 랑고바르드종족왕의 영지였다. 이탈리아의 랑고바르드종족왕 권력동아리도 로마제국시대 질서를 유지했다. 당시까지 로마제국시대 종족 생활수준은 랑고바르드종족의 생활수준을 능가했다. 그런데도 랑고바르드종족왕은 이탈리아 지배자였음에도 이탈리아 사회를 결속하지 못했다. 이탈리아 사회는 이미 7세기 이후 종교동아리이동 영향으로 완전히 분리되어 있었으나 이 두 지역 상인동아리 교류는 이어졌다. 우상숭배 논쟁이 야기했던 우상파괴 운동, 혹은 성상파괴 운동은 8세기 이후 교회조직의 정통론을 내세우며 서부세계 로마 교황청과 비잔티움제국 황제의 관계, 즉 종교동아리와 권력동아리의 관계까지도 갈라놓기 시작하여 황제관습과 제국관습도 사라지기 시작했다. 이탈리아는 비잔티움세계와 서부세계를 분리하는 악역을 담당했던 것이다. 비잔티움제국 황제 세력과 로마 대주교 세력의 정통론 논쟁은 이탈리아에서 출발했다. 이 두 세력의 정통론 논쟁은 결국 그리스어계 정통론자동아리와 라틴어계 정통론자동아리 분리로 이어졌다. 비잔티움제국 황제 세력과 로마 대주교 세력의 이음새였던 정통론자동아리 분열은 곧 서부세계 역사를 새로운 유럽사로 만드는 분기점이 되었다. 이제 비잔티움세계와 서부세계의 이음새는 정통론자동아리가 아니라 예술로 바뀌었다.

비잔티움세계 예술, 특히 건축 양식과 조각 장식품은 서부세계 라틴어 관습에다 그리스어, 시리아어, 이슬람 등의 언어관습을 착색케 했다. 즉 복잡한 비잔티움세계 언어관습은 건축 양식과 조각 장식품에 침잠한 채 서부세계로 이동하여 라틴어 관습에 영향을 미치기 시작했다. 라틴어 관습의 변화 사례는 카롤루스 가문시대 르네상스인 것이다. 카롤루스 가문시대 르네상스는 라틴어 철자관습을 표준글자로 채택하여 라틴어 해독력을 재생하는 출발점이 되었다. 카롤루스 가문시대 르네상스와 유사한 비잔티움세계의 문화이동 현상은 여러 서부세계 도시, 특히 아드리아 연안 이탈리아 도시에서에서도 나타나기 시작했다. 비잔티움세계의 문화이동에도 불구하고 프랑크종족왕 황제 영지의 아일랜드계 수도자동아리 금욕수행관습은 오히려 랑고바르드종족왕 영지인 이탈리아로 그 영역을 넓혀갔다. 이런 아일랜드계 수도자동아리 금욕수행관습도 카롤루스 가문 권력동아리의 등장과 함께 앵글로색슨계 수도자동아리 금욕수행관습으로 대체되기 시작했다. 앵글로색슨계 수도자동아리 금욕수행관습은 유럽대륙과 브리타니아 섬의 언어관습이 달랐음에도 유럽대륙에 정착하여 동부 유럽으로까지 이동하기 시작했다. 카롤루스 가문 권력동아리는 유럽대륙을 모자이크 모양의 다양한 수도자동아리 금욕수행관습으로 수놓았다. 실제로 스페인과 이탈리아가 비잔티움세계와 서부세계를 분리하는 경계가 된 이후 서부세계에서 로마제국시대 질서관습은 급격하게 쇠퇴했다.

6세기 로마인 질서 쇠퇴, 사제 교육, 전문 지식 원리

이탈리아에서 로마시대 질서관습은 고트종족왕과 전쟁을 치르고 난 6세기 이후 급격하게 쇠퇴하기 시작했다. 로마시대 귀족동아리는 기존 질서관습 와해로 인하여 심한 타격을 받았다. 로마시대 귀족은 로마제국시대 생활관습을 유지하기 위하여 학문동아리 교육과 문학 동아리의 창작활동을 이어갔다. 그러나 6세기 말엽 이후 이동종족의 생활관습은 로마제국시대 종족왕 영지에도 유입되며 표준관습도 무너져갔다. 로마제국시대 귀족조차도 학문동아리 교육관행과 문학동아리의 창작관행을 더 이상 지탱하지 못하고 자기네 활동무대를 떠나기 시작했다. 로마제국시대 귀족이 자기네 활동무대를 떠난 이후 학문동아리의 로마제국시대 교육관행과 문학동아리의 창작관행도 세속인 세계를 떠나갔다. 학문동아리의 로마제국시대 교육관행과 문학동아리의 창작관행은 이제 교회 골방이나 수도자동아리 은신처라는 성벽 안으로 들어가 그야말로 은둔하며 세속세계에서 생명력을 이미 잃어갔다. 교회 골방이나 수도자동아리 은신처에서 학문동아리의 로마제국시대 교육관행과 문학동아리의 창작관행은 세속인에게 크리스트교를 다시 간곡하게 권고하는 표현 수단에 지나지 않았다. 이런 맥락에서 교회 골방의 학문동아리와 문학동아리는 로마제국시대 교육관행과 창작관행 계승자인 것이다. 이런 계승자 사례는 이탈리아의 카시오도르와 스페인의 이시도르와 같은 인물인 것이다.

6세기는 이탈리아의 급격한 전환시대였다. 이탈리아의 카시오도르(+500년경)는 문학동아리의 로마제국시대 창작관행과 학문동아리의 교육관행 계승자인 당대 문필가 보에티우스와 가까운 친구였다. 또한 동고트종족왕 테오레리크 1세와 아타르아리크(+381)의 영지에서 고위 관직에 올라 탁월한 문필가로서 명성을 떨쳤다. 카시오도르는 이탈리아 북부 영주가문에서 출생했다. 카시오도르는 영주 가문 인물답게 이집트 알렉산드리아와 시리아 안티오크에서 신학동아리의 교육관행을 받아들이고, 로마에다 신학동아리를 설립코자 시도했다. 그러나 카시오도르의 이런 계획은 이탈리아 사정 때문에 결국 수포로 돌아갔다. 동고트종족왕의 권력동아리는 550년 몰락했다. 이후 카시오도르는 스크빌라체의 카라브리아 영지인 동고트종족왕의 영지 비바리움을 학문동아리 활동의 근거지로 삼았다. 카시오도르는 동고트종족왕 영지인 비바리움에다 수도자동아리 은신처를 창건하고, 이곳에다 라틴어 필사본과 그리스어 필사본을 수집하여 도서관을 개설했다. 카시오도르의 도서관은 물론 수도자 학문동아리, 특히 수도자 신학동아리를 확실하게 양성하기 위한 출발점이었다. 이런 맥락에서 카시오도르의 도서관은 서양 수도자 학문동아리 발원지였다. 카시오도르는 수도자 학문동아리의 교육관행을 지식이동 지침으로 만들며 고전시대 문화이동 통로를 확보했다.

이제 고전시대 문화이동 관행은 수도자 학문동아리의 교육관행과 함께 연명해갔다. 카시오도르의 근본 취지는 세속인보다 수도자 학문동아리 교육을 위한 것이었다. 즉 카시오도르는 성직자 교육용으로 그리스어 필사본와 라틴어 필사본에 대한 주해를 강조하며 첨가했다. 카시오도르의 주해 취지는 필사본을 읽고 그 본래 의미를 쉽게 받아들이도록 만들기 위한 것이었다. 카시오도르는 필사문서 주해관습을 이집트와 시리아의 수도자 학문동아리로부터 모방했다. 필사본 주해관습은 원래 비잔티움세계에서부터 7가지 교양으로 구분되어 있었다. 카시오도르는 이 주해관습을 그대로 수용했다. 카시오도르가 비잔티움세계로부터 모방했던 일곱 가지 교양은 문법(grammatica), 수사학(dialectica), 논리학(logica), 산문(prosologia), 기하학(gymestrica), 화음학(musica), 천문학(astronomica)이었고, 유럽관습 여명시대 세계 학문동아리 연합체의 교양이었다. 라틴어와 그리스어 필사본 주해관습은 물론 고전시대 학문동아리 교육관행과 함께 1000여 년 간이나 서양세계에서 존속했다. 카시오도르의 이런 수도자 학문동아리 교육관행은 베네딕트 수도자의 금욕수행관습과 함께 수도자 학문동아리의 교육관행으로 정착했다.

베네딕트(+547년경)는 카시오도르와 동시대 인물이었다. 베네딕트 수도자의 금욕수행관습은 서양세계 생활관습 구심점이자 질서 발원지였다. 베네딕트 수도자 금욕수행관습은 질서 조정자 위치에서 유럽세계 인간의 행동 궤도를 제시했다. 이런 맥락에서 수도자 베네딕트의 몬테카시노 수도자동아리 은신처(529년 창건)는 서양 수도자동아리 은신처의 선구자 위치에 서게 되었다. 베네딕트 수도자 금욕수행관습은 베네딕트계 수도자동아리 은신처로부터 유럽세계 전역으로 이동했다. 11~13세기 치스테르치아누스 수도자동아리의 교회개혁운동에서도 베네딕트 수도자 금욕수행관습을 행동강령으로 채택했다. 로마 교황청에서는 577년경 이런 베네딕트 수도자 금욕수행관습을 몬테카시노 수도자동아리 은신처로부터 전달받아 비밀리에 공인했다. 베네딕트 수도자 금욕수행관습은 이후 베네딕트 수도자 금욕수행관습을 잉글랜드 주민에게 선교할 목적으로 대교황 그레고르 1세가 수도자로서 당시 캔터베리 대주교인 아우구스틴(+604~5)에게 맡겨 잉글랜드로 그를 파견했다. 따라서 베네딕트 수도자 금욕수행관습은 잉글랜드로 이동하여 정착했다. 이런 베네딕트 수도자 금욕수행관습은 7~8세기 수도자 빌리브로르드(695~739)와 보니파티우스(722~754)와 같은 선교자 손을 거쳐 유럽대륙의 카롤루스 가문 지배자들에게까지 이동했다. 물론 유럽대륙에서도 여러 베네딕트계 수도자동아리 은신처가 베네딕트 수도자 금욕수행관습을 이어갔다.

이들 프랑스 지역 수도자동아리 은신처는 프뢰리(631년 창건), 루앙의 우엔(649년 창건), 파리의 쌩 뎅이(650년 창건), 꼬르비 수도자동아리 은신처(657년 창건) 등이었다. 이외에도 잉글랜드 지역의 수도자동아리 은신처는 캔터베리 수도자동아리 은신처(601년 창건), 피터보로우(664년 창건), 웨어마우스 수도자동아리 은신처(674년 창건), 쌍 알반 수도자동아리 은신처(730년 창건) 등이었다. 도이취란트 지역에는 에흐터나흐 수도자동아리 은신처(708년 창건), 보텐제의 라이헨아우 수도자동아리 은신처(724년 창건), 풀다 수도자동아리 은신처(744년 창건), 쌍 갈렌 수도자동아리 은신처(750년 창건) 등이었다. 이탈리아 지역에는 보비오 수도자동아리 은신처(612년 창건), 다시 복구되긴 했지만, 파르파 수도자동아리 은신처(690년), 보루투모의 산 빈첸초(703년 창건), 싼 살바토레(735년 창건), 상 파울 외곽 수도자동아리 은신처 등이 있다. 유럽 지역의 이들 베네딕트계 수도자동아리 은신처는 싸크로 스페쿠와 수비아코 등의 수도자동아리 은신처를 본 떠 창건되었다. 이들 수도자동아리 은신처로 베네딕트 수도자 금욕수행관습을 전달하는 데 기여한 인물은 교황 그레고르 1세였다.

대교황 그레고르 1세(590~604)는 탁월한 성직자 교육자였다. 그레고르 1세는 교회조직과 종교동아리 대표자였다. 대교황 그레고르 1세는 로마제국시대 원로원 귀족가문에서 출생한 로마 시민이었다. 그레고르 1세는 고전시대 교양을 폭넓게 함양하여 6세기 중엽 고위 성직자가 되었다. 그에게 교황직은 최후 고위 성직이었다. 당시 학식은 고갈되고 질서는 마비되었다. 대교황 그레고르 1세는 이런 급박한 시대 상황을 바로잡기 위하여 관심과 정성을 쏟으며 성직자 교육용 사제 텍스트를 편찬했다. 그 사제 텍스트는 중세까지 선교활동 지침서요, 사제생활 지침서였다. 대교황 그레고르 1세의 사제생활 지침서를 후세인은 교부행전이라 지칭했다. 대교황 그레고르 1세는 성서 교의를 중시했던 해석자라기보다는, 현실을 중시했던 정치가였다. 대교황 그레고르 1세는 대교황 위치에서 성직자 생활지침을 확정했다. 대교황 그레고르 1세가 고위 성직자와 교회 보직자에게 설교와 성서에 대한 해석지침을 제시했다고 해서 대교황 그레고르 1세 시대를 성서 해석시대 혹은 설교 존중시대라 지칭하고 있다.

후기 고전시대 학문동아리 교육관행을 이어가려던 정신은 아프리카와 교류가 활발했던 스페인의 서고트종족왕 영지에서 가장 오래 동안 생명력을 발휘했다. 아프리카와 활발한 교류에 힘입어 서고트종족왕은 스페인 지배자가 되었고 후기 고전시대 학문동아리 교육관행은 고트어 저작물보다 토착 스페인의 라틴어 저작물을 내놓고 있었다. 이 스페인 저작물은 수도자 학문동아리 손을 거쳐 바로 유럽으로 이동했다. 스페인 저작물 영향으로 유럽세계는 생성시대 문화에 접근했다. 물론 이런 스페인 저작물 재생자는 아프리카 수도자동아리였다. 즉, 아프리카 수도자동아리는 마우르종족왕이 아프리카를 침입했던 570년 이전 아프리카 사회 불안을 틈타 고전시대 저작물을 지니고 스페인으로 피신했던 것이다. 아프리카 사태불안은 결국 저술가를 스페인을 거쳐 브리타니아 섬과 프랑크종족왕 영지로 이동케 했다. 브리타니아 섬의 앵글로색슨종족과 프랑크종족왕 영지 입장에서는 스페인 저술가를 받아들일 수 있는 기회였다. 스페인 상황은 갈리아와 이탈리아 상황과는 판이하게 달랐다. 스페인에는 7세기에도 여전히 학문동아리의 고전시대 교육관행과 문학동아리 활동이 활발하게 이어졌다. 이시도르와 타호는 당대 대표 저술가였다. 이시도르와 타오는 종교동아리 교의와 법률 운영원리 모음집을 편찬했다. 중세까지도 이 종교동아리 교의와 법률 운영원리 모음집을 표준 지침서로 활용했다. 이시도르는 고트계 아버지와 로마계 어머니 사이에서 출생했다. 이시도르는 이런 혈통과 출생 때문에 언어관습에 관하여 풍부한 지식을 지녔다. 이시도르는 풍부한 언어관습 지식으로 '언어 원리'를 편찬했다. 그의 언어 원리는 로마어와 고트어로 절반씩 나누어져 저작되었다. 그의 '언어 원리'는 고전시대 사회와 종교, 교육과 학문 관행을 수록한 당대의 기본 텍스트일 뿐만 아니라, 해석 대부분을 실은 일종의 백과사전과 같은 저작물이었다. 이시도르와 타호가 살아서 활동했던 스페인은 고전시대 교육과 학문 관행을 유럽세계로 이동시키던 조그마한 문화이동 창구였다. 스페인 저작물은 유럽문화 발원지 역할을 담당했고, 유럽세계 주인공인 카롤루스 가문은 스페인 학문동아리 교육 관행과 순수 베네딕트 수도자 금욕수행관습을 받아들여 새 옷을 갈아입고 선교운동을 강력하게 추진했다.

4-3. 카롤루스 가문의 등장과 제2차 문화운동

프랑크종족왕 다고베르트 1세 시대와 노예 상인 사모(623-658)

프랑크종족왕은 로마제국 몰락 이후 100여 년 동안 서부세계를 외형상으로 차지했을 뿐 실제로는 분할영지시대였다. 프랑크종족왕 영지는 파리 영지를 포함한 네우스트라시아 영지, 쾰른 영지와 스트라스부르 영지를 포함한 아우스트라시아 영지, 부르군드 영지로 분할되어 내전 상황이었다. 거기다 아퀴텐느 영지는 더욱 복잡하게 분할되어 있었다. 크로타르 2세는 네우스트라시아 영지의 프랑크종족왕이었다. 크로타르 2세는 아우스트라시아 영지 출신 귀족인 카롤루스 가문 선조와 공동으로 613년 프랑크종족왕 영지를 통일했다. 크로타르 2세의 파리 영지관습 협약(614년)은 종족왕의 어려운 분할 영지 상황을 그대로 반영했다. 프랑크종족왕의 통일 영지는 크로타르 2세의 후계자인 다고베르트 1세 시대까지 지속되었다. 그러나 프랑크종족왕의 통일 영지조차 다고베르트 1세 시대 종말과 함께 특히 동부 변경

영지를 위협하려는 슬라브어계 노예 상인 사모(Samo, 623~658)의 세력이 나타나기 시작했다. 프랑크종족왕 다고베르트 1세의 영지는 슬라브어계 노예 상인 사모와 격렬한 전쟁을 치르며 혼란에 직면했다. 사모는 추측컨대 거대한 슬라브어계 노예 상인이었다. 당시 프랑크종족왕 영지의 노예는 아바르종족왕과 전쟁을 반대했다. 사모는 아바르종족왕과 전쟁을 반대하던 프랑크종족왕의 노예동아리에 끼여 있었다. 사모는 노예 동아리 폭동에 가담하여 노예동아리 지도자로 자처하고 이 노예 동아리를 이끌고 영지를 창설했다. 노예 상인 사모는 케른텐에서 살레강과 엘베강 이내 뵈멘과 뫼렌을 포함하여 오스트리아 북부를 차지했다. 사모는 자기에 대한 공격자 다고베르트 1세 영지를 침입했다. 사모는 튀링겐에서 프랑크종족왕과 전쟁 중이던 벤드종족왕을 선동하고 프랑크종족왕에게 도전하여 프랑크종족왕 영지를 혼란에 빠뜨렸다. 당시 벤드종족왕과 사모는 합세하여 튀링겐 영지를 공략했다. 프랑크종족왕의 튀링겐 영지는 사실상 에르푸르트에 본거지를 둔 공작 영지였다. 7세기 말경 튀링겐 영지의 변경 공작이 주재지를 라인강 북부의 뷔르츠부르크로 옮긴 이후 이 튀링겐 영지는 권력동아리 공백시대나 다름없었다.

벤드종족왕도 프랑크종족왕의 이런 혼란시대를 틈타 자기네 정착지를 확보하겠다고 프랑크종족왕에 대하여 전쟁을 선포해 둔 상황이었다. 거기다 사모까지 프랑크종족왕 다고베르트 1세의 튀링겐 영지를 침입함에 따라서 프랑크종족왕 다고베르트 1세는 벤드종족왕과 사모의 반란으로 아바르종족왕과 함께 격심한 타격을 입게 되었다. 프랑크종족왕은 이어서 내란과 외환에 휘말려들었다. 특히 프랑크종족왕 입장에서 사모와 전쟁은 끈질긴 소모전이었다. 메로베크 가문 프랑크종족왕의 권력동아리 역시 이런 소모전을 겪으면서 쇠퇴하기 시작했다. 메로베크 가문 프랑크종족왕은 당시까지만 하더라도 비잔티움제국과 원활한 관계를 유지했으나 몰락하는 사모 운명과 함께 비운의 장막 속으로 사라지기 시작했다. 아바르종족왕은 프랑크종족왕의 변경 영지에 거주했으나 전쟁과 내란 이후 카르파트 산기슭의 모타바강과 도나우강 이내에 한정하여 거주했다. 다고베르트 1세는 미성년 후계자를 남긴 채 역사상의 인물로서 사라졌다. 다고베르트 1세 시대 이후 나이 어린 메로베크 가문 프랑크종족왕은 취약할 수밖에 없었다. 어린 나이의 메로베크 가문 프랑크종족왕은 센 강과 와즈강 이내의 계곡 영지에서 즉위하고 메로베크 신의 혈통답게 머리를 길게 늘어뜨리고 종족왕 계승관습을 지켜 나갔다. 그러나 나이 어린 종족왕 시대는 귀족동아리 세력의 융성시대였다. 특히, 야심에 찬 아우스트라시아 영지의 귀족은 강력한 세력을 구축하여 명실상부한 지배자로 등장했다. 7세기 이후 갈리아 남부 지중해연안 항구도시의 상인동아리 교역은 활기를 잃어가며 황폐화하기 시작했다. 지중해 연안의 항구 도시에는 7세기 말경부터 인구까지도 감소했다. 지중해 연안 항구도시 거주자는 프로방스를 떠나 알프스 산길을 따라서 이탈리아로 이주했다. 698년 이후 아랍인은 이탈리아를 비롯한 지중해 연안 곡창지대인 아프리카의 카르타고를 그리고 711년에는 스페인까지 정복했다. 이제 유럽세계 인간은 사라센의 세력 팽창을 경계하지 않을 수 없었다. 사라센은 중부 지중해 연안과 서부 연안을 차지한 다음 다시 갈리아 남부 해안까지 위협했다.

비잔티움세계와 서부세계의 단절 상황과 유럽문화 생성시대 세계의 여명

지중해 연안 상황은 이제 완전히 과거와 달라졌다. 비잔티움세계와 서부 유럽세계의 관계는 완전히 단절된 상황이었다. 물론 비잔티움세계에서 들어오던 산물 수요도 유럽세계 인간의 머리 속에서 망각 파도처럼 사라져 갔다. 지중해 연안 상인동아리의 교역에 대비하기 위하여 생산하던 상품도 이제 더 이상 필요치 않게 되었다. 상인동아리 교역은 지중해 연안에서 생명을 점차 잃어가기 시작했다. 특히 아랍인의 세력 팽창은 비잔티움세계와 서부세계의 이음새를 단절했다. 그러나 비잔티움세계, 서부세계, 아랍인의 정복지를 묶어 주던 이음새는 이제 화폐로 둔갑했다. 고전시대 세계에서처럼 화폐는 상인동아리 교역에 활력을 불어넣었으나 갈리아 남부에서는 화폐 효용까지 급격하게 사라지며 경기 침체의 늪에 빠졌다. 이제 서부세계에서는 미래를 예측할 수 없었다. 즉, 농업 위주의 생산 질서가 정착하기 시작했다. 따라서 이제 영지는 장기간에 걸쳐 자산, 권력, 특권의 발원지 기능을 담당했다. 농업은 생산 핵심으로 자리 잡았다. 프랑크종족왕도 갈리아 남부 영지에서 이제 더 이상 현금 조세 징수가 불가능했다. 물론 교역 쇠퇴와 함께 지리 관습 축소로 아퀴텐느와 갈리아 남부의 교역 도시 역시 지중해세계와 함께 점차 유럽세계 인간의 뇌리에서 사라져 갔다. 이제 후기 고전시대 지중해세계 관문 도시도 점차 어촌 마을로 변했다. 유럽세계 거주자는 지중해 연안 거주자를 생소하게 인식하기 시작했다. 그런데도 유럽세계는 서부 유럽과 중부 유럽을 중심으로 급격하게 변화했다. 중부 유럽과 서부 유럽의 변화는 미미한 후기 고전시대 문화이동에 힘입어 새로운 유럽문명으로 발전했다. 물론 이 새로운 권력동아리 세력은 새로운 문화 옷을 입고, 북부 유럽과 동부 유럽을 개척했다.

새로운 유럽세계 인간은 과거 로마세계 인간이 듣지도 보지도 못했던 아일랜드계 금욕수행관습을 한쪽 손에 쥐고 다시 앵글로색슨계 금욕수행관습을 다른 쪽 손에 쥐고서 주변세계를 두드리고 있었다. 물론 아일랜드계 수도자동아리 금욕수행관습은 과거 로마인에게 당연히 생소한 것이었다. 아일랜드계 수도자동아리 금욕수행관습이 브리타니아 섬에서 유입된 이후 유럽세계 인간의 문화이동 창구는 이제 지중해세계의 이탈리아 반도가 아니라 브리타니아 섬이었다. 유럽세계 인간의 교역 역시 브리타니아 섬과 북부 유럽으로 넓어지기 시작했다. 유럽세계 인간의 교역 대상지역도 스칸디나비아와 프랑스 북부로 전환했다. 중세 세계는 태동하기 시작했다. 중세 세계의 역사 주인공은 로마제국시대 귀족동아리와 교회조직이었다. 로마제국시대 귀족동아리와 교회조직은 로마제국을 계승토록 협력할 게르만어계 대표자를 카롤루스 가문 권력동아리에서 찾아냈다. 한편 카롤루스 가문 권력동아리는 로마제국시대 귀족동아리와 교회조직을 자기네 협력자로 선택한 다음 과거 로마제국 황제 도시인 마스 강-모젤 강 델타의 트리어를 권력동아리 근거지로 하여 전열을 가다듬어 갔다. 카롤루스 가문 권력동아리는 마스 강-모젤 강 델타의 도시 트리어로부터 과거 로마제국시대 문화영역인 라인강과 도나우강 유역, 엘베강과 뵈멘의 발트에 이르는 동부 유럽까지를 세력권으로 확장해갔다. 이런 새로운 카롤루스 가문 권력동아리는 비잔티움세계의 그리스어계 종족세계와 슬라브어계 종족세계에 대해서도 느슨하나 실제로는 전쟁 상황을 견지해 갔다. 언어, 종교, 생활관습 측면에서도 이슬람 세력은 서부 유럽세계와 비잔티움세계를 완전히 분리했다.

로마 대주교 권위는 다양한 성자숭배관습을 활용하여 서부유럽세계 인간에게로 이동했다. 로마 대주교 권위는 교구 단위의 사도성자 베드로숭배관습과 함께 카롤루스 가문 선교활동 영역으로 이동했다. 수도자동아리는 독특한 종족왕 귀족동아리에다 농민, 크리스트교동아리를 결속했다.

사회조직 결속력의 특징과 봉건사회

중세 세계의 수도자동아리는 귀족 중심의 결속방식을 교회개혁 물결로 채색하며 귀족을 질서 핵으로 만들어갔다. 이런 귀족 위치는 종족왕의 권력동아리에서 발원한 영향력 때문이었다. 귀족의 영향력은 실제로 프랑크종족왕의 권력동아리 영역을 축소했다. 또한 귀족의 영향력은 종사관습에서 발생했다. 종사관습은 귀족의 영향력에 영지 구성원을 부착하는 예속 매체였다. 종사관습의 핵심은 서약을 동반하는 신서관습이었다. 귀족에 대한 종사의 충성관습도 종사관습에서 발원했다. 이런 종사관습은 친족이나 혈족의 가부장처럼 영지구성원을 결속했다. 종사동아리 수장은 종사관습 정상에 위치했다. 프랑크종족왕 권력동아리 일원인 귀족은 다양한 종사관습 수장으로서 종사를 보호했다. 종사동아리에 대한 귀족의 보호관습은 종족왕 영지에까지 확대되었다. 수장과 종사 관계는 물론 계약관습에서 발원했다. 종사동아리 수장은 수장과 종사 이런 계약관습에 따라서 프랑크종족왕의 권력동아리 출현과 함께 종족왕의 기사나 공훈 귀족으로 변모했다. 프랑크종족왕의 권력동아리에서 종사와 수장의 계약관습은 종사와 수장을 호혜관습을 원칙으로 결속했다. 종사와 수장의 호혜관습, 즉 수장에 대한 종사의 봉사관습과 종사에 대한 수장의 보호관습은 종사와 수장이라는 두 계약 당사자의 쌍무관습으로 효력을 발생했다. 이 쌍무관습의 매개체는 영지관습이었다. 즉, 영지관습의 봉토는 수장에 대한 종사의 봉사 대가인 영지와 종사에 대한 수장의 보호 대가인 종사의 충성을 사법 효력으로 이어주었다. 프랑크종족왕 권력동아리에서 귀족은 봉토의 사법 기능과 함께 영지 소유자인 영주로 변모했다. 봉토는 종사의 봉사, 충성, 복종을 영주의 보호와 호혜 관습에 이어주도록 사법 효력을 발생케 하는 매체였던 것이다. 독특한 중세 세계의 서열관습과 계급관습 역시 귀족의 영향력에서 발원했다. 봉사관습과 봉토관습의 쌍무관습이 프랑크종족왕의 권력동아리 일원인 귀족의 서열관습과 계급관습에 합류하면서 귀족의 영향력은 소위 봉건제에서 영주 지위로 발전하기 시작했다.

물론 라틴어 계약문서는 귀족의 영향력을 크리스트교의 복종관습과 보호관습에 일치시키는 기능을 담당했다. 귀족의 종족 보호관습과 귀족에 대한 종족구성원의 복종관습 역시 영지소유관습에서 발원했다. 프랑크종족왕의 귀족은 권력동아리 핵심 위치에서 영지 정상에 앉아 인신 지배관습 집행자로 등장했다. 귀족의 인신 지배관습은 귀족의 주권영역이었다. 17~18세기 이후에야 유럽세계는 프랑크종족왕의 권력동아리에서 발원했던 귀족의 인신 지배관습을 탈피했다. 물론 귀족의 인신 지배관습은 바로크시대까지도 중세 세계나 유럽문화 여명시대 세계와 같은 모습으로 존속했다. 마르틴 루테르는 중세세계 귀족의 인신 지배관습을 귀족의 주권영역이라고 오인했던 착오사례를 명확하게 제시했다. 마르틴 루테르 역시 권력동아리 수장의 주권영역을 국가 주권영역으로 오인하여 귀족의 인신 지배관습을 탈피하지 못했다. 즉, 마르틴 루테르는 권력동아리 수장의 주권영역을 '종족왕 영주'(Landesherr)의 의지를 내세워 영주 개인의 질서로 파악했다. 마르틴 루테르의 이런 판단착오 사례는 국가 주권영역에 보통, 비밀, 직접, 평등 선거를 내세운 다수 참여 대중정치라는 의견수렴 수단이 일반 사회의지로 편입할 것을 예상하지 못했던 데서 기인했을 것이다. 그러나 유럽문화 정착시대 세계의 국가 주권영역은 성문 사법이 표준관습 발원지로 정착했던 계몽주의시대 이후 일반 시민에게로 돌아왔다. 즉, 귀족의 인신 지배관습과 인신 지배 수단인 영지관습은 프랑크종족왕의 권력동아리에서 발원했으나 화폐 활용과 개인주의 영향으로 새로운 시장 질서에 파묻혀 갔다.

어쨌든 종사관습은 메로베크 가문 프랑크종족왕 권력동아리의 영지관습과 함께 발원하여 귀족을 영지 정점에 앉혔다. 8세기 이후 종사관습은 종족왕 가신의 신서관습 등장으로 주종관습으로 변화했다. 즉 카롤루스 가문 프랑크종족왕은 주종관습 정점에 오르는 최고 영주 종족왕의 가신관습 정착과 함께 권력동아리 안정을 구축했다. 영주는 종족왕의 권력동아리에서 최고영주 대행자인 종족왕의 가신 위치에서 예속관습 집행자로 등장했다. 이런 영주관습은 프랑크종족왕의 권력동아리에서 발원하여 무력을 앞세워 불법 폭력으로 종족 구성원을 억압하는 권력동아리 내부의 통치 도구였다. 한편 영주는 종족왕의 권력동아리로부터 분리하려는 자치 성향을 드러내며 영주이자 종족왕의 가신인 귀족을 권력동아리 대표자 위치에 앉혀 두었다. 이런 맥락에서 영주 귀족은 개인 위주의 질서에다 종족 구성원을 무력과 억압으로 고정시켜 영지의 다양한 불안 요인을 잠재웠다. 또한 영주 귀족은 스스로를 일종의 질서 발원자라고 선전하며 자기의 불법 행위를 정당화했다. 권력동아리 수장인 종족왕은 무력과 억압으로 사회 불안을 잠재우며 영지 대표자가 되어 자기에 대한 충성관습과 신의 후원자관습으로 자신의 지위를 유지했다. 종족왕과 영주의 이런 주종관습은 게르만어계 계약관습을 지속시키는 종사관습에서 발원하여 지배자 혈통을 종족왕 권력동아리에 결속하는 도구 역할을 담당했다. 종족왕과 영주의 주종관습은 복종과 충성을 맹세하는 신서관습을 거쳐 발효했다. 영주가 종족왕에게 복종과 충성을 맹세하는 신서관습을 거친 이후 종족왕은 영주의 신서관습에 대하여 보호관습을 알림으로 양자의 계약관습은 종족왕의 가신으로서, 그리고 가신 영주 보호자 종족왕으로서 사법 효력을 발생했다. 즉, 종족왕은 신서관습을 거친 영주로 하여금 영주의 예속민에게 신앙심을 고취할 것과 종교동아리의 신서관습을 지킬 것을 일깨워 주었다. 종족왕은 신서관습에 포함된 교회조직의 도유관습과 성사관습에 근거하여 영주 대표자 지위가 정당함을 유지하겠다는 의사를 표시했다.

카롤루스 막뉴스나 오토 대제(936~973)는 영주 귀족을 노련하게 통치한 지배자였다. 이런 지배자는 교회조직을 활용하여 제국 권력동아리를 탁월하게 운용하여 귀족을 완전히 통제했다. 카롤루스 막뉴스나 오토 대제의 이런 권력동아리 통제능력은 프랑크종족왕의 권력동아리에서 발원하여 유럽문화 정착시대 세계 이후의 국가에 전승되어 종족왕 권력동아리에 정당함을 부여하는 통치모델이 되었다. 특히 이 두 황제는 슬라브어계 영주와 같은 지위에서 귀족을 압도하는 지배자였다. 귀족과 그 혈족은 종족왕에게 복종한 급부로 종족왕 권력동아리의 할당 지분에 비례하여 종족왕 권한을 대행했다. 물론 그 봉사 대가에는 종족왕의 권한 대행자로서 영지 면제관습을 포함했다. 이후 종족왕 권한은 시대 경과와 함께 약화 일로를 거듭하여 종족왕 영지나 영주 교회로 축소되었고, 심지어 도시 상업지역에 대해서조차 대행자 권한에 흡수되어 극도로 위축되었다.

후기 고전시대 제국은 관리 국가였다. 권력동아리 통제 권한 역시 황제에게 집중되어 있었다. 이런 후기 고전시대 황제의 권력동아리 통제권한도 중세세계, 즉 유럽문화 여명시대 세계 이후 귀족에게로 이동했다. 중세 세계의 귀족은 과거 로마제국시대 속주 갈리아에서도 거부감 없이 정착했다. 프랑크종족왕의 귀족동아리도 중세 세계에 커다란 무리 없이 정착했다. 프랑크종족왕의 권력동아리 정착 배경을 지적하려면 아마 4~5세기 후기 로마제국시대 귀족동아리 세력 때문에 제국 와해 사실을 간과하지 않는데서 연유했을 것이다. 로마제국은 사라졌으나 종족 구성원 대부분은 귀족에게 서로 다른 입장에서 예속관습에 얽매였다. 로마제국은 황제 권력동아리 관리를 배격하던 귀족의 인신 지배관습에 유린당해 사라졌다. 귀족의 보호관습은 종족 구성원의 예속관습 대가로 예속자의 봉사의무를 등장케 했다. 게르만어계 종족왕의 권력동아리도 종족왕의 보호관습을 예속관습으로, 그리고 봉사를 의무로, 상호 교환한 바탕위에서 발원하여 정착했다.

프랑크종족왕 영지에서 주교와 수도자동아리 좌장의 인신 지배관습은 귀족의 인신 지배관습과 다를 바 없었다. 즉, 교회도 영주로서 인신 지배관습 실행자, 즉 영지 소유자였다. 또한 교회는 보호자로서 영지 관할관습, 법률 집행자로서 재판권 등을 보유했다. 종족왕과 귀족의 이해관계도 종교동아리의 목적 추구라는 맥락에서 호혜관계였다. 그러나 종족왕과 귀족은 예속민의 인신 지배관습에서는 대립했다. 종족왕과 귀족이 교회조직에 영지를 기증하는 경우, 교회조직에서는 종족왕과 귀족의 기증 영지와 함께 영지 예속민의 인신 지배관습까지 기증받았다. 즉, 영지 예속민은 종족왕과 영주에 바치던 조세와 봉사의 의무를 면제했고, 종족왕 관리의 영향권을 벗어났다. 즉, 종족왕 영지와 귀족 영지의 예속민은 교회 영지로 소유주가 바뀌는 경우 종족왕과 영주에게 바치던 조세와 봉사의 의무를 면제받는 조세와 봉사 면제관습을 지녔기 때문에 자유 영역 확대를 내포했다.

교회조직의 재산 소유주는 신이었다. 따라서 신은 곧 교회조직 영주였다. 교회조직의 재산 관리자는 또한 신의 권리 대행자로서 교회조직의 영지 예속민에 대한 재판을 관할했다. 특히, 종족왕이나 영주의 영지에 예속됐다가 종족왕이나 영주가 교회에 영지를 기증하여 교회조직의 영지 예속민이 되는 경우 종족왕이나 영주 영지였다가 교회조직 영지로 넘어온 예속민은 과거 종족왕 영지나 귀족에게 바치던 공물관습과 봉사관습을 벗어나 예속민 입장에서 보면 일종의 봉사 면제관습을 지녔다. 교회조직은 종족왕 영지나 귀족 영지와 그 예속민까지도 라틴어 계약문서를 통하여 넘겨받았다. 물론 종족왕은 다시 이 예속민에게 이런 면제특권을 허용했다. 그러나 귀족은 교회조직처럼 이런 봉사 면제관습을 부여받지 못했다. 또한 귀족이 교회조직처럼 이런 봉사 면제관습을 부여받았다는 문헌상의 증거도 없다. 즉, 귀족은 이미 충분한 자유를 확보하여 교회조직처럼 봉사 면제관습을 필요치 않았을 것이다. 그러나 교회는 종족왕으로부터 면제특권을 부여받아 귀족이 되었고, 교회재산 세습귀족은 그 후손과 혈족, 심지어 귀족의 친인척까지도 면제특권을 지녔다. 교회재산 세습귀족의 혈족은 주로 주교직과 수도자동아리 은신처장직을 차지했고, 이 주교와 수도자동아리 은신처장은 고위 성직자였으나 무장한 종사동아리 수장으로서 자기 혈족과 공동으로 종족왕에 대항하기 위한 전쟁에 출정했다. 이런 세습귀족의 전쟁출전은 물론 영주지위를 유지하기 위한 방편이었다.

후기 고전시대 로마제국에서도 황제영지의 관리는 대영주로서 여러 가지 면제특권을 누렸다. 프랑크종족왕도 사라진 로마제국시대 속주에서 황제 영지의 아첨꾼과 대영주였던 귀족동아리 인물에게 종족왕 영지의 관직을 맡겼다. 이런 귀족동아리는 물론 과거 로마제국 황제의 아첨꾼이었으나 이제는 프랑크종족왕의 아첨꾼으로 변신하여 프랑크종족왕을 대신했다. 그러나 과거 로마제국시대 귀족동아리는 프랑크종족왕의 관리로 변신했으나 프랑크종족왕에게 예속되어 비자유민 신분으로 변모했다. 특히 종족왕의 관리는 종족왕의 권력동아리가 미약할 경우, 세력을 확대하여 종족왕의 영지를 착복했다. 이런 종족왕 관리는 이미 7세기 경부터 개인의 인신 지배관습으로 경쟁 상대자 귀족을 압도했다. 프랑크종족왕은 로마제국시대 군대조직을 거의 그대로 계승했다. 프랑크종족왕의 이런 군대조직도 시대상황에 편승하여 신흥 귀족의 손아귀에 넘어가 영주 사병조직으로 전락했다. 귀족과 교회 조직의 인신지배관습은 프랑크종족왕 영지에서 적어도 권력동아리의 표준 질서로 정착했다. 프랑크종족왕은 본래부터 권력동아리를 거느리고 영지를 확장하며, 종교 동아리의 고위 성직자에게 특권을 부여했다. 그러나 프랑크종족왕 영지의 관리 지위는 정상에 앉은 종족왕 지위와 다르게 미약했다.

카롤루스 가문 지배자의 출현, 지역구조, 언어영역

프랑크종족왕 영지는 741년까지 네우스트라시아 영지, 아우스트라시아 영지, 부르군드 영지로서 체계를 갖췄다. 프랑크종족왕의 권력동아리 역시 세 영지 대표자인 궁재로 구성되었다. 이런 세 궁재 관할영지는 두 가지 생활언어 관습, 즉 게르만어계와 로망스어계 생활언어 관습의 지역구조 특징을 지녔다. 네우스트라시아 영지와 아우스트라시아 영지는 게르만어계 생활언어 관습 영역이었다. 반면 부르군드 영지는 로망스어계 생활언어 관습 영역이었다. 즉 네우스트라시아 영지와 아우스트라시아 영지는 게르만어계 계약관습 영역이었으나 부르군드 영지는 라틴어계 계약관습 영역이었다. 이 두 생활언어 관습영역에서 등장했던 영웅시 소재 역시 달랐다. 부르군드 영지의 이야기 소재는 주로 로마제국시대 신화 주인공이거나 지혜꾼이었다. 반면 네우스트라시아 영지와 아우스트라시아 영지의 영웅시 소재는 아랍인이 침입했을 당시 전쟁 영웅이었다. 전쟁 영웅담 주인공은 프랑크종족왕 영지 침입자인 아랍인을 막아 크리스트교세계를 보호했던 인물이었다. 프랑크종족왕의 분할영지는 생활관습에 근거했을 것이다. 크로도베크의 정복전쟁으로 프랑크종족왕의 영지는 넓어졌으나 오히려 상인동아리의 교역은 7세기 중엽 이후 중단된 상황이었다. 프랑크종족왕의 변경영지도 전혀 다른 양상으로 변화했다. 프랑크종족왕의 변경영지는 크로도베크의 정복전쟁으로 획득한 영지여서 특히 정복당한 종족왕인 변경공작을 중심으로 자치성향이 뚜렷하게 나타냈다.

아퀴텐느 역시 크로도베크의 정복전쟁으로 프랑크종족왕 영지에 편입되었다. 아퀴텐느 영지에는 알레만종족과 튀링겐종족, 바이에른종족까지 정착했다. 아퀴텐느는 투루즈를 중심으로 한 피레느산맥에서 629년 자치성향을 나타냈다. 아퀴텐느 영지처럼 라인강 동부의 프랑크종족왕 변경영지, 즉 메로베크 가문 지배자를 대리했던 변경공작 영지에서도 프랑크종족왕의 권력동아리에 반항하며 자치성향을 드러내며 프랑크왕의 영지를 위협했다. 이런 변경 영지 상황은 남부 슬라브어계 종족왕과 아바르종족왕에 대한 정벌 전쟁 이후 프랑크종족왕이 변경공작을 끌어들여 자치 영지를 확보하려고 했던 경우와 다를 바 없었다. 이런 변경공작의 자치 성향은 프랑크종족왕이 전쟁에 휘말린 이후 변경영지인 정복영지의 생활관습에 흡수되었다. 특히 프랑크종족왕의 영지 침입자인 랑고바드르종족왕을 물리쳤던 바이에른 영지도 뚜렷하게 자치성향을 드러냈다. 튀링겐영지 공작은 에어푸르트에 근거지를 두고 있었으나 슬라브어계 소르브종족왕과 작센종족왕과 함께 자치 영지를 획득할 목적으로 오히려 전쟁을 일으켰다. 7~8세기 프랑크종족왕 변경영지의 공작은 시대에 따라서 다양한 자치 성향을 재현했다. 이런 자치성향은 지방사람 기질이나 지역 사람의 생활관습에 결국 정착하여 현대유럽연합에서 기초지방자치 단위를 형성했다.

프랑크종족왕의 분할영지시대까지 프랑크종족왕의 영지분할관습은 로망스어계 종족왕과 게르만어계 종족왕을 통합하는 결속 수단이었다. 로망스어계 종족왕과 게르만어계 종족왕은 주로 라틴어계 계약관습으로 종족왕의 권력동아리를 통치했다. 게르만어계 종족왕의 라틴어계 계약관습은 8세기 초엽 별개의 종족왕 법률로 모습을 드러냈으나 시행세칙을 갖추지 못하여 효력을 발생하지 않았다. 이런 종족왕 법률 사례는 프랑크종족왕 크로타르 2세와 다로베르트 1세 시대의 알레만종족왕 법률과 바이에른종족왕 법률인 것이다. 하지만 이 게르만어계 종족왕 법률 역시 질서 상징물에 불과했다. 게르만어계 종족왕 법률은 물론 프랑크종족왕 크로도베크의 법률까지 포함하고 있으나 다른 종족왕과 전쟁을 치른 이후 등장했다는 점에서 변경영지 공작의 자치성향을 한층 명확하게 드러낸 증거인 것이다. 아기로르프 가문 바이에른종족왕이 쉬타이어 마르크와 케른텐에서 슬라브어계 종족왕과 치열한 전쟁을 치른 이후인 8세기 프랑크종족왕의 권력동아리로부터 이탈하기 시작하여 바이에른 영지의 공작으로서 자치조직을 갖추었다. 바이에른 영지공작은 프랑크종족왕의 동부 영지에서 이미 수도자동아리 은신처와 권력동아리를 창건하여 혈족귀족을 지배하기 시작했다. 프랑크종족왕시대의 변경공작은 외부 종족왕과 전쟁을 치른 이후 자치성향을 드러냈다. 프랑크종족왕의 변경영지 공작인 바이에른

종족왕은 분할영지 지배자였다. 따라서 바이에른영지에 대한 프랑크종족왕의 영향력도 축소될 수밖에 없었다. 다고베르트 1세 시대 이후 프랑크종족왕의 중핵영지인 프란치아에서도 이런 자치 성향은 확산되었다. 다고베르트 1세는 634년경 엘베강 유역의 튀링겐 영지에도 슬라브어계 종족왕을 변경공작으로 임명했다가 다시 이후 튀링겐종족왕을 변경공작을 임명했다. 튀링겐영지의 변경공작은 즉시 프랑크종족왕에게 자치관습을 요구하고 나섰다. 이런 변경공작 자치요구에 대하여 아우스트라시아 영지의 궁재는 경거망동을 각별히 삼가도록 강력하게 훈계했다. 튀링겐영지 변경공작은 이후 중심지를 뷔르츠부르크로 옮겨 라인강 동부 유역을 통치했다. 프랑크종족왕의 이런 변경공작은 알레만종족왕이라고 예외일 수 없었다. 에티콘 가문의 알레만종족왕도 바이에른영지처럼 변경공작으로서 알사스 영지를 통치했다. 에티콘 가문의 알레만종족왕은 7세기 중엽 이후 프랑크종족왕 권력동아리에서 알사스 영지에 대한 세습권을 획득하여 변경공작으로서 토착 귀족가문 위치를 굳혔다.

네우스트라시아 영지와 부르군드 영지는 브레타뉴 반도에서 스위스의 쉘데강 이내의 지역이었다. 7세기 중엽 이후 네우스트라시아 영지와 부르군드 영지도 론강 유역을 중심으로 궁재 영향권에 들어갔다. 아우스트라시아 영지는 쌍파뉴 영지에서 라인강 이내를 지칭했다. 아우스트라시아 영지는 크로타르 2세와 다고베르트 1세 시대 이후 이미 자치관습을 획득하여 강력한 카롤루스 가문 선조의 권력동아리 발원지로 등장했다. 물론 아우스트라시아 영지의 카롤루스 막뉴스 가문 권력동아리는 중추 역할을 담당했다. 아우스트라시아 영지의 귀족동아리는 상파뉴 영지와 모젤강 북부 유역 이내의 영지로서 도시 렝과 메스를 포함했다. 아우스트라시아 영지 귀족의 권력동아리는 실제 프랑크종족왕의 권력동아리와 대등한 귀족 권력동아리였다. 이와는 반대로 부르군드 영지의 권력동아리는 로망스어계 생활언어 관습영역이었지만 그 영지 대표자 역시 아우스트라시아 영지 귀족이었다. 네우스트라시아 영지는 고전시대 프랑크종족왕 활동지로서 라인강 하구로부터 스위스의 쉘데강, 마아스강 이내 라인강 유역의 프랑크종족 정착지였다. 서부 프랑크종족왕 영지인 네우스트라시아 영지 영주는 100여 년 동안 프랑크종족왕인데도 라틴어 계약관습과 게르만어 계약관습을 상용해야 프랑크종족왕 법률을 유지할 수 있었다. 서부 프랑크종족왕 영지에서는 메로베크 가문 초기시대 이후 게르만어계 종족왕 영지와 로마제국시대 종족왕 영지가 서로 다른 언어관습, 즉 게르만어 관습과 로망스어 관습을 상용했고, 서부 프랑크종족왕 영지의 귀족까지도 두 가지 언어관습

영역으로 나누어져 있었다. 그 이후에도 서부 프랑크종족왕 영지의 고위 귀족은 외교활동에 참여하려면 두 가지 언어관습을 병용해야 했다. 그러나 후기 카롤루스 가문 시대 이후 서부 프랑크종족왕 내륙영지에서는 도이취어관습 사용자를 찾아볼 수 없게 되었다.

이런 언어관습이동 상황에서도 서부 프랑크종족왕 영지에서 9세기 말엽까지 게르만어 관습은 미약하게나마 존속했다. 이런 서부 프랑크종족왕 영지인 파리 영지 상황과 다르게 서부 프랑크종족왕 영지의 중부영지 통치자인 종족왕 로타르의 권력동아리는 오래도록 게르만어 관습을 상용했다. 그 증거는 네우스트라시아 영지에서도 전쟁 영웅을 소재로 한 게르만어 관습의 영웅시가 출현했고, 영웅시가 질서 상징물처럼 영웅을 배출한 영지구성원의 심금을 울려주었다는 점이다. 어떤 영지에서나 마찬가지였지만 민담과 전설은 질서의 상징물로서 주로 500~900년 사이 게르만어계 종족 생활관습을 소재로 구전되었다. 물론 민담과 전설 소재는 종족을 지킨 전쟁영웅이었다. 이 전쟁영웅은 게르만어관습의 시에서 귀족혈통으로 등장했다. 이런 전쟁 영웅시는 서부 프랑크종족왕 영지인 파리 영지나 그 북부 영지의 게르만어계 종족세계를 비롯하여, 로마어계 종족세계, 슬라브어계 종족세계, 여러 비잔티움 종족세계에서 공통으로 등장했고 거의 유사한 라틴어 후렴어구를 지녔다는 특징도 갖고 있다. 아마 영웅시의 라틴어 후렴어구는 고달픈 종족이동시대에 게르만어계 종족에게로 유입되어 종족왕을 전쟁영웅으로 칭송했을 것이다. 물론 게르만어계 영웅시가 라틴어 후렴어구를 지녔다는 것은 후기 고전시대 라틴어 시의 후렴어구가 라틴어 계약관습과 함께 게르만어계 생활언어 관습에 침잠해 있다가 라틴어 해독력의 재생과정을 거쳐 게르만어계 생활언어 관습에 정착했을 것이다. 라틴어 해독력의 재생과정에 게르만어계 생활언어 관습영역의 영웅시를 관련지우는 증거는 게르만어계 종족왕도 영웅 소재의 산문시를 저작했다는 점이다. 이런 맥락에서 게르만어계 종족왕은 영웅 소재의 전설과 서사시 전승자인 것이다.

물론 이런 영웅 서사시는 게르만어계 종족왕을 영웅으로 내세우며 프랑스 북부 영지에서는 영웅전설이나 민담형식으로 전승되었다. 이런 영웅 서사시 주인공의 활동무대는 당대의 귀족 영지의 저택이었다. 영웅 서사시 저작자는 귀족 영웅을 주제로 한 로망스어계 문학동아리의 이야기꺼리를 만들어냈다. 로망스어계 영웅 서사시는 종족을 결속케 했고, 영웅 서사시 주인공을 생활관습의 표상 인물로 종족에게 인식케 했다. 종족에서 영웅은 서사시 주인공으로 등장했다. 서사시 주인공인 영웅의 활동시대는 주로 내란시대였다. 서사시 주인공은 내란을 극복하고, 생활관습의 표상 인물로 등장했다. 메로베크 가문과 카롤루스 가문 시대이후까지 종족 판단기준 역시 영지 단위로 분리되어, 서로 다른 생활관습을 유지했다.

유럽세계의 생활관습은 언어관습 영역에 따라서 달랐다. 프랑크종족왕시대에도 통일영지를 유지하지 못했다. 그런데도 분할영지에서 영웅 서사시 주인공은 시대와 영지에 따라서 다른 영웅으로 재생했다. 즉, 이 영웅시는 민담과 전설에 담겨 공작이나 백작의 유력자 가문을 칭송하는 방식으로 탈바꿈했다. 이런 유력자 가문의 칭송내용은 프랑크종족왕의 내란을 부채질하는 동기로 작용했을 것이다. 메로베크 가문 시대의 지배자 중에서도 내란시대 주인공은 프랑크종족왕 크로타르 2세의 어머니로서 대비 섭정자 브루니키르데(+613)였다. 브루니키르데는 공작영지나 백작영지를 통치하던 귀족가문의 권력동아리를 잠재우고, 종족왕의 권력동아리를 안정시켰다. 당시까지 메로베크 가문 프랑크종족왕의 권력동아리는 주로 백작, 수도자동아리 좌장, 주교로 구성되었다. 이 귀족동아리는 분할영지 궁재직을 차지하기 위하여 서로 세력경쟁을 전개했다.

메로베크 가문 프랑크종족왕도 귀족동아리의 세력경쟁에 휘말려 혼란의 수렁에 빠져 들었다. 그러나 이런 프랑크종족왕의 권력동아리이동 상황은 6~7세기 특히 다고베르트 1세 시대에 이르러 안정시대를 맞이했다. 프랑크종족왕의 권력동아리 안정은 639년 다고베르트 1세의 사망 이후 무너지기 시작했다. 아우스트라시아 영지의 귀족동아리는 7세기 초엽 유럽세계 영주로 등장하기 시작했다. 당시 아우스트라시아 영지의 귀족동아리 대표자는 궁재인 선조 피핀(+640)이었다. 선조 피핀의 아들인 그리모아르드(643~662)는 메로베크 가문의 종족 왕위를 찬탈하려다 귀족동아리 반대에 부딪혀 실패했다. 당시 네우스트라시아 영지의 귀족동아리 대표자는 궁재 에브로인(+680)이었다. 궁재 에브로인은 그리모아르드의 추종자인 아우스트라시아 영지 귀족동아리를 관직과 성직에서 추방했던 인물이다. 부르군드 영지의 귀족동아리 대표자인 궁재 에브로인은 아우스트라시아 영지의 귀족동아리 일원인 주교 레오데가르(+679~80)의 성직을 박탈하고, 귀족동아리 정상에 올라 단일 궁재 직을 차지했다. 그러나 궁재 에브로인은 아우스트라시아 영지의 귀족동아리와 부르군드 영지의 귀족동아리 반대에 부딪쳐 레오데가르 주교의 신세처럼 반란죄를 뒤집어쓰고 이슬처럼 사라졌다. 궁재 에브로인은 반대편 권력동아리를 잔혹하게 처형했다. 에브로인의 정적 숙청은 중세 세계의 권력동아리이동 상황에서처럼 과거 분할영지시대 잔재인 귀족동아리의 세력 경쟁이 끊이지 않았다는 것을 반증하고 있다. 프랑크종족왕 권력동아리의 세력경쟁에서는 크리스트교의 달콤한 감화를 찾아볼 수 없었다. 그런데도 프랑크종족왕은 궁재 정치를 통하여 통일영지를 이룩했다. 주교 아르눌프 가문 출신의 통일 궁재는 중간 피핀(+714)이었다. 중간 피핀은 동부 아우스트라시아 영지에서 최고 영주 위치에 올랐다. 피핀은 네우스트라시아 영지의 귀족동아리 대표자인 에브로인을 반대하던 부르군드 영지의 귀족동아리 후원을 받았다. 궁재 피핀은 결국 네우스트라시아 영지의 귀족동아리를 제압하고, 단일 궁재가 되었다.

중간 피핀은 쏨므강 유역의 생 크벵텡 수도자동아리 은신처 근처의 테르트리 전쟁에서 에브로인 일파를 잠재우고, 네우스트라시아 영지와 아우스트라시아 영지의 단일 궁재직에 올랐다. 중간 피핀의 권력동아리 기반은 마스-모젤델타 영지 출신의 귀족동아리였다. 이 귀족동아리 기반에는 메스와 베르덩 성직자동아리도 참여했다. 당시 메스와 베르덩은 성직자동아리 중심지였다. 중간 피핀은 네우스트라시아 영지의 귀족동아리를 테르트리 전투에서 제압한 이후 네우스트라시아 영지의 베저강 하구와 라인강 유역 삼각주 영지를 정복했다. 피핀은 이제 프랑크종족왕의 아우스트라시아 영지를 성가시게 했던 북해 연안의 유트종족왕에 대한 정벌 기회를 갖게 되었다. 북해 연안의 유트종족왕은 아우스트라시아 영지 경계로 넘어 들어와 우트레히트까지 시끄럽게 했다. 당시 중간 피핀은 유트종족왕의 침입에 대해서보다는 앵글로색슨계 수도자동아리의 유럽대륙 선교활동에 대하여 더 큰 관심을 가졌다. 중간 피핀은 709년과 712년 4차에 걸쳐 알레만종족왕 정벌 전쟁에 출정했다. 피핀은 알레만종족왕을 정벌하기 위하여 헤디네 전쟁에 출정했다가 헤디네에서 튀링겐 공작의 밀사 손에 살해당했다. 궁재 피핀 사망 이후 분할영지시대는 재현했다. 게다가 아랍인까지 유럽대륙을 침입하여 프랑크종족왕의 영지는 더욱 혼란했다. 아랍인은 이제 유럽 무대에 서서히 등장하기 시작했다. 비잔티움세계에서는 당시 세계 도시 콘스탄티노플이 718년 육지와 바다로부터 끊임없이 아랍인의 공격에 시달리고 있었다. 이슬람의 정복전쟁은 불과 몇 년 후 갈리아 남부 영지로까지 밀려왔다.

프랑크종족왕은 40여 년 동안이나 피레느산맥 북부의 변경영지요 군대 요충지인 도시 나르본느를 아랍인에게 넘겨주었다. 이슬람은 나르본느와 부르군드 영지의 거점 도시인 오텡까지 점령했다. 이슬람은 이어서 론강 유역 영지까지 위협했다. 유럽 남부 영지는 이쯤 되면 아랍인의 침입으로 거의 쑥대밭이 되었다. 결국 새로운 유럽세계 구세주는 중간 피핀의 아들 카롤루스 마르텔(714~741)이었다. 카롤루스 마르텔은 틀림없이 유럽대륙 구세주였다. 카롤루스 마르텔이라는 이름에서 마르텔은 쇠망치를 지칭했다. 유럽대륙에서 쇠망치와 같은 사나이 카롤루스 마르텔을 찾아내지 못했더라면, 프랑크종족왕도 스페인의 서고트종족왕 운명처럼 이슬람의 제물이 되었을 것이다. 그러나 아랍인의 입장은 이와 달랐을 것이다. 즉, 아랍인이 프랑크종족왕을 정복하여 스페인처럼 프랑크종족왕의 영지를 지배했다면, 유럽역사에서 이슬람에 대한 평가 역시 오늘과 같지는 않았을 것이다. 그러나 역사는 언제나 인간, 그 인간 동아리, 인간동아리 연합체 업적을 주로 서술하기 마련인 것처럼 유럽 역사에서 이슬람세력을 유럽세계 침입자라는 낙인을 씌우고 있는 것이다.

카롤루스 마르텔은 선친을 따라 유트종족왕과 작센종족왕에 대한 정벌 전쟁에 출정했다. 선친 중간 피핀은 네우스트라시아 영지의 귀족동아리 세력과 경쟁하던 중 유트종족왕에 대한 정복전쟁에 출정했다가 사망했고, 카롤루스 마르텔은 네우스트라시아 영지의 귀족동아리 저항으로 수도자동아리 은신처 골방에 감금되는 신세였다. 그러나 네우스트라시아 영지의 귀족동아리는 아랍인이 유럽 무대에 등장하자, 아랍인을 방어해야 한다는 명분으로 카롤루스 마르텔을 석방했다. 즉시 카를 마르텔은 717년 네우스트라시아 영지의 궁재를 콩브레에서 제압하고 궁재직과 선친의 쾰른 교구 보호권까지 간신히 다시 찾았다. 이어서 카롤루스 마르텔은 유트종족왕과 작센종족왕을 라이베에서 정복한 다음 네우스트라시아 영지의 귀족동아리 잔당을 반드시 소탕해야 한다는 정치목표로 내걸고 719년 스와송에서 네우스트라시아 영지의 귀족동아리 잔당 항복을 받아냈다. 카롤루스 마르텔은 이어서 프랑크종족왕 영지의 단일 영주 지위에 올랐다. 이후 카롤루스 마르텔은 100여 년 동안 귀족동아리 세력을 최고 영주의 뜻에 따르도록 강압했다. 카롤루스 마르텔은 프랑크종족왕 영지의 단일 영주로서 훈종족왕을 정복하여 알프스 동부로 진출할 수 있는 교두보를 확보했다. 당시 훈종족왕의 전사동아리는 삼브레, 아이펠, 아르데넨에 이르는 영지에서 강력한 세력을 구축했다. 카롤루스 마르텔은 훈종족왕을 정복하여 프랑크종족왕 활동 무대를 이탈리아 북부로 확장했다.

당시 훈종족왕과 랑고바르드종족왕의 종사동아리는 이탈리아 북부 영지인 오늘날 크로아트 영역에 정착해 있었다. 카를 마르텔은 이탈리아의 방대한 훈종족왕 영지를 통치할 목적으로 우편제도 확대와 영지 행정구역 개편에 착수했다. 이런 정복 영지는 프랑크종족왕의 영지행정 영역에 편입되었으나 랑고바르드종족왕과 훈종족왕의 종사동아리가 정착했다. 훈종족왕의 전사동아리는 풍부한 전쟁 경험을 바탕으로 카를 마르텔의 영지행정에서도 다수 영주직을 차지했다. 물론 카롤루스 마르텔은 단일 궁재로서 헝가리종족왕과 랑고바르드종족왕을 포용하여, 알프스 동부로 진출할 수 있는 교두보를 확보했다. 카롤루스 마르텔의 이런 권력동아리 정치는 교회조직에서도 프랑크종족왕 위상을 변화시켰다.

봉건제와 종족왕의 교회조직 통치권

궁재 카롤루스 마르텔은 영지관습과 계약관습을 활용하여 다양한 권력동아리에 대한 결속 실험을 계속했다. 현실 정치가로서 카롤루스 마르텔은 아랍인의 크리스트세계 침입을 저지해야 한다는 명분을 내세워 최대 영주인 교회조직을 설득하여 영주의 예속민 보호관습을 바꾸어놓기 시작했다. 프랑크종족왕 권력동아리의 유력자는 계약관습에 따라서 종족왕 가신으로서 종족왕의 영지 임대자였다. 종족왕의 가신으로서 영주의 예속민 보호관습은 프랑크종족왕의 영지관습을 매개로 영주와 가신, 영주와 종사의 결속관습 핵심이었다. 종족왕 가신으로서 영주와 종사의 보호관습은 일정한 영지를 임대한 영주 입장에서 파악하면 종족왕에 대한 예속 표지였고 그 근거는 어디까지나 계약관습이었다. 따라서 영주와 종사의 이런 보호관습 파기도 계약관습에 근거했다. 카롤루스 마르텔은 아랍인의 침입을 저지하기 위하여 전사를 증가시키지 않을 수 없었다. 카롤루스 마르텔은 메로베크 가문 프랑크종족왕 권력동아리, 귀족동아리, 교회조직의 영주가 과거부터 답습하던 영지관습 예속원리를 활용하여 전사동아리 양성 정책을 선택했다. 그러나 메로베크 가문 프랑크종족왕 권력동아리의 당시 영지상황으로는 전사에게 임대해 줄 수 있는 가용 영지가 충분치 못했다. 이런 영지 상황을 타개하기 위하여 카롤루스 마르텔은 프랑크종족왕의 권력동아리와 귀족동아리에게서 방대한 영지를 기증받아 경영하던 교회조직으로 하여금 교회조직 영지를 궁재인 자기의 권한에 맡겨 주도록 권고하고 나섰다. 카롤루스 마르텔의 이런 권고는 '프랑크종족왕의 명령에 의한 교회조직 영지의 임대'(*precariae verbo regis*)였다. 카롤루스 마르텔의 이런 권고가 궁재 개인의 특별조치는 아니었다.

물론 메로베크 가문 프랑크종족왕은 종족왕 영지에다 교회를 창건토록 교회조직에 대하여 허용해 왔던 터였고, 종족왕 영지에서는 물론 종족왕의 영주교회를 예우해 왔던 터였다. 메로베크 가문 프랑크종족왕 영주의 교회 창건에 부합토록 귀족동아리 역시 프랑크종족왕 영지에다 수도자동아리 은신처까지 창건해 주었다. 카롤루스 마르텔은 교회조직에 대하여 프랑크종족왕과 귀족동아리의 이런 사례를 감안하여 교회조직 영지를 임대해 주면 프랑크종족왕의 전사동아리를 양성하여 크리스트교세계를 보호하겠다는 것이었다. 물론 교회조직에서도 카를 마르텔의 이런 권고를 수용했고 카롤루스 마르텔 역시 교회조직에 대하여 정당하게 영지임대를 청구했다. 카롤루스 마르텔의 이런 교회조직 영지임대를 교회가 수용한 이후 교회조직 영지의 카를 마르텔 종사동아리를 갈리아 종사동아리라고 지칭했고 동시에, 종사 숫자는 전례 없이 증가했다. 물론 카롤루스 마르텔의 종사는 교회조직 영지를 획득했다. 본래부터 카롤루스 마르텔의 이런 권고 조치는 기병을 확보하여 아랍 전사동아리의 침입으로부터 로마 정통론자동아리 세계를 보호한다는 명분을 내걸었다. 따라서 궁재 기병은 교회조직 영지나 종족왕 영지에서 숙식하며 전쟁이나 부역을 담당했다. 궁재 기병 중에서도 일부는 고위 관리나 '기록관' 위치에 오르는 경우도 있었다. 카롤루스 마르텔의 이런 권고조치는 다양한 권력 남용 사례를 남겼다. 그러나 카롤루스 마르텔은 풍족한 영지를 대영주인 귀족에게 확보해 주었다. 또한 카롤루스 마르텔은 그 대가로 대영주와 그 군대를 함께 자기편으로 흡수했다. 이제 대영주는 카롤루스 마르텔로부터 방대한 영지를 할당받고 카를 마르텔의 측근으로 변신했다. 카롤루스 마르텔은 자기 군대와 함께 전쟁에 참여하며 종족왕 영지의 행정업무를 관장했다. 이제 메로베크 가문 프랑크종족왕에 대한 대영주의 봉사관습도 카롤루스 마르텔에게로 향하기 시작했다. 이런 맥락에서 중세 세계 인간 결속력은 봉토에서 발원했던 것이다. 중세 세계의 봉토 결속관습은 또한 크리스트교 교리의 봉사관습과 결합하여 충성관습과 복종관습을 만들어놓았다. 크리스트교 교리의 봉사관습은 계약관습 변화와 함께 봉토 예속관습, 즉 봉건관습으로 정착했다.

봉건관습은 중세 세계의 새로운 윤리로 정착했다. 비정상의 봉건관습은 불평등한 인간의 윤리를 상징했다. 새로운 지배자 윤리로서 봉건관습은 폭력과 탈법 수단이자 약탈, 강제 봉사, 권력남용 수단이었다. 한마디로 봉건관습은 인간의 영지예속관습이었다. 중세 세계의 봉건관습은 인간의 불가피한 욕구까지 억압했다. 바로 이런 인간의 욕구 억압은 종말론을 극복하고 진보에 접근하는 문화이동 기반이었다. 카롤루스 마르텔은 교회조직 영지를 대영주에게 임대함으로써 새로운 정책을 추진했다. 프랑크종족왕은 카롤루스 마르텔의 새로운 영지 임대정책 때문에 변화 시대를 맞이했다. 카롤루스 마르텔은 외부로 아랍인 침입을 저지하고, 내부로 교회조직 영지를 대영주에게 임대하여 거대한 권력동아리 수장이 되었다. 카롤루스 마르텔은 프랑크종족왕이 교회조직에 봉납했던 영지를 활용하여 중세 세계에다 유럽세계라는 통일영지를 남겼다. 카롤루스 마르텔은 737년 이후 왕관을 쓰지 않은 프랑크종족왕이 되었다. 카를 마르텔은 프랑크종족왕의 통일 영지를 두 아들 궁재 카를만(741~747, +754)과 종족왕 피핀(751~768)에게 분할하여 넘겨주었다.

카롤루스 마르텔의 두 유능한 아들과 손자는 프랑크종족왕의 권력동아리를 계승하며 봉건관습 골격에다 다양한 예속관습을 가미하여 프랑크종족왕의 통일 영지를 권력동아리 연합체 형태로 통치했다. 카롤루스 마르텔의 후손이 권력동아리 연합체에 종족왕의 관리제를 도입함으로써 이제 권력동아리 연합체는 국가조직으로 발전하기 시작했다. 즉, 카롤루스 마르텔의 후손은 아우스트라시아 영지의 동부 분할 영지를 통치하기 위하여 예속관습을 변형하여 도시백작이라는 종족왕 관리를 임명했다. 도시백작은 과거 프랑크종족왕의 도시 관할자인 아우스트라시아 영지의 도시관리였다. 네우스트라시아 영지에서는 과거부터 프랑크종족왕의 관리가 도시 지역을 관리했었다. 서부 프랑크종족왕 영지의 도시관리는 마르크의 영주혈족인 영주 주교를 프랑크종족왕 가신으로 내세우며 프랑크종족왕과 마르크 영주의 계약관습을 조정했다. 즉, 프랑크종족왕 관리는 종족왕 가신이요 마르크 혈족영주인 주교와 프랑크종족왕 권력동아리의 정치를 조정했던 것이다. 물론 프랑크종족왕의 도시 관리는 프랑크종족왕에게 가신 신서를 올렸다. 여기서 프랑크종족왕 가문의 신하로서 프랑크종족왕 가신의 신서관습은 카롤루스 마르텔의 가신과 그 신서에서 발원했다. 프랑크종족왕 가신은 실제로 카롤루스 마르텔의 가신이었지만 종족왕 영지의 관리 귀족이었다. 물론 이렇게 출발했던 프랑크종족왕 가신은 이후 다가올 봉건사회 정상에서 권력동아리이동 상황을 관장하는 핵심 종족왕 귀족동아리 구성원이 될 것임을 예고했다. 이제 프랑크종족왕 가신관습은 신서관습을 활용하여 사법 효력을 강제하며 봉건관습 구성물이 되었다. 봉건관습은 종족왕 가신의 신서관습을 예속민에 대한 강제수단으로 활용하여 종족왕의 권력동아리를 지속시키고 권력동아리의 정통론을 창출하는 국가 제도로 정착했다.

이제 카롤루스 마르텔의 가신이 카롤루스 마르텔에게 올렸던 신서관습이 현대 정당조직을 포함한 장구한 시대흐름 속에서도 권력동아리를 지속시키며 정통론을 부여해 왔다는 점을 중시해야 한다. 특히 중세세계에서 현대 국가의 기본법률 발원지를 찾으려면 당연히 중세 가신법률에서 찾게 되는 것도 아마 이런 맥락일 것이다. 어쨌든 프랑크종족왕의 가신관습은 프랑스와 도이취란트 영지에서 광역 영지행정 단위를 상징했다. 카롤루스 마르텔의 가신에서 출발했던 프랑크종족왕의 가신관습은 노르만종족왕이 1066년 이후 잉글랜드와 이탈리아 남부와 시칠리아를 지배하기 시작하면서 유럽세계로 이동하기 시작했다. 프랑스와 잉글랜드의 가신관습은 10세기 이후 아퀴텐느의 노르만디 공작영지에서 정복자 노르만종족왕 윌리암을 모든 가신동아리 정상에 앉혔으나 윌리암 사망 이후 노르만종족왕을 권력동아리의 상징물에 불과한 존재로 전락케 했다. 11세기 이후 프랑스에서 최고영주 가신도 최고영주 영지를 분봉 받았다. 이런 최고영주 가신은 최고영주 영향력을 이탈하여 자치영지를 선언하기 시작했다. 물론 이후 귀족의 세습영지도 사라졌다. 그런데도 최고영주 영지는 가신관습 발원지로 변화했다. 11세기 이후 최고영주의 가신관습은 전체 영지로 확대되어 국가 조직을 발원케 했다. 도이취란트에서도 11세기까지 가신관습은 나타나지 않았다. 도이취란트 가신의 봉사관습은 프랑스의 가신관습처럼 최고영주보다 우위를 차지할 수 없었다. 도이취란트의 가신관습에서 종족왕의 권력동아리는 프랑스의 최고영주보다 훨씬 강한 권력을 행사했다. 따라서 도이취란트의 가신관습에서 가신의 봉사관습은 오히려 약화되었다. 도이취란트의 귀족가문은 봉토와 가문의 자유 세습영지를 개인 사유영지 형태로 보유했다. 게다가 도이취란트의 가신관습에서는 공작과 백작, 종족왕 영지의 주교직과 수도자동아리 좌장 등이 프랑스의 최고영주 봉토관습처럼 오히려 세습되었다. 따라서 도이취란트 가신관습에서는 관직 자체가 프랑스의 최고영주 영지처럼 봉토관습으로 변질했다. 이런 맥락에서 최고영주의 가신관습은 지역에 따라서 조금씩 형태를 달리했으나 유럽세계 전체로 이동하여 정착했다.

최고영주의 가신관습은 서유럽세계가 아닌 동유럽세계와 아시아세계에서도 생성시대 관리의 결속양식이었다. 최고영주의 가신관습은 봉건관습 핵심이었다. 교회조직도 이런 봉건관습을 수용했다. 잉글랜드의 교회조직은 최고영주의 가신관습을 거의 완벽하게 수용했다. 잉글랜드와 도이취란트의 교회조직에서 주교는 최고영주의 가신이었다. 이런 맥락에서 교황청은 종족왕 가신인 주교를 내세워 권력동아리로 둔갑했다. 물론 교황청의 권력동아리 역할은 교황 그레고르 7세(1073-1085) 이후부터였다. 교황청은 11세기 세속인 최고영주를 교회국가 봉건영주, 즉 교황 가신으로 만들어 교황을 세속 권력동아리 정상에 앉히려고 시도했다. 그런데도 이런 교황청 정치는 오히려 세속인 권력동아리의 결속력을 강화하여 특히 1059년 이후 이탈리아의 노르만종족왕을 사도성자 베드로의 가신으로 만들며 세속인 권력동아리로 하여금 보편주의 외피를 걸치도록 자극했다. 시칠리아의 노르만종족왕 영지는 노르만종족왕이 사도성자 베드로의 가신이 된 이후 중세 동안 교황청 봉토로 존속했다. 교황청 정치 영향으로 다양한 유럽세계 최고영주는 교황 가신이 되었고 최고영주의 영지는 교황 봉토가 되었다. 또한 교황청 가신 유럽세계의 최고영주를 오래도록 존속케 했다.

그러나 아퀴텐느의 노르만디 공작 윌리암은 잉글랜드를 정복했다. 정복자 윌리암(1035~1087)은 교황 가신이 되기를 거부했다. 정복자 윌리암 시대 이후 잉글랜드 귀족은 교황과 합세하여 노르만종족왕 영지를 교황 봉토로 교황청에 넘겨주었다. 13세기 초 잉글랜드 최고영주 존(1199~1216)은 교황청의 영지 탈취로 인하여 '영지 없는 왕'이 되고 말았다. 잉글랜드 최고영주 존은 13세기 초엽 교황과 귀족동아리의 압력에 굴복하여 교황 가신이 되겠다고 교황 사절 앞에 무릎을 꿇고 신서했다. 신서관습을 올린 이후 잉글랜드 최고영주 존은 교황청에 봉건 지대를 지불해야 했다. 교황청에 대한 잉글랜드 최고영주 존의 이런 저자세를 다시 잉글랜드 귀족동아리는 반대했다. 잉글랜드 귀족동아리는 결국 1215년 상급자의 권한을 제한하는 '불변의 계약문서(Magna Carta)'에 잉글랜드 최고영주 존이 동의토록 서명한 다음 무마했다. 봉건관습과 교회조직의 이런 정치모형은 18세기에도 이어졌다. 18세기 도이취란트 합스부르크 가문 황제는 비엔나 황실에 앉아서 합스부르크 가문의 제후로부터 봉건관습 산물인 공납물을 징수했다. 잉글랜드에서는 심지어 오늘날까지도 작위 귀족과 주교가 종족왕 즉위식에서 자기의 손을 뻗어 통치자 손위에 얹어놓고, 충성을 맹세하는 신서관습을 올려 봉건관습 잔재를 확인해주고 있다. 봉건관습 잔재는 세계 구석구석에서 다양한 모습으로 변모하여 지금도 새롭게 보이고 있다.

귀족동아리 지배권 표지는 백작직이었다. 귀족동아리는 최고영주 영지를 착복했다. 메로베크 가문 프랑크종족왕 크로타르 2세도 통일영지를 구축하기 위하여 귀족동아리가 착복했던 종족왕 영지를 인정하지 않을 수 없었다. 메로베크 가문 프랑크종족왕 크로타르 2세는 614년 파리 협약으로 귀족동아리의 종족왕 영지 착복을 인정하고 귀족동아리 구성원인 영주에게 '백작'(comes)이라는 귀족 작위를 보장해야 했다. 귀족동아리는 백작이라는 귀족 작위를 종족왕의 파리 협약을 통하여 확보했다. 또한 귀족동아리는 영지 예속민의 영주로서 프랑크종족왕과 대다수 영지 예속민에 대하여 영향력을 행사했다. 파리 협약 이후 프랑크종족왕은 이제 더 이상 영지 지배자가 아니었다. 귀족, 주교, 수도자동아리 좌장은 종족왕의 권력동아리 지배자로 변신했다. 메로베크 가문 시대 이후 주교와 수도자동아리 좌장의 영향력은 점차 확대되었다. 권력동아리 지배자인 귀족, 주교, 수도자동아리 좌장은 예속민을 포함하여 프랑크종족왕 영지의 자유민까지 지배하며 프랑크종족왕의 권한을 대행했다. 즉, 귀족 혈족은 이제 더 이상 종족왕의 가신이 아니라, 귀족 공화국 수령이 되어 종족왕 관리로서 봉사자가 아니라, 관직 임명권자가 되어버렸다. 이제 프랑크종족왕 영지도 사라졌다. 물론 프랑크종족왕의 권력동아리도 존재하지 않았다. 즉, 프랑크종족왕은 영지 없는 일종의 상징물 형태로 존재했다.

봉건관습은 중세 세계와 중세 세계 인간의 결속원리였다. 봉건관습은 권력동아리와 종족을 결속했던 종족왕의 가신관습이었다. 이런 맥락에서 봉건관습 핵심은 흔히 주종관습이라고 지칭하는 종족왕의 가신관습이었다. 이 가신관습은 종족왕 가문과 다른 가문을 임금과 신하 관계로 이어주는 영주와 종사의 결속관습을 골격으로 했다. 이런 가신관습은 켈트어계 종족왕과 게르만어계 종족왕의 종사관습에서 발원했다. 소위 봉건제 역시 게르만종족왕의 종사관습 구성물인 충성관습과 복종관습이 로마시대 영지관습 구성물인 보호관습과 봉사관습을 결합하면서 발원했다. 즉, 봉건제는 종족이동시대와 전쟁시대 게르만어계 종족왕의 종사관습과 로마제국시대 영지소유관습 구성물인 보호관습과 봉사관습이 결합하면서 새로운 결속양식으로 변모했다. 게르만어계 종족왕 가신의 신서관습은 봉건제에서 종족왕에 대한 가신의 충성 맹세로 최고영주인 종족왕과 그 가신을 결속한 다음 종족 구성원과 종족왕을 다시 결속했다. 영지구성원인 인간은 종족왕으로부터 임대한 귀족영지에 계약관습에 따라서 자기도 모르는 사이에 예속되었다. 종족왕 가신이 종족왕에게 충성을 맹세하는 신서관습은 크리스트교 교리의 복종관습에서 발원했다. 세속인은 교회 성사관습에서 신에 대하여 복종을 맹세하고 신의 은총에 이른 다음 종족왕 영지구성원이 되었다. 이런 봉건관습은 7세기 여러 게르만어계 이동종족의 계약관습이 혼합하면서 나타났던 가신관습에서 발원했다. 물론 종족구성원이 가신관습에 편입되는 것은 종족왕 영지인 귀족영주의 봉토에 예속된 군대 일원으로 입문하면서부터였다. 그래서 가신관습은 지배자 종족왕에게 종족 구성원을 예속시키던 중간 도구였다. 종족왕의 이런 가신관습은 지배자의 세속인 예속 도구였다. 프랑크종족왕의 권력동아리에서 가신관습은 한편으로 종족왕 관리의 자치관습 행사를 억제하는 귀족동아리에 대한 제어장치였다.

중세 세계에서 가신관습은 귀족동아리에 대한 종족왕의 통제 수단이었다. 종족왕 혈족은 분할영지 유력자였다. 그런데도 종족왕 혈족은 종족왕에게 가신으로서 신서를 올려야 했다. 주교와 수도자동아리 좌장조차도 방대한 영지를 소유하고 영지 예속민을 종사로 거느렸다. 주교와 수도자동아리 좌장은 물론 조세 면제관습을 지니고, 종족왕의 가신인 세속인처럼 종족왕의 권력동아리에 편입되는 과정에서 자기의 손을 뻗어 종족왕의 손위에 올려놓고, 충성을 맹세하는 신서관습을 거쳐 종족왕의 보호관습에 들어갔다. 종족왕과 가신의 이런 예속관습은 사병의 경우 면제되었다. 개인의 이런 예속관습에 근거하여 샤를 대머리 왕(840~877)은 가신에게 봉토의 상속을 인정했다. 종족왕의 가신 예속관습은 이후 오스트리아에서도 등장했으나 봉토 상속관습 인정과 함께 오히려 강화되었다. 즉, 종족왕의 권력은 가신관습에서 발원하여 가신의 예속민과 가신을 더욱 압박했다. 종족왕의 이런 횡포에 반항하여 가신과 예속민은 종족왕의 통치권을 제한하기에 이르렀다. 가신과 예속민이 공동으로 종족왕의 통치권을 제한하는 과정에서 근대 대의정치의 대의기구는 모습을 드러냈다. 가신관습은 예속민의 대의기구로 발전하며 국가 제도로 정착했다. 종족왕 가신이 예속민 대표자가 된 이후 종족왕과 가신의 예속민은 새로운 위치를 찾아 나섰다. 종족왕과 가신, 가신과 가신 예속민, 종족왕과 가신 예속민의 관계는 신분대표회의 단계를 거쳐 삼권분립을 골격으로 한 서양 대의정치 출발점이 되었다.

아랍인에 대항했던 프랑크종족왕과 궁재의 군대

궁재 카롤루스 마르텔은 프랑크종족왕 가신의 신서관습 도입 이외에도 군대 편재를 영지 가신군대로 개편했다. 카롤루스 마르텔은 군대편재 개편에 성공을 거두어 기병을 양성하고, 아우스트라시아 영지의 궁재로서 네우스트라시아 영지와 부르군드 영지의 궁재 직을 차지하여 통일 영지의 궁재가 되었다. 카롤루스 마르텔은 프랑크종족왕의 동부 영지와 남부 영지 관구를 회복하여 아랍인의 침입을 방어했다. 카롤루스 마르텔은 크로도베크가 로마제국 군대를 거느리고 갈리아를 정벌했던 것처럼 게르만어계 종족왕의 군대를 거느리고 아랍인의 침입에 대항했다. 물론 이전에도 메로베크 가문 프랑크종족왕 크로도베크는 5세기경 갈리아를 정벌했었다. 그러나 당시와 다르게 프랑크종족왕의 군대도 갈리아에 산재했던 과거 로마제국시대 황제의 직할 영지로 이주하여 군대 거점을 확보한 다음 정착민으로서 종족왕의 종사까지 이주시켰다. '자유민'(liberi homines)은 프랑크종족왕이 당시 정복지 정착민 종사에게 부여했던 명칭이었다. 자유민은 지체 없이 언제나 전쟁에 출정할 수 있도록 무장했다. 자유민은 정복지 정착민으로서 군대봉사를 면제받기 위하여 교회조직의 보호관습에 탁신하여 종족구성원과 의미상으로도 융합했다.

프랑크종족왕의 군대는 6세기 이후부터 7세기 경 종족왕의 영지에 편입되었으나 종족왕의 쇠퇴에다 종족왕의 영향력과 신뢰도 저하로 인하여 종족왕의 종사동아리도 귀족 군대처럼 무장 능력을 갖추었다. 거기다 귀족의 가신과 교회조직의 가신도 이미 8세기경 봉건관습의 사법 효력 발휘와 함께 무장능력과 출정능력을 갖추었다. 이후 종족왕의 권력동아리 영향력 저하와 함께 기병군대도 귀족의 가신군대와 교회조직의 가신군대로 편성되었다. 귀족의 가신과 교회조직의 가신은 기병을 양성하라는 취지에서 방대한 교회조직 영지를 프랑크종족왕의 궁재로부터 할당받아 안정을 찾아 자유로운 군대생활을 보장받고, 원거리 군대까지도 끌어들여 기병군대를 편성했다. 기병군대는 가신군대로 편성되어 유트종족왕, 작센종족왕, 알레만종족왕을 정복하고, 바이에른종족왕과 랑고바르드종족왕까지 정복하여 프랑크종족왕에게 승리 기쁨을 안겨 주었다. 궁재와 프랑크종족왕은 밀려오는 아랍인 세력을 저지하기 위하여 가신의 기병을 이끌고 725년 오툉으로 출정하여 우선 보르도를 공격했다. 추측컨대, 프랑크종족왕은 가신의 기병을 앞세우고 갈리아 남부를 파괴하던 아랍인을 732년 저지했다. 카롤루스 마르텔은 프와티에 근처 스농 마을에서 아우스트라시아 영지의 가신 기병을 이끌고 아랍인에 대항했다. 스농 마을 전투에서 카롤루스 마르텔은 아우스트라시아 영지의 가신 기병을 앞세우고 아랍인 공격을 차단하는 데 성공했다. 카롤루스 마르텔의 승리는 15년 전 아랍인이 비잔티움제국의 콘스탄티노플을 공격할 때, 비잔티움제국이 아랍인 공격을 막아냈던 방어처럼 중요했다. 그러나 사라센은 갈리아 남부 영지의 니므, 아를르, 아비뇽 등의 도시와 교역하며 프로방스 영지로부터 리옹에 이르는 영지의 주교좌와 교회조직을 교란했다. 사라센 상인동아리는 다양한 교역로를 열어젖히며 카롤루스 마르텔의 서부세계 영지로 접근하기 시작했다. 당시 사라센 상인동아리는 스페인을 이미 서부세계의 교역 거점으로 확보한 상황이었다.

카롤루스 마르텔의 정치는 시행착오를 답습하며 무수한 자취를 남겨놓았다. 그러나 카롤루스 마르텔은 가신조직과 그 군대를 활용하여 프랑크종족왕의 권력동아리를 통제하고 억압하며 자기 권력동아리를 유지했다. 그러나 카롤루스 마르텔은 중세세계의 서부세계 영지를 아랍인 침입으로부터 보호하여 유럽 문화를 보전했다. 카롤루스 마르텔은 741년에 사망했다. 한편, 프랑크종족왕은 궁재 카롤루스 마르텔의 정치 수완으로 통일영지를 성취했다. 카롤루스 마르텔의 두 아들 카를만과 종족왕 피핀은 프랑크종족왕의 궁재 직을 계승했다. 선친 카를 마르텔이 사망한 이후 5년 동안 카를 마르텔의 두 아들 카를만과 종족왕 피핀은 프랑크종족왕의 동부 영지, 북부 영지, 남부 영지에서 열화같이 달려들던 아버지 저항세력을 잠재우면서 권력동아리를 유지했다. 두 프랑크종족왕 권력동아리 계승자는 선친 카롤루스 마르텔이 교회조직 영지를 활용하여 조직했던 권력동아리 세력을 무마하는 한편 프랑크종족왕 영지를 탁월하게 방어했다.

앵글로색슨인의 선교활동과 알프스 동부 지역에 대한 문화운동

당시 프랑크종족왕의 권력동아리는 서유럽세계의 로마 정통론자동아리 교회조직을 완성했다. 로마 정통론자동아리 교회조직 완성자로 프랑크종족왕 권력동아리는 로마 정통론자동아리 교회조직 영역을 알프스 동북부 영지로 확장했다. 프랑크종족왕의 이런 선교운동을 흔히 도이취어계 역사학자는 동방운동이라고 지칭했다. 로마 정통론자동아리는 프랑크종족왕의 소위 동부 영지에 대한 선교운동으로 동부 유럽세계로 진출하기 위한 교두보를 확보했다. 또한 로마 정통론자동아리의 동부 영지 진출은 프랑크종족왕의 창의력에 대한 표지였다. 따라서 동부 영지에 대한 프랑크종족왕의 선교운동이 로마 정통론자동아리 세계를 알프스 동북부 이북으로 확대했던 것을 이제 갈리아의 아일랜드계 수도자동아리 은신처에서 발원했던 선교운동 일환으로 연계할 수 있을 것이다. 로마 정통론자동아리의 서부세계 선교운동은 갈리아 수도자동아리 은신처에서 점화됐다. 갈리아 중심영지에다 프랑크종족왕의 귀족동아리는 7세기경 경쟁이나 하듯이 수도자동아리 은신처를 창건하며 선교역양을 축적했다. 이 수도자동아리 은신처는 이후 동부 영지로 로마 정통론자동아리 교회조직을 사도성자 베드로를 앞세워 확장하는 선교운동 발원지가 되었다. 이런 맥락에서 파악하면 카를 마르텔은 로마 정통론자동아리 교회조직의 배양 자였고, 그리고 두 아들 카를만과 종족왕 피핀은 사도성자 베드로숭배관습 전파자였다.

프랑크종족왕 권력동아리의 선교이념은 갈리아에 있던 프랑크종족왕 영지의 수도자동아리 은신처에서 발원했다. 알프스 동북부 선교이념은 쉘데강 이북 영지와 보렐강 유역 영지에서 발원하여 동부 유럽세계로 향했다. 선교활동 추진 세력은 잉글랜드에서 건너왔던 수도자동아리였다. 앵글로색슨계 베네딕트 수도자 금욕수행관습이 대륙으로 건너오면서 선교활동은 새로운 상황을 맞이했다. 앵글로색슨계 베네딕트 수도자 금욕수행관습을 수용했던 주인공은 궁재 피핀(+714)과 부인 프레크트루디스(716~7년 이후)였다. 이 궁재 부부가 앵글로색슨계 베네딕트 수도자 금욕수행관습을 수용함으로써 베네딕트 수도자 금욕수행관습은 프랑크종족왕 권력동아리에서 정착했다. 빌리브로르드와 보니파티우스는 또한 앵글로색슨계 베네딕트 수도자 금욕수행관습을 카롤루스 가문 지배자 피핀에게 전파했다. 물론 이 두 선교자는 선교활동 일환으로 프랑크종족왕 권력동아리에 앵글로색슨계 베네딕트 수도자 금욕수행관습을 정착케 했다. 빌리브로르드(695~739)와 보니파티우스(722~754)는 후기 카롤루스 가문 시대 개막과 함께 우트레히트와 마인츠 대주교직에 올라 카롤루스 가문 지배자가 동부 유럽세계로 선교활동을 추진하도록 이론 제공자 역할까지 담당했다. 다른 시각에서 파악하면, 메로베크 가문 시대에 선교활동 주류를 이루던 아일랜드계 베네딕트 수도자 금욕수행관습은 앵글로색슨계 베네딕트 금욕수행관습으로 대체했던 것이다. 빌리브로르드와 보니파티우스의 영향으로 메로베크 가문 지배자동아리에 채색됐던 아일랜드계 베네딕트 수도자 금욕수행관습은 카롤루스 가문의 등장과 함께 그 영향력을 상실하기 시작했다. 카롤루스 가문 지배자는 앵글로색슨계 수도자 금욕수행관습으로 종족왕 권력동아리의 결속이념을 창출했다. 앵글로색슨계 베네딕트 수도자 금욕수행관습은 프랑크종족왕의 권력동아리에서 기본 덕목으로 정착했다. 뤽세이계 수도자동아리 은신처는 이제 영향력을 잃어갔다. 뤽세이계 수도자동아리 은신처의 영향력 약화와 함께 순수 앵글로색슨계 베네딕트 수도자 금욕수행관습으로 교체하기 위한 프랑크종족왕의 교회개혁을 예고했다.

순수 베네딕트 수도자 금욕수행관습은 이탈리아에서 체계를 갖췄으나 잉글랜드를 거쳐 유럽대륙의 프랑크종족왕 영지로 이동했다. 596~7년경 무렵 추정컨대 이런 순수 베네딕트 수도자 금욕수행관습이 로마 교황청 소속 수도자인 아우구스틴(596~604)과 함께 잉글랜드의 앵글로색슨종족세계로 이동했다. 당시 수도자 아우구스틴은 로마에다 안드레아 수도자동아리 은신처를 창건한 다음 캔터베리 대주교로 활약했다. 수도자 아우구스틴은 수도자 베네딕트의 직계 제자였다. 수도자 아우구스틴은 안드레아 수도자동아리 사제로서 교황 그레고르 1세를 보필했다. 수도자 테오도르(668~696)는 수도자 아우구스틴으로부터 순수 베네딕트 수도자 금욕수행관습을 전수받아 처음으로 유럽대륙의 프랑크종족왕 영지에 전파했다. 타르수스의 수도자 테오도르는 669년 이전 캔터베리 대주교였다. 수도자 테오도르는 베네딕트 수도자 금욕수행관습을 잉글랜드에 전파했다. 수도자 테오도르는 669년 이후부터 잉글랜드에서 유럽대륙으로 파견했던 선교자동아리 주교였다. 수도자 테오도르는 순수 베네딕트 수도자 금욕수행관습을 유럽대륙의 프랑크종족왕 영지에 전파했다.

테오도르의 선교자동아리와 함께 대륙으로 건너 왔던 앵글로색슨계 수도자동아리는 벨기에의 우트레히트를 근거지로 하여 유럽대륙 선교활동을 전개했다. 앵글로색슨계 선교자동아리는 베네딕트계 수도자동아리로서 벨기에 선교과정에서 아우스트라시아 영지의 궁재 피핀을 만났다. 앵글로색슨계 선교자동아리 중에는 후기에 카롤루스 가문 권력동아리 등장과 함께 우르레히트 대주교가 된 빌리브로르드도 끼어 있었다.

빌리브로르드는 잉글랜드의 리폰 수도자동아리 은신처로부터 수도자 테오도르의 선교자동아리와 함께 유럽대륙으로 건너와서 벨기에 정벌전쟁 중에 있던 프랑크종족왕 권력동아리 유력자 피핀을 만났다. 프랑크종족왕 영지의 수도자동아리는 아일랜드계 베네딕트 수도자 금욕수행관습을 실천하기 위하여 창건했던 고저시대 갈리아 영지의 수도자동아리 은신처에서 발원했다. 프랑크종족왕은 이들 수도자동아리 은신처를 기존 도시를 둘러싼 성곽과 멀지 않은 위치에다 창건했다. 그 수도자동아리의 수도자 역시 도시에 거주하던 귀족동아리 혈족이었다. 그러나 이제 프랑크종족왕 영지의 수도자동아리 은신처는 앵글로색슨계 수도자동아리가 유럽대륙으로 가져 온 베네딕트 수도자 금욕수행관습을 실천하기 시작했다. 프랑크종족왕 영지의 수도자동아리 금욕수행관습도 앵글로색슨계 수도자동아리 금욕수행관습으로 개조되기 시작했다. 카롤루스 가문 지배자나 귀족은 앵글로색슨계 베네딕트 수도자 금욕수행관습을 실천하기 위한 수도자동아리 은신처를 자기네 소유영지에 창건했다. 즉, 카롤루스 가문 지배자나 귀족은 수도자동아리 은신처를 기존 도시 영향권을 벗어난 영지에 창건했다. 앵글로색슨계 수도자동아리 일원인 빌리브로르드도 로마제국시대 문화이동 영역인 황제 도시 트리어가 아니라, 습기로 가득 찬 도이취란트 남부의 에흐터나크 영지(Echternach = Eichstätt)에다 자신의 수도자동아리 은신처를 창건했다. 메로베크 가문 프랑크종족왕의 권력동아리와 다르게 카롤루스 가문 권력동아리는 종족왕 영지와 귀족 영지 사이의 삼림 지역에다 수도자동아리 은신처를 창건하여 새로운 수도자동아리 은신처를 종족왕 영지와 귀족 영지를 이어주는 영지 행정 중심지로 활용했다.

아우스트라시아 영지의 귀족동아리 중심 도시는 메스였다. 메스에도 고르체 수도자동아리 은신처를 744년 창건하여 그 고르체 수도자동아리 은신처를 종족왕과 귀족동아리의 영지행정을 이어주도록 활용했다. 프랑크종족왕 영지와 귀족 영지 중간 지점에 자리 잡은 카롤루스 가문 시대 수도자동아리 은신처는 교회개혁을 추진하는 중심 세력으로 부상했다. 카롤루스 가문 지배자의 권력동아리는 교회개혁을 추진하여 프랑크종족 왕위를 차지하고 적자 위치에 올랐다. 교회개혁 중심인물은 메스 주교 크로데강과 마인츠 대주교 보니파티우스였다. 크로데강과 보니파티우스는 수도자동아리 은신처를 중심으로 프랑크종족왕 영지의 교회개혁을 주도했다. 크로데강은 744년 로트링겐 영지에다 고르체 수도자동아리 은신처를 창건하여 고르체 수도자동아리 은신처를 앵글로색슨계 선교자동아리와 프랑크종족왕의 인간관계를 더욱 가깝게 보완하는데 활용했다. 크로데강과 보니파티우스는 이 앵글로색슨계 수도자동아리 은신처를 활용하여 교회개혁을 전체 프랑크종족왕 영지로 확산케 하여 카롤루스 가문 권력동아리 지배자를 로마 대주교에게 안내할 발판을 구축했다.

보니파티우스는 하스펜 가우 출신의 크로데강과 함께 궁재 카를 마르텔이 구축했던 아우스트라시아 영지에서 최고 사법관직에 올랐다. 보니파티우스는 752년 이후 프랑크종족왕 영지의 교회개혁을 주도하고 마인츠 주교회의에서 메로베크 가문 프랑크종족 왕위가 카롤루스 가문 권력동아리 지배자에게로 넘어 오는데 중요한 역할을 담당했다. 크로데강과 보니파티우스는 고르체에 이어 로르쉬에다 수도자동아리 은신처를 창건했다. 특히, 고르체 수도자동아리 은신처는 프랑크종족왕의 권력동아리에서도 가문 수도자동아리 은신처로 발전했다. 카롤루스 가문 권력동아리 지배자는 고르체 수도자동아리 은신처에서 기복을 빌었고 프랑크종족 왕관을 차지한 이후에도 로마 교회는 고르체 수도자동아리 은신처를 서부세계 표준 수도자동아리 은신처로 지정했다.

메로베크 가문 시대까지 교황청과 권력동아리 지배자 사이에는 종교동아리와 신앙을 가지고 어떤 관계도 유지하지 못했다. 또한 종교동아리와 신앙도 미완 상태여서 선교 체제도 갖추지 못했다. 8세기 프랑크종족왕의 권력동아리 지배자는 교황청과 서로 협력하기 시작하며 관계를 갖기 시작했다. 빈프리트 보니파티우스는 카롤루스 가문 권력동아리 지배자와 교황청의 이런 협력관계를 만들어낸 주인공이었다. 빈프리트 보니파티우스는 빌리브로르드와 함께 벨기에 영지와 튀링겐 영지에 대한 선교에 나섰다가, 752년 오르드루프에다 수도자동아리 은신처를 창건했다. 빈프리트 보니파티우스는 프랑크종족왕의 권력동아리 지배자 후원으로 뷔라부르크 근처의 보호 영지인 풀다에다 수도자동아리 은신처를 창건했고, 731~735년 타우베르비숍스하임에도 수도자동아리 은신처를 창건했다. 빈프리트 보니파티우스가 창건했던 수도자동아리 은신처는 모두 프랑크종족왕 영지에 자리 잡았다. 이 수도자동아리 은신처는 물론 카롤루스 가문 권력동아리 지배자의 결속이념과 빈프리트 보니파티우스의 선교이념을 함께 확산했다.

빈프리트 보니파티우스는 741~742년 뷔르츠부르크의 종족왕 영지에 주교좌를 창설했다. 뷔르츠부르크 주교좌 창설은 프랑크종족왕의 라인강 유역 동부 영지에다 로마 정통론자동아리 교회조직을 정착하려는 정책 일환이었다. 특히, 뷔르츠부르크 주교좌 창설은 알프스 동부에 대한 선교활동을 추진하기 위한 조처였다. 물론 알프스 동북부에 대한 선교활동에 골몰하던 교황청 입장에서도 대단히 바람직한 징후였다. 뷔르츠부르크 주교좌 창설과 함께 프랑크종족왕의 권력동아리 지배자에 대한 로마 교황청 시각도 변화하기 시작했다. 따라서 뷔르츠부르크 주교좌 창설이라는 빈프리트 보니파티우스의 역할에 힘입어 로마 교황청과 카롤루스 가문 권력동아리 지배자의 관계는 상호 협력관계로 변화했다. 당시 카롤루스 가문 권력동아리 지배자는 카를 마르텔의 두 아들 궁재 카를만과 피핀이었다. 두 카롤루스 가문 권력동아리 지배자는 프랑크종족왕 영지를 뷔르츠부르크 주교구에 기증하고, 프랑크종족왕 영지의 조세와 수익 일체를 프랑크종족왕 영지의 교회조직에 기증하여 알프스 동북부 영지에 대한 크리스트교 선교를 강력하게 추진토록 보조했다. 이후 뷔르츠부르크 주교좌의 이런 선교 전통은 후기 도이취란트 황제 가문에까지 계승했다. 초대 뷔르츠부르크 주교는 부르카르트(†8세기)였다. 초대 뷔르츠부르크 주교 부르카르트는 카롤루스 가문 권력동아리 지배자에게 충성하던 빈프리트 보니파티우스의 직계 제자였다. 뷔르츠부르크 주교 부르카르트는 과거 프랑크종족왕 영지의 성자숭배관습처럼 프랑크종족왕 영지를 보호한다는 취지에서 새로운 성자숭배관습을 도입했다. 뷔르츠부르크 주교 부르카르트의 새로운 프랑크종족왕 보호성자는 아일랜드계 키리안이었다. 프랑크종족왕에 대한 보호성자로서 새로운 키리안 숭배관습은 중세 갈리아에서 마르티누스를 프랑크종족왕 영지의 보호성자로서 숭배하던 관습과 일치했다. 따라서 프랑크종족왕 영지에 대한 보호성자 숭배관습이 라인강 동부로 이동했다는 것은 중세 갈리아 문화가 라인강 동부로 이동했다는 맥락인 것이다. 이외에도 프랑크종족왕이 순수 앵글로색슨계 베네딕트 수도자 금욕수행관습을 실천하면서도, 아일랜드계 성자를 숭배했다는 것은 프랑크종족왕에게서 앵글로색슨계와 아일랜드계 신앙체제가 접목했다는 것을 반증했다.

프랑크종족왕은 아일랜드계와 앵글로색슨계의 신앙을 실천하면서 중세 세계의 문화 주인공으로 등장했다. 프랑크종족왕이 새로운 신앙을 서양세계 질서에 융합했던 것은 빈프리트 보니파티우스와 프랑크종족왕의 권력동아리 지배자가 공동으로 추진했던 교회조직 확장 때문이었다. 빈프리트 보니파티우스는 뷔르츠부르크 교구조직을 카롤루스 가문 권력동아리 지배자의 열렬한 후원을 받으며 정비하고 뷔라부르크와 에어푸르트에도 교구를 창설했다. 이 두 교구는 단일 교구로 통합되어 '옛 물방아가 돌아가는 계곡'을 지칭하는 아이히쉬레트 교구로 존속했다. 프랑크종족왕의 권력동아리 지배자인 궁재 카를만과 종족왕 피핀은 선친 카를 마르텔의 권력동아리 계승자로서 빈프리트 보니파티우스를 후원했다. 빈프리트 보니피티우스는 이 두 권력동아리 지배자의 후원으로 라인강 동부까지 뻗어나간 교회조직을 내세우며 로마 교황청에 접근했다. 물론 프랑크종족왕의 이 두 권력동아리 지배자는 빈프리트 보니파티우스에게 로마 교황청 사절이란 소명을 부여하여 로마로 파견했다. 빈프리트 보니파티우스는 이 두 권력동아리 지배자의 소명을 받아 프랑크종족왕의 권력동아리가 메로베크 가문 프랑크종족왕에서 카롤루스 가문 프랑크종족왕으로 넘어가는 중간 과업을 수행했다. 빈프리트 보니파티우스가 카롤루스 가문 권력동아리 지배자가 프랑크종족왕이 되어야 정당하다고 로마 교황청을 설득했던 근거는 빈프리트 보니파티우스의 선교활동을 카롤루스 가문의 권력동아리 지배자가 강력하게 후원하여 라인강 동부까지 로마 정통론자동아리 교세를 확장했다는 것이었다.

빈프리트 보니파티우스는 수도자동아리 활동과 교회조직 확장을 카롤루스 막뉴스 가문 권력동아리 지배자의 후원에 연계하여 로마 교황청에 설명했다. 프랑크종족왕의 권력동아리 지배자와 빈프리트 보니파티우스가 공동으로 수도자동아리를 후원하여 육성한 결과 카롤루스 가문 시대 수도자동아리 은신처는 선교활동 지휘본부가 되었다. 즉, 수도자동아리 좌장은 선교자동아리 전위대인 사제를 교육하여 사제 후보자를 양성했다. 또한 수도자 학문동아리 좌장은 사제의 금욕수행관습과 사제의 신앙 교육을 통괄하며 고위 관직자의 덕목까지 교육했다. 수도자 학문동아리에서 교육과정을 거친 카롤루스 가문 권력동아리 지배자의 엘리트는 수도자 학문동아리 교육내용을 서부세계에서 실천하기 시작했다. 카롤루스 가문 시대 수도자동아리 은신처는 사회에 생기를 불어넣기에 충분했다. 이런 맥락에서 카롤루스 가문 시대 수도자동아리 은신처는 새로운 문화 발원지로서 종족왕, 궁재, 주교를 포함한 귀족동아리로부터 강력한 후원과 보조를 받아 사회조직의 결속에서도 중심 위치를 차지했다. 그 이면에는 후기 고전시대 갈리아에서 발원한 수도자 금욕수행관습을 새로운 윤리모형으로 제시했기 때문이었다.

몬테카시노 수도자동아리 은신처는 여전히 서양세계의 중추 수도자동아리 은신처였다. 몬테카시노 수도자동아리 은신처는 당시에도 고위 성직자 교육장이자 성직자 사교장이었다. 빈프리트 보니파티우스도 몬테카시노 수도자동아리 은신처에서 자기 제자가 된 스트루미를 만났다. 빈프리트 보니파티우스는 747~748년, 즉 카롤루스 가문 권력동아리 지배자로부터 교황청 사절 소명을 부여받고, 3년 이후 스트루미를 몬테카시노 수도자동아리 은신처로 다시 파견하였다. 몬테카시노 수도자동아리 은신처에서 수도자 수업을 마친 스트루미는 다시 거기서 수련 중이던 빌리발드를 만났다. 빌리발드(745~786)는 741년 이후 프랑크종족왕이 파견한 교황청 사절 임무를 성공리에 수행하고, 아이히스레트 교구의 초대 주교직을 임명받았다. 빈프리트 보니파티우스는 몬테카시노 수도자동아리 은신처를 통하여 프랑크종족왕의 권력동아리 지배자와 교황청을 서로 연결했던 스트루미와 빌리발드를 만났고, 이들은 곧 프랑크종족왕을 지원했다. 이 세 후원자는 몬테카시노 수도자동아리 은신처에서 프랑크종족왕의 권력동아리 지배자와 공동 운명체임을 확인했다. 빈프리트 보니파티우스는 30여 년 동안 프랑크종족왕 영지의 중심 수도자동아리 좌장 직에 앉아서 프랑크종족왕 영지의 교회조직을 로마 교황청 소속의 교회조직으로 개혁했다. 빈프리트 보니파티우스의 교회개혁 내용이 교황 차카리아스(741~752)에게 전달되자, 교황은 베네딕트 수도자 금욕수행관습 원본을 다시 빈프리트 보니파티우스에게 랑고바르드종족왕의 사신을 통하여 전달하고 빈프리트 보니파티우스가 베네딕트 수도자 금욕수행관습의 발원지이자 프랑크종족왕 영지의 교회개혁 발원지임을 확인했다. 빈프리트 보니파티우스와 빌리발드는 앵글로색슨계 잉글랜드인이었으나 이미 교황 차카리아스가 확인했듯이, 베네딕트 수도자 금욕수행관습의 원류를 변형하여 베네딕트 수도자 금욕수행관습을 프랑크종족왕의 영지에 정착케 하고 그 금욕수행관습을 실천토록 했다.

보니파티우스는 또한 카롤루스 가문 권력동아리 지배자와 공동으로 협력하여 교회개혁을 추진했다. 빈프리트 보니파티우스의 이런 교회개혁 이면에는 프랑크종족왕의 권력동아리 자배자를 베네딕트 수도자 금욕수행관습의 원류로 만든 다음, 교황청으로부터 프랑크종족왕의 권력동아리 지배자에 대하여 정통론을 확보하기 위한 방편이었다. 베네딕트 수도자 금욕수행관습은 보니파티우스와 카롤루스 가문 권력동아리 지배자의 공동 노력으로 프랑크종족왕의 영지 구성원을 결속하는 매체였다. 따라서 보니파티우스와 카롤루스 가문 권력동아리 지배자의 협력으로 베네딕트 수도자 금욕수행관습은 사회 결속력 발원지로 정착했다. 빈프리트 보니파티우스는 743년 마인츠 주교회의에서 몬테카시노 수도자동아리 은신처를 프랑크종족왕 영지의 모 수도자동아리 은신처로 의결토록 조종하고 프랑크종족왕 영지의 모

수도자동아리 은신처로서 몬테카시노 수도자동아리 은신처를 채택했다. 마인츠 주교회의에서는 베네딕트 수도자 금욕수행관습이 수도자동아리 은신처 원류임을 공인받아 세속인에게 표준 금욕수행관습을 제공했다. 이런 베네딕트계 수도자동아리 금욕수행관습에서 아니아네와 인덴의 수도자동아리 좌장 베네딕트(779~821)는 9세기 초 베네딕트 수도자 금욕수행관습을 실천할 방안을 강구하여 명성을 떨쳤다. 9세기 수도자동아리 좌장 베네딕트는 베네딕트 수도자 금욕수행관습의 실행 방안을 곧 프랑크종족왕 영지의 법률로 확정했다. 이제 프랑크종족왕의 권력동아리가 베네딕트 수도자 금욕수행관습을 법률로 수용함에 따라서 이후 250년 동안 프랑크종족왕 영지의 수도자동아리 은신처는 중세 세계의 문화 발원지로서 기능을 담당하게 되었던 것이다. 중세 세계의 다양한 종족에 혼합 문화 속성을 채색했던 것도 베네딕트 수도자 금욕수행관습에 대한 실천방안 때문이었다. 빈프리트 보니파티우스는 로마 교황청 선교자로서 프랑크종족왕 영지에 파견되어 프랑크종족왕의 통치 이념을 로마 정통론자동아리 선교운동으로 바꾸어놓았다. 보니파티우스는 또한 베네딕트 수도자 금욕수행관습을 프랑크종족왕의 권력동아리에 전파하여 교회개혁을 추진했다. 보니파티우스의 이런 역할에 힘입어 프랑크종족왕은 베네딕트 수도자 금욕수행관습이라는 표준관습을 활용하여 혼합문화 속성을 수용하여 정치와 사회에 적용했다.

빈프리트 보니파티우스는 후기에 이르러 도이취어 상용지역에다 로마 교황청 소속의 교회를 창건했다. 로마 교황청 소속 교회는 739년경부터 레겐스부르크, 프라이징, 살츠부르크, 브릭센, 파사우 등의 종족왕 영지에 창건했던 소위 영주교회였다. 도이취란트 지역은 카롤루스 가문 권력동아리 지배자의 활동무대였다. 도이취란트 지역도 약간 차이는 있었지만, 도이취란트 남부 바이에른 영지의 경우 교회조직은 로마 교황청과 연계된 영주교회를 중심으로 체계를 갖춘 다음 교황청에서는 바이에른 영지의 도시 살츠부르크에다 대주교 관구를 설치했다. 즉, 빈프리트 보니파티우스는 8세기 말경 프랑크종족왕 영지에선 처음으로 대주교 관구를 창설했다. 이 대주교 관구는 카롤루스 막뉴스 시대에 이르러 알프스 동북부 영지의 교회조직을 관할했다. 당시 바이에른 관구 대주교는 카롤루스 막뉴스의 절친한 친구였던 아르노(785~821)였다. 카롤루스 막뉴스는 바이에른 관구를 강력하게 후원하며 동부유럽 선교를 강력하게 추진했다. 카롤루스 막뉴스의 이런 선교정책 때문에 동부 유럽 세계로 선교 주교를 파견하게 되어 동부 유럽 국가에서는 바이에른 관구 소속의 선교 주교를 국가 성자로 숭배했다. 즉, 선교 주교는 동부 유럽 국가 창건자였다.

오늘날 살츠부르크는 바이에른 관구 교회조직을 관장하던 중심 도시였다. 바이에른 관구 대주교좌는 살츠부르크에 자리잡고 케른텐, 쉬타이어마르크, 오스트리아 남부, 헝가리 서부, 슬로베니아와 크로아티아, 슬로바키아, 뵈멘, 뫼렌 등의 교회조직을 관장했다. 살츠부르크의 바이에른 관구 대주교좌는 프랑크종족왕의 통치이념인 선교란 흐름을 타고, 알프스 동북부로 뻗어 나가던 문화이동 창구로서 알프스 동북부, 알프스 동남부에까지 선교활동을 전개했고, 이 지역 교회조직을 교황청 소속으로 만들면서 프랑크종족왕 영지 문화를 전파했다. 살츠부르크의 바이에른 관구 대주교좌는 프랑크종족왕 영지의 선교문화를 동부유럽으로 이동하여 동부유럽에다 국가 조직을 제공했다. 즉, 동부유럽 국가 조직은 바이에른 관구 교회조직에 편입되면서 로마 교황청과 관계를 맺었다. 이런 동부유럽 국가는 기존 교황청 관계를 활용하여 아크이레이야에 자리잡은 그라도라구네 총 대주교좌 휘하의 교회조직과도 협력관계를 유지했다. 도이취란트의 바이에른 관구와 이탈리아 북부의 아크이레이야 총 대주교 관구는 로마 교황청과 공동으로 협력하여 중세 세계의 크리스트교동아리 생활관습을 알프스 동북부와 남부로 이동케 했다. 바이에른 관구의 살츠부르크 대주교좌와 아쿠이레이야 관구의 그라도라구네 총 대주교좌는 서부유럽세계와 동부유럽세계의 문화를 교류하던 문화이동 경계였다. 이 두 대주교좌를 분기점으로 동부유럽세계와 서부유럽세계는 서로 다른 문화이동 영역으로 발전했다. 이 두 대주교좌의 선교활동은 서부유럽세계 종족 문화를 서부 슬라브어계 종족과 남부 슬라브어계 종족에게까지 이동케 했다.

슬라브어계 종족세계, 특히 서부 슬라브어계 종족세계에는 유럽관습 생성시대 세계에서 발원한 종족 문화가 이동했다. 서부 슬라브어계 종족과 남부 슬라브어계 종족세계에서는 중세 세계의 문화이동 영향으로 아시아계 생활관습 약화와 함께 새로운 질서관습은 정착하기 시작했다. 중세 세계의 로마 정통론은 빈프리트 보니파티우스의 선교운동으로 결국 서부 슬라브어계 종족세계와 남부 슬라브어계 종족세계에까지 이동했다. 이런 맥락에서 빈프리트 보니파티우스는 명실 공히 중세 세계의 교회조직 개척자인 것이다. 빈프리트 보니파티우스는 헤센 영지와 튀링겐 영지까지를 로마 교황청 소속 교회조직으로 바꾸어놓았다. 물론 당시 헤센과 튀링겐 영지는 교황청 소속 교회조직으로서 프랑크종족왕의 권력동아리 영지였다. 이런 여러 가지 사례에 근거하더라도 프랑크종족왕의 권력동아리 지배자는 앵글로색슨계 협조자를 맞이하여 교회개혁과 새로운 결속력의 창출이란 힘겨운 과업을 성공리에 추진했던 것이다. 교황 그레고르 2세(755~731)는 빈프리트 보니파티우스를 마인츠 대주교직에 서품해 달라고 궁재 카를 마르텔에게 요청했다. 카를 마르텔은 교황 요청에 732년 동의했다. 그러나 카를 마르텔은 보니파티우스가 요청한 교회개혁을 수락하지 않았다. 카를 마르텔의 두 계승자인 아들 궁재 카를만과 피핀은 보니파티우스의 교회개혁 요청을 수락했다. 보니파티우스는 권력동아리 지배자의 동의를 얻어 지배자와 공동으로 종족왕의 분할영지인 아우스트라시아 영지의 주교회의(742~743)에서 베네딕트 수도자 금욕수행관습을 종교동아리의 신앙 발원지로 채택하는 교회개혁을 추진했다.

교황청과 비잔티움제국의 관계, 프랑크왕국의 이탈리아 진출과 랑고바르드종족왕

보니파티우스의 교회개혁에는 아우스트라시아 영지의 교회조직 정비작업까지 포함되어 있었다. 현재 도이취란트 연방에서 기초 자치단체 단위가 된 성당 관할구역도 사실상 보니파티우스의 교회개혁을 거치면서 정비된 교회조직인 것이다. 보니파티우스는 성당 관할구역을 정비함으로써 교회조직을 보강하고 성당 관할구역을 정비함으로써 공석이 되어 버린 주교직을 두고, 개혁 주교회의는 설전을 거듭했다. 교구 소속성당을 정비한다는 것이 그렇게 용이한 작업은 아니었다. 그래서 개혁 주교회의는 1년이나 이어졌다. 개혁 주교회의 결론은 공석 중인 주교직에 다시 과거의 주교를 임명한다는 것이었다. 빈프리트 보니파티우스의 교회개혁으로 수도자 학문동아리 활동영역도 넓어졌다. 수도자 학문동아리 영향력 증대와 함께 비속한 혈통의 성직자도 출현했다. 이 비속한 혈통의 성직자는 물론 보니파티우스의 교회개혁을 열렬히 지지했다. 물론 교회개혁 지지세력 중에는 보니파티우스의 고향 잉글랜드로부터 파견형식으로 건너 왔던 수도자, 수도자 학문동아리의 수사학 교사, 수녀 등도 포함되어 있었다. 특히 보니파티우스의 교회개혁지지 세력은 잉글랜드로부터 서적까지 가져와 교회개혁을 이어갈 다음 세대 성직자와 수도자를 양성했다. 아마도, 보니파티우스의 교회개혁이 성공했던 이면에는 고향 잉글랜드로부터 건너왔던 교회개혁 지지세력의 영향력을 부인할 수 없을 것이다. 보니파티우스의 교회개혁 성공으로 카롤루스 가문 권력동아리 지배자와 로마 교황청은 중세 세계의 모습을 바꾸어 놓으며 선교영역을 더욱 확장했다.

이제 당시 이탈리아와 교황청 사정을 프랑크종족왕 영지 사정과 대비키로 하겠다. 보니파티우스는 잉글랜드인으로서 로마 대주교와 카롤루스 가문 권력동아리 지배자를 중개했다. 물론 잉글랜드인은 6세기 말엽 이후 선교 일환으로 유럽대륙에 교회를 세우기 시작했다. 잉글랜드인은 선교과정에서 카롤루스 가문 권력동아리 지배자를 만난 이후 카롤루스 가문 권력동아리 지배자를 로마 교황청으로 안내했다. 당시 로마 대주교의 주변정세는 복잡했다. 서고트종족왕은 스페인을 지배했고 메로베크 가문 프랑크종족왕은 갈리아를 지배했다. 이런 상황에서도 로마 교황청에서는 스페인과 갈리아에다 주교를 파견했다. 그런데도 로마 대주교 보호자는 비잔티움제국 황제였다. 로마 대주교는 당시까지 프랑크종족왕의 권력동아리 지배자와 특정한 관계를 맺지 않았다. 그렇다고 로마제국시대 이후 프랑크종족왕의 권력동아리 지배자와 로마 대주교의 관계가 완전히 단절된 것도 아니었다. 600년 이후까지도 프랑크종족왕의 권력동아리 지배자와 로마 대주교의 관계는 갈리아의 주교나 교회조직을 통하여 유지되었다.

프랑크종족왕의 권력동아리 지배자와 로마 대주교 관계는 8세기 중엽 회복하기 시작했다. 빈프리트 보니파티우스는 프랑크종족왕의 권력동아리 지배자와 로마 대주교의 관계를 회복케 했던 중개자였다. 또한 카롤루스 가문 권력동아리 지배자가 프랑크종족왕위를 차지하도록 견인했던 정치과업 수행자였다. 궁재 피핀은 피핀의 형인 궁재 카를만이 수도자 길에 입문하기 위하여 궁재 직을 떠났던 747년 이후 프랑크종족왕 영지의 단일 궁재직에 올라 전지전능한 통치자 위치를 확보했다. 궁재 피핀은 보니파티우스를 중심으로 교회개혁 세력을 등에 업고 메로베크 가문 프랑크종족왕의 존재에 대한 문제를 제기하기 시작했다. 메로베크 가문 프랑크종족왕의 존재에 대한 피핀의 문제 제기는 '왜 전체가 허수아비에 불과한 존재인 메로베크 가문 프랑크종족왕위를 인정해야 하는가'였다. 피핀은 프랑크종족왕위가 메로베크 가문의 특권 영역이 될 수 없다는 논리로 로마 대주교에게 문제를 거듭 제기했다. 즉, 메로베크 가문 혈통이 과연 신의 혈통이어서 세상을 구원했다는 프랑크종족왕을 신앙 측면에서 보면, 메로베크 가문 프랑크종족왕의 권위가 로마 대주교의 권위를 능가하나, 실제로는 로마 대주교의 권위를 능가할 수 없다는 것이었다. 따라서 궁재 피핀은 허수아비에 불과한 프랑크종족 구원자를 세상 구세주인 로마 대주교가 인정해서는 안 된다는 취지로 로마 대주교를 설득하고 나섰다.

궁재 피핀은 뷔르츠부르크 주교 부르카르트와 파리의 생 댕이 수도자동아리 좌장 풀라드(+784)를 로마 대주교에게 파견하여 프랑크종족왕이 자기 영지를 통치하지 못하는 상황인데 이것을 그대로 방치해 두는 것이 과연 무방한 일인가에 대하여 로마 대주교가 외교문서 형식의 확실한 입장 표명을 요청하고 나섰다. 궁재 피핀의 이런 입장표명 요구에 대하여 로마 대주교는 회신을 보냈다. 로마 대주교는 궁재 피핀에게 보낸 편지글에서 궁재 피핀이 실제로 프랑크종족왕의 권력동아리를 지배하고 있다는 것이었다. 이런 취지에서라도 궁재 피핀은 프랑크종족왕의 권력동아리 지배자가 프랑크종족왕이 되어야 한다는 답장을 보냈다. 당시 로마 대주교의 논리 근거는 모든 선택권이 신의 권한으로부터 나온다는 명분이었다. 로마 대주교의 이런 답장은 프랑크종족왕의 권력동아리 유력자인 궁재 피핀을 751년 프랑크종족왕으로 포고하는 계기가 되었다. 궁재 피핀은 751년 모든 현실을 신의 선택자에게 일치시켜야 한다는 명분으로 프랑크종족왕위를 차지했다. 이제 프랑크종족왕 피핀의 도유식은 성유로 진행되었다. 프랑크종족왕 피핀의 도유식이 성유로 진행된 것은 신의 구원자가 되기에는 부족한 혈통의 취약점을 신이 선택했다는 명분으로 보완하려는 근거였다. 로마 대주교는 신이 피핀을 종족왕으로 선택했다는 명분을 내세우기 위하여 프랑크종족왕 피핀의 도유식을 집전했다. 로마 대주교가 신의 선택권을 행사한 것은 일종의 정치행위였다. 로마 대주교의 이런 정치행위는 비잔티움제국 황제의 보호관습 이탈을 의미했다. 또한 중세 서부세계에서 발흥하던 프랑크종족왕의 권력동아리를 로마 대주교 보호자로 선택했다는 의미와 비잔티움제국 황제의 세계지배 욕구를 반대한다는 의미를 표방한 것이었다. 이제 크리스트교세계는 동부세계와 서부세계로 완전히 분리되었다. 교황은 이제 더 이상 로마 대주교가 아니었다. 프랑크종족왕과 로마 대주교의 관계는 신의 대리자인 로마 대주교의 선택권 행사로 쌍무 협력관계로 변화했다. 프랑크종족왕의 권력동아리 정치도 754년 유럽문화로 종족을 결속하기 시작했다.

프랑크종족왕의 이런 권력동아리이동 방향은 이탈리아와 로마 교황청의 변화로부터 이어졌다. 그런데도 프랑크종족왕의 이탈리아 정책은 순탄하지 않았다. 프랑크종족왕은 로마 교황청 입장을 이탈리아 정책에 반영해야 했다. 프랑크종족왕의 권력동아리 지배자는 로마 교회 보호자 입장에 서서 로마 교회의 권위를 사도성자 베드로 권위를 내세워 확고하게 구축해 갔다. 대교황 그레고르 1세 시대 이후 교회조직은 점차 로마제국 황제 권력동아리에서 이탈하기 시작했다. 그레고르 1세 시대 이후 교황은 비잔티움제국 황제의 후견자인 라벤나 총독의 통제를 받았기 때문에 비잔티움제국 황제의 명령에 복종하지 않을 수 없었다. 교황 마르틴 1세(649~653)는 비잔티움제국 황제의 명령을 거역했다가, 665년 크리미아로 추방당해 거기서 사망했던 사건도 일어났다. 당시 로마 총독은 교황 마르틴 1세가 비잔티움제국 황제의 명령을 거부했던 것은 단성론을 인정하지 않았다고 해서 교황 마르틴

1세를 크리미아로 추방했던 것이다. 이슬람 세력 확장과 함께 비잔티움제국 세력도 이탈리아에서 급격하게 쇠퇴했다. 로마 교황청은 이탈리아 북부의 랑고바르드 종족왕의 침입으로 곤경에 처했다. 로마 대주교를 포함한 이탈리아 주교동아리는 프랑크종족왕 피핀에게 랑고바르드종족왕의 침입을 막아달라고 요청하고 나섰다. 로마 교황청은 교황 스테파누스 2세(752~757)시대에 랑고바르드종족왕 영지의 주교좌까지 위협당할 정도의 위기에 봉착했다. 랑고바르드종족왕은 이탈리아를 지배했으나 당시까지 로마 교황청이나 프랑크종족왕과 서로 충돌하지 않았다. 교황청 지위는 프랑크종족왕의 권력동아리 세력과 함께 변화했다.

그러나 프랑크종족왕 피핀은 이런 교황청 위치변화를 격렬하게 반대했다. 그런데다 비잔티움제국은 아풀리아, 칼라브리아, 시칠리아 등의 이탈리아 남부를 비롯하여 티베르강 서부와 중부 유역을 포함하여 라벤나 총독 관할영역인 베네치아와 달마티아를 통치하며, 로마 교황청 관할구역을 제외한 로마 주변지역까지 통치했다. 비잔티움제국 통치영역을 제외한 이탈리아는 대체로 랑고바르드종족왕 영지였다. 로마 교황청은 사방으로 고립된 상황에서 랑고바르드종족왕과 비잔티움제국의 강한 압력을 받고 있었다. 랑고바르드종족왕은 로마 교황청을 소규모 권력동아리 단위인 자치영지 단위로 에워싸 고립시켜 갔다. 랑고바르드종왕의 주요 활동무대는 이탈리아 북부 토스카나였다. 랑고바르드종족왕은 스폴레토와 베네벤트 영지를 자치 영지로 통치했다. 랑고바르드종족왕이 이탈리아를 자치영지 단위로 분리했던 목적은 티베르강 유역과 포강 유역 영지를 자기네 영지로 만들려는 속셈이었다. 랑고바르드종족왕의 세력이 강화될수록 로마 교황청에 대한 위협도 그만큼 증대했다. 랑고바르드종족왕 루이트프란드 시대(712~744)는 격변시대였다. 랑고바르드종족왕 루이트프란드는 비잔티움제국의 혼란한 정치상황을 최대한으로 활용했다. 특히, 루이트프란드는 비잔티움제국의 조세 때문에 부담을 느끼던 비잔티움제국의 이탈리아 영주를 선동하는 한편, 비잔티움 제국에 대하여 반기를 들도록 로마 대주교를 회유하며 로마 교황청을 위협했다. 랑고바르드종족왕 루이트프란드는 성상파괴운동이 이탈리아 주변으로 확산되도록 성상파괴 운동을 고무하고, 찬양하면서 안코나, 베네치아, 로마, 나폴리, 라벤나를 비롯한 비잔티움제국의 이탈리아 도시를 교란했다. 비잔티움제국의 황실 관리와 성직자동아리는 또한 랑고바르드종족왕의 이런 정치책략을 물론 정확히 간파했다. 랑고바르드종족왕 루이트프란드도 비잔티움제국의 황실사정을 정밀하게 파악했다.

랑고바르드종족왕 루이트프란드는 비잔티움제국 황실과 로마 대주교를 서로 갈라놓기 위한 기회를 노리며 이탈리아 남부의 스폴레토와 베네반트 공작을 복속하는 한편, 공포 분위기에 들떠 있던 로마시를 보호해 준다는 명목으로 교황 차카리아스(741~752)를 압박하여 20여 년 간의 평화협약을 체결토록 강요했다. 랑고바르드종족왕의 이런 위협 분위기에 휩싸인 로마 교황청은 혼란을 거듭하면서도, 랑고바르드종족왕 루이트프란드를 교황청 보호영주로 받아들였다. 이후 랑고바르드종족왕 루이트프란드는 과거보다 나은 조건으로 이탈리아 영주가 되었다. 랑고바르드종족왕 루이트프란드는 이탈리아 영주로서 749년 사망했다. 랑고바르드종족왕 루이트프란드 계승자는 아이스툴프(749~756)였다. 아이스툴프는 749년 비잔티움제국의 이탈리아 관문도시인 라벤나를 점령하고, 비잔티움제국 황제 군대를 장악했다. 아이스투르프는 비잔티움제국 황제군대 요새지요 베네치아 통행 교량인 라구네와 이스트리아를 차단하여 로마 교황청으로 유입되던 생활필수품을 차단하려고 시도했다. 랑고바르드종족왕 아이스툴프의 이런 횡포에 견디다 못한 로마 대주교는 비잔티움제국 황제에게 랑고바르드종족왕의 압박으로부터 도시 로마를 지켜달라고 간곡하게 요청하기에 이르렀다. 아이스툴프는 외부에서 이탈리아로 유입되던 상인동아리의 비잔티움세계 교역 품까지 과거 비잔티움제국의 황실 군대를 활용하여 차단했다. 교황청에 대한 아이스툴프의 횡포는 비잔티움제국 황제와 로마 교황청을 분리하기 위하여 오히려 강화되었다. 랑고바르드종족왕의 이런 크리스트세계 분리정책은 비잔티움제국이 지중해세계의 대제국 위치에서 협소한 비잔티움세계의 지역 국가로 전락해가고 이탈리아가 중세 세계 영향권으로 넘어가던 전환시대의 책략이었다. 비잔티움제국과 로마 교황청을 분리시키겠다는 랑고바르드종족왕의 정책에 기인했든, 랑고바르드종족왕의 세력이 확장된 데서 기인했든, 로마 대주교는 사도성자 베드로 무덤이라는 로마 정통론자동아리 세계의 상징물을 지키기 위해 랑고바르드종족왕이나 비잔티움제국 황제의 어떤 방해도 받지 않고, 프랑크종족왕 피핀을 찾아갈 수 있었다.

당시 피핀은 프랑크종족왕이었다. 피핀은 프랑스의 마르느 강변에 위치한 퐁송의 프랑크종족왕 영지에서 머무르고 있었다. 교황 차카리아스는 754년 이곳에 머물던 프랑크종족왕 피핀에게 랑고바르드종족왕의 횡포로부터 사도성자 베드로 무덤이 있는 로마를 보호해 달라고 요청했다. 이런 교황 요청에 대하여 프랑크종족왕 피핀은 3년 전에 거절했던 두 아들 카를과 카를만에 대한 종족왕 도유식을 집전해 달라고 요청했다. 교황 차카리아스는 프랑크종족왕 피핀의 두 아들 카를과 카를만의 종족왕 도유식을 번복하여 직접 집전하고 프랑크종족왕의 권력동아리 지배자가 사도성자 베드로의 보호자가 되어달라고 요청했다. 프랑크종족왕의 권력동아리 지배자 피핀은 교황 차카리아스의 이런 요청을 수락하고, 로마 대주교의 요청에 따라서 새로운 이탈리아 정책을 추진했다. 프랑크종족왕의 군대는 754년 늦은 여름 랑고바르드종족왕을 정복하기 위하여 이탈리아 원정에 착수했다. 프랑크종족왕의 군대는 알프스 산간 도로를 따라서 구축해 둔 랑고바르드종족왕의 요새를 단번에 점령할 수 없었다. 프랑크종족왕의 군대 침입으로 랑고바르드종족왕 아이스툴프는 주변 간신의 계략에 빠져 피사로 후퇴했다. 랑고바르드종족왕 아이스투르프는 프랑크종족왕에게 구원을 요청하여 프랑크종족왕의 군대를 불러들인 로마 교황청의 소행을 괘씸하게 여기며 프랑크종족왕의 군대와 싸웠다.

프랑크종족왕 피핀은 랑고바르드종족왕 아이스툴프를 포로로 사로잡아 피사 수도자동아리 은신처 골방에 감금했다. 피사 수도자동아리 은신처 골방에 감금된 랑고바르드종족왕 아이스툴프는 포로 몸으로 프랑크종족왕을 상대로 평화협약을 체결해야 했다. 랑고바르드종족왕 아이스툴프가 프랑크종족왕 피핀과 합의했던 평화협약 내용은 랑고바르드종족왕 영지의 2/3를 프랑크종족왕 피핀에게 넘겨주고, 나머지 영지의 1/3을 자신이 보호하는 대신, 프랑크종족왕에게 영지보호 대가로 공물을 바치겠다는 것이었다. 랑고바르드종족왕 아이스툴프는 프랑크종족왕과 합의한 평화협약에서 펜탈리스와 로마 주변 도로에 대한 보호관습을 로마 교황청에 양도했다. 프랑크종족왕 피핀은 랑고바르드종족왕 아이스툴프가 로마 교황청에 펜탈리스와 로마 주변 도로에 대한 보호관습 양도 계약을 체결토록 계약 문서로 작성하여 서로 교부했다. 한편 프랑크종족왕과 로마 교황청 사이에서는 특정한 합의 증서를 교부했다. 로마 교황청과 프랑크종족왕 피핀 사이에서 교부했던 합의 증서는 랑고바르드종족왕 아이스툴프가 계약문서를 통하여 로마 교황청에 양도했던 영지도시 로마를 포함한 이탈리아 영지도시에 대한 열쇠를 12사도가 지니며 12사도성자 중 일인자 사도성자를 베드로라고 명시했다. 따라서 사도성자 베드로의 무덤은 12사도의 표상 위치에 올랐다. 이런 합의 증서 작성자는 파리의 생 댕이 수도자 학문동아리 좌장 풀라드였다. 풀라드는 프랑크종족왕과 로마 교황청 밀사였다. 프랑크종족왕 피핀은 이 합의 증서에서 사제장인 황제 칭호를 사용했다. 프랑크종족왕 피핀은 이탈리아 정복자로서 정복자 법률관습에 따라서 과거 비잔티움제국 점령지를 로마 교황청에 기증했다. 프랑크종족왕 피핀이 과거 로마제국 점령지를 로마 교황청에 기증하고, 사도성자 베드로 무덤에 대한 보호자가 됨에 따라서 교회국가는 확고한 기반을 갖췄다. 프랑크종족왕이 교황청 보호자로 등장한 이후 사도성자 베드로 위치도 달라졌다. 즉, 협소한 이탈리아 중부의 베드로 숭배관습은 중세 세계의 최고 성자 숭배관습으로 변화했다. 따라서 사도성자 베드로는 크리스트 교리를 실천하던 중세 세계의 지배자로 상승했다. 로마 대주교와 프랑크종족왕의 합의 문서에서도 사도성자 베드로는 전체 중세 세계 보호자로 명시되어 있다.

로마 대주교와 프랑크종족왕의 합의문서는 816년 이후 사료에서도 당시 로마 대주교 실베스트 1세(314~335)와 황제 콘스탄티누스가 합의하여 선포했던 소위 황제 콘스탄티누스의 합의 문서를 옮겨놓았다. 당시 로마 대주교 스테판 2세(752~757)와 프랑크종족왕 피핀의 합의 내용은 이른바 황제 콘스탄티누스의 합의 문서를 당시 로마 교황청이 위조하여, 프랑크종족왕에게 중세 세계인 서부세계를 양도했다는 것이다. 이런 합의 문서에 근거하여 중세 세계의 보호관습 실행자는 프랑크종족왕으로 이동했다. 물론 로마 교황청은 중세 세계의 보증관습 실행자로서 일인자가 되었다. 로마 교황청은 콘스탄티누스 황제의 합의 문서를 위조했다. 서류상 로마 교황청은 랑고바르드종족왕 아이스툴프의 영지소유관습을 탈취한 것이나 다름없다. 즉, 로마 교황청은 나병환자가 신의 구원을 받는데 사용한다는 명목으로 랑고바르드종족왕의 재산을 획득했다고 위조했다. 이 합의 문서에 나타난 랑고바르드종족왕의 재산이란 로마와 이탈리아 관구를 포함한 중세 세계였다. 로마 교황청은 프랑크종족왕 피핀을 내세워 사도성자 베드로 군단을 만들어 중세 세계의 윤리 주체로 등장했다.

사도성자 베드로 무덤의 상징물, 국가조직, 로마 대주교 위치

로마 대주교 위치는 게르만어계 종족왕의 베드로 숭배관습 수용과 함께 더욱 상승했다. 크리스트교동아리도 비잔티움세계 제국의 크리스트교동아리와 서부세계 제국의 크리스트교동아리로 분리되었다. 크리스트교는 여러 게르만어계 종족왕의 영지에 따라서 분리되어 있었으나 프랑크종족왕과 함께 중세 세계의 최후 종교로 정착했다. 크리스트교는 최후 수 백 년 동안 게르만어계 종족의 질서관습에 정착하여 사도성자 베드로 숭배관습을 앞세워 교세를 확장했다. 중세 세계에서 크리스트교는 점차 아시아관습을 탈피해갔다. 특히 크리스트교는 고전시대 그리스어계 저작물의 유입과 함께 전환시대를 맞이했다. 크리스트교는 로마제국시대 법률관습과 형식을 포함한 라틴어 계약관습을 교회조직과 크리스트교 교의에 수용하는 한편 사도 베드로 숭배관습과 같은 고전시대 신화관습을 수용했다. 수도자 신학동아리는 고전시대 그리스어계 저작물의 지식이동 관습과 크리스트교 교리, 교회조직과 과거 로마제국관습을 접목했다. 수도자 신학동아리의 이런 역할에 힘입어 교회조직은 세계 교회조직으로 발전했다. 물론 게르만어계 종족세계에서 로마 교황청 교회조직은 세계 교회조직으로서 새로운 모습을 갖췄다. 게르만어계 종족은 로마어계 종족과 다르게 구원관습과 죄악관습에다 친족관습, 혈족관습, 종사관습을 유지하며 로마어계 종족과 다른 보상관습으로서 기복관습을 이어갔다. 그러나 게르만어계 종족은 무기력한 크리스트교의 신을 가지고서는 12세기까지 아무것도 이뤄낼 수 없었다. 게르만어계 종족에게 신, 지옥, 악마는 불멸의 존재였다. 그런데도 게르만어계 종족은 영원한 승리자인 사도성자 베드로를 찾아냈다. 즉, 게르만어계 종족의 생활관습은 신, 지옥, 악마 주변을 끊임없이 맴돌았으나 사도성자 베드로를 최후 전사, 12사도성자 중에서도 일인자, 게르만어계 종사동아리 소유자, 강력한 게르만어계 종족왕 영지 보호성자로 수용하여 무기력한 크리스트교 신을 탈피했다.

프랑크종족왕의 권력동아리 지배자는 성자 베드로의 무덤을 순례하고 나서 왕관을 벗어 던지고 수도자 길을 자청키도 했다. 사도성자 베드로는 게르만어계 크리스트교 세계와 앵글로색슨계 크리스트교 세계에서도 최고 성자였다. 앵글로색슨계 종족의 사도성자 베드로 숭배관습은 앵글로색슨계 수도자 학문동아리 영향 때문이었다. 앵글로색슨계 수도자 학문동아리는 이전부터 갈리아의 마르티누스 성자숭배관습, 라인란트의 스테판 성자숭배관습, 랑고바르드종족왕 영지의 미첼 성자숭배관습을 목격하고 자기네가 섬길 성자 모습을 사도성자 베드로에게서 찾아냈다. 이런 맥락에서 앵글로색슨계 수도자 신학동아리는 성자숭배관습을 질서관습 발원지로서 만든 중세 세계 선구자였다. 물론 프랑크종족왕은 사도성자 베드로 무덤의 보호영주요 지상에서 신의 구원을 대행하는 대표 영주로서 신의 세계에 대하여도 역시 영향력을 행사했다. 게르만어계 종족 후예는 이런 사도성자 베드로 지위 때문에 사도성자 베드로 숭배관습을 유지하며 베드로의 말씀에 순종했다. 즉, 프랑크종족왕은 사도성자 베드로 후계자로 등장했다. 물론 사도성자 베드로 후계자는 신앙과 교회 법률에서도 숭배자관습으로 정착하여 숭배자 마음속에서 확실하게 재생했다. 게르만어계 종족의 베드로 숭배관습은 신과 신앙을 종족의 결속력 발원지로 만들며 중세 세계의 인간 동아리 연합체 출현을 보조했다. 사도성자는 고전시대 세계에서도 최고 명망을 떨쳤다. 이런 사도성자 교회는 사도성자 숭배관습과 그 관례 저장소였다. 이런 사도성자의 교회 기능은 카르타고의 주교 키프리아누스(+258)가 로마 교회의 성자숭배관습을 거부했던 점에서도 입증되었다.

또한 사도성자 교회의 성자숭배관습은 보스포루스 해협의 칼케돈 제국 주교회의(449년)에서 콘스탄티노플, 안티오키아, 예루살렘까지 로마 대주교가 주교를 파견하는 것이 타당하다는 의결에 따라서 정통성을 지녔다. 즉, 주교 임명권은 로마 대주교 권한이었다. 비잔티움 제국 교회조직은 두 명의 총대주교, 콘스탄티노플 총대주교와 로마 총대주교를 정점으로 하여 콘스탄티노플 총대주교의 교회조직 관할구역과 로마 총대주교의 교회조직 관할구역으로 나누어졌다. 제국 주교회의에는 두 총대주교를 포함한 모든 제국 주교도 참석했다. 황제는 두 총대주교보다 높은 위치를 차지했다. 로마 총대주교직은 제국에서 특정한 명예직에 불과하여 비잔티움 제국 교회에 대하여 어떤 권한도 행사하지 못하여 라틴어 상용지역에 한정하여 권한을 행사했다. 물론 비잔티움제국 교회는 제국의 주요한 종교동아리 업무를 관장했다. 아프리카의 카르타고 교회는 비잔티움제국 교회를 대신하여 서부세계 교회 보호자였다. 즉, 로마 총대주교는 교회조직과 수도자 신학동아리 진흥 이외에 교회조직을 유지하는 데 필요한 최소한의 비용조차 각출할 수 없었다. 로마 총대주교는 이탈리아 중부와 남부의 교회조직 관장자로서 60여명의 주교를 거느리는 소규모 관구의 대주교에 불과했다. 이탈리아 북부의 라벤나와 밀라노는 비잔티움제국 총독 주재지여서 자연히 로마 총대주교의 관할구역이 아니었다. 라벤나와 밀라노의 교회조직은 자치 관구였다. 로마 총대주교의 권한은 이처럼 미약하기 그지없었다. 반면 비잔티움제국 총대주교는 수 백 명의 주교를 거느린 데다 특히 아프리카 카르타고 대주교까지 언제나 비잔티움제국 교회조직 요원으로 활용하게 되어 있어 거의 모든 지중해세계 교구를 관장하는 위치였다. 비잔티움제국 황제는 4세기 말경 처음으로 서부세계 황제위에 즉위했다. 그 당시 비잔티움제국 황제는 로마 총대주교가 서부 라틴어세계에 관한 한 비잔티움제국 총대주교보다 높은 위치에 있다는 것을 확인해 두었다.

교회조직에서는 두 로마제국을 통합코자 시도했다. 두 로마제국의 화해 분위기가 무산된 이후 교회조직 자체의 화해 분위기도 사라지기 시작했다. 로마제국시대 교회조직을 게르만어계 종족세계에서는 재생할 수 없었다. 게르만어계 종족왕은 아리우스계 이단자동아리였다가 로마 정통론자동아리로 개종했다. 그러나 게르만어계 종족왕은 자기네 영주교회를 기존 교회조직 운영방식과 전혀 다르게 운영하며 관할하기 시작했다. 게르만어계 종족왕의 이런 교회정책은 오히려 기존 교회조직에 대하여 격심한 타격을 입혔다. 게르만어계 종족왕의 이런 교회정책 영향으로 심지어는 이탈리아의 교회조직조차 무너지기 시작했다. 로마 총 대주교는 교회조직 독립을 차단하기 위하여 경계구역을 설정했다. 당시 랑고바르드종족왕은 비잔티움제국 황제의 조각상과 성상을 반대했다. 600년경 이런 상황에서 교황 그레고르 1세는 랑고바르드종족왕의 이런 교회조직 운영방식을 차단하기 시작했다. 그런데도 랑고바르드종족왕은 650년경부터 이탈리아 남부와 시칠리아의 교회조직까지 관장했다. 로마 총대주교는 실제로 이탈리아 중부의 교회조직을 관할하는 데 그쳤다. 교황 그레고르 2세(715~731)는 협소한 로마 교황청 관할구역을 유지하는데 그쳤으나, 이 관할구역마저도 랑고바르드종족왕에게 넘겨야 했다. 실제로 로마 총 대주교는 랑고바르드종족왕의 영주교회를 관리하는 주교에 지나지 않았다.

로마 대주교 보호자는 사도성자 베드로였다. 사도성자 베드로 숭배관습은 이탈리아 중부에서 발원하여 프랑크종족왕 권력동아리 영향력과 함께 서부세계로 이동하기 시작했다. 베드로 숭배관습은 브리타니아 섬 골짜기를 거쳐 유럽대륙의 게르만어계 종족세계를 이제 로마 대주교와 베드로 숭배관습 영역으로 만들었다. 베드로 무덤 보호자 로마 대주교는 프랑크종족왕과 함께 사도시대 교회의 성자숭배관습 영역과 교회조직을 발전시켰다. 과거 비잔티움제국 황제의 관할구역 교회조직이 로마 대주교 관할구역으로 넘어옴에 따라서 로마 대주교와 사도성자 베드로 위치는 동시에 상승했다.

앵글로색슨계 선교자동아리와 프랑크종족왕의 권력동아리는 이제 로마교회 귀족으로 등장했다. 이 두 로마교회 귀족은 신앙과 복종 문제를 제기하기 시작했다. 로마 대주교는 이탈리아 중부의 대영주 위치에서 도시 로마 행정과 사도성자 베드로 무덤 보호자라는 명분으로 자치영지를 차지했다. 특히, 이제 비잔티움제국 황제의 활동무대는 아드리아 바다를 건너 보스포루스 해협의 콘스탄티노플로 축소되어 이탈리아에서도 비잔티움제국 황제 그림자는 사라졌다. 로마 대주교는 거대한 베드로 왕국이라는 교회국가 통치자로 등장했다. 로마 대주교의 교회국가 보호자는 프랑크종족왕이었다. 로마 대주교는 프랑크종족왕 보증자였다. 프랑크종족왕 피핀은 754년 이후의 이탈리아 문제에 대하여 더 이상 관심을 갖지 않았다. 로마 대주교도 과거 로마 주교에 지나지 않았으나 프랑크종족왕 피핀의 후원을 받으며, 전체 이탈리아에 대하여 방대한 영향력을 행사하는 교황으로 등장했다. 교황은 로마 유력자 가문과 협력하며 다양한 인간관계로서 교황청 행정과 교황청 법정을 통하여 이탈리아 통치자 위치에서 영향력을 행사했다. 교황은 중세 세계의 성자 위치에 베드로를 앉히고 베드로의 상징물을 성자 베드로 무덤으로 선택했다. 중세 세계에서 성자 베드로 무덤이라는 상징물은 질서와 다양한 표준 발원지로 등장했다.

제 5 장
카롤루스 막뉴스와 프랑크왕국

프랑크종족왕 영지 확장자 피핀

프랑크종족왕 피핀은 메로베크 가문 후예가 아니었다. 프랑크종족왕 피핀은 아우스트라시아 영지의 귀족동아리 정상에 앉은 카롤루스 가문 후예였다. 카롤루스 가문 프랑크종족왕 피핀은 메로베크 가문 프랑크종족왕시대 영지를 일단 다시 찾아야 했다. 피핀이 프랑크종족 왕이 된 이후 튀링겐종족왕 영지와 알레만종족왕 공작도 자치 영지를 포기했다. 바이에른종족왕 공작은 피핀의 누이 아들인 타씨로(748~788)였다. 피핀은 757년 꼼피엥 영지 경우처럼 바이에른종족왕 공작으로부터 가신 신서를 받아 둔 상황이었다. 피핀은 과거 메로베크 가문 프랑크종족왕시대 영지를 다시 회복하는 한편, 소규모 전투였긴 하지만 격렬한 전쟁을 치르면서 사라센 본거지인 나르본느와 세프티마니아 영지를 다시 회복했다. 프랑크종족왕 피핀은 지중해 연안의 세프티마니아 영지와 아퀴텐느 영지도 복구했다. 그런데도 일부 사라센은 여전히 지중해 연안의 세프티마니아 영지와 아퀴텐느 영지에서 민심을 동요케 했다. 사라센은 특히 760년부터 768년까지 이 두 영지에서 소란을 피우며 폭도처럼 영지 안정을 깨뜨렸다. 피핀이 당시 사라센을 몰아내고 차지했던 프랑크종족왕의 프랑스 남부 영지는 장차 '영지 프랑스인 관습'(ile de France)과 영지 프랑스의 발원지로 변모하기 시작했다. '프랑스인 관습'과 영지 프랑스는 프랑스 국가 발원지였다. 프랑스인 관습과 같은 영지 문화 창안자는 케사르, 크로도베크, 피핀이었다. 프랑크종족왕 피핀은 768년 사망했다. 피핀 후계자는 두 아들인 카롤만(768~771)과 카를(768~814)이었다. 피핀 후계자로서 프랑크종족왕위 계승자인 카롤만과 카를은 서로 협력했다.

다양한 게르만어계 종족왕 영지 통일자 카롤루스 막뉴스와 작센종족왕

그러나 771년 장자 카롤만의 사망 이후 프랑크종족왕 카롤루스 막뉴스는 프랑크종족왕 영지를 통일했다. 통일 영지 이후 1년이 경과했을 무렵부터 카롤루스 막뉴스는 30년 동안이나 어떤 관계도 갖지 못했던 작센종족왕에 대한 정벌전쟁에 착수했다.

카롤루스 막뉴스는 우선 작센종족왕에 대하여 전쟁을 선포해 두고 어떤 후속 조치도 취하지 않았다. 그런데도 작센종족왕과 카롤루스 막뉴스의 전쟁은 775년 카롤루스 막뉴스의 영지인 크비어치에서 작센종족왕의 항복을 받아들임으로써 종결되었다. 카롤루스 막뉴스가 받아들였던 항복 조건은 작센종족왕이 크리스트교로 개종하고 작센종족왕 영지를 프랑크종족왕 영지로 편입한다는 것이었다. 이렇게 카롤루스 막뉴스는 작센종족왕을 프랑크종족왕의 권력동아리 일원으로 만드는 데 성공했다. 카롤루스 막뉴스는 작센종족왕을 정복하고, 전쟁 후속조치, 즉 작센종족왕으로부터 가신 신서를 받은 다음 작센종족왕 영지에 대한 교구 편성을 804년 초까지 완결했다. 당시 작센종족 생활수준은 과거 종족이동시대 게르만어계 종족의 생활수준과 유사했다. 작센종족왕의 주요 혈족 영지는 엘베강 유역의 오스트팔렌 영지와 베스트팔렌 영지를 중심으로 베저강 유역의 엥거른 영지와 엘베강 북부 유역의 노르트알빙거 영지였다. 작센종족왕은 이 영지에서 혈족 단위 마을을 이루고 혈족 장을 정상에 앉힌 종사동아리를 이루어 주변 지방을 약탈하며 생활했다. 혈족 장은 작센종족왕의 영주 귀족 보다 숫자상에서도 우위를 차지했다.

작센종족왕의 영주귀족은 숫자상에서 혈족장 보다 열세였다. 작센종족왕의 영주귀족은 물론 다수 예속민을 보호하고 영지 경작 대가로 지대를 거둬들였다 작센종족왕의 영주는 여러 영지에서 자기 종사동아리와 함께 부르그를 보유했다. 작센종족왕의 영주귀족이 보유한 부르크는 성채로 둘러싸인 요새를 갖추고, 외부 침입에 대비하여 신변안전을 확보한다는 보호 진지였다. 작센종족왕의 이런 영주 부르크는 외부 침입과 같은 유사시에 모든 예속민을 보호하는 종족 전체의 보루였다. 카롤루스 막뉴스와 작센종족왕의 전쟁도 작센종족왕의 귀족영주가 확고하게 구축한 부르크를 중심으로 진행되었다. 카롤루스 막뉴스는 처음에 작센종족왕과 어떤 관계도 갖지 못했다. 따라서 카롤루스 막뉴스는 작센종족왕의 권력동아리에 대한 사전지식이나 정확한 정복 상대자도 찾아 내지 못했다. 카롤루스 막뉴스는 특별한 전쟁 없이 작센종족왕의 권력동아리 유력자를 회유하여 영지 행정관리에 임명하는 방식으로 작센종족왕 영지를 합병했다. 당시 카롤루스 막뉴스가 작센종족왕을 복속했다는 표지는 작센종족왕을 로마 정통론자동아리로 개종하여 영세 성사를 집전했다는 것이었다. 카롤루스 막뉴스는 작센종족왕의 권력동아리 유력자에 대하여 영세 성사를 집전한 것을 항복 표지로 삼았다. 카롤루스 막뉴스는 영세 성사를 거친 다음 작센종족왕의 권력동아리 유력자를 프랑크종족왕의 영지 행정관리로 임명하고, 작센종족왕의 권력동아리 유력자로부터 가신신서를 받았다. 카롤루스 막뉴스가 작센종족왕의 권력동아리 유력자로부터 가신신서를 받았다는 것도 물론 주요한 항복의 표지였다.

비두킨트는 카롤루스 막뉴스에 대한 작센종족왕의 저항세력이었다. 비두킨트는 770년 베스트팔렌 영지에서 카롤루스 막뉴스에 대한 저항세력을 조직하여 카롤루스 막뉴스를 한때 궁지에 몰아넣었다. 비두킨트는 라인강을 건너 도이츠강에서 모젤강 유역에 이르는 방대한 영지를 지배하기도 했다. 카롤루스 막뉴스는 비두킨트의 이런 저항세력을 저지하기 위하여 비두킨트의 보급로를 차단하고, 비두킨트의 보급로 주변에 구축한 작센종족왕의 부르크를 보호하기 위하여 프랑크종족왕의 영지 수비대를 보완했다. 카롤루스 막뉴스는 이런 방어 계획을 진행하면서 비두킨트의 보급로 주변에 군대를 이주케 하여 개관했다. 카롤루스 막뉴스는 비두킨트의 저항세력을 다양한 방법으로 장기간에 걸쳐 정복했다. 비두킨트의 저항세력을 차단한 이후 카롤루스 막뉴스는 리페강 상류의 파더보른 영지에서 프랑크종족왕의 영주회의를 782년 개최했다. 카롤루스 막뉴스는 이 영주회의에서 작센종족왕의 항복협약을 포고했다. 이어서 카롤루스 막뉴스는 작센종족왕의 교회조직과 성직자 보호자가 되었다. 카롤루스 막뉴스는 작센 종족왕의 교회조직에 대하여도 공납물과 십일조를 적용했다. 카롤루스 막뉴스는 여러 영지를 작센종족왕의 영주 교회에 증여했다. 카롤루스 막뉴스는 782년 쉰텔 산간지대의 작센종족왕 전사동아리를 정복하기 위하여 출정했다. 그러나 프랑크종족왕의 군대는 작센종족왕의 전사동아리로부터 습격을 받아 일대 타격을 받았다. 카롤루스 막뉴스는 베르덴의 베저강 근처에서 작센종족왕 전사동아리 주모자를 붙잡아 처형했다. 당시 비두긴트는 작센종족왕 전사동아리 수장이었다. 그러나 비두킨트는 이 습격자동아리에 가담하지 않았다. 그런데도 비두킨트는 프랑크종족왕 카롤루스 막뉴스의 아트티그니 영지에서 785년 항복했다. 비두킨트는 카롤루스 막뉴스에게 항복한 이후에도 2년 동안이나 로마 정통론자동아리로 개종을 거부했다. 그러나 비두킨트는 결국 788년 로마 정통론자동아리로 개종하여 카롤루스 막뉴스에게 완전히 항복했다. 788년 카롤루스 막뉴스는 이렇게 작센종족왕을 완전히 정복하여 작센종족왕을 프랑크종족왕의 권력동아리 구성원으로 받아들였다. 프랑크종족왕의 권력동아리 일원이 된 작센종족왕도 프랑크종족왕의 방식대로 영지를 운영했다. 프랑크종족왕은 작센종족왕의 영지에 정복자 법률을 적용하여 주교좌를 신설하고 작센종족왕의 영지에 대한 선교활동을 본격화했다.

그런데도 작센종족왕의 저항세력은 카롤루스 막뉴스의 군대를 습격했다. 카롤루스 막뉴스의 군대에 대한 작센종족왕 전사동아리의 습격사건은 792년 엘베강 유역에서도 다시 발생했다. 카롤루스 막뉴스는 1년에 걸쳐 작센종족왕 전사동아리 출신의 군대를 투입하여 프랑크종족왕에 대한 반항자를 평정했다. 이때 수천 명의 노르트알빙거 영지 거주자는 프랑크종족왕의 영지에서 강제로 추방당하여 개간지를 찾아 이주했다. 카롤루스 막뉴스의 추방 조치로 작센종족왕의 노르트알빙거 영지를 작센종족의 저항자동아리가 떠난 이후 프랑크종족왕 영주와 작센종족 이주자가 이주해 왔다. 당시 작센종족왕과 작센종족은 고유한 생활관습을 유지했다. 작센종족왕은 알레만종족왕과 바이에른종족왕처럼 고유한 종족왕 법률을 유지했다. 작센종족왕의 권력동아리는 혈족 단위로 프랑크종족왕의 권력동아리 일원이 되어 로마 정통론자동아리로 개종했다. 작센종족왕은 이교도였으나 로마 정통론자동아리의 의례관습 절차를 고유한 생활관습에다 흡수하며 적응했다. 물론 작센종족왕의 귀족동아리도 로마 정통론자동아리로 개종하여 프랑크종족왕의 권력동아리에 적응하며 프랑크종족왕의 동부 영지 권력동아리 일원으로 성장하기 시작했다. 이후 100여년이 경과한 10세기 작센종족왕 공작은 프랑크종족왕의 동부 영지에서 권력동아리를 지배할 세력으로 발전했다. 그때부터 작센종족왕 공작은 장차 나타날 도이취란트 국민의 왕 위치를 차지할 조건을 차근차근 확보해 갔다. 카롤루스 막뉴스는 작센종족왕에 이어서 현재 북부 도이취란트의 라인란트, 남부 도이취란트의 바이에른종족왕과 쉬바벤종족왕을 프랑크종족왕의 권력동아리 일원으로 편입했다. 특히 바이에른종족왕, 튀링겐종족왕, 알레만종족왕의 영지 예속민도 미래 도이취란트 국민이 될 것임을 예고했다. 현재 도이취란트 국가는 프랑크종족왕의 동부 영지에서 발원했다.

프랑크왕국과 바바르종족의 전쟁과 바이에른

바이에른종족왕 공작 타시로 3세는 자치 영지를 선포했다. 바이에른공작 타시로는 프랑크종족왕 피핀의 누이 아들이었다. 그런데도 타시로는 피핀 시대에 이미 프랑크종족왕의 가신이 되겠다는 신서를 올렸다. 타시로 3세는 상당한 자치 영지를 선포하고 763년 아퀴텐느 공작과 전쟁에서 프랑크종족왕에게 가신으로서 신서를 올렸음에도 불구하고 군대 명령을 거부했다. 이런 바이에른종족왕 공작과 다르게, 당시 랑고바르드종족왕은 바이에른종족왕 공작 타시로 3세와 함께 프랑크종족왕 피핀에게 대항했으나 결국 굴복했다. 랑고바르드종족왕이 프랑크종족왕 피핀에게 항복한 이후 바이에른종족왕 공작 타시로 3세는 랑고바르드종족왕이라는 협조자를 잃었다. 이제 랑고바르드종족왕 영지까지도 프랑크종족왕 영지가 되었다. 바이에른종족왕 공작 타시로 3세는 이탈리아 북부와 바이에른을 잇던 알프스 산간지대 교통로에 대한 보호권 마저 프랑크종족왕에게 상실했다. 바이에른공작 타시로 3세는 프랑크종족왕의 이런 위협을 이미 예상했으나 속수무책이었다. 특히 바이에른공작 타시로 3세를 교황 하드리아누스 1세(772~795)까지 가세하여 협박했다. 바이에른종족왕 공작 타시로 3세는 프랑크종족왕의 협박에다 예상치도 않았던 교황 하드리아누스 1세의 협박까지 받게 되어 이겨낼 수 없었다. 바이에른공작 타시로 3세는 특히 787년 카롤루스 막뉴스의 집중공격을 받기 시작했다. 당시 바이에른종족왕 공작의 귀족동아리는 거의 프랑크종족왕의 귀족동아리로 전향한 상황이었다. 바이에른종족왕 공작 타시로 3세 역시 프랑크종족왕의 권력동아리 일원이 되어 프랑크종족왕 카롤루스 막뉴스에게 가신 신서를 올렸다. 이후 바이에른종족왕 공작의 자치 영지는 사라졌다. 바이에른종족왕 공작 타시로 3세는 수도자동아리 은신처에 감금당하고 말았다. 인겔하임의 프랑크종족왕 영주회의에서는 바이에른종족왕 공작 타시로 3세를 체포키로 결정한 다음 타시로 3세를 체포했다. 이후 프랑크푸르트 영주회의에서 프랑크종족왕 영지에다 바이에른종족왕 영지를 합병하기로 결정함에 따라서 바이에른종족왕 영지는 프랑크종족왕 영지의 관구에 편입되어 프랑크종족왕 영지가 되고 말았다. 바이에른종족왕 영지에 대한 프랑크종족왕 영지의 관할 관구는 현재 오스트리아의 살츠부르크 대주교좌 관구였다. 당시 살츠부르크 대주교는 카롤루스 막뉴스의 절친한 친구 아르노였다. 바이에른종족왕 영지의 교회조직이 대주교 아르노의 교회조직에 편입된 이후 바이에른종족왕 타시로 3세 역시 프랑크종족왕의 권력동아리 일원이 되었다.

프랑크종족왕 카롤루스 막뉴스는 바이에른종족왕 영지를 합병한 다음 아바르종족왕에 대한 전쟁을 바이에른종족왕에게 위임했다. 카롤루스 막뉴스는 아바르종족왕의 상황을 이미 정확하게 파악해두고, 바이에른종족왕을 아바르종족왕에 대한 화살받이로 선택했던 것이다. 그런데도 바이에른종족왕은 아바르종족왕과 전쟁에서 승리했다. 이제 프랑크종족왕 샤를 마뉴는 바이에른종족왕이 아바르종족왕의 기세를 한풀 꺾어놓은 상황에서 전쟁에 출정하여 최후로 아바르종족왕을 정복하고 아바르종족왕의 방어요새를 프랑크종족왕 영지로 합병했다. 그런데도 카롤루스 막뉴스와 바이에른종족왕에 대한 아바르종족왕의 저항 또한 만만치 않았다. 카롤루스 막뉴스와 바이에른종족왕은 끊임없이 아바르종족왕의 저항을 막아내는 한편 슬라브어계 종족왕이라는 다른 외적의 침입에 대처해야 했다. 카롤루스 막뉴스는 슬라브어계 종족왕의 침입에 대비하여 아바르종족왕과 평화협약을 체결하는 한편 아바르종족왕과 공동으로 슬라브어계 종족왕의 침입을 방어했다. 평화협약에 따라서 도나우강 유역의 쉬타임망거와 프로이쓰부르크 이내 영지에서 아바르종족왕은 정착했다. 이제 아바르종족왕은 정착 영지를 방어하려면 자연히 슬라브어계 종족왕의 침입을 막아야 했다. 아바르종족왕의 정착 영지 영향으로 바이에른종족왕의 영지에도 아바르종족의 생활관습이 유입되었다. 바이에른종족왕의 동남부 영지에서 아바르종족의 생활관습이 완전히 사라졌던 것은 아바르종족왕의 권력동아리가 완전히 정착하여 바이에른종족왕의 영지구성원이 된 이후였다.

프랑크종족왕의 로마 정통론자계 선교자동아리는 프랑크종족왕과 바이에른종족왕의 영지에서 출발하여 광활한 헝가리 평원으로까지 선교영역을 넓혀갔다. 따라서 도이취어계 종족도 헝가리 평원으로 이주하기 시작했다. 당시까지 도나우강과 모라바강 유역 이내는 거의 미개간 상태여서 거주자도 거의 없었다. 그러나 9세기 이후 현재 헝가리계 마자르종족이 정착하기 시작했다. 카롤루스 막뉴스와 아바르종족왕의 전쟁과 함께 프랑크종족왕 영지의 로마정통론자동아리 문화는 발칸 반도로까지 넘쳐가기 시작했다. 발칸 반도는 서부세계의 로마 정통론자동아리 문화가 알프스 동북부로 이동하는 관문이었다. 발칸 반도는 프랑크종족왕 영지의 로마 정통론자동아리가 도나우강 유역의 헝가리 지역을 거쳐 다시 거기서 다시 도나우강 유역의 수로를 타고 슬로바크, 뫼렌, 뵈멘으로 이동하는 관문이었다. 한편, 프랑크종족왕 영지의 선교자동아리와 함께 도이취어계 이주자와 바이에른종족왕 영지의 소금상인도 도나우강의 수로를 타고 살츠부르크 근처에서 생산되는 암염을 거래하면서 동부유럽세계에 대한 선교활동 길잡이가 되었다.

프랑크종족왕의 선교활동은 동부유럽세계의 국가 창건자와 밀접한 관련을 맺게 되었다. 프랑크종족왕의 선교영향으로 인하여 동부유럽세계의 국가 창건자는 대개 선교활동 개척자 주교였다. 특히, 후기 10~11세기에 이르러 이 선교 주교는 동부유럽세계의 국가 창건자로서 동부유럽세계 종족왕 영지의 보호성자 위치에까지 올랐다. 선교주교로서 동부유럽세계 국가 창건자요, 보호성자 위치에 올랐던 인물은 키릴로스(+869)와 메트디오스(870~885)였다. 키릴로스와 메토디오스는 비잔티움제국의 테살로니키 지방 출신이었다. 비잔티움제국 출신의 키릴로스와 메토디오스는 동부유럽세계의 스승이었다. 이 두 동부유럽세계 스승이 현재 헝가리 서부영지인 판노니아와 뫼렌에 도착했을 때인 863년에는 로마 정통론자동아리 교회가 이미 여기에 들어서서 활동했다는 것이다. 비잔티움세계로부터 들어온 이 두 선교 스승은 기존 교회조직에서 로마 정통론자동아리 교리를 설파하며 교회조직을 정비했다고 한다. 이제 프랑크종족왕 카롤루스 막뉴스의 알프스 동남부 영지는 엘베강 상류와 오데르강 상류 이내의 현재 체키아, 슬로바키아, 폴종족 남부 정착지, 크로아티아와 슬로보니아로 넓어졌다.

카롤루스 막뉴스와 스페인 마르크

카롤루스 마르텔과 피핀은 사라센을 피렌느산맥 너머 스페인으로 격퇴했다. 그런데도 아랍인은 북부 스페인 산악지대를 여전히 장악했다. 당시 아랍인의 세력 발원지는 코르도바의 에미르 전사동아리였다. 스페인의 로마 정통론자동아리는 코르도바의 에미르 전사동아리를 몰아낼 목적으로 파더보른 영지에 있던 카롤루스 막뉴스에게 원군을 요청했다. 카롤루스 막뉴스는 778년 여러 영지에서 모집한 혼성군대를 2개 타격편대로 나누어 피렌느산맥을 넘어 스페인 원정에 나섰다. 당시 카롤루스 막뉴스의 스페인 원정군은 여러 종족왕의 혼성군대를 이끌고 에브로강을 건너 사라고사의 아랍인 군대 진지를 공격하여 승리했다. 스페인의 서고트종족왕도 퇴각하던 사라센 군대를 에브로강 횡단지점에서 공격했다. 론체스발레스 계곡으로 이동하던 스페인 거주종족의 지방 전설은 사라센 군대에 대한 승리자를 영웅으로 구전했다. 사라센 군대를 격파했던 승리자에 대한 영웅 전설이 바로 '로랑의 노래'인 것이다. 스페인 마르크에서 무어종족도 물론 일단 퇴각했다. 그런데도 무어종족의 보복공격은 계속되었다. 카롤루스 막뉴스는 무어종족의 파상공격에 대처하여 실제로 아퀴텐느 영지의 프랑스어게 백작과 백작 영지의 고트종족, 그리고 스페인 거주자로서 아랍인 군대에 참여했던 원정군대 일부를 개간자로서 무어종족의 출몰지역으로 이주케 하여 개간토록 했다. 이 이주민의 개간 영지는 게로나와 비크를 비롯한 우르게르 등 남부 스페인 산악지대였다. 남부 스페인 산악지대에서는 당시까지 무어종족과 전쟁이 계속되었다. 사라센은 793년 나바르라와 카르카쏜네 영지를 공격했다. 카롤루스 막뉴스는 사라센 침입에 대항하기 위하여 피렌느 산악지대의 남부 계곡에 방어진지를 구축했다. 카롤루스 막뉴스는 스페인 영지를 보호하고 스페인 영지를 침입하는 사라센을 방어하기 위하여 군대 지휘관을 임명했다. 스페인 마르크는 카롤루스 막뉴스가 아랍인의 스페인 침입을 방어하는 과정에서 출현했다.

스페인 마르크는 아랍인 침입을 저지하고, 스페인 영지를 보호하기 위한 카롤루스 막뉴스의 평정 정책이었다. 카롤루스 막뉴스는 이런 스페인 마르크를 바르셀로나 백작 영지로 만들었다. 백작 영지 스페인 마르크는 12세기 프랑크종족왕의 봉건 제후영지로서 프랑크종족왕 영지로 편입되었다. 무어종족왕의 전사동아리는 801년까지 에브로강의 경계선을 허물고 바르셀로나를 공격해 왔다. 스페인 마르크의 정복전쟁은 바르셀로나를 점령한 무어종족왕의 전사동아리를 몰아낼 때까지 계속되었다. 당시 무어종족왕의 전사동아리 수장은 나바르라의 호크랑이었다. 나바르라의 호크랑은 잠시 동안이나마 에브로강의 경계선을 넘어와 바르셀로나를 점령했다. 호크랑은 806년 에브로강의 경계선을 건너 아랍인이 점령했던 영지를 회복한 다음 에브로강 하구의 토르토사까지 점령했다. 아랍인 군대는 호크랑과 전쟁에 패하여 811년 에브로강 남부 하구유역에서 물러갔다. 스페인은 이로써 완전히 중세 세계의 문화 구성원이 되었다.

로마 교회조직에 대한 프랑크왕국의 보호자 임무와 랑고바르드왕국

이제 카롤루스 막뉴스는 정복전쟁으로 방대한 영지를 확보했다. 카롤루스 막뉴스는 작센종족왕을 예속했고, 바이에른종종족왕을 내세워 아바르종족왕까지 정복했다. 카롤루스 막뉴스는 엘베강 유역의 북해연안에서 알프스 동북부의 발칸 반도와 헝가리까지 정복영지로 만들었다. 카롤루스 막뉴스는 아랍인을 스페인에서 몰아냈다. 카롤루스 막뉴스는 이탈리아의 랑고바르드종족왕을 제치고 로마 교황청의 후견자 위치에까지 올랐다. 카롤루스 막뉴스는 로마 교회조직 보호자 위치를 차지했다. 그런데도 랑고바르드종족왕은 768년 아무런 예고도 없이 다시 로마를 기습하여 점령했다. 당시 랑고바르드종족왕 데시데리우스(756~774)는 로마를 점령하기 이전인 771년부터 이미 로마에 들어와 있었다. 로마에 들어온 데시데리우스는 교황 하드리아누스 1세(772~795)를 곤경에 몰아넣었다. 교황 하드리아누스 1세는 이런 상황에서 로마를 방어하기 위하여 카롤루스 막뉴스에게 지원을 요청했다. 한편 하드리아누스 1세는 랑고바르드종족왕의 귀족과 친밀한 관계를 유지했다. 카롤루스 막뉴스는 작센종족왕의 경우처럼 랑고바르드종족왕에게도 14,000솔리두스의 금화를 제공하고, 다시 랑고바르드종족왕의 파비아 영지에 대하여도 금화 대가로 선교를 허용하라고 요구했다.

그러나 랑고바르드종족왕은 카롤루스 막뉴스의 선교요구를 거절했다. 카롤루스 막뉴스는 랑고바르드종족왕의 선교거부에 대한 보복조치 일환으로 773년 랑고바르드종족왕에게 전쟁을 선포했다. 카롤루스 막뉴스는 랑고바르드종족왕이 점령하고 있던 알프스 산간지대 통행로를 장악하고, 통행로를 통하여 이루어지던 교역까지 금지했다. 한편, 랑고바르드종족왕 데시데리우스는 베로나와 파비아 영지에서 카롤루스 막뉴스 군대에 대항하며 집요하게 저항했으나 결국 포로 신세가 되고 말았다. 카롤루스 막뉴스는 774년 로마 시민의 열렬한 환영을 받으며 로마로 들어갔다. 랑고바르드종족왕도 이제 역사에서나 찾아보게 되었다. 랑고바르드종족왕의 몰락 이후 아드리아 연안의 스폴레토와 안코나를 포함한 영주 도시도 랑고바르드종족왕과 운명을 같이하며 쇠퇴하기 시작했다. 로마 교황청은 물론 랑고바르드종족왕의 영지였던 포강 델타를 차지하고자 시도했다. 랑고바르드종족왕의 영지는 스페치아에서 아페닌 산맥을 넘고, 포강 델타를 지나 베네치아만에 이르는 지역이었다. 최후로 카롤루스 막뉴스는 랑고바르드종족왕의 본거지 파비아 영지까지 정복하고, 종족왕 데시데리우스를 포로로 사로잡았다. 카롤루스 막뉴스는 이제 랑고바르드종족왕이 되었다. 카롤루스 막뉴스는 철로 만든 랑고바르드종족왕의 왕관을 쓰고 다녔다. 랑고바르드종족왕 카롤루스 막뉴스는 동시에 이탈리아인의 왕(rex italiana)이 되었다. 랑고바르드종족왕은 고달픈 이동종족시대에도 여러 게르만어계 종족왕 중에서 가장 번창했던 영지를 건설했다. 랑고바르드종족왕의 이탈리아 영지는 프랑크종족왕의 직할 영지로 전락했다. 카롤루스 막뉴스는 여전히 랑고바르드종족왕으로서 랑고바르드종족왕의 생활관습과 법률관습에 따라서 영지를 운영했다. 카롤루스 막뉴스는 랑고바르드종족왕의 공작과 백작으로부터 심한 저항을 무마하기 위해 프랑크종족을 비롯한 바이에른종족과 쉬바벤종족을 이탈리아로 이주시켜 수비대를 편성했다.

카롤루스 막뉴스의 정복 영지 수비대가 약화된 이후에도 랑고바르드종족왕의 귀족동아리는 이탈리아에서 독립된 권력동아리를 유지했다. 카롤루스 막뉴스는 랑고바르드종족왕의 이탈리아 영지에 자기의 아들 피핀(781~810)을 이탈리아인 왕으로 임명했다. 이제 카롤루스 막뉴스는 이탈리아에서 랑고바르드종족왕을 제치고, 이탈리아 지배자요 강력한 로마 교황청 후견인으로서 로마 교황청의 교회조직 보호자 위치에 섰다. 이탈리아에서는 다양한 게르만어계 종족왕의 흥망성쇠 모습을 연출했다. 그런데도 이탈리아인 왕의 권력동아리는 발원했다. 프랑크종족왕도 이탈리아인 왕의 귀족동아리 일원으로 편입되어 이탈리아 지배자가 되었다. 이탈리아인 왕의 영지는 물론 프랑크종족왕의 직할 영지였다. 그래서 이탈리아는 프랑크종족왕 카롤루스 막뉴스의 정복전쟁 영향으로 서부세계의 게르만어계 종족과 로마어계 종족의 문화이동 장소였다. 이탈리아는 러시아의 루스종족이 끊임없이 지중해 진출을 꾀했던 것처럼 도이취어계 종족이 언제나 노리던 권력동아리 이동 장소로 바뀌었다.

프랑크왕국이란 교회조직 국가와 교황청

랑고바르드종족왕은 프랑크종족왕의 권력동아리 지배자였다. 프랑크종족왕의 권력동아리 지배자가 랑고바르드종족왕이 됨으로써 로마 교황청과 프랑크종족왕의 관계는 더욱 결속되었다. 프랑크종족왕의 권력동아리 지배자인 카롤루스 막뉴스는 파비아 이북의 이탈리아 영지를 프랑크종족왕의 권력동아리이동 영역에 편입했다. 그런데도 카롤루스 막뉴스는 파비아 이북의 이탈리아 영지를 로마 교황청에 반환하겠다는 의사를 표명하지 않았다. 카롤루스 막뉴스는 포강 이북의 이탈리아 영지에서 저항하는 랑고바르드종족왕의 권력동아리 잔재와 로마어계 종족, 즉 이탈리아 거주자의 끊임없는 반란을 776년 반란을 진압하기 위하여 다시 로마로 갔다. 당시 포강 이북의 이탈리아 영지 거주자는 새로운 영주 프랑크종족왕의 권력동아리 지배자를 거부했다. 카롤루스 막뉴스는 이런 포강 이북의 이탈리아 영지를 로마 교황청에 넘겨주었다. 그러나 이번에는 포강 이북의 이탈리아 거주자가 새로운 영주인 프랑크종족왕의 권력동아리 지배자와 로마 교황까지도 외면했다.

로마 교황청은 과거 비잔티움제국 총독의 영지였던 라벤나, 스포레토, 베네벤트 등의 영주 도시와 포강 델타 영지를 교황청 영지로 통합하려는 계획을 세웠고, 그 의지가 곧 교회국가 이상이었다. 그런데도 프랑크종족왕 카롤루스 막뉴스는 파비아 이북의 이탈리아 영지를 프랑크종족왕 영지로 편입했고 그 의도는 결국 교황청의 교회국가 건설을 거부했기 때문이었다. 이런 맥락에서 카롤루스 막뉴스는 스포레토, 라벤나, 베네벤트 등의 영주도시를 직접 관할했다. 물론 스포레토와 토스카나의 이 영주 도시는 결국 프랑크종족왕이나 로마 교황청에 이탈해 있었다. 그런데도 카롤루스 막뉴스는 781년 교황 하드리아누스 1세에게 스포레토와 토스카나 북부 영지, 토스카나 남부 영지, 로마 이북 사비나 영지에 대한 조세 징수권을, 그리고 이어서 787년 캄파냐 영지와 베네벤트 영지에 대한 조세 징수권을 넘겨주었다. 교황청은 카롤루스 막뉴스가 이탈리아 영지에 대한 조세 징수권을 교황청에 넘겨준 이후 확고한 교회국가 기반을 구축했다. 교황청은 이탈리아 국가로 발전했다. 이제 교황 하드리아누스 1세는 과거 비잔티움제국 황제에게 저항했던 것처럼 프랑크종족왕 카롤루스 막뉴스에게도 저항하기 시작했다. 교황 하드리아누스 1세가 카롤루스 막뉴스에게 저항하기 시작한 이후 카롤루스 막뉴스는 로마 교황청에 간섭할 정치꺼리를 찾아 나섰다. 즉, 카롤루스 막뉴스는 교황 교체시기를 선택하여 로마 교황청에 관여할 기회를 갖기 시작했다. 교황 레오 3세(795~816)는 교황 하드리아누스 1세의 후임 교황으로 선출되었다. 그런데도 교황 레오 3세 위치는 고위 성직자동아리의 교황 탄핵사건 때문에 불안했다. 교황 레오 3세는 불안한 교회조직을 정비하기 위하여 프랑크종족왕 카롤루스 막뉴스에게 구원을 요청했다. 로마와 교황청에서는 교황 레오 3세의 비판여론 들끓기 시작했다. 교황 레오 3세는 탄핵당할 위기에 직면했다. 카롤루스 막뉴스는 교황 레오 3세의 구원요청을 기다리면서도 레오 3세를 다시 교황으로 선출토록 막후에서 조종했다. 당시 교황 선출위원회는 고위 성직자와 로마 귀족으로 구성되었다. 이런 교황 선출위원회는 법률 절차를 생략하고, 레오 3세를 교황으로 선출했다. 카롤루스 막뉴스는 교황 레오 3세 후원자로서 800년 가을 로마로 갔다. 카롤루스 막뉴스는 로마에서 가장 영광스러운 최고 사제장이 되었다. 카롤루스 막뉴스는 사제장으로서 교황 탄핵사례를 찾아내어, 교황이 탄핵대상이 될 수 없다는 근거를 교회 법률에 첨가했다. 물론 최고 사제장 카롤루스 막뉴스는 교황 보호자였고, 교황은 카롤루스 막뉴스의 보증인이요, 선택자였다. 카롤루스 막뉴스는 교회 법률 관행과 교회조직에서 자기의 상대자인 비잔티움제국 황제와 마찬가지로 본래부터 사제장 권위를 지니고 있었던 것처럼 처신했다. 카롤루스 막뉴스는 황제위에 오르기 전부터 황제처럼 처신하는 한편 이번에는 궁재 피핀이 메로베크 가문 프랑크종족왕위를 탈취한 문제를 다시 제기했다. 즉, 서부세계에서 실제로 권력을 행사하던 인물이 프랑크종족왕이 되어야 한다는 논리에 문제를 제기했다. 당시 로마에서 프랑크종족왕위를 찬탈한 피핀 후손이 로마 교회를 보호할 황제위에 오를 수 있느냐 문제를 제기했다. 그런데도 로마 교회는 보다 강력한 보호 영주를 찾고 있었다.

서부세계 황제 카롤루스 막뉴스와 비잔티움제국 황제 콘스탄티노스 6세

당대 로마 시민은 카롤루스 막뉴스를 강력한 영주라고 확신했다. 로마 시민은 카롤루스 막뉴스가 비잔티움 제국 황제보다 훨씬 강력한 군주여서 그 정도라면 로마 교황청에 닥쳐오는 위기 순간을 극복하는데 필요한 인물이라고 확신했다. 즉, 당대 로마 시민은 교황청 보호자를 강력한 비잔티움제국 황제보다 카롤루스 막뉴스라는 서부세계 지배자로 대체해야 하겠다고 생각했다. 이런 로마 시민의 분위기에 편승하여 카롤루스 막뉴스는 황제위에 즉위했다. 로마 교황청 입장에서는 카롤루스 막뉴스라는 서부세계의 황제 부활이 곧 비잔티움제국과 관계 단절을 의미했다. 따라서 프랑크종족왕 카롤루스 막뉴스는 과거 서부세계 로마제국 황제를 대신하여 서부세계 황제위에 즉위했다. 프랑크종족왕의 영지도 서부세계 황제 영지로 변모하여 새로운 권력동아리의 보편주의를 실현하는 국가 조직으로 발전하기 시작했다. 즉, 로마제국이 서부세계에서 사라진 이후 보편주의를 실현하려는 권력동아리가 처음으로 등장하여 유럽세계 모습을 그려내기 시작했던 것이다. 프랑크종족왕이 황제위에 오른 내막은 원대한 제국 건설이라는 꿈을 지녔기 때문은 아니었다. 그런데도 제국관습은 당장보다는 언젠가 나타날 여지를 남겨두었다. 800년 12월 25일 로마의 베드로 성당에서 교황 레오 3세는 크리스마스 미사를 집전했다.

성탄 미사 직후 교황 레오 3세는 과거 황제 즉위 관행대로 프랑크종족왕 카롤루스 막뉴스에게 황제 관을 씌워주는 성사관습 순서를 진행했다. 교황 레오 3세는 성사관습 순서에 따라서 황제에게 경의를 표시했다. 성사관습 참석자는 교황이 카롤루스 막뉴스에 대하여 경의를 표시하자, 황제 칭호를 부르는 찬송가를 일제히 합창했다. 그리고는 프랑크종족왕 카롤루스 막뉴스를 신의 선택자라고 찬미했다. 교황 레오 3세는 황제 즉위 의식에 따라서 카롤루스 막뉴스 앞에 엎드려 로마 교회가 황제에게 예속됐음을 선포하고 황제에 대하여 경의를 표시했다. 교황청 연대기 저작자는 로마 귀족동아리 전부가 프랑크종족왕 카롤루스 막뉴스를 황제위에 오르도록 만들었다고 기술했다.

카롤루스 막뉴스도 일개 프랑크종족왕 몸으로서 서부세계 대표자인 황제라는 칭호를 얻게 된 사실에 대하여 놀라움을 금치 못했을 것이다. 황제위에 오른 카롤루스 막뉴스는 교황 레오 3세를 반대하던 프랑크종족왕 영지의 고위 성직자동아리를 꾸짖고, 교황 레오 3세를 반대하던 성직자를 프랑크종족왕 영지에서 추방하기에 이르렀다. 교황청 연대기 저작자는 카롤로스 막뉴스 황제가 사망했을 때 황제란 칭호를 사용하지 않았고, 806년 프랑크종족왕 영지 분할규정에서 카롤루스 막뉴스의 두 아들이 아버지의 유업을 계승하여 로마 교회 보호자가 된다고 기술했다. 그러나 『교황청 연대기』 저작자는 황제 아들 프랑크종족왕을 황제라고 호칭하지 않았다. 궁재 피핀은 703년 프랑크종족왕의 영지를 로마 교황청에 양도했다. 그런데도 프랑크종족왕은 800년 이후부터 로마 교회에 대하여 보호관습을 행사했다. 프랑크종족왕의 황제 선포는 단일 황제관습을 실현하려던 비잔티움제국 이상과 정반대였다. 비잔티움제국 황제는 로마 대주교를 적대자로 여겼다. 로마 대주교와 관계 단절을 막기 위해 비잔티움제국 황제는 미리 로마 대주교에게 화해사절을 파견했다. 비잔티움제국 황제는 프랑크종족왕에 대해서는 어떤 조치도 취하지 않았다. 당시 비잔티움제국의 사회혼란은 가중되었다. 이런 비잔티움제국은 사회혼란으로 더욱 약화되었다. 비잔티움제국은 780년 이후 나이 어린 콘스탄티노스 6세(780~797)가 황제위에 즉위하여 레온 4세의 황제비 이레네(+803)의 섭정을 받고 있었다.

비잔티움제국 사회는 50여 년 동안 미쳐 날뛰듯이 이어진 정통론자동아리의 성상파괴 운동 때문에 거의 파국상황이었다. 이런 비잔티움제국 사회혼란은 이탈리아에서도 마찬가지였다. 물론 서부세계인 이탈리아의 사회혼란 요인은 비잔티움제국 사회혼란과 서로 달랐다. 이탈리아 사회혼란은 랑고바르드종족왕이 774년 몰락하고 프랑크종족왕이 이탈리아인 왕이 되는 권력동아리이동 상황에서 기인했다.

프랑크종족왕이 이탈리아로 진출한 이후 비잔티움제국은 베네치아와 이스트리아에서 서부세계의 프랑크종족왕 영지와 경계를 마주했다. 그런데도 칼라브리아, 남부 달푸리아, 오트란토 등의 이탈리아 도시영주는 여전히 비잔티움제국 황제에게 충성을 다하며 그리스어관습을 유지했다. 비잔티움제국의 교회조직 공용 언어는 그리스어여서 성사관습이나 법률관습도 그리스어관습의 질서에 어긋나지 않게 유지했다. 나폴리와 아말피, 제타 등의 이탈리아 남부 영주도시는 여전히 그리스어관습의 질서관습을 유지했다. 당시 서부세계의 비잔티움제국 총독부는 시칠리아에 있었다. 시칠리아는 서부세계의 비잔티움제국 관문이었다. 시칠리아는 비잔티움제국 군대 주둔지요, 비잔티움제국 해상함대 정박지인 한편 캄파니아와 도시 로마를 압박하는 비잔티움제국 진지였다. 영주도시 베네벤트는 서부세계와 비잔티움제국의 경계 영지였다. 베네벤트 도시 영주는 서부세계와 비잔티움제국에 대하여 중립을 유지하며 비잔티움제국과 서부세계 교회국가의 경계영역을 관리했다. 즉, 베네벤트 도시 영주는 아브루츠첸에서 타렌트 만에 이르는 이탈리아 남부 전체를 영지로 차지했다. 베네벤트 도시 영주는 서부세계 교회국가와 비잔티움제국 어느 쪽에도 기울이지 않고 자치 영지를 유지해 나갔다. 로마 대주교가 비잔티움제국 보호관습에서 이탈한 이후 서부세계에 대한 비잔티움제국 대외정책도 바뀌기 시작했다. 레온 4세 황제비 이레네도 아들 콘스탄티노스 6세를 보호하기 위하여 프랑크종족왕 카롤루스 막뉴스에게 동맹관계와 비잔티움제국 황제인 자기의 아들 콘스탄티노스 6세와 카롤루스 막뉴스의 장녀인 로트로드(+810)의 혼인까지 제안했으나 성사하지 못했다. 비잔티움제국과 프랑크종족왕의 충돌은 일어나지 않았으나 프랑크종족왕은 비잔티움제국 속주인 이스트리아를 영지로 차지했다.

프랑크종족왕 영지에서 비잔티움제국 정통론자동아리의 성상숭배가 문제시 된 것은 794년 주교 회의였다. 프랑크종족왕은 주교 회의를 비잔티움제국의 그리스어 영역에서 개최하여 비잔티움제국 황제의 성상 숭배를 반대했다. 당시까지도 비잔티움제국 황제는 여전히 아드리아 연안의 베네치아를 지배했다. 사라센도 지중해 서부 연안의 티르레이니아 일대를 누비면서 지중해세계 안정을 파괴했다. 프랑크종족왕 카롤루스 막뉴스는 베네치아와 달마티아 영지의 관할 문제를 둘러싸고 비잔티움제국과 긴장 상태였다. 당시 비잔티움제국 사정은 불안했다. 카롤루스 막뉴스는 비잔티움제국의 정치 불안을 틈타 비잔티움제국 황제 니케포로스 1세(802~811)와 평화협약을 체결했다. 사료에 의하면 프랑크종족왕 카롤루스 막뉴스는 비잔티움제국의 외교 사절이 가져온 평화협약문서를 아헨의 마리아 교회에서 812년 정식으로 수령했다고 한다. 카롤루스 막뉴스는 아헨의 마리아 성당에서 812년 비잔티움제국과 평화협약에 정식으로 서명하고 비잔티움제국 외교사절에게 우의를 다짐했다는 것이다. 프랑크제국과 비잔티움제국의 평화 협약문서는 그리스어로 작성되었다. 카롤루스 막뉴스의 칭호 역시 그리스어관습의 황제인 '바실레오스' (Basileos)를 사용했고 비잔티움제국 황제가 카롤루스 막뉴스의 황제 즉위에 축하를 보낸 것으로 되어 있다. 그런데도 카롤루스 막뉴스는 비잔티움제국 황제와 다르게 황제로서 제국관습 재생을 꿈꾸지 않았다. 카롤루스 막뉴스는 서부세계의 황제위에 즉위했으나 과거 서부세계를 다시 통일하여 로마제국을 재생하지도 않았다. 카롤루스 막뉴스는 또한 비잔티움세계를 크리스트세계로 통일하지도 않았고, 카롤루스 막뉴스의 황제위 역시 카롤루스 막뉴스의 권력동아리 상승에서 발원하지도 않았다. 그렇다고 카롤루스 막뉴스의 황제위가 서양세계에 국한됐던 것도 아니었다. 카롤루스 막뉴스의 방대한 프랑크종족왕 제국은 정복전쟁으로 이루어졌다. 그러나 카롤루스 막뉴스의 프랑크종족왕 제국영역에서 과거 로마제국관습은 후대인의 실현의식으로 재생되었다.

중세 서부세계 황제관습과 제국관습으로서 그리스트 중심의 보편주의

중세세계에서 신의 제국이라는 국가관습은 로마제국관습에 재생되었고, 그 발원지는 신학동아리의 신정정치이론이었다. 신의 제국관습은 로마제국시대 황제관습과 제국관습에서 발원하여 '로마제국'으로 모습을 드러냈다. 로마제국관습은 카롤루스 막뉴스로부터 유럽문화 여명시대 세계의 성직자 서임권 논쟁시대(800~1050)에 재생했다. 성직자 서임권 논쟁시대 이후 살리어-스타우퍼 가문 황제는 신의 제국관습을 실현코자 했다. 즉, 신의 제국관습은 카롤루스 막뉴스시대 제국관습 재생으로 다시 정착했다. 신의 제국관습이 살리어와 스타우퍼 가문 황제시대 이후 재생하면서 로마제국관습은 중세 후기의 유럽문화 정착시대 세계(대략 1300~1648)에서 외형을 드러냈다. 중세 세계에서 로마제국은 거대한 상징물이었다. 중세 세계의 인간이 지향했던 신의 제국관습은 비잔티움세계의 제국관습과 달랐다. 비잔티움세계의 제국관습은 문화이동으로서 종교동아리이동 상황에서 재생했으나 카롤루스 막뉴스시대의 제국관습은 중세 세계의 문화이동 방향과 권력동아리이동 방향을 확정해 주었다. 즉, 카롤루스 막뉴스의 권력동아리는 중세 세계의 다양한 종족왕을 단일한 권력동아리 연합체에 얽어매어 결속했다. 카롤루스 막뉴스의 권력동아리는 다양한 종족왕으로 하여금 신의 제국관습을 공유케 하여 중세 세계의 질서를 창출했다. 카롤루스 막뉴스의 이런 권력동아리는 본래부터 신의 제국관습이자 로마제국관습에서 발원했다. 이런 맥락에서 카롤루스 막뉴스의 이런 권력동아리 창안자는 실제로 신정정치이론 창안자인 셈이다. 서부세계 로마제국 영역은 다양한 언어관습 영역으로 분리된 비잔티움제국관습과 다르게 단일한 종교동아리 문화를 유지했다.

크리스트교와 로마제국 관습은 다양한 언어관습 영역과 종족 영역을 통합하는 보편주의 저장창고였다. 이런 맥락에서 과거 로마제국은 서부세계 인간의 질서 상징물이었다. 로마제국관습은 950~1050년 새로운 권력동아리의 보편주의 모습으로 재생하기 시작했다. 물론 이후에도 새로운 권력동아리의 보편주의 역시 로마제국관습과 로마 교황의 보편주의를 카롤루스 막뉴스의 정복전쟁과 함께 수용하기 시작했다. 로마제국관습은 또한 950년~1050년의 중세 세계에다 단일한 종교동아리 옷을 입히며 로마제국 재생을 신정정치이론의 표적으로 설정케 했다. 이런 로마제국관습은 950~1050년 카롤루스 막뉴스의 프랑크종족왕 제국과 함께 예루살렘과 로마를 신비주의 발원지로 만들었다. 이제 중세 세계에서 예루살렘과 로마가 신비주의 발원지인 이상 비잔티움제국 황제 역시 지중해세계의 로마제국 황제가 아니라 동부세계 비잔티움제국 황제에 불과한 존재가 되어버렸다. 특히 비잔티움제국 황제는 더 이상 동부세계 제국에서도 제사장이 아니었다. 비잔티움세계에서 교황이 사라진 이후 주교는 성사관습 절차에서 신의 권능을 찾아내며 크리스트교 교의를 해석하기 시작했고, 황제 임무는 크리스트교 교리와 성사관습 전달자에 지나지 않았다. 이런 황제 모습 변화와 함께 비잔티움제국의 교회조직 분열은 극에 달했고 로마제국관습 와해를 가속화했다. 비잔티움제국에서 교회조직 영향력이 사라졌던 것과 다르게, 서부세계 프랑크종족왕 제국의 교회조직은 800년경부터 다양한 종족왕의 결속력 발원지로 변화했다. 그런데도 서부세계 황제는 제국이나 교회조직 소유자도 성직자 영주도 아니었다. 서부세계의 황제는 비잔티움제국 황제의 교회조직 통치이론인 신정정치이론을 정확하게 파악했다. 서부세계 황제는 교회조직 소유관습, 성사관습, 교회 생활의 통제수단인 법률 제정관습을 행사했다. 서부세계 황제는 교회조직 전반에 대한 법률을 제정하는 관습 이외에도 영주 교회 소유자였다.

카롤루스 막뉴스는 794년 프랑크푸르트 주교 회의에서 교회 법률 제정권자와 최고 교리 확정자로서 위치를 차지했고, 800년 12월 25일 서부세계 황제위에 올랐다. 따라서 교황청은 프랑크종족왕의 권력동아리 지배자를 교황청 보호자로서 정당화했다. 거기다 교황청은 서부세계의 황제가 된 카롤루스 막뉴스를 교회조직의 보편주의관습 대표자로 선택했다. 카롤루스 막뉴스는 교황청에서 발원한 정치 결정권을 선택하여 서부세계의 대표 성직자가 되었다. 카롤루스 막뉴스의 정치행위는 신의 제국관습에서 발원했다. 카롤루스 막뉴스의 신정정치는 문화 발원지로 등장했으나 종교동아리 결속력을 저해했다. 서부세계에서 황제와 교황의 우위 논쟁은 권력동아리와 종교동아리 통합을 저해했다. 황제와 교황의 이런 우위 논쟁은 게르만어계 종족왕이 신앙을 정치의 결속도구로 활용했던 것과 같은 현상이었다. 게르만어계 종족왕은 종교동아리 조직을 권력동아리의 정치 도구로 활용했다. 게르만어계 종족왕의 이런 정치원리는 성사관습 절차를 거치면서 발원하는 신비주의를 활용하여 권력동아리를 결속하던 비잔티움제국의 신정정치이론과 다를 바 없었다. 서부세계에서 황제관습은 교황관습과 보편주의관습에서 전혀 다른 모습을 드러냈다. 서부세계 교황은 황제위 재생자였다. 교황의 이런 황제 정책은 크리스트를 보편주의 발원지로 수용해야 한다는 의도를 예시했다. 교황은 프랑크종족왕을 서부세계 황제로 만들었다. 교황청 정책은 특정한 종족왕을 서부세계 최강자로 만들어 그 종족왕의 우월권을 보편주의 실현 도구로 활용하려는 것이었다. 교황청의 이런 종족왕 정책은 이미 5세기 후반 교황 게라시우스 1세(492~496)가 세속인 권력동아리가 종교동아리보다 우월하다는 정치이론, 즉, 세속인 권력동아리 우위논리에 근거했다. 물론 교황 게라시우스 1세의 세속인 권력동아리 우위론은 세속인 권력동아리가 두 가지 칼, 즉 신의 권위와 황제인 권력자 권위를 동시에 지녔기 때문에 세속인 권력동아리가 종교동아리보다 우월하다는 논리였다. 이런 신정정치이론은 종교동아리 운동이 자유 영역이 아니라, 언제나 특수한 종교동아리이동 상황에서 발원하여 특정한 종교동아리에 침잠해 있다가 언젠가 재현 가능성이 있다는 것을 반영했다.

교황 레오 3세는 취약했다. 교황 레오 3세는 로마에 교회제국을 창건하려는 의도를 지니고 제국관습을 실현하려 했다. 이런 교황 중에는 9세기 중엽 교황 니콜라우스 1세(858~867)도 빼놓을 수 없다. 교황 니콜라우스 1세가 제국관습을 실현하려는 의도를 갖고 있었다고 해서 그렇다고 황제도 제국관습 실현자 위치를 포기할 리 없었다. 작센 가문 황제 오토 1세(936~973)는 로마에서 황제위에 즉위했다. 오토 1세는 962년 카롤루스 막뉴스의 프랑크종족왕 제국을 통일했다. 로마 교황청은 오토 1세의 통일제국 출현 무렵부터 11세기까지 로마 귀족동아리의 손아귀에서 동네 아이들의 축구공처럼 놀아났다. 오토 1세는 물론 로마 귀족동아리가 교황청을 손아귀에 넣고 있다고 해서 당시 교황청을 공격목표로 설정했다. 로마 귀족동아리는 당시 로마 교황청을 혼란에 빠뜨렸고, 로마 귀족동아리는 타락, 부패, 탈법, 살상의 표상이나 다름없었다. 이런 로마 교황청 상황에 대하여 오토 1세는 교황청을 구출해야 한다는 생각으로 로마 교황청 개혁이라는 보편주의를 실현코자 했다. 당시 로마 교황청 보호영주는 도이취어게 황제였다. 작센 가문 오토 1세부터 살리어 가문 하인리히 3세(1039~1056)에 이르는 도이취어게 황제는 로마 교회 보호 영주였다. 이 도이취어게 황제는 교황청에 대하여 사사건건 개입하며 관여했다. 교황은 시대마다 세속인 사회와 종교동아리에 활력소를 불어넣었던 수도자동아리에 교황 권한을 분산하여 넘겨주었다. 당대 종교동아리의 활력소 발원지는 클뤼니의 수도자 학문동아리였다. 클뤼니의 수도자 학문동아리는 카롤루스 막뉴스 가문 프랑크 종족왕시대 르네상스, 즉 교회개혁과 교육개혁을 주도했던 파리 영지의 수도자 학문동아리에서 발원했다. 수도자 학문동아리의 「아르르 연대기」와 거의 동일한 시대 저작물인 「부베 연대기」에서도 수도자 학문동아리 발원지를 수도자 학문동아리의 초대 전장인 알쿠인, 알쿠인 후임자 크라우디우스 클레멘트, 흐라바누스 마우루스, 요하네스 스코투스라고 지칭했다. 특히 카롤루스 막뉴스와 루이 경건자 왕은 수도자 학문동아리를 활용하여 교회조직의 예배관습을 개혁했다.

교회조직의 예배관습 개혁은 클뤼니 수도자동아리 은신처에서 발원했다. 클뤼니 수도자 학문동아리는 중세 세계의 수도자동아리에 대한 영향력 센터로서 클뤼니 수도자동아리 금욕수행관습 영역을 베네딕트 수도자 금욕수행관습으로 만들며 확장하며 프랑크종족왕 영지의 수도자동아리를 결속하여 세속인 권력동아리에서 수도자동아리를 분리하기 시작했다. 물론 클뤼니 수도자동아리의 이런 교회개혁은 실패했다. 그러나 클뤼니 수도자도아리 예배관습으로 존속했다. 즉 클뤼니 수도자동아리의 수도자 베르나르와 우르리크는 9세기 아니아네의 베네딕트 수도자 금욕수행관습을 예배관습에 도입하기 시작했다. 이후부터 아니아네의 베네딕트 수도자 금욕수행관습은 끊임없는 보완과정을 거쳐 10세기 이후 더욱 활발하게 수용하기 시작했다. 11세기 다미아누스(Peter Damianus)는 엄격한 클뤼니 수도자동아리의 예배관습에 다음과 같은 주석을 첨가하여 12세기에 정착했다. 클뤼니 수도자동아리의 예배관습은 크리스트에 대한 찬미가로 예배를 시작하여 하루에 크리스트에 대한 215곡의 찬미가를 부르고, 시편과 교부전기를 읽는 것을 수도자동아리 성무일과에 도입했다. 특히 클뤼니 수도자동아리와 같은 베네딕트계 수도자동아리는 매일 3회의 예배, 생 마리아교회와 그리스어계 정통론자동아리 교회에서는 매일 2회 예배를 올렸다. 이런 예배관습은 7책의 예배관습 모음집이나 11책의 예배관습 모음집으로 그리스어계 정통론자동아리 교회조직으로까지 이동하기 시작했다. 물론 이런 예배관습은 촛불을 켜고 고린도전서를 읽으며 성축일, 즉 부활절 예배, 망인 소지품, 추모예배 주일, 성 목요일, 수난 금요일 등을 도입하기 시작했다. 부르군드 영지에 자리 잡은 클뤼니의 생 베드로 교회와 생 바오로 교회(1085년~1160년 건축)는 이런 클뤼니 수도자동아리 예배관습을 수용하며 로마 베드로 교회와 베드로 교회의 위치를 대신하기 시작했다. 이런 점에서 클뤼니 수도자동아리 은신처 교회를 제3의 교회라고 지칭했다. 물론 클뤼니 수도자동아리 교회는 1798년과 1823년의 시기에 파괴되었으나, 1920년과 1960년 미국계 고고학자 코난트(K. J. Conant)의 연구 성과 힘입어 복원되었다.

이런 클뤼니 수도자동아리 은신처는 아퀴텐느 공작 윌리암이 909년 수도자동아리 은신처를 세우라고 수도자 학문동아리에다 마콩 영지를 기증하는 계약문서에 서명함으로써 모습을 드러내기 시작했다. 아퀴텐느 공작 윌리암의 계약문서는 수도자 학문동아리를 세속인 권력동아리와 교회조직 재판영역에서 이탈케 했고, 마콩 영지를 생 베드로 교회 생 바오로 교회의 고유 영지로 만들어 놓았다. 그러나 클뤼니 수도자동아리의 마콩 영지는 아주 특이하게 외부 권력동아리와 관구로부터 면세특권을 요구하는 기반이 되었다. 특히 클뤼니 수도자동아리 소속의 수도자 베르노(909~926)가 공작으로 선출됨에 따라서 아니아네의 베네딕트 수도자 금욕수행관습은 부르군드 영지의 관습으로 정착했다. 즉, 클뤼니 수도자동아리 은신처는 909년부터 1157년까지 유능한 수도자동아리 좌장 영향으로 베네딕트 수도자 금욕수행관습을 수용하여 지그니와 데오르스와 같은 다른 수도자동아리로 이동케 했다. 오도(926~944)는 수도자 베르노의 후계자로서 베네딕트 수도자 금욕수행관습을 예배관습에 도입하여 엄격하게 적용해 나갔다. 특히 오도는 수도자에게 명상을 중시하도록 이탈리아와 프랑스 수도자동아리를 개혁했다. 『제라르 전기』에서 오도는 세속인에게 신앙심 방향을 제시하고, 영웅 게라르두스는 무력을 이용하여 가난한 사람을 보호하고 오만 방자한 사람에게 벌을 내려 폭력을 배제하려는 교회조직의 보편주의를 암시하고 있다.

클뤼니 수도자동아리 은신처는 수도자동아리 좌장 아이마르드(944~964) 시대에 영지를 기증받아 오베르느의 소시랑쥬를 개혁했다. 마호루스(964~994)는 클루니 수도자동아리의 예배관습을 부르군드 영지와 파비아 영지에다 살리어 가문 황제 오토 1세와 협력하여 클뤼니 수도자동아리 예배관습을 도입했다. 생 오딜로 시대(St. Odilo, 994~1049)에 클뤼니 수도자동아리 영향권은 프랑스, 이탈리아, 스페인으로 이동하며 클뤼니계열 수도자동아리 영향권을 확장하여 클뤼니계 수도자동아리 가문을 출발케 했다. 이런 수도자동아리 가문의 출발 기반은 세속 권력동아리와 종교동아리 영주의 영지증여였다. 그러나 이런 영지 증여는 경작지 보유 문제를 제기하여 오히려 수도자동아리 영향력을 위축시키는 요인이 되기도 했다. 수도자동아리 좌장 위그시대(1049~1109)에 수도자 금욕수행관습은 융성시대를 맞이했다. 수도자동아리 좌장 위그는 수도자 금욕수행관습을 잉글랜드에까지 이동하여 새로운 수도자동아리 은신처를 비롯하여 클뤼니에다 수도자동아리 교회까지 새로 건축했다. 클뤼니 수도자동아리 교회는 건축물과 조각에 영향을 미치며, 예배관습에 기록문서를 도입했다. 수도자동아리 좌장 퐁스 시대(1109~1122)에 이르러 클뤼니 수도자동아리는 지나치게 방대한 영지면세관습 때문에 논쟁에 휩싸였다. 이어서 수도자동아리 좌장은 불명예스럽게 퇴진했다. 페터(1122~1156)는 뛰어난 수도자동아리 좌장이었으나 클뤼니계 수도자 금욕수행관습을 거부했다. 그리고는 자기의 수도자 금욕수행관습을 실천하기 시작했다. 페터 시대는 찬란했던 위그시대와 비교하더라도 클뤼니 수도자동아리 존재를 위협하던 권력동아리에 반항했던 시대였다. 페터는 베네딕트 수도자 금욕수행관습을 고수하면서도 치스테르치아누스계 수도자동아리의 순수한 신앙심을 수용하여 베네딕트 수도자 금욕수행관습에다 부당한 관습을 첨가했다. 물론 클뤼니 수도자동아리는 이어졌으나 다양한 수도자동아리 세계에서 탁월한 위치를 회복하지 못했다. 1100년 이후 클뤼니 수도자동아리는 종교동아리의 문화 센터로 정착했다. 클뤼니 수도자동아리는 1300년 이후 프랑스 국민의 정신 발원지가 되었다. 클뤼니 수도자동아리의 교회개혁 시도는 15세기까지 이어졌다. 클뤼니계 수도자동아리는 교회개혁 시도로 칭송받고 있었지만 실제로는 존재하지 않았다. 17세기 클뤼니계 수도자동아리의 금욕수행관습은 엄격하게 과거세대 금욕수행관습과 분리되었다. 클뤼니 수도자동아리의 금욕수행관습은 프랑스혁명기에 탄압받으며 위축되었다.

클뤼니계 수도자동아리 조직의 골격은 베네딕트 수도자 금욕수행관습이었다. 그러나 특히 마흐루스 좌장시대 이후 서서히 새로운 수도자동아리를 받아들일 목적으로 행정조직을 바꾸기 시작했다. 즉, 클뤼니계 수도자동아리는 다른 수도자동아리의 가입으로 인한 보유 영지 증가, 예배관습 첨가, 외부 수도자동아리 관심사 유입 등으로 변화하기 시작했다. 초창기 수도자동아리가 팽창했다가 사라짐에 따라서 권력동아리도 격심하게 쇠퇴하며 이동하기 시작했다. 거대한 클뤼니계 수도자동아리 좌장은 종교동아리와 권력동아리의 하부조직 수장에 불과한 직책에 지나지 않았기 때문에 영지와 영주 저택 관리자였다. 수도자동아리 가문의 좌장은 수도자동아리의 금욕수행관습 준수를 강요하다가, 귀족의 의전관으로서 주요 재정 집행자, 수도자동아리의 의·식·주 관리자, 성서 봉독자, 성가대 지휘자, 시설물 관리자로 전락했다. 당시 시설물 관리자는 나그네 수도자와 길손 수도자의 숙식 관리자, 수도자동아리 입문자를 관리했다. 클뤼니계 수도자동아리 좌장은 아래에 보조자를 두었다. 이 보조자는 수도자 보조자, 수도자동아리 은신처 보조자, 새로운 입문자에 대한 보호자였다. 그러나 직전 노래를 부르지는 않았다. 클뤼니 수도자동아리 조직은 특이하게도 우리 한국의 조계종 가문의 사찰조직과 유사했다. 즉, 클뤼니계 수도자동아리도 한국의 조계종 가문이 여러 문중의 본 가문 사찰과 예하 사찰로 구성되어 있는 것과 유사한 조직을 갖추었다. 클뤼니계 수도자동아리 역시 500에서 2000여개 가문을 영지에 따라서 두었고, 그 예하 수도자동아리 좌장을 임명했다. 특히 클뤼니계 수도자동아리는 물론 서로 동일한 수도자 금욕수행관습, 즉 동일한 예배 시간과 동일한 성 축일을 갖고 있었다. 가문 수도자동아리 은신처로서 수도자동아리 은신처가 발전했던 것은 클뤼니계 수도자동아리에 국한하지 않았다. 서부 도이취란트의 고르체 수도자동아리도 제2의 베네딕트 수도자 금욕수행관습을 유지해 나가는 일종의 가문 수도자동아리였다. 고르체 수도자동아리는 클뤼니계 수도자동아리와 다르게 교구의 권력동아리로부터 영지세금면제 혜택을 받지 못했다. 베크의 수도자동아리도 앙주 가문의 노르만디 영지와 잉글랜드에서 교회개혁을 자극했다. 특히 베크는 저명한 수도자 학문동아리로서 명성을 떨쳤으나 클뤼니는 지식 탐구로 명성을 떨치지 못했다.

그런데도 다수 수도자동아리는 가문 수도자동아리 좌장과 관계없이 클뤼니 수도자동아리의 예배관습을 받아들였다. 일부 수도자동아리는 자기네 수도자동아리를 유지하기 위하여 일정한 기간동안 클뤼니 수도자동아리에서 예배관습을 익히기도 했다. 그러나 클뤼니 가문 수도자동아리라고 해서 모든 수도자동아리가 클뤼니 수동자동아리처럼 영지조세 면세 혜택을 누리지 못했다. 클뤼니 수도자동아리와 각양각색의 가문 수도자동아리 관계는 다양하기 마련이었다. 수도자 학문동아리 역시 견해를 조율하기 어려웠으나 이탈리아 수도자동아리와 함께 교황 권한을 분할하여 넘겨받았다. 그런데도 도이취어계 황제는 크리스트의 보편주의를 실현한다는 명분으로 교황이 교회정치에 복귀토록 강요했다. 교황은 도이취어계 황제의 강요로 교회정치에 복귀하여 당시 통일제국 황제의 입장을 파악했다. 즉, 당시 교황은 로마 지방귀족에 불과한 존재인데다 도이취어계 제국의 주교 지위에 불과한 존재였다. 도이취어계 황제의 제국 정치에서 소위 교황은 도이취어계 제국 주교보다도 열등한 지위에 불과하다는 사실을 알아 차렸다. 로마 귀족동아리는 교회개혁을 내세우며, 교황 위치에 관심을 표방하기 시작했다. 로마 귀족동아리의 교회개혁 요구는 물론 당시 로마 상황을 그대로 반영했다.

로마는 9세기 말엽 권력동아리의 공백 상태여서 혼란에 빠졌다. 로마의 이런 혼란 상태는 교회조직의 성사관습에까지 파급되어 「성사관습 지침서」(formulae)를 무용지물로 만들었다. 10세기 말엽 이후 과거 로마교회 성사관습은 로마를 비롯한 이탈리아에서 사라졌다. 당시 프랑크종족왕 영주교회의 성사관습이 로마와 이탈리아로 유입하기 시작했다. 과거 로마교회 성사관습과 프랑크종족왕 영주교회의 성사관습을 혼합한 성사관습이 널리 확산되었다. 이미 과거부터 프랑크종족왕의 영주교회였던 도이취어계 제국 교회는 예배관습에서도 절차를 중시했으나 여러 가지 절차로 혼합되어 있었다. 교황청 예배관습은 보편주의 실현 수단으로서 크리스트 재현에 주안점을 두었다. 교황청 예배관습은 이런 취지 때문에 크리스트 재현을 중시했던 프랑크종족왕 영지의 예배관습을 수용할 수밖에 없었다. 따라서 크리스트교의 보편주의는 예배관습을 거쳐야 크리스트 재현에 이른다는 취지에서 작센 가문 황제 오토시대부터 살리어 가문 황제 시대 이후 도이취어계 제국 교회조직에 부착했다.

교황은 작센 가문과 살리어 가문 황제시대에까지 지켜지던 제국 교회조직의 예배관습을 그대로 수용하여 황제와 교황의 보편주의 분리를 방지해야 했다. 이런 교황 정책 취지는 중세세계의 권위 발원지인 황제와 교황의 보편주의 분리를 방지하려는 도이취어계 제국의 교황 보호정책을 반영한 것이었다. 그래서 황제와 교황의 권위는 중세 유럽세계의 보편주의 발원지였다. 교황과 황제가 유럽 정신사의 두 갈래 보편주의 주류를 형성하게 된 것도 크리스트교의 보편주의 때문이었다. 크리스트교의 보편주의는 황제와 교황을 결합시킨 일종의 접착제였다. 작센 가문 황제 오토 3세(983~1002)와 교황 실베스트 2세(999~1003)는 2갈래 권위를 크리스트교의 보편주의를 결합했던 인물이었다. 유럽세계에서 그동안 축적됐던 황제와 교황의 보편주의는 동부 유럽세계에 대한 선교활동으로 발산되었다. 동부 유럽에 대한 선교활동은 전쟁이나 힘에 의한 과거의 정복보다 동부 유럽세계의 인간 개종으로 정복을 대체하여 동부 유럽세계에서 정복전쟁은 사라졌다. 그러나 동부 유럽세계 교회조직과 서부 유럽세계 교회조직은 오히려 분리되어 폴란드의 포센 대주교좌와 헝가리의 그란 대주교좌와 같은 자치교구를 나타나게 했다.

이런 대주교좌는 서부 유럽세계 교회조직으로부터 분리되어 자치영지를 확보하여 영주 교회를 창건했다. 폴란드의 포센과 헝가리의 그란 대주교좌는 더 이상 도이취어계 제국의 교회조직에 소속하지 않고 973년 프라그 대주교좌 사례처럼 마인츠 관구의 대주교좌로 남아 있었다. 동부 유럽세계에 대한 선교 기운은 크리스트교의 보편주의 영역을 동부 유럽세계로 확장했다. 황제와 교황의 협력으로 유럽세계의 보편주의는 유럽세계 외부로 이동하기 시작했다. 그러나 유럽세계 내부사정은 오히려 황제 권력동아리와 교황 권력동아리의 분열로 치닫고 있었다. 도이취어계 제국은 크리스트교의 보편주의 주체였다. 그런데도 도이취어계 제국, 유럽세계, 로마 교황청은 크리스트교의 보편주의를 전혀 다른 방향으로 실현하기 시작했다. 교황청은 크리스트교의 보편주의 자체를 오히려 이념으로 전락시키고 있었다. 서부 유럽세계에서 크리스트교 보편주의는 오히려 새로운 세계와 새로운 성직자 모습을 열망하던 시대분위기에 편승하여 강력한 복고주의를 대두케 했다. 이런 맥락에서 복고주의가 대두하던 지역은 10세기 프랑스 지역이었다. 10세기 프랑스에서는 새로운 세계와 새로운 성직자가 나타나야 한다는 분위기가 사회전체에 팽배했다. 프랑스 지역의 이런 복고주의는 살리어 가문 황제인 하인리히 3세로 하여금 프랑스 이탈리아 수도자동아리와 협력토록 자극했다. 즉, 도이취어계 황제는 3명의 교황 퇴진과 함께, 도이취어계 제국 주교를 교황에 선출토록 수도자동아리를 조종한 다음 크리스트교 보편주의 문제를 곧 기본 교회조직 문제로 제기했다. 당시 수도자동아리는 교회조직 개혁을 기본 교회조직 문제로 제기해 둔 상황이었다. 이제 크리스트교 보편주의는 곧 교황과 도이취어계 황제 종족왕의 이념으로 변질하여 세속인의 이념이 되었다. 이제 성직자는 세속인 세계의 통치자 모습으로 변모했다.

성직자는 크리스트교의 보편주의 권능으로 황제 종족왕을 대신하여 세속인 세계 통치자가 되었다. 이런 성직자 권능은 크리스트교 보편주의을 일종의 질서로 해석한데서 연유했다. 이런 맥락에서 교황청은 황제 하인리히 4세(1056~1106)에 대항해야 한다는 논리를 내세워 교회조직을 수호코자 했다. 교황청은 우세한 세속인 권력동아리로부터 교회조직을 수호한다는 명분, 즉 세속인 권력동아리로부터 교회가 해방되어야 한다는 명분을 내세웠다. 세속인 권력동아리로부터 교회조직 해방은 곧 교회조직 자유를 의미했다. 교회조직 자유는 이념으로 전락한 크리스트교 보편주의의 실현 도구였다. 그런데도 교회조직 자유라는 명분은 새로운 결속력 발원지였고, 세속인 권력동아리로부터 교회조직의 이탈과정에서 자유는 이념으로 변질하여 교회의 정치 도구가 되었다. 또한 교회조직 자유는 '특권'과 해방의 의미, 특히 교회조직과 크리스트교 세계가 대등하다는 의미를 포함했다. 이런 교회조직 위치 변화는 교황청의 교회개혁 추진방향을 반영한 것이었다.

교황의 교회개혁 의지는 확고했다. 교황의 교회개혁 표명은 황제로부터 교회조직 분리를 의미했다. 교황과 황제는 종교동아리의 판단기준을 서로 다르게 내세웠다. 물론 이 정신 지주는 크리스트교 보편주의에 대하여 서로 다른 판단기준을 지니고 서로 자기 판단기준을 관철하려 했다. 곧 황제와 교황은 대결하기 시작했다. 황제와 교황의 이런 논쟁은 결국 종교동아리 도덕과 권력동아리 도덕의 분리 요인이 되었다. 황제와 교황의 도덕 분리논쟁에서 교황은 종교동아리 도덕을 주장하던 성직자동아리와 교회조직 세력을 등에 업고 승리했다. 교황은 종교동아리 도덕을 현실 세계의 판단기준으로 앞세워 교회개혁 기반을 마련했다. 그러나 교황의 종교동아리 도덕과 황제의 세속인 권력동아리 도덕 분리는 곧 현실 가치와 미래 가치의 분리, 즉 윤리와 도덕의 분리였다. 교황의 종교동아리와 황제의 세속인 권력동아리는 현실 가치와 미래 가치를 생활관습에 적용하기 시작했다. 교황은 황제가 현실 가치를 찾아내도록 황제 지위 자체의 변화를 자극하며 크리스트교 세계의 일인자로 우뚝 섰다. 그런데도 성직 서임은 여전히 황제 권한이었다. 교황은 성문교회 법률에다 추기경단 조직을 명시했다. 교황의 추기경단 조직으로 교황과 황제는 성직서임 문제를 둘러싸고 서로 논쟁하기 시작했다. 성직자 서임권 논쟁시대(1059~1070)까지 황제나 교황은 서로 밀접하게 관련된 직책에 각자 성직자를 임명했다.

성직자세계는 교황 성직자와 황제 성직자로 분열했다. 그런데도 크리스트교 세계는 로마 교회에 대한 황제 보호관습과 황제에 대한 교황 보증관습으로 결국 분열을 극복하고, 유럽세계 인간 의식으로 통합했다. 대교황 그레고르 7세(1073~1085)는 크리스트교 보편주의를 실현했던 개혁 교황이었다. 대교황 그레고르 7세의 크리스트교 보편주의 실현으로 로마 대주교 위치는 처음으로 당당한 크리스트교세계 실현자로 변모했다. 대교황 그레고르 7세는 크리스트교 보편주의 실현을 황제 권력동아리에 위임했다. 황제는 크리스트교 보편주의 실현이라는 과업을 순수한 세속인 권력동아리 임무로 수용했다. 황제 권력동아리는 대교황 그레고르 7세의 교회개혁으로 성직자세계에 대한 관습을 버리고 순수한 세속 정치에 관심을 갖게 되었다. 황제 권력동아리는 크리스트교 보편주의 실현을 강요당하며 교황 꼭두각시로 전락했다.

취약한 황제시대 역시 스타우퍼 가문 황제 프리드리히 1세 바르바로사 시대(1152~1190)와 하인리히 6세 시대(1190~1197) 이후 변화하기 시작했다. 이 두 스타우퍼 가문 황제는 새로운 보편주의를 일관되게 추진하여 취약한 황제 모습을 떨쳐 내며 유럽문화 정착시대 지배자 모습을 제시했다. 그러나 이 두 황제 저항세력은 자치성향이 강했던 도이취란트의 영지 귀족을 묶어 두고, 제국 권력을 황제 권력 동아리에 집중시키려다 황제까지 상실하는 쓰라린 패배를 체험했다. 황제와 영주 귀족의 이런 대결은 어떤 시각에서 보더라도 정치권력의 악순환이었다. 이 두 취약한 도이취어계 황제 종족왕은 시대흐름이라는 변화를 거역하고 중세 세계의 문화 계승자로서 자기네에게 부가된 교회조직의 의무 규정을 지켜 나가기에는 여전히 미성숙했다. 특히 황제 종족왕은 계몽에 눈을 뜬 영지구성원의 비위는 물론 반동세력으로 둔갑했던 남부 도이취란트인의 비위까지 맞추기는 더군다나 역부족이었다. 황제 종족왕은 복잡한 국가 내부 권력동아리 사정으로 지루한 소모전에 말려들었다. 이런 제국정치 상황에서 황제 역시 소모품에 불과했으나 오히려 황제 권력동아리의 정치비중은 오히려 증대했다.

당시 두 황제 권력동아리 상대자인 이탈리아의 교황과 영주 귀족의 싸움은 오히려 치열해갔다. 프랑스와 잉글랜드 상황은 도이취란트나 이탈리아 상황과 다르게 영주 귀족의 자치영지 의식을 잠재우고, 성문 봉건법률을 운용하여 최고영주인 왕이 전제군주인 국왕 모습으로 발전하기 시작했던 단계였다. 프랑스와 잉글랜드의 성문 봉건법률은 최고영주를 전제 군주로 만들던 도구였다. 이런 맥락에서 프랑스와 잉글랜드의 최고영주는 봉건법률을 활용하여 열화같이 덤벼들던 영주 귀족을 잠재우며 군주 정치에 접근하기 시작했다. 소위, 중세 '제국'은 도이취란트, 이탈리아, 부르군드 영지로 축소되었다. 이런 중세 제국 축소과정은 특히 이탈리아와 부르군드에서 거대한 동요를 유발하며 황제를 권력동아리 허수아비로 만들었다. 실제로 스타우퍼 가문시대에 중세 '제국'은 사라지고 비잔티움제국 영향 때문에 이념 형태로 존속했다. 이런 중세 제국관습은 볼로냐의 로마시대 사법 재생과 함께 크리스트교 보편주의 방향을 바꾸어 덕목에 일치하기 시작했다. 스타우퍼 가문의 지배자는 제국의 덕목을 고전시대 라틴어 형용사인 '신이 부여한 황제 권력'으로, 그리고 지배자 덕목과는 다르게 교회를 '성자 교회'로 지칭했다. 황제와 교황은 '신'과 '성자'로 치장하여, 크리스트교 세계의 우두머리로서 함께 신비 발원지였다. 황제와 교황은 신비 외투를 두르고 크리스트라는 지상 생명체를 천국의 신비에 일치시켰다. 황제와 교황의 크리스트교 세계 결속 고리였던 신비주의도 12세기 이후 개인의 출현과 함께 그 효력을 잃어가기 시작했다. 12세기 말엽 황제와 교황은 생명체처럼 움직이던 개인동아리 이동질서에 안주하지 못하고, 서로 분리되기 시작했다. 크리스트라는 질서 핵은 신이 부여했던 질서에서 사라지고, 점차 개인동아리의 타당한 판단기준(소위 이성)이 질서 핵이 되기 시작했다. 그리고 새로운 질서는 개인동아리 판단기준의 성장과정에서 모습을 드러냈다.

새로운 질서는 주로 프리드리히 1세 바르바로사의 영지에서 대략 1200년 경 이후 존엄한 황제관습을 발원케 했다. 존엄한 황제관습은 실제로 신이 부여했던 과거 질서에서 우주의 질서로 넘어가던 중간 단계에서 출현했다. 존엄한 황제관습은 크리스트와 인간의 중간자인 자연 법칙을 상징했다. 교황은 세속인 세계와 신의 세계를 강조했던 나머지 자연법칙에 대하여 어떤 해답도 제시하지 못했고 존엄한 황제관습처럼 크리스트와 인간의 중간자 위치마저도 상실했다. 교황과 황제의 최종 목표는 권력 추구였으나 어떤 타협점도 찾아내지 못했다. 교황과 황제의 이런 권력 욕구는 크리스트를 거역하던 계시록 신비와 메시아 도래에 대한 주장에서 발원했다. 결국 황제와 교황은 역사 흐름을 거역하지 못하고, 유럽세계 주도권을 완전히 상실하는 비운을 맛보게 되었다. 교황과 황제의 논쟁과정은 크리스트의 보편주의 실현을 문화 발원지로 전환케 했다. 교황과 황제는 12~13세기 새로운 질서의 상징물인 성문법은 등장했다. 프란치스코(1182~1226)와 토마스(1225~1274)는 프리드리히 2세의 질서와 생활관습을 고전시대 동방관습으로부터 분리했다. 포겔바이데의 발터와 단테는 선각자답게 세계 지배 욕구를 일종의 질서로 파악하고, 교황과 황제를 서로 다른 질서 주체로 인식했다.

유럽세계의 선조 카롤루스 막뉴스, 문화, 교육정책

카롤루스 막뉴스는 서부세계를 황제 영지로 만들고 교황과 황제 관계를 정립하기 시작했다. 물론 카롤루스 막뉴스의 황제 영지인 서부세계는 서부 로마제국 영역이었고 황제 영지구성원조차 자기네를 로마인이라 지칭했다. 카롤루스 막뉴스시대 이후에도 황제 영지는 로마제국 재생 기반이었다. 카롤루스 막뉴스는 다양한 게르만어계 종족왕의 권력동아리를 황제 권력동아리에 참여케 함으로써 황제 영지 자체를 통일 문화제국으로 만들었다. 카롤루스 막뉴스의 황제 영지는 황제관습과 제국관습 발원지요 교황과 황제 관계의 출발점이었다. 이런 맥락에서 카롤루스 막뉴스의 제국은 국가라기보다 엄연한 정치현상으로서 크리스트세계 전체를 지칭했다. 즉, 카롤루스 막뉴스의 제국은 한명의 황제가 통치하지도 주도하지도 없었다. 1043년 이후 제국은 도이취란트, 이탈리아, 부르군드로 남아 있었을 뿐이다. 그런데도 카롤루스 막뉴스의 제국은 위축되지 않고 오히려 정치이론으로 재현되었다. 교황은 카롤루스 막뉴스와 비잔티움제국 황제 권력동아리의 보편주의 실현과정에서 주요 위치를 차지했다. 교회조직은 두 제국의 정치 상대자였다. 교회조직의 정치 상대자인 제국은 교황과 정치를 통하여 다양하게 세속인을 결속했다. 이런 제국 결속력은 교회조직과 마찰 때문에 황제 영지의 분리요인이 되기도 했다. 그 사례는 12세기 잉글랜드와 프랑스의 분리인 것이다. 이런 맥락에서 제국관습은 교회조직과 분리요인이자 결속요인이었고, 다양한 정치이론 발원지요 판단기준의 근거였다. 현대 유럽연합이라는 국가 표지 발원지는 중세 크리스트교 윤리와 제국관습이었다. 크리스트교의 보편주의는 유럽 표지 이면에서 서로 다른 언어에도 불구하고 리스트교 윤리와 제국관습이라는 표준을 찾아냈던 도구였다. 이런 크리스트교 윤리는 라틴어 관습과 성사관습에 편승하여 존속했으나 중부유럽의 동부 지역을 문화 경계로 하여 동부 유럽과 서부 유럽의 분리 요인이 되었다. 이런 크리스트교 윤리는 유럽 사람을 만들어 유럽연합이라는 국가 명칭을 출현케 했다.

크리스트교 윤리는 스콜라 철학과 교회 법률의 운영방법을 수용했다. 크리스트교 윤리는 라틴어를 비롯한 스콜라 철학과 교회 법률의 운영방법을 활용하여 귀족을 엘리트로 인식시켰다. 귀족은 중세 유럽세계 엘리트로서 새로운 가치를 제시했다. 귀족은 이주와 교역을 통하여 거주 영역을 확장하며 모험심을 시장에 부착하기 시작했다. 중세 유럽세계의 귀족이 시장 기능과 모험심을 결합했던 것은 동방운동이었다. 특히, 귀족의 동방운동은 동방 도시민의 생활방식을 유럽세계에 전파했다. 한편 도시민의 생활방식은 궁정 생활과 기사 문화를 다양하게 분리하며 귀족을 도시민이라는 개인동아리 연합체의 정상에 앉히고 새로운 문화 선택자로 만들어갔다. 도시민이라는 개인동아리에서 문화 선택자는 대중지식 이동방향에 대한 결정자였고 대중 지식이동 매체는 라틴어 해독력이었다. 지식은 원하던 사람에게 신분이나 장소에 구애되지 않고 정확하게 기존 가치와 새로운 가치를 이어주고 있었다. 유럽 사회 다원화는 라틴어 해독력을 활용하여 현실세계에 접목되었다. 새로운 대중지식 창안자는 수도자 학문동아리였다. 수도자 학문동아리의 대중지식 주인공은 지방의 기사였다. 수도자 학문동아리의 대중지식은 기사를 문화 주인공으로 내세워 귀족 중심의 시민동아리 연합체를 출현케 했다. 이런 맥락에서 수도자 학문동아리는 국가주의 씨앗을 뿌렸다. 즉, 십자군 원정은 유럽세계 인간으로 하여금 유럽세계의 지리 관습을 확대하여 국민의식을 갖게 했다.

유럽세계, 비잔티움세계, 이슬람세계는 후기 고전시대 문화 계승자요 동일한 문화 발원지를 지녔다. 그렇다고 후기 고전시대 문화가 이 세 세계에 아주 균등하게 작용했던 것도 아니었다. 후기 고전시대 문화는 유럽세계, 비잔티움세계, 이슬람세계에 정도, 수준, 지역 특성에 따라서 당연히 서로 다르게 작용했다. 거기다 유럽세계에서 게르만어계 종족과 슬라브어계 종족은 본래 동일한 문화 발원지를 지녔으나 서로 융합과 대립을 거듭했다. 그런데도 이들은 서로 새로운 모습을 나타내게 되었다. 정통론자동아리 교회조직은 이 세 문화영역을 포괄했으나 각 문화영역에 따라서 서로 다른 외형을 지녔다. 유럽 사람이라는 생각은 다양한 권력동아리 연합체와 종교동아리 연합체의 이동과정에서 발원했다.

카롤루스 막뉴스는 프랑스 사람이나 도이취란트 사람의 언어관습에서 탁월한 권력동아리 조직자요 권력동아리 운영자인 것이다. 즉, 유럽세계 인간의 뇌리에서도 카롤루스 막뉴스가 권력동아리를 조직하고, 관리하는 표상 인물임을 지울 수 없다. 카롤루스 막뉴스의 이런 탁월한 권력동아리 조직능력 때문에 카롤루스 막뉴스는 문화와 법률 선구자 위치를 부여받고 있다. 카롤루스 막뉴스가 사망한 이후 20년이 경과했을 때였다. 당시 아인하르트(+840년)라는 카롤루스 막뉴스의 친구는 카롤루스 막뉴스의 악행과 폭정을 이미 까맣게 잊어버렸다. 아인하르트는 카롤루스 막뉴스의 악행을 망각한 채 교회사를 집필했다. 카롤루스 막뉴스는 12세기 이후 프랑스인, 도이취란트인, 북부 이탈리아인의 종교기반은 물론, 생활기반까지 부여했던 인물이라고 평가했다. 카롤루스 막뉴스의 거대한 정복 제국인 프랑크종족왕 영지에서 프랑스와 도이취란트는 발원했다. 이런 맥락에서 카롤루스 막뉴스는 이 두 국가 창시자였다. 카롤루스 막뉴스는 권력동아리이동 과정에서도 메로베크 가문 시대의 통치방식을 계승했다. 카롤루스 막뉴스는 라인강 동부의 개간 영지와 정복 영지에까지 메로베크 가문 시대의 분할영지 원리를 이식하여 적용했다. 이후 종족왕과 종족 구성원, 궁재와 변경공작을 이어주던 중간 관리도 자취를 감추었다.

카롤루스 막뉴스의 이런 분할영지 원리는 메로베크 가문 프랑크종족왕시대 분할영지 원리였다. 거기다, 메로베크 가문 프랑크종족왕시대 분할영지 원리는 후기 로마제국시대 속주형태였다. 따라서 카롤루스 막뉴스도 메로베크 가문 프랑크종족왕의 계승자임과 동시에 로마제국시대 문화영역 상속자였다. 과거 로마제국시대 문화영역은 카롤루스 가문 프랑크종족왕시대 영지로서 존속했다. 그런데도 과거 로마제국시대 문화영역의 권력동아리는 로마제국시대 종족에게는 생소한 게르만어계 종족왕이었다. 메로베크 가문 프랑크종족왕시대의 귀족동아리는 게르만어계 종족왕의 종사였다. 메로베크 가문 프랑크종족왕 종사로서 귀족은 카롤루스 가문 프랑크종족왕시대에 이르러 기사 귀족, 관직 귀족, 봉토 귀족으로 변모했다. 카롤루스 가문 프랑크종족왕시대의 성직자도 관직 귀족 반열을 차지했다. 카롤루스 가문 프랑크종족왕의 권력동아리는 귀족의 독점물이었다. 카롤루스 막뉴스 가문 프랑크종족왕의 권력동아리 정상에는 카롤루스 가문 프랑크종족왕이 앉아 있었으나 실제로 이제 더 이상 종족왕이 아니었다. 카롤루스 막뉴스 가문 프랑크종족왕의 권력동아리는 다양한 게르만어계 종족왕을 황제의 제국 귀족동아리에 가입시켜 결속하는 방식으로 굴러갔다. 카롤루스 가문 제국의 귀족동아리는 다양한 세르만어계 종족왕의 기득권을 침해당하지 않는 범위에서 영지 귀족과 혈족 귀족으로 권력동아리 서열을 구성했다. 카롤루스 막뉴스는 806년 자기의 사망에 대비하여 황제 영지를 분할해 두었다. 806년 카롤루스 막뉴스의 제국 영지분할 원칙은 794년 프랑크푸르트에서 개최된 주교회의에서 의결되었다. 즉, 서부 유럽세계 교회조직은 구세주의 계시와 의지를 크리스트교 교리로 삼아야 한다는 것이었다.

카롤루스 막뉴스는 당대인의 시각에서도 시대를 훨씬 앞선 정치 감각을 지녔다. 카롤루스 막뉴스는 여러 게르만어계 종족왕을 하나의 권력동아리에 결속하겠다는 의지를 갖고 귀족동아리의 자치 영지의식을 강력하게 제어했다. 그러나 카롤루스 막뉴스의 사망 이후 카롤루스 막뉴스의 의지에 억눌려 있던 귀족동아리의 자치영지 의식은 제국 정치 전면으로 부상했다. 카롤루스 막뉴스의 사망 이후였던 9~10세기는 유럽세계 전환시대였다. 9~10세기의 카롤루스 가문 프랑크종족왕시대는 카롤루스 막뉴스 종사동아리 통치시대를 맞이했다. 카롤루스 막뉴스의 종사동아리는 카롤루스 막뉴스에게 가신으로서 신서를 올렸으나 다양한 게르만어계 종족왕 변경 공작이었다. 물론 카롤루스 막뉴스의 종사였던 이 게르만어계 종족왕은 물론 다수 주교를 거느리고 다양한 종족 수장으로서 새로운 유럽사람 질서의 중심축을 이루고 있었다. 이런 새로운 유럽사람 질서는 카롤루스 막뉴스시대의 이탈리아 권력동아리에 알레만종족과 바이에른종족이 함께 참여했다는 사례에서도 입증되고 있다. 카롤루스 막뉴스는 방대한 황제 영지로서 다양한 게르만어계 종족왕을 끌어 들일 목적으로 성문 종족왕 법률을 구상했다. 카롤루스 막뉴스는 성문의 종족왕 법률이 생활관습에 어긋나지 않도록 간단한 규정과 명령을 첨가하여 제국관습을 인식케 했다. 카롤루스 막뉴스는 황제 영지를 종족왕 단위로 편성하여 유지했다. 세계역사에서 거의 모든 황제 권력동아리가 자치 영지를 어느 정도까지 인정했던 것처럼 카롤루스 막뉴스 역시 다양한 게르만어계 종족왕 단위의 영지를 황제 권력동아리가 운영하고 관리하도록 소위 주 단위의 광역 행정조직을 도입했다.

카롤루스 막뉴스도 노령에 접어들었을 무렵 전쟁 지휘와 같은 주요 종족왕 정치를 두 아들과 봉건 관리에게 위임했으나 여러 종족 대표자회의, 즉, 영주회의를 해마다 개최했다. 카롤루스 막뉴스는 종족 대표자인 귀족동아리 회의에서 제국 정책을 논의하여 고위 성직자나 지방 유력자인 종족왕과 상의한 다음 제국 정책을 확정했다. 카롤루스 막뉴스는 이런 의견수렴과정을 거쳐 자기의 최종 결정사항을 제국 귀족회의에 전달했다. 카롤루스 막뉴스는 영지 행정조직을 감독하기 위하여 순찰사 제도를 도입하여 운영했다. 카롤루스 막뉴스의 순찰사는 최고 봉토 귀족 중에서 선발하여 성직자나 영주의 계약문서 위조와 같은 사항을 감독했다. 카롤루스 막뉴스는 순찰사 활동을 감시하기 위하여 다시 자기 종사를 고위 성직자로 임명했다. 카롤루스 막뉴스가 자기 종사를 고위 성직에 임명한 배경에는 교회조직에 대한 보호관습을 강력하게 행사하겠다는 의지를 반영한 것이었다. 카롤루스 막뉴스가 자기 종사를 여러 종족왕 영지의 고위 성직에 임명한 이후 황제 영지의 교회조직은 황제 권력동아리의 통치도구로 변모했다. 황제 영지의 교회조직은 카롤루스 막뉴스가 통일영지를 유지하는 버팀목이었다. 카롤루스 막뉴스는 자기의 영지를 통치하듯이 제국 교회조직을 통치했다. 즉, 카롤루스 막뉴스는 제국 교회조직을 황제 권력동아리 앞잡이로 내세워 피레네 산맥 이북과 북해 연안 이내의 방대한 영지에 라틴어를 성사관습의 중심 언어로 만들었다. 카롤루스 막뉴스는 특히 현재 서부 유럽세계에 로마 정통론자동아리 교리를 비롯하여 교회 법률을 라틴어로 공포하여 라틴어 철자관습을 정착케 했다. 그런데다 당시 교구 교회는 일종의 교육기관으로서 특히, 당시 세속인을 개종하여 황제 영지에 예속하는 통치도구였다. 카롤루스 막뉴스 시대에 제국 교회조직의 이런 정치 교육기능에 힘입어 황제 영지의 교구 교회 또한 중추 교육기관이 되었다. 교육기관으로서 교구 교회는 라틴어를 교양도구로 익힌 다음, 성직자동아리의 예절 교육을 담당했다. 성직자동아리의 예절교육 주체는 수도자 학문동아리였다. 수도자 학문동아리의 이런 성직자동아리 교육은 종교동아리 교리를 세속인에게 교육하여 세속인을 순화한 다음, 그 순화된 세속인을 다시 제국 교회조직에 예속하는 기능을 담당했다. 수도자 학문동아리의 이런 교육기능에 힘입어 제국관습의 보편주의는 정치 현상에 함축되어 질서관습으로 정착했고, 프랑크종족왕 영지의 행정조직도 안정을 찾았다.

카롤루스 막뉴스시대 수도자 학문동아리의 성직자 교육은 성직자가 권력동아리 구성원으로서 임무를 수행하도록 길들이는 것이었다. 수도자 학문동아리의 이런 성직자 교육취지는 일단 성직자에게 행정능력을 부여한 다음 성직자 지위에 상응하게 성직자를 교육하는 것이었다. 카롤루스 막뉴스는 이런 성직자 교육취지를 달성하기 위하여 프랑크종족왕 영지에 수도자 학문동아리라는 일종의 교육기관을 설치했다. 카롤루스 막뉴스시대 성직자는 이런 수도자 학문동아리에서 후기 고전시대 크리스트교 계승자의 문학과 교양을 익혔다. 수도자 학문동아리의 교양 영향으로 8세기 말엽 이후 서부 유럽세계의 파리 영지에서도 기록 문서를 해석하려는 기운이 감돌기 시작했다. 이런 맥락에서 프랑크종족왕의 파리 영지는 고전시대 학문동아리 재생 장소였다. 서부 유럽세계에서는 이 고전시대 학문동아리 재생 장소를 '황제영지 교육기관', 황제 영지의 수도자 학문동아리라고 지칭했다. 파리 황제 영지의 수도자 학문동아리는 제국 성직자동아리의 교육기관이었다. 파리 황제 영지의 수도자 학문동아리는 수도자 신학동아리와 수도자 역사동아리, 수도자 문학동아리로 구성되었다. 이 수도자 학문동아리는 성직자 소양으로 시와 라틴어 문법의 이동 내력, 즉 문화이동 내력을 교육했다. 물론 성직자의 도구 교양은 물론 라틴어 해독력을 갖추는 것이었다. 당시 라틴어는 생활언어가 아니었다. 라틴어는 황제 영지 수도자 학문동아리의 교육 영향으로 교양 도구이자 저작 도구 언어로서 정착했다. 라틴어 해독자 숫자는 9세기 이후 증가해 갔다. 특히 황제 영지의 세속인 독자용 저작물도 나타나기 시작했다. 당시까지도 라틴어 철자관습은 성직자나 프랑크종족왕 영지의 관리를 제외하면 거의 통용되지 않았다.

그런데도 카롤루스 막뉴스시대 황제 영지의 수도자 학문동아리는 유럽세계 인간에 대한 라틴어 철자 교육을 비롯하여 수도자 신학동아리와 수도자 문학동아리의 전문 지식과 교양을 대중지식으로 만들어갔다. 특히 황제 영지의 수도자 학문동아리는 성직자의 분별력과 창의력을 제고하며 새로운 교회조직 개혁세력을 양성했다. 카롤루스 가문 프랑크종족왕시대의 교육관행 개혁은 앵글로색슨계 수도자 신학동아리 좌장 알쿠인(대략 730년 혹은 796~804)의 책임 하에 진행되었다. 알쿠인은 당대 유럽세계의 탁월한 교육자요, 수도자 신학동아리 좌장이었다. 앙글리안 교회 일화에서는 알쿠인을 성직자동아리 중에서도 알비누스와 같았다고 묘사했다. 또한 알쿠인을 카롤루스 막뉴스 주변 인물 중에서도 플라쿠스와 같은 인물이라고 묘사했다. 이런 알쿠인은 요오크, 아아헨, 투르 등의 황제 영지에다 '제자와 스승의 학문동아리이동자 관례'(*translatio studii*)를 전파했다. 알쿠인은 노드홈브리아에서 태어나 요오크 성당의 수도자 학문동아리에서 교회 법률과 후기 고전시대 저작물을 배웠다고 한다. 알쿠인은 768년 요오크에서 수도자 교육에 참여하기 시작했다가, 778년 요오크 대주교요 수도자 학문동아리 좌장이 되어 성직자 교육에 매진했다. 알쿠인은 768년 파비아에 들렀다가, 피사의 베드로와 말르메베리의 루르루스가 수도자 신학동아리에서 성사관습 논쟁을 벌이고 있다는 소식을 듣고 아헨으로 와서 아쿠이레아의 파울리누스와 카롤루스 막뉴스를 만났다. 아아헨 황제 영지에서 알쿠인은 황제 영지의 성직자에게 예배관습 취지, 예배관습 절차와 그 형식을 가르쳤다. 당시 알쿠인은 명망을 떨치던 수도자도 아니었다.

그런데도 학문동아리 제자들은 알쿠인을 가장 탁월한 스승이라고 존경했다. 알쿠인 제자 중에는 르비러게르, 요셉, 에어발드 2세, 푸투르, 베오른라드, 시구르프, 플리디구스 등이 포함되어 있었다. 알쿠인의 전기에 의하면 알쿠인은 782년부터 796년까지 아헨 황제영지 수도자 학문동아리를 운영하던 중 782년, 다음 790~792년 잉글랜드로 갔다가 대륙으로 다시 돌아오기도 했다. 카롤루스 막뉴스시대 황제 영지 수도자 학문동아리는 피사의 베드로와 부사제 바오로에게도 학문이동자 관례 개념을 전파했다. 이런 맥락에서 알쿠인은 프랑크종족왕 영지를 새로운 아테네라는 생각했다(epistola 170). 당시 프랑크종족왕 영지의 수도자 학문동아리 독서 교양지식은 세 가지 전문지식 모음집과 네 가지 전문지식 모음집이었다. 알쿠인은 세 가지 대중지식 모음집으로 '문법 지식 모음집'(*De Grammatica*), '언어 표현과 예절 모음집'(*De rhetorica et virtubibus*), 입말 논리 모음집(*De Dialectica*) 등을 활용했고, 여기에 '피핀과 아르비누스의 논쟁 모음집'(*Disputatio Pippini cum Albino*)을 첨가했다. 네 가지 대중지식 모음집은 음악 지식 모음집(*De musica*), 수리 지식 모음집(*Propositionis ad acuendos iuvenes*), 천문 지식 모음집(*De Astronomica*)과 도형 지식 모음집(*Geometica*) 등을 가르쳤다. 당시 음악 지식 모음집으로부터 찬송가 곡조와 가사가 교회조직의 의례관습 영역으로 편입되었다. 황제 영지 수도자 학문동아리에는 카롤루스 막뉴스를 포함한 권력동아리 구성원의 후손과 황제 영지 관리가 알쿠인에게서 배웠고, 앙길베르트, 아다르하르드, 리그보드, 아르눌르프 등과 같은 수도자 학문동아리도 함께 배웠다. 그 이외에도 알쿠인이 황제 영지 수도자 학문동아리를 떠나 요오크로 돌아갔을 때에도 알쿠인을 따라갔던 인물 중에는 요셉, 푸투르, 시굴프, 플리디구스 등이 포함되고 있다. 이런 위대한 유럽세계 스승 후임자는 아인하르드였다.

아인하르드는 알쿠인에게서 직접 배우지는 못했다. 그러나 알쿠인 제자였던 풀다 수도자동아리 은신처 좌장 바우그르프의 지도 아래에서 배웠기 때문에 알쿠인의 제자나 다름없었다. 알쿠인은 794년 황제 영지 프랑크푸르트에서 개최된 전체 주교회의에서 비잔티움세계의 성상숭배와 우상파괴에 대한 자기의 입장을 카롤루스 막뉴스 앞에서 피력했다고 한다. 이런 알쿠인은 804년 5월 19일 황제 영지 투르의 수도자동아리 은신처에서 사망했다. 알쿠인은 프랑크종족왕 영지의 교육관행을 완전히 바꾸어 놓았다. 후대 역사 연구자는 알쿠인의 교육관행 개혁을 흔히 카롤루스 가문 프랑크종족왕시대의 르네상스라 지칭하고 있다. 알쿠인은 카롤루스 가문 프랑크종족왕인 카롤루스 막뉴스의 의지에 따라서 교육관행 개혁을 진행했으나 여러 방면에서 다양한 결과를 초래했다. 카롤루스 막뉴스는 이탈리아와 스페인으로부터 프랑크종족왕 영지로 들어왔던 수도자 학문동아리 교사를 추방하고 브리타니아의 알쿠인과 함께 교육관행 개혁을 추진했다는 점도 역사 연구자는 관심을 두어야 할 것이다. 당시 카롤루스 막뉴스시대의 이탈리아와 스페인은 이교도동아리 지배영역, 즉 아랍인 지배영역이었다. 특히 아랍인 지배영역에서는 고전시대 그리스어계 저작물과 로마시대 법률이 생명력을 발휘했다. 특히 이탈리아의 라벤나는 로마시대 사법사례 모음집이 이동하던 곳이었고, 스페인의 코르도바와 톨레도는 고전시대 그리스어계 저작물이 서부 유럽세계로 이동하던 장소였다. 이런 맥락에서 이탈리아와 스페인계 수도자 학문동아리 교사는 이교도동아리의 대중지식 이동자일 수 밖에 없었을 것이다.

카롤루스 막뉴스는 아아헨 황실 영지 식당에서 알쿠인과 함께 파리 영지와 투르 영지의 수도자 학문동아리 교육정책 개발에 몰두했다. 카롤루스 막뉴스와 알쿠인의 위대한 교육개혁 정신은 당대 유럽세계의 교육 여명시대를 개척했다. 카롤루스 막뉴스시대 황제 영지 수도자 학문동아리는 표준 유럽세계 교육기관으로 정착했다. 수도자 학문동아리와 성당의 수도자 학문동아리도 프랑크종족왕 영지의 수도자 학문동아리 모형을 다 같이 수용하며, 성직자와 권력동아리 후손의 교육장소로 출발했다. 특히, 카롤루스 막뉴스시대의 프랑크종족왕 영지 수도자 학문동아리가 교육기관으로 발전하며 서부 유럽세계 수도자동아리 은신처는 교육 장소처럼 발전했다. 이후 서부 유럽세계 수도자동아리 은신처는 문화 발원지로 등장했다. 이런 맥락에서 카롤루스 막뉴스는 서부 유럽세계에 문화를 정착시킨 인물이었다. 물론 카롤루스 막뉴스시대의 문화 발원지는 이제 저작물이었다. 문헌인 책은 이제 다양한 시대 특징을 반영하며 스콜라 철학동아리의 전문지식 이동 모형이 등장할 때까지 전문개념의 발원지가 되었다. 카롤루스 막뉴스시대 교육관행 개혁에 힘입어 유럽세계에도 시, 문화이동 내력 모음집, 성자 전기, 영주 칭송 글 모음집, 대중 문법 모음집. 신의 존재원리 모음집, 자연원리 모음집까지 등장했다. 이런 맥락에서 알쿠인은 교육기관과 교육 역사를 유럽세계에 개창한 인물이었다. 알쿠인은 신의 존재원리 모음집에다 '삼위일체론'을 저작해 두었다. 그 이외에도 알쿠인은 성서에 부합되게 표준 성사관습과 선교활동 모형까지 교회조직에 제시했다. 알쿠인의 이런 표준관습은 후기 고전시대 성사관습 관례와 '제자와 스승의 학문 이동자 관례 개념' 재생에 기여했다. 또한 특히 '과거세대 성사관습'(*antigui*)과 '최근세대 성사관습'(*moderni*)이라는 상대개념 발원지를 제시했다.

알쿠인의 이런 교육전통 계승자는 그 제자 흐라바누스 마우루스였다. 9세기까지 흐라바누스 마우루스는 풀다 수도자동아리 은신처 좌장과 마인츠 대주교직을 겸했던 당대 최고 수도자 학문동아리 좌장이었다. 물론 게르마니아에서는 흐라바누스 마우루스를 최고 수도자 학문동아리 좌장이라고 칭송했다. 렝의 힌크마르(858~879)와 함께 흐라바누스 마우루스는 알쿠인의 제자로서 당시 도이취란트인 스승 위치에 올라 있었다. 물론 렝 관구 대주교 힌크마르 역시 845년 서부 유럽세계에서 최고 수도자 학문동아리 좌장으로 손꼽히며 마우루스와 함께 알쿠인과 빈번한 스승과 제자 관계를 나눴다. 렝 관구의 대주교 힌크마르는 인간 운명의 예정조화를 주장하면서, 수도자 신학동아리의 전문 지식이동 논쟁에 참여했고, '프랑크종족왕 영지의 연대기'를 저작했다. 힌크마르는 샤를 대머리왕(800~877)시대에 왕실 고문직을 담당했다. 힌크마르는 프랑크종족왕의 권력동아리 에 관한 회고록을 집필했다. 한편 힌크마르는 카롤루스 가문 출신의 탁월한 교회 법률 감정자요 저작자였다. 힌크마르는 교황 니콜라우스 1세(858~867)에 대항하여 프랑크종족왕 영지의 교회조직 자치를 강력하게 주장했다. 카롤루스 가문 시대의 성직자 교육은 개혁 당시의 과제와 목표를 상실하지 않았다. 물론 이 시대 성직자 교육은 힌크마르와 같은 계승자 손을 거쳐 끊임없이 변모하면서 수용되었다.

카롤루스 가문 프랑크종족왕시대의 교육관행 개혁은 라틴어 교육 재생이었다. 이런 카롤루스 가문 시대 라틴어 교육 영향으로 라틴어 철자관습은 유럽세계에 정착했다. 라틴어 철자관습은 유럽세계에서 크리스트교 교리와 크리스트와 관련된 영웅 전설을 재생하기 시작했다. 카롤루스 막뉴스시대 라틴어 교육은 교육관행 개혁이라기보다 게르만어계 종족의 영웅 전설을 격언에 부착하여 영원한 생명력을 갖게 했다. 게르마니아영지의 라틴어 해독자 글귀에서는 카롤루스 막뉴스를 게르만어계 종족의 크리스트, 작센종족의 구세주라 칭송했다. 카롤루스 막뉴스는 도이취어계 라틴어 영웅전설에서 거의 빠짐없이 주인공으로 등장했다. 특히, 바이센부르크 영지의 영웅전설에서 수도자동아리 출신 오트프리트가 카롤루스 막뉴스를 프랑크종족의 크리스트라 칭송했다. 이 라틴어 해독자의 영웅 칭송문은 물론 라틴어를 배웠다는 냄새를 풍기기 위하여 도이취어 생활언어 관습의 라틴어로 시를 쓰고 있다. 당시 라틴어 해독자의 이런 영웅 칭송문에서는 라틴어와 다른 게르만어계 생활언어를 도이취어라 지칭했다. 프랑크종족의 영웅 카롤루스 막뉴스는 814년 1월 28일 72세로 사망했다. 카롤루스 막뉴스 계승자는 루드비히 경건자 종족왕(814~840)이었다. 루드비히 경건자 종족왕은 쇠퇴기에 접어든 카롤루스 가문 프랑크종족왕의 권력동아리 계승자였다. 카롤루스 막뉴스는 물론 문화 정책을 미완으로 남긴 채 떠났다. 그러나 카롤루스 막뉴스시대의 문화정책은 변화를 수용하려던 이후 시대인의 발판이 되었다. 카롤루스 막뉴스 제국도 물론 미완 상태였다. 카롤루스 막뉴스의 제국 권력동아리는 다양한 통치도구를 활용하여 통일유럽제국에서 질서 관습을 창안했다. 또한 틀림없이 사법이 타당하다는 점을 믿고 실천하도록 통일유럽제국을 통치했다. 카롤루스 막뉴스도 역시 메로베크 가문 프랑크종족왕의 권력동아리이동 유산을 계승했다. 카롤루스 막뉴스는 메로베크 가문 프랑크종족왕시대의 분할영지관습을 확인이나 하듯이, 806년 자기의 두 후손에게 프랑크종족왕의 영지를 분할하여 물려주었다. 그러나 카롤루스 막뉴스의 사망과 함께 제국 생명력도 최악 상황에 빠지고 있었다.

카롤루스 가문 왕국의 운명과 유럽세계, 유럽연합국

프랑크종족왕 영지는 카롤루스 막뉴스시대를 거치면서 이제 제국으로 성장했다. 카롤루스 막뉴스의 통치능력과 식견에 비추어 방대한 제국 권력동아리를 관리하고 통치한다는 것은 힘겨운 과업이었다. 특히 생활수준에 알맞게 방대한 제국 권력동아리를 짜임새 있게 관리하고 통치하기란 당대인의 능력을 이미 넘어서 있었다. 프랑크종족왕의 제국 권력동아리 운용 기반은 게르만어계 계약관습과 다양한 게르만어계 종족왕 영지의 조화였다. 프랑크종족왕의 이런 제국 권력동아리 운용 방식도 새로운 변화 수용보다 일종의 고정 의식이었다. 프랑크종족왕의 제국 권력동아리 발원지는 프랑종족왕 영지였다. 프랑크종족왕 영지는 산재해 있었다. 즉, 프랑크종족왕의 제국 권력동아리 발원지는 일정한 주재 영지도 없이 이 영지 저 영지로 프랑크종족왕의 발길에 따라 떠돌아 다녔다. 그런데도 카롤루스 가문 프랑크종족왕시대의 권력동아리는 프랑크종족왕 영지라는 확고한 구심점을 갖추고 있었다. 프랑크종족왕 영지는 프랑크종족왕의 체류 장소에 지나지 않았고, 모든 종족왕 권력동아리에 대한 권력은 종족왕 자신으로부터 나왔다. 아마 오랫 동안 프랑크종족왕 영지의 관리는 개인의 추측에 근거하여 자기 권한을 행사했을 것이다. 당대 문헌에서는 카롤루스 막뉴스가 관료기구를 가지고 프랑크종족왕 영지를 운영했다고 지적했으나 그 문헌 어디서도 프랑크종족왕 영지 운용에 관한 시행령을 찾아볼 수 없다. 이런 맥락에서 당대 문헌에서 언급하고 있는 그대로 프랑크종족왕 영지의 관료기구를 근대 국가의 통치기구에 견주어 카롤루스 막뉴스시대 권력동아리이동 현상을 분석한다면, 적어도 카롤루스 막뉴스시대 프랑크종족왕 영지제도 분석은 오류가 될 것이다. 즉, 프랑크종족왕을 정상에 앉힌 귀족동아리가 장장 수 백 년 동안이나 어떻게 권력동아리를 독점하며 유지될 수 있었는가 문제를 제기하게 된다는 의미인 것이다. 프랑크종족왕의 권력동아리 융성시대는 카롤루스 막뉴스시대였다. 814년 카롤루스 막뉴스의 사망과 함께 카롤루스 가문의 융성시대도 지났다. 루드비히 경건자 종족왕은 카롤루스 막뉴스 계승자였다. 그러나 프랑크종족왕의 권력동아리는 루드비히 경건자 종족왕시대에 이르러 쇠퇴하기 시작했다. 루드비히 경건자 종족왕은 프랑크종족왕 영지 통치자였으나 권력동아리의 영지 정치에 대하여 어떤 결정권도 행사하지 못하고, 이제 자문기구인 성직자동아리 손아귀에서 구르고 있는 공과 같은 신세로 전락했다.

프랑크종족왕 영지의 행정기반은 교회조직이었다. 프랑크종족왕 영지의 이런 행정조직에서 권력동아리 운영질서는 황제 의지에서 발원했고, 바로 언제나 행정조직 정상에 앉아 있는 그 황제 의지 때문에 여러 가지 행정조직 개혁이라는 변화를 수용했을 것이다. 물론 황제를 정상에 앉힌 프랑크종족왕 영지의 행정조직은 관구를 예하 교구로, 다시 교구를 구역성당으로 조직했다. 또한 이들 관구 예하의 교구와 교구 예하의 성당조직은 특정한 수도자동아리 가문의 표준 수도자동아리 조직에 연계되었다. 즉, 고르체 수도자동아리와 같은 가문 수도자동아리는 프랑크종족왕 영지의 행정조직에다 수도자 금욕수행관습을 제공하여 프랑크종족왕 영지의 행정조직과 중심 수도자동아리를 관련되도록 조정하여 운영했다. 즉, 가문 수도자동아리 이상은 프랑크종족왕 영지의 행정조직 기본목표였다. 프랑크종족왕 영지행정의 이런 운영 상황 때문에 카롤루스 막뉴스 사망 이후 프랑크종족왕 영지의 교구조직이나 성당구역조직 상속관습과 프랑크종족왕위 계승관습에 대한 문제가 제기되었다. 루드비히 경건자 종족왕 영지에서 발생했던 여러 성직자동아리의 싸움거리는 교구조직이나 성당구역조직 계승관습과 상속관습을 둘러싸고 일어났던 프랑크종족왕 영지의 분할 문제였다. 즉, 프랑크종족왕 영지를 분할하는 경우 프랑크종족왕 영지 상속관습에 관련된 교회조직도 프랑크종족왕위 계승관습 때문에 자연히 분할 운명을 감수해야 했다. 일부 성직자동아리는 프랑크종족왕 영지의 교회조직 상속관습과 계승관습이 효력을 지닌다고 해서 종족왕 영지 행정조직인 교회조직까지는 분할할 수 없다는 주장이었다. 프랑크종족왕 영지 분할에 반대하던 성직자동아리는 프랑크종족왕 영지 분할이 교회조직 관할구역을 전혀 참작하지 않았고, 프랑크종족왕 영지 소유관습이나 권력동아리 유력자의 이해관계와 같은 교회조직 외형에 치우친 나머지 프랑크종족왕 영지의 행정조직처럼 교회조직을 갈기갈기 갈라놓고 있다는 주장이었다. 물론 황제는 교회조직을 비롯한 권력동아리 유력자의 영지 행정조직을 분할할 수 있는 권한을 행사할 수 있었으나 프랑크종족왕의 분할 영지에서는 상징물에 불과했다. 즉, 황제 행정조직은 분할영지를 묶어 황제 영지에 대한 분리요인을 줄이고자 했다. 이런 맥락에서 황제는 황제 영지의 행정조직 분할에 대하여 절대 권한, 즉 계승관습을 최우선으로 행사할 수 있었다.

황제 계승자는 당연히 분할영지 수장이었다. 817년 루드비히 경건자 종족왕은 엄연히 생존해 있었다. 그런데도 루드비히 경건자 종족왕 사후 분할영지 문제는 황제와 분할 영지의 종족왕 위치를 놓고 타협점을 찾아내게 했던 것이다. 루드비히 경건자 종족왕 이후의 왕권에 대한 성직자와 귀족의 타협점은 817년 아헨에서 황제 포고령으로 발포되었다. 아헨에서 발포된 포고령은 황제 영지의 상속관습이 종족왕을 동등하게 인정하고 있다는 것이었다. 그래서 루드비히 경건자 종족왕은 공동 통치자 위치에서 황제로 추대될 수 있었다. 따라서 루드비히 경건자 종족왕의 장자인 로타르(818~855)도 장자 상속관습 원칙에 따라서 공동 종족왕 상속자가 되었다.

루드비히 경건자 종족왕의 둘째 아들인 피핀(817~837)과 셋째 아들인 루드비히 도이취인 왕(840~876)은 분할영지 상속관습에 따라서 자연히 자기 분할영지에서 종족왕 칭호를 지녔다. 카롤루스 막뉴스시대 제국의 와해과정에서 일어났던 분할영지 소동은 복잡한 권력동아리이동 상황을 반영했다. 루드비히 경건자 종족왕은 엄연히 생존해 있었다. 그런데도 루드비히 경건자 종족왕의 영지분할 소동은 서부 프란치아를 혼란의 와중으로 몰아넣었다. 황제인 루드비히 경건자 종족왕은 스와송의 생 메다르뒤 수도자동아리 은신처에 감금되어 있었다. 황제인 루드비히 경건자 종족왕은 장자인 로타르가 차지할 분할영지 유력자들 앞에 나서서 참회 증언까지 해야 했다. 그리고 물론 권력동아리의 정치폭력을 앞세운 영지분할과정에서 분할영지 경계는 무너졌다. 스와송의 메다르뒤 수도자동아리 은신처에 감금된 루드비히 경건자 종족왕은 장자인 로타르의 권력동아리 폭력에 대하여 두 아들 종족왕 피핀과 루드비히 도이취인 왕이 형님 로타르에게 아버지를 사면하라고 압력을 가하는 상황에서 프랑크종족왕 영지를 포기했다.

황제 루드비히 경건자 종족왕은 840년에 사망했다. 루드비히 경건자 종족왕의 사망 이후 프랑크종족왕 영지는 언어와 풍속질서, 그리고 종족속성에 따라서 전혀 다른 종족왕 영지로 분해되고 말았다. 유럽세계는 분할영지의 다양한 권력동아리 이동 상황에 순응하며 새로운 진로를 찾아내기 시작했다. 이제 프랑크종족왕의 통일영지는 수 십 년에 불과하게 이어갔지만, 정복자와 권력동아리 유지자의 피신처에 불과한 모습으로 전락했다. 그러고 보니 잠깐 동안이나마 서부 유럽세계와 중부 유럽은 유럽세계라는 배를 함께 타고 있었던 것에 불과했다.

제3부

유럽문화 생성시대 세계와 그 주변 세계

제6장　지중해세계의 아랍인, 유대인, 비잔티움제국(500~1100)

제 6 장
지중해세계의 아랍인, 유대인, 비잔티움제국(500~1100)

6-1. 지중해세계 상속자 비잔티움제국

중세세계 로마제국은 비잔티움제국을 지칭한다. 비잔티움은 신화시대까지도 메가라였다. 즉, 메가라는 BC 800~700년까지 보스포러스해협 서쪽지방을 지배했던 메가라왕국의 수도였다. 그리스어 명칭 비잔티움은 그리스 도시국가가 메가라왕국을 정복한 이후 비잔티움 폴리스에서 발원했다. 로마제국 황제 셉티미우베루스시대 이후 비잔티움 폴리스를 안토니니아라 지칭했으나 황제 콘스탄티누스 1세 시대 이후 그 이름을 따서 콘스탄티노플이라 지칭했다. 물론 오늘날의 지명은 투르크의 이스탄불인 것이다. 서양 중세학 연구자는 그리스 도시국가시대의 비잔티움 폴리스 명칭을 따서 동부 로마제국을 흔히 비잔티움제국이라 지칭했다. 거기다 비잔티움제국 또는 동로마제국에 대하여 더욱 명확한 명칭을 사용하려면 중세세계 로마제국이라 지칭해야 할 것이다. 신화시대나 역사시대를 막론하고 지중해는 아프리카나 유럽을 아시아와 이어주는 문화이동 장소였다. 특히 비잔티움은 지중해세계와 소아시아를 이어주는 관문이었다. 이런 맥락에서 아시아 중에서도 소아시아는 다양한 신화시대 종족의 역사 무대요 다양한 고전시대 종족의 역사 현장인 것이다. 지중해는 아시아와 유럽, 아시아와 아프리카의 문화이동 장소였다. 대개 지역 연구자는 아시아와 유럽의 문화이동 현상을 설명하는 경우 아시아와 유럽의 권력동아리 경계가 무너졌던 통일 유라시아시대, 즉 고전시대 페르시아제국, 로마제국, 몽골제국 시대에 지중해세계의 문화이동이 가장 활발했다고 지적하고 있다.

비잔티움제국
비잔티움제국 경계선
625년까지
1025년까지
1143년까지
아랄해
카스피해
메소포타미아
카파도키아
비티니아
시리아
팔레스타인
홍해
Black Sea
키예프
러시아
트라키아
헝가리
모라비아
불가리아
마케도니아
달마티아
Adriatic Sea
이탈리아
리옹
스페인
아프리카

물론 고전시대 지중해세계 문화이동 주인공은 바로 로마제국이었다. 고전시대 로마제국은 서남아시아와 아프리카 북부를 비롯한 남북 유럽세계로 둘러싸인 지중해세계를 지배했다. 유럽 관점에서 지중해세계 주인공 로마제국은 아시아와 서양을 묶어주는 수평축이었다. 콜룸부스가 대서양을 건너 아메리카 대륙을 발견하기 이전까지 지중해세계는 무대를 갖춘 유럽 사람의 중앙 극장이었다. 물론 중세 세계 인간의 지리관습은 지중해세계를 벗어나 대서양에 다가가지 않았다. 중세 유럽문화 여명시대 세계 인간의 지중해세계 통로는 북해와 발트해였다. 즉, 유럽문화 여명시대 세계 인간은 북해와 발트해를 지나 현재 우크라이나의 키예프를 거쳐 보스포러스해협 서쪽 비잔티움으로 갔다. 이런 맥락에서 중세 유럽세계 인간의 활동 영역 영역 역시 북해-발트해-키예프-비잔티움 이내 지역이었다. 당시 유럽세계 인간의 통행로는 주요한 상인동아리 이동로였다. 북부 유럽의 바이킹종족 상인동아리는 지중해세계의 비잔티움으로 갔다. 바이킹종족 상인동아리를 비롯한 지중해세계 통행자는 북부 유럽세계 거주자, 벨기에종족, 브리타니아 섬의 거주종족 등이었다. 북해와 발트해는 지중해세계로 향하던 유럽 사람의 출발점이었다. 그런데도 중세 세계 문화는 지중해세계에서 발원했다. 카롤루스 막뉴스 가문 프랑크종족왕시대까지 서부 유럽세계 인간은 해상활동에 대해서 무지했다. 카롤루스 막뉴스 가문 프랑크종족왕의 권력동아리 구성원 역시 해상함대를 동원한 바다 전쟁이나 바다 수비군에 관하여 관심을 가질 기회가 전혀 없었기 때문에 서부세계 지배자였으나 사라센과 바이킹종족왕의 침입에 대하여 속수무책이었다. 이런 카롤루스 막뉴스 가문 제국에 비하여 중세 로마제국인 비잔티움제국은 육군과 해군을 겸비했다. 카롤루스 막뉴스 가문 황제와 비잔티움제국 황제의 보편주의 영역은 달랐다. 비잔티움제국 황제는 제국을 방어하고 주변 경쟁자를 따돌리기 위하여 카롤루스 막뉴스 가문 황제와도 경쟁관계에 놓였던 상황을 정확하게 간파하고 다양한 대책을 강구해 나갔다.

4세기와 7~8세기는 지중해세계 권력동아리이동 시대였다. 이 시대 주인공은 황제 콘스탄티누스와 황제 유스티니아누스였다. 4세기 황제 콘스탄티누스시대 이후 지중해세계 로마제국은 서부 제국과 동부 제국으로 분열했다. 그러나 지중해세계 교회조직은 통일 체제를 유지했다. 7세기 이후 지중해세계 권력동아리는 아랍세력의 지중해세계 진출 영향으로 이동하기 시작했다. 아랍세력의 지중해세계 진출은 곧 프랑크종족왕의 제국과 동부 로마제국에 대한 위협이었다. 황제 유스티니아누스 사망 이후 지중해세계에서 아랍세력 팽창은 동부 로마제국을 더 이상 로마제국이 아닌 비잔티움제국, 즉 비잔티움지역 국가로 전락케 했다. 한편 서부 유럽세계는 통일 크리스트교세계로 변모했다. 특히 아랍세력의 지중해세계 진출 영향으로 지중해세계는 격심한 권력동아리이동 상황에 직면했다. 우선 시리아, 이라크, 이집트 등의 아랍세계에는 크리스트교동아리 교회와 이슬람 회당이 함께 늘어서기 시작했다. 크리스트교 발원지인 예루살렘도 과거 로마제국시대 이후 황제 특별관할 구역이 되어왔으나 이제 이슬람, 그리스어계 정통론자동아리, 로마 정통론자동아리의 공동 영역이 되어 버렸다. 그러나 예술과 로마제국시대 사법은 서부 유럽세계와 아프리카, 비잔티움세계를 여전히 이어주는 튼튼한 밧줄 역할을 담당했다. 그 이외에도 크리스트교세계는 성상파괴운동 또는 우상파괴운동으로 로마 정통론자동아리 교회조직과 그리스어계 정통론자동아리 교회조직으로 분열했다. 크리스트교세계의 교회조직 분리와 동부 로마제국 축소는 이탈리아 포강 델타에서도 권력동아리 주인공을 바꾸어놓기 시작했다. 본래 포강델타의 교회조직은 그리스어계 정통론자동아리 자치관구였다. 크리스트교세계의 교회조직 분리 이후 포강델타의 교회조직은 로마 정통론자동아리의 자치 교회조직으로 재생하기 시작했다.

비잔티움제국과 법률 부활자로서 황제 유스티니아누스와 황비 테오도라

황제 유스티니아누스는 황제관습과 제국관습 실현자였다. 이미 서부세계의 황제관습은 500년경 이전에도 거의 사라졌다. 서부 유럽세계에서 황제관습과 제국관습은 콘스탄티노플의 동부 로마제국 황제인 유스티니아누스의 이탈리아 회복정책, 이른바 로마제국시대 영지회복 정책 영향으로 재생하기 시작했다. 동부 로마제국 황제 유스티니아누스는 이탈리아 회복정책으로 이탈리아와 스페인 동부를 다시 차지했다. 황제 유스티니아누스의 로마제국 부활정책은 비잔티움 문화를 지중해세계로 이동시켰다. 특히 스페인 동부 지중해연안은 그리스어계 정통론자동아리의 문화와 예술이동 영향으로 혼합문화 영역으로 변모했다. 스페인 동부 지중해연안의 웅장한 건축 예술은 비잔티움제국의 종교예술을 오늘날까지 대변하고 있다. 다음으로 이탈리아의 비잔티움제국 중심도시인 라벤나 역시 스페인 동부 지중해연안처럼 그리스어계 정통론자동아리의 문화와 예술이동 영향으로 과거 비잔티움 종교예술 모습을 그대로 간직하고 있다.

비잔티움제국은 지중해 서부연안에서 반달종족왕의 해상함대를 제지하고 반달종족왕의 지중해 항로와 교역로를 장악했다. 당시 비잔티움제국의 세력 확장으로 다양한 산물은 장기간에 걸쳐 이탈리아와 프로방스의 지중해연안 항구를 거쳐 서부 유럽세계로 이동했다. 특히, 비잔티움세계 산물이 랑고바르드종족왕 영지인 이탈리아 포강 델타의 아드리아해연안과 스페인 동부 지중해연안을 경유하여 북서 유럽과 브리타니아 섬으로까지 운송되었다는 문화이동 사례는 당대 잉글랜드 즉, 런던과 가까운 이스트 앙글리아에서 출토된 비잔티움세계 유물인 것이다. 즉, 이스트 앙글리아에서 1939년 발굴했던 수톤 후(Sutton Hoo)란 게르만어계 종족왕의 무덤에서 비잔티움 산물이 다량으로 출토되었다는 것은 비잔티움 산물이 지중해연안을 경유하여 브리타니아 섬에까지 상품으로 운송되었음을 보여주는 사례인 것이다. 이스트 앙글리아에서 발굴한 게르만어계 왕릉 부장품이 그리스어계 종족과 소아시아어계 종족의 생활관습을 그대로 간직하고 있다는 것은 그리스어계 종족과 소아시아어계 종족의 생활관습이 지중해 연안의 유럽세계로 이동했다는 증거인 것이다. 물론 유럽세계 인간도 비잔티움세계 문화이동 영향을 받았고, 비잔티움세계 종족의 생활관습 역시 유럽세계 인간의 생활관습 영향을 받았을 것이다. 이러한 비잔티움세계 종족의 생활변화는 그리스어계와 소아시아어계 문화이동 영향을 받았다. 비잔티움제국의 문화이동 영역은 발칸 반도와 동부유럽, 소아시아였다. 비잔티움제국의 이런 문화이동 영역은 비잔티움세계 인간의 생활관습 자체 변화로 이어졌다.

비잔티움제국 황제는 한편으로 발칸 반도에서 불가르종족왕, 슬라브어계 종족왕, 아바르종족왕과 또한 소아시아에서는 페르시아어계 종족왕과 아랍어계 칼리프와 대치했다. 비잔티움제국이 이런 종족왕과 사방으로 대립하고 있었음에도 불구하고 이 종족 생활관습은 비잔티움제국으로 이동하여 비잔티움제국 종족 생활관습을 바꾸어 놓었다. 따라서 주변 종족의 생활관습이 비잔티움으로 유입되자, 자연히 비잔티움 사회도 변화했다. 5세기 초엽 이후 비잔티움제국 섭정자는 황제 테오도시우스 2세(408~450)의 어머니 에우도키아(+460)와 누이 풀케리아(414~453)였다. 당시 황제 테오도시우스 2세는 선친 아르카디오스의 계승자였다. 당시 비잔티움제국은 혼란시대였으나 대략 438년경 이후 이 혼란시대를 극복하기 시작했다. 황제 콘스탄티누스 이후 황제 법률도 사라졌다. 황제 법률은 429년 이후 비잔티움제국의 정치 안정과 함께 법률 전문가동아리의 황제법률 편찬으로 부활하기 시작했다. 흔히 이 시대 황제 법률을 『황제 테오도시우스의 사법 사례 모음집』이라 지칭하고 있다. 『황제 테오도시우스의 사법 사례 모음집』은 429년 3월 26일 공포되었다가 435

년 12월 20일 황제 칙령인 시행령을 첨부하여 다시 공포되었다. 완성 본으로서 『황제 테오도시우스의 사법 사례 모음집』은 16책으로 구성되었다. 제1책은 제국 관리 임무를 규정하고, 제2책은 법정의 재판 절차를 규정하고 있다. 제3책은 계약 관습과 소유이동관습, 즉 증여에 관하여, 제4책은 사후의 재산처분에 관하여 규정하고 있다. 그리고 5책~9책은 형법이며, 10책~16책은 크리스트 교회에 관하여 규정하고 있다. 『황제 테오도시우스의 사법 사례 모음집』은 『황제 유스티니아누스의 사법 사례 모음집』을 편찬하기 이전까지 효력을 지녔다.

비잔티움제국 황제 유스티니아누스(527~565)는 평범한 슬라브어계 혈통으로서 오늘날 사르디카 근처 소피아인 아귀아 영지 마을에서 태어났다. 유스티니아누스는 거의 교육을 받지 못했다. 비잔티움제국 황제 유스티니아누스는 황제 수비대에 등용되어 처음으로 황제 권력동아리에 가까이 갔다. 황제 유스티니아누스의 황제 친위대 입문은 제국 반란자요 유스티니아누스의 삼촌 유스티노(Justino)가 황제 수비대 조직에 참여하면서부터였다. 물론 유스티니아누스는 45세가 될 때까지 외부에 거의 알려지지 않았다. 유스티니아누스는 실제로 이주 수도자로서 음악, 건축, 시, 법률 등의 분야에 대해서도 깊은 조예를 지녔다. 이처럼 다방면 탐구자 유스티니아누스는 황제가 되었다. 유스티니아누스는 특정한 시대에 필요한 어떤 이념 같은 것을 실현해 보겠다는 의지나, 특출한 군대 통솔력을 갖추지도 못했다. 그런데도 유스티니아누스는 탁월한 외교 수완가 친구나, 후원자의 필요함을 일찍이 감지했다. 유스티니아누스는 형식을 좋아했다. 유스티니아누스의 이런 취향은 아마도 유스티니아누스 자신이 비천한 농부의 아들이었기 때문일 것이다. 그런 때문인지 유스티니아누스는 궁정 문지기에게도 딱딱한 궁정 통과의식을 강요했다. 특히 비잔티움제국의 딱딱한 궁정의식은 제국 권력동아리 수장 위치를 동방세계 제국 권력동아리 수장 위치, 즉 권력동아리 수장이 곧 천자라는 점에 초점을 맞추었다. 유스티니아누스의 궁정의식은 자신이 천자 대행자이기 때문에 자기 소유물을 천자가 내려 주었다는 점에 초점을 맞추었다. 유스티니아누스의 이런 궁정의식 영향으로 로마 대주교까지도 비잔티움제국 황제상을 향하여 경배의식을 올리도록 강요당했고, 로마 대주교 경배의식도 유스티니아누스 궁정의 황제숭배관습을 그대로 모방했다. 비잔티움제국의 총대주교는 황제 앞에 무릎을 꿇고 엎드렸다. 이런 황제숭배관습을 모방했던 교황청에서도 사람들이 교황 앞에 무릎을 꿇고 엎드렸던 것이다. 비잔티움제국에서 사람들이 천자 대리인 황제 앞에 무릎을 꿇고 엎드려 천자의 자주색 관복 상단과 발에 입맞춤을 하는 황제숭배관습처럼 교황청에서도 사람들이 교황 앞에 무릎을 꿇고 엎드려 누런 황금색 성의를 입은 교황의 성의 상단과 발에 입맞춤을 하는 대주교 숭배관습을 모방하여 오늘날까지도 존속하고 있다.

또한 황제는 사제동아리의 최고 수장이었다. 사제동아리 최고수장은 콘스탄티노플 궁정에서 진주로 장식한 휘장품인 황제 관을 쓰고서 대관식을 거행했다. 이런 비잔티움제국 궁정 대관식은 천자 권위를 이어 받는다는 의식이었다. 따라서 황제 대관식은 천자 위에 오른다는 의식이었다. 황제 대관식은 이탈리아에서 경건한 마음으로 황제 권위를 함께 인정하던 의식으로 정착했다. 비잔티움제국의 황제숭배관습은 동방으로부터 유입되어 비잔티움세계로, 그리고는 서부세계의 로마 교황청 의식으로 정착했다. 800년 12월 25일 교황 레오 3세는 황제 프랑크종족왕인 카롤루스 막뉴스 앞에 무릎을 꿇고 엎드려 카롤루스 막뉴스의 황제 관복 상단과 발에 입맞춤을 한 후에 카롤루스 막뉴스를 앉히고, 예배 중에 쓰지 않았던 황제 관을 카롤루스 막뉴스에게 씌워 주었다. 교황청에서 거행된 카롤루스 막뉴스의 황제 대관식 장면은 비잔티움제국의 궁정의식 장면과 조금도 다를 바 없었다. 비잔티움제국의 황제숭배관습은 로마 교황청의 황제 대관식에서처럼 서부 유럽세계로까지 이동했다. 즉 비잔티움제국의 이런 궁정의식을 서부 유럽세계에서는 지배자 표지를 만들어 내는데 활용했다. 이런 지배자 숭배관습은 상징물을 활용하여 일종의 궁정의식 절차와 함께 황제라는 지배자가 천자 대리자임을 선포하기 위한 절차였다. 그러나 서부 유럽세계 대관식은 지배자 숭배관습과 절차를 거치면서 지배자가 천자를 대신한다는 것을 선포했다. 이런 맥락에서 서부 유럽세계와 비잔티움세계의 지배자 숭배관습은 공통으로 그 절차에 초점을 맞췄으나 그 숭배관습 전달의미는 서로 달랐던 것이다. 비잔티움제국의 황제숭배관습은 황제 유스티니아누스와 황제비 테오도라에 초점을 맞췄다.

황제 유스티니아누스의 황제비 테오도라(+548)는 곡마단의 곰 조련사 딸이었다. 황제비 테오도라는 미모와 총명한 자질을 갖췄다. 황제비 테오도라는 유스티니아누스의 비잔티움제국에서 중요한 역할을 담당했다. 황제 유스티니아누스는 부인 테오도라를 알렉산드리아 사창가에서 처음 만나 제국 교회조직의 성직자동아리와 상의하거나 어떤 반응을 보일지에 대해서는 아랑곳하지 않고 결혼하고 마리아 대성당에서 테오도라와 함께 황제위에 올랐다. 테오도라는 황제비로서 언제나 황제를 옹호하며 대변했다. 테오도라는 재물, 권력, 사치까지 좋아했다. 이런 황제비 테오도라는 외교와 교회 문제를 다루던 제국 정책에 깊이 관여했고 제국정책의 결정과정에서도 황제를 능가했다. 당시 성직자동아리와 군대 지휘자는 황제의 외교

정책과 교회 정책을 반대했다. 그러나 테오도라는 이 성직자동아리와 군대 지휘자를 과감하게 숙청하고 황제 권력동아리 하수인을 비호하는 한편 꼭 필요한 하수인을 정부로 삼기도 했다. 테오도라는 젊을 때와는 달리 나이가 들어감에 따라서 강한 도덕 옹호론자로 변모했다. 테오도라는 윤락가 소녀의 참회 길을 열어 준다는 명분으로 수도자동아리 은신처까지 창건하여 권력동아리 발판을 굳혀나갔다. 물론 황제비 테오도라의 이런 정치참여는 순탄하지 않았다. 비잔티움제국 황제 권력동아리는 드디어 녹색동아리와 청색동아리로 갈라져 서로 싸우게 되었다.

황제비 테오도라는 당파 싸움에 지쳐 도주하려던 황제 유스티니아누스를 설득하여 안정시킨 다음 당파싸움을 진압하려고 나서기도 했다. 황제비 테오도라는 제국 질서 회복과정에서도 정치 수완을 발휘했다. 황제비 테오도라는 제국 총사령관 베리사리오스(+565)의 군대를 동원하여 30여 년 동안 세력싸움으로 무질서에 빠졌던 제국 권력동아리의 질서를 바로 세웠다. 유스티니아누스는 황제 위를 아들에게 계승시키려다 실패했다. 당시 아들은 제국구성원의 신망을 얻지 못했다. 거기다 황제 유스티니아누스는 로마제국 교회조직 통합정책을 추진했다. 그러나 황제 유스티니아누스가 제국의 교회조직을 통합하려 했던 꿈은 테오도라가 단성론을 지지하고 나섰기 때문에 사실상 무산되고 말았다. 당시 황제비 테오도라가 단성론을 지지했던 배경은 크리스트가 사람인가와 신인가 문제를 전혀 파악하지 못했고, 소아시아, 시리아, 이집트 등의 제국 속주로부터 유입되던 산물에 눈이 어두워 단성론 옹호를 표명하고 나섰던 것이었다. 황제 유스티니아누스의 정책 목표는 로마제국 교회조직 통합을 통하여 로마제국 재생이었다. 즉, 로마제국 재생의 전제조건이 바로 로마제국 교회조직 통합이었다.

황제 유스티니아누스는 로마제국 교회조직의 통합을 위하여 로마 대주교의 전제조건을 수용했고, 이단자 아리우스동아리의 단성론을 비롯한 다양한 이단자동아리의 요구조건까지 수용했다. 황제는 즉 제국 교회조직의 통합정책을 성공리에 추진해야 크리스트교세계 회복이 가능하다는 것을 거의 확신했다. 당시 비잔티움제국 상황에서 황제 상대자는 아프리카의 반달종족왕, 스페인의 서고트종족왕, 브리타니아 섬의 앵글로색슨계 종족왕을 비롯한 그 밖의 다양한 게르만어계 종족왕이었다. 황제 유스티니아누스의 교회조직 통합정책이 성과를 거뒀더라면, 황제는 이 종족왕과 경쟁에서 패배하지 않았을 것이다. 황제 유스티니아누스는 다양한 종족왕의 활동무대로 변해버린 지중해세계를 장악하기 위하여 로마제국 법률을 정비하여 지중해세계 생활관습 변화를 수용코자 시도했다. 황제 유스티니아누스는 지중해세계의 실지회복과 방대한 제국 변경영지 방어에 필요한 재정을 충당하려면 무거운 조세를 징수해야 했다. 물론 여기에는 또한 황제 권력동아리의 긴축재정 이외에도 막대한 수입 재정정책을 추진해야 했다. 다행히도 황제 유스티니아누스는 이미 유능한 군대 지휘관을 확보하여 제국 군대를 지휘관 이하 다양한 종족의 백인대로 조직하여 제국 군대 명령권을 장악했다.

비잔티움제국 황제군대의 생계는 전쟁으로 꾸려갔다. 물론 군대 사기는 충천했다. 황제 군대 총지휘관은 베리사리오스였다. 군대 지휘관 베리사리오스는 일리아의 농부 아들이었으나 전략과 전술을 갖춘 탁월한 지략가였다. 비잔티움제국의 군대 지휘관 베리사리오스는 페르시아 지리, 특히 페르시아 수로에 정통했다. 비잔티움제국의 군대 지휘관 베리사리오스는 100여 년 간의 평화를 깨뜨리고 수로를 따라서 페르시아 정복전쟁에 출정했다가 아시아 내륙의 인디아까지 정복했다. 그러나 베리사리오스의 아시아내륙 정복전쟁은 황제 유스티니아누스의 책략으로 중단되었다. 황제 유스티니아누스는 베리사리오스의 아시아내륙 정벌을 중단시키고, 코스로에스 누쉬르반을 10,000 푼드 금화를 지급하고 매입했다. 황제 유스티니아누스의 코스로에스 누쉬르반 매입조처는 여러 아시아내륙 상대자가 완강하게 저항해 올 것에 대비하기 위한 제국 방어정책이었다. 또한 코스로에스 누쉬르반 매입은 이 지역 거주종족을 설득하여 페르시아제국과 경계하기 위한 조처였다. 황제 유스티니아누스는 여러 아시아내륙 상대자보다는 페르시아제국이라는 상대자를 내세워 변경영지에서 안정을 찾고자 했다. 비잔티움제국은 서부 유럽세계에서 이단자 아리우스동아리인 게르만어계 종족왕이 완강한 로마 정통론자동아리 저항에 굴복하여 로마 정통론자동아리로 개종했던 사례를 간과하지 않았다. 따라서 비잔티움제국 황제는 아리우스동아리 교리를 버리고 싫어하지 않던 게르만어계 종족왕의 환심을 사기 위하여 로마 정통론자동아리에 대한 바람막이를 자처하고 나섰다. 비잔티움제국 황제의 이런 발상은 결국 게르만어계 종족이 베리사리오스의 황제 군대를 구세주로 인식하리라는 추측과 무관하지 않았다.

비잔티움제국 황제 군대의 총지휘관 베리사리오스는 이어서 533년 로마 정통론자동아리세계 곡창지대인 아프리카 정복전쟁에 착수했다. 당시 아프리카 곡창지대는 반달종족왕 게이세리크(428~477)의 영지였다. 그러나 반달종족왕 게이세리크 사망 이후 로마제국 시민의 생활관습은 아프리카 중심도시 카르타고에 널리 유포된 상황이었다. 비잔티움제국 황제 군대의 총지휘관 베리사리오스는 아프리카 정복에 이어 스페인 동부 지중해연안까지 정복했다. 이제 비잔티움제국 황제는 500여척의 교역선과 92척의 해상함대를 갖춘 최고 지휘관 베리사리오스의 해상함대를 활용하여 보스포루스해협에서 지브랄타르해협에 이르는 지중해세계 해상권을 장악했다. 비잔티움제국과 서부 유럽세계의 이음새는 상인동아리 교역이었다. 지중해세계 상인동아리는 스페인 동부 지중해연안 항구를 거쳐 비잔티움세계 산물과 상품을 서부 유럽세계로 이동했다. 따라서 서부 유럽세계 인간의 생활관습도 비잔티움세계 영향을 받기 시작했다. 비잔티움제국 황제 군대의 총지휘관 베리사리오스는 카르타고에 거점을 두고 아프리카 북부의 해상권까지 장악했다. 베리사리오스의 이런 성과는 이탈리아 동고트종족왕의 협력 때문이었다. 동고트종족왕은 지중해 정복전쟁에 나선 비잔티움제국의 최고 지휘관 베리사리오스와 결탁하여 동고트종족왕의 입지를 확보했다.

비잔티움제국 황제 군대의 총지휘관 베리사리오스는 동고트종족왕과 결탁하여 지중해세계를 정복했다. 비잔티움제국 황제 군대의 총지휘관 베리사리오스가 지중해세계 정복전쟁에 동고트종족왕을 끌어 들였던 취지는 프랑크종족왕과 동고트종족왕을 갈라놓기 위한 계략이었다. 즉, 베리사리오스는 동고트종족왕과 프랑크종족왕을 서로 갈라놓기 위한 계략으로 동고트종족왕을 지중해 정복전쟁에 끌어들인 반면, 프랑크종족왕과는 평화협약을 체결했다. 베리사리오스는 프랑크종족왕과 평화협약을 체결한 다음 이탈리아로 향했다. 비잔티움제국 황제 군대의 총지휘관 베리사리오스는 536년 아프리카 북부의 황제 군대를 투입하여 시칠리아를 정복하고, 이어서 이탈리아 남부 나폴리를 점령했다. 이탈리아 남부의 과거 로마제국시대 시민은 비잔티움제국 황제 군대의 총지휘관 베리사리오스를 동고트종족왕의 권력동아리로부터 자기네를 해방해주기 위해 신이 보낸 구세주라고 칭송했다. 그런데도 비잔티움제국 황제 유스티니아누스는 최고 사령관 베리사리오스의 명성과 영향력을 두려워하여 최고 사령관 베리사리오스를 질투하기 시작한 나머지 베리사리오스 휘하의 유능한 지휘관을 황제 수비군으로 배치하고 무능한 지휘관을 베리사리오스 예하 군대로 전출하여 베리사리오스의 전력을 약화시켰다. 이어서 황제는 다시 베리사리오스 예하 군대에 대하여 재정 지원을 대폭 삭감하여 베리사리오스의 군대 운영까지 어렵게 했다.

동고트종족왕 토틸라(541~552)는 황제와 베리사리오스의 이런 관계악화 틈새를 이용하여 거리에서 빈둥거리던 베리사리오스의 군대를 불러 모아 전력을 확보했다. 동고트종족왕 토틸라는 베리사리오스의 군대에서 이탈했던 동고트종족 군대와 함께 543년 나폴리를 탈환한 다음 도시 로마를 공략하기 시작했다. 당시 동고트종족왕 토틸라의 동고트계 군대는 엄격한 규율을 지녀 로마 시민에게 거부감을 주지 않게 하기 위하여 로마 시민에 대하여 일체 간섭을 금지했다. 동고트종족왕 토틸라의 이런 정복전략은 적중했다. 즉 동고트종족왕 토틸라는 정복자였으나 로마 시민 지위를 획득했다. 동고트종족왕 토틸라는 로마 시민에게 동고트종족왕 테오데리크 1세 시대(471~526)에 대하여 향수를 느끼도록 통치했다. 당시까지 도시 로마 보호자는 비잔티움제국 황제였다. 그런데도 비잔티움제국 황제 유스티니아누스의 총지휘관 베리사리오스는 동고트종족왕 토틸라 통치하의 이탈리아를 회복하지 못했다. 즉, 비잔티움제국의 베리사리오스도 도시 로마를 지키지 못하고 결국 546년 로마를 동고트종족왕 토틸라에게 넘겨주고 말았다. 비잔티움제국 황제 유스티니아누스의 총지휘관 베리사리오스는 도시 로마를 포기하는 대신 도시 라벤나를 차지했다. 동고트종족왕 토틸라는 페르시아전쟁에 출정하기 위하여 베리사리오스가 이탈리아를 떠난 기회를 놓치지 않고 549년 비잔티움제국 수중에 들어가 있던 라벤나를 탈환하여, 이탈리아 전체와 주변 도서인 시칠리아, 사르디니아, 코르시카까지 점령했다.

당시 비잔티움제국 황제 유스티니아누스는 이탈리아를 차지하기 위하여 동고트종족왕과 전쟁에 황제 환관 나르세(+574)를 최고 군대 지휘관으로 파견했다. 나르세는 동고트종족왕 토틸라와의 전쟁에서 패배했다. 그러나 나르세는 18년 후에 벌어진 서고트종족왕과 전쟁에서 승리했다. 이후 나르세는 비잔티움제국 최고 군대 지휘관이라는 직책을 버리고, 이탈리아의 고트종족왕 군대를 이끌고 이탈리아를 빠져 나가 다른 종족으로 변모했다. 비잔티움제국과 동고트종족왕의 전쟁으로 결국 이탈리아는 폐허지로 변모했고 도시 로마까지 완전히 황폐화했다. 전쟁 이전까지 로마 인구는 수십만에 이르렀으나, 전쟁 이후 인구는 격감하여 40,000정도에 불과한 폐허더미의 도시로 전락했다. 이탈리아의 농촌 마을과 도시에서는 경제 질서는 무너졌고 영지까지 황무지로 변모했다. 이후부터 이동종족도 더 이상 이탈리아로 들어오지 않았다. 이런 이탈리아 사회혼란으로 로마 인구는 아사자에다 귀족까지 도시 로마를 떠나게 되어 격감했다는 것이다. 도시 로마의 혼란 상황은 579년 무렵 원로원에 나가야 할 사람까지 없을 정도였다는 것이다.

이런 이탈리아 폐허상황은 농촌 마을이라고 예외일 수 없었다. 이탈리아 농촌도 관개시설 파괴로 농사를 지을 사람까지 농촌 마을을 떠나버렸다. 그래서 캄파냐 평원의 유령전설에는 저녁이 찾아오면 하늘에서 내려온 유령이 득실거렸다고 한다. 당시 캄파냐 평원에는 말라리아까지 유행했다. 캄파냐 평원 거주자는 말라리아를 피하기 위하여 캄파냐 평원을 떠나갔다. 특히 말라리아에 걸려 가족이 몰살한 경우도 적지 않아서 주인을 잃어버린 캄파냐 평원의 농가주택이 오늘날까지도 떠난 주인을 기다리고 있다고 한다. 이런 이탈리아 모습은 당시 이탈리아 사회혼란을 입증하고 있다. 황제가 언제나 도시 로마의 목욕탕을 자랑거리로 여겼던 황제 칼라칼라 명칭을 지닌 목욕탕조차 급격한 인구 감소로 문을 닫은 채 휴일을 구가했다. 도시 로마의 인구 감소라는 충격은 마침내 목욕탕 안으로까지 교회가 들어서는 상황으로 비하했다. 목욕탕 안에 들어선 교회는 성모 마리아 교회였다. 목욕탕 밑자리에 놓여 있던 주추 돌은 황제 콘스탄티누스가 어머니인 헬레나를 모시기 위해 지었던 궁중 교회인 성 크로체 교회의 초석으로 변해 있었다. 이탈리아 지역의 당시 상황은 교회를 관리하던 다수 사제까지 떠나게 했던 것이다. 교회 기도실 성직자도 로마 거주자와 함께 빠져 나가 신전 주변에는 잡초가 무성했다. 이제 교회와 신전 역시 유랑객의 쉼터 신세로 변해 버렸다. 동고트종족왕 알라리크(395~410)와 게이세리크(410~450)의 침입 이후, 그리스어계 정통론자동아리교도인 로마인 석조공의 손길로 다듬어진 건축물은 병기나 병기 발사대로 둔갑하고 말았다. 이들 석조공의 건축물은 동고트종족왕의 침입 당시에도 파괴되었다. 유스티니아누스의 지배하의 이탈리아에서는 로마제국시대 예술작품과 문화 유적도 이미 파괴되었다. 또한 이탈리아 경제 질서는 무너졌다. 또한 물가 상승 때문에 생활은 어려워갔다.

이제 비잔티움제국 황제 유스티니아누스도 이탈리아에서 완전히 물러갔다. 비잔티움제국 황제 유스티니아누스는 더 이상 유럽세계 영주가 아니라 비잔티움제국 영주였다. 비잔티움제국 황제 유스티니아누스는 오늘날 유럽세계 인간에게 유럽세계 보호자로서 전사영주가 아니라, 위대한 법률 제정자로서 유럽 역사에 등장했다. 비잔티움제국 사회 질서도 크리스트교의 영향으로 무너져갔다. 비잔티움제국의 결속력은 크리스트교회조직의 윤리에서 발원했다. 비잔티움제국의 윤리 와해는 제국관습과 황제관습의 해체 요인이었을 것이다. 그러나 비잔티움제국 사회는 이탈리아 사회와 대조를 이뤘다. 이탈리아 사회는 과거의 결속원리를 끊임없이 재생했으나 비잔티움제국 사회는 크리스트교의 영향으로 급격한 변화시대를 맞이하여 기존 사법 질서로서 시대 변화를 수용할 수 없었다. 100여년 이전의 『황제 테오도시우스의 사법 사례 모음집』은 시대에 뒤떨어진 상징물로 변모했다. 로마제국시대 법률과 게르만어계 종족왕 법률의 이질감은 더욱 커져갔다.

게르만어계 종족왕 법률은 그리스어계 생활언어 관습과 관례를 수용했던 비잔티움세계 법률에 접목하지 못했다. 비잔티움제국 법률은 더 이상 질서 표준이 될 수 없었다. 이런 비잔티움제국 사회상황은 법률의 필요함을 가중했으나 법률 필요함의 가중 자체가 오히려 비잔티움제국 붕괴를 촉진했다. 그런데 유스티니아누스는 528년 10여명의 법률 전문가에게 법률을 개정토록 요청했다. 비잔티움제국 황제 유스티니아누스는 당시 법률 초안자를 아테네의 재정관 트리보니안(+546)으로 지명했다. 트리보니안은 당시 황제 법률 고문관이었다. 트리보니안의 초안 황제 법률(Codex Constitutionum)은 529년 제국 법률로 확정되었다. 트리보니안을 중심으로 한 제국 법률 편찬 위원회는 주요 로마제국시대 법률 운용 사례를 수집하여 공통사례와 특정 사례로 분류한 다음 이 두 가지 분류 사례에 근거하여 사례 분류 내용을 『황제의 사법 사례 모음집』(Digesta)과 황제의 법률 운용 취지로 편집했다. 이후 비잔티움제국 황제 유스티니아누스는 권력동아리 수장으로서 『황제의 사법 사례 모음집』(Digesta)과 황제의 법률 운용 취지를 활용하여 확고한 위치를 구축했다. 533년에 편찬했던 『법정 판례 모음집』(Institutiones)은 법률 운용자인 재판관에게 2세기 이후 축적해 왔던 『가이유스(Gaius)의 주석 모음집』까지 첨부하여 과거 로마제국시대 시민 법률운용 사례를 제시했다. 황제 유스티니아누스는 534년 『황제 유스티니아누스의 신찬 사법 사례 모음집』(*Codex Justiniani*)을 발포했다.

황제는 이 『황제 유스티니아누스의 사법 사례 모음집』을 『황제 유스티니아누스의 신찬 사법 사례 모음집』(*Novellae*)으로 보완한 다음 시행 세칙을 대개 그리스어로 작성했다. 이 『황제 유스티니아누스의 신찬 사법 사례 모음집』을 라틴어로, 그 시행 세칙을 그리스어로 작성했다는 것은 그리스어 생활언어 관습이 라틴어 생활언어 관습 보다 우세했다는 점 이외에도 비잔티움제국 중심부인 콘스탄티노플이 그리스어 생활언어 영역이었기 때문일 것이다. 『황제 유스티니아누스의 신찬 사법 사례 모음집』은 '기존 재판사례 모음집'(*Digestum Vetus*), 황제 법률 운영사례 모음집(*Infortiatum*), 신찬 재판사례 모음집(*Digestum novum*)등 3부로 구성되었다. 『황제 유스티니아누스의 신찬 사법 사례 모음집』 원본은 현재까지 발견되지 않고 있다. 초기 주석자는 『황제 유스티니아누스의 신찬 사법 사례 모음집』을 3부로 분류했고, 이 3부 2권이 현재까지 존속하고 있다. 제1권은 9책으로 구성되었다. 법전 제2권은 3가지 법전(*Tres libri Codicis*)으로서 '법정의 재판사례 모음집'(*Institutiones*)과 '법정의 증거해석 모음집'(*Authenticum*)을 비롯하여, '봉건관습 모음집'(Feudorum liber)과 랑고바르드종족왕 법률 모음집(*Langobardum leges*) 등으로 구성되었다.

황제 유스티니아누스시대에 편찬된 『황제 유스티니아누스의 신찬 사법 사례 모음집』에 관한 연구는 11세기 후반 볼로냐 법률 전문가동아리에서 처음으로 출발했다. 현대 중세학 연구에서 『황제 유스티니아누스의 신찬 사법 사례 모음집』이라는 편찬물이 볼로냐 법률 전문가동아리로 이동해 유입하면서 실제로 볼로냐 학문동아리가 발원한 것으로 지적하고 있다. 당시 『황제 유스티니아누스의 신찬 사법 사례 모음집』을 최초 강의자는 페포(Pepo)와 이르네리우스(Irnerius)였다. 로마시대 법률이라는 명칭도 이르네리우스의 『황제 유스티니아누스의 신찬 사법 사례 모음집』(Digesta)에 대한 강의에서 발원했다. 페포와 이르네리우스의 계승 법률가는 12세기 부르가루스(Bulgarus), 휘그(Hugo), 야코부스(Jacobus), 마르티누스(Martinus) 등이었다. 이 네 법률교육 계승자가 프라첸티우스(Placentius), 아초(Azo), 아크쿠르시우스(Accursius)였다. 이 계승자는 대략 1263년경 시민법(*Corpus Iuris*) 전체에 대하여 주석을 첨가했고, 봉건관습 모음집에까지 주석을 첨가했다. 유스티니아누스 법전(*Corpus Iuris Civilis*)은 유럽세계 인간의 법률체제에서 특히, 이탈리아와 프랑스, 도이취어계 제국과 영국의 법률체제에 깊숙이 자리 잡을 수 있었다. 증거채택 이론과 사실조서 이론은 로마인 법률에서 중요한 위치를 차지했다. 또한 이들 증거채택 이론과 사실조서 이론은 1215년 라테란 주교회의에서 로마인 법률의 소송 진행과정과 관련하여 교회 법률에까지 파급되었다.

『황제 유스티니아누스의 신찬 사법 사례 모음집』의 이런 잔존형태는 시민 사법 사례 모음집이라는 명칭으로 로마제국 역사에 편입되었다. 『황제 유스티니아누스의 신찬 사법 사례 모음집』은 로마제국이 크리스트교동아리와 교회조직을 수용하는 과정에 겪었던 여러 가지 과제를 그대로 열거하고 있다. 따라서 『황제 유스티니아누스의 신찬 사법 사례 모음집』에는 로마제국시대 인간의 영혼이 살아 숨쉬고 있다고 할 수 있다. 그런데도 황제는 교회조직 보다 우월했고, 이것은 또한 법률로 확정한 제국의 법률사례 모음집에서 황제 권위가 교회 법률을 나타나게 만든 발원지였음을 입증하고 있다. 『황제 유스티니아누스의 신찬 사법 사례 모음집』에 의하면 교직자와 자연인은 물론, 크리스트교동아리와 그 반항자동아리까지도 황제 통치체제에 편입되어 황제 법률의 통제를 받었다. 『황제 유스티니아누스의 신찬 사법 사례 모음집』은 고전시대 사회에서 유지되던 '신분관습'을 완화하여 종족구성원을 수평체제로 결속코자 시도했다. 그래서 유스티니아누스 법전은 사회의 구성요소를 직위와 신분으로 구분하고 있다. 『황제 유스티니아누스의 신찬 사법 사례 모음집』에서는 제국 구성원의 직위와 신분을 '황제 관리'(honestiores)와 자유민

(humiliores)으로 구성했다. 『황제 유스티니아누스의 신찬 사법 사례 모음집』은 또한 교회조직 위치를 확정했듯이 교회조직의 소유관습을 양도 불가한 것으로 천명했다. 『황제 유스티니아누스의 신찬 사법 사례 모음집』에서는 일부 형법과 소송법을 개정했으나 그 개정 법률 부분에서 게르만어계 종족의 생활관습을 반영했다. 유스티니아누스는 최후 로마제국 황제였다. 황제 유스티니아누스는 테오도라를 옆에 두고 탁월한 지배자 모습을 견지했다. 황제 유스티니아누스는 548년 테오도라 사망 이후 신학에 몰두하다가 17년이 지난 565년 생애를 마쳤다. 황제 유스티니아누스는 권력동아리 통치권을 하위 군대 지휘관에게 넘겨주었다. 황제 유스티니아누스의 사망으로 이제 동부 로마제국은 더 이상 로마제국이 아니라 비잔티움제국이 되었다. 특히 황제 콘스탄티누스가 라틴어 생활언어 관습을 지닌 마지막 황제였던 것처럼 황제 유스티니아누스 역시 마지막 로마제국 계승자였다.

황제 유스티니아누스의 주요정책은 과거 로마제국 통일이었다. 과거 로마제국 통일을 위해서는 우선 교회조직을 통일해야 했다. 즉, 황제 유스티니아누스는 제국 통일의 전제조건을 교회 통합으로 설정했다. 이제 게르만어계 종족도 고전시대 인간의 활동무대였던 지중해세계에서 사라졌다. 황제 유스티니아누스는 제국 질서를 회복하기 위하여 법률까지 편찬했다. 황제 유스티니아누스의 제국은 여전히 아프리카 북부, 달마티아, 이탈리아, 코르시카, 사르디니아, 시칠리아 등을 비롯한 스페인 동부 지중해연안을 통치했다. 비잔티움제국 군대는 소아시아에 주둔하며 페르시아인을 시리아로 내쫓았다. 콘스탄티노플의 마리아 대성당은 신의 예지가 담겨있던 황제 유스티니아누스 제국의 권력동아리와 그 교회정책의 상징물이자 비잔티움제국 구심점이었다. 황제 유스티니아누스는 제국 통일정책을 과감하게 추진하여 재정과 군사력에서도 여러 가지 대가를 지불해야 했으나 제국의 운명을 연장했다.

아프리카 북부는 당시까지도 비잔티움제국 영지였다. 그런데도 아프리카는 베르브종족왕에게 넘어간 상황이었다. 다음으로 시리아, 팔레스티나, 이집트를 비롯한 스페인은 아랍인에게 넘어 갔다. 이탈리아는 또한 랑고바르드종족왕에게 넘어갔다. 나일강유역도 오랫동안 아랍인 위협을 받아 오다가, 결국 아랍인에게 넘어 가고 말았다. 나일 강 유역을 비잔티움제국이 상실했다는 것은 도시 알렉산더의 사제장직이 로마 정통론자동아리에 넘어갔다는 의미임과 동시에 이집트지역이 단성론자동아리와 정통론자동아리의 싸움터로 변했다는 뜻이기도 하다. 당시 황제비 테오도라는 단성론자동아리를 옹호하면서, 도시 알렉산드리아의 로마 정통론자동아리를 비난했다. 그러나 황제 유스티니아누스는 단성론동아리와 정통론자동아리의 싸움을 완화할 목적으로 삼위일체 교리까지 포기했다. 당시 로마 대주교는 비길리우스(537~555)였다. 교황 비길리우스는 자기가 비잔티움세계 대표자인 것처럼 삼위일체 승인을 약속했다. 교황 비길리우스가 삼위일체의 교리를 허용하기로 약속한 것에 근거하여 비잔티움제국의 교회조직과 로마 대주교 예하의 교회조직은 100여 년 동안이나 서로 다른 길을 걸었다. 대주교 비길리우스 이후 비잔티움제국과 로마 대주교는 서로 교류와 반목을 거듭하며 전혀 다른 종교동아리로 발전했다.

아시아와 유럽세계의 유통질서 중개자 비잔티움세계

비잔티움세계는 유럽세계와 아시아의 상인동아리 교역 중개지였다. 비잔티움세계 상인동아리는 중세 유럽세계로 교역을 확대하며 종교동아리 정신을 슬라브어계 종족세계로 전파했다. 슬라브어계 종족세계는 비잔티움제국 영향으로 다양한 비잔티움세계 문화, 즉 언어와 종교동아리 교리를 수용했다. 비잔티움제국 경제는 개인과 국가가 공동으로 관리하는 혼합경제체제였다. 비잔티움제국의 영지 소유자는 국가였다. 영지 경작자는 소작농이었다. 비잔티움제국 흑해연안의 트라키아와 폰투스를 비롯한 발칸 반도에서는 광산업이 주종을 이뤘고 광물 채굴자 역시 노예였다. 특히 이 시대에는 광물을 다양한 채색 재료로 활용했다. 이처럼 비잔티움제국에서 노예제는 가정을 비롯한 생산에서 주요한 위치를 차지했다. 물론 비잔티움제국에서 노예 노동은 무임금이었다. 특히 시리아, 이집트, 아프리카 북부의 관개시설 역시 일단 노예 노동의 산물이었다. 국가 운영은 일종의 기업경영 형태를 유지했다. 국가는 군대 지휘관과 고위 황제관리, 그리고 황제 권력동아리 수요를 충족시키기 위하여 상품생산을 통제했다. 황제 유스티니아누스는 552년경 중국 내륙으로부터 누에치기 기술을 도입하여 비단을 생산하기 시작했다. 비잔티움 입장에서 누에치기 기술 이동자는 네스토리아계 수도자동아리였다. 그러나 네스토리아계 수도자동아리는 중국 내륙과 거래하던 타클라마칸 사막과 천산산맥 이내 다양한 오아시스 왕국의 상인동아리를 교역로 안내자로 내세워 두 갈래 교역로인 천산남로와 천산북로를 거쳐 서안[장안]-난주-장액-돈황의 중국 상인동아리에 접근하여 양잠기술과 함께 비단 생산기술을 비잔티움세계로 가져왔던 것이다. 이 네스토리아계 수도자동아리는 투르판-우르무치-이닝-알마타-리슈키크-사마르칸트의 천산북로, 즉 카자흐스탄과 북부 스텝의 초원지대의 교역로와 투르판–쿠자–카스의 천산남로, 즉 힌두쿠사산맥-페르시아만의 호르무스로 이어지는 교역로를 페르시아어계 상인동아리와 아랍어계 상인동아리에 안내하며 중국에다 불교와 초로아스터교를 비롯한 그리스 조각 예술을 전파했다. 이런 페르시아어계와 아랍어계 상인동아리 교역에 힘입어 비잔티움세계의 펠로폰네소스 반도는 주요 비단 생산지로 등장했다.

당시 비잔티움세계에서는 펠로폰네소스반도를 흔히 '뽕나무 지역'(=Morea)이라고 불렀는데 이런 별칭 역시 누에치기 정착과 관련되어 있다. 비잔티움 북부로부터 타클라마칸 사막 북부를 거쳐 중국 내륙에 이르는 천산북로가 소위 비단길 명칭을 지니게 된 것도 중국 비단이동로였기 때문이다. 비잔티움 북부 교역로는 타클라마칸 사막 남부의 천산남로를 거쳐 이란의 호루무스에 이렀다. 천산남로와 천산북로를 거쳐 중국의 돈황을 왕래하던 비잔티움세계 상인동아리 교역로는 비단을 비롯한

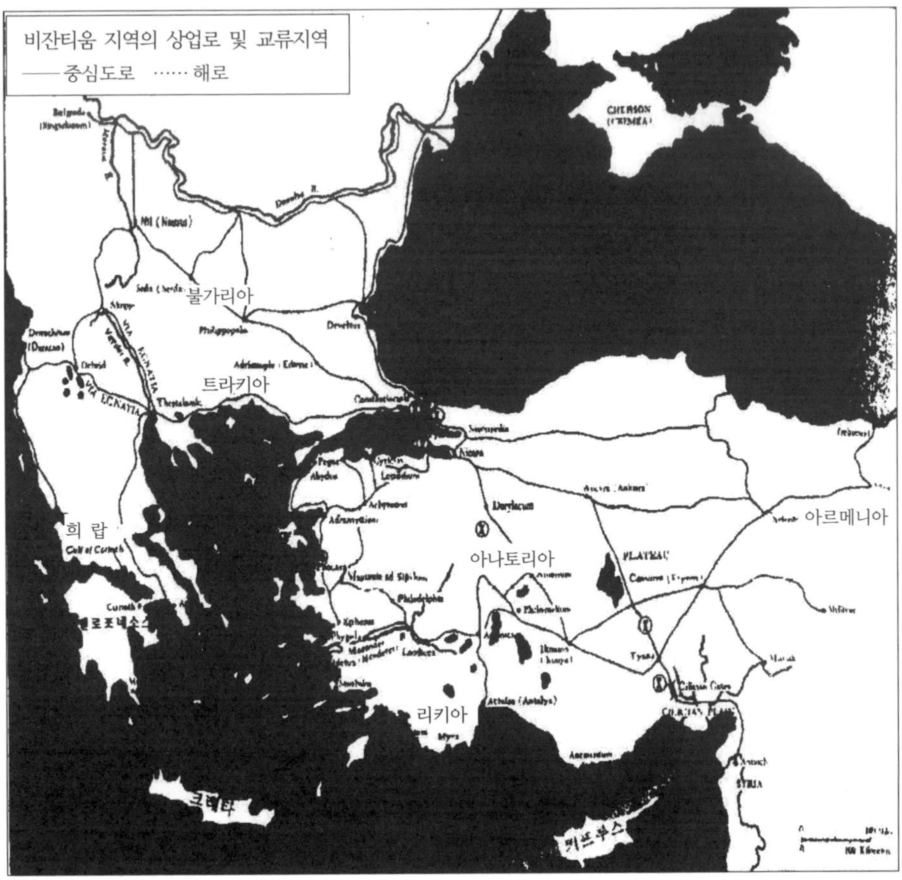

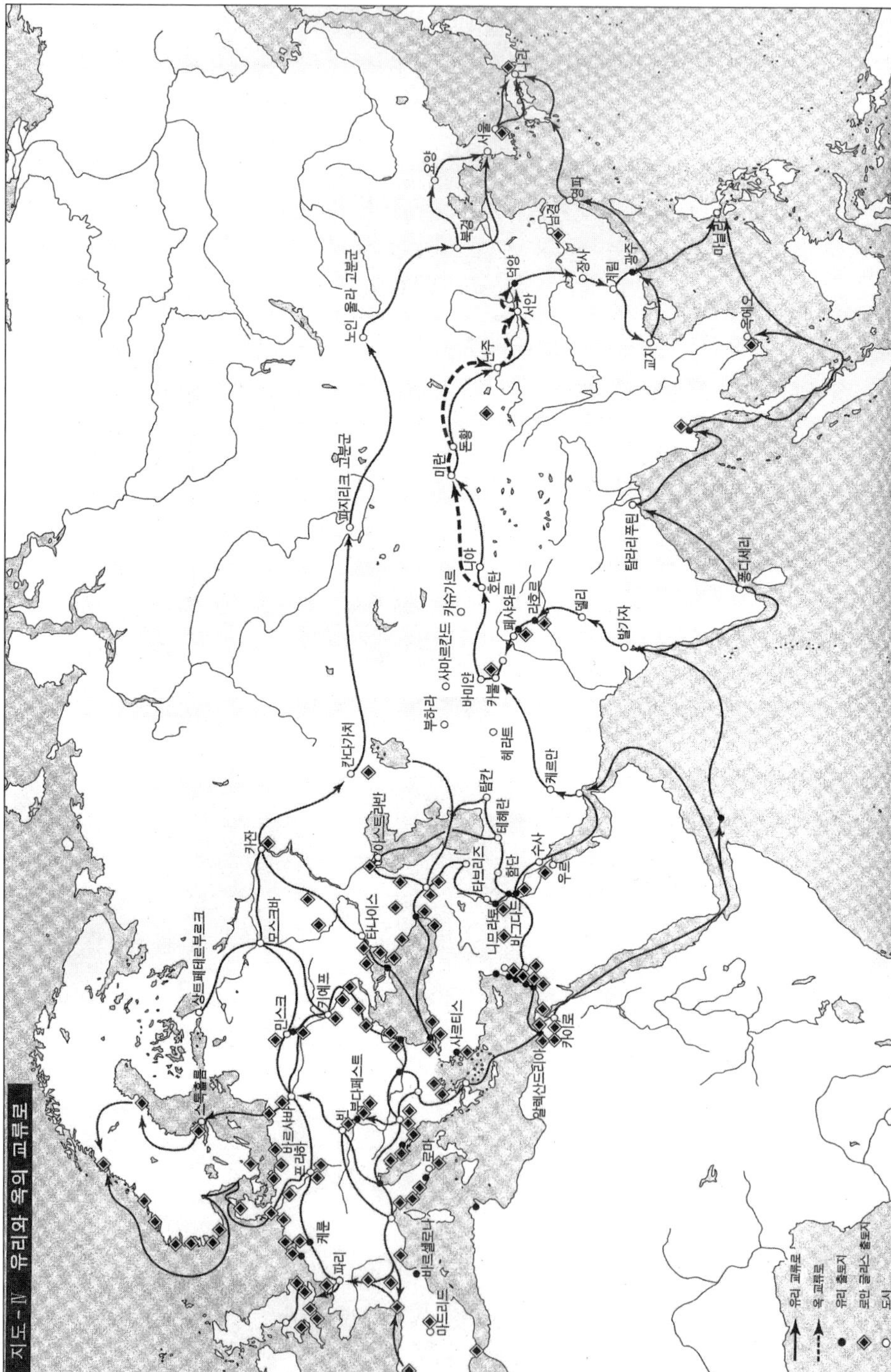

정재훈, 위구르 유목제국사, 문학과지성사 참조.

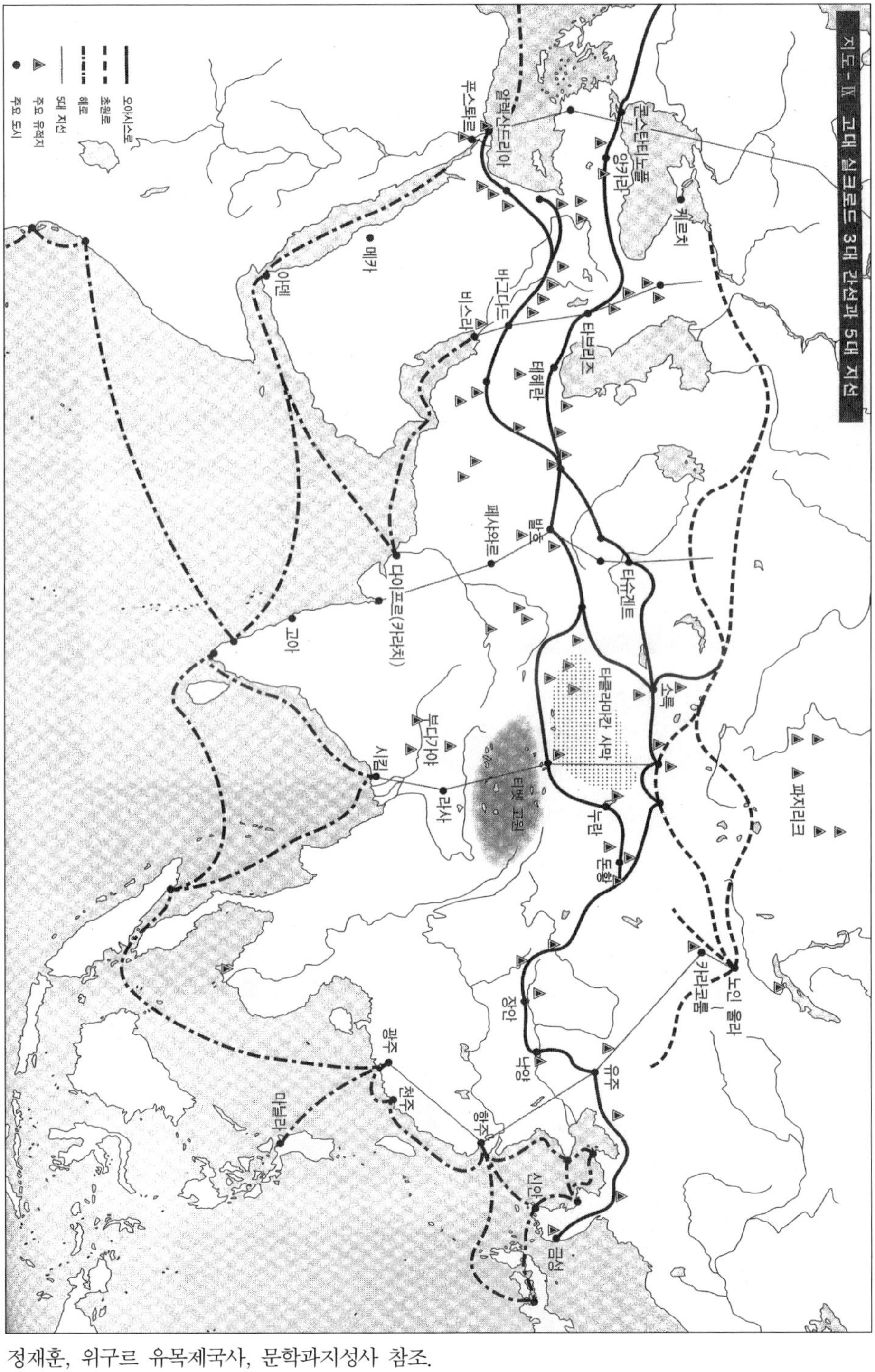

정재훈, 위구르 유목제국사, 문학과지성사 참조.

다양한 중국 산물을 비잔티움세계로 들여오고, 그리스와 이탈리아의 산물을 지중해를 통하여 비잔티움에서 모아들인 다음 다시 중국으로 보냈다. 그래서 비잔티움세계에서는 중국을 '비단 나라'(serica)라 지칭했으며, 중국과 인도 사이의 지역을 비단 인도(serindia)라 지칭했다. 당시 비잔티움 상인동아리가 중국이나 인도의 상인동아리와 거래하려면 페르시아제국 영역을 통과해야 했다. 그러나 페르시아제국은 비잔티움제국과 적대관계에 놓여 있었다. 아랍어계 상인동아리와 페르시아어계 상인동아리는 공동으로 비잔티움제국과 페르시아제국의 적대관계 틈새에서도 바다길을 이용하여 문화 이동자 역할을 담당했다. 즉, 당시 아랍계와 페르시아어계 상인동아리의 바다 교역은 한국의 벽란도와 일본의 나가사로부터 중국의 항주와 마카오-베트남의 하노이와 다낭-캄보디아의 광랑-타이란드의 방콕-말라카와 싱가포르-미얀마의 양곤-칼카타-인도의 마드라스, 캐리컷, 뭄바이- 파키스탄의 카라치-이란의 호르무스-이라크의 바스라와 바그다드에 걸쳐 진행되었다. 그 이외에도 인도의 뭄바이는 아랍에미리트의 아덴-사우디아라비아의 메카-이집트의 카이로와 알렉산드리아, 예루살렘, 시리아의 안티오크에 걸친 인도양과 홍해 교역권을 이어주며 지중해 교역에 활기를 불어넣었다.

비잔티움, 중국, 인도의 상인동아리 교역에서 나타나듯이 비단은 후기 고전시대 상인동아리의 주요 상품이었다. 비잔티움으로 들어 온 중국 비단은 제국 관리와 황실 귀족의 애용품이었다. 비잔티움의 비단가격과 비단수요는 황제가 직접 통제했다. 비잔티움의 비단 유통도시는 현재 투르크의 이스탄불인 콘스탄티노플이었다. 콘스탄티노플은 5세기부터 15세기까지 최고 지중해세계 무역항이었다. 콘스탄티노플은 여러 지중해 연안으로부터 산물을 모아들여 내륙 수로를 거쳐 중국으로 수출하던 근대 개념의 중개 무역항이었다. 이런 맥락에서 콘스탄티노플은 금융업과 조선업의 발달에다 주변지역과 생산물 유통이 활발하게 이루어지던 교역도시였다. 콘스탄티노플 다음의 교역 도시는 시리아 오론테스강 유역도시 안티오크와 이집트 나일강 하구도시 알렉산드리아였다. 도시 안티오크의 시리아계 상인동아리는 탁월한 상업 수완을 발휘하여 알레포와 에데사로 이어지는 교역권에서 주도권을 장악했다. 또한 여러 지중해 연안으로 중국과 인도에서 유입된 아시아세계 예술과 의례관습을 전파했다. 시리아와 비잔티움 상인동아리는 중국과 인도의 교역을 이어주는 천산남로와 천산북로의 교역에서 지중해 연안 상권을 장악했다. 반면, 페르시아어계 상인동아리는 비잔티움제국 적대자였다. 따라서 페르시아어계 상인동아리는 싱가포르의 말라카-간지스강 하구도시 수트가온-코모린 곶의 쿠이론-칸바야, 디우,

카라치-오만-이라크 티그리스와 유프라테스강 하구도시 바스라-에멘의 아덴-소말리아의 체프타-사우디 아라비아의 제다와 메카-요르단의 쿨리춤과 이집트 카이로에 걸친 해상교역로를 지배하며 인도에서 활동하던 시리아계 상인동아리 교역을 차단했다. 황제유스티니아누스는 적대관계에 있던 페르시아제국에 대항하기 위하여 흑해 연안 항구를 교역 창구로 활용했다. 비잔티움으로 유입되던 중국과 인도를 비롯한 아시아세계 산물은 흑해연안 항구 코르키스를 거쳐 지중해세계로 유입되었다. 특히, 흑해 연안의 도시 코로키스는 지중해 연안으로 들어오던 아시아세계 교역 창구였다. 아시아세계 산물은 흑해 연안 항구도시 코로키스에서 다시 대상인동아리의 손을 거쳐, 소그디아로 운송되었다. 소그디아는 중국이나 인도로부터 온 상인동아리 뿐만 아니라, 지중해 연안 도시에서 온 상인동아리들로 붐비었다. 특히, 소그디아는 서부 유럽 상인동아리와 동방 상인동아리가 페르시아제국의 간섭을 받지 않고 거래하던 자유 교역지대였다. 페르시아제국의 간섭 때문에 비잔티움에서 중국으로 이르던 천산북로 교역량은 증대했다. 천산북로의 교역량 증대와 함께 중세세계의 인도 상업 로는 활기를 되찾았으며 비잔티움 역시 중국과 인도의 예술 영향으로 예술 여명시대를 맞이했다.

비잔티움제국의 은행제도는 시장의 가격 안정과 원활한 교역을 보완했다. 비잔티움제국 은행제도 골격은 황제 주조화폐였다. 비잔티움 은행은 황제 주조화폐에 대하여 저렴한 이율로 시장 상품유통을 보조했다. 황제 주조 화폐와 은행제도의 결합으로 상인동아리 교역은 활기를 회복하여 황제 권력동아리의 귀족과 영주뿐만 아니라 제국 관납업자까지 하나의 사회권으로 결속하며 제국정치 안정기반이 되었다. 비잔티움에서도 귀족과 영주는 원로원 대표자 위치를 차지했다. 귀족은 방대한 영지 소유자요, 대상인동아리이었다. 이런 맥락에서 귀족, 영주, 관납업자는 황제 권력동아리 구성원이요, 상인동아리 일원이었다. 제국구성원의 생활수준은 서부 유럽세계 인간의 생활수준을 능가했다. 비잔티움 권력동아리 귀족은 풍부한 교양미에다 다양한 취향과 정중한 예절을 갖췄다. 거기다 귀족은 중국, 인도의 문화이동에 힘입어 화려하면서도 우아한 옷맵시로 개성미를 뽐냈다. 그런데도 비잔티움제국의 사회 기본 골격은 신분관습이었다. 비잔티움제국의 신분관습에서 귀족은 정상에 위치했다. 비잔티움제국의 신분관습에서 귀족 다음은 중간신분이었다. 중간신분 이하 부류는 중간신분 이상 부류와 대조를 이뤘다.

비잔티움제국의 신분관습에서 중간신분 이하 부류는 무거운 조세 부담자여서 귀족동아리 생활수준과는 대조를 이루었다. 비잔티움제국 황제 관리는 중간신분 이하 부류로부터 주로 조세를 할당하여 거둬들였기 때문에 조세 담당자인 중간신분 이하 부류와 함께 어려운 조세부담 고통을 감내해야 했다. 거기다 비잔티움제국 황제 관리는 비잔티움제국 사회에서 패륜아 무리나 다름없던 수도자의 구걸까지 들어줘야 했다. 비잔티움제국 사회에서는 이런 수도자를 무위도식하는 무법자 부류로 인식했다. 귀족동아리 구성원의 생활수준과는 반대로 조세 담당자인 중간신분 이하 구성원의 생활은 궁핍했다. 비잔티움제국에서 황제 권력동아리의 조세 압박이 강해지면 강할수록 특히 생활 수준에서 무산자 숫자는 증가하기 마련이었다. 이런 무산자 생활은 비잔티움제국의 구호사업에 의지할 수 밖에 없었다. 물론 비잔티움제국 관리는 무산자 구호사업에다 방대한 예산을 투입해야 했다. 그럼에도 불구하고 비잔티움의 콘스탄티노플은 지중해세계에서 국제도시 면모를 유지했다. 비잔티움세계 특징은 지중해세계의 국제도시 콘스탄티노플의 예술이었다.

크리스트교세계는 비잔티움과 서부 유럽세계의 두 교회조직, 즉 로마 정통론자 동아리 교회조직과 비잔티움제국 교회조직으로 분열되어 있었다. 실제로 크리스트교세계의 이 두 교회조직은 문화이동이 닫혀 있었다. 이런 종교동아리이동 상황과 달리 비잔티움제국 예술은 비잔티움세계와 서부 유럽세계의 문화이동을 이어주었다. 서부 유럽세계의 문화는 특히 비잔티움 예술의 서부 유럽세계 이동 영향으로 물론 생활언어 관습, 건축물의 색채와 조명, 건축 기술까지 변화하기 시작했다. 현대인 시작에서도 비잔티움제국 예술은 색채감과 조명감에서 뚜렷한 특징을 나타냈다. 비잔티움제국 예술은 색채감과 조명감에서부터 장중함 황홀함을 느끼게 하여 신비를 더해 주었다. 비잔티움제국 예술의 색채감과 조명감은 소아시아와 시리아로부터 비잔티움제국으로 이동했다. 소아시아와 시리아 예술은 비잔티움제국 예술에다 색채감과 조명감을 전파했다. 소아시아와 시리아 예술은 물론 페르시아제국을 거쳐 이동했으나, 이보다 먼저 중국 예술과 인도 예술의 영향을 받았다. 페르시아제국의 사산왕조는 중국 예술과 인도 예술의 색채와 조명을 보존했다가 다시 비잔티움제국 예술에 전파했던 문화 이동자였다. 즉, 사산 왕조시대 페르시아제국으로부터 비잔티움제국 예술도 중국 예술과 인도 예술의 색채와 조명 영향을 수용했다.

중국 예술과 인도 예술은 이처럼 페르시아제국을 거쳐 서부 비잔티움세계로 이동했다. 서부 지중해세계를 향한 페르시아인의 문화이동은 종교동아리 교류 영향 때문이었다. 서부 유럽세계 예술 역시 중국 예술과 인도 예술의 영향을 받았던 비잔티움 예술의 이동으로 발아하기 시작했다. 페르시아 예술이 소아시아와 시리아로 이동했던 것은 소아시아와 시리아 상인동아리와 네스토리아계 종교동아리 영향 때문이었다. 시리아와 소아시아에는 당시 네스토리아계 종교동아리가 광범하게 확산되어 있었던 데다 천산남로와 천산북로를 통한 상인동아리의 교역이 번창했다. 특히, 시리아와 소아시아 예술은 크리스트교세계인 이집트를 거치면서 서부 지중해 연안인 서부 유럽세계로 이동하기 시작했다. 이런 지역 특징 때문에 비잔티움제국은 서부 유럽세계와 아시아 예술을 교류시키던 문화 중개지가 되었다. 아시아세계 예술이 비잔티움세계로 이동한 다음 서부 유럽세계로 이동했던 것이 유럽세계 인간 시각에서는 물론 문화운동이었다. 서부 유럽세계는 비잔티움제국을 거쳐 이동했던 아시아계 예술유입과 함께 과거와 전혀 다른 생활관습을 갖게 되었던 것이다. 특히, 서부 유럽세계 인간에게 생활관습을 변화케 했던 아시아계 예술은 비잔티움제국을 거쳐 서부 유럽세계로 이동했던 아시아계 장식품이었다. 즉, 아시아계 장식품의 색채감은 비잔티움 예술의 변질, 즉 비잔티움세계 인간을 매혹시키기에 충분했다. 아시아계 예술로서 장식품의 색채감은 이어서 비잔티움 건축양식에 접목되었다. 비잔티움지역의 건축물에 접목된 동방인의 색책감은 다시 비잔티움 예술에 조명감을 첨가시키었다. 동방인의 예술은 비잔티움지역의 예술에 부착되었다. 동방인의 색채감과 조명감을 첨부하게 된 비잔티움지역의 예술은 다시 그리스인의 사고양식으로 개조되면서 새롭게 가공되었다. 그리스지역의 예술 특징은 색채 보다는 선이었다. 그러나 동방인의 장식품 영향을 받은 비잔티움지역의 예술은 선 보다는 색채감을 더욱 뚜렷하게 표현하는 방식으로 변화되었다.

비잔티움지역의 장식품은 새로운 예술양식으로 표현되었다. 비잔티움지역의 예술은 그리스인의 사고양식이었던 자연의 구상원리를 바탕으로 구성된 선 보다는 동방인의 색채를 더욱 뚜렷이 표현했다. 그래서 비잔티움 지역의 건축 장식품도 목재로 수놓은 천정보다는 반원형의 천정과 지붕 위의 둥근 탑을 색채감과 조명감을 살려서 예술 특징으로 표현했다. 비잔티움 건축물 장식품에서처럼 옷도 과거 로마인이 즐겨 입던 토가보다는 사람 외모를 고와 보이게 하는 비단 옷으로 바뀌었다. 비단 유입은 옷 양식을 주도했다. 비단 옷은 물론 지배자사회 구성원들에게로 확산되면서 서부 유럽세계로까지 이동했다. 당시 페르시아제국 통치자는 절대군주였다. 페르시아제국의 아시아계 절대군주제 통치모형은 로마제국 황제 디오클레티아누스나 콘스탄티누스와 같은 황제 통치모형에 접목하여 서부 유럽세계로 이동했다. 거기다 페르시아제국 궁정관습도 비잔티움제국 황제관습의 변화 요인이었다. 비잔티움제국의 황제관습 변화는 곧 예술 변화로 이어지며 콘스탄티노플을 새로운 예술 발원지로 만들었다. 콘스탄티노플은 새로운 예술 중심 도시로 등장했다. 콘스탄티노플의 새로운 비잔티움제국 예술은 페르시아제국의 예술 영향을 받아 정착했으나 다시 소아시아와 이집트로부터 비잔티움세계의 게르만어계 종족의 생활관습에 스며들어 게르만어계 종족의 생활관습을 오히려 약화시키며 게르만어계 종족을 지중해세계 문화에 동화시켰다. 페르시아제국의 예술이 비잔티움제국 예술에 영향을 미치기 시작했던 시기는 페르시아제국이 코스로에스 누쉬르반 왕조시대부터 비잔티움으로 영토를 확장하기 시작했던 시기부터였다. 페르시아제국의 영토확장과 함께 아시아계 예술양식과 예술품은 직접 과거부터 비잔티움제국의 문화 중심 지역이었던 메소포타미아로 이동하기 시작하여 메소포타미아의 에데사와 니시비스와 같은 도시에서 번창했다. 특히, 메소포타미아의 에데사와 니시비스는 이란계-아르메니아계-카파도크계 문화와 시리아계 문화를 혼합하는 비잔티움제국의 새로운 문화 발원지였다. 에데사와 니시비스의 메소포타미아계 혼합 문화는 상인동아리, 수도자동아리, 조각가의 손끝을 타고, 안티오크와 알렉산드리아로 이동한 다음 에페소스와 콘스탄티노플에서 새로운 예술양식을 창출했다. 에페소스와 콘스탄티노플의 새로운 비잔티움제국 예술양식은 고전시대 그리스어계 신화 영향을 반영했던 기둥양식인 둥근 천정과 둥근 지붕, 둥근 지붕 위의 뾰족탑 모양을 건축물 외형에 응용하여 그리스어계 문화유산을 수용했다. 이런 비잔티움제국 예술양식은 물론 서부 유럽세계의 라벤나와 로마로 이동하여 중세 세계의 문화이동 매체 역할을 담당했다.

당시 비잔티움제국 황제는 최고 사제동아리 수장으로서 새로운 예술 주제를 선택하고 구상했다. 황제는 또한 크리스트교 교회에서 발현되는 신의 전지전능함이 지배자의 전지전능함으로 이어지도록 구상하는 예술 주제를 새로운 예술 과제로 제시했다. 황제의 이런 예술 구상은 교회 건축물에다 황제의 전지전능함을 담아 시각으로 확인하려 했던 것이었다. 사제동아리 수장인 황제의 이런 예술 구상 증거는 마리아, 사도, 순교자의 무덤과 교회를 모자이크 예술의 주제에 담아 지배자와 신의 전지전능함을 일치시켜 표현했다는 점에서 입증되고 있다. 이런 맥락에서 비잔티움의 모자이크 예술주제가 지배자 궁전에서 발전하여 외부로 이동했다고 지적하게 되는 것이다. 지배자 궁전에서 모자이크 예술 주제가 발전했다는 증거는 궁전에서 다양한 예복을 활용하기 시작하여 서열관습을 구체화하기 시작했고, 궁전 건축물에다 웅장한 장식물을 부착하여 지배자가 전지전능다고 표현했다는 점이다. 물론 이런 지배자 궁전의 장식물은 전지전능한 황제의 권위에 민중을 압도당하게 만드는 통치도구로 작용했다. 지배자 궁전의 이런 장식품은 크리스트와 마리아를 황제와 황제 비와 동일하게 인식시키고, 전지전능한 지배자 위치를 제국구성원에게 주지시키었다. 이런 맥락에서 궁전 장식품은 황제와 황제 비를 중심으로 제국구성원을 결속했던 신정정치 수단이었다. 최고 사제동아리 수장으로서 비잔티움제국 황제는 예술 주제를 선택했다. 장인은 황제가 선택했던 예술 주제의 장식품을 손끝으로 완성했다. 그런데도 장인은 당당하게 지켰어야 할 자유 의지를 발휘하지 못했다.

황제는 절대 통치권을 행사하며 모자이크 예술주제에 국가의 결속이념을 담았다. 교회조직은 황제의 통치이념을 제국구성원에게 전달하며 인간을 일단 예속했다. 다음으로 황제는 교회조직의 수장이었기 때문에 교회조직 예속자를 통치하는 방식으로 지배했다. 이런 맥락에서 황제의 신정정치 도구는 교회조직의 의례관습과 예술이었다. 교회조직의 의례관습 형식은 황제와 제국구성원을 이어주는 중간도구였다. 비잔티움제국의 예술형식은 그 의례관습 절차를 거치면서, 정체감과 밀착감을 동시에 느끼도록 구상되었다. 특히 비잔티움제국의 예술형식은 의례관습의 형식과 그 절차로 짜여진 정체감과 밀착감을 제국구성원의 만족감으로 발산되도록 구상되어 있었다. 비잔티움제국 건축가는 제국구성원의 만족감을 정체감과 밀착감으로 표현하기 위하여 성당 건축물에 원형의 둥근 천정양식을 도입했다. 건축가는 여러 개의 구멍과 다각형의 외형보다는 원형의 둥근 천정양식을 구상하여 제국구성원으로 하여금 만족감을 정체감과 밀착감으로 느끼도록 구상했다. 성당의 사면벽은 석조의 벽면을 모자이크로 수놓았고, 벽면 유리창에다 황금색과 푸른색의 배경을 가미했다. 이것은 텅 비어 있는 벽면을 색깔로 가득 채워 정신을 혼란스럽게 표현했다. 그래서 눈을 감고 기도에 들어가면, 개인의 정신도 상징물의 의미에 몰입되어, 현란한 황홀경에 빠져 들기 마련이었다. 즉, 비잔티움지역의 예술은 배경의 조형미를 상징물의 의미에 얽어매어 조각물의 의미로 되살려 냈다. 색채와 장식품은 비잔티움지역의 예술에서 일종의 상징물 의미를 지니었다. 색채와 장식품은 상징물의 의미로 변질하여 비잔티움지역의 예술에 부착되었다. 그리고 색채와 정신 자체는 인간을 현란한 황홀경에 몰아넣어 인간에게 새로운 경험의 세계를 열어 주었다. 그래서 비잔티움지역의 예술은 그리스인이든, 동방인이든, 일단 크리스트 동아리라면 한 가지 방향의 마음을 지니도록 구상되었다. 비잔티움지역의 이런 예술은 유스티니아누스시대에 이르러 완숙한 경지에 이르렀다. 비잔티움지역에서 새로운 예술양식 출현과 함께 그 영향으로 서부 유럽세계에서도 고전시대 인간의 생활양식은 점차 쇠퇴기를 맞이했다.

고전시대 인간의 생활양식은 비잔티움지역의 예술기반이었다. 그런데도 고전시대 인간의 생활양식은 서부 유럽의 세계에서 비잔티움지역의 예술영향과 혼합되지 못하고 완전히 사라졌다. 그러나 비잔티움지역에서는 6세기경 새로운 예술이 건축물에서도 구현되었다. 비잔티움지역의 건축물에 구현된 예술은 이미 건축양식의 발흥기와 함께 이교도 영역으로 전파되기 시작했다. 크리스트교동아리는 웅장한 건축물을 내세우며, 이교도를 압도했다. 비잔티움지역의 크리스트교동아리는 새로운 건축양식을 내세워 그리스인과 동방인의 예술관행을 능가했다. 특히 마리아 대성당은 비잔티움지역의 크리스트교동아리들이 이교도나 그리스인에게 내세울 만한 건축양식으로 자리잡았다. 비잔티움지역의 예술양식은 에페소스와 안티오크를 비롯한 가자와 케르취 등의 지역으로 확산되고 있었을 뿐만 아니라, 아프리카 지역의 스팍스 지방까지 확산되었다. 시리아지역은 메소포타미아지역의 문화에서 중심 위치를 차지했다. 시리아지역은 4~6세기에 건축양식의 르네상스를 맞이했다. 베리토스(Berytos=베이루트)와 에데싸, 그리고 니시비스 등의 도시 지역에는 벌써부터 유명한 교육기관이 발전했다. 그리고 이집트의 알렉산드리아는 유명한 교역 도시였을 뿐만 아니라, 예술과 학문 중심지로 자리잡았다.

이탈리아지역의 라벤나는 비잔티움지역의 예술과 교육 및 학문 관행이 혼합된 서부 유럽세계의 황제 도시였다. 황제 오노리우스(395~423)는 404년 라벤나를 서부 유럽세계의 황제 도시로 만들었다. 라벤나에는 서부 유럽세계을 관할하던 비잔티움제국의 대주교 관구가 황제 관저와 함께 자리잡았다. 또한 라벤나는 비잔티움지역의 영향을 가장 심하게 받았던 서부지역의 도시로 변모했다. 이것은 라벤나에 자리잡은 서고트종족왕 아트하우르프(410~415)의 왕비인 가라 프라치디아(+450)의 무덤에서도 입증되고 있다. 울시아누스 예배당에 자리잡은 가라 프라치디아의 무덤은 동방 예술의 영향을 받은 전형이었다. 울시아누스 예배당의 벽은 458년경 유스티니아누스의 모습과 사도들의 모습을 모자이크로 수 놓아 조형미를 살리고 있다. 울시아누스 성당의 이런 예배당 모습은 비잔티움지역의 예술에 동방 지역, 특히 시리아 예술 영향이 반영된 사례라고 지적 될 수 있을 것이다. 라벤나 중심부에 자리잡은 아포르리나리스 성당도 비잔티움지역의 예술 영향을 반영하고 있다. 본래 아포르리나리스는 라벤나 지방의 전설에 등장하던 최초의 교회 창건자였다. 동고트종족왕 테오데리크(471~526)는 500년경 전설 속에 등장하던 최초의 교회 창건자 아포르리니리스를 비잔티움 지역의 의식 관행대로 숭배하기 위하여 유명한 모자이크 예배당을 창건했다. 테오데리크 다음으로 라벤나를 차지했던 비잔티움제국의 최고 지휘관인 베리사리오스도 싼 비타레 성당을 창건했다. 그는 성당 벽에 황제 유스티니아누스의 모습을 모자이크로 수 놓아 조각했다. 유스티니아누스 시대에 완공된 싼 비타레 성당은 베리사리오스가 라벤나를 차지한 이후, 유스티니아누스의 업적을 기리기위해 창건했던 것이다. 싼 비타레 성당도 역시 비잔티움지역을 경유하여 유입된 동방의 예술 감각을 그대로 반영했다.

다음으로 동방 예술의 영향이 파급되었던 것은 크라세의 싼 아포르피나레 성당을 지적할 수 있다. 싼 아포르피나레 성당은 라벤나 항구를 보호하던 성자와 관련되어 있을 뿐만 아니라, 제국 시대의 예배당 건축양식에까지 소급되고 있다. 라벤나 항구를 보호하는 성자 아포르피나레를 숭배하기 위하여 싼 아포르피나레 성당은 549년 완공되어 낙성식을 거행했다. 라벤나 항구는 당시 비잔티움제국의 해상함대가 아드리아 연안의 해상권을 장악하기 위하여 정박하던 본거지로 자리잡았다. 그래서 울시아누스 예배당과 아폴르피나레 성당 및 싼 비타레 성당은 비잔티움지역의 예술이 동방인의 두뇌와 그리스인의 뜨거운 열정에 접합되면서, 새로운 예술모형을 창출했다는 의미를 지닐 수 있게 되었다. 비잔티움지역의 예술은 동방인의 두뇌와 그리스인의 뜨거운 열정에 힘입어 특징을 지니게 되었다. 비잔티움지역의 예술은 동방 문화와 서양 문화를 혼합한 예술형식이었다. 비잔티움제국은 혼합문화의 표지를 전지전능한 신의 권능을 전달하는 교회예술에 부착시켰다.

다시 황제는 최고 사제 장으로서 교회를 지배하고, 전지전능한 절대 군주의 위치에서 제국조직을 유지했다. 비잔티움제국의 사회에는 외부로부터 학문과 철학이 끊임없는 봇물처럼 유입되어 축적되었다. 이들 학문과 철학은 예술을 통하여 용해되면서 새로운 질서를 생성했다. 비잔티움제국에서 새로이 생성되던 질서의 핵심에는 예술이 자리잡았다. 비잔티움지역의 예술은 풍속질서를 창출하는 출발점으로 자리잡게 되었다. 다양한 종족구성원의 생활관습도 예술과 함께 혼합문화에 흡수되었다. 비잔티움지역의 혼합문화는 종교의 기본 조화를 비롯한 황실의 예식과 예복을 비롯하여 의식의 음향 조화 및 구상력을 새로운 예술형식으로 표현했다. 뿐만 아니라, 비잔티움지역의 혼합문화는 단조로운 음향으로 구성된 음악과 색채로 느낄 수 있던 황홀감을 감각의 의미로 인식될 수 있도록 예술에 담아 제국구성원을 비롯한 다양한 종족구성원에게 공감대를 형성했다.

비잔티움지역의 이런 혼합문화는 다양한 전문개념의 구성 원리를 예술의 전문개념형식으로 상징물에 결합했다. 또한 기존의 관습과 규범, 그리고 기존의 관행과 관례를 새로운 예술의 상징물을 활용하여 공감대를 형성했다. 비잔티움지역의 혼합문화는 또한 자연학 대신 감각의 인식내용을 건축물의 장식에 결합하고, 다시 감각의 인식내용을 생활양식의 형태로 확산시키고 있다. 비잔티움지역의 혼합문화는 그래서 유럽문화 생성시대 세계의 사회에서 결속양식을 창출할 수 있었다. 유럽문화 생성시대 세계의 단계의 사회결속은 예술의 특정한 모형에 일치했다. 비잔티움지역의 혼합문화는 생성시대의 사회 결속양식을 창출한 원동력의 기능을 담당하게 되었던 것이다. 혼합문화는 유럽문화 생성시대 세계 혹은 성립시대의 유럽세계로 유입되고 있었을 뿐만 아니라, 유럽세계 인간의 생활양식을 변화시키는 원동력으로 작용했다. 따라서 비잔티움지역의 혼합문화는 유럽세계에 대한 자극제로 작용했다. 예술은 또한 비잔티움지역과 서부의 유럽세계를 결속하는 공동의 매체 기능을 담당할 수 있었다. 비잔티움지역의 문화와 국가조직은 예술을 통하여 슬라브어계 종족세계를 비잔티움제국의 정신과 종교로 충만하게 만들었다.

비잔티움제국과 주변 정세

유스티니아누스시대(527~565)는 제국 융성시대요 새로운 시대였다. 비잔티움제국은 유스티니아누스시대 이후 정치와 종교를 비롯한 사회조직까지 쇠퇴하기 시작했다. 그러나 비잔티움제국 문화는 정치, 종교, 사회조직의 쇠퇴기에야 비로소 골격을 갖추어 갔다. 제국 쇠퇴기에 문화가 골격을 갖추게 되었다는 것은 제국 통치논리와 관련된 지역 특징 때문이었다. 역사 연구자라면 누구나 역사의 종말과 새로운 역사 출발이라는 개념으로서 생성시대 세계와 쇠퇴시대 세계를 신중하게 표현해야 함은 당연하다. 비잔티움세계 예술은 서부 유럽사 입장에서 파악하면, 새로운 시대 출발점임과 동시에 생성시대 세계의 여명이었다. 비잔티움제국은 6세기 이후 이동종족의 혼란을 극복하기 시작했다. 황제 유스티니아누스도 이동종족을 제국 관계 속으로 흡수하고 아바르종족과 슬라브어계 종족을 융합하여 제국과 완전한 동맹자 관계를 유지했다. 당시 아바르종족과 슬라브어계 종족은 도나우강 남부유역의 제국영역 도시에 정착하여 생활했다. 슬라브어계 종족의 정착지역은 황제의 제국영역인 포강 하류에 위치한 라벤나지역과 남부지역이었다. 당시 랑고바르드종족왕은 이 지역으로부터 페르시아를 비롯한 서남아시아 지역, 소아시아 지방의 슬라브어계 종족까지 위협했다. 당시 스페인 지역은 이미 서고트종족왕의 영지였다. 비잔티움세계는 기근과 흑사병으로 사회질서가 이미 무너져 빈곤에 지쳤고, 전쟁까지 겹쳐 거래질서와 유통질서의 와해에 상업과 교역까지 단절된 상황이었다. 비잔티움세계의 사회상황은 문학과 예술의 마비로 이어졌다.

제국이념이었던 생활동아리개념의 성취과정은 비잔티움세계에서 다양한 정치현상으로 이어졌다. 특히 비잔티움제국은 내부혼란을 극복하고 밀려드는 사방의 외적에 대하여 제국을 방어하기 위한 다양한 정책을 선택하지 않을 수 없었다. 제국정책 핵심은 지중해세계 회복으로 과거 제국을 실현하려는 것이었다. 제국 황실 역시 과거 제국을 실현하려는 꿈을 그대로 간직했다. 따라서 비잔티움제국은 서부세계의 실지를 회복하기 위하여 다양한 정책을 추진했다. 비잔티움제국은 서부세계 주인공인 로마 대주교와 프랑크종족왕에 대해서도 제국이념을 실현해야 되는 세계임을 선포했다. 황제 유스티니아누스 후계자는 유스티노스 2세(565~578)였다. 황제 유스티노스 2세의 후계자 마우리코스(582~602)를 비롯한 황제 헤라클레이오스(610~641)시대까지 비잔티움제국은 콘스탄티노플을 침입했던 페르시아 군대 방어에 여념이 없었다. 제국은 페르시아 군대가 침입한 상황에서 아바르종족왕과 슬라브어계 종족왕까지 방어해야만 했다. 그런데다 비잔티움제국 내부사정도 폭동으로 제국 황제의 통치권이 완전히 무너진 상황이었다. 602년 비잔티움제국 지배자는 민중 폭동에 황제의 군대 지휘관이 황실 군대를 동원하면 가세함에 따라서 반란 진압에 급급했다. 황제 마우리코스가문 지배자는 마침내 제국 반란을 진압하고, 포카스영지의 반란 영웅을 완전히 제거했다. 황제 마우리코스 가문의 황제 헤라클레이오스는 혼란한 제국 통치체제를 바로 잡고, 여러 아바르종족왕과 슬라브어계 종족왕 간의 타협점을 찾아내면서 이 아바르종족왕과 슬라브어계 종족왕을 제국체제에 참여토록 설득하여 통치기반을 다져나갔다.

여러 아바르종족왕과 슬라브어계 종족왕도 기꺼이 수도자동아리 은신처를 찾아나섰다. 황제 헤라클레이오스는 군대조직을 개편하고, 재정을 개선하여, 농민 생활을 안정시켰다. 황제 헤라클레이오스의 이런 제국정책에 아바르종족왕과 슬라브어계 종족왕이 참여함에 따라서 농민은 자기네 맏아들까지 군대에 보내게 되었다. 군대에 대한 제국구성원의 이런 인식 변화는 결국 다시 황제의 군대 조직 강화로 발전했다. 비잔티움제국 내부사정은 안정되었으나 페르시아 군대는 614년 예루살렘을 정복한 다음 칼케돈까지 위협하기에 이르렀다. 페르시아제국의 세력 확장으로 지중해세계를 지배하던 비잔티움제국 해상함대는 완전히 무력화되었다. 페르시아 제국의 등장과 함께 사라센도 비잔티움제국의 이 무력한 기회를 놓치지 않았다. 결국 사라센은 콘스탄티노플 외곽을 유린하고 콘스탄티노플 배후 지역을 침입하여 이집트까지 상실했다. 비잔티움제국의 이집트 상실은 곧 비잔티움제국 곡창지대 상실을 의미했다. 비잔티움제국의 곡창지대 상실은 제국 중심 도시 콘스탄티노플을 사방에서 몰려드는 침입자의 공격목표로 만들어놓았으며 사라센 세력이 지중해 동부 연안으로 확장되는 빌미를 제공했다.

지중해 연안의 이런 주변 상황은 비잔티움제국의 시련기였다. 황제 헤라크레이오스는 622년 페르시아군대를 제압하고, 콘스탄티노플을 방어했다. 이제 페르시아 군대의 공격은 한풀 꺾인 상황이었다. 그러나 이번에는 다시 페르시아 제국군대와 함께 불가르종족왕과 슬라브어계 종족왕이 한꺼번에 콘스탄티노플을 포위하여 공격했다. 비잔티움제국 황제 헤라크레이오스는 불가르종족왕과 슬라브어계 종족왕 군대의 공격을 예상하고, 칼케돈에다 비잔티움제국 해상함대를 대기시켜 두고 이 해상함대를 활용하여 이들 외적을 물리치고 승리를 거두었다. 황제 헤라크레이오스는 사산왕조의 페르시아제국 지배자인 코스로에스 2세 파르베스(591~628)를 628년 전사케 한 다음 정복자인 페르시아제국 황제에게 점령 영지 반환을 요구하고 이어서 페르시아제국과 평화협약을 체결했다. 비잔티움제국과 페르시아제국의 전쟁에서 이 두 제국은 막대한 인명 손실을 입게 되었다. 비잔티움제국은 634년 예루살렘까지 아랍계 칼리프에게 넘겨주게 됨에 따라서 지중해 동부 연안의 통치자는 아랍계 칼리프로 다시 교체되기 시작했다. 비잔티움제국, 페르시아제국 사이에서 발흥하던 아랍세계 칼리프 권력동아리는 이 두 거대 제국과 치열한 세력 경쟁을 전개하게 되어 지중해 동부 세계를 정복전쟁의 소용돌이 속으로 몰아넣었다. 이 세 세력이 서로 타협하도록 만든 주인공은 시리아계 관구장이요 그리스인 발명가 카르리니코스였다.

그리스인 발명가 카르리니코스가 673~678년 사이에 서로 타협점을 찾아내며 비잔티움제국을 구출하고, 이 타협점을 찾아내게 했던 것은 그가 발명한 신종 무기 '불던지기'였다. 카르리니코스는 693~705년까지 콘스탄티노플의 관구장이 되기 이전 597~602년까지 라벤나 대주교, 건축가, 화학 연구가였다. 카르리니코스는 불을 붙혀 던지는 신무기를 발명했고, 이 신무기는 나프타에 용해되지 않는 칼크, 유황, 수지의 혼합물을 화살에 끼워 불을 붙혀 적군을 향하여 발사하는 무기였다. 카르리니코스의 이런 신종 무기는 지팡이 막대기속에 탄약을 장전하거나, 조그만 신발에 화약을 넣고 위장한 다음, 적군을 향하여 던지는 방식이었다. 이런 신종 무기는 적군의 진지나 배에 불을 질러 투하한다고 하여 '불던지기'라는 명칭을 지니게 되었다. 카르리니코스가 발명했던 '불던지기'라는 신종 무기는 페르시아제국 군대와 아랍계 칼리프 군대로부터 그리스인 통치하의 비잔티움제국을 지키는 수단이 되었다. 비잔티움제국의 중심지 콘스탄티노플은 아랍계 칼리프 군대와 페르시아 제국 군대의 공격으로 717년 완전히 포위된 상황에 놓였고 아랍계 칼리프 군대와 페르시아 제국 군대는 80,000 병력으로 외곽지대를 완전히 점령한 다음 콘스탄티노플을 공격했다. 콘스탄티노플은 아비드스에서 보스포루스 해협까지 아랍계 칼리프 군대 수중에 들어가 아랍계 칼리프 군대와 페르시아 제국 군대에 점령당한 것과 다름없었다. 1500명의 아랍계 칼리프의 해군은 해안으로 침공하여 비잔티움제국의 해상함대 작전을 무력화시켰다. 당시 비잔티움제국 황제는 유태계 혈통인 레온 3세(717~741)였다. 레온 3세는 칼케돈 근처에 대피해 있던 소규모 해상함대를 이끌고 '불던지기'의 신무기로 무장하여 브란드에서 아랍계 칼리프 해군에 대한 반격전을 개시했다. 브란드 해전에서 황제 레온 3세는 아랍 해군을 물리치고, 아랍계 칼리프 해군을 시리아로 물러가게 했다. 황제 레온 3세의 브란드 해전은 서부 유럽세계에서 10년이 경과한 이후 투르와 프와티에에서 거두었던 프랑크종족왕의 궁재 카롤루스 마르텔이 거두었던 전쟁 못지않을 정도로 지중해세계 역사에서 아랍계 칼리프와 비잔티움제국에 대하여 중요한 전쟁이었다. 비잔티움제국의 황제 레온 3세는 아랍계 칼리프 군대에 승리하여 비잔티움제국을 아랍인의 침입에서 방어했고 유럽에서 프랑크종족왕의 궁재 카롤루스 마르텔이 10년 이후 투르와 프와티에 전투에서 아랍인의 침입으로부터 유럽을 방어했다는 의미와 다름없었다. 비잔티움제국과 전쟁에서 아랍인은 패배했다. 그럼에도 불구하고 아랍인은 아프리카를 지나 유럽 동남부와 서북부로 정복영역을 확대했다.

비잔티움제국의 황제 레온 3세와 성상파괴 운동(726)

비잔티움제국의 황제 레온 3세는 그리스의 킬리키아관구 분구인 이사우리아에서 출생했다. 황제는 패기에 넘치고 의지력이 강한 정복자였다. 거기다 황제 레온 3세는 법률에 능숙한 정치가였다. 황제 레온 3세는 조세 수입을 늘리기 위해 농노를 해방시켜 농노 범위를 축소하는 한편 제국을 방어하여 농민의 소유 토지를 확대했다. 황제 레온 3세는 또한 확장된 토지로 농민을 이주시키고 이들 이주 농민에게 성상을 숭배하도록 강요했다. 황제가 농민에게 크리스트의 성상을 숭배하도록 강요했던 것이 결국 크리스트의 성상에 대하여 이주민의 저항으로 이어졌다. 황제 레온 3세는 냉철한 판단력 소유자였지만 이주 농민의 의례관습을 충분히 고려치 않았다. 이주 농민은 크리스트의 성상을 배격하고 황제의 냉철한 판단력까지도 자기네 스스로의 의례관습에 배치된다고 믿게 되었다. 이런 상황에서 황제 레온 3세에 대한 농민의 저항감은 증폭하지 않을 수 없었다. 크리스트교의 성상은 황제 콘스탄티누스 이후 비잔티움세계 사도를 비롯한 다른 성상과 함께 널리 숭배되었다. 성자 조각상은 크리스트의 성상숭배관습에서 비롯되었다. 이런 성자 조각상은 새로운 성자숭배관습의 표지물로 변모하여 십자가로 대치되었고, 지금까지 성자유골숭배관습이나 성자 초상화를 비롯한 성자 조각상숭배관습은 '우상' 숭배란 의미를 지니게 되었다.

그런데도 비잔티움세계에서는 어디든 성자 유골이나 성자 초상화를 비롯한 성자 조각상이 교회와 수도자동아리 은신처의 벽에 걸려 있었던 것은 말할 것도 없고, 가옥 내부의 벽 어디든 빠짐없이 성자 조각상이 걸려 있었다. 특히, 이런 부류의 성상은 그리스어 상용지역에서 상점 문이나 벽에까지 걸려 더욱 숭배되었다. 당시 비잔티움세계의 이런 성상숭배 배경에는 전염병(특히 흑사병)과 기근이 만연한데다, 전쟁까지 겹쳐 제국구성원은 대개 현실에 대한 신뢰나 개인의 판단기준으로 행동하지 않고, 성자 구원을 기다리면서, 기적이 나타나기를 희망하던 상황이었다. 즉, 제국구성원은 불안한 사회상황을 반영하며 성자 구원과 기적 도래를 바랐고 제국구성원의 성상숭배관습 역시 독버섯처럼 확산되었다. 성직자도 물론 구원과 기적의 폐단을 훤히 들여다보면서도 한편으로 전전긍긍하던 입장이었다. 거기다 이슬람교와 유대교, 그리고 정통론자동아리를 포함한 크리스트교동아리는 일제히 제국구성원의 성상숭배관습을 미신이라고 비난하며 무시하는 태도로 일관했다. 실제로 제국구성원의 성상숭배관습을 거의 모든 종교동아리가 거부하여 비잔티움제국 사회는 성상이냐 우상이냐의 갈림길에 서서 황제의 후속 조치를 기다리는 상황에까지 이르렀다. 황제 레온 3세는 제국구성원의 성상 숭배관습을 무시하는 후속조치를 취했고 이 후속조치는 물론 726년 주교회의 동의를 받아 교회에 걸려 있던 모든 성자 초상화나 성자 조각상을 철거하라는 명령이었다. 황제는 교회에 걸려 있던 성자 초상화나 성자 조각상이 철거되면, 수도자동아리의 영향력이 사라지게 될 것을 기대하며 내심으로 수도자동아리의 영향력 축소와 함께 제국구성원의 마음속에 깊이 뿌리박고 있던 네스토리아교동아리의 단성론까지 수그러들게 되리란 가정을 염두에 두었다.

황제 레온 3세의 이런 후속 조치는 본래 정책취지와 전혀 다른 방향으로 나아갔고 성상을 철거하라는 레온 3세의 명령은 오히려 제국구성원을 반항자로 만들어 놓았다. 제국구성원은 하위 성직자동아리와 수도자동아리와 연대하여 신앙의 상징물을 철거하려던 황제 처사에 분개한 나머지 반란을 일으켰고, 그리스의 키크라덴 지방에서는 황제 반대권력동아리와 친 황제권력동아리가 서로 충돌하여 내란에 가까운 폭동까지 일어났다. 종교동아리 사이의 갈등은 성상숭배와 우상 철거가 발화점이었다. 종교동아리 갈등은 마침내 제국 통치체제를 뒤흔들며 반 황제 권력동아리는 황제의 후속 조치에 대하여 반항했고, 친 황제 권력동아리는 반 황제 권력동아리를 제거하기 시작했다. 친 황제 권력동아리의 해상함대는 콘스탄티노플로 이동하여 황실을 점령한 채 황제를 보호하고 나섰다. 황제는 해상함대 호위를 받으며 반란을 진압했다. 비잔티움제국은 황제의 성상숭배 금지조치로부터 친 황제 권력동아리와 반 황제 권력동아리가 대립했다. 이탈리아 지역의 황실 관리는 반 황제 권력동아리에 가담하여 대거 축출되었다.

이탈리아지역의 황실 관리는 거의 반 황제 권력동아리였다. 특히, 베네치아와 라벤나를 비롯하여 로마에 주재하던 황실 관리는 황제 레온 3세의 성상철거 명령에 강력하게 반발하고 나섰다. 그러나 콘스탄티노플에서 친 황제 권력동아리는 해상함대 병력을 동원하여 반 황제 권력동아리를 제압한 다음 이탈리아지역의 베네치아, 라벤나, 로마에서 반 황제동아리에 가담했던 황실 관리를 추방하고 교황 그레고르 2세(715~731)마저도 황제 레온 3세로부터 우상 숭배자라는 죄목으로 대주교직에서 추방했다. 황제 레온 3세의 이런 추방령은 황실 관리나 교황에 국한하지 않고 서부 유럽세계의 주교회의까지도 우상 숭배자로 낙인찍었다. 서부 유럽 세계 교회는 황제 레온 3세의 명령을 거역하고, 비잔티움제국 교회로부터 분리되는 결과로 나타났다. 비잔티움제국 최고 사제장 황제 레온 3세는 성상 숭배자를 당파로 몰아 콘스탄티노플과 로마의 국가교회를 분리하기로 작정하고 기회를 엿보던 중 741년 사망했다.

황제 계승자는 레온 3세의 아들인 콘스탄티노스 5세(741~775)였다. 황제 콘스탄티노스 5세도 선친의 종교정책을 계승하여 교회조직의 분리정책을 강력하게 추진하며 아무런 절차도 고려하지 않고, 교회에 걸려 있던 성자 초상화나 성자 조각상을 떼어내어 부수어 버리도록 황제령을 포고했다. 콘스탄티노스 5세의 이런 포고령은 거센 저항을 받았고 황제 역시 자기 명령에 반항하는 수도자동아리를 파문했을 뿐만 아니라, 사제를 체포하여 767년 참수형까지 처하도록 명령했다. 거기다 황제 명령에 반항하는 수도자동아리가 계속 나온다고 하여, 수도동아리 은신처 폐쇄령까지 내렸다. 또한 황제는 수도자동아리의 소유 영지를 몰수하여 지방 농민에게 넘겨 주는 한편 성상숭배관습 근절조처로 도시 에페소스에서 수도자와 수녀의 결혼까지 강요했다. 콘스탄티노스 5세의 이런 성상정책은 후계 황제인 레온 4세(775-780)에 이르기까지 계승되었다. 특히, 레온 4세의 황제비 이레네(+803)는 황제의 성상정책을 고무시키었다.

이레네는 레온 4세의 황제 비였다. 황제 레온 4세가 나이 어린 콘스탄티노스 6세(780~797)를 계승자로 남겨 두고, 사망함에 황제 대비인 이레네는 제국정치를 섭정했다. 황제 대비 이레네의 섭정은 레온 4세의 성상정책을 교활하게 이어갔다. 황제 대비 이레네는 섭정자임에도, 성상숭배관습 금지령을 발포하는 한편 수도자동아리에 대한 유화정책 일환으로 수도자동아리를 부활토록 했다. 이어서 이레네는 787년 제2차 니케아 제국 주교회의를 개최하여 로마 대주교의 휘하에 있던 350여명의 주교를 복권토록 조처하고 조상숭배관습과 성상숭배관습을 구분했다. 이레네는 성상숭배관습을 크리스트교동아리의 신앙원리로 간주하여 허용하는 한편, 성상숭배관습 자체를 부활했다. 이레네의 섭정기간 동안 성상숭배관습에 대한 제국 정책은 완화되었으나, 이레네의 섭정시대가 지나고 아들 콘스탄티노스 6세시대가 개막되자 제국 성상정책은 반전되기 시작했다. 콘스탄티노스 6세는 집권 2년 어머니 이레네의 성상정책을 무시하고 성상숭배관습에 대하여 금지령을 발포했다. 이레네의 성상숭배정책은 이제 아들인 콘스탄티노스 6세 시대에 이르러 다시 우상숭배로 반전했다. 이후 콘스탄티노스 6세는 다시 우상파괴 정책을 선택했다. 어머니와 황제 사이에서 비롯된 종교정책의 대립양상은 결국, 제국 통치권 분할로 발전했다. 이레네는 콘스탄티노스 6세를 797년 투옥하고 제국정치에서 손을 떼도록 만들었다.

황제 대비 이레네는 콘스탄티노스 6세를 통치권좌에서 밀어내고 802년까지 황제위에 앉아서 모든 통치권을 행사했다. 섭정자의 재등장이라는 정치상황은 군대와 성상파괴를 주장하는 권력동아리가 제국정치에 지나칠 정도로 깊숙이 참여함에 따라서 일어났다. 황제 대비 이레네는 결국 803년에 사망했다. 이레네 계승자는 니케포로스 1세(802~811)였다. 니케포로스 1세는 황제위에 오르자 이레네를 레보스 섬에 감금했다. 이레네는 레보스 섬에서 면도사로서 연명하다가 803년 외롭게 사망했다. 이레네는 성상파괴 운동의 주인공이요, 비잔티움세계와 서부 유럽세계의 교회조직 분열을 신의 업보로 여기던 인물이었다. 물론 이레네가 황제위에 밀려났던 것은 당시 제국정치의 험악한 상황을 그대로 반영했던 것이었다.

9-11세기 비잔티움제국과 러시아 지역에 대한 선교활동

비잔티움제국은 802년부터 1057년까지 황제의 험악한 계략 정치를 이어갔다. 황제 계략정치는 황실에 대한 민란과 역모 사건을 연출했다. 황제의 이런 계략정치가 지향하던 최종 목표는 제국 위축을 방지하기 위한 방편이었다. 제국 위축을 방지하기 위하여 제국 권력동아리는 쇄국정책으로 일관하며 물론 이슬람 세력을 비롯한 슬라브어계 종족과 불가르종족의 세력 팽창을 견제코자 시도했다. 이런 맥락에서 황실의 쇄국정책은 비잔티움제국의 남부 및 북부 경계영역을 방어하기 위한 시대의 표지였다. 따라서 제국 쇄국정책 자체에 대해서는 장기간에 걸친 시대흐름의 성과라는 의미를 부여할 수도 있을 것이다. 유럽계 연구자의 시각에서 비잔티움제국을 파악하면 소아시아, 발칸 반도, 지중해 연안 지역에 대하여 2가지 기능을 담당했다고 지적할 수 있을 것이다. 이 지역에 대한 비잔티움제국의 2가지 기능이란, 동방으로부터 밀려오던 페르시아세력이나 아랍계 세력과 같은 외적 방어기능과 문화와 종교 전파기능이었다. 비잔티움제국의 2가지 기능에서 방어기능은 주변 종족의 침입을 방어하면서도, 주변 종족을 비잔티움세계의 문화영역으로 끌어들였다는 의미까지 포함하고 있다. 또한 비잔티움제국의 역할에서 문화와 종교의 전파기능은 서로 전쟁과 타협을 반복하면서도, 종교영역을 그리스어계 정통론자동아리의 선교활동으로 확대해 갔다. 비잔티움제국은 외적 방어와 종교 전파의 이중 기능을 담당하여 1453년까지 견고한 보스포루스 해협 수비자 역할을 완벽하게 수행했다.

그런데도 비잔티움제국은 제국이념을 실현하기 위하여 서부 유럽세계를 침입했다. 비잔티움제국의 침입지역은 라틴어 상용지역이었다. 어떤 측면에서 보더라도 그리스어 상용지역인 비잔티움제국은 그리스어 영역을 확대하기 위하여 서부 라틴어 상용지역을 침입했던 것이다. 비잔티움제국의 이런 잔재는 12세기까지 이탈리아 남부 지역에 그리스어 잔재가 남아 있었다는 사실에서도 입증되고 있다. 거기다 그리스어 방언은 오늘까지 비잔티움제국 잔재의 언저리 형태로 남아 비잔티움제국의 정복지역이 서부 라틴어 상용지역이었다는 것에 대한 증거인 것이다. 다음으로 비잔티움제국의 방어기능은 미미한 상태이긴 하지만, 지중해 연안을 비롯한 소아시아 지역에서 그리스어계 상인동아리 활동영역으로서 이들 지역을 통치하며 제국을 방어했다는 의미 역시 배제할 수 없다. 비잔티움제국은 이처럼 그리스어 상용지역 계승관습을 상인동아리 활동영역 보호에 연계했던 것이다. 비잔티움제국은 그리스어 영역 보호를 제국 정책으로 채택하여 추진했다. 비잔티움제국의 이런 그리스어 보호정책은 오늘날 특히 영국, 미국, 프랑스를 비롯한 유럽각국이 자국어 보호정책을 중요한 대외정책으로 추진하는 것과 거의 유사한 의미를 내포하고 있다. 즉, 현대 국제정치에서처럼 비잔티움제국은 유통질서와 거래질서, 생산 질서를 모두 그리스어 상용지역의 시장기능 보호와 그 방어정책에 연계하여 추진하면서도 내부정치는 딱딱하게 경직된 쇄국정책으로 일관했다.

그럼에도 불구하고 외형상에서 비잔티움제국 문화는 그 흐름의 폭이 넓어 시대흐름이라는 변화의 수용 능력, 즉 그 계승관습을 바탕으로 다양한 종족 질서관습을 융합하는 활력소를 창출했던 것이다. 비잔티움제국의 사회와 문화가 다양하다는 점을 전제하고 그 문화의 질과 폭에 비하면 권력동아리의 통치 기술은 경직되어 있었다. 비잔티움제국 황제는 사제동아리 수장으로서 국가 권력의 경쟁자인 권력동아리 구성원의 경쟁을 외형으로나마 강하게 견제했다. 특히, 비잔티움제국의 통치 권력을 차지하려던 권력동아리는 권력과 신화를 내세우며, 무력과 언변으로 격렬하게 서로 충돌했다. 권력동아리는 수준 이하로 내려가 치열한 암투를 벌이면서도, 언제나 권력동아리 싸움 승리자는 신화 옷을 입고 대중 앞에 나섰다. 권력동아리 싸움 승리자에게 신화 옷을 입히던 정치 도구는 교회조직이었다. 언제나 교회조직은 권력동아리 경쟁 승리자인 황제 행위를 정당화했으며, 무력과 언변으로 황제 지지자로 나섰다.

비잔티움제국은 9세기 이후 마케도니아 출신 황제시대를 맞이했다. 마케도니아 출신 황제 중에서도 바시레이오스(867~886)는 탁월한 통치능력을 발휘했다. 황제 바시레이오스는 장기간에 걸쳐 비잔티움제국을 통치하도록 제국정치 기틀을 세웠던 인물로서 근대에 이르기까지 평가되고 있다. 특히, 바시레이오스는 마케도니아 왕조시대를 개창하고, 마케도니아 출신 정치가를 비잔티움제국 정치무대에 등장시켰다. 바시레이오스는 레온 3세(714~741)처럼 하드리아노플 주변의 농촌에서 출생한 농부의 아들이었다. 바시레이오스는 마케도니아 지방의 불가르종족왕 영지 종족 정착구역에서 별다른 활동없이 유년기를 보냈다. 바시레이오스는 그리스 지방을 방황하다가, 콘스탄티노플로부터 도망쳐 나온 외교관을 마케도니아 지방에서 만났다. 바시레이오스는 그 외교관의 외양간 지기로 있다가, 그 외교관이 콘스탄티노플로 다시 돌아간 이후 그 외교관과 함께 콘스탄티노플 생활을 시작했다. 바시레이오스는 황제 미카에르 3세(842~867) 아래에서 말을 훈련시키는 조련사로서 관직생활을 출발했다. 바시레이오스는 전혀 교육을 받지 못했는데도 미카에르 3세의 황실 하인으로 발탁되었다. 바시레이오스는 미카에르 3세의 황실 하인직에 있을 동안 황제와 황실에 대한 충성심이 탁월했다는 평판을 받았다. 바시레이오스는 황제 미카에르 3세의 후원을 받으며 불법 행위를 서슴치 않았다. 바시레이오스는 황실에서의 불법행위를 통하여 미카에르 3세와 공동 섭정자 위치에까지 올랐다. 바시레이오스는 드디어 황제 미카에르 3세를 계승하여 867년 황제로서 비잔티움제국 군주에 올랐다. 바시레이오스가 황제위에 오른 이후, 비잔티움제국은 정치, 재정, 법률 분야에서 숱한 파문에 휩싸였다. 황제 바시레이오스는 교회와 궁전을 무수히 신축하고 콘스탄티노플을 교회와 궁전 도시로 장식하게 만든 주인공이었다. 비잔티움제국의 역사에서 황제 로마노스 2세(958~9-963)는 마케도니아 출신 여러 황제 중에서도 가장 강력한 통치권을 행사했던 전제 군주였다. 또한 로마노스 2세의 아들인 바시레이오스 2세(976~1025)도 통치권을 확고하게 행사했던 전제군주였다.

이 2세 황제시대에 이르러 비잔티움제국의 내외 정세는 점차 악화되었다. 비잔티움 지역에서는 내부 선동 꾼이 폭동을 일삼고 반란자는 이슬람이 물러간 영역을 다시 차지하여 새로운 세력을 형성했다. 이미 시리아 지역은 바시레이오스 2세 시대에 이슬람에게 넘어갔다. 불가르종족왕은 비잔티움제국과 서부세계의 중간 지점에서 두 지역을 위협했다. 바시레이오스 2세는 내부 반란자를 소탕하고, 불가르종족의 위협에 쐐기를 박게 되었다. 바시레이오스 2세는 불가르종족왕 영지 종족의 심장부를 정복하여 30여 년간이나 계속된 불가르종족과 전쟁을 매듭지었다. 바시레이오스는 시칠리아의 사라센과 싸우기 위해 해상함대를 이끌고 시칠리아 원정을 떠났다가 원정 중 갑작스러운 저격자의 습격을 받아 사망했다. 바시레이오스 2세에게서 나타나듯이, 마케도니아 출신 황제시대는 헤라크레이오스나 유스티니아누스 황제시대의 지중해 회복정책을 계승했다. 이 황제시대는 제국 부활정책을 이어받아 활발하게 추진하던 시기였다. 그리스어게 황제의 이런 실지 회복정책은 성공을 거두어, 제국 부활정책으로 실현되었다. 바시레이오스 2세 시대가 끝난 이후, 비잔티움제국에서는 역사상 여성 통치자 시대였다. 초에(+1050)와 테오도라(+1056)는 제국을 탁월한 역량으로 통치했던 여성이었다. 초에와 테오도라는 황제 바시레이오스 2세의 두 딸이었다. 이 두 공주는 1028년부터 1055년까지의 기간 동안 과거 31명의 황제시대를 거치면서 쇠퇴 일로를 거듭하던 비잔티움제국을 새로운 모습으로 변화시켰다.

이 2세 공주는 국가와 교회조직에서 부패를 추방하기 위하여 제국 관리가 착복한 금화를 모두 거두어들였다. 이들 두 공주가 거두어들인 제국 관리의 착복 금화는 엄청난 액수였다. 사제동아리 수장이었던 알렉시오스가 죽었을 때는 무려 100,000푼트의 은화가 나왔다고 한다. 알렉시오스의 은화를 현재의 미국 달러로 환산해 보면, 무려 700만 달러에 이른다는 것이다. 거액의 금화가 알렉시오스의 작은 방에서 나타났다고 하니, 제국의 부패상황은 충분히 이해하고도 남음이 있을 것이다. 공주 초에는 62세에 이르러 황제위에 오른 콘스탄티노스 9세(1042~1055)와 결혼했다. 테오도라는 1050년 초 수도자동아리에 입문했다가 사망했다. 황제는 테오도라의 형부요, 초에의 남편이었다. 황제 콘스탄티노스 9세는 테오도라를 애도하여 마리아 대성당을 테오도라의 초상화와 조각물로 장식했다고 한다. 황제 콘스탄티노스 9세는 가난한 사람을 위하여 병원과 빈민 구제소를 세워 운영하였고, 문학과 예술을 후원했다. 황제는 1055년 사망했다. 공주 초에는 수도자동아리에 입문했다가 나와 황제위에 올랐다. 그러나 초에는 1056년 사망하고 말았다. 공주 초에의 죽음과 함께 마케도니아 출신 황제의 통치시대도 종말을 고했다.

투르크종족은 1071년 비잔티움제국 역사에 처음으로 등장했다. 투르크종족은 만치케르트에서 비잔티움제국과 충돌하면서, 비잔티움세계 무대로 진입했다. 당시 비잔티움제국 통치자는 황제 로마노스 4세(1068~1071)였다. 투르크종족과 비잔티움제국 사이에서 벌어졌던 만치케르트 전투(1071년)는 결국 투르크종족의 승리로 장식되었다. 한편, 비잔티움제국의 로마노스 4세는 만치케르트 전투에서 전사하고 말았다. 로마노스 4세를 계승한 비잔티움제국 황제는 미카에르 7세(1071~1078)였다. 그러나 투르크종족은 미카에르 7세의 상대자인 니케포로스 3세(1078~1081)를 황제위에 앉히게 되었다. 투르크종족은 다시 니케포로스 3세를 폐위하고, 알렉시오스 콤네노스 1세(1081~1118)를 제국의 황제위에 앉히면서, 새로운 정치상황을 전개하기 시작했다. 그러나 비잔티움제국은 로마노스 4세 이후부터 제국 기능을 거의 상실한 데다 알렉시오스 콤네노스 1세 즉위 이후 제국기능은 완전히 중단되었다. 제국 정치상황은 제국 기능의 마비상태라는 혼란을 극복하지 못했다.

투르크종족은 제국의 이런 혼란 상황과는 반대로 1076년 예루살렘을 정복한 데 이어 소아시아를 정복했다. 투르크종족은 비잔티움제국의 중심 도시인 콘스탄티노플을 침입했다. 제국의 북부 지역에는 파트나치크종족과 쿠만 종족이 세력을 확장했다. 이들 파트나치크종족과 쿠만종족도 투르크종족과는 별도로 콘스탄티노플을 침입했다. 이탈리아의 비잔티움제국 영지는 노르만종족의 공략 대상으로 변화했다. 노르만종족은 이미 오래 전부터 남부 이탈리아에 정착하고 비잔티움제국 해상함대의 정박지인 시칠리아를 위협하며 시칠리아뿐만 아니라, 아드리아해 연안의 비잔티움제국 영지를 공략하기 시작했다. 비잔티움제국 역시 지중해의 외부 근거지를 노르만종족과 같은 외적으로부터 방어하기 위하여 지중해 해상함대를 활용하기 위한 정책으로 대응해야 했다. 당시 비잔티움제국 해상함대는 아드리아해 연안의 베네치아에 진지를 유지했다. 콘스탄티노플의 알레시오스 콤메노스 1세는 지중해 해상함대를 활용하여 제국 영지의 교회조직과 군대를 보호해야 한다는 운명의 순간을 맞이했으나 지중해연안의 제국 영지를 지키겠다는 용기도 판단력도 발휘할 수 없었다. 비잔티움제국 내부 정치는 이미 투르크종족의 의도대로 운영되던 상황이어서 콘스탄티노플을 향하여 몰려오던 외적에 대해서는 속수무책이었다. 한마디로 알렉시오스 콤네노스 1세의 제국방어 전략이란 오직 투르크종족에게 제국 방어를 맡기는 것 이외에 별다른 방법이 있을 수 없었다. 황제 알렉시오스 콤네노스 1세는 제국의 생명을 100여 년간이라도 연장하도록 제국 방어체제를 축소하여 다시 개편하던 중이었다.

비잔티움제국은 이사우리아왕조와 마케도니아왕조의 통치하에서 몰락의 길로 들어섰다. 당시 비잔티움제국은 남부 이탈리아로부터 소아시아에 걸친 방대한 지역, 즉 그리스, 시리아를 포함하여 치페른, 로도스, 키크파렌, 크레타, 발칸 반도 등의 방대한 지역을 통치했다. 그리스 그리스어계 정통론자동아리회 조직은 발칸 반도를 거쳐 러시아 지역의 불가르종족과 슬라브어계 종족 영역으로 전파되었다.

이스탄불과 지중해세계

이스탄불은 지중해세계의 중심 도시 콘스탄티노플이었다. 10~11세기 지중해세계의 역사는 비잔티움제국에 국한되어 있었다. 이스탄불은 11세기 이후 후기 고전시대 중심도시인 로마, 동부 지중해세계 무역항구인 이집트의 알렉산드리아, 서부 유럽세계에 진출한 사라센 거점도시인 스페인의 코르도바, 사라센의 중심 도시인 이라크의 바그다드와 함께 최고 지중해세계 무역 항구였다. 이스탄불은 사치품과 예술품의 교역지요, 핵심 문화이동지였고 지중해세계와 아시아세계를 망라한 산물 집산지요, 주요 생산지였다. 콘스탄티노플이 이처럼 산물 집산지로 변모했던 이면에는 아르메니아종족과 카파도키아종족을 비롯한 시리아인, 유대인, 불가르종족, 슬라브어계 종족, 그리스인 등 다양한 종족이 주변 지역에서 거주했기 때문이었다. 콘스탄티노플은 다양한 주변종족과 교류 이외에도 멀리 떨어져 있던 북해와 발트해연안의 게르만어계 스칸디나비아인을 비롯한 러시아와 이탈리아는 물론, 여러 이슬람 지역으로부터 원거리 상인동아리와 군대가 빈번하게 찾아왔던 활발한 문화 이동지역이었다. 그래서 콘스탄티노플 인구는 이미 11세기 이전에도 수백만을 돌파한 상황이었다. 그런데도 콘스탄티노플의 주인공은 그리스어계 귀족이었다.

콘스탄티노플은 지중해세계에서 중심위치를 차지했는데도 콘스탄티노플 시장 자체가 지중해세계 시장이 아니었다. 콘스탄티노플 시장은 오아시스왕국의 상인동아리 조직을 거느리고 중국과 인도의 산물까지 끌어들이는 흡수 능력을 발휘했다. 즉, 콘스탄티노플 시장은 지중해 연안뿐만 아니라 중국과 인도의 산물까지 거래하는 과히 주요한 세계 시장이었다. 콘스탄티노플은 세계의 중심 도시나 다름없었다. 콘스탄티노플 거리는 휘황찬란하게 장식된 황제 궁전과 영주 저택이 즐비했고, 콘스탄티노플 번화가는 수백 개에 달하는 교회가 들어 차 있었다. 교회로 둘러싸인 콘스탄티노플은 도시 외형에 걸 맞는 품위를 유지했다. 콘스탄티노플의 중심지에는 황제 교회인 마리아 대성당이 자리 잡았다. 마리아 대성당은 황제 도시의 외형을 장엄한 찬미가의 선율에 담아 세계인의 교회다운 면모를 과시했다. 마리아 대성당은 또한 현등과 십자가로 세계인의 교회라는 표지를 가냘프게나마 부착한 채 웅장한 외형을 갖추고 세계인의 도시답게 황제인 최고 사제동아리 수장의 도시 면모를 아울러 과시했다. 콘스탄티노플은 대주교 관구 도시였다. 콘스탄티노플은 시리아, 소아시아, 알렉산드리아, 그리스 지역을 포함한 서부 유럽세계 교회를 통제하던 대주교 도시였다. 거기다 콘스탄티노플은 거래질서와 유통질서의 세계 도시로서 마리아 대성당을 중심으로 늘어선 교회 사이에는 귀족과 대상인동아리의 우아한 저택이 즐비했다. 물론 귀족과 대상인동아리의 저택은 해안 저택이나 내륙의 영주 저택을 막론하고 세계인의 모든 건축양식을 응용하여 당대에 찾아보기 힘들 정도로 최고 문화수준을 누리었다.

콘스탄티노플은 당대 지중해세계뿐만 아니라, 세계인의 예술 중심지로 자리 잡았다. 콘스탄티노플에 거주하던 귀족과 대상인동아리의 문화수준은 건축자재와 생활 도구에서도 확연히 드러났다. 건축물은 대리석 제품과 벽화에다 모자이크 조각품으로 장식되었다. 비잔티움 건축은 세계 각지의 건축양식을 응용하여 새로운 건축양식을 창출했다. 귀족과 대상인동아리의 저택은 도자기와 고급 직조제품으로 치장한 내부 생활의 가재도구에서도 높은 문화수준을 드러냈다. 귀족과 대상인동아리를 비롯한 황제 권력동아리 구성원은 양탄자를 저택 내부생활에 활용했고 그 구성원의 의생활 재료 역시 명주 비단과 명주 무늬의 직물제품이었다. 당시 콘스탄티노플은 이미 유행의 중심권을 형성했다. 귀족과 대상인동아리의 저택생활은 다양한 가구를 활용했다. 고급가구는 은과 상아로 수놓은 문짝에다 그림이나 조각물로 장식된 가구문짝까지 사용했다. 이 가재도구는 예술경지에 이르렀다. 거기다 가재도구 중에서도 식기류는 금과 은으로 만들었다. 이런 생활 가재도구에 못지않게 비단 무늬 역시 당대 문화수준을 짐작케 한다. 명주 비단은 뾰족한 모양의 모피로 알록달록한 수를 놓았다. 물론 비잔티움제국의 이런 명주 비단은 사회수준을 반영한 귀족동아리의 사치품이었다.

귀족동아리의 사치품인 명주 비단은 귀족과 대상인동아리의 생활수준과 그 지위를 반영했다. 비잔티움제국 사회뿐만 아니라, 중세 이전의 어떤 사회에서도 장식품은 생활수준과 지위를 반영하고, 의례관습을 제국구성원에게 전달하던 도구로 활용되었다. 여러 가지 장식품은 명주 비단에 놓아졌던 수의 모양처럼 의례관습을 거치면서 발원되던 황제 권위를 장중하고 엄숙하게 포장하여 전달하던 상징물로서 주변의 제 3자에게까지 의례관습 의미를 이동하는 통치도구 기능을 담당했다. 비잔티움지역, 특히 콘스탄티노플에서는 의례관습 의미를 더욱 엄숙하게 전달하기 위하여 거리행진이나, 기념축제에서 운동경기를 개최하는 경우도 있었다. 의례관습 주관자는 군중 대열 속을 지나가면서 관중의 시선을 집중시키고 관중은 의례관습 주관자 모습을 바라보면서, 의례관습 의미를 더욱 증폭시켰다. 여기서 의례관습 주관자와 청중의 구분에도 비단의 수와 같은 장식품과 표지물을 활용했다. 비잔티움제국에서는 모든 장식품을 사법 서류 조서처럼 작성하여 항목의 표지물을 국가 법률로 정하여 통제했다.

콘스탄티노플의 도시 규모는 방대했다. 당시 콘스탄티노플은 세계 재산의 2/3를 유통시켰을 정도로 방대한 세계 도시였다. 익명의 연대기 저술가는 여성의 걸음걸이 보다는 남성의 걸음걸이가 훨씬 당당했다고 지적하고 있다. 이 연대기 저작자의 시각에서는 심지어 콘스탄티노플 거리를 오가던 거지까지도 비 그리스어계 종족왕에 못지않아 보였다는 것이다. 비잔티움제국 정치는 외부에 대해서는 경색돼 보였으나 내부로는 언제나 상황에 따라서 탄력 있게 대처했다. 비잔티움제국 귀족동아리는 경마장이나 황실에서 최신형의 화려한 복장을 입어 지위와 신분을 표지했다. 특히 거기다 귀족은 여자 종복을 거느리고 지방 거리를 누비고 다녔다. 그럼에도 비잔티움제국에서는 귀족동아리가 선망의 대상만은 아니었다. 극빈한 유랑민은 귀족을 증오하고, 고위 성직자에게 입에 담을 수조차 없는 욕설을 퍼부어댔으나 귀족동아리와 고위 성직자동아리는 극빈한 유랑민의 욕설이나 저주에도 무관심하게 지나갔다. 고위 성직자동아리의 성사관습도 신을 숭배하는 둥 마는 둥 아무런 의미 없이 거치는 일상의 과정처럼 진행되었다. 고위 성직자동아리의 이런 성사관습 태도는 비잔티움세계의 타락상을 그대로 반영한 것이었다.

콘스탄티노플은 다양한 종족구성원으로 구성된 100여만의 인구를 거느린 항구도시였다. 다양한 종족구성원의 생활언어 또한 다양했기 때문에 질서유지에 필요한 언어는 그리스와 라틴어였다. 물론 다양한 종족구성원의 다양한 생활언어 계약관습은 라틴어 사법관행을 표준으로 삼았다. 이런 콘스탄티노플 사회 역시 그 타락상이 그대로 확산되어 타락 자체가 당연하게 인식되었다. 심지어 무자비한 범죄행위에 대해서조차도 인간의 감각은 마비되어 있었다. 시민 모두가 범죄 방조자나 공범자로 변해 있었다. 제국정치에는 부정과 부패가 횡행했고 권력남용은 당연한 제국 정치규격으로 인식되었다. 대도시인 콘스탄티노플에서는 대낮에도 살인, 강간을 비롯한 제국질서를 파괴하는 불법행위가 끊임없이 자행되었다. 이것은 복잡한 도시상황을 그대로 반영하는 것이었다. 비잔티움제국 구성원은 노동에 대하여 아예 관심조차 없었다. 제국구성원은 양곡, 기름, 포도주를 국가로부터 배급받았고, 경마장에서 말몰이 경기를 관찰하는 것이 고작이었다. 그런데도 제국구성원 사이에는 극단에 가까운 사고방식이 팽배했다. 극단의 사고방식이 교차되던 사회일수록 시민으로서 명망과 부모에 대한 공경이 더욱 중요하게 인식되기 마련이었다. 황제는 아예 제국구성원의 눈에는 나타나지도 않았다. 황제는 병원, 고아원, 양로원과 같은 빈민 숙식처를 돌보며, 이들 기관을 풍족하게 지원하는 인물로 인식되었다.

비잔티움제국에서도 귀족동아리는 국가 관리자로서 군대를 지휘하고, 정책을 선택하여 추진했다. 귀족동아리는 부유한 도시 구성원과 공동으로 제국의 혜택을 받으며, 최고의 물질생활을 영위했다. 귀족동아리는 비잔티움세계, 서부 유럽세계, 아시아세계에서도 최고의 물질생활을 영위했다. 크리스트교세계의 귀족동아리 역시 풍족한 물질생활을 구가하며, 성직자의 탈을 쓰고 제국구성원과 동떨어진 사고방식으로 살아갔다. 그런데도 귀족동아리의 물질욕은 끊임없이 확대되어 개간사업으로 이어지었다.

비잔티움세계 생활질서와 유통질서, 그리고 생산질서(10~11세기)

비잔티움제국에서는 개간사업을 주로 이동종족의 활동 영역을 중심으로 추진했다. 제국영역으로 이동했던 종족은 주로 그리스 지역을 개간했다. 서남 아시아로부터 유입됐던 단성론자인 이단자동아리는 그리스의 트라키아에 정착하여 기존 게르만어계 종족구성원과 함께 방대한 지역을 개간했다. 고트계 이동종족은 트라키아와 일리아에 정착하여 개간활동을 전개했다. 랑고바르드종족은 판노니아의 제국영역을 개간했다. 슬라브어계 종족은 그리스의 마케도니아에 일단 정착하여 개간했다. 슬라브어계 종족은 10세기 그리스의 펠로폰네소스에 정착했다. 슬라브어계 종족은 거기서 아티카와 테살리아로 이동했다. 슬라브어계 종족이 펠로폰네소스에서 빠져나온데다 비잔티움의 가내 노예제까지 무너져 대도시 안정 역시 인구 감소로 흔들리었다. 가내 노예제가 종족이동으로 무너지고 있었다는 것은 '고전시대 로마형의 농장제'가 붕괴했다는 것을 반증하고 있다. 고전시대부터 지켜지고 있던 '로마형의 농장제'는 경작지 개간에 주요한 장애요인이 되었다. 거기다 자유, 즉 비 예속과 예속의 문제를 현대 세계사까지 전파시키면서, 인간 생각의 장애요인으로까지 인식되었다. 고전시대 로마형 농장은 주로 유력자 손아귀에 들어갔고 주로 교회조직이나 수도자동아리와 같은 자선 단체의 전유물이 되어 실제로 통치자 소유나 다름없었다. '고전시대 로마형 농장'의 영지는 비잔티움제국 대부분을 차지했다. 자유민이나 소작농은 이 농장 토지 경작자였다.

비잔티움세계에서 '자유민'은 농장 영주와 개인의 계약 기간이 완료되어 농장 영주의 예속 상태를 벗어난 사람이었다. 또한 '소작농'이란, 농장 영주와 개인의 계약으로 경작지에 얽매여 이주 자유를 상실한 사람이었다. 농장의 토지를 관리하던 경작자는 자유민과 소작농이었다. 비잔티움제국에서 통치자의 관심은 영지 소유권을 개인 재산에 일치시키는 데 있었다. 제국 통치자의 입장에서 영지 소유권을 개인 재산에 일치시키게 되는 경우, 제국 재정에 대한 문제가 해결될 수 있었기 때문이었다. 영지는 물론 개인 재산이어서 제국 통치자 역시 개인 영지를 좌지우지할 수 없었다. 그러나 제국 통치자는 영지 소유권을 황제 재산에 일치시키는 데 여러 가지 장애요인을 떠안았다. 흉년이 다가 오면, 농민은 토지를 헐값으로 농장 영주에게 방매하게 되는 사례가 빈번히 일어났고 11세기 봉건제 완화와 함께 자영 농민도 출현하기 시작했다.

영지 중심의 생산 질서에 근거하여 비잔티움세계와 서부 유럽세계의 생산 질서를 대비하는 경우, 이 두 세계의 생산 질서 경계는 알프스 산맥이었다. 서부 유럽세계인 알프스 이북은 농업이란, 생산 질서를 도시와 산업의 생산 질서에 연계시켜 분석하는 경우, 알프스 이북, 즉 유럽세계의 생산 질서와 유통질서는 비잔티움세계와 달랐다. 비잔티움세계인 콘스탄티노플과 살로니키지역의 종족구성원을 중심으로 분석하더라도, 이 지역의 종족구성원은 계급관습과 신분관습에 억눌린 저항감 때문에 과격한 사회 변혁을 지향했다. 그런데 이들 지역에는 무산자가 지역사회 구성원의 주류를 형성했다. 무산자와 다르게 비잔티움제국의 중간 신분구성원은 대개 근면하고 성실한 생활을 꾸려가며 질서 흐름을 간파할 수 있을 정도의 지식을 갖추고, 기존 생활관습을 올바르게 유지하려는 보수 성향을 띄었다. 비잔티움제국의 이 중간 신분구성원은 무산자나 전문가를 고용하던 고용주 위치에서 비잔티움세계의 생산 질서와 유통질서를 이끌며 특히 노동자와 예술가를 비록한 상인동아리와 법률 등의 전문가동아리는 물론, 금전 대부상 등으로 제국 거래질서를 주도했다. 비잔티움세계의 이런 거래질서는 근대 산업사회에서 다양한 기능을 담당하는 주식회사와 같은 제국 통치체제로 국가를 변화시키는 원동력이 되었다. 비잔티움제국에서 이런 거래질서가 다양한 기능을 담당하도록 만든 매체는 제국 '화폐'였다.

비잔티움제국은 당시 지중해세계에서 화폐제도를 안정되게 운영했다. 비잔티움제국은 또한 안정된 화폐에 바탕을 두고, 조선 사업을 주관하며 항만을 감독하고 관리했고 특히, 해적행위와 같은 해상 사고를 염두에 두어 자유교역을 보장하여 교역 상품에 대한 유통세와 물품세를 부과하기 위한 조처로서 보험제도 고안과 함께 금융 대부업을 주관했다. 물론 비잔티움제국은 아르메니아인, 시리아인, 이집트인과 같은 다른 종족계 상인동아리에게도 생업활동을 허용했다. 서부 유럽세계 상인동아리 중에는 이탈리아 피사를 비롯한 제노아와 베네치아 등지의 상인동아리가 주류를 이루었다. 이외에도 비잔티움으로 몰려왔던 상인동아리 중에는 유대계 상인과 러시아계 상인을 비롯하여 카타르 상인동아리도 포함되어 있었다. 비잔티움제국은 각 지역에서 모여든 이 상인동아리에게 콘스탄티노플 시내에는 물론, 주변

지역에서까지도 생업활동을 허용하여 이 외지 상인동아리가 비잔티움지역의 생산물을 구매토록 허용했다. 비잔티움제국에서는 상업의 발전과 함께 자연히 황실 화폐를 매개로 한 은행업, 대부업, 환전업 등도 등장했다.

비잔티움세계의 금융업은 베네치아와 같은 이탈리아 도시 국가에서 상업주의를 발아시키는 계기로 작용했던 랑고바르드종족의 금융업처럼 운용되었다. 그런데도 비잔티움제국은 이미 13세기 이전부터 세계를 포괄하는 방대한 신용관습을 만들어 내는 한편, 거래질서와 유통질서를 국가조직으로까지 흡수했다. 화폐는 거래질서와 유통질서의 구성물로서 상품과 신용의 표지였다. 화폐는 시각작용에 들어오지 않는 신용과 가치를 시각의 규격으로 환산할 수 있는 영역으로까지 그 효력을 넓히며 끊임없는 경쟁 심리를 유발했다. 지중해는 비잔티움세계와 서부 유럽세계를 이어주던 문화이동 바다였다. 지중해 문화는 동쪽에서 서쪽으로 이동했다. 특히, 비잔티움세계 문화는 서쪽으로 이동하여 유럽 남부의 종교동아리와 권력동아리이동, 거래질서와 유통질서를 비롯한 유럽 남부의 생산 질서에까지 영향을 미쳤다. 그러나 비잔티움세계의 문화이동 방향도 7세기 이후 다시 동부 유럽세계로 향하기 시작했다. 유럽세계는 비잔티움세계의 문화이동 영향으로 12세기 지역국가라는 권력동아리의 생명체를 찾아내기에 이르렀다. 최초 지역국가의 생명체는 바로 프랑스였다. 스페인은 프랑스 주변에 위치했으나 아랍인 지배하에 있었다. 프랑스와 스페인은 비잔티움세계 문화를 수용하여 서부 유럽세계의 문화 발원지로 등장했다. 즉, 비잔티움세계의 문화이동 영향으로 지중해로 이어진 유럽 남부는 새로운 문화인 유럽세계 문화 발원지가 되기 시작했다. 그런데도, 12세기 비잔티움세계의 제국구성원은 서부 유럽세계에서 몰려 간 십자군의 초라한 유럽세계 인간 모습을 바라보고 조롱거리와 우스갯 거리로 삼았을 것이다.

비잔티움세계 예술과 유럽문화 여명시대 세계의 중세 유럽

비잔티움세계 예술은 9세기부터 11세기 거의 만개했다. 비잔티움제국의 성상파괴 운동(726~842)도 사회와 정치를 혼란의 소용돌이로 몰아갔으나 예술영역에서는 적어도 만개의 자극제가 되었다. 비잔티움세계 예술은 성상파괴 운동을 거치면서 종교 주제를 서서히 탈피하고 자연 질서와 생활 질서의 소재에다 가정생활과 자연

질서의 풍경을 포함하기 시작했다. 물론 인간과 자연의 주제에는 동물과 식물이 예술의 소재로 선택되었다. 또한 비잔티움세계 예술소재에는 역사 기록물에 등장하던 사건이나 권력동아리 가문의 보호자까지도 발췌되었다. 콘스탄티노플의 마리아 대성당 역시 9세기에야 새로 단장했다. 마리아 성당의 중간 원형 천정은 지진으로 파손되었다가 975년 다시 보수되었다. 마리아 대성당은 중간 원형 천정에 장식된 크리스트 상을 무지개 빛깔 무늬의 모자이크로 단장했고 마리아 대성당 청동문은 838년까지 계단식이 아닌 평지에 세워졌다. 물론 이 청동문 양식은 서부 유럽세계 수도자동아리 은신처와 교회 건물의 건축양식으로 확산되었다. 콘스탄티노플 마리아 대성당의 청동문 양식은 이탈리아 몬테카시노 수도자동아리 은신처, 그 다음 1070년 아말피의 주교좌 교회, 로마의 싼 바오로 교회(San paolo fuori le mura)의 교회 건축물에 모방되었다.

비잔티움제국의 황제 교회와 황제 영지 성당은 거의 콘스탄티노플뿐만 아니라, 외부에서도 모든 황제와 함께 발전했다. 황제 교회는 시리아인의 설계로 둥근 나선형의 벽난로를 3면벽으로 설치하여 황제 기도실을 갖추었다. 황제 기도실의 설계 구도와 기도실에 비치된 애호 물품은 칼리프 하룬 알 라쉬드의 궁정에 비치된 것과 거의 유사했다. 비잔티움제국의 국교는 그리스어계 정통론이었다. 그런데도 비잔티움제국은 다양한 문물을 이슬람 지역으로부터 수용하고 외부 문물을 비잔티움세계 건축물 구성양식으로 정착시켰다. 비잔티움지역은 이슬람지역으로 부터 문물을 수용하기 이전에도 사산왕조 통치하의 페르시아 지역으로부터 문물을 수용하여 다양한 예술 양식을 고안했다. 비잔티움제국 수도자동아리 은신처는 10세기 풍부한 자산에 힘입어 제국 수도자동아리 은신처처럼 다양한 예술양식으로 치장했다. 특히 10세기에 이르러 아테네의 리이바라 수도자동아리 은신처와 이비론 수도자동아리 은신처가 황제 수도자동아리 은신처 수준으로 단장했다는 것은 비잔티움세계 수도자동아리 은신처 단장의 영향으로 소아시아의 그루지아, 아르메니아, 카자흐 등의 수도자동아리 은신처도 비잔티움세계 예술양식을 수용하여 새로 신축하기 시작했다는 증거인 것이다. 이집트의 고트계 크리스트교동아리도 역시 비잔티움세계 건축물 양식인 둥근 원형 교회 건축물을 수용하여 건축하고 파라오와 톨레미시대 궁정양식, 로마시대 예술양식, 비잔티움세계 예술양식, 모슬렘 예술양식까지 융합하여 새로운 건축양식으로 교회 건물을 건축했다. 이처럼 비잔티움세계 예술양식은 수도동아리 은신처 건축양식에 부착하여 주변세계로 이동했다.

비잔티움제국의 성상파괴운동은 대다수 수도자동아리와 지방민을 비잔티움제국에 반발토록 자극하여 이탈리아사회 변화로 이어졌다. 비잔티움제국에서 성상파괴운동에 대한 반대는 곧 6세기부터 9세기 동안 성상파괴에 대한 반대자인 수도자동아리와 지방민을 교황청 보호관습 영역으로 흡수하여 로마 교황청의 보호관습 확대로 작용했다. 그러나 비잔티움제국에서 성상파괴에 반대하여 로마 교황청의 보호영역에 들어왔던 수도자동아리나 상인동아리조차도 비잔티움제국 예술에 대한 찬사를 보냈다. 이 상인동아리와 수도자동아리는 바리, 오트란토, 베네벤트, 나폴리, 로마 등의 이탈리아 도시를 무대로 비잔티움제국 예술을 선전했고, 이들 도시의 수도자동아리와 상인동아리의 활동이 카스테르세르페리오, 베르가모, 마르 등의 지역으로까지 확대되면서 비잔티움제국 예술에 대한 찬사 역시 그 영역을 확장했다. 즉, 지중해세계 전역으로 비잔티움제국 예술에 대한 찬사는 확산되었다. 예술양식은 비잔티움세계와 서부 유럽세계를 하나의 세계로 묶었다. 비잔티움제국 예술양식과 예술품에 대한 찬사는 카롤루스 막뉴스 가문 시대 황제 수도자동아리에서도 빠뜨리지 않았다. 메스의 고르체 수도자동아리 은신처에서도 흔히 비잔티움제국의 예술품을 선호했다는 것은 현재 메스성당에 비치된 황제 카롤루스 막뉴스의 외투와 아헨 성당에 비치된 명주 비단이 모두 비잔티움세계의 교역품이라는 점에서 비잔티움제국 예술품과 예술양식이 서부 유럽세계에 거의 일반화되어 있었다는 의미를 보완할 수 있을 것이다.

비잔티움제국 예술품과 예술양식에 대한 선호의식은 교황청과 영지 주교청에서도 만연된 상황이었다. 교황청과 영지 주교청은 비잔티움제국 황실의 궁정예식과 함께 황실의식에 관련된 예술양식과 예술품을 수세기에 걸쳐 사용했고 종교동아리의 교리 실천이나 교의이동 수단으로도 예술양식과 예술품을 활용해왔다. 이탈리아에 주재하던 비잔티움제국 황제의 총독은 6세기부터 8세기에 이르기까지 아벤틴 영지의 라벤나에서 이탈리아의 비잔티움제국 영지 통치자로서 비잔티움제국 예술품과 예술양식을 이탈리아 지역으로 이동시키는데 중추 역할을 담당했다. 물론 로마도 라벤나 총독의 관할영지였다. 그래서 로마에는 이미 800년경부터 6개의 그리스 정통파동아리 수도자동아리 은신처가 들어와 비잔티움제국의 보석세공 기술이동 장소가 되었다. 금세공 예술과 보석세공 예술은 비잔티움제국 예술 특징이었다. 비잔티움제국의 금세공과 은세공 예술은 제국의 총독 관할영지를 거쳐 서부 유럽세계로 이동했다. 보석세공 예술은 13세기까지 지중해세계 보석시장을 석권했고 그 단편은 현재까지도 이탈리아의 베네치아에 있는 싼 마르코 교회에서 보존되고 있다. 사제동아리 수장 교회인 싼 마르코 교회를 금세공이나 보석세공 예술품으로 장식했다는 점은 그 교회 위치를 짐작케 하고 있다.

시간이 경과함에 따라서 예술에 대한 인간의 욕망은 다양한 소재와 자료를 지향했다. 비잔티움제국의 성자상과 성모상은 성상파괴운동을 거치면서 다양한 모습을 띠었다. 성상파괴 운동 이후 성모상과 성자상 조각에도 템페라 안료를 도입하여 템페라 안료로 목재를 채색한 다음 성자상과 성모상을 각인한 다음 그 성자상과 성모상을 에나멜 액자나 금액자로 표구하여 수요자에게 공급했다. 성상파괴 운동 이후 대체로 성자상이나 성모상의 조각 기법은 인간과 동물의 몸놀림을 수용하여 자연미에 새로 접근했다. 즉, 그림으로 성모나 성자의 신체 일부를 묘사한 표현기법은 4종류의 색깔로 배합하여 살아 있는 모습으로 성모나 성자를 표현했다. 이것은 비잔티움세계 예술이 성상파괴운동을 거치면서 딱딱한 종교동아리 예술 경지를 이탈하고, 새로운 기법으로 자연물 주제를 선택하여 접근하기 시작했다는 것을 반증했다. 비잔티움제국 예술은 종교동아리와 함께 주변지역으로 이동했고 종교동아리에 대한 근본 인식조차 바꾸어놓았다. 우즈베크의 키예프로부터 서부 유럽세계인 카디츠에 걸친 거의 전체 지중해세계가 비잔티움제국의 이런 예술 영향을 받아 종교동아리의 성사관습을 장중함을 더해갔다. 거기다 각 지역의 종교동아리에 부착된 비잔티움제국 예술은 색깔 강도를 발하면서, 성사관습 분위기를 고조하여 성사관습 진행단계를 돋보이게 했다. 이런 비잔티움제국 예술 장식품은 시리아의 예술 관행과 함께 이슬람의 건축양식에까지 부착하여 모자이크 예술양식을 이슬람 장식예술로 정착시켰다.

물론 이런 이슬람 장식예술은 콘스탄티노플의 사도 교회를 모방한 것이었다. 콘스탄티노플의 사도 교회는 비잔티움제국 예술양식을 대표했다. 콘스탄티노플의 사도 교회에 도입된 건축양식은 이탈리아의 비잔티움제국 영지 통치자인 총독, 즉 대주교 관구 교회인 베네치아의 싼 마르코 교회에까지 유입되었다. 베네치아는 물론 초창기부터 비잔티움제국 예술 영향을 수용하여 다시 프랑스와 도이취어게 제국의 아헨 영지로 이동시키는 예술 교류 지였다. 이것은 모두 비잔티움제국 예술이 종교동아리를 거쳐 서부 유럽세계로 이동했다는 것을 반증하고 있다. 서부 유럽세계에서처럼 불가르종족도 종교동아리를 통하여 비잔티움제국의 장식 예술을 수용했다. 불가르종족 영역에서는 차르 블라디미르가 그리스그리스어계 정통론자동아리로 개종한 이후부터 비잔티움제국 예술이 종교동아리를 통하여 유입되기 시작했다. 특히, 그리스그리스어계 정통론은 불가르종족을 거쳐 러시아 지역으로 이동했다. 따라서 비잔티움제국 예술은 종교동아리를 통하여 사방으로 이동하여 여러 지역의 예술양식에 영향을 미쳤다.

비잔티움제국의 보편주의

비잔티움제국 문화는 5세기부터 12세기까지 700년이라는 장구한 시대를 거치면서 유럽 세계에 정착했다. 유럽세계에 반영된 비잔티움제국 문화는 13세기와 14세기에 걸쳐 진행된 이탈리아 사회의 재구성 과정, 즉 르네상스를 거치면서 다시 이동하기 시작했다. 비잔티움제국 문화가 이처럼 커다란 의미를 부여받게 되었던 이면에는 무엇보다 유럽세계 내부의 문화운동 때문이었다.

비잔티움제국 문화는 실제로 유럽세계 인간들이 평가하는 것 이상으로 유럽세계 문화에 다대한 영향을 끼쳤다. 특히, 유럽세계가 크리스트교를 수용하면서 크리스트교와 함께 비잔티움제국의 행정조직과 외교 방법을 비롯한 조세와 재정제도가 유럽으로 유입되었다. 거기다, 크리스트교와 함께 유럽세계는 종교 관행과 함께 예술과 신앙 관행까지 비잔티움제국 문화로부터 계승했다. 그런데도 유럽세계 인간들은 이런 비잔티움제국 문화 영향을 망각하고, 유럽세계 인간의 창의성을 지나치게 강조하는 경향을 역력하게 드러내고 있다. 비잔티움제국 문화도 노예와 예속민의 노역이라는 피와 땀의 결정체였다. 비잔티움제국의 노예와 예속민은 궁정이나 예배당 천정과 벽을 금으로 장식하고, 대리석을 잘라서 바닥에 깔았던 실제 예술가였다. 물론 비잔티움제국 사회를 움직였던 원동력은 귀족동아리 구성원의 의지였다. 이런 비잔티움제국 사회 결속력은 미약하기 마련이었고 인간관계 역시 냉혹할 수밖에 없었다. 따라서 비잔티움제국 사회 결속력 요체인 신앙심 역시 두터운 것 같으면서도 허약하기 마련이었다. 비잔티움제국 구성원의 신앙이란 믿는 척 하는 것에 불과했다. 비잔티움제국 구성원 대다수에게서 나타났던 미신, 광기, 무지까지 고상하고 순수한 양식 이면에 가려진 채 실체를 드러내지 못했다.

학문동아리나 철학동아리의 이론이나 전문 지식 원리도 소수 동아리 구성원의 자유의지에 불과했을 뿐 무지, 독단, 정통으로 포장되어 오히려 자유의지를 말살하는 장벽으로 둔갑해 있었다. 물론 비잔티움제국 학문동아리와 철학동아리의 이론이나 전문 지식 원리는 그리스어계 인간의 사고방식에서 스며나와 무지, 독단, 정통론을 씻어 내려는 데 더 이상 도움이 되지 못했다. 비잔티움제국 구성원은 학문동아리나 철학동아리의 이론이나 전문 지식 원리인 독단 때문에 창의력을 자유롭게 발휘하지 못했다. 그래서 비잔티움세계에서 나온 어떤 문학작품도 이슬람세계에서 흐르고 있는 것과 같은 인간 세계의 환상영역을 완벽하게 구상할 수는 없었다. 즉, 비잔티움제국의 문학작품은 개인의 환상 영역을 자극하면서도 개인의 환상 영역을 소재로 다루지 못했다. 비잔티움제국의 문학작품은 종교동아리 소재에 집착한 나머지 경직함을 탈피하지 못한 면모를 그대로 보여주었다. 강력한 비잔티움제국 신앙은 문학동아리의 창의력이나 새로운 개척을 열어 주기는커녕, 대지를 억눌렀다. 비잔티움제국 종교동아리와 문학동아리에 크리스트가 살아 숨 쉬고 있다는 신학동아리의 족쇄 때문에 오히려 본래 취지는 사라질 수밖에 없었다. 신이 성상을 구원하게 된다는 글자 역시 신의 존재를 지나칠 정도로 과대 포장했다. 국가조직이 곧 교회조직이라는 의례관습이 신의 존재를 살아있는 크리스트의 글자 취지까지 더욱 확대해갔던 것이다.

국가조직과 교회조직의 이런 일체 의식은 이단자동아리를 대역 죄인으로 몰아세우며, 소수동아리와 다수동아리의 공존 영역을 파괴하여 오히려 비잔티움제국 사회조직의 분리요인이 되었다. 특히 비잔티움세계와 서부세계의 교회조직 통합은 비잔티움제국의 재통합 전제였으나, 소수동아리와 다수동아리의 공존 영역 파괴 때문에 크리스트교세계가 분열하여 점차 일장춘몽이 되어 의욕 상실의 늪으로 빠져 들었다. 그런데도 이런 완고한 이분법 사고양식 이면에는 가식에 찬 위선과 진실한 신앙이 이분법으로 정렬된 채 하나의 꾸러미에 묶어져 밝은 미래 역사까지 사회상황이라는 시행착오로 기록할 가능성을 예시했다. 특히, 비잔티움제국 사회조직 내면의 이분법 사고방식은 사회와 문명의 경직에다, 다른 한편 사제동아리 조직의 안정과 사회조직 안정을 동시에 해결해야 했다. 비잔티움제국 사회조직의 계급은 사회조직 경직과 정치 안정으로부터 발생하여 비잔티움제국 쇠퇴를 부채질했다.

비잔티움제국의 국론 역시 사회조직 안정과 사회조직 경직을 동시에 해결해야 한다는 논리 때문에 극단으로 치달았다. 거기다 가식에 찬 위선의 독버섯이 우후죽순처럼 성장하여 진실한 신앙까지도 안정 논리에 밀려 점차 내면으로 잠적해갔다. 종교동아리의 신앙심은 제국구성원을 결속한다는 외투를 두른 채 제국의 정치 본질로 자리 잡았다. 제국 통치 질서는 황제가 제국구성원을 구원한다는 인상 깊은 글귀의 광채로 뒤 덮혀 있었다. 비잔티움제국 구원자 황제는 신의 권한을 대행하는 최고 사제동아리 수장 보다 상위 지위, 즉, 제국 교회조직 정상에 앉아서 신의 권한을 대행했다. 황제는 비잔티움제국 과업을 신정정치 위력에 부착하여 제국을 통치하고 정책을 추진했다. 황제는 종교동아리의 교회조직과 국가조직을 통합하려면 교회조직과 국가조직의 통일을 실현하겠다는 종교동아리의 통일론을 내세워 끊임없는 전쟁으로 포장해야 했다. 그런데도 종교동아리는 교회조직과 국가조직의 지탱 수단이었고, 비잔티움제국을 지켜주는 무기였다. 물론 비잔티움제국은 아무런 문제없이 사회조직과 문화를 계승 유지할 수 있었을 것이다.

비잔티움제국의 결속이념은 종교동아리의 신앙심이었다. 비잔티움제국의 이념은 종교동아리의 신앙심으로 복잡한 정치현상을 유발했으나 중간 관리조직을 활용하여 종교동아리의 신앙심을 제국 이념으로 실행했다. 물론 중간 관리조직은 계서질서로 제국의 모든 분열 위기를 극복했다. 비잔티움제국의 관리조직이 비잔티움제국의 모든 분열 위기를 극복하기 위하여 찾아 낸 정책 수단은 법률이라는 통치도구를 활용하여 유통질서, 거래질서, 생산자질서에다 조세라는 무기를 끼워 넣는 것이었다. 비잔티움제국의 이런 조세제도는 정치, 사회, 종교에 커다란 오류를 범하여 결국 이슬람 세력이 성장할 수 있는 바탕을 제공했다. 이슬람의 준엄한 압바스왕조는 비잔티움제국의 이런 오류가 300년간이나 지속되고 있다는 것을 간과하지 않았고, 새로운 국가조직을 출범시키며 비잔티움제국을 잠식하기 시작했다. 그런데도 비잔티움제국은 100여 년 동안이나 확고한 위치를 유지할 수 있었다.

유럽세계 인간 입장에서 파악하면 비잔티움제국은 아시아의 페르시아와 이슬람 세력을 방어하던 요충지였다. 비잔티움제국은 아시아계 제국과 문화교류 지역이었고 교역 중개지역이었다. 비잔티움제국은 유럽세계 인간에게 종교동아리의 신앙심을 통하여 유럽세계 예술양식을 찾아내도록 영향을 미쳐 유럽세계 인간의 풍속질서를 변화시켰다. 즉, 비잔티움세계 예술은 유럽세계 인간에게 그리스어계 사고양식을 물려주었을 뿐만 아니라 11세기 라틴어 해독력의 확산과 함께 서양 인문주의 전통 모체인 그리스어계 고전 전통을 가르쳐 주었다. 비잔티움세계 예술 영향으로 발원했던 유럽세계 인문주의 전통은 교육관행, 도서관, 궁정 정치영역 등에 파급되어 근대 유럽세계 인문주의 전통으로 자리 잡았다. 물론 비잔티움세계의 그리스어계 고전 전통은 십자군 원정을 거치면서 유럽세계로 완연하게 이동했다. 특히 성상파괴 운동 영향으로 비잔티움세계 수도자동아리가 이탈리아로 도피함에 따라서 그리스어계 필사본도 자연스럽게 남부 이탈리아로 이동한 다음 유럽세계에까지 이르렀다. 그리스어계 필사본은 그리스인의 저작물에 대한 중요함을 중세 유럽세계 인간에게 인식시켰다. 특히 비잔티움제국 수도자동아리는 성상파괴의 두려운 때문에 비잔티움제국을 탈출하고 이슬람과 십자군까지도 물론 두려워했다. 비잔티움제국으로부터 탈출했던 수도자동아리는 유럽세계에서 이탈리아 지역을 중심으로 그리스어계 생활동아리지식을 부흥하기 위한 방법을 강구했다.

중세 유럽세계 인간은 비잔티움제국을 탈출했던 수도자동아리의 손을 거쳐 그리스어계 고전 저작물을 전수받아 중세 유럽에서 인간에 대한 평가기준을 바꾸기 시작했다. 그리스어계 고전 저작물에 대한 해독 능력은 '근대 사회조직 재구성 과정'이라는 르네상스 이론의 핵심으로서 개인의 존엄함을 인식시키고, 라틴어와 그리스어 해독력의 중요함을 중세 유럽세계에 전파하기 시작했다. 특히 라틴어와 그리스어 해독력은 개인의 창의력을 전제하여 인간에 대한 평가기준으로 정착했다. 라틴어와 그리스어 해독력은 비잔티움제국의 성상파괴 운동을 피하여 남부 이탈리아로 도주했던 수도자동아리가 그리스어계 고전 저작물을 중세 유럽세계 인간에게 알려줌으로써 다양한 개인동아리의 출현을 예시했다.

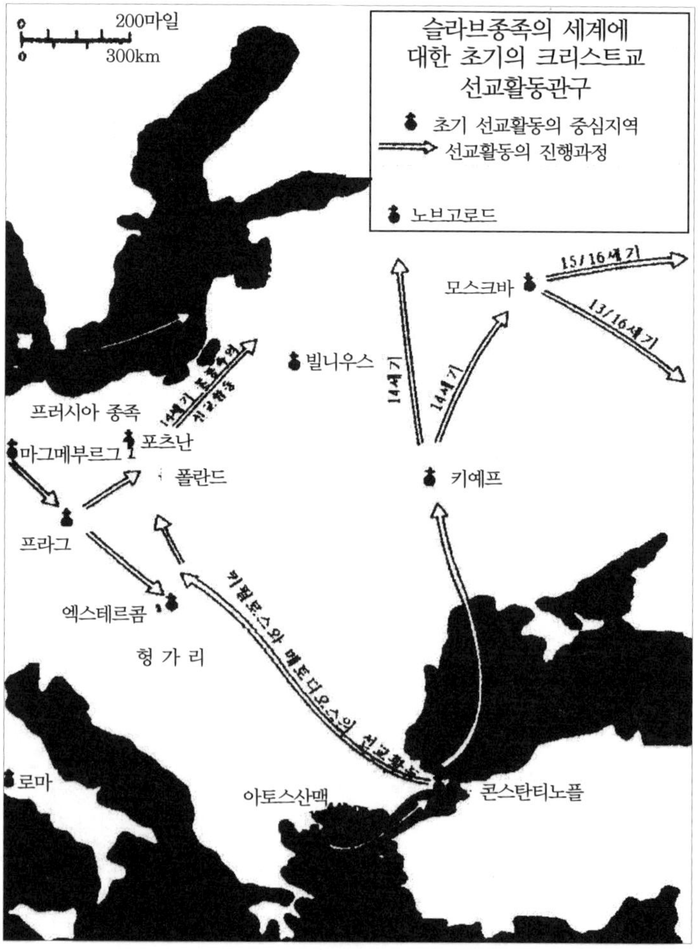

비잔티움제국의 종교와 예술은 물론 불가르종족과 슬라브어계 종족의 세계로까지 이동했다. 비잔티움제국은 크리스트교를 활용하여 불가르종족과 슬라브어계 종족에게 예술 양식과 그 정신을 부여하여 슬라브어계 종족 세계를 유럽 연합에 참여케 했다. 이런 맥락에서 비잔티움제국 문화는 중세 유럽 문화의 바탕이 될 수 있었다. 이런 비잔티움세계 문화가 중세 유럽세계 문화 발원지가 되기 이전인 13세기 이전까지 비잔티움세계와 유럽세계의 활발한 문화이동은 이루어지지 않았으나, 이 두 세계가 크리스트교동아리 발원지에 위치한다는 지리상의 이점에다 비잔티움세계가 유럽세계 역사 영역에 근접했다는 지리상의 이점을 차지했다.

6-2. 페르시아와 이슬람 세계, 지중해 남부 해안지역

사산 왕조(224~651)와 페르시아 문화

아시아와 서양은 서로 대립의미를 지니게 되었다. 아시아와 서양의 대립의미에는 비잔티움세계가 크리스트교세계였고, 아랍세계가 이슬람세계였기 때문이었으나 이 두 세계가 서로 인접지역이라는 의미이기도 하다. 이 두 세계가 대립의미로 활용됐던 기간은 상호 관계로 파악할 때 틀림없이 짧은 기간이었지만, 아랍세계가 비잔티움제국과 대립했던 사산왕조시대 페르시아 영향 아래에 있었다는 선입견에 근거하여 사회와 문화의 표지에까지 연계시킨 결과로 비롯되었을 것이다. 비잔티움제국에 대하여 페르시아제국은 사회와 문화의 표지까지 탈피할 정도로 서로 다른 특징을 지녔다.

페르시아제국 문화는 귀족문화였고 특히 사산왕조시대 페르시아는 완벽한 귀족문화를 유지했다. 사산왕조시대의 페르시아는 3세기경 제국으로 발전했다. 3세기경 페르시아제국은 아프가니스탄을 포함하여 베르트쉬키탄과 소그디아를 비롯한 마르크 등의 도시가 자리잡은 티그리스강과 유프라테스강 유역의 현재 이라크 지역에까지 이렀다. 당시 페르시아제국의 중심 도시는 페르시아의 찬란한 고전시대 문화를 간직하고 있던 크테이폰이었다. 페르시아제국의 문화는 크테이폰을 중심으로 하여 에크바타나, 라비, 모수르, 이스라크르, 수사, 세레우키아 등의 도시 지역에서 피어났다. 페르시아인은 색채와 장식품을 애호했고 페르시아인의 의복 재료 천은 색채와 장식으로 수놓아진 바탕이었다. 사산 왕조시대의 궁정의식과 궁정예절은 비잔티움세계와 상거래와 문화교류를 통하여 비잔티움제국 황실로 이동했다. 특히 페르시아제국의 외교관행은 비잔티움제국의 황실 관행으로 정착하여 서부 유럽세계의 외교관행으로 이어졌다. 본래 전사 종족인 페르시아인의 혼인은 하늘이 내려준 천상배필의 만남이란 의미였다. 페르시아 전사는 군대와 인력 필요시에 모집되었다. 페르시아인의 생활관습은 조상숭배관습에서 발원하여 이슬람세계로 이동했다. 이슬람은 페르시아인의 생활관습을 수용하여 남편의 정부인을 규수 방에 한정하여 생활케 만들었다. 이슬람세계에 정착된 남녀 칠세 부동석의 아시아관념도 페르시아인의 생활관습으로부터 비잔티움세계로 이동했다. 페르시아인 세계에서 남편을 조정하던 부인의 힘은 부인 미모와 매력에서 발원했다. 페르시아인의 자녀교육은 종교동아리의 의례관습에 따랐고, 페르시아인의 자녀교육에서 운동경기 역시 중요 남아생활 부분을 차지했다. 페르시아인의 생활관습에서 음악이 있는 곳에는 언제나 신앙, 사랑, 전쟁이 뒤따랐다.

페르시아 학문동아리는 사원에서 활동했다. 페르시아인의 자녀는 사원에서 기본 사회교육을 받았고 페르시아인의 교육언어는 팔라비언어였다. 인도-게르만어계의 팔라비언어는 페르시아인의 상용 언어였다. 이런 팔라비언어는 문학동아리의 창의력과 철학동아리의 존재원리를 비롯한 의학동아리와 자연학동아리의 우주원리를 가르치던 도구언어였다. 팔라비언어를 전달도구로 전문 지식 원리를 만들어냈던 학문동아리 명칭은 드순드 이 샤푸르라는 아카데미였다. 드순드 이 샤푸르 아카데미는 페르시아제국의 최고 학문동아리로서 자연학동아리의 우주원리를 비롯하여 주로 인도나 중국의 천문학동아리의 전문 지식 원리와 측량단위를 가르쳤다. 사산 왕조시대의 페르시아 왕은 수준 높은 교양을 함양하여 그리스 철학동아리의 존재이론 연구를 장려하고 후원했다. 드순드 이 샤푸르 아카데미라는 학문동아리는 봉건 영주나 왕 혈족을 위한 교육기관에 지나지 않았는데도 왕의 후원하에 들어온 이후 세계 각 지역으로부터 수학자와 교사가 모여 들었다. 단성론은 페르시아인 세계에 전문 지식 원리로 정착했고, 네스토리아동아리의 교리인 단성론도 본래 그리스어계 크리스트교세계에서 나타났던 종교동아리였다. 페르시아인은 단성론의 네스토리아동아리의 단성론을 그리스어로부터 팔라비어로 번역하여 습득했다.

페르시아제국의 최고 교육기관인 드순드 이 샤푸르 아카데미의 교사는 크리스트교세계로부터 모여들어 그리스어계 의학동아리의 처방원리와 철학동아리의 존재원리를 연구했다. 페르시아인은 그리스어계 의학동아리와 철학동아리의 전문 지식 원리에 관심을 가진 결과 당시 드순드 이 샤푸르 아카데미에서 플라톤의 새로운 철학동아리 이론이 도입되어 물의 신비의미에 대하여 끝없는 문제를 제기했다. 드순드 이 샤푸르 아카데미의 의학동아리는 페르시아, 중국, 인도, 그리스의 의학동아리 전문 지식 원리를 집성했다. 여러 세계 지역의 의학동아리 전문 지식 원리와 함께 점성술과 마술도 페르시아로 광범하게 이동했다. 사산왕조시대의 지배자 권위는 차라투스트라(Zarathustra)에서 발원했다. 지배자 권위가 차라투스트라에서 발원했던 것은 차라투스트라가 '왕 중의 왕'을 보호한다는 과거 페르시아인의 권위의식에서 나왔기 때문이었다. 차라투스트라는 페르시아인의 신화 속에 등장했던 주인공이었다. 페르시아인은 신화를 전문 지식 원리 덩어리로 만들어 문화를 형성하며 방대한 제국영역을 통치했다. 페르시아제국의 결속매체는 비잔티움제국이나 중세 유럽세계에서처럼 여전히 종교동아리의 신앙심이었다. 사산왕조시대 종교동아리는 조로아스터교동아리였다. 페르시아제국의 종교동아리는 역시 성직자동아리의 계서관습으로 조직되어 제국 통치조직 일원이었다. 종교동아리는 제국구성원의 정점에 성직자를 앉히고 성직자가 여전히 제국구성원의 신앙심을 이끌어갔다. 성직자동아리와 제국구성원은 구원과 순결을 정신세계의 표지어로 실천하다가 죽음에 이르면, 내세가 있다는 조로아스터교동아리의 교리내용을 실천했다. 조로아스터교동아리의 경전은 고전시대 이란어인 팔라비어로 쓰였고 페르시아인, 즉 고전시대 이란계 종족를 발원케 했던 매체였다.

페르시아도 사산왕조시대에야 제국으로 발전했다. 페르시아제국의 영역확장과 함께 주변지역의 다양한 종족 생활방식이 이동하여 유입되었다. 540년경 페르시아에도 사탕수수 재배기술, 사탕수수 가공기술이 인도로부터 이동하여 아랍인의 손을 거쳐 이집트, 시칠리아, 모로코, 다시 스페인으로 이동한 다음 결국 유럽세계에까지 전파되었다.

페르시아인은 가축과 말을 이미 대단위로 사육했고 종자까지 개량했다. 페르시아인에게 말은 전쟁에서 승리하기 위한 필수도구여서 우선 빨리 달릴 수 있어야 했고, 다음으로 높이 뛸 수 있어야만 좋은 종자였다. 사산왕조시대에 이르러 페르시아 산업은 가내 단위의 생산체제에다 도시 단위의 유통조직과 생산조직을 결합했다. 페르시아인의 주요 생산품은 비단과 양탄자를 비롯한 귀금속 세공품과 연지 등이었다. 페르시아인의 이런 생산품은 지중해세계로 팔려 나가던 주요 상품이었다. 페르시아의 로스사이데 항구는 중국 상인동아리의 거래 장소였다. 물론 페르시아와 중국 상인동아리의 거래는 주로 물물교환 형식이었다. 당시 유대계 상인동아리는 오와시스왕국의 교역로를 활용하여 페르시아, 비잔티움제국, 이탈리아 상인동아리 사이에서 중간 역할을 담당하며 높은 수익을 올렸다. 교역로, 우편제도, 원거리 교역로는 페르시아제국 도시와 연결되어 있었다. 페르시아 항구는 바다교역로를 활용하여 인도와 교역하며 상품 수요와 공급을 조정하는 기능까지 갖추었다.

귀족은 과도한 보유재산으로 봉건 영주의 지위를 누렸다. 영주 귀족의 종사는 영주로부터 봉토를 지급받았다. 영주는 전쟁을 지휘하고 총독으로서 속주를 통치했다. 총독 영주의 종사는 속주를 관리하고, 속주의 고위 귀족 위치를 차지했다. 사산왕조시대 페르시아 왕은 비잔티움제국의 황제처럼 막대한 금을 마음대로 관리했다. 페르시아제국의 통치 기반은 '아르타베스티아 법전'이었다. 페르시아제국 성직자동아리는 '아르타베스티아 법전'을 해석하고 수정했을 뿐만 아니라 이 법전에 주석을 첨가했다. '아르타베스티아 법전'에 나타난 페르시아 왕 위치는 천자 위치였다. 페르시아 왕이 천자였기 때문에 페르시아 왕은 자연히 천명 대행자 위치를 차지했다. 유럽세계 인간의 시각에서 바라보면 페르시아제국 통치원리도 자연히 소위 신정정치일 수 밖에 없었다. 페르시아인은 천자 개념을 바탕으로 하여 왕의 권한을 신의 권한으로 인식했다.

사산왕조시대의 페르시아제국 지배자 샤푸르 1세(241~272)는 메소포타미아의 유프라테스강을 비잔티움제국과 국경선으로 설정하고 국력을 탁월하게 축적했다. 샤푸르 1세는 시리아를 정복하려다가 실패했으나 샤푸르 1세의 국경선은 현재까지도 시리아의 국경선이 되어 있다. 페르시아가 제국으로 발전할 수 있었던 것은 카룬 지역의 축성정책 때문이었다. 페르시아는 카룬 지역에 대하여 주도권을 행사하면서 제국 영역을 방대하게 확장했다. 사산왕조시대 샤푸르 2세(309~374)는 페르시아제국의 명성과 통치영역을 광범하게 확장했던 페르시아제국 전성기였다. 샤푸르 2세 시대에 이르러, 페르시아제국은 비잔티움제국과 수차에 걸쳐 전쟁을 치렀다. 페르시아제국과 비잔티움제국의 충돌 요인은 중국과 인도로 향하는 비잔티움제국의 교역로를 차지하기 위한 것이었다. 거기다 교역로의 요충지역에 자리 잡은 아르메니아는 비잔티움제국의 속주였다. 샤푸르 2세는 페르시아제국 속주인 아르메니아에 침입한 로마인을 추방한다는 명분으로 비잔티움제국과 전쟁했다. 샤푸르 2세는 동부 국경지대에 정착하던 투란종족을 정복하고 페르시아 제국 영역을 옥수스강과 상크사르테스강 이내의 지역까지 확장했다. 특히 투란종족의 합병과 함께 페르시아제국 영역은 이제 카스피 바다에서 인더스강에 이르는 방대한 제국을 형성했다. 샤푸르 2세 이후인 5세기경부터 페르시아제국은 비잔티움제국의 위협을 받았다.

비잔티움제국과 페르시아제국의 분쟁지역은 구르간 지역이었다. 구르간 지역의 중심 도시는 바르크였다.

사산왕조 페르시아 왕 코스로에스 1세(531~579)는 위대한 업적을 남긴 통치자였다. 코스로에스는 '불사조 같은 사나이'의 별칭을 지녔다. 코스로에스는 드순드 이샤푸르 아카데미의 학문동아리를 후원하고 군대와 정치를 개혁하여 생활질서에다 시대흐름 변화를 강력하게 수용했다. 코스로에스 1세는 비잔티움제국의 최고 군대 지휘관인 벨리사리오스의 아프리카 관할영역을 정복했다. 그는 비잔티움제국의 유스티니아누스에 대하여 '영원한 평화'를 요구했다. 페르시아의 코스로에스 1세와 비잔티움제국의 유스티니아누스는 532년 '영원한 평화협약'을 체결했다. 그러나 페르시아의 코스로에스는 539년 비잔티움제국에 대하여 전면전쟁을 개시했다. 코스로에스 1세가 비잔티움제국을 상대로 전쟁을 개시했던 이면에는 비잔티움제국의 황제 유스티니아누스가 페르시아 군대의 퇴로를 차단하려고 평화협약을 체결하여 페르시아를 속였기 때문이었다. 코스로에스 1세는 페르시아 군대를 이끌고, 지중해 연안까지 진출하여 비잔티움제국의 지중해 연안까지 영역을 확장했다.

현재 예루살렘은 당시 페르시아제국의 영역이었다. 페르시아제국의 영토는 비잔티움제국과의 전쟁에서 승리함으로써 현재 체첸종족의 선조들이 살고 있던 까프까즈지역을 포함한 흑해 연안까지 차지했다. 페르시아제국의 비잔티움지역 진출로 인하여 유스티니아누스가 통치하던 비잔티움제국에도 50년간에 걸친 평화시대가 도래했다. 페르시아의 코스로에스 1세는 압바스왕조 통치하에 있던 아랍인을 해방하고, 아라비아를 페르시아의 속주로 편입했다. 코스로에스 1세는 방대한 페르시아 제국을 건설했으나, 비잔티움제국의 유스티노스 2세(565~578)와의 전쟁 중 579년 사망했다.

페르시아제국과 비잔티움제국의 전쟁 상황에서도 투르크종족은 비잔티움제국의 동부 국경지대에서 페르시아제국을 침입했다. 아랍인은 페르시아제국에 정복당한 상황이었다. 아랍인은 코스로에스 1세의 손자인 코스로에스 2세(579~589)를 왕위에서 밀어내고 코스로에스 2세 파르브(590~628)를 왕위에 즉위케 했다. 코스로에스 2세 파르브는 비잔티움제국 침입에 대항하고 603년부터 613년에 걸쳐 비잔티움제국과 전쟁을 치르면서도 아미다, 에데사, 헤로폴리스, 아레포, 아파메야, 다마스쿠스 등의 지역을 정복했다. 페르시아의 코스로에스 2세 파르브는 이어서 크리스트교에 대하여 전쟁을 선포했다. 코스로에스 2세 파르브는 예루살렘을 약탈하고, 예루살렘 주변 구역에 거주하던 90,000여명의 그리스토교동아리 구성원을 살해했을 뿐만 아니라, 교회까지 성자의 무덤 속에 묻어 버렸다. 거기다 코스로에스 2세 파르브는 교회의 십자가를 떼어 내고 그 십자가를 몽땅 페르시아로 가져왔다. 또한 페르시아와 원거리에 떨어진 이집트의 동부 지중해 도시인 알렉산드리아를 616년 정복했다. 이어서 페르시아인은 619년에 이르러 이집트 전체 지역을 손아귀에 넣었다. 페르시아의 이집트 정복과 함께 고전시대 이집트 종족은 서서히 자취를 감추어갔다. 코스로에스 2세 파르브는 페르시아제국의 여타 지배자와는 달리 소아시아 지역을 공략했다. 코스로에스 2세 파르브는 617년 소아시아 지역의 중심 도시인 칼케돈을 점령했다. 또한 칼케돈에서 콘스탄티노플에 이르는 지역을 10여 년간에 걸쳐 위협하고 파손된 칼케돈 교회의 예술품과 장식품을 페르시아로 가져왔다. 그는 또한 소아시아지역의 소왕국을 조공으로 통치했다. 코스로에스 2세 파르브를 현대 아랍 세계와 페르시아의 측면에서 분석을 하는 경우, 코스로에스 2세 파르브는 소아시아와 비잔티움지역은 물론, 시리아와 이집트, 그리고 예루살렘 주변의 지중해 연안을 아랍인들의 문화영역으로 만든 주인공이었다고 할 수 있다. 코스로에스 2세 파르브의 이런 정복전쟁은 페르시아제국의 융성시대를 예고했다. 코스로에스 2세 파르브 시대에 이르러, 페르시아제국 궁전은 비잔티움과 소아시아로부터 가져온 예술품으로 가득 찼다고 한다. 뿐만 아니라, 그는 3000 궁녀를 거느리고 방탕한 생활 속에 빠져 있었다.

당시 페르시아제국의 왕실은 다스타기르트에 자리 잡았다. 코스로에스 2세 파르브의 왕비는 시린이었다. 페르시아인은 코스로에스 2세 파르브가 크리스트동아리인 시린을 위하여 교회를 건축했는데도 침묵했다. 아마 페르시아인의 침묵배경은 코스로에스 2세 파르브가 페르시아인에게 다량의 전리품과 노예를 제공했기 때문일 것이다. 페르시아제국의 융성시대는 비잔티움제국의 축소로 이어졌다. 비잔티움제국은 불과 몇 개의 아시아 항구를 활용하긴 했으나 제국영역 축소라는 근심과 우려에 휩싸인 채 새로운 시대를 맞이했다.

새로운 비잔티움세계의 상황과 아랍제국 출현(7세기)

페르시아제국과 비잔티움제국의 전쟁은 끝나지 않았다. 페르시아제국에 대한 비잔티움제국의 적개심은 계속되었다. 비잔티움제국도 7세기 황제 헤라크레이오스

(610~641) 시대를 개막했다. 비잔티움제국의 황제 헤라크레이오스는 제국 통치조직과 군대조직을 개편하며 흑해 해상함대를 강화했다. 황제 헤라크레이오스는 강화된 흑해 해상함대를 거느리고 페르시아제국을 공격했다. 황제 헤라크레이오스는 페르시아의 예루살렘 파괴에 대한 보복으로 페르시아의 여러 비잔티움세계 속주를 정복하기 시작했다. 비잔티움제국의 헤라크레이오스가 페르시아제국 정복에 나섰던 것은 종교전쟁의 성격을 띠었다. 비잔티움제국의 헤라크레이오스는 페르시아인의 황실 수호자라고 믿던 차라투수트라 출생지 크로수미아를 정복했다. 헤라크레이오스의 정복 취지는 페르시아인의 정신 발원지를 공격함으로써 페르시아인이 신의 구원을 받지 못하게 만들어 페르시아의 영원한 불길을 죽이고, 종교전쟁을 종결시키겠다는 것이었다. 비잔티움제국의 헤라크레이오스로부터 공격을 받은 페르시아의 황제 코스로에스 2세 파르브는 크테시폰으로 피신했다가 그의 아들 손에 628년 피살당하여 일생을 마쳤다.

코스로에스 2세 파르브의 사망 이후 페르시아인은 십자가로 수놓아진 정복지역을 포기하지 않을 수 없었다. 페르시아제국의 몰락을 비잔티움제국의 입장에서 바라보면 페르시아제국의 몰락은 크리스트교세계의 회복이었다. 그런데도 요르단강 유역과 그리스의 가린슨 지역에서 비잔티움제국이 크리스트교세계를 회복하게 된 것과 때를 같이하여 페르시아제국은 쇠퇴하고 아랍 세력이 발흥했다. 비잔티움제국과 페르시아제국의 전쟁은 20여 년간이나 지속되었다. 아랍인은 이 틈을 타서 신흥세력으로 발전했다. 특히 비잔티움제국과 페르시아제국의 지루한 전쟁기간 동안 비잔티움세계에 대한 페르시아 지배영역은 사회혼란에 빠져 통치기능의 공백지대나 다름없이 변모했다. 비잔티움세계 통치자이던 페르시아제국의 쇠퇴와 함께 페르시아제국의 통치하에 있던 비잔티움세계의 피폐상황은 최악 상태에 이르렀다. 페르시아제국의 통치영역이었던 비잔티움세계를 아랍세력이 다시 차지하자 비잔티움제국은 이제 작은 지역국가로 전락하기 시작했다.

아랍왕조 창건자는 모하메드(+632)였다. 모하메드는 632년 사망했다. 이후 아랍왕조의 칼리프는 오마르(634~644)였다. 오마르는 아랍 칼리프에 즉위했다. 오마르는 시리아 지역에서 거주하던 유목종족 수장 위치에서 예언자 모하메드를 계승했다. 선지자 모하메드의 위치 계승자인 칼리프 오마르는 물론 과거 페르시아제국의 영역이었던 아라비아를 통치했다. 한 아랍 유목종족의 부류인 베두인 혈족의 수장 오마르는 엘 보바이드 전쟁에서 페르시아제국 군대를 최후까지 섬멸하여, 아랍인 영역을 확고하게 구축했다. 칼리프 오마르는 카이리시야 전투에서 120,000여 페르시아제국의 대군을 맞이하여 아랍인 역사에서 가장 중요한 4일간의 전쟁에서 승리했다. 페르시아제국은 카이리시야 전투에서 아랍인에게 패배한 다음 641년 3차에 걸친 나바하드 전투에서 패배하여 몰락 길에 들어섰다. 칼리프 오마르는 카이리시야와 나바하드 전투에서 승리하여 아라비아로부터 페르시아인을 몰아내고, 아랍인 세계를 구축하여 오마야왕조를 개창하여 명실공이 아랍인 칼리프 시대를 개창했다. 오마르에게 패배했던 페르시아 지배자는 바르크로 피신하여 중국에 구원을 요청했다. 당시 중국은 페르시아 지배자의 구원요청을 거절했고, 페르시아 지배자는 장식품을 탐낸 투르크종족 일당에게 652년 살해당하여 페르시아제국 자체가 역사 속으로 사라져갔다. 비잔티움제국의 입장에서 보면, 페르시아란 강력한 상대자가 사라졌으나, 또 다시 비잔티움제국의 동북 변경에서는 새로운 상대자 아랍세력이 등장했다. 오마야는 사실상 아랍왕조 창건자로서 아랍 칼리프에 즉위했다. 오마야의 아랍왕조 등장과 함께 비잔티움세계 역시 새로운 시대가 전개되기 시작했다. 오마야 이전의 칼리프는 오마르(634~644)였다.

오마르는 이라크와 페르시아를 비롯한 시리아와 팔레스티나를 정복했다. 그는 이어서 이집트와 키레나이카까지 정복하여 새로운 아라비아 역사를 출범시키게 되었다. 칼리프 오마르의 정복활동은 모하메드교동아리 발흥기와 함께 오마르왕조시대 칼리프에까지 이어졌다. 오마야왕조시대(661~750)의 칼리프는 7세기 중엽 투르케스탄과 인도 지역까지 정복했다. 오마야왕조의 칼리프는 698년 비잔티움제국의 통치영역인 아프리카 일부지역과 마우레타니아 지역을 정복하고, 모그레브까지 진출했다. 오마야왕조의 칼리프는 711년 스페인 정복에 이어 프랑스 남부의 셉티마니아 지방에까지 진출하여 유럽진출 발판을 확보했다. 아랍세력이 스페인과 지중해 연안의 프랑스 남부지역을 장악함에 따라서, 지중해세계도 새로운 구성세력을 맞이함에 따라서 지중해세계 세력은 아랍인 등장과 함께 재편되기 시작했다. 또한 지중해세계는 아랍인, 비잔티움제국, 유럽세계 인간이란 등식으로 구성되었다. 아랍인이 이제 지중해세계에까지 진출함에 따라서 유럽세계 역시 세력재편이란 회오리바람이 일어났다. 지중해세계에서 과거부터 누려오던 유럽세계 인간 세력은 아랍인 세력의 등장과 함께 약화되었고, 아랍인은 유럽세계 인간에게 강력한 상대자였다. 아랍인은 이제 지중해세계의 일원으로 편입되었다. 지중해세계의 새로운 질서형성, 즉, 아랍인의 지중해세계 진출, 정통론자동아리의 지중해세계 서북지역 정착, 그리스정통론자동아리의 지중해세계 동부지역 정착으로 지중해세계는 고전시대의 통일세계를 상실했고, 지중해 동부와 서부, 그리고 남북 지역은 과거 통일세계와 다른 종교, 문화, 생활관습을 달리하는 모슬렘 지역으로 변모했다. 오마야왕조의 아라비아 함대는 과거 로마인의 바다였던 지중해를 장악했고, 지중해 동부지역의 내항인 비잔티움세계의 중심 도시 콘스탄티노플로부터 프랑스 남부지방인 프로방스 지방의 중심 도시 마르세이유와 스페인 지역의 지중해 해상로를 교란시켰다. 아랍인의 지중해 세계 등장에 대하여 과거 유럽세계 인간의 바다인 지중해 해상로를 교란시킨 상황이 벨기에의 중세 학자인 앙리 피렌느(H. Pierenne)의 시각에서는 분명히 새로운 유럽 문명을 형성시키는 것으로 파악되었음이 틀림없다.

그런데도 비잔티움제국 해상함대는 여전히 지중해 시칠리아 섬에 정박하며 콘스탄티노플로부터 지중해 시칠리아 섬에 이르는 해상 교역로를 장악했다. 비잔티움제국의 함대는 콘스탄티노플로부터 지중해 서부 연안으로 향하던 교역선과 보급선단을 예나 다름없이 보호했다. 아랍인이 유럽세계에 진출했던 8세기 초엽까지 지중해 연안의 세력판도에는 별다른 변화도 일어나지 않았다. 그러나 유럽세계 변화는 8세기 초엽 급속하게 진행되기 시작했다.

특히, 라인강 동북 지역에서는 노예가 수출상품으로 등장했다. 앵글로색슨종족이 매매한 노예는 프랑스 남부지방을 거쳐 프로방스 지방의 마르세이유 항구에서 배에 실려 아랍으로 팔려 나갔다. 특히, 지중해 연안의 베네치아는 7~8세기 아랍인이 노예를 거래하는 도시로 탈바꿈했다. 앙리 파렌느의 지적처럼 아랍인이 지중해를 장악하여 유럽세계 인간이 조각배 하나 띄울 수 없었던 것이 아니라, 아랍인과 유럽세계 인간의 지중해 교역은 완전히 중단되지 않은 채 노예교역을 중심으로 유지되었다.

중세 유럽세계의 생산질서, 거래질서, 유통질서는 지중해세계에 아랍인이 등장함으로써 다양한 상업 루트와 함께 변화했다. 생산물과 유통량은 급격하게 감소했다. 이것을 흔히들 중세 유럽세계의 경제쇠퇴라 표현했다. 생산물과 유통물량의 감소는 중세 유럽세계의 변화 요인이 되었다. 중세 유럽세계의 이런 쇠퇴요인은 영지구성원 전체의 생활수준 저하에서 찾아야 할 것이다. 영지구성원의 생활수준 저하는 급격한 생산량과 유통량 감소에다 결국 생산질서, 유통질서, 거래질서 축소로까지 이어졌고 곧 소위 경제상황 쇠퇴로 나타났다. 영지구성원의 생활수준 저하가 생산-유통-거래 질서의 와해로 이어졌던 사례는 사산왕조시대의 페르시아에서도 나타났다. 사산왕조시대의 예술품을 중심으로 페르시아 의 생산-유통-거래 질서 와해 사례를 분석하는 경우 지배자 샤푸르와 코스로에스 1세와 2세 시대까지는 예술 잔존형태를 그대로 유지했다. 거기다 페르시아 예술관행은 문화와 생활방식과 함께 비잔티움세계를 거쳐 서부 유럽세계로까지 이동했다. 이런 페르시아 예술관행은 서부 유럽세계, 즉, 프랑스와 잉글랜드 지역을 포함한 북해, 발트해, 대서양 연안의 섬 지방은 물론 동부 유럽세계의 슬라브어계 종족세계로까지 이동했다. 페르시아 예술관행은 인도와 중국을 비롯한 투르케스탄과 시리아 지역을 포함하여, 소아시아와 비잔티움 지역을 거쳐 발칸 반도와 이집트 지역은 물론, 스페인 지역으로까지 이동했다.

페르시아 문화는 제국 몰락 이후 제국구성원 전체의 생활수준 저하와 함께 생산-유통-거래 질서의 쇠퇴로 남아 있었다. 그러나 페르시아 문화는 비잔티움세계의 무늬 장식, 둥근 천정, 반원형 지붕을 비롯한 성곽 등의 모습으로 비잔티움세계에서 남아 과거 주인공을 상기시켜 주기에 충분한 근거라고 하겠다. 유럽세계 인간이 추측하듯이 비잔티움세계의 성곽문화가 반드시 페르시아에서 발원했다기보다는 중국에서 발원했다. 사산왕조시대의 건축예술 구성물인 대문과 지붕 위의 둥그런 탑 등은 이슬람 회당과 모구르의 궁전과 신전에서 그대로 남아 있으나, 페르시아 제국은 사라졌다. 이런 페르시아 사례는 유럽세계에서 로마제국 와해와 함께 제국 구성원 전체의 생활수준 저하에다 유럽세계 생산-유통-거래 질서의 축소 사례와 당연히 부합될 수 밖에 없다. 따라서 소위 유럽세계 경제쇠퇴는 아랍인의 침입이라는 외부요인보다는 내부요인, 즉, 로마제국 구성원 전체의 생활수준 저하에서 비롯됐던 것이다. 아랍인은 이제 유럽에 진출했다. 아랍인은 다양한 방면에서 유럽세계 인간에게 영향을 끼쳐 유럽세계 인간의 생활수준 저하라는 현상을 드러냈다.

이슬람 영역 확장과 지중해세계

아랍인은 중세 유럽사를 구성할 주요 주인공으로 등장했다. 이것은 우선 아랍인의 정복지역에서도 입증될 수 있다. 뿐만 아니라, 아랍인들은 이슬람교가 지중해 지역의 거주자 과반수 이상을 이슬람으로 개종했다. 아랍인들은 유럽세계 인간을 이슬람으로 개종시켰다는 점에서 중세 유럽사를 장식할 충분한 근거가 될 수 있다. 아라비아지역은 모하메드의 고향이었다. 아라비아지역은 사하라 사막에서 페르시아를 거쳐, 고비 사막에 까지 걸쳐 있던 방대한 지역이었다. 모하메드는 황제 유스티니아누스가 사망한 이후 5년이 되던 해인 569년에 태어났다. 모하메드가 태어나자, 아라비아지역의 해안선을 따라서 고전시대 아랍인들의 왕국은 태동하기 시작했다. 고전시대 아랍인들의 왕국은 헤드샤 지역에서 출원했다. 헤드샤지역의 서쪽에서는 왕국의 중심 도시인 메카와 메디나가 형성되었다. 아라비아 지역의 대부분은 사막지대였다. 아라비아 사막지대에서는 유목 종족들이 활동했다. 아랍인들은 이슬람이 나타나기 이전 종족왕을 중심으로 북부 가문과 남부 가문으로 나누어져 생업에 종사했다. 아랍인들은 씨족 중심의 혈족 단위로 정착했다. 씨족 중심의 혈족 단위는 족장을 세력의 정상에 앉히었다. 이들 씨족과 혈족들의 거주지역에는 진귀한 과일과 향료들이 무성하게 번식했다.

아라비아지역의 도시는 사막 도시였다. 사막 도시의 이주자들은 홍해를 거쳐 이집트 지역이나, 인도지역과 교역했다. 사막 도시에서 생활하던 거주자는 거의 대부분이 유목종족로 생활하던 베두인종족이었다. 낙타는 사막지방에 거주하던 유목종족의 통행수단이었다. 그런데도 사막지방의 생활은 이들 유목종족에게 메마르지 않았다. 사막지방을 무대로 활동하던 유목종족의 생활 속에는 언제나 흥미진진한 다른 지방의 이야기가 유목종족의 정서에 깊이를 더했다. 이들 유목종족들에게 흥미진진하고 모험으로 가득 찬 다른 지방의 이야기 내용은 행복으로 가득 찬 연애사건이나 모험에 가득 차 있으면서도, 무쌍한 용기와 해박한 지혜로 번득이는 전쟁에 관한 내용으로 구성되었다. 유목종족의 생활 속에는 파란만장한 연애 사건이나, 모험내용으로 가득 찬 전쟁 이야기가 널리 파급되어 있었다. 아랍인들의 생활신조에는 성지를 순례하려 떠나거나, 장사를 계속하게 되면, 언젠가는 신이 평화를 반드시 내리게 되어, 사막지대를 떠돌아다니지 않고도, 평안하게 살게 된다는 믿음이 내재했다.

아랍인의 신은 돌산에 살았다. 그래서 아랍인은 신이 사는 돌산을 경배했다. 이는 돌산이 신이 명령하여 만들었다고 해서 아랍인에게 경배대상으로 인식되었다. 메카는 홍해로부터 75㎞ 정도 떨어진 거리에 위치하고 있다. 아랍인의 경배대상인 동아리 돌산에는 검은 돌이 장방형의 카아바 안에 가득 차 있었다. 아랍인들은 신에 대한 예배의식에서 신이 내려 보낸 검은 돌을 활용했다. 크바라이크종족은 6세기 초반에 이르러, 거부 상인동아리 하심파와 그의 조카인 우마야파로 나누어져 서로 싸우며 분열했다. 크바라이크종족의 분열기에 하심은 사망했다. 하심의 손자는 압달라흐였다. 압달라흐는 최후로 크바라이크종족의 분열을 막으면서, 메카의 세력을 규합하여 소위 종족왕이 되었다. 크바라이크종족의 압달라흐는 568년 아미나라는 여인과 결혼했다. 그리고 압달라흐는 사망하고 말았다. 압달라흐가 사망한 이후, 부인 아미나는 압달라흐의 어록을 받아쓰게 했다. 압달라흐의 어록은 아랍어 의미로 '가장 중요한 책', 즉 코란을 의미했다. 코란이 이렇게 나오게 된 것은 아마도 모하메드가 글자 해독자였기 때문일 것이다.

압달라흐는 모하메드의 제자였다. 모하메드는 종족구성원을 지도하는 데 발군의 능력을 발휘했다. 모하메드는 시리아에서 유대 교리와 크리스트 교리를 이미 터득했다. 모하메드는 일부일처제를 지키었다. 모하메드는 자기보다 15살 연상이면서 상인의 미망인이었던 카디드샤와 결혼하여, 2명의 아들과 4명의 딸을 슬하에 두게 되었다. 모하메드의 후손 가문은 선택된 가문이었다. 그 후손 가문은 지배자 혈족을 낳은 혈족 창시자 위치에 오르게 되었다. 모하메드는 새로운 종교를 설파했다. 모하메드는 유대교의 단성론과 크리스트교의 윤리를 비교하면서, 새로운 종파를 설파했다. 모하메드는 여러 갈래로 나누어진 종족을 하나로 묶기 위해서는 새로운 종교가 필요하다고 역설했다. 모하메드는 신의 규범을 실행할 수 있는 강력한 종족 국가의 출현을 당대 아랍인이 기다리고 있음을 파악했다. 모하메드는 또한 설교를 통하여 강력한 종족 국가를 만드는 것이 가능하다고 역설했다. 모하메드는 46세 되던 해의 라마단이라는 성신월에 동굴 속에서 드디어 신의 계시를 받게 되었다. 모하메드에게 내려진 신의 계시는 스스로 알라 신의 사자가 되어 종교를 설파하라는 것이었다. 당시 아랍인에게 새로운 신앙인 신의 단성론을 믿으라고 권고하기에는 대단히 어려운 상황이었다.

모하메드의 새로운 종교는 오마르 이븐 알 카타브의 개종으로 새로운 활력을 찾아내게 되었다. 오마르 이븐 알 카타브는 모하메드의 적대관계의 씨족이었다. 모하메드는 우마야 씨족이었다. 그러나 모하메드는 씨족을 이탈하여 622년 메카에서 적대관계의 씨족이 살고 있던 메디나로 도주했다. 모하메드의 피신 날짜가 622년 7월 22일이었다. 그래서 헤시라는 7월 22일이 되는 것이다. 칼리프 오마르는 모하메드가 메디나로 도주한 첫날을 가지고 모하메드의 월력을 계산하기 시작했다. 아랍인의 왕국과 종교는 새로운 월력과 함께 지중해 세계를 바꾸어 놓을 수 있게 되었다. 모하메드는 예언자였다. 모하메드는 예언자로서 종교를 통하여 종족구성원을 결속했다. 종교가 종족구성원을 결속할 수 있었던 것은 모하메드의 새로운 종교에 가입하면, 모두가 형제라는 교리 때문이었다. 모하메드의 결속 취지는 구약성서에 등장하는 모세의 결속 취지와 다를 바 없었다. 예언자는 모든 종족구성원이 영혼을 알라(allah=Islam)에 맡기면 형제가 된다는 점을 강조했다.

모슬렘은 '알라 신과 함께 평화를 이룩한 모든 사람'을 의미했다. 이것은 유대교에서처럼 새로운 종교에서도 종교가 세계와 밀접한 관련을 맺게 된다는 뜻을 내포했다. 모하메드의 새로운 종교에는 사회와 통치체제, 그리고 종교가 모두 합일체제를 이루었다. 그래서 모하메드는 종교상의 권위에 근거하여 자연스럽게 통치 권력을 발생시켰다. 새로운 종교에서 모하메드는 크리스트와 카에사르를 합친 한 인간의 모습으로 변모했다. 모하메드는 크리스트교의 예루살렘을 대신하여 624년 메카와 메디나를 새로운 종교의 성소로 우뚝 서게 만들었다. 모하메드는 메디나로 도망한 지 8년이 되던 해에 아무런 유혈사태도 없이 본거지인 메카로 다시 돌아오게 되었다. 메카로 돌아온 모하메드는 모든 비 신앙자에게 카아바의 성역으로 오라고 포고했다. 박해당한 예언자는 모든 아랍 종족을 자기의 명령으로 종교에 귀의하게 만들었다. 아라비아 지역의 크리스트교 동아리는 일정한 공물을 반대했다. 그런데도 이들 크리스트교동아리는 예언자의 보호를 받았다. 그러나 아라비아지역의 크리스트교동아리들에게 이자를 목적으로 한 금전 대부는 금지되었다.

모하메드는 세계를 변화시키면서 아랍인의 새로운 역사를 창조했다. 예언자 모하메드는 632년 6월 7일 사망하고 말았다. 모하메드의 새로운 종교를 실천하려던 이슬람과 8세기 초 서로 대치할 유럽에서는 메로베크 가문 왕조의 다고베르트 1세(629~638)가 프랑크왕국을 통치했다. 프랑크왕국의 정치상황은 분할왕국을 극복하지 못한 상황이었다. 프랑크왕국의 이런 사정과는 반대로, 아랍인들의 세계는 모하메드의 새로운 종교가 활력소로 작용하여 새로운 결속력이 발흥하기 시작했다. 모하메드의 새로운 종교는 종족구성원의 공감대를 형성하면서, 아랍인의 새로운 풍속질서를 찾아내었다. 아랍인의 새로운 풍속질서는 또한 종족구성원의 공감대를 찾아내며, 관행과 관례를 축적했다. 과거 아랍인은 조상숭배관습에서 비롯된 다신교 형태의 신앙을 유지했다. 그러나 이제는 단성론 형태의 신앙으로 전환되었다.

단성론 형태의 신앙은 열화와 같은 아랍인의 종족의식을 점화했다. 아랍인의 종족의식이 단성론 영향으로 점화하기 시작하자, 과거 협소한 씨족의식이나 종족의식은 자연히 사라지고 동시에, 기존의 관습까지 무너졌다. 특히, 아랍인은 유대교의 교리와 차라투스투라의 통치원리를 비롯하여 술수로 일관된 카에사르의 통치기술까지 탈피하고, 종교와 아랍 민족이라는 원대한 이념을 실천했다. 새로운 종교와 아랍 민족의 원대한 결속이념은 아랍인에게 복잡한 정치상황을 펼치는 계기로 변모했다. 종교와 아랍 민족이라는 두개의 결속이념은 지중해 문화의 구성원리를 변화시켰을 뿐만 아니라, 유럽 문화의 고전영역을 축소시켰다. 그런데도 고전시대 아랍인의 종족 인습은 단순한 종교 형태로 잔존했다. 아랍 민족의 결속정신은 아랍인으로 하여금 방랑자 모습으로, 그리고 오만한 인종 모습으로 살아가게 만드는 계기가 되었음도 부인할 수 없다. 고전시대 아랍인의 이런 인습은 아랍인을 100여 년 동안이나, 세계 제국의 영주 위치에 서게 만들었다.

유대인은 율법을 지니고 있다. 그리고 크리스트교동아리에게는 성서가 있었다. 이슬람의 아랍인은 코란을 지니고 있다. 코란은 모하메드가 죽기 10년 전에 기술했다. 이슬람의 이런 성전이 오늘에 남아 있기까지는 651년 칼리프 오트만이 명령하여 정리한 편집본으로 이어지고 있다.

코란은 아주 세심하게 정선된 아랍어 어휘로 저작되어 현대까지 개정되지 않은 채로 지켜지는 유일한 저작물인 것이다. 코란은 순수한 아랍어로 구성되었다. 그래서 코란은 아랍인 세계에서도 표준 산문의 위치를 차지하고 있다. 코란은 1300여 년 동안 아랍인에게 관습과 관례를 제시했다. 코란은 또한 이들을 발원시키던 기본도구로 활용되었다. 코란은 기본 덕목을 수록한 아랍인의 교양교본(Text)으로서 우상숭배까지도 금지하지 않고, 성직자에게 어떤 권한도 부여하지 않고 있다. 코란은 인간의 평등이 종교를 통하여 실현되게 만들려는 취지를 담고 있다. 코란은 크리스트교 교회가 비잔티움제국 교회와 로마 교황청 소속의 교회로 분리되었던 정통론, 혹은 비정통론의 의미도 내포하지 않고 있다. 코란은 정통 교회조직도 없이 종교를 실천하고 있다. 코란은 누구나 접근하도록 구성되었다. 코란에 접근하는 데는 학문동아리 교사와 무식자의 차이가 있을 수 없다. 또한 신비주의나 성사관습까지도 필요치 않는다. 그런데 새로운 종교는 코란을 실천하라고 역설했다. 또한 새로운 종교는 고도의 판단력과 끊임없는 자제력을 강조했다. 새로운 종교가 강조하는 판단력과 자제력은 신자에게 신앙과 윤리 수준을 고양시켰다. 인간은 새로운 종교를 믿으면서, 불평 없이 고달픈 인생 여정을 스스로의 자제력과 판단력으로 극복하도록 권고하고 있다. 코란은 인간에게 위대한 정복의 역사를 영원히 지속시킬 수 있는 절대 자격을 부여하고 있다. 코란은 관행과 관례를 언급하고 있을 뿐만 아니라, 유대인 및 크리스트교동아리의 관습까지 언급하고 있으므로 긍정의 여지를 내포할 수도 있다.

중세세계의 정신은 유대교와 크리스트교, 그리고 이슬람이란 세 가지 종교영역에 따라서 특징을 나타냈다. 이 세 가지 종교는 서로 다른 특징도 있겠지만, 서로 유사한 공통점을 지녔다. 세 가지 종교의 공통점은 세계 통치를 통한 건전한 사회의 실현, 건전한 판단력의 실천, 선행을 통한 정의실현 등이었다. 또한 전지전능한 신을 믿으면, 우주를 마음대로 다스리는 정신의 소유자에게로 나아갈 수 있다는 것이었다. 세 가지 종교의 차이점은 신의 개념에서 비롯되었다. 크리스트교의 신은 3가지, 성자와 성부, 그리고 성신이란 인간의 모습을 지닌 것으로 파악되었다. 그러나 모슬렘과 유대교의 신은 인간의 모습을 지니지 않은 무형의 신이었다. 그래서 모슬렘과 유대교는 신의 단성론을 열렬하게 옹호하게 되었던 것이다. 특히, 모슬렘의 알라 신은 생명과 번영의 원천인 권력과 정의, 그리고 은혜와 전지전능을 지상에 가져다주는 것으로 인식되었다. 세 가지 종교의 이런 신앙 세계는 600~1300년 사이의 시대에 형성되었다. 이 시대는 종교가 사회의 주류를 이루던 시대였다. 크리스트교의 성서와 유대교의 율법, 그리고 이슬람의 코란은 다양한 종족구성원을 3개의 종족인 것처럼 재편하면서, 새로운 질서 원천으로 자리 잡았다. 종교에서 형성된 이들 3개 종족은 700여 년 동안이나, 서로 끊임없이 경쟁하고 경우에 따라서 피까지 흘리는 전쟁까지도 불사하지 않았다. 크리스트교의 성서와 유대교의 율법, 그리고 이슬람의 코란은 중세세계의 정신영역에서 특정한 의미를 부여받아야 할 것임은 분명하다. 이 3가지 성전은 지중해 지역의 다양한 종족을 3가지 종족으로 대별시켰을 뿐만 아니라, 정치와 사회를 포함하여 생산질서와 유통질서를 비롯한 거래질서까지 재편하여 새로운 인간의 심리상태를 축적했다. 그래서 3가지 성전은 인간 심리상태를 포함하게 되었던 것이다. 또한 중세세계는 3가지 성전을 실천하려는 세계를 구체화했던 시기였다고 지적할 수 있다.

이슬람 정복활동과 지중해 동부 지역의 칼리프

세계사에서 아랍인 역사는 정복전쟁 사건으로 구성되고 있다. 모하메드 이후 초대 칼리프는 아부 베크르(573~624)였다. 칼리프 아부 베크르는 아라비아의 반항 혈족을 메디나 전투에서 632년 격파하고 곧 아라비아를 정통 신앙영역으로 끌어 들였다. 아부 베크르는 정복 씨족을 속죄시킨 다음, 정통 신앙에 대하여 순종을 거부했다는 대가로 공물을 바치도록 설득하여 돌려보냈다. 칼리프 아부 베크르는 아라비아 정복 이어서 아시아 정복 전쟁에 착수했다. 칼리프 아부 베크르는 아랍 지배자가 외부세계로 진출하기 위한 방편으로 굶주린 베드빈 종족의 전사동아리를 이슬람 정복 사업에 끌어 들이고 시리아와 아라비아에서 비잔티움제국 군대가 대항해 오도록 유도했다. 칼리프 아부 베크르는 상대방에게 여러 가지 전쟁 동기를 유발하여 정복전쟁을 수행했다. 정복전쟁으로 완전한 관개시설 파괴 때문에 이주자는 더 이상 늘어날 수 없었다. 그래서 모슬렘은 새로운 정착지를 찾아 나서게 되었고, 페르시아제국과 비잔티움제국 쇠퇴 역시 아랍인에게 괜찮은 유혹거리였다. 아랍인을 더욱 애타게 유혹했던 것은 비잔티움제국과 페르시아제국이 속주에서 거두어들이던 공물이었다.

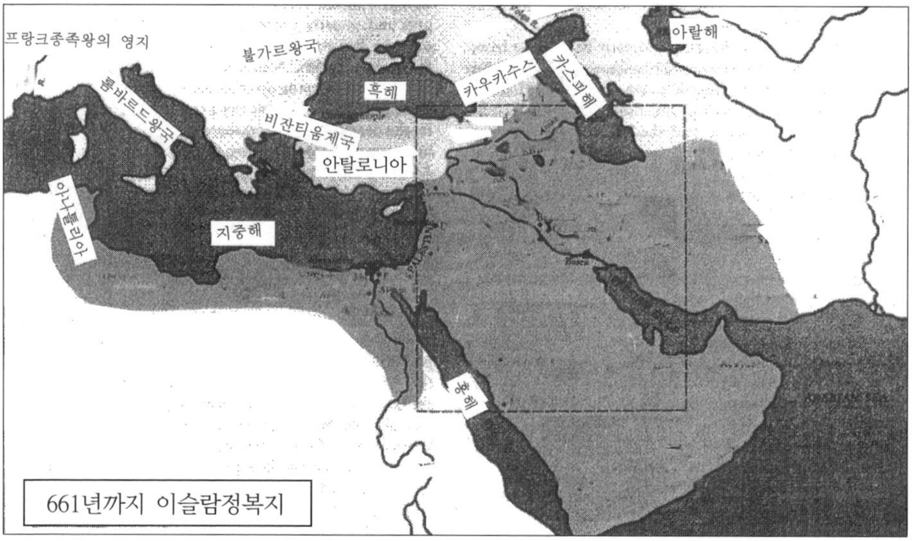

661년까지 이슬람정복지

아랍인은 비잔티움제국과 페르시아제국이 속주에서 거두어들이던 공물에 대하여 지대한 관심을 쏟었다. 당시 시리아와 현재 이라크의 메소포타미아에도 다수 아랍인이 정착했다. 칼리프 아부 베크르의 계산은 이들 지역의 아랍인이 이슬람 편에 들어오기만 하면 정복활동의 지렛대나, 협조자로 이용할 수 있다고 판단했다. 서남 아시아에서 크리스트교의 의례관습은 무너졌고, 수도자동아리의 의욕과 전투력은 현저하게 저하된 상황이었다. 반면, 크리스트교동아리의 이런 사기저하는 아랍인 군대와 지휘자를 오히려 고무했다. 아랍인의 사기진작은 정복전쟁을 추진할 원동력을 칼리프에게 부여했다. 아랍인은 페르시아제국과 비잔티움제국이 약화된 상황에서 정복전쟁을 추진했다. 아랍 군대의 승리는 굴러가는 눈덩이처럼 서남 아시아 사회 전체를 동요케 했다. 또한 사회 동요는 무수한 기아자와 영지를 소유하고 싶은 자를 비롯하여 공명심을 원하던 기사동아리까지 자극했다. 이런 사회 동요 속에서 아랍 군대는 승리를 거듭했고, 아랍인의 지배영역은 역시 확장되기 시작했다. 아랍인은 634년 야르무르크에서 승리한 후 여세를 몰아, 다마스쿠스 서남쪽 90㎞ 지점까지 정복했다.

초대 칼리프 아부 베크르의 계승자인 칼리프 오마르 1세(634~644)가 칼리프에 즉위했다. 칼리프 오마르 1세는 냉철한 판단력과 불같은 정열을 겸비한 지배자로서 순수한 신앙심으로 무장했던 전사 같은 기질을 갖췄다. 칼리프 오마르 1세는 또한 불과 칼을 지닌 신앙세계의 전사를 끌어당기는 매력까지 겸비했다. 칼리프 오마르 1세의 아랍인 전사들은 전쟁을 도덕의 실행규범으로 삼아 지략과 신속함을 발휘하여, 641년 시리아, 페르시아, 이집트까지 정복했고, 634~5년 시리아의 다마스쿠스를, 636년에는 투르크의 안티오크를, 638년 크리스트교와 유대교동아리의 성지 예루살렘을 정복했다. 칼리프 오마르 1세는 이어서 641년 이집트까지 진출했다. 칼리프 오마르 1세에게는 예루살렘 정복이 개인의 성품에 대한 중요한 시험시기로 평가받았다. 칼리프 오마르 1세는 크리스트교동아리에게 성지를 스스로 지탱하도록 충분한 영지를 나누어 주고 그 대가로 크리스트교동아리에게 공물을 바치게 했다. 다음 칼리프 오마르 1세는 이슬람 회당을 건립할 대표자를 선발하여 오마르계 동아리를 만들고 아랍계 거주자를 시리아와 팔레스티나로 이주하도록 권고했다. 칼리프 오마르 1세는 또한 아랍인이 유대교동아리와 크리스트교동아리와 함께 살도록 보상했다.

칼리프 오마르 1세는 아랍계 전사동아리에게 영지 보유를 금지했다. 대신 칼리프 오마르는 전사에게 전리품의 4/5를 보상으로 나누어 주었다. 아랍계 전사동아리는 칼리프 오마르 1세 휘하에서 전리품을 나누어 보상받아 자기네 재산을 증식했다. 따라서 아랍계 전사동아리는 칼리프 오마르의 보상정책으로 메카와 메디나에 호화스런 궁전을 보유했고, 수천 필에 달하는 말과 10,000여명의 노예를 재산으로 소유했다. 칼리프 오마르 1세는 이처럼 수많은 아랍계 전사동아리를 양성하고도, 그 전사의 손에 살해당하고 말았다. 칼리프 오마르 1세의 살해와 함께 아랍인의 정복정책도 잠시 동안 중단되었고 아랍계 권력동아리의 통일체제도 후퇴했다. 오마르 1세 계승자는 칼리프 오트만(644~656)이었으나 오트만도 656년 살해당하고 말았다.

알리(656~661)는 나약한 칼리프 오트만을 계승하여 칼리프에 즉위했다. 알리는 자기의 통치 근거지인 궁전을 고전시대 바빌론에 인접한 쿠파로 천도했으나 알리도 살해당하고 말았다. 알리는 알라 신의 권한대행자란 의미를 지니었다. 그래서 알리의 안장지인 바디는 시아동아리 성소가 되었다. 알리가 암살당한 이후 칼리프

직은 무라비야(661~680)에게로 넘어갔다. 무라비야는 다마스쿠스에 도읍하여 신정정치를 유지하던 예언자의 후계자 위치에 올랐다. 무라비야는 공화국 형태의 제후국으로부터 추천을 받아 아랍세계의 후계 칼리프 직을 계승했다. 무라비야는 이제 우마야드왕조(661~750)의 초대 칼리프 직에 올랐다. 아랍종족은 우마야드왕조의 초대 칼리프인 무라비야 통치하에서 번영을 구가했다. 무라비야는 비잔티움제국의 황실 장식품으로 궁전을 치장하고, 비잔티움제국의 황실의식을 도입하여 황실의 질서를 세우었다. 아랍종족은 칼리프 무라비야시대에 이르러 씨족 간의 반목도 사라지고, 아랍인 영역은 옥소스 지역과 나일강 유역까지 확장되었다. 우마야드 왕조시대는 아랍종족들에게 번영기였다. 그런데도 아랍인들의 종족의식은 그대로 분열속성을 탈피하지 못했다. 아랍계 씨족 간의 갈등도 잠재한 상태에서 언제든지 재연될 가능성을 지니었다.

우마야드왕조시대의 탁월한 정치가는 칼리프 히샴(724~743)이었다. 칼리프 히샴은 방대한 영토를 아랍인 후계자들에게 넘겨 주었다. 우마야드 왕조의 히샴 통치하에서 이슬람 영역은 대제국으로 확장되었다. 그런데도 칼리프 히샴은 아랍계 종족의 분열 속성을 잠재우지 못하고, 권력을 상실했다. 칼리프 히샴시대에 이르러, 그동안 팽배했던 아랍종족의 분열 속성은 제국의 정치상황으로 폭발했다. 아랍 종족의 분열 속성은 예나 지금이나 다름없이 전체를 생각하는 데서부터 문제를 제기했다. 즉, 아랍형제 전체를 위한다는 발언권으로부터 시작되나, 서로 간의 분쟁을 유발하고 있었던 것이다. 당시, 우마야드 왕조시대에도 종족구성원 전체에 대하여 문제를 제기하고, 발언권을 주장했던 인물은 팔레스티나 지역에서 은거 중이던 압울 알 압바스(749~754)였다. 압울 알 압바스는 속주의 통치체제를 개혁했다. 압울 알 압바스는 따라서 시아파동아리와 페르시아계 민족주의자의 지지를 바탕으로 749년 압바스왕조시대(750~1258)를 개창하고 아랍제국의 칼리프 직에 즉위함에 따라서서 우마야드왕조는 압바스왕조로 교체되었다.

압울 알 압바스는 압바스왕조의 초대 칼리프 직에 즉위했다. 압바스 왕조시대에 이르러 아랍제국은 인더스강에서 지중해를 넘어 대서양에 이르는 방대한 영역을 정복하여 대제국을 건설했다. 서북부 인도의 신드와 베르트키스탄을 비롯한 아프가니스탄과 투르케스탄을 포함하여, 페르시아와 메소포타미아 지역까지 정복했다. 아랍제국은 과거 페르시아제국 영역을 차지하는 한편 아르메니아, 시리아, 팔레스타인을 포함한 그리스 영역의 치페론과 크레타를 비롯한 웨기포트와 북부 아프리카를 정복했다. 칼리프 압울 알 압바스는 스페인과 인도의 신들에 대하여는 자치관습을 허용하고 쿠파 궁전을 북부 안바르로 옮겼다. 압바스왕조시대의 아랍제국에는 페르시아인도 참여했다. 페르시아인은 압바스왕조시대의 여러 군주가 대체로 높은 교양을 갖춘 계몽군주였으므로 압바스왕조가 칼리프를 차지하도록 후원했다. 압바스왕조시대의 계몽군주는 아랍종족세계에 복지정책을 도입하고, 철학동아리와 과 문학동아리를 후원했다. 아랍종족에게 정복당했던 페르시아는 축적된 문화를 가지고, 정복자 아랍인을 다시 정복했다. 압바스왕조시대의 칼리프는 37명에 달했다. 단지 3명의 칼리프만이 노예 어머니가 아닌 정실 어머니 혈통에서 출생했다. 노예 부인에게서 출생한 나머지 34명의 칼리프 후손은 모두 모슬렘 귀족으로 군림하여 다시 새로운 귀족혈통으로 돌아왔다.

압바스왕조시대 칼리프 중에서도 제2대 칼리프 압부시데 아부 드샤파(754~774)는 '승리자'(=al Mansur)의 명칭을 지닌 통치자로서 예술가동아리와 학문동아리를 후원했고 찬란한 도시 바그다드를 건설한 주인공이었다. 칼리프 압부시데 아부 드샤파는 페르시아제국의 관리직을 도입하여 군대조직과 행정기구를 개편하여 통치 조직을 원활하게 운용했고 아랍제국에 대신직을 신설했다. 칼리프 압부시데 아부 드샤파의 후계 칼리프는 손자 하룬 알 라시드(786~809)였다. 칼리프 하룬 알 라시드는 아버지인 알 마아디(775~785)로부터 그리스인을 콘스탄티노플로 돌려보내라는 요청을 받았다. 알 마아디는 비잔티움제국의 황제비 이레네와 평화협약을 체결하고, 70,000데나르의 공물을 황제비에게 바쳤다(784년). 압바스왕조에서도 칼리프 하룬 알 라시드시대는 이슬람 역사에서 최고 문화 융성시대였다. 칼리프 하룬 알 라시드는 머리속에서 아시아와 서양을 그리면서 1000일 야화를 꾸려갔다. 칼리프 하룬 알 라시드는 문화의 중요함을 인식하면서도, 대담한 용기를 지녔다. 하룬 알 라시드는 전제정치에 심취하면서도, 철저한 모슬렘으로서 2년 동안 몸소 성지 메카를 순례했다. 칼리프 하룬 알 라시드는 아들 11명과 딸 14명을 두었다. 물론 이 칼리프의 후예는 모두 궁녀 몸에서 출생했다. 칼리프 알 라시드시대의 바그다드는 거의 세계 학문동아리 중심지를 방불케 했다. 바그다드의 궁전에는 시인과 법률전문가들이 모여 들었을 뿐만 아니라 음악과 해학을 뽐내던 예술가까지 모여 들었다. 바그다드 궁전은 칼리프 하룬 알 라시드시대에 이르러 의사, 궁술사, 문법가, 수학가 등이 모여 들어 학문동아리의 꽃을 피웠다.

칼리프 하룬 알 라시드시대의 바그다드 궁전은 학문동아리와 예술가동아리의 모임장소였다. 칼리프는 이 전문가동아리 정상에 앉아 궁전 아카데미인 학문동아리 토론장에서 좌장으로 활동하며 발표자와 참가자에게 깊은 신뢰와 감동을 주었다.

칼리프 하룬 알 라시드시대를 비잔티움세계와 유럽세계에 비교하면, 비잔티움제국의 황제비 이레네와 프랑크종족왕 카롤루스 막뉴스시대였다. 또한 중국의 경우는 당 태종시대였다. 한국의 경우는 삼국시대였다. 칼리프 하룬 알 라시드가 통치하던 바그다드 궁전과 이들 지역의 궁전을 비교하는 경우 바그다드 궁전은 단연코 최고 수준을 구가했다. 특히 하룬 알 라시드시대의 바그다드 궁전은 재산과 권력, 장식품과 문화 등 어느 면을 고려하더라도 이들 지역을 압도했다.

칼리프 하룬 알 라시드는 대담한 정복자였다. 압바스왕조시대 칼리프 지배하의 아랍계 제국은 사회 질서와 안정을 유지했으나 아랍계 종족구성원의 분열 속성은 상업과 교역 방향으로 발산되었다. 하룬 알 라시드시대에 이르러 상업과 교역도 여명시대를 맞이했다. 아랍계 종족구성원에게는 무거운 조세가 부가되었다. 아랍계 제국의 속주 통치에 힘 입어 생산질서, 유통질서, 거래질서는 점차 확장되었다. 칼리프 하룬 알 라시드는 왕사 겸 궁전 재정 운영자 관직에 야햐를 고용했다. 칼리프는 야햐의 궁전 관리에 관심을 갖지 않고 야햐를 백만장자로 만들어 궁전에 기거시키고 최고 수준의 문화생활을 영위케 허용했다. 칼리프는 또한 씨족을 동정하지 않고 단호하게 씨족 발길을 끊게 만들었다. 하룬 알 라시드 권력동아리의 칼리프 권력동아리 장악과 동시에 이 칼리프 권력동아리에게도 권세와 재물은 몰려왔다. 칼리프 하룬 알 라시드는 북부 국경지대의 락가 궁전에서 비잔티움제국과의 전쟁에 출정했다. 하룬 알 라시드는 비잔티움제국과 전쟁 이후 황제비 이레네가 바치기로 약속했던 공물을 비잔티움제국의 황제 니케포로스 1세(802~811)에게 806년 요구하고 서부세계의 카롤루스 막뉴스에게도 사절을 파견하여 자기를 알려두었다. 칼리프 하룬 알 라시드는 809년 이란 동부지방에 위치한 투스 전투(809년)에 출정했다가 사망했다. 아들 알 마문은 열화같이 달려들던 하룬 알 라시드의 저항 세력을 탁월한 지략으로 잠재우고, 이슬람 지도자가 되어 818년 다시 바그다드로 귀환했다.

압바스왕조시대는 아랍계 종족 역사에서 유난히도 반짝이는 3개의 별을 지녔던 시대였다. 압바스왕조시대의 별 3개는 알 만소르, 알 라시드, 알 마문이었다. 이 세 칼리프시대 이후 제국 재정은 악화일로를 거듭하여 지금까지 군대에게 지급하던 임금도 재정난 때문에 조정할 수 없었다. 아랍계 제국의 군대에게 임금지급 중단은 아랍인 보다는 투르크인을 주로 아랍계 제국의 군대로 구성케 했다. 분할영지의 권력동아리 수장은 투르크인의 손에서 거세되기도 하고, 투르크인이 안하무인격으로 칼리프를 갈아 치우는 사태까지 야기했다. 당시 스페인은 아랍인으로부터 750년 이후 이미 자치를 선언한 상황이었다. 스페인에 이어 모로코는 788년에 자치를 선언했고, 튜니스는 801년에 자치를 선언했다. 이집트까지도 868년 아랍제국으로부터 자치를 선언하기에 이르렀다. 당시까지 아랍계 제국을 구성했던 이들 지역은 아랍제국으로부터 자치를 선언하면서 분리되어 나갔다. 이제 아라비아에서도 분할왕국의 출현시대가 도래했다. 자치를 선언한 이 지역 중에서도 시리아는 이집트인 에미레의 세력이 급속도로 성장했다. 에미레는 1076년까지 다수 분할왕국을 지배했다. 그런데도 페르시아지역은 여전히 아랍제국의 총독이 통치하던 상황이었다.

메소포타미아지역은 페르시아지역과는 다른 상황이었다. 메소포타미아와 시리아지역은 찬란한 아랍계 문화 중심지였다. 시리아지역에는 문화의 고도인 모수르와 아레포가 자리잡고 있었으나, 944년 시아파인 함담의 손아귀에 들어갔다. 당시 함담은 카스피 연안의 산악지대에 자리잡고 있던 시아파 종손 가문 후손으로서 이스파한과 시라스를 945년 정복하고, 이어서 정통 이슬람의 중심 도시인 바그다드까지도 함락했다. 바그다드 몰락과 함께 정통 이슬람지역은 사라졌다. 투르크인은 990년 부카라를 정복했다. 투르크인은 이어서 사만 가문의 세력을 와해시키고 아시아 서부지역으로 진출하면서 아랍세력에 대항했다. 투르크인은 300여 년 동안이나 아랍계 제국과 비잔티움제국의 전쟁을 지켜보았다.

투르크인은 비잔티움제국과 아랍계 제국이 서부 유럽세계를 위협했던 것까지 파악했다. 투르크인의 성장기반은 변화하지 않았으나 투르크인은 어떤 시기에 이르면 인구를 이동시키면서 이동지역을 압박하려는 순환방법으로 대단위 이동을 감행했다. 투르크계 셀드숙크종족은 사나운 전사 종족이었다. 셀드숙크종족은 1000년경 선조 명칭을 따서 셀드숙크와 트란스옥시아니아, 투르케스탄 등의 지역에서 거대한 세력으로 발흥했다. 셀드숙크종족은 주로 아시아지역의 이슬람 소왕국을 정복했다. 셀드숙크종족은 최후에 이르러 바그다드의 지배자까지 복속했다. 이런 셀드숙크종족은 지배자 스스로를 '술탄'이라 지칭했다. 여기서 술탄(Sultan)은 '윗사람' 혹은 '지배자'를 의미했다. 셀드숙크종족의 술탄은 순수한 종교를 추구하는 아랍인의 칼리프를 공격했다. 아랍인과 셀드숙크종족과 전쟁은 셀드숙크종족의 술탄에게 새로운 활력소로 작용했다. 아랍인 칼리프는 정통 이슬람으로써 활력을 국가체제에 프랑스어 넣고, 셀드숙크종족의 침입에 대비했다. 이슬람에 대한 열정은 셀드숙크종족에게 문화를 창출했다. 셀드숙크종족은 페르시아, 아랍인, 비잔티움제국 문화를 계승하면서, 여러 분할왕국을 투르크계 제국에 합류시켰다. 페르시아와 아랍인의 문화영역에서 거대한 제국으로 발전했던 셀드숙크종족은 십자군시대에도 이슬람 군대를 이끌고, 크리스트 십자군과 맞서 지리한 전쟁을 수행했다.

셀드숙크종족은 1060년 메소포타미아지역과 흑해 이내의 지역을 정복했다. 셀드숙크종족은 이어서 페르시아 아카엠 왕조 이후 내분에 휘말려 있던 아르메니아를 정복했다. 그러나 아르메니아는 363년 비잔티움제국의 정통 단성론으로 개종한 이후 자치관습과 고유한 문화를 유지했다. 당시 아르메니아는 단성론을 국교로 채택했던 최초의 흑해 연안 국가가 되었다. 아르메니아는 491년 이후 단성론으로 변모했으나 그리스어계 정통론자동아리 교회의 주교는 별개 교회조직을 구성했다. 또한 아르메니아인은 5세기 초 별개 성사 언어를 사용했고, 성서를 아르메니아어로 번역했다. 아르메니아는 642년부터 1046년의 시대를 거치면서, 아랍인 칼리프의 제국에 복속되었으나 그 중심 도시인 아노(Ano)는 아르메니아인의 문화와 생활방식을 유지했다.

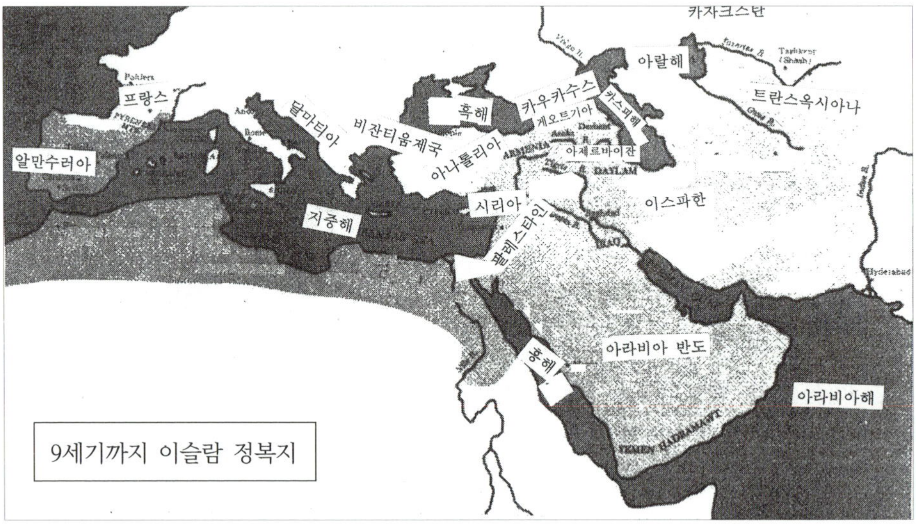

9세기까지 이슬람 정복지

지중해 동부지역의 문화와 이슬람 역할

이슬람세계에서도 문화는 다양한 정치현상으로 다양한 종족구성원을 결속했다. 이슬람세계와 크리스트교세계를 묶는 것은 어떤 측면에서 보더라도 문화였다. 따라서 아랍세계와 크리스트교세계의 관계도 문화이동으로 변화했다. 물론 비잔티움세계와 서부 유럽세계의 크리스트교는 일정한 거리를 두고 있었음에도 크리스트교 세계라는 의미에서 두 가지 크리스트교동아리를 묶어 지중해세계 구성원의 활동상황을 과대평가한다면, 이것 또한 커다란 오류를 범하게 되는 것이다. 문화는 시각, 촉각, 미각, 청각, 후각, 지각의 함께 체험인 관습에 축적되어, 다양한 모습으로 계승되었다. 문화는 함께 체험을 축적하여 종교나 이념보다 강인하고 오래 남을 수밖에 없었다. 또한 문화는 생활질서인 생산질서, 유통질서, 거래질서로 구상된 풍속질서를 움직이는 동질의식의 바탕이었다. 문화이동은 이슬람과 크리스트교세계를 이어주었을 뿐만 아니라 하나의 지중해세계로 결속했다.

아랍인은 페르시아 문화영역과 과거 로마제국영역이었던 비잔티움제국의 문화영역을 융합했다. 이 두 문화영역 융합에 힘입어 아랍어계 문화는 지중해세계의 면화처럼 피어오르며 아랍계 농장제와 노예노동을 기반으로 성장했다. 또한 아랍인은 이미 근대세계에 나타난 자유로운 사기업 형태의 생산질서와 유통질서를 유지했으나, 아랍인의 이런 생활방식이 아랍제국의 관리방식에까지 적용될 수는 없었다. 특히 당시 아랍계 제국의 정책사업이었던 관개시설과 운하시설은 노예노동으로 추진되었다. 아랍계 제국의 방대한 운하시설과 관개시설을 소규모의 개인 기업가라면 추진할 수 없었을 것이다. 메소포타미아지역으로 흐르는 유프라테스강과 티그리스강의 물길은 거대한 운하를 건설하여 바그다드로 연결되었다. 따라서 운하 주변에는 저습지대가 나타나면서 거주 가능지역으로 변화했다. 이어서 이 저습지대의 거주 가능지역에서는 수공업이 나타나기 시작했다. 아랍지역의 수공업은 뛰어난 기술을 보유했기 때문에 아랍지역의 수공업 제품은 지중해세계 거래상품으로 등장했다. 아랍지역에 이어서 이슬람세계에 편입된 페르시아, 시리아, 이집트에서는 직물업이 발전했다. 이 아랍제국 영역에서는 완벽한 직물을 생산했고, 특히 주요 직물 생산지는 모수르가 자리 잡은 무셀린지방이었다. 다마스쿠스는 색조, 무늬, 칼의 생산 명소였다. 아텐스는 모직물 생산지였다. 시돈과 티루스는 유리제품 명소였다. 이라크 바그다드에서 생산된 유리제품과 도기제품은 라이이에서 생산된 도자기, 바늘, 빗과 함께 지중해세계의 주요 상품이었다. 락가에서는 올리브 기름과 비누가, 파르에서는 향료와 양탄자를 생산했다. 이 도시의 생산품은 모두 지중해세계 애용가의 손으로 들어갔고, 중세 유럽세계에서도 서남 아시아지역은 모슬렘 시대에 이르러 산업과 상업이 가장 발달했던 지역으로서 서부 지중해세계에 대하여 생산 질서와 유통질서의 발원지로 인식되었다.

지중해 세계에서 교역은 생산질서와 유통질서의 확대 수단이었다. 교역은 세 제국을 단일 문화영역으로 만들어, 언어의 필요함을 유발했다. 언어는 곧 종교동아리 이동 도구였다. 언어와 종교동아리는 또한 교역을 통하여 생산질서와 유통질서동아리 연합체로 묶었다. 중국, 인도를 비롯한 아시아지역의 상인동아리 뿐만 아니라, 지중해세계 상인동아리에게도 아랍계 생산제품은 높은 수준이었다. 아랍계 생산제품은 여러 세계지역에서 수요를 유발했다. 아랍계 상인동아리는 크고 작은 도시를 포함하여 거의 전체 세계에까지 방대한 유통질서를 조정해갔다. 아랍계 상인동아리는 여러 세계지역 도시의 시장을 활용하여 구매자와 문예가를 만나게 했다. 아랍계 상인동아리는 소매상인동아리 도매상인동아리로 이미 나누어져 있었다. 아랍계 대상인동아리는 역시 도매상인동아리였다. 이 대상동아리는 중국과 인도 방면으로 진출하여, 물물 교환형식으로 거래했다. 중국과 인도로 진출했던 아랍 대상인동아리는 주로 바람과 해류를 타고 다니면서 선박을 활용했다.

인도와 중국으로 향하던 아랍계 교역선은 바그다드, 바스라, 아렌, 카이로 등의 도시에서 출발했다. 물론 알렉산드리아도 주요 동부 지중해세계 무역항구였다. 십자군 원정시대까지 아랍계 상인동아리는 알렉산드리아를 중심으로 지중해세계 교역을 완전히 장악했다. 아랍계 상인동아리의 교역품은 시리아, 이집트 지역의 항구에서 아랍계 선박에 실려 아프리카의 투니스, 시칠리아, 모로코, 스페인 등의 지역으로 운송되었다. 이 아랍계 선박은 그리스, 이탈리아를 포함한 남부 프랑스지역의 유통질서와 거래질서에다 아랍계 상인동아리의 교역품을 중개했다. 아랍계 상인동아리의 교역품은 홍해 연안의 에디오피아, 카스피 연안의 몽골지역에서까지 거래되었다. 아랍계 상인동아리의 교역품은 볼가강 상류를 거쳐 노브고로드, 핀란드, 스칸디나비아, 도이취어계 제국 지역에서까지 거래되었다. 아랍계 상인동아리의 활동영역은 당시 아랍계 주화에 근거하여 판단할 수 있다. 아랍계 주화는 이 북부 유럽세계에서 대량으로 출토됨으로써 아랍계 상인동아리의 거래영역이 어느 정도 인지를 확증해주고 있다. 아랍계 상인동아리의 당대 주화는 사크크(Sakk)라는 이름의 금화와 은화였다.

아랍세계와 중국의 교역은 여러 갈래 교역로를 통하여 진행되었다. 중국으로부터 아랍세계로 들어오던 교역품은 주로 중국의 신광성으로부터 바스라를 거쳐 아랍세계로 유입되었다. 아랍세계로부터 중국으로 운송되던 교역품은 아라비아의 다우스 항구로부터 중국으로 유입되었다. 아라비아의 다우스에서 중국으로 향하던 교역품은 인도, 스리랑카, 중국의 광동지방으로 들어갔다. 중국의 광동지방에는 아랍인과 유대인의 특별 거주구역이 설치되어 있었다. 이런 맥락에서 아랍계 상인동아리는 북해 연안, 중국, 인도, 스리랑카를 포함한 아시아지역까지 교역을 통하여 문화를 교류했다. 아랍계 상인동아리의 교역은 10세기 최고 융성시대를 맞이했다. 10세기까지 유럽세계는 중국과 인도를 비롯한 어떤 유수한 세계지역과도 교역 관계를 갖추지 못했다. 그런데도 아랍세계의 교역품이 유입되던 지역에는 '관세(tarif)', '운송(trasfik)', '보관지(Magazen)', '사막대상(Karawane)', '바자시장(Basar)', '수표(Sakk)' 등과 같은 아랍계 봉건 어휘가 아랍계 상인동아리의 교역품과 함께 유럽세계로 유입되었다. 유럽세계의 이런 아랍계 봉건 어휘는 유럽세계 인간이 모슬렘 상인동아리로부터 배웠던 것이다. '수표'도 아랍어 사크크(Sakk)의 어원에서 비롯되어 유럽어의 세크(check)로 정착했다. '수표'는 아랍계 상인동아리와 금을 교역하는 과정에서 유럽세계 인간이 배웠던 것이다. 유럽어의 '수표(check)'는 아랍어의 샤크크 의미로서 아랍계 주화인 금화와 은화를 표기했다.

오마르왕조시대(700년 이후)는 아랍계 귀족동아리 생성시대였다. 물론 아랍계 상인동아리의 대자본도 오마르왕조시대 정복지의 분할정책에서 발원했다. 아랍계 귀족동아리는 오마르왕조시대부터 호화생활을 영위했다. 이런 아랍계 대자본 형성지에는 귀족동아리의 정복지 분할소유에 힘입어 자연히 다수 노예를 활용하여 대자본을 형성했다. 무그타티라는 칼리프는 보석류와 향료를 모아 2억불의 재산을 물려주었다는 것이다. 유명한 보석상 이브날 드스하싸도 금화 1600만 디나르를 보유했다고 한다. 드스하싸는 칼리프 이름을 따서 최고 부자라 호칭되었다. 무싸는 스페인으로부터 30,000여명의 포로를 데려왔고 스페인에서 데려온 처녀와 아프리카에서 데려온 노예를 모두 노예시장에 내다 팔아 거금을 모았다고 한다. 아랍 노예시장에는 백인과 흑인을 비롯한 황인종 노예까지 진열되었다고 한다. 아랍 노예상인동아리가 수집한 노예 중에는 비잔티움 출신 노예를 비롯한 아프리카의 흑인과 투르크케스탄의 투르크인과 중국인까지 포함되어 있었다고 한다. 또한 아랍 노예시장에는 러시아, 스페인, 이탈리아의 백인 노예까지도 거래되었는데, 아마 백인, 황인종, 흑인 간의 종족 혼합은 이 아랍 노예시장에서 이루어졌을 것이다. 아랍 노예는 도시와 귀족의 장원 영지에서 보조 일꾼으로 노동하거나 임금 노동자로 연명해갔다. 이 노예는 아랍 가정에서 하인과 하녀로 전락했다. 또한 노예는 황실이나 궁전의 규방에서 환관과 첩실로서 아랍인의 생활관습에 적응해갔다.

모슬렘 도시와 학문

서 아시아세계는 500년 동안(700년~1200년까지) 최고 도시문명을 꽃 피웠다. 이 서 아시아세계의 도시문명은 농업 위주의 생산 질서에서 발원했다. 그런데도 문명 외형은 도시에서 유지되었다. 모슬렘 도시는 대개 성곽으로 둘러싸여 있었다. 아랍계 도시 인구는 많지 않았고, 도시 중심부는 그리스 도시 모습처럼 신전을 중심으로 발전했다. 서 유럽세계의 도시가 돔(=신전)이나 쉬로쓰(=성)로 발전했듯이 아랍세계의 도시에는 이슬람 회당이 자리 잡았다. 성지 도시는 순례자의 발길이 끊이지 않았다. 성지 도시는 순례자 행렬을 끌어들였다. 아랍세계 성지도시는 자연히 교역과

아라비아와 메소포타미아

행정의 중심지로서 완연한 모습을 드러냈다. 성지도시는 또한 지방의 교회나 회당이 연계된 수많은 교회나 회당이 자리 잡았다. 이들 중·소 도시는 모슬렘 중심지와 이어져 있었다. 성지도시인 메카와 메디나는 순례자 행렬이 끊이지 않았고, 호화로운 귀족 저택에는 당대의 기풍, 매혹거리, 각종 가옥 장식품으로 가득차 성지도시 품위를 높이었다. 도시 예루살렘 거주자는 8세기까지 아랍인이 다수를 차지했다. 또한 예루살렘은 호화로울 정도의 회당을 갖춘 이슬람 성지도시로 자리 잡았다. 시리아와 비잔티움세계는 관행에 따라서 절벽 위에다 유명한 돔(=신전)을 세웠다. 압달 알 마리크는 691년 예루살렘 절벽에다 이슬람 돔을 세웠다. 예루살렘의 이슬람 돔은 마호메드의 회당에 나타났던 네 가지 세상 기적 중에서도 셋째 기적이라 하여 예루살렘의 돔을 오마르 회당이라 지칭했다.

다마스쿠스는 유명한 이드리시가 다마스쿠스를 찾아가서 내뱉은 표현처럼 과연 성지 도시다운 면모였다. 다마스쿠스는 흔히 찾아보기 힘들 정도로 신이 만든 성지 도시라는 의미였다. 다마스쿠스는 칼리프 궁전을 중심으로 5개 회당을 거느리고 다마스쿠스의 이슬람 본당은 로마시대 유피테르 신전이 자리 잡았던 장소에 세워졌다. 다마스쿠스의 이슬람 본당은 황제 테오도시우스 1세 시대에 크리스트교로 개종한 이후 처음으로 성당이 세워졌던 장소에 건립되었다. 다마스쿠스 궁전과 이슬람 회당은 인도, 페르시아, 비잔티움, 이집트, 리비아, 튜니스, 알제리 등의 예술가와 기술자가 건립했던 건축물이다.

메소포타미아 지역은 티그리스강과 유프라테스강으로 둘러싸인 삼각주였다. 메소포타미아 지역은 압바스왕조시대 권력동아리가 성장했던 근거지였다. 압바스왕조의 칼리프 하룬 알 라시드는 유프라테스강변의 락가에서 티그리스강을 건너면 나타나는 모스르에서 아랍 모형의 찬란한 도시 문화를 꽃피웠다. 또한 압바스왕조시대 구르간은 10세기 카스피해 동부 연안에서 속주 문화 중심지였다. 도시 구르간에는 당대 탁월한 철학동아리 교사 아비체브론(+1060~70)이 활동했던 곳이다. 중국으로 향하던 천산북로에는 니시푸르와 마시하트가 나란히 자리잡았다. 이 도시 이외에도 천산북로 주변에는 속주문화의 중심 도시인 메르보, 부카라, 사마르칸트 등이 자리잡고 작은 주변 오아시스왕국과 교류를 통하여 중국과 내륙의 사막교류를 이어주었다. 특히, 11세기 이후부터 헤라르, 시라스, 이스파한, 카산, 가스빈, 크움, 하마란, 키르반샤크, 사안나 등의 도시는 이란에 편입되었다.

이라크의 바그다드는 고전시대 문화의 발원지였다. 바그다드는 물론 메소포타미아 지역과 멀지 않은 위치에 자리잡았다. 도시 바그다드의 형성 시기는 사산 왕조시대 페르시아제국으로 거슬러 올라가며 압바스왕조의 칼리프 알 만소르시대에야 바그다드는 도읍지로 자리 잡았다. 바그다드는 유프라테스강과 티그리스 강변에 위치한 여러 도시와 운하로 연결됨과 함께 아랍 도시문화 정수로 발전했다. 바그다드는 또한 페르시아만의 항구를 통하여 모든 세계지역과 교류했다. 칼리프의 바그다드 궁전은 도시 중앙에 위치했으며, 3겹의 성곽으로 둘러싼 다음, 다시 호수로 둘러싸였다. 칼리프의 바그다드 궁전은 황금대문과 번쩍이는 천정으로 단장되었다. 루사파는 바그다드의 외곽 도시로서 티그리스강 동부 유역, 즉 페르시아 방향에 위치했다. 루사파는 21개의 수중 교량을 통하여 768년 바그다드 중심부와 연결되었다. 루사파에는 칼리프 하룬 알 라시드의 여러 계승자 궁전이 자리잡고 있다. 이런 바그다드는 10세기 이미 인구 200만 대도시로서 지중해세계의 대도시 콘스탄티노플을 능가했다. 당시 바그다드 거주자는 종족이나 종교를 초월하여 집주했고 특히 바그다드에는 교회와 수도자동아리를 비롯한 크리스트교동아리, 네스토리아계 동아리, 단성론자동아리, 유대교동아리는 물론, 비잔티움세계 교회 인구까지 뒤섞여 살았다. 물론 교육기관은 궁전을 중심으로 주요한 기능을 담당했다.

당시 바그다드는 인간의 활동무대였다. 바그다드의 궁전에서는 사치와 가난, 해학과 음모가 뒤섞이면서, 진귀한 장면을 연출했다. 그런데도 바그다드 궁전에서는 제국 칼리프에 대하여 정중한 의례관습과 절차관습을 지켜나갔다. 또한 예술가동아리와 학문동아리도 바그다드에서 아랍인의 7월 태양처럼 활짝 피어났다. 거대한 바그다드 궁전에서는 장엄한 의례관습과 찬란한 장식품 조화에서 풍겨 나오는 인간 냄새 때문에 키가 작은 남성이라 하더라도 아마 더욱 대담하게 보였다. 바그다드는 명실상부하게 철학동아리와 아름다움의 극치를 이루며 동부 이슬람세계에서 특정한 위치를 차지했다. 바그다드를 드나들던 서적상인동아리 중에는 문학가동아리 모임 참가자가 주류를 이뤘고 시를 저작물로 발간하는 작업을 진행했다. 당시 아랍인은 중국인으로부터 종이 제조기술을 터득하여 다시 프랑스인에게로 전파하여 서부 유럽세계에서도 종이로 저작물을 제작할 수 있게 되었다.

상인동아리 귀족동아리 구성원과 혈족 귀족동아리 구성원 소유 궁전은 취향에 따라서 특색 있게 치장되었다. 귀족동아리 구성원은 문예가동아리 구성원과 예술가동아리 구성원에게 노동대가를 현금으로 지급하면서 궁전을 꾸몄다. 바그다드에는 몽골인이 침입하기 이전까지 36개에 달하는 공공 도서관이 자리 잡았다. 바그다드에 도서관이 36개나 자리 잡았다는 점은 책에 대한 이슬람 열정이 어느 정도인지를 과히 짐작하고도 남음이 있으며, 거기다 바그다드의 거의 모든 회당에도 도서관이 자리 잡았다는 점은 서적에 대한 이슬람의 열정이 8~11세기까지 이어졌다는 증거인 것이다. 거의 모든 귀족동아리 구성원의 영지에까지 도서관과 유사한 개별 서고가 구비되어 있었다. 바그다드의 부호는 예술가동아리와 문학동아리의 애호자가 되려고 애썼다. 지중해세계의 코르도바에서 천산북로 주변의 사마르칸트 이내의 회당에는 사서관인 역사 기록자가 매일 문서와 기록물을 정리했다. 바그다드 거리에는 여러 지역의 전문가 특히, 지리 전문가도 왕래했었다. 아랍인은 비아랍계 시인, 해학가, 철학가동아리를 아랍인의 교육과 문학가동아리에 초빙하여 아랍어를 세계인의 공용언어로 만들어 나갔다. 아랍인은 그리스어계의 자연학동아리와 철학동아리의 저작물이나 기록물을 시리아어로 번역하여, 아랍인의 고전 저작물로 활용했다. 유대교동아리와 단성론자동아리의 교리까지도 알렉산드리아, 베이루트, 아티오크, 하르탄, 니시비스 등에 자리잡고 있던 교육기관을 활용하여 아랍어로 전달했다. 이 지역의 교육기관도 역시 드순드 이 샤푸르 아카데미의 학문동아리 역할 때문에 다양한 교리를 아랍어로 번역하여 전달했다. 아랍인의 학문동아리는 고전시대 그리스어계 저작물 영역을 바탕으로 축적되었다. 아랍인의 자연과학과 철학은 이집트와 인도, 그리고 바빌로니아세계로부터 그리스어계 고전과 비잔티움인의 손을 거쳐 이슬람세계에서 새로운 학문체계를 구축했다. 아랍인의 자연학과 철학은 이슬람 세계에서 발아된 다음, 서부의 유럽세계에까지 이르게 되었다. 이런 맥락에서 파악하면, 아랍인의 학문동아리는 시대에 따라서 다대한 과제를 제시하면서 계승해나갔다. 아랍계 학문동아리의 최고 현실과제는 인간의 결속 전제인 정신통합이었다.

시리아의 모슬렘은 고전시대 그리스어계 자연학동아리의 원리와 이론을 여전히 계승해갔다. 시리아의 모슬렘은 고전시대 그리스어계 자연학동아리의 원리와 이론에다 중국인과 인도인의 원리와 이론을 수용하여 아랍형의 자연학동아리 원리와 이론을 만들어갔다. 알 하바리츠미는 위대한 수학자였다. 카스피 동부 연안의 영지에서 태어난 알 하바리츠미는 천문학동아리가 활용하도록 천체 도표를 제작했다. 알 하바리츠미의 천체 도표는 이후 수 백년 동안이나 스페인의 코르도바로부터 중국의 신광성 이내 지역에 걸쳐 세계 천문학학동아리의 표준 저작물이 되었다. 알 하바리츠미는 또한 69명의 지식인과 공동으로 세계지리에 관한 백과사전과 기하 도표까지 저술했다. 알 하바리츠미의 기하 도표 활용과 함께 역시 아랍인이 창안했던 적분학 이론과 방정식은 점차 사라져 갔으나, 크레모나의 게르하르드(+1187)는 12세기 아랍인의 적분학과 방정식 원리는 라틴어로 번역하여 유럽세계에 처음으로 소개하여 유럽세계의 인간에게 수리원리의 다양함을 일깨워 주었다. 게르하르드가 번역하여 유럽에 소개했던 아랍세계의 적분학과 방정식 원리는 16세기까지 유럽세계 학문동아리 연합체의 주요 교과목으로 채택되었다. 거기다 알 드샤브르 알게브라는 대수 원리를 창안하여 서부 유럽세계로 이동케 했다. 트란스옥시아니아의 아부르 프라그하니는 800년경 천문학동아리의 이론과 원리를 정리하여 유럽세계와 서아시아세계에다 기본교양과목 텍스트를 제공했다. 모슬렘 지식인은 만능천재에 가까울 정도로 해박한 지식을 갖췄다. 모슬렘 지식인은 철학동아리, 역사동아리, 탐험가동아리, 지리학동아리, 천문학동아리, 수학동아리, 문학동아리 등의 영역에서도 탁월한 식견을 갖춘 전문가로 활동했다. 모슬렘 지식인 중에서도 역사동아리와 지리학동아리의 탁월한 이론가는 알 비루니(973~1049)였다. 알 비루니는 동부 카스피연안에서 출생했다. 알 비루니는 1030년경 인도의 역사를 저작했다. 모슬렘 지식인의 관심대상은 오늘날의 인문학, 사회과학, 법률학, 자연과학, 응용공학 등의 영역에까지 이렀다. 특히, 모슬렘 지식인은 천문학과 지리학을 비롯한 인간세계 문화의 중요함을 다양한 종족의 행동에까지 연계했다.

아랍계 자연학은 고전시대 저작물 의미로부터 당대의 응용논리를 찾아냈다. 이것은 아랍인이 고전시대 인간의 지혜를 터득하는 과정에서 새로운 지혜에 이르렀다는 의미와 다를 바 없었다. 아랍인은 고전시대 인간의 치료제를 고전시대 저작물로부터 찾아냈다. 아랍인은 고전시대 저작물의 치료원리를 새로운 약재와 함께 응용하여 복용약과 외용약, 그리고 향수까지 만들어냈다. 아랍인의 이런 제약기술은 프랑스인의 손을 거쳐 유럽세계로 이동했다. 그러나 아랍인의 제약기술은 중국인과 인도인의 생활체험에 축적된 것을 다시 아랍인의 응용기술에 접목했다. 아랍인은 바그다드에다 약제상과 약국을 세웠을 뿐만 아니라, 약학 전문 지식 원리 교육기관을 세우고 약학 저작물을 저술했다. 압바스왕조 칼리프인 하룬 알 라시드는 바그다드에서 페르시아의 전형을 따서 유명한 병원을 설립했다. 바그다드 병원에는 931년 이미 대략 860명의 의사가 환자를 진료했다. 특히, 아랍인은 임상의학 분야에서도 안과학과 같은 독특한 분야를 개척했다. 후나인 이븐 이사크는 안과교본을 저술했다. 후나인 이븐 이사크의 안과교본은 프랑스어로 번역되어, 18세기까지 알리 이븐 이사크의 안과교본으로 통용되었다. 아랍지역에서 안과학이 이처럼 특이하게 발전된 이면에는 사막지대의 상인동아리가 바그다드로 오려면, 자연히 사막지대 영향을 받지 않을 수 없었을 것이기 때문이었다. 아랍인 의학자 중에서 알 라찌는 과연 이슬람 의학 대표자였다. 알 라찌는 실제로 페르시아인이었다.

알 라찌는 유럽세계 인간에게 르하체스란 인물로 알려져 있었다. 알 라찌는 이슬람 의학 대표자답게 131권의 저서를 남겨 놓았다. 그는 의학 사전 '알 하시의 개요(Kitab al Hasi)'를 저작했다. 알 라찌의 저작물은 '알 하시의 책(Liber Contines)' 이란 명칭으로 남아있다. 알 라찌의 의학사전은 1395년 파리 학문동아리 연합체에서 의학 장서고를 세우면서, 중세 유럽세계 인간에게 알려졌던 새로운 저작물이었다. 이 의학사전은 유럽 연구자에게 귀중한 자료로 평가되었다. 알 라찌의 의학사전은 1498년부터 1866년에 이르는 기간 동안 전염병에 대한 표준 저작물로 인정되었다. 알 라찌의 의학사전은 영어로 40판이나 발행된 적도 있었을 정도의 저작물이었다.

서양인은 알 라찌의 저작물에 담긴 내용 중에서도 의학 개요를 가장 빈번하게 활용했다. 10책으로 구성된 알 라찌의 '의학 개요'를 크레모나의 게르하르드는 라틴어로 번역했다. 게르하르드의 번역본 명칭은 '알 라찌의 의학 개요 9책'(Nonus Almanstis)이었다. 이것은 16세기까지 유럽세계 인간에게 주요한 의학 교과서로 채택되었다. 그리스와 중국, 그리고 인도인의 고전으로부터 의학 의미를 찾아냈던 아랍인의 이런 응용논리는 중세 유럽세계 인간에게 전달되었다. 그런데도 유럽세계 인간은 중국이나 인도 고전의미를 터득하지 못했다. 유럽세계 인간은 단순하게 그리스 고전시대 저작물만을 내세우는 모습으로 나타났다. 이것은 물론 중세 유럽세계 생활동아리지식의 토양 속에서 성장했던 서양 인문주의 전통 때문이었다. 이슬람세계에서 지식인 역할은 고전시대 저작물의 중요함을 다시 일깨웠다. 아비체나는 아부 알리 알 후세인 이븐 시나(abu ali al Husein Ibn Sine = Avicena)란 아랍식 이름을 지녔다. 유럽식 이름인 아비체나는 이슬람세계에서는 가장 유명했던 의사였다. 또 그는 의사로서, 탁월한 시인으로서 널리 알려져 있었다. 아비체나는 의학과 철학을 비롯한 전체 학문영역을 포괄했다. 물체운동, 운동량, 진공, 빛, 열, 중량에 대한 연구로 출발했다. 아비체나의 연구대상은 현대 의미로 기초 물리학 분야였다. 특히 현대 유럽세계 기초 물리학 분야에 속하는 암석학은 13세기까지 무기물을 연구했던 아비체나의 지질연구에 기초했다. 아비체나는 또한 백과사전을 집필했다. 아비체나의 '백과사전'(Kitab al Schifa)은 다방면에 걸친 세심한 분석 내용을 수록하고 18책으로 구성되어 있다. 아비체나의 백과사전은 수학과 물리학의 원리를 포함했다. 또한 자연과학 분야, 정치학, 경제학 등의 사회과학 분야, 음악 예술 분야를 철학에 관련시킨 개요까지 담고 있다. 특히, 아비체나의 후판 백과사전은 생리학, 보건 위생학, 생약학 등의 이론구성 원리 등을 철학에 연계시킨 개요를 담고 있다. 아비체나의 백과사전(후판 5책) 내용 중에서도 생약학 개요는 12세기 이후 라틴어로 번역되어, 다양한 유럽세계 자연과학 영역에 스며들었다. 아비체나의 생약학 개요는 17세기까지 유럽세계 학문동아리 연합체에서 가장 중요한 약학 교과서로 채택되었다.

아랍인은 유럽세계 학문동아리를 살려냈던 주인공이었다. 비잔티움제국이 예술맥을 유럽세계 인간에게 이어 주었다면, 아랍인은 유럽세계 인간에게 고전시대 그리스어계 저작물의 맥과 학문동아리 맥을 이어 주었다. 아랍인은 고전시대 그리스어계 저작물을 포함하여 물론, 중국과 인도의 고전시대 저작물까지 거의 망라한 세계의 고전시대 저작물을 섭렵하여, 현대 인문학동아리와 사회과학동아리의 기본원리를 터득했고, 자연과학동아리의 응용원리까지 찾아내어 현실생활에 접목하는 방법을 유럽세계 인간에게 전달했다. 특히, 세계 학문동아리의 이론구성과 원리 탐구에 대한 아랍인의 기여도는 소위 현대 자연과학 분야에 대하여 두드러진 영향을 미쳤다는 사실에서도 높이 평가되어야 할 것이다. 세계 학문동아리에 대한 아랍인의 기여는 모슬렘 학문동아리 구성원이 이룩했던 업적이었다. 아랍세계에서 활동하던 모슬렘계 학문동아리 구성원은 아비체나, 알 라찌, 알 하바츠미, 알 비루니와 드 샤비르 등과 함께 탁월한 위치를 차지했다. 아비체나와 알 라찌는 탁월한 의학동아리 구성원이었다. 알 하바츠미는 수학동아리 교사였고, 알 비루니는 수학동아리 교사겸 광학이론가였다. 드 샤비르는 중세 세계에서 탁월한 위치를 차지했던 화학동아리 교사였다. 특히, 알 라찌는 지리학동아리 교사로서도 월등한 위치에 우뚝 서 있었다. 이것은 세계 학문동아리가 이슬람세계에서 배출됐던 대한 5명의 학문동아리 교사 손을 거치면서, 소위 현대세계의 자연과학이란 옷으로 갈아입게 되었다는 의미인 것이다.

현대세계의 자연과학처럼 이슬람세계의 자연과학은 고전시대 인간의 저작물과 분리되지 않았다. 이슬람세계에서 자연과학은 아랍인의 사고방식을 통하여 출발했다. 당시 자연과학동아리의 탐구원리는 인문학동아리의 원리나 이론과 분리되지 않았다. 아랍계 자연과학동아리의 탐구원리는 인문학동아리의 이론영역으로부터 복잡한 자연과학동아리의 실험원리를 찾아냈다. 이것은 자연과학동아리의 실험원리 영역이 이슬람 학문동아리 구성원의 사고방식을 통하여 여과되었고, 인문학동아리의 새로운 원리를 바탕으로 구상된 다음 실행과정을 거쳤다는 사실을 입증하고 있는 것이나 다름없다. 이런 맥락에서 세계 학문동아리에 대한 아랍인의 기여도는 이미 지적한 다양한 학문동아리 영역 개관에서도 드러났다.

아랍인은 철학동아리의 이론을 그렇게 발전시키지 못했던 것도 사실이다. 이슬람세계의 철학동아리는 크리스트교계 철학동아리를 벗어나지 못했다. 이슬람세계의 이런 철학동아리는 고전시대 그리스어계 저작물을 크리스트교세계였던 시리아로부터 수용했다. 고전시대 그리스어계 저작물은 시리아 크리스트교동아리 손을 거쳐 아랍세계에 접목했고, 모슬렘이었던 스페인의 마우르종족을 거쳐 서부 유럽세계로 이동했다. 또한 아랍어계 철학동아리 골격은 아리스토텔레스의 이론에 바탕을 두었다. 아랍어계 철학동아리에다 아리스토텔레스의 이론을 접목시킨 주인공은 유대계 아비체나였다. 당시 아랍세계에서도 인도와 중국 학문동아리의 전문 지식, 크리스트교동아리 이단 교리와 유대교동아리의 종말론, 페르시아인의 차라투스트라 지혜 등이 영향을 미쳤다. 아비체나는 다양한 논리를 아리스토텔레스의 수사학 원리에 부착하여 새로운 수사학 이론을 찾아냈다. 아비체나의 수사학 원리는 유럽세계에서 200년 쯤 지나서 나타난 스콜라 철학동아리의 논리 그대로였다. 이런 맥락에서 아비체나의 수사학 원리는 라틴어 영역인 스콜라 철학동아리의 존재이론 보다 200년이나 앞섰던 것이다. 아비체나의 수사학 원리는 중세 유럽세계 인간이 지향하던 이론 모음집이었다. 아비체나의 이런 수사학 원리는 12세기 페트루스 롬바르두스와 같은 위대한 신학동아리 교사가 파리의 쌩 빅토르 수도자동아리 은신처에서 이론화했던 수사학동아리 이론과 다를 바 없었다. 아비체나의 수사학 원리는 스페인의 아베로에스와 마이모니데스를 통하여 서부 유럽세계로 이동했다. 아베로에스와 마이모니데스는 유대인으로서 아비체나의 수사학 원리를 크리스트교동아리의 라틴어 표현논리에 접목했던 인물이었다. 아베로에스와 마이모니데스의 수사학 원리를 통하여 서부 유럽세계로 이동했던 아비체나의 수사학 원리는 알베르트 막뉴스와 토마스에 이르기까지 계승되었다. 아비체나는 아랍계 철학동아리와 아시아계 학문동아리 사고를 결합하여 750~1050년이라는 시대를 풍미하게 만들었다. 아비체나가 확립했던 아랍 철학동아리 구성이론은 셀드슉크의 정통론자동아리 교리, 신학동아리 공통 원리, 알 가츠차리스의 신비의미에 휩싸여 무성하게 지중해세계로 이동했다.

이슬람 문학가동아리도 철학동아리처럼 다양한 방면으로 이동했다. 이슬람 문학가동아리의 구성 형식은 단편 소설. 우화, 순교자 행적기 형식의 산문이었다. 이슬람 문학가동아리의 정수 작품은 아랍 에미레이트 공화국 영역에서 발원했던 천일 야화였다. 산문형식인 천일야화는 아랍인이 세계인에게 남겨 준 커다란 선물이었다. 아랍 문학동아리에서는 우화 비중을 역시 간과할 수 없다. 아랍인의 우화는 주로

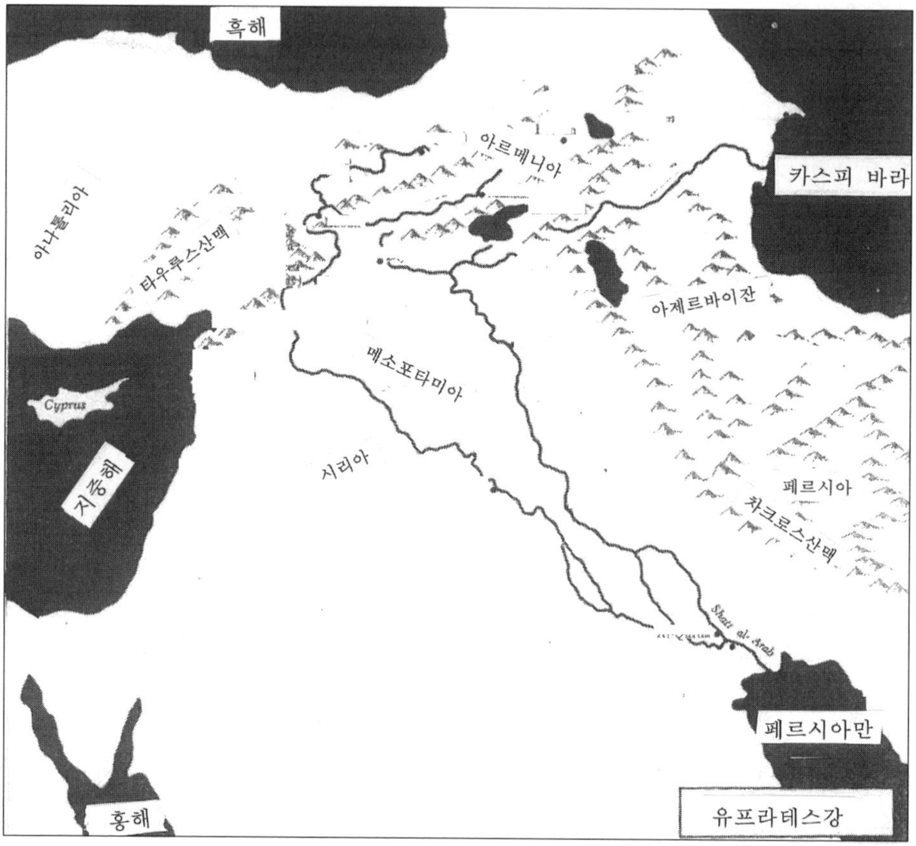

인도에서 발원하여 페르시아세계를 거쳐 8세기 아랍어로 번역되었다. 아랍인의 우화는 주로 상인동아리가 원주민을 찾아가서 원주민과 대화한 바보스런 이야기, 특히 아랍인의 모험심과 대담성을 내용으로 구성되어 있다. 아랍인의 우화는 이후 80여개 언어로 번역되어 세계인의 마음을 희로애락의 고삐에 연결했다. 유럽세계 인간도 아랍인의 우화를 처음으로 번역하여 읽었고 이외에도 코란이나 다른 우화 번역과 함께 천일야화 번역물까지 나오게 되었다. 천일야화는 특히 세계 인간이 거의 읽게 되던 저작물로서 마음 정서에 깊이를 더하고 있다. 아랍인의 산문은 청중 앞에 서서 의미를 전달하는 방식에 초점을 맞추었다. 아랍인의 산문형식은 특히 낭독자의 음조를 뚜렷하게 나타내기 위하여 운율에 역점을 두었다. 아랍인의 산문은 칼리프나 무식자인 유목종족 앞에 서서 낭독자가 읽거나, 노래하는 형식에 알맞도록 구성되었고 유럽세계 인간의 시에도 거의 유사한 모습으로 부착했다. 이것은 도시 렝에서 승리를 뚜렷하게 부각하는 형식에서도 입증되고 있다. 페르시아인의 세계가 아랍인으로부터 해방된 이후 페르시아의 피르카우시는 시가 문학사에서는 처음으로 종족 서사시를 변형하여 지배자에 대한 글로 개작하여 세계 문학사에서 종족문학 정수로서 중요한 위치를 차지했다.

6-3. 이슬람의 유럽세계 지배와 유럽세계의 잔존 이슬람 문화

아랍인의 대서양 진출과 유럽세계

아무르 이븐 알 아스는 팔레스티나 지배자로서 모하메드 사망 이후 7년째 되던 해에 팔레스티나 가자지역으로부터 이집트 정복에 착수하여 641년 동부 지중해연안 관문인 알렉산드리아까지 정복했다. 이어서 그는 알렉산드리아에 아랍인의 해상기지를 만들고 해상함대를 건조하기 시작했다. 당시 알렉산드리아에는 4,000여 채의 궁전과 400여 공중목욕탕이 자리 잡고 있었을 뿐만 아니라, 400여 극장이 있었다고 한다. 이집트에서도 알렉산드리아는 대규모 도서관이 자리 잡았다. 알렉산드리아의 도서관은 고전시대 인간의 파피루스 장서와 필사본으로 가득 차 있었다. 이 장서는 세월 풍상을 겪으면서도 그대로 보존되었다. 정복자 아무르 이븐 알 아스는 알렉산드리아에 종교동아리 자유를 선포하고 나일강과 로템을 130km의 운하로 연결하고, 로템을 개항하여 이집트의 근거지를 후기에 카이로에 설치하기에 이르렀다. 그는 카이로에 661년부터 868년의 시기에 총독을 두고, 이집트를 통치했다.

모슬렘 군대는 비잔티움제국 군대로부터 위협 당하면서도, 아프리카의 사막지대를 지나 바스라까지 진출했다. 모슬렘 군대는 오늘날 튜니스 남쪽 130km지점에까지 이르렀다. 모슬렘 군대의 최고 지휘관은 아랍인 오크바 벰 나피였다. 여기서 오크바 벰 나피는 이슬람의 아프리카 관구인 크야르반을 건설하여 아프리카로 진출하기 위한 이슬람의 교두보로 도시 크야르반을 활용했다. 당시까지 카르타고는 비잔티움제국의 통치영지여서 비잔티움제국의 군대가 베르브종족과 함께 카르타고를 끈질기게 방어했다. 그러나 모슬렘 군대는 698년 처음으로 카르타고를 포위하고 공격하기 시작하여 카르타고를 함락한 다음 북부 아프리카 지역은 물론, 아프리카의 대서양 연안까지 정복했다. 북부 아프리카 지역에 거주하던 베르브종족도 아랍인에게 정복당한 이후 100여 년 동안 칼리프 통치하에 들어갔다.

모슬렘계 파팀 씨족은 크야르반에 자리 잡고 베르브종족의 보호하에 있던 아그흐라브 씨족과 분리되었다. 아랍인 정복자는 9세기 사하라사막을 가로 질러 챠드 호수에 이르는 무려 3,200km의 도로를 3갈래로 건설했다. 아랍인은 사막 도로를 따라서 보네, 오란, 체우타, 탕게르 등의 항구로 진출했다. 아랍인의 아프리카 교역은 지중해로부터 수단지역으로 이어지는 교역로와 스페인과 모로코로부터 동부 지중해연안의 이슬람지역으로 이어지던 교역로를 통하여 진행되었다. 이집트의 페츠는 파팀 씨족의 종교동아리와 교역 중심지였다. 파팀 씨족은 969년 이집트를 정복했고 이집트의 카라는 파팀 씨족의 중심 도시였다. 파팀 씨족의 통치하에서 이집트는 아시아의 도시 바그다드와 유럽세계의 스페인으로 향하던 교역 중개지로 자리 잡았다. 이집트는 멀리 떨어진 이라크의 바그다드로부터 총독을 통하여 상품을 가져왔다. 이집트의 파팀 가문은 무스탄시르 사망 이후 적대관계였던 베르브종족, 수단종족, 투르크종족에게 정복당하여 와해되고 말았다. 이집트에서도 파팀 씨족 체제는 붕괴되었다. 스페인의 모로코도 자치영역으로 분리되었다. 그러면서 예루살렘에서는 팔레스티나 왕국이 발흥했다. 이제 예루살렘지역에서 시리아세력은 사라졌고 시리아의 칼리프 살라딘마저 왕관을 벗어 던지게 되었다. 따라서 1171년 파팀 가문의 살라딘은 최후 아랍인 칼리프가 되고 말았다.

사라센은 지중해세계 영주였다. 사라센의 지중해 본거지는 튜니스와 시칠리아였다. 튜니스와 시칠리아의 사라센은 노예사냥과 해적활동을 일삼었다. 남부이탈리아지역은 비잔티움제국 통치영지로 바뀌게 되었다. 당시 남부 이탈리아지역 영주는 랑고바르드종족왕의 공작이었다. 랑고바르드종족왕의의 공작은 베네벤토에 근거지를 두고 살레르노에서 아랍인의 후원을 받으며 비잔티움제국의 통치영지인 서부 이탈리아 해안 지대를 차지하려는 의도를 품었다. 그래서 사라센은 서부 이탈리아 해안지역의 수도자동아리 은신처와 주변지역을 침입한 다음 846년 남부 이탈리아 지역의 오노피아 영지로 상륙하여 이어서 로마 주변지역까지 침입하기에 이르렀다. 사라센은 로마에서 베드로 성당을 약탈했다. 사라센 침입을 받은 로마 교황은 아말피, 가에타, 나폴리 시민과 연대하여 사라센을 몰아내 승리했다.

당시 교황청 보호자는 유럽세계의 프랑크종족왕이었다. 프랑크종족왕은 루이 2세(855~875)였다. 프랑크종족왕 루이 2세는 사라센을 남부이탈리아 지역의 바리와 타렌트로 패주시켰다. 루이 2세는 884년 이탈리아로부터 사라센을 내쫓았다. 당시 남부 이탈리아 지역민은 사라센 침입을 사실상 오래 동안 두려워했고, 교황 역시 사라센에게 속전을 지불함으로써 로마를 보호했다. 사라센과 로마 교황의 싸움과정에서 베네딕트 수도자 금욕수행관습의 발상지인 몬테카시노 수도자동아리 은신처는 884년 불타는 비운을 맞이했다. 당시 교황청은 그리스인, 도이취인, 이탈리아인으로 구성된 혼성 군대를 이끌고, 사라센 침입에 대항했다. 교황청의 혼성 군대는 916년 갈리기아노 전투에서 아랍인의 침입을 완전히 종식했다.

지중해세계와 유럽세계 역사에서 시칠리아처럼 여러 갈래 언어로 아로 새겨진 지역도 없다. 시칠리아는 그리스어계 종족, 비잔티움제국, 아랍인, 노르만종족, 랑고바르드종족, 유대종족까지 거쳐 간 지중해세계 섬이었다. 시칠리아는 다양한 종족의 생활관습에 다시 사라센 문화까지 혼합되어 다양한 종족의 생활관습 복합체나 다름없었다. 시칠리아의 팔레르모 성곽 주변에는 시칠리아 원주민을 비롯한 그리스어계 종족, 유대종족, 랑고바르드종족, 아프리카의 베르브종족, 아랍인까지 찾아와서 치열한 세력경쟁을 벌였던 격전지였다. 시칠리아는 하지만 여전히 고전시대 인간의 문화영역이었다. 시칠리아에는 970년경 300개 이상의 회당이 자리잡았다. 시칠리아의 중심 도시는 팔레르모였다. 팔레르모는 유럽과 아프리카 지역으로부터 유입된 상품의 주요 전시장이었다. 또한 팔레르모에는 살레르노 의학 전문지식 원리 교육기관을 능가하던 유명한 의학 전문지식 원리 교육기관과 학문동아리 연합체가 자리잡았다. 노르만종족왕이 팔레르모를 비롯한 시칠리아를 1060~1091년까지 지배하는 동안 시칠리아는 점차 사라센인의 왕래까지 끊어지었다. 그런데도 팔레르모는 노르만종족왕의 지배하에서 사라센인 전문가와 예술가의 활동이 끊이지 않았던 곳이었다.

따라서 시칠리아 섬의 내륙 도시에는 오늘날까지 이슬람의 발자취가 그대로 남아 있다. 시칠리아에는 970년경 300개 이상의 회당이 자리잡았다. 시칠리아 섬의 내륙 도시인 싸레미에는 둥근 천정으로 장식된 이슬람 회당이 아름다운 자태를 유지하고 있다. 싸레미의 회당 이외에도 팔레르모의 궁전 회당에 장식된 차차 궁전의 둥근 천정과 장식품도 사라센의 자취를 그대로 입증하고 있다. 그러나 이상하게도 시칠리아 회당에서는 마호메드가 아닌, 크리스트에 대한 예배관습이 거행되고 있다는 사실을 잊을 수 없을 것이다.

무슬림 지배하의 스페인(711~1031)
(AL-ANDALUS)

마우르종족의 생활방식과 스페인의 크리스트교 회복

마우르종족은 베르브종족인 타리크(Tarig, 710년경)의 지휘를 받으면서 스페인을 정복했다. 물론 베르브종족과 마우르종족은 아랍인의 지배를 받았다. 타리크의 활동무대는 지브랄타르 해협에서 튀어나와 있는 곳에 대한 명칭 지브랄타르가 타리크 이름(Gebel al Tarig)에서 비롯되었음을 일깨워 주고 있다. 베르브종족의 지배자 타리크는 아랍제국 아프리카 총독인 무사 이븐 누사이르에게 고용된 용병대장이었다. 타리크는 712년 세비예와 메디나를 정복했다. 타리크의 세비예와 메디나 정복으로 사라센인은 피렌느 산맥 이북의 갈리아지역을 위협했다. 아랍인은 드디어 갈리아지역을 침입했고, 갈리아지역 전투에서 사라센은 프랑크종족왕 영지의 궁재 카롤루스 마르텔을 맞이하여 투르와 프와티에 이내 지역에서 7일간에 걸쳐 격렬한 전투를 치렀다. 프랑크종족왕 영지의 궁제 카롤루스 마르텔은 이 전쟁에서 아랍인을 격퇴했고 아랍인은 서부 유럽세계를 다마스쿠스의 칼리프 속주로 만들려다 실패했던 전쟁이었다. 그러나 갈리아지역에서 패퇴한 아랍인은 735년 서부 유럽세계의 교황청이 자리 잡고 있던 아비뇽을 점령했다. 아랍인과 프랑크종족왕 영지 군대의 전투는 아비뇽 점령 이후에도 2차에 걸쳐 진행되었다. 아랍인은 리옹지방의 론강 계곡을 완전히 포위하여 공격했다. 당시 프랑크왕국의 전쟁 지휘자는 궁재 피핀이었다. 궁재 피핀은 아랍군대에 승리하여 남부 프랑스지역으로부터 아랍인을 몰아냈다. 여러 사라센계 칼리프는 스페인의 저항세력과 싸우다 756년까지 안달루시아에 완벽하게 정착했다. 안달루시아에 정착한 사라센계 칼리프는 다마스쿠스 칼리프 크야르만의 통치를 받았다. 중세 유럽사는 프랑크종족왕 영지의 군대가 세계제국인 아랍인 군대를 어떻게 격퇴했던가에 대하여 당연히 의심을 품게 되어야 함에도 어정쩡하게 넘어가고 있다. 유럽세계가 아랍인의 속주로 변하지 않게 된 이면에는 아랍인이 북부지방을 단념하는 조건으로 프랑크종족왕 영지 지배자가 북부 스페인지방을 아랍인에게 넘겨주기로 약속했던 타협 때문이었던 것을 빼 놓을 수 없다.

스페인은 9세기~11세기에 사라센인과 크리스트교 영역으로 분할되었다. 마드리드와 바르셀로나로 특징 지워지는 현재의 스페인 문화도 9세기~11세기에 사라센계 영역과 크리스트교계 영역의 차이에서 비롯되었다. 스페인의 모로코왕국은 우마야왕조가 최후에 창건했던 자치영지였다. 우마야왕조의 최후 후예는 마우르종족에게 항복한 다음, 아랍인의 도움을 받으면서, 갖은 위험을 무릅쓰고 모로코까지 도주한 다음 드디어 모로코에다 자치왕국을 창건했다. 코르도바의 에미르는 우마야왕조 가문을 학살위기에서 구출했다. 우마야 왕가의 후예로부터 도움을 받아 마우르종족의 학살위기를 넘긴 압바스왕조 후예는 바로 코르도바의 에미르였다. 에미르는 알 만소르 군대를 격파하고, 코르도바에서 번영과 예술의 시대를 개창했다. 에미르의 후계자 압드 에르 라흐만 2세(822-852)는 코르도바의 영주 궁전과 회당을 장식하고, 시인동아리를 후원했다.

압드 에르 라흐만 3세(912-961)는 코르도바 영주 중에서도 탁월한 인물이었다.

압드 에르 라흐만 3세는 당시 자기에게 반항하던 아랍인 봉건귀족을 열렬히 후원했다. 압드 에르 라흐만 3세는 크리스트동아리와 나바르라의 싼초와 타협하여 포용했다. 그래서 코르도바는 10세기 중엽 스페인 교육의 중심지로 변모했다. 그리고 압드 에르 라흐만 3세는 929년 칼리프에 즉위했다. 그의 계승자는 아들 하캄 2세(961-976)였다. 하캄 2세는 문학가동아리와 예술가동아리를 후원하고 학문동아리를 키운 주인공이었다. 안달루시아는 칼리프 하캄 2세시대에 문예가동아리의 창작품 시장으로 자리 잡았다. 하캄 2세는 국가상점 관리자로 유대인 하스다이 벤 샤프르트를 임명하고 군대 통솔을 정직한 알 만소르에게 위임했다. 하캄 2세는 가난한 아랍인 부모의 막내동이로 태어났으나 칼리프로서 통치기반을 확립하여 991년 이후 절대 권력자가 되었다. 알 만노르는 이븐 아비 아미르였다. 알 만노르는 베르브종족 크리스트동아리와 아랍인을 적대시하여 스페인의 크리스트동아리를 해마다 원정했다. 알 만노르는 레온지방으로 본거지를 옮겼다. 알 만소르는 크리스트교의 성지 도시인 산티아고 성당을 파괴토록 명령했고 성지 순례자 발길이 끊이지 않던 야코보 교회를 철거토록 했다. 스페인에서 야코보 교회는 크리스트동아리의 성지처럼 인식되어 순례자 발길은 이어졌다. 이 교회의 청동 대문과 종은 성지 교회 부활을 상징했다. 그런데도 야코보 교회는 옛 모습대로 복원되었다. 후기에 이르러 아랍인을 몰아내고 크리스트교시대의 개막과 함께 아랍인이 철거했던 야코보 교회의 청동 대문과 종도 옛 모습대로 복원되었다.

이슬람은 크리스트동아리의 포로로 하여금 야코보 교회의 청동 대문과 종을 떼어 내게 하여 이 포로가 이 청동 대문과 청을 끌고 가게 했다고 한다. 이번에는 크리스트동아리가 아랍인 포로로 하여금 과거 철거되어 숨겨져 있던 야코보 교회의 청동 대문과 종을 끌고 오게 만들어, 야코보 교회를 완전히 복원했다는 것이다. 이것은 스페인에서 전개되고 있던 이슬람과 크리스트교도 사이의 대립양상을 그대로 전하는 일화인 것이다. 이후에도 스페인에서는 크리스트동아리와 이슬람 사이의 종교 보복이 끊이질 않게 되었다. 코르도바의 칼리프 가문을 이어가던 알 만노르, 즉 이븐 아비 아미르는 1002년 사망했다. 알 만노르가 사망한 이후, 코르도바의 칼리프 가문은 무너지고, 스페인은 혼란의 수렁으로 빠졌다. 베르브종족은 에스도라멘두지방과 레온 산악지대의 아랍인 귀족에게 항거했다. 도시지역에 거주하던 베르브종족은 아랍인으로부터 착취당한 무산자였다. 아랍인으로부터 착취당한 무산자였다고 외치던 베르브종족의 절규는 칼리프 아미르 가문에 대한 스페인 사람의 증오심을 증폭시키는 계기로 작용했다. 스페인에서 칼리프 아미르 가문을 비롯한 아랍인은 베르브종족의 타도대상과 증오대상으로 변했다. 베르브종족은 1012년 코르도바를 차지했다. 또한 과거 칼리프 도시였던 톨레도와 그라나다, 그리고 세비예 등의 궁전에서 흘러나오던 아랍문화의 풍모도 이제 스페인에서 자취를 감추었다. 스페인에서 아랍 칼리프의 세력은 사라졌다. 스페인에서는 32개 도시 국가로 분열되어 지역 갈등까지 직면했다. 이런 스페인 분열상황은 이제 크리스트동아리가 스페인을 통치하게 됐다는 가벼운 표지로 자리 잡았다.

칼리프 족벌은 스페인 영주였다. 스페인에서 칼리프 족벌은 거주민을 혹독하게 착취했다. 아랍 칼리프의 생활관습이 거주민의 생활관습과 판이하게 달랐던 것도 사실이다. 칼리프는 공평무사하고, 배포가 크면서도 바른 예절을 갖췄다. 칼리프의 대담함과 공평함, 바른 예절은 아무리 아랍인이라 할지라도 아랍인에게 유능한 지배자 위치를 서부 유럽세계에서 유지케 만드는 원동력이었다. 또한 칼리프의 이런 인격과 품위는 서부 유럽세계 인간에게 언제나 돋보였다. 아랍인이 서부 유럽세계에 등장하면서 유럽세계도 과거 모습을 탈피했다. 이것은 서부 유럽세계에서 관리하던 아랍인 영지에서도 입증되고 있다. 어떤 아랍인은 정복자 법률에 따라서 서고트종족 귀족소유 영지를 계약농민과 함께 몰수하기로 했으나 서고트종족 귀족에게 더 이상의 억압을 가하지 않았다고 한다. 또한 서고트종족 노예는 물론 이슬람이 되면서, 자유의 몸, 즉 해방자로 변모했다. 서부 유럽세계에서 노예로 예속되었다가, 아랍인 영주의 보호 하에서 해방됐던 자유민은 아랍인의 농장기술을 비롯한 종자 개량기술까지 터득했다. 아랍인의 다양한 농업기술과 관개기술은 서부 유럽세계에서 활동하던 아랍인 영주 농장으로부터 유럽세계로 이동했다.

특히, 이슬람 농업기술이 유럽세계 크리스트교 사회에까지 파급되면서, 아랍인의 농업기술을 포함한 다양한 기술은 종교동아리 장벽을 이미 중세부터 넘어섰다. 아랍인의 농업기술은 서부 크리스트교세계를 변화요인이 되었다. 아랍인의 정원 조성, 화초 재배, 올리브 조림, 과수 재배 등의 농업기술은 서부 유럽세계에 대하여 과거 기반까지 변화시켜 놓았다. 아랍인의 이런 농업기술이 미친 영향은 코르도바, 발렌시아, 그라나다 등의 도시 주변지역에서도 입증되고 있다. 아랍인 영주는 기술과 상술을 이용하여 토지를 비롯한 재산을 모조리 긁어모았다. 스페인에서 아랍인 영주의 위치 안정은 베르브종족 중에서도 크리스트교동아리를 떠나 이슬람으로 개종한 베르브종족의 숫자를 증가케 하는 요인이었다. 당대 스페인에서 개종자를 '변절자'로 지칭하는 2개 어휘, 즉 '개종자(Renegados)'와 '아랍 언어 사용자(Mozarbes)'가 유행했다. 여기서 '개종자'란 크리스트교동아리를 떠나 이슬람으로 개종한 사람을 지칭했다. '아랍 언어 사용자'란 베르브종족의 관습과 규범을 버리고, 아랍인의 언어를 사용하며, 아랍인의 관습으로 살아가던 사람을 의미했다. '개종자'와 '아랍 언어 사용자'는 대개 변절자를 지칭했다. 이 변절자 범주에는 아랍인 궁정의 환관을 비롯하여 재물에 눈이 어두운 슬라브어계 칼리프 궁전 관리와 군대, 칼리프 궁전의 가내 노예나 궁녀 등이었다. 이들 '변절자'는 아랍인의 쇠퇴와 함께 무산자로 전락했다. 칼리프는 영지와 자산을 운영하여, 거둬들인 수입의 1/4을 사회후생 분야에 투자했다. 칼리프의 이런 후생사업은 예속민을 혹사하고, 자유민을 억압한 대가에 대한 보상을 의미했다. 아랍인 칼리프의 이런 착취는 엄연히 예속민의 혹사를 금지한 법률을 위반하는 것이었다. 그런데도 아랍인 칼리프와 영주는 자유민을 아예 없애버리고, 자유민을 예속민으로 만들려는 정책을 추진했다. 그러나 아랍인 지배하의 스페인에서 종교동아리 자유는 아랍인의 간섭대상이 아니었다. 서로 다른 종교동아리나 생활관습도 아랍인의 제재를 받지 않고 그대로 유지되었다.

마우르종족은 혼혈종족이었다. 마우르종족은 물론 이슬람이었다. 스페인의 아랍인은 이슬람과 크리스트교동아리 구성원에 대한 차별이나 분리정책을 추진하지 않았다. 크리스트교동아리 구성원은 서고트종족왕 법률과 로마시대 사법을 유지했다. 크리스트교세계 행정은 자치형식을 취했다. 그래서 크리스트교 지역의 행정관리는 선출형식을 거쳐 선발되었다. 그런데도 크리스트교동아리 구성원은 군대로 활동할 수 없었다. 크리스트교동아리 구성원은 인원보충 성격을 띠고, 조세를 담당했다. 이슬람 지배하의 스페인 사회에서는 종교동아리가 결혼 장애물은 아니었다. 크리스트교동아리 구성원과 이슬람 사이의 결혼은 어떤 제재도 받지 않았다. 크리스트교동아리 구성원과 이슬람 사이의 혼인 사례는 이슬람 지배하의 스페인에서는 어디든 흔히 찾아 볼 수 있었다. 두 종교동아리 성축일은 공동축제였다. 크리스트교동아리 성축일과 이슬람 성축일 행사는 교회와 회당이 공동축제로서 거행했다. 크리스트교동아리 구성원과 교회는 크리스트교동아리 구성원만의 자유를 주장했으나 칼리프는 주교를 임명했다. 칼리프는 당당하게 주교회의를 소집했다. 그런데도 아랍인과 크리스트교동아리 구성원 사이의 관계는 지도자 사회에 이를수록 지역갈등과 종교동아리 갈등형식으로 악화했다. 특히 크리스트교동아리 구성원은 11세기 현저하게 증가했다. 크리스트교 교회조직의 자산 또한 동시에 증가했고 자유 신앙론자 역시 11세기 이후 이슬람 신봉자를 공격하기 시작했다. 이 자유 신앙론자는 종교동아리 보편주의을 의례관습에 결부하여 크리스트교동아리 사회구현을 실천했다.

스페인은 이슬람 지배하에서 아시아 문화이동 기능을 담당했다. 당시 유럽세계 문화는 생성시대 단계를 거쳤다. 이슬람 지배 하에서 스페인은 생성시대 단계 유럽세계를 능가했다. 스페인은 유럽세계에서도 최고 문화수준을 유지했다. 스페인의 이런 문화수준은 다양한 아시아 문화까지를 융합하여 세계정상 위치를 확보했다. 코르도바와 후기 세비예에 자리 잡은 칼리프 궁전은 절대군주의 궁전 같은 요새 면모를 과시했다. 이 궁전은 수 km 씩 떨어진 부속 궁전을 거느린 모습에서도 아시아계 황제 궁전을 연상케 한다. 코르도바의 회당 건축물은 파란색 지붕에 가로 방향으로 11개의 골마루와 세로 방향으로 21개의 골마루를 갖추고 있다. 또한 코르도바의 회당 건물을 1290개의 기둥이 숲속 나무처럼 늘어서 받치고 있다. 코르도바의 이런 회당 건물은 로마의 야누스 신전과 거의 같은 지형과 위치에 자리 잡고 있다. 그런데도 코르도바 회당 건물은 크리스트동아리 교회로 둔갑하고 말았다. 코르도바의 지배자인 압드 에르 라흐만 1세(756~789)는 회당 건물에 들어 가 있던 교회를 철거하고, 이슬람 회당으로 활용했다. 그러나 이슬람 세력이 스페인에서 사라진 이후 코르도바 회당 건물은 1238년 다시 크리스트동아리 성당 모습을 되찾았다. 코르도바는 10세기 스페인 문화의 중심지였다. 코르도바의 스페인 문화는 문학가동아리 예술가동아리의 장식이나 활동뿐만 아니라, 법률가동아리, 의학동아리의 교육으로 이어져 현재까지 유지되고 있다.

스페인 정신은 아르모라비드왕조 창건과 함께 나타나기 시작했다. 아르모라비드왕조는 마우르종족 시대를 출발점이었다. 에미르 알 무타미르는 당대 위대한 시인이었다. 에미르 알 무타미르는 카스틸리아의 용감한 왕 아르퐁스 6세(+1109)를 겁쟁이라고 비난하는 시를 읊은 바 있다. 당시 아르퐁스 6세는 1085년 톨레도와 세비예를 정복했다. 그러나 아르퐁스 6세는 비겁하게도 신 이슬람왕조인 아르모라비드 왕가에 협력한 나머지 이슬람 광신자나 다름없던 아르모라비드 왕가가 모로코 정복 빌미를 제공했던 것이다. 당시 카스틸리아 왕국의 아르퐁스 6세와 결탁했던 아르모라비드 왕조의 칼리프는 유스프 이븐 타쉬핀이었다.

유스프 이븐 타쉬핀은 바다요츠 근처의 차르로카에서 칼리프에 즉위했다. 타쉬핀은 이슬람에 강력하게 저항하던 무산자를 달래기 위하여 유화정책을 추진했다. 타쉬핀은 1089~1090년 마우르종족 지배하의 스페인(1090~1166)을 아프리카계 속주로 만들고 말았다. 스페인은 아프리카인의 속주로 전락했다. 스페인에서 아르모라비드왕조는 모로코로 근거지를 옮겼으나, 급속하게 몰락했다. 마우르종족은 정벌전쟁에 착수했다. 당시 마우르종족은 새로운 이슬람 종파인 알모하드파에 속했다. 알모하드파의 새로운 이슬람 종파는 고산지대에서 거주하던 게르만계 종족과 공동으로 아르모라비드 왕조를 지켜 나가면서 새로운 왕조를 창건했다. 이 새로운 왕조(1145~1214)는 안달루시아에서 왕정을 구축했다.

마우르계 왕조는 스페인을 통치했다. 그러나 스페인을 지배하던 마우르계의 왕조는 1212년 몰락했다. 마우르계 통치체제가 붕괴되자, 소규모 영주들은 자치운동을 전개하기 시작했다. 소규모 영주는 물론 크리스트교동아리 구성원이었다. 칼리프의 농장과 자산은 크리스트동아리 영주의 전리품으로 전락했다. 이 영주는 1236년 코르도바를 정복했다. 소규모 크리스트교동아리 영주는 1238년 발렌시아를 차지한 데 이어, 1248년에는 세비예까지 손아귀에 넣었다. 마우르계 이슬람 영주는 이 크리스트동아리 영주로부터 쫓기다 시에라 네바다를 차지했으나, 곧 그라나다로 후퇴했다. 그런데도 마우르계 왕국은 그라나다에서 1492년까지 소왕국 모습으로 잔존했다.

6-4. 11세기 이후의 이슬람 문화와 몽골종족의 침입

이슬람 문화는 마우르계 왕조의 통치시대를 거치면서 스페인지역으로 완전히 이동하여 정착했다. 스페인의 이슬람 문화도 건축양식으로 만개했다. 아랍 양식의 건축물은 마우르계 왕조의 지배 하에서 스페인 건축양식으로 정착했다. 마우르계 알하므브라 왕조도 그라나다에다 아랍양식의 궁전을 건축했다. 세비예에서는 알카차르 왕조가 아랍풍 궁전을 건축했다. 또한 모리스고스티르 지역에서는 기랄다 왕조가 아랍풍 궁전과 이슬람 회당을 건축했다. 특히 기랄다 왕조의 아랍풍 궁전과 회당은 시리아계와 페르시아계 갈리프 후예가 모로코로 넘어와 건축했다. 기랄다 왕조가 모리스고스티르에 건축했던 아랍풍 궁전과 회당에는 인도의 타드 마하르 궁전의 양식으로 장식되었다. 이슬람 문화는 아랍풍 건축양식을 내세워 스페인으로 이동했다. 이것은 스페인 건축물 장식품에서도 입증되고 있다. 아랍풍 스페인 건축물은 다양한 모습의 장식품으로 내장되어 있다. 이들 건축물의 장식품은 여성처럼 부드럽고 섬세한 인상을 풍기는 일면도 있으나, 남성 인상처럼 강인한 힘을 상징하는 일면도 있다. 스페인 건축물의 아랍풍 장식품은 건축가 위치보다는 오히려 조각가 위치를 더욱 인상 깊게 새겨주고 있다. 아랍풍 장식품과 예술은 12세기 마르케스, 페츠, 트레모첸, 튜니스, 퐉스, 트리폴리스 등에 본래부터 있던 북부 아프리카지역 궁전이나, 회당에서 발아했다.

이스파한은 셀드숙크 투르크종족 본거지였다. 셀드 숙크 투르크종족은 이스파한을 거점으로 아이위우비덴과 마메에루켄을 비롯한 이집트와 지중해 동부 연안지역에다 아랍풍의 예술을 정착시키었다. 셀드숙크 투르크인이 정착시킨 새로운 기풍의 예술표지는 특히 다마스쿠스의 살라딘 회당과 마우소레움 회당에서 완연히 드러나고 있다. 살라딘 회당과 마우소레움 회당의 건축양식은 셀드숙크 투르크인의 건축양식으로 건축되었다. 이들 건축물은 이스파한의 금요회당 양식을 그대로 수용했다. 이스파한의 금요회당은 셀드숙크 투르크인의 관습 속에 자리잡고 있던 영웅의식을 그대로 표현하고 있다. 셀드숙크 종족의 이런 건축양식은 소아시아와 이라크, 그리고 이란 등의 건축양식에 흡수되었을 뿐만 아니라, 프랑스의 고딕 건축양식에도 커다란 영향을 미치게 되었다. 이슬람 문화는 시인을 비롯한 건축과 조각 분야에 대하여 다대한 영향을 미치고 있었던 것으로 입증되고 있다. 이슬람 문화영역에서 유명한 교육기관은 특정한 지역에 국한되지 않았다. 이슬람 문화영역의 유명 교육기관은 카이로와 알렉산드리아를 비롯한 예루살렘과 바아르베크, 그리고 아레포 등의 지역에도 산재했다. 또한 다마스쿠스와 모수르를 비롯한 에데사와 투스, 니샤푸르 등의 지역에서도 자리잡았다. 특히, 바그다드 지역에서는 31개의 고등교육기관이 자리 잡고 있다. 바그다드 지역의 이들 교육기관은 주변 종족의 세계와 스페인을 비롯한 서부 유럽세계까지 확산되었다.

코란에 등장하는 천일야화와 버드파이 우화는 바스라의 아부 무하모마드 알 하리리(1054~1122)라는 전제 군주의 일화를 그대로 담고 있는 것이다. 코오란의 천일야화와 버드파이 우화는 운율을 중시하면서, 산문형식으로 저작되었다. 특히, 여기의 천일야화와 버드파이 우화에는 페르시아 냄새를 물씬 풍기게 하는 쉐르모 아부 차이드란 페르시아인 모험가도 등장하고 있다. 이것은 페르시아가 당대 세계에서 아마도 가장 많은 시인을 비롯한 문학가와 예술가를 배출했다는 의미일 것이다.

모슬렘은 이슬람을 만든 신도였다. 모슬렘은 11세기 이후 다시 세계학문을 거의 주도했다. 모슬렘 학문은 정확함과 정밀함을 추구했다. 모슬렘계의 이런 학문경향은 이슬람에 대한 회의론에서 비롯되었다. 이슬람 신학의 이런 회의론은 무신론을 대두시키었다. 무신론은 이슬람 문화에서 발아되었다. 이슬람 문화의 토양에서 생성된 무신론은 아시아인 보다는 서양인들에게 더욱 큰 의미를 지닐 수 있게 되었다. 당시 신비의미에 빠져 있던 서양인들에게 아랍인의 무신론은 서양인의 회의론에 새로운 전기를 부여할 수 있었다. 이슬람 신학에서 처음으로 무신론을 주장하게 됐던 주인공은 아부 하미르 알 그하츠차리(+1111)였다. 그하츠차리는 바그다드의 드순드 이사푸르에서 법률을 강의했다. 강의를 마친 그하츠차리는 이슬람 신앙의 회의론에 몰두했다. 신앙의 회의론 때문에 고뇌에 찬 그하츠차리는 고독감에 휩싸여 있었다. 그하츠차리는 신앙의 회의론을 타당한 판단기준 위주의 이슬람 무신론으로 진척시키었다. 그하츠차리의 무신론은 서양철학에서 무신론을 주장했던 데니비드 흄보다 무려 700년이나 앞서고 있다. 그하츠차리는 먼저 사물의 존재에 대하여 인간의 판단기준을 적용하여 사물의 존재 자체를 인과관계로 파악했다. 바로 이런 바탕 위에서 사물의 존재개념은 사물의 인과관계를 인간의 판단기준에 대한 해석영역으로 끌어들였던 것이다. 400년경 아우구스티누스 이후 누구도 종교의 회의론을 옹호하지 않았다. 거기다 신앙의 본질을 분석해 보겠다는 의도를 지닌 연구자도 나타나지 않았다. 그러나 12세기에 이르자, 이슬람세계에서도 모슬렘 시주승이나 탁발승과 같은 수도자들이 나타나면서, 이슬람의 회의론을 주도했다. 정통 이슬람의 승리는 이슬람의 종파를 위협했다. 그런데도 칼리프 궁전은 회의론을 수용했던 이슬람 종파와 철학의 영원한 은신처로 변모했다. 이슬람 신학과 철학은 칼리프 궁전의 의자 밑에 숨어서 이슬람 신학의 회의론이 일으키던 새로운 시대의 물결소리를 엿듣었다.

유럽세계 인간들도 아랍식 인명을 읽어 내는 데 상당한 어려움을 겪고 있었던 것은 사실이다. 유럽세계 인간들은 아부 베크르 이본 투파이르(1107~1185)를 아부바체르라 칭했다. 투파이르는 마르라케쉬 궁전의 칼리프 전의로 있으면서, 대신직을 겸직했다. 투파이르는 '모로코의 알모하드 궁전'이라는 애정소설을 저작했다. 투파이르는 1153년 자기가 대신직으로 있는 칼리프 궁전에 서양 철학동아리 전문가를 초빙했다. 투파이르가 칼리프 궁전으로 초빙한 서양철학의 전문가는 흔히 유럽세계 인간들이 아베르로에스라 지칭하던 아부 알 발리드 무하마드 이븐 루시드(1126~1198)였다. 유럽세계 인간들이 아베르로에스라 통칭하던 루시드는 코르도바의 교육전통 속에서 학문동아리 영역을 넓힌 인물이었다. 루시드는 스페인의 칼리프 궁전에서 법관으로 활동했다. 그러다가 루시드는 마조라케시 궁전의 칼리프인 아부 야쿠브의 전의로 발탁되어, 실제로 이슬람 문화영역으로 진출했다. 루시드는 마르라케시 궁전에서 칼리프 전의로 일했다. 그러나 루시드는 잠시 코르도바로 돌아갔다. 루시드는 코르도바에서 그리스어계 고전인 아리스토텔레스의 주요 저작물에다 개요를 실은 주석을 첨가했다. 아랍인들은 루시드를 이단자로 몰아 세우게 되었다. 아랍인들이 루시드를 이단자로 몰아 세우자, 루시드는 이제 다시 마르라케시로 돌아 갈 수 없었다. 루시드는 1198년 코르도바의 루체나에서 마르라케시 궁전으로 돌아 오지 못하고 사망하고 말았다. 아랍명 루시드, 즉 유럽명 아베르로에스는 당시 유명한 의사였다. 아베르로에스는 라틴어로 의학 사전을 저술했다. 아베르로에스가 의학

사전을 라틴어로 저술할 수 있었던 것은 아랍어 의학서를 읽을 수 있었기 때문이었다. 아베로에스가 라틴어로 저술한 의학 사전은 크리스트교세계의 학문동아리 연합체에서 대단히 유용하게 활용되었다. 아베르로에스는 시리아로 번역된 아리스토텔레스의 주요 저작물에다 일종의 요지와 같은 총괄을 첨가하여 내용을 간략하게 제시했다. 그리고 아베르로에스는 아리스토텔레스 저작물에 대한 주석본을 아랍인의 교과 교본이라고 지칭했다. 아베르로에스의 이런 학문 활동은 아비체나의 손에서 더욱 영역을 넓혀가게 되었다. 아비체나는 혼자서 모슬렘 철학의 논리를 세우는 등 아베르로에스를 능가했다. 그러나 아베르로에스는 이슬람뿐만 아니라, 그리스트교 세계에서도 종교와 철학의 구분을 상쇄시켜 커다란 영향을 미치게 되었다. 아베르로에스가 종교와 철학을 일치시키려던 학문 활동은 마이모니데스에게 계승되었다. 마이모니데스는 아베르로에스의 아랍어 주석 모음집을 히브리어로 번역한 다음, 다시 라틴어로 번역하여 유럽세계 인간들의 학문세계에 전달했다.

6-5. 몽골종족의 아리비아 침입과 이슬람 문화 파괴

몽골종족은 강인한 대륙기질을 지닌 종족이었다. 몽골종족은 아시아 서북지역의 평원과 사막에서 정치세력으로 성장했다. 몽골종족은 주변 종족을 규합하면서, 아시아 서부지역으로 정복 방향을 바꿔갔다. 몽골종족을 세계의 종족으로 성장시키고 제국으로 발전시켰던 인물은 징기스 칸(1167~1227)이었다. 몽골왕국은 징기스 칸 시대에 이르러 러시아의 볼가강 유역으로부터 중국의 만리장성에 이르는 지역을 정복하여 몽골제국으로 발전했다.

당시 몽골제국의 중심도시는 카라코룸이었다. 카라코룸에 본거지를 둔 징기스칸은 크바리스보지방의 칼리프가 협약을 파기한 틈을 타서 1219년 이슬람지역을 침입하기 시작했다. 몽골인은 페르시아지역을 침입했고, 페르시아왕은 패배했다. 페르시아왕은 결국 사마르칸트지방으로 도주하기에 이르렀다. 징기스칸의 후예인 오스타르는 2차와 3차에 걸친 아라비아 원정에 착수했다. 오스타르는 방대한 아라비아 지역을 거의 정복했다. 오스타르는 부카라를 불태우고, 사마르칸트와 마르크까지 차지했다. 징기스 칸의 후예는 계속하여 아라비아 정벌을 감행했다. 징기스 칸의 아들은 코라산을 정복하고, 유명한 도서관이 있던 메르보를 잿더미로 만들었다. 이어서 징기스 칸의 아들은 도자기로 유명한 도시 라이를 파괴했다. 오스타르는 투르크종족의

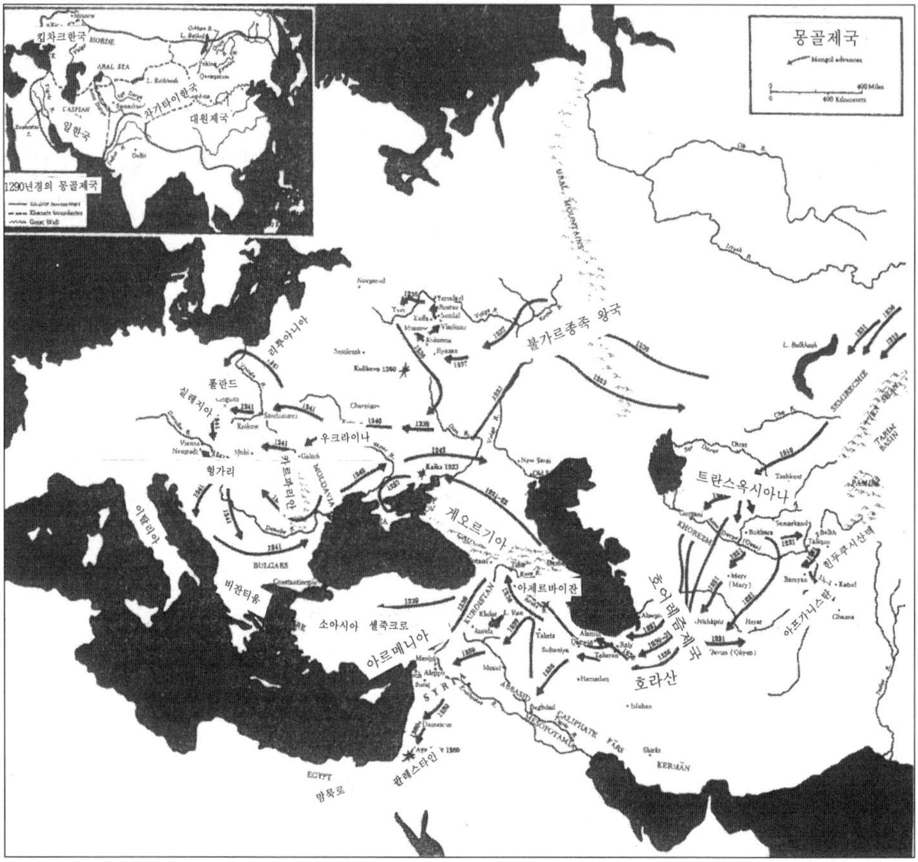

군대를 인더스강 유역에서 격파했다. 이어서 오스타르는 인더스강을 건너 델리까지 진격했다. 인도의 헤라트지방에서는 60,000여 명의 원주민이 몽골제국의 총독에 대항하여 반란을 일으켰다가 몰살을 당하는 사건도 일어났다. 몽골인들의 잔학행위는 정복민이 반항하기 어려운 무기였다. 징기스 칸이 사망한 이후에도 그의 아들 위그타이는 아제르바이잔과 메소포타미아 북부지역을 비롯하여 소아시아지역의 그루지아와 아르메니아지역을 정복했다. 뿐만 아니라, 징기스 칸의 손자 후라구는 바그다드 지역을 1258년 점령했다. 사료에 의하면 후라구는 바그다드에서 800,000여 명의 아랍인을 죽였다고 한다. 그들 중에는 칼리프 족벌을 비롯하여 아랍인 문예가와 학자, 시인과 의사 등이 포함되어 있었다고 한다. 최후의 아랍인 칼리프는 몽골인의 손에서 처참하게 처형되었다. 몽골인 정복전쟁은 압바스 왕조의 칼리프를 아세아 대륙의 인물이 아닌, 과거 역사 속의 인물로 변화시켰다. 몽골인은 시리아 침입에 착수했다. 몽골인의 시리아 침입을 이집트의 토착 종족인 마메루크종족의 군대가 1260년 저지하기에 이르렀다. 마메루크종족의 군대는 몽골인의 정복을 계속했다. 몽골인은 1303년 다마스쿠스를 점령한데 이어서 시리아와 비잔티움을 비롯한 유럽의 동남부 지역까지 위협했다.

몽골인은 40여년에 걸쳐 아랍세계를 파죽지세처럼 휩쓸었다. 몽골인은 아라비아 정복지역을 몽골제국의 전리품으로 분할하면서, 빗자루로 마룻바닥을 쓸듯이 정복했다. 몽골인의 정복으로 아라비아지역의 생산질서와 유통질서는 완전히 마비되었다. 소비질서 역시 와해된 상황이었다. 그렇게도 융성하던 바그다드의 학문도 몽골인의 침입 앞에서는 사람의 운명과 함께 사라지게 되었다. 정치는 중단되고, 통치체제는 와해되었다. 아라비아를 최후까지 지키던 압바스왕조도 몰락의 수렁으로 빠져 들게 되었다. 아랍종족의 정신은 파멸했다. 아랍세계를 특징짓기나 하듯이 횡행하던 부정과 부패는 정치의 혼란상황과 함께 더욱 기승을 부리면서 외부와 내부의 정신을 고갈시키었다. 종교는 분열되고, 문화는 동질의식의 단절과 함께 이질감으로 가득 차 있었다. 종교분열과 문화의 이질감은 몽고인이 침입하기 이전부터 팽배해 있던 아랍인의 정치상황이었다. 종교와 문화의 이런 분리주의는 아랍인의 정복욕구와 함께 이미 확산되기 시작했다. 아랍인들의 제국시대에서 그렇게도 융성했던 도시문화는 파괴되어 오늘까지도 회생되지 못한 상황이다.

이슬람 문화의 융성과 몰락은 현대 중세학의 주요 현실과제이다. 이슬람 문화로부터 근대 과학의 토양은 형성되었다. 이슬람 문화는 700~1200년의 시대에 세계의 정치와 사회, 그리고 학문과 종교를 비롯하여 생활질서와 유통질서, 그리고 생산 질서와 거래질서의 부식토로 작용했다. 유럽 성당의 전형도 12세기 이슬람 건축기술로부터 오늘의 전형으로 정착했다. 유럽의 종교 역시 이슬람의 관습과 규범을 수용하여 현대의 관행과 관례를 축적했다. 이슬람과 유럽 종교의 관계는 예술과 문화의 형태로 혼합하면서, 크리스트교 사회에 새로운 방향을 제시했다. 이슬람 문화는 이미 10~11세기에 이르러 융성시대를 맞이하여 만개했다. 이슬람 문화로부터 크리스트교는 신비의미를 수용했다. 뿐만 아니라, 크리스트교는 성자숭배관습을 모방했다. 크리스트교의 성직자나 수도자는 또한 이슬람 문화로부터 전쟁에 출전하게 된 모형을 터득했다. 이슬람은 크리스트교 사회에 문화를 전파하고, 서로 교환하는 문화교류의 원동력으로서 역할을 수행했다.

이슬람문화는 아랍인의 정복활동을 통하여 유럽지역으로 확산되었다. 유럽세계로 이동했던 이슬람문화의 잔재는 유럽세계 인간의 어휘 개념에 이미 스며든 아랍 봉건 어휘에서도 입증되고 있다. 남녀 간의 애정과 사랑을 읊고 있던 음유 시인의 시구도 이슬람문화의 토양에서 발아하여, 문학양식과 함께 스페인의 모슬렘과 이탈리아의 사라센을 통하여 유럽문화에 부착했다.

아랍인은 고전시대 그리스어계 저작물의 중요함을 유럽세계 인간에게 일깨워 주었다. 아랍인은 고전시대 그리스의 저작물을 터득하면서 자연학을 찾아내게 되었다. 고전시대 그리스어계 저작물에서 찾아냈던 아랍인의 자연학은 아랍인의 정복영역이 라틴어 상용지역과 중첩되면서 라틴어 상용지역으로 확산되었다. 아랍인이 고전시대 그리스인들의 고전에서 찾아낸 자연학의 원리를 라틴어 상용지역에 확산시킨 공로는 단순한 거래나 교환관계 이상의 영향을 유럽에 미치게 되었음은 분명하다. 즉, 아랍인이 고전시대 그리스어계 고전에서 찾아냈던 자연학의 원리는 중세 유럽사회에 모세관 현상처럼 스며들어, 표면장력과 같은 유럽문화의 특징을 근대 유럽세계에 부착시키게 되었다. 따라서 아랍인의 자연학과 그리스어계고전의 관계가 이른바 중세학의 주요한 주제가 되는 것은 마땅한 일인 것이다.

크리스트교세계는 이슬람문화의 영향을 받게 되었다. 십자군 원정과 교역, 번역물과 학자교류, 그리고 기사 여행 등은 이슬람문화를 유럽에 이식시키는 문화의 교류경로였다. 물론 이슬람문화는 이집트와 시리아 지역을 통하여 서부지역의 시칠리아와 스페인으로 유입되었다. 이슬람문화는 당시 시칠리아와 스페인에 거주하던 모슬렘과 크리스트교 동아리의 교류를 거치면서, 일상 종교생활에 유입되고 있었을 뿐만 아니라, 인종 혼합과 종교 혼합을 통하여 정착되었다. 이슬람과 크리스트교세계는 서로 다른 문화영역이었다. 이 두 문화영역은 끊임없이 교류하면서 결합되었다. 그러나 이 두 문화영역이 아무리 결합된다고 하더라도, 관습과 규범이라는 문화의 틀이 다르고, 관행과 관례란 문화의 핵이 다른 두 가지 종교는 서로 다른 정당함의 근거를 지니기 마련이었다. 이슬람은 300여 년 동안이나 비잔티움지역과 서부 유럽세계를 파괴했다. 이것은 그리스어 상용지역과 라틴어 상용지역에 대한 파괴행위였다. 아랍인의 이런 정복활동은 크리스트교세계와 이슬람세계를 완전히 분리해 놓았다. 두 세계의 교류는 이슬람세계의 성장 때문에 완전히 단절된 상황이었다. 아랍인들은 크리스트교동아리에 대하여 신앙이 없는 사람이란 표지를 부착시키었다. 이슬람문화와 크리스트교세계는 십자군 원정을 거치면서 서로 충돌했다. 두 문화의 충돌과정에서 유대인은 두 세계를 중재하기 위하여 팔을 걷어 올리었다. 십자군에 가담했던 유럽의 정치체제도 세계질서의 와해라는 새로운 출발점을 맞이했다. 유럽의 정치상황이 이처럼 변화되지 않았더라면, 크리스트교동아리는 예루살렘의 성지에서 물러서려고 하지 않았을 것이다. 그러나 이슬람도 몽골인의 명중탄을 맞고 비명을 지르며 사라지게 되었다. 유럽세계 인간은 이슬람문화

영역에서 특효의 자극제를 지나칠 정도로 탐욕스럽게 수용했던 것을 부인할 수 없다. 이슬람문화의 영향으로 과거의 정치체제를 청산하고, 개인의 미래와 창의력에 바탕을 둔 새로운 사회-국가의 결속모형을 유럽세계 인간은 찾아 나서게 되었다.

6-6. 아랍-비잔티움세계와 유럽세계의 유대인

2세기 이후 유대인과 팔레스티나왕국, 유럽세계와 유대인(819년 이후), 유대인과 크리스트교도의 경쟁의식

2세기 이후 유대인과 팔레스티나왕국

유대인은 율법을 지니었다. 그러나 유대인은 국가를 지니지 못했다. 유대인은 중세라는 시대를 살아가면서 지중해 동부지역과 서부의 유럽사회에서 특유한 문화를 아주 인상 깊게 유지했다. 유대인들은 세계 도처에 흩어져 살면서도 종족의 동질성향을 유지했다. 유대인의 율법은 종족의 동질성향에 바탕을 두고 생활과 문화를 이어가게 만드는 정신의 활력소 역할을 담당했다. 유대인의 율법은 관습과 규범의 종족 특질을 유지하고, 관행과 관례를 축적하게 만드는 도구로 활용되었다. 유대인 정신은 물론 율법으로부터 발원했다. 또한 유대인의 율법은 유대인의 종교라는 바탕 위에서 다양한 문화를 찾아내는 도구로 활용되었다. 그래서 유대인 율법은 유대인 중에서 탁월한 문필가와 예술가를 비롯한 철학자와 건축가, 그리고 의학자 등을 배출시키는 데 크게 기여했을 뿐만 아니라, 지중해세계의 문화통합을 위한 동질성향의 창출과 공감대 형성에도 기여했다. 유대인은 또한 서로가 적개심을 불태우고 있던 크리스트교와 이슬람을 화해시키기 위하여 중재역할을 떠맡고 나섰다. 탈무드라는 유대인의 율법은 기원전 2세기와 1세기 이후 유대인 법률가와 학자들이 바빌로니아와 팔레스티나 왕국에 흩어져 있던 법률과 계율을 수집하여 작성될 수 있었다. 유대인 율법은 교회라는 의미로서 탈무드라는 명칭을 갖게 되었을 뿐만 아니라, 주해모음집을 지니게 되었다.

유대인은 팔레스티나 왕국을 떠나게 되었다. 이것은 바로 유대인 스스로의 반란 때문이었다. 팔레스티나 왕국을 떠난 유대인을 세계 각 지역으로 흩어지게 만든

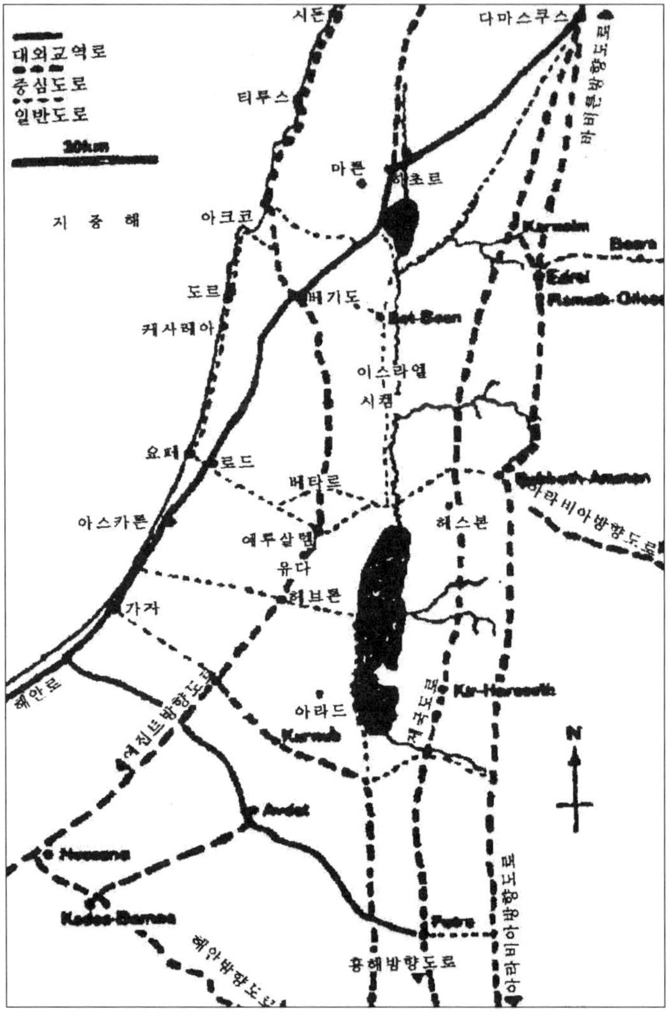

반란의 주인공은 바르 코케바(132~135)였다. 바르 코케바는 팔레스티나 왕국의 왕위를 찬탈하기 위하여 반란을 일으켰다. 바르 코케바의 반란으로 팔레스티나 왕국에서는 50여만 명이 살상되고, 1,000여개의 도시와 시장이 파괴되어 거의 왕국 전체가 잿더미의 폐허로 변했다. 팔레스티나 왕국에서 유대인은 결국 역모 꾼으로 몰리게 되었다. 바르 코케바의 반란으로 유대인은 팔레스티나 왕국의 역모 꾼이란 죄목을 뒤집어쓰게 되었다. 유대인은 결국 정들었던 팔레스티나 고향을 쫓겨나 세계 각 지역으로 떠나가 유랑민 신세로 전락했다. 팔레스티나로부터 쫓겨난 유대인은 헐벗고 굶주리며 세계 각 지역으로 유랑 길에 들어섰다. 유대인의 유랑생활은 로마제국 황제 콘스탄티누스의 크리스트교 개종으로 더욱 어려운 상황에 직면했다. 콘스탄티누스의 개종은 비잔티움제국과 유대인의 교역을 중단시켰을 뿐만 아니라, 제국이 유대인에게 부당한 과세를 부과하여 유대인의 생활을 더욱 어렵게 만들었다. 이것은 유대인에 대하여 억압정책을 펼치는 동기로 작용했다. 유대인은 황실에서 할당한 세금의 액수를 부담하지 않을 수 없었다. 유대인은 황실조세를 부담하기 위하여 스스로 노예로 매매되지 않을 수 없는 상황에 직면했다. 그래서 팔레스티나 주변지역에서 정착했던 유대인은 352년 다시 제국 황실에 대하여 반기를 들고 반란을 일으키게 되었다. 제국 황실에 반발했던 유대인은 황실과의 타협점을 찾아내어 제국에서의 위치를 확보할 수 있었다. 유대인은 황제 유스티니아누스시대에 이르러 발포된 유대인 정착 법률에 힘입어 자유롭게 팔레스티나의 예루살렘으로 돌아올 수 있는 근거를 마련했다.

유대인의 이런 귀향 기대감도 잠시 동안의 맑은 날씨에 불과했다. 황제 유스티니아누스는 갑자기 사망했다. 유스티니아누스 사망은 유대인에게 시커먼 구름 같은 절망감을 안겨 주게 되었다. 유대인은 거주 마을에서 위안의 기도를 올렸다. 그러나 유대인은 614년 팔레스티나 지역이 아랍인들에게 정복당함으로써 팔레스티나의 유대인 왕국 건설이란 꿈을 거의 포기했다. 유대인은 메소포타미아지역과 페르시아지역에서 유능한 상인동아리로 활동하여 거금을 축적했다. 뿐만 아니라, 유대인은 상업분야에서 능력을 발휘하여 방대한 토지를 소유했다. 메소포티미아 지역과 페르시아지역으로 진출한 유대인도 소아시아지역에 산재한 유대인 교회와의 관계를 유지했다. 비잔티움제국의 사제장인 황제는 유대인을 적대시했다. 그런데도 유대인은 황제의 질시를 아랑곳 하지 않고 콘스탄티노플로 들어가서 유대교를 포교했다. 그리고 유대인은 종교활동의 자유가 보장된 아라비아지역을 유랑하면서 유대교의 율법을 고수했다. 유대인은 315년 이후 과반수가 유대인 거주자였던 압베스시니아지역으로 이주하여, 그곳을 유대인 정착지역으로 만들려고 시도한 적도 있었다. 지중해 동부 연안에 위치한 이집트의 알렉산드리아는 아랍인과 비잔티움인 모두에게 중요한 교역도시였다. 알렉산드리아의 해상교역은 거의 유대인 수중에 들어가 있었다. 유대인의 해상 교역활동은 지중해 동부지역에 국한되지 않고, 아프리카 북부지역과 시칠리아와 사르디니아지역이 포함된 이탈리아, 그리고 스페인의 동부 지중해 연안 및 갈리아의 지중해 연안지역에까지 뻗어 나갔다.

유대인의 이런 상업활동과 장사 지혜는 굳건한 의지와 인내로부터 발휘되었다. 유대인의 굳건한 의지와 인내는 특히 교역에서 탁월하게 발현되었다. 유대인은 어떤 수모나 좌절, 고통까지 감수하면서도 목표를 실현하고야 마는 종족속성을 지니었다. 압바스 왕조의 살라딘은 1187년 예루살렘을 다시 정복했다. 유대인은 살라딘의 예루살렘 정복 이후 다시 종교의 자유를 허용받게 되었다. 살라딘은 유대인에게 허용조처를 취하고, 유대인 법률 전문가와 학자를 예루살렘으로 불러들일 수 있는 기반을 마련해 주었다. 살라딘의 형제인 알 아디르는 1211년 잉글랜드와 프랑스로부터 추방당하기 직전 유대인 법률가 300명을 선발하여 예루살렘으로 불러들였다. 시리아와 바빌로니아를 비롯한 페르시아 지역에서도 유대인에 대한 모슬렘의 박해는 다시 급격하게 줄어들었다. 그러나 미약한 상태이긴 했지만, 유대인 박해는 끊이지 않았다. 그런데도 유대인은 사회와 문화, 상업과 학문 등의 분야에서 능력을 발휘했다.

유럽세계와 유대인(819년 이후)

유대인은 두 갈래로 나누어 러시아로 이주했다. 한 갈래는 이라크와 카자흐지역을 거쳐 러시아로 유입되었다. 다른 한 갈래는 소아시아지역으로부터 흑해 연안을 따라서 러시아로 유입되었다. 다른 부류의 유대인은 흑해 연안으로부터 콘스탄티노플로 가서 8~12세기까지 비잔티움제국에서 근거지를 확보한 다음, 거기서 정착하다가 러시아로 유입된 경우도 있었다. 비잔티움제국의 유대인은 테스사리아와 트라키아, 그리고 마케도니아로 이주했다. 비잔티움제국에서 유대인은 주로 그리스 지역에 정착했다. 비잔티움제국의 유대인에게 그리스지역은 발칸 반도의 관문이었다. 유대인은 발칸 반도의 관문으로부터 운가르지역으로 이주하여 유럽으로 유입되었다.

유대인은 9세기에 이르러 메츠와 쉬파이어를 비롯한 마인츠와 보름스, 스트라스부르와 프랑크푸르트, 그리고 쾰른 등의 지역에서 정착했다. 이들 도이취어계 제국지역의 도시에서 유대인은 교회와 경우에 따라서 교육기관까지 세우었다. 유대인은 유럽에다 법률 아카데미를 창설했다. 유대인은 물론 이미 7세기 말경에도 유럽으로 이주했다. 특히 7세기 말경 유럽으로 이주했던 유대인은 징세관이나 금전상으로 정착했다. 유럽에서 징세관이나 금전상으로 활약했던 유대인은 1066년 정복자 빌헬름(1066~1087)과 함께 잉글랜드의 런던과 노르위츠, 그리고 요크 등지에서 유대 교회를 운영했다. 갈리아지역에서는 이미 600년경 메로베크 가문 시대에 이르러 유대인을 박해하는 사례가 나타났다. 그러나 카롤루스 막뉴스 시대에 이르러서는 유대인을 보호하는 정책까지 폈다. 카롤루스 막뉴스 시대에는 유대인이 박식하다고 해서 유대인 보호정책까지 나왔다.

유대인은 카롤루스 막뉴스 시대에 이르러 예술기능인, 그리고 상인동아리나 사업가 및 의사와 같은 전문직종에서 종사했다. 특히, 카롤루스 막뉴스 계승자인 루드비히 경건자 프랑크종족왕(814~840)은 유대인을 보호하고 언어 교사로 관직에까지 등용했다. 루드비히 경건자 프랑크종족왕은 유대인의 교육 열의를 높이 평가하여 교사 이상으로 대우했다. 유럽세계에서 유대 교회는 트라키아와 베네치아, 그리고 밀라노 이내의 이탈리아에서 활동했다. 무수한 유대 교회의 중심은 파두아의 유대 교회였다. 유대인이 밀집해 거주하던 지역에서는 유럽 최초의 의학 교육기관이 창설되었다. 유대인과 의학동아리 교육기관의 관계는 남부 이탈리아의 살레르노에 창설된 의학동아리 교육기관이 이를 입증하고 있다.

당시 살레르노에는 650여명의 유대인이 집촌형태로 거주하고 있다. 살레르노에 거주하던 유대인 중에는 의사도 포함되어 있었다. 살레르노에서 거주하던 유대인은 황제 프리드리히 2세(1194~1250)의 궁전과 교황 알렉산더 3세(1159~1181)의 교황청 법정에서 의사와 법률 전문가로서 활동했다. 스페인에서 유대인은 스코트계의 요크(Joch)라는 명칭으로 해방된 자유민이었다. 그리고 유대인은 711년 스페인에서 생활동아리로 거주할 수 있는 유대인의 성곽을 요청했다. 생활동아리 거주 지역을 확보한 스페인의 유대인은 스페인 외부지역에서 거주하던 유대인을 불러 들였다. 아시아와 아프리카 지역으로부터 이주한 새로운 유대인 50,000명을 합쳐 스페인의 유대인은 대단위 종족으로 변모하여, 루체나지역에서 생활동아리로 거주했다. 도시 루체나의 거주자는 과반 이상이 유대인이었다. 스페인의 유대인은 10~12세기 최고의 번영시대를 맞이했다. 그리고 스페인의 유대인은 율법을 지키며, 고래의 관습과 규범을 그대로 유지했다.

중세 유럽의 도시에서 유대인은 유대인 생활동아리를 형성하여 분리된 모습으로 생활했다. 중세 유럽도시의 유대인 생활동아리는 유대 예배당을 중심으로 형성되었다. 유대 예배당에는 성전이 자리 잡았다. 생활동아리 외부의 성전은 유지했다. 유대 교회는 종족구성원의 자치형식으로 운영되었다. 중세 유럽의 도시에서 유대인 생활동아리는 토착민으로부터 분리되어 별천지의 섬나라나 마찬가지였다. 이들 유대인 생활동아리는 유럽의 귀족이나 군주에게까지 영향을 미치었다. 유대인은 유럽의 여러 지역에서 거의 언제나 통치자의 주요 심복역할을 수행했다. 그러면서도 유럽의 군주나 지배자는 유대인에게 조세를 부과했다. 중세 유럽의 도시에서 유대인의 위치는 불안한 상황이었다. 유대인은 유럽사회에서 거의 빠짐없이 특별한 법률로 통제되었다. 그래서 유대인의 자산은 언제나 압류의 위험에 직면했다. 유대인은 토지나 자산을 소유하지 않았고, 예속민도 거느리지 않았다. 유대인은 거의 언제나 현금을 지니었다. 유대인은 농업에도 거의 관여하지 않았다. 유대인은 크리스트 교리를 따르지도 않았고, 봉건 관습에 편입되지도 않았다. 유대인은 거주도시의 산업, 교역, 금전상 등의 분야에 종사하면서 축재에 관심을 쏟았다. 유대인은 탁월한 언어재능과 판단능력을 지녔으나 이런 재질 때문에 동질 성향이 없던 사회에도 참여했다. 히브리어는 세계 언어 고전 언어였다. 유대인 교회는 세계 어디서든 공동 율법과 의례관습을 지니고 신앙으로 생활동아리를 형성하여 형제애 정신으로 결속했다. 유대인은 1099년경 까지 금융의 유통질서를 장악했으나 유대인 금융 유통질서가 곧 이탈리아 상인동아리 손으로 넘어갔다. 즉 유대인의 상인동아리 지배권은 이탈리아의 베네치아와 제노아 상인동아리가 차지했다.

이탈리아 도시 상인동아리의 해상함대는 1099년 처음으로 예루살렘을 침입했다. 이탈리아 해상함대는 베네치아와 제노아 상인동아리가 지중해 해상권을 장악하기 위하여 발진시켰던 것이었다. 베네치아와 제노아 상인동아리의 해상함대는 지중해 동부지역을 정복했다. 이탈리아 도시 상인동아리는 유대인이 누리던 기존의 지중해 상권을 종식시키고, 지중해 상업의 주인공으로 등장했다. 이탈리아 도시 상인동아리와 유대인의 상권 분쟁은 발트해와 북해에서도 이어지었다. 유대인 상권에 대항하기 위하여 이탈리아 도시 상인동아리들은 상인동아리 연합체를 조직했다. 심지어 이탈리아 상인동아리는 유대인에게 자치도시 출입을 금지했다. 이탈리아 도시의 상인동아리가 유대인에게 항구를 폐쇄했기 때문에 유대인은 항구 없이도 활동할 수 있는 금전상으로 전환했다. 유대인은 세계로부터 배척당하면서 금의 가치를 확보하여, 유대인 안전을 지켜나갔다.

유대인은 환전업을 개설했다. 유대인의 환전업은 일단 수요자에게 금을 보여주고 금을 대출하면서 이자를 챙기는 방식이었다. 이런 유대인 금전상은 모세의 5경을 비롯한 유대인 율법에도 허용되어 있었다. 유대인 금전상은 이슬람과 크리스트교회가 고리 대금업을 금지했던 점으로 미루어 보아 이미 13세기 이전부터 성행했던 것으로 추측된다. 유대인은 모슬렘, 크리스트동아리, 교회조직 수도자동아리 성직자를 돈으로 매수하여 꼼짝하지 못하게 묶어 두었기 때문에 성직자는 유대인에게 금전상을 허용하지 않을 수 없었으나 이후 크리스트교세계의 은행제도 정착과 함께 크리스트 동아리는 거대한 자본을 축적했다. 그런데도 유대인은 13세기 이후 크리스트동아리 은행에다 이자율을 확정하여 돈을 맡기고, 다시 은행으로부터 이자를 짜냈다. 프랑스 최고영주는 유대인이 크리스트동아리 은행으로부터 받아가던 이자를 파악했다. 프랑스 최고영주는 은행 지불이자를 통하여 유대인 돈을 파악해 두고 유대인의 돈을 활용하기 위하여 은행 금융업 결함을 덮어 두었다. 교황청은 유대인에게 지급되던 은행 이자를 중단시키기에 이르렀다. 교황 인노첸츠 3세(1198~1216)는 4차 십자군 원정을 준비하면서 크리스트 동아리 왕으로서 유대인에 대하여 은행 이자의 지급을 금지했다. 프랑스의 최고영주 루이 9세 성자왕(1002~1024)은 성직자에게 유대인에 대한 은행 이자 지급을 금지토록 조처했다.

이외에도 잉글랜드의 최고영주 헨리 2세(1154~1189)도 성직자에게 유대인에 대한 이자지급을 금지했다. 헨리 2세는 유대인이 잉글랜드에서 살고 있는데 대한 특별세금 형식으로 이미 세금을 완전히 납부했더라도 유대인 재산의 1/4을 몰수하는 칙령을 발포했다. 이어서 헨리 3세(1216~1272)는 2차에 걸쳐 칙령을 발포하여 유대인의 재산 1/3을 조세형식으로 재차 몰수하기에 이르렀다. 잉글랜드에서 1252년까지 유대인의 재산에 대한 몰수조치가 발포되어 유대인은 절망감에 빠지게 되었다. 유대인에 대한 차별대우는 유대인의 이주까지 마음대로 할 수 없을 정도였다. 잉글랜드 왕 에드워드 1세(1272~1307)는 유대인에 대한 체포령을 발포했다. 뿐만 아니라, 유대인의 재산까지 몰수하면서 유대인을 박해했다. 잉글랜드에서 체포된 유대인은 런던에서 교수형과 화형에까지 처해지었다. 에드워드 1세는 유대인에 대하여 교수형이나 화형에 만족하지 못하고, 능지 극형까지 내리었다. 유대인은 그런데도 온갖 방해와 공격을 감내하며 재산권에 대한 형벌을 감내하지 않을 수 없었다. 유대인 법률가도 온갖 방법으로 압박당했다. 그러면서도 유대인 법률가는 재산의 희사를 통하여 지배자와 타협하여 재산을 더욱 증식시키었다.

유대인은 중세사회에서 존경받던 의사들이었다. 유대인은 아랍인의 의술을 이탈리아의 살레르노에 이식시켰다. 베네베누투스 그라수는 예루살렘에서 출생한 유대인이었다. 그런데도 그는 살레르노 학문동아리 연합체와 몽펠리에 학문동아리 연합체의 의학전문 지식 원리 교육기관교사였다. 베네베누투스 그라수스는 최초로 안과학 교본을 안구시술에 사용될 수 있도록 창안했다.

그러나 교회는 유대인의 시술활동을 그렇게 고운 눈으로 보지는 않았다. 교회는 1267년 유대인 의사로 하여금 크리스트 동아리에 대한 시술 활동을 금지했다. 그런데도 교황 보니파츠 8세(1294~1303)는 유대인 안과 의사였던 이사크 벤모데크라이로 부터 치료를 받았다. 이처럼 이슬람의 의술은 사실상 유대인을 통하여 유럽세계으로 이식되었다. 한편, 유대인의 여행과 탐험도 사회구성원의 공감대를 유발시키는 요인으로 작용했다. 아랍세계와 지중해지역을 다녀 온 여행가 중에는 유명한 유대인이 포함되어 있었다. 레겐스부르크의 페타키야와 투델라의 벤자민은 아시아 서남부지역과 비잔티움지역을 여행하고 돌아왔다. 이들 유대인 여행가들은 여행담으로 유럽세계 인간의 사고방식에 활력소를 불어넣었다. 유대인의 철학도 유럽세계 인간의 사고방식에 영향을 미치었다. 특히, 유대인 철학은 유대교와 이슬람의 사고방식을 유럽세계 인간의 사고방식에 결합시키는 역할을 담당했다. 유대인 철학은 실증의 중요함을 인식시키었다. 유대인 철학은 그리스인의 고전 플라톤과 아리스토텔레스에 대한 해석을 바탕으로 체계화되었다. 특히, 유대인 철학은 사아디아(882~942)로부터 마이모니데스(1135~1204)에 이르기까지 고전시대 그리스어계 저작물을 수용한 아랍계 철학동아리 이론에서 발아했다. 유대계 철학동아리 이론은 신의 섭리와 우주 창조로부터 발아하여 사물의 존재이론을 문헌 실증주의에 근거하여 타당한 판단기준에 접목했다. 사이디아의 유대교 신학동아리 이론은 10세기 아랍계 철학동아리 존재이론과 회의론으로부터 유대교회 이론근거를 찾아냈다. 유대인 철학동아리 존재이론은 실제로 고전시대 그리스어계 저작물인 플라톤의 이데아 이론으로부터 출발했다. 유대인 철학동아리 존재이론은 아리스토텔레스의 저작물을 해석하여 회의론에 접근했고, 다시 회의론을 신의 존재 증명에 활용했다. 중세 유럽세계의 위대한 유대계 철학동아리 교사는 마이모니데스였다. 마이모니데스는 코르도바에서 재판관 아들로 출생했다. 마이모니데스는 아랍인 아베르로에스와 비교하여, 우열을 가늠하기 어려울 정도의 위대한 철학동아리 교사였다.

마이모니데스는 10여권의 의학서를 아랍어로 저술했다. 마이모니데스의 주요 저작물은 1190년에 저작된 '우유부단한 통치자'였다. 물론 '우유부단한 통치자'도 아랍어, 히브리어, 라틴어로 동시에 저작되었다. 마이모니데스의 저작물은 신의 본질을 입증하고 있다. 마이모니데스의 유대인 철학동아리 이론은 13세기 신앙자가 겪던 정신갈등 문제를 예리하게 환기했다. 유대인 마이모니데스의 영향력은 이슬람과 크리스트교세계에 광범하게 파급되었다. 마이모니데스의 유대인 철학동아리 이론은 몽펠리에, 파도바, 파리 등지로 이동하여 알렉산더, 귀이르모, 알베르투스 막뉴스, 토마스 등에게 수용되어 신학동아리와 철학동아리의 새로운 이론을 제시했다.

유대인과 크리스트교도의 경쟁의식

유대인과 비유대인의 적대감은 생활의 경쟁의식으로부터 형성되었다. 유대인의 생활능력은 비유대인에게 시기심을 유발시키었다. 유대인은 이슬람의 선지자나 크리스트교의 신을 인정하지 않았다. 유대인의 종교의식은 오히려 유대인의 활동반경을 축소시키었다. 즉, 유대인의 독단의식은 유럽에서 유대인에 대한 배척논리를 고조시키었다. 즉, 유대인이 금전상을 독점하면 할수록 유대인에 대한 배척논리는 증폭되었다. 유대인에 대한 증오감이 유럽에서 증폭되자, 유대인과 비유대인 사이에는 새로운 문제가 제기되었다. 프랑스 남부지역과 스페인에 거주하던 유대인은 서로 협력했다. 전체 크리스트 동아리 중에서도 그레고르 1세 대교황(590~604)으로부터 그레고르 7세(1073~1085)에 이르기까지 교황은 유대인을 차별하지 않았다. 특히, 교황 그레고르 7세는 로마의 유대인 거주구역인 트라스테베레에서 출생했다. 그레고르 7세는 피에르 레오니라는 유대인 가문과 친척관계였다. 교황 그레고르의 유대인 관용조치는 교회개혁을 반대하던 파벌의 교황 에우겐 3세(1145~1153)시대까지 이어지었다. 유대인은 물론 파리의 성당에 들어올 수도 있었다. 유대인은 파리의 성당 앞에서 모세의 율법서를 정통론자동아리 신도들에게 나누어 줄 수도 있었다. 그리고 크리스트 동아리 역시 유대인 교회에 들어올 수 있었다. 유대인도 율법서를 자유자재로 지니고 다닐 수도 있었다. 교황청으로부터 유대인은 특별한 차별대우를 받지 않았다. 뿐만 아니라, 유대인은 로마나 아비뇽 같은 교황청 도시에서 한번도 추방당하지 않았다. 그런데도 교황 우르반 2세(1088~1099)는 십자군의 암호를 제작하여 유대인에 대한 증오심을 부추겼다. 심지어 고트포프리트(1096~1099)는 "그리스도의 피로서 유대인에게 벌을 내릴 것이다"라고 선언하면서 유대인에 대한 증오심을 증폭시키었다. 도이취어계 제국 황제인 하인리히 4세(1056~1106)도 유대인에게 자유를 허용하는 특허장을 발부했다. 쉬파이어의 주교인 뤼디거도 유대인을 보호했다. 도이취어계 제국에서는 지배자의 유대인 보호정책으로 오히려 라인강 유역의 상업이 유대인의 활동에 힘입어 활기를 띄었다. 그러나 퀼른과 보름스, 메츠와 레겐스부르크, 그리고 프라그 등의 도시 유력자들은 여전히 유대인에 대한 증오감을 버리지 않았다.

"유대인이 크리스트교 동아리를 죽이고 크리스트의 제단에 모욕을 주고 있는 것을 응징해야 한다." 이것은 익명의 프랑스인 수도자가 크리스트교동아리로 하여금 유대인에게 증오심을 품도록 선동하던 내용이었다. 이것은 또한 베른하르드(1090~1153)가 유대인에 대한 박해사례를 지적한 내용인 것이다. 도이취어계 제국 지역에서는 유대인을 박해하여 1285년경 수백 명의 유대인이 맞아 죽었거나, 화형까지 당했던 사건이 일어났다. 특히, 도이취어계 제국 지역의 뮌헨, 뷔르츠부르크, 뉘른베르그, 그리고 아우그스부르크 등의 도시지역에서도 유대인 박해 사건이 일어났다. 그래서 유대인 교회는 도이취어계 제국 전체 지역에서 50여 년 동안이나 파괴되었다. 50여 년 동안 유대인 교회는 140여개에 이렀다. 다수 유대인 가문은 1286년경 도이취어계 제국 지역을 떠났다. 유대인 가문의 이런 도이취어계 제국 이주는 마인츠와 보름스, 그리고 쉬파이어 등의 도시지역에서 일어났다. 이들 유대인 가문은 도이취어계 제국 지역을 떠나 팔레스티나와 폴란드, 그리고 리타우 지역으로 이주했다. 도이취어계 제국 지역을 떠난 유대인들은 이주지역에서 새로운 생활영역을 개척했다. 잉글랜드의 유대인은 대개의 경우 금융업에서 두드러진 활약을 보이었다. 이들은 12～13세기 황제의 압력과 조세상의 불이익을 감수했다. 유대인은 잉글랜드를 떠났다. 유대인에 대한 박해사례는 잉글랜드 중에서도 도시지역에서 발생했다. 요크에서는 150여명의 유대인이 1090년에 맞아 죽은 사태가 일어났다. 그래서 300여명에 달하던 유대인 법률관은, 1211년 잉글랜드를 떠나 프랑스와 팔레스티나 지역으로 이주했다. 이런 유대인 박해는 런던, 캔터베리, 노오드함론, 윈체스터, 오르체스터, 링콘, 케임브리지 등의 지역에서 유대인 교회가 파괴되거나, 유대인에 대한 시민권의 몰수로 이어지었다. 잉글랜드에서도 유대인은 갖은 박해를 극복했다. 잉글랜드 왕은 이탈리아의 은행업자로부터 자금을 융통하여 썼다. 특히, 잉글랜드 왕에게 자금을 대출해 주던 이탈리아의 은행업자는 프로렌치아나 까오르의 크리스트 동아리였다. 프랑스 왕인 필립 오귀스트(1180~1223)도 1180년 유대인을 중상모략 혐의를 씌워 감옥에 감금시키었다. 당시 유대인은 프랑스 왕에게 고액의 속죄금을 지불하고 석방되었다. 프랑스 왕 필립 오귀스트는 1230년 유대인에게 프랑스를 떠나도록 추방령을 내리고, 유대인의 재산을 압류하고 유대인 교회의 신전을 없애도록 명령했으나, 1198년 유대인에게 프랑스 입국을 허용하는 조치를 발표했다. 중세 유럽세계 역사는 유대인 박해 사례로 가득 차 있다. 유대인은 근면하고 활기차게 활동하던 종족이었다. 그런데도 유대인의 활동방향은 높은 이익을 추구하면서도, 유럽세계 인간의 정신에 중요한 동기를 부여했다. 유대인은 유럽세계 인간의 정신에 비잔티움을 비롯한 아랍인의 고전시대 그리스어 저작물과 자연학동아리의 원리를 이동했을 뿐만 아니라, 생산자질서와 풍속질서에 합리주의 골격을 부여했다.

제4부
북부-동부 유럽세계와 유럽인 영역 확장

제 7 장

동부-북부 유럽의 종족과 중부 유럽

7-1. 동부 유럽세계의 종족과 중세 유럽세계

불가르종족과 발칸 반도

서부 운가르지역은 동부 유럽세계로 향하던 중부 유럽의 출발지역이었다. 중세 게르만어계 세계는 비잔티움세계로부터 수백 ㎞ 떨어진 북부 유럽에 자리 잡았다. 아바르종족은 훈종족을 따라서 서부 운가르지역(= 판노니아)으로 이주했다. 다시 아바르종족은 훈종족과 함께 투르케스탄지역을 거쳐 남부 러시아로 이주했다. 거기서 아바르종족은 다시 엘베강 상류와 도나우강 유역의 서부 운가르지역으로 560년경 훈종족과 뒤섞여 이주했고 서부 운가르지역에 정착했던 랑고바르드종족은 동부 알프스계곡을 따라서 북부 이탈리아지역에 위치한 포강유역의 평원지대로 이주했다. 랑고바르드종족은 발칸반도의 알프스지역을 거쳐 포강유역의 평원지대에 이르렀다. 랑고바르드종족이 거쳐 갔던 발칸반도는 라틴어 상용지역으로서 완전히 도시문명이 파괴되어 문화 근본까지 무너져버린 상황이었다. 랑고바르드종족을 밀어낸 아바르종족은 훈계 기마종족답게 발칸반도의 서부지역을 노리고 있었다. 게다가 랑고바르드종족이 밀려난 서부 운가르지역과 발칸반도에는 아바르종족과 함께 슬라브어계 종족이 등장했다. 슬라브어계 종족은 티스차강유역의 평야지대로 이동했다. 슬라브어계 종족은 티스차강에 이르러 카롤루스 막뉴스의 프랑크종족왕 군대에 정복당하여 중부 유럽세계 구성원이 되었다.

불가르종족은 훈종족, 운가르종족, 투르크종족으로 구성된 일종의 혼성종족으로서 훈종족왕 영지에 흡수되어 고전시대 로마인 문화영역에서 정착했으나 훈종족왕 아틸라(434~453)의 사망과 함께 445년경 카산지방으로 이동하여 정착했다. 불가르종족의 정착지는 불가르였다. 불가르종족은 카산지방의 볼가르에다 불가르종족왕 왕국을 창건했다. 불가르종족은 13세기 타타르종족의 침입을 받았고 그 일파는 5세기 경 도나우강 유역의 분지로 이동했다. 불가르종족이 이동했던 도나우강 유역의 분지에는 위구르종족이 정착했다. 위구르종족은 679년 도나우강을 건너 과거 로마제국의 속주였던 모에시아에다 두 번째 종족왕 영지를 창건하고 슬라브어계 종족을 노예로 만들었다. 그런데도 불가르종족은 자기네 노예였던 슬라브어계 종족의 생활관습과 슬라브어계 종족의 언어관습을 수용했다. 물론 불가르종족은 슬라브어계 종족의 언어영역에 흡수된 상태에서 왕국을 유지했다. 크룸 칸은 반란으로 불가르종족왕이 되었다. 불가르종족왕 크룸 칸은 802년경 비잔티움제국의 속주 마케도니아, 이어서 사르디카지방을 정복하고, 사르디카지방에다 오늘날 불가르종족왕 영지 수도인 도시 소피아를 창설했다.

당시 비잔티움제국의 황제는 니케포로스 1세(802~811)였다. 니케포로스 1세는 불가르종족왕인 크룸 칸의 침입에 대항하여 보복전쟁에 나섰다. 그런데도 크룸 칸은 황제와 보복전쟁을 피하기 위하여 811년 콘스탄티노플 외부지역으로 들어와 비잔티움제국 영역에서 정착했다. 크룸 칸은 트라키지역으로 이동하려는 의향을 품었다. 비잔티움제국 황제는 크룸 칸을 제국구성원으로 받아들이고, 크룸 칸의 아들 오모스타크에게 트라키지역의 절반을 정착지로 나누어 주었다. 불가르종족왕국은 크룸 칸과 보리스(852~888)시대에 이르러 키릴로스(+869)와 메토디오스(870~885)의 선교영향을 받았고 키릴로스와 메토디오스는 콘스탄티노플 대주교 관구에서 파견된 그리스어계 선교자로 활동했다. 콘스탄티노플 관구에서 파견된 키릴로스와 메토디오스는 슬라브어계 언어영역의 불가르종족왕 영지를 그리스어계 정통론자동아리로 개종시킨 선교자였다. 키릴로스와 메토디오스는 대주교 관구를 창설했고 이 대주교 관구는 서부 운가르지역의 판노니아, 슬로바크지역, 뫼렌지역을 관할하기 위한 것이었다. 불가르종족왕 보리스도 키릴로스와 메토디오스의 관구 교회조직에서 그리스어계 정통론자동아리로 개종했다. 그리스어계 정통론자동아리로 개종한 불가르종족왕 보리스는 맏아들 브라디미르(980~1015)를 폐위하고, 막내아들 시메온(893~927)을 왕위에 책봉했다.

불가르종족왕 시메온은 세르브종족왕 영지와 보스니아를 넘어 크로아티아지역의 아드리아 연안까지 정복했다. 당시 세르브종족왕 영지는 모라카강-사르카강-드리나강-림강으로 둘러싸인 지역이었다. 보스니아는 드리나강-사르카강-베르바스강으로 둘러싸인 지역으로서 중간지역에는 보스니아강이 싸크라강으로 흘러들었다. 크로아티아는 드라카강-베르바스강-아드리아 연안으로 둘러싸인 지역으로서 판노니아와 경계를 이뤘고 크로아티아와 이탈리아 사이에는 슬라보니아가 자리 잡았다. 슬라보니아와 판노니아의 경계는 무라강과 드라카강이며, 크로아티아와 슬라보니아의 경계는 쿠파강이었다. 불가르종족왕 영지는 시메온시대에 세르브종족왕 영지, 보스니아, 크로아티아를 비잔티움제국의 문화영역으로부터 분리하여 슬라브어계 문화영역으로 편입했다. 그런데도 시메온은 비잔티움세계 문화를 지키고자 노력했다. 이어서 시메온은 도나우강 유역의 프레슬라브지역을 차지하고, 트로노보를 중심지로 만들었다. 그래서 프레슬라브지역의 도시에는 고전시대 그리스계 예술 장식품이 다량으로 유입되었다.

불가르종족왕 영지는 시메온의 사망과 함께 쇠퇴했다. 13세기 프레슬라브지역의 트로노보는 불가르종족왕 시메온 영지의 최대 도시로서 자리 잡았다. 불가르종족왕 영지의 이런 혼란 과정에서 프레슬라브지역의 도시 트로노보에서는 보고미르계 이단자동아리가 출현하여 평화를 애호하고, 공동생산 및 분배를 실현하여 평등한 사회를 구현한다는 교리를 전파하며 영향력을 확대했다. 보고미르계 이단자동아리는 프레슬라브지역에서 거의 절반에 가까운 주변 영지 경작권을 차지했다. 보고미르계 이단자동아리의 활동은 영지 경작권 확대과정과 함께 주변지역으로 이동함에 따라서 비잔티움제국의 혼란 또한 가중되었다. 비잔티움제국과 불가르종족왕 영지의 혼란이 가중된 틈을 타서 세르브종족는 913년 자치관습을 획득했고 불가르종족왕 영지는 1018년부터 1186년까지 일개 비잔티움제국 속주로 전락하여 존속했다. 주변지역인 도나우강 유역의 판노니아지역에서는 마자르종족왕의 권력동아리가 급속하게 성장했다.

마자르종족의 출현과 소위 '중부 유럽'

마자르종족은 훈계 유목종족 후예였다. 마자르종족은 중국의 서부 변경지역에서 정착했다. 마자르종족은 훈계와 투르크계 혼합종족으로서 핀어계 굴절언어를 상용했다. 이 아시아계 마자르종족은 9세기 우랄산맥을 넘어 카스피 연안의 스텝지대를 거쳐 돈강과 드네프강 이내 지역으로 이주하면서 유럽대륙에 발을 들여 놓기 시작했다. 마자르종족의 정착지역은 흑해 연안이었다. 흑해 연안에 정착했던 마자르종족은 노예를 사냥하여 고전시대 그리스인에게 노예를 팔아 넘겼다. 마자르종족이 사냥하여 고전시대 그리스인에게 팔아넘기던 노예는 대개가 슬라브어계 종족이었다. 마자르종족은 50여 년 동안 흑해 연안에 정착했다가 우크라이나지역을 거쳐 카롤루스 가문시대 프랑크종족왕의 동부 영지 변경을 침입했다. 마자르종족은 아르파트(894~907) 통치하에서 운가르지역을 정복한 다음 899년 다시 이탈리아 진출을 시도했다. 마자르종족은 이탈리아의 파비아를 침입하여, 파비아를 잿더미로 만든 다음 1년쯤 지나 이탈리아 평원지역에 이렀다. 마자르종족은 운가르종족왕 영지를 무너뜨린 다음, 다시 판노니아지역을 정복했다. 이어서 마자르종족은 바이에른의 케른텐지역과 뫼렌을 침입했다. 당시 뫼렌종족왕은 마자르종족에게 정복당했던 것이다. 마자르종족의 유럽정복은 10년 동안이나 이어졌다. 마자르종족은 작센, 튀링겐, 쉬바벤, 알사스 등의 종족왕 영지에 이어서 이탈리아와 부르군드종족왕 영지를 침입했다. 유럽세계에서는 당시 마자르종족이 훈종족이나 노예상인동아리보다 더욱 무서운 공포의 존재로 인식되었다.

마자르종족의 격랑은 유럽세계 인간 전설 속에서도 그대로 나타나고 있다. 즉, 마자르종족이라면 잠들었던 아이도 잠에서 깨어 울음까지 그쳐 버린다고 했을 정도의 거센 물결이었다. 당시 도이취어계 제국 황제 하인리히 1세는 마자르종족의 유럽 침입에 대항했다. 황제 하인리히 1세(912~936)는 리아데 전투에서 승리하여 마자르종족의 운스트루트 가문을 무너뜨려 다시 운가르지역으로 후퇴케 했으나 마자르종족은 다시 중부 유럽을 침입했다. 도이취어계 종족왕 황제 오토 1세(936~973)는 아우그스부르크의 레흐강 전투에서 마자르종족을 패퇴시켰고 이후 마자르종족은 중부 유럽 침입을 중지하고 도나우강 유역의 운가르 평원지대에 정착했다. 도나우강 유역의 평원지대 중심도시는 부다와 페스트였다. 중세 중부 유럽은 841년 이후부터 975년 까지 여러 이동종족의 격전지였다. 동부 유럽세계는 이미 마자르종족의 침입으로 혼란의 수렁을 헤쳐 나갔다. 서부 유럽세계도 바이킹종족왕의 침입으로 혼란의 파고에 휩싸인 상황이었다. 특히 프랑스의 파리지역은 바이킹종족왕의 침입으로 지역 기능 자체까지도 완전히 마비되었다. 그런데다 남부 프랑스지역은 아랍인 침입으로 거의 황폐화되어 버렸다. 유럽세계는 바이킹종족왕, 마자르종족왕, 사라센이란 이방인 침입으로 격심한 혼란을 거듭하면서 치열한 생존전략을 찾아냈다.

마자르종족왕은 975년 로마 정통론자동아리를 수용했다. 당시 마자르종족 수장은 게이사(971~997)였다. 마자르종족왕 게이사는 이어서 비잔티움세계 정복전쟁에 착수했다. 수장 게이사의 정복활동으로 마자르종족은 비잔티움의 그리스어계 정통론자동아리를 수용한 불가르종족과 경계를 같이했다. 마자르종족 수장왕 게이사를 그 아들 스테판은 계승했다. 게이사의 아들은 바로 운가르왕국을 창건했던 운가르왕국의 스테판 1세(997~1038)였다. 스테판 1세는 운가르왕국 창건자로서 위대한 종족 성자의 위치에 올랐고 교황 실베스터 2세(999~1003)가 움켜쥐고 있던 운가르종족왕의 왕관을 찾아왔고 운가르왕국은 스테판 1세 시대 이후 중부 유럽과 동부 유럽의 경계영역이 되었다.

슬라브어계 종족의 언어영역, 중부유럽, 비잔티움세계

슬라브어계 종족의 초기 활동무대는 동부로는 볼가강, 서부로는 오데르강, 북부로는 북해, 남부로는 흑해 이내의 러시아 저습지대였다. 슬라브어계 종족의 원 거주 지역은 키예프-모히레브-브레스치토보스크 이내의 지역, 즉 카르파트-프리페트-드네프강 이내의 지역이었다. 슬라브어계 종족은 언어 영역상 인도-유럽어계 종족이었다. 슬라브어계 종족의 정착생활은 대략 5세기경부터 시작된 것으로 밝혀지고 있다. 슬라브어계 종족의 농경생활도 정착과 함께 시작되었으나 슬라브어계 종족도 6세기 중반 이후 동부지역으로 이동하기 시작했다. 슬라브어계 종족은 유목종족인 아바르종족이 슬라브어계 종족의 정착영역으로 유입되기 시작했을 무렵 북부 흑해연안과 도나우강 하류유역으로 이동했다. 슬라브어계 종족은 아바르종족에게 복속된 상황이었다. 아바르종족에게 예속된 슬라브어계 종족은 북부와 동부 지역으로 이동하여 남부 우크라이나지역에 정착했다. 남부 우크라이나 지역에서 정착했던 슬라브어계 종족은 현재 러시아와 우크라이나, 그리고 벨로 러시아인 조상이 되었다. 일부 슬라브어계 종족은 아바르종족에게 떠밀려 발칸반도로 다시 이동했다. 발칸반도에 정착했던 슬라브어계 종족은 현재 불가리아인, 세르비아인, 크로아티아인, 마케도니아인, 슬로베니아인 조상이 되었다. 마지막으로 도나우강 중부유역으로 아바르종족과 함께 이동했던 슬라브어계 종족은 현대 체크인, 슬로바크인, 소르브인, 폴란드인 조상이 되었다. 슬라브어계 종족은 비잔티움제국 문화영역으로 이동했으나 거의 비잔티움제국 노예로 전락했다. 특히, 슬라브어계 종족은 비잔티움제국과 모슬렘 상인동아리 노예로 전락하여 고전시대 그리스어 영역으로 유입되었다. 비잔티움과 이슬람지역의 슬라브어계 종족은 고전시대 그리스어 영역의 영향을 받았으나 다양한 언어영역으로 분리되었다. 이동과 함께 슬라브어계 종족은 서부, 남부, 동부의 언어영역을 지니게 되었다. 슬라브어계 종족의 서부 영역에는 폴란드, 벤드, 체크와 슬로바크가 포함되어 있었다. 슬라브어계 종족의 남부 언어영역에는 슬로베니아, 세르비아, 크로아티아, 불가리아 등이 포함되어 있었다.

동부 언어영역에는 러시아, 벨로 루스종족[백러시아] 등이 포함되어 있었다. 슬라브어계 종족은 이처럼 다양한 언어영역으로 분리되었으나, 고전시대 그리스어 영역이라는 전체 슬라브어계 언어영역을 이탈하지 않았다. 슬라브어계 종족의 전체 언어영역에서는 새로운 생활관습이 정착했다. 슬라브어계 종족세계는 새로운 생활관습을 풍속질서와 생활질서의 원형질로 활용하며 종족구성원의 공감대를 유지했다. 슬라브어계 종족세계는 다양한 생활관습을 축적하여 지역 중심의 결속력을 생성하면서 종교동아리의 의례관습 영향을 받았다. 비잔티움제국의 종교동아리는 슬라브어계 종족세계에 영향을 미치며 새로운 골격을 갖추었고 비잔티움세계 건축양식과 예술양식을 수용하여 새로운 문화 영역을 형성하기 시작했다.

슬라브어계 종족은 이탈리아와 갈리아지역으로 이동했던 게르만어계 종족 정착지역을 이어받으며 유럽세계로 이동했다. 6세기 이후 슬라브어계 종족은 도나우강 중부유역으로 이동했다. 특히, 슬라브어계 종족은 투르크계 유목종족인 훈종족과 아바르종족에 예속된 상황에서 유럽세계로 유입되었다. 슬라브어계 종족은 아바르종족과 함께 복속되어 엘베강과 사아레강 유역으로부터 뫼렌 산간지대를 넘어 나아프강 유역으로 둘러싸인 운가르, 오스트리아, 체크와 슬로바크 지역으로 이동했다. 그리고 슬라브어계 종족은 마인강 동부유역과 레드니츠강 이내 지역에 정착했다. 마인강 동부유역과 레드니츠강 이내의 지역에 정착했던 슬라브어계 종족은 폴종족, 벤드종족, 체크종족, 뫼렌종족, 바라크종족 슬로바크종족 등의 서부 슬라브어계 종족을 형성했다. 대략, 서부 슬라브어계 종족과 비슷한 시기에 남부 슬라브어계 종족은 그리스 농경지역으로 이동했다. 그리스 농경지역으로 이동했던 남부 슬라브어계 종족은 고전시대 그리스어 생활관습을 지니게 되었다. 슬라브라는 종족명칭 표지도 그리스 농경지역에 정착했던 슬라브어계 종족을 지칭했던 명칭이다. 슬라브어계 종족명칭은 비잔티움제국 노예란 의미에서 부여했던 것이다.

당시 발칸반도와 그리스지역에는 게르만어계 종족의 생활관습이 기존 로마인 풍속질서를 와해시켰고 비잔티움제국의 풍속질서도 게르만어계 종족의 영향을 받았다. 그런데도 발칸반도에는 슬라브어계 종족의 영향이 나타나지 않았다. 게르만어계 종족은 비잔티움제국의 풍속질서에 영향을 미쳤다. 이 시기에 슬라브어계 종족은 볼가강 상류의 발트해 연안 이내 지역을 통과했다. 슬라브어계 종족의 이런 이동상황과는 다르게 남부 슬라브어계 크로아트종족과 세르브종족은 640년경 발칸반도에 정착했다.

6세기 비잔티움제국시대 발칸반도는 크로아티아, 달마티아, 이스트리아, 보스니아 등의 행정구역으로 나누어져 있었다. 슬라브어계 종족은 이미 도나우강 북부유역에 정착했다. 슬라브어계 종족은 550년경부터 발칸반도 동부지방으로 이주하기 시작했다. 발칸반도 동부지방으로 이동했던 슬라브어계 종족 일부는 달마티아 지방의 아드리아 연안으로 진출했다. 한편 560년경 아바르종족은 판노니아 지방으로 유입되었다. 당시 슬라브어계 종족은 과거부터 판노니아지방에 정착했다. 판노니아지방의 슬라브어계 종족은 아바르종족을 피하여 580년경 발칸반도지역으로 이동했다. 슬라브어계 종족은 테살로니아를 615년 차지했다. 테살로니아는 비잔티움제국의 속주 중심도시였다. 테살로니아를 정복했던 슬라브어계 종족은 아바르종족왕의 지휘 하에 있었다. 여기서 슬라브어계 종족은 발칸반도의 중앙지역에 거주하던 세르브종족과 달마티아지역에 거주하던 크로아트종족으로 분리되었던 것 같다. 슬라브어계 종족은 현재 크로아티아와 달마티아, 보스니아와 헤르체코비나(=훔), 세르비아와 몬테네그로 등의 지역을 차지했다. 이 슬라브어계 종족은 비잔티움제국의 황제 헤라클리오스 시대(610~641)에 이르러 '크로아트종족'이라는 명칭을 지녔다. 이 슬라브어계 종족은 비잔티움제국의 역사서인 '콘스탄티누스 7세의 행정 칙령'(De administrando imperio)에서 처음으로 '크로아트종족'이라는 명칭으로 등장했다. 이런 크로아트종족이라는 명칭은 현재까지 귀족영지(Zupou 나 Zupanijias)의 단위로 구성되었다.

특히, 발칸반도의 중부 이북지방에 위치한 달마티아에서 거주하던 슬라브어계 종족도 스스로를 크로아트종족이라 지칭했다. 또한 발칸반도 중부 이남에 거주하던 슬라브어계 종족은 스스로를 세르브종족이라 지칭했다. 달마티아의 크로아트종족은 한 세기 이상 서로 다른 귀족 영지에서 정착했다. 판노니아지역의 크로아트종족, 즉 사바강과 드라바강 이내 지역에 거주하던 크로아트종족은 아바르종족왕의 예속 하에서도 어느 정도 자치 형식을 유지하며 달마티아지역의 아드리아 연안에 위치한 차타르, 트로기르, 스프리트, 두브로니크, 부드바, 코토르 등의 비잔티움제국 도시에 예속되어 있었다. 이 슬라브어계 종족은 비잔티움제국 도시로부터 종교와 글자의 영향을 받았다.

그러나 프랑크종족왕 카롤루스 막뉴스는 788년 랑고바르드종족왕이 차지하고 있던 북부 이탈리아지역의 정복에 이어 이스토리아지역을 속주로 만든 다음 판노니아지역에서 아바르종족왕이 유지하던 칸 체제는 급격하게 와해되었다. 카롤루스 막뉴스는 791년 판노니아지역의 아바르종족을 정복하고, 795~96년 아바르종족을 무력화한 다음 티스차강 동부 유역까지 예속했다. 또한 판노니아지역 지배자는 카롤루스 막뉴스가 후원하는 크로아트종족 귀족인 보즈노미르였다. 보즈노미르는 아마도 크로아트종족을 정복하여 프랑크종족왕의 공작이 되었다. 크로아트종족은 프랑크종족왕의 통치하에서 북부 이탈리아 관구인 아퀴레야에 소속되어 프랑크종족왕 영지의 종교, 문화, 법률과 제도를 수용했다. 프랑크종족왕은 판노니아에 이어서 803년 북부 달마티아 지역까지를 아퀴레야 관구조직에 편입하고 차타르와 가까운 항구 니느에는 크로아트종족 공작 비이세슬라브(대략 800~810)의 궁정이 자리 잡았다. 비이세슬라브는 프랑크종족왕의 귀족이었다. 비이세슬라브는 크로아트종족의 달마티아를 지배하며 아드리아 연안으로 진출한 다음 브르바스강 유역, 즉 현재 리예카를 지나 세티나강 남부 유역까지를 차지했다. 비이세슬라브는 달마티아의 여러 씨족을 통치하기에 이르렀다. 크로아트종족왕은 2개 영지, 즉 달마티아의 크로아트종족왕 영지와 판노니아의 크로아트종족왕 영지로 분리되었다. 두 크로아트종족왕 영지는 두 프랑크종족왕 귀족이 통치했던 데서 발단되었다. 프랑크종족왕은 판노니아 귀족과 달마티아 귀족을 서로 다른 인물로 내세워 크로아트종족왕 영지를 분리하여 예속했다.

그러나 814년 프랑크종족왕 카롤루스 막뉴스의 사망과 함께 판노니아의 크로아트종족은 귀족 르쥬데비트(대략 810~821)의 통치시대를 맞이했다. 귀족 르쥬데비트의 중심도시는 시사크였다. 르쥬데비트는 달마티아 귀족인 비이세스라브 가문의 보르나(대략 810-821)와 싸웠다. 전쟁 이후 판노니아의 코르아트종족과 달마티아의 크로아트종족은 서로 다른 구성원으로 변모했다. 귀족 보르나는 달마티아의 니느에 중심지를 두고 달마티아의 북부지역까지 통치했다. 그러나 르쥬데비트는 819년 프랑크종족왕에 대항하여 반란을 일으켰고, 프랑크종족왕이 처음에 어떤 조치도 취하지 않았기 때문에 이노포리아와 달마티아의 슬라브어계 종족을 통합할 수 있었다. 그리고는 르쥬데비트와 보르나는 서로 싸우게 되어, 결국 르쥬데비트의 승리로 돌아갔다. 그런데 프랑크종족왕 영지의 반란 진압군은 820~821년에 도착했다. 822년 르쥬데비트의 반란은 진압되고 르쥬데비트는 도주했다. 크로아티아에서 프랑크종족왕의 통치시대는 계속되었다. 보르나의 조카는 다시 달마티아의 크로아트종족을 지배했다. 그런데 843년 베르덩협약의 영향은 크로아티아에도 미치었다. 베르덩협약에 따라서 프링크종족왕 영지는 분할되었다. 이 프랑크종족왕 영지의 분할협약은 이노포리아와 달마티아를 이탈리아에 귀속시킨 반면 판노니아지역의 크로아트종족은 프랑크계 도이취어계 제국에 귀속되었다. 당시 슬라브어계 네레트르야니 가문은 해상함대를 거느리고, 아드리아 해에서 해적활동에 참여했다. 아드리아 해의 슬라브어계 해적은 아드리아 바다를 가로지르며 이탈리아 연안 특히, 베네치아를 공략했다. 이 슬라브어계 해적은 세리나강과 네레트바강 이내의 아드리아 해 연안 지역을 점령하고, 839년 베네치아 원정에 착수했다. 베네치아를 침략했던 이 슬라브어계 해적은 839년 베네치아인과 평화협정을 체결하고 후퇴했으나 840년대 다시 이탈리아 해안을 다시 침입했다. 이 슬라브어계 종족은 830년대부터 비잔티움제국과의 관계를 유지했다. 판노니아지방의 슬라브어계 종족은 여전히 프랑크종족왕국의 예속영지에 귀속되어 있었다. 그러나 슬라브어계 종족은 830년대에 이르러 프랑크종족왕국의 영향으로부터 이탈하여 자치령으로 발전했다.

달마티아의 크로아트계 귀족인 트리피미르 1세(845~864)는 트리피미로비크 왕조를 창건하여 중심 도시를 니느에서 크리스로 옮기게 되었다. 트르피미르 1세의 계승자는 아들인 츠데슬라브였다. 그러나 그는 귀족이였던 도마고즈(864~876)에게 왕위을 찬탈당하고 콘스탄티노플로 도주했다. 이때부터 이들 슬라브어계 종족은 비잔티움제국 해상함대와 함께 활동하면서 비잔티움제국 예속 영지가 되었다. 860년경 아랍인은 달마티아의 아드리아해 연안을 침입했다. 이들 슬라브어계 종족은 비잔티움제국 해상함대의 구원까지 요청했고 비잔티움제국 해상함대는 달마티아의 슬라브어계 종족 도시를 슬라브어계 종족과 함께 방어했다. 슬라브어계 종족은 또한 황제에게 비잔티움제국 예속영지가 되기를 요청했다. 비잔티움제국은 871년 네레트르야니가 슬라브어계 해상함대를 해체할 때까지 예속 영지로 인정하지 않았다. 849년 경 비잔티움제국의 황제 바실로스 1세는 이 슬라브어계 종족왕에게 조공을 바치라고 강요했다가 875년 경 달마티아에서 프랑크종족왕의 영향력은 거의 공백상태에 이르렀다. 도마고즈는 달마티아를 프랑크종족왕 예속영지에서 해방시키려다 실패했으나 이노폴리아는 프랑크종족왕의 예속영지에서 벗어났다. 그런데도 판노니아지방의 크로아트종족은 프랑크종족왕의 예속영지를 벗어나지 못하고 도마고즈 사망과 함께 프레슬라브왕조도 몰락했다. 브라니미르는 교황청 승인으로 크로아트종족왕이 되었으나 892년 퇴위당하고, 토미슬라브가 910~914년 크로아트종족왕이 되었다. 토미슬라브의 왕조 개창과 함께 마자르종족은 890년 경 현재의 운가르지역으로 이동함에 따라서 판노니아지역의 크로아트종족은 마자르종족의 위협을 받게 되었다. 그런데도 판노니아지역의 크로아트종족은 여전히 프랑크종족왕의 예속영지로 남아있었다. 이 크로아트종족은 토미슬라브의 후원을 받는 한편 마자르종족왕에게 대항했다. 토미슬라브는 달마티아의 크로아트종족을 통치하며 트라마강을 마자르종족과 크로아트종족의 경계선으로 확정했다. 토미슬라브는 크로아트종족이 차지하고 있던 판노니아에서 프랑크종족왕의 영향력을 완전히 제거했다. 따라서 토미슬라브는 판노니아와 달마티아의 두 개의 크로아트종족왕 영지를 통치하며 현대의 크로아티아, 슬라보니아, 서북지역으로 보스니아와 현재의 리예카로부터 세티나강 하구까지를 달마티아로 확장했다. 토미슬라브의 크로아트종족왕 영지는 슬라보니아, 바노비나, 보스니아, 달마티아 등 세 개 지역으로 구성되었다. 토미슬라브시대 크로아트종족왕은 떠돌이 종족왕이었다. 토미슬라브는 불가르종족왕 영지를 통치하던 시메온과 전쟁시대(대략 923년경)에 이르러 비잔티움제국과 협력했다. 토미슬라브는 비잔티움제국 동맹자 위치를 확보했고 이어서 비잔티움제국과 문화교류를 시작했다.

불가르종족왕 시메온은 세르브종족왕 차하리예를 몰아냈다. 세르브종족왕인 차하리예는 크로아트종족왕 토미슬라브의 영지로 피신했다. 926년 불가르종족왕 시메온은 크로아트종족왕 영지를 침입했다. 크로아트종족왕 토미슬라브는 불가르종족왕 시메온 군대를 몰아냈다. 당시, 크로아트종족왕 토미슬라브는 기병 60,000과 보병 100,000으로 불가르종족왕 시메온과 싸웠다고 한다. 달마티아는 2개의 통치체제로 분할되었다가 다시 크로아트종족왕과 비잔티움제국의 2 통치체제로 분할되었다. 비잔티움제국 영역인 달마티아는 여전히 대주교 관구인 스포리트 대주교 관할구역으로 남아 있었는데도 대주교는 크로아트종족왕 영지인 달마티아에 대하여 영향력을 행사하지 않았다. 스포리트 대주교좌는 슬라브어게 종족세계로 진출하려던 선교활동의 전진기지였다. 스포리트 대주교좌는 프랑크종족왕의 선교 본부인 북부 이탈리아지역의 아쿠이레야 관구 지휘를 받았다. 발칸반도의 스포리트 대주교좌가 이탈리아에 위치한 아쿠이레야 관구의 지시를 받게 된 것은 850년경부터였다. 928년 경 스포리트 대주교좌는 판노니아의 크로아트종족왕 영역을 포함한 전체 크로아트종족왕 영지의 교회조직을 관장했다. 스포리트 대주교좌는 판노니아 지역의 크로아트종족왕 영지를 주도하던 시사크의 주교좌에 귀속되었다. 스포리트 대주교좌와 시사크 주교좌의 영역싸움은 라틴어 수용을 반대하고 슬라브어를 지지했던 관구조직 갈등이었던 것 같다. 토미슬라브는 924~925년 크로아트종족 왕위에서 퇴위하고 928년 사망함에 따라서 크로아트종족 왕위 계승을 둘러싸고 내란에 휩싸였다. 크로아트종족왕 영지의 내란 수습자는 크레시미르(949~969)였다. 크로아트종족왕 크레시미르는 보스니아를 포함한 세르브종족왕 영지와 슬라보니아를 상실했다. 세르브종족왕 영지를 크로아트종족왕 영지에서 회생시킨 인물은 카슬라브였다. 카슬라브도 960년경 사망했다. 960년경 보스니아는 다시 크로아트종족왕 영지에 편입되었다. 크로아트종족왕 영지를 스토예판 드르치슬라브(969~997)가 통치했다. 스토예판 드르치슬라브는 998년 크로아트종족 왕위에 즉위했다. 크로아트종족왕 드르치슬라브는 자기 세 아들에게 영지를 분할해주고, 서로 굳게 협력하라고 명령하고 사망했다. 세 아들은 스베토슬라브, 크레시미르, 고지슬라브였다.

그런데도 형제 내분은 격화되었다. 두 동생이 해적단과 결탁하여 스베토슬라브를 공격했다. 비잔티움제국의 도시와 불가르종족왕 영지의 사무이르는 동맹하여 베네치아와 분쟁을 중재하고 나섰다. 달마티아는 해상권의 이해 지역으로 변화했다. 1000년경 베네치아인은 달마티아 연안의 해상권을 차지했다. 이어서 베네치아인은 슬라브어계 종족의 수도로서 자리 잡은 항구인 비오그라드를 차지했다. 당시 다른 슬라브어계 종족의 중심 항구까지도 베네치아인의 손아귀에 들어갔다. 그런

데도 달마티아는 여전히 이단자동아리 영역으로 남아 있었다. 달마티아 지역에 대한 교황청의 이단자동아리 선포는 슬라브어계 언어관습 때문이었다. 1064년에는 슬라브어계 교회조직이 교황청에 반기를 들었다. 이것은 1060년 스포리트 주교회의가 슬라브어계 언어관습과 교회조직의 의례관습을 금지했던 데서 일어났다. 1074년 제2차 스포리트 주교회의는 1060년 슬라브어계 언어로 교회조직의 의례관습을 거행하지 못하도록 금지했던 제1차 주교회의 의결 내용을 다시 확인했다. 그런데도 슬라브어계 교회조직은 라틴어 영향으로 붕괴되고 슬라보니아는 1065년까지 사바강과 드라바강 이내의 지역을 자치영역으로 선포했다. 슬라보니아는 크로아트종족왕의 예속영지였다. 운가르인은 1094년 자그레브에다 주교좌를 창설한 다음 판노니아지역의 크로아트종족왕 영지를 그포티트 관구로부터 분리했다. 자그레브 주교좌는 운가르 관구인 오스티로곤 대주교좌에 귀속하며 운가르 대주교좌 칼로크사의 교회조직에 편입되었다. 1095년 크로아트종족왕 영지는 다시 운가르종족왕 영지에서 분리되었으나 크로아트종족왕 영지는 왕관을 유지하면서 라틴어를 공용어로 사용했다. 그런데도 운가르종족의 영향력은 중세 동안 계속되었다.

세르브종족도 크로아트종족과 함께 슬라브어계 종족이었다. 슬라브어계 종족은 560년경 판노니아지역의 마자르종족과 함께 발칸반도로 이주했다. 이 슬라브어계 종족 분파가 세르브종족이었다. 580년경까지 슬라브어계 종족은 현재 세르비아와 마케도니아를 차지했다. 물론 당시까지 세르비아와 마케도니아는 비잔티움제국 영지였다. 6세기 후반 비잔티움제국은 약화되었다. 비잔티움세계 슬라브어계 종족은 제국 영향권을 벗어났으나 비잔티움제국은 황제 마우리키오스시대(582~602)에 이르러 세르비아와 마케도니아의 슬라브어계 종족에 대한 통치권을 회복했다. 황제 마우리키오스는 591년과 602년에 걸쳐 슬라브어계 종족의 주요 교역로와 활동 거점을 장악했으나 이 슬라브어계 종족은 여전히 비잔티움제국 통치권과는 분리된 상황이었다. 세르비아와 마케도니아는 620년경 달마티아 남북 항구를 제외한 대부분 지역과 함께 슬라브어계 종족세계로 변모했다. 세르브종족은 비잔티움제국 황제 헤라크레오스 시대(610~641) 이후 카르파티아 북부지역으로부터 마케도니아로 이주했다. 세르브종족은 현재 세르비아의 중심지역인 리므강과 이바레강 이내 지역을 비롯하여, 네레트강 이남지역인 판노니아와 현재의 헤르체코비나 지역인 차후므르예, 트레비느예, 코나브리, 달마티아의 남부지역, 현대의 몬테네그로 지역인 두크르야(디오크레아), 마케도니아 북부지역과 보스니아 동부지역 등을 차지했다. 세르브종족은 크로아트종족과 마찬가지로 이란계 슬라브어계 종족이었던 것 같다. 세르브종족도 크로아트종족처럼 귀족영지(Zupas 나 Zupans)의 통치단위를 구성했다. 세르브종족도 슬라브어계 언어에 동화했다. '세르브'란 종족 명칭도 슬라브어계 종족이라는 의미였다. 세르브종족은 발칸반도에 정착하면서 크로아트종족의 언어 영향으로 슬라브어계 언어영역을 구성했다.

세르브종족과 크로아트종족의 경계는 불가르종족이 차지했던 마케도니아였다. 즉, 세르브종족은 불가르종족이 차지했던 마케도니아의 동부와 남부지역에서 정착했으나 크로아트종족은 서부와 북부의 달마티아, 판노니아, 슬라보니아 등의 지역에서 정착했다. 세르브종족은 9세기 불가르종족왕이 서부지역을 정복한 이후 비로소 발칸반도의 역사 주인공으로 등장했다. 세르비아라는 권력동아리 단위는 불가르종족왕 배후에서 형성되었다. 840년에 이르러 불가르종족왕은 세르비아를 침입했다. 불가르종족왕에게 패배했던 세르브종족왕은 브라스티미르(+850~60)였다. 브라스티미르는 서부지역으로 영지를 확장했다. 브라스티미르는 트레비느예 귀족 딸과 혼인한 다음 사위를 트레비느예 귀족 자리에 앉히고, 트레비느예를 예속영지로 만들었기 때문에 트레비느예(=Terbeunia)의 귀족이 언제나 세르브종족왕 영지의 귀족직을 차지했다. 840년 경 이후 세르브종족왕 영지와 불가르종족왕은 전쟁에 돌입했다. 브라스티미르의 세 아들은 세르브종족왕의 권력동아리를 계승했다. 브라스티미르의 세 아들은 무티미르, 스트로지미르, 고즈니코였다. 불가르종족왕 보리스 1세(852~899)는 브라스티미르의 세 아들의 내분을 틈타 853~54년 세르비아를 정복했다. 세르비아는 불가르종족왕의 통치 하에 들어갔고 얼마 후 무티미르(대략 891년)는 두 동생을 몰아내고, 브라티미르의 왕위를 계승했다. 그러나 891년 무티미르 사망 이후 세르브종족 왕위는 고즈니크의 아들 포르페테르(Peter)에게로 넘어갔다. 고르니크는 크로아트종족왕 영지에 피신해 있었다.

페테르는 세르브종족왕 영지를 통치했다. 불가르종족왕은 페테르의 왕위를 반대했다. 불가르종족왕 시메온(893~927)은 페테르의 왕위를 인정했기 때문에 불가르종족왕과 세르브종족왕 사이에도 20여 년간의 평화시대가 도래했다. 세르브종족왕 페테르(892~917)는 서부지역으로 영지를 확장했다. 세르브종족왕 페테르는 보스니아의 티세미르를 정복하고, 보스나강 유역의 계곡을 차지했다. 세르브종족왕 페테르는 네레트바강 유역의 트레비느예와 두르르야 지역의 대부분인 현재의 몬테네그로 지역까지 영지를 확장했다. 페테르 시대에 이르러 크리스트교동아리는 세르비아로 유입되었다. 그래서 세르비아는 동맹자인 불가르종족왕 영지와 경계를 이루며, 크리스트교동아리 영향을 받았다.

세르비아는 10세기 비잔티움제국과 불가르종족왕의 회유와 공격을 받는 한편 크리스트교 국가와 전쟁을 거듭하면서 크리스트교 영역으로 변모해갔다. 세르브종족왕은 917년 비잔티움제국과 불가르종족왕 사이의 전쟁에서 불가르종족왕을 동맹자 관계로서 후원했다. 세르브종족왕 페테르는 비잔티움제국 화폐제도를 받아들였고 비잔티움제국에 협력하며 불가르종족왕에 대항했다. 세르브종족왕의 대항에 당황했던 불가르종족왕 시메온은 917년 세르브종족왕 영지를 정복하고, 세르브종족왕 페테르를 포로로 잡아 불가르종족왕의 영지 감옥에 감금했다. 세르브종족왕 페테르는 불가르종족왕의 영지 감옥에서 사망했다. 불가르종족왕은 세르브종족 왕위에 무티미르의 손자인 파우에르를 앉혔고 파우에르는 불가르종족왕 영지에서 오랫동안 성장했다. 불가르종족왕의 이런 왕위책봉에 반항하여 비잔티움제국은 프르슬라브의 아들 차하리예를 종족왕위에 앉히려고 시도했다. 불가르종족왕 시메온은 결국 차하리예를 생포하기에 이르렀다. 세르비아는 비잔티움제국 권력동아리와 불가르종족왕 권력동아리로 분열했다. 924년 불가르종족왕 시메온은 대규모 군대를 이끌고 세르브종족왕 영지를 정복하여 스토르지메르의 손자인 카슬라브를 세르브종족 왕위에 앉혔다. 차하리예는 물론 크로아트종족왕 영지로 도주했다. 불가르종족왕 시메온은 세르브종족왕의 귀족으로 하여금 카슬라브에게 충성신서를 올리도록 강요했고 세르브종족왕의 귀족을 변절자로 몰아 불가르종족왕 영지로 잡아갔다. 불가르종족왕 시메온은 927년 사망했다. 세르브종족왕 영지의 카슬라브는 927~928년 세르비아로 간신히 돌아와 영지를 복고한 다음 비잔티움제국 예속영지로 전향했다. 세르비아는 카슬라브시대에 이르러 비잔티움제국과 밀접한 관계를 유지했다. 물론 비잔티움제국 교회조직 영향도 카슬라브시대 이후 세르비아로 확산되었다.

세르브종족왕 카슬라브는 960년 운가르종족에 의해 보스니아 정벌 과정에서 피살됨에 따라서 세르브종족왕의 통치체제는 다시 분열하기 시작했다. 요한 브라티미르가 990년 종족왕위에 즉위했다. 요한 브라티미르는 불가르종족왕 영지나 비잔티움제국에 대하여 중립관계를 유지했다. 요한 브라티미르는 1018년 교회에서 피살되었다. 요한 브리티미르는 순교자였다. 또한 그는 무덤에서 기적이 나타났다고 하여 세르비아 성자가 되었다. 세르비아는 11~12세기 중세 국가 모습을 갖추었고 12-15세기까지 독립국가 모습을 갖추었으나 1284년부터 운가르종족왕의 영향을 받기 시작했다. 1361년 세르브종족왕은 운가르종족왕의 가신으로 전락했으나 1380년대 이후 세르비아에는 투르크종족 술탄의 영향력이 확대되기 시작했다. 1392년경 세르비아는 거의 투르크 술탄의 손아귀에 들어갔고 1393년 불가르종족왕이 투르크 술탄에게 함락됨에 따라서 세르비아는 투르크종족 술탄의 제후 영지로 전락했다. 투르크인의 세르브종족왕 영지지배는 19세기까지 이어졌다. 크로아트종족과 세르브종족의 이런 변천과정에서 확연하게 드러나듯이 발칸 반도의 라틴어 영역과 그리스어 영역은 비잔티움 그리스어계 정통론자동아리와 로마 가톨릭의 종교동아리 세력과도 밀접한 관련을 맺었다.

크로아트종족이나 세르브종족은 공히 슬라브어계 불가르종족왕으로부터 막대한 영향을 받았다. 한편으로 이 두 종족은 슬라브어계 언어영역을 유지했으나 크로아트종족이 로마 정통론자동아리 영향을 받기 시작하면서, 아드리아 연안의 달마티아를 비롯한 슬라보니아, 판노니아, 헤르체코비나까지 라틴어 영역으로 편입되었다. 그런데도 세르브종족왕 영지는 슬라브어계 언어영역에 굴복했으나, 12세기 비잔티움제국 영향을 받으면서 그리스어 영역으로 재편되었다. 발칸반도의 이런 슬라브어계 언어영역은 프랑크종족왕 영지의 동북부 경계영지를 서부 유럽세계의 언어

경계로 하여 볼가강 상류지역과 드네프강 유역 이내의 지역을 포함했다. 남부 슬라브어계 종족의 언어영역은 발트해에서 아드리아해로 이어지는 방대한 슬라브어계 종족의 정착지역을 포함했다. 남부 슬라브어계 종족의 언어영역은 9세기를 중심으로 유럽세계에서 종족이동 종식과 함께 정착했다. 특히, 남부 슬라브어계 종족의 언어영역은 카롤루스 가문 프랑크종족왕 영지의 동부 경계지대를 프랑크종족왕이 방어함으로써 서부 슬라브어계 언어영역 확장이 불가능해졌던 것이다.

즉, 슬라브어계 종족은 카롤루스 가문 프랑크종족왕 영지의 동부 방어영역을 경계로 하여 서부 유럽세계 구성원이 되었다. 카롤루스 가문 프랑크종족왕 영지는 슬라브어계 종족뿐만 아니라, 거의 모든 게르만어계 종족을 중세 유럽세계 질서에 편입했고 서부 슬라브어계 종족과 남부 슬라브어계 종족의 종교와 언어영역까지 분리했다. 서부 슬라브어계 종족과 남부 슬라브어계 종족이 카롤루스 가문 프랑크종족왕 영지의 영향을 받게 된 이면에는 로마 교황청의 협력이 크게 작용했다. 슬라브어계 종족세계 뿐만 아니라 거의 모든 세계 역사에서는 어떤 시대, 어떤 종족을 막론하고 종족의 예속에는 개종이 곧 필요조건이자, 충분조건처럼 이어졌다. 서부 슬라브어계 종족과 남부 슬라브어계 종족으로 분리된 언어영역 경우에도 로마 교황청의 개종 작업이 서부 슬라브어계 종족을 라틴어 영역에 예속케 했던 요인이었다. 비잔티움제국은 세계 도시를 보유했다. 비잔티움제국은 슬라브어계 종족을 포함한 유라시아 종족을 거역할 수 없는 마법처럼 수용했다. 유라시아 종족은 자기네 대문 앞에 비잔티움제국 모습을 자화상처럼 새겼다. 유라시아와 중세 유럽세계의 문화이동 통로는 도나우강과 흑해로 이어지던 수로였다. 흑해와 도나우강으로 이어지던 문화이동 통로는 아시아세계와 유럽세계의 문화이동을 가능케 했다. 크리스트교동아리와 고전시대 문화는 비잔티움세계 학문동아리 교육관행과 함께 슬라브어계 종족 세계로 이동하기 시작했다.

하자르종족의 왕국, 슬라브어계 종족의 세계, 비잔티움제국 문화

슬라브어계 종족은 유럽세계 구성원으로 편입된 최후의 종족이었다. 슬라브어계 종족은 풍요한 러시아 스텝지대로부터 무수한 하천유역 수로를 따라서 유럽세계 문화이동 영역으로 이동했다. 당시 슬라브어계 종족세계는 울창한 삼림으로 덮혀 있었다. 울창한 삼림지역은 슬라브어계 종족이 은신하기 쉽지 않는 무방비 상태였다. 슬라브어계 종족세계는 흑해 연안으로부터 고전시대 그리스어 영역에 이르던 관문지역이었다. 유럽세계의 고전시대 주인공인 고전시대 그리스인도 슬라브어계 종족의 활동영역으로부터 이미 기원전 7세기 그리스어 영역으로 이동했다. 고전시대 그리스인은 슬라브어계 종족세계 이면에 숨겨져 있던 아시아계 스키타이종족의 생활도구를 활용했다. 고전시대 그리스어계 종족의 식민도시는 기원전 2세기 슬라브어계 종족 세계에서도 건설되었다. 고전시대 그리스어계 종족의 식민도시는 슬라브어계 종족세계에 들어왔던 이란계 사르마트종족을 정복했다. 고전시대 그리스어계 종족의 식민도시가 건설된 이후 400여년이 지나고 고전시대 그리스어계 종족의 식민도시가 잔존하던 슬라브어계 종족세계에서는 다시 동고트종족왕의 권력동아리가 창건되었다. 그러나 슬라브어계 종족의 문화토양에서 뿌리를 내리려던 동고트종족왕의 권력동아리는 375년 훈종족왕에게 다시 예속되고 말았다. 슬라브어계 종족세계는 이런 다양한 유목종족 안식처로 변모했다. 슬라브어계 종족세계를 지나간 종족 중에는 아바르종족과 불가르종족, 슬라브어계 종족을 비롯한 투르크계 하자르종족, 마자르종족, 파르치나크종족, 쿠마종족, 몽골종족 등이었다. 그런데도 투르크계 하자르 종족은 7세기 까프까즈지역에서 하자르종족왕 영지를 창건하여 비잔티움세계 문화와 유라시아 문화의 이동자 역할을 담당했다. 까프까즈지역은 흑해와 카스피바다 이내의 지역으로서 카자흐산맥을 경계로 하여 남부와 북부로 나누어지고 있다. 북부 카자흐지역은 쿠바느강 서부유역을 서부 까프까즈 지역으로, 동부유역을 동부 카자흐 지역으로 분리했다.

남부 카자흐지역은 서부지역에서 그루지아지역으로 나누어지고 있다. 그루지아지역에는 코로키스, 라치카, 아바시기아 등의 지방이 리오니강 유역에 자리 잡고 있었다. 동부 그루지아지역에는 아제르바이잔(=Albania)이 쿠라강으로 흘러드는 아라크스강 이내의 지역에 자리 잡고 있었다. 남부 산간지역으로는 아르메니아가 위치했다. 아르메니아 동쪽으로 아제르바이잔이 자리 잡고 있었다. 카자흐지역은 아제르바이잔 스텝지대로서 서부 그루지아지역의 숲 지대란 지역 특징을 지녔다. 이 지역에는 50여개 종족의 생활관습이 공존하고 있다. 이 종족은 각자 고유한 언어를 간직하고 있으며 북부 까프까즈지역은 이란계 스키타이종족이 지배했다. 스키타이종족의 뒤를 이어 지배했던 종족은 이란계 사마르트종족이었다. 이 사마르트계 이란종족은 3세기 중반까지 까프까즈지역을 지배했다. 7세기 북부 카자흐 지방을 지배하던 종족은 투루크어계 하자르종족으로 변모했다. 하자르종족은 볼가강 하구 아스트라칸 근처의 이스티르에 중심을 두었다. 고전시대 그리스어계 종족의 흑해 연안 식민지는 카자흐의 동북부 흑해연안에서 중세까지 존속했다. 10세기 하자르종족왕 영지의 몰락 이후 아란종족왕의 권력동아리가 출현했으나 14세기 몽골종족의 침입으로 몰락했다. 13세기 이후 카자흐지역은 금장 칸의 중심 무대로 변모했다. 남부 카자흐지역은 기원전 188년 까지 알렉산더의 그리스어계 후손이 지배했다. 남부 카자흐지역에서는 코로키스, 아르메니아, 이베리아, 알바니아 등의 종족왕이 출현했으나, 1008년 그루지아가 동서로 통일했다. 아르메니아는 1375년

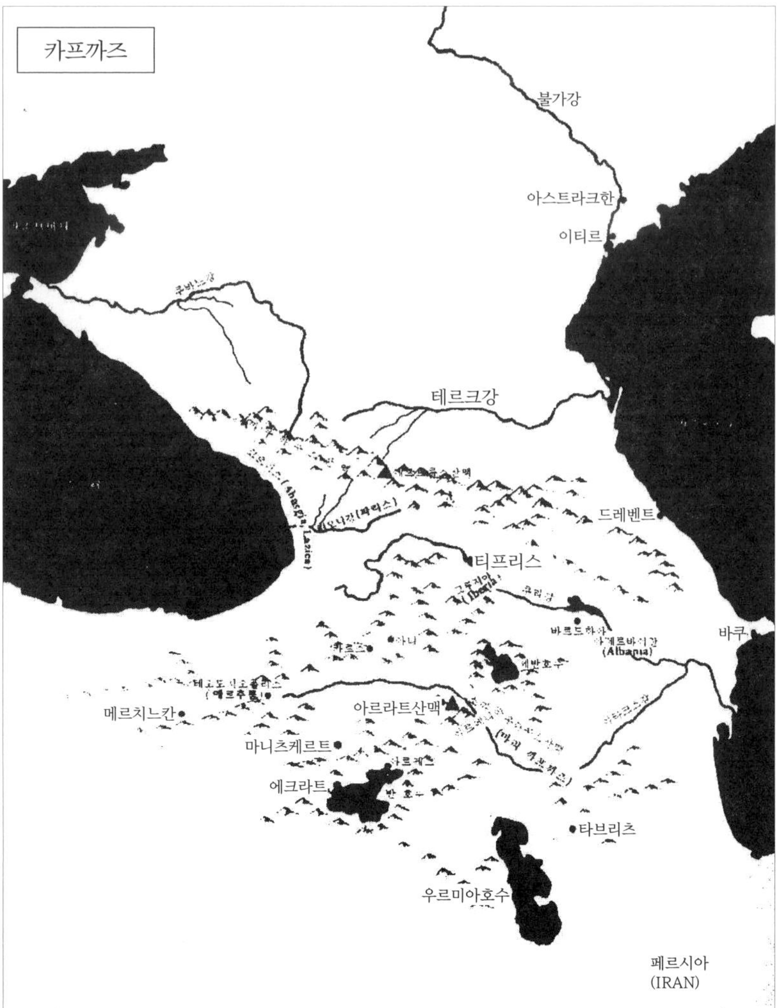

모슬렘이 정복할 때까지는 키리키아로 존속했다. 중세 비잔티움세계와 밀접한 관련을 맺게 된 종족은 하자르종족이었다. 하자르종족은 도시 이스티르에 중심을 두고 유대교를 수용했다. 하자르종족왕 영지에서는 종교를 자유롭게 선택했다. 그래서 하자르종족왕 영지인 이스티르에는 각양각색의 종교를 믿던 상인동아리가 모여들었고 이슬람세계와 크리스트교세계 중간에 자리 잡은 천연 요새지였다. 하자르종족왕 영지의 중심 도시 이스티르는 8세기 발트해와 카스피해를 이어주던 교역거점도시로서 세계 상업도시로 번창했다. 하자르종족왕 영지는 9세기 투르크계 유목종족에게 정복되기까지 슬라브어계 종족세계와 이란지역까지를 이어주던 주요 문화이동 지역이었다.

북방 게르만어계 종족과 키예프 왕국

슬라브어계 종족은 6세기 드네프강 유역 계곡과 돈네츠강 하구로 이동했다. 소수 종족이긴 하지만, 일부 슬라브어계 종족은 북쪽의 이르멘 호수에까지 이르렀다. 슬라브어계 종족은 또한 우크라이나 평원으로 이동하여 정착했다. 슬라브어계 종족의 팽창은 현재까지도 여전히 정체되지 않은 채 이어지고 있다. 슬라브어계 종족이 정착했던 서북부지역은 모험심으로 가득 찼던 바이킹종족 해적의 표적이었다. 당시 바이킹종족은 서부지역의 아이슬랜드, 아일랜드, 스페인을 위협했다. 바이킹종족은 발트해 연안의 여러 종족을 포함한 핀어계 종족과 슬라브어계 종족까지 위협했다. 노르만계 루스종족은 종사동아리를 이루었다. 노르만계 루스종족은 슬라브어계 종족의 요새지를 표적으로 삼아 노브고르드지역을 침입했다. 노르만계 루스종족은 상인동아리 유력자에게 예속되어 있었다. 물론 상인동아리 유력자에 예속됐던 노르만계 종사동아리는 예속민으로부터 조공을 받아들이며 무장했다. 바이킹계 루스종족은 9세기 중엽 이후 새로운 요새지를 노브고로드에서 구축했다. 노브고로드의 영주가 된 노르만계 루스종족은 남부 슬라브어계 종족과 키예프의 슬라브어계 종족을 위협했다. 노르만계 루스종족이 발트해와 북극해로부터 카스피해와 흑해로 이어지는 교역로를 장악함에 따라서 교역로 역시 소란한 가운데도 카스피해와 흑해로 진출했다. 노르만종족은 교역로 주변의 슬라브어계 종족을 마을 단위로 결속해갔다.

노르만종족은 거래질서를 결속단위로 내세웠고 그 정착 마을을 로스(Ros)와 루스(Rus)라 지칭했다. 루스라는 종족은 결속단위이기도 했다. 바이킹종족은 정착 마을을 거점으로 운하를 비롯한 주요 하천 수로를 장악하면서, 상인동아리 활동영역을 확보했다. 바이킹계 루스종족은 전사 상인동아리이었다. 전사 상인동아리는 상업상 이익을 위해서는 죽음까지 불사했다. 이 전사 상인동아리는 흑해 연안을 위협했고, 크리스트교동아리의 세계 도시인 콘스탄티노플까지 진출했다. 바이킹종족은 당시 세계도시였던 콘스탄티노플에 대하여 교역품을 요청했고 바이킹계 전사 상인동아리는 아랍인이 필요로 하던 교역품을 제공하고, 콘스탄티노플에서 자기네가 필요한 교역품을 구입하여 드네프강유역의 수로를 따라서 노브고로드로 운반했다. 바이킹종족과 아랍인의 이런 교역은 드네프강, 보르코프강, 드비나강 등의 하천 교역로를 통하여 진행되었다.

바이킹계 전사 상인동아리는 모슬렘 상인동아리로부터 향로, 포도주, 비단, 장식품 등을 비롯하여 보석 세공품을 구입하고, 모피, 호박, 벌꿀, 밀랍, 노예를 모슬렘 상인동아리에 제공했다. 바이킹계 전사 상인동아리와 모슬렘의 왕복교역으로 다량의 이슬람 주화가 스칸디나비아지역으로 유입되었다. 특히, 9세기 지중해세계 해상교역은 모슬렘 세력의 확대와 더불어 거의 중단된 상황이었다. 9세기 지중해세계 교역은 지중해 연안의 관문인 프랑스와 이탈리아의 지중해 연안 도시가 봉쇄됨에 따라서 더욱 퇴색하여 마르세유, 제노아, 피사 등의 지중해 연안 도시 역시 9세기와 10세기 급격하게 침체했다.

지중해세계 경기침체와는 반대로 비잔티움세계와 모슬렘세계로부터 슬라브어계 종족세계를 거쳐 발트해와 북극해로 이어지던 스칸디나비아지역과 교류는 급격하게 신장했다. 발트해, 카스피해, 흑해로 이어지던 북방 교역로는 자연히 비잔티움세계의 지중해 교역로와 연결되어 있었다. 이 비잔티움세계와 북방 발트해 연안을 연결하던 교역로는 비잔티움세계의 콘스탄티노플, 로스토프, 키예프, 노브고로드를 연결하면서 돈강 수로를 교역로로 활용했다. 돈강 유역 도시를 중심으로 북방 교역이 활기를 찾게 된 이후 바이킹계 노르만종족과 슬라브어계 종족은 모슬렘과 교역을 통하여 유럽세계와 교역에서 얻을 수 없던 다양한 교역품을 이슬람 지역으로부터 공급받았던 것이다.

슬라브어계 종족의 국가기원, 즉 러시아 국가발원에 대해서는 현재까지 뚜렷한 정설이 없다. 대체로, 러시아 국가발원이론은 노르만계 발원이론과 슬라브어계 발원이론으로 압축될 수 있다. 이 두 가지 발원이론은 모두 네스토리우스의 연대기에 근거하고 있다. 네스토리우스의 연대기에 등장하는 류리크에게로 돌아오면 노르만계 중심의 국가발원이론에 접근하게 되는 것이다. 네스토리우스의 연대기는 세 형제의 전사 상인동아리에 관해서 전하고 있다. 네스토리우스의 연대기에 등장하는 세 형제의 전사 상인동아리는 류리크, 시레우스, 트루보르이었다. 삼형제 전사 상인동아리는 노브고로드에서 핀종족과 슬라브어계 종족을 서로 싸우게 하여 12세기경 러시아라는 국가를 창건했다는 것이다. 네스토리우스의 연대기는 러시아라는 국가 창건과 함께 전사 상인동아리의 통치영지를 분명하게 인식시켜 주고 있다. 즉, 전사 상인동아리의 통치영역은 키예프를 중심으로 형성되었다. 현재 우크라이나 수도인 키예프는 러시아 국가발원이론의 주역이 삼형제 전사 상인동아리로서 활동하던 근거지였다고 네스토리우스의 연대기는 전하고 있다. 네스토리우스의 연대기에서는 바이킹계 루스종족이 이미 860년경부터 200척의 해상함대를 거느리고 보스포루스해협에 나타났다는 것이다. 키예프 창건자는 아스코르드, 오레그, 이고르의 세 형제 전사 상인이라고 기술하고 있다. 이 세 형제 전사 상인은 키예프 생성시대에는 모두 도시 영주였다고 전하고 있다. 그런데도 이 세 형제 전사 상인이 노브고로드의 루리크 3형제가 아니란 점이다. 그러나 키예프 창건자는 3형제 전사 상인이었다. 거기다, 노브고로드 창건자도 세 형제 전사 상인이란 공통점을 간과할 수 없다.

키예프인은 863년부터 1043년에 걸친 시대에 여섯 차례나 보스포루스해협의 콘스탄티노플을 침입하려고 시도했다. 키예프인이 지중해세계로 진출하려던 의도는 달다네르해협과 지중해세계 교역로를 확보하기 위한 것이었다. 즉, 루스종족의 지중해 진출정책은 당시 군사 전략상의 목적보다는 상업상 이익을 확보하기 위한 선택이었다. 키예프인의 해양진출은 군사전략과 상업상의 이익을 추구하기 위하여 2가지 목적을 동시에 충족시키기 위한 대외전략이었다. 키예프인은 이 시기에 이르러 새로운 항구 획득이라는 대외전략을 추진했다. 루스종족 영주는 지중해세계로 진출하려던 꿈을 포기하지 않았다. 루스종족의 5대 영주는 브라디미르(972~1015)였다. 브라디미르는 989년 비잔티움 그리스어계 정통론자동아리로 개종했다. 브라디미르는 유럽세계와 비잔티움세계 사이에서 중간자 역할을 담당했다. 브라디미르는 비잔티움세계 종교, 기록 문자, 주화, 예술양식을 자기네 영지에다 받아들였다. 키예프는 대영주 브라디미르시대를 지나 아들 야로슬라브 시대(1036~1054)에 이르러 국가체제를 갖추었다. 키예프는 야로슬라브 시대에 이르러 융성시대를 맞이했다. 키예프의 대영주 야로슬라브는 라도르크해와 발트해로부터, 카스피해와 흑해 연안을 비롯한 카자흐지역으로부터도 조공을 받아들였다.

키예프는 대영주 야로슬라브 시대 이후 점차 침체와 불안 늪으로 빠지기 시작했다. 키예프 귀족동아리는 부유한 바이킹종족 영주에게로 기울었다. 키예프 귀족(Bojar)과 관리조직은 행정조직의 운영과 방어를 두려워했다. 키예프 사회는 상인동아리, 도시 거주자, 예속민, 노예로 구성되었다. 키예프 사회는 스텝지대에서 북극해에 이른 한편 폴종족 영역에서 우랄산맥 서부지역에까지 이렀다. 결국 키예프 사회는 다양한 언어와 윤리로 구성되었으나 11세기 변화하기 시작했다. 특히, 노브고로드의 부유한 영주는 유럽세계 종교와 문물을 수용했다. 키예프의 권력동아리 역시 쇠퇴해갔다. 발트해 연안에서는 노브고로드가 정치세력으로 부상했고 볼가강 상류에서는 수즈다르가 정치세력으로 성장했다.

수즈다르 정치세력은 급격하게 성장하여 유리 도르고루키(+1157), 안드레이 보고르유브스키(1160~1175), 브세보로드 보르쇠 그네츠도(1177~1212)와 같은 대영주 통치하에서 볼가강 유역의 불가르종족왕 영지로까지 세력을 확장했다. 수즈다르는 노브고로드까지 영역을 확장했다. 수즈다르 세력이 급격하게 팽창되면서, 키예프 정치세력은 완전히 쇠퇴했다. 키예프 또한 11~12세기 노브고로드의 침입으로 자치능력을 상실한 상황이었다. 이런 키예프 상황에서 키예프 주변에는 포로베츠종족과 같은 주변종족의 상대 세력이 득실거리던 중 루스종족을 정복하지 못하고, 1236~1240년 몽골종족의 침입으로 몰락했다. 몽골종족은 루스계 공국을 하나씩 잠식했으나 몽골종족에게 반항하는 루스종족 세력은 등장하지 않았다.

유럽어계 문화권과 슬라브어계 종족

슬라브어계 종족은 크리스트교세계 일원이 되었다. 슬라브어계 종족은 크리스트교세계에서 새로운 모습을 드러내기 시작했다. 슬라브어계 종족이 크리스트교 세계의 문화영역 유입으로 슬라브어계 종족의 생활양식도 전환시대를 맞이했다. 유럽세계에서는 크리스트교세계라는 유럽세계 인간문화도 새로운 역사구성원의 등장으로 재편되기 시작했다. 특히 거대한 러시아제국은 피오트르 대제(1682~1725) 이후 점차 유럽 문화권으로 기울었다. 러시아제국은 그리스어계 정통론자동아리의 표현양식과 예술양식을 슬라브어계 종족의 관습과 규범에 부착하면서 문화를 축적했다. 슬라브어계 종족의 표현양식과 예술양식에는 장구한 세기에 걸쳐서 슬라브어계 종족이 축적하면서 운영했던 다양한 풍속질서 모습이 그대로 반영되었다. 슬라브어계 종족의 표현양식과 예술양식은 하루아침에 축적되지 않았다. 슬라브어계 종족의 표현 및 예술양식은 대략 9세기 이후 고유양식으로 정착하기 시작했다. 9세기부터 슬라브어계 종족의 세계에는 비잔티움제국과 카롤루스 가문 프랑크종족 왕의 제국 영향이 파급되기 시작했던 것이다. 슬라브어계 종족세계에서는 비잔티움제국과 카롤루스 가문 제국의 영향력이 확산되면서 언어와 종교의 영향력 또한 슬라브어계 종족세계로 파급되기 시작했다. 라틴어와 그리스어계 표현양식도 비잔티움세계 예술양식과 함께 슬라브어계 종족의 풍속질서에 정착했다. 슬라브어계 종족은 라틴어와 그리스어를 상용하는 주변지역에 대하여 풍속질서를 서로 교류하는 중개자였다. 슬라브어계 종족은 비잔티움세계와 유럽세계 문화를 크리스트교라는 전달도구에 담아 주변지역으로 중개하며 고전시대 인간의 표현양식과 예술양식을 수용하면서 고전시대 그리스어 영역으로 편입되었다.

현대 세계에서 유럽세계 문화권은 게르만어계 종족을 주축으로 한 로마 정통론자동아리 문화영역과 슬라브어계 종족을 주축으로 한 그리스어계 정통론자동아리 문화영역으로 분리되어 있다. 현대 세계에 나타난 유럽 문화권의 이런 분리 모습은 비잔티움 그리스어계 정통론자동아리와 로마 정통론자동아리 문화에서부터 발원했다. 몽골제국은 유럽 문화권의 분리요인이었다. 몽골제국은 드네프강 유역에 자리 잡고 있던 키예프까지 몰락시켰다. 몽골제국은 유럽세계 태풍으로 등장했다. 즉, 유럽 문화권의 분리요인은 몽골제국의 침입, 그리고 타타르종족의 활동 등으로부터 생겨났다. 특히, 타타르종족은 몽골제국의 앞잡이였다. 타타르종족은 러시아 금장 칸 세력이었다. 이들 타타르종족의 금장 칸은 1237~1240년 러시아를 침입하여 러시아의 풍속질서를 완전히 매몰시킨 주인공이었다. 서부 유럽세계와 러시아의 문화권 분리는 몽골종족과 타타르종족의 러시아 침입으로 100년이 넘도록 서부의 유럽세계와 문화교류가 진행될 수 없었던 상황도 커다란 요인이 되었다. 그런데도 유럽에 인접했던 슬라브어계 종족은 게르만어계 종족이 추진하던 로마 정통론자동아리 선교활동을 수용하면서, 라틴어계 문화영역에 접근했다. 그래서 슬라브어계 종족은 유럽 문화 구성원과 공감대의 형성수단으로 종교를 활용했다. 그러나 러시아의 중앙 무대는 타타르종족의 세력권에 넘어갔다. 타타르종족은 키예프를 차지했다. 타타르종족은 키예프에서 크리스트교 문화의 맹아를 파괴했고 슬라브어계 종족의 고유문화까지 매몰했다. 특히, 타타르종족은 상업주의 속성과 무질서한 금장 칸의 주인공답게 키예프를 크리스트교 문화권으로부터 철저하게 분리했다.

러시아 문화는 몽골제국 후예와 타타르종족 지배하에서 변질되었다. 그런데도 모스크바 공국은 비잔티움세계 종교와 언어를 수용했다. 모스크바 공국은 비잔티움세계 관습과 규범을 그리스어계 정통론자동아리를 통하여 수용했고 그리스어계 정통론자동아리 영역을 방어하는 계승자로 등장했다. 모스크바공국은 1147년 요새지로 부터 출발했으나 1263년 영주 공국의 위치로 변모했다. 당시 브라디미르의 손자는 알렉산드르 네브스키였다. 네브스키의 막내아들 다니에르(+1303)가 공국을 승계함으로써 모스크바 공국은 14세기까지 슬라브어계 종족의 주축세력으로 성장하기 시작했다. 모스크바영지는 키예프 영주의 세습영지였다. 유리 도르고루키이(+1157년)는 모스크바영지를 두 아들 안드레이와 보세보로드(+1212)에게 1157년 세습영지로 물려주었다. 이 두 귀족은 수즈다르와 브라디미르에 두 도시를 창설했다. 그러나 형인 안드레이는 수즈다르의 지역민으로부터 외면 당하여 크리아즈바강변의 브라디미르 영지에서 살해당했다. 동생 브세보로드 3세는 브라디미르의 영주가 되어 서부 노브고로드지역으로부터 동부 볼가강 유역까지 영지를 확장했다. 그런데도 러시아에서 강력한 군주는 등장하지 않았다. 모스크바지역에서는 브세보로드 3세 시대에 이르러 주변지역에다 새로운 도시를 창설하는 데 그쳤고 영주의 귀족은 새로 창설된 도시에다 군대를 조직했다. 그러나 13~14세기를 거치면서 모스크바의 귀족은 브세보로드 3세의 상속지에다 강력한 통치체제를 세웠다. 모스크바 공국은 브세보로드 3세의 증손자인 다니에르(+1303) 이후부터 강화되기 시작했다. 모스크바 공국의 세력은 유리 다니로비츠 시대(1303~1325)를 거치면서 급격하게 부상했다. 특히, 모스크바 공국은 외형상 몽골제국의 지배 하에서도 체제를 존속했다. 그런데도 모스크바 공국은 내부세력을 더욱 확고하게 유지했다.

이렇게 성장한 모스크바 공국의 유리는 1318년 도시 브라디미르를 차지했다. 그는 우로비크 지배자 가문과 혼인했다. 그러나 유리는 1325년 트베르의 드미트리이에게 살해당하고 말았다. 모스크바의 영주체제는 무너졌고, 타타르종족의 세력 하에 놓였다. 드미트리이에게 살해당한 유리의 동생인 이반 카리타는 몽골제국 지배자의 후원으로 타타르종족의 거점지역인 사라이를 점령하고, 트베르의 세력을 몰아냈다. 이어서 이반 카리타는 1328년 모스크바 공국의 최고 영주직을 회복했다. 그런데도 모스크바 영주직은 노브고로드 귀족에게로 1395년 넘어갔다. 러시아 공국의 이런 세력체제는 1425년에서부터 1453년까지의 세력 경쟁시대를 거치면서 성장했다. 러시아는 그리스어계 정통론자동아리 국가로서 1550년에 이르러 귀족 세력의 안정을 이뤘다. 러시아라는 슬라브어계 종족세계가 그리스어계 정통론자동아리 국가로 안정되기까지 유럽세계와 비잔티움세계의 문화는 광범하게 이동했다. 그런데도 중부유럽의 동부지역에 정착했던 슬라브어계 종족의 생활관습은 12세기 도이취어계 제국의 동방정책으로 유럽세계 문화 특징을 부착했다. 유럽세계 문화권에 편입된 슬라브어계 종족은 이미 1000년경 전쟁 이후부터 중세 유럽세계 구성원으로서 성장했다.

슬라브어계 종족은 크리스트교 수용과 함께 중세 유럽세계 구성원으로 정착하여 중세세계에서 고전시대 그리스인과 로마인의 고전영역을 구성하는 일원이 되었다. 유럽세계에서 슬라브어계 종족의 통치체제는 엘베강과 드네프강 이내의 지역, 발트해와 북해, 그리고 아드리아해 사이의 지역에서 팽창한 크리스트동아리인 슬라브어계 종족 영향으로 오히려 위축되었다. 그런데도 바이킹계 노르만종족왕의 통치체제는 북해와 발트해 연안에서 출현했다. 바이킹계 종족왕의 통치체제 출현으로 슬라브어계 종족세계도 적지 않은 영향을 받았다. 슬라브어계 종족은 국가 형성단계에서 프레미스리드종족, 피아스트종족, 아리파드종족, 류리크 가문 등의 통치형태로서 적어도 9세기까지 이어졌다. 슬라브어계 종족의 국가형성 문제가 지금까지 미궁에 빠져 있는 것은 이 종족의 이동지역을 종족업적에 연계하지 못한 까닭이었다.

슬라브어계 종족과 리투아니아, 에스토니아, 라트비아

발트해 종족 중에서도 리투아종족은 외세 영향을 적게 받은 종족이었다. 리투아종족은 500년에서 800년경부터 요새지와 성곽을 유지했다. 리투아종족은 10세기와 13세기에 걸쳐 영역을 상당히 광범하게 확장했다. 리투아종족이라는 명칭은 크버푸르트의 주교 브루노(+1009)가 저작한 연대기에서 등장하고 있다. 거기서 브루노는 폴종족왕 보레슬라브를 파견하여 프루스종족을 개종했다는 것이다. 그런데 주교 브루노는 18명의 친구와 함께 루스종족과 리투아종족을 함께(in confinio Rusciae et Lituae) 개종했다고 전하고 있다. 여기서 리투아종족이라는 명칭은 슬라브어계 종족의 모습을 한 종족으로 초기부터 묘사되고 있다. 리투아 종족과 동부 슬라브어계 종족 관계는 10세기로 소급되고 있다. 즉, 키예프 대영주인 브라디미르는 발트해의 요트빙종족(Yotvingian=Latiagi)을 복속했다는 것이다. 당시 요트빙종족은 현대 리투아니아의 동남부지역과 현대 폴란드의 북동부지방을 차지했다. 그러나 이 연대기는 1040년경 키예프의 야로슬라브에 관해서는 전혀 언급하지 않고 있다. 그로부터 100여년이 지난 1131~1132년 겨울 키예프의 대영주 므스티슬라브는 리투아종족을 정복하고, 다수 포로를 생포했다고 한다. 그리고 키예프의 통치체제가 와해된 이후 리투아종족은 드네프강 상류를 점령하고 키예프까지 차지했다. 그래서 리투아종족은 1187년경 드비나강 서부 유역까지를 차지하고, 전사 상인동아리 형태를 이루었다는 것이다. 11세기 말엽 리투아종족은 노브고로드를 침입한 다음 결국 키예프의 옛 영역을 거의 차지했다.

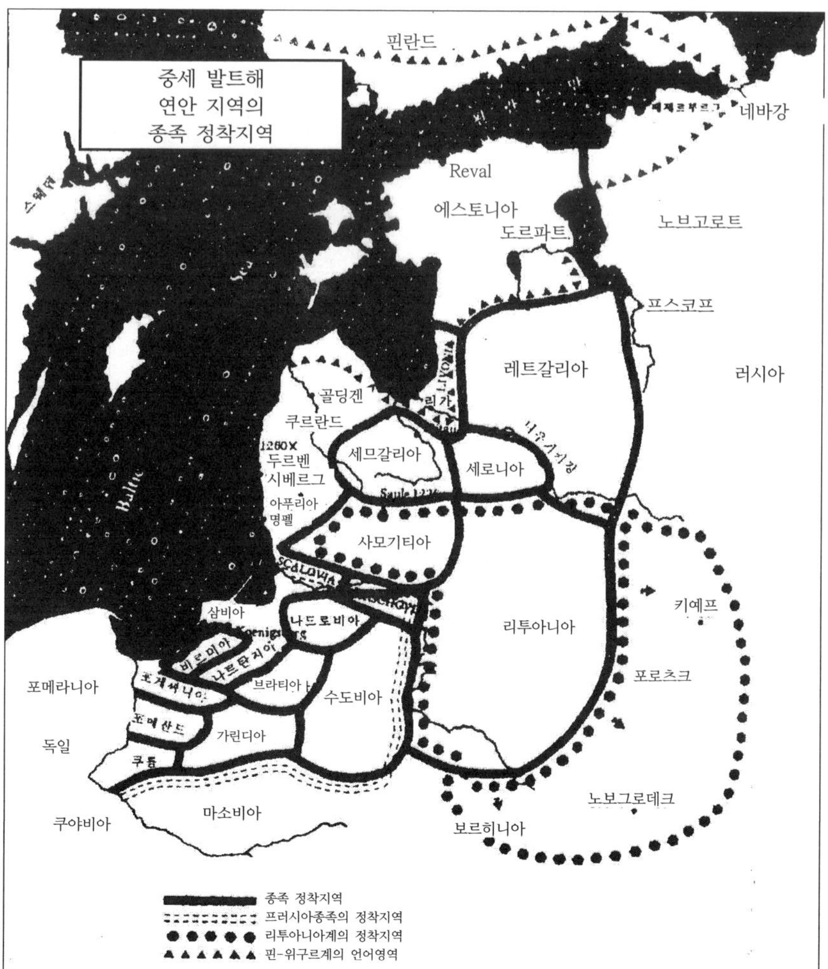

리투아종족은 발트해 종족의 위협을 받았다. 1186년 게르만어계 종족은 요새지를 다우가바에다 창설했다. 이어서 게르만어계 종족은 1201년 도시 리가를 창설했다. 다음 해인 1202년 게르만어계 기사동아리를 설치했다. 게르만어계 종족은 통치영역을 오늘의 라트비아와 에스토니아로까지 확장했다. 리투아종족도 게르만어계 종족의 영향을 받게 되었다. 리투아종족은 게르만어계 종족을 완강하게 거부했다.

그런데도 동프러시아의 도이취어계 기사 상인동아리가 1233년 리투아종족을 공격했다. 동프러시아 기사 상인동아리는 십자군에 출정시키기 위하여 1190년에 창설되었다. 그런데도 리투아종족은 도이취어계 제국 기사 상인동아리 군대를 방어했다. 리투아종족은 1249~50년 크리스트교로 개종했다. 교황 인노첸츠 4세(1243~1254)는 1253년 리투아종족의 왕위를 인정했다. 그리고 리투아종족은 1387년 크리스트교 왕국으로 개종했다. 리투아종족은 슬라브어계 종족의 세계에서 로마 가톨릭을 방어하는 전진기지로 자리잡게 되었다. 이것은 백계 러시아와 리투아종족과의 관계에서도 확연하게 드러났다. 그런데도 리투아종족은 종족의 고유 신앙을 그대로 간직한 채 크리스트교 세계에 진입했다. 이런 리투아종족은 1338년 귀족동아리의 선거를 거쳐 폴란드에 합병되었다. 따라서 리투아종족의 이름은 사라졌다. 라트비종족과 에스토종족은 유지되었다. 그러나 이들 2 종족은 중세 유럽세계에서 독립된 권력동아리를 창건하지 못했다. 이 종족은 로마 정통론자동아리 영역에 편입됨으로써 유럽세계 종족으로서 정착했다.

7-2. 잉글랜드와 북부 유럽세계

덴 종족왕의 잉글랜드 침입

브리타니아 섬에는 다양한 종족이 정착했다. 브리타니아 섬의 원주민은 언제나 이동종족을 괴롭혔다. 브리타니아 섬의 맹주는 콘마일과 콘디담, 그리고 파린마일이었다. 이 수장왕은 바트 북부에 위치한 데오람 전투에서 577년 소규모 세력을 정복하여 브리타니아 섬에서 평정을 가져왔다. 브리타니아 섬의 정착종족 안정과 함께 앙겔종족, 작센종족, 켈트종족도 정착지역에서 통치조직을 갖게 되었다. 이 수장의 통치단위는 켄트와 미어스지역(Mercia=Mierce), 노오드움버란드와 이스트

앙그리아 지역, 웨섹스와 에섹스 등의 지역에서 발원했다. 물론 이들 지역의 수장 이외에도 여러 수장의 통치형태가 브리타니아 섬에는 형성되었다. 귀족혈족도 대륙에서 건너간 작센종족을 제외하면 불완전한 형편이었다. 대륙에서 귀족혈족은 크리스트교의 영향 하에서 통치권의 주축세력으로 자리잡았다. 브리타니아 섬의 귀족혈족은 대륙출신의 작센종족과는 다른 상황이었다. 그런데도 브리타니아 섬의 귀족혈족은 작센종족보다 강력한 영향력을 행사했다. 특히, 귀족혈족은 작센계 수장의 지휘 아래 전쟁을 수행했으나 귀족혈족이 브리타니아 섬의 다른 종족에게는 영향력을 행사할 수 없었다. 덴종족은 잉글랜드를 침입했다. 당시 잉글랜드 수장왕은 웨섹스의 에그버트(802~839)였다. 에그버트는 작센계 수장세력을 물리치고 통일세력을 형성했다. 수장왕 에그버트의 통일세력이 정착되기도 전에 덴종족은 8세기 후반 잉글랜드를 침입했다. 웨섹스의 수장왕 에그버트는 덴종족의 침입으로 격심한 타격을 입게 되었다. 이것은 앵글로색슨계의 연대기에서 언급되고 있다. 앵글로색슨계 연대기는 덴종족의 잔학상을 지적하려면 아바르종족이나 마자르종족을 능가한다고 언급하고 있다. 또한 앵글로색슨계 연대기는 덴종족이 앙겔종족이나 작센종족보다 먼저 787년경에 이미 브리타니아 섬에 정착하기 위하여 들어 왔었다고 언급하고 있다. 덴종족은 노오드움버랜드로 가려다가 방향을 바꾸었다. 덴종족은 793년 유명한 린디스파르 섬의 수도자동아리를 공격하고, 수도자까지 잡아서 살해했다고 전하고 있다. 이어서 덴종족은 793년 웨어마우스와 자로우 영지를 약탈했다는 것이다. 웨어마우스와 자로우 영지에서 유명한 앵글로색슨계 교회사가인 베다(+735)는 이미 덴종족이 오기 이전부터 성직자동아리 일원으로 활동했다.

덴종족은 잉글랜드를 찾아갔다. 잉글랜드 지역은 물론 이스트 앙글리아와 켄트 지역이었다. 덴종족은 793년 템즈강 하구에 350척의 해상함대를 정박했다. 덴종족은 당시 캔터베리를 침입했다. 덴종족 주인공은 해상함대에 승선했던 전사동아리였다. 이어서 해상함대의 덴종족 전사동아리와 스웨덴계 전사동아리는 잉글랜드의 노오스움버란드 영지를 정복했다. 잉글랜드의 교회사가는 덴종족을 게르만어계 종족으로 기술했다. 연대기에는 게르만어계 종족의 잉글랜드 침입으로 수천 명에 달하는 사람이 희생되고 수도자동아리 은신처까지 약탈하여 수도자동아리 은신처의 도서관이 폐쇄되어 초토화되었다고 한다. 도서관은 당시 요크 관구의 학문동아리 교육기관이었다. 요크는 유럽의 새로운 유럽세계 학문동아리 교육관행과 정신문화를 열어 주던 지역이었다. 요크는 카롤루스 막뉴스 시대의 위대한 궁중 신학동아리 교사인 알쿠인(796~804)이 출생하여 학문과 수양을 쌓은 고향이었다. 덴종족은

871년 이후부터 템즈강 이북의 잉글랜드지방을 지배했다. 그런데도 덴종족은 잉글랜드의 권력동아리 수장세력으로부터 끊임없는 저항을 받았다. 잉글랜드 지배자인 덴종족왕은 구트름(878~890)이었다. 구트름은 이스트 앙글리아 수장왕이었다. 구트름은 이어서 웨섹스 영지의 중심 도시인 레아딩을 공격했고 덴종족왕 에테르레드와 동생 알프레드(871~901)는 앵글로색슨계 종족왕을 아쉬돈에서 정복했다. 구트름은 덴종족왕 에테르레드와 알프레드에게 머톤 전투에서 패배하여 잉글로색슨종족 왕위를 내놓고 말았다.

덴종족왕 알프레드는 871년 웨섹스 왕관을 차지하여 잉글랜드 사람의 지배자 위치에 올랐다. 알프레드는 덴마크와 잉글랜드를 지배했다. 알프레드는 라틴어를 전혀 해독하지 못했다. 그런데도 알프레드 통치시대를 거치면서 잉글랜드에서는 지배자의 전사동아리 사이에서 문학동아리와 교육 열의가 확산되었다. 알프레드는 878년 에딩톤(Edington = Ethandun)에게 과반수 이상의 덴종족 수장을 거느리고 잉글랜드 해협을 건너 프랑스를 침입했다. 이것이 바로 덴종족의 프랑스 침입이었다. 덴종족의 프랑스 침입으로 프랑스 정착 종족도 잉글랜드 정착종족처럼 어려운 상황이었다. 덴종족왕 알프레드는 전사를 거느리고 잉글랜드를 떠났다. 알프레드는 덴종족과 함께 웨드모어에서 878년 평화협약을 체결하여 잉글랜드 동북부지방에 위치한 웨섹스에다 덴종족 정착지를 확보했다. 덴종족왕 알프레드의 평화협약 상대자는 덴종족 구트름이었다. 또한 알프레드의 평화협약은 물론 덴종족 법률에 근거했다. 그래서 덴종족 법률은 웨섹스와 이스트 앙글리아, 그리고 메르치아 영지 관습법으로 정착했다. 알프레드는 덴종족 법률에 따라서 여러 지방을 합병하여 통일영지 기반을 구축했다.

잉글랜드 수장왕은 덴종족이었다. 덴종족왕 알프레드는 군대와 해상함대를 육성하면서도 덴종족 법률로써 잉글랜드 법률을 통일했다. 알프레드는 잉글랜드 법률을 개정하여 파괴된 경작영지를 복구하도록 후원하고, 잉글랜드 마을을 재건했다. 알프레드는 빈민을 구제하고 교육기관을 설치했다. 알프레드의 교육진흥에 힘입어 레아딩에도 초기 궁중 교육기관이 설치되었다. 알프레드는 수도동아리와 사제동아리 교육을 후원하고 수도자동아리 사제에게 교육을 위임하여 문화를 진흥했다. 알프레드가 다른 영지 출신의 학문동아리 교사를 덴종족 스승으로 초빙하여 후원함에 따라서 학문동아리 교사는 알프레드의 초청을 받고 잉글랜드로 건너갔다. 다른 영지의 학문동아리 교사는 교육과 고전시대 후기 크리스트동아리의 의례관습을 발굴했다. 이 학문동아리 교사의 역할에 힘입어 잉글랜드의 학문동아리 교육관행은 카롤루스 막뉴스의 교육정책과도 비교될 수 있을 정도의 의례관습으로 용해되었다. 알프레드는 여러 종족 언어로 저술된 저작물을 잉글랜드 언어로 번역하고, 잉글랜드 정착종족에게 이 저작물을 보급했다. 덴종족 법률은 덴종족과 월 영지구성원을 분리했다. 알프레드시대가 끝날 무렵 덴종족의 모험심 때문에 잉글랜드 사회는 분열 위기에 직면했다. 즉, 덴종족은 알프레드에게 반기를 들었던 것이다. 이들 덴종족은 894년 월 영지를 습격하고 켄트 영지까지 위협했다. 알프레드의 계승자는 에드워드 1세(900~924)였다. 에드워드 1세는 덴종족에 대한 반란자동아리를 899년 완전히 진압했다.

알프레드는 덴종족이었다. 그런데도 알프레드는 잉글랜드 역사에서 잉글랜드인의 정신을 발원시킨 지배자 위치를 차지했다. 즉, 알프레드는 브리타니아 섬의 역사에서 처음으로 지배자 모습을 지녔던 인물이었다. 잉글랜드는 1세기 동안 평온을 유지했으나 알프레드시대 이후 1세기가 지날 무렵 다시 외부침입을 받았다. 잉글랜드 건너 프랑스에는 바이킹계 종족이 등장했다. 바이킹계 종족은 프랑스를 휩쓸었다. 바이킹계 종족은 10세기 초 프랑스 서부 해안지대를 침입했다. 노르만종족은 노르망디에 근거지를 확보했다. 알프레드 계승자는 에드워드 1세를 비롯한 에텔스탄과 에드레드였다. 당시 앵글로색슨종족은 스코틀랜드 산간지대에서 이 알프레드 계승자를 경계문제로 954년까지 괴롭혔다. 당시 노오드움버란드와 메르치아는 웨섹스영지에 편입되었다. 덴종족왕의 군대조직은 육지와 해상활동에서도 모두 백인대로 구성되었다. 알프레드 후계자는 이 군대조직을 활용하여 외부 정복활동에 나섰으나 과거 앵글로색슨계 수장동아리에는 세습관리로서 혈통귀족이 포함되어 있었다.

웨섹스영지의 통치조직에는 백인대 조직(skishire)과 고전시대 앵글로색슨의 수장동아리가 결합되어 공존했다. 물론 백인대 조직과 수장동아리의 정상에는 웨섹스영지 혈통귀족이 위치했고 수장왕은 이 혈통귀족의 정상에 위치했다. 혈통귀족은 또한 백인대 정상에 앉아 관리를 인물본위로 임명했다. 혈통귀족이 임명한 관리는 봉건귀족을 유지하던 통치도구 역할을 담당했다. 또한 수장왕은 권력을 법률에 근거하여 행사했다. 잉글랜드 통치자인 덴종족 수장왕은 군주의 통치권을 엄격하게 확립하기 위하여 덴종족의 법률관행을 웨섹스영지 법률에 삽입했다. 그래서 메르치아의 노오드움버란드 영지를 비롯한 템즈강 이북영지에서는 덴종족왕의 관습과 관행이 광범위하게 확산되었다. 이런 덴종족 법률 관행은 수장왕의 권한을 오히려 위축케 하여 잉글랜드 귀족은 관행의 중심 위치로 올려놓았다. 따라서 귀족은 수장왕의 권한을 능가하는 우월권을 확보했다. 북부 잉글랜드 영지에서는 수장왕의 권한으로부터 잉글랜드 귀족이 이탈했다. 잉글랜드 귀족의 이탈로 인하여 귀족동아리 구성원까지 자유를 확보했고 잉글랜드의 귀족 역시 수장왕을 조종하고, 교회 기록관과 주교직까지 차지했다. 그런데도 잉글랜드 성직자동아리는 교황청과 거리상 멀리 떨어져 있었던 관계로 다른 영지 성직자동아리 보다는 광범한 권한을 확보할 수 있었다.

귀족동아리는 성직을 차지했다. 그 사례는 요크 출신으로서 캔터베리 대주교 둔스탄(960~988)인 것이다. 둔스탄은 해박한 지식과 추진력을 겸비하고 앵글로색슨종족에게 신앙원리를 가르쳤다. 그런데도 에드워드 왕실은 귀족동아리와 교회조직 개혁자동아리로부터 거센 압력을 받았다. 에드워드 왕실은 템즈강 이북 영지를 통치했다. 에드워드 왕실은 교회조직 개혁을 주장하던 동생 에드가르(958~975)에게까지 통치영지를 분할하여 넘겨주었다. 이처럼 덴종족법률을 엄격하게 운용한 결과는 수장왕의 통치영역을 귀족권한에 귀속시켰다. 수장왕의 통치영역이 귀족 권한에 종속되던 법률 근거는 덴종족법률을 운영하면서 축적한 법률 관행이었다. 덴종족 법률 관행은 잉글랜드 북부 영지의 분할요인으로 작용했다. 잉글랜드 북부 영지는 귀족관행을 지킨다는 명목으로 분할되었으나 잉글랜드 북부 영지 분할 주인공인 에드위그(+959)는 959년 사망했다. 에드위그가 사망하면서 잉글랜드 북부 영지는 다시 덴종족 수장왕을 중심으로 통합했으나 귀족동아리 세력 중심은 웨섹스 영지 귀족에게로 넘어갔다. 덴종족 수장왕의 지위는 여전히 잉글랜드 지배자였다. 귀족동아리의 세력 이동은 덴종족 수장왕 지위에 어떤 영향도 미칠 수 없었으나 교회조직 영향력은 확대되었다.

교회조직은 덴종족 수장왕의 통치력에 대하여 영향력을 행사했다. 캔터베리 대주교 둔스탄은 덴종족 수장왕 뿐만 아니라, 잉글랜드 전체에 대하여 강력한 영향력을 행사했다. 둔스탄은 덴종족 수장왕에게 교회개혁을 강력하게 주장했다. 덴종족 수장왕에 대한 교회조직 개혁 요구는 잉글랜드 전체 결속력을 교회조직에 집중하려던 의도 이외에도 웨섹스에 근거를 둔 덴종족왕의 잉글랜드 영지세력 약화 의도를 드러냈다. 그런데도 덴종족 수장왕은 캔터베리 대주교인 둔스탄의 교회개혁 요구를 받아들였다. 따라서 교회조직도 이제 덴종족 수장왕의 통치도구로 변모했다. 덴종족 수장왕 에드가르는 975년 사망했다. 에드가르가 사망한 이후부터 잉글랜드의 북부와 남부 영지는 교회개혁을 둘러싸고 서로 반목했고 특히 교회조직 개혁세력은 남부와 북부의 토착세력의 반발에 부딪쳤다. 덴종족 수장왕은 귀족세력 강화를 원치 않았다. 덴종족 수장왕은 귀족 아래에 토착민을 통치할 수 있도록 관리를 임명했다. 귀족과 덴종족 수장왕 관리 역시 서로 대립했다. 잉글랜드 남부와 북부의 이런 대립상황은 바이킹계 종족에게 침입동기를 제공했다. 그래서 잉글랜드는 바이킹종족이라는 거친 외적과 싸우게 되었다.

바이킹종족, 잉글랜드, 덴종족

북부 유럽세계 종족은 10세기 말경까지 거의 구분되지 않고 있었다. 북부 유럽세계에 정착했던 종족은 덴종족, 노르웨이인, 스웨덴 인을 중심으로 결속하면서 통치단위를 형성하기 시작했다. 북부 유럽세계의 통치단위는 지역 중심으로 분리되면서 통치단위를 형성했다. 북부 유럽세계 종족은 유트란드반도와 씨란드 섬으로 나누어져 있었다. 그러나 두 덴종족 왕국은 하나의 왕국으로 통합되었다. 왕국의 통합은 덴종족의 결속력을 강화시키고 있었다. 이어서 덴종족은 통치단위를 형성하기에 이르렀다. 덴종족의 통일왕국은 발트해의 고트고르드 섬과 스웨덴 남부의 하르란드 및 브레이킹게와 스코넨지역을 지배했다. 덴종족왕 고름(899~936)은 주변지역을 지배하며 분할왕국을 세우고 있었다. 덴종족 고름의 후계자는 노르웨이의 하랄드 브라우찬(940~986)이었다. 브라우차안은 965년 분할왕국을 통일했다. 분할왕국의 통합에 힘입어 그는 노르웨이 왕국의 지배자가 되었던 것이다. 브라우차안의 노르웨이 통일왕국은 스키르(Skir)라는 잉글랜드인 백인대의 전례에 따라서 시스라르(Syslar)라는 백인대 조직을 통치조직의 골격으로 구성되었다.

덴종족 왕국의 이 같은 통치조직은 과거 분할왕국의 영역에서 새로운 통치조직을 생성시키는 기반으로 자리 잡고 있었다. 스웨덴지역에는 덴종족 왕국의 분국체제가 새로운 통치조직으로 발전했다. 스웨덴의 새로운 통치조직은 곧 통치체제의 면모를 갖추어 가고 있었다. 덴종족왕의 분할영지 체제로부터 스웨덴도 통일왕국으로 발전하는 중간단계를 맞았다. 스웨덴의 분할왕국은 에리크(+994~995)의 통치시대에 이르러 형성되었다. 그러나 에리크의 아들은 오라프(995~1000)였다. 그는 통치권을 계승했다. 오라프는 분할왕국의 저항을 받으면서도 강력한 통일 체제를 구축하기에 이르렀다. 그리스트교는 100년 이후부터 북부 유럽세계로 유입되기 시작했다. 노르웨이와 스웨덴 왕은 그리스트교계 저항세력을 진압하기 위하여 통일

전쟁에 나서고 있었다. 왕국의 내부사정은 그리스트교의 유입 때문에 긴장상태였다. 따라서 왕국의 활동무대인 북해의 정치상황도 불안정할 수밖에 없었다.

그런데도 북부 유럽세계인들의 약탈전쟁은 10세기말 경에 이르러 잉글랜드에 대한 침입으로 발화되었다. 잉글랜드를 침입한 북부 유럽세계인들의 약탈전쟁은 11세기에 이르러 대륙의 작센지역과 프랑드르 지방으로 이어지면서 유럽대륙까지 불안이 감돌기 시작했다. 북부 유럽세계의 바이킹종족은 다시 고개를 잉글랜드로 돌리고 있었다. 바이킹종족은 북해라는 생활무대에 새로이 등장했다. 이같은 바이킹종족에게 잉글랜드는 가벼운 전리품에 불과했다. 바이킹종족의 지배자는 노르웨이 왕 오라프 트리베쏜(995~1022)이었다. 바이킹종족은 991년 잉글랜드 해안을 점령하고 말돈의 잉글랜드인을 습격하여 정복했다. 잉글랜드 왕 에델레드 2세(978~1013)는 바이킹종족의 포로가 되었다. 그러나 에델레드 2세는 고액의 배상금을 지급하고 침입자인 바이킹종족에게서 풀려나기에 이르렀다. 잉글랜드의 에델레드 2세는 귀족의 세력경쟁을 진압하지 못하고, 대륙의 노르만디로 도주했다. 앵글로색슨종족은 덴종족을 잉글랜드 왕으로 추대했다. 덴종족으로서 추대된 잉글랜드인 왕은 카누트(1016~1035)였다. 잉글랜드의 정치상황은 덴종족 귀족세력과 잉글랜드 세습귀족세력이 서로 치열한 세력경쟁을 벌이고 있었다. 그러나 바이킹 종족의 침입과 함께 잉글랜드의 세습귀족에 대한 덴마크계 신흥귀족의 정복전쟁은 에델레드 2세의 아들 에드문드(+1016)의 승리로 종결되었다. 잉글랜드는 왕 에드문드 시대에 이르러 두 번째로 왕국을 통일하여 북해 주변지역으로 세력을 확장할 수 있었다. 그러나 바이킹종족의 침입은 잉글랜드의 통일체제를 다시 와해시키고 말았다. 거기다 잉글랜드 동부지역에 자리 잡고 있던 덴종족의 세력 또한 미약한 상황이었다. 그런데도 카누트는 덴마크와 잉글랜드 왕위에 올랐다. 카누트는 노르웨이 왕 오라프 성자왕(1015~1028)이 농민반란을 진압하지 못하고 폐위되자, 노르웨이지역으로까지 통치영역을 확장했다. 그래서 카누트의 통치 왕국은 잉글랜드와 덴마크, 그리고 노르웨이를 포함한 북해 주변지역을 통일하여 도이취어계 종족왕 황제에 필적할 수 있는 위치에까지 이르게 되었다. 카누트는 잉글랜드와 덴마크, 그리고 노르웨이 왕이었다. 카누트는 정치조직에 특수한 감각을 지닌 정복가였다. 그런데다 카누트는 문화를 열렬하게 옹호한 정치가였다. 카누트는 잉글랜드를 자기의 고향인 덴마크처럼 가꾸면서, 옛 고도를 발전시켜 통일왕국의 중심지역으로 만들고 있었다. 카누트는 과거 잉글랜드의 세습귀족이 독점하고 있던 백작직에 자기의 앵글로색슨계 충신을 임명했다. 카누트는 교회문제를 끌어들여 왕국정치를 시끄럽게 만들었던 대주교를 왕실 고문직과 행정관직에서 추방했다. 카누트는 덴종족과 앙글란드인의 구분을 없애면서 잉글랜드 왕국의 구성원을 형성했다.

카누트는 1035년 사망했다. 잉글랜드의 덴종족은 잉글랜드인으로 변모했다. 앵글로색슨종족 역시 잉글랜드인으로 변모했다. 특히, 카누트는 윈체스터에서 잉글랜드, 덴마크, 1028년 이후부터 노르웨이까지 지배했다. 카누트의 이같은 궁전은 윈체스터에 자리 잡고 있었다. 윈체스터는 잉글랜드와 덴마크, 그리고 노르웨이 왕의 도시로 자리 잡았다. 덴종족은 브리타니아 섬을 지배했다. 브리타니아 섬은 덴종족

잉글란드 노르만계 지배영역

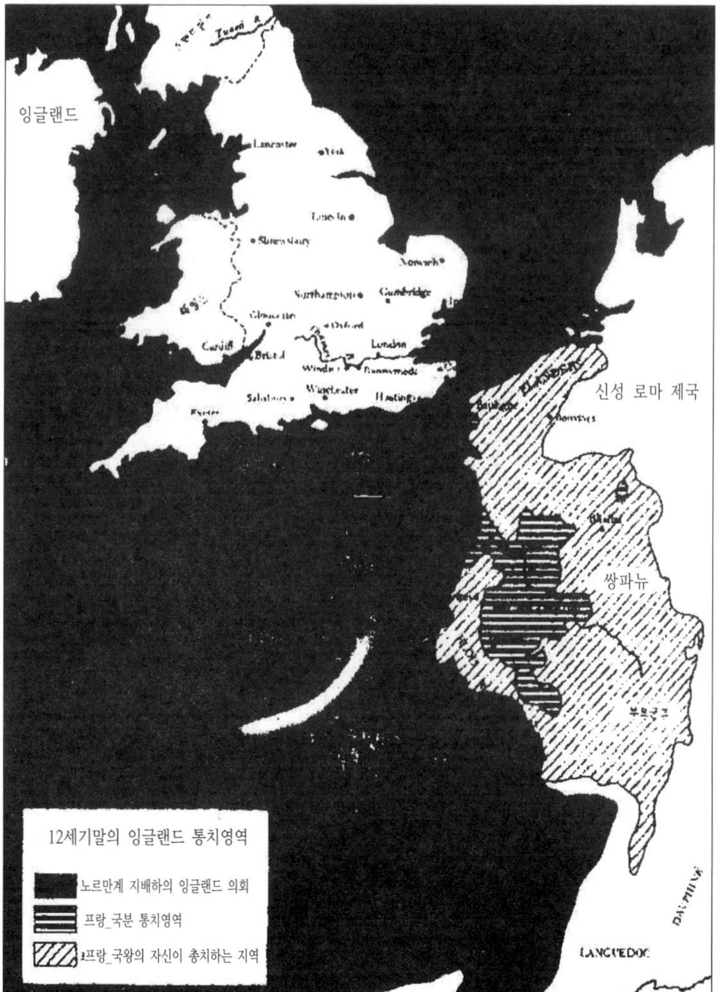

왕의 통치시대를 거치면서, 덴종족의 지혜와 체험을 다양한 모습의 무늬로 수놓고 있었다. 덴종족의 생활체험으로 풍미하게 수놓아진 브리타니아 섬은 계속된 외부 종족의 침입과정을 거치면서 혼합종족이 잉글랜드인의 뿌리로 변모했다. 브리타니아 섬에서 잉글랜드인이란 혼합종족을 형성시킨 주인공도 북해를 누비고 다니던 덴종족 지배자였다. 잉글랜드인이란 혼합종족을 브리타이나 섬의 주인공으로 만들었던 것은 1066년 유럽대륙으로부터 건너갔던 노르만계 정복자였다. 노르만계 종족의 잉글랜드 정복은 잉글랜드인이란 새로운 종족 출현으로 이어졌다. 노르만계 종족은 켈트종족과 앙겔종족, 작센종족과 북해연안 종족, 그리고고는 갈리아인과 덴종족 등의 경우처럼 브리타니아 섬을 찾아왔던 정복자 부류였다. 이 정복종족은 브리타니아 섬을 침입했다. 그런데도 이들 정복종족은 수백년에 걸쳐 브리타니아 섬을 찾아왔던 방문객에 불과했다. 그러나 노르만종족은 갑자기 나타나서 잉글랜드를 사랑하면서 잉글랜드인을 형성케 만든 주인공이었다. 그동안 잉글랜드는 바이킹종족의 침입으로 거의 황폐화했다. 바이킹종족의 침입 피해를 덴종족왕인 카누트가 만회하기에는 너무나 짧은 기간이었다. 잉클란드와 덴마크를 통치하던 카누트가 사망한 이후, 잉글랜드는 다시 분할왕국 시대에 들어가게 되었다. 템즈강 유역의 잉글랜드 남부지역에는 에텔레드와 카누트 미망인의 분할왕국이 자리 잡게 되었다. 스칸디나비아를 포함한 북해의 북부 연안은 카누트 아들 하롤드 1세(+1040)의 분할왕국으로 출발했다. 왕국의 권련은 세습귀족(Eaorl)의 손아귀에 들어가 있었다.

잉글랜드의 정치 상황과 노르만종족의 잉글랜드 정복

고드윈은 켄트지방의 세습귀족이었다. 웨섹스의 고드윈(1020~1053)은 잉글랜드의 역사에 최초로 등장한 정치가였다. 잉글랜드의 정치는 하롤드 1세를 계승했던 하르데카누트(1040~1042)마저도 사망하고 노르만디에서 성장한 에텔레드의 아들인 에드워드(1042~1066)가 잉글랜드의 왕위에 즉위함으로써 사실상 덴종족의 통치시대를 종결했다. 잉글랜드의 이같은 정치상황에서 고드윈의 딸 에디트(+1045년 이후)는 미약한 에드워드 왕과 결혼했다. 에드워드 왕은 대륙의 노르만디에서 성장했다. 그래서 그는 교육과 언어, 그리고 예절을 프랑스식으로 익혔던 인물이었다. 잉글랜드 유력자는 고드윈이었다. 고드윈도 대륙의 노르만식 교육관행과 예절을 익힌 인물이었다. 고드윈은 대륙의 노르만계 친구들을 잉글랜드로 데려와서 잉글랜드의 관직에 앉히고 있었다. 고두윈이 불러들인 노르만계 관리들은 잉글랜드에다 노라만 양식의 부르그를 창설했다. 노르만계 잉글랜드인은 앵글로색슨계의 노르만인들이 잉글랜드를 침입할 것에 대비했다. 그래서 고드윈은 1051년 미리 프랑드르지방을 공략했다. 그러나 프랑드르지방을 공략하던 중 고드윈은 포로로 잡혔다가, 고드윈을 대신하여 국왕이 포로가 되고, 고드윈은 1052년 잉글랜드로 돌아왔다. 에드워드는 후손을 두지 못했다. 그래서 웨섹스의 귀족직은 고드윈의 아들인 하롤드에게로 넘어가게 되었다.

하롤드는 잉글랜드의 세력자로 등장했다. 하롤드는 웨일즈와 스코트란드를 정벌하였다. 고드윈 대신 노르만디에 잡혀 있던 에드워드도 1057년 잉글랜드로 귀환했다. 그러나 에드워드는 사망하고 말았다. 잉글랜드에서는 에드워드를 계승할 후계문제가 대두되었다. 에드워드의 후계자가 될 수 있는 인물은 빌헬름과 하롤드였다. 에드워드 왕은 1066년 5월 1일 웨스트민스터 수도자동아리에서 사망하였다. 당시 하롤드는 프랑스에서 생활했다. 에드워드 사망 이후 하롤드 2세(1066)는 왕위에 즉위하였다. 하롤드 2세의 동생 토스티그(+1066)는 하롤드 2세의 왕위에 반발하여 노르웨이 왕 하랄드 하르드라데(1047~1066)을 동맹군으로 끌어 들여 하롤드 2세를 공격했다. 토스티그와 하랄드왕의 동맹군은 1066년 9월 25일 하롤드 2세의 군대를 물리치고 승리를 거두었다. 토스티그와 노르웨이 왕의 연합군은 1066년 10월 14일 하스팅에서 벌어진 대륙 군대와의 전투에 패하여 모두 사망하고 말았다. 빌헬름 정복자(1027~1087)는 잉글랜드의 남부해안에 위치한 페벤세이에 착륙하면서 토스티그와 노르웨이인의 왕 하랄드의 연합군을 공격하기 시작했다. 빌헬름 정복자는 하스팅 전투에서 승리하여 1066년 크리스마스인 12월 25일 웨스트민스트 수도자동아리에서 잉글랜드의 왕위에 즉위했다. 에드워드왕이 사망하고 빌헬름이 왕위에 즉위하기까지 잉글랜드는 종족 간의 대립, 교회와 왕실과의 대립으로 얼룩지고 있었다. 주로 고드윈과 하랄드로 이어지려던 에드워드 왕실은 프랑스인과 벨기에인, 그리고 앵글로색슨종족 등이 자기네의 관습과 규범, 그리고 관행을 내세우면서 서로 대립했다. 거기다 로마 교황청의 개혁론자동아리가 고드윈과 하랄드로 이어지던 세력의 후원을 받으며, 종족간의 명분 싸움에 휘말리고 있었다.

잉글랜드 왕실의 내분은 더욱 복잡한 양상으로 전개되기 시작했다. 당시 로마 교황은 알렉산더 2세(1061~1073)였다. 로마 교황청은 칸터베리의 대주교 로버트와 런던의 주교 윌리암 시대부터 국왕세력에 편승했다. 잉글랜드에는 기존부터 남부와 북부의 대립상황이 끊이지 않고 있었다. 그러나 잉글랜드의 대립상황은 이면에서 이 두 지역의 대립에 프랑스계 노르만인과 앵글로색슨계의 반목까지 겹친데다 다시 교회세력까지 끼어들어 복잡한 양상으로 전개되었다. 잉글랜드 왕은 에드워드였다. 에드워드는 사망했다. 에드워드의 사망은 잉글랜드의 사회를 완전히 변혁시키고 있었다. 에드워드를 계승한 하롤드는 앵글로색슨계 세습귀족과 고위 성직자의 합동회의에서 왕으로 선출되어 잉글랜드 왕위에 즉위했다. 그런데도 에드워드왕의 사촌인 노르만디의 빌헬름은 앵글로색슨인들의 왕위를 요구했다. 당시 로마 교황은 알렉산더 2세였다. 알렉산더 2세는 앵글로색슨인들의 교회가 로마 교황청에 철저하게 귀속되기를 바라고 있었다. 그래서 알렉산더 2세는 교황청에 소속된 수도자 힐데브란트(후임 교왕 그레고르 7세임)의 권유를 받아들여 프랑스계 노르만인의 잉글랜드 침입을 후원하기로 약속하기에 이르렀다. 빌헬름은 교황청으로부터 후원을 약속받게 되었다. 빌헬름은 잉글랜드에 산재한 자기의 유산을 챙겨오기 위하여 1066년 9월 노르만계 봉토 수혜자와 다채로운 성향의 모험가로 조직된 정벌군대를 이끌고, 잉글랜드의 동남 해안인 페변세이에 상륙했다. 당시 에드워드의 왕위를 계승했던 하롤드는 허약한 전투력 때문에 빌헬름의 군대에 대적할 수 없었다.

잉글랜드인 왕 하롤드는 앵글로색슨계 귀족과 함께 잉글랜드를 지키기 위하여 싸우고 있었다. 그러나 그는 결국 잉글랜드의 생명과 재산에 대하여 막대한 손실을 입히게 되었다. 하롤드는 하스팅 전투에서 전사했다. 잉글랜드는 유럽 대륙에서 건너간 프랑스계 노르만인을 왕위에 앉히게 되었다. 잉글랜드의 왕위를 차지한 빌헬름 정복자는 탁월한 전략가였다. 빌헬름은 잉글랜드의 왕위에 즉위했다. 빌헬름은 로마 교황청의 요구내용을 정확하게 파악했다. 당시 교황은 흔히들 비잉겐의 힐데브란트로 알려졌던 개혁 교황 그레고르 7세(1073~1085)였다. 그레고르 7세는 빌헬름을 이어갈 계승자를 물색하면서 왕위에 대한 적임자가 아니면 선택하지 않을 뿐만 아니라, 적임자가 왕위에 오르지 않으면, 왕을 폐위할 수 있다는 선택권을 내세우고 있었다. 교황청의 선택권은 빌헬름 2세(1087~1085), 헨리 1세(1100~1135), 브로와가문의 스테판(1135~1154), 헨리 2세(1154~1189), 리차드 1세(1189~1199)까지는 발포되지 않았다. 그러나 교황의 선택권은 '영지없는' 존왕(1199~1216)에 대해서 발포되었다. 당시 교황은 인노첸츠 3세(1198~1189)였다. 교황은 '영지없는' 존왕에 대하여 1213년 선택권을 발휘하여 우선권을 발포하였던 것이다. 교황청의 우선권 발포는 잉글랜드 교회와 로마 교황청과의 관계를 예고하는 조치가 될 수 있었다.

잉글랜드의 앵글로색슨 종족 영역

아일랜드, 웨일즈, 수도자동아리 문화

웨일즈는 이미 기원전 78년경 로마제국에 편입되었다. 그러나 잉글랜드에서도 476년 로마제국은 이미 사라졌다. 웨일즈는 웨일즈 왕의 통치영지였다. 서부 웨일즈는 5세기경 수 천 명의 브리트종족이 앵글로색슨종족으로부터 쫓겨 유입됐던 지역이었다. 웨일즈 정착민은 아일랜드계 켈트종족과 본래부터 정착했던 켈트종족, 그리고 유입된 앵글로색슨계 종족 등으로 혼합된 상황이었다. 웨일즈에 정착했던 이 혼합종족은 키므리(Cymri)라는 영지에 예속되어 있었다. 켈트계 종족은 브리트종족을 비롯하여 코르노종족과 아일랜드인 이외에 켈트계 겔종족 등으로 구성되었다. 이 켈트계 종족은 아일랜드와 웨일즈 이외에도 스코틀랜드지역에서 정착했다. 특히, 이들 지역의 켈트계 종족은 친족과 혈족을 중심으로 한 씨족 단위를 그대로 유지했다. 켈트계 종족의 씨족 단위는 초창기 기본 사회단위였다. 켈트계 종족의 씨족 단위는 영웅 전설에 등장하는 주인공 배경이 되었다. 10세기경부터 켈트계 종족의 영웅 전설은 세련된 표현양식을 유지하고, 브레타뉴 반도 지방에서 구전하기 시작했다. 특히, 영웅전설 소재는 이교도동아리의 생활관습에 접촉하던 과정에서 발췌되었다. 영웅전설의 소재로 발췌된 이교도의 생활습속은 크리스트교의 전파와 관련되어 새로운 풍속질서의 생성이라는 의미를 내포했다. 크리스트교가 웨일즈지방에 전파된 것은 6세기였다. 6세기에 이르러 웨일즈지방의 수도자동아리와 예배당은 지역민의 관습과 규범을 유지하고 있었고, 관행에 따라서 운영되었다. 바이킹계 해적들은 빈번히 웨일즈지방을 거쳐갔다. 당시 웨일즈의 세습귀족은 켄트의 세습귀족인 하랄드였다. 즉, 하랄드가 1063년 웨일즈를 정복하여 세습귀족의 지위를 차지했다. 따라서 웨일즈는 잉글랜드에 합병되었다. 그래서 하랄드는 웨일즈를 잉글랜드로 만든 주인공이었다. 그런데도 웨일즈는 잉글랜드와 다른 문화를 유지했다.

아일랜드는 성자 파트리크(+462 혹은 492)의 사망 이후부터 11세기에 이르기까지 7개 종족왕 분할영지로 나누어져 서로 싸우고 있었다. 아일랜드에서는 3세기 이후 서부 해안지역에 브리트종족이 정착했다. 아일랜드인은 스스로를 '유랑자'란 의미의 스코트인(Scotti)이라 지칭했다. 이것은 아일랜드도 스코틀랜드처럼 로마제국과의 관계가 단절된 지역이었다는 뜻이다. 아일랜드인은 다른 켈트계 종족처럼 씨족동아리 단위를 형성했다. 아일랜드의 사회질서는 씨족 개창자를 신으로 숭배하며 씨족장에게 예속되어 있었다. 크리스트교의 아일랜드 정착은 461년경부터 751년 사이의 시기였다. 아일랜드인은 이미 게르만어계 이동종족이 갈리아로부터 들어오기 이전인 5세기경부터 브리타니아와 갈리아의 여러 전문 기예인이 '초록빛 섬나라'의 의미를 지닌 아일랜드로 피신했던 데서 연유하여 알프스 이북의 유럽세계에서 최고 수준의 크리스트교 문화를 유지했다. 이런 맥락에서 아일랜드는 유럽대륙의 전문 지식인에게 적어도 9세기까지 틀림없이 침입자가 드나들지 않던 안전지대였고 갈리아를 비롯한 브리타니아 섬과 함께 해상교역 중심지였다. 아일랜드 거주자는 해상교역으로부터 획득한 물질생활에 힘입어 고유한 수도자동아리 문화의 중추인 전문지식 교육기관을 지니고 있었다.

아일랜드의 전문지식 교육기관은 과거 로마시대 학문동아리의 전문 지식 교육관행을 그대로 계승했다. 특히 아일랜드의 철학동아리와 신학동아리는 고전시대 학문동아리의 전문지식 교육관행을 그대로 계승하여 그리스어와 라틴어 고전 저작물은 물론 켈종족이 지니고 있던 수사학 표현원리와 문학, 수학과 천문학, 음악과 의학을 비롯한 법률까지 가르쳤다. 아일랜드의 전문지식 교육기관은 또한 예비 성직자에게 완벽한 금욕수행관습 소양을 다양하게 교육하여 성직자를 배출했다. 아일랜드계 수도자는 유럽대륙의 다른 교구 책임자 주교 보다 정확한 통찰력을 지니고 있었으나 대륙 세계와는 교류가 단절된 상황이었다. 아일랜드의 수도자동아리는 금욕수행관습을 실천하며 그리스인과 로마인의 고전 저작물을 공동으로 연구하며 필사본을 저술하여 예비 성직자에게 가르쳤다. 아일랜드 수도자동아리가 추구했던 성직자 교육의 최종 목표는 크리스트교의 교리를 해석하기 위한 것이었다. 아일랜드의 수도자동아리는 후기 고전시대 생성시대 교회를 성직자에게 가르치던 교육장 기능을 담당했고, 특히 6~7세기 이후 크리스트교 교육의 중심지가 되었다. 크리스트교 교회의 해석양식과 교육관행은 아일랜드의 수도자동아리로부터 대서양 연안의 도서 지방과 유럽대륙으로 이동했다.

크리스트교는 당시 유럽대륙에서 후기 고전시대 문화와 교육관행 단절로 커다란 위기 봉착에다 사회질서의 와해에 직면하여 역시 종교기능을 다하지 못하던 상황이었다. 유럽세계는 후기 고전시대 문화와 교육관행의 은신처를 아일랜드 수도자동아리에서 찾아내어 문화와 교육의 갈증 해소에 필요한 정신 영양제를 제공 받았다. 스코틀랜드, 잉글랜드, 갈리아, 게르마니아, 이탈리아 등의 성직자는 아일랜드의 수도자를 찾아 나섰고 대륙 성직자 역시 아일랜드 수도자 역할의 필요함을 아일랜드 수도자에게 깨닫게 하여 아일랜드 수도자의 대륙 선교를 가능케 했던 것이다. 아일랜드 수도자의 대륙 선교는 대륙의 교회조직과 성직자에게 아일랜드 수도자동아리의 금욕수행관습과 전문 지식 교육관행을 수용토록 자극하여 새로운 결속 방향을 제시했다. 아일랜드 수도자동아리의 선교 영향으로 유럽세계 인간의 정신 속에는 신앙심이 충만했다. 아일랜드 수도자는 또한 유럽세계 인간의 정신에 흘러 넘치는 신앙심을 목격하고, 선교활동을 한층 더 힘차게 추진할 수 있었다. 아일랜드로부터 건너온 수도자의 선교정신은 대륙인의 관습과 규범 속에 융합되면서 갈리아의 지배자동아리와 연계관계를 지니게 되었다.

아일랜드 수도자의 선교정신은 유럽대륙에서 수도자동아리 창건운동으로 이어지게 되었다. 그래서 유럽대륙은 아일랜드계 수도자동아리로 채색되었다. 아일랜드계 수도자동아리의 중심인물은 콜룸반이었다. 콜룸반은 아일랜드의 수도자로서 프랑스 보게지방의 뤽세이에다 수도자동아리를 창건하여 베네딕트 수도자 금욕수행관습을 유럽대륙에 최초로 전파하기 시작했다. 콜룸반은 아일랜드의 선종교동아리를 이끌고, 543년 대륙의 레인스터에 도착했다. 이어서 콜룸반은 뤽쒸르에다 수도자동아리를 창건하였다. 콜룸반은 그래서 유럽의 수도자동아리 역사에서 개척자 위치를 차지했다. 콜룸반계 수도자동아리는 곧 메로베크 가문 귀족의 관심을 끌게 되었다.

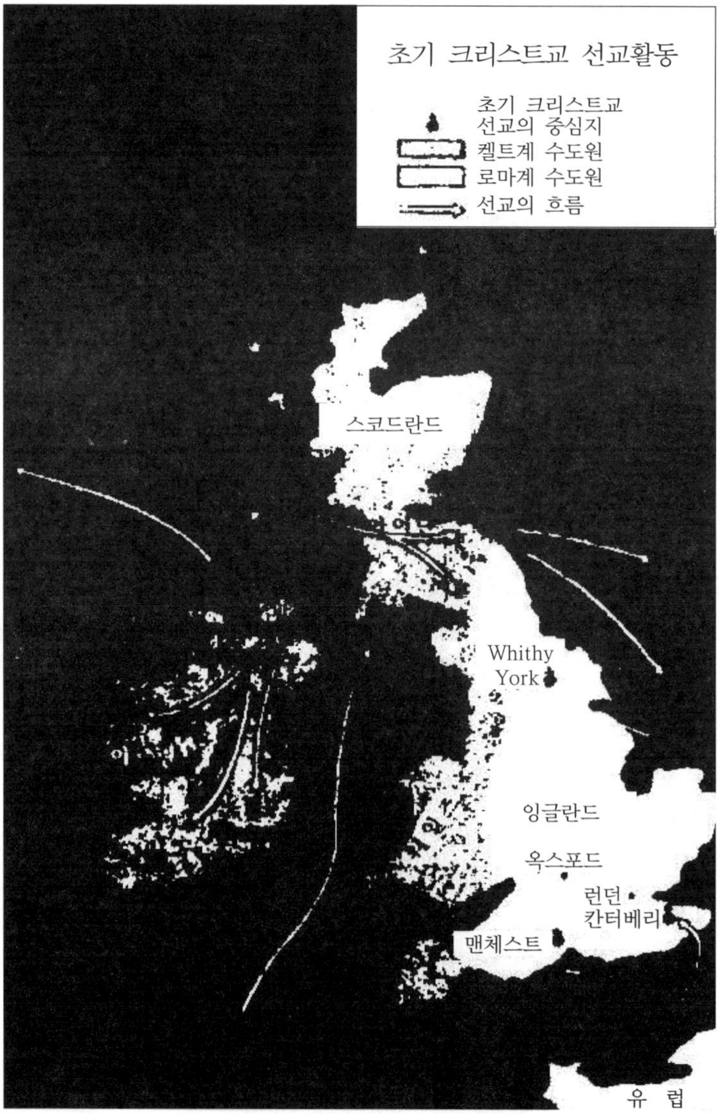

콜룸반계 수도자동아리는 메로베크 가문 귀족의 교육장으로 변모했다. 메로베크 가문 귀족은 콜룸반계 수도자동아리 교육을 통하여 왕실 중심의 귀족사회를 형성했다. 콜룸반계 수도자동아리는 아일랜드인의 정신을 프랑크 종족에게 이식시키고, 프랑크종족을 새로운 종족으로 변질시키고 있었다. 즉, 프랑크종족은 아일랜드인의 정신을 실천하기 시작했다. '유럽세계 인간 의식은 프랑크종족이 아일랜드인의 정신을 실천하는 과정에서 발아될 수 있었다. 아일랜드인의 정신은 프랑크왕국의 확장과 함께 유럽의식에서 중심위치를 구축했다. 아일랜드인의 정신과 프랑크종족이 이렇게 혼합되었다는 것은 아일랜드계 수도자동아리가 아일랜드인의 정신과 프랑크종족을 결합시키고 있었다는 의미인 것이다. 아일랜드인의 정신과 프랑크종족의 혼합은 새로운 금욕수행관습의 발원지를 아일랜드계 수도자동아리로 만들고 있었다. 아일랜드계 수도자동아리는 새로운 금욕수행관습을 귀족의 생활양식에 정착시키고 있었다.

프랑크왕국의 수도자 문화는 아일랜드계 수도자동아리의 영향으로 발아되었다. 아일랜드계 수도자동아리는 메로베크 가문 문화의 바탕인 귀족사회 구성원을 비롯한 왕국의 다양한 종족구성원에게 공감대를 형성시키고 있었다. 아일랜드계의 이런 수도자 문화는 콜룸반이 창건한 뤽세이 수도자동아리로부터 발아되었다. 콜룸반은 세속인이 아니고, 주교였다. 콜룸반 주교는 귀족혈통의 주교와 교황권과 함께 왕국의 세력경쟁에 휩싸였다. 콜룸반 주교는 포악한 정치를 일삼던 브루니키르데(+613)를 탄핵했다. 그리고 609년 브루니키르데는 콜룸반을 갈리아지방으로 추방했다. 즉, 여왕은 콜룸반을 아일랜드로 되돌아가도록 추방했던 것이다. 그러나 콜룸반를 싣고 아일랜드로 돌아가던 배가 방향을 잘못 잡아 프랑스 해안으로 되돌아오게 되었다. 콜룸반은 갈리아지역을 떠나 다시 알레마니아지역으로 쫓겨나게 되었다. 알레마니아지역에서 콜룸반은 누더기를 걸친 수도자 모습을 하고서 다시 선교활동에 매진했다. 그는 보텐제 호수 남쪽에 위치한 라이헨아우 섬에다 쌍 갈렌 수도자동아리(613년)을 창건하였다. 그리고 콜룸반은 알프스 산을 넘어 로마 교황청을 찾아갔다. 그는 로마로 향하다가 이탈리아의 포강 상류인 롬바르디아 평원에다 랑고바르드 종족의 아리우스 종파를 퇴치하기 위하여 보비오 수도자동아리(613년 창건)을 창건하였다. 유럽 대륙에서 아일랜드의 수도자 금욕수행관습을 전파했던 콜룸반은 615년 사망했다. 그러나 콜룸반이 창건한 수도자동아리는 유럽 대륙에서 유럽세계 인간의 정신을 창출하던 사회결속의 모체로서 역할을 수행했다. 아일랜드인의 정신은 유럽문화를 생성시키는 기반으로 작용했다. 그래서 유럽문화는 아일랜드인의 업적에 힘입어 발아되었다. 특히, 아일랜드인은 크리스트 교리의 해석방법과 수도자동아리 문화를 유럽세계 인간에게 전파했을 뿐만 아니라, 고대인의 교육관행까지 유럽세계 인간에게 일깨워 주고 있었다. 당시 아일랜드계 수도자동아리는 고대 후기인의 크리스트교를 이어가고 있던 상속자였고, 다양한 학문방법을 존속시키고 있던 문화의 계승자였다.

더불린의 창설자는 오라프(853~870)였다. 오라프는 물론 노르웨이계의 혈족이었다. 오라프는 노르웨이인의 중심 혈족이었다. 오라프는 아일랜드의 고유 신화와 민담 속에서 전설처럼 유래하고 있다. 더불린은 12세기까지 노르만인 지배하의 왕국이었다. 더불린 왕국의 창건자는 브리안 보추(941~1014)였다. 보리안 보추는 아일랜드의 분할왕국 시대에도 달가스 혈족의 종손으로서 동생 마혼스와 함께 아일랜드의 정치통합에 기여했던 인물이었다. 보추와 마혼스 형제는 덴마크 군대를 테페라리에서 격퇴했다. 그러나 그는 노르만계 리메니크와의 싸움에서 살해당하고 말았다. 보추와 마혼스 형제가 아일랜드에서 사라진 이후 아일랜드는 1172년경 부터 웨일즈와 잉글랜드로부터 건너온 탐험대의 전리품으로 전락했다. 그런데도 아일랜드는 탁월한 성인과 순교자를 배출했다. 이들 선교자들은 유럽문화에 새로운 크리스트교 세계의 설계도를 제시했다. 아일랜드는 또한 크리스트교와 관련된 고전 저작물을 고대 후기인으로부터 전수받아 유럽대륙에 전파하게 된 업적을 남기게 되었다. 아일랜드는 또한 지중해 외부지역에 대한 교역의 중심지역으로 자리잡고 있었다. 아일랜드의 교역기능은 아일랜드를 고유한 문화의 본거지로 만들 수 있었다. 그래서 아일랜드의 문화는 중세의 유럽문화를 태동시킬 수 있는 활력을 유럽대륙에다 제공할 수 있었다.

스코틀랜드와 유럽문화

스코틀랜드는 고대 후기인에게 카레도니아로 알려져 있었다. 5세기 말경 켈트계 겔종족이 아일랜드의 북부지역으로부터 스코틀랜드로 이주했다. 겔종족의 유입과 더불어 스코틀랜드에도 정착민이 나타나기 시작했다. 물론 켈트계 겔종족은 '스코트종족'이었다. 이들 스코트종족은 트베에드 북부지역을 스코틀랜드라 지칭했다. 트베에드 북부지역의 스코트종족은 퍼어쓰 포오쓰의 북부지역에 거주하던 켈트계 종족과 앵글로색슨종족이 스코틀랜드를 침입하기 이전에도 이미 브리타니아 섬으로부터 도주한 종족과 혼합된 상황이었다. 이들 혼합 종족은 데르웬트와 퍼어쓰 그리레 이내의 지역에 정착했다.

현대 스코트 민족의 중심종족은 앵글로색슨종족으로서 스코트 민족을 형성했다. 여기의 스코트종족은 잉글랜드의 앵글로색슨계 언어를 사용했다. 스코트종족은 또한 크리스트교로 개종하였다. 크리스트교로 개종했던 이들 스코트종족은 아일랜드계 수도자 금욕수행관습, 즉 아일랜드인의 정신을 실천했다. 스코트종족은 잉글랜드인의 현실 적응원리와 켈트계 아일랜드인의 교활한 구상능력을 이어받고 있었다. 스코틀랜드의 통치조직은 씨족단위로 형성되었다. 켈트계 픽트종족의 활동영역은 로마인의 영향을 전혀 받지 않고 있었다. 로마제국의 황제인 하드리아누스의 방어 성벽도 켈트계 픽트종족의 침입을 방지하기 위하여 축조되었다. 물론 이 방어 성벽도 노르웨이와 티네 사이 지역에 축조되었던 것이다. 하드리아누스의 방어 성벽으로부터 북쪽으로 100㎞ 정도 떨어진 퍼어쓰 크리네와 포어스 사이의 지역에다 140년경 안토니우스 피우스는 방어 성벽을 축조하였다고 한다. 스코틀랜드 왕은 작센계인 에드윈(617-633)이었다. 에드윈은 물론 잉글랜드 노오드움부리아의 수장왕이었다. 작센종족으로서 스코틀랜드의 왕위에 오른 에드윈은 퍼어쓰 크리네와 퍼어쓰 포오쓰 이내의 지역을 에딘버러(Ed(w)inburough)라 지칭했다. 에드윈 왕은 에딘버러를 중심으로 844년 이후 켈트계 픽트종족과 스코트종족을 통합했다. 그리고 이들 2 종족은 954년 수장왕 에드윈의 본거지인 에딘버러를 다시 정복하여 두 종족의 본거지로 만들게 되었다.

스코틀랜드의 수장왕 마르코름 2세(1005-1034)는 투웨에드 북부지역의 로라안 지방을 1013년 정복하여 스코트인의 영역에 편입시키게 되었다. 그리고 덴종족이 잉글랜드를 침입하자, 다수의 앵글로색슨계 잉글랜드인이 스코틀랜드 남부로 이주했다. 스코틀랜드는 왕 둔칸 1세(1034~1040)의 통치하에서 통일왕국을 형성하여 국호를 스코틀랜드로 지칭했다. 둔칸 1세는 스코틀랜드를 창건했다. 스코틀랜드를 창건한 둔칸 1세는 1040년 살해되었다. 둔칸 1세의 계승자는 멕베드 둔칸(1040~1060)이었다. 멕베드 둔칸은 둔칸 1세의 사망 이후 17년 동안 스코틀랜드를 통치했다. 세익스피어의 극본 멕베드는 바로 이 시대에 벌어지고 있던 스코틀랜드의 정치 싸움으로 돌아가고 있다. 스코틀랜드는 언제나 바이킹종족의 침입을 두려워했다. 스코틀랜드의 이런 상황에서 노르만계 바이킹종족은 주변 도서들인 오르네이, 파로에 세트란드, 헤브리텐 등을 정복했다.

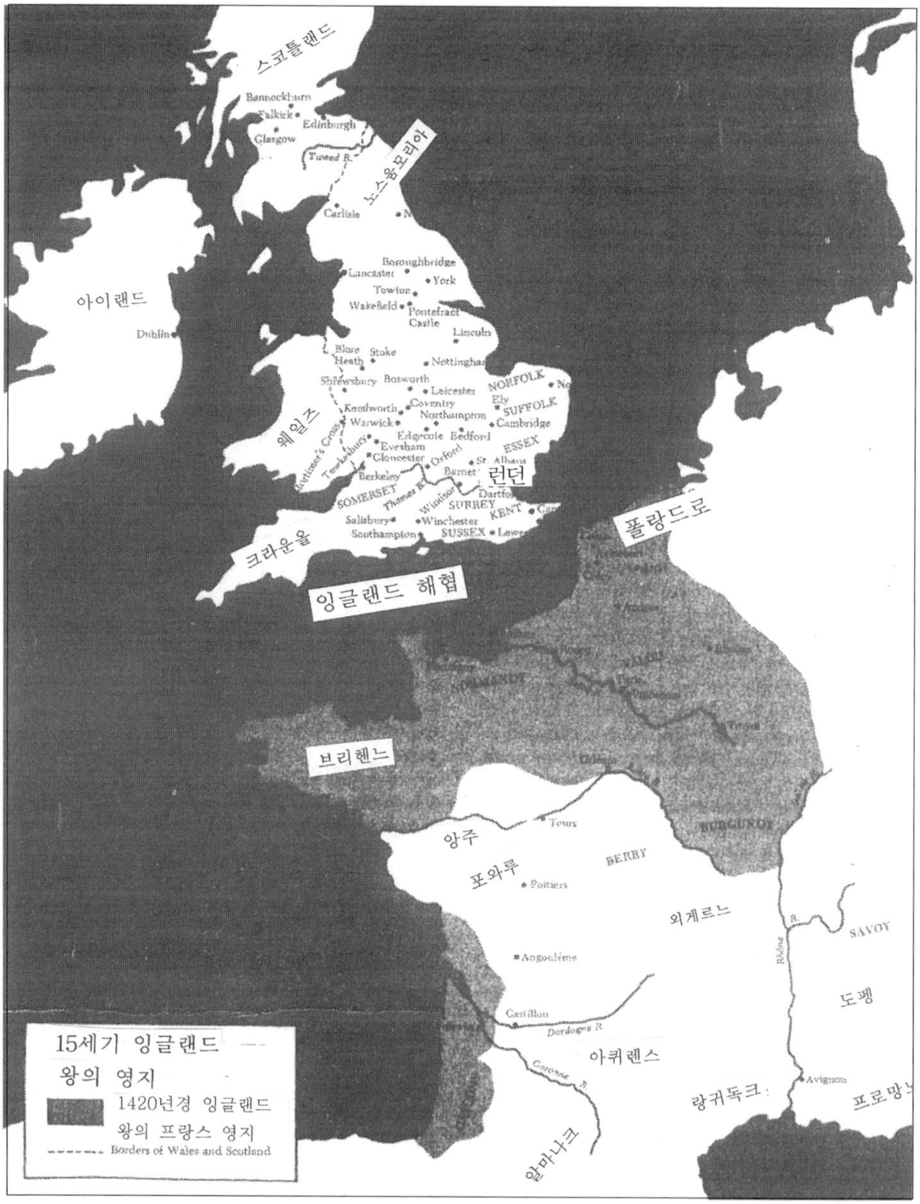
스코틀랜드
Bannockburn
Falkirk
Edinburgh
Glasgow
Tweed R.
노스움브리아
Carlisle
Boroughbridge
Lancaster
York
Towton
Wakefield
Pontefract Castle
Lincoln
아이랜드
Dublin
Blore Heath
Stoke
Nottingham
Shrewsbury
Bosworth
Leicester
NORFOLK
Ely
SUFFOLK
Kenilworth
Coventry
Warwick
Northampton
Cambridge
웨일즈
Edgecote
Bedford
ESSEX
Evesham
Gloucester
Oxford
St. Albans
Tewkesbury
Berkeley
Barnet
런던
SOMERSET
Thames R.
Windsor
SURREY
KENT
Salisbury
Winchester
Southampton
SUSSEX
Lewes
폴랑드르
크라운올
잉글랜드 해협
NORMANDY
브리헨느
Tours
BURGUNDY
앙주
BERRY
포와루
Poitiers
외게르느
SAVOY
Angoulême
Rhône R.
도펭
Castillon
Dordogne R.
아퀴렌스
Garonne R.
Avignon
랑귀독크
프로망
알마나크
15세기 잉글랜드 왕의 영지
1420년경 잉글랜드 왕의 프랑스 영지
Borders of Wales and Scotland

잉글랜드의 교회조직과 문화

교회조직의 문화는 대략 6세기경부터 잉글랜드로 유입되었다. 잉글랜드의 교회문화는 아일랜드와 로마 교황청으로부터 잉글랜드 선교활동에 나섰던 선교자들의 업적이라고 할 수 있다. 그래서 잉글랜드에도 교회조직의 문화가 정착되기 시작했다. 아일랜드로부터는 청년 수도자인 콜룸반도 잉글랜드의 노오드움버란드로 6세기경 왔다. 그리고 이어서 교황 그레고르 1세(590~604)는 596년 수도자인 아우구스티누스(596~604)를 캔터베리의 대주교직에 파견하여 앵글로색슨종족에 대한 선교활동을 본격화했다. 당시 잉글랜드 지배자는 켄트의 귀족 에텔베르트(560~616)였다. 에텔베르트는 크리스트교도 왕비로서 대륙의 메로베크 가문 공주를 맞아 들이게 되었다. 메로베크 가문 공주는 베르타(Bertha)였다. 에텔베르트는 크리스트교도 왕비와 결혼했으나, 여전히 이교도로 남아 있었다.

그러나 에텔베르트는 자기의 왕비를 통하여 크리스트교에 대하여 충분한 지식을 쌓았다. 그래서 에텔베르트는 교황청의 선교본부로 캔터베리를 사용토록 제공하기에 이르렀다. 캔터베리가 잉글랜드의 앵글로색슨종족에 대한 선교본부로 자리잡은 이후 이탈리아 북부지역과 부르군드의 선교자가 잉글랜드로 유입되기 시작했다. 특히, 파울리누스는 이탈리아 북부지역으로부터 파견되었다. 파울리누스(625~644)는 로마 교황청과 긴밀한 공조관계를 유지했다. 한편으로 그는 노오드움버란드 지역에 대한 선교활동을 활기차게 추진했다. 파울리누스는 스코틀란드에서 아일랜드인의 선교활동을 627년 거부당했다. 그런데도 스코틀랜드는 이미 아일랜드계 교회조직이 거의 체계를 갖추고 두개의 대주좌를 설치한 상황이었다.

아일랜드계 교회조직은 프랑크왕국의 교회조직에서처럼 개화되지 못한 상황이었다. 잉글랜드의 이런 아일랜드계 교회조직은 마침내 통치도구로 전락하고 말았다. 잉글랜드에서도 아일랜드계 교회조직은 수장왕의 정치세력에 편승했다. 교회조직이 수장왕의 정치세력에 편승하자, 국왕은 아일랜드계 교회조직에 대하여 방대한 영지를 증여하고, 교회조직을 보호했다. 수장왕이 교회조직의 보호자가 되자, 귀족은 수도자동아리를 창건했다. 베다(+735)는 야로우 수도자동아리의 수도자요 교회사가였다. 베다는 외부종족의 침입으로부터 잉글랜드 교회를 보호하던 교회조직 영지에 대하여 과세를 면제해야 한다는 생각을 품고 있었다. 베다는 교회조직 영지에 대하여 과세를 면제하여 잉글랜드의 교회조직을 방어할 전사를 육성해야 된다는 것이었다. 노오드움버란드의 수장왕인 오스왈드(634~642)는 요나 수도자동아리 구성원에게 잉글랜드 동부 해안의 린디스파르네 섬을 넘겨주었다. 아이단(635~651)은 린디스파르네 섬에다 634년 수도자동아리를 창건하고 수도자동아리 좌장에 오르게 되었다. 린디스파르네 수도자동아리는 다채로운 무늬로 채색된 다량의 필사본을 보관했다. 린디스파르네 수도자동아리에서 빌프리트(+709~10)는 교회조직의 관습과 규범, 그리고 관행과 의식을 부활하기 위하여 달력의 택일문제를 놓고 아일랜드계 수도자와 서로 논쟁했다. 빌프리트는 후기에 요오크의 주교가 되었다. 빌프리트는 앵글로색슨 세계의 교회라면 모두 로마 교황청의 달력을 따라야 한다고 주장했다. 그래서 잉글랜드의 교회조직은 664년 로마 교황청의 달력을 따르기로 결정했다. 이것은 또한 앵글로색슨계 교회조직이 교황청의 교회조직으로 변모했다는 의미인 것이다.

잉글랜드의 교회조직은 초창기에 다양한 지역으로부터 유입되었다. 잉글랜드의 교회조직도 앵글로색슨계 사회조직으로 정착했다. 잉글랜드의 앵글로색슨계 교회조직은 순수한 베네딕트 수도자 금욕수행관습을 실천하여 신앙생활 전형으로 제시했다. 잉글랜드 교회조직은 순수한 베네딕트 수도자 금욕수행관습의 관행과 관례를 풍부하게 축적했다. 교회조직은 또한 고대 후기 인간의 교육과 교회 법률 해석방법을 다양하게 활용했다. 수도자동아리는 잉글랜드의 이런 교회조직 풍토에서 성장했다. 수도자동아리는 잉글랜드 수도자동아리의 금욕수행관습과 전문지식을 간직하고, 대륙의 프랑크왕국으로 선교활동에 나서고 있었다. 수도자동아리는 프리즈란드지역의 선교활동을 출발점으로 하여 대륙선교에 착수했다. 특히, 잉글랜드의 수도자동아리는 프랑크왕국의 동부지역에서 잉글랜드의 수도자 금욕수행관습을 전파했다. 잉글랜드에서 대륙으로 건너온 수도자 중에는 빌리브로르드(695~739)도 끼여 있었다. 빌리브로르드는 아일랜드계 수도자동아리에서 교육받은 노오드움버란드 출신의 수도자였다. 빌리브로르드는 690년경 자기의 동료 선교자와 함께 잉글랜드로부터 북해를 건너 현재 벨기에의 우트레히트에 주교좌를 창설하고, 40여년 동안 프리젠종족의 선교에 전념했다. 빌리브로르드는 당시 프리즈란드 정복에 나섰던 카롤루스 가문의 유력자인 피핀을 만나게 되었다. 피핀은 빌리브로르드가 전파하고 있던 수도자 금욕수행관습을 현재 룩셈부르크의 에흐터나크에서 접했다. 빌리브로르드는 에흐터나크에서 마스강-모젤강 델타지방 출신으로서 카롤루스 가문 귀족의 궁재인 피핀을 후원자로 끌어 들이게 되었다.

피핀은 빌리브로르드와 함께 에흐터나크에 수도자동아리를 창건했다. 프리젠 종족은 12세기 이후 상업권을 독점할 가능성을 예고한 소위 상인종족이었다. 당시 이들 프리젠 종족은 카롤루스 가문의 궁재인 피핀에게 예속된 상황이었다. 빌리브로르드의 선교활동은 빈프리트 보니파티우스(Wynfrith Bonifatius, 680~754)에게 계승되었다. 교황 그레고르 2세(715~731)는 빌리브로르드의 선교를 계승한 빈프리트에게 보니파티우스란 명칭을 서임하였다. 빈프리트 보니파티우스의 선교활동은 남부 도이취어계 제국 지방으로 확산되었다. 빈프리트 보니파티우스는 귀족혈통 출신이었다. 그런데다 보니파티우스는 잉글랜드의 앵글로색슨계였다. 보니파티우스는 도이취어계 제국 남부지방의 아이히쉬테트에 수도자동아리를 창건하고, 바이에른지방에 처음으로 주교좌를 창설했다. 보니파티우스는 실제로 프랑크 동부 왕국에서 교회조직을 구성하여 체계를 세웠던 대륙선교 선구자였다. 보니파티우스는 목적의식이 분명했던 프랑크왕국의 교회조직 개혁자였다. 빈프리트 보니파티우스는 순수한 베네딕트 수도자 금욕수행관습에 프랑크왕국의 통치권이란 옷을 입혀 유럽세계 인간의 정신을 창출했던 앵글로색슨이었다. 앵글로색슨인은 대륙선교의 다대한 업적을 남긴 빈프리트 보니파티우스를 따라서 유럽대륙에 대한 선교활동에 나서고 있었다.

잉글랜드 수장왕은 대륙에서 건너 온 상인을 보호하는 것과 마찬가지로 교회조직을 보호했다. 잉글랜드 귀족은 잉글랜드를 찾아 온 모험가들에게 새로운 생활 근거지를 제공했다. 잉글랜드에서는 수장왕이 대륙에서 건너 온 상인보호와 함께 과거의 혈통귀족은 사라지고 있었다. 또한 잉글랜드에서는 봉토귀족과 공훈귀족이 왕실을 중심으로 귀족사회를 형성했다. 프랑크 왕국에서와 마찬가지로 잉글랜드에서도 귀족은 지역사회 구성원의 후원을 받고 있었다. 따라서 귀족은 왕실의 영향력으로부터 점차 벗어나고 있었다. 특히, 잉글랜드에서는 귀족 영지의 수도자동아리에 국왕 동의가 부착된 이후 잉글랜드 귀족의 영지 소유관습은 사회구성원에 대한 인신 예속권으로 변모했다.

잉글랜드지역은 거의 무질서한 상황이었다. 사회구성원과 노예는 귀족의 영지에 예속되었다. 노예는 노예시장을 거치면서 매매되었다. 특히, 잉글랜드에서 보리스톨의 노예시장은 명성을 떨쳤다. 그러나 잉글랜드에서 노예시장이 활기를 찾게 되면서 런던과 엑스터, 요오크와 체스터, 그리고 보리스톨과 그로우체스터를 비롯한 옥스포드와 노르위치, 그리고 워체스터와 웬체스터 등의 지역이 덴마크 수장왕 알프레드 시대 이후 처음으로 발전하기 시작했다. 런던은 과거의 로마제국시대부터 브리타니아 섬의 중심 도시로 자리 잡고 있었다. 런던은 템즈강 하구에 자리잡고, 통치조직의 중심을 이루고 있었다. 런던은 8세기 이후 다시 확장되었다. 런던은 물론 덴종족 카누트 시대에도 잉글랜드의 중심 도시로 자리 잡고 있었다. 그래서 런던은 잉글랜드의 왕실 도시로 변모했다. 런던도 해상 교류가 단절되면서, 유럽 대륙 보다 훨씬 오랜 동안 중세 상황에 빠지고 있었다. 잉글랜드에서도 물론 중세 현상은 나타나고 있었다. 잉글랜드에서 나타났던 중세 현상은 게르만어계 종족의 정착영역이었던 스칸디나비아 지역에서도 마찬가지였다.

잉글랜드의 수도자동아리는 높은 교육수준을 유지했다. 잉글랜드 수도자동아리의 교육수준이 본래부터 잉글랜드의 토양에서 생성된 것은 아니었다. 웨어마우드 수도자동아리는 이미 660년 경에 창건되어 있었다. 그러나 웨어마우드 수도자동아리는 베다 시대 이후 수도자동아리 영향으로 수준높은 교육기관으로 변모했다. 요오크의 대주교 에그베르트(732-766)는 735년 요오크에다 주교좌 성당을 창건했고, 그 성당에 전문 지식 원리 교육기관과 도서관을 설치했다. 그래서 요오크는 잉글랜드를 유럽교육의 중심지로 만드는데 기여했다.

잉글랜드는 성직자 교육의 중심지였다. 잉글랜드의 성직자 교육은 베다 시대에 이르러 최고 전성기를 맞이했다. 베다는 731년 잉글랜드 종족의 교회사를 저작하였다.

베다가 저술한 잉글랜드 종족의 교회사는 잉글랜드의 교육과 사회, 그리고 문화 수준을 일차 사료에 근거하여 파악할 수 있도록 당대인의 다양한 수준과 모습을 전해 주고 있다. 베다의 저작물에 근거하더라도, 잉글랜드의 성직자 교육은 프랑스 남부 지역이나, 이탈리아 북부 지역을 훨씬 능가했다.

북부 유럽세계의 문화와 바이킹계 노르만종족(800년 이전)

유트란드반도와 스칸디나비아반도는 북부 유럽세계에 위치하고 있다. 이 두 반도는 로마인의 영향이 미치지 않았던 지역이었다. 로마인은 북해 연안의 바이크설강과 발트해 연안의 오데르강을 이용하여 북부 유럽세계에 이르고 있었다. 로마인은 한편으로 아프리카지역으로부터 발트해에 이르던 고대 베른쉬타인 도로망을 이용하여 북부 유럽세계 인간과 관계를 유지했다. 작센종족은 3세기경부터 도버해협 건너편에 위치한 르와르강 하구 연안을 동경하여 르와르강 연안에 대하여 해적활동을 일삼았다. 로마인은 작센종족의 해적활동을 피하기 위하여 북해 연안의 갈리아지역으로 이주했다. 로마제국이 사라지면서, 로마인은 브리타니아 섬을 떠나게 되었다. 로마인이 브리타니아 섬을 떠난 이후 작센종족과 앙겔종족, 그리고 유트종족은 브리타니아 섬을 비롯한 유트란드 반도와 쉬레스비히 지역의 북해 연안에서 활동했다. 이들 작센종족과 앙겔종족, 그리고 유트종족은 해적활동의 목표지점으로 공략했다. 이들 종족의 해적들은 5세기가 지날 때까지 끊임없이 라인강 하구 연안과 갈리아 북부 연안을 위협했다.

덴종족과 유트종족은 유트란드반도를 거쳐 홀스타인지역과 덴마크지역으로 이동했다. 슬라브어계 종족은 홀스타인 동부지역을 위협했다. 슬라브어계 종족이 홀스타인 동부지역에 대한 슬라브어계 종족의 위협 영향으로 슬라브어계 종족의 거주지역에는 방어체제가 출현하여 슬라브어계 종족의 방어선은 스칸디나비아 지역의 게르만어계 종족과 유럽의 작센종족을 분리했다. 스칸디나비아지역의 게르만어계 종족과 유럽대륙의 작센종족 사이에서 교류가 단절되자, 북해와 대서양 연안도 자연히 프랑크 왕국의 문화영역과 스칸디나비아인 문화영역으로 분리되었다. 그런데도 브리타니아 섬의 앵글로색슨종족과 덴종족은 대륙의 프리젠종족과 교류를 계속했다. 게르만어계 바이킹종족은 유럽의 서남부지역에서 해적활동을 계속했다. 메로베크 가문 지배자들은 게르만어계 바이킹종족의 해적활동을 중단시키기 위하여 작센종족을 비롯한 덴종족과 끊임없이 정복전쟁을 치러야 했다.

스칸디나비아지역은 중세의 생활방식과 문화형태, 그리고 중세의 신앙형태를 그대로 간직했다. 스칸(Scan)이란 명칭으로부터 스웨덴이란 명칭도 생겨났다. 스칸디나비아는 스칸종족의 거주 지역(Scadia)이라는 명칭을 지녔다. 원 게르만어계 종족 또는 인도 게르만어계 종족이 본래 근거지였을지도 모르는 이들 지명은 몇 부류의 종족이 결합했다는 표지일 수도 있다. 스칸디나비아지역은 이들 게르만어계 종족에 에스키모종족과 라프종족이 결합되었다. 당시 스칸디나비아지역의 거주 종족은 보잘 것 없었을 것이다. 이 거주자는 먹을 것을 비롯한 노예와 여자, 그리고 황금을 찾아서 해양으로 끊임없이 진출했다. 노르웨이지역의 거주자들은 스코틀랜드와 아일랜드, 그리고 그린란드로부터 유입되었다. 스웨덴지역의 거주자들은 또한 러시아지역으로 진출하던 전사 상인이었다. 스웨덴지역의 이들 전사 상인들은 콘스탄티노플지역까지 위협했다. 덴종족은 잉글랜드와 프랑스지역을 쉴새없이 공략하면서, 해적활동을 일삼고 있었다. 노르웨이와 스웨덴을 비롯한 스칸디나비아지역의 거주 종족은 여전히 중세 단계의 생활방식을 버리지 못하고, 이곳저곳으로 옮겨 다니며 떠돌이 생활을 계속했다.

종교는 중세의 북부 유럽세계 지역에서 자리 잡았다. 종교는 인간의 생활처럼 중세 단계에 머무르고 있었다. 종교는 중세 단계의 통치조직 발원지였다. 따라서 종교는 통치조직의 기본골격을 형성했다. 북부 유럽세계의 왕권은 계절에 따라서 땅에서 생기던 새싹처럼 신화와 함께 등장했다. 신화와 함께 등장한 종족왕의 통치양식은 전설 꾸러미를 엮어 나가며 이어지고 있었다. 북부 유럽세계 지역에서도 종족왕은 천자였다. 천자인 종족왕은 자기 종족에게 자식 복을 가져다주었을 뿐 아니라, 풍년과 전쟁에서의 승리까지 가져다주는 존재로 인식되었다. 어떻게 보면, 북부 유럽세계 지역의 종족왕은 천자였기 때문에 더욱 무능할 수밖에 없었다. 그래서 종족왕은 나라의 통치를 하늘로부터 위임받아 수행했다. 종족왕의 혈족 귀족이 하늘로부터 점지 받아 태어나듯이 종족왕의 통치권도 하늘의 점지로부터 발생했다. 종족왕의 조상은 모두가 하늘나라에 살고 있었다. 그래서 종족왕은 하늘에 살고 있는 조상에게 제사를 드리고 있었다. 이것은 스웨덴의 웁쌀라지역에서 입증되고 있다. 스웨덴의 웁쌀라지역을 비롯한 라이레 지방의 도서지방인 로에스키르레에서는 종족왕이 천자이고, 종족왕의 조상은 하늘나라에 살고 있다고 하여 하늘의 조상에게 제사를 드리고 있었다.

또한 이들 북부 유럽세계 인간의 종족왕은 하늘의 조상에게 제물을 바치며, 재판을 진행하고, 물건까지 서로 거래했다. 웁쌀라지역에 거주하던 이들 혈족의 조상숭배 의식에서도 종족왕의 앉은 모습을 예술품처럼 조각했다. 앉아 있는 종족왕의 모습을 새긴 조각품은 나무로 지은 목조건물은 회당 또는 조상숭배 사당에서 장식품처럼 안치되어 있었다. 조상숭배 사당에서 종족왕은 수장 및 종사와 함께 조상에게 제사를 드리고, 함께 앉아서 먹으며 마시고 있었다. 덴마크지역은 물산이 풍부한 지역이었다. 덴마크지역에서는 풍부한 물산을 이용하여 방목과 목축업이 나타나고 있었다. 덴마크 북부지역의 토지는 곡식을 재배하는 데 활용되었다. 덴마크 북부지역에서 생산된 곡물은 노르웨이와 스웨덴지역에서 생산된 모피와 건어류를 비롯한 목축지역의 살코기와 교환되면서 가격을 형성했다. 덴마크 북부지역의 곡물은 북극해 연안에 거주하던 라프종족에게까지 유통되었다. 거기다 덴마크 북부지역에서 생산된 곡물은 유럽과 스칸디나비아의 교역을 이어주고 있었을 뿐만 아니라, 발트해의 카레카트와 스웨덴지역까지 이어주었다. 거기다 곡물은 고트란드 섬과 아란트 섬을 비롯한 건너편의 핀종족과 리타우종족 및 슬라브어계 종족의 세계까지 이어주던 교역품이었다.

노르만종족은 유럽과 스칸디나비아의 가교지역인 발트해 연안지역에 대한 해상권을 장악했다. 노르만종족은 작센종족의 해적활동로를 따라서 로마제국의 해안 숙주 지역을 침입했다. 노르만종족은 세르란드 섬과 오르크네이 섬을 거쳐 브리타니아 섬을 침입했다. 브리타니아 섬에까지 진출했던 노르만 종족은 멕시코 연안으로부터 흘러가는 난류의 흐름을 타고, 아일랜드 해안과 프랑스 북부지역의 대서양 연안을 침입했다.

북부 유럽세계의 통치체제와 바이킹종족의 해상활동(780년 이후)

멕시코 연안의 난류는 노르만종족의 뱃길을 안내했다. 노르만종족은 스칸디나비아의 고향을 넘나들다가 난류의 흐름을 찾아내어 원거리 항해로를 찾아내게 되었다. 당시 노르만종족의 왕권은 체제를 갖추던 단계에 진입했다. 노르만종족의 수장들은 종사와 함께 종족왕의 통치영역을 벗어나기 위하여 새로운 영지를 찾아 나서고 있었다. 바이킹종족의 해상함대는 789년에 이르러 잉글랜드 섬에까지 등장했다. 또한 바이킹종족의 해상함대는 이어서 793년 스코틀랜드에, 795년에는 아일랜드 해안지대에서도 모습을 드러내고 있었다.

바이킹종족의 해상함대는 이렇게 대서양 연안으로 진출하기 시작했다. 카롤루스 막뉴스는 덴종족을 비롯한 프랑스의 대서양 연안에 정착한 바이킹종족과 일정한 관계를 유지했다. 그런데도 덴종족과 바이킹종족은 카롤루스 막뉴스 이후의 계승 황제 시대에 이르러 프랑크 왕국의 위협자로 나타났다. 덴종족과 바이킹종족은 배를 타고 해적활동과 정복전쟁으로 전리품을 획득하면서, 교역에까지 나서고 있었다. 덴종족과 노르만종족의 항해선박은 종사를 거느린 수장 단위의 선원으로 승선했다. 그래서 덴종족과 노르만종족은 종사제 형태로 해적활동과 정복활동에 나서고 있었다. 덴종족과 노르만종족의 해적선단은 상인을 아예 인식하지 못했을 뿐만 아니라, 교역에 대해서는 관심조차 없었다.

바이킹종족은 강 하구의 섬 지역에 정박하고 있다가 강을 거슬러 올라가 강유역을 습격하곤 했다. 즉, 바이킹종족의 선박은 해적선이라기보다는 일종의 해상함대였다. 그리고 습격지역에 상륙한 바이킹종족은 말을 빼앗아 타고 다시 인근 영지를 습격한 다음 정박지로 돌아오곤 했다. 바이킹종족은 양식을 획득할 수 있는 지역이 가까우면 가까울수록 새로운 정착지를 확보하기 위하여 정복활동에 더욱 강하게 집착했다. 그 이유는 바이킹종족이 창설했던 아일랜드의 더불린 왕국도 양식을 확보할 수 있는 정착지역으로 파악되었기 때문이었다. 바이킹종족은 820년경 아일랜드에다 더불린 왕국을 창건했다. 또한 바이킹종족은 잠시 동안이긴 하지만, 프랑스지역을 공략하여 벨기에(프리즈란드)와 룩셈부르크지역에서 해상활동에 나서고 있었다. 노르만종족의 영지공격은 프랑스 북부 연안에서도 발생했다. 이것은 확고한 숙박과 경유지역을 확보하기 위한 의도에서였다.

바이킹종족의 해상함대는 859년 스페인의 대서양 연안에까지 진출했다. 바이킹종족의 해상함대는 스페인 해안을 따라서 그바달쿠이빌 강 하구에 까지 진출하여 드디어 모로코를 찾아 내게 되었다. 모로코에 이르렀던 바이킹종족의 해상함대는 지브랄타르 해협을 지나 지중해로 진출하기에 이르렀다. 이어서 바이킹종족의 해상함대는 지중해를 항해하다가 이탈리아 서부지방의 루까와 피사를 약탈했다. 바이킹종족의 해상함대는 또한 프랑스의 지중해연안에서 항구도시에 불을 질러 도시 전체를 잿더미로 만들겠다고 위협하며, 공물을 거둬들였다. 한편, 스웨덴지역의 바이킹종족은 러시아지역으로 진출하여 노브고로드지역을 차지했다. 노브고로드지역에서 바이킹종족은 840년경 바이킹왕국을 창건하여 흑해 연안으로 진출할 수 있는 교두보를 확보했다. 노브고로드지역에서 정착지역을 확보한 바이킹 종족의 해상함대는 866년 경에 이르러 비잔티움지역의 콘스탄티노플에서도 모습을 드러내고 있었다. 바이킹종족은 콘스탄티노플에서 전사상인으로 변모하여 결국 황실 친위대의 관직에까지 오르고 있었다. 노르만종족은 비잔티움제국과의 관계를 정립했다. 지중해지역에서 노르만종족의 해상활동은 비잔티움제국과의 관계가 정립되면서 활기를 띄게 되었다.

바이킹계 해상함대는 비잔티움지역에서 바이킹종족의 함대가 나타났던 시기와 비슷한 시기에 유럽지역의 지중해 연안을 장악했다. 바이킹계 해상함대는 한편으로 잉글랜드를 침입했다. 당시 잉글랜드를 덴종족왕은 통치했다. 바아킹종족은 덴종족의 통치하에 있던 잉글랜드 북부지역을 침입했던 것이다. 이들 바이킹 종족은 덴종족의 법률체제를 무너뜨리고 북부 유럽세계의 맹주로 변모했다. 바이킹종족은 또한 874년 멕시코 연안으로부터 흘러들던 난류를 타고, 노르웨이로 건너갔다. 노르웨이에 정착한 바이킹종족의 맹주들은 젊고 유능한 수장왕인 하랄드 1세(865~933)를 도와 노르웨이왕국을 창건했다. 바이킹종족은 이제 새로운 노르웨이왕국의 맹주로 정착했다. 이들은 과거 바이킹종족과 덴종족이 잉글랜드 등지로 영지를 찾아 나섰던 것처럼 아이스란드 등지로 영지를 찾아 나서고 있었다. 특히, 스칸디나비아 지역의 바이킹종족은 700년 이후부터 발트해의 파로에르 섬과 세트란드 등지에 정착했다. 이들 바이킹종족은 스칸디나비아지역의 귀족사회를 형성했다. 바이킹종족은 또한 왕국이라는 통치체제를 생성시키고 있었다. 이들 스칸디나비아 지역의 왕국은 북쪽에 위치한 그린랜드의 알르팅 지방에서도 4개의 속주를 경영했다. 크리스트교의 관례의식은 당시 그린란드의 아르팅지역에 설치된 네 개의 속주에도 유입되었다.

노르웨이왕국의 왕은 그린란드의 아르팅지방을 통치하던 최고 영주였다. 구므브유에른 우프손(Gumbjern Ulfsson)과 그의 아들 에리크(Erik der Rote, 대략 +1007년)는 그린랜드에 식민지를 건설하기에 이르렀다. 노르웨이의 왕국의 바이킹종족들은 890년 경에 이르러 북부 해각을 돌아 북극해 연안으로 새로운 전리품을 찾아 나서고 있었다. 헤르유르프 라브라도르는 드디어 베링해협에 도달하여 아메리카 대륙을 처음으로 발견했다. 그리고 1000년경 에리크의 아들인 레이프(Leif)는 북아메리카 대륙에까지 상륙했다. 레이프는 아메리카 연안으로 멕시코 만류가 흐르고 있기 때문에 포도를 재배할 수 있는 대륙임을 파악했다. 그래서 레이프는 아메리카 대륙을 '포도 대륙'이라 지칭했다. 노르만디의 공작은 롤로(912~927)였다. 롤로의 노르만디 정복으로 노르웨이왕국은 911년 프랑스 해안지대로 진출했다. 롤로는 프랑스 해안지대의 노르만디 지방에 공작영지를 설치했다. 노르웨이 왕국은 프랑스지역에 대한 롤로 공작의 정복에 이어 수십년 간에 걸쳐 브레타뉴반도를 비롯한 르와르강 하구와 프랑스 남부지역을 공략하여 유럽 대륙을 휩쓸고 있었다.

북부 유럽세계의 왕국은 바이킹종족의 원정기를 거치면서 왕권을 출현시키고 있었다. 덴마크왕 고름(860~935)은 원정시대에 왕국을 통일했다. 고름의 계승자는 아들 하랄드 브라우찬(940~986)이었다. 하랄드 브라우찬은 덴마크 왕국에 크리스트교를 허용했다. 덴마크왕국은 가메르바르트 시대에 이르러 유럽 문화권에 편입되었다. 오라프 스코트코눙(994~1022)은 덴마크 왕이었다. 그는 웁쌀라지역을 국왕 근거지로 선택하였다. 노르웨이지역에는 800년 경까지 311명의 촌장들이 활동했다. 하르프단(+877)은 트론드하임의 왕실을 중심으로 촌장들을 복속했다. 그래서 하르프단은 처음으로 왕위에 오르게 되었다. 하르프단의 계승자는 아들 하랄드 1세였다. 하랄드 1세 시대(860~993)를 경과하면서 노르웨이왕국은 통치조직을 갖추어 갔다. 노르웨이 왕국에는 오라프 성자왕 시대(1015~1028)에 이르러 크리스트 교회가 들어서게 되었다. 오라프 성자왕은 이교도 사원을 파괴하고, 한편으로는 크리스트교회를 건립하기 시작했다. 오라프 성자왕은 스웨덴지역을 정복하고, 덴마크와 노르웨이 왕 야를 에리크(Jarl Erik)와 루에겐 해에서 싸워 승리를 거두게 되었다. 야를 에리크 가문은 이에 대응하여 오라프 성자왕을 배척하고, 덴종족왕 카누트 왕가의 통치하에 1028년까지 남아 있었다.

오라프 성자왕은 이교도 왕가를 스티크레스타드 전투에서 정복했다. 그는 바르쉬타드 왕가를 후예들에게 물려주어 성자왕의 위치에 대한 표지로서 성당 하나를 남겨 놓았다. 크리스트교는 오라프 성자왕 시대를 거치면서 노르웨이 왕국의 종교로 정착했다.

11세기까지 바이킹종족의 생활과 문화

바이킹종족은 1000년경까지 친족체제와 토속신앙을 유지했다. 바이킹종족의 남성은 운동경기와 사냥에 자유롭게 참가했다. 또한 바이킹종족의 남성은 해초를 채취하고 전쟁에 출정했다. 그리고 남성은 하프를 연주하고, 노래와 춤을 즐기면서 청소년기를 보냈다. 바이킹종족은 목재와 귀금속을 세공했다. 바이킹 종족의 생활에서 목재와 귀금속의 세공품은 중요한 생활용품이었다. 특히, 바이킹 종족의 자유로운 귀족생활에는 목재와 귀금속의 세공품이 광범하게 파급된 상황이었다.

바이킹종족의 유력자 사회에서는 13세기까지 일부다처제가 유지되었다. 친족이나 혈족의식은 바이킹종족의 사고와 행동을 제약했다. 바이킹계 종족구성원은 스웨덴지역의 원시림을 개관하거나, 노르웨이지역의 산간지대를 개척했다. 이외에도 북유럽세계 인간은 선박을 건조하는데 뛰어난 기술을 지니고 있었다. 북유럽세계 인간이 건조한 배는 북부 유럽세계의 해류와 기후에 알맞게 칼날처럼 뾰족한 뱃머리를 갖추고 있었다. 아마도 뱃머리가 칼날처럼 뾰족하게 만들어 졌던 것은 상대편의 배와 충돌할 때 상대편의 배를 파괴하기 위한 방편이었다.

바이킹종족 사회조직에서 군주와 귀족은 종족구성원을 통치했다. 바이킹종족의 사회조직은 촌장사회였다. 촌장사회는 야를 가문의 혈족과 자유 경작지 보유자, 그리고 농촌 예속민과 노예로 구성되었다. 국왕을 비롯한 귀족사회 구성원은 전사상인이나 모험가 및 정복자의 전례를 따라서 전리품을 찾아 나서고 있었다. 전사인

이들 항해자들은 고향에서 평화롭게 살아가는 것을 꿈으로 여기고 있었다. 또한 항해자는 규율과 권리를 중시했다. 노르만종족의 신앙에 등장하는 여러 신은 종족 구성원 전체의 숭배대상이었다. 노르만종족의 신은 인간의 모습으로서 전사나 종족왕의 모습을 지니고 있었다. 그리고 노르만종족의 신은 자연의 힘으로 종족구성원에게 구현되었다. 노르만종족의 신은 외형상 인간의 일상사를 구현시키는 것으로 종족구성원들에게 인식되었다. 노르만종족의 통치자는 천자로 인식되었다. 통치자 혈통은 물론 신의 혈통으로 인식되었다. 천자는 물론 신의 아들이라는 의미를 내포했다. 통치자의 혈통은 신의 혈통이었기 때문에 아무리 무능하더라도 정당성을 지닐 수 있었다. 노르만종족의 통치자 혈통도 크리스트교가 유입되면서 자연과 신의 문제를 정확하게 제기하지 못했기 때문에 와해되었다. 북부 유럽세계 인간의 신앙원리는 신화로 존속했다.

신화는 또한 에다(Edda)라는 시가집 형식으로 남아 있다. 에다의 시가집에는 8-12세기 노르웨이와 아이슬랜드, 그리고 그린랜드 등의 지역에서 무명시인의 입으로 구전되던 기사들이 포함되어 있다. 에다 시가집에는 1463년 익명의 주교가 처음으로 코펜하겐 국립 도서관에서 찾아내어 세상에 빛을 발했다.

노르만종족의 남성은 무자비한 전사로 표현되고 있다. 노르만종족의 남성세계를 그대로 대변할 수 있는 것은 생명을 내걸고, 곰의 껍질을 뒤집어 쓴 채 광기에 가깝게 싸우는 포악한 전사의 모습이었다. 노르만종족의 전사사회는 모슬렘과 마자르종족의 전사 모습처럼 종족구성원의 힘에만 근거하지 않았다. 노르만종족의 전사사회는 소규모의 집단을 이루고 있었다. 이들 전사동아리는 굶주림을 극복하기 위하여 먹을 것과 평안한 안식처를 찾아 종족구성원과 함께 방랑생활에 나서고 있었다. 소규모 동아리를 이루어 추구하던 방랑생활 목적에는 정착지와 여자, 그리고 재물과 부귀영화를 찾기 위한 것이 포함되어 있었다. 노르만종족의 고유 시구에는 이런 방랑자 세계를 구구절절이 기록하고 있다. 노르만계 권력동아리 창건자는 해적활동에 참가했던 노르만종족 좌장이었다. 이것은 노르만디 공작 롤로(912~927), 잉글랜드의 빌헬름 정복자(1027~1087), 시칠리아 정복자 로리 2세(1113~1154) 등의 실례에서도 입증되고 있다. 그러나 노르만종족도 정복기를 지나면서 주변문화에 함몰되었다. 이것은 또한 시칠리아 정복자 로리 2세가 비잔티움 지역의 예술 세계에 몰입하였던 사례에서도 지적될 수 있다. 이것은 또한 게르만어계 종족이 로마인 문화영역에 빠져든 것에 비유할 수도 있을 것이다.

노르만계 해상로

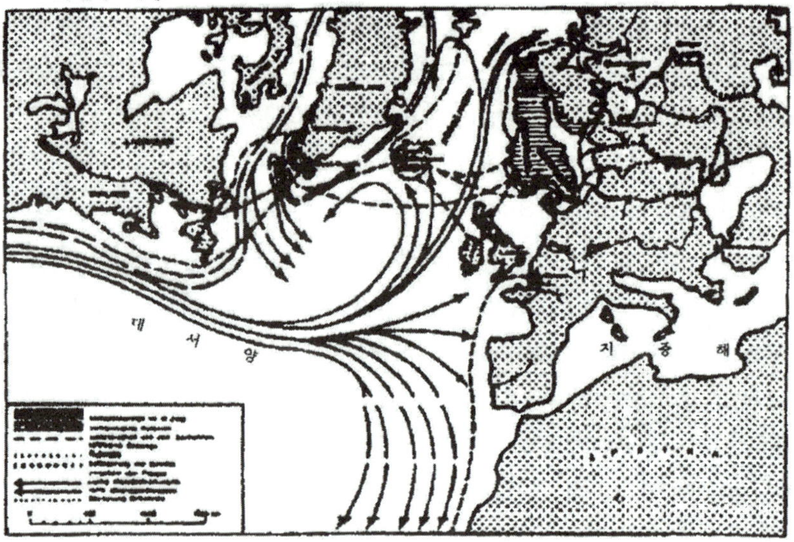

노르만종족의 경우도 또한 600~700년경 게르만어계 종족이 게르마니아지역에 정착하면서 로마인 문화를 수용하여 유럽구성원이 되었던 경우와도 다를 바 없었다. 바이킹계 노르만종족도 일단 정착하여 로마인 문화영역에 동화됨으로써 정복활동을 종결했다. 바이킹계 노르만종족의 사례에서 입증되듯이 중세 유럽의 새로운 문화는 11세기 이후 유럽지역의 고유한 특징으로 정착했다.

북부 유럽세계 인간의 세계교역과 발트해와 지중해지역

북부 유럽세계는 북해와 발트해, 그리고 대서양으로 이어지는 교역 공동체를 형성했다. 그러나 정치와 문화는 이와는 달리 하나로 통일되지 못한 실정이었다. 북부 유럽세계 인간의 활동영역은 드네프강 유역의 키예프지역으로부터 아일랜드의 더블린지역에까지 이르고 있었다. 또한 북부 유럽세계 인간의 활동영역은 발트해로부터 북해를 거쳐 유럽의 대서양 연안과 지중해 연안까지 이르고 있었다. 북부 유럽세계 인간은 방대한 활동영역과 더불어 활 모양으로 굽어진 북부 유럽세계의 포구에서 교역 공동체를 형성했다. 북부 유럽세계 인간들의 교역공동체는 물론 해상함대까지 거느리고 있었다. 중세 유럽에서 나타났던 교역 공동체를 현대 유럽

공동체 의식을 형성하는 기반으로 연계시킬 수도 있을 것이다. 북부 유럽세계의 공동체 구성원은 비잔티움 세계의 산물을 받아 들였다 교역 공동체 구성원은 드네프강을 따라서 러시아의 노브고로드지역으로 갔고, 거기서 모슬렘과 비잔티움 세계의 상품을 교환하여 북부 유럽세계로 다시 받아들였다. 노브고로드지역에서는 러시아인의 산물인 모피류와 벌꿀 및 밀랍 등이 북부 유럽세계와 비잔티움 및 모슬렘지역의 상인들에게 제공되었다. 노브고로드지역에서 생산된 모피류나 벌꿀, 밀랍과 같은 산물은 발트해의 고트란드 섬에서 유럽 각 지역의 상인들에게로 거래되었다. 그래서 고트란드는 교역품의 중계지 기능을 담당했다.

고트란드는 모슬렘지역이나 비잔티움지역의 동방산물이 거쳐 가던 중간의 유통지역이었다. 북부 유럽세계의 각 지역으로 유입되던 동방산물은 고트란드를 거치고 있었다. 북부 유럽세계의 산물은 주로 피혁제품이나 생선 박제품, 그리고 식품류였다. 이들 북부 유럽세계 산물은 스칸디나비아지역에서 동방의 교역품과 함께 유럽 지역으로 들어갔다. 유럽지역에서 이들 교역품은 다시 잉글랜드의 요오크와 브리스톨, 그리고 체스터와 더블린 등의 지역으로 거래되었다. 이탈리아의 상인들은 주로 잉글랜드지방으로부터 북부 유럽세계에서 전달된 동방 생산물을 사들여 스페인과 프랑스 남부지역의 시장에다 내다 팔고 있었다. 또한 이탈리아 상인들은 룩셈부르크의 우트레히트와 플랑드르지방의 상인과 거래했다. 물론 프랑스 남부지방과 스페인지역에서 스칸디나비아지역의 상인은 중요한 위치를 차지했다. 북부 유럽세계의 상인들은 유럽의 해로와 육로를 통하여 곡물과 노예, 그리고 철제품을 발트해 연안으로 가져갔다. 상품 교류는 곧 문화교류였다. 북부 유럽세계의 상업 공동체는 유럽을 문화 공동체로 변화시키고 있었다. 북부 유럽세계의 상인들로부터 잉글랜드의 앵글로색슨종족은 이중의 날이 달린 도끼류를 전수받게 되었다.

잉글랜드인은 노르만 정복자에게 항로와 해류의 흐름과 같은 항해방법과 가정생활을 가르쳐 주었다. 반면에 아일랜드인은 노르만 정복자로부터 곡물과 어류 건조법, 그리고 곡식을 타작하는 도리깨 및 금속세공 기술을 포함한 석조 예술까지 전수받게 되었다. 잉글랜드의 수공업자들은 노르웨이인들의 기술을 전수받기 위하여 북부 유럽세계로 이주했다. 잉글랜드의 수공업자가 북부 유럽세계 지역으로 이주한 이후 크리스트교의 영역도 점차 북부 유럽세계 지역으로 확장되었다. 잉글랜드의 앵글로색슨종족은 북부 유럽세계 인간과의 빈번한 교류를 통하여 생활방식과 자치 의식을 터득했다.

북해와 발트해는 북부 유럽세계 인간과 서유럽세계 인간의 해상 교역지로 변모했다. 중세 유럽의 도시는 북해와 발트해의 해상교역 기능을 10세기에 이르러 받고 있었다. 그런데도 당시까지 중세 유럽의 도시에서 교역은 별다른 위치를 차지하지 못하던 상황이었다. 돔부르크의 서남부지역으로부터 말레르와 그로빈에 인접한 동북부지역의 해상교역지는 연안 교역 뿐만 아니라, 원거리 해양교역까지를 연계시키고 있었다. 이들 해상교역지에는 도레스타르와 티에르를 비롯한 엠덴, 보레멘, 함부르크, 하이트하부, 리르로, 그리고 카우팡 등의 지역이 포함되어 있었다. 이들 지역의 해상교역에 관한 주요 사료는 10세기 중반기에 저작된 '안스카리우스의 전기'(Vita Anskarii)이다.

북해와 발트해의 해상교역은 북부 유럽세계로부터 유럽으로 연결되었다. 여기의 해상교역은 주로 해류 흐름을 활용했다. 해류의 흐름을 활용한 해상교역지는 하이트하부와 투르소, 그리고 카우팡과 르로보쏘 등이었다. 이들 해상 교역지는 9세기 초반 경 노르만종족의 정복시대부터 해류의 흐름을 활용하기 위한 해로로 알려져 있었다. 특히, 하이트하부는 해로의 흐름이 갈라지던 지점이었다. 그래서 하이트하부는 9세기에 이르러 북부 유럽세계의 상품이 서로 교환되던 교류지역이었다. 하이트하부 이외에도 노르웨이의 카우팡 이 스키링스사르(Kaufang i Skingssal) 또한 주요한 교차 교역지역이었다. 하로가란드는 모피상업의 중심지였다. 하로가란드는 트룸쇠와 그렇게 멀지 않은 노르웨이 북부지역에 자리잡고 있다. 하로가란드 지방에서 생산된 모피류는 유럽지역으로 거래되었다. 하로가란드는 장기간에 걸쳐 북극해와 발트해의 교역을 중개하던 교차지역이었다. 노르웨이 왕실은 당시 하로가란드의 모피교역을 전매사업으로 규정하는 법률까지 공포했다. 북부 유럽세계의 남성은 포경에까지 나서고 있었다. 북부 유럽세계 인간은 북해의 동물 가죽을 조선 자료로 활용했다. 이외에도 거대한 활모양으로 굽어진 발트해의 포구는 9세기에 이르러 서로 다른 산물을 교환하던 교차 상업지역으로 개방되었다.

9세기 이후 고대인의 교역지역은 완전히 황폐화되었다. 옛날 그렇게 번성하던 고대인의 교역지역으로부터, 과거에는 전혀 교역이 이루어지지 않던 동유럽지역으로 옮겨지고 있었다. 북부 유럽세계 인간은 거대한 유럽의 강을 타고 새로운 교역지를 내륙에서 찾아내고 있었다. 그래서 거대한 하천의 하구에는 새로운 교역지가 생겨나고 있었다. 새로운 교역지가 유럽내륙에서 생겨나면서, 러시아지역의 노브고로드는 쇠퇴했다. 발트해와 지중해, 그리고 카스피해 사이에서 노브고로드는 교역의 분수령 기능을 상실했다. 볼가강과 드네프강은 동남부지역으로 향하는 주요 교역로로 변모했다.

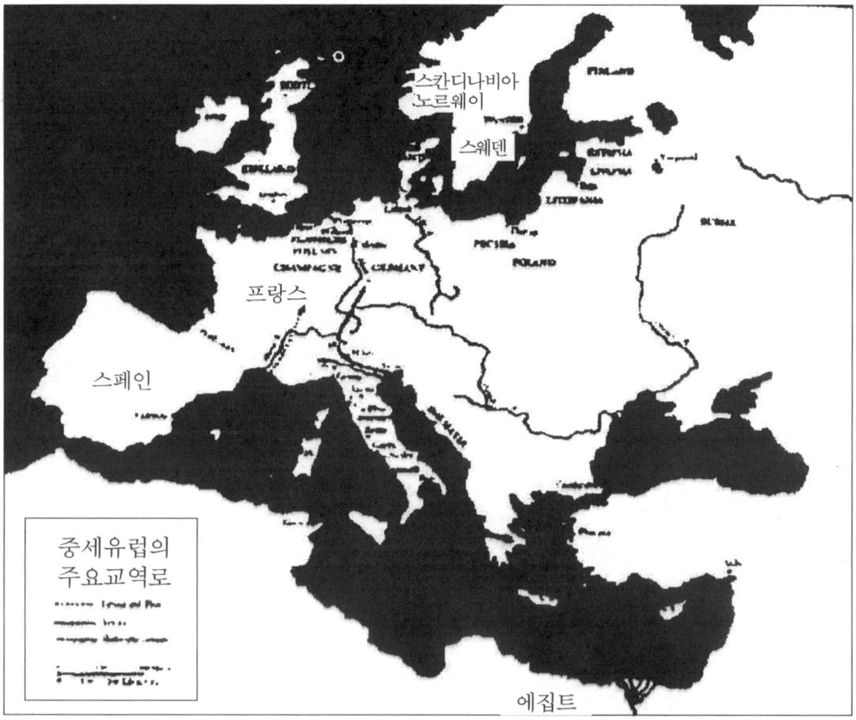

바이킹종족은 유럽을 침입하기 시작했다. 이후부터 서유럽으로 향하던 교역로는 아이더강 하구로부터 라인강 하구 이내의 지역으로 옮겨지고 있었다. 즉, 서유럽으로 향하던 교역로는 크벤토빅을 넘어 루앙에까지 이르고 있었다. 루앙은 후기에 이르러 노르만종족의 거점도시로 발전했다. 800년 이후부터 브리타니아 섬과 아일랜드 섬의 관계는 점차 악화되었다. 북부 유럽세계로 부터 남부 유럽으로 향하던 교역로는 노르웨이-세트란드-오르크네이를 거쳐 서유럽으로 이르는 상업로였다.

7-3. 중부 유럽 출현과 카롤루스 가문 왕국(850~1050)

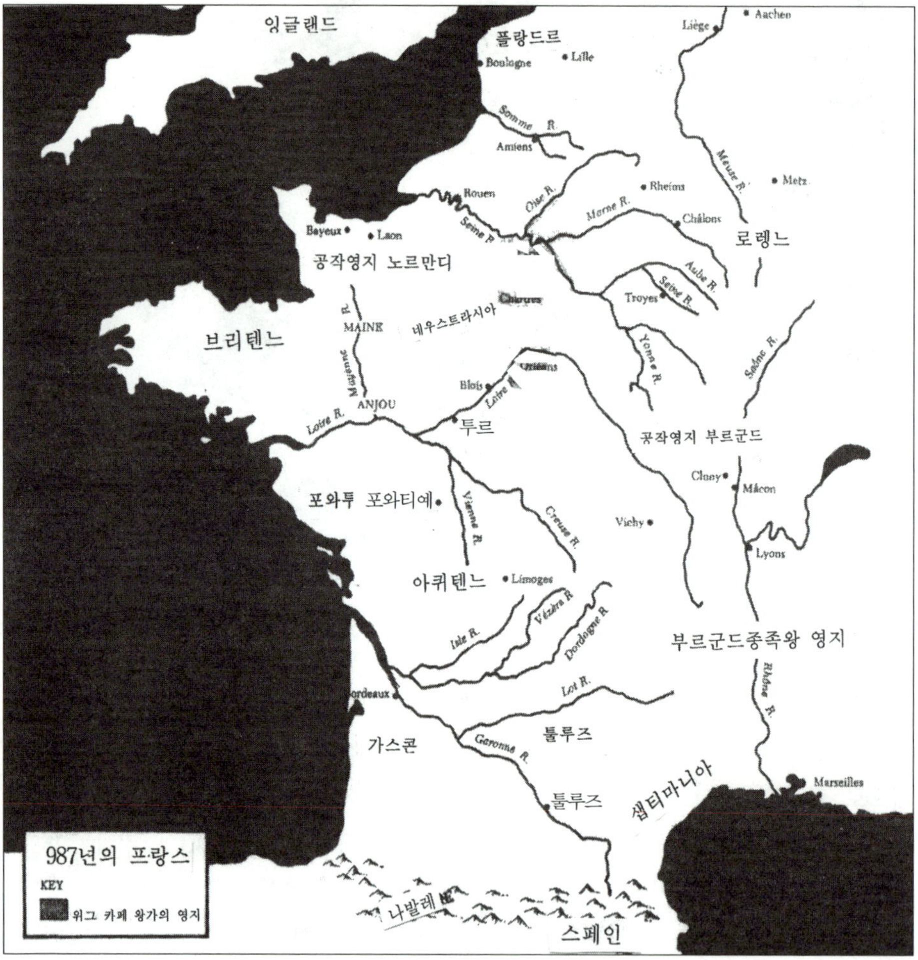

외부 종족의 프랑스 침입

카롤루스 막뉴스는 814년 1월 28일 아헨에서 사망했다. 카롤루스 막뉴스의 사망과 함께 카롤루스 가문의 프랑크종족왕 영지는 카롤루스 막뉴스의 생전인 806년에 이미 확정해 둔 종족왕 영지 분할원칙(Divisio imperii)에 따라서 분할되었다.

당시 '종족왕 영지 분할원칙'에는 영지 아퀴텐느와 영지 이탈리아 왕은 종족왕 영지 분할원칙에서 제외된 상황이었다. 카롤루스 막뉴스의 계승자는 루드뷔히 경건자 왕(813~840)이었다. 영지 이탈리아 왕은 루드뷔히 경건자 왕의 이복형제인 피핀(781~810)이었으나 역시 사망하고 공석이어서 루드뷔히 경건자 왕이 영지 이탈리아 왕위까지 겸했다. 817년 당시 루드뷔히 경건자 왕의 나이는 40세였다. 그런데도 아헨의 궁정회의에서는 '종족왕 통치영지 분할원칙'(ordinatio imperii)에 대한 문제가 제기되었다. 궁정회의(817년)의 결과에 따라서 루드뷔히 경건자 왕의 장자인 프랑크종족왕 로타르는 황제위 계승자 위치에 책봉되었다. 그리고 영지 아퀴텐느 상속자는 형제인 피핀(817~838)이었고 영지 바이에른 상속자는 역시 형제인 루드뷔히 도이취인이었다. 귀족동아리와 교회조직은 왕위 계승관습과 영지 상속관습의 우위 논쟁을 제기하며 일제히 황제 루드뷔히 경건자 왕의 왕위세습과 영지 분할에 반발하고 나섰다. 이탈리아에서는 황제 조카인 베른하르드(813~818)가 황제의 왕위 책봉에 반기를 들고 있었다. 그래서 829년 보름스 제국회의에서는 왕국의 분할문제가 가문의 세력경쟁으로 발전했다. 이어서 829년 파리에서, 그리고 836년 아헨에서도 왕국분할을 주제로 한 주교회의가 개최되었다.

루드뷔히 경건자 왕의 장자인 종족왕 로타르는 두 동생의 왕위를 831년 반대했고 이어서 로타르의 두 동생 역시 형인 종족왕 로타르에게 반항했다. 다음해인 832년에는 세 아들 모두가 아버지인 루드뷔히 경건자 왕에 반대하여 귀족동아리와 교회조직, 수도자동아리 좌장세력의 후원을 받으며 왕위에 올랐다. 루드뷔히 경건자 왕은 833년 스와송에서 사로잡혀 수도자동아리 은신처 골방에 감금되었다. 834년 루드뷔히 경건자 왕은 황제위에 복귀했으나 통치 영지는 이탈리아로 축소되고 말았다. 카롤루스 막뉴스를 계승했던 루드뷔히 경건자 왕은 세력경쟁으로 온갖 수난을 겪다가 840년 인겔하임에서 사망했다. 이어서 장자인 종족왕 로타르(840~855)는 벨기에와 룩셈부르크로부터 라인강 남북 하구를 경계로 하여 지중해 연안의 프로방스, 이탈리아에 이르는 영지를 차지하고 로마 교회조직 보호자 위치까지 계승했다. 종족왕 로타르의 통치영지는 중간영역으로서 사실상 공동 통치구역이었다. 루드뷔히 도이취인 왕(840~876)은 동부 종족왕 영지 아우스트라시아를, 샤를 대머리 왕(840~877)은 루드뷔히 도이취인 왕의 서부영지를 차지했다. 루드뷔히 경건자 왕 사망 이후, 귀족동아리와 교회조직의 관심사는 통일영지를 달성하는 것이었다. 그래서 제국의 귀족동아리와 교회조직 지배자동아리는 통일영지와 평화협약을 베르덩에서 체결하기에 이르렀다.

그러나 프랑크종족왕 영지의 지배자인 로타르, 아퀴텐느 왕인 피핀, 루드뷔히 도이취인 왕, 샤를 대머리 왕 등은 프랑크종족왕 영지를 베르덩협약에 따라서 영원히 분할했다. 베르덩협약(843)에 따른 프랑크종족왕 영지 분할로부터 프랑스, 도이취란트, 그 중간영지를 차지했던 종족왕 로타르의 영지가 탄생했다. 종족왕 로타르의 중간영지는 오늘날 네델란드로부터 이탈리아와 프로방스에 이르는 불안정한 영역이었다. 종족왕 로타르의 통치영지는 도이취란트와 프랑스 사이에 끼어있던 중간 영지여서 후일 유럽세계 인간의 전쟁 불씨가 되기도 했다. 종족왕 로타르 영지는 프랑크종족왕 영지 분할원리에서도 영지 부르군드의 분할 관행을 그대로 수용했다.

베르덩협약을 통하여 종족관습은 지역문화로 정착하기 시작했다. 루드뷔히 경건자 왕의 계승자는 프랑크종족왕 영지를 분할하여 거대한 프랑스어와 도이취어 언어영역과 프랑스인과 도이취인이란 표지 아래 종족관습을 지역문화로 만들어 다양한 종족표지를 사라지게 했다. 또한 프랑스어 인과 도이취인이라는 언어관습 영역을 국가라는 인간 집단의식의 상징물로 제공하며 종족의 다양한 정치상황을 언어영역의 이해관계에 묶어 새로운 개인주의 산물인 정치이념으로서 근대 국가주의 터전을 제공했다. 카롤루스 가문 계승자는 미성숙한 사고방식 소유자로서 9세기 말경까지 서로 세력경쟁에 몰두했다. 그동안 공작영지 노르만디와 백작 영지 플랑드르에서는 노르만종족 침입으로 카롤루스 가문 후계자 통치영지가 점차 축소되었다. 노르만종족는 840년 공작영지 노르만디의 교역도시인 루앙을 함락한 다음 서부 카롤루스 가문 계승자 영지를 침입하기 시작하여 낭트, 투르, 파리에 이르는 가론느강 유역과 센강 유역을 차지했다.

당시 사라센은 846년 로마를 침략했다. 한편 노르만종족은 플랑드르와 룩셈부르크종족왕 영지를 정복한 데 이어 리모쥬까지 차지했다. 노르만종족은 847년 또한 보르도를 공략하더니, 848년에는 보르도를 초토화했다. 노르만종족은 부베와 바이요를 비롯한 쌩 로, 뫼밀에브로, 투르 등의 도시를 849년에 잇달아 함락했다. 노르만종족의 침입으로 파리는 836년, 861년, 865년 등 3차에 걸친 침입으로 잿더미가 되어 폐허지대로 변모했다. 그런데다 오를레앙은 866년 덴종족왕의 손아귀에 들어가 있었다. 영지 프랑스의 통치기능은 북 유럽계 노르만종족의 침입으로 거의 마비되었다. 노르만종족왕의 해상함대는 지중해에서 859년 론강 유역의 도시를 공격하려다가 이탈리아의 루카와 피사까지 공격했다. 엎친 데 덮친 격으로 사라센까지 프랑스어 영역의 영지정복에 열중했다. 사라센은 972년까지도 지중해에서 근거지를 확보했다. 프랑스어 영역의 영지는 당시 통치조직으로 사라센과 노르만종족의 침입을 막아 낼 수 있는 진지나 대비책도 갖추지 못했다.

카를 3세는 프랑크종족왕 영지의 미약한 최후 지배자였다. 카를 3세(893~923, +929)는 프랑크종족왕 영지를 다시 통합할 수도 있었으나 님베겐지방을 침입한 바이킹종족이 880년 불을 지르겠다고 위협하자, 쿠르트레와 겐트에다 노르만종족의 진지를 구축토록 허용했다. 노르만종족은 1년 이후 뤼튀히, 아헨, 본과 프륌 등의 도시를 초토화하면서 도이취어 영역의 영지공략에 나섰고 카를 3세는 700파운드의 은화를 몸에 지니고 파리로 피신 길에 올랐다. 파리 백작 오도 에우데스(888-898)는 수도자동아리 좌장이자, 주교인 가우츠린(+886)과 함께 프랑스어 영역의 영지에 침입한 노르만종족에 대항하여 싸우며 카를 3세가 파리를 떠난 직후인 888년 프랑스어 영역의 영지 왕이 되어 파리를 통치의 중심지역으로 선포했다. 당시 카를 3세의 계승자는 샤를 순수자 왕(898~923)이었다. 샤를 순수왕은 911년 노르만종족의 최고 군대 지휘관 롤프(Rolf 혹은 Roll)에게 노르만종족의 점령영지를 포기한다는 항복문서를 계약문서 형식으로 작성하여 넘겨주었다. 노르만종족의 지휘관인 롤프는 샤를 순수자 왕으로부터 봉건관습의 신서를 받고 크리스트교로 개종하여 정복영지에 정착했다. 영지 프랑스는 파리 백작 오도 에우데스가 영지 프랑스의 왕위에 올랐으나, 영지 노르만디는 노르만종족의 정착지가 되어 버렸다. 동부 프랑크종족왕 영지인 도이취어 영역의 영지는 917년 경 마자르종족왕의 침입이 절정에 달했다. 마자르종족왕은 도이취어 영역의 영지를 거쳐 부르군드로 진출하며 렝과 쎙주변지역의 수도자동아리 은신처를 937년 공략했다. 마자르종족왕은 951년 영지 아퀴텐느 공략에 이어 954년에는 콩브레, 라옹, 렝 등의 도시 외곽 영지를 점령했다.

프랑스어 영역의 영지는 사라센, 노르만종족, 마자르종족의 침입으로 거의 초토화했다. 외적 침입시대 이후 프랑스어 영역의 영지는 사실상 통치 공백시대와 다름없는 혼란에 빠져 있었다. 프랑스어 영역의 영지귀족은 스스로의 힘으로 영지를 지키지 않을 수 없었다. 거기다 수도자동아리 좌장이나 주교와 같은 성직자까지 교구 영지나 수도자동아리 은신처 영지를 보호하기 위하여 전쟁에 참여했다. 영주귀족과 고위 성직자가 자기네 영지 방어전쟁에 참여하자, 영주귀족과 고위 성직자의 영지는 일종의 종족왕 영지처럼 변모하고 그 영향력 확대와 함께 영주형태의 종족왕 지위는 거의 사라져 버렸다. 특히 프랑스어 영역의 영지에는 외적에 공동으로 대항할 수 있는 권력동아리까지 사라져버려 당시 영지에 따라 서로 다른 봉건관습 관행을 거의 무질서에 가깝게 지켜내며 영지 구석구석의 민심까지 들썩였다. 프랑스어 영역의 영지 무질서는 기존의 권위와 지위 매몰과 함께 새로운 판단 기준 생성으로 발전했다. 물론 프랑스어 영역의 최후 카롤루스 가문 통치자 카를 3세는 987년 사망했다. 프랑스어 영역의 영지귀족과 성직자는 왕위단절에 대처하여 로베르 1세를 왕위에 추대했다. 로베르 1세(922~923)는 미약한 마르크 백작이었다. 로베르 1세의 계승자는 아들 위그(923~956)였다. 위그는 노르만종족 정착영지를 비롯하여 센강과 르와르강 이내 영지를 통합했다. 로베르 1세와 위그 시대 이후 프랑스어 영역의 영지 왕은 강력한 통치세력을 구축했다.

프랑스어 영역의 영지 귀족과 성직자는 987년 위그 카페를 영지 프랑스 왕위에 추대했다. 위그 카페는 렝 대주교인 아달베로(969~989)와 오릴라크의 유력자 게르베르트(Gerbert)-후기에 교황 실베스트 2세였다-를 누르고 영지 프랑스 왕위에 선출되었다. 위그 카페(987~996)는 파리 대백작 위그의 아들이었다. 위그 카페가 만장일치로 영지 프랑스 왕위에 선출된 이후 영지 프랑스의 통치체제 역시 변화하기 시작했다. 위그 카페 왕조는 1789년 프랑스 혁명시대까지 직접 또는 간접으로 여러 방면에서 국가 프랑스를 이끌었다. 위그 카페는 프랑스 군주로 선출되었고 프랑스어 영역의 영지라는 프랑스 명칭은 영지 생활관습과 종족 생활관습을 파괴하여, 프랑스인으로 만드는 결속력의 상징물로 변화하기 시작했다. 즉, 프랑스는 위그 카페의 통치시대를 거치면서 고유한 프랑스인 의식을 지닌 군주국가로 탈바꿈했다. 그런데도 아퀴텐느와 부르군드는 자치 공작영지였다.

아퀴텐느와 부르군드는 군주국에 참여하지 않았다. 프랑스의 군주국가 발전과 함께 프랑스의 동북부 영지는 게르만어계 종족의 생활관습과 언어관습이 정착했다. 브레타뉴 반도지역은 또한 켈트종족의 생활관습과 언어관습을 유지했다. 노르만디 공작영지는 노르만종족의 생활관습과 유럽세계 인간의 생활관습이 혼합되었다. 특히 브레타뉴지방의 생활관습은 프랑스와 전혀 달랐고, 프로방스는 로마인의 생활관습을 유지했다. 프로방스 언어 역시 이탈리아어를 상용했다. 프로방스의 법률과 제도 역시 갈리아에 거주하던 로마인의 제도와 관행을 수용하여 운용되었다. 피렌느 산맥 동부지방, 현재 프랑스 툴루즈지방을 중심으로 했던 서고트종족의 정착 영역에는 서고트종족의 생활관습이 그대로 존속했다. 후기 프랑스에 편입된 바르셀로나 중심의 카탈로니아지방에서도 고트종족의 생활관습이 착색된 상황이었다. 프랑스는 다양한 종족의 생활관습을 와해시키면서 새로운 프랑스인 의식을 창출했다.

프랑스인 의식은 프랑스어 상용지역으로부터 발원했다. 르와르강은 프랑스 문화와 언어영역의 구분선이었다. 프랑스 왕의 영향력은 프랑스어를 상용하던 프랑스인(ile de France)과 오르레앙인에게 국한되었다. 프랑스 왕의 통치영지에서는 12세기 이후 군주중심의 통치조직이 발전하기 시작했다. 프랑스의 이런 통치체제는 프랑스인으로 결속하여 권력을 군주에게 집중토록 보조했다. 프랑스 왕은 행정과 언어, 문화를 결속도구로 활용하여 다양한 정치현상을 극복하는 군주의 위치에서 프랑스를 지배했다.

프란치아와 게르마니아

프란치아는 프랑크종족 정착영지, 즉 프랑크종족의 생활영역으로서 프랑크종족 왕 영지 확장과 함께 정착했다. 프란치아는 프랑크종족 언어영역을 의미했으나 도이취어 상용지역(Francia Teutonica)과 프랑스어 상용지역(Francia Latina)을 의미했다. 물론 프랑스어 상용지역의 프란치아는 '고전시대 프란치아'(Francia antiqua)를 지칭했다. '기존 프란치아'를 본래 프랑크종족 정착지역과 관련 지운다면 당연히 라인강 서부유역이었을 것인데도 '고전시대 프란치아'는 프랑스어 상용지역을 지칭했다.

프랑크종족왕 영지분할은 843년 베르덩협약에 따라서 확정되었고 저작물의 명칭도 고전시대 로마인 세계와 관련되면서 변화하기 시작했다. 즉, 중세 저작자는 프랑스어 지역을 갈리아로, 도이취어 지역을 게르마니아로 표기했다. 중세 저작자는 또한 종족왕 로타르 1세의 영지를 벨기아(Belgia)로 표기했다. 중세 저작자는 9세기 아퀴텐느를 갈리아로, 바이에른을 게르마니아로, 아헨을 벨기아로 지칭한 경우도 있었다. 중세 저작물에서 지역명칭의 근거는 상용언어였다. 중세 저작자는 카롤루스 막뉴스와 루드뷔히 경건자 왕, 로타르 왕의 영지를 게르마니아로 지칭했다. 한편, 중세 저작자는 샤를 대머리 왕의 영지를 프란치아로 지칭했다. 중세 저작자는 프란치아 명칭을 고전시대 프랑크종족 후손이 정착했던 지역에 관련지어 라인강 동부 유역을 '동부 프란치아'(Francia orientalis)로, 라인강 서부지역을 게르마니아로 지칭했다. 그래서 프랑크종족왕의 영지 확장과 함께 프란치아는 프랑크종족이 관련된 지명을 상실하고, 정치상의 영지개념으로 변화했다. 그런데도 갈리아의 로마인과 프랑크종족은 모두 프랑스어 상용자로 변모했다. 프란치아가 정치개념으로 바뀐 이후부터 중세 저작자는 프란치아를 프랑스어 상용 영지로, 게르마니아를 프랑크종족왕 영지로 표기했다. 중세 저작자는 물론 동부 프랑크종족왕 영지를 프랑크종족왕 영지로 표기했다.

도이취어계 황제 오토(936~973)를 중세 저작자는 랑고바드종족왕 영지의 중심 도시 파비아에서 프랑크종족과 이탈리아인의 왕(rex Franciae et Italicorum)이 되어야 했다고 기술했다. 오토 대제를 966년 다시 로마인과 프랑크종족의 황제(imperator Romanorum et Francorum)로 표기했다. 오토 대제 이후부터 하인리히 2세(1002~1024)에 이르러서는 행정문서에서 조차 도이취어 통치 영지의 회복을 '프랑크 종족왕 영지 개혁'(renovatio regni Francorum)이라 지칭하여 프란치아 명칭을 도이취어계 황제의 통치영지에 일치시켰다. 프란치아 명칭은 카롤루스 막뉴스를 계승했던 후계 황제의 통치영지를 지탱하기 위한 선전 문구였다. 이것은 카롤루스 막뉴스를 회상하던 '의례관습 절차서'(formulae)에서도 도이취어계 제국 황제를 카롤루스 막뉴스의 후계 황제로 의식케 만드는 데서도 입증되고 있다. 동부 프랑크종족왕 영지 거주자에 대해서는 상용 언어인 도이취어에 근거하여 프란치아인이라고 표기하고 도이취어나 게르만어계 방언을 도이취어 상용영지(lingua Theodisca)라 지칭했다. 이런 프란치아 명칭에 대하여 게르마니아는 상용언어에 근거하여 오늘날의 도이취어 상용자와 도이취어계 민족을 의미했고, 도이취란트 역시 다양한 도이취어 방언이 통용되는 도이취어계 종족세계를 지칭했다. 또한 도이취인 역시 도이취어를 상용하는 사람을 의미했다.

프란치아는 마인강 유역에 자리잡은 카롤루스 가문시대의 프랑크종족왕 영지에서도 지역개념을 지녔다. 카롤루스 가문시대의 프랑크종족왕 영지를 후기 영지 프랑크푸르트에서는 프랑코니아(Franconia)라 지칭했다. 프란치아는 서부 프랑크종족왕 양지(Francia occidentalis)로서 본래 카페왕가의 공작영지로부터 발원했다. 흔히 프란치아와 프랑스어 언어영역은 프랑크종족왕 영지의 출발지역인 센강-와즈강-트에브강-부브롱-마르느강 이내의 영지를 의미했다. 프란치아는 14세기 이후 프랑스를 지칭했다. 그런데도 후기 고전시대 세계로부터 중세로의 전환시대에 프랑크종족이 주축을 이뤘던 영지를 의미했다. 뿐만 아니라, 프란치아의 의미변화 자체는 국가라는 상징물을 발원했던 정치단위 변화를 나타내는 의미까지 지녔다.

북해로 흐르는 엘베강은 6~7세기 이후 슬라브어계종족과 게르만어계종족의 언어 경계영역이었다. 엘베강은 또한 중부유럽을 구성하는 게르만어계종족과 동부 유럽을 구성하는 슬라브어계종족을 분리하던 언어 경계영역이었다. 엘베강의 서부 유역에는 작센종족과 튀링겐종족이 일찍부터 정착했다. 카롤루스 막뉴스는 정복 영지인 서유럽에 엘베강 서부유역의 게르만어계종족 정착영역을 합병했다. 프랑크종족왕의 통치조직은 방대한 영지를 관리하기 위하여 마인강 유역에 프랑크종족왕 영지를 설치하고 거기에 물론 영지 교회조직을 설치했다. 프랑크종족왕 영지의 교회조직 중심지는 사아레강 유역의 살츠에 위치한 뷔르츠부르크였다. 바이에른도 실제로 프랑크종족왕 영지였다. 바이에른은 프랑크종족왕의 공작 영지였다. 바이에른의 공작은 종족왕 혈족으로서 동북부 외적을 방어하고, 동남부로 영지를 확장해 나갈 전초기지 관할자였다. 카롤루스 막뉴스의 바이에른 교회조직은 살츠부르크의 대주교좌를 정점으로 슬라브어계 종족세계에 대하여 선교업무를 수행하고, 로마 정통론자동아리 세계를 확장하던 선교기지로서 정복종족에게 공동의식과 소속감을 부여했다. 물론 정복종족은 카롤루스 막뉴스의 통치영지로부터 이탈하려는 자치의식을 당연히 지녔다. 그래서 카롤루스 가문 제국이 몰락한 이후 그 정복종족의 자치 성향은 자연히 재생될 수밖에 없었다.

프랑크제국의 정복종족은 케른텐의 종족왕 아르눌프(887~899)의 통치시대에 이르러 자치성향을 두드러지게 나타냈다. 도이취인 민족의식은 10세기경 도이취인 왕국의 개창과 함께 형성되기 시작했다. 물론 도이취인 민족의식은 종족의 결속력을 바탕으로 도이취란트란 국가의 상징물을 표제 하에 발아했다. 동부 프랑크종족왕 영지는 분할영지였다. 도이취인 민족의식은 동부 분할영지를 루드뷔히 도이취인 왕(846~876)의 통치와 함께 한정된 영지의 종족의식을 결합하면서 발아하기 시작했다. 바이에른종족왕의 중심 도시 레겐스부르크는 도이취인 민족의식 발원지로서 도이취인 민족의식을 동부지역으로 이어주었다. 도이취인 민족의식은 협소한 종족의식을 벗어던지면서 도이취인이란 민족의식으로 변모했다. 동부 프랑크종족왕 영지 바이에른은 뉘른베르그와 밤베르그 이내의 프로르하임에 중심을 두고 실제로 도이취인 민족의식을 생성해갔다.

현재 체크의 뫼렌과 서부 운가르의 판노니아는 슬라브어계 아바르종족 세력이 쇠퇴한 이후부터 바이에른으로 향하던 자유로운 길목이었다. 뫼렌과 판노니아가 도이취인에게 개방된 이후 슬라브어계 종족세계에도 로마 정통론자동아리 선교자의 발길이 이어지고 있었다. 동유럽의 슬라브어계 종족세계로 들어간 선교자 중에는 비잔티움세계의 그리스 관구에서 파견했던 두 형제 선교자 키릴로스(+869)와 메토디오스(+885)도 포함되어 있었다. 키릴로스는 키릴로스 선교집(Kyrillica)과 복음서 주석모음집(Glagolica)을 저술했다. 그리스 테싸로니케 출신의 키릴로스와 메토디오스는 슬라브어계 종족의 사도요, 스승이었다. 키릴로스는 신앙 고백문과 기도문, 성사관습 절차서와 사도행전, 복음서 등을 40여개 슬라브어계 종족의 기본철자로 표기하여, 슬라브어계 종족세계에 가르쳤다. 이런 맥락에서 키릴로스와 메토디오스는 고전시대 슬라브어계 종족은 교회조직의 언어정착을 가능케 했고 교회조직의 법률 언어관습을 전파했다. 따라서 슬라브어계 종족세계는 이단자동아리 교리의 쇠퇴와 함께 로마 정통론자동아리 세계에 접근했다. 키릴로스와 메토디오스는 867년 판노니아를 거쳐 프라텐 호수 변의 모사부르크를 통치하던 지배자 프리미나의 아들인 코체르(Kocel)를 찾아갔다. 키릴로스와 메토디오스는 코체르의 후원으로 슬라브어계 종족 세계에서 선교활동을 전개할 수 있었다. 당시 교황 하드리아누스 2세도 키릴로스와 메토디오스의 후원자가 되어 본명이 콘스탄틴이었던 키릴로스에게 수도자 본명인 키릴로스로 수도자동아리에 입문하도록 승인했다.

그러나 키릴로스는 869년 사망했다. 메토디오스는 뫼렌과 판노니아의 교황청 사절이 되어 모사부르크로 돌아왔다. 코체르는 메토디오스를 로마로 파견하여 기도서와 주교의 세례관습 절차서를 가져오게 하여 슬라브어계 종족 세계에 로마 정통론자동아리의 성사관습 정착에 기여했다. 교황 하드리아누스 2세는 메토디오스를 870년 초 시리움 대주교직에 임명했고 메토디오스로 하여금 판노니아와 뫼렌의 교회조직을 관장토록 위임했다. 이후부터 뫼렌과 판노니아는 로마 교황청의 관구조직에 편입되었다. 물론 키릴로스와 메토디오스는 뫼렌과 판노니아로 오기 이전 체크와 슬로바크에서 활동했다. 키릴로스와 메토디오스가 활동했던 관구조직은 살츠부르크 대주교좌가 관할하던 바이에른관구 소속이었다. 이들은 뵈멘, 뫼렌, 슬로바크, 판노니아, 크로아티아 등의 지역은 키릴로스와 메토디오스의 활동에 힘입어 동부 프랑크종족왕 영지의 교회조직 영향을 받았다. 당시 동부 프랑크종족왕 영지는 로마 교황청을 강력하게 후원했고, 로마 교황청 역시 비잔티움제국 정통론자동아리 교회조직과 치열한 관할권 다툼을 벌였다 로마 교황청과 비잔티움제국 정통론자동아리 교회조직과 이런 세력경쟁에도 불구하고, 키릴로스와 메토디오스는 중부유럽과 동부유럽의 경계영지에서 활동하면서 동부유럽을 그리스어 영역으로 편입시켰다. 영지 바이에른은 동부유럽과 서부유럽의 경계영지였다. 초창기 바이에른 혈족공작은 영지 바이에른을 동부유럽세계 문화권에서 강력하게 분리하는 역할을 담당했다. 중부유럽의 동부영지 바이에른은 발칸반도와 더욱 빈번한 문화교류로 발칸반도 모습을 새롭게 바꾸어갔다.

영지 바이에른 지배자 아르눌프(907~937)는 카롤루스 가문의 무법자였다. 아르눌프는 노르만종족을 추방하면서 스바토크루크의 뫼렌종족왕에게 강력하게 대항했다. 마자르종족왕은 나이어린 아르눌프 계승자인 루드뷔히(899~911) 지배하의 영지 바이에른을 900년 침입하여 알레마니아까지 진출했고 901년 지배자 영지 케른텐까지 차지했다. 마자르종족왕은 906년 작센종족왕 영지, 908년 튀링겐종족왕 영지까지 침입하여 동부유럽과 중부유럽의 경계영지를 영지 바이에른으로 거의 정착케 했다. 그런데도 중부유럽의 도이취어계 귀족동아리는 경계영지인 바이에른 유력자를 중심으로 서로 분열했고 미숙한 변경 경계영지 공작 역시 오히려 교회조직 영지를 활용하여 혈족 공작영지에다 영지군대를 조직하기 시작했다. 경계영지 공작 중에서도 영지 작센 공작인 하인리히(919~936)는 영지 작센에 부르크를 창설하여 방어조직을 오히려 강화했다. 하인리히는 부르크 주변지역에 거주하던 자유민에게 군대를 숙박시키는 의무를 부가했다. 하인리히의 부르크 창설과 군대조직 개편은 도이취어계 영지에서 봉건영주의 군대출현 계기였다. 물론 하인리히의 이런 통치방식은 새로운 결속력을 창출하여 새로운 권력자 등장을 가능케 했다.

공작영지의 군대조직은 도이취인 왕을 결속력의 구심점으로 만들면서 새로운 중간권력자를 만들어냈다. 물론 중간권력자는 도이취어계 왕, 귀족, 민족 사이에서 형성되었다. 중간권력자 영향으로 귀족과 성직자는 마인강 유역의 프랑크계 유력자와 헤센 출신의 유력자인 콘라드 1세(911~918)를 선출하여 911년 왕위에 앉혔다. 콘라드 1세는 도이취인 왕위에 올랐다. 콘라드 1세는 유력자인 혈족공작의 견제에 대항했으나 작센 공작 하인리히 1세(919~936)에게 왕위를 넘겨야 했다. 콘라드 1세의 도이취인 왕위 계승자 하인리히 1세는 베드종족왕과 마자르종족왕의 침입을 물리치고 승리했다. 그러나 바이에른과 알레마니아 영지의 유력자 세력에 밀려 다시 바이에른 공작 아르눌프를 왕위에 선출했다. 당시 바이에른과 알레마니아 영지의 공작은 하인리히 1세 이상의 전공을 세웠으나 하인리히 1세는 바이에른과 알레마니아의 영지 유력자 아르눌프를 설득하여 이겨내며 신중한 외교협상으로 바이에른 영지의 교회조직을 바이에른 공작에게 넘기고 권력을 장악했다. 그러나 바이에른 영지는 완전히 자치관습을 획득하여 분할영지 모습으로 발전했다. 바이에른과 알레마니아 영지는 분할영지처럼 분리되었다. 그런데도 도이취인 왕국은 하인리히 1세의 계승자인 오토 1세(936~973) 시대에 이르러 강력한 도이취인 왕국을 건설했다.

슬라브어계 종족세계와 뫼렌종족왕 영지

살츠부르크 대주교좌는 동유럽세계에 대하여 로마 교회조직의 선교관문이었다. 카롤루스 막뉴스는 슬라브어계 아바르종족왕을 798년 살츠부르크 근처에서 정복한 이후 살츠부르크에 대주교좌를 창설했다. 바이에른 관구 대주교는 아르노(785~833)였다. 대주교 아르노는 라이타(Leitha)지역과 드라우지역까지 관장했다. 대주교 아르노는 바이에른 주교와 함께 슬로바크 선교활동에 나섰다. 당시 슬로바크, 뫼렌, 판노니아, 슬라보니아 등의 지역에서는 이미 853년 이전부터 교황청 파견 성직자가 선교활동에 참가했다. 루드뷔히 도이취인 왕 이후 동부 프랑크종족왕 영지 왕은 선교지역의 슬라브어계 공작들에게 조공을 바치도록 강요했다. 그런데도 슬라브어계 공작은 자치영지를 유지하는 한편 프랑크종족왕의 보호를 받고 있었다.

라스티슬라브는 뫼렌 영지 통치자였다. 라스티슬라브 시대에 이르러 슬로바크는 뫼렌종족왕 영지에 편입되었다. 도이취인 왕 루드뷔히는 뫼렌종족왕의 자치관습을 반대하여 불가르종족왕과 평화협약을 체결했다. 한편 뫼렌종족왕 라스티슬라브는 비잔티움제국의 황제에게 구원을 요청했고 라스티슬라브의 파견요청으로 비잔티움제국 황제는 선교자로서 키릴로스와 메토디오스를 파견했다. 키릴로스와 메토디오스는 860년경 이후부터 슬라브어계 종족세계에서 선교활동에 참가하여 최초로 슬라브어계 종족세계에 비잔티움 양식의 교회를 건축하고 성사언어와 슬라브어계 종족의 표기문자를 창안하여 슬라브어계 종족세계에 상용문자를 만들어 주었다.

비잔티움제국 선교자 키릴로스와 메토디오스는 864년 불가르종족에게도 크리스트교를 선교했다. 키릴로스와 메토디오스는 이후 866년 로마 교황청을 찾아가 비잔티움 정통론자동아리 교회조직 영역에서 활약하던 교황 포르모수스(891~896)를 만났다. 거기서 비잔티움제국 정통론자동아리 선교자인 키릴로스와 메토디오스는 로마 정통론자동아리와 인연을 맺었다. 이후 메토디오스는 시르미움 대주교로 선출되어 판노니아와 뫼렌의 교회조직을 관장하기 위하여 시르미움에 대주교 관구를 창설했다. 시르미움은 크로아티아의 중심도시였다. 시르미움 대주교좌는 발칸반도와 동유럽에 대한 선교활동 전초기지 역할을 수행했다.

로마 교회조직의 기본정책은 중부유럽의 비잔티움제국 정통론자동아리 교회조직을 로마 교회조직의 관구조직에 흡수하고, 중부유럽의 비잔티움제국 정통론자동아리 교회조직으로부터 로마 교회조직을 떼어 내려는 것이었다. 로마 교황청의 이런 교회조직 분리정책은 오히려 슬라브어계 종족세계와 프랑크종족왕 영지를 중심으로 중부유럽을 분리하려는 것이었다. 결국 중부유럽의 슬라브어계 종족은 로마 교황청 교회조직에 편입되었다. 대략 870년경부터 거의 100년간에 걸친 교황청의 교회조직 분리정책으로 폴란드와 헝가리 교회조직을 비잔티움제국 정통론자동아리 교회조직으로부터 분리하여 도이취어계 교회조직에 흡수했다. 교황청의 동부유럽 교회조직 분리정책은 헝가리와 폴란드를 자치국가로 발전시키는 기반으로 작용했다. 프라그 주교구는 973년에 설치되었다. 그러나 헝가리와 폴란드 교구는 독립할 수 없었다. 그런데도 프라그 주교구는 다시 마인츠 관구조직에 편입되었다. 프라그 교구를 마인츠 관구조직에 편입시킨 것은 메토디오스였다. 메토디오스는 이후 뫼렌종족왕 영지로 들어오려고 했다. 바이에른관구 주교동아리는 프라그 교구에 대한 마인츠 관구 이전에 앙심을 품고 메토디오스를 2년 동안이나 투옥했다. 메토디오스는 교황의 중재로 석방된 다음 교황 권유로 다시 바이에른 관구의 판노니아로 가서 뫼렌종족왕 영지에서만 선교하도록 활동범위를 제한했다. 바이에른관구 주교동아리의 메토디오스 감금이나 교황의 메토디오스 선교활동 제한은 결국 뫼렌종족왕 영지에서 교황청에 대한 강한 저항의식을 유발했다. 교황청에 대한 뫼렌종족왕 영지의 저항의식은 당시까지 채택되지 않았던 슬라브어를 예배관습 언어로 채택하게 만들어 뵈멘과 슬로바크의 교회조직 언어는 슬라브 언어로 더욱 확고하게 정착했다. 또한 불가르종족왕은 비잔티움제국 정통론자동아리 교회조직과 더욱 긴밀한 관계를 유지했다. 메토디오스는 자기 파면자인 비잔티움제국 황제와의 관계를 로마 교황청 사절로 활동하면서도 그대로 유지했다. 메토디오스는 비잔티움제국의 정통론자동아리 교회조직과 프랑크종족왕의 교황청 사이를 오가던 중재자 역할을 담당했다. 메토디오스는 보편주의를 지향하여 교회조직 의례관습 또한 보편주의 실천에 합당하게 거행했다. 메토디오스는 885년 사망하여 뫼렌종족왕 영지의 교회조직 묘지인 모르다에 안장되었다. 메토디오스는 형제인 키릴로스와 함께 동유럽 교회조직을 출발시킨 선구자 위치에 올랐으나 슬라브어계 선교자는 끊임없이 프랑크종족왕 영지 성직자나, 로마 교황청 소속의 성직자로부터 활동 제약을 받고 있었다.

슬라브어계 성직자는 서부세계에서 프랑크종족왕 영지 성직자와 구분되었다. 슬라브어계 성직자가 주교직을 맡게 될 경우에도 반드시 교황청 허락을 받도록 되어 있었다. 이런 조처는 메토디오스 제자인 그라츠드(+대략 890년)가 주교직에 임명될 경우에도 마찬가지였다. 슬라브어계 성직자는 그동안 노예매매 사건에 연루되어 교황청 소속의 교구로부터 추방당하는 사례까지 발생했다. 슬라브어계 성직자가 노예매매 사건에 연루된 경우는 베네치아에서도 발생했다. 당시 베르덩의 거대한 노예시장은 슬라브어계 성직자의 노예매매 사건이 흔히 발각되던 곳이었다. 메토디오스의 여러 제자도 노예매매 사건에 연루되어 불가르종족왕 영지로 도주했으나 거기서 스승 메토디오스의 이야기를 동유럽으로 전파했다. 뫼렌종족왕 영지의 고대 문헌학은 메토디오스로부터 발원했다. 고전시대 슬라브어계 문헌학자는 다량의 필사본을 파기했다. 뫼렌종족왕 영지는 쉬바토프루크(870-894)의 사망과 함께 운가르종족의 침입으로 몰락했다.

뫼렌종족왕 영지는 슬로바크로 축소되고 일부 영지는 뵈멘종족왕의 프리미스리덴 왕조 통치조직에 편입되었다. 프리미스리덴 왕조의 중심지역은 프라그와 주변 부르크였다. 체크종족은 처음부터 당시까지 블라우지방에 정착했다. 체크종족은 9세기와 10세기에 체크종족이라는 명칭을 지녔다. 체크종족을 포함한 뵈멘종족왕의 통치영지는 10세기 레겐스부르크의 성자인 엠메람(+700년경)의 선교 영역이었다. 뵈멘종족왕 영지의 중심지역인 프라그 교구도 레겐스부르크 주교 볼프강(972~994)

이 973년 창설했다. 프리미스리덴 가문의 공작은 교황청과 도이취어계 왕인 오토 1세의 주장대로 주교좌를 뵈멘 영지에 설치하고, 마인츠 관구 소속에 둔다는 의향이었다. 그러나 주교좌 소속을 마인츠 관구 이하에 둔다는 것은 어디까지나 도이취어계 왕과 교황청의 공동 관심사에 지나지 않았다. 프라그 주교좌는 오토 3세 시대(983~1002)에 마인츠 관구 교회조직으로 편입되었다. 프라그 주교좌는 자치영지 형식으로 운영되었다. 그러나 프라그 주교좌는 도이취어계 제국 교회조직에 편입되었다. 프리미스리덴 가문의 황제는 프리드리히 2세(1194~1250)였다. 프리드리히 2세는 1220년 뵈멘종족 왕위까지 차지했다. 프리드리히 2세가 도이취어계 제국의 황제위에 있으면서, 뵈멘종족 왕위에 오른 이후 뵈멘 영지는 완전한 자치를 실현하여 도이취어계 교회조직 예속에서 탈피했다. 그리고 황제 카를 4세(1346~1378)는 14세기 프라그 대주교좌에 올라 프라그관구를 창설했다. 뵈멘종족왕 영지는 10세기부터 프리미스리덴 가문의 공작영지였다. 프리미스리덴 공작 가문과 도이취어계

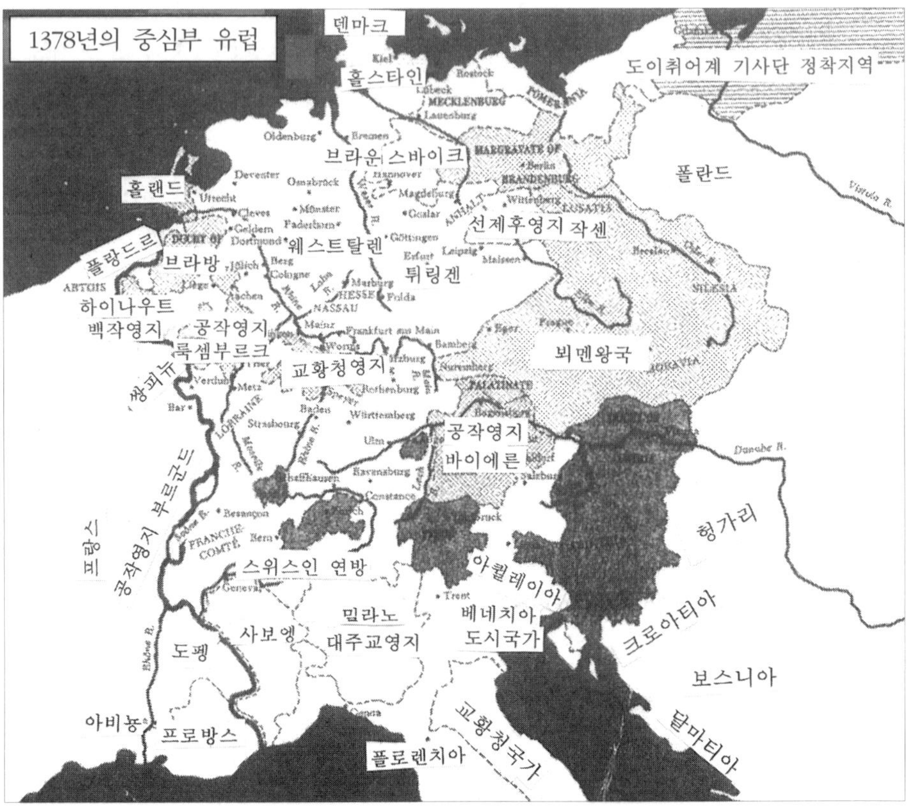

제국 관계는 정치와 종교를 비롯한 성직자 교류에서도 유지되었다. 뵈멘종족왕 영지와 도이취어계 제국의 이런 교회조직 관계는 도이취인에게 뵈멘 영지를 인식시켜 뵈멘종족왕 13세기 도이취어계 제국의 선제후 위치에 오르게 되었다.

도이취어계 제국 교회조직과 교황청의 동유럽 정책

도이취어계 제국의 오토 1세는 강력한 통치자였다. 오토 1세(936~973)는 군소 혈족 공작영지의 자치성향을 종식하고, 자기혈족을 공작직에 앉혔다. 물론 오토 1세의 이런 제국정책은 어떻게든 신뢰를 얻지 못했다. 그런데도 오토 1세는 영지를 증여하고, 면세특권관습의 혜택을 혈족귀족에게 부여했다. 혈족귀족의 권한은 오토 1세의 이런 통치정책에 힘입어 제국 교회조직과 성직자의 권한을 축소하면서 황제 권한을 강화했다. 도이취어계 제국의 교회조직은 실제로 행정 조직으로 전락하여 궁중출입이나 군대출정의 행정업무까지 관장했고 군대에 대하여 숙식제공, 재상실 관리업무까지 위임받았다. 오토 1세의 이런 교회정책으로 교회조직은 실제로 제국 행정업무를 주관하고 관리하는 업무를 장악했다. 물론 주교는 교회조직 관리자로서 궁정과 황제 종사의 생활에 필요한 재원을 교회조직 영지에서 마련했다. 그래서 주교는 자연히 담당교구를 이탈하지 못하고, 주교좌나 황제 영지의 수도자동아리 은신처에서 성축일을 보내기 일쑤였다. 황제도 주교좌 교회 영지나 황제 영지의 수도자동아리 은신처에서 주교와 함께 성축일을 보냈다. 제국 교회조직은 제국 행정업무 이외에도 영지 봉토에 대하여 부과되는 봉토세로서 전쟁비용까지 부담했다. 교회조직은 물자로서 궁정이나 제국회의에서 황제 왕의 후원자였다. 교회조직은 또한 부사제와 '공증인'(notarii)을 재상실에 파견하여 최고 제국행정을 주관하며 기획관리했다.

또한 교회조직은 제국 재판관직까지 장악했다. 오토 1세는 교회조직의 재판관직을 국왕의 명령권에 묶어 두려던 의도로 교회조직에 예속된 재판관직에 황제의 파문권까지 첨부코자 시도했다. 당시까지 도이취어계 제국궁정은 프랑스궁정과는 다르게 일정한 소재지 없이 이동했다. 그래서 지배자는 교회조직 영지를 규제하기 위하여 자기종사를 주교직과 수도수도자동아리 좌장 직에 임명했다. 도이취어계 제국 황제는 교회조직의 통제수단으로 성직 임명권을 활용하기 위하여 제국 교회조직에 깊이 개입했다. 도이취어계 제국황제는 성직 임명권을 활용하여 여러 가지 교황청 정책에까지 관여하기도 하고 교황청 간섭을 배제하기도 했다. 그런데도 도이취어계 제국황제의 통치권은 교회조직의 권리영역과 분리되지 않았다. 황제의 통치기반은 봉건관습이었다. 오토 1세의 교회조직 정책도 봉건관습의 토대 위에서 지배자의 권리로 인식되었다. 오토 1세의 교회조직 정책은 후기 성직자 서임권 논쟁(1122년까지)을 촉발했다. 도이취어계 제국의 성직자 서임권 논쟁은 교황청과 황제의 권리를 명확하게 구분하여 도이취어계 제국법률을 강화했다. 이런 도이취어계 제국법률은 12세기까지 성직자를 황제에게 충성토록 만들었고, 교황을 반대하게 만들었다. 물론 황제에 충성하던 교회조직 성직자는 도이취어계 제국 교회조직 선제후였다.

도이취어계 제국 교회조직 선제후는 10세기부터 13~14세기까지 탁월한 이상을 제시했다. 선제후의 교회조직 이상은 보편주의였다. 도이취어계 제국 교회조직 선제후의 보편주의는 10~11세기에 이르러 유럽세계로 확산되었다. 도이취어계 제국 교회조직은 외적 침입지역에서 지역 주민의 안전을 지키고 지역주민과 제국을 결속하던 연결고리 역할을 수행했다. 제국 교회조직은 또한 지배자의 통치체제를 지역주민에 대한 통솔력과 행정을 가지고 옹호했다. 제국 교회조직의 이런 통치권 옹호논리는 결국 제국정치 발전의 저해요인으로 작용했다. 도이취어계 제국정치는 사회변화를 신속하게 수용하지 못하고, 중세의 정치형태를 청산할 수 없었다. 반면, 제국정치는 과도한 인과관계를 남발하지 않는 일면을 드러냈다.

도이취어계 제국은 다양한 종족으로 구성되었다. 도이취어계 제국의 종족왕은 종족대표였다. 황제는 종족대표인 종족왕 선제후가 선출한 전체 종족지역을 대표했다. 전체 종족 대표자인 도이취어계 제국 종족왕 황제는 동부영지를 방어하는 한편 동부지역으로 진출했다. 도이취어계 제국 황제 오토 1세는 동부지역을 크리스트교의 세계로 개종시킨다는 명분을 활용하여 동부세계로 진출했다. 물론 동부지역에 대한 개종은 오토 1세의 제국정책이었다. 오토 1세는 덴종족왕을 비롯한 폴란드와 뵈멘 영지의 공작과 충돌했다. 오토 1세는 955년 바이에른의 아우그스부르크를 관통하는 레흐강 전투에서 마자르종족왕을 패주시킨 여세를 몰아 동부지역 진출정책을 추진했다.

마자르종족은 난폭한 기마종족이었다. 마자르종족왕은 오토 1세와 전쟁에서 패배한 다음 운가르 정착 종족으로 변모했다. 마자르종족은 이동종족 표지를 벗어던지고, 운가르왕국을 창건했다. 도이취어계 제국의 황제 오토 1세는 카롤루스 가문시대 제국관습을 계승하고, 962년 2월 2일 왕위를 황제위로 개편하여 도이취어계 제국 황제위에 올랐다. 오토 1세는 카롤루스 막뉴스의 대관식 절차와 동일하게 교황 요한 12세(955~964)의 보증과 교황청의 보호영주가 되는 절차를 거쳐 교황청 보호자인 이탈리아인 왕 베렝가르 2세(+966)를 물리쳤다. 이탈리아인 왕은 당시 교황청 공작에 지나지 않았다. 이탈리아인 왕의 통치영지도 물론 사바나 영지에 국한되었다. 이탈리아인 왕 베렝가르 2세는 950년 파비아에서 왕위에 오른 이후 도이취어계 제국왕가와 불편한 관계에 놓여 있었다. 바이에른과 쉬바벤 귀족은 끊임없이 이탈리아 내정에 간섭했다. 951년 여름 오토 1세는 이탈리아 원정에 착수하여 9월에는 파비아를 점령하고 랑고바르드종족왕이 되었다. 마인츠 대주교 프리드리히(937~954)와 쉬르의 주교 하르트베르트(949~970?)를 로마 교황청에 파견하여 황제위 보증자가 되어달라고 요청했다. 952년 초 베렝가르 2세는 오토제국의 귀족이 되었고 이스트리아, 아크뷔레야, 베로나를 바이에른귀족에게 넘겨주었다. 오토 1세는 953~955년 제2차 이탈리아 정복에 출정했다. 오토 1세는 제3차 이탈리아 정복을 967년 초에 착수하여 4월에 거의 완료했다. 967년 크리스마스날 오토 1세는 카롤루스 막뉴스의 전형에 따라서 교황청 보호자 위치에 올랐다.

도이취어계 제국 황제는 이탈리아인 왕위계승자 위치에서 이탈리아를 통치했다. 교황은 어떤 왕이든 교황의 왕관을 받지 않고서는 이탈리아인 왕이 될 수 없다는 입장을 견지했다. 오토 1세는 카롤루스 막뉴스의 전례를 손상하지 않으려는 의도를 품고 황제의 품위를 고려하여 비잔티움제국 황제의 공주인 테오파노(+991)와 아들 오토 2세(973~983)를 결혼시켰다. 오토 1세의 황제위는 카롤루스 막뉴스의 황제관을 상속한 계승자 위치를 확보했다. 오토 1세는 카롤루스 막뉴스의 선교를 계승하여 968년 마그데부르크에 대주교좌를 창설했고, 973년 프라그 주교좌를 창건하여 도이취인이 동부지역을 진출할 수 있는 명분과 방향을 제시했다. 오토 1세의 이런 주교좌 창설은 황제가 교회조직에 대하여 감독권과 보호권을 행사하겠다는 취지에서였다.

한편 오토 1세의 이런 주교좌 창설은 황제가 교회조직 보호자 위치에서 크리스트교 영역을 확대하고, 크리스트교세계를 방어하며, 크리스트교세계를 수호할 의무를 지게 되어야 한다는 의미까지 내포했다. 오토 1세의 이런 동부진출 전략은 교황의 권위와 거동을 축소하고, 황제권이 교황권위와 기능을 포괄하려는 의도에서였다. 오토 1세는 983년 요절했다. 이제 도이취어계 제국의 황제위는 부르군드 출신의 할머니 아델하이트(+999)와 비잔티움제국의 공주인 테오파노를 어머니로 모신 미성년 오토 3세(983~1002)가 계승했다. 오토 3세는 할머니와 어머니의 장기간의 수렴청정을 받으면서 도이취어계 제국을 통치했다. 오토 3세는 할머니와 어머니의 섭정단계를 거치면서도 탁월한 소양을 갖추었다. 오토 3세의 교육소양은 제국의 문화정책에 여실히 반영되었다. 이것은 오토 3세의 계승자인 하인리히 2세(1002~1024)가 창설한 제국 주교좌인 밤베르그에 1107년 도서관을 창건하여 장서를 기증했던 점에서도 입증되고 있다. 오토 3세는 996년까지 섭정단계를 거쳐 집정초기까지 유능한 성직자 영향을 받았다. 오토 3세 후원자는 오릴라크의 대주교 게르베르트, 마인츠의 대주교 빌레기스(975~1011), 프라그의 대주교 아달베르트(983~994) 등이었다. 그런데 대주교 게르베르트는 996년 이후 교황 실베스트 2세(999~1003)가 되었던 인물이었다. 오토 3세의 후원 성직자는 이탈리아 로마가 크리스트교를 개혁하여 새로운 제국 중심도시가 되어야 한다는 구상을 지니고 있었다. 오토 3세도 이 성직자 영향을 받아 황제-교황이 제국을 통치해야 한다는 의지를 피력했다. 도이취어계 제국 황제 오토 3세와 교황청의 관계는 이탈리아 내부 사정의 영향을 받았다. 이탈리아인은 도이취어계제국과 비잔티움제국의 통치를 벗어나기 위한 방편으로 교황청을 비판하기 시작했다. 특히, 롬바르드 동맹에 참가한 이탈리아 도시귀족은 도이취어계제국과 비잔티움제국의 통치체제에 예속된 성직자와 정치인을 거부하고 드디어 도이취인 왕에 대하여 반란을 일으켰다. 도이취인 이탈리아인 왕은 롬바르드 동맹의 반란자를 진압하고, 주모자 크레스첸티우스(+998)를 처형했다. 크레스첸티우스가 처형당한 이후에도 롬바르드 동맹에 가담했던 귀족동아리와와 투스쿠탄 백작은 950년부터 1040년까지 로마에서 도이취인 왕을 반대했다. 도이취인 왕에 대하여 반대를 외치던 이 귀족세력은 드디어 교황직을 차지했고 이 반대운동 가담자동아리는 크레스첸티우스의 미망인 가문인 스테파니아가문을 흠모하여 어린 황제 오토 3세까지 독살하기에 이르렀다. 그래서 오토 3세는 1002년 비테르브에서 독살당하여 역사 등장인물로 사라졌다.

하인리히 2세는 작센가문 출신의 최후 황제였다. 하인리히 2세(1002-1024)는 오토 3세의 이탈리아 정책을 계승했다. 오토 3세의 이탈리아정책은 황제의 하수인을 규합하는 것이 아니라, 도이취인 교황 패거리를 제압하는 것이었다. 하인리히 2세는 다른 황제처럼 제국정치에 교회조직을 끌어들이지 않았다. 하인리히 2세의 우선 정책은 전쟁을 불사하고서라도 운가르와 폴란드 공작세력과 타협점을 찾아내려는 것이었다. 하인리히 2세는 운가르 왕국의 어린 군주와 관계를 개선하는 한편 972년 선교활동으로 도이취어계 제국 황제권에 예속된 운가르인을 규합하기 시작했다. 오토 대제 주도로 진행된 선교활동은 이미 비잔티움제국의 영향력을 운가르에서 약화시켰다. 하인리히 2세는 작센영지와 쉬베브영지를 비롯하여 로트링겐영지 출신의 성직자를 운가르 왕의 선무 공작대원으로 파견하고 도이취어계 제국 귀족가문과 운가르왕의 혈족혼인을 권장하여 운가르 여왕 게이사의 아들 스테판(997~1038)을 바이에른 공작인 하인리히 2세의 딸 기젤라(+1060)와 혼인시키기에 이르렀다. 운가르왕 스테판 1세는 영지 보호성자 위치에까지 올라 운가르 왕위를 도이취어계 제국 황제권을 제치고 1000년경 로마 교황청으로부터 찾아왔던 인물이었다.

살리어 가문 황제 출현과 개혁파 교황과 성직자 서임권 논쟁(1024년까지)

작센 살리어 가문은 황제위를 계승했다. 살리어 가문은 카롤루스 가문을 전복하고, 드디어 라인팔츠의 유력자시대를 개막했다. 살리어 가문 출신의 황제시대는 도이취어계 제국 전성시대였다. 살리어 가문의 도이취어계 제국 황제 콘라드 2세(1024~1039)는 라인팔츠 영지의 유복한 가문 출신으로서 976년 이후 바이에른 영지로부터 분리된 공작영지를 소유하고, 이탈리아와 도이취어계 제국 사이에 평화를 정착시켰던 인물이었다. 그러나 콘라드 2세는 대영지 소유자를 보호하기 보다는 오히려 소영지 소유자인 중간 부류 이하의 영주를 보호했다.

콘라드 2세는 부르군드와 봉토관습 계약을 체결하고, 부르군드 영지의 보호영주에 올랐다. 콘라드 2세와 봉토관습 계약을 체결했던 부르군드 영지 주인공은 로트링겐 영지 백작 보소(879~887)였다. 백작 보소는 샤를 대머리왕의 이복형제 후손이었다. 당시에는 부르군드 영지를 프로방스라고 지칭했다. 부르군드는 유라지방을 분기점으로 분할되었다. 부르군드는 아아레강으로부터 론강 유역의 벨레가르드를 정점으로 알프스 산간지대의 유라 이내에 위치했다. 현재 스위스 서부지역으로 편입된 부르군드 영지는 루돌프 2세(912~937)의 통치영지로 변모했다. 루돌프 2세는 부르군드 영지 창시자인 옥세르의 콘라드(+953년경)의 후손이었다.

루돌프는 쌩 마르텡 성당에서 왕위를 선포했고 툴 주교는 로트링겐의 루돌프를 부르군드왕으로 선출하여 부르군드왕의 영지를 창건했다. 부르군드왕 루돌프는 바이에른왕인 아르눌프의 압력에 항복하고, 로트링겐 영지와 알사스 영지를 다시 바이에른왕에게 반환했다. 루돌프 2세의 부르군드왕 영지는 950년 공작영지 쉬바벤을 바이에른왕에게 내어줌으로써 보덴제 호수를 경계로 축소되었다. 유라 이남의 부르군드 영지는 비엥의 영주 휘그(926~947, +948) 퇴각과 함께 루돌프 2세의 부르군드왕 영지가 되었다. 휘그는 이탈리아로 진출코자 시도하여 상당한 성과를 거두었다. 루돌프는 휘그의 지중해 진출정책의 계승자였으나, 결국 실패했다. 그런데도 루돌프는 부르군드왕이었다. 루돌프의 부르군드영지는 론강 하구로부터 베피미그리아에 이르는 지중해 연안과 아오스파 산간계곡을 포함하여 라인강 유역에까지 이르는 영역을 차지했다.

루돌프의 부르군드 영지는 벨포르트 하구를 넘어 사오느강 유역의 백작영지인 리옹에까지 이르고 다시 사오느강 하구 유역으로부터 론강 이남 유역을 차지했다. 이런 부르군드왕 영지는 교황청, 도이취어계 제국 황제, 프랑스 군주와 이탈리아인의 반외세 정신이 만들어 냈던 형성물이었다. 부르군드왕은 주로 비엥에서 거처했으나 프리드리히 1세 바르바로사(1152~1190)는 1178년 아를르에서 부르군드 왕위에 올랐다. 루돌프의 부르군드 통치체제는 미약하기 그지없었다. 비엥, 리옹, 부장송의 대주교와 주교는 언제나 부르군드왕 루돌프 보다는 프랑스나 도이취어계 제국의 지배자를 따랐다. 부르군드왕의 통치체제는 루돌프 2세의 사망 이후 루돌프 3세 시대(993~1032)를 경과하면서 더욱 쇠퇴했다. 특히, 루돌프 3세가 후손 없이 사망함에 따라서 도이취어계 제국황제 콘라드 2세는 부르군드왕 영지 상속자 위치에 올랐다. 부르군드왕위 계승자인 도이취어계 제국황제는 아를르왕 영지에 정착코자 시도했다. 도이취어계 제국 황제의 부르군드 영지정책은 언제나 프랑스왕을 의식하여 선택되었다. 룩셈부르크 가문 시대(1308~1437)에 이르러 황제 카를 4세(1346~1378)는 카를 5세의 장자요, 황세자인 로타르 3세(954~986)에게 부르군드왕 영지 보좌역 관직을 맡겨 통치권을 넘겨주었다.

체링거 가문은 남부 도이취어계 제국 영주였다. 체링거 가문은 프라이부르크에 중심을 두었다. 스위스는 체링거 가문의 공작영지였다. 체링거 공작 가문은 영지 관할관습을 빼앗기 위하여 스타우퍼 가문과 싸웠으나, 패배하여 이제 더 이상 케른텐에서 버틸 수 없었다. 체링거 가문 영주 베르톨드 5세(+1218)의 사망과 함께 부르군드 영지의 대표영주는 사라졌다. 부르군드 영지 역시 더 이상 체링거 가문의 영지가 아닌 스위스로 변모했다. 스위스 중심 도시는 1191년 베른으로 확정되었다.

부르군드 공작 영지는 카롤루스 가문의 영지에서 발원했다. 부르군드 공작영지의 초대 공작은 노르만계 정복자 오띵의 리히아르드(879~921)였다. 리히아르드는 부르군드왕 보소(879~887)의 동생이었다. 당시 디종은 부르군드의 중심도시였다. 1361년 부르군드 공작 가문 혈족 단절과 함께 부르군드왕의 영지는 신분회의의 결정에 따라서 부르고뉴(Bourgone)로 프랑스왕국에 편입되었다. 과거 부르군드영지였던 새로운 부르고뉴는 바로와 왕가의 통치시대에 이르러 새로운 문화 발원지로 변모했다. 프랑스왕 요한 2세(1319~1364)은 부르고뉴를 프랑스왕국 영지에 편입시킬 수 있었다.

부르군드왕 영지는 도이취어계 제국과 프랑스의 이해관계가 정면으로 대립되던 지역이었다. 그래서 부르군드왕 영지는 도이취어계 제국과 프랑스로부터 끊임없이 압력을 받았다. 도이취어계 제국과 프랑스는 부르군드왕 영지를 거쳐야 지중해로 진출할 수 있었다. 그래서 부르군드왕 영지는 지중해로 향하던 유럽 통행로였던 것이다. 부르군드왕 영지는 유럽세계 교역을 두 갈래로 분기하던 교역 접속지역이었다. 교역은 마아스강-모젤강-라인강-론강과 사오느강으로 이어지는 교역과 베프르트강 하구와 유라지방의 알프스 통행로를 따라서 셍베르나르드와 몽트성니 지방으로 이어졌다. 즉, 교역 분기지점이 바로 부르군드왕 영지의 통행로였던 것이다. 중세 도이취어계 제국은 하인리히 3세 시대(1030~1056)에 이르러 절정기를 맞이했다. 하인리히 3세는 로마 교황청을 전례 없이 마음대로 조종했다. 하인리히 3세는 신의 평화 정착 정책을 추진했다. 하인리히 3세가 추진했던 신의 평화정착 정책은 귀족의 결투권 마저도 법률의 강제집행이 가능토록 만들어 황제권을 강화했다. 하인리히 3세는 황제영지를 개편하여 제국 통치 기반을 구축했다. 하인리히 3세는 부르크 소유자인 소규모 변경 공작에 대해서는 강경하게 대처했다. 하인리히 3세는 뵈멘과 운가르 공작을 부르크에 연계시켜 세력을 약화시켰다. 살리어 가문 황제답게 하인리히 3세는 유통질서에 화폐를 접목하여 생산과 거래를 활성화했다. 하인리히 3세는 생활질서뿐만 아니라, 교육에도 특별한 관심을 기울이고 전문 지식 교육기관을 창설했다. 하인리히 3세는 제국 시대의 거대한 돔을 살리어 가문의 왕릉지로 만들어 정신 발원지로 만들었다.

황제 하인리히 3세는 탁월한 식견을 갖추고 있었다. 황제의 탁월한 식견에 이끌려 도이취어계 제국은 하인리히 3세 시대에 이르러 새로운 기운을 찾아갔다. 하인리히 3세 시대는 실제로 중세 이후 근대 여명시대가 도래하던 시대였다. 하인리히 3세는 정치, 종교, 문화, 생활 영역에 새로운 역량을 축적하기 시작했다. 하인리히 3세 시대 이후 유럽세계 인간은 새로운 지리의식을 찾아내어 외부로 진출하기 시작했다. 하인리히 4세(1056~1106)는 탁월한 미래 예측자인 하인리히 3세 아들이었다. 하인리히 4세는 4살에 아헨에서 왕위에 즉위했고 선친정책을 계승하여 유럽세계에 넘쳐흐르는 변화 물결을 거침없이 수용했다. 과거 라인팔츠 관구의 보좌사제로 있다가 교황청의 부사제로 영전했던 힐레브란트로서 교황 그레고르 7세(1073~1085)가 교황위에 오르자, 하인리히 4세는 더욱 강력하게 제국 교회조직 정책을 추진했다. 하인리히 4세는 도이취어계 제국 고위 성직자의 섭정을 받으면서 제국 제도와 행정기구를 개혁하기 시작했다. 하인리히 4세는 1065년까지 어머니 프와투의 아그네스(1025~1077)와 두 대주교의 섭정을 받았다. 그런데도 당시 섭정자 대주교는 국고낭비에 권력남용까지 저질렀다. 하인리히 4세는 이런 섭정기구를 정비했으나 봉토와 영지를 개인 영지로 만들려던 영지귀족의 강력한 저항에 직면했다. 교황 그레고르 7세는 영지귀족을 후원했다. 황제와 영지귀족의 싸움에 교황청이 개입하자, 황제 통치권은 약화되기 시작했다. 하인리히 4세는 이미 과거부터 영지 귀족이 개입된 제국 교회조직과 싸움을 유리하게 전개할 수 없었다. 황제는 그런데도 교황청이 개입된 영지귀족과 제국 교회조직과 싸움을 극복하고, 도이취어계 제국의 통치체제를 과감하게 개혁했다. 물론 황제의 경쟁상대자는 영지귀족이었다. 한편, 교황 그레고르 7세는 교회조직을 개혁하면서 기존 관행을 폐기하고, 세속 교직자가 고위 성직자 임명에 관여하지 못하도록 금지령을 내렸다. 교황의 이런 금지조치는 제국 교회조직에 대한 황제-종족왕의 간섭을 배제시키려는 의도였다.

도이취어계 제국 성직자와 교직자는 교황과 종족왕-황제의 싸움에서 종족왕-황제 입장을 옹호하고 나섰다. 그런데도 영지귀족은 황제-종족왕의 입장을 반대하고 교황 입장을 두둔하고 나섰던 것이다. 교황은 종족왕-황제를 파문하고, 종족왕-황제를 교황청 법정에 세웠다. 교황은 하인리히 3세가 개최했던 수트리 주교회의를 조종하면서 지금까지 세 교황을 퇴위시킨 도이취어계 제국 황제의 전례를 간단하게 번복시켰다. 교황은 왕위와 자격에 대한 선택권을 행사하려고 시도했다. 하인리히 2세 이후 종족왕-황제는 크리스트교세계를 관망하면서 크리스트교 세계 대표자 위치를 지탱했다. 교황은 중세 이후 세속인과 종족왕의 구원자 역할을 담당했다. 세속인과 종족왕에 대한 교황의 구원은 종족왕-황제의 권위 약화로 이어졌다. 중세 세계에서 종족왕 황제는 최고 성직자 위치에서 제국 교회조직을 통치했으나 이제 교황의 구원원리 때문에 최고 성직자 자리를 내놓아야 했다. 교황의 이런 권위인식에 대하여 종족왕-황제는 세속인 입장에서 교황 권위문제를 제기했다. 교황의 권위와 황제-종족왕의 권위는 분리되기 시작했다. 교황 권위와 황제-종족왕 권위의 분리 단계에서 근대 여명시대는 도래하기 시작했다.

즉, 교황 권위와 황제-종족왕의 권위 분리는 성직과 권력, 교회조직과 국가조직의 분리로 발전했고 두 조직 모두는 결속력을 권위의 전제로 내세웠다. 영지라는 공동체 역시 권위를 외피로 포장한 상징물에 불과했다. 그러나 이 두 조직은 서로 다른 권위를 지향하며 논쟁했으나 영지 분열을 선동하지 않았다. 서로 다른 두 가지 권위조직의 분리과정에서도 세속인 권력은 고유 권위영역으로 정착했다. 또한 무절제한 세속인 쾌락과 이단자동아리는 때를 만난 듯이 두 가지 권위조직 분리를 악용했다. 그런데도 두 권위는 모두 신이 지상에 내려 보냈다고 세속인을 설득했다. 하인리히 4세는 참회자가 되어 카노사로 갔고 카노사에서 참회자로 교황청 법정에 섰다. 도이취어계 제국 귀족동아리와 교황청은 서로 분리하기 시작했다. 그런데도 도이취어계 제국의 영지 귀족동아리는 1077년 하인리히 4세를 황제위에서 폐위하고, 하인리히 4세 반대파 루돌프(+1080)를 황제위에 선출키로 계획했다. 당시 교황은 법정논쟁을 벌이는 한편, 무력을 동원하여 황제와 싸웠다. 1077년의 성직자 서임권 논쟁은 정치 선전장을 방불케 하는 교황과 황제의 법률전쟁이었다. 성직자 서임권 논쟁은 황제의 법률과 교황의 법률을 중화했으나 어떤 타협점도 찾아내지 못했고, 교황의 권력과 황제의 권력을 구성하는 본질문제 역시 타협 가능성을 더욱 외면했다. 성직자 서임권 논쟁은 결국 종교전쟁으로 이어지고 있었다. 성직자 서임권 논쟁으로 고무된 교황청은 십자군전쟁에 착수했다. 십자군의 전쟁은 크리스트의 전사라는 명분으로 교회조직을 무리하게 남용하는 결과를 낳았으나 교회조직이 나아갈 본래 방향을 예고했다.

'자유'는 교회조직으로부터 '자유'였다. 교회조직으로부터 '자유'는 세속인세계로 이동하기 시작했다. 그러나 '자유'처럼 세속인을 결속시킬 수 있던 수단은 없었다. 교회조직으로부터 '자유'는 기존관행을 지키려던 보수파동아리와 기존관행을 거부하던 개혁파동아리의 실천의식을 생성했다. 개혁파 교황 그레고르 7세는 보수주의를 주장하면서 국가 교회조직 위치를 극복하고, 교회조직 국가란 보편주의를 실천했다. 그레고르 7세는 오랫동안 지배한 적이 없던 세속인 권력을 새로운 모습으로 변형했다. 그레고르 7세는 사회라는 개인동아리 연합체의 속성을 전혀 파악하지 못했다. 그래서 고레고르 7세의 교회조직 개혁 조치는 중세 종교동아리에다 최근세대 창의력을 결부하여 과거세대 교회조직을 개방하는 역할을 담당했다. 교회조직의 이런 변화 수용은 '최근세대 문화'(moderni)를 '과거세대 문화'(antiqui)에 접목했다는 의미를 지닐 수 있었을 것이다. 그레고르 7세의 교회조직 개혁은 과거세대 질서의 시각에서 바라보면 엄청난 혼란이었다. 특히 그레고르 7세의 교회조직 개혁은 '새로운 것'(novi)이고 '미숙하고, 미성숙한 것'이었다. 아마 이런 표현은 그레고르 7세의 교회조직 개혁을 가장 적절하게 표현했을지도 모른다. 교황 반대자 도이취어계 제국 하인리히 4세는 '과거세대 문화', '성숙한 것', '익숙한 것'을 대변했을 가능성도 있다. 특히, 하인리히 4세는 중세 종교동아리와 권력동아리로부터 새로운 정치 질서를 찾아내어 여명시대를 열려던 대표자였을 가능성도 있다.

그런데도 하인리히 4세는 교회조직을 지배하던 과거세대 질서 대변자로서 교황의 도전을 받았다. 교황과 황제 중심축의 두 가지 질서는 극본에서나 볼 수 있는 분리, 즉 싸움으로 치달았다. 교황과 황제의 충돌과정은 이미 중세 인간의 미래를 예고했다. 즉, 성직자 서임권 논쟁이라는 교황과 황제의 갈등은 기존 통치원리와 새로운 통치원리가 충돌하는 출발점이었다. 교황과 황제를 주축으로 한 두 가지 통치원리가 도이취어계 제국 영지에서는 종족왕을 중심으로 서로 충돌했으나 프랑스에서는 왕이 통치원리 제시자 위치를 확보하지 못한 상황이었다. 거기다 잉글랜드는 도이취어계 제국이나 프랑스와는 전혀 다른 방향으로 전개되어 잉글랜드 교회조직의 출현, 왕권 쇠퇴로 발전했다.

성직자 서임권 논쟁은 결국 보름스 협약으로 종결되었다. 성직자 서임권 논쟁은 황제와 교황의 싸움이었다. 성직자 서임권 논쟁은 세속 질서와 교회조직 질서의 싸움이었다. 교회조직의 입지는 그레고르 7세의 교회조직 개혁으로 오히려 강화되었다. 교회조직 입지가 강화되었음에도 불구하고, 황제세력과 교회조직 세력의 싸움은 미궁에 빠져 1122년 보름스협약의 탄생으로 이어졌다. 보름스협약에 따라서 도이취어계 제국 황제-종족왕은 처음으로 주교를 제국 관직에 임명할 수 있게 되었다. 과거에는 성직자 서품권이 황제-종족왕의 권한에 포함되어 있었다. 성직자 서품의 선례는 이탈리아와 부르군드에서는 완전히 도이취어계 제국 경우와 반대로 진행되었다. 이탈리아와 부르군드에서는 황제와 교황이 성직자 서품권을 장악하기 위하여 치열하게 싸웠다. 하인리히 5세는 하인리히 4세의 아들이었다. 하인리히 5세는 귀족과 동맹하여 왕위를 차지했고 아버지인 하인리히 4세의 시신을 스파이어에 위치한 살리어 가문의 돔 예배당에 매장하지 않고, 1년이나 관대에 얹힌 채 유기했다. 선왕에 대한 하인리히 5세의 이런 예우는 역시 지나치게 많은 권한을 잃은 데 대한 보복조치였다. 도이취어계 제국의 고위 성직자는 세속권한을 유지코자 시도하였다. 교황은 성직자의 모든 것을 결정했다. 황제권과 교황권의 분리 과정을 거치고 이후 12세기 제국에서서는 세속인 영주가 성직자 영주로 변하는 경우로 나타났다. 하인리히는 작센과 바이에른 공작이었다. 이런 하인리히가 성직자 영주를 반대하고 나서자, 성직과 세속의 제국 영주, 즉 선제후 신분은 1180년 처음으로 상호 협력하며, 제국정치를 처리하는 선례를 남기게 되었다.

제 8 장

유럽문화 여명시대 세계의 유럽과 사회조직의 결속운동(1070~1300)

8-1. 유럽 의식의 변화와 결속운동의 조류

결속운동의 근본요인

11세기는 문화 출현과 함께 학문동아리, 상인동아리, 장인동아리 등의 다양한 소수 개인동아리가 활동하기 시작했던 중세세계의 급격한 변화시대였다. 라틴어 해독력의 산물인 저작물은 중세 인간의 생활관습과 문화로서 전문지식 원리의 시스템을 결합하는 매체로 정착했다. 기존 권력동아리와 종교동아리 위주의 질서 역시 학문동아리, 상인동아리, 장인동아리 등의 다양한 개인동아리 활동과 함께 시대 변화를 수용하기 시작했다. 종교동아리 영역에서는 복종하기만 했던 신의 존재로부터 개인이 전문지식 원리의 시스템을 수용하여 머릿속에서 그려내는 신의 모습, 즉 개인의 생각으로 찾아낸 신의 모습을 내세워 시스템화와 함께 성직자 모습을 바꾸어 놓기 시작했다. 기존 권력동아리 영역에서는 새로운 모습의 다양한 소수 개인동아리 영향으로 다양한 개인의 모습을 담기 위한 새로운 시스템의 질서를 찾아내기 시작했다. 물론 새로운 권력동아리 질서는 어느 정도 해방의식을 전제한 개인주의와 지리의식 확대를 수용해야 했다. 그리고 개인주의 산물인 소규모 권력동아리 출현을 수용해야 했다. 종교영역에서 개인주의 산물은 기존질서 수호자임을 자처하고 있던 정통론자동아리 교회조직을 비판하고 나섰던 반항자동아리인 이단자동아리의 시스템 출현이었다.

정통론자동아리 입장에서 이단자동아리라고 지칭했던 반항자동아리 출현 명분은 언제나 기존 질서에 대한 '개혁'(renovatio)이었다. 11세기 교회조직 개혁을 내세운 정통론자동아리에 대한 반항자동아리인 이단자동아리의 대립상황은 소수 개인동아리가 시스템화로서 다수 개인동아리를 만들어내는 소위 사회조직 변화를 지칭했다. 현대인의 시각에서 바라보면, 다수 개인동아리와 소수 개인동아리의 대립논리에 지나지 않았던 정통론자동아리에 대한 소수 개혁가동아리의 반대논리는 정통론자동아리나 그 반항자동아리인 이단자동아리 세력 자체 내에서 시스템화로서 다양한 결속력을 만들어 내기 시작했다. 새로운 소수 개인동아리의 결속력은 기존질서를 해체하고 새로운 질서에 접근하는 시스템의 기반이었다. 여기서부터 중세 개인은 시스템에 접근하기 시작했다. 중세 개인의 시스템 접근은 새로운 전문지식 원리로서 문화이동 영향으로 영지를 광역자치조직을 구체화하는 문화 발원지로 만들고 영지구성원에게 외부 진출 분위기를 제공했다. 이외에도 아시아세계로부터 유입된 새로운 상품이 생활 속에 파고든 영향도 있었겠지만, 지리상의 거리감각 축소, 성직자 서임관습 논쟁시대를 거치면서 대두된 개인주의 또한 중요한 요인이 되었다.

중세세계에서 개인은 문화이동 단위가 되어 합리주의를 내세우며 소수 개인동아리의 시스템을 조직했다. 소수 개인동아리의 결속력의 전제로서 시스템에 접근하는 소통수단은 개인동아리 구성원의 이해관계 조정을 전제한 성문 사법 원리였다. 성문 사법 원리는 다양한 소수 개인동아리에 시스템 원리를 제공했다. 합리주의는 개인주의 산물인 성문 사법의 상징물을 활용하여 과거 정통론자동아리의 외피를 벗어 던지고 정통론자동아리의 교회조직에 대한 반항자동아리인 이단자동아리에게 개혁가의 외피를 입히던 소통수단이었다. 또한 시스템 발원지는 라틴어 해독력에서 발원한 성서 인문주의였다. 중세세계에서 인문주의는 과거세대 생활관습을 확인하는 도구였다. 중세세계 인간은 11세기 처음으로 과거세대 생활관습을 발견하여 생활언어 폭을 넓혀 '거리'에 대한 측정규격을 보완하며 실제로 인문주의 전통을 확대했다. 중세세계 인간의 거리 관습은 개인의 상상력과 감각으로 찾아낸 의미 차이, 인간관계의 차이, 논리와 현실의 차이 등이었다. 이 세 가지 거리관습은 상상력과 감각에 축적된 개인의 표준관습에 결합하여 새로운 시스템 결속방향을 제시했다.

중세세계의 이런 거리규격은 정통론자동아리와 이단자동아리나 반항자동아리,

나아가서는 개혁가동아리의 시스템 격차를 확증하는 수단으로 작용하여 과거세대 행동방식과 최근세대 행동방식은 개인에게 시스템방식의 행동방식을 창출토록 자극했다. 개인의 행동방식은 감각을 추구하던 유행에 대하여, 그리고 금전이나 권력을 추구하던 세력 및 권위에 대하여 일정한 시스템의 실천규격을 제시했다. 중세세계에서 나타난 유행이나 권위의 규격은 표준감각에서 보다는, 신앙의 실천의식과 결부되었다. 또한 중세세계에서 유행이나 권위의 규격은 개인 위주의 사고방식을 바탕으로 일종의 질서처럼 시스템으로 표출되었다. 그런데도 중세세계의 이런 유행이나 권위규격은 세대의식이라는 사고방식의 분리과정을 거치면서, 가치의 생성과 쇠퇴를 반복하고, 드디어 근대인의 생활방식으로서 개인주의와 합리주의의 일치점인 시스템을 정착해갔다.

유럽세계 인간의 아시아세계 침입과 지리의식 확대

유럽세계 인간은 11세기 초 남부 지중해지역으로 진출하여 비잔티움세계 모슬렘 영지를 위협했다. 유럽세계 인간은 11세기 이후 200여 년 동안이나 스페인 지배자 마우어종족을 스페인에서 몰아냈다. 유럽세계 인간은 베라르, 사르디니아, 코르시카 등의 지중해 섬으로도 진출했다. 물론 이슬람은 자연히 시칠리아와 비잔티움세계를 떠났다. 유럽세계 인간의 시각에서 이슬람이 시칠리아와 비잔티움세계를 떠나게 된 것은 실지회복이었다. 유럽세계 인간은 십자군 원정에서 치페르, 팔레스티나, 시리아지역을 정복했고 1204년 이후 크레타 섬을 비롯한 아에가에이스 섬과 같은 지중해 섬을 포함하여 일부 비잔티움제국 영지까지 정복했다. 유럽세계 인간의 이런 동방진출은 외부세계를 침입하는 팽창정책의 일환이었다. 유럽세계 인간의 이런 침략정책 이면에는 교회조직 시스템의 결정으로서 비잔티움제국 영지를 이슬람이 침략했다는 명분에서 과거세계에 대한 실지회복을 의미했다. 유럽세계 인간은 이슬람 정복지역을 확고하게 유럽으로 간주했다. 따라서 유럽세계 인간은 과거세계를 탈환한다는 명분으로 외부세계를 침입했고 외부세계 침입과정에서 결국 고전시대 문화영역으로 진출했다. 유럽세계 인간인 노르웨이인은 13세기 초 이슬람의 지중해연안 상업권을 되찾았다. 노르웨이인의 해상 정복활동 출발지는 잉글랜드였다. 그러나 노르웨이인의 정복무대는 대륙의 프랑스지역으로 옮겨가 프랑스지역으로부터 다시 서유럽 문화영역에 편입된 웨일즈와 스코틀랜드, 아일랜드 등으로까지 이어졌다.

노르웨이인은 스칸디나비아지역과 발트해 연안의 러시아지역으로도 정복영역을 넓혀갔다. 노르웨이인의 정복영역 확장과 함께 로마 정통론자동아리 교회조직 영역은 물론 저절로 넓어졌고 그리스어계 정통론자동아리 교회조직과 갈등을 거듭하면서 변화 물결은 서유럽세계에 인접한 러시아지역을 포함하여, 동유럽과 중부 유럽의 동부지역으로까지 넘쳐흐르고 있었다. 로마 정통론자동아리 교회조직의 영역 확대는 종교동아리 영역을 비롯하여 경제영역, 정치영역으로 이어졌다. 유럽세계 인간의 활동무대는 프랑스의 센강유역 영지로부터 도이취어계 제국의 엘베강 이내 영지와 이들 영지에 인접한 북해 연안을 포함하여 중부 이탈리아 지역까지 이르는 카롤루스 가문시대 프랑크종족왕의 방대한 통치 영지로부터 외부로 넓어져 유럽세계 인간의 문화영역이 되었다. 물론 유럽세계 인간에게 외부세계로 활동무대의 확장은 곧 다양한 이질문화가 유럽세계 인간의 문화영역으로 유입되는 기회였다. 유럽과 서양은 이런 이질문화를 흡수하여 세계문화 의미에서 우뚝 솟아오른 문화 발원지로 변모했고 유럽문화는 내부에서 표면장력처럼 계승관습을 발휘하며 서양 외부세계로 모세관현상처럼 이동하기 시작했다. 유럽세계 인간의 문화영역은 곧 이주, 개간, 식민활동으로 확장되어 새로운 문화영역으로 바뀌었다. 거기다 또한 유럽세계 인간은 스페인에서 이슬람을 몰아내고 다시 정복했고 농민을 아라곤왕국과 카스틸리아왕국으로 이주케 하여 스페인지역을 새로운 유럽세계 인간 활동영역으로 만들어갔다. 또한 유럽세계 인간의 활동무대가 넓어지는 것은 도이취어계 제국 영지에서도 예외는 아니었다. 도이취어계 제국영지에서 유럽세계 인간 활동무대는 동 유럽세계로 확장되었다. 유럽세계 인간 활동무대를 동부 유럽지역으로 확장했던 중심체는 도이취어계 제국 귀족동아리와 교회조직이었다. 도이취어계 제국 귀족동아리와 교회조직은 엘베강을 건너 슬라브어계 종족세계로 진출하여 결국 발트해 연안의 종족구성원과 마주했다.

뿐만 아니라, 도이취어계 제국 귀족동아리와 교회조직은 서유럽세계에서 발트해 연안으로 농민을 이주시켜 개간에 착수했다. 도이취어계 제국 귀족동아리와 교회조직이 이렇게 이주시킨 유럽세계 인간은 플랑드르지방과 화란지방을 개간하고, 경작하여 개간 경험을 쌓은 농민이었다. 이 중부유럽 농민은 귀족동아리와 교회조직의 영지와 소택지를 포함한 해안지대의 황무지 개간에 착수했다. 도이취어계 제국 귀족동아리와 교회조직은 도이취어계 제국의 이주농민을 슬라브어계 종족의 거주영역에 정착시키고, 이주농민에게 자유 보유 경작지를 허용했다. 노르웨이인의 정복활동은 브리타니아 섬의 남부 웨일즈지방과 스코틀랜드지역에서처럼, 그리고 아일랜드의 파레에서처럼 농민의 이주운동을 고무시켰다. 노르웨이 귀족은 농민의 이주운동과는 관계없이 브리타니아 섬의 일부지역을 위협했다. 노르웨이인의 개간활동과 식민활동은 중세 인간에게 모험과 호기심을 자극했다. 중세 인간은 물론 개간활동이나 식민활동에 참여하기 위하여 생활영역을 떠나려 하지 않았고 개간이나 식민활동을 위하여 삶의 터전을 떠난다는 것 자체를 크나 큰 모험으로 인식했다. 특히, 남부 이탈리아지방과 시칠리아에서 개간활동이나 식민활동을 한다는 것은 상당한 모험을 수반했다. 거기에다, 이슬람지역과 비잔티움제국 영역에서 개간이나 식민활동을 한다는 것 또한 대단한 모험이었다. 중세 인간은 개간이나 식민활동의 이런 어려움 때문에 외부로 이주에 선뜻 참여하지 않았다.

그런데도 모험가는 중세세계에서도 나타났다. 이 모험가 부류에는 귀족 후손과 상인동아리가 주류를 이루었다. 귀족 후손과 상인동아리는 야심에 차서 식민지를 찾아 나섰다. 귀족 후손과 상인동아리 영향력은 미미했지만, 지배자동아리 구성원이었다. 모험가는 또한 모두 어느 정도 자산가 부류였다. 귀족동아리와 상인동아리는 개간지나 식민지로부터 획득한 수익을 가지고 자산을 축적했다. 중세 인간의 시각에서는 귀족동아리와 상인동아리를 모두 한탕주의 자처럼 느끼면서도 선망 대상으로 삼았다. 귀족동아리와 상인동아리는 개간지나 식민지를 손아귀에 움켜쥐려던 모험가였다. 그래서인지는 알 수 없으나 남부 이탈리아지역과 프랑스의 프로방스 지방 출신의 상인동아리는 비잔티움세계의 콘스탄티노플과 시리아의 홍해 연안 도시에도 모습을 드러내며 지리의식을 확대해갔다. 일단의 모험가인 귀족동아리와 상인동아리는 개간이나 식민활동으로 외부에다 봉건영지를 확보했다. 귀족동아리나 상인동아리의 이런 봉건영지는 프랑스의 프로방스지방과 도이취어계 제국영역에서도 나타났다. 또한 도이취어계 제국과 이탈리아의 귀족동아리는 동부와 남부 이탈리아지방을 비롯하여 시칠리아, 그리스, 소아시아 지역에서도 자기네 봉건영지를 보유했다.

중세 인간의 영지는 개간과 식민활동으로 넓어졌고 영지확장은 곧 미개간 상태의 내륙지방으로도 넓어져 외부세계의 문화영역을 위협했다. 중세 인간의 식민 활동은 오히려 영지확장 때문에 가열되었고 영지확장은 물론 내륙 개간사업으로 이어져 삼림지역과 구릉지역, 황무지나 미개간지역을 거주지역으로 바꾸었다. 또한 거주지역과 개간지역 사이에도 점차 원활한 관계를 유지한 나머지 영지 중심지역의 인구 증가로 이어졌다. 개간활동이나 식민활동은 거주영역을 확대했으나 영지

중심지역으로 인구증가를 유발하여 오히려 영주에게는 압박요인이 되었다. 1000년대부터 1250년경 중세 세계에서는 농민도 개간이나 식민활동에 참여하여 거주영역 확대에 중요한 역할을 담당했다. 중세세계에서 농민의 거주영역 확대는 방대한 중세세계, 특히 잉글랜드와 프랑스 북부지역을 비롯하여, 유트란드지역과 동부 유럽세계의 슬라브어계 종족영역, 그리고 도이취어계 제국과 스칸디나비아 등의 지역에서 삶의 방식을 수평형으로 바꾸어놓기 시작했다. 이런 중세 변화는 특히, 내륙 산간지대와 황무지 인접지역에 대해서까지도 영향을 미쳐 다양한 모습의 농촌 출현으로 이어졌고 이 농촌은 외부 개간지와 영지에서 유입되던 수익에 힘입어 성장단계를 맞이한 중세 도시의 생필품 공급자로 등장했다. 농촌이 중세 도시 거주자의 생필품 공급자로 등장하자 농촌과 도시민 관계도 저절로 형성되어 광역자치 문화를 생성하며, 기초 지방자치 발전으로 이어지기 시작했다.

중세 내륙 개간과 식민활동은 고향을 떠나는 이주 계기였으나 농촌과 도시 거주자 사이의 활발한 교류를 가능케 하여 중세 이주운동 자체가 향촌이나 고향, 영주장원, 거주 공동체나 이웃 농촌 공동체 이탈을 가능케 했다. 정착지를 떠난 이주자는 원거리의 새로운 이주지인 개간지나 간척지로 삶의 터전을 찾아 나서기 시작했다. 이런 이주운동은 중세 인간으로서 극복할 수 없었던 광역자치 시스템 문화와 기초자치 시스템 문화를 탈피하는 계기로 작용했다. 즉, 광역 자치문화와 기초자치문화는 중세 인간의 교류를 가능케 했던 이주운동으로 오히려 침체되고 기존 결속관계의 시스템을 변화시켰다. 중세 이주운동은 중세 인간의 삶을 수평형과 수직형의 생활 격차로 바꾸기 시작하며 기존 결속관습의 시스템을 해체했다. 중세 인간의 이주운동을 이런 맥락에서 파악하면 이주운동 자체는 생활수준 향상이요 생활개선이었다. 그러나 이주운동은 생활수준 격차를 낳기 시작했고, 이런 중세 분위기는 농촌이라고 예외일 수 없었다.

중세 농촌 거주자의 삶도 수평형과 수직형의 생활격차를 만들어내기 시작했다. 이주운동 현상으로 농촌 거주자뿐만 아니라, 도시 거주자인 상인동아리와 수공업자동아리의 삶도 생활격차를 드러내기 시작했다. 여기서부터 중세 인간의 자유 분위기는 발아했다. 11세기 이후 '도시는 인간을 자유롭게 만든다'는 도시 분위기의 표현 문구가 중세 도시 거주자 사이에 감돌며 중세 인간의 생활 격차는 도시에서 발아했다. 11세기에서 13세기 개척자는 국경을 만드는 사람과 국경을 넘어선 모험가였다. 중세 인간은 야심에 찬 모험가 역할 때문에 문화 이동자 위치에 이를 수 있었다. 중세세계에서 광물자원은 생활과 경제 측면에서 중요했다. 물론 주요 광물자원은 소금, 은, 주석, 아연, 구리, 철광석 등이었다. 이 천연 광물자원 채굴은 새로운 기술과 새로운 운송 수단을 필요로 했다. 천연 광물자원을 프랑스, 도이취어계 제국, 이탈리아, 뵈멘, 스칸디나비아 등의 지역에서 채굴했다. 이 지역의 천연 광물자원 채굴은 11세기 이후 중세 세계의 경제 흐름 변화로 이어졌고 교역 또한 잉글랜드, 스칸디나비아, 발트해 연안에서 가공된 목재 가공품과 조선업 중심으로 전환했다. 본래부터 중세세계의 수산업은 아일랜드와 노르웨이 연안에서 특히 발전했다. 아일랜드와 노르웨이 연안에서 생산된 수산물이 유럽 대륙에서 상품화되었다고 단정할 수는 없으나 발트해에서 어획된 수산물 중에서도 청어는 대륙시장에서 상품으로 거래되었다.

중세세계 경제변화

중세세계 인간의 이주운동은 본래 거주지역 퇴조로 이어졌다. 귀족동아리와 상인동아리가 새로운 영지를 찾아서 외부로 나선 이후 기존 거주지역에 대한 귀족동아리의 자연스런 관리의지 약화와 거주인구의 감소로 이어졌다. 기존 거주지역의 인구감소는 내륙 미개간지를 찾아 나선 식민활동의 결과였고 식민활동과 함께 거주영역은 비농업지역으로까지 넓어졌다. 이런 중세세계 경제상황은 상업과 교통의 발달과 함께 상공업 발달로 이어졌다. 중세세계 도시는 상업과 교통 요충지에 자리 잡고 주변지역 거주자를 끌어 들이면서 도시 중심지역을 새로이 형성해갔다. 중세세계 도시는 지방 영주와 도시 영주의 세력권에서 발아하기 시작했으나 스스로 모여든 이주자로 구성되었다. 그러나 도시는 나름대로의 생활양식과 생활주기, 도시 구성원의 영리성향과 근로성향을 지니고 성장했다. 이런 중세세계 도시 특성은 기존 생활관습과 전혀 다른 법률과 제도의 시스템 정착을 유발했다. 중세세계 이주운동 기폭제는 일확천금을 찾아 나선 귀족동아리와 상인동아리의 모험가 정신이었다. 이 모험가 정신을 골격으로 구성된 협소한 생활영역이 바로 중세세계 도시였다. 중세세계 도시는 이주환경 변화와 같은 새롭고 독특한 도시 생활양식을 표준 생활양식으로 제시했다.

새로운 대지의 개간지는 중세세계 인간의 새로운 결속 시스템의 바탕이었다. 천연 광물자원의 활용으로 광업과 어업을 생활영역으로 만들며 상업도 변화하기 시작했다. 과거 근거리 상업 보다는 원거리 상업이 중심을 이루었다. 화폐는 유통질서 촉매제로 자리 잡으며 거래질서를 원활하게 유통시켰다. 원활한 화폐유통은 자연히 화폐 양의 팽창과 함께 화폐와 관련이 없던 순수한 자연경제를 재편하기 시작했다. 화폐는 언제나 평행형의 유통체제를 유지했다. 주조화폐 역시 신속하게 유통질서 범위를 확대해갔다. 생활과 질서영역에서도 주조화폐의 신속한 유통범위 확대는 거래질서와 생산자질서를 확장하는 계기로 작용했다. 그럼에도 거래질서와 생산자질서의 변화 징후는 드러나지 않았다. 주조화폐의 유통범위 확대는 광역단위 자치지역이나 기초자치 단위에서 등가원칙의 기준점을 제시했다. 화폐 역시 표준가격 단위로 정착했다. 주조화폐 등장은 중요한 화폐유통 요인이자, 보조수단이었다. 중세초기는 중세까지도 종족 구성원은 기업인의 상업과 교역에 힘입어 세계흐름으로부터 이탈하지 않았다. 기업가는 상업과 교역 흐름을 파악하는 데 주요한 역할을 담당했다. 이런 기업가 역할은 스스로 자발정신에서 우러나왔다. 기업가 역시 이런 자발정신 때문에 도시 구성원에게 명망가요 도시 공동체 생활을 책임지고 있는 인물로 인식되었다. 기업가의 이런 책임의식은 기업가 위치를 중세세계 인간의 뇌리에 명망가로 정착시키는 기폭제로 작용했다.

도시 공동체 구성원의 생활수준과 기업가의 이윤은 정비례했다. 도시 공동체 구성원의 생활수준이 높아지면, 기업가의 이윤은 자연히 구매력 신장과 함께 증가했다. 물론 원활한 화폐유통은 유통영역 확대로 발전했다. 시장기능에도 수요 개념과 공급 개념의 수용으로 변화했다. 화폐는 토지나 현물 보다 더욱 큰 가치를 부여하는 대상으로 변모해갔다. 중세세계 인간 역시 화폐를 활동수단이 아닌 인간 목적으로 인식하기 시작했다. 즉, 화폐는 가치를 부여하는 시스템 대상으로 변질했다. 그러나 중세세계 인간에게도 본질상 여전히 가치에 대한 신용징표로 남아 있었다. 가치에 대한 신용징표로서 화폐는 다양한 의미로 현물 개념을 전달하며 가치 시스템 징표로 활용되기 시작했다. 다양한 지역으로부터 인구는 도시로 집중했다. 화폐와 인구의 도시집중은 다양한 수요를 창출했다. 물론 화폐소유를 위하여 수요와 공급의 개념에 알맞은 기업가의 생산기구 고안 역시 가능케 했다. 기업은 원거리 시장과 인구가 집중된 도시시장을 겨냥했다. 기업은 끊임없이 새로운 생산품을 내놓으며 새로운 가치의 상품을 제공했다. 기업가는 중세 도시에서도 방대한 재산 소유자로 변모했다. 기업가의 재산은 자유라는 특권관습 발원지로 변모했다. 기업가는 비자유의 굴레와 표지를 벗어 던지고 활동반경을 다른 분야로 넓혀 나가기 시작했다. 즉, 시민개념의 자유는 기업가에게서 발원했다.

그럼에도 주교의 도시 지배권이라는 낡은 잔재는 여전히 장기간 신성한 권리인 맹아기의 자유신장을 가로막는 시스템의 장애물이었다. 이런 자유의 고갈상황은 프랑스나 도이취어계 제국지역에서도 마찬가지였다. 그런데도 중세세계 자유맹아는 도시 거주자로부터 발원하기 시작했다. 도시 거주자 역시 우선 기존 예속관습에서 벗어나기 시작했다. 도이취어계 제국 지역에서 도시 거주자는 노동분야에서도 노동의 가격 환산과 함께 능률에 따라서 등급을 나타내기 시작했다. 또한 도시 거주자는 기업가의 연이자(年利子)를 반대했다. 이런 노동분야 변화는 중세세계에서 노동윤리가 정착하기 시작했다는 증거였다. 중세세계의 노동윤리 정착은 노동 가치와 노동윤리 정착으로 노동자 스스로 노동력과 노동생산 효율을 갖춘 사람이면 누구나 노동과 작업 능률을 높이기 위하여 더욱 진력했다. 이런 노동능률의 출현동기는 다른 일터에서도 거의 동일한 노동윤리 정착으로 발전했다. 노동능률과 노동윤리 정착으로 기업가는 새로운 노동성향을 찾아내며 효율에 접근하기 시작했다. 중세세계 인간은 12세기까지도 개인 명예를 훼손한다는 의미에서 노동을 천박하게 인식했다. 그런데도 개인은 노동으로 부를 축적하기 시작했다.

새로운 중세세계 모습

11세기 이후 14세기까지 중세세계는 새로운 개인동아리 등장과 함께 새로운 시스템으로 다원화하기 시작했다. 중세세계도 이런 전환시대 이후 다양한 분야에서 개인의 창의력과 잠재력을 드러내기 시작했다. 새로운 중세세계 모습의 구성물은 전문 지식 원리를 만들고 가르치는 전문교육기관의 출현이었다. 전문지식 원리를 만들고 가르치는 전문교육기관은 대략 9세기부터 11세기까지 '수도자 학문동아리'(*studium*)와 그 시스템으로 존속했다. 12세기 이후 수도자 학문동아리는 갑자기 사라지고 '학문동아리 연합체'(*studium generale* 또는 *studia generalia*)로 모습을 달리했다. 수도자 학문동아리는 과거 우리나라 조선시대 훈장 아래서 함께 공부하던 '제자와 스승의 동아리' 형태처럼 수도자동아리 계열에 따라서 좌장 아래 모여서 공부하던 '제자와 스승의 동아리' 형태였다. 학문동아리 연합체는 오늘날 단과 종합반 학원과 같은 형태의 전문지식 원리를 가르치고 함께 탐구하는 단체였다. 물론 이런 학문동아리 연합체는 오늘날 흔히 학문동아리 연합체라는 전문지식 원리를 만들어내고 가르치는 전문지식 교육기관으로서 새로 창설되었다. 중세 대학에서는 로마시대 사법을 비롯하여 의학동아리, 철학동아리, 신학동아리 등의 전문지식 원리를 강의했다. 또한 전문지식 교육기관의 발전과 함께 생활양식도 전환시대를 거치면서 시스템 체계로 변화했다. 예술양식에는 로마네스크 양식이 발아했다. 뿐만 아니라, 고딕양식은 생성 단계를 맞이했다. 문학동아리의 작품상황도 새로운 단계를 맞이했다. 음유 시인의 시와 기사문학, 그리고 우화시 등이 나타났다. 십자군 원정은 중세세계 인간의 지리의식 확대와 함께 정신 내면인 종교동아리 폭 역시 자연스럽게 넓어지며 신의 인간이 아닌 인간의 신으로 바꾸어 놓았다. 중세세계 인간은 종교동아리 사건인 전문개념 원리를 생활언어의 함축의미를 통하여 전달하기 시작했다. 즉, 중세세계 인간은 전문개념 원리의 중요함을 인식하고 생활언어 함축의미 격차를 통하여 다양한 저작물이 등장하기 시작했다.

다양한 저작물은 더욱 많은 과거 사건을 중세세계 인간에게 전문지식 원리로 알려주며 더욱 생생하게 다양한 사건을 전문개념 원리로 조합하여 축적토록 보조했다. 중간 저작물 상인동아리는 시를 첨부하여 편지글 해독자를 유혹하고, 편지글 작가는 중세세계 인간에게 시를 지도하여 작가미상의 단독 저작물의 등장으로 이어졌다. 작가는 전혀 다른 사람이었으나 실제 세계의 사물이나 사건을 서로 전혀 다른 의미로 묘사하여 합리주의에 대한 구상력의 실행력과 처신을 갖추어 갔다. 바로 중세세계 인간의 의식에서 학문동아리의 전문지식 원리가 필요하다는 생각이 정착했고 유통-거래-생산자 질서를 장사라는 명목으로 표현하기 시작했다. 또한 권력동아리의 정치와 법률 영역에서도 산업과 관련된 사건을 성문으로 표현하기 시작했다. 중세세계 인간은 현실을 상징물을 통하여 전달하며 기존질서로부터 새로운 시스템에 접근했다. 중세세계 인간은 신앙 시스템을 합리주의에, 신앙과 종교를 철학의 존재원리에 무한히 연계지웠다. 그런데도 신앙과 종교의 시스템은 철학동아리의 존재 원리 때문에 2 갈래로 분리하기 시작했다. 합리주의와 전문지식 원리 영향은 중세세계 인간의 정신성장과 함께 타당한 판단기준을 축적해갔다. 합리주의와 함께 나타난 전문지식 원리 영향은 권력동아리에까지 파급되었다. 새로운 통치 기술은 합리주의를 수용했던 시스템의 산물이었다. 통치자는 또한 합리주의를 활용하여 예속민과 영지구성원을 구분하는 한편, 전위 인간의 사고방식과 상상력에서는 국가의식과 결속을 위한 다양한 시스템 실천의식이 발아하기 시작했다. 과거세대 결속모형은 생활언어 관습이나 상상력의 한계처럼 계속 존속했으나 점차 국가체계에로 편입되어 광역 자치단위의 문화로 변형돼 갔다.

영지 결속모형 변화

12~13세기 이후 봉건사회는 쇠퇴기를 맞이했다. 힘을 가진 상위부류의 권력동아리 구성원은 광역 자치단위와 지역민을 분할하여 독점했다. 통치관습과 소유관습과 같은 특권관습 보유자와 그 영지 예속민은 극단의 이중구조를 드러내는 한편 특권관습 보유자에 대한 예속민 봉사관습은 영주의 통치방식 개선으로 이어졌으나 오히려 황제권 강화로 발전했다. 즉, 결국 통치자에 대한 예속민의 봉사관습 완화에도 불구하고 황제권은 시스템을 활용하여 오히려 강화되었다. 지배자와 봉사자의 차이점은 새로운 결속력의 시스템 생성으로 보완되었다. 도시 구성원의 지위는 중간부류의 신분을 형성했다. 자유보유지 경작민 지위는 경작지에 예속된 하위부류의 신분으로 상승했다. 하위부류의 신분 중에서 상위부류의 신분구성원은 '종족왕의 관리'(Ministeriales)라는 특수한 신분으로 상승했다. 이들 '종족왕의 관리'라는 특수한 신분은 경제, 사회, 정치 등의 시스템 영역에서 귀족동아리 구성원과 대등한 지위를 확보하며 하위부류의 귀족으로 상승했다. 예속민은 귀족으로서 예속민, 자유민으로서 예속민, 비자유민으로서 예속민 등으로 구분되었다. 특히 이 세 부류 예속민은 생활수준과 특권관습 변화를 체험하며 통치 권력의 시스템을 기존 관행과 분류관습에 따라서 운용했다. 그러나 지배자의 통치 영역은 상업, 교통, 생산자 영역으로 넓어지며 경쟁의식을 전제하여 효율의 중요함을 인식하기 시작했다. 지배자의 이런 통치영역 변화와 함께 개간으로 인한 도시 거주자와 농민의 자산변화는 신분상승을 유발했다. 새로운 단체인 도시는 권력동아리의 정치 중심체 기능을 담당하며 협소한 시스템 영역이었지만 새로 유입된 도시 거주자의 공동욕구를 대중문제로서 인식하여 해결해줌으로서 과거 영지잔재란 찾아 볼 수 없었다. 영주관습 역시 변모하며 과거 자유보유지와 영주 장원을 중심으로 임차농의 부역 지대관습이 정착해갔다.

1250년경 농민지위는 중세세계 어디서나 상승했다. 과거 예속자 관습은 점차 소작농 신분의 자유로 변화했다. 특히, 우선 도이취어계 제국지역에서 예속자 관습은 소위 영지 예속민의 평준화와 함께 자유로운 비자유민의 위치 상승으로 발전하여, '종족왕 관리'와 시민으로 변모했다. 교황청은 중세세계 지배자 위치에 올랐다. 물론 교회조직도 성문법률에 따라서 시스템을 운용했다. 교회조직의 성문법률이 바로 '교황 그라티아누스의 교령집'이었다. 교리에 따라서 교회건물도 증축하며 교황청을 거대한 국제 행정기구를 거느린 연방국가 조직으로 만들어갔다. 기초자치 단위와 광역자치 단위, 국가와 국가 영역에서는 경제와 사회, 통치권과 국가, 정치와 문화 분야에서 지금까지 알려졌던 것 이상으로 광범위하게 결속운동과 시스템의 진보가 11세기 이후부터 진행되었다.

13세기 이후 신분운동과 신분 사회조직

중세세계에서 사회조직의 시스템은 13세기 중엽 이후 눈에 띄게 변화했다. 사회조직의 시스템에서도 기존 가치는 쇠퇴했다. 서부와 동부 유럽지역에서는 신분 획득자동아리로서 신분사회의 시스템이 모습을 드러내기 시작했다. 제1차 새로운 여명시대 세계의 모습은 동요, 불안, 혼란의 교차시대였다. 중세세계에서 도시는 자치단위 시스템으로서 성장했다. 도시는 도이취어계 제국지역에서 1150년부터 1250년까지 기초자치 시스템 단위 전형으로 발전했다. 기초자치단위의 도시 전형에서 물론 예외가 없지 않았다. 이탈리아의 프로렌치아와 베네치아는 중세세계의 기초자치 시스템 단위의 전형도시였다. 중세세계 이탈리아 도시는 기초 자치도시 의회(signorina)의 시스템 특징을 지니고 있었다. 스페인에서는 바로셀로나가 이런 중세세계 도시의 시스템 특징을 지녔다. 도이취어계 제국 북부지역과 남부지역에서도 중세세계 특징을 지닌 일련의 도시가 등장했다. 동부 유럽에서는 키예프 왕국의 몰락 이후(1240년), 타타르종족의 금장 칸 국이 거대한 교역 중심지로 자리 잡았다. 금장 칸 국은 렘베르그를 차지했다. 이후부터 키예프인은 발트해, 흑해, 지중해 사이의 교역에서 더욱 중요한 역할을 담당했다. 도시귀족은 서부 중세세계 도시에서 행정, 상업, 은행업 등의 분야에서 모습을 드러내며 직능영역에 따라서 전문가 영역으로 시스템을 세분했다. 도시 귀족은 전문가 영역을 선점하고 시민 지위를 차지했다.

수공업은 장인동아리와 일당 근로자의 기술과 노동으로 운영되었다. 수공업 종사자인 일당 근로자도 도시 사회구성원이 되었으나 점차 무산자로 전락하여 도시사회의 분리자 집단으로 변모했다. 1298년 베네치아에서는 「황금에 관한 책」의 등장과 함께 직업별로 생활수준 격차가 드러났고 전문가동아리 단위로 분화하기 시작했다. 플로렌치아에서는 자산에 따라서 대자산가(populo grosso)과 비자산가(populo minuto)로 분화했다. 도시 주민의 분리는 일종의 계급이념을 파생시켜 권력동아리의 정치도 사안이나 목적 별로 달라지기 시작했다. 권력동아리의 이런 환경변화는 황제 권력동아리와 교황 권력동아리 출현을 가능케 했다. 특히 플랑드르 지방에서는 기존 고정 의식이 사라지고 사안과 목적에 따라서 다르게 적용될 수 있는 토론과 타협 시스템이라는 합의주의 방식을 활용했다. 농촌에서도 가치기준의 대전복 현상과 함께 새로운 경제요인을 수용하며 상위와 하위 계급의 시스템이 출현했다.

14세기 지방민 생활영역에도 새로운 물질 운용방식의 시스템 유입, 즉 노동대가를 가격 임금이라는 가격으로 환산하기 시작했다. 또한 농민의 자유는 신장보다 오히려 위축되었다. 농민의 자유 위축은 매점매석으로 인한 가격 깎기인 임금 깎기에서 발생했다. 농민의 지위 상승과정에서 지방민 생활영역의 분위기는 생활수준 격차의 상대개념으로 인하여 불안했다. 즉, 지방민 생활영역의 불안한 분위기는 '도시 공기가 인간을 자유롭게 만들었다'는 표현에서도 입증되며 지방민 의식을 그대로 반영했다. 농촌에서도 기존 질서의식은 와해될 수밖에 없었다. 1250년 도이취어계 제국의 영지 바이에른에서는 부유하고 개인주의를 갖추었다고 허풍을 떨어대는 영주 농장의 농민까지 등장했다. 기존 권력동아리의 결속력은 여명시대 세계의 판단기준 변화와 함께 현저하게 위축되어 결국 도시에서는 영향력 자체를 아예 상실하거나 주변영역의 마르크로 밀려나고 있었다. 특히, 이탈리아와 도이취어계 제국의 경우 1250년 이후 기존 질서의식은 도시에서 완전히 사라지고, 권력동아리 질서까지도 와해되었다. 과거 권력동아리 질서 핵심은 종족왕이었다. 종족왕의 권위 상실과 함께 권력동아리 역시 결속력을 상실했으나 종족왕은 중세세계에서 여전히 그 영향력을 유지하며 다수동아리의 시스템 요구를 충족시키겠다는 의지를 피력하면서도 소위 국가정치에다 합리주의를 당시까지만 하더라도 수용하지 못했다.

스페인은 장기간에 걸쳐 이교도인 아랍인의 전쟁에서 승리했다. 스페인은 왕국을 되찾았다. 그러나 스페인 왕가는 내분에 휩싸였다. 프랑스는 스페인 지역과는 대조를 이뤘다. 프랑스에서는 루이 9세 성자 왕(1226~1270)이 즉위했다. 루이 9세 성자 왕 시대와 함께 프랑스 왕국은 점차 발전했다. 프랑스 왕국은 필립 4세 미려왕(1270~1285)과 관리의 전제정치를 맞이했다. 잉글랜드에서는 강력한 통치자 에드워드 1세(+1307)가 헨리 3세(1216~1272)의 취약한 통치권을 계승했다. 중부 유럽세계의 동부지역과 헝가리지역에서는 폭동, 소요사태와 같은 무질서 사태가 끊임없이 발생했다. 교황청은 성직자의 정치참여에 대한 정당함을 시스템으로 표방했으나 교황청은 독재 산실이었다. 프랑스의 필립 4세 미려 왕(1285~1314)은 아비뇽에 있는 '바빌론인 감옥'에다 교황 클레멘스 5세(1305~1314)를 1309년부터 감금했다. 물론 교황권위는 종족 왕과 대등한 시스템 위치로 전락했다. 따라서 교황권위에 붙어 다니던 과거의 보편주의의식도 사라지고 말았다.

즉, 교황은 왕국정치를 간섭했으나 이제 교황의 권위도 효력을 상실했다. 도이취어계 제국은 황제 사망 이후 혼란시대와 함께 황제위를 차지하기 위하여 도이취어계 제국의 종족왕은 서로 비방하면서 세력경쟁을 전개했다. 고위 성직자가 정치에 참여하여 세계를 통치하던 정치풍조 역시 세기 물결처럼 사라져갔다. 성직자 정치는 영지구성원을 억압하고 탄압하는 수단이었다. 성직자 정치의 퇴조과정에서는 교황의 전지전능함을 반대하기 위하여 다양하고 온건한 종교운동을 시스템으로 전개하기 시작했다.

이런 종교운동 중에서도 '교회조직 분열'은 교황을 정점으로 한 교회조직의 성직자동아리 분리로 이어져 종교개혁 요인을 잉태했다. 교회조직 대분열은 일종의 법률논쟁으로 비화했다. 종족왕이 임명한 성직자와 교황청이 임명한 성직자는 서로 법률논쟁을 벌리면서 시스템으로 우위를 다투었다. 교회조직 대분열은 일단 유럽에서 신앙의 통일 체제 와해로 발전했다. 14세기 무질서와 혼란은 중세세계를 엄습하며 이단자동아리의 교회조직 개혁운동과 교회조직 대분열로 나타났다. 그러나 중세세계 대혼란은 근대 유럽세계 출현을 위한 새로운 시스템 질서에 접근해갔다. 중세세계 변화는 1250년 이후 모든 지역에서 불안정을 거듭하며 특히 기존 질서 와해와 함께 통치권 개별화를 유발했다. 이런 중세세계 불안정과 기존 질서 와해는 마침내 도이취어계 제국의 왕권과 황제권 분열로 발전했다. 도이취어계 제국에서 일어났던 종족왕권과 황제권의 갈등은 소위 광역 자치단위의 정치분열로서 드러났다. 도이취어계 제국의 정치단위 분열은 통치권 개별화 현상이었다. 지역 통치권 개별화는 곧 도이취인 제국의 중앙권력을 지역 통치권 조합형태, 즉 권력동아리 연합체 단위로 조립하기 시작했다. 도이취인 제국의 중앙권력 형성까지는 멀고도 험난한 시스템화 과정을 예고했다. 그러나 도이취어계 제국정치는 각 광역 자치단위의 영지국가를 중심으로 안정을 되찾는 과정이었다. 새로운 질서 재편운동은 중세세계 전역의 영지국가에서 일어났으나 도이취어계 제국에서는 확고한 중앙권력이 형성되지 못한 상황이었기 때문에 오히려 늦어지고 있었다. 새로운 질서 재편운동은 후기 중세세계 현상으로서 기존의 권력과 통치권 약화로 발전했다. 질서 재편운동은 각 영지국가의 공동체의식과 공동의 국가의식으로 나타났던 조세와 대표제 때문에 동시에 혼란을 유발했다. 새로운 질서 재편과정에서 법치주의와 의회정치는 대의정치 선구자 위치를 차지했다. 궁중사회와 기사제는 점차 애매하게 변질했다. 궁중사회와 기사제의 변질은 기존 결속력과 규범으로 영지구성원의 생활양식을 더 이상 지탱할 수 없었기 때문에 표면화했다. 알프스 북부지역에서는 기사의 시와 노래도 점차 매력과 청중을 잃어갔다. 또한 장(Jean de Meun)은 이상세계를 빌려 일개 시민의 생활을 표현한 장미 소설(roman de Ros)을 완성했다.

최초 중세세계 계몽자는 스콜라철학동아리였다. 스콜라철학동아리는 정신세계의 결속력과 영지구성원의 결속 기능을 배제했다. 스콜라철학동아리의 명제는 아우구스틴 성직록 수도자동아리 출신의 쌩 빅토르와 수미 수도자동아리의 페트루스 롬바르두스, 토마스(1225~1274), 알베르트 막뉴스(1193~1280), 보나벤투라 등이 설정했으나 윌리암 오캄과 둔스 스코투스의 명목론 논리 때문에 와해되었다. 또한 마르실리우스는 요한과 더불어 이 수도자 스콜라철학동아리의 명제를 정체된 사회에서처럼 국가에서도 크리스트교 교리에 부합하도록 아리스토텔레스의 논리를 수용했다. 주교회의는 선거원리 시스템을 권력의 본질과 생성, 권력으로부터의 방어에 관하여 분석하고 토론해야 한다는 입장에서 수용했다.

1250년 이후 중세세계 쇠퇴와 그 영향

1250년 이후부터 중세세계 인간의 상식은 시스템화와 함께 재생하기 시작했다. 시대흐름이라는 변화 물결은 경제와 사회를 포함하여 정치와 문화 영역을 휩쓸었다. 그러나 아무리 시대흐름의 변화 물결이 거세다 하더라도 과거세대 문화의 뿌리까지를 바꿀 수 없었다. 그런데도 중세세계의 변화 물결은 생활관습 영역으로 광범하게 이동했다. 이런 중세세계 변화는 기존 가치의 전도, 지리의식 확대와 함께 중세세계 정치에다 영토 확장이라는 요란한 시스템의 방울을 달아 주었다. 특히, 이런 중세세계 변화는 플랑드르 지방과 프랑스지역, 이탈리아와 서부와 남부 도이취어계 제국지역에서 시장경제 원리 발아로 발전했다. 그런데도 도이취어계 제국영지에서는 스타우퍼 가문 황제와 교황 간의 논쟁을 야긴 했으나 프랑스와 잉글랜드에서는 국왕의 권력이 국가 전체까지를 장악하며 안정을 찾아갔다. 특히, 프랑스와 잉글랜드 왕은 교황 보니파티우스 8세(1294~1303)를 패배시키면서 국왕지위를 더욱 안정시켰다. 도이취어계 제국 지역에서는 지역의식이 팽배했다. 한편, 흑사병으로 인한 황제의 죽음과 백년 전쟁(1337년부터)의 발발은 중세세계를 공포 도가니로 몰아넣었다. 중세세계 정치는 1250년 이후 광역자치 의식 때문에 오히려 후퇴했다. 반면 영지의 국가 결속력은 팽창의식을 유발했다. 그 사례는 스페인 그라나다왕국이 네바다 산맥의 산비탈에 있던 방어성곽을 회복했던 경우인 것이다. 이와는 다르긴 하지만 지중해 동부세계에서 십자군 왕국은 시리아 해변지역을 모슬렘에게 넘겨주기도 했고 마카에르 포르피로게네토 역시 1261년 라틴어계 수중에 있던 콘스탄티노플 지역을 다시 인수했던 경우도 있었다. 지중해 동부세계에 확보됐던 서부세계 인간의 기지는 이탈리아 해상함대의 보호 하에서 키프루스와 크레타를 비롯한 에게 해역의 여러 섬을 포함하여 남부 그린란드까지도 관할했다.

이탈리아 상인은 중부유럽과 흑해연안을 장악했고 이와 때를 같이 하여 마르코 폴로는 세계를 일주했다. 마르코 폴로의 세계일주는 서부 유럽세계 인간의 지리의식을 아세아세계로까지 확대했다. 중세세계 인간은 1250년 이후 아시아계 투르크로부터 위협당했다. 당시 오스만 투르크계 제국은 강성하게 이미 성장한 상황이었다. 중세세계의 질서 공백상태는 내륙지역에서 오히려 영향을 미치며 동부 유럽세계에서 진행되던 서부 유럽세계 인간의 아세아 진출운동을 중단케 했다. 한자도시 영역의 상업도 도이취어계 제국 북부의 한자도시 영역과 도이취어 영역으로 영향력을 증대해갔다. 14세기 중엽 이후 내륙지역에서는 생활질서의 회복과 함께 점차 안정을 되찾고 있었다.

뵈멘에서는 룩셈부르크 가문의 지배권이 제2차 전성시대를 맞이했다. 뵈멘의 룩셈부르크 가문은 물론 서부 유럽세계의 문화토양에서 성장했다. 이 시대는 비잔티움세계 인간, 모슬렘, 슬라브어계 인간과 발트해 연안의 여러 종족이 서부 유럽 무대에 등장하여 새로운 유럽세계 구성종족으로 자리 잡아가던 시기였다. 새로운 유럽세계 구성종족은 기존 유럽세계 종족의 저항세력이 되어 호시탐탐 정복기회만 엿보고 있었다. 유럽세계 내륙으로부터 영지사회는 풍요하게 변화했다. 농민 생활수준도 향상했고 인간거주가 가능한 지역개발도 한계에 도달하여 수도자동아리 은신처, 기사, 농민 등의 생활수준 향상 원천이었던 영주 농장 역시 퇴조해가며 생활근거를 사라지게 하여 서부 유럽세계를 도피지로 만들기 시작했다. 유럽세계 내륙으로의 주민도피는 곧 생산량 감소에다 유럽세계 내륙을 이슬람 세계를 포함한 다른 세계, 즉 비잔티움세계 지배자의 전리품으로 만들거나 상인동아리의 투기대상으로 만들기 시작했다. 유럽 내륙의 경기위축과 외지 상인동아리의 유입 현상 자체는 1250년 이후 질서 공백상태를 불러일으킨 주요 요인이 되어 외지 상인동아리나 기업인이 여기 두 주먹을 불끈 쥐고, 서부 유럽세계를 뒤지며 서부 유럽세계 인간의 생활기반인 경작지를 손아귀에 넣기 시작하며 유럽세계 내륙진출을 부채질했다.

14~15세기 농촌에서도 다양한 문제가 제기되기 시작했다. 우선 농민의 자유 제한으로 농민으로부터 불만과 원성이 터져 나왔다. 농민의 구매력은 감퇴했고 도시민의 생활수준은 저하되었다. 영지관리나 상업으로 한 자리에 앉아서 힘들이지 않고 생활하던 도시민의 좋은 시절은 지나갔다. 외지인이 생산물을 가져가기 때문에 내륙도시의 경제상황은 궁핍할 수밖에 없었다. 내륙도시의 궁핍화는 결국 몽펠리에, 마르세이유, 피사 등의 도시경기 위축요인이 되었다. 이 관문지역 도시의 경기위축은 중세세계 성당 신축공사 중단으로 발전했다. 또한 금융경기 위축으로 건축경기의 침체와 함께 도시민의 불만은 커져갔다. 이것은 농촌 주민이라고 예외일 수 없었다. 과거 농촌주민은 인근 도시시장을 활용했으나 이제 자기네 농산물을 더 이상 도시시장에 내다 팔 수도 없었다. 상인동아리 왕래는 거의 끊어졌다. 상품 유통도 거의 중단되었다. 농민은 생활수준 저하와 함께 '무산자'로 전락했다. 경기 지수 역시 도시나 농촌을 막론하고 하강기에 접어들어 경제는 침체 늪을 헤어나지 못했다.

농민은 경작지를 이탈하며 황무지 개간시대도 사회 풍조처럼 사라졌다. 개간지나, 외지영지의 귀족수입 감소로 귀족생활 역시 궁핍을 면치 못했다. 존엄한 귀족지위도 이제 더 이상 높아 있을 수만은 없었다. 귀족은 영지구성원의 생활수준 저하와 함께 기존의 고유한 특권관습을 상실하고 부와 영예를 누리기 위하여 '탐험가' 나 '개척자'의 길을 나서고 있었다. 귀족은 14～15세기 점차 황제의 궁전이나 선제후 궁전을 밀고 들어가 요행으로 왕위를 차지하여 편안하게 살아 보려는 기운이 감돌기 시작했다. 이런 한탕주의 사고방식으로 귀족, 시민, 농민은 사업으로 성공하지 못하는 경우 점차 쾌락과 탐닉에 빠져 인생 불행을 자초했다. 그런데도 교황과 지배자는 중세세계를 지배했으나 귀족, 시민, 농민과 유사한 운명의 순간을 맞이했다. 교황청은 성직자 서임권 논쟁, 십자군 원정 등에 여념이 없었다. 성직자 서임권 논쟁은 이탈리아에 대한 지배권을 확보하려던 교황과 도이취어계 황제의 싸움이었다. 도덕과 종교를 비롯한 권력동아리의 정치권위 측면에서 성직자 서임권 논쟁은 정통론자동아리의 권위를 지켜내기 위한 이단자동아리 내지 반항자동아리와 이교도동아리와의 싸움이었다.

13세기 황제와 교황은 프로렌치아의 은행가와 금전상을 압박했다. 교황 유폐사건은 또한 아비뇽에 있는 바빌론인의 감옥에서 일어났다. 교황 유폐사건 이후 황실과 교황청은 재정상 곤경에 빠졌다. 이제 돈은 기존 권위를 구성하던 힘이나 권위를 능가했다. 황제권위에 도전하는 저항세력도 성장하여 위세를 떨쳐댔고 교황 비판자는 교회조직과 교황청을 비판하며 교황의 권위를 무시했다. 특히 교회조직과 교황의 부패 때문에 교회조직과 교황은 일종의 공갈집단이 되어 탄핵대상으로 전락했다. 그런데도 교회조직과 교황은 질책을 외면하고 돈에만 눈이 어두워 있었다. 교회조직과 교황의 이런 오류로 인하여 성직자동아리에서도 교황과 부패한 성직자를 규탄하는 일종의 반항자동아리가 등장하여 격심한 언어관습 분리를 야기했다. '개혁'은 언어관습 분리과정에서 기존 성직자의 부패와 공갈을 부인하는 행위를 의미했다. 즉, '개혁'은 정통론자동아리 교회조직의 논리에 대한 대립논리, 즉 프란치스코 수도자의 금욕수행관습 실천을 내세워 정통론자동아리 교회조직을 복구해 보겠다는 수도자동아리의 이념으로 정착했다. 프란치스코 수도자의 금욕수행관습 실천은 교회조직 개혁논리를 확산시키며 복음론자동아리의 교회조직 개혁운동에 대하여 구실을 제공했다. 또한 교황은 성직록 체제 도입이나 대기 교황 체제 등장과 같은 전환시대와 함께 교회조직 개혁의 소용돌이에 휩쓸리고 있었다.

잉글랜드 왕은 옥스퍼드의 신학자 위클리프(+1384)와 프라그의 요한 후스(+1415)와 함께 교황의 성직록 도입을 반대했고 치솟는 물가에다 재정압박을 교회조직 행정은 감당할 수 없었다. 그런데도 교황청은 고액 행정비용에 대한 부담 논쟁을 거듭하며 교황의 아비뇽 강제유폐 상황에서도 법황청과 교회 국가조직 유지를 고수했다. 이런 교황청 상황은 종교개혁과 교회조직 와해를 예고했다. 1250년 이후 중세세계에서 국왕은 수입감소 때문에 재정상 고통을 감내해야 했다. 궁정 재산 소득과 봉건지대는 더 이상 늘어나지 않았던 반면, 국왕이 행정관리와 궁정정치 막료에게 막대한 급료를 지불해야 했으니 국왕이라고 교황청과 같은 형편을 벗어날 리 없었다. 프랑스의 필립 4세 미려자 왕(1270~1285)은 플랑드르 지방의 여러 부유한 도시 백작과 신전 기사단에게 재정난을 덜어 달라고 손을 내밀며 고전시대로부터 물려받은 유통수단인 화폐를 개조하기 시작했다. 프랑스, 스칸디나비아, 뵈멘 등의 지역에서는 새로운 조세제도를 시행하며 지배자 역시 귀족, 시민, 농민에게 국가재정을 분담해 달라고 호소했다. 귀족, 시민, 농민은 지배자의 재정

부담을 덜어주기 위하여 조세부담에 동의하고 지배자를 후원하기 시작했다. 귀족, 시민, 농민의 이런 조세분담은 지배자가 이들을 착취하기 위해서가 아니라, 지배자의 재정부담을 분담한다는 명목으로 시대 흐름처럼 공동동의에 근거하여 전체 중세세계로 확산되었다. 바로 이것이 국가 운영비용을 서로 나누어 분담하기 위한 조세법정주의 출발점이자 사회조직 시스템의 출발점이었다.

조세는 국민 각계와의 동의하에 국가 재정제도로 정착했다. 정치 결속력도 조세부담 능력을 중심으로 재편되기 시작했다. 국가에 대하여 조세를 부담하고, 협력한 대가로 왕국정치에 참여할 수 있는 최종 근거를 찾아 낸 것이 바로 신분이었다. 신분은 어떤 측면에서 파악하더라도 명백한 지역 대표권이었다. 지역 대표권의 개념인 신분은 지배자에 대해서 영주를 지방 대표자로 인식시키고 있었다. 지방 영주는 지역 대표자였다. 지방 대표자 영주는 국가의 시스템정치에서 선제후의 권위와 선택권을 제한할 수 있는 통치도구의 역할을 담당했다. 국가의 이런 통치기구는 정치와 경제에 대하여 지역 대표자로 구성되었다. 물론 이들 대표자는 국가의 시스템정치와 경제에 대하여 자기네 견해와 국가정책 선택권한을 위임받고 있었다. 특히, 지역 대표자의 이런 위치 변화는 뵈멘과 뫼렌 지역에서 뚜렷하게 나타났다. 그러나 신분으로 통치기구를 구성하는 시대도래와 함께 신분위주의 통치권은 광역자치 조직문화와 국가 전체의 결속에 바탕을 둔 시스템이라는 이중 속성을 지닌 신분국가 모습을 드러냈다. 자치의식과 시스템이라는 이중 성향을 지닌 중세세계의 신분국가는 혈통신분과 신흥 참여신분을 근간으로 모습을 드러내고 있었다. 유럽 국가에서 나타난 신분 위주의 사회조직 시스템은 유럽 전역으로 확산되었다.

혼동할 수 없는 중세세계 특징과 새로운 중세 세계

중세세계의 제1차 여명시대는 중세세계 정체와 이질감 극복시대와는 달리 그동안 다양한 문화이동으로 권력동아리와 개인동아리도 동요하며 과거세대 생활관습을 탈피하기 시작했다. 여명시대 세계의 다양한 변화는 중세세계를 다양한 외피로 채색했으나 문화라는 새로운 공동의식으로 과거세대와 신세대라는 세대격차를 만들어내기 시작했다. 과거세대와 신세대의 세대격차 발원지는 합리주의였다. 합리주의는 새로운 인간 모습, 새로운 표준 생활관습을 찾아내는 시스템의 도구로서 상대방을 의식하며, 개인으로 살아가는, 요컨대 유럽세계 인간정신의 창조세기를 만들어내기 시작했다. 이런 합리주의 시스템의 출발점은 실제로 메로베크 가문 프랑크종족왕 영지 계승자인 카롤루스가문 프랑크종족왕 영지의 문화토양으로부터, 더욱 명확하게는 오토시대의 사회였다. 유럽세계 인간의식의 출발점이요, 중세세계 종말임과 동시에 여명시대 세계 시스템의 출발점은 생활관습, 사회 내부의 합리주의로서 사회구성원의 일체감을 찾아냈다. 사회 결속운동 발원지로서 합리주의 시스템의 태동은 전문지식 원리를 실천하려는 사고와 의지, 윤리와 목적의식 등이 고조되면서 새로움을 더했다. 13세기 중엽 서부 유럽세계는 다양한 종족 연합체의 질서와 함께 역사에서도 종족 생활 터전으로 이어지며 이주와 함께 계속 확장하여 합리주의시스템을 문화 발원지로 만들었다. 또한 합리주의는 동질의식과 질서를 찾아내는 구심점이었다. 그래서 유럽세계는 끊임없는 분열, 와해과정을 거치면서도 독특한 유럽세계 문화영역 속성을 18세기까지 유지할 수 있었다. 물론 18세기 과거세대의 유럽인 의식은 송두리 채 사라지고 새로운 유럽인 의식이 나타나기 시작했다. 18세기 유럽세계에 모습을 드러낸 새로운 유럽의식은 이미 여명시대 세계에 들어선 12세기 이후 서부 유럽세계 문화영역에 거주하던 다양한 종족 사이에서 산업사회 출현과 함께 잉태되어 왔던 것이다.

11세기 말경 이후 도이취어계 종족왕과 황제는 시스템의 주도권을 차지하기 위하여 서로 논쟁하여 교황청 개혁도 답보상태였다. 유럽세계 질서는 교황청 의도대로 모습을 드러냈다. 교황청 개혁은 수도자동아리 성직자의 신앙심, 크리스트교의 종교동아리 질서관행을 개혁하려는 것이었다. 교황청은 크뤼니 수도자동아리의 개혁운동으로 구각을 벗어 던지려고 시도했다. 교황청의 개혁작업은 새로운 시대에 부응하기 위한 시스템의 요구와 방법을 수용하며 체계 있게 진행되었다. 크리스트교시스템은 정통론자동아리 교회조직의 개혁작업과 함께 서부 유럽세계 인간의 생활양식에 깊숙이 이동하여 완벽하게 정착했다. 한 세기 동안이나 침잠해 있던 새로운 종교동아리 시스템의 결속력은 내부와 외부로 분리된 채 솟아나기 시작하여 교회조직 외부와 내부를 완전히 바꾸어 놓으며 세속인세계와 교회조직의 시스템은 완벽하게 분리했다. 교회조직과 새로운 세속세계의 시스템 분리는 크뤼니 수도자동아리를 교회조직 개혁의 중심체로 만들어 놓았다. 크뤼니 수도자동아리의 교회조직 개혁영향은 귀족동아리 마음을 변화시켰고 프랑스에서는 존재방식과 생활방식 변형에다 특히 개인주의 발전으로 이어졌다. 교회조직과 세속인세계의 시스템 분리는 성직자의 환속으로 반영되는 경우도 나타났다. 성직자의 환속 현상은 수도자 금욕수행관습에 역점을 두었던 수도자동아리 개혁에 대한 반작용이었고 교회조직이 내걸었던 종교동아리 정치의 시스템 결속력으로부터 세속인세계의 완전한 이탈현상에 대한 반작용이었다. 세속인세계는 결국 교회조직의 시스템 정치를 이탈했고 교회조직의 시스템은 사회안정의 회복과 함께 세속인을 깨우치도록 계도하며 세속인세계와 일정한 거리를 유지한 채 본래 종교동아리 길로 나아갔다. 그런데도 교회조직과 세속인 세계의 시스템 분리는 외형상 정면 충돌상황이었음에도 새로이 이룩했던 사회조직 결속의 시스템 근간을 위협하지 않았다. 교황청 개혁 결과에 덧붙일 사실이 있다면, 이는 여러 개혁동아리 교황이 유럽세계 표준 관직이 되었다는 점이다. 또한 종교동아리 수호자 대열에서 교황 그레고르 7세란 인물은 우뚝 섰고 '교회조직으로부터 자유'(liberitas ecelesiae)로서 자기시대를 풍미했다. 교황은 중세세계 강력한 잠재 경쟁자의 생활 질서와 권위체계를 대변했다. 그래서 종족왕-황제뿐만 아니라, 생동감 있게 생성되던 신앙 중심의 사회 결속력으로부터 진보를 추구하게 될 시스템의 경쟁자는 유럽세계 역사에서 그 모습을 서서히 드러내기 시작했다. 서양세계의 인간존재 원리는 교회조직 시스템에서의 인간과 세속인세계의 인간으로 분리되었다. 이런 맥락에서 서양세계 인간의 기본 존재원리는 서양세계 인간의 합리주의 시스템, 즉 발전개념의 대응논리와 자유인 것이다.

8-2. 정치의 권위체계와 새로운 결속원리

상위질서와 하위질서의 결합

개혁 교황청은 서로 상반된 과거의 이중 시스템 체제, 대결과 경쟁을 지향했다. 성직자는 정치에 참여했다. 정치참여 성직자는 일부에 지나지 않았다. 그래서 교회조직의 권위를 회복시키는 데 성공할 수 있었다. 여명시대에 이르기까지 유럽에는 유럽다운 국가체제가 나타나지 않고 있었다. 교황 그레고르 7세(+1085)는 도이취어계 종족왕-황제의 주도권에 대항했다. 그러나 여전히 유럽세계의 정치안정은 도래하지 않았다. 여러 국가 사이의 정치공조도 나타나지 않았다. 우선 십자군 원정도 수차에 걸쳐 진행되었다. 그러나 십자군 원정은 12세기 중엽 이후 연합체제와 권위집단을 만들어내는 시스템의 발전계기로 작용했다. 통치권은 교황권이든, 황제권이든, 당시의 세계무대에서 서로 분리되어 싸우던 특수한 구조물이었다. 종족와 지배권의 상호관계는 상위질서와 하위질서로 분리되면서 제도의 기본 틀에 흡수되었다. 상위질서와 하위질서의 표현은 봉건제가 국가간의 관계로 전환된 데서도 드러났다. 외부세계로 표출된 봉건제 양식은 개인 간의 명예에 근거한 호혜원칙, 즉 계약관계를 체계화했다. 하나의 세계 개념을 전제했던 보편주의 시스템에는 이념의 성취의식이 내포되지 않았다. 게다가, 이런 보편주의는 여러 가지 현실문제를 중요하게 수용하지도 못했다. 과거 로마제국시대까지 소급되던 제국이라는 국가정치의 실천의식은 도이취어계 제국의 종족왕-황제에게 크리스트교로 채색된 세속세계에서 최고지위를 부여하지 않을 수 없었다. 그런데도 국가정치의 실천의식은 세계 통치권이 아니었다. 제국의 보편주의는 문헌 속에 담겨 있는 역사나 신학에 지나지 않았다. 서양세계의 종족구성원이라 하더라도, 역사나 신학에 대하여 무지하기 일쑤였다. 서부세계의 황제도 역사에 담겨있는 신학을 후원하지 않았다. 도이취어계 종족왕이 체제를 유지할 수 있던 현실기반은 주도권의 변덕 속에서 찾아낸 권위였다. 3개의 국가, 즉 도이취어계 제국, 이탈리아, 부르군드에서 종족왕은 교회조직 보호자요, 후견인으로서만 권위를 행사했다.

교황은 종교보다 교회조직에 우선을 두고, 보편주의를 실천했다. 그래서 교황은 법률조항을 해석하여 통치근거를 찾아내려고 시도했으나 고유한 성직자 권한은 최종 단계까지 세속인의 지배권으로 이리 저리 변질해 갔다. 성직자 서임권 논쟁(1074년)은 도이취어계 제국의 경우 과거세대 통치체제를 완전히 붕괴시키고 종족왕의 구원과 혈통관습, 그리고는 임명권에 근거하여 성직자로서의 종족왕 권위와 강화된 교황권위가 정당한 관계를 찾아내지 못하도록 방해했다. 여러 교황은 인간의 구원과 존엄함을 훼손하고 '크리스트 대리자'(vicarus christi)라는 종족왕 직책에 시비를 걸어 구원과 권위의 질서에서 종족왕을 이탈토록 만들었다. 교황은 이어 인노첸츠 3세 시대(1198~1216)에 황제를 대신하여 정치를 직접 담당했으나 교회조직과 국가를 하나의 체제로 통치할 수 없었다. 여러 교황은 이것을 하나의 선례로 깨달았다. 교황정치의 이런 시스템 선례에 따라서 개인구원도 종교에서 나온다고 믿던 교황권위를 거부하기에 이르렀다. 그래서 개인은 보편주의에서 나온 교황 권위를 거부할 수 있는가라는 문제를 제기함에 따라서 서부 유럽세계에서 크리스트교 교회조직의 통일론은 파손되었다.

성직을 벗어 던진 왕권, 권력의 이중체제

이제 통치권은 정신세계와 신의 이름을 벗어 던지고 있었다. 교황의 권위도 왕권과 종족왕이란 관직이 오래도록 누려왔던 지위에 대한 믿음을 지울 수 없었다. 12세기에 이르러 이전보다 더욱 강조되고 있던 점은 종족왕이 자력으로 세계를 구원할 수 있다는 것이었다. 그리고 종족왕의 직책은 신의 이름으로 교황을 통하여 생겨나게 된다는 것이었다. 요오크 출신의 잉글랜드인 아노니무스는 왕권을 국왕과 계약이라고 규정하고, 그 계약에는 과거세대의 사고양식이 작용하고 있다는 점을 지적한 바 있다. 왕권은 구원의 허울을 벗어 던지고 신의 속성과 인간의 속성이라는 두 가지 속성을 지니게 되었다. 왕권은 국왕 존재를 자연법 원리에 근거한 국가로 지칭했다. 이것은 또한 후기에 국가정치를 성직자의 손으로부터 떠나도록 분리하는 출발점이었다. 즉, 신이 인간을 통치한다는 정치의 얄팍한 종교속성도 점차 자취를 감추고 있었다. 과거부터 유지됐던 세속인과 교회조직의 결속체제는 여전히 파괴될 수 없었다. 인간은 집과 교황의 경계선에서 대개의 경우 살아가고 있다. 따라서 인간의 믿음에는 통일체라는 것을 눈에 보이게 할 수 없었다. 교황 그레고르 7세는 눈에 보이는 집과 눈에 보이지 않는 고향이란 인간의 이중속성을 파괴하고자 시도했다. 교황 그레고르 7세는 새로이 눈에 보이는 통일체의 집을 창설했다. 눈에 보이는 통일체의 실현과정에서 그레고르 7세는 과거의 교회조직 관행을 성문으로 다시 운용하고자 시도했다. 그레고르 7세는 이것을 자기 의지대로 성취할 수 없었으나 그 영향은 계승되어 보수성향의 혁명으로 자리매김할 수 있었다. 그럼에도 그레고르 7세의 교회조직 개혁은 결국 좌절되고 말았다.

교황 그레고르 7세의 상대자는 도이취어계 제국의 황제 하인리히 4세(1056~1106)였다. 하인리히 4세는 교황 그레고르 7세에 대항하여 자기가 곧 신이라고 주장하고 나섰다. '왕은 신이다'라고 지적한 하인리히 4세의 주장은 과거세대의 권위와 생활질서에 대한 옹호논리를 반영했다. 황제의 질서의식은 생동감에 넘치면서 개혁기반을 더욱 선명하게 구축했다. 또한 황제 하인리히 4세는 새로운 시대를 거부했다. 새로운 시대는 이제 정신영역을 탈피하여 판단기준을 추구하면서도, 장농 속을 맴돌고 있었다.

종족왕의 이런 이중속성은 교황의 통일이념과 황제의 통일이념이 상호 충돌하던 과정에서야 비로소 모습을 드러냈다. 물론 종족왕의 통일이념은 국가정치로부터 신을 분리했다. 황제와 교황이라는 두 권위의 구조물은 지상에서 각자의 임무가 서로 예속될 수 없다는 점을 파악했다. 서양사의 근본주제는 세속인이 교회조직을 억압했다는 논리에서 세상에다 법을 통하여 질서를 세우기 위하여 교회조직은 논쟁했다는 데 초점을 맞추고 있다. 그래서 수도자동아리 윤리인 금욕수행관습이라는 근본지침을 세속인에게 강요했고 세속인을 교리의 혼돈으로부터 분리하여 교회조직에 순종하도록 강요했다.

잉글랜드에서는 교황과 국왕과 논쟁이 타협점을 찾아냈다. 잉글랜드 교회조직은 로마 교황청으로부터 완전히 분리되었다. 또한 프랑스에서는 사트르의 이보(1040~1116)가 성직자와 세속인 세계를 분리해야 된다는 주장을 수용하는 선에서 타협점을 찾았으나 도이취어계 제국의 경우는 프랑스나 영국의 상황과는 전혀 달랐다. 교황과 황제의 논쟁은 도이취어계 제국이 국가로 형성되려는 단계에서 일어나 국가 결속력을 파괴하여 국가의식을 분열하는 요인으로 낙인찍히게 되었다. 도이취어계 제국에서는 중앙권력이 형성되고 광역 자치단위의 통치권을 형성한 것이 아니라, 광역 자치단위의 통치권이 형성된 다음 다시 광역 자치단위의 통치권을 조합하는 형식으로 권력 통일체가 나타났다. 즉, 도이취어계 제국은 황제와 교황 간의 싸움 때문에 잉글랜드나 프랑스보다 늦게 국가를 통일하는 후발국가로 전락하고 말았다. 도이취어계 제국에서는 황제의 세속인 지배권이 교회조직의 종교문제를 벗어던지지 못한 상황이었다. 황제는 성직자라 하여 신이 부여했다는 권위 탈을 벗어버리게 되었다. 황제는 봉토 계승권에 근거하여 영방국가나 광역 자치 단위의 주정부에 대하여 최고 선제후와 분할 상속권자를 인정하는 선에서 성직자의 권능을 인정했다. 세속인 중에서도 교회조직은 상위 위치를 차지했고 종족왕 지위는 상승했다. 그러나 종족왕과 귀족의 시스템 타협과정에서 귀족이 승리한 이후 종족왕은 더욱 권위를 상실해 갔다.

신의 속성과 사람의 속성을 지닌 왕권-성직자 정치와 봉건법 관행

통치권과 국가는 질서 외형이었다. 인간의 마음속에서도 통치권과 국가는 종교와 완전히 단절되었다. 그런데도 인간의 마음은 성직자를 통하여 합리주의 시스템을 찾아내고자 했다. 성직자의 신비관습이 신과 인간을 조합해준다는 인간의 생각은 과거세대로부터 마음속에 자리 잡았다. 신비관습은 18세기에 이르러 통치권과 국가 영역을 종교로부터 이탈했다. 질서핵심은 신과 인간을 조합한 신비관습으로 구성되었다. 신비관습의 외투를 두른 질서는 중세세계부터 친족과 혈족, 가문과 왕실, 그리고 통치권의 속성을 신의 속성과 인간의 속성으로 구분하여 포장했다. 소위, 중세세계의 왕권은 신과 인간의 속성이라는 두 가지 내면의 존재형식을 유지하면서도 서로 상반되는 두 가지 기능을 발휘했다. 따라서 왕권은 두 가지 실체 모습을 지니고 이에 근거하여 성직자 정치를 관장하는 수장이요, 최고 봉건영주였다. 국왕은 성직자 정치를 관장하던 지배자였다. 국왕은 또한 신으로부터 위임받아 국왕의 직책을 수행하며 '신의 은총을 베푸는 종족왕'(rex dei gratia)의 신비관습 발원지였다. 국가구성원은 국왕에게 권한도 위임할 수 없고, 의무도 부과할 수 없었기 때문에 국왕을 선출하여 최후로 확인하는 정도에 그쳤다. 국가구성원이 국왕직위를 만들어 내는 것도 아니었다. 그렇다고 국왕지위가 양도대상도 아니었다. 성직자가 비록 폭군이라 하더라도, 성직자 정치에 대한 국왕의 평가영역에는 저항권이란 게 있을 수 없었다. 마찬가지로, 국가구성원은 국왕의 통치권에 동참할 수 없다는 논리를 이탈할 수 없었다. 국왕은 국가구성원의 권한이 이르지 못하는 영역에서 존재했다. 국가구성원은 물론 국왕에 도달할 수 없으므로 오로지 성직자의 정치영역에 귀속된다는 논리를 따르고 있었다. 국가구성원은 국왕으로부터 규정이나 당연함에 근거하여 국왕권한을 받아들이지 않을 수 없는 존재에 불과하다는 것이었다.

국왕은 다른 한편으로 최고 봉건영주였기 때문에 전혀 다르게 상충되는 기능과 의무를 부여받았다. 이것은 바로 국왕으로서 권한을 사람이 행사한다는 의미인 것이다. 봉토관행은 법률에 의한 결속으로 봉토서약을 성립시켜 봉건영주와 종사를 결속했다. 영주와 종사의 법률 관행은 쌍방의 자유로운 결정에 따라서 효력을 발생했다. 법률관행의 효력은 어느 일방의 선택으로 취소될 수 없었다. 통치자는 성직자의 정치를 관장하고 자기에게 위임된 영지구성원과 통치계약을 체결했다. 따라서 지배자와 국가구성원의 관계는 일종의 계약상의 권한 관계였다. 통치자는 봉건 영주였다. 통치자는 국가구성원에게도 법률과 의무에 따라서 책임을 다하는 공동의무 수행자였다. 그래서 통치자는 영주나 구가구성원에 대하여 법률 영역에서 규정한 강제력을 발휘했다. 국왕은 봉건사회 내에 위치할 뿐만 아니라, 봉건사회는 계약에 의하여 통제되었다. 국왕의 이런 이중기능은 흔히 국왕 위치를 불안정하게 만들고 있었다. 지배자가 어떤 상황에서든 봉건법의 구속력으로부터 벗어나려면, 자기가 성직자의 위치와 권위로 돌아 가야했다. 여기는 물론 국가구성원의 동의가 필요치 않았기 때문에 사람으로서 도리를 다하는 것으로 충분했다.

프랑스 왕은 봉건법상의 지위를 악용하여 성직자로서의 기능을 수행할 수 있다고 주장했다. 그런데도 '영지 없는' 잉글랜드 왕 존은 자기의 미숙함 때문에 봉건법상의 권리를 넘겨 달라는 귀족(Barone)의 요구에 굴복하고 말았다. 잉글랜드의 귀족은 국왕으로부터 1215년 '불변의 계약문서'를 받아내며 자기네에게 자유, 즉 인신과 재산의 자유를 보장해 줄 것을 요구했다. 다음으로는 주요 결정사항(전쟁, 혼인, 성직임명)에 대하여 귀족의 참여권을 인정할 것과 국왕으로부터 귀족이 계약위반이나, 부당한 처우를 받을 경우 국왕에 반대할 연합권과 저항권을 확인하고 인정하도록 강요했던 것이다. 근대 시민 기본권은 대의정치 산물이었다. 대의정치 산실은 지역구성원의 대표기구였다. 지역구성원의 대표기구는 이미 신분회의 발원단계에서부터 봉건법으로 고정되어 있었다. 잉글랜드 귀족은 중대한 결정사항일 경우 국왕의 인정을 받아내고자 연합권과 저항권을 확정해 두었다. 그런데도 귀족은 국민주권에 기초한 현대 헌법에서처럼 통치자의 의지대로 국가를 통치하지는 않았다. 귀족은 조세사안에 대하여 국왕으로부터 동의를 요청받았으나 중대 사안이나 새로운 헌법에 대하여는 국왕으로부터 동의를 요구하지 않았다. 이것은 바로 납세자의 대표자나 납세자의 동의 없는 조세란 있을 수 없다는 의미와 마찬가지였다.

13세기 잉글랜드 왕은 귀족과 국가구성원이 이중으로, 즉 혼합관계로 구성된 공동 통치권자 위치에서 잉글랜드를 통치했다. 즉, 잉글랜드 왕은 동등권자가 없는 주권자 권위를 유지하고 국왕 위에 상관이 없는 주권자, 즉 진정한 '신의 대행자'라는 위치를 부여받고 있었다. 그래서 국왕의 조처는 거역될 수 없는 사항이었다. 국왕의 이런 거부권은 한편 법률의 테두리 안에 위치했다. 국왕은 귀족의 협력이나 동의 없이는 법률도 제정할 수 없었다. 도이취어계 제국은 잉글랜드와는 다르게 실제상에서 국왕에 관한 법률이 발전하지 못한 상황이어서 도이취어계 제국의 왕권이 통치기구를 탈취당하여 몰락한 상황이었다. 그래서 13세기 이후 도이취어계 제국의 영방국가에서는 현대국가 출발이 지연되었다. 광역 자치단위 국가의 연합체 형태로 도이취어계 제국은 형성되었으나 광역 자치단위 국가의 국왕은 과거처럼 선제후만의 선거로 선출될 수 있었다.

개인의 결속력, 전환시대 국가의식, 통치권의 객관화

봉건법은 12세기 이후부터 국가의 결속력을 만들어 내던 통치도구였다. 개인의 판단기준은 합리주의 시스템을 수용하여 객관성을 추구하고, 결속력 단위로 조직을 갖추게 되었다. 그래서 광역 자치단위 구성원도 조직에 참여하려는 취향을 나타내기 시작했다. 사고양식 변화는 국가통치권의 행사과정과 세계에 대한 해석방식에까지 반영되었다. 도이취어계 제국의 봉건법은 합리주의 시스템을 수용하지 못한 상황이여서 통치권의 회피에 불과했다. 그러나 18세기까지 제국통치에 강력한 영향력을 미치고 있었다. 반면, 프랑스는 (남부 영지에서는 관행으로 존속되던 성문법이었던) 과거 로마시대 법률관행으로부터 실마리를 찾아내어 국가생활에서 다양한 변화를 수용하기 위한 타당한 통치방법을 찾아낼 수 있었다. 노르웨이-잉글랜드-프랑스의 봉건법은 국왕에게 충성을 다해야 한다는 봉토관행을 포함했으나 도이취어계 제국의 봉건법에서는 국왕의 지위와 관련된 봉건법 관행이 나타나지 않았다. 최고 영주인 국왕은 프랑스 국가를 완전히 통치하던 상황이었다. 그래서 프랑스에는 '봉건 영주 없는 지역은 없다.'(*Nulle terre sans seigeur*)란 표현이 통용되었다. 이것은 프랑스가 본래부터 봉건제 이외에도 뿌리 깊은 귀족 지배권이 그렇게 심화되지 않았고, 국왕이 귀족사회의 정상에 앉아 있었다는 의미였다.

중부 유럽세계의 동부지역에서도 여러 왕국은 우후죽순처럼 등장했다. 이들 왕국은 지배자 개인에게 예속되지 않았을 뿐만 아니라, 봉건법 없이도 국가의 결속력은 초창기부터 형성되었다. 운가르와 뵈멘에서는 스테판과 벤첼이 각각 왕위에 올랐다. 운가르와 뵈멘은 종교를 결속도구로 활용했던 사례인 것이다. 헝가리 왕국은 10세기 이후 거의 외부로부터 먼저 충격을 받지 않았기 때문에 강력한 체제를 구축할 수 있었다. 그래서 이들 국가에서 왕권은 신정정치를 통치양식으로 확정했다. 운가르와 뵈멘에서는 스테판과 벤첼을 숭배했다. 중부 유럽세계의 이들 동부지역 국가는 탁월하게 통치안정을 유지하며 종교국가로 창건될 수 있었다. 이 국가는 신정정치에 힘입어 탁월하게 정치안정을 이룩했다. 교회조직과 세속인의 통치권은 도이취어계 제국의 경우처럼 분리되지 않았다. 뵈멘에서는 영지 교회조직의 고위 성직자가 13세기에 이르러 처음으로 왕권으로부터 해방되었다. 11세기 이르러 뵈멘에서도 국가가 창건되었다. 뵈멘의 왕국창건과 함께 뵈멘의 체크종족은 동질의식을 지니게 되었다. 또한 뵈멘 왕국에서는 13세기에 귀족 공동체가 모습을 드러냈다. 11세기 초엽 이후 성자 벤첼은 왕국 보호성자 위치에 올라, 승리표상을 지닌 인물의 모습으로 숭배되었다. 승리를 상징하는 왕국 보호성자관습의 조각상은 왕국 관행으로 정착했다. 거기다 왕국 보호성자 조각상은 다양한 왕국 보호성자 숭배관습의 진행과정을 거치면서도 왕국을 결속시키는데 중심위치를 차지했다. 통치권은 왕국구성원을 통치대상으로 파악하고 실제로 왕국구성원의 생활을 관리해 나갔다. 여기서 통치권의 시스템 객관화는 진행될 수 있었다. 국가 통치권의 시스템 객관화와 함께 관념상의 인물은 밀려 나가 관념상의 인물 모습이 후기에 이르러 특정한 집단, 귀족공동체의 시스템 모습으로 결속되었다.

뵈멘의 카를 4세는 룩셈부르크 가문출신으로서 뵈멘 왕이자, 도이취어계 제국의 황제였다. 카를 4세(1346~1378)는 뵈멘의 숭배 성자인 벤첼을 왕관에 연관지우고 있었다. 카를 4세는 룩셈부르크 가문의 전체 통치영역을 결속시키기 위하여 뵈멘의 왕권위상을 고양시키고자 시도했다. 그래서 카를 4세는 더욱 고양된 지위에서 뵈멘 왕위에 즉위할 수 있었다. 카를 4세는 왕국을 보호성자와 관련 지우고 자기 스스로 뵈멘의 보호성자란 위치에 올라 국가이상을 설정했던 인물이었다. 그는 뵈멘의 고위귀족에게 공동 이해관계에 대치되더라도, 자기에 대한 봉사의무 시스템을 따르도록 환기시키고 있었다. 여기서 카를 4세가 환기시켰던 공동의 관심사란 비 뵈멘인의 신분과 뵈멘인의 신분이 서로 팽팽히 맞선 대치국면을 해결하려 했던 조치였다.

스타우퍼 가문 통치하의 도이취어계 제국

유럽세계 인간의 의식에서 충성심은 곧 봉사관습에서 발원했다. 도이취어계 제국에서는 충성심을 엄격하게 객관화시킬 관습법률이 정착할 수 없었다. 프랑스에서는 카롤루스 가문 시대를 지나면서, 비 귀족의 봉토가 그대로 유지될 수 있었다. 그런데도 봉토의 충성관습과 결합된 도이취어계 제국의 봉사관습은 더욱 강하게 유지되었다. 봉사관습은 충성관습을 봉토에 결합하면서 생성되었다. 봉사관습은 10세기를 지나면서 도이취어계 제국귀족에게서는 사라져 버렸다. 도이취어계 제국에서 필요했던 봉사관습은 지배자과 통치권을 위하여 봉사하는 새로운 관리 직책자의 충성관습을 생성시키는 것이었다. 도이취어계 제국에서 이미 정치는 직업으로 변신했다. 이런 도이취어계 제국정치는 사회관행으로부터 도이취어계 제국의 관료제를 등장시키고 있었다. 관료는 사회에서 정치를 담당했다. 관료는 관행상 도이취어계 제국의 당시 상황에서 고위귀족의 조합모형 또는 귀족과의 협력자 모형으로 등장했다. 관료직책은 귀족의 자유를 축소시키는 것이었다. 관료는 귀족을 부자유스럽게 만들면서 상승했던 봉사자였다. 여러 도이취어계 제국 살리어가문 황제와 여러 초기 스타우퍼가문의 황제는 여러 관료를 왕권의 세력도구로 활용했다.

이런 도이취어계 제국 관료는 사회관행에 정착된 광역 자치의식으로부터 결속력을 창출하여 도이취어계 제국을 건설코자 시도할 때 여러 지배자가 활용했던 중앙통치수단이었다. 도이취어계 제국에서 봉건법이 국가법으로 계속 발전될 수 없었던 요인도 바로 여기서 찾아야 할 것이다. 봉건법은 도이취어계 제국에서 국가법으로 변모될 수 없었다. 반면, '관료'의 봉사법은 봉건법, 즉 도이취어계 제국을 특징지울 수 있는 영주법으로 완화되었다. '관료'는 이러한 과정을 거치면서 12-13세기 고위 귀족을 소멸시키고, 통치 중심체로 자리 잡게 되었다. '관료'는 또한 신분을 개방시키려던 협력운동의 중심체 역할을 수행했다. '관료'는 소수이면서도, 강력하고 부유한 실권자였다. 그래서 '관료'는 왕권과 통치권의 전위대였다. 도이취어계 제국의 왕권은 학문, 경제, 정신 등의 영역에다 새로운 가치 변화를 시스템으로 수용하기 위하여 전력을 다했다. 왕권의 이런 시도는 도이취어계 제국이 프랑스나 잉글랜드보다 왕국의 정치제도상에서 뒤떨어져 있는 데서 출발했기 때문이다. 도이취어계 제국의 왕권은 이상과 현실을 고려하더라도 유럽세계에 대한 주도권을 상실한 형편이었다. 프랑스 왕은 시스템의 결속력을 완벽하게 갖출 수 있었다. 프랑스 왕은 봉건법의 시스템을 국가구성원의 결속도구로 활용할 수 있었다. 프랑스의 상황과는 반대로 도이취어계 제국에는 개인위주의 사고방식과 법률이 주류를 이루었다. 도이취어계 제국의 상황에서는 국가와 사회를 그대로 유지하려는 관행이 지배했다. 도이취어계 제국의 스타우퍼 가문, 특히 프리드리히 I세 바르바로싸(1152~1190)는 바로 도이취어계 제국의 보수성향 때문에 보수세력의 무자비한 반동을 모면할 수 없었다. 프리드리히 1세 바르바로싸의 이러한 정치좌절은 정신변화를 특수한 본거지로부터 찾아냈던 프랑스 상황과 거의 같다고 할 수 있다. 도이취어계 제국은 이런 상황에서 황제권의 양보 없이는 더 이상 제도변화를 추구할 수 없었다. 이탈리아 북부지방 도시의 자치단체와 시민세력은 구세력이었다. 이들 세력은 주교인 도시영주와 자율을 주장하며 시스템으로 타협점을 찾아내고 있었다.

이런 시기에 여러 스타우퍼 가문 지배자(1138년 이후)는 새로운 변화를 수용하기 위하여 새로운 도시 정책을 추진했다. 도이취어계 제국에서 프리드리히 1세 바르바로싸는 전력을 다하여 도시를 활성화하고, 동시에(1160년경) 도시를 보호했다.

프리드리히 1세 바르바로싸는 우선 로마시대 법률에 기초하여 새로운 통치양식에 재정개념을 도입하여 황제의 국내정치에다 도시의 재정능력을 활용코자 시도했다. 프리드리히 1세 바르바로싸의 이런 도시정책은 새로운 금융정책을 출현시키고 있었다. 영방은 귀족의 영지국가였다. 프리드리히 1세 바르바로싸는 보수세력이 아니었다. 이것은 고도로 예리하고, 능수능란하게 롬바르디아 지방의 도시와 로마 교황청에 대한 정책을 선택했던 사실에서도 입증되고 있다. 교황청과 도시정책의 선택

1254년의 신성로마제국

과정에서 나타났듯이, 프리드리히 1세 바르바로싸는 전쟁으로 소기목적을 성취할 수 없다는 엄연한 현실을 직시하고, 귀족과 타협점을 찾고자 고심했다. 프리드리히 1세 바르바로싸는 황제권에 다소 손상을 가져오더라도 영지국가를 세워서 제국을 구성하고자 시도했다. 황제는 제국을 영지국가 단위로 구성하는 과정에서 귀족의 제국통치로부터 벗어나고자 시도했다. 황제는 일단 관행과 영지 단위의 의식영역을 통치권 단위로 설정하고 지역 영지단위 국가를 구성함으로써 국가건설의 새로운 모형을 제시했다. 스타우퍼 왕가의 정치에서는 현실문제에서 찾아낸 합리주의 냄새가 장차 다가올 '국가이성'을 이미 예고해 두었다는 예감을 배제할 수 없다. 프리드리히 1세 바르바로싸의 손자인 프리드리히 2세(1197~1250, 도이취어계 제국 황제 1211~1250)가 세웠던 시칠리아 왕국을 도이취어계 역사학자 사이에서는 처음으로 실제 유럽의 근대국가라고 지칭했다. 프리드리히 2세는 이탈리아의 북부지역, 오스트리아, 도이취어계 제국의 남서부지역의 제국 영역에다 중앙집권 방식으로 행정, 경제, 문화 등의 정책을 선택하여 추진하려던 통치양식을 남기고자 시도했다.

여러 스타우퍼 가문 지배자는 오랫 동안 도이취어계 제국에서 국민의식의 계승자로 남아 있었다. 도이취어계 근대 국가는 시칠리아에서 출현했다. 도이취인의 근대 국가에서 국민의식은 고도로 고조되었다. 시칠리아의 학살사건(1282년)은 여러 유력자의 주도하에서 근대개념의 혁명으로 폭발했다. 스타우퍼 가문의 제국정치가 계획에서부터 보수성향을 띄었던 것은 아니었다. 스타우퍼 가문의 정치는 당대 유럽 전체 조류에 휩싸여 변화격랑을 헤쳐 나갔다. 여러 제국 영방국가는 12세기 프랑스, 잉글랜드, 그리고 이탈리아 남부지역에 나타났던 노르웨이인의 국가처럼 평행의 길로 나아갔다. 여러 스타우퍼 가문 지배자가 도이취어계 제국군주와 황제를 위하여 대단한 기여를 했음에도 제국은 몰락하고 말았다. 여기에 대해서는 여러 가지 요인을 지적할 수 있을 것이다. 이 요인 중에서도 황제 하인리히 6세(1190~1197)의 갑작스런 죽음과 무엇보다도 그의 아들 프리드리히 2세가 남부 이탈리아 지역을 의무처럼 고수했다는 사실 등이 지적될 수 있을 것이다. 그리고 성직자 서임권 논쟁은 도이취어계 제국에서 일어났다. 성직자 서임권 논쟁은 기존의 결속력를 와해하고 다수 상대자 세력을 강화하여 전체 문화를 정체케 했다. (이탈리아와 프랑스에 비하여) 뿐만 아니라, 성직자 서임권 논쟁은 장기간에 걸쳐 사회를 침체케 했던 것도 빼놓을 수 없는 제국 몰락요인인 것이다

크리스트교 외피를 벗어던진 국가 통치 권력과 국민의 왕

성직자 서임권 논쟁은 세속권력과 성직자권력 사이에 순조롭지 못한 시스템 일면을 지니고 있었다. 성직자 서임권 논쟁은 다수 강력한 결속력을 부추켰다. 성직자 서임권 논쟁은 또한 실제로 조합모형의 크리스트교세계 보편주의를 최우선으로 인식하여 '하나' 의식을 실현시켰다. 크리스트교세계의 보편주의 실현은 통치자의 권력인 통치권과 국가권력을 하나로 만들어가던 복잡한 시스템화 과정이었다. 그러나 크리스트교 세계의 보편주의 실현문제는 학문동아리 연합체에서 벌어진 교회조직법, 교사와 국가법에 대한 토론과정에서 아주 간략하게 종결되었다. 이것은 두 권력이 근본부터 서로 달랐기 때문에 하나로 합칠 수 없었으나, 서로 떨어질 수도 없다는 형식으로 종결되었다. 교황은 크리스트교세계의 보편주의를 실행했다. 그런데도 세 위대한 스타우퍼 가문 지배자는 여전히 크리스트 신자로 남아 있었다. 보편주의의 옷을 입은 교황청과 통치자 사이에서도 크리스트교세계는 공통영역으로 존속했다. 그래서 교황과 황제는 서로 공존했다. 교황은 크리스트교 세계의 해석자 위치에 서서 황제를 크리스트의 종자(*populus christianus*)로서 현실화했다. 또한 교황의 보편주의와 직접 신의 옷을 입은 황제권이 존재할 가능성이 있다는 점을 제시하여 시대특성에 일치시켰다. 이들 두 권위 체계 사이에서 황제가 추구했던 타협점은 와해되고 말았다.

여러 교황은 그레고르 7세 이후 크리스트교세계에서의 지위를 크리스트라는 보편주의로부터 찾아냈다. 그래서 신과 세속세계 사이에는 로마 주교가 유일한 중간자로 위치한다고 주장하면서도, 중간자 위치를 논증하지 않았다. 특히, 교황은 이탈리아 정치에서의 자유를 유지하고자 시도했다. 하인리히 6세(1190~1197)는 제국을 실천한다는 명분으로 이탈리아에 대하여 전지전능한 위치에서 권력을 행사하며, 교황청을 위협했다. 교황의 교회조직 국가와 교회조직은 자유를 획득하기 위한 황제 권과의 싸움에서 일단 승리했다. 교회조직 국가의 출현으로 이탈리아 정치 통일은 1866년까지 불가능했던 것이다. 교황의 승리는 전체 유럽세계가 강력한 힘의 평행선으로 결속하는 결과를 초래했고 국가구성원에게는 후기에 분리의식으로 작용했다. 또한 교회조직 국가의 승리는 국민의 왕과 국가를 자유롭게 출현시키는 방식으로 조정되었다. 종교와 정치는 서로 쓰디쓴 좌절을 맛보지 않을 수 없었다.

유럽세계 인간의 의식은 세력의 평행선 때문에 정신의 산물인 문화와 종교계를 결속토록 보조했다. 유럽세계의 정치결속은 오히려 후퇴하여 20세기까지 실현되지 못했으나 오늘날 21세기 유럽연방으로 발돋움하고 있다.

도이취어계 제국 왕권은 14세기에 이르러 크리스트교세계의 사슬에서 풀려나기 시작했고 황제는 크리스트교세계를 지배하던 교회조직 국가의 다양한 통치조직까지 떠맡았다. 다양한 크리스트교세계는 지배자를 위하여 13세기 '개별 왕국'에서도 직접 황제가 되어야 한다는 요구를 반영하는 형식을 취했다. 교황은 도이취어계 제국의 종족왕-황제에게 개별 왕국을 약속했다. 교황의 허락으로 탄생한 개별 왕국은 국가의 크리스트교도인 지배자에게 다음과 같이, 즉 황제지위와 권능이 신의 중간자라 강요했다. 크리스트교의 사슬은 교회조직의 권한과 세속의 권력 사이, 즉 교회조직과 국가조직 사이에 가로 놓여 있었다. 크리스트교세계의 사슬은 세속인 국가의 기초로 정착했다. 특히, 크리스트교라는 사슬은 권력의 본질로 착색되어 유럽세계 국가특징으로 정착했다. 즉, 유럽세계 역사와 문화는 다양한 국가란 특징을 발휘하면서도 크리스트교세계라는 특징 부착에다 크리스트교세계의 기초와 본질에다 전체 인간의 존엄함 문제를 제기했다. 종교는 세속인 정신과 물질 사이에서 철저한 타협형식의 보상문제를 제기했다. 물질과 정신의 싸움에서는 승리자도 있을 수 없었고, 숨 막히는 긴장의 평행선만이 균형점을 제시할 수 있었다. 유럽세계 문화는 이런 긴장상태 극복과정에서 현대 세계를 주도하는 서양 인문주의의 본질로서 개인의 가능성과 창의력을 내세울 수 있게 되었다. 자유는 교황과 황제의 갈등을 체험하면서 유럽세계에도 정신이 존재한다는 표지가 되었다. 유럽세계 산물로서 '자유'는 뚜렷하게 신장하여 유럽의 표지가 아닌 서양표지로 정착했다. 서양은 자유를 내세워 전지전능함과 단성론을 추종하던 불굴의 이단자동아리 교회조직을 따돌릴 수 있었다. 이런 유럽세계 자유는 국가통치권보다 상위위치를 차지했다. 자유가 유럽세계 표지로 정착된 이후 국가에 대한 성직자의 정치 참여도 자유의 굴레에 얽매여 나타날 수 없었다.

유럽세계는 중세세계 이후 자유 옷을 입고 자유롭고 창의에 찬 결속의지로 광범위하게 아메리카 대륙은 물론 아시아와 아프리카로 자유영역을 넓혀갔다. 한편으로 유럽세계는 자유에 대한 새로운 저항의식을 현대 지구 마을의 정치과제로 남겼고 유럽세계 의식산물인 자유를 결속이념으로 선택토록 만들었다. 또한 유럽세계 의식산물인 자유를 결속이념으로 선택한 국가는 자유에서 파생된 부산물인 궁핍자, 시위자, 분리자, 소외자 등을 극복할 수 있는 정치체제를 갖추어야 결속 가능했다. 이런 결속 가능성의 대가를 보상받기 위해서는 국가체제 보다 자유를 소중하게 지키지 않을 수 없었다.

8-3. 12~13세기 유럽세계 인간

중세세계에서 등장 가능했던 새로운 인간 모습

12~13세기 전문지식 원리의 교육범위도 넓어졌고 전문 지식 원리에 대한 교육수요자 숫자도 현저하게 증가했다. 사람과 사람의 정신을 촉매로 교류되던 의사전달 내용이 문화영향을 받으며 문화배경인 생활환경을 관심거리로 만들어내기 시작했다. 자연과 인간, 자연 속의 사물과 전문 지식 원리 때문에 일어났던 사건은 전문 개념 원리의 옷을 입으며 해석자 시각으로 전문 개념 원리의 사건을 검증하기 시작했다. 중세세계 인간은 자연 속의 모든 사물과 사건을 인간의식에서 찾아낸 전문 개념 원리로 해석하여 타당한 순서를 배열하며 합리주의 질서에 접근하기 시작했다. 중세세계 인간은 개인동아리 변화영역에서 새로운 만족대상을 새로운 기사 교육방식에서 추구했다. 12세기 인간의 의사전달 양식 역시 천태만상으로 다양하게 변화했으나 간편하고 정감이 흘러넘치기 시작했던 인간정서 변화에 일치해 갔다. 12세기 인간의 정신은 과거세대 양식을 유지했으나 과거세대 문학언어와 의례관습 언어인 라틴어를 시와 산문에 담아내며 개인의 감각내용과 정서를 뚜렷하게 순화해갔다. 그 증거는 시의 표현기법과 종교에 대한 태도 변화에서도 드러났다.

종교와 예술의 표현기법에서도 신이 전지전능하고 존엄한 존재라는 인식보다는 신도 인간에 가깝거나 인간 모습에 지나지 않는다는 사고방식이 주류를 이루었다. 구약성서에서 경건한 정신으로 표현됐던 신에 대한 중세세계 인간의 고정관념은 사라지고, 인간과 대화를 나누는 신의 모습이 시와 산문에 담기기 시작했다. 즉, 종교시 역시 문장과 송가 운율을 지니기 시작했다는 점에서 입증되고 있다. 르망의 힐데베르트는 '죄를 범하기 쉬운 영혼의 슬픈 노래'를 저작했다. 프란치스코 수도자동아리 계열 수도자인 체라노의 토마스는 '최근 심판'(deis irae, diesilla)에 관한 노래를 내놓았다. 생 빅토르 수도자동아리 은신처의 수도자 아담 주변에서는 고도의 화음원리, 표현원리, 함축의미, 문장력 등을 고루 갖춘 종교시가 나타났다. 잡다한 생활체험 내용은 여러 가지 인간주변에서 완전히 잠재해 있었다. 각양각색의 생활체험 내용은 종교영역을 이탈해 있던 나그네 무리와 같았던 방랑자의 시에 담겨 범람하기 시작했다. 이 방랑자의 시는 완전히 기존 문학동아리 표현관행을 이탈하여, 현세 기쁨, 사랑의 환희, 연가 등에 관해서, 또한 현세의 만족과 쾌락, 인간의 근심과 방종, 음담패설과 열정, 비탄이나 모욕담, 그리고 풍자담 등의 생활내용을 담아냈다. 방랑자의 시는 생활내용을 담으며 강하게 사람의 심금을 울리고 있었다. 다쎌의 라이나르트는 쾰른 대주교로서 궁전 체험담을 '방랑시'로 기술했다. 방랑자의 참회시는 생활담이나 체험담을 담은 서정시로서 깊은 정감으로 충만해 있었다. 방랑자의 시는 인간을 강렬한 정감에 빠져 들게 만들어 결국 정치에 대한 열정과 감동을 행동으로 표현토록 자극했고 황제 송가, 뿐만 아니라, 먹을 것을 찾아 나선 참새를 소재로 한 발터의 '정치 서정' 등에서처럼 열정과 감동을 현실 문제에 결부하여 표현했다.

보편주의를 지향하던 인간 모습에서 개인주의를 지향하는 새로운 인간유형

중세세계 인간은 전체를 지향하던 보편주의로부터 다수를 지향하던 개인주의로 전환했다. 서양 인문주의는 중세세계 보편주의 토양에서 개인의 존엄함을 내세우며 다수를 지향하던 개인주의에다 공존의식과 함께 성장했다. 개인주의 핵심은 공존의식이었다. 개인의 이런 공존의식은 다양한 형태의 사회문제를 제기하면서도 서양 인문주의를 발아하여 인간의 존엄함을 추구한다는 전제를 찾아냈다. 유럽세계 인간의 이런 공존의식은 성서 인문주의 단계에 지나지 않았지만, 미래의 시민인문주의 출현 가능성을 예고했다. 당대의 위대한 스승은 공존의식을 실현해 갈 그 시대의 지배자 모습을 담은 위대한 인간이요, 그 시대 특징을 정확하게 관찰한 파악자와 같았다. 새로운 인간 모습은 현실과 미래를 결합시키게 되었다. 새로운 인간 모습은 브레튼인 아벨라르(+1142)에게서 가장 뚜렷하게 드러났다. 아벨라르는 파리 학문동아리 연합체 교사였다. 아벨라르는 전문 지식 원리 교육방법과 고매한 인품으로 갖추고 대담한 실천의식과, 한 인간으로서 운명을 감내했던 인물이었다. 아벨라르는 마음의 눈을 뜬 인간을 사로잡았던 매력 덩어리 그대로였다. 아벨라르는 학문동아리 연합체와 의지의 조화를 통하여 논리의 분류 원리, 교육에 대한 정열로 호감을 줄 수 있었다. 아벨라르는 한편으로 진지하게 신을 추구했다. 아벨라르는 신비와 스콜라 철학동아리의 존재논리에 젖어 있던 쌩 빅토르 드 위그(+1141)와 같은 인물이었다. 아벨라르와 위그는 파리를 전체 유럽세계 문화와 정신의 중심지로 만드는 데 크게 기여했다. 파리는 문화 중심지였다. 서구인의 교육계와 정신세계는 전문 지식 원리를 받아 가기 위하여 파리로 모여들었다.

베르나르는 실제로 아벨라르와 동일한 특성을 지니고 있었다. 그는 명확하게 아벨라르와는 달랐던 인물이었다. 베르나르는 바로 당대의 거물이었다. 그는 심오하면서도 전체의 보편주의를 실천했던 성서 인문주의자였다. 베르나르(1090~1153)는 바로 자기시대의 인물유형이자, 행운아였다. 베르나르는 당대의 수도자동아리 체계를 확립했다. 베르나르는 탁월한 실천가요, 예리한 분석가였다. 베르나르는 교직자와 지방민에게 경각심을 불러일으키며 신앙을 권고했다. 베르나르는 최고의 성직자 앞에서도 솔직하게 지적했던 용기 있는 웅변가였다. 베르나르는 프랑스 국경을 넘어 다른 지역의 사회구성원에게까지 동요를 일으키고 있었다. 그래서 베르나르는 당당하고 강력한 개인주의를 지니고 있었다. 그는 탁월한 설교자였을 뿐만 아니라, 용기 있는 수도자요, 기도자였다. 베르나르는 교황과 황제의 싸움에도 용감하게 뛰어 들었다. 그런데도 베르나르는 정성을 다하여 신을 추종했다. 베르나르는 마술사처럼 언어를 구사하며 문체와 실천논리를 창안했다. 또한 베르나르는 관례를 존중하고, 세상일을 정확하게 파악하여 소재로 처리했던 인물이었을 뿐만 아니라, 세상일의 본질을 찾아내어 해결한 개방 조정자였다.

위대한 인물은 이 시대에도 등장했으나 소수에 지나지 않았다. 그런데도 이들 사상가는 서로 다른 실천취지를 지니고 있었다. 사상가의 서로 다른 실천취지는 여명시대 세계를 특징지울 수 있는 가장 확실한 증거였다. 아벨라르는 교회조직과는 다른 전체의 보편주의 성향을 추구한다는 원성 때문에 법정에까지 서게 되었다. 아벨라르는 창의력을 발휘하여 니더작센 출신의 위그를 법정에 세웠다. 베르나르는 문장가요, 백과전서 학파 중에서도 탁월한 저작자였다. 또한 이탈리아의 북부 지역 출신자인 페트루스 롬바르두스는 자기시대의 전문 지식 원리를 집대성하여 위대한 업적을 남겼다. 이 유명한 저작자 중에서도 살리스베리의 존은 귀족이었다. 존은 샤르트르와 파리에서 훌륭한 제자를 양성했던 인문주의자였다. 존은 또한 탁월한 문장가를 지도하며 창의력을 발휘했던 당대 사상가요, 인간 중심의 보편주의를 추구했던 문필가였다. 살리스베리의 존은 또한 당대 예리한 비평가였다. 존은 당대의 국가 통치원리를 저작물 '군주학'(Polycraticus)에 담았다.

파리의 교사 질베르(Gillbert de la Porsée)는 여러 갈래 이상으로 채색된 당대 전문 지식 원리의 교육관행이 정착토록 활동했던 탁월한 교육자였다. 파리는 세계 도처로부터 유럽세계의 정신과 문화 이동 창구였다. 파리는 그래서 세계 전체에 대한 문화와 정신의 발원지였다. 당시 파리에서는 놀랍게도 전문 지식 원리를 실천하려는 유럽세계 인간의 의식이 발흥하며 그 정신의 모든 내용을 '신세대 지식원리'와 '과거세대 지식원리'로 구분하기 시작했다. 신세대 지식원리와 과거세대 지식원리를 시대정신으로 구분하기 시작했던 실천의식은 세속인을 새로운 인간으로 채색하기 시작했다. 질베르는 신세대 지식원리와 과거세대 지식원리를 시대정신으로 이끌어가던 주인공이었다. 이런 시대정신 주창자인 질베르는 교직자로서 기사나 귀족 사이에도 끼어들지 않았을 뿐만 아니라 기사나 귀족 사이에 어떤 불협화음도 일으키지 않았다. 그러나 중세 인간은 여러 가지 관계로 얽힌 신세대 지식원리와 과거세대 지식원리의 복합성을 피할 수 없었다. 이들 인간들은 이런 기쁨, 저런 노력, 변증법으로 구성된 신세대 지식원리와 과거세대 지식원리의 인식 맞에서 새어 나오던 신비주의를 인간의 인식력으로 찾아내고 있었다. 그래서 신세대 지식원리와 과거세대 지식 원리라는 보편주의는 처음으로 신세대 전문 지식 원리와 과거세대 전문 지식 원리를 실천하려는 의식 때문에 '개인주의'를 생성시키고 있었음에도 이런 개인주의를 보편주의에서조차도 온당한 양식으로 인정했다.

인간의 전문지식 원리는 국가결속력에 영향을 미치며 지방민 사회에로 광범하게 이동했다. 또한 과거처럼 수도자를 서재에 가만히 앉혀 두지도 않았다. 수도자는 과거세대 전문지식 원리와 신세대 전문지식 원리의 조화를 찾아내려고 시도했다. 수도자는 학문동아리 연합체에서 공개리에 자기가 알고 있는 내용을 강의하고, 강의 내용에 대하여 함께 토론했다. 수도자 학문동아리 교사는 이런 방식으로 신세대 전문 지식 원리와 과거세대 전문지식 원리의 조화에 접근했다. 수도자 학문동아리 교사의 이런 문화 차이 인식은 전문지식 원리의 영향력과 정신 수련을 앵글로색슨계 노르웨이인과 프랑스의 역사 저작물에서도 드러났다. 국가구성원은 또한 수도자 학문동아리 교사의 십자군 원정시대 비망록, 왕국 역사, 왕조 역사, 주교좌 역사, 수도자동아리 은신처의 역사, 전기, 자서전 등으로부터 전문 지식인의 체험담을 터득하여 자기네 교양으로 만들고 있었다. 인간은 생활언어와 고대 후기 인간의 의사전달 양식으로부터 지금까지 알려지지 않았던 전문지식 원리를 찾아내고 개인의 회고록과 신변잡기, 당대인의 견문록 등의 형태에서 전문지식 원리에 대한 체험담을 개인지식으로 축적해갔다. 라틴어로 축적된 체험담 내용 중에도 남녀의 성생활, 종교의 체험담 등이 주종을 이루면서 범람했다. 즉, 풍자물과 해학물이 인간을 괴롭히고 있었다. 또한 남녀상열지사와 조형물이 공개리에 각광 받고 있었다. 또한 대화, 토론, 여성의 입방아나, 소문내용이 저작물 소재로 등장했다. 달콤한 연애담은 탄식과 환희의 노래를 구성하기 위한 전문지식 원리의 소재로 등장했다. 인간은 춤과 향락을 일종의 권리처럼 요구했다. 즉, 당대 인간의 이런 욕구폭발은 인간의 본질문제가 당대인의 의식세계를 반영한 것이다. 방랑자와 여행자, 방랑 교직 수습생 등은 학문동아리와 수도자동아리 은신처를 전전하면서 숙식을 해결하고, 세상살이를 시나 노래의 산문에 담아냈다. 이런 문학핵심 역시 인간의 결속력과 생활욕구를 근본으로 표현했다. 인간의 공감대 발원지는 재치로 가득 찬 해학, 배움과 생활, 전문지식 원리와 지혜탐구와 항상 흘러넘치는 인정, 특히 몰두하는 표정과 광란의 황홀감이었다. 그 이외에도 인생의 쾌락이나 금욕생활을 현재와 과거, 현재와 미래의 새로운 인간 모습에 연계시키는 데서도 인간의 공감대는 발원했다. 인간의 공감대는 동질의식의 창출기반이 되어 서로의 긴장감을 해소하고, 상식규격을 축적해갔다. 중세세계의 이런 유럽상황은 프랑스, 도이취어계 제국, 잉글랜드 등 어디서나 마찬가지였다. 인간의 창의력은 기나긴 중세세계의 고요함을 벗어나기 시작했던 단계인 것이다. 인간은 자기네 창의력으로 전문지식의 축적단계에 들어서서 길이, 무게, 시간과 같은 규격 모습을 창출하여 자기네 생활에 응용하기 시작했다. 중세세계 인간의 이런 창의력은 긴장과 반목을 자아내기도 했으나, 합리주의 규격에 이르는 동질의식의 밑거름이 되었다. 이런 중세세계 유럽상황은 정치분야에서도 새로운 결속력에 접근했다. 정치 분야에서는 개인의 창의력 때문에 통치권과 교회조직의 시스템이 서로 충돌했으나 통치권과 교회조직 역시 각자의 역할을 찾아서 서로 접합점을 타당한 판단기준 형식으로 모색하기 시작했다. 그러나 타당한 판단기준 규격은 물론 종교 바탕을 이탈하지 않았기 때문에 결속력 발원지가 되었다. 타당한 판단기준을 표준규격으로 부착한 인간의 결속 모습은 중세세계 인간의 창의력이 어떤 모습으로 나타낼지, 어떤 인간이 세상에 영향을 미치고, 세상을 통치하게 될 지를 가늠할 수 있게 예고했다.

도이취어계 제국의 정신운동

도이취어계 제국은 관심 있게 분석해야 할 지역이다. 도이취어계 제국은 장기간의 중세세계를 거쳤으나, 정치관심이 사람 다스리기에 급급한 나머지 특성을 찾아내지 못했다. 여러 가지 관례 모음집과 같은 문헌이 중부 유럽의 수도자동아리 은신처 도서관과 주교좌 성당 도서관에서 잠자고 있었다. 뿐만 아니라, 이들 관례 모음집의 문헌은 라이헨아우, 쌍 갈렌, 풀다, 코르비 등의 고대 수도자 학문동아리 교육장에서도 그대로 깊은 잠에 빠져 있었다. 그러나 관례 모음집은 바이에른 영지에서 뿌리를 내리고 있었다. 관례 모음집의 유산은 정신과 교육관행의 새로운 중심지를 형성했다. 도이취어계 제국 지역에서 새로운 고전교육의 중심지는 힐데스하임, 밤베르그, 쌍 브라시엥, 엥겔베르그 등이었다. 레겐스부르크, 프라이징, 테건제, 코르비 등의 지방에서 고대 수도자 학문동아리의 전문 지식 원리 교육관행과 정신은 창조 정신과 함께 새롭게 부활했으나 편협한 정신과 도이취어계 제국 풍토의 고유한 분권요인 때문에 도이취어계 제국 성향으로 존속했다.

도이취어계 제국에서 일어났던 새로운 결속운동은 프랑스와 이탈리아 지역으로부터 라인강 연안을 따라서 남부 도이취어계 제국 영지로 이동했다. 바이에른에서는 외부에서 유입된 결속운동 때문에 성직자 모습도 달라졌다. 특히, 아우구스티누스계 수도자동아리는 교황 그레고르 7세의 교회조직 개혁 이후 성직자조직까지 개혁하여 성직자 권한까지 행사했다. 이 성직자동아리는 파리 학문동아리 연합체의 새로운 전문지식 원리와 이탈리아로부터 예술을 수용했다. 물론 도이취어계 제국 영지는 성직자동아리의 영향을 받아 새로운 결속원리인 개인주의를 자극했다. 뿐만 아니라 새로운 결속운동은 파리 학문동아리 연합체의 전문지식 원리를 도이취어계 제국 영지에 중개하여 개인주의와 합리주의를 자극했고 도이취어계 제국 젊은이가 새로운 전문지식 원리와 예술을 배우기 위해 유명한 교사가 활동하던 파리와 이탈리아 학문동아리 연합체로 유학생 길로 나서고 있었다. 도이취어계 제국 젊은 파리와 이탈리아 학문동아리 연합체 유학생 영향으로 예술작품과 필사본은 급속하게 라인강을 건너 바이에른 영지와 오스트리아의 도서관으로 이동했다. 치스테르치엔스 수도자동아리, 카르트호이저 수도자동아리, 패몬스트라텐스 수도자동아리 등의 금욕수행관습은 라인강 서부 영지로 유입되어 도이취어계 제국 전역으로 이동했다. 물론 여기서 베르나르드(Bernard of Clairvaux)도 이들 수도자동아리를 상대로 설교했다. 이 시기에 이르러 다량의 아우구스티누스 주해 모음집(Honorius Augustodunensis)이 도나우강 유역에서도 등장했다.

프라이징의 오토는 유능한 고위 귀족혈통으로서 파리 학문동아리 연합체에서 수학했다. 오토는 치스테르치에스계 수도자동아리 수도자가 되어 모리문트(Morimund)에서 지내기도 했다. 오토는 스타우퍼 가문의 황제 프리드리히 1세 바르바로싸의 삼촌이었다. 그는 파리에서 바벤베르그(+1158)라는 인물로서 신학동아리, 역사동아리, 철학동아리에서 전문 지식 원리를 수학했다. 오토는 파리 학문동아리 연합체에서 유학하며 스콜라 철학동아리의 두 가지 존재원리에 너무도 깊은 감명을 받아 치스테르치에스계 모리문트 수도자동아리 은신처에서 신비에 사로 잡혀 금욕수행관습을 수행하기도 했으나 후기에 왕국 주교로서 정치무대에 나서서 활동키도 했다. 오토의 저작물 중에는 '중세세계 도이취어계 제국 역사'가 있으나, 이 저작물이 그의 대표작은 아니었다. 남부 도이취어계 '혈통'이란 저작물은 아우구스티누스계 수도자동아리 선교자 게르호(Gerhoh von Reichersberg)의 저작물이었다. 게르호는 명석한 재질을 겸비했던 저술가로서 탁월한 창의력을 바탕으로 정신 집적물로 가득한 종교동아리 생활의 지난 과정을 재생할 수 있다고 생각했다. 게르호는 중세세계 인간의 뇌리에 침잠해 있는 전문지식 원리로서 문화이동관례를 반드시 찾아내야 한다는 것이었다. 게르호는 문화 이동자 관례를 활용하여 그 문화 이동자 관례에 용해된 외부에서 전문지식 원리를 파악코자 시도했다. 게호르는 외부 문화 이동자 관례와 생활관습을 식별한다는 것이 신기하고, 어려운 일이긴 하지만, 창의력이 필요하다는 것이다. 오토는 바이에른 영지에서 활동했다. 오토가 활동하던 당시 바이에른 영지에서도 도시민의 생활은 점차 활기를 찾아갔다. 상인과 촌락민은 널리 흩어져 거주했으나 상인, 촌락민, 성직 수학자는 여러 가지 이상과 필사본, 그림과 조각물 등을 가지고 이곳저곳으로 돌아다녔다. 아우구스부르크도 점차 활기를 띠기 시작했다. 레겐스부르크는 상업과 교통의 중심지로 자리 잡았다. 레겐스부르크는 프라그 영지와 크라카우를 지나 키예프지역으로, 그리고 비잔티움지역으로, 베네치아와 루카, 밀라노 지역으로, 그리고는 큰 시장지대인 상파뉴 영지(트로예, 프로방스)으로, 그리고는 파리로 향하는 길목과 연결하던 교통요지였다. 레겐스부르크에는 거대한 시장이 활기차게 성장했다. 상인을 포함한 여러 부류 사업가가 레겐스부르크로 모여 들었다. 특히, 레겐스부르크에는 이탈리아의 교황동아리가 기사의 서사시인 '방랑 시인의 노래'(Chansons de Geste)를 자기네 레겐스부르크 영지로 들여오고 있었다.

레겐스부르크 영지는 성직자와 세속인이 함께 찾아들던 정신생활의 중심지역이었다. 레겐스부르크 영지생활은 바이에른 영지구성원에게 생활전형으로 정착되어 도이취어계 인간에게도 모방되었다. 레겐스부르크는 실제로 이탈리아 상인의 식민지나 다름없었다. 레겐스부르크에는 파타르계 이단자동아리가 활동했다. 당시 이탈리아로부터 유입된 파타르계 이단자동아리가 추진하던 교회조직 개혁이념이 레겐스부르크에도 영향을 미치고 있었다. 파타르계 이단자동아리 교회조직 개혁운동은 아브레질(Abregil)의 영향을 받고 있었다. 아브레질은 프랑스 출신의 방랑 설교자였다. 아브레질의 설교는 도이취어계 제국 남부 영지에서 종교운동을 자극했다. 방랑 설교자의 종교운동은 봉건사회의 위계질서를 와해시키려 했던 베렝가르의 이상에 부합했다. 베렝가르는 이미 봉건사회 위계질서를 타파해야 한다고 주장한 바 있다. 게르호는 상위부류와 하위부류의 영지구성원을 사로잡고 있던 이단자동아리 전문지식 원리를 추방하기 위하여 레겐스부르크로 왔음이 틀림없다. 게르호는 베렝가르가 주장하던 성사관습 해석논쟁에 사로잡혀 있다가 파문당할 뻔 했던 인물이었다. 게르호는 이후 일생동안 자기보다 연하의 젊은이에게 이단동아리 전문지식 원리를 더 이상 퍼뜨리지 않았다. 게르호는 냉철하면서도 보수주의 성향을 지닌 당대 비평가였다. 게르호는 수녀원 규방에 숨어 지내면서 세속인과는 물론 세속인의 실천의식과도 더 이상 관련을 맺지 않았다. 세속인의 이런 전문 지식 원리 실천의식은 게르호 자신처럼 교황 그레고르 7세의 교회조직 개혁과도 더 이상 부합하지 않았다.

레겐스부르크에는 당시 이탈리아로부터 유입된 농민이 활동했다. 당시 세인의 대단한 관심사는 밀라노 대주교좌 교회의 성사관습이었다. 대주교좌 성당은 과거부터 이탈리아에 지대한 영향을 미치고 있었다. 밀라노의 이런 대주교좌 성당은 당시에도 여전히 8각형의 전지전능한 성자 기도실을 설치했다. 밀라노 성당은 라벤나의 대주교좌 성당과 관계를 유지하면서, 옛 성당에 십자가를 갖추고 있었다. 이들 성당의 십자가에는 프랑스인의 생활양식과 시를 아로 새겨 넣고 있었다. 또한 교황당 궁전에서 애창되던 서사시도 도이취어계 제국 기사에게 서사시 전형으로 정착했다. 궁전에서는 도이취어계 제국 서사시가 초기 모습을 처음으로 내보였다 그래서 이탈리아와 프랑스인의 영향은 중세세계 도이취어로 씌어진 서사시를 출현시키던 길목이 될 수 있었다. 프라이징의 오토와 라이히에스베르그의 게르호는 남부 도이취어계 제국에서 발아된 남부 도이취어계 제국의 정신, 그리고 세속과 생활의 조정 이라는 두 가지 표준모형, 생활양식과 서사시로서 생활모형을 제시했다.

잉글랜드의 헨리 2세와 토마스 베케트

왕권과 교회조직은 잉글랜드에서 대결 관계의 운명을 맞이했다. 베크의 랑프랑(1005~1089)과 캔터베리의 안셀름(1033~1190)은 위대한 초기 스콜라철학동아리 일원이었다. 이들 두 스콜라철학동아리는 연달아 캔터베리의 대주교직을 계승했다. 이 두 인물은 헨리 2세의 주교 선출을 강력하게 반대했다. 잉글랜드의 위대한 헨리 2세(1154~1189)는 프란타게네트 왕조를 창건하여 잉글랜드 왕정을 안정시키게 되었다. 그런데도 프란타게네트 왕조는 성직자인 토마스 베케트(1118~1170)에게서 무너지고 말았다. 이것은 이미 유럽세계의 정치와 사회에 밀려올 교회조직 정치의 파고를 예상할 수 있게 해주는 사건이었다. 토마스 베케트의 의지는 헨리 2세의 의지만큼이나 완고했다. 토마스 베케트의 교회조직은 왕권보다 훨씬 강력했다. 토마스 베케트의 가문은 노르만계 중간부류의 신분이었다. 토마스 베케트는 런던에서 태어나 프랑스 옥세르에서 법률을 공부했다. 토마스 베케트는 캔터베리의 사제이자 능력 있는 정치가요 외교가로서 활동했다. 토마스 베케트는 재상으로서 신임을 받았던 인물로서 국왕과 함께 기사생활을 겪으면서, 국왕 친구가 되었다.

토마스 베케트는 성직을 청산하고, 일개 세속인으로 돌아왔다. 그런데도 토마스 베케트는 찬란한 파리생활 때문에 파리 세인의 주목을 받았다. 토마스 베케트의 동창생도 1162년 베케트가 캔터베리 대주교직에 오른 이후 심경변화를 일으켜 자기네로부터 등을 돌렸다는 것이다. 즉, 토마스 베케트에게 정을 베풀던 전사와 전략가도 등을 완전히 돌렸다는 것이다. 토마스 베케트는 은둔자가 되었어도 법률, 자유, 교회조직 재산을 수호했다. 토마스 베케트는 1164년 클라렌돈의 기본법에 저항했다. 그 기본법에 따라서 토마스 베케트는 국왕 압력에도 불구하고 다수 성직자의 불입권을 박탈하고, 세금을 징수했다. 특히, 불입권이란 특권(Privilegium furi)은 성직자를 위한 것이었으나, 토마스 베케트의 저항으로 정지되고 말았다. 불입권은 성직자 재판권을 교직자가 중단시킬 수 있는 권리, 즉 교직자가 세속인 영주의 재판권에서 탈피하여, 자유를 추구할 수 있는 권리였다. 토마스 베케트는 자청하여 주교로서 남아 있었으나 여러 잉글랜드 주교는 토마스 베케트를 반대했다. 토마스 베케트는 교황을 설득하여 프랑스의 쌩 오머 수도자동아리 은신처로 피신했다가, 퐁티니에서 치스터치엔스계 수도자동아리에 가담했다. 토마스 베케트는 국왕 혈족이었으나 1164년 국왕은 토마스 베케트를 잉글랜드의 최고 성직에서 추방해야 한다고 주장했다. 헨리 2세의 압력 때문에, 베케트는 퐁티니 수도자동아리 은신처를 떠나지 않을 수 없었다. 이후 토마스 베케트는 일생 동안 생에서 거지같은 가난뱅이로서 일생을 보냈다.

그러나 루이 7세는 1169년 아방쉬로부터 토마스 베케트를 오도록 초청한 다음 토마스 베케트를 비밀리에 대주교직에 다시 복귀시키고, 성직을 서임했다. 프랑스왕 루이 7세(1137~1180)는 토마스 베케트를 위하여 최선을 다하여 후원했다. 여러 주교의 반대에도 불구하고, 토마스 베케트는 간신히 프랑스에서 성직을 유지해 갔다. 아마 토마스 베케트가 파리에서 대주교가 되리란 것을 헨리 2세가 미리 예상했더라도, 캔터베리 관구의 네 기사를 사주하여 토마스 베케트를 사형시켰을 것이라고 한다. 토마스 베케트가 대주교직에 복귀했다는 소식을 헨리 2세는 전달받았다. 헨리 2세는 표면상 충격을 받았고 잉글랜드의 서부 지역민 역시 재판정에서 이미 토마스 베케트에게 확실하게 유죄판결을 내려두었다. 그러나 토마스 베케트는 클라렌돈의 입법조치를 강력하게 반대했다. 영지구성원 역시 토마스 베케트를 성자라 부르고, 그의 무덤을 순례했다. 헨리 2세는 토마스 베케트의 법률저항을 감당할 수 없었다. 지배자 헨리 2세는 토마스 베케트의 법률저항을 예견하지 못했던 것을 후회하여 땅에 엎드려 울다가, 수도자로 하여금 자기의 볼기짝을 때리도록 했다고 한다.

아시시의 수도자 프란치스코(1182~1226), 권력자와 재력가에 대한 반항자, 새로운 신앙심과 새로운 금욕수행관습

프라이징의 오토는 고위 귀족이요, 국가 주교였다. 오토는 당대 도이취어계 제국에다 전문 지식 원리의 씨앗을 뿌리고 있었다. 오토는 보수성향의 세계와 역사 모습을 완벽한 모습으로 그려냈다. 오토의 영향은 시기적절하게 사회조직뿐만 아니라, 종교에까지 파급되었다. 오토의 이런 영향은 여명시대 세계의 문화이동 현상을 자극하기에 충분했다. 여명시대 세계의 중심인물은 바로 아씨시의 수도자 프란치스코(1182~1226)였다. 시민 편에 서게 된 대주교 토마스 베케트 등장에서, 그리고 시민 교황 알렉산더 2세(1159~1181)의 등장에서 보듯이, 고위 성직자 수준에서도 이미 시민시대를 예고했다. 시민의 신앙심은 아시시의 포벨로(Povello von Assisi)에게서 가장 확실하게 구체화되었다. 포벨로는 아시시와 프로방스 지방에서 상업에 종사하던 아버지와 프랑스 출신의 어머니 사이에서 1182년에 출생했다. 포벨로는 돈 많은 상인가문 아들(Pica Giovanni de Bernadone)로서 완벽하고, 대담한 필치로 청년시절의 전기를 묘사했다. 전기에 의하면 포벨로는 정규교육을 받은 적이 없었다. 포벨로의 부친은 포벨로를 가르치기 위하여 프랑스 남부의 발뎅서계 수도자동아리와 알비겐스계 수도자동아리에다 교육을 위탁했다. 포벨로는 거기의 교육에서 스스로 가난한 자의 복음에 눈을 떴을 가능성도 있다. 포벨로는 당시 독선으로 가득 찬 사회를 묘사한 글귀를 읽고서 충격을 받고 청빈한 크리스트 모습이 진정한 크리스트 모습임을 깨닫게 되었다. 포벨로는 거기서 출발하여 크리스트의 청빈하고 참된 생활을 본받아 실천하며 크리스트의 청빈한 생활을 본받으라는 복음을 설파했다. 특히 포벨로는 파렴치함을 서슴치 않던 당대인의 물질탐욕에다 성직자의 사치와 부패를 보고 깜짝 놀라지 않을 수 없었다. 포벨로의 설교와 청빈한 생활은 사람들을 자극하기에 충분했다. 그래서 당대 대개의 남성은 포벨로를 추종하여 그와 함께 매일 아무 일도 하지 않고 교리를 전파했다. 포벨로의 설교전파와 함께 크리스트의 청빈을 실천하던 소수 형제동아리(frates minores)가 하나 둘씩 모여 새로운 종교동아리로 발전했다. 여기서부터 후기 프란치스코의 새로운 금욕수행관습은 세속인세계로 이동하기 시작했다.

프란치스코는 권력과 오만에 대한 무저항을 예고했다. 프란치스코는 무언의 신앙심에 고무되어 진실한 동포애로 인간에 대한 존중함과 사랑을 실천했다. 크리스트 안의 형제로서 프란치스코는 이웃 사랑을 완전한 인간 사랑처럼 실천했다. 프란치스코의 전기는 라틴어로 쓴 '꽃의 뿌림'(Fioretti)이라는 '프란치스코의 행적기'(Actus beati Francisci, 1323)이다. 프란치스코의 행적기는 이탈리아 대중세계로 널리 이동하여 유럽세계 인간의 신앙심에 대한 표준을 제시한 불변의 기록물로 자리 잡았다. 이 저작물은 또한 프란치스코와 자연과의 만남을 주요 내용으로 구성했다. 1214년 여명시대 세계는 마음에서 그대로 우러나는 신앙심 보다는, 보수주의 성향이나 개혁성향의 신앙심을 선택해야 되는 자세로 성직자에게 복종하지 않을 수 없었던 시기였음에도 불구하고 성모 마리아 기도실 주변에다 형제동아리를 조직하여 종교동아리 오두막인 소수 형제 수도자 은신처를 최초로 세웠다. 부자

집에서 출생했던 클라라 스치피(Clara Sciffi)라는 소녀는 1212년 여성이 성자 프란치스코의 2가지 금욕수행관습을 실천하도록 아시시에다 '클라라 금욕수행관습'을 만들고 다미아누스 기도실 주변에다 수도자 은신처를 창건했다. 프란치스코의 3가지 금욕수행관습은 이렇게 1221년 세상에서 통용되던 수도자 베네딕트 금욕수행관습과 아우구스티누스계 수도자 금욕수행관습에 이어서, 세 번째 나타났던 것이 프란치스코의 금욕수행관습이었다. 그때부터 불안하고 불확실한 세계에는 봉건귀족인 유력자에 대하여 고요한 무저항 반항이 엄습했다. 무언의 반항은 시민이 된 부자의 재산에 대해서도, 그리고 스콜라주의자의 새로운 학문과 허구에 대해서도 가해지고 있었다. 성자 프란치스코의 설교와 전기는 당대인의 자아비판을 담았던 것이다. 성자 프란치스코는 자유주의 사상과 세속화로부터 흥미와 전문 지식 원리에 대한 탐욕을 자극하던 세계를 경계했다. 프란치스코는 결국 실패했으나, 모슬렘과 시리아의 회교 군주국까지도 크리스트교로 개종토록 자극했다. 프란치스코는 스페인의 마우르종족에게 선교하여 마우르종족까지도 십자군 원정자에 대한 후원계획을 갖도록 자극했다. 서방세계의 십자군 원정자가 저지른 잔악한 행위에 대한 공포감은 당시 달마티아 지방에까지 엄습했다. 모슬렘지역의 도시 거주자는 무자비하게 십자군 원정자를 살해하는 죄악을 저질렀다. 그래서 십자군 원정자는 병자신세로 전락한 채 귀환했다.

수도자동아리 구성원은 프란치스코를 추종하여 그의 부재중인 틈을 타서 딱딱한 수도자 금욕수행관습을 완화시키고자 시도한 나머지 본래 수도자 금욕수행관습을 변형하는 사례도 나타났다. 그런데 프란치스코계 수도자동아리는 자기네 예언자의 딱딱한 금욕수행관습을 지켜내기 위하여 외부접촉을 단절한 채 독신생활을 이어갔다. 프란치스코계 수도자동아리는 내면의 사색과 금욕수행관습을 실천하며 크리스트의 기적을 체험해야 한다는 명분으로 신비주의를 대중세계로 이동시키고 있었다. 클라라 스피치는 다미아누스계 수도자동아리 은신처에서 청빈했던 크리스트를 표준인간으로 실천했다. 클라라 스피치는 실명자까지도 건강해져 앞을 볼 수 있을 때까지 보살펴 주고자 했다. 프란치스코는 1224년 시력회복을 기대하며, 이탈리아어 산문으로 불후 명작 '태양의 노래'를 저술했다. 프란치스코는 1226년 10월 3일 입술을 다문 채 찬송가를 부르면서 세상을 떠났다. 교회조직은 프란치스코를 1228년 성인으로 축성했다. 프란치스코는 풍요하고 계몽된 세상에서 살았다. 그런데도 그는 지나칠 정도로 청빈과 무지를 강조했다. 프란치스코는 또한 오만하여 외면당한 교회조직에 대하여 수수께끼 같은 결속문제를 제기했다. 프란치스코는 순수한 크리스트의 정신으로 돌아가 청빈의 복음전파에 매진하라고 권고하고 사람들로 하여금 교회조직과 주요 종교임무를 정확하게 이해하도록 권고했다. 세상은 그때부터 수 백 년 동안 종교임무에 대한 성직자의 체험을 간과했다. 그래서 고위 교직자는 힘 있고, 재산을 가진 교황에게 그때까지 의지했다. 16세기에 이르러 종교가 본래의 임무를 져버린 최종 결과는 종교개혁으로 이어졌다. 프란치스코는 교황관도 쓰지 않았으나 어떤 교황 보다 강력하게 크리스트교세계를 결속했다. 프란치스코 사망 이후 당시까지 프란치스코의 금욕수행관습 수행자는 헝가리, 도이취어계제국, 잉글랜드, 프랑스, 스페인을 합쳐 거의 5000여 명에 이르렀다. 프란치스코는 북부 이탈리아지역에서 활동하던 이단자동아리를 잠재우고 정통론자동아리 교회조직을 수호했다. 1280년 프란치스코계 수도자동아리는 8000여 개에 달하는 수도자동아리 은신처에 200,000여 명의 수도자와 함께 했다. 프란치스코계 수도자동아리는 당대의 위대한 대중 설교자로 알려졌고 당대의 인간에게 새로운 세계를 안내했다. 프란치스코계 수도자동아리에서 시에나의 베른하르딘, 파두아의 안토니우스 등과 같은 성직자도 배출되었다. 로저 베이콘과 같은 교육자, 둔스 스코투스, 윌리암 오캄, 할레의 알렉산더 등과 같은 철학자도 배출되었다. 아씨시의 산 중턱에 자리잡은 위대한 프란치스코 수도자 은신처의 기도실에는 키마부에와 지오토(Giotto, 1266~1337)와 같은 예술가들이 그린 그림으로 성자 프란치스코의 위대한 행적을 오래도록 기리고 있다. 뿐만 아니라, 이 예술품은 이탈리아를 비롯한 유럽 사람을 보호하며 깊이를 더하고 있다.

도미니코계 수도자동아리도 아시시의 프란치스코계 수도자동아리 형성과정과 같이 창설되었다. 도미니코는 1170년 스페인의 카스틸리아에서 출생하여 위대한 수도자동아리 창시자 위치에 올랐다. 도미니코계 수도자동아리는 은거상태에서 영혼을 구제하는 것이 아니고 세상에다 설교와 모범을 제시하며 크리스트교를 선교하고, 비 신앙인을 신앙인으로 만들어야 한다는 명분을 제시했다. 도미니코가 제시했던 선교와 영혼구제의 2가지 과제는 자유 신앙론자로부터 터득했던 것이었다. 자유 신앙론자의 강력한 무기는 가난을 실천하도록 설교하는 것이었다. 자유 신앙론자의 가난실천이라는 설교에 힘입어 교회조직은 오히려 보호되었다. 도밍고 드 구츠만(Domingo de Guzman)은 아우구스티누스계 수도자동아리에 소속된 오스마 성당의 수석관리자가 되어 1201년 툴루즈로 와서 여기서 알비겐스계 수도자동아리의 선교활동을 개시했다. 툴루즈에서 도밍고 드 구츠만은 가난을 탈피하여 신앙의 자유를 누리자고 세상 사람에게 설교하고 1205~1216년 사이에 프랑스 남부지방의 랑귀도크에서는 빈곤으로부터 해방과 자유를 찾으라고 설교하여 협력자동아리 형성했다. 교황 오노리우스 3세(1216~1227)는 교황청 휘하의 교회조직까지 도미니코 수도자동아리로 선포했다. 도미니코는 로마 교황청으로부터 독립하였다. 도미니코는 로마 교황청 영향권에서 벗어나면서 다수동아리 구성원을 고무하여 재빨리 광신자로 만들었다. 도미니코는 유럽 각지의 이교도동아리와 이단자동아리를 개종케 하고 동시에 키예프와 그 이외의 동방지역과 아프리카지역까지 선교영역을 확대했다.

도미니코계 수도자동아리는 걸인 수도자로 구성되었다. 이 자유 신앙주의자동아리를 정통론자동아리 교회조직은 사문하지 않았다. 도미니코계 수도자동아리는 스콜라 철학동아리의 중심인물 토마스와 알베르트 막뉴스를 배출했다. 알베르트 막뉴스는 라빙겐 근방에서 활동했고, 잠깐 동안 레겐스부르크 주교직을 역임했다. 알베르트 막뉴스는 도이취어계 제국의 쾰른 학문동아리 연합체에서 교사직을 수행한 적도 있다. 토마스와 알베르트 막뉴스는 아리스토텔레스의 이론을 크리스트 교리 해석에 활용했다. 프란치스코계 수도자동아리와 도미니코계 수도자동아리에 이어서 가난하고 청빈했던 크리스트를 실현하려 했던 걸인 수도자동아리는 도미니코계 수도자동아리나 프란치스코계 수도자동아리 이외에도 카르멘계 수도자동아리, 아우구스티누스계 수도자동아리, 베네딕트계 수도자동아리 등이다. 이들 수도자동아리는 과거세대 수도자동아리 금욕수행관습을 완전히 바꾸어 놓았고 목자 사제에게서 자기네 임무를 찾아내야 하며 13세기 수도자로서 안주해서는 안된다고 강조하고 정통론자동아리 교회조직을 완전히 개혁했다.

여성 관습과 새로운 노동의식

인간의 지위는 여명시대 세계에서 변화하기 시작했다. 여명시대 세계의 사회에서는 새로운 인간부류 등장과 함께 지위가 상승한 인간부류도 등장했다. 지금까지 중세세계에서 여성지위를 남성의 활동영역에 포함해 인식했던 나머지 여성을 문화 구성원에서 배제한 상황에서 다루어 왔다. 그러나 남성위주의 중세세계에서도 여성 지위는 인간의 성 구분과 함께 변화했다. 여성은 중세세계의 사회변화와 함께 등급과 서열로서 지위를 지녔다. 여성은 통상 궁정사회 의례관습에서도 중심 위치를 차지했다. 물론 궁정사회 문화는 문학을 통하여 그 여성영역을 넓혀갔다. 문학은 특히 궁정사회 여성 속으로 파고들면서 여성의 사회인식을 바꾸어놓았다. 여성의 사회인식은 아담과 이브의 원죄 인식으로부터 출발했다. 여성은 12세기 아담과 이브의 원죄 인식과 함께 교회조직 영역에서도 전면으로 등장했다. 또한 프랑스의 유랑설교자운동도 여성 주도하에서 출발했다. 유랑 설교자는 인간 모두가 아담과 이브의 원죄를 저질렀다고 주장하고 나섰다. 모든 인간의 원죄인식 주창자는 남성 아담보다 여성인 이브 때문에 인간이 죄를 저지르지 않을 수 없었다고 강조하고 나섰다. 이브가 죄를 저지르지 않았더라면, 성모 마리아숭배관습만으로도 충분하게 구원의 빛은 여성에게까지 다가갔을 것이라고 주장했다. 여성 원죄주창자는 종교와 현실생활에서처럼 여성지위가 구원을 받을 수 있었을 것이라는 내용이었다. 따라서 원죄에 대한 속죄는 이 세상을 구원으로 탈바꿈하게 만들어 둔 성모 마리아에게서 얻어진다고 역설했다.

여성은 남성에 비하여 점차 특권관습과 그 영향력을 확보했다. 여러 걸인 수도자동아리 등장에 이어서 여성으로 구성된 수녀동아리가 창설되었다. 1300년경 여성 숫자는 남성에 비하여 훨씬 많은 편이었다. 수녀동아리 은신처는 도이취어계 제국 지역에서 심오한 신비주의 실천 발원지로 변모했다. 도이취어계 제국 지역의 수녀동아리 은신처는 여성이 기존 보편주의 영역을 이탈하여 개인주의 영역을 구축했던 표지인 것이다. 프랑스와 잉글랜드에서는 수녀동아리 은신처가 귀족이나 고위 관직자 부인의 도피처로 낙인찍혀 있었다. 이들 귀족부인은 실망하여 도피를 목적으로 개종까지 단행했다. 그렇다고 이런 수녀동아리 은신처에서 금욕수행관습을 실천하려는 생활이 중심이 되지는 않았다. 11~12세기 노동의식도 변화했다. 치스터치엔스계 수도자동아리는 분명히 장인의 수공노동을 새롭게 해석했다. 장인의 수공노동은 히르소지방의 수도자동아리 은신처 중에서도 수녀동아리 은신처를 중심으로 새로운 노동가치를 찾아냈다. 장인의 수공노동에 대한 가치회복은 봉건사회에서 품위와 계급보다는 상대 가치를 추구하기 시작했던 출발점이었다. 13세기 이후 유력 귀족가문과 부유한 시민가문 출신의 자녀도 고통스런 노동생활을 선택하고 나섰다. 이런 노동가치 변화 사례는 권력과 권위에 대한 가치 전도를 예고하는 것이었다. 과거세대의 노동가치 관행을 고수하면서 중세세계를 풍미하던 귀족사회 모습은 와해하기 시작했다. 귀족사회의 가치기준은 더 이상 적용될 수 없었다. 귀족사회는 또한 새로운 가치를 수용할 수도 없었다. 따라서 과거세대 엘리트가 타당하다고 여기던 가치는 기득권자의 선택기준을 이탈하면서 기득권 근거까지 무너뜨리고 있었다. 관리, 시민, 농민의 지위는 상승했다. 우아한 구 귀족의 지위와 관리 능력은 우선 실용문제를 제기했다. 다수 시민과 다수 개간 농민의 새로운 노동의식은 권력의 칼과 돈이라는 만능도구에 대하여 회의를 나타내기 시작했다.

과거세대 지배자동아리 구성원은 칼과 돈의 위력이 그 효력을 상실함에 따라서 모두가 공존할 수 있는 새로운 생활이념을 찾아내려고 시도했다. 이것은 곧 지배자사회조직 구성원의 위치에 대한 정당한 근거를 확보하려는 차원이었다. 중세세계 사회에서 외부와 내부의 가치기준은 전도되었다. 지배자는 외부와 내부로 이중화된 사회에서 특권관습을 지키기 위하여 양면의 대책을 강구했다. 그러나 지배자동아리 구성원이 특권관습을 유지하여 강구한 양면대책은 빗나갈 수밖에 없었다. 우선, 고위귀족이나 부자가문 자녀는 권위, 재산, 명예를 지닌 유능한 남편과 혼인하기 시작했다. 이들은 또한 검소, 정결, 근면을 생활신조로 실행했다. 다른 한편, 대다수 남성은 걸인 수도자 길을 걷고 있었다. 물론 이들 걸인 수도자는 교회조직에 대하여도 새로운 가치를 찾아내고 있었다.

신비 신봉자와 제1차 계몽에 대한 반동

유력자와 교회조직은 13~14세기 변화하기 시작했다. 유력자와 교회조직은 신비주의를 추구하면서 과거세대 종교관행을 탈피해갔다. 유력자와 교회조직에서도 언어 개념, 그림, 조각, 색상, 예절, 의례관습 등이 당시 인간의 상상력을 자극하는 방향으로 변화했다. 인간은 또한 자연과 초자연의 경계선을 넘어 설 수 있으리라고 상상하기 시작했다. 인간은 죄를 짓고도 괴로워하지 않았을 뿐만 아니라 신에게 기도를 드리면서 떠받들던 신비대상까지도 불신하기 시작했다. 인간은 자기의 영혼이 신의 은혜를 받게 되기를 기대했다. 인간의 정신은 이렇게 새로운 방향을 모색하기 시작했다. 그렇다고 인간의 감각, 판단 기준, 전문 지식 원리, 다양한 우주 구성 원리 등이 인간의 정신까지도 눈을 뜨게 할 수 없었고 또한 우주 만물의 핵심, 운동력 등을 탐구해 낼 수도 없었다. 인간은 이기심과 사행심을 버리고, 신을 이해하고, 신의 이름으로 사랑을 실천하기 시작했다. 이것은 열성으로 신에게 정신을 집중해야 한다는 것이었다. 신에 대한 정신집중은 영원한 신을 맞이하게 되는 것이자 곧 사랑의 실천을 의미했다.

어떤 시대, 어떤 지역, 어떤 종교든 나름대로의 신비대상을 포함하지 않을 수 없었다. 안셀름과 베르나르는 로스케린과 아벨라르에 대항하여 신비주의에 이르는 길을 방어했다. 로스케린과 아벨라르는 신비 보다는 정신과 영혼의 핵심으로 자리 잡게 될 개인의 판단기준을 내세우고 있었다. 또한 쇼포의 빌헬름은 파리에서 추방당한 아벨라르의 논리학 원리로부터 아우구스티누스계 수도자동아리 본산인 쌩 빅토르 수도자동아리 은신처를 파리 교외에다 창건했다. 쌩 빅토르 수도자동아리 은신처에서 위그와 리히아르드는 현존하는 신을 신비로 체험하게 된다는 종교를 다시 창시했다. 십자군 원정은 한층 더 사회조직의 분위기를 자극했다. 그리고 십자군 원정은 신비주의 열풍을 혁명처럼 몰고 왔다. 특히, 이탈리아는 신비주의 열풍의 발원지가 되어갔다. 십자군 원정대는 팔레스티나에서 심한 충격을 받았고 십자군 참여자의 귀향과 함께 타볼 산에서 보고 느낀 것을 실천하는 사람도 등장했다. 특히, 칼라브리아의 에델만 지오바니(Edelmann Giovanni dei Giochini de Fiori=Joachin von Fiore, +1202)는 칼라브리아에다 청빈자 생활과 기도를 실천하기 위하여 실천수칙을 정하고, 그 실천수칙을 전파하기 위하여 은둔자동아리를 창설했다. 은둔자동아리의 실천수칙은 '영혼 복음서'란 표제로 1254년 이후부터 한권의 주해서와 함께 출판되었다.

그러나 이 저작물을 곧 정통론자동아리 교회조직은 금서로 지정했다. 이 저작물은 아씨시의 프란치스코로부터 단테에 이르는 프랑스와 이탈리아의 자유 신앙가를 비롯한 신비 신봉자에게까지 다대한 영향을 끼쳤다. 요하임은 이 저작물 때문에 금서를 저술했다고 재판에 회부되어 낙원으로 떠나고 말았다.

종교조직에서 참회 망상은 1259년 페루지아로부터 이탈리아 북부 전체 지역으로 광란 물결처럼 확산되었다. 참회 망상은 전체 이탈리아를 열풍의 도가니로 몰아넣었다. 이 광란의 열풍은 이어서 도이취어계 제국과 뵈멘 지역에까지 밀려들어 갔다. 참회 망상은 새로운 신비주의를 추구하려던 신앙심에서 발원했다. 한편으로 신앙심은 자기의 몸을 학대하면서 고행하던 일단의 수도자동아리 출현으로 발전했다. 수도자동아리의 신앙심은 광란에 가깝게 전체 유럽을 위협함은 물론 교회조직에까지 유입되어 범람했다. 플랑드르 지방에서 1184년 랑베르(Lanbert de Bégne)는 수도자의 선서도 없이 여성용 주거지를 창건했다. 바로 이 여성 수도자의 주거지에서 여성은 양모, 수직, 레이스, 직조 등의 분야에서 공동으로 노동하면서, 공동으로 생활했다. 여기서 베기넨계 수도자동아리는 발원했고 이후 남성용 베가르드 교회조직이 등장했다.

이 이단자동아리 계열의 사상은 발덴스계 수도자동아리 발원과정에서처럼 부유한 교회조직은 죄가 되며, 스스로 근면하게 생활해야 한다는 신조를 실천했다. 베기넨계 수도자동아리는 1262년 이후 자유를 신앙 골조로서 추구했다. 베기넨계 수도자동아리는 도이취어계 제국의 아우그스부르크로부터 라인강 연안의 도시로 확산되었다. 국가조직과 교회조직은 이들 이단자동아리 결속운동을 저지하기 위하여 공동으로 대처했다. 도이취어계 제국의 서부지역에서도 신비주의는 시대 흐름처럼 고조되었다. 도이취어계 제국 지역에서는 라인란트지방의 예언자 힐데가르트(1099~1179)가 루페르트 산에서 신비주의를 확산시키고 있었다. 힐데가르트는 대단한 의사 성녀였다. 의사 성녀인 힐데가르트는 교황을 포함한 지배자와도 서신을 교류했다. 힐데가르트는 '남성 근력'이라는 산문시를 라틴어로 쓰기도 했다. 예언자, 독신주의, 금진주의, 시와 학문동아리의 전문 지식 원리 등은 여성인 힐데가르트의 심령 안에서 살아 숨쉬고 있었다. 힐데가르트는 교회조직이 이미 일찍부터 재산가와 결탁하여 부패했다고 비판하는 저작물을 저술했다.

100년 후에 튀링겐의 엘리자베드(1207~1231)는 바이에른의 안데흐서 혈통인 헝가리 공주였다. 엘리자베드는 금욕자 덕목을 갖춘 표준인물로 인식되었다. 엘리자베드는 빈민자를 구원하던 유랑 독신녀의 모범으로 인식되었다. 여명시대 세계가 무르익어 갈 무렵 도이취어계 제국 지역에서도 신비주의는 극도로 고조되었다. 교사 에카르트(1260~1327)는 1326년 신비주의에 기초한 범신론을 완성하여 범신론으로 자기 제자인 타울러와 소이세를 자극했다. 이런 중세세계 분위기에서 기존 종교관행은 와해되었다. 종교개혁 샘물은 중세세계에서 솟아났고 개인주의는 중세세계부터 축적된 신비주의 확산을 보완해 주었다. 그리고 개인주의는 새로운 모습을 드러내기 시작했다. 신비주의자는 개인주의를 추구했다. 중세세계의 개인주의는 교회조직을 혼란의 도가니로 몰아넣으며 교회조직을 위협했다. 그런데도 교회조직은 개인주의를 바탕으로 성장하며 거대한 결속원리의 주체가 되어갔다. 교회조직은 개인주의 때문에 흔히 비판을 받아 개인주의를 수용하지 않을 수 없었다. 이것은 개인주의가 심오한 신앙심을 새롭게 샘솟게 만들었다는 사실에서도 입증되고 있다. 신비주의자의 기발한 상상력은 중세세계를 풍미하게 만들었으나 기존 정신 핵심은 심한 타격을 입었다. 신비주의자의 계시내용은 제1차 계몽에 대하여 반동으로 표면화하여 개인주의를 일깨우며, 기존 질서를 위협했다. 신비주의는 기존 질서 토양에서 발아하여 자유와 함께 세속인세계로 이동했다. 개인주의는 생활체험을 확실하게 주변 사물과 사건에 연루된 개념과 의미 형태로 축적했다. 그런데도 신비주의자의 계시내용은 개인의 실천의식을 자유에 결부시켜 생활체험 토대를 구축해갔다.

교회조직 법률가의 성직자 정치, 교황청의 지배이념

교황 인노첸츠 3세는 종교에 여전히 신비주의 외투를 걸쳐준 채 합리주의를 수용하여 새로운 신학이론을 구성했다. 신학과 종교에서 신비주의 외투는 교회조직 법률가 손에서 벗어나 있었다. 교회조직 법률가는 성직자로서 교회조직 정치에 관여했다. 교회조직 정치가의 표본 인물은 바로 교황 인노첸츠 3세(1198~1216)였다. 인노첸츠 3세는 영지 프랑스 백작 로타르(+1161)의 아들이었다. 인노첸츠 3세는 파리에서 철학과 신학을, 그리고 볼로냐에서 로마시대 시민법과 교회조직 법률을 수학하여 수준 높은 교양을 갖췄다. 사실상 인노첸츠 3세는 이 전문 지식 원리분야에서 가히 당대가 낳은 대가 경지에 이른 인물이었다. 인노첸츠 3세는 외교와 신학의 구상능력 때문에 급격하게 부상하여 이미 1198년에 교황위에 오를 수 있었다. 황제 하인리히 6세(1190-1197)가 갑자기 사망한 이후 이탈리아 통치권은 물론 교회조직 통치자에게로 넘어간 상황이었다. 갑작스런 황제 사망은 이 교회조직 정치가에게 운명의 불꽃이 되어 교회조직 정치가를 당대 최고 인재인 것처럼 보이게 만들었다. 인노첸츠 3세는 교회조직과 윤리를 엄격하게 옹호했다. 인노첸츠 3세는 4종류의 신학 저작물을 남겼는데 '자기 직무에 관한 포고령'(Dekreteu)에서 신비주의를 벗기는 데 명쾌한 개념과 정확한 어휘를 활용하여 탁월한 논리를 구사했다.

인노첸츠 3세는 칼을 들고, 신비주의 광란을 잠재우는 한편 교회조직의 영주 위치에서 크리스트교 세계를 보호했다. 인노첸츠 3세는 크리스트 후계자 위치에 서 있던 세계 영주로서 처신했고 특히 크리스트가 자기를 보냈다고 믿었다. 인노첸츠 3세는 또한 세속인세계 지배자가 자기 위치와 동등하다는 것을 인정하지 않았다. 그렇다고 인노첸츠 3세는 현세와 세속인세계의 사건에서 최고 권위를 요구하지도 않았고 성직자 권위와 세속인 권위가 상충되는 경우 세속인 권위보다 성직자 권위를 우월하게 만들었다. 즉, 하나의 세속인 국가에서 교황이 국왕위치를 차지한 국가에서 법률, 도덕, 신앙 등의 문제가 발생하는 경우 교황이 사건 심판자가 되어야 한다는 것이었다. 그러나 1054년 그리스어계 정통론자동아리 교회조직과 라틴어계 정통론자동아리 교회조직은 영원히 분리되었다. 그리스어계 정통론자동아리 교회조직과 라틴어계 정통론자동아리 교회조직의 분리 이후 두 교회조직의 예복조차 라틴어계 지역인의 십자군 원정과 1204년 콘스탄티노플 정복으로 남긴 적대감 때문에 다시 서로 다른 예복을 갖추게 되었다. 본래는 그리스어계 정통론자동아리 교회조직이 라틴어계 로마 주교 관할권에 귀속되어 있었으나 그리스어계 정통론자동아리 교회조직과 라틴어계 정통론자동아리 교회조직의 분리 이후 세르비아와 멀리 떨어진 아르메니아가 그리스어계 정통론자동아리 교회조직에 합류하지 못하여 라틴어계 정통론자동아리 교회조직에 굴복하여 그대로 남아 있었다. 교황 인노첸츠 3세는 세르비아와 아르메니아의 교회조직의 고위 성직자 임명권을 철저하게 행사하여 주교를 교황청 꼭두각시로 만들었다. 유럽세계에서는 성직자 통치권과 교황 중재자 역할을 받아들였다. 그런데도 교황 인노첸츠 3세는 자기 권위를 가지고서 이탈리아에서 일어났던 여러 도시국가 사이의 전쟁을 방지하지도 못하고 노르웨이 왕 스베레(1184~1202)를 파문했다. 교황 인노첸츠 3세는 교권정치에 대한 반항자를 용납하지 않았다. 프랑스 왕 필립 2세 오귀스트(1180~1223)는 잉글랜드와 평화협약을 체결하라는 교황 인노첸츠 3세의 권고를 받아들이지 않고 반항했으나 포르투칼, 아라곤, 헝가리, 불가리아 등의 왕은 교황의 봉건제후로서의 권한을 인정하고 매년 공납물을 교황청에 바쳤다.

잉글랜드 왕은 '영지 없는' 존 왕이었다. 교황은 잉글랜드 왕에 대하여 성직을 정지시키고 외교관계를 단절하고 왕실봉토를 교황청 영지로서 차지했다. 잉글랜드 왕 존은 교황이 임명한 랑턴(Langton)이 캔터베리 대주교가 되어서는 안된다고 하여 교황청과 대립했다. 교황 인노첸츠 3세는 배후에서 도이취어계 제국에 대하여도 영향력을 행사하여 교황파인 브라운쉬바이크의 영주 오토 4세와 스타우퍼 가문의 필립(1177~1208) 사이를 갈라놓았고 다시 오토와 스타우퍼 가문의 프리드리히 2세 사이를 갈라놓았다. 즉, 교황 인노첸츠 3세는 이들 모두와 교황파 오토 사이를 갈라서 분열시켰던 것이다. 인노첸츠 3세는 왕국 행정을 넘겨받아 세속 통치자의 포위망을 뚫고, 교회조직 중심의 국가를 세웠다(1210년). 교황 인노첸츠 3세는 자기 스스로가 베드로임을 자임하고 스스로를 황제 콘스탄티누스 후계자라고 자처했다. 세속세계에 대한 교황 인노첸츠 3세의 지배이념은 로마 교회조직에 대한 황제의 보호 권한이 프랑크종족왕에게 넘어갔다는 점을 고려하여, 즉 카롤루스 막뉴스가 교황청의 대관식과 도유식을 거쳐 황제위에 올랐다는 점을 고려하여 교황이 카롤루스 막뉴스에게 황제위를 주었으므로 이번에는 교황 스스로가 황제위를 되돌려 받을 수 있다는 논리를 주장했다. 교황 인노첸츠 3세는 법률가, 신학자, 조직가, 개혁가, 법률 제정자, 영주 위치에 군림하면서 교회조직과 세속인 세계를 지배했다. 그런데도 교황 인노첸츠 3세는 교직자의 사회조직 수준과 종교수준을 높히고, 교회조직 내부의 생활에 법률을 정착시켰다. 또한 교황 인노첸츠 3세는 로마 법황청을 십자군단, 행정가, 심판자 등과 같은 능력 있는 두뇌집단으로 대체했다. 교황은 당대 통치권을 구성했던 핵심인물로서 교황청 기구를 개편했다. 이 교황청 기구는 물론 유럽세계의 외교 기교와 방법을 발전시키는 데 기여했다. 교황청 기구는 또한 근대개념의 유럽세계 외교를 바로 교황 인노첸츠 3세의 법황청으로부터 출발도록 만들었다.

교황 인노첸츠 3세는 제4차 라테란 종교 회의(1215)를 개최하였다. 라테란 종교회의에서 인노첸츠 3세는 법률 제정권자, 법률가로서 세계 지배자란 칭호를 부여받았다. 교황 인노첸츠 3세는 실력자와 전문 지식인을 교황청 기구에다 참여토록 했다. 교황은 크리스트교 세계 구성원이 악랄하기 그지없는 아르비겐스계 이단자 동아리를 쳐부수기 위하여 십자군에 참여해야 한다고 호소했다. 교황 인노첸츠 3세는 1216년에 사망했으나 성인으로 봉정되지 않았다. 그럼에도 교황 인노첸츠 3세는 탁월한 당대 정치가였다. 교황은 세속인과 성직자 권력의 정상에서 세속 교회조직을 지배하고 교회조직의 세속국가란 꿈을 거의 실현했다. 그러나 교황 인노첸츠 3세의 후계 교황은 인노첸츠 3세의 정치가다운 면모를 따를 수 없었다. 그레고르 9세(1227~1241)는 광신자였으나 외고집 때문에 황제권과 교황청 사이에 이단자 논쟁과 전쟁의 씨앗을 뿌리고 있었다. 또한 그는 이단자를 사문하기 위하여 종교 재판소까지 설치했다. 종교재판은 결국 교황 그레고르 9세 때문에 황제 프리드리히 2세를 파문하기에 이르렀다. 그레고르 9세와 황제권의 싸움은 결국 인노첸츠 4세(1243~1254)와 클레멘스 4세를 교황위에서 물러나게 했다. 교황청과 황제권은 이런 사문과정을 거쳤다. 스타우퍼 가문의 황제가 지배하던 도이취어계 제국은 쇠퇴하여 몰락의 길로 치닫고 있었다. 교황 그레고르 10세(1271~1276)는 그리스인 앙주 백작 샤를을 부추키며 자기 공명심에 찬 계획으로 콘스탄티노플을 다시 정복하도록 샤를를 선동했다. 그래서 앙주 백작 샤를은 비잔티움지역을 다시 탈환하려고 시도했다. 그런데도 다시 복직한 그리스인 황제 미카엘 팔레오로고스는 로마 교회조직이 지배하던 그리스어계 정통론자동아리 교회조직을 다시 장악했다.

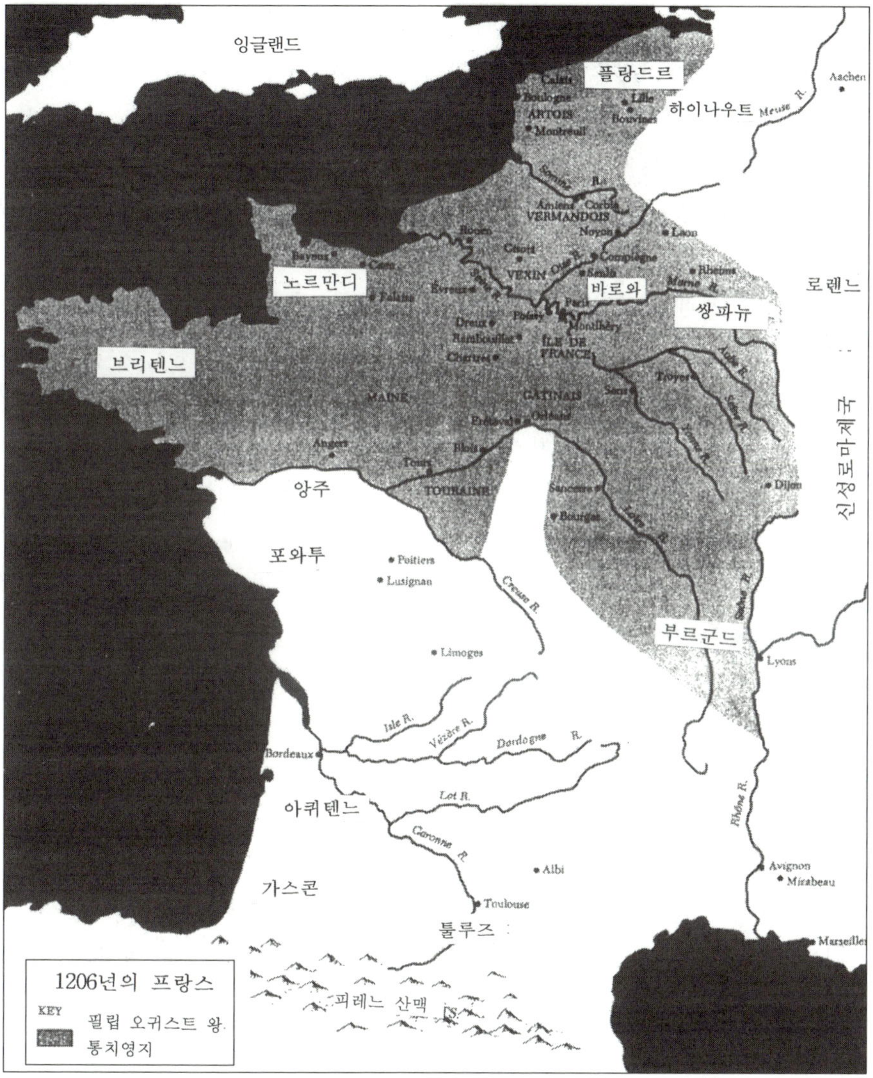

프랑스와 남부 이탈리아에 등장한 새로운 군주 유형

인노첸츠 3세는 교회조직 정치가였다. 교황은 주요한 당대 지배자 모습을 이미 예시했다. 당대 여러 지배자는 교황 인노첸츠 3세로부터 권력을 행사하는 통치술을 터득했다. 여러 당대 국왕은 권위를 지녔으나 도량이 큰 통치자가 아니었다.

여러 당대 국왕은 아주 특정한 방면에서 최고 세속인으로서 여명시대 세계의 특성과 정신을 갖추었다. 프랑스 왕국은 다행하게도 1180년과 1314년경 필립 2세 오귀스트(1180~1223)와 루이 9세 성자왕(1226~1270), 그리고 필립 4세 미려왕(1285~1314)와 같은 능력 있는 3명의 유능한 지배자를 배출하여 유럽세계에서 최고 통치체제를 구축했다. 필립 2세 재임시대에 프랑스 왕의 통치권은 조직력을 정비하여 내부 결속력을 강화했으나 여러 가지 어려운 내부문제에 봉착했다. 프랑스 왕의 통치영지는 노르만디, 브레타뉴, 앙주, 투렌느, 아퀴텐느를 비롯하여 잉글랜드에까지 뻗어나가고 있었고, 부르군드지역 대부분과 도이취어계 제국의 영역인 부유한 플랑드르(자치 백작령)의 백작영지를 포함했다. 특히, 프랑스 왕의 통치영역에는 리옹, 사보엔, 샹베리 등의 백작영지를 비롯하여 포도주와 과일, 기름과 시인 등이 풍성한 고장이라고 알려진 프로방스지방의 백작 영지, 즉 아를르, 아비뇽, 엑스, 마르세이유 등의 백작영지가 프랑스 왕의 통치영역으로 편입 되었다. 도피네 지방은 비엥을 중심으로 부르군드지역의 일부였다. 그러나 도피네지방은 도이취어계 제국 영역이었다. 프랑스는 자체로 공작영지, 백작영지, 영주의 공작영지 등으로 분할되었다. 1180년경까지 파리는 빈약한 통치자가 거처하던 수도로 자리 잡았으나 9세기 이후부터 파리를 흔히들 프란치아라고 지칭했으나 수리시설까지도 빈약했다.

필립 2세 오귀스트는 프랑스 왕의 통치권에다 질서를 부여했다. 필립 2세 오귀스트는 프랑스를 정치와 학문, 그리고 정신과 도덕의 영역에서 유럽세계 중심지로 만들었다. 국왕 루이 뚱뚱보 왕(1108~1137)은 왕국 전체에 안정을 회복했다. 루이 뚱뚱보 왕의 친구인 쌩 대니 수도자동아리 좌장 쒸저는 서양인 중에서도 최초로 아름다운 고딕문체의 최고 명필가로서 명성을 떨쳤다. 쒸저의 저작활동과 관료활동은 리셸리외(Richelieu)란 인물의 천거로 출발했다. 루이 7세(1137~1180)의 왕비는 엘레옹노와 가문 상속녀는 국왕 루이 7세와 이혼하고, 잉글랜드 왕이자 공작인 헨리 2세와 재혼했다. 루이 7세의 아들인 필립 2세 오귀스트는 냉철한 판단력을 발휘하며 프랑스 체제를 정비하기 시작했다. 필립 2세 오귀스트는 교육과 학문동아리 활동을 장려했다. 프랑스 발전은 잉글랜드와 스타우퍼 가문 지배하의 도이취어계 제국에 대하여는 강력한 위협물로 인식되었다. 필립 2세 오귀스트는 안목과 술수, 용기와 예리한 판단력, 열정과 절제심 등을 고루 갖춘 데다 대단한 신앙심과 불굴의 추진력까지 갖추어 교회조직 요구를 물리치면서 관용과 집요한 끈기로써 내외의 어려움을 극복해갔다. 필립 2세 오귀스트는 1204년까지 잉글랜드의 노르만디를 정복한 다음 브레타뉴, 앙주, 메느, 투레느, 프와투 등의 영지를 차지했다. 필립 2세 오귀스트는 영지를 확장하여 프랑스에다 중앙 집권체제를 추진할 수 있는 왕국 프랑스의 통치기반을 이룩했고 이와 반대로 영지 없는 잉글랜드 존 왕은 여러 영지를 빼앗겼다. 또한 필립 2세 오귀스트는 바라운쉬바이크의 오토 4세와 부르고뉴를 비롯한 플랑드르지방의 백작 영지를 리르 근처의 부멩네 전투에 승리하여 합병했다. 필립 2세 오귀스트의 리르 전투 승리로 오토 4세는 왕위를 유지하지 못하고 플랑드르 백작과 함께 프랑스 왕에게 복속되고 말았다. 필립 2세 오귀스트는 프랑스의 동북부 지역의 도시인 두외, 리르, 쌩 퀴벵뗑 등을 차지했다. 영지 없는 잉글랜드 존 왕은 프랑스에 산재한 잉글랜드 소유 영지를 내 주었다는 이유로 귀족동아리의 압력으로 중요한 권한을 귀족동아리에게 넘겨줘야 했다. 즉, 존 왕은 '귀족동아리의 자유에 대한 불변의 계약문서'(Magna Carta Liberatum)에 서명하지 않을 수 없었다. 프랑스 왕 필립 2세 오귀스트는 도이취어계 제국과 잉글랜드에 대항하는 과정에서 시민과 도시 공동체 구성원의 후원을 받아 봉건귀족을 물리쳤고 성직자를 왕국 관직에서 추방한 다음 변호사 신분의 세속인을 행정과 관료직에 임명했다. 필립 2세 오귀스트는 도시와 상인동아리 조합조직에 특권을 부여하고 그 조합조직을 후원했다.

또한 필립 2세 오귀스트는 유대인의 재산을 몰수하는 칙령을 발포하는 한편 봉건지대를 현물지대에서 현금지대로 변경하여, 열악한 국가재정을 보완했다. 그렇게도 유명한 노틀담 수도자동아리 은신처의 곱추도 필립 2세 오귀스트 재임시대에 등장했다. 또한 필립 2세 오귀스트는 세느 강변의 포도밭을 감시하기 위하여 루브르 사원도 건축했다. 필립 2세 오귀스트 계승자는 그의 손자인 루이 9세 성자왕(1226~1276)이었다. 루이 9세 성자왕의 어머니는 카스틸리아의 브랑쉬였다. 루이 9세 성자왕의 어머니는 잉글랜드 헨리 2세와 아퀴텐느의 엘레오느와르 가문에서 자란 손녀였다. 루이 9세 성자왕의 어머니 브랑쉬는 섭정을 담당했다. 왕비는 미모와 정력을 갖추고 세상물정에 밝은 부인으로서 프랑스 남부지역에서도 국왕권력을 확고하게 강화했다. 브랑쉬 왕비는 아르비겐스게 이단자동아리와 전쟁에 참전하여, 교회조직을 보호할 정도로 활동범위가 넓었던 인물로서 외교술과 관용으로 잉글랜드 남작을 끝까지 따라가서 마침내 잉글랜드와 관계를 개선하고 휴전으로 결말을 찾아내기도 했던 인물이었다. 루이 9세 재임시대에 프랑스 왕국에는 평화가 찾아와 개화시대를 맞이했다. 루이 9세는 담백한 기질을 지닌 미남 기사출신으로서 사냥과 운동을 좋아하는 성품을 지녔다. 루이 9세 성자왕은 국왕 위엄을 손색없이 지키면서 국가 통일과 안정을 추구하고 가난한 사람과 약한 사람을 보호하여 사회 결속을 다져 나갔다. 루이 9세 성자왕은 고소권, 개인 간의 고발, 즉 귀족에 대해서도 법률상의 강제집행권을 제정하여 약한 자와 가난한 자를 보호하는 데 통치권의 역점을 두었다.

루이 9세 성자왕은 자기 가신을 법률에 따라서 통제하여 봉토 재판관까지도 법률에 따라서 국왕 재판관에게 굴복토록 통제했다. 결투는 법률에 따라서 증인에게 굴복하고 중앙의 국왕 재판관에 대하여도 모든 봉토 재판관에게 항소권을 인정했다. 루이 9세 성자왕 시대를 거치면서 프랑스왕국에서는 봉건법이 국가 기본법으로 발전했다. 프랑스 안정, 복지, 번영은 정밀한 고딕양식, 특히 샤트르 성당양식에서도 휘황찬란하게 나타났다. 루이 9세 성자왕의 정치는 무력에 근거를 둔 방어형태를 취했음에도 루이 9세 성자왕의 최고 정치목표인 왕국안정을 효율적으로 추구했다. 왕국구성원 모두는 루이 9세 성자왕의 재판권을 공포 대상으로 여겼다. 루이 9세는 종교에 대하여 너그럽지 못한 입장을 견지했다. 루이 9세 성자왕은 프랑스에서 종교재판을 후원하고 아르비겐계 이단자동아리의 십자군을 강력하게 반대했다. 루이 9세 성자왕은 편견에 치우친 나머지, 경솔하고 무지하게 모슬렘을 상대로 협상하며 모슬렘에 대항했다. 그러나 루이 9세 성자왕의 십자군은 무의미하게 끝나고 말았다. 투니스와 이집트에서 루이 9세 성자왕의 원정 십자군은 이렇다 할 성과를 거두지 못했다. 루이 9세 성자왕은 국고를 자유 신앙주의자와 유대인의 압류자금으로 채우고 병원, 신전, 수도자동아리 은신처, 순례자 숙박소, 맹인 숙소, 창녀 재활원 등을 설치했다. 루이 9세는 쌩 퐁쥬의 습지대를 1242년 원정한 이후 말라리아와 빈혈증을 앓았고, 금식으로 인하여 자기 건강은 급격하게 악화되어 갔다. 프랑스의 루이 9세 성자왕은 걸인 수도자동아리와 친구관계를 유지하고 스스로 소수동아리가 되고자 노력했다. 루이 9세는 특이할 정도로 금욕수행관습을 실천했기 때문에 기적과 미신 신봉자에게도 영향을 미쳤다. 루이 9세는 콘스탄티노플의 발드윈 2세에게 금을 팔았고, 그 대금은 취약한 왕권을 위하여 사용했는데, 대략 금액을 미국 달러로 환산하면 750만 달러에 달했다. 크리스트가 고행시에 쓰고 있었다는 고난 상징물인 가시 면류관을 루이 9세 성자왕은 숭배했다. 성유물숭배는 루이 9세 성자왕 시대에 이르러 중세세계 후기 신앙심을 나타내는 특수한 표지물로 자리 잡았다. 루이 9세는 교직자 손아귀에 얹혀있는 꼭두각시가 아니었다. 루이 9세는 당대 모든 국왕의 표지로 인식되었다. 루이 9세 성자왕은 시민과 세속인, 그리고 성직자에 이르기까지 모든 신분구성원을 위하여 평등한 권리를 실천했다. 루이 9세 성자왕은 프랑스에서 교황권위를 성문법 원리에 가깝게 국왕칙령으로 축소하고 교회조직의 성직자 임명과 징세권을 국왕권한에 귀속시켜 군주 권위와 위풍을 당당하게 지켜나갔다.

루이 9세 성자왕은 맨발로 참회복을 입고, 1248년 제1차 십자군을 이끌고 출정했다. 루이 9세는 이집트에서 포로신세가 되어 어머니 브랑쉬와 헤어지게 되었다. 어머니 브랑쉬는 국왕을 대신하여 황실에서 왕국정치를 관리했다. 루이 9세는 1252년 귀환 도중 자기의 위대한 어머니가 사망했다는 소식에 접하고 비통한 심정을 가눌 수 없었다. 루이 9세는 1270년 투니스로 가던 도중 질병에 걸려, 심한 고통을 겪었다. 루이 9세는 일단의 군대와 함께 도이취인의 통치체제를 붕괴시키고, 당시 자기가 투니스로 들어갈 수 있는 발판을 시칠리아에다 마련하기 위하여 자기의 동생 앙주의 샤를을 이탈리아로 이미 파견해 두고 있었다.

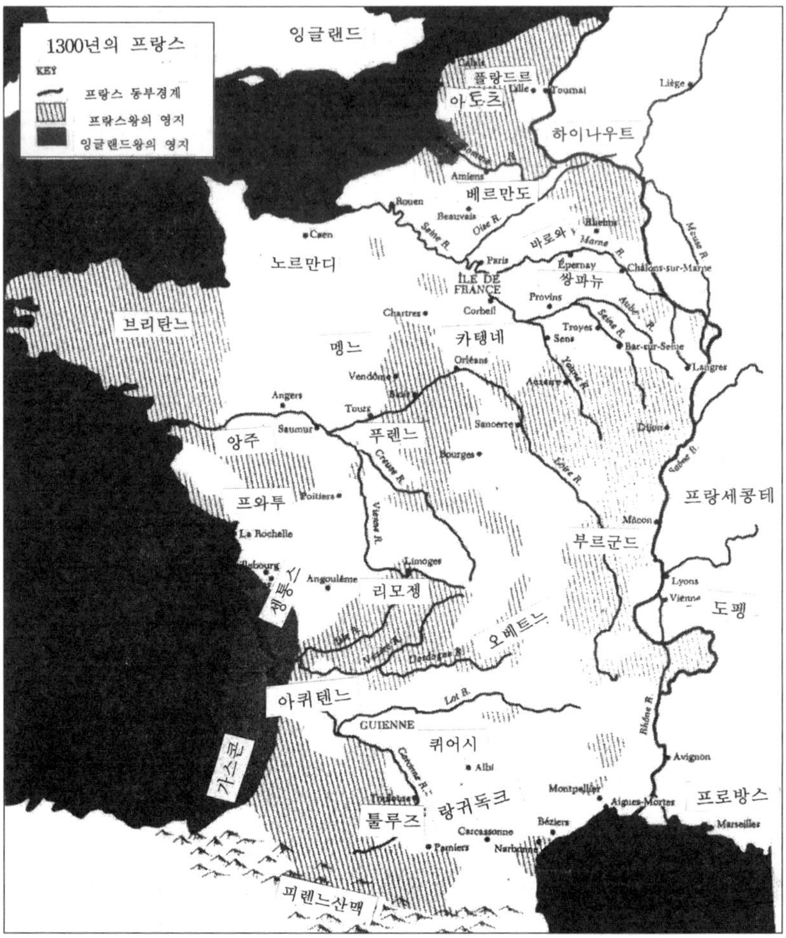

프랑스는 교회조직을 통치영역으로 끌어 들이려는 종교법을 발포했다. 프랑스는 왕의 이런 통치역량에 힘입어 황금시대를 맞이했다. 꿋꿋한 기품으로 무장한 항구도시 에겡크르트(Aiquemcrtes)는 그의 정신에서부터 그가 건설한 프로방스 지방의 카마르크(Camarque)에 남아 있다고 예고했다. 필립 4세 미려왕은 아주 약삭빠른 정치가로서 무모할 정도의 모험을 서슴치 않았다. 필립 4세 미려왕은 루이 9세 성자왕처럼 참을성을 지녔던 인물이 아니었다. 국내정치의 제1목표는 귀족, 시민, 교직자, 예속민에 대하여 국왕 통치권을 강화하려는 것이 전부였다. 프랑스 복지는 농업경작에서 이루어진 것이 아니라 상업과 가공업으로부터 얻었다. 프랑스의 이런 복지는 통치영역을 외부로 확장하여 대서양, 피레느 산맥, 지중해, 알프스 산맥, 라인강에 이르기까지 영지를 확장하는 데서 얻었다. 필립 4세 미려자 왕은 자기의 종사나 관료직에 법률가를 참여시켰다. 이 법률가동아리는 로마인 법률에 함축된 왕국과 국가의 통치원리를 국왕에게 가르쳤고 필립 4세 미려자 왕은 법률제도를 개혁할 때 2명의 전략가였던 포르트(Pirre Flott)와 빌헬름(Wilhelm von Nogret, 1260/70~1313)으로부터 자문을 받았다. 이들 두 자문관은 봉건법을 국왕법률로 대체하도록 필립 4세 미려왕을 보조했다. 필립 미려왕은 교황청 영향력을 차단하기 위하여 교황을 아냐니에다 감금하기까지 시도한 바 있다. 필립 4세 미려왕의 상대 교황은 보니파츠 8세로서 성직자 정치참여가 불가능한 상황에서 교황으로 선출되었다. 성직자 정치참여는 관행으로 인식되었던 터라 교황 보니파츠 8세 위치는 중요한 의미를 내포했다.

필립 4세는 혼인과 매직으로 브리와 나바라, 샤트르가 자리 잡고 있는 쌍파뉴 영지와 콩테가 있는 프랑스 영지를 차지했고 리옹지방과 로트링겐 일부 지역을 획득했다. 당대의 모든 지배자가 그랬듯이, 필립 4세도 재정난을 겪고 있었다. 따라서 필립 4세 미려왕 역시 모든 수단과 방법을 동원하여 조세를 짜내기 위한 조처를 찾아내고 있었다. 그래서 필립 4세 미려왕은 화폐를 강제로 회수하거나, 징세를 현금으로 수납하도록 강요하고 이탈리아의 금전 상인이요, 은행업자인 유대인과 롬바르드인을 추방했고 국가 재정난을 해결하기 위하여 '신전 기사단'까지도 해체했다. 필립 4세 미려왕은 프랑스로부터 귀금속 유출을 금지하고 수입, 수출, 대외매매에 대하여 무거운 조세를 부가했다. 필립 4세 미려왕은 모든 단위의 개인자산에 대해서도 한 쏘우(Sou)라는 전쟁세를 부과하고 프랑스인 기본재산의 25%를 부동산으로 규정한 교회조직 자산에 대해서도 세금을 부과하기에 이르렀다. 당대는 문자 그대로 금전만능 시대였다. 세속인과 성직자의 통치조직, 아비뇽의 교황

유폐사건, 고갈상태에 직면한 국가재정 등 어느 것 하나 금전과 관련되지 않은 것이 없었다. 금전은 필립 4세 미려왕의 대리인이나 다름없었고 프랑스인 교황 클레멘스 5세(1305~1314)를 교황으로 선출되게 만드는 데 지대한 도움이 될 수밖에 없었다. 클레멘스 5세의 교황 선출로 배금주의자는 교황청을 로마에서 아비뇽으로 옮기는데(1309) 일단 성공했다. 물론 아비뇽에는 오늘날까지도 당시 교황청 건물을 보존하고 있다. 교황청은 황제 권위에 대하여 보편성을 인정하지 않았다. 바로 황제 권위를 당시까지 교황청이 인정하지 않았기 때문에 교황은 국가 왕권의 시녀로 전락했다. 또한 국가 왕권은 교황에게 국왕 권위를 인정해 달라고 요구했다. 그런데도 신전 기사단 지도자가 1년 후에 장작더미 위에서 화형을 당했고 국왕과 교황 역시 사망하고 말았다. 프랑스인은 필립 4세 미려왕의 용기와 결단에 찬사를 아끼지 않았다. 필립 4세 미려왕은 배금주의자를 대수롭게 여기지 않았다. 필립 미려왕의 화폐정책과 재정정책은 왕국 경제사정을 더욱 악화시켜 국가구성원의 생활 역시 더욱 도탄에 빠졌고, 산업도 더 이상 성장할 수 없었다.

상업과 교역을 주름잡던 유대인과 롬바르디아인 중개상도 사라져갔다. 대다수 사회구성원의 생활은 악화되어, 프랑스에서는 상업과 교역도 활기를 잃어갔다. 프랑스 국가구성원은 법률가와 전략가 동아리의 술책을 이겨내기 위하여 돈까지 지불하면서 동업자 조합을 만들고 있었다. 1328년 예기치도 않던 가문, 즉 바로와 가문의 필립 6세가 프랑스 왕위를 차지했다. 카페 왕가는 필립 4세 미려왕이 사망함으로써 종지부를 찍게 되었다.

1314년 당시 프랑스 전체의 인구는 대략 2,500만 정도였다. 파리에는 20만명의 인구가 거주했다. 프로렌치아에서 프랑스로 이주해 왔던 사람들 중에는 브루네토 라티니도 끼여 있었다고 한다. 또한 루이 9세 시대에 이르자 도시에서 경제는 개화되기 시작했다. 상인과 수공업자는 루이 9세 시대에 이르러 많은 자산을 소유했다. 뿐만 아니라, 상인과 수공업자의 세력도 상당한 수준에 이르고 있었다. 그래서 이들 상인과 수공업자들은 필립 4세 미려왕의 지시에 따라서 신분 대표자로 지명되었다. 이들 상인과 수공업자들은 교황 보니파츠 8세와 필립 4세 미려왕의 갈등 과정에서 필립 4세를 재정이나, 인간관계를 통하여 후원했다. 귀족, 성직자, 국민대표(commune)란 세 신분대표자회의는 법률가로 구성된 국왕의 국가자문단 아래에 귀속되었다. 루이 9세는 대개 법률가와 성직자로 구성된 94명의 자문단, 즉 파리시 의회(Parlément de Paris)를 구성했다. 루이 9세는 이들 자문단을 최고의 법률심판단으로 임명하였다. 필립 4세 미려왕 시대의 정치 약정서에는 왕국구성원의 감정이 고조되어, 사회 분위기가 들떠 있었다고 기술하고 있다. 또한 이런 분위기에 편승하여 기존 가치기준은 무너지고, 새로운 가치기준은 기존 질서의 위협물로 등장했다. 프랑스 교회조직은 로마 교황청과는 아무런 관계도 없는 프랑스 국가 교회조직으로 변모했기 때문에 세속 권력인 로마 교황청의 예속으로부터 탈피하지 않을 수 없었다. 프랑스 교회조직은 최고 권력이 국가에 있다는 것을 인식하여 국가 교회조직이 교황청에 대한 재정을 더 이상 부담해서는 안된다고 피에르 뒤보와(1255~1312)는 주장했다.

피에르 뒤보와는 프랑스 왕이 하나로 통일된 유럽세계 정상에 앉아서 국가 간의 심판자로서 각 종족 간의 분쟁을 조정해야 하며 크리스트교세계에서 일어나는 모든 전쟁세력에게 경제제재를 가해야 한다고 주장했다. 피에르 뒤보와는 로마에서 자기가 동양을 연구했다고 생각했고 여성들에게도 동등한 교육기회가 남성에게처럼 부여되기를 요망했다. 세 지배자 통치시대를 거치면서 프로방스 지방에서는 트루바두르(Troubadours)와 북부지방에서는 트루베르(Trouvère)라고 불리던 음유시인들이 詩를 읊고 있었다. 당시 왕국구성원 사이에는 '로랑 노래'(Chanson de Roland)와 '암송 시인의 노래'(Chanson de Geste)를 비롯하여, 오카신(Aucassin)과 니콜레트(Nicollette)가 저술한 역사서와 '장미 이름'(Roman de Rose) 등이 읽히고 있었다. 당대 저명한 프랑스 역사 서술자는 비르샤르댕(Villcharduin)과 즈엥비르(Joinville)였다. 당시 프랑스에서도 카롤루스 막뉴스의 관행은 다시 활용되었다. 또한 카롤루스 막뉴스 시대의 관행은 다시 국왕의 실천의식과 관련되기 시작했다. 이와 더불어 프랑스 파리를 비롯한 오를레앙, 앙그르, 툴루즈, 몽펠리에 등에서는 학문동아리 연합체가 설립되었다. 로세렝과 아벨라르의 저작물에 대한 평가도 이제 발전하기 시작했다. 스콜라철학동아리의 전문 존재 원리는 절정기를 맞이했다. 바로 이 시대를 흔히 제1차 유럽세계 계몽시대라고 지칭하는 이유도 여기에 있다. 고딕양식은 돔과 성전의 중심양식으로 정착하여 쌩 뎅이, 샤트르, 파리의 노텔담, 아미엥, 렝 등의 지역에서 만개했다. 점차 조형예술 모습을 띄기 시작했다.

프랑스 전역에서는 고딕양식 부활이 왕국구성원 긍지를 발아시켰다. 로랑의 노래도 국민의 긍지처럼 달콤한 프랑스인의 인정을 담아 유행가 곡조처럼 대중 속으로 파고들었다. 프랑스는 세 통치자 시대를 거치면서 서부 유럽세계의 문화 중심지로 자리잡았다. 이탈리아에는 13세기를 지나면서 처음으로 새로운 복고풍 기운이 감돌고 있었다.

세 프랑스 왕을 개인과 관련하여 분석하면, 이 세 프랑스 왕은 개인의 속성을 지닌 지배자가 아니었다. 그렇다고 두 겹, 세 겹의 정신을 발산시키던 지배자도 아니었다. 세 왕은 여명시대 유럽세계에서 등장했던 지배자 중에서 존재모습과 실천능력 면에서 표준형에 가까운 지배자였다. 필립 4세 미려왕은 가장 강력하게 세상을 변화시켰다. 필립 4세의 재임시대를 거치면서, 냉철한 국가이성의 희미한 그림자와 금전 만능시대 냄새는 여명시대 유럽세계로 깔려오고 있었다. 특히 시칠리아의 프리드리히 2세(1212~1250)는 여명시대의 확산단계에서 무엇보다도 다양한 모습, 즉 세속인 모습을 지녔던 지배자였다. 황제 프리드리히 2세의 석관은 시칠리아 중심 도시인 팔레르모의 돔 안에 자기 선친의 석관과 나란히 안장되어 있다. 황제의 석관은 유럽인 의식이 확장되던 시대에 이들 혈족이 담당했던 역할에 대한 기념물이 되고 있다. 42세의 어머니 콘스탄츠(Konstanz von Napoli, †1302)는 분명히 나폴리 광장에서 만인이 보는 앞에서 자기의 독신 아들을 낳았다고 한다. 이것은 자기 가문의 혈통에 대한 형평을 두고, 제국구성원 사이에서 제기될 수 있는 의구심을 제거하기 위해서였다.

프리드리히 2세는 이미 3살 때부터 절반은 도이취인으로, 절반은 노르만인으로 성장했다. 프리드리히 2세는 1197년 팔레르모에서 시칠리아 왕위에 올랐다. 프리드리히 2세는 소위 중세 세계란 시대에는 매혹을 풍겼던 지배자 모습으로 변모했다. 프리드리히 2세는 다양한 자기 재질뿐만 아니라, 무정한 자기 운명 때문에 중세세계에 어울리는 지배자 모습으로서 의미를 더하고 있다. 프리드리히 2세는 소년시절을 교회조직 정치가인 교황 인노첸츠 3세 그늘에서 보낸 다음 자기 후견인과 시칠리아의 최고 봉건영주요, 통치권자의 그늘에서 자랐다.

프리드리히 2세는 체계 있게 교육을 받지 못했으나 팔레르모 주변환경과 문화토양에서 유년시절부터 아랍어와 그리스어를 익혔고 전설로 구전되던 '유태인 율법의 해설집'에서 여러 가지 전문 지식을 터득했다. 프리드리히 2세는 다른 종족 언어를 비롯하여 관습과 관행, 종교 등에 대하여 너그러운 태도를 견지했다. 프리드리히 2세는 성년이 되자, 장발의 곱슬머리를 길게 늘어뜨리고, 기마단 친구와 사냥친구까지 자기 마음대로 거느리고 다녔고 15세가 되자, 스페인의 아라곤 출신 콘스탄츠와 결혼했다. 또한 프리드리히 2세의 왕비 콘스탄츠는 자기 아버지의 황제위 상속녀가 되었다. 교황 인노첸츠 3세는 이탈리아에서 위험한 권력 상대자를 제압하기 위하여 온갖 수단을 동원했다. 인노첸츠 3세는 1212년 프리드리히 2세가 즉위했음에도, 시칠리아 봉토에서 조세를 거두어들였다. 교황은 자기에게 조세를 바치면 황제 국가도 넘어다보지 못할 것이라고 주장하다가 시칠리아 왕국을 분할했다. 시칠리아 왕국은 시칠리아 섬과 이탈리아 남부로 구성되었다. 시칠리아 섬과 이탈리아 남부로 분리된 프리드리히 2세의 시칠리아 왕국은 여전히 도이취어계 제국 황제 통치영지였다. 시칠리아 왕국은 도이취어계 제국 황제 관저를 가지고서도 교황통치를 받았다. 프리드리히 2세는 두 부분으로 구성된 시칠리아 왕국의 통치권을 교황에게 요구했다. 교황은 프리드리히 2세에게 시칠리아 왕국에 대한 통치권을 양보하는 대가로 황제가 직접 십자군에 참여할 것과, 십자군 원정의 경비를 요구하고 나섰다. 황제가 인노첸츠 3세의 2가지 조건을 들어주면, 성직자 임명권까지 돌려주겠다는 것이었다.

프리드리히 2세는 도이취어계 제국의 왕위계승을 둘러싸고 일어났던 1214 부벵 싸움에서 교황파 오토 4세의 저항을 가라앉히고, 1215년 아헨에서 도이취어계 제국 황제에 올랐으나 교황이 생각했던 것처럼 제국정치에 그렇게 깊숙이 관여하지 않으려고 하여, 거의 자기 고향 시칠리아에 거의 머물렀다. 프리드리히 2세는 56세까지 도이취어계 제국통치에는 거의 무지하여 겨우 8년 동안 허송세월로 보냈고 바로 여기서부터 도이취어계 제국 왕권의 운명은 결판났다. 프리드리히 2세는 귀족 세력을 잠재우고, 빠져나갈 후퇴로를 마련해 두기 위하여 고심하다가 온갖 대가를 지불한 다음에야 비로소 도이취어계 제국에 평화를 회복했다. 프리드리히 2세는 그 대신 성직자 영주와 봉건 영주에게 특권관습을 보장하고, 번창하는 국왕도시를 국왕의 보호영지로 확보했다. 프리드리히 2세는 도이취어계 제국의 통치권을 쾰른 대주교와 도이취어계 제국 기사단장인 사르차의 헤르만에게 위임했다. 프리드리히 2세는 이탈리아에서 1212년 자기가 교황에게 십자군에 참가하기로 다짐했던 약속을 지키지 않았다. 프리드리히 2세는 황제위에 올랐으나 십자군 원정에 출정하지도 않았을 뿐만 아니라, 자기가 지배하고 있던 이탈리아 남부지역에 대한 통치권을 교황에게 돌려주지도 않았다. 프리드리히 2세는 교황의 희망에 따라서 자기의 첫 부인 콘스탄츠가 사망한 이후, 예루살렘 왕국 왕위를 계승한 공주인 이사벨라와 재혼했다.

당시 제1차 십자군 원정군은 브린디시에서 이미 실패하고 말았다. 프리드리히 2세는 자꾸만 보채는 교황의 소집령을 받아들여, 1228년 십자군에 출정하여 다대한 성과를 거두었다. 교황은 프리드리히 2세가 십자군에 출정하고 부재중인 틈을 타서 시칠리아 대부분과 이탈리아 남부지방을 탈취했다. 프리드리히 2세는 아랍어, 학문, 문학에 능통하여 사라센 군대의 최고 사령관인 알 카미르와 담판을 벌여, 아무런 제재도 받지 않고 무사히 예루살렘으로 들어갔다. 프리드리히 2세는 크리스트의 묘지 교회에서 스스로의 힘으로 성인 도시 왕위에 올랐다. 교황파는 프리드리히 2세가 성인 도시에서 왕위에 올랐다는 것을 파문 근거로 제시하며 프리드리히 2세를 파문했다. 프리드리히 2세는 브린디시네에 들어가지 않고서도 빈데스에 일레에 있는 남부 제국 출신의 교황파 잔당을 잠재우고 교회 국가의 경계선에서 교황과 싼 게르마노의 평화협약을 체결했다.

프리드리히 2세는 이미 간파했던 13세기를 도이취인의 세기로 파악하지 않았고, 프랑스인이나 이탈리아인의 세기로 변화된다는 점을 예측했다. 이러한 추측의 근거로서 프리드리히 2세는 도이취어계 제국에서 방만한 정책을 당연하게 인식케 했다는 점이다. 프리드리히 2세는 자기의 남부 왕국을 탁월하게 통치하고 탁월한 정치 조직력을 갖춘 인물이었다. 프리드리히 2세는 아푸리아의 포기아에도 자기의 왕실을 두었고 형형색색으로 짜 맞추어진 종족세계에서 전제군주의 위치에 올라 제국을 통치했다. 프리드리히 2세는 선조 로저 2세 시대(1101~1154)의 황금시대를 되살리고자 대담한 산악전투를 치르면서까지 반항하던 사라센 군대를 제압하여 사라센 군대를 자기에게 가장 충직한 군대로 만들었다. 알카모 같은 도시는 지금까지도 아랍인의 특성을 그대로 간직하고 있다. 팔레르모는 프리드리히 2세 제국의 수도였다. 팔레르모에서 프리드리히 2세는 또한 황실 성당(Capela palatina des Palazzo Reale) 소속의 수도자동아리 좌장인 몬레알레(Monreale)가 편찬한 위대한 성상 모음집에서 크리스트 교회조직의 은둔자인 싼 지오반니(San Giovanni delgi Eremiti)의 모습을 하고 자기 교회 모습을 초기 회교 회당의 둥근 천정 형식으로 장식했다. 프리드리히 2세는 여기 남부지방에서 최후로 스타우퍼 가문을 계승하여 최초로 유럽세계 근대국가를 출발시킨 위대한 도이취어계 제국 지배자였다. 유럽세계 최초의 근대국가는 1223년 거대한 부르크를 포기아에 세움으로써 출발했다. 포기아에서 젊은 귀족은 비네아의 베드로(Petrus de Vinea)의 지도로 고위관직에 임명되어 성장했다. 베드로는 볼로냐에서 법률을 수학한 다음 황제국가 관료로 임명되었다. 프랑스보다 60여 년 앞선 이곳 성직자는 법률가로 변신하여, 로마의 남쪽 관문에서 세속국가의 재판권을 행사했다.

프리드리히 2세는 동방사상을 완벽하게 터득했다. 프리드리히 2세는 통치권을 중앙에 집중시키는 전제군주 통치형태를 옹호하며 사회질서 가치를 개인의 자유보다 상위에 두었다. 프리드리히 2세는 1231년 유스티니아누스 이후 최초로 '존엄한 자의 책'(Liber Augustalis)에 나오는 법률체계를 자기 제국에다 적용했던 지배자였다. 프리드리히 2세는 기쁨을 주는 상업을 지원하고 국가 재정정책을 발전시켰다.

프리드리히 2세는 소금, 쇠, 강철, 숯, 삼베, 비단 등의 생산을 국유화했다. 프리드리히 2세는 또한 면화를 재배하고, 모범농장을 건설하여 사탕수수를 재배하고, 산림을 가꾸었다. 프리드리히 2세는 또한 도로나 교량을 건설하고, 관개시설을 확충하며 농업을 장려했다. 프리드리히 2세는 농산물에 대해서도 적당한 가격을 받도록 조종했다. 당시 직조공장에서는 사라센 여성노예가 십장 및 환관과 함께 노동했으며 제국 해상함대를 대외교역을 보호할 목적으로 운영했다. 그런데도 내국관세는 점차 감소했다. 프리드리히 2세는 과거 제국시대 케사르와 같은 권위와 존엄함을 세속인에게 보여주었고 신전을 위임받은 준엄한 심판자 모습을 보여주었다. 그런데도 프리드리히 2세는 고전시대 모습을 부활하기 위하여 고딕양식을 발흥시켰고, 고딕양식으로 고전시대 인간의 잔존 모습을 오히려 씻어 버리고 있었다. 포기아 궁전에서 프리드리히 2세는 대개의 사라센인 노예를 군대로 만들었다. 프리드리히 2세는 또한 동양인 방식대로 궁중생활을 쾌적하게 운영했다. 프리드리히 2세의 세 번째 왕비 이사벨라(1194~1250)는 잉글랜드 출신이었다. 셋째 왕비(1235년 이후) 이사벨라는 이런 생활양식에 전혀 적응하지 못하여, 다시 잉글랜드로 돌아가고 말았다. 프리드리히 2세는 소실을 사방에 두고서, 거의 동방관행을 지키고 있었다. 프리드리히 2세는 사라센 풍의 망루를 설치한 이국풍 동물원에서 동물을 사육하고 서출 소생인 만프레드를 위하여 매사냥에 관한 학술논문을 쓰기도 했다.

프리드리히 2세의 특별한 취미는 교양을 갖춘 측근과 함께 스무 고개 같은 수수께끼를 풀어내는 것이었다. 프리드리히 2세는 스무 고개 같은 수수께끼를 푸는 과정에서 기발한 재치와 착상을 발휘하고 라틴어, 그리스어, 아랍어 등의 구사력으로 출중하게 다듬어진 교양과 정신을 과시했다. 프리드리히 2세 황실에는 비네아의 베드로 덕분에 확고한 인문주의와 고전시대 학문동아리 교육관행을 유지했다. 물론 황제 궁전에는 이슬람지역과 프로방스지방의 연애시를 읽었고 이슬람 학문과 철학 역시 황제 관심영역에서 중요한 위치를 차지했다. 그 이면에는 이슬람정신유산과 본래 정신유산이 시칠리아에 잔존했던 점도 간과할 수 없다.

모슬렘계와 유대교도의 전문 지식인도 프리드리히 2세의 황실을 드나들었다. 프리드리히 2세는 그리스어와 아랍어 고전 저작물을 라틴어로 번역했다. 프리드리히 2세는 수학에도 지대한 관심을 지녀 이집트 술탄 출신의 유명한 수학자 알 하니피(al Hanifi)를 초빙하여 수리를 배웠다. 프리드리히 2세는 크리스트교 세계의 유명한 수학자 레오나르도 피보나치(Leonardo Fibonacci)와도 서로 친밀하게 지냈고 박식자 미하레 스코트(Michale Scot)로부터 잠재된 신비의 지식인 화학, 야금, 철학 등을 익혔다. 프리드리히 2세는 이집트, 아라비아, 시리아, 이라크 등의 전문 지식인과 학문을 두루 교류하면서, 서로의 생각을 교환했다. 프리드리히 2세는 동물학자로서 동물번식 원리에도 지대한 관심을 기울였다. 프리드리히 2세는 교회조직 허가도 받지 않고, 나폴리 국립대학을 창건하여 장차 정치가와 관리로 등용될 국가 인재를 양성했다. 이슬람 교육과 문화는 특이한 지배자인 프리드리히 2세의 사상에 지대한 영향을 미쳤다.

프리드리히 2세의 처신과 궁중생활은 은폐되지 않았다. 프리드리히 2세는 만년에 가서 여러 나라 사람으로부터 자유사상가란 평판을 들었다. 황제의 이런 평판은 크리스트교세계의 기초 이론상에서 분명히 전혀 다른 문제를 제기했다. 프리드리히 2세는 당시 상황에서 종교자유는 국가를 통치하는 데 허용될 수 없었음에도 서로 다른 종교의 제신을 숭배하도록 종교자유를 허용했다. 당대 지배자 이념에는 사상과 토론의 자유도 허용될 수 없었으나 지배자와 가까운 거리의 사회영역에서만 존재했다. 어떤 시대든, 종교는 사회질서의 골격이었다. 따라서 자유 신앙주의자를 통일체인 생활질서의 파괴자, 혹은 교란자라고 박해 당했다는 사실을 프리드리히 2세는 알고 있었다. 지배자 프리드리히 2세의 다양한 면모를 현대인이 어떤 개념과 의미로 인식해야 될 지 어려운 문제임은 분명하다. 비잔티움지역과 이집트를 비롯하여 시리아와 로마, 그리고 서양 사이에 우뚝 서서 동·서양의 가교가 되었던 것이 바로 프리드리히 2세 황실이었다. 체파루의 돔과 몬레아레에 우뚝 서 있는 교회(Fresko des christos Pantokrator)는 언제나 비잔티움을 연상케 하고 있다. 프리드리히 2세가 추진했던 최고 정책목표는 자기 통치권을 전체 이탈리아로 확장하는 것이었다. 즉, 프리드리히 2세는 이탈리아를 도이취어계 제국에 통합하고, 과거 로마제국을 새로이 건설하여 로마를 서부세계의 정치 중심지로 만들려는 의도를 품고 있었다.

프리드리히 2세는 이탈리아에서 출현한 도시국가 회의에도 참석했다. 그는 크레모나의 도시국가 의회로부터 1226년 초청받았다. 당시에도 롬바르디아의 도시 귀족이 이탈리아와 도이취어계 제국의 통합계획을 눈치 채지 못하게 하는 것이 프리드리히 2세의 주요과제였다. 이후 프리드리히 2세는 바로 롬바르드인 도시동맹인 도시국가의 군사동맹에 도전했다. 롬바르드인의 도시동맹에는 밀라노, 투리나, 베르가모, 브레스치아, 만투나, 볼로냐, 베네치아, 베로나, 파도바, 트레비소 등의 도시가 참여했다. 프리드리히 2세는 이 도시 동맹군에 가담했던 아들 하인리히의 반란으로 고통을 당했으나 하인리히는 1234년 돈이 가득 찬 전대를 차고서 좌절하고 말았다. 물론 로마 법황청과 지배자 법정은 하인리히의 돈 전대를 공략하기 시작했다. 황제 프리드리히 2세는 도이취인 군대를 이끌고, 코르테누오바에서 도시 동맹군이 소집한 군대를 격파하고 1237년 승리했다. 그러나 프리드리히 2세는 밀라노와 브레스치아의 동맹군 앞에 무릎을 꿇지 않을 수 없었다. 교황은 이어서 롬바르드인과 동맹했다. 교황의 이런 변절은 자치도시 통치권을 확실하게 보장하기 위한 것이 아니라, 정치에서 살아남기 위한 술책이었다. 교황 그레고르 9세(1227~1241)는 1238년 베네치아와 제노아를 포함한 롬바르드인 도시와 도시동맹을 종결했다. 교황의 무기는 맹독성을 지닌 신전이었다. 교황 그레고르 9세는 교황의 교서에서 스타우퍼 가문을 무신론자, 신 모독자, 전제 정치가, 교회조직의 반동분자라고 지칭했다. 교황은 또한 1239년 명령권을 발동하여 스타우퍼 가문의 종복동아리가 내뱉는 언동을 불경스러우니 따르지 말라고 몰아붙였다

프리드리히 2세는 유럽세계 국왕에게 발송한 교황의 회신 전문에서 자기를 자유신앙주의자라고 퍼붓던 교황청의 비난까지 일축하고, 그레고르 9세가 교황이 아니라, 제국을 파괴하여 모든 통치자를 교황에게 복종케 하려는 의도를 지닌 범죄자라고 단언하고, 교황을 재판에 회부해야 한다고 발포했다. 황제와 교황의 싸움은 하인리히 4세와 교황 그레고르 7세 사이에서 시작했으나 프리드리히 2세 시대에 이르러서야 종말을 맞이했다. 유럽세계 국왕은 여기서 분명히 무슨 일이 일어나고 있다는 사실을 감지했다. 교황은 전쟁 부담금을 황제에게 전가할 것이고 도이취어계 제국과 이탈리아의 귀족동아리는 이탈리아 자치도시에 예속되는 것을 두려워하여 프리드리히 2세 편에 가담했다. 과거 적대자였던 교황동아리와 황제동아리는 이탈리아에 토착화되어 기벨린(=황제당)과 크벨프(=교황당)의 내용과 모습을 나타냈다. 또한 이들 기벨린과 크벨프는 황제와 교황의 앞잡이로 이미 나서고 있었다. 다음 수년 동안 스타우퍼 가문은 교회국가를 고립시키고 프랑스, 스페인, 이탈리아 지역의 추기경과 주교, 그리고 수도자동아리 좌장을 싣고서 로마로 향하던 제노아의 호송선단을 나포하기에 이르렀다. 분명하게 로마 교황청은 스타우퍼 가문의 압력을 견디다 못해 스타우퍼 가문을 전체 유럽세계를 향하여 반 크리스트 교도라고 악선전을 퍼붓고 있었다. 인노첸츠 4세(1243~1254)는 드디어 이탈리아를 빠져 나가 프랑스 리옹으로 도주했고 이탈리아와 교회국가는 공백상태를 맞이했다. 교황 인노첸츠 4세는 리옹에서 주교단 회의를 소집하여 1245년 황제를 파문하고, 폐위를 선언했다.

교황의 이런 조치에 대하여 도이취어계 제국에서는 튀링겐 백작인 하인리히 라

스페와 홀란드의 빌헬름(1228~1258)이 교황파 왕으로 선출되었다. 교황 인노첸츠 4세는 스타우퍼 가문과 그 가문이 애지중지하던 아들 엔치오를 타도하기 위하여 십자군을 소집하기에 이르렀다. 교회조직은 힘의 정치를 극단으로 구사했다. 황제와 교회조직의 이런 세력경쟁 때문에 교황은 황제정치에 사사건건 맞섰고 프리드리히 2세는 '교황청에 보내는 선언문'에서 교황의 이런 정치참여가 성직자에게서 비롯된다고 단정하고, 성직자에게 죄를 뒤집어씌우고 있었다. 그래서 성직자는 세속인과 제노아 인에게로 돌아가야 하며, 세속인 재산을 가지고 신앙심을 억압해서는 안된다고 황제는 선언했다. 황제의 이런 정치선언이 발포되자, 이탈리아의 여러 도시는 격렬한 소요사태로 들끓기 시작했으나 정작 황제 프리드리히 2세는 제국체제 개편에 착수했다. 황제 프리드리히 2세는 대담하고 무자비하게 진압하지 않고서도 반항세력을 잠재우며 당시 체제를 유지할 수 있었으나 난폭하게 반항세력을 진압하고 재상인 비네아의 베드로에게까지 결국 공모자 죄명을 뒤집어 씌워 처형했다. 그러나 황제 프리드리히 2세의 지배세력도 차츰 황혼시대에 들어갔다. 황제는 계속되는 정치사건에 휘말렸다. 프랑스 루이 9세는 당시 모슬렘 포로가 된 상황이었다. 프랑스 루이 9세는 교황과 화해하도록 프리드리히 2세에게 권고했다. 물론 이것은 자기가 풀려나기 위한 술책에 지나지 않았다. 프리드리히 2세는 내부 소요사태 때문에 괴로움을 당하는 처지에 있었고 치스터치엔스계 이단자동아리 수도자의 옷을 입고, 1250년 12월 13일 피오렌티노에서 사망하고 말았다.

프리드리히 2세와 함께 제국은 번성했으나 거대한 제국은 프리드리히 2세와 함께 무덤 속으로 사라지고 말았다. 프리드리히 2세의 제국은 외부요인과 부딪치면서도 유럽세계 인간에게 결속정신과 공동체 의식을 여러 가지 모습으로 남겨 놓았다. 프리드리히 2세의 역할이 돋보이는 가운데서도 이런 여러 가지 사건은 유럽세계 근대국가를 발전시킬 수 있는 밑거름이 되었다. 특히, 프리드리히 2세 시대의 사건처리 과정에서는 프리드리히 2세의 섬사람 기질이 사건 처리방식에서부터 여지없이 드러났다. 프리드리히 2세의 사건처리 방식에 대하여 섬사람의 편협한 사고방식을 지적할 수도 있으나 섬사람의 협소한 기질 때문에 도이취어계 제국은 영방, 즉 근대국가의 수준과는 전혀 다른 영방 통치체제로 분열했다. 제국도시에 지나지 않던 이탈리아는 자치도시와 영주도시로 다시 분열했다. 또한 이탈리아 자치도시는 도시 공작과 '영지 통치자'(Condottieri)의 전제 체제 아래서 시달리고 있었다. 그런데도 이탈리아의 자치 도시들은 스타우퍼 가문 출신의 황제로부터 방탕, 정신의 자유, 예술에 대한 애호정신을 익혀 예술과 문학에서 도이취인 정신을 활용했다. 현대인의 시각에서 프리드리히 2세를 매혹과 향기에 휩싸여 바라보면, 그는 아주 거친 양식으로, 즉 르네상스기 전제 폭군에 가까운 인식력으로 살아왔다. 스타우퍼 가문의 궁전에서는 성서가 있었던가 하면, 그리스인과 로마인의 고전 저작물도 있었다. 신앙에는 개인의 판단기준이 적용되었다. 신은 인간 모습으로 제시되었다. 신의 섭리는 교회당에서 이루어졌다. 신앙의 의미와 강력한 교회조직 결속력은 인문주의라는 인간 사고방식과 철학으로 용해되었다. 그런데도 신앙은 개인의 창의력과 자율을 추구하는 방향으로 변질했다. 프리드리히 2세는 중세세계의 인물이 아니라 근대 인물로서 시대를 선행하면서 다가올 시대를 예언했다. 프리드리히 2세 시대를 거치면서 분명하게 와해된 것이 있다면, 그것은 중세세계였다. 중세세계를 청산하고 프리드리히 2세는 새로운 생활양식과 통치양식을 예고하며 미래 세계를 세심하게 관찰했다.

새로운 시대의 인간과 세계 모습

중세세계 인간에게 11세기는 혼란한 변화시대요 변화요인이 중세세계 내부에서 자생했던 문화운동시대였다. 11세기 인간 전형은 교황 그레고르 7세와 신비를 찾아 나섰던 개혁자 추기경 페트루스 다미아니였다. 특히, 도이취어계 제국은 유럽세계에 영향을 미치게 될 위기 발원지였고 도시 역시 활발한 발전단계를 맞이했다. 도시 발전 시대는 노르웨이인이 중세세계 문화영역인 이탈리아 남부와 비잔티움지역을 비롯하여 중세세계 앵글로색슨종족 세계인 브리타니아 섬으로 침입하던 시기와 일치했다. 당시 브리타니아 섬에는 고도로 발달한 봉건제와 새로운 문화 결속체가 뿌리내리고 있었다. 신을 통한 세계 평화운동은 골이 깊을 대로 깊어진 사회에 대한 일종의 평탄작업이었다. 세계 평화운동은 소요사태로 확대되었다. 그리고 평화를 지향하던 소요사태는 사회 분위기를 고조시켰다. 인간의 마음은 이런 사회 분위기를 갈구하여 지배자사회 구성원뿐만 아니라, 사회구성원도 이런 평화 도래를 감지했다. 이들 양자는 다같이 정치와 종교, 그리고 사회의 소용돌이에 휘말려갔다.

공동 생활양식은 새로웠다. 새로운 생활양식은 평화를 찾아내기 위한 장식용 리본처럼 나타나고 있었다. 공동의 생활양식은 중세세계의 산물인 게르만어계 종족의 방자한 관습과 규범, 그리고 관례와 관행을 길들이고, 합리주의에 기준을 둔 새로운 사고양식을 필요하게 인식시키고 있었다. 종교와 정신의 개혁과정에서도 크리스트교 영역은 유럽으로 확대되었다. 정신의 이런 결속력은 십자군운동이라는 유럽세계 인간의 모험이 새로운 정치꺼리를 제시한 채 그 영향으로 새로운 모습으로 전환했다. 또한 십자군운동은 종교의 광란을 조장했다. 왕국구성원은 이런 변화과정에서 영주 예속을 탈피하여 자유로이 새로운 거주지를 찾아 나서기 시작했다. 또한 새로운 거주지 선택은 영지, 가문, 통치단위, 영주 법률 등의 정신한계를 극복했기 때문에 영지구성원은 떼를 지어 정들었던 정착지를 떠나가기 시작했다. 이 이주자는 새로운 고향을 찾아 나섰다. 거대한 이주운동은 멀리 떨어져 전혀 찾아내지 못했던 인간 냄새를 느끼게 만들어 생활관습과 생활양식의 교류를 가능케 하여 인간을 지방 중심으로 상호 결속하기 시작했다. 이것은 곧 생활영역 개방으로 나타났다. 생활영역 개방은 새로운 정신을 발아시키기 시작했다. 새로운 정신은 인간으로 하여금 더욱 넓은 세계를 의식하게 만들었다. 새로운 정신은 지리의식을 생활영역에 편입시키고 지리의식은 물론 영지구성원의 생활영역 편입과 함께 눈을 뜬 인간과 정신에 대한 시각을 확대해주었다.

11세기 이후까지 왕국구성원은 더이상 배우려고 노력하지도 않았고 어떤 사실을 논증하거나 상대방을 설득하려고 노력하지도 않았다. 그러나 왕국구성원은 11세기 이후부터 상대방을 납득하여 압도하기 시작했고 상대방을 압도하기 위한 방편으로 남을 헐뜯는 습관을 지니게 되었다. 왕국구성원은 라틴어에 매달려 있었으나 저작자와 독자의 영역, 전달자와 청중의 영역은 더욱 넓어져갔다. 경직된 라틴어는 개인의 전문지식이나 감정에 치우쳐 있었고 교회조직의 성사관습에서는 왕국구성원의 마음을 자극했다. 라틴어가 불러일으키는 감동은 학문과 교육에서 일단 일어나 라틴어를 국민언어로 대체해갔다. 왕국구성원의 체험은 개인의 감동을 표현하는 동기로 작용했고 감동 내용 역시 각 언어영역에서 시와 서사시로 전달되었다. 왕국구성원은 개인의 감동을 활용하여 자기 스스로에 대하여, 다른 사람에 대하여, 그리고 사물에 대하여 격차개념, 즉 거리나 간격, 그리고 이동개념을 찾아냈다. 인간의 새로운 정신에서도 일정한 규격에 대한 비판원리는 성장했다. 인간은 일정한 규격에 대한 비판과정을 거치면서 새로운 세계 모습을 찾아냈다. 당대인의 관심사는 자연원리와 의학에 집중되었다. 당대인의 자연이론 발원지인 의학동아리의 전문지식 원리는 살레르노와 몬테카시노에서 등장했다. 인간은 각각의 경계선, 즉 사물에 대한 격차 분리 점을 파악하기 시작했다. 천상과 지상에서 세력과 권력을 쟁취하려는 싸움은 세속인 세계의 법률과 성직자의 법률이 합리주의 표준규격을 설정하여 하나로 합치될 수 없는가 문제를 제기하여 법률 역시 왕국구성원의 관심을 불러일으켰다.

교황 그레고르 7세는 자기 친구인 루카의 안셀름(1056년 이후)에게 교회조직을 위하여 전쟁과 평화를 결정할 수 있는 권한이 법률상에서 세속인 권력자에게도 있는 지 문제를 해명하라고 명령했다. 샤트르의 이보(Ivo)와 풀베르트(+1028)는 프랑스 왕 법률을 면밀히 검토했다. 신학동아리와 철학동아리는 지금까지 (기록물의) 관례와 상징물의 의미에 근거하여 프랑스에서 정신동요를 불러일으키며 제1차 유럽세계 계몽시대를 맞이했다. 여기서 희미하게나마, 신학동아리와 철학동아리 문제는 과거 신앙이론과 그 신앙이론을 생성시킨 전능한 권위로 부터 제기될 것임을 예고했다. 프랑스의 방랑 설교자와 그 설교자를 따라 다니던 무리 중에는 라이히에스베르그의 게르호도 포함되어 있었으나 12세기까지도 신전에서 성사를 봉헌하는 것이 과연 타당한가에 대하여 문제를 제기했다. 그리고 이들은 시대비평 및 사회비평에까지 확대하여 당대 철학동아리와 신학동아리의 존재에 대하여 문제를 제기했다. 전문지식과 신앙은 개인주의 발원지였다. 전문 지식과 신앙에서 발원한 개인주의는 인간의 새로운 격차를 생성하는 기반이었고 그 영향으로 봉건 통치권 세계도 성직자 유형과 세속인 유형으로 분리되었다. 결속운동은 물론 소수에서 출발했으나 다수가 참여하는 결속운동으로 변모하여 중간부류와 하위부류 사이의 인간에게서도 진행되었다. 다수 참여를 내세운 결속운동은 바로 사회구성원의 분포에 대하여 상·중·하의 부류 관습을 활용했다. 소위, 중세세계 인간 부류모형은 새로운 개인동아리 유동성으로 나타났고 유럽세계 인간의 인간관계에도 격차개념이 유입되기 시작했다.

세상사에 휩쓸린 교회조직은 생존권의 상승문제를 제기했다. 방랑 설교자의 후예인 카타르계 이단자동아리와 아르비겐스계 이단자동아리는 이탈리아와 프랑스에서 더욱 확산되었다. 이 이단자동아리는 교구 성직자 중심의 교회조직과 구원자 중심의 교회조직을 떠나서 내면 종교를 주장하고 나섰다. 물론 이단자동아리의 이런 주장은 기존 결속력의 해체요인이 되었다. 바로 이 이단자동아리가 유럽세계 통일, 즉 유럽세계 결속력을 해체했다면, 이는 곧 당대 교회조직이 순수한 교리와 복음전파 수단에 그친 나머지 유럽세계 인간의 빈곤을 해결해 달라는 요구에 부응하지 못했다는 의미인 것이다. 어쨌든 이단자동아리는 유럽세계 크리스트교라는 나무 위에 올라서서 왼쪽으로 나아갔다. (아우구스티누스 성직록, 치스테르치엔스, 프래몬스트라텐서 등의 이단자동아리에 소속된) 사제 역시 이단자동아리를 향하여 고개를 돌리기 시작했다. 이 소수 실천가동아리는 기존 성직자동아리와 그때까지만 하더라도 완전히 갈라선 것은 아니었다. 정통론자동아리 교회조직도 그때까지는 인간을 구속하진 않았다. 아씨시의 프란치스코와 스페인의 도미니코는 정통론자동아리 교회조직과 완전히 갈라서서 정통론자동아리 교회조직을 새로운 방향으로 끌어갔다. 이 종교동아리는 소수 동아리였다. 도미니코도 소수동아리였으나 실천방법은 과격했다. 물론 소수동아리는 예언자를 통하여 인간의 영혼을 유혹하고 '청빈'의 격렬한 생활체험을 통하여 가난이라는 고통의 인상을 심어 주고자 시도하며 지배자사회 구성원으로 하여금 금욕, 검소, 근면을 실천하도록 만들고 있었다. 특히 루이 9세 성자왕의 전기에서 제시한 사례에서처럼 확고한 법률조항에다 지배자사회 구성원을 얽어매도록 강요했다. 이단자동아리는 급속하게 세력을 배양해갔다. 순례자, 고행자, 신비 신봉자를 비롯한 소수 형제동아리 예언자 등과 아우그스부르그의 다비트를 비롯한 레겐스부르크의 베르톨드 등의 이단자동아리는 우후죽순처럼 생겨나 세력을 확장해갔다. 다수 이단자동아리 출현 배경에는 수천 명의 청중 앞에서 구원을 추구해도 구원 자체가 불확실하게 되어 신앙 위기가 도래했다는 인식을 떨칠 수 없었기 때문이었다.

다수 이단자동아리 출현배경에는 세속인 통치자가 교회조직에서 발생한 이단자동아리를 무시무시한 압력으로 억압했기 때문에 이단자동아리가 생겼다는 점도 간과할 수 없다. 중세 인간은 바로 이 이단자동아리를 억압하는 압력 때문에 지배자 교회조직으로부터 이탈했다. 새로운 예언자는 종족언어로 대화 의미를 전달하며 종족언어로 저작했고, 제목을 지닌 산문시를 다수 청중 앞에 나서서 낭송하면서 중세 인간에게 문화를 전차했다. 교회조직의 '국가구성원'은 지금까지 사회 그늘에 가려져 있었으나 성장했다. 교회조직은 처음으로 사제에 관한 법률을 확정하여 신분운동과 세속인 지배권의 저항사태 등을 상기시키고 있었다. '국가구성원'은 개인주의와 함께 성장했고 개인주의로 세상에 눈을 떴다. '국가구성원'은 유럽세계에서 종교와 인간에 대하여 개인권리를 요구하기 시작했다. 교회조직 역시 신 앞에서 모든 인간이 지위와 직업 때문에 차별을 받아서는 안되며 평등하다는 교리를 실천하자고 외치기 시작했다. 개인주의는 사회에서 모두가 서로 다른 것은 신의 뜻에 따른 것이며, 재판에서 동등한 대우를 받아야 하고, 의무와 노력에 근거하여 판결해야 한다는 교리를 교회조직이 실천하면서 발전하기 시작했다. 이런 맥락에서 교회조직은 개인주의 발전과 함께 사회모순을 바로잡아 근대 시민사회에 이르는 교량이 될 수 있었다. 단테가 교황과 교직자를 지옥에서 더위의 괴로움에 시달리게 했다면, 이것은 광범위한 다수 국가구성원과 교양을 갖춘 성직자의 도덕과 그 시대를 신랄하게 비판한 결과였다. 11세기는 억지로 개막했다. 11세기는 합리주의를 지향하는 새로운 사고양식도 나타나기 시작했다. 합리주의를 추구하는 개인의 사고양식은 사물이나 사건의 개념과 그 개념 의미영역에서도 나타나 정치 흐름을 시각에 근거하여 분석하려는 경향을 유럽세계로 이동케 했다.

새로운 사고양식은 특히, 외부로부터 유입된 여러 가지 이질문화와 성격을 달리하던 성직자 세계를 수용하고, 성직자 세계를 현실에 접목해갔다. 이런 이질문화와 다른 성격의 성직자가 융합되는 과정은 황제 프리드리히 2세 시대를 거치면서 구체화했다. 이질문화와 다른 성직자 세계의 융합현상은 12~13세기 학문동아리의 전문 지식 원리, 정신, 예술 등의 분야에서 다양한 업적을 이룩하여 다음 시대에 남길 출발점이 되었다. 서양세계는 12세기 말엽 이후 고대 프랑스어와 중세세계의 표준 도이취어로 씌어진 문학작품과 프랑스어와 영어 번역서도 등장했다. 국가의 서정시와 서사시가 나타나는 최초 봄을 서양세계는 맞이했다. 유럽세계 개인동아리 연합체와 문화는 라틴어 글자관습의 개념을 언어 메시지의 핵으로 하여 체계를 갖추기 시작했다. 유럽세계의 문화와 정신세계는 놀랄 정도의 내용물과 광채로 전체의 다양함을 펼쳐주었다. 중세 유럽세계에서 라틴어는 보편주의를 지닌 위치에서 문학작품을 발아하기 시작했으나 점차 종족언어는 라틴어를 밀어내고, 유럽세계의 종족언어로 씌어진 종족 문학작품이 제자리를 차지하는 결과를 가져왔다. 특히, 유럽의 종족언어와 문학작품은 아랍인과 유대인으로부터 넘겨받은 아리스토텔레스의 저작물에 담긴 전문지식 원리에 대한 해석양식과 함께 다양한 학문동아리 영역으로 이동했다. 이런 유럽세계 언어와 문학은 문화이동 매체로 정착했다. 문화이동 요소는 종교로부터 언어와 문학 작품으로 변화했다. 사회조직 변화에 부응하기 위하여 크리스트교의 고정의식은 무너져갔고 이성개념은 기존 크리스트교의 대립개념으로 정착했다. 그래서 국가구성원의 결속력은 오히려 위축되었다. 이것은 할레의 알렉산더, 보나벤투라, 토마스, 알베르트 막뉴스, 로저 베이콘 등의 해석양식이 크리스트교의 고정관념을 탈피해 있는 것에서도 엿볼 수 있다.

라틴어는 13세기 이후 쇠퇴했다. 라틴어 쇠퇴와 함께 종족 문학은 줄기차게 종족구성원에게 이야기와 역사를 동전의 앞면과 뒷면 형식으로 부착한 채 종족세계로 이동했다. 따라서 라틴어는 중세세계 사회에서 보편주의를 표현하던 주요 수단이었으나 종족언어의 확산과 함께 자취를 감추었고 성서 인문주의도 점차 시민 인민주의를 향하여 발전했다. 시민 인민주의로 나아가는 매체는 종족 언어였다. 종족

8-4. 유럽인과 이슬람인이 서로 만나게 되었던 십자군 원정(1100년부터)

언어는 국가구성원의 공감대를 통일하는 방향으로 자리 잡았다. 라틴어는 말하고, 글을 쓰던 성직자 사이에서 국가 기사단 출현과 함께 국민 기사단의 표준어로 변모하여, 종족 관용어귀로 자리 잡았다. 공동의 유럽의식은 확실하게 생활관습, 사회조직, 법률양식 등의 영역에서 정착해 갔다. 유럽의식은 또한 국가 간의 상황에서 유럽세계 인간의 생활양식과 사고양식에서 '하나', 즉, '우리' 의식으로 정착했다. 유럽의식은 모자이크 같은 각양각색의 종족언어 영역을 질서의식으로 결속했다. 유럽세계 인간들은 12~13세기 변화시대를 거치면서도 공동의 활동목표를 찾아내지 못했다. 그런데도 유럽인 의식은 상호 간에 잠복된 질서의식처럼 생명력을 발휘했다. 유럽인 의식이 이렇게 하나의 '우리' 의식으로 존속하게 된 이면에는 십자군이 크리스트교 세계를 유럽세계로 인식하여 방어한 의식공동체를 빼놓을 수 없을 것이다. 유럽세계 인간은 이슬람세계의 실상을 터득했고 성지에서 해방되었다. 성지로부터 해방된 유럽세계 인간은 국가에 대하여 문제의식을 찾아내기 시작했으나 국가구성원의 개인주의는 유럽세계 인간의 강력한 힘과 창의력 표지로 굳어지고 있었다.

유럽세계 인간에 대한 추측과 전제조건

크리스트교도와 모슬렘은 장기간의 평온 속에서 대화를 진행해 왔다. 종교전쟁은 이어서 크리스트 생애와 수난장소를 둘러싸고 2백 여 년 동안 이어졌다. 종교전쟁의 '성전'은 유럽 대륙을 들끓게 만들었다. 그런데도 유럽세계와 이슬람세계는 신앙과 교역을 크리스트교가 정착한 서양으로 확장했고 극도의 광란과 봉건 기사제의 역량이나 위풍 역시 기사제와 함께 생명력을 이어갔다. 성전 목적은 인간 영혼의 구원과 상인동아리 이익 확보의 일치점에서 생겨났다. 이슬람은 장기간에 걸쳐 구원 광란보다는, 크리스트교도를 능가하는 관용과 종교자유를 실천했다. 크리스트교도에게도 성지순례를 자유롭게 허용했다. 크리스트교도의 성지입장 허용으로 크리스트의 성지에는 다수 순례자가 모여들었다. 셀드수크 투르크인은 1076년 예루살렘을 정복했고 그 이후부터 새로운 서양세계 영주가 되었다. 셀드수크 투르크인에 대한 유럽세계의 위기의식은 오히려 유럽에서 팽배해갔다. 또한 예루살렘의 귀족 시몬(Simeon)을 도와야 한다는 여론이 교황청에(1088년) 빗발치듯 답지했다.

비잔티움세계는 유럽과 아시아 세계의 십자로 형태로 유럽세계를 방어하는 완충지대였다. 비잔티움 제국도 내란, 이단자동아리와 갈등, 1054년 이후 서부 유럽세계 교회조직 분열 등으로 인하여 극도로 약화되었다.

파치나크종족, 쿠만종족, 루스종족 등은 비잔티움을 자기네 관문으로 인식했다. 거기다 투르크종족은 이 소수 종족을 아시아세계로 추방했다. 비잔티움 제국 군대는 1071년 만치케르트에서 다시 전열을 가다듬은 다음, 에데사, 안티오키아(1085), 타르수스, 니케아 등을 점령했다. 당시 투르크종족은 보스포루스 해협을 점령했다. 당시 비잔티움 제국 황제 알렉시오스 1세(1048~1118)는 투르크종족과 강제로 강화조약을 체결하지 않을 수 없었고 그 이후 절망에 빠져 교황 우르반 2세(1088~1099)를 찾아가서 침입자인 투르크종족을 물리치는 데 필요한 군대를 보내 달라고 서부 라틴어세계에 요청했다. 알렉시오스 1세는 이탈리아의 피사, 제노아, 베네치아와 아말피 등을 신흥 노르만계 상인동아리가 위협하던 상황이었기 때문에 교황청 역시 대단히 어려운 상황임을 이미 파악했다. 노르만종족은 시칠리아를 지배하던 (1060~1091) 사라센을 추방했다. 크리스트교도는 스페인 수복전쟁(1085)을 시작했다. 사라센이 시칠리아에서 사라진 이후 지중해 상인동아리 활동은 다시 공백시대에 직면했다.

그런데도 이탈리아 지중해 연안 도시는 다양한 지역에다 부 축적도 상당 수준에 이르렀다. 이탈리아 지중해 연안 도시는 동부 지중해 연안 항구를 사이에 두고, 모슬렘과 싸우면서도 동부 지중해 연안 항구도시의 시장을 통하여 상품을 공급받고 있었다. 따라서 동부 지중해 연안 도시는 개방하지 않을 수 없었다. 동부 지중해 연안 항구도시는 수백 년 동안에 걸쳐 유럽세계 인간이 아시아세계로 진출하던 방대한 해상 교역로였다. 이런 지중해는 셀드수크계 투르크종족의 침략으로 비잔틴 제국의 약화와 함께 다시 유럽세계 인간의 바다가 되어야 할 운명이었다. 흔히들 알려진 바와 같이 교황 그레고르 7세 역시 유력한 동부 지중해 연안의 상업도시가 로마 법황청에 미치던 영향력을 얕잡아 볼 수 없었기 때문에 유력한 동부 지중해 연안의 상업도시와 긴밀한 관계를 유지했다.

십자군의 이상과 실행, 예루살렘 왕국

제1차 십자군 원정은 교황 우르반 2세(1088~1099)가 스스로 앞장선 가운데 진행되었다. 우르반 2세는 십자군 원정을 통하여 서부 유럽세계 인간에게 크리스트 교도의 과업을 부여코자 시도했다. 십자군 원정은 크리스트 교도의 과업이라는 이슬람 침입을 막아 유럽세계와 비잔티움을 보호해야 된다는 명분으로 진행되었다. 십자군 원정에 대한 교황 우르반 2세의 이런 취지에는 아마도 비잔티움세계의 그리스어계 정통론자동아리 교회조직을 교황의 통제하에 묶어두게 되면 교황정치를 통하여 크리스트교 세계를 다시 통일할 수 있다는 전제가 포함되어 있었던 것 같다. '신의 뜻에 따라서'(Dieu li volt) 우르반 2세는 북부 이탈리아의 지역과 남부 프랑스 지역에서 열화 같은 십자군 선동자를 동원하여 1095년 귀족, 수도자, 농민, 도시 거주자가 강력한 종교운동인 십자군에 참가하도록 선동했다. 십자군은 크리스트 전사를 의미했다. 십자군 참가자는 물론 교회조직이 판결한 '성전'을 이어받기 위하여 지상에 내려온 크리스트의 구세군대였다. 십자군은 교황청 소속의 구세군이라는 깃발 아래 예루살렘으로 향했다.

십자군 참가자는 또한 자기네가 언젠가 지상에서 없어지더라도 지상에는 주교가 자기네 재산을 보호해줄 것이기 때문에 살아갈 수 있게 된다는 것이었다. 신의 평화를 통하여 심판 연기를 얻어내기 위해서는 지상에서 교황청의 구세군대라는 깃발 아래 소속되어야 한다는 것이었다. 교황은 스스로가 전체 유럽세계 인간의 전쟁을 지휘하는 정상위치에 앉아서 크리스트교 세계를 바라보는 최고 서양세계 영주였다.

온갖 감언이설이 가미된 약속과 여러 가지 선전으로 대다수 중세 인간을 교황과 교회조직의 구세군대 깃발 아래 들어오도록 선동했다. 이런 구세군대의 깃발 아래 모여든 사람 중에는 모험가도 있었고, 지방 부자도 있었다. 반면, 가난한 사람도 다수 끼여 있었다. 귀족 자제와 기사는 동방세계에서 한몫 잡아 자기네 왕국을 이루고자 하는 꿈도 갖고 있었다. 또한 상인은 새로운 동방세계 시장에서 거금을 벌어 보겠다는 희망도 지니고 있었다. 한마디로 지적하면, 모험가의 환상, 한탕주의자의 탐욕, 허황된 종교의 이상 등이 한꺼번에 묶여서 십자군 원정은 이루어졌다. 프랑스와 도이취어계 제국 영지에서는 무질서한 십자군 지원자도 다수 참여하였다. 이 지원자는 라인강 유역으로부터 도나우강 유역을 따라서 비잔티움지역으로 향했다. 이 십자군 지원자는 약탈, 기아, 과로 등으로 지친 상태에서 보스포루스 해협을 건넜으나 거기서 니케아를 전방에 두고, 능숙한 투르크계 군대와 대적하여 비참한 최후를 마치거나, 거기서 봉건 영주의 전투요원, 특히 프랑스 봉건 영주의 전투요원이 되어 흩어지기도 했다. 이처럼 교활한 봉건 영주 부류에는 고트프리트

(Gottfried von Bouillon, 벨기에인), 백작 보헤문트(Bohemund von tarent), 노르웨이계 공작의 아들 로베르 귀스카르드(Robert Guiskard, 1016~1085), 그 공작 조카 탕크레드(Tankred von Hauteville) 등이 포함되어 있었다. 그리고 크리스트교 기사 이상을 실천하려던 인물 군에는 성곽의 전사백작 라이너(Rainer von Marseille) 등이 십자군 대열에 끼여 있었다. 도이취어계 제국, 프랑스, 잉글랜드 왕은 출정이 금지되어, 이들 인물 군과 함께 참여하지 못했다.

비잔티움인은 경멸이나 하듯이 서부 유럽세계에서 출정한 거의 이질 종족에 가까운 유럽세계 기사를 노려보고 있었다. 유럽세계 기사는 네이트 앞에서 비잔티움인의 사치와 부유한 생활을 목격했고 특히 콘스탄티노플 시장에서 비잔티움인의 생활을 직접 목격했고 이어서 비잔티움세계의 교회조직을 파악한 이후 새파랗게 질리고 있었다. 황제 알렉시오스 1세는 귀족 전사를 충원하기 위하여 봉건 신서를 맹세토록 권장하고 있었으나 이 귀족 전사는 예루살렘에서 뿐만 아니라, 수도 콘스탄티노플에서조차 먹을 것을 찾아서 헤매고 있었다. 3만여 명의 강력한 기사 군대는 니케아와 안티오키아를 뒤덮었고, 아르메니아와 에데사 일부를 차지했으나 이들 지역은 비잔티움제국에 통합되지 않았던 지역이었다. 파팀 가문은 남부 시리아지역을 정복했고 셀드수크계 투르크종족은 북부 시리아지역을 장악했다. 아르메니아계 종족은 또한 비잔티움제국에 대하여 반란을 일으켜 비잔티움제국과 상호 대치했다. 하우테빌레의 발드윈은 1098년 에데사에다 비잔티움세계에서 처음으로 라틴어계 왕국을 창건했다. 라틴어계 왕국 창건은 기아, 갈증, 더위, 사망 등을 감수하고 유럽세계에서 출정했던 전사들이 거둬들인 최고 수확이었다. 그런데도 재앙은 특히 안티오키아를 포위 공격하던 8개월 동안에 대개 발생했다. 만장일치 찬성으로 보헤문트는 비잔티움제국 황제의 영주란 공식 명칭을 사용하며, 안티오키아의 수장위에 올랐다. 소위 '프랑크인'은 1099년 7월 14일과 15일 소 아시아인이 십자군 원정자라고 지칭했던 것처럼 탕크레드와 고트프리트의 지휘 아래 성지 예루살렘을 습격했다. 아이그레스의 라이문트는 습격 당시의 참상을 생생하게 전하고 있다. 라이문트의 전언에 의하면 수천 명의 파팀 가문 수비대와 예루살렘 사람에 대하여 십자군은 범행을 저질렀다고 한다. 유대인은 유대 교회에 숨어 있었고, 십자군은 심지어 살아서 꿈틀거리는 시체를 불태웠다는 것이다. 이런 십자군 승리는 물론 최악의 제물을 바치고 얻은 것이었다. 정직한 보빌론의 고트프리트는 예루살렘에서 라틴어계 왕국 왕위에 올랐다. 그리스어계 정통론자동아리 교회조직은 폐지되었고, 이탈리아인 일인자가 그리스어계 교회조직을 차지했고 예루살렘의 교회조직도 굴복하여, 라틴어계 교황 통치하에 들어왔다.

예루살렘 왕국은 앙주의 프에스코(1131~1143)의 통치시대에 이르러 팔레스티나와 시리아를 차지했다. 그런데도 아레포, 다마스쿠스, 에데사 등은 여전히 모슬렘 영역이었다. 예루살렘 왕국은 봉건 영주체제를 유지했다. 예루살렘 왕국은 4개의 봉건 영주의 영지로 구성되었다. 네 봉건 영지는 예루살렘을 중심으로 하여 안티오키아, 에데사, 트리폴리스로 구성되었다. 4명의 봉건 영주가 선출했던 황제는 직접 교황의 교회조직에 편입되었다. 연안 도시 베네치아, 피사, 제노아 등은 해상함대의 후원 대가로 안정을 유지했다. 또한 해상함대 방어에 힘입어 비잔티움세계 항구인 자파, 티루스, 아크콘, 베이루트, 아스카론 등도 안정을 유지했다. 예루살렘의 배심원은 철저하게 영주권 법제화 계획을 세워 법률을 집행했다. 영지는 봉건 영주의 소유였다. 봉건 영주는 과거 영지 소유자까지 노예화하여 영지와 함께 소유했다. 토착 크리스트 교도는 모슬렘 황금시대 종말을 그리워하며 오히려 모슬렘 시대를 그리워했다. 기사단은 수도자로 조직되어 취약한 지배권을 형성하는 데 주축을 이루었다. 기사단은 빈민을 구제한다는 명분으로 교회 공동체를 조직했다. 최초로 1120년경 요한이라는 기사단이 나타났다. 다음의 요한 기사단은 신전 기사단이었다. 기사단은 솔로몬 신전 근처에 위치한 한 집안 식솔을 중심으로 공동체를 조직했다. 이들 뛰어난 전사를 기사로 발탁했던 2 기사단은 순례자를 보호하고, 빈민을 구호하는 임무에서부터 사라센 요새를 공격하는 임무까지 담당했으며 대단위 영지까지 기증받아 대 영지를 소유했다. 기사단 구성원은 시리아에서 유력한 시민이 되어, 점차 사치에 빠져갔다. 도이취어계 십자군 역시 1190년 도이취어계 기사단을 아크콘 근처에 창설했고 이 기사단을 유지하기 위하여 빈민 구제소를 설치했다.

예루살렘 왕국은 십자군 원정자가 귀환한 이후 어려운 상황에 직면했다. 비잔티움인은 안티오키아와 에데사를 포함한 그 밖의 다른 도시를 도로 찾기 위하여 적절한 시기를 탐색했다. 모슬렘은 대단히 흥분한 상태였다. 모슬렘은 이교도 손아귀에 들어간 예루살렘을 해방하기 위하여 종교전쟁을 불사했다. 모슬렘은 결국 에데사를 1144년 회복했고 다시 크리스트교 국가의 중심축인 유럽세계 동요로 이어졌다. 이런 와중에도 유럽세계는 제2차 십자군 원정(1146~1148)이라는 모험에 착수했다. 베르나르드는 제2차 십자군 원정 추진자가 박력 있고 확실한 설교자였다고 묘사했고 회의심과 의구심을 극복하고 제1차 십자군 원정의 기념 의미를 제 2차 십자군 원정에서 찾아내고 있었다. 베르나르드는 1146년 베첼라이에 운집한 수많은 인파를 쳐다보고 넋을 잃고 말았으며, 프랑스뿐만 아니라, 도이취어계 제국의 지배자와 귀족 모두를 찾아볼 수 있었다고 지적하고 있다. 제2차 십자군은 1147년 여성 출정자와 함께 겨우 출발했다. 십자군 대열에는 서정 시인을 거느린 프랑스 왕비 에레오르(+1214), 플랑드르와 툴루즈의 백작 부인 등이 끼여 있었다. 비잔티움 제국 황제인 마뉴에엘 콤네노스(1122~1180)는 이 십자군 대열이 비잔티움 제국과 일정한 거리를 두도록 조치했다. 투르크종족은 처음으로 스타우퍼 가문의 지배자인 콘라드 3세(1138~1152)를 격파했다. 아틸라의 프랑스 군대는 도리라이온에서 완전히 패퇴하여 전멸했다. 프랑스 왕 루이 7세(1137~1180)는 부인과 함께 안티오키아를 지나 예루살렘으로 도주했으나 다마스쿠스까지 새로 전열을 가다듬은 십자군 잔류병에게 포위된 상황이었다. 다마스쿠스를 포위하고 있던 십자군은 아레포와 모수르에 있던 모슬렘의 후원군대가 온다는 소식을 듣고 뿔뿔이 흩어지고 말았다.

십자군에게 이런 굴욕과 좌절의 연속으로 십자군 자체에도 깊은 회의가 감돌기 시작했다. 유럽세계 인간의 십자군 원정이 또한 토착민에게는 성지를 탈환해야 된다는 종교전쟁으로 비화되었다. 즉, 외부 종교나 이교도 침입에 대항하여 피를 흘리던 방어전보다는 성지 자체를 이교도로부터 탈환해야겠다는 방향으로 십자군 성격이 변화했다. 모슬렘 사이에는 성전을 치루더라도 예루살렘을 탈환해야 한다는 분위기 고조에도 불구하고 크리스트 교도는 이교도 세계에 대하여 화해, 상호 이해, 우정 등을 추구했다. 그래서 시리아와 팔레스티나 지역에서는 모슬렘, 유대인, 크리스트교도의 생활양식이 융합하기 시작하면서 '혼합 문화'가 오히려 유럽세계로까지 역류했다. 모슬렘은 50여 년의 평화시대를 거쳐 1148년 이후부터 내부 불화를 극복해갔다. 술탄 살라딘(1138~1193)은 1175년 이집트와 시리아까지 정복했다. 제노아, 피사, 베네치아의 상인 영주는 서로 상업상의 이해관계 때문에 동부 지중해 연안의 평화를 교란했다. 예루살렘 왕관을 차지하기 위하여 이 상인 영주동아리는 끈질기게 싸우면서 날뛰고 있었다. 살라딘은 심오한 신앙세계에 함몰되어 있다가 종교 선지자를 만났는데 바로 살라딘이 만난 선지자는 샤틸롱의 레기날드였다. 레기날드는 홍해 위를 거쳐 메디나와 메카로 가다가 카아바를 파괴코자 했다는 것이다. 샤틸롱의 레기날드처럼 살라딘도 1183년 에스드레론의 육지에서 라틴어 세계를 정복했다는 것이다. 레기날드는 1185년부터 4년간의 휴전이었지만, 이미 1186년에 부유한 모슬렘 대상을 습격하여 살라딘의 누이를 포로로 잡음으로써 휴전은 깨어지고 말았다. 살라딘은 자기 누이가 레기날드의 포로로 잡힌 이후 '성전'에 참전했다.

살라딘의 성전 참전과 함께 크리스트교도와 지휘자는 1187년 티베리아해 근처의 히틴 해전에서 패배하여 거의 몰살하고 말았다. 살라딘은 실제로 크리스트의 십자가를 약탈하여 그 크리스트 십자가를 바그다드의 칼리프에게 보냈던 것이다. 예루살렘의 크리스트교도는 협약에 따라서 항복하고 배상금을 지불했다.

살라딘은 그 배상금으로 자유로운 도시를 만들어 사방 출입문을 활짝 열어 놓았던 인물이었다. 살라딘의 동생 알 아디르(al Adil)는 아직도 매매되어 자유를 찾지 못한 군대 중에서 1000여 명을 노예상태에서 방면했다. 바로 이것 때문에 바리안은 크리스트교도 지휘자처럼 처신하여 총대주교의 대우를 받게 되었다. 15,000명의 크리스트교도는 몸값을 지불할 수 없었기 때문에 노예신분으로 전락하여 매매되었다. 그런데도 45,000명의 포로는 몸값을 지불하고 방면되었다. 살라딘은 예루살렘 왕 구이(Guy)를 자기 부인과 함께 해방하겠다고 약속했다. 살라딘은 신뿐만 아니라, 인간에 대한 친밀감과 명망이 사방으로 퍼져 나가 높은 평판을 얻었다. 국왕 구이는 살라딘에 대항하여 절대로 무기를 잡지 않겠다고 선서를 하지 않을 수 없었다. 당시에도 여전히 이탈리아 상인의 해상함대는 지중해를 지배했다. 이탈리아 상인의 해상함대는 십자군을 팔레스티나로 실어 날랐고 티루스, 안티오키아, 트리포리 등의 도시는 크리스트 교도의 지배 하에서 전략기지 역할을 담당했다. 티루스의 대주교 빌헬름(1130~1186)은 이탈리아, 프랑스, 도이취어계 제국 등의 지역에서 몸소 십자군에게 설교했다. 67세에 이른 도이취어계 제국 황제 프리드리히 1세 바르바로사는 십자군 운동의 선두에 나서서 이탈리아 상인의 해상함대를 이끌고 1189년 보스포루스 해협을 통과하여 콘스탄티노플로 갔다. 투르크종족이 보급로를 차단함에 따라서 십자군은 기아로 많은 인명손실을 감수하지 않을 수 없었다. 프리드리히 1세 바르바로싸는 1190년 카리카드노스 강에서 목욕 중 사망했다. 극소수만이 아크콘까지 들어가 포위 상황에 동참했다.

잉글랜드 왕 리차드 사자왕(1189~1199)과 프랑스 왕 필립 2세 오귀스트 역시 함께 성지로 갔으나 서로 신뢰하지 않았다. 물론 이 두 지배자의 상호 불신은 이 두 지배자 중 한명이 집에 머무는 경우도 마찬가지였다. 베첼라이에서 이 두 왕은 티루스 대주교 빌헬름의 십자가를 성지 교회에까지 가지고 와서 마르세이유와 제노아에서 배를 타고 출발했다. 1190년 시칠리아에서 이 두 왕은 연합하여 메시나를 점령했고 리차드 사자왕은 메시나에서 4,000온스의 금을 부담하고 십자군 포로를 석방시켰다. 리차드 사자왕은 원정 도중 자기 노르만계 기사를 거느리고 (잉글랜드인은 거기에 없었다) 키프루스를 정복한 다음 노르만계 기사를 근거지도 없는 예루살렘 왕 구이에게 넘겨주었다. 양국 군대는 1192년 아크콘에서 서로 마주쳤으나, 이들의 포위망을 19개월이나 구축했다. 사라센이 방어를 포기한 이후 크리스트 교도는 350만 달러의 몸값을 지불할 것과 1,600명의 포로와 십자가를 반환할 것을 요구하고 나섰다. 프랑스 왕은 여기서 귀환길에 올랐다. 10,000여 명의 전사도 국왕과 함께 귀향했다. 잉글랜드의 리차드 사자왕은 프랑스 왕의 십자군 지휘를 넘겨받았으나 격렬한 전투, 가혹한 형벌, 예절과 능숙한 언행 등이 서로 달라서 새로운 결과를 낳게 되었다. 잉글랜드의 리차드 사자왕은 자기 누이동생 조안나를 살라딘의 남동생 알 아디르와 혼인시키려는 마음을 먹고 있었다. 교회조직은 지배자가 제안한 이 혼인을 거절했다. 도이취어계 제국 사람도 귀향길에 올랐다. 프랑스 사람은 잉글랜드 왕의 명령을 잘 따르려고 하지 않았다. 무절제, 방탕, 호색 등이 만연하여 아크콘의 십자군은 완전히 타락한 상황이었다.

잉글랜드의 리차드 사자왕은 자기의 전략, 용병술, 개인의 기백 등의 측면에서 탁월한 재질을 겸비했다. 리차드 사자왕과 살라딘은 자파에서 평화협약에 서명했다. 리차드 사자왕과 살라딘의 평화협약으로 아크콘으로부터 자파에 이르는 동부 지중해 해안 도시는 라틴어계 지역 사람들에게 개방되었다.

또한 크리스트교도와 모슬렘은 어떤 지역이든 원하면 상대지역으로 자유롭게 드나들 수 있다는 것이었다. 예루살렘은 모슬렘 세력 하에 있었음에도 크리스트 교도 또한 예루살렘 성지를 자유롭게 드나들 수 있었다. 항구도 성도로서 보다는 상인 영주에게 중요하게 인식되었다.

리차드 사자왕은 귀환하던 도중 바하우의 뒤른쉬타인에서 도이취어계 제국 황제 하인리히 6세의 포로가 되어 트리펠 지방의 라이히스부르크 영지에 감금되어 있었다. 살라딘은 절제, 관용, 공정함을 두루 갖춘 총명하고 용기 있는 전사 리차드를 압도했다. 보급로가 투르크종족에게 넘어간 이후 이탈리아인의 해상권도 완전히 투르크종족이 차지했다. 살라딘은 1193년 사망했고 광신자는 요한 기사단과 신전 기사단에다 날카로운 칼날을 들이댔다. 유럽세계 인간은 장기간의 포위된 일상생활에서도 유럽이라는 표준규격을 지니고 스스로를 파악하여 스스로 특성, 즉 크리스트교를 의식했다. 유럽세계 인간은 유럽 특성으로 크리스트교를 의식하며 국가(국민)의식을 통한 공동유럽이라는 계획을 지니고 서양세계로 돌아오고 있었다.

제4차 십자군 원정, 베네치아 상인 영주와 라틴어계 지역의 황제권

십자군 이상은 이탈리아인의 상업에 대한 관심 증대와 함께 종교의 관심영역을 이탈하기 시작하여 점차 변질했다. 십자군 이상의 이런 변질은 제4차 십자군(1202~1204)과 라틴어계 지역 황제가 비잔티움에서 추구했던 관심영역에서도 명확하게 드러났다. 즉, 서부 유럽세계에서 출발했던 십자군에게서도 개인주의 영향으로 종교에 대한 새로운 인식이 나타나기 시작했다. 서부세계 인간의 이런 인식 변화는 제3차 십자군(1189~1193) 이후와 그 이전 십자군 출정자에게서 더욱 명확하게 나타났다. 특히, 서부세계 인간에게서 개인주의와 종교의식 변화를 가능케 했던 주된 요인은 결국 요한 기사단 신전 기사단의 싸움이었다. 한편, 프랑스와 잉글랜드 왕의 불화에서 기인한데다 살라딘의 사망으로 예루살렘 왕국의 내분으로 예루살렘에서의 급속한 세력 와해, 곧 종교의식 변화였던 점도 간과할 수 없다. 십자군 선동자 노이르리의 푸르고르까지도 더 이상 십자군에 참가하라고 선동하지 않았다.

그런데도 교황 인노첸츠 3세(1198~1216)는 푸르코르의 방관자세를 간과하지 않고 마침내 베네치아를 점령하였다. 교황은 베네치아 인에게 4,500명의 기사와 말을 대기시킬 수 있는 선창과 9,000명의 하인과 20,000명의 십자군이 타고 갈 수 있는 배를 제공할 것과 9개월 동안 배를 타고 가면서 먹고 살 수 있는 보급품 마련에 필요한 현금까지 베네치아인에게 요구했다. 교황 인노첸츠 3세는 이집트지역을 포함한 예루살렘을 다시 정복하려는 의향을 품고 있었다. 베네치아인은 교황이 요구한 전쟁 배상금 절반을 지급하고 교황에게 50척의 갈레 전쟁 선박을 마련하겠다고 약속했다.

에집트 나일강 연안에서 십자군과 전쟁은 벌어졌다. 그러나 베네치아인은 그 곳의 해안 도시에 대해서는 전혀 관심이 없었다. 나일강 연안의 해안 도시는 해마다 철, 목재, 무기 등을 내다 팔던 베네치아인의 거래지역이었다. 그래서 이탈리아 상인은 이집트로부터 수백만에 달하는 거금을 직접 벌어들였다. 베네치아 인은 이집트 상업을 완전히 독점하고 비밀리에 이집트 지배자에게 어떤 침입사태가 발생하더라도 방위하겠다는(1201년) 보장을 받아 둔 상황이었다. 베네치아 인의 이런 이해관계 때문에 프랑스 십자군은 성지로 들어가지 못했고, 콘스탄티노플로 향했던 것이다. 십자군 진로는 이상하게 전개되었다. 2,800만 달러의 은화를 보상금으로 잘못 합의되었다. 눈 먼 개와도 같은 베네치아 사람인, 즉 엔리코와 단돌로는 십자군에 대하여 거금을 지불했고 십자군은 중요한 아드리아 해변의 베네치아에 인접한 달마티아 해변도시인 차라를 다시 정복하지 않을 수 없었다. 당시 달마티아 해변도시 차라는 헝가리 인의 손아귀에 들어가 있었다. 이처럼 잘못 지급된 현상금에 대한 교황의 저항도 거셀 수밖에 없었다. 교황은 승리를 확신한다고 장담하면서, 계속 전쟁 배상금 문제를 거론했다. 베네치아인의 주된 목적은 콘스탄티노플 정복이었다. 비잔티움제국은 절반에 가까운 소아시아 지역을 십자군으로부터 되찾게 되어 그렇게 불평할 형편은 아니었다. 더욱이 비잔티움제국은 이슬람과 서방세계 인간이 서로 맞붙어 싸우는 것에 대하여 손해 볼 것이 없다고 판단했다.

당시 비잔티움제국 황제 마누에르 1세 콤메노스는 과거부터 강력하게 아페니아 섬을 차지하고자 수 차례 시도했고 수천 명의 베네치아 인을 항구에서 추방했다. 거기다 황제는 라구니아 도시에 대해서도 자기 수도에 있는 모든 상업상 이권을 1171년 박탈했다. 이사크 2세 천사(1185~1195)는 이에 격분하여 사라센과 연합했고 마누에르 1세 콤메노스의 아들은 황제 동생 알렉시오스 3세(1195~1203)를 두려워하여 도이취어계 제국으로 도주했다가 1202년 다시 베네치아로 갔다. 베네치아는 당시 지기 아빌지와를 구원하려던 분위기가 서서히 감돌고 있었다. 단돌로와 프랑스 백작은 알렉시오스와 결탁했다. 젊은 알렉시오스는 10,000명의 인원에게 필요한 병참 물자와 1,600만 달러의 전쟁 후원금까지 팔레스티나에 제공할 것과 그리스어계 정통론자동아리 교회조직을 교황에게 종속시키기로 보장했다. 최고로 풍요로운 팔레스티나를 크리스트 세계가 정복했다는 점에 대하여는 각양각색의 반대 여론과 양심가책 때문에 뭐라고 거절할 명분이 없었다. 베네치아 인의 상인동아리 해상함대가 10여 개월의 항해 끝에 1203년 6월 24일 콘스탄티노플 앞바다에 나타났다. 서부세계 인간은 당당하게 콘스탄티노플을 1204년에 정복하고 무자비하게 약탈했다. 서부세계 인간은 교회조직에서 훔친 성 유물을 어마어마한 가격으로 팔아 치웠다. 투르크종족이 서부세계 인간을 이어서 마리아 대성당에 가했던 손실 또한 십자군이란 야만인이 가했던 피해 못지 않게 컸던 것이다.

베네치아 인은 또한 주머니 같은 곳에 들어 있던 물건까지, 값만 나간다고 하면 모두 찾아내어 약탈했다. 여러 가지 조형물, 비단 류, 노예, 귀금속 등은 모두 베네치아 인의 약탈 대상이었다. 당시 10% 정도의 예술품은 후기에 베네치아에 있는 마르쿠스 교회에 소장된 채 전시되고 있다. 이 예술품은 모두 당시 베네치아인이 콘스탄티노플에서 약탈해 왔던 유품인 것이다. 비잔티움제국은 처음으로 서부 유럽세계 인간의 약탈 때문에 문화공백지대로 전락했다. 당시 서부세계 인간은 콘스탄티노플과 비잔티움 도서관을 약탈했다. 거기서 찾아냈던 귀중한 유품 중에는 귀중한 필사본도 포함되어 있었다. 이 필사본들 중에는 소포클레스와 유리피데스의 극작본도 소수이긴 하지만 포함되어 있었다. 수천 편에 달하는 진귀한 예술품은 서부세계 인간의 약탈 때문에 영원히 사라지고 말았다. '베네치아 상인'은 세익스피어 작품이 아닌 실제 상황에서도 문화 문외한이요, 돈 때문에 눈까지 멀어버린 인간의 사각지대를 보여준 표준인간이었다. 베네치아인의 상업이 추구하던 관심대상 자체는 바로 문화 야만인으로 인식될 수밖에 없었다. 유럽 귀족은 1204년 플랑드르 백작 발두인을 콘스탄티노플의 라틴어계 세계 황제국가 영주로 선출했다. 라틴어계 지역의 이런 황제국가에서는 공용언어를 프랑스어로 채택했다. 봉건 통치체제 정상에는 제국 분할자인 귀족동아리가 앉아 있었고 베네치아인은 자기네 상업로를 확보하기 위하여 세 핵심지역을 장악했다. 이 세 핵심지역은 하드리아노플, 아카르나미이, 펠로폰네소스였다. 아카르나미이지방에는 에페이로스, 요나 섬이, 그리고 펠로폰네소스지역에는 에우보이아, 애기드 섬과 카르리폴리 등이 위치했다. 베네치아인의 이런 상업거점지역 확보에 따라서 제노아인은 비잔티움 요충지역과 외부 거점지역을 비롯한 핵심상권까지 상실했다.

십자군 원정자 다수는 다량의 전리품을 지니고 귀향했고 개같은 놈들의 1/4이 영주로 변모하여 로마제국 1/8을 차지했다고 불평했다. 비잔티움제국은 손해를 보상받을 수 없었다. 라틴어계 제국은 1261년 다시 사라졌지만, 상황은 더 이상 전혀 호전되지 않았다.

8-5. 십자군의 종말

십자군은 베네치아 부자 때문에 근본 취지와는 전혀 다른 방향의 결과를 낳았고 장사꾼을 위한 십자군이 되어버렸다. 이런 십자군 풍설은 서양세계를 너무나 거세게 동요시켰다. 때문에 12살 난 30,000여 명의 쾰른 유아들이 알프스 산맥을 넘어 제노아로 떠났다. 제노아에서 이 유아들은 다량의 후추 가루를 보고, 회심의 미소만을 짓고 있었다. 대개의 아이들은 더 이상 고향으로 귀환하지 못했다. 마르세이유에서 7척의 배에 나누어 타고 떠났던 2만여 명의 프랑스 청년들 중에도 그 일부는 확실히 사르디니아의 고지대에서 도선료 때문에 묶여 있었다. 나머지는 투네시아와 이집트에서 노예로 팔려갔다. 황제 프리드리히 2세는 이 이야기를 듣고, 격노하여 해당 선주를 교수형에 처했다고 한다. 이처럼 유아 십자군은 비극 각본처럼 지나갔다. 유아 십자군 이후 제5차 십자군은 도이취어계 제국, 오스트리아, 헝가리 출신 기사를 거느린 헝가리 왕 안드레아스의 지휘 하에서 나일강 동부 하구에 있는 도시 다미에테를 정복하고 팔레스티나로 가지 않고, 마리크 알 카미르라는 새로운 술탄이 지배하던 나일 왕국으로 진출했다. 그러나 모든 십자군 기사가 퇴각함으로써 십자군 원정은 종말을 고했다. 황제 프리드리히 2세는 1228년 제6차 십자군을 이끌고 떠났다. 프리드리히 2세는 교황청으로부터 십자군 참가 명령을 받지도 않고 크리스트교도의 후원도 없이 십자군에 출정했다. 프리드리히 2세는 아랍인의 정신과 이슬람 학문을 정확하게 파악하고 안내자로서 재치 있게 처리하여 1229년 알 카미르, 아크콘, 자파, 나자레트, 베틀레헴, 대부분 예루살렘 등을 차지했다. 그는 석굴 돔을 중심으로 하여 솔로몬 신전이 위치하고 있던 모하메드의 도시를 제외하면 비잔티움 지역이 퇴색하고 있다는 것을 파악했다.

팔레스티나의 크리스트교도 역시 유복하게 살아갔으며 모욕당한 교황 그레고르 9세 또한 십자군 결과를 크리스트세계의 모욕이라고 해명하고 나섰다. 1244년 팔레스티나의 크리스트교도 귀족동아리는 이집트의 술탄에 대항하여 다마스쿠스의 모슬렘 지배자와 공동으로 크바라즈니아의 투르크종족을 사주하여 예루살렘을 약탈하는 데 연합했다. 교황은 당시 황제 프리드리히 2세의 십자군 원정 반대를 선포하도록 했다. 교황은 수도자 지오반니(Giovanni de Piano Carpini)를 통하여 몽골의 징기스칸과 투르크종족에 대항하기 위하여 몽골인과 크리스트 교도의 동맹을 제안하고 협상했다. 프랑스 왕 루이 9세는 그런데도 프랑스 기사 군대를 거느리고 제6차 십자군을 계획하여, 거기서 10,000여 명의 군대와 함께 포로가 되었다. 프랑스 왕 루이 9세는 거액의 몸값을 치르고 풀려나 1254년 4년간 이크콘을 포위헤 있다가 이후 프랑스로 귀환했다. 최후인 제8차 십자군은 투니스에서 파산했다. 프랑스 왕도 1270년 예루살렘이란 말을 남기고 사망했다. 루이 9세 통치시대를 거치면서 베네치아와 제노아의 전사동아리는 1256~1260년 시리아 항구에서 이집트의 술탄인 노예 바이바르에게 크리스트 교도의 해안 도시 체사레아, 사파드, 자파, 안티오키아(1268년) 등을 정복할 기회를 포착했다. 크리스트교도의 모험가동아리가 대상과 도시를 무력으로 공격하기로 결정했던 것은 십자군이 거의 끝날 무렵이었다. 술탄 카이르는 동방에서 라틴어계 인간에게 가장 확고한 거점지역인 아크콘을 정복하고 1291년 6만여 명의 포로를 살해했거나 마음대로 노예로 팔아 버렸다. 그리고 티루스, 시돈, 하이파, 베이루트 등의 도시도 술탄에게 넘어가고 말았다. 예루살렘 왕, 모험가, 광신자 등을 시대 흐름에 따라서 영지 없는 유력자라고 지칭했다. 거기서 이 유력자는 200년 동안이나 이리 저리 떠돌아다녔다. 그런데도 십자군 운동은 영원히 사라지고, 되살아나지 않았다.

맺음말

수차의 십자군 원정도 본래 목표를 달성하지 못했다. 그러나 모슬렘 세계는 예전처럼 너그럽지 않았다. 십자군 운동의 종결과 함께 이탈리아인은 상업 거점 지역이었던 시리아와 팔레스티나 지역의 항구를 상실했다. 그런데도 이슬람 교육, 문화, 전쟁 수행능력 등은 크리스트교도를 능가했다. 유럽을 평화스럽게 만들겠다는 교황정치 의지도 완전히 사라졌다. 국가의식으로서 국민의식은 성장했다. 봉건관습과 봉건제는 방향을 잘못 잡았던 십자군 원정 때문에 더욱 약화되었다. 또한 유럽세계에서는 기사 역시 황금시대를 상실하고, 천박한 상업 제국주의를 추구하던 베네치아 인의 용병대로 전락했다. 십자군 기사는 금전만능주의에 사로잡혀 고향 영지나 권리까지 팔거나 저당 잡혔고 황제제국에 대한 통찰력까지 상실했다. 그럼에도 불구하고, 프랑스 왕의 권력과 자산은 신장했으나 이슬람 쇠퇴와 몽골인의 파고 속에 휩쓸리고 있었다. 기사단은 어려운 운명을 극복해 갔다. 로도스의 요한 기사단은 1522년까지 영향력을 발휘했으나 말타의 투르크종족 때문에 와해되었다. 요한 기사단은 이어서 말타 기사단으로 바뀐 다음 사라졌다. 도이취어계 제국의 영주동아리는 프로이센에서 새로운 활동분야를 찾아냈고 신전 기사단은 프랑스에서 다시 조직을 갖췄으나 유대인이나 롬바르드인처럼 유럽세계 금전 상인으로 변모하여 낮은 이율로써 금전 대여업에 종사했다. 유대인과 롬바르드인의 축재와 자치체제는 프랑스 왕의 탐욕을 오히려 자극했다. 프랑스 왕 필립 4세 미려왕은 기사단 재산을 세속인이 관리할 것과 종교재산을 정당하지 못한 방법으로 착복하더라도 착복재산에 대한 정당함을 법률로 명시해 두었다. 또한 필립 4세 미려왕은 1310년 신전 기사단을 해체한데다 1312년 아비뇽의 교황유폐에 동의하고 말았다. 신전 기사단의 주요 인물은 지배자의 교황 유폐를 반대하다가 파문당했고 교황의 권위와 명망은 제1차 십자군 원정 때문에 전체 유럽세계에서 중요한 위치를 차지했으나 교황청 사절단의 왕래 때문에 각 국가에서 더욱 중요한 위치를 차지했다. 교황청과 법황청에 대한 후원금은 그때 이후 사라졌다. 후원금 제공자는 교회조직을 넉넉하게 만들고, 지배자를 고무했다. 풍자 대상은 결국 교황이었다. 교황은 풍자문 주인공으로 전락했다. 교황 그레고르 9세는 헝가리 십자군이 자기네 소원대로 몸값을 치르고, 1241년 해방됨에 따라서 돈을 가진 프리드리히 2세와의 싸움을 종결했다.

아르비겐스계 이단자동아리는 프로방스 성지를 내세우지 않고 자기네 십자군이 이단자 활동에 대한 속죄 대가라고 지적했다. 누구나 아르비겐스계 이단자동아리의 이런 지적을 껄끄럽게 받아들였다. 십자군의 실패와 함께 교회조직 명예도 결국 땅바닥에 떨어졌다. 왕국구성원은 부유한 교회조직 상황을 혐오하기 시작했다. 교회조직 재산을 노리는 사람도 점차 증가했다. 또한 교회조직이 풍요를 누리는 데 대한 풍자물이 유럽세계 전체를 휩쓸었다. 교황이 세속에 뛰어들 수 있느냐의 문제 제기와 함께 교황이 과연 크리스트의 구세군대인가에 대해서도 문제를 제기하기 시작했다. 종교 분위기는 침체했고 교역과 산업은 발전했다. 유럽세계 인간의 생활도 교역과 산업 영향력을 받으며 신전 기사단은 팔레스티나를 상실했다. 그러나 신전 기사단으로 편성된 이탈리아인의 상인동아리 해상함대는 이슬람과 비잔티움 제국을 경계하면서 지중해를 장악했다. 베네치아, 제노아, 피사, 아말피, 마르세이유, 바르셀로나 등의 지역에서 교역은 십자군 원정 절정기에 모슬렘을 교역 상대자로 선택하여 더욱 발전했다. 로마제국 시대 이후 지중해지역의 상업과 교역은 지리의식 확대와 같은 시각은 더 이상 나타나지 않았다. 당시까지만 하더라도, 지중해가 우리 바다라는 의식은 그대로 유지되었다. 서부 유럽세계 인간은 동방의 값비싼 상품을 가져왔고 이탈리아와 플랑드르 지방에서는 직물산업이 발전하기 시작했다. 이탈리아와 플랑드르 지방에서 직물산업이 발전하기 시작함에 따라서, 도시와 시민의 지위는 오히려 십자군 영향으로 간접적이긴 했지만 위축되었다. 게르만어계 종족사회에서 정착했던 농업 위주의 봉건관습과 본래부터 계승되던 종교동아리 관행도 십자군 원정 시기에 이르러 새로운 위치로 변화했다. 사물에 대한 개념 변화는 왕국구성원의 판단기준에서도 나타났다. 물질변화는 더욱 심화되었고 따라서 이런 사회변화는 '사회질서 재구성'이라는 르네상스와 인문주의 운동을 더욱 분리하면서 새로운 사회를 예고했다.

제 9 장
슬라브어계 종족세계와 북-서부 유럽(11~14세기)

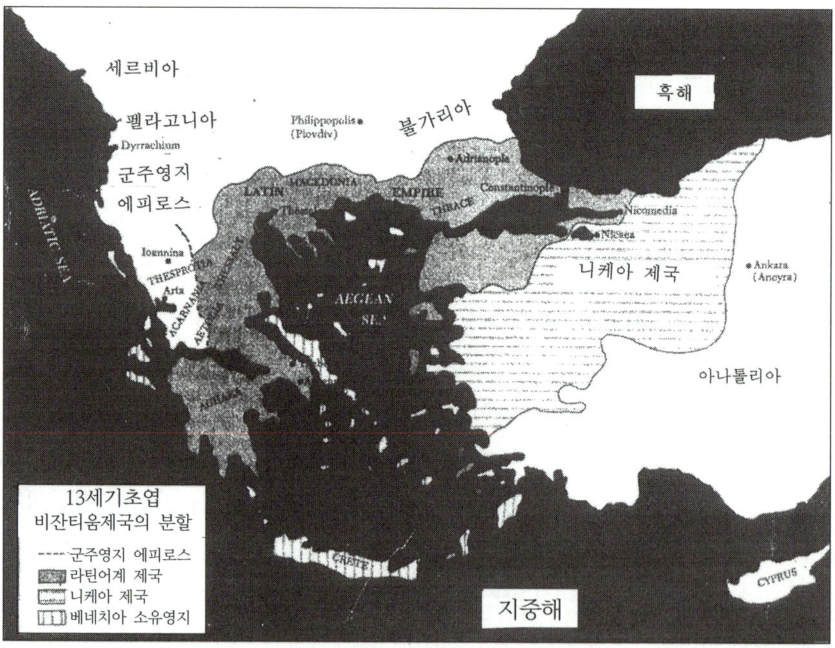

9-1. 비잔티움 지역, 러시아, 몽골인

소아시아지역은 비잔티움제국에서 이탈했다. 이 소아시아지역의 과거 비잔티움 제국영역에서도 분할왕국은 출현했다. 우선 소왕국은 니케아지역에서 출현했다. 이 곳 왕국 지배자 라스카리스는 비잔티움제국 황제 알렉시오스 3세의 사위 테오도르였다. 라스카리스는 1206년 퇴진했고 라스카리스의 퇴진과 함께 프루사, 필라델피아, 스미르나, 에페소스 등의 풍요한 도시가 자리잡은 아시아지역의 비잔티움 제국영역에서는 아나톨리아왕국이 출현했다. 동부의 트라페춘트 지역에서도 분할왕국이 출현했다. 과거 비잔티움제국 영역에서 출현한 세 번째 분할왕국은 에페이오스왕국이었다. 에페이오스지역에서 건국된 분할왕국 지배자는 오한네스 두카스 바타체스였다. 요한네스 두카스 바타체스(1222~1254)는 라스카리스의 사위였다. 요한네스 두카스는 후계자로서 1246년 테쌀로니키를 정복했다. 테쌀로니키 지방에는 13세기에 가장 부유하고 아름다운 도시인 니케아가 자리잡고 있었다. 요한네스 두카스는 니케아를 중심으로 다시 왕국을 창건했다. 교황 인노첸츠 4세와 몽골의 징기스 칸의 상호 화해는 요한네스 두카스 바타체스의 왕국통일을 방해했다.

비잔티움제국 지배자는 파레오로고스였다. 파레오로고스는 모든 악행의 표본인물이었고 니케아의 반역자요, 에페이오스 지방영주였다. 파레오로고스(1259~1282)는 불만에 가득 찬 귀족동아리 정상에 앉아서 제노아 상인동아리의 보호를 받아 수도 콘스탄티노플을 되찾아 1261년 비잔티움제국의 황제위에 올랐다. 파레오로고스가 비잔티움제국의 황제위에 즉위하자, 지배자 발두인과 라틴어계 지역의 성직자는 겁을 집어먹고, 이미 도망친 상황이었다. 세상에서는 비잔티움제국이 이미 사라져 버렸다고 믿고 있었다. 그런데도 비잔티움제국은 파레오로고스의 출현과 함께 다시 왕성한 생명력과 활력을 과시하며 재생했다. 비잔티움제국의 부활과 함께 그리스어계 정통론자동아리 교회조직도 다시 일어섰다. 비잔티움제국은 200여 년간 고전시대 학문동아리의 전문지식원리 교육관행을 전승하여 전달하는 보물창고 역할을 담당했다. 거기다 비잔티움제국은 사면팔방의 모든 지역을 정복했던 이슬람을 저지하고 이슬람 세력에 대한 취약한 방파제 역할까지 담당했다. 투르크종족의 정복으로 콘스탄티노플이 함락된 1453년 이후 비잔티움제국은 세계사에서 최후를 장식했다. 아르메니아종족은 1080년 킬키아로부터 이동하여 이주종족으로서 과거 비잔티움제국 영역에 소아르메니아 왕국을 창건했다. 소아르메니아 왕국은 1080년 이후 페르시아와 아랍세계로부터 건축예술과 축소 그림을 받아들였다. 비잔티움 예술 영향으로 아르메니아 왕국에서는 비잔티움 정통론자동아리와 로마 정통론자동아리의 예술을 혼합한 예술이 피어났다. 이 조형예술은 킬리키아 지역에서 발전했다. 킬리키아 이주자는 셀죽계 투르크종족으로부터 쫓겨났던 본래 아르메니아종족과 투르크종족으로서 몽골인의 지배를 피하여 과거 자기네 고향을 버리고 도망갔던 지역에서 예술을 꽃피웠다. 소 아르메니아 수도는 시스였다. 시스는 300여년이나 번성하다 십자군 원정군에게 알려지게 되어, 제노아와 베네치아 상인동아리와 교역하며 번영을 구가했다. 소 아르메니아 왕 헤툼 1세(1226~1270)는 몽골인과 연합하여 셀드수크계 투르크종족을 본토 아르메니아로부터 추방했다. 소 아르메니아는 1303년 이후 이슬람교로 개종했으나 몽골인은 소 아르메니아를 멸망시켰고, 1235년에는 이미 마메루크 종족의 지배하에 있었다.

키예프왕국

11세기 러시아 남부지역에서는 쿠만, 불가르, 카사르, 포로브츠, 파트치나크 등의 종족이 이주하여 정착했다. 러시아 남부와 북부지역으로는 무려 64개의 종족왕 통치체제가 자리잡고 있었다. 그 중에서도 중요한 종족왕 통치체제는 키예프, 보르히니아, 노브고르드, 수즈다르, 르야샤느, 체르니고브, 페레야슬라브 등이었다. 키예프 대영주 야로슬라브는 확실한 주도권을 행사했고 1054년 자기 통치영지를 두 아들에게 분할하여 물려주었다. 야로슬라브의 두 아들은 선친으로부터 영지를 분할하여 상속받았으나, 서로 싸우고 있었다. 키예프 통치조직은 봉건법의 위계질서에 따라서 왕족의 식읍분할과 함께 체계를 갖추었다. 식읍영주 사이에는 베케라는 대의기구(Weche)가 종족회의 기구처럼, 그리고 보야르스카야 두마(Bojarskaja Duma)가 귀족회의 기구와도 같은 기능을 수행했다. 성직자는 교육을 담당했고 비잔티움 세계의 교육모형과 교본관행을 모방하여 문헌과 법률, 종교와 예술을 러시아에 다시 전파했다. 야로슬라브 지배하에서 '러시아인의 법률'(Ruskaja Prawda)은 형식을 갖추었다. 또한 1160년경 '러시아인의 법률'은 완벽한 법전의 모습을 나타냈다. 러시아 교회조직은 러시아인 법전에서 종교, 성직자, 혼인, 예절, 상속 등에 대한 완벽한 재판 관할권을 계승했고 노예와 식솔에 대하여 무제한 명령권을 지녔다. 러시아에서는 12세기에 이르러 노예무역이 번창했다.

키예프왕국은 봉건제후 간의 불화 때문에 완전히 붕괴했다. 키예프 왕국은 사회에서 깊은 반목에 휩쓸렸다. 키예프사회의 이런 반목은 착취당하고, 억압받던 종족구성원의 혁명으로 폭발했다. 키예프의 도시회의는 제후 프레야슬라브의 모노마크에게 구원을 요청했다. 도시회의가 모노마크에게 구원을 요청했던 것은 상위 부류 종족구성원의 비위를 건드리지 않고서는 더이상 종족구성원의 요구를 충족시킬 수 없었기 때문이었다. 당시 모노마크는 왕국을 통합할 수 없었고 내부정치를 안정시킬 수도 없었다. 그래서 상인 대다수는 키예프 왕국을 떠나가고 있었으나 이슬람 상인과 관계를 유지하며 비잔티움지역과 발트해 사이에 위치한 러시아 하천을 교역로로 활용하기 시작했다. 원래 러시아교역은 지중해 영역을 중심으로 드네프강 하구에서 서로 다른 종족 사이를 오가면서 이어져왔다. 당시 이탈리아 도시상인과 러시아교역은 드네프강과 돈강에 이르렀고 흑해와 지중해에서 서로 교류되었다. 키예프는 부를 상실한 것이 아니라, 경쟁능력을 상실했다. 키예프는 1169년 안드레이 보고르유브스키의 침입을 받아 키예프의 이주종족 자체가 노예로 전락하여 '러시아 심장'이 정지될 뻔 했다. 한편 1204년 이후 베네치아 상인동아리와 프랑크 종족은 콘스탄티노플에서 비잔티움세계와 교역을 계속하며 여전히 해상권을 장악했다. 이런 지중해 교역상황은 키예프의 파멸과 1229년과 1240년경 몽골인 침입을 예고했다.

1150년 이후, 모스크바 근처와 볼가강 연안의 루스종족은 우크라이나의 키예프 왕국에 동부지방의 지배권을 이미 넘겨 준 상황이었다. 모스크바는 1156년 창건되었다. 모스크바는 본래 촌락에 불과했으나 브라디미르에서 키예프로 향하는 도로상에 위치한 수즈다르 제후 영지의 경계초소로서 출발했다. 수즈다르의 제후는 당시 안드레이 보고르유브스키(1160~1175)였다. 보고류브스키는 자기 제후 영지를 러시아세력으로 만들려는 의도를 품고 노브고르드를 정벌한 다음 노브고르드를 키예프의 지배하에 두었다.

노브고르드

노브고르드는 보르코브강 연안과 이르메느 호수에서 발원하는 상류와 멀지 않은 지점에서 형성되었다. 노브고르드는 하천을 따라서 수로 요충지에 위치한 상업도시로서 피어나기 시작했다. 노브고르드는 보르코브강이 북쪽 라도가 호수로 흘러간다는 지리상의 이점을 지녔고 거기다 다시 이르메느 호수에서 발원한 강물은 노브고르드의 남부와 서부로 흘러가 라도가 호수를 거쳐 발트해에 이렀다. 노브고르드는 지형상으로도 적절한 교역 여건을 갖추고 있었다. 보르코브강은 아랍세계와 비잔티움세계로 향하는 상업거점 지역이어서 보르코프강 유역 상업과 도이취어계 제국 북부 한자도시 교역을 연결했다. 노브고르드는 드네프강을 이용하여 키에프 지역을 거쳐 비잔티움세계와 교역하고 볼가강을 타고 이슬람세계와도 교역했다. 노브고르드는 서부 유럽세계의 프스코브에서 북쪽 북극해로부터 우랄산맥에 이르는 지역에서 러시아 모피교역을 주도했다. 노브고르드는 상인귀족이 지배했다. 노브고르드의 상인 귀족사회에는 1196년 이후 제후 알렉산더 네브스키(1238~1256) 통치하에서 교역 중심지로 성장하여 번영시대를 맞이했다.

노브고르드의 알렉산더 네브스키는 그리스어계 정통론자동아리 교회조직을 바탕으로 한 러시아가 서방세계의 라틴어계 정통론자동아리 교회조직을 정복해 주기를 희망하여 십자군원정에도 군대를 파견했을 정도였다. 현재 상트 페테르부르크 근처에서 노브고르드의 알렉산더 네브스키는 1240년 네바에 있던 스웨덴 해상함대를 정복하여 노브고르드의 강력한 제후가 되었다. 알렉산더 네브스키는 도이취어계 십자군의 프스코브 정복으로 30km에 달하는 거리를 걸어서 후퇴했던 인물이었다. 결국 노브고르드 공국은 쇠퇴했다. 이어서 루스종족 제후는 1242년 도이취어계 신전 기사단과 페이프스 호수 전투에서 패배했다. 그런데도 루스종족 제후는 자기 종족과 함께 몽골인 요크에게 굴복하고 말았다.

몽골인 침입

몽골인은 12-13세기 투르케스탄지역으로부터 카프카즈지방을 점령했다. 몽골인은 이어서 다시 크리미아 반도의 쿠만종족과 루스종족을 정복하여 이들 종족과 100년 동안이나 상호 적대관계를 유지했다. 몽골인은 이들 종족을 아소브쉬 바다 근처의 카르카 강변에서 싸워 루스종족을 완전히 정복한 다음 이어서 중국을 정벌했다. 몽골인은 징기스 칸의 조카인 바투의 지휘 아래 500,000 대군을 거느리고, 다시 러시아 방향으로 침입하여 볼가 강변의 불가르종족과 불가리아 왕국의 수도 볼가르를 정복하여 초토화한 다음 르야산과 수즈다르왕국을 복속했다. 몽골인은 모스크바와 완전히 포위된 브라디미르 뿐만 아니라, 수즈다르와 로스토브 이외에도 다른 촌락민을 1238년 습격하여 체르니고프와 프레야슬라브를 초토화하고, 키예프의 저항을 잠재우기 위하여 키예프 거주자를 학살했다. 당시 키예프 농민은 몽골인에게 학살당하거나 노예로 매매되었다. 당시 교황청 사절인 지오바니(Giovanni da

Piano Carpini)는 키예프에 체류 중이었다고 한다. 지오바니는 당시 키예프에는 사람이라고는 살지도 않는 200여 채의 오두막집만이 남아 있었다고 전하고 있다. 몽골인 원정군은 이어서 드디어 동부유럽의 쉴레지아에 도달했다. 실레지아에서 몽골인은 볼가강 지류에 위치한 사라이지역에 자치령 형식으로 타타르종족의 통치체계를 창설했다. 타타르종족의 통치체계를 흔히들 '금장 칸 국'이라 지칭했다. 타타르종족의 '금장 칸 국'은 240년간이나 유지되었으나 금장 칸 국은 러시아 분할공국으로 흡수되었다. 제후는 '금장 칸 국'의 칸이나 몽골의 카라코룸에 있는 대 칸의 신하로 전락했다. 그래서 이 제후는 몽골인 지배자에게 예를 올리고, 인두세를 거두거나, 노예 수에 따라서 환산되는 공물을 바쳤다.

루스종족과 몽골인은 여러 방면에서 혼합했다. 러시아는 아시아지역의 강대국인 몽골인의 식민지로 오래도록 남아 있었다. 유럽문화는 아시아인의 통치시대를 거치면서 러시아지역에서 완전히 단절되었다. 이런 단절사례는 후기 지배자 명칭인 모스크바 공국의 사례, 즉 모든 루스종족 지배자 이념이 몽골인의 절대주의와 비잔티움 제국의 황제 제일주의를 모스크바공국의 통치이념으로 수용했던 사례에서도 입증되었다. 모스크바공국의 지배자 이념은 바로 제3의 로마제국처럼 발원했다. 몽골제국의 칸은 러시아에서 자기네 통치체계를 유지하기 위하여 러시아 교회조직과 화친협약을 맺고 러시아의 성직체제와 영지소유관습을 무너뜨리고 조세부담을 덜어 주었으나, 종교학살에 대하여는 죽음이라는 벌을 받았다. 전제 통치권의 압박 때문에 수만 명의 루스종족은 수도자로 변모했다. 루스종족은 몽골인의 압박을 견디면서 교회조직을 사랑으로 지켜냈다. 러시아는 몽골인의 전제 통치하에서도 그리스어계 정통론자동아리 교회를 지키며 몽골제국에 대하여 유럽세계를 지키는 방파제 역할을 수행하여 아시아계 몽골인에 대하여 유럽세계 인간을 지켜주던 보루였다. 슬라브, 루스종족, 폴종족, 체크종족, 메르종족, 슬로바크종족, 마자르종족 등은 동쪽으로부터 몰려오는 몽골인의 파고에 휩싸였다. 1380년 처음으로 몽골의 칸은 동유럽을 정복했다. 그로부터 100년 이후 몽골제국의 칸은 전체 러시아 일인자인 이반 3세(1462~1502)로 둔갑했다.

9-2. 서부와 남부 슬라브어계 종족과 발트해와 아드리아해 사이에서 형성된 중부 유럽의 동부 지역

12-13세기 발칸 반도의 종족과 왕국

발칸지역에서는 강력한 이웃종족이 서로 싸우고 있었다. 개개 종족의 특성은 건축술, 의복, 음악, 민요, 춤 등의 영역에서 뚜렷하게 나타났다. 발칸반도는 외부로부터 유입된 이동종족 영향을 받아 외부 영향력과 내부 자생력의 조화를 이루며 새로운 결속력을 이루어냈다. 특히, 종족 간의 결속운동은 발칸반도를 중심으로 일어났고 종족특성에 따라서 각 종족구성원을 이리저리 뛰어다니며 떠돌게 만들었다. 불가르종족과 바라크종족은 168년간이라는 예속시대를 거쳐 1186년 형제인 요한과 페터 통치시대에 이르러 종족으로 성장하기 시작했다. 이 형제에게서 중요한 점이 있다면, 이 두 형제는 티르노보에 있는 데메트리우스 교회조직에서 성자 데메트리우스를 보조했고 종족구성원을 자유롭게 해방시켜 불가르종족 왕국, 즉 불가리아를 함께 창건했다. 요한의 본거지는 티르노보였다. 페터는 본거지를 수도 프레슬라바에 두었다. 이 두 왕조, 즉 불가리아왕국 역사에서 탁월한 인물은 결국 요한 2세 아센(+1218)이었다. 요한 2세 아센은 트라키아, 마케도니아, 에페로스, 알바니아를 정복했다. 그리스지역의 예속종족은 요한 2세 아센의 정복지역으로 들어와 신서와 수도자동아리 창건으로 비잔티움제국에 기울어져 있던 교황청 예속지역을 정복했다. 요한 2세 아센의 업적은 불가리아 왕국의 문화정책에서도 더욱 뚜렷하게 드러났다. 몽골인의 침략시대(1292~1295)와 함께 불가리아 왕국은 원동력을 잃었고 14세기 세르브종족과 투르크종족의 지배하에 들어갔다.

세르브종족은 이미 언급한 바와 같이 수장 의미인 추판(Zupan) 스테판 네마냐가 통일왕국을 이루어내면서, 유럽사 무대에 등장했다. 스테판 왕조는 세르비아 지역을 200년 동안이나 통치했다. 스테판의 아들 싸바는 대주교요, 정치가로서 세르브종족의 왕국인 세르비아 왕국 창건자로서 성자 위치에 올랐다. 거대한 항구인 라구사(Ragusa=Dubronik)는 자치 도시국가처럼 유지되었으나 세르비아는 베네치아 상인동아리 세력에게 1221년 굴복하지 않을 수 없었다. 그런데도 세르비아 예술은 비잔티움세계 영향을 받아 개인에 대한 숭배의식 위주로 발전했다. 이런 세르비아 예술성향은 네레츠에 있는 상 판테레이몬 교회 벽화(1164년경)에서처럼 독특한 성을 지녔다. 세르브종족의 예술은 벽화기교를 발휘하고 있다. 이 벽화는 이탈리아인 두크치오(Duccio)와 지오토(Giotto)를 통하여 받아들였을 가능성도 있다. 비잔티움세계 예술에는 당시까지도 개인성향이 나타나지 않았고 세르비아의 비잔티움세계 예술성향은 세르브종족 벽화가 국왕의 모습을 그리고 있는 것과 전혀 다른 성향이었다. 세르브종족이 통일왕국을 유지할 수 없었던 것은 바로 예속 신앙주의자의 종교박해 때문이었다.

보스니아는 추판 쿠린 시대(1180~1204)에 이르러 여명시대를 맞았다. 보스니아는 1254년까지 헝가리 왕국의 통치하에 복속되었다. 보스니아는 추판 쿠린 시대에 이르기까지 크로아티아나 세르비아처럼 불가리아왕국과 비잔티움제국 영향을 받았다.

보스니아 주인공은 대개 남부 슬라브어계 종족이었다. 보스니아의 슬라브어계 종족도 아바르종족의 이주와 함께 발칸반도로 이주하여 크로아티아와 세르비아 왕국의 예속종족을 거쳐 7세기 이후 슬라브어계 종족에 동화했다. 물론 보스니아의 슬라브어계 종족은 이런 맥락에서 슬라브어계 문화와 언어를 지니게 되었다. 보스니아의 슬라브어계 종족은 크로아티아나 세르비아의 슬라브어계 종족과 통치체제를 같이하지 않고 언제나 분리되어 있었다. '콘스탄티누스 7세의 행정세칙'에는 10세기 크로아티아의 영주귀족이 11명이었던 것으로 언급하고 있다. 11명의 영주귀족 중에서 보스니아 귀족은 4명이었다. 당시 보스니아의 영주귀족은 보스니아 지역에 4개의 도시를 장악했다고 한다. 보스니아는 10세기 이후 세르비아의 영주 카슬라브의 세력 하에 편입되었다. 카슬라브가 사망한 이후 보스니아는 960년경 크레시미르 2세의 크로아티아왕국에 복속되었고 997년 불가리아 왕국의 사무이르에 복속되어 불가리아 왕국의 제후국이 되었다. 보스니아는 11세기 후반까지 불가리아 왕국의 제후국으로 존속했으나 서부는 크로아티아 왕국에 합병되고, 동부는 세르비아, 즉 두크르야의 통치하에 들어가 있었다. 두크르야가 사망한 이후 보스니아는 중세세계 국가모습을 드러내면서 중세 유럽구성원으로서 역사무대에 등장했다. 보스니아는 동부와 서부로 나누어져 있었다. 보스니아는 지리상 산악지대였기 때문에 동부와 서부 사이의 원활한 의사소통이 이루어질 수 없었다. 보스니아는 15세기 이탈리아와 교역이 증가하면서 서부 유럽세계 문화 영향을 받았다. 보스니아는 10세기까지 해안지역으로부터 로마 정통론자동아리로 개종했다.

12세기 보스니아는 두브로브니크 대주교 관구조직에 편입되었고 포드리나, 훔(헤르체코비나), 쏘리, 우소라, 도느위 크라위 등의 지역으로 나뉘어져 있었다. 보스니아 중심지는 훔(헤르체코비나)이었다. 보스니아의 이들 지역은 영지로 나누어져 귀족인 추파스(Zupas)의 지배하에 있었다. 12세기 보스니아는 헝가리 왕국에 예속되었다. 1168년부터 1326년까지 훔(헤르체코고비나)은 분리되어 세르비아 왕조의 통치하에 있던 보스니아로부터 분리되었다. 보스니아로부터 훔(헤르체코비나)이 분리된 이후 훔은 로마 정통론자동아리 교회조직에 편입되었다. 보스니아는 쿠린 시대(1180-대략 1204)에 통치체제를 갖추어 1463년 투르크종족에게 정복될 때까지 귀족공국의 형태로 헝가리에 예속되었다.

도이취어계 제국 황제의 정책목표는 헝가리를 도이취어계 제국으로 합병하려는 것이었다. 도이취어계 제국의 황제 하인리히 3세(1030-1056)는 피사와 레이타 이내의 지역에다 헝가리 마르크를 설치했다. 헝가리지역은 당시 스테판 1세(+1038) 사망 이후 로마 정통론자 교도가 아닌 마자르종족이 침입하여 혼란에 빠졌다. 헝가리 왕 안드레아스 1세는 도이취어계 제국 황제를 끝까지 막아 냈고 게이사 1세는 헝가리왕국을 도이취어계 제국으로부터 지키기 위해 자기 왕관을 교황 그레고르 7세에게 바치며 항가리왕국을 교황청 봉토로 삼아 달라고 요청했다. 헝가리에는 12세기 영지 소유자 세력 간에 왕위 쟁탈전이 벌어졌다. 헝가리는 이런 왕위 쟁탈전을 거치면서, 봉건 귀족동아리 세력이 더욱 강화되었다. 헝가리의 귀족동아리는 1212년 국왕 안드레아스 2세에게 '황금칙서'를 강제로 받아냈다. 헝가리 귀족동아리의 황금칙서는 3년 후 잉글랜드에서 나타났던 불변의 계약문서인 막나 카르타처럼 귀족동아리 자유를 허용하고, 매년 귀족회의를 소집하는 것으로 구성되었다. 여기는 귀족과 교회조직의 재산에 대하여 조세 면제를 선언했고 귀족 권한은 국왕보다 확고하게 안정되었다. 헝가리 왕국의 황금칙서는 700년 동안이나 유지되면서, 헝가리 왕국의 귀족동아리가 자유를 누릴 수 있는 기반이 되었다. 당시 몽골제국의 칸은 위구타이였다. 위구타이는 세 방향으로 군단을 이끌고, 한국, 중국, 유럽을 정벌했다. 몽골 제국의 칸 위구타이는 1235년 이들 지역을 정복하고 사망했다. 제3군단의 수장인 바투는 이어서 대 칸인 위구타이를 승계하여 몽골 제국의 새로운 칸으로 선출되었다. 몽골제국의 군대는 바투와 함께 귀환했다. 이것은 유럽에 대해서는 대단한 행운이었다. 몽골제국의 새로운 칸 바투는 이미 지적한 바와 같이 남부 러시아를 정복하고, 남부 러시아 지역을 2개 속국으로 분할했다. 몽골제국의 한 속국에 소속된 군대는 크라카우와 루블린을 넘어 실레지아를 점령했다. 실레지아의 리그니츠에서 몽골제국의 칸 바투는 1241년 도이취어계 제국 군대를 섬멸했다. 몽골제국의 나머지 군대는 칸 바투의 지휘 아래 카르파트 지역을 함락하고, 헝가리를 침입했다. 모히에서 헝가리와 오스트리아 군대는 패배하여, 1241년 페스트와 에스츠테르곰을 몽골군대에 넘겨주었다. 페스트와 에스츠테르곰의 함락과 함께 헝가리의 왕 베라 4세는 도나우강을 건너 도망쳤으나 몽골군대는 아드리아 해안까지 추격했다.

베라 4세는 몽골인이 물러간 이후 귀환하여 페스트 시를 다시 재건했다. 당시 도이취인은 베라 4세와 함께 페스트지방을 식민했다. 베라 4세는 도나우강 연안의 페스트 시 맞은 편에 위치한 부다지방으로 1247년 수도를 이전했다. 헝가리 왕국의 경제질서는 유목민과 농경민을 예속한 거대한 귀족동아리 지배권 때문에 개방될 수 없었다. 에르츠 산간지방에 도이취어계 제국 출신의 부르크 사람이 광산을 개발하여 일곱개의 부르크를 형성했다. 당시 전체 헝가리에서는 다양한 종족속성과 다양한 언어가 존속했다. 헝가리는 서로 다른 신분과 서로 다른 언어와 종교 때문에 고요한 시대가 있을 수 없었다. 그런데도 헝가리는 국가생활을 전제한 공동 노력과 관심을 갖고 있었기 때문에 통일왕국을 이룩했다.

10-14세기 뵈멘 왕국

과거의
판노니아지역

서부 슬라브어계 종족인 체크왕국은 가장 광범위하게 오늘날 서부지역으로 세력을 확장했다. 체크종족은 뫼렌종족과 함께 뵈멘 왕국을 창건했다. 20세기에는 체코슬로바카이(1919년 창건)를 창건하여 슬로바크종족을 합병했으나 소비에트 연방 해체 이후 체코와 슬로바크는 다시 분리 독립했다. 체크종족과 슬로바크종족은 일찍부터 서로 다른 여러 종족으로 분열된 상황에서 귀족혈통의 영주를 중심으로 정착했다. 그러나 이들 다수 종족은 10세기 부르그 프라그의 영주가 정치 단위의 대혈족 집단으로 묶어 공작영지를 형성했다. 카롤루스 막뉴스 이후 이 공작은 이미 프랑크 왕국의 영향권에 들어와 있었다. 또한 이들 공작은 844~845년 동부 프랑크 왕국의 영지 도시인 레겐스부르크에까지 나타났고 루드뷔히 도이취인 왕 시대에 이르러 프라그의 공작영지는 로마 정통론자로 개종함과 동시에 봉건법 형식으로 도이취어계 제국에 예속되었다. 부르그 프라그의 영주는 9세기 말경 뫼렌 왕국에 통합되어 지배자 스바토프루크의 통치하에 놓여 있었다. 라스티슬라브는 뫼렌 왕국을 창건했다. 뫼렌 왕국은 오늘날의 남부 슬로바카이지역에 자리 잡았다.

이 곳에는 광산지역이이서 주교좌인 니트라가 있었다. 뫼렌 왕국은 미쿠르키체, 스타레 메스토, 베레흐라드 등의 지역에 있는 중간 마르크에 중심을 두었다. 그러나 뫼렌 왕국은 마자르종족의 침입으로 몰락했다. 뵈멘과 뫼렌의 역사에 처음으로 등장하는 통치자는 벤첼 1세였다. 벤첼 1세는 동생 보레슬라브(935-967)에게 살해당했으나 뵈멘 왕국의 국가 성인의 위치에 올랐다. 뵈멘과 뫼렌에서는 벤첼의 통치시대에야 비로소 처음으로 '국가'라는 명칭이 등장했다. 귀족은 13세기 이후 국가란 명칭으로 뵈멘과 뫼렌 종족의 대표자였다. 귀족공동체는 전환시대 인물과 함께 구체화되어 자치의식을 유지했다. 헝가리 왕 스테판 1세도 귀족공동체 대표자로서 국가 성인 위치에 올랐다. 뫼렌 왕 보레슬라브 1세는 도이취어계 제국의 황제 오토 1세(936~973)에게 960년경 복속되지 않을 수 없었다. 그러나 보레슬라브 1세 계승자 보레슬라브 2세(967~999)는 영지의 독립 주교좌를 창설하여 교회조직을 국가 통치조직으로 활용했다. 뫼렌 왕국도 물론 교회조직을 골격으로 통치조직을 갖추었다. 보레슬라브 2세는 독립 주교좌를 중심으로 왕국의 조직체계를 갖추게 되었다. 뵈멘지역은 바이에른 주교좌에서 파견된 도이취어계 선교자동아리와 완전히 분리되었다. 뵈멘 왕국의 교회조직이 도이취어계 제국관구로부터 분리된 이후 도이취어계 제국관구는 선교를 추진한다는 명분으로 프라그 주교좌를 창설했다. 프라그 주교좌 후원자는 로마 교황과 도이취어계 제국계 작센 가문의 황제인 오토 1세였다. 973년에 새로 창건된 프라그 주교좌는 마인츠 대주교 관구에 편입되어 도이취어계 제국의 교회조직에 소속되었다. 뵈멘왕국은 그런데도 광범한 영역으로 통치권을 확대했다. 뵈멘 왕국은 11세기 주목할 만한 독립국가의 모습을 갖추었다. 뵈멘 왕국은 공작의 확고한 결속의식에 힘입어 통일왕국으로 발전했다. 뵈멘 공작은 12세기 이후 뵈멘 왕이 되었다.

제2대 프라그 주교는 프라그의 아달베르트였다. 아달베르트는 보레슬라브 2세가 무자비하게 짓밟았던 슬라브니크니그 가문의 세습귀족이요 황제 오토 3세(983~1002)와는 막역한 친구였다. 보레슬라브 가문의 두 왕과 프레티슬라브는 뫼렌 왕국과 실레지아까지 정복했다. 여기에 폴종족은 뵈멘 왕국에 예속되었다. 살리어 가문의 황제 하인리히 2세(1002~1025)는 군사력으로 압박을 가하여 프레티슬라브를 다시 무너뜨리고 시도했으나 뵈멘 왕 오토카르 1세(1197~1230)는 가능한 한 자치관습을 유지하면서 자기 국가를 찾을 수 있도록 모든 조치를 강구했다. 뵈멘 왕 오토카르 1세는 드디어 자기 왕국 교회조직에 넘어 갔던 모든 국왕권한을 회복하는 한편, 교회조직의 성직자도 13세기 국왕 후견을 받아야 자유로워질 수 있다는 것을 인식케 했다. 오토카르 2세(1253~1278)는 상업, 산업, 광산, 영지의 증축을 후원해 달라고 도이취인을 왕국으로 불러들이고 중간부류 신분상승을 활용하여 강력한 영주귀족을 압도하고자 시도했다. 중간부류 신분은 이어서 국왕으로부터 봉사의무를 부여받아 세습귀족 몰락을 재촉했다. 13세기 귀족영지는 봉사의무를 관리조직에 연계함에 따라서 영지구성원의 공동체로 변모했다. 뵈멘 왕 오토카르 2세는 관리조직의 봉사의무를 활용하여 왕국에서 대다수 도시를 새로 창건했고 그 창건 도시에 도이취어계 제국도시 법률을 도입함은 물론 도이취인 도시 거주자의 상당한 비율을 늘려놓았다. 이미 프라그에는 당시 도이취인 상인과 수공업자, 식민지 개척자가 진출해 있었다. 특히 쿠트나 호라(Kutna Hora=Kuttenberg)의 은광은 은이 주조화폐와 은제품의 원료였기 때문에 뵈멘종족의 복지에 중심위치를 차지했고 왕국의 중요 수출품이었다. 뵈멘은 이미 13세기 확고한 통치체제를 갖추고 중부 유럽 평야지대 주인공으로 등장했다. 뵈멘 왕국은 지리상 위치 덕분에 활기차게 발전했다. 오토카르 2세는 도이취어계 제국의 황제가 없는 틈(1254~1272)을 타서 오스트리아의 바벤베르거 공작을 죽이고 쉬타이어마르크와 케른텐과 같은 오스트리아 지방을 정복하고 도이취어계 제국 황제위까지 차지했다. 뵈멘 왕 오토카르 2세는 도이취어계 제국의 선제후가 되어 1274년 합스부르크 가문 왕 루돌프에 대항하여 전쟁을 선포했다. 이것은 오토카르 2세가 정복지를 돌려주어야 했기 때문이었다. 오토카르 2세는 오스트리아의 루돌프 왕국을 정복했으나 영지귀족은 오토카르 2세에게 반기를 들고 군대 파견을 거절한 나머지 정복지를 반환해야 했다. 오토카르 2세는 비엔나 북동쪽에 위치한 마르쉬 평야의 뒤른크루트에서 벌어진 전투에서 패배하여 1278년 전사했다. 오토카르 2세의 아들은 벤첼 2세였다. 벤첼 2세는 봉토신서를 다시 올리지 않을 수 없었다. 프레미슬리드왕조는 1306년 벤첼 2세 손자의 사망과 함께 몰락했다. 뵈멘 왕국의 영지귀족은 도이취어계 제국 황제 하인리히 7세의 아들인 룩셈부르크 가문의 요한을 국왕으로 선출하고 요한에게서 기존 특권을 명확하게 확인한 다음 귀족특권과 통치권으로 국왕에게 대항할 수 있는 기구를 설치했다. 뵈멘의 이런 정치기구는 1215년 발포된 잉글랜드의 막냐 카르타와 1212년에 나온 헝가리의 황금칙서와 유사했다. 뵈멘은 프라그에 있는 바이센베르그 가문이 몰락하게 될 때까지(1620년) 신분제 대의기구를 구성하여 운영했다. 뵈멘 왕국의 신분제 대의기구는 고전시대 민회 모습으로서 유럽세계 전역에서 신분대표제 모델이 되었다. 룩셈부르크 가문 왕은 요한 아들인 카를 4세였다. 카를 4세는 도이취어계 제국 황제위에 올라 뵈멘 왕위까지 차지할 수 있었다. 또한 카를 4세는 뵈멘을 정치, 경제, 학문, 정신, 문화 등의 중심지로 만들었다. 카를 4세는 프라그에 대주교 관구를 창설했고 최초로 도이취어계 대학을 프라그에 창건했다. 카를 4세는 뵈멘 왕의 왕관(Corona regni Bohemiae)이란 의미에서 이념을 통하여 룩셈부르크 가문의 통치영역을 결속했다.

폴종족과 발트해의 슬라브어계 종족

뫼렌, 뵈멘, 폴 등의 종족은 중부유럽의 동부지역에서 도이취어계 제국과 직접 접촉했다. 이 종족은 일부이긴 하지만, 도이취어계 제국을 정복한 적이 있거나 자기네가 도이취어계 제국을 통치했던 경우도 있었다. 이 종족도 대략 600년경 이후 서부 슬라브어계 종족이동 과정에서 결속되어 10세기 국가체제를 갖추었다. 뵈멘 종족은 13세기 이후 도이취어계 제국에서 떨어져 나가 도이취어계 제국을 능가했다. 뵈멘종족은 발트해 남쪽에서 종족집단을 형성했다. 이들 슬라브어계 종족 중에서도 바르테란트와 오데르 가우에서는 '평야지대 종족'이라는 의미의 포라니종족이 발흥했다. 이들 포라니종족은 바이크설강을 따라서 정착한 마수르와 해변가에 거주한다는 의미의 포모르차니에서 포메르사람이란 명칭을 부여받았던 폴종족이었다.

폴종족 제후는 미에츠코 1세였다. 미에츠코 1세는 963년 폴종족을 교황 보호에 예속해 둠으로써 도이취인의 침입을 미연에 방지하겠다는 의도를 드러냈다. 963년 이후 미에츠코 1세의 폴란드왕국은 점차 서부 유럽세계 인간과 로마 정통론자 세계와 긴밀한 관계를 갖기 시작했다. 미에츠코의 아들 보레슬라브 1세 대담자 왕(992~1025)은 폼메르 지역, 브레슬라브, 크라카우 등의 지역을 정복하고, 스스로가 폴란드 왕국의 초대국왕이 되었다. 브레슬라브 1세 대담자 왕의 네 아들은 통일왕국을 분할하여 통치했다. 브레슬라브 3세(1102~1139)는 왕국통일을 이루게 되었다. 그러나 왕권은 취약한 나머지 귀족은 더욱 방대한 권한을 행사했다. 폴종족은 도이취어계 제국과 뵈멘으로부터 자치냐, 예속이냐 사이에서 갈피를 잡지 못했다. 몽골인 침입으로 뵈멘의 수도 크라카우는 초토화했다. 몽골인의 침략이 정지된 이후, 1241년 도이취인의 동방 진출운동은 서부 폴종족에게로 밀어 닥치면서 언어, 법률, 민속 등에 영향을 미쳤다. 브레슬라브 5세는 1246년 도이취어계 제국으로부터 박해를 모면하기 위하여 유대인에게로 도피하여 유대인 사이에 살면서 자기 왕국의 수공업과 화폐제도 발전을 후원했다. 뵈멘왕 벤첼 2세는 실레지아 동부 지방을 정복하여 이어서 크라카우와 산도미르 지방을 획득했다. 벤첼 2세는 1300년 폴 종족 왕위에 올랐다. 에거란트와 프라이센란트는 이미 그 이전부터 벤첼 2세에게 흡수당한 상황이었고 1298년 마이센 마르크에서 왕국의 보좌 신부직을 차지했다. 아르파렌 전투에서 벤첼 2세의 전사 이후 아들 벤첼 3세는 헝가리 왕이 되었다. 벤첼 3세는 법황청과 합스부르크 가문의 이해관계에 타격을 가했고 폴종족을 거느리고 헝가리를 정복했다. 그러나 벤첼 3세는 암살당했다. 이후 폴종족은 피아스텐 브라디슬라브 로키에테크로 되돌아 갔으나 뵈멘은 에르츠 산간지대 북쪽에서 이민을 상실했다.

12-15세기 발트해 연안 국가와 도이취어계 신전 기사단 국가

발트해 연안국가는 외부 영주와 타협지역이었다. 발트해 연안은 한편 서부 유럽세계 문화와 충돌지역이었다. 마자르종족과 훈종족은 서로 같은 아시아계 종족으로서 중세 유럽세계부터 볼가강과 오카강 상류에 정착했다. 스웨덴 왕 에리크 9세는 계속되는 마자르종족과 훈종족의 침입을 저지하기 위해서 이 두 종족을 정벌했다.

중세 독일인들의 동방이주현황

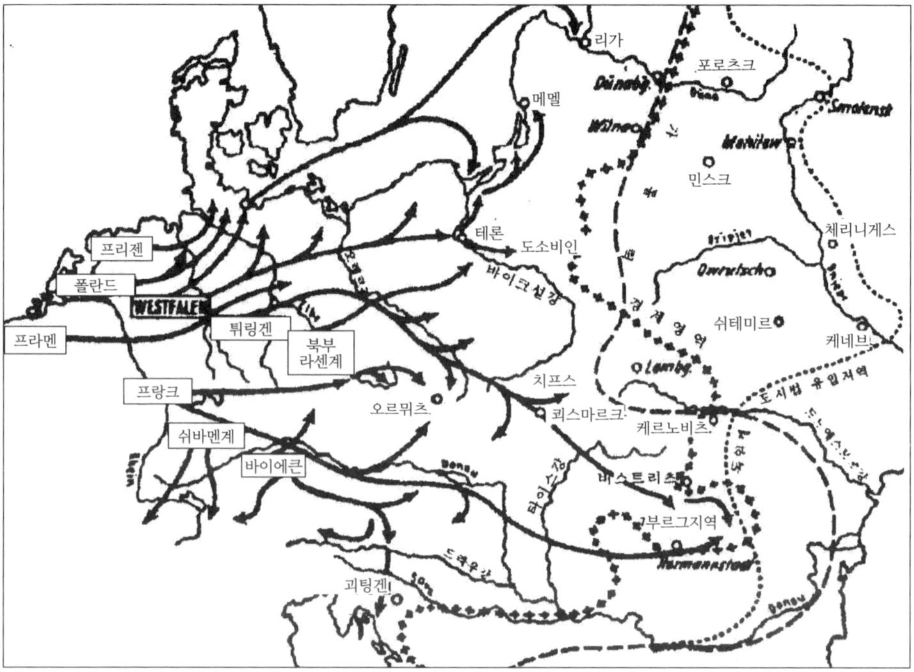

에리크 9세는 크리스트교 문명의 유입을 막으려고 시도하다 결국 웁쌀라 주교직에 하인리히를 임명했고 크리스트교 문명의 유입 때문에 결국 만신창이가 된 채 사망했다. 그런데도 에리크 9세는 후기에 스웨덴 왕국의 보호성자에 올랐다. '핀'은 삼림지대 개간, 즉 저습지대의 배수사업을 통하여, 그리고는 10,000여 개의 호수와 모피 사냥꾼의 경칭으로서 '아주 희귀하다'는 의미를 지녔다. 그래서 핀종족은 가장 적합한 의미로 개척지 사이에 운하를 건설함으로써 스웨덴 왕에게 봉사했다. 에스트종족, 리브종족, 레트종족과 리타우종족, 브루쎈종족(과거 프로이센 종족) 등은 핀해 만의 남쪽에서 어려운 운하건설 과업을 수행했다. 핀해 만의 이 소수종족은 에스트종족을 제외하고 12세기까지 선조의 종교를 그대로 유지했다. 그런데도 도이취어계 종족은 불과 칼을 들이대면서 이 소수종족에게 크리스트교를 강요했다. 리브종족은 자기네 신앙으로 일으켰던 통치권을 도이취어계 종족의 선교 압력으로 상실했다. 교황 인노첸츠 3세(1198~1216)는 이 리브종족에게 십자군까지 출동토록 했다. 교주 아르베르트는 23대의 전함을 이끌고 뒤나로 들어와서 고트란드 출신 상인동아리와 공동으로 도시 리가를 창건하고 1201년 리브란트를 도이취어계 제국 통치영지로 편입했다. 도이취어계 종족이 발트해 연안 종족을 정복한 이후 주교 아르베르트가 창설했던 리브란트는 기사단과 도이취어계 영주의 점령지역으로 돌아갔다. 이 소수종족은 전통신앙을 버리고, 강제로 개종당하여 도이취어계 종족에게 예속되었다. 이 두 기사단은 대단위 영주권을 형성하여 러시아 북서지역 발트해로부터 노브고르드에 이르는 지역을 정복하여 손아귀에 넣고자 시도했다. 그러나 도이취어계 기사단은 1242년 페이푸스 해 전투에서 패배하여 본래 제 시대 모범에 따라서 창건된 자선 기사단이었다. 이 기사단은 아크콘의 브레멘인과 뤼베크 상인동아리로 구성되었다. 이들 도이취인 상인 영주 기사단은 7개 부르크를 지니고 있던 부르첸란트에 잠깐씩 머물다가, 1225년 마소비엔의 영지에서 정착했다. 도이취어계 제국 기사단의 최고 영주는 생포한 덴종족왕 발데마르와 협상하는 과정에서 기사단에 대하여 뤼벡크와 자유로운 해상 동맹을 체결했다.

도이취어계 제국 기사단의 최고수령은 발트해 지역에서 덴종족의 선교정치를 차단할 목적으로 리브란트, 에스트란트, 삼란트의 종족과 프로이센을 비롯한 쎔갈렌 등의 여러 종족을 정복했다. 도이취어계 제국 기사단은 도이취어계 제국의 통치하에서 1224년 발트해 연안 종족을 개종했다. 교황은 당시 도이취어계 종족과 비잔티움계 선교자의 선교활동에 대하여 거부감을 갖고 대처했다. 특히, 교황은 중부 유럽세계 동부지역에 대하여 수세기 동안 특별한 관심을 가져왔다. 황제 프리드리히 2세는 리미니의 황금칙서(1226년)에서 자기가 장차 정복하기 위하여 기사단에 발트해 지역이 법률상에서 제국(monarchia imperii)에 귀속되나, 제국에 대하여 어떤 봉사나 의무도 없다는 내용의 법률을 부가했다. 프리드리히 2세의 법률 조처는 기사단 국가에 대하여 자율권을 부여하는 명확한 기반으로 작용했다. 마소비엔의 공작 콘라드와 프로이센의 주교 하인리히는 1230년 도이취어계 영주에게 쿠름 영지를 넘겨주었다. 교황 그레고르 9세는 1234년 성자 베드로의 법률과 재산으로 신전 기사단의 관할영지를 보호했다. 제4대 신전 기사단 수령인 사르차의 헤르만은 영지를 존속시키기 위하여 황제와 교황의 타협과정에서 이 양자가 함께 보편주의 권위를 지니게 된다는 것을 인정하는 선에서 신전 기사단 국가의 자치관습을 얻어냈다. 1233년 '쿠름 인 승낙서'는 기사단 국가의 자치관습 확보과정에서 나왔다. '쿠름 인 승낙서'에서 신전 기사단의 최고영주는 마그데부르크인의 표준에 따라서 쿠름인과 주권을 규정하는 일종의 신분법을 제정하여 선포했다. 기사단 국가의 최고영주는 또한 자기에게 유리한 '이주자에 관한 법률'과 '봉토 관리에 관한 법률'을 제정하여 이 법률을 활용하여 화폐단위와 생활의 표준단위를 통일했다. 신전 기사단 국가의 최고영주는 새로 개방된 거주영지에로 서부지역의 귀족, 시민, 농민 등을 자기가 제정한 법률에 따라서 받아들였다.

도이취인 영주은 포메사니아를 정복하고 이어서 1237년 프리쉐하프에 이르렀다. 도이취어계 영주는 프리쉐하프에서 리베크 상인동아리와 공동으로 도시 에르빙을 창건했다. 이 상인동아리는 1255년 쾨니히스베르그와 메멜창건에 공동으로 참여했다. 도이취어계 영주와 발트해 교역은 후기 비잔티움세계 상품을 서부 유럽세계로 보내는 중계창구 역할을 담당했다. 발트해 교역과 서부 유럽세계 교역은 상업권 형성으로 서로 결합했다. 싸르차의 헤르만은 사우레의 리트종족을 조용히 복속한 다음, 나머지 '형제 기사단'(fratres militiae christi)으로 기사단을 조직했다. 또한 헤르만은 기사단 영지에 대하여 리가 주교가 행사하던 봉건법상의 고유권한을 충분히 파악했다. 교황청 사절은 에스토니아지역을 덴종족에게 넘겨주라고 헤르만에게 강요했다. 1242년 이후 페이푸스해는 비잔티움지역과 신전 기사단 국가 사이의 경계지역으로 변모했다.

바이크설강 유역에서는 프로이센종족이 크리스트교로 개종했다. 프로이센종족의 크리스트교 개종은 또한 주변 종족의 개종을 급속하게 자극했다. 포메사니아, 에름란트, 그리고 나탕겐의 프로이센종족도 로마 정통론으로 개종했고 포메렐렌의 쉬반토포르크도 이 종족의 개종을 자극했다. 이들 프로이센종족의 개종은 교황과 법황청의 지원을 받았고 프로이센종족은 1249년 개인의 자유를 획득하고 도이취어계 종족과 평등하다고 인정받았다. 뵈멘 왕 오토카르 2세는 쌈란트의 개종 추진 세력 때문에 신전 기사단 국가를 후원하여 1254/55년 쾨니히스베르그(Königsberg)란 명칭을 얻었다.

당시 교황청 사절은 모데나의 빌헬름(1184-1251)이었다. 빌헬름은 1243년 쿠름인 영지였던 포메사니아, 에름란트, 쌈란트 등의 주교를 보호했다. 영주 기사단은 이 주교에게 영지의 1/3을 넘겨주었다. 도이취인 영지 기사단 성직자 다수는 주교여서 주교좌 성당을 차지했다. 리가는 1255년 대주교좌 도시로 자리 잡았다. 영주 기사단 주교는 발트해 관구의 중심을 이룬 리가 대주교좌를 창설했다. 리브란트는 쿠르란트를 정복하고 메멜을 창설했다. 리트종족의 전체 지배자는 민도베였다. 민도베는 1250년 교황이 개종하라는 권유를 받아 들여 왕 칭호를 얻었다. 민도베는 이미 도이취어계 영주 기사단으로부터 사마이트종족을 분리시켰다. 그런데도 민도베는 다시 이교도로 남아 있었다. 한편으로 발흥단계를 맞이했던 프로이센과 크르, 셈 갈렌 등의 종족은 잠시나마 도이취어계 영주 기사단의 예속을 벗어나 자유를 회복했다. 이들과는 다르게, 리트종족은 자치관습과 토속신앙을 그대로 유지했다.

리트종족은 프로이센종족의 기사단 국가와 리브란트인의 기사단 국가 사이에서 완충 지역을 이루었다. 리트종족은 완충지대로서 이익을 챙기며, 영주 기사단에 계속 도전했다. 이 발트해 지역이 크리스트교로 개종하고, 폴종족이 통합된 이후 도이취어계 기사단 국가의 군사력은 이미 무너지고 있었다.

도이취어계 영주의 기사단 국가는 공작이 사망한 이후에도 포메렐렌종족을 정복했다. 이 기사단 국가는 포메렐렌종족과 공동으로 바이크설강 유역을 도이취어계 제국에 확고하게 연계했다. 도이취어계 영주의 기사단 국가는 단치히에서 브란덴부르크인을 추방하고, 브란덴부르크인에게는 돈으로 보상했다. 황제 하인리히 7세(1211~1242)와 그 아들은 1310년 브란덴부르크인에 대한 승리를 문서로 확인해 두었다. 그럼에도 피아스텐종족은 로마 법황청의 이전 절차를 거쳐 포메렐렌인으로 구성된 기사단 영지와 쿠름인의 영지를 폴종족으로부터 되찾고자 시도했다. 폴 종족왕은 카시미르(1310~1370)였다. 카시미르는 1343년 카리 평화협약에서 포메렐렌종족들 대다수를 폴종족의 주교구에 귀속시켰다. 카시미르는 그래서 프로이센 영지로부터 폴 종족왕의 영역으로 포메렌렌종족과 피아스텐종족이 이주하더라도, 1343년 동의하지 않을 수 없었다. 도이취어계 기사단 국가의 최고영주는 1309년에야 처음으로 베네치아에 있던 본거지를 마리엔부르크로 이전했다. 도이취어계 기사단 국가의 본거지가 마리엔부르크로 이전하자 도이취어계 기사단 국가는 계획을 세워 자치 촌락의 도이취어계 종족을 발트해 연안의 새로운 영지로 이주시켰다. 발트해 연안의 새로운 도이취어계 영지에는 새로운 도시가 발흥하기 시작했다. 바이크설강 동부유역에는 모두 1000여 개의 새로운 촌락형성과 1410년경 93개의 새로운 도시형성으로 발전했다. 프로이센종족은 본래 정착지여서 그 뿌리도 흔들리지도 않았고, 도이취어계 기사단 국가 계획처럼 도이취어계 종족으로 구성되었다. 그런데도 프로이센종족의 거주지역은 점차 도이취어계 문화영역으로 바뀌어 있었다. 도이취어계종족은 프로이센종족의 경계지역으로 이주하여 관료와 자유 경작민으로 정착했다.

프로이센종족에게는 당시 도시거주가 금지되어 있었다. 따라서 프로이센종족은 쿠름인의 법률에 따라서 도이취인 촌락으로 이주하는 것이 후기에 이르러서야 허용되었다. 도이취인지역으로 들어온 최초 이주자는 대개 마이센, 실레지아, 발트해 연안 등의 식민지역에 거주하던 종족이었고 이 이주자는 곧 바이크설강 유역 촌락의 개척자여서 변경지역 황무지에도 모습을 내밀었다. 신전 기사단 국가의 최대 업적은 계속 유입되는 이주자를 영주조직으로 흡수하여 엄격하고 확고한 행정조직에 편입시킨 것이었다. 강력한 영주에게 기회가 오자, 영주는 5개 대영지인 그루쓰콤투르, 마샬, 트레쓰러, 트라피어, 쉬피틀러 등에서도 급히 거대한 상인자본가 세력으로 성장했다. 물론 최고영주는 일생 동안 가장 큰 자본을 만든 인물 중에서 선출되었고 권력과 행정의 중심지 역시 그루스콤투르인이었다. 기사신분은 전쟁에 출정하는 전사에게 말을 대어주는 의무를 부여받았고 국가에 대한 봉사 대가로 국가로부터 일정한 영지를 지급받았다. 14세기 라틴어와 도이취어로 기술된 다량의 기록물은 종교영역에서 이룩했던 이 기사신분의 업적을 입증하고 있다. 또한 기사신분의 업적은 벽돌을 재료로 건축한 부르크와 교회조직의 고트양식 건축물에서도 아주 선명하게 드러났다. 당시 최고영주 궁전은 마리엔부르크에 자리잡고 당시 대표자회의 장소였다. 이 영주 궁전은 도이취인 영주가 문화측면에서 이룩했던 업적을 나타내는 확실한 증거인 것이다.

도이취인 기사단 영주의 재산규모는 새로운 촌락의 이자소득과 새로운 촌락민과 교역에 힘입어 증대되었다. 발트해 연안 도시인 에브링, 브라운스베르그, 퀘니히스베르그, 툭히, 단치히 등은 상거래가 활발하게 이루어지던 지역이었다. 이 지역으로부터는 곡물과 목재가 스칸디나비아, 잉글랜드, 플랑드르 등의 지역으로 거래되었다. 내륙 도시인 토른과 쿠름은 폴란드, 헝가리, 러시아 등의 지역과 상거래가 활발하게 이루어지던 지역이었다. 이 도시 모두는 한자영역 도시에 합류하여 덴마크와의 전쟁에 참전했다가 1370년 쉬트라순트 평화협약에서 손넨의 생선 어판장을 차지했다. 이 부유한 도시 운영체제는 자치제였고 1350년 이후 도이취인 영주 기사단으로부터 특이한 도시 리가의 교역과 금융 거래소를 물려받았다. 이 도시는 또한 마리엔부르크와 퀘니히스베르그에 대단위 빵 저장소를 설치하여 플랑드르와 프랑스, 잉글랜드 등의 지역에 호박제품을 내다 팔았다. 물론 호박제품과 소작농의 농산물은 신전 기사단의 독점물이었다. 기사단 국가의 최고영주는 도이취인 빈리히(1351~1382)였다. 빈리히는 이 도시 교역을 북해와 발트해에서 한자 도시처럼 강력하게 보호하고 나섰다. 최고영주 빈리히는 일단의 북해 해적단에게 1398년에 고트란드를 넘겨주었다. 빈리히는 1346년 이 작은 섬을 포기했고 1407년에는 고트란드 근해의 섬을 넘겨주었으나, 에스트란트에 대해서는 보상금을 지급받고 덴종족에게 넘겨주었다.

빈리히는 이교도인 리투아니아인과 동맹관계를 유지하다가 1330년 도시 리가를 정복하였다. 빈리히는 1393~1394년 법황청으로부터 대주교좌 리가에 대한 영주권을 매입했다. 리타우의 비톨드와 폴란드의 야기엘로는 사론 기사단 구성원으로서 최고영주 빈리히의 활동을 높이 평가했고 빈리히를 싸마이트종족의 상속자라고 증언했다. 두 영주 국가는 브란데부르크 백작처럼 왕 시기스문트에게서 영주 국가의 영지로부터 제국영역에 이르는 교량을 확보하기 위한 목적으로 노이마르크를 담보로 잡자 폴란드인과 리투아니아인은 1386년 대단위로 연합했다. 도이취인 기사단의 세력확장과 함께 폴란드와 리투아니아는 최종 경계선을 확정했다. 1410년 도시 탄넨베르그의 쇠퇴는 도이취인 기사단 국가의 몰락을 예고했다. 폴란드인과 리투아니아인이 자체군대와 러시아계 타타르종족의 후원군대와 함께 도이취인 영주의 기사단 국가를 공격하자, 이윤을 원칙으로 내세우던 기사단 군대는 더 이상 지탱할 수 없었다. 다음으로 폴란드 왕에게도 쿠름 영지는 신하의 예를 바쳤고 도이취인 기사단 국가는 결속력과 법질서를 상실했다.

도시와 귀족은 서로 갈라서서 각자의 길을 가다가 1440년 프로이센과 동맹을 체결했다. 도시와 귀족은 폴란드 왕 카시미르 4세(1427~1492)와 13년 동안에 걸친 반란 후에 다시 연합했다. 폴란드의 카시미르 4세는 1457년 도시 단치히로 진격하여 마리엔부르크를 압류하고 최고영주의 근거지였던 쾨니히스베르그로 이전했고 제2차 평화협약을 도시 토른에서 1466년 체결했다. 카시미르 4세는 토른 평화협약을 도이취어계 제국과 법황청도 모르게 체결했고 평화협약에 따라서 폼메렐렌, 쿠름 영지, 에름란트, 엘빙, 마리엔부르크 등은 별개로 연합하여 폴란드 왕에게로 넘어갔다. 도이취인 최고영주는 아직도 기사단 국가의 나머지 영지를 보유했고 영주의 기사단 국가는 폴란드 왕이나 교황에게도 신서와 군대의 복종의무를 다한다는 충성을 서약했다. 신서와 충성의 예를 올림으로써 도이취인 기사단 국가는 서부 유럽

발트해의 도이취인 교역과 정착지역

세계의 풍요한 도시를 상실하여 재정난에 빠졌고, 리투아니아인과 마소비엔 경계 지역으로 다시 이주하도록 강요당했다.

역사에 나타난 중부 유럽의 동부 지역이 변화된 모습

유럽세계 역사에서 중부유럽의 동부지역은 다양한 모습으로 변모했다. 중부유럽의 동부지역으로 서부 슬라브어계 종족과 남부 슬라브어계 종족은 서로 다른 문화배경을 지니고 유입되었다. 이 슬라브어계 종족은 비잔티움세계 영향을 받았으나, 다시 16세기 이후 유럽세계로 이동하여 도이취어계 제국과 상호 결합하여 새로운 대체문화를 형성했다. 중부 유럽의 동부지역에서는 나타났다가 사라지고, 사라졌다가 다시 나타났던 수많은 왕조가 도이취어계 제국의 왕가나 귀족가문과 연계되어 있었고 슬라브어계 종족의 지배자가문과 얽히고설키면서 최종단계에서 새로운 역사 담당자를 제시했다. 특히, 남부 슬라브어계 종족과 서부 슬라브어계 종족은 도이취어계 제국의 황제와 귀족가문의 연계과정에서도 법률상 평등한 위치를 차지했으나 결국 황제의 가신지위로 결합했다. 동유럽의 슬라브어계 종족은 변화방향을 서부의 유럽세계로 바꾸면서 크리스트교 문화영역으로 이동했다. 폴란드, 뵈멘, 헝가리의 귀족과 교회조직은 그리스어계 정통론자 교회조직과 일체감을 지니지 못했고 비잔티움세계의 그리스어계 정정통론자 교회조직 입장에서는 크나큰 비운이 되었다. 서부 유럽세계 입장에서 도이취인의 동방운동은 동부 유럽세계의 사회와 경제에까지 우선 파급되도록 만든 요인이었다. 서부 유럽세계 경향은 제3기에 접어들면서 신분을 형성했다. 영주는 그동안 정치를 담당했고 국가에 동질의식을 만들어냈다. 왕관은 지배자 조직과 신분상에서도 공동 지배권의 상징물로 변화했다. 폴란드에서는 유럽문명이 대단히 광범위하게 이동하여 폴란드 귀족은 왕권과 서로 세력경쟁을 전개했다.

리투아니아인은 오랫동안 역사 그늘에 머물러 있다가 14세기 그리스어계 정통론자와 함께 방대한 지역을 정복했다. 리투아니아인은 1385년 이후 여전히 서부 유럽세계의 폴란드와 연합함으로써 서부 유럽세계에 편입되어 성장했다. 거기서 리투아니아인은 도이취인의 동방운동 영향으로 신분을 형성했고 대영주와 농민은 분리되었다. 그리스어계 정통론자 귀족은 폴란드의 로마 정통론자처럼 자유를 확보했다. 교회조직, 정치, 사회와 농업 등의 분야에서 리투아니아인은 함께 참여하여 서부 유럽세계 문화영역에 편입되었다. 리투아니아인은 중부 유럽의 동북부지역 전체에 대하여 중요한 의미를 지녔다. 유럽세계 인간의 신분서열은 이미 뵈멘에서 후스계 반항자동아리의 혁명으로 변질했고 신분상에서 고위귀족인 혁명 승리자는 후스계 반항자동아리였다.

9-3. 10~14세기까지 북부 유럽과 서부 유럽의 관계

덴마크와 스칸디나비아 지역

스칸디나비아지역에서 왕국은 거의 암흑시대에 출현했다. 유럽세계 역사에서 스칸디나비아지역의 왕국은 10세기 초엽 이후 덴마크 왕국과 함께 등장했다. 덴마크 왕 고드프레드는 카롤루스 막뉴스를 습격하여 벨기에지역에서 카롤루스 막뉴스의 군대를 물리친 경우도 있었다. 고드프레드는 실레지아에 덴종족 요새지를 건설했다. 고드프레드 후계자는 또한 노르웨이의 동남부지역까지 통치했다. 덴종족 왕국도 자료상에는 10세기 말경 다시 퇴색했다. 쉬레스뷔히 지방에 위치한 교역지 하이트하부에 여러 스웨덴 출신 국왕은 자리 잡았다가 노르웨이 출신 지배자 고름과 하랄드에 의해서 추방당하는 사례도 발생했다. 하랄드 부라우찬은 거대한 비문에서 예링게가 덴마크 전체를 차지했다고 새겨놓고 노르웨이까지 정복했다고 칭송하고 있다. 예링게의 활약으로 덴마크가 정복자위치를 차지했던 시기도 10세기 중엽이었다. 예링게의 아들 스벤 가벨바르트는 잉글랜드를 정복했다. 노르웨이는 9세기 말엽 바이킹계 하랄드 미발왕이 정복했던 지역이었다. 하랄드 미발왕의 후계자는 분할영지 왕으로서 지위를 유지했다. 덴종족왕 하랄드 브라우찬은 라데야르레를 통하여 트뢴데라그처럼 노르웨이와 서부 노르웨이지역까지 통치했다. 10세기 말엽 노르웨이는 바이킹계 중심혈통인 오라프 트리베손이, 그리고 1015년에는 잠시 동안이긴 하지만 오라프 하랄드손이 노르웨이를 다시 차지했던 적도 있다.이미 앞에서 다룬 바 있는 크누트 대제의 사망과 함께 북해제국의 몰락 이후 선량자 대왕은 스웨덴과 덴마크를 통일했다. 선량자 대왕인 스티에프네페 하랄드 냉혹자 왕은 스탐포드 다리에서 잉글랜드를 1066년 정복했고 그 후계자는 노르웨이 왕이었다. 또한 스벤 에스트리드손은 덴종족왕 중에서도 독립을 이룩했던 인물이었다.

성자 안스가르 전설에 등장하는 스웨덴 왕은 메라르해에 위치한 비르카지역을 무대로 850년경까지 활동했다. 스웨덴 왕은 쿠르종족 정착지역을 잠시 동안 지배한 적도 있었다. 10세기 말엽 숀 해안의 중심혈족이 스웨덴을 통치했고 그 혈족 아래에는 훈딩이란 인물이 배출되었다. 훈딩은 웁쌀라와 스웨덴 중심지역을 정복했다. 훈딩이 지배하던 스웨덴 정복자는 국왕 에리크 승리자였다. 스웨덴 왕 에리크 승리자는 다시 덴마크를 정벌하여 잉글랜드에 덴종족의 지배권을 확립했던 스벤 가벨바르트를 추방했다. 덴종족과 노르웨이인의 전쟁은 11세기 초엽 일어났다.

이 전쟁에서 스웨덴 왕은 약한 자를 주로 후원했고 숀넨과 브레킹게를 제외한 현재 스웨덴, 즉 스웨덴의 가우트지역 전체를 지배했다. 이 지역에는 서부 해안 지대와 북부 노르웨이지역을 포함했다. 중세세계에 이르러 덴마크, 노르웨이, 스웨덴 등의 지역에 산재해 있던 종족영역은 정복지처럼 존속했다. 이런 북부 유럽세계 종족영역은 13~14세기 처음으로 법률상의 여러 통일체를 형성했다. 스레스비그, 유트란트, 핀넨, 제란트, 숀넨 등의 종족영역은 덴마크에 통합되었다. 소이트요르드, 서 가우트란드, 동 가우트란드, 도서 지방인 고트란드 등은 스웨덴에 통합되었다. 베스트포르드, 로가란트, 호르다란트, 뫼레, 트뢴란트 등의 종족영역은 노르웨이에 통합되었다.

이 종족왕 영역은 상대종족에게는 닫혀 있던 거주지역이었던 반면 스웨덴과 노르웨이인의 문화영역은 거대한 삼림지대로 둘러싸여 모두 원시상태 농경 사회와 정치형태를 유지했다. 삼림지대까지 문화영역 형성 이후 처음으로 13세기경 지방과 지방의 결속력은 나타났다. 이렇게 농민 공동체는 국왕 통치권에 끊임없이 흡수되었다. 12세기 스웨덴 왕은 대개 베러트 해에 있는 조그마한 섬인 비씽쇠에서 생활하다 거기서부터 가우트란드와 노르트쌈란드를 힘들이지 않고 지배영역으로 만들었다.

바이킹종족왕의 초기와 후기 전사동아리 조직

스칸디나비아왕국은 레둥겐이라는 행정구역으로 조직되었다. 이들 레둥겐이란 행정구역 조직에는 해라데란 백인대와 스키프레이도르 등으로 구분되었다. 이 행정조직은 다시 그 이하에 하프너와 리더라는 촌락의 하위조직을 갖췄다. 하프너와 리더의 구성원 중에서도 전사는 무기와 군량을 지급받았다. 12~13세기 영지법령과 덴마크 왕 발데마르 2세(1170~1241)의 행정관행 모음집은 영지에서 통일된 전사조직이 운용되었음을 입증하고 있다. 이 법령과 행정관행 모음집은 농민 전사조직이 해상함대 승선자임을 규정하고 바이킹종족 시대를 언급치 않고, 13세기 조세징수 사례를 제시했다. 스칸디나비아지역의 군사력 평가기준은 해상함대였다. 스칸디나비아 '음유시인'은 바이킹 시대에 국왕이 승선한 해상함대인 야레와 호이프트링게 갑판 위에 서서 고운 소리로 노래를 불렀다고 읊고 있다. 12~13세기 레둥 행정조직은 귀족사회 구성원이 차지했고 폴크란드 농민은 주변 에드링겐에게 팅을 통치하게 하는 결과를 제공했다는 것이다. 덴종족은 1000년경 바이킹종족의 부르크를 발견했다. 바이킹종족의 부르크에는 대단위 트렐레부르크, 리므표르드에 형성된 아게스부르크, 호브로표르드에 형성된 퀴르카트 등이 있다는 것을 덴종족은 알아냈다.

바이킹종족의 2개 부르크가 북부 유트란트에, 오렌세 표르드에 논네바르켄 등의 부르크가 자리잡고 있었다. 바이킹 종족왕은 이 부르크를 통하여 왕국을 조직하고 창건했다. 바이킹 종족왕의 부르크는 튼튼한 축조기술로 설계한 성곽으로 둘러싼 군대병영이나 바이킹 종족왕의 통치조직이었음을 암시하고 이 군대병영 역시 바그다드에 있는 칼리프 군대병영의 축조기술을 연상케 해주었다. 부르크 병영의 규모는 1천명에서 4천명의 군대가 동시에 숙박할 수 있는 정도였다. 영지의 레둥 행정조직 군대는 바이킹 종족왕의 국가조직과는 근본부터 달랐다. 바이킹종족의 군대조직은 종족왕이 비축한 은 양에 비례했다. 바이킹종족왕 하랄드 비정왕(1015~1066)은 콘스탄티노플 황실에서 러시아계 노르만종족 군대를 지휘하던 최고 지휘관이었다.

하랄드 비정왕은 자기를 도와서 노르웨이인의 왕관을 차지하게 도와 준 가문을 철저하게 보호했다. 바이킹 종족왕은 자기 용병에게 은으로 몸값을 지불했고 은이 풍부하면 용병을 장기간 거느렸으므로 자기네 부르크에 용병에게 지불할 은 보관창고를 두고 있었다. 바이킹 종족왕은 원시상태 수장왕 위치를 벗어나지 못했다. 이 바이킹 종족왕 권위는 북쪽 바다에서 발원했고, 덴마크에서는 프요르드 해안의 군대숙소에서 발원했다. 9/10세기 원거리 교역상황은 비잔티움세계 아랍계 칼리프 지배영역으로부터 북쪽으로, 그리고 다시 북쪽으로부터 배에 실어 서부 유럽세계로 은의 흐름을 바이킹종족 상인동아리가 이어줌으로써 지배체제 양식의 존속을 가능케 했다. 바이킹종족은 교역 중심지에서 확고한 위치를 구축했다. 바이킹종족은 해로의 조류방향에 따라서 거래장소인 시장위치를 따라 다니며 생활했다. 상거래가 활발하게 이루어지지 않고, 끊어지게 되면 바이킹종족에게는 일단 탐험이 그렇게 가치 있는 것은 아니었다. 바로 이런 요인 때문에 바다의 종족왕은 새로운 재원을 찾아내기 위한 방편으로 내륙의 농민 촌락공동체를 정복해야 했기 때문에 바이킹종족의 전쟁은 부르크 간의 전쟁이었다. 러시아계 노르만 종족왕도 은을 획득하기 위하여 내륙영지를 찾아 나섰다.

잉글랜드, 프랑스, 로마, 도이취어계 제국 등에서 유입된 정신과 학문동아리

바이킹종족 세계에도 시대흐름의 변화물결과 함께 바이킹종족의 권위체계가 유입되어 교회조직 중심의 새로운 권위체계 모습을 드러냈다. 물론 바이킹종족의 새로운 권위는 상대가치를 수용했다. 바이킹종족의 새로운 상대가치는 새로운 권위를 만들어냈다. 새로운 권위는 메로베크 가문 프랑크 종족왕시대나 카롤루스 가문 프랑크종족왕시대와 중부유럽의 동부지역에서 발흥하던 국왕의 권위와 다를 바 없었다. 바이킹종족의 권위체계도 물론 교회조직의 후원을 받았고 국왕 역시 교회조직 후원자로 인식되었다. 교회조직은 선교활동을 더욱 활발하게 진행하며 체계를 갖추었다. 바이킹종족 세계에서 최초 교회조직은 11~12세기 체계를 갖추어 스칸디나비아 지역의 종족과 유럽세계 구성원으로서 유럽세계 문화에 동화해갔고 정치에서 그 영향을 강하게 드러냈다. 스칸디나비아지역의 왕국정치에서는 본래 속성을 그대로 유지한 채 자유로운 농촌공동체와 지방공동체의 수장을 왕국 정치체제에

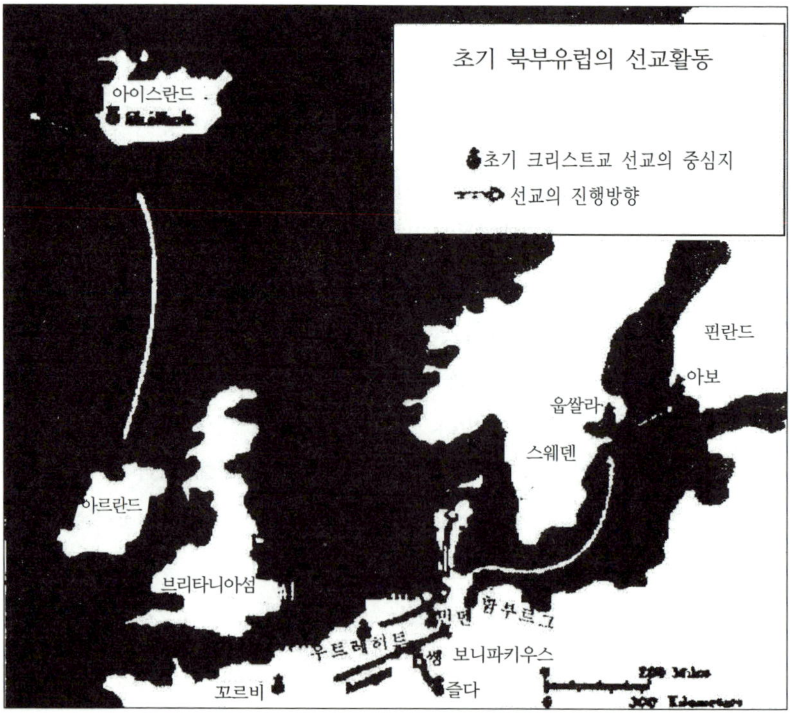

흡수하여 지배자위치를 구축했다. 왕국은 물론 전쟁을 통하여 출현했을 가능성도 있으나 이런 왕국 출현과정은 13세기에야 비로소 종결되었다. 농민은 조세 부담자였고 새로운 귀족동아리 구성원은 기사로서 성곽에 거주하던 국왕 종사였다. 농민은 국왕종사 특히 기사의 통제를 받았고 특히, 부르크를 향하여 새로운 도로가 개설되면서 농민에 대한 기사통제는 확고한 체계를 갖추기 시작했다.

스웨덴 교회조직은 12세기 도로와 교량을 건설하기 위하여 고심한 끝에 마침내 거대한 삼림지대에 위치한 비거주지역에까지 도로망을 확장했다. 교회조직의 거센 선교 물결은 선교 바람을 타고, 노르웨이로 밀려왔다가 다시 지나갔다. 초기에는 앵글로색슨계 문화영역에서는 프랑스 문화가, 그리고는 중세세계 후기에 이르러 도이취어계 제국 문화이동으로 중세세계 문화는 자국만 남아 있었다. 문화이동 주도권은 성직자 서임권 논쟁이 발발하기 직전 로마 교황청으로부터가 아니라, 대주교좌가 들어서게 된 북부 도이취어계 제국의 함부르크, 브레멘, 앵글로색슨계 교회조직이 자리잡은 중부 도이취어계 제국영지로부터 파급되었다. 831년 북부의 스칸디나비아지역에 대한 선교본부를 함부르크와 브레멘에 설치했다. 스칸디나비아지역은 완전히 이교도 영역이었으나 도이취인 선교본부에 배속되어 덴마크와 스웨덴으로 뻗어 나갔다. 도이취인 선교영역은 극히 일부 노르웨이지역에까지 확장되었다. 덴마크에는 10세기 크리스트교가 방대한 지역에까지 확산되었다. 덴종족 선교활동은 다시 노르웨이의 남부지방까지 뻗어가 서부 유럽세계 인간의 선교활동에도 파장을 몰고 왔다.

서부 유럽세계 인간의 선교는 덴종족 선교는 물론 노르웨이인의 정치와 유통질서에까지 파급되었다. 정치와 경제에 기반을 둔 노르웨이의 결속력은 다시 9세기에서 13세기 사이에 브리타니아 섬으로 밀려갔고 노르웨이인 선교활동 역시 덴마크를 넘어 도이취어계 제국 북부지역에까지도 취약하나마 연결했다. 다수 노르웨이인은 잉글랜드, 아일랜드, 프랑스에서도 10세기 이교도였으나, 명망가 주교 수도자동아리 좌장의 지도를 받아 체계를 갖춘 교회조직 생리를 터득했다. 노르웨이인이 급속하게 크리스트교로 개종함에 따라서(995~1030) 앵글로색슨인의 특성도 지배자 권위와 크리스트교 세계를 확고하게 결속했다. 잉글랜드에는 995년과 1015년 노르웨이 왕 혈족의 다수 후손이 거주하며 야르레를 덴종족 영주 아래에서 관리했다. 노르웨이 왕 후손은 잉글랜드에서 크리스트 교도로 변신하여 고향으로 돌아갔고 이 노르웨이인 역시 노르웨이 전체지역을 크리스트 세계로 만들어 영원한 왕국을 창건하겠다고 굳게 마음먹었다. 노르웨이는 1030년 이전 강제로 크리스트교 세계에 편입되었다.

노르웨이에는 11세기 말엽 처음으로 확고한 교회조직을 갖춘 주교좌를 갖게 되었다. 또한 앵글로색슨계 주교도 북부 도이취어계 제국의 함부르크-브레멘 대주교좌에서 성직에 서임되었다. 그래서 모든 대서양 섬과 함께 아일랜드로부터 아이슬란드에 이르는 모든 북부 스칸디나비아지역은 이미 오래 전부터 크리스트교의 감화에 매료되었다. 스타방거 관구 초대주교는 레이놀드였다. 레이놀드는 1112년 잉글랜드로부터 스칸디나비아지역으로 왔다. 레이놀드는 윈체스터 성자 스위턴 돔 교회에서 서임되었다. 요크의 파운테인 수도자동아리 은신처에서 온 수도자는 1146년 호르다란트에다 리세 수도자동아리를 창건했다. 오슬로의 호메되이 수도자동아리를 1147년 잉글랜드 링컨의 키르크스테드 출신 치스테르치엔스계 수도자동아리는 창건했다. 오라프 성자왕은 1030년 살해되었다.

오라프 성자왕은 노르웨이와 북부 유럽세계 전체국가의 보호성자로 추앙되었다. 스페인 순례자는 기적을 행한다고 떠들어 대면서, 스칸디나비아의 니다로스를 찾아갔다. 함부르크와 브레멘의 주교좌 역할은 1104년 웁쌀라의 대주교좌로 넘어갔고 지배자는 웁쌀라의 대주교와 주교를 임명했다. 교황은 1152년 노르웨이, 아이슬란드, 그린란드, 그리고 여러 서부 섬을 비롯한 오르크네이와 헤브리텐 등을 니다로스 대주교 관구 소속으로 만들었다. 교회조직은 그때부터 지배자세력을 벗어나 교황 그레고르 7세의 교회자유를 노르웨이에서 성취하기에 충분한 역량을 갖추었다. 교황과 잉글랜드 왕은 노르웨이에 교회자유가 유지되도록 보호했다. 노르웨이 교회조직의 이런 특권은 잉글랜드 국가 교회조직에 1151년 지배자 스테판이 부여했던 '자유 선언문'에 근거하여 확보했다. 물론 그 자유 선언문은 1152년 폐기되었고 잉글랜드 교회조직 생성시대를 열었던 잉글랜드인 교회조직도 노르웨이에서 사실상 사라졌다. 12세기 중엽 이후 노르웨이는 프랑스와 로마 교황청과 직접접촉하기 시작했다. 프랑스와 로마 교황청에 대한 노르웨이의 직접 접촉은 교회건축과 교회조직 정치에 영향을 미쳤다. 노르웨이 오라프 성자왕은 교회조직에 휩싸여 있던 왕국을 봉토조직으로 전환코자 시도했다.

그러나 노르웨이의 오라프 성자왕은 젊은 막뉴스 에링쏜의 반대에 부딪쳐 내란에 직면했다. 막뉴스 에링쏜은 오라프 성자왕의 후계자인 쎄베르레와 왕위 기득권에 대한 인정 여부 문제를 두고 서로 싸웠다. 교회조직과 지배자의 이런 기득권 쟁탈전은 100여 년간이나 계속되는 내분으로 이어졌다. 지배자 막뉴스 에링쏜은 왕권과 교회조직과 싸움을 통하여 노르웨이 교회조직을 교황 편에 섰다는 것이었다. 거대한 아우구스티누스계 수도자동아리의 선교본부는 파리의 쌩 빅토르 수도자동아리였다. 아우구스티누스계 수도자동아리는 출렁대는 유럽세계 정신물결을 북부 유럽세계 지역으로 이동케 했다. 노르웨이의 초대 대주교 외이스테인 에르렌드쏜은 당시 파리에서 장기간 머물고 있었다.

다수 노르웨이인은 전문지식 원리를 수학하기 위하여 파리로 갔다. 노르웨이 지역에는 6개의 수도자동아리 소속의 수도자동아리 은신처를 창건했다. 노르웨이 고위성직자는 12세기 말엽까지 쌩 빅토르 수도자동아리와 파리 학문동아리 연합체 교사의 영향력을 직접 혹은 간접으로 받고 있었다. 노르웨이에 대한 프랑스의 이런 영향력은 13-14세기까지 이어졌다. 노르웨이 교회조직은 14세기 말엽 가난하여 시들었고 노르웨이에서 주교직은 지배자와 교황사이에 거래대상이 되어버렸다. 노르웨이인은 혈족 폐습, 퇴폐풍조, 사치풍조, 교회조직 세속화 등을 비난하는 유럽세계 인간의 탄식소리가 사방에서 터져 나오자, 혈족조차 상호 존중하지 않게 되었다. 교회조직은 덴종족 정신을 추구하던 귀족보다는 강했으나, 사실상 허약해진 상황이었다. 주교는 노르웨이의 무력한 왕국회의에서 국가 결속의식을 가장 강력하게 표방했고 지배자 또한 교황과 흔히 공동보조를 취했다. 14세기 말엽부터 노르웨이인과 유럽세계 인간의 문화 교류지역은 도이취인 영역에서 계속되었으나 이후부터 로스토크 학문동아리 연합체로 옮겨갔다. 그런데도 도이취어계 제국 상인동아리는 노르웨이인과 거래를 노르웨이 지역에서 진행하기 위하여 노르웨이 지역으로 찾아왔다.

덴마크역사에서 가장 거세던 문화 흐름은 대주교 안스가르가 대주교직에 임명된 831년 이후부터였다. 노르웨이보다 10여년 앞서 스웨덴에서 주교좌 조직은 1070년경 폐쇄되었다. 스웨덴 주교좌 조직은 노르웨이와 다르게 1164년 처음으로 확고한 체계를 갖추었다. 남부 스웨덴의 룬드는 1103년 이후부터 동부 덴마크 교회조직 소속이었고 룬드는 1658년까지 대주교 관구 조직의 중심지였다. 룬드 대주교 관구조직은 스웨덴과 노르웨이를 포함하여 1164년 스웨덴의 웁쌀라와 1152년 트론드하인까지 관할했다. 도이취어계 제국지역에서 발원한 광범한 문화이동 흐름 속에는 바이킹시대부터 유지되던 잉글랜드와 관계가 덴마크에서도 그대로 유지되었다. 에베스함 출신의 잉글랜드인 수도자동아리가 1100년경 퓐의 오덴제에 돔을 창건하면서 그곳으로 이주했다. 치스터치엔스계 수도자동아리와 프레몬스트라텐스계 수도자동아리는 프랑스 영향력을 발트해 지역으로 끌어들였다. 특히, 발트해 지역으로 파급된 프랑스인 영향력은 파리의 쌩 빅토르 수도자동아리와 파리 학문동아리 연합체에서 발원했다. 치스터치엔스계 수도자동아리는 중부 유트란트에서 1165년에 수도자동아리 은신처를 창건했다. 치스터치엔스계 수도자동아리 은신처의 초대 좌장은 오인이었다. 오인은 잉글랜드인이었다. 2대 좌장은 도이취인이었다. 제 3대 좌장은 노르만디지방 출신의 프랑스인이었다. 그 다음에야 덴마크 출신 좌장이 부임했다.

1140년 이후 덴마크 교회조직은 지배자예속에서 벗어났고 스웨덴 교회조직은 덴마크 보다 늦게 지배자예속에서 벗어났다. 1200년경 덴마크 교회조직은 서부 유럽세계 교회조직에 완전히 통합했다. 덴마크 교회조직은 도이취인과 함께 발트해 지역의 선교활동에 참여하다 1169년 뤼겐을 정복했다. 이후 뤼겐은 이후 발트해 연안지역의 교구에 흡수되었다. 1219년 북부 에스토니아는 루드 주교좌에 합병되었다. 덴마크의 발데마르 승리자 왕(1202-1241)은 도이취어계 제국의 왕위 계승 싸움에 휘말려들었다. 발데마르 승리자 왕은 왕위 계승 싸움 때문에 수십 년 동안 북부 도이취어계 제국과 벤드종족을 지배했다. 황제 프리드리히 2세는 어떤 황금칙서에서 북부 도이취어계 제국과 벤드종족에 대한 발데마르 승리자 왕의 지배를 승인했다. 재상인 니엘스 쉬티그센(Nielsstigsen, 1104-1134)이 덴마크를 떠난 이후 로스킬데 주교는 군사의무, 불입권, 성직자 임명권, 교회조직 보직 분배 등을 둘러싸고 내분에 직면했다. 1254년 지배자와 교회조직은 법률분쟁에 휘말렸다. 북부 유럽 왕국에서 주교 수입원은 십일세였다. 잉글랜드에서 주교는 실제 권한 행사자가 아니었고 도이취어계 제국 관행에서도 주교가 권한 행사자가 아니었다. 1245년 이후 북부 유럽세계 섬 왕국에서도 로마 법황청 영향이 심화되었다. 그런데도 도이취인 영향력을 베텔게 수도자동아리는 북부 유럽세계 지역으로 파급시킨 사례는 고트양식의 교회건축, 성자숭배관습, 수도자동아리 조직체계 등에서 입증되고 있다.

북부 유럽세계의 왕권, 신분관습과 발트해 지역의 왕국에 대한 한자 도시 영향

한자 도시영역 경제는 문화처럼 스칸디나비아지역 도시에 영향을 미쳤다. 이미 작센 공작인 헨리 사자왕 이후부터 스칸디나비아지역과 한자 도시영역은 경제생활에서 더욱 촘촘한 연결고리를 이어갔다. 도이취어계 제국의 원거리 상인동아리는 이미 한자시대 이전부터 고트란드로 진출했다. 북부 유럽 상인동아리도 한자영역의 교역활동에 대하여 매력을 느꼈다. 스웨덴은 이와 거의 같은 시기에 서양세계 교회조직으로 편입되었다. 당시 스웨덴과 서부세계의 주요 교역 중심지는 잉글랜드의 헨리 사자왕이 지배하던 도시 뤼벡이었다. 지배자와 교회조직의 대분열은 13

세기 북부 유럽에서도 일어났다. 물론 지배자와 교회조직의 싸움은 성직자 서임권 논쟁과 어떤 관계도 없었다. 지배자와 교회조직과의 싸움은 이미 부상하기 시작한 국가군주에게는 긴급한 문제였다. 북부 유럽에서는 지배자 통치조직이 지배자의 전유물인 종사를 독점하는데 근거했다. 군주는 서로 맞서 싸우던 종사동아리 주모자였고 주모자를 따르던 종사동아리는 지배자의 종사관습에 편입되어 모든 귀족혈통을 차지했다. 그런데도 봉건제는 북부 유럽 왕국에서 완전히 정착하지 않았다. 유럽형 봉건제는 종족사회 변화에 필요했던 진행단계에서도 나타나지 않았다. 그러나 신분 대표관습은 여명시대 성숙단계를 거친 이후 유럽세계에서 통용되었다.

덴종족왕 발데마르 2세 시대는 정치 발전시대였다. 발데마르 2세 시대인 1167년 룬드의 대주교 압살론(1128~1201)은 코펜하겐을 창설했고 코펜하겐을 시장 항구와 상업항구로 분리했다. 1282년 발데마르 2세의 통치권이 확립된 이후 덴마크 귀족은 에리크 그리핑을 국민의 신분 대표처럼 인식했다. 그런데도 발데마르 2세는 귀족 회의실을 억지로 빼앗았다. 1255년경 스톡콜름 창건자인 야를 브리거는 스웨덴 정치를 주무르며 자기 아들 발데마르를 스웨덴 왕위에 앉히고 폴쿵거 왕조(1250~1365)를 개창했다. 노르웨이에서 가장 부유했던 도시는 베르겐이었다. 베르겐에다 한자 도시는 은행지점을 개설했다. 당시 베르겐은 노르웨이 상업창구와 다름없었다. 고트란드의 비스비는 스웨덴과 도이취어계 제국 한자영역 도시 사이에 이루어지던 중개교역지였다. 스칸디나비아지역에서 문학동아리 중심지는 13세기 아이슬란드였다. 덴마크는 숀반도를 차지함으로써 발트해 지역의 정치와 경제에서 높은 이익을 확보해준 헤링지역 교역까지 장악했다. 초기 한자시대에는 숀 지역이 스웨덴 왕국의 일부로 편입되었다. 스웨덴 왕 막뉴스는 노르웨이 왕위를 계승했다. 유능한 덴종족왕 발데마르 4세(1320~1375)는 최후로 숀지역을 공격했다. 발데마르 4세의 공격 때문에 숀반도는 덴마크에 탈취당하여 고트란드와 교역도시 비스비도 덴종족왕에게 정복당했다. 한자영역 도시는 궁핍한 스웨덴 왕을 후원하여, 코펜하겐을 정복했고 한자 도시는 순트지방으로 통하는 해협과 덴마크 전체에서 자유교역을 확보한 다음 쉬트라순트 평화협약을 1370년 강제로 체결했다. 한자영역 도시는 평화협약을 통하여 국왕동의권을 얻어냈다. 발데마르(+1375)의 딸 마가레트(1387-1412)는 북부 3개 국가를 묶는 카르마르 연합을 1397년 성취했다. 카르마르 연합 이후부터 노르웨이는 덴마크에 합병되었고 한자영역 도시 동맹은 영예와 부를 축적했다. 결국 한자영역 교역은 특권영역이 되어 발트해 지역의 두 왕국, 즉 덴마크와 스웨덴 사이에 적개심을 끝없이 부채질했다. 한자영역 도시동맹은 교역과 세력 상대자의 적개심 때문에 14세기 이후 쇠퇴했고 상업 역시 활력을 잃게 되어 서부와 남부의 위치를 바꾸어 놓았다. 한자지역민의 도시와 이탈리아인의 도시국가는 장기간에 걸쳐 성장했다. 당시 발트해와 지중해는 서로 완전히 분리되었으나 대서양 연안항구를 새로운 교역로로 활용한 원활한 교역 연결고리에 힘입어 급격하게 신장했다.

9-4. 1066년 이후 브리타니아 섬, 대륙정치와 문화관계

빌헬름 정복자의 통치체계

노르만종족은 1066년 잉글랜드를 침입했다. 빌헬름 정복자(1027/8~1087)는 브리타니아 섬의 다양한 종족을 유럽대륙의 정치와 문화에 합류시켰고 도버해협을 건너 잉글랜드로 프랑스 문화이동을 가능케 했다. 프랑스 문화 영향으로 잉글랜드 거주 종족의 생활언어와 윤리 역시 변화하기 시작했다. 잉글랜드 왕위가 프랑스어계 지배자의 손아귀에 들어감에 따라서 잉글랜드 거주 종족은 수 백 년 동안이나 대륙 정치와 문화에 동화할 수 있었다. 빌헬름 정복자는 잉글랜드에서 확고한 왕권을 구축했다. 빌헬름 정복자는 특히 북부 잉글랜드지역에서 노르만종족에게 영지를 분할했고 폭군 성주를 후원하여 거주 종족구성원의 적개심을 유발하면서까지 방대한 지역을 왕실영지로 만들었다. 빌헬름 정복자는 특히 당시까지 잉글랜드에서 취약한 상태여서 봉건제와 봉건법을 더욱 광범하게 실시했다. 빌헬름 정복자는 잉글랜드 거주 종족에게 미숙한 봉건제와 봉건법 활성화정책을 통하여 종족사회 분위기 안정과 함께 잉글랜드 전체의 최고 통치자 위치까지 지키고, 농민 예속도 이룩했다. 빌헬름 정복자는 잉글랜드 왕으로서 1085년 소유 영지를 '영지 징세 대장 형식의 토지 대장'(Domes day Book)에 기재하도록 강제한 다음 자신의 전쟁에 봉사를 얻어냈다. 빌헬름 정복자는 가신으로부터 1086년 봉건 신서를 받아냈고 교황 그레고르 7세의 영향력을 밀어내고, 성직자 임명권을 행사했다. 빌헬름 정복자는 모든 조세가 국왕에게로 돌아가야 한다는 것을 중요하게 인식했다. 12세기 잉글랜드에서 이런 조세체계가 특별히 나타났던 것은 아니었고 서부 유럽세계 어디서나 이미 발전하고 있었던 것이었다. 빌헬름 정복자는 귀족동아리의 은폐재산을 수도자동아리 은신처로 빼돌리게 만들어, 지배자의 금고로 들어오도록 유인하여 캔터베리 대주교직에 카엔 대주교인 베크의 랑프랑까지 임명했다. 다음으로 빌헬름 정복자는 캔터베리 대주교 랑프랑을 재상으로 임명한 다음 강력한 교회조직 개혁을 추진하여 개혁 주교단 회의에서 성직자 재판권과 세속인 영주 재판권을 분리하고 자신이 왕국에 대한 교황청 칙서를 승인했다. 그러나 빌헬름 정복자는 교황청 칙서를 수용할 것인지에 대한 결정을 스스로가 미루어 두었다가 국가 주교단 회의에서 내린 최후 결정사항까지도 지배자의 동의에 의해서만 법률상 구속력을 발휘케 조처했다. 노르만종족의 잉글랜드 정복 이후 잉글랜드 거주종족 속성과 사회조직도 새롭게 변화했다. 노르만종족은 이미 10세기에 스스로 프랑스인이 되어 프랑스 언어관습과 생활관습을 잉글랜드로 옮겨 놓고 있었다. 잉글랜드의 공용언어와 생활관습은 300년 동안이나 프랑스어 관습에 젖어들었기 때문에 잉글랜드 거주종족의 언어와 생활관습 역시 앵글로색슨종족과 켈트종족의 생활관습을 수놓아 둔 상황이었다. 빌헬름 정복자는 유대인 금전상인을 잉글랜드로 건너오게 하여 상업과 작물 생산에 활기를 불어 넣었다. 그래서 잉글랜드에는 유럽대륙으로부터 문학동아리와 예술가동아리의 다양한 전문 지혜원리가 유입되었다. 노르만계 귀족은 새로운 생활관습을 잉글랜드에 이식했고 중앙집권 형태의 통치양식과 경제질서를 개선했다. 노르만계 건축양식도 잉글랜드에서 완벽하게 성숙하여 절정시대를 맞이했다. 잉글랜드에는 노르만계 통치체제 안정과 함께 장기간에 걸친 평화와 안정시대가 이어졌다. 그래서 잉글랜드에는 이후 어떤 다른 종족의 침입도 사라졌다. 또한 켈트종족, 앵글로색슨종족, 덴종족, 노르만종족 등은 혼합되어 잉글랜드 거주종족으로 변모했다. 잉글랜드 문화에도 게르만어계 종족과 켈트종족, 그리고 로마인 생활관습이 크리스트교 문화에 혼합되어 잉글랜드 문화 특징을 제시했다.

잉글랜드 왕권과 12-13세기의 남작(Barone)

빌헬름 정복자의 장자 로버트는 노르만디지역에서 자치영지를 유지했다. 둘째아들인 빌헬름 금발 왕(1056/60~1100)은 잉글랜드 왕위에 올랐고 셋째 아들 헨리 1세는 빌헬름 정복자의 잉글랜드 왕위를 계승했다(1100~1135년). 헨리 1세는 빌헬름 정복자가 추방했던 유명한 초기 스콜라주의자 안셀름을 캔터베리 대주교직에 복귀시켜 귀족동아리 저항을 무마했다. 헨리 1세는 핑쉐브레 전투에서 1106년 승리하여 노르만디를 다시 영지로 차지했다. 이후 헨리 1세 사망과 함께 손자인 헨리 2세(1154~1189)가 왕위 계승자가 되었다. 그런데도 빌헬름 정복자의 손자인 브로와의 스테판이 잉글랜드 왕위를 노리고 있었다. 헨리 2세는 아퀴텐느의 에레오노르(+840)와 결혼했다. 헨리 2세는 잉글랜드의 프란타겐트 가문 왕조를 창건했다. 헨리 2세는 불타는 공명심과 냉정한 판단력을 지니고 중앙집권형의 봉건국가를 건설하여 국민 군주의 지위에 올랐다. 헨리 2세는 발리스의 해적동아리 활동무대였던 아일랜드를 잉글랜드 통치체계에 편입했다. 이처럼 위대한 지배자의 당당한 기상도 토마스 베케트의 법률 저항 때문에 무너져갔다. 헨리 2세는 다음으로 클라렌돈의 헌법(1164년)을 파기하지 않을 수 없었고 세속인에 대한 재판권을 지배자의 성직자 가신에게까지 확대하고자 했다. 헨리 2세는 잉글랜드 법률과 제도를 성직자와 봉건영주의 속박도구에서 벗어나게 개편하는 법률조치를 취했고 이 조치로 인하여 가장 중요한 잉글랜드 법률제정권이 로마인 법률을 따르게 되었다.

헨리 2세에게 굴복했던 귀족동아리는 아들 존 시대에 강력한 권한을 행사코자 저항했다. 헨리 2세의 장자요, 후계자인 리차드 사자왕은 아퀴텐느에 있는 자기 어머니 소유 영지를 관리하는 한편 신앙과 거리가 먼 프로방스 지방의 문화와 음유시인의 서정시 수용, 제3차 십자군 참가처럼 대담한 모험가다운 면모를 지녔던 지배자였다. 리차드 사자왕은 소아시아 지방에서 고의로 감정에 상처를 입었다. 오스트리아 공작 레오폴드는 잉글랜드 왕 리차드를 비엔나의 뒤른쉬타인부르크에 투옥했다가 스타우퍼 가문의 황제 하인리히 6세에게 넘겨주었다. 라차드 사자왕은 자기 어머니 에레오노와르 때문에 자기 향리로 간신히 돌아왔고 리차드 사자왕의 어머니 에레오노르는 캔터베리 대주교 후베르트 이하의 궁중 대신을 이끌고, 대략 5천만 달러라는 엄청난 보석금을 치르고, 리차드 왕을 간신히 석방하여, 잉글랜드로 데리고 갔다. 리차드 왕 계승자는 바로 동생 존(1199-1216)이었다. 존 왕은 흔히 들 영지 없는 왕이었으나 정치에 대단히 능숙하고 총명하여 비정한 기회주의자란 별칭까지 얻었다. 존 왕은 그루체스터의 이사벨라와 이혼하고(1199년), 앙구렘의 이사벨라와 재혼한 이후 프랑스의 필립 2세 오귀스트 왕은 잉글랜드인으로서 프랑스에도 영지를 소유하고 최고 봉건법정을 파리에 열었다고 하여 존 왕을 프랑스에서 최고 봉건영주라고 지칭했다. 존 왕은 프랑스에 얼굴을 내밀지도 않고 자기 봉토에 대하여 권리를 포기하기로 선언했다. 하인리히 2세의 손자인 브레타뉴 백작 아르투르는 노르만디, 앙주, 포와투 등의 영지를 잉글랜드 왕 존으로부터 넘겨받아 유지했으나 투르네는 프랑스 왕관에 귀속되었다.

프랑스에서 추방된 존 왕은 자기 보호자 교황 인노첸츠 3세와 아무런 이유도 없이 싸웠고 존 왕과 교황 인노첸츠 3세의 싸움에서 결국 캔터베리 대주교 임명권을 교황에게 넘겨주고 말았다. 인노첸츠 3세는 캔터베리 대주교직에 파리 학문동아리 연합체 교사 랑톤을 1207년 임명했다. 교황은 1213년 선택자관습을 발휘하여 존 왕을 파문한다고 선언하고 프랑스 왕 필립 2세 오귀스트로 하여금 존 왕의 소유 영지를 차지하라고 교황 권고문을 발포했다. 교황의 권고대로 필립 2세는 도버해협 연안으로 쳐들어갔고 프랑스 왕 필립 2세 오귀스트의 침입을 두려워했던 잉글랜드 귀족동아리는 존 왕에게 군대출정을 거부했다. 존 왕은 이런 상황에서 다른 커다란 교황의 요구를 수용해야 했다. 교황 인노첸츠 3세는 존 왕이 고위 성직자에게 공납 의무를 지우고 있던 봉토에 왕위와 왕실 영지까지도 봉토임을 인정해야 한다는 것까지 요구하고 나섰고 존 왕은 1213년 양보하고 말았다. 여기에 귀족동아리는 가담하지 않았으나 존 왕은 1214년 부벵 전투에서 프랑스인에게 패하여 도이취어계 제국지역을 비롯하여 과거 영지를 포기하고 말았다.

이후 고위 잉글랜드 귀족은 엄청난 조세요구와 프랑스와의 전쟁 패배로 잔뜩 화가 나 있었다. 이런 잉글랜드 상황에서 고위귀족은 존 왕에게 1215년 불변의 '계약문서'(Magna Carta Libertatum)에 서명해 줄 것을 강력하게 요구했다. 이 불변의 계약문서는 귀족과 성직자의 권리를 완전히 분리하여 명시했다. 여러 가지 신분도 신분에 합당한 권리를 포함하여 국가에 대하여 부담하는 조세금액에 따라서 존 왕은 신분 권위를 인정한다고 명시했다. 교황은 그 계약문서를 다시 폐기했으나, 귀족동아리는 이런 교황조치에 간섭하지 않았다. 존 왕은 1216년 새로 발발한 싸움으로 사망했고, 교황청 사절은 존 왕의 아들 헨리 3세(1216~1271)를 왕위 계승자로 추천했다. 펨브로크 백작은 통치권을 차지하기 시작했다. 귀족동아리는 왕의 강력한 조세요구에도 왕의 조세요구를 점차 자기네 입장에 맞게 개정해갔다. 교황은 도이취어계 제국의 황제 프리드리히 2세와 싸우는데 필요한 전쟁비용을 잉글랜드에 요구했다. 위클리프와 헨리 8세까지도 여전히 자기네가 해결해야 했던 교황청의 전쟁비용 요구를 잊지 않았다. 에드워드 1세 왕(1272~1307)은 군대를 개혁하여 대단위 군사력을 구축한 다음 그 군대를 이끌고 웨일즈를 정복했다. 에드워드 1세는 스코틀랜드를 정복했다가 다시 상실했다. 그러나 의회는 에드워드 1세 시대에야 발전하며 잉글랜드 영지에 대한 교황청의 봉토권한을 폐지했다.

신분 사회조직

노르만종족의 봉건법은 다양한 잉글랜드 법률 체제를 통일했다. 헨리 브락톤은 1250년과 1256년에 걸쳐 5권의 법률사례 모음집을 편찬했다. 이 법률사례 모음집은 최초의 잉글랜드 사법사례 모음집이자 체계를 갖춘 법률 집행사례 모음집이었다. 신분운동과 의회는 왕의 금고가 바닥나자 더욱 신속하게 변화하기 시작했다. 헨리 3세는 남작과 고위 성직자 사이의 모든 행정기관에 2명의 기사를 임명하고 대단위 회의를 소집했다. 유명한 아르비겐스계 수도자동아리 십자군 기사와 함께 아들 몽포르트의 시몬은 헨리 3세에게 반항했다. 1264년 헨리 3세는 자기 입장을 옹호하기 위하여 중간신분을 후원하며 국가회의에 남작과 기사의 참여가 가능하도록 귀족동아리의 동의를 얻은 다음 각 도시의 2개 부르크를 초청했다. 왕은 돈을 거두어들이려고 하면 부유한 상인동아리에게도 문의해야 했다. 에드워드 1세는 1295년 평민(후기에는 하원)이 귀족과 동등한 권리를 가지지 않았던 모범의회를 소집했으나 조세는 의회동의를 얻어 올려야 한다는 것에 서로 의견이 일치했다. 1283년에는 상인동아리 헌장을 선포했고, 1303년에는 상인동아리 헌장미래를 내다보고 교역법을 제정했다. 12세기 이후 잉글랜드 왕의 통치체제는 국가구성원이 참여하는 양식으로 바뀌면서 더욱 발전했다. 잉글랜드는 1300년경까지 농업국가였다. 잉글랜드는 농업국가이면서도 다수 도시와 대도시 런던을 거느리고 있었다. 1300년 경 도시 런던에는 4만 인구가 거주했다. 이런 도시 런던은 복지나 규모 면에서 파리, 브뤼게, 베네치아, 밀라노, 이스탄불(=콘스탄티노플), 팔레르모, 로마 등의 도시를 훨씬 능가했다. 도시 런던의 상징물은 바로 탑이었다. 빌헬름 정복자는 점잖은 포로의 요새와 감옥이란 의미에 도시런던의 탑을 건립케 했다. 잉글랜드 왕국의 결속력이 확실하게 생성되기 시작했던 것은 노르만계 가문이 브리타니아 섬에서 쇠퇴하고, 다시 노르만디가 쇠퇴한 이후, 자기네가 노르만계 후예라는 것과 자기네 새로운 고향의식과 함께 종족특성, 언어관습, 생활양식이 없어지고, 이들 노르만종족이 스스로 속성을 잊어버리는 것에서 비롯되었다.

아일랜드에서 생기는 잉글랜드인의 평화, 스코틀랜드에서 찾아낸 브리타니아 섬사람의 자유

살리스베리의 존은 잉글랜드 왕의 명령으로 1154년 교황에게 교황이 아일랜드에 평화와 질서회복을 허가할 수 있느냐고 문의했다. 로마 법황청은 아일랜드의 질서회복을 거절하지 않았고 동년인 1154년 잉글랜드인 니콜라우스를 교황으로 선출했다. 헨리 2세는 1171년 아일랜드 성직자를 보호하고, 아일랜드 전체로부터 봉건신서를 받기 위하여 레인스터와 브레퓌의 하위 종족왕과 지역 수장왕의 전쟁을 아주 적절하게 이용했으나 수비대는 아무런 제재 없이 아일랜드를 약탈하여 노예화했다. 아일랜드인은 백여년 간이나 게릴라식 전쟁을 계속하면서 잉글랜드와 전쟁했다. 아일랜드와 잉글랜드의 이런 전쟁은 불과 몇 명의 아일랜드 지도자가 마지못해서 아일랜드를 스코틀랜드에 양도했던 1315년까지 이어졌다. 로버트 브루스는 스코틀랜드 반노크번에서 잉글랜드 인을 물리쳤고 1316년 브루스의 동생 에드워드는 아일랜드로 들어와서 교황의 온갖 협박을 무릅쓰고 아일랜드 왕위에 올랐다. 그로부터 2년 이후 왕은 맞아 죽었고 아일랜드 왕국은 다시 사라졌다. 아일랜드 인은 가난과 자포자기 상황에 빠졌고 종족특성의 보전과정에서도 자유를 상실했다.

스코틀랜드는 브리타니아에 귀속되었으나, 자유를 유지했다. 낮은 스코틀랜드 골짜기에는 앙겔종족, 작센종족, 노르만종족 등이 정착했고 앵글로색슨계 혈통인 왕비 마가레트는 스코틀랜드 왕실에서 잉글랜드인 성직자의 협력으로 영어와 잉글랜드인의 생활관습을 도입했다. 스코틀랜드에는 데이비드 1세 왕(1124~1153) 재임시대에 상용어로 앵글로색슨계 언어가 정착했다. 스코틀랜드에도 수도자동아리가 생겨났고 그 수도자동아리 은신처에서는 영어를 상용했다. 스코틀랜드에서도 교회조직은 지배자 통치도구로 전락했다. 스코틀랜드는 왕 알렉산더 3세 시대(1249~1286)에 황금시대를 맞이했다. 알렉산더 3세는 잉글랜의 헤브리텐 지방을 정복하면서도 잉글랜드와 우호관계를 유지했다. 잉글랜드 왕 에드워드 1세는 데이비드 1세 왕의 2 후손인 로버트 브루스와 존 발리오르 사이의 전쟁을 잉글랜드인의 권리를 찾는 데 최대한으로 활용하고 1292년 스코틀랜드계 귀족과 주교의 저항을 물리치고, 1314년 반노크번이란 잉글랜드 골짜기에서 사망했다. 최후 승리자 로버트 브루스는 다시 에딘버러를 정복했다. 브루스는 노드엄버란드를 공략하고 두람을 침입했다. 프랑스와 전쟁을 치르던 잉글랜드는 1328년 다시 스코틀랜드에 자유를 허용하지 않을 수 없게 되었다. 1301년 이후 잉글랜드 왕세자는 웨일즈 공이라는 칭호를 지니게 되었다. 에드워드 1세는 1284년 웨일즈를 잉글랜드 왕위에 합병했다.

제5부
유럽문화 여명시대 세계와 유럽인, 유럽 국가

제 10 장
14~15세기 유럽세계의 사회 조직과 문화

10-1. 사회조직 변화 요인과 변화의 방향

사회조직으로서 개인동아리 결속력과 질서

유럽세계에서 1300년경 처음으로 새로운 사회조직의 등장과 함께 정치조직도 변화하기 시작하여 새로운 정치조직 중심의 질서를 구축해갔다. 물론 새로운 정치조직의 정착과 함께 기존 권위와 기존 가치 역시 사라졌다. 그런데도 유럽세계 사회조직으로서 개인동아리 동요 또한 진정되었다. 도도한 새로운 사회조직 물결은 새로운 사회조직의 실천원리 발견으로 새로운 네트워크를 구축해갔다. 유럽세계 구성원의 유동폭과 그 수준도 점차 안정단계를 맞이했다. 동시에 중세세계에서 보편주의 명칭으로 일괄하던 획일주의도 사라져버렸다. 정치조직 단위의 경직성향과 고정의식도 형성단계 신분사회와 함께 모습을 드러냈다. 그런데도 보편주의로 채색된 국가 고정관념은 물론 정치조직 단위의 중심체로서 자리잡았으나 사회조직 질서를 모든 영역에서 지탱하던 고정관념 와해는 오히려 위기의식, 불안의식을 재생하는 요인이 되었다. 특히, 기존 정치조직 단위는 무질서 위기의식과 새로운 질서의식이 서로 교차하면서 유럽세계의 중심지역으로부터 다시 전혀 다른 통치모형을 만들어냈다. 또한 과거세대와 최근세대 질서 교차과정에서 유럽세계 구성원은 우유부단한 태도를 취했으나 교회조직에 대한 비판의식은 점차 새로운 교회조직 출발과 교회조직 개혁을 외치는 방향으로 변화했다. 교회조직에 대한 개혁자의 목소리는 과거세대 질서 종말에 대한 외침이자 새로운 질서 출발이었다. 봇물 같은 교회조직 개혁자의 외침에서 타도대상은 교황권과 황제권의 보편주의 권력동아리에게로 옮겨갔다. 이 두 보편주의 권력동아리에 대한 타도 외침은 과거세대 상황에서였다면 입 밖에도 꺼낼 수 없었고 통일성도 있을 수 없었고, 극복대상도 아니었다. 그러나 사회조직 상황은 '교회조직과 정치조직 개혁'을 표면으로 드러내며 국가 통치조직을 극단의 이기주의 배양장소로 만들어갔다. 유럽세계 국가구성원 사이에서 나타났던 극단의 이기주의는 바이에른의 루드뷔히 왕실 사례처럼 인간의 일상생활이나 보편주의 언어에서 흔히 구호와 행동 이면에 흔히 숨겨져 상용되었다.

유럽세계 인간의 정치와 정신은 기존 질서의 해체라는 위기 벼랑에 섰고 국가권력은 세속인의 요구를 끌어안기 시작하여 세속인의 요구를 합리주의 밧줄에 매달면서 더욱 뚜렷하게 기존질서 전면으로 나섰다. 도이취어계 제국 황제는 바이에른 루드뷔히 왕(1314~1347)이었고 교황청은 프랑스 요쉐지방의 아비뇽에 묶여 있었다. 바이에른 루드뷔히 왕실에서는 교황청 대권에 대한 반항이 점증했다. 파두아의 마르실리우스와 잉글랜드의 윌리암 오캄은 파리 학문동아리 연합체 교사로서 활동했다. 마르실리우스와 잉글랜드인으로서 프란치스코 수도자동아리에서 활약하던 윌리암 오캄은 아비뇽 교황청으로부터 루드뷔히 황실로 도망쳐 도이취어계 제국 뮌헨에서 새로운 국가조직 결속문제, 자기네 중심의 정치조직 결속운동에 중세세계 인간의 실천의식을 편입시키는 문제, 즉 13~14세기 인간의 사상과 논쟁 문제를 깊이 분석했다. 마르실리우스와 오캄은 신분 간의 결속관계로 한층 견고해진 중세세계 크리스트교 교회조직 중심의 정치조직을 지키자는데 의견일치에 접근했고 그 이면에는 지배자의 권한범위를 축소해야 한다는 취지를 포함했다. 이들 양자는 유럽세계 인간의 의식 속에 뿌리내린 권력위주의 정치조직이 보편주의로 채색된 고정관념을 탈피하기 시작했다는 점에 인식을 공유했다. 마르실리우스와 오캄은 이처럼 권력관계의 변화과정에서도 교황청이 13세기에 선동했던 정도에까지는 이르지 못했으나 성직자의 정치참여를 주장했고 기존질서골격을 이루고 있던 교회조직을 새로운 질서에 부응할 수 있는 조직으로 대체해야 된다는 명분으로 거대한 교회조직 개혁운동 선동자로 자처하고 나섰다. 이 두 선동자의 교회조직 개혁운동 출발점은 흔히 '교회조직 운용에 대하여 법정주의'의 실천이었다. 마르실리우스는 크리스트교의 언어 메시지에 침잠된 아리스토텔레스의 이론을 현실정치의 실천모형으로 제시했다. 마르실리우스는 아리스토텔레스의 이론을 신분과 시민세계가 지향할 정치조직의 실천모형으로 인식했다. 이것은 오캄이 당대 잉글랜드 권력자에 대한 비판을 주도한 경우와 마찬가지였다. 마르실리우스와 윌리암 오캄은 로마 정통론자 교회조직의 입장에서 개혁이 지나치게 부당하다는 인식이 들지 않을 정도로 강경하게 교회조직 개혁을 주장했다. 마르실리우스와 오캄은 교회조직 운용에 대한 법정주의와 교회조직 개혁 선구자로서 사회 다원화를 추진했다는 평가도 받고 있으나, 한편 교회조직 통합의 방해자로도 평가되고 있다.

크리스트교 교의와 교회조직

중세세계 인간의 발상전환은 사회조직 변화를 가져왔다. 중세 인간의 발상전환은 곧 확고한 신앙생활 몰두에 의구심을 가져왔고, 인간 각자의 행위에 대한 신의 구원과 같은 믿음으로 구축된 기존 질서 등에 대하여 위기감과 비판의식을 표출했다. 또한 기존 가치가 퇴색하고 새로운 가치를 지향함에 따라서 사회조직은 저절로 변화하기기 마련이었다. 소위, '중세'는 개혁을 통하여 기존 질서를 이탈하기 시작했다. 다양한 개인욕구를 수용하는 한편 절대자의 명령이라고 확신에 차 있던 교의 역시 무용지물이 되기 시작했다. 개인은 물론 불안 늪을 헤어나지 못하고 크리스트의 구원조차 확신하지 했다. 소위 중세 후기세계 인간의 이런 위기의식과 비판의식은 인구 증가로 인한 경쟁가열, 불확실한 미래에 대한 기회욕구의 증폭, 새로운 질서추구 명분에서 비롯된 권력동아리 강제력 등이 문화이동 조류처럼 개인 동요 요인이 되었다.

권력동아리의 강제력 명분은 법률질서 유지였으나 질서구성의 핵심인 법률사례 축적 기반이었다. 권력동아리 강제력 역시 개인의 결속운동을 강력하게 추진케 했던 요인이었다. 그러나 개인의 결속운동도 기존 질서로 축적한 선례라는 정체 요인을 극복해야 했다. 중세세계 세계에서 교회조직도 단순히 설교를 듣기 위해 찾아 가던 건물 의미를 탈피하고 더욱 다양한 개인을 결속하며, 개혁 중심체로서 개방의 길에 들어섰다. 그런데도 개인은 정통론자동아리 교회조직 내부에서 활동하던 개혁가동아리와 이단자동아리의 논쟁, 즉 교회조직 외부에서 활동하던 새로운 이단자동아리와 기존 교회조직의 반목조차 그렇게 중요하게 인식하지 않았다. 뵈멘왕국의 교사 얀 후스(1369~1415)는 콘스탄츠 종교회의에서 자유 신앙주의자로 몰려 처형당했으나 베르사이유의 베드로(1092~1156)는 콘스탄츠 종교회의 주도자동아리 일원이었다. 베드로는 자기가 후스를 변호했더라면 후스가 유죄로 인정되지 않았을 것이고, 사형도 선고되지 않았을 것이라고 주장했다. 후스는 단지 자유 신앙주의자라는 단순한 이유 때문에 유죄로 확정되었다는 것이다. 후스는 그런데도 종교회의 권위가 확실하게 성자정신에 연계한다는 것을 부인했다. 또한 후스는 합리주의를 통하여 종교회의와 관련된 기존 권위를 반박하고 기존 교회조직 운영관행에 도전하면서 존엄한 성직자 능력을 부인했다. 중세세계 유럽에서 14~15세기는 종교 전환시대였다. 14~15세기 종교는 개혁을 지향했다. 종교개혁 성향은 정통 종교동아리나 이단자동아리, 어디서든 막론하고, 교회조직 개혁을 한 갈래 목소리로 합창했다.

종교개혁 운동은 대개 교의가 아닌, 교회조직 운영을 법률로 확정하자는 것이었으며 종교회의 의결이 교황보다 상위에 있어야한다는 취지를 포함했다. 개인 결속운동은 교회조직에 관한 법률을 성문으로 확정하여 실천하자는 취지에서 이 시대를 풍미하며 인간 발걸음을 무척 바쁘게 재촉했다. 교회조직 개혁운동은 새로운 결속력을 만들어 내고 정치조직 단위의 질서를 축적했다. 교회조직 개혁운동은 물론 당대 신분사회 흐름과 효과에 대하여 고른 소리를 내면서 시대정신을 낳았다. 교회 법률이 교황보다 상위에 있다는 것을 전체 종교회의는 확인해 두었다. 교회법률은 최고 교회조직 권위자보다, 심지어는 교황 직책보다 상위에 있다는 교회법률 우선주의를 선택하는 한편, 교회 법률 우선주의는 복음과 청빈을 열렬이 주장했다. 교회조직 법률 우선주의는 또한 과거세대 교회조직 운영관행에 빠져 법률을 무시하고 힘의 정치를 지향하던 인간에 대한 구원장소로서 교회조직 의미를 부인하고 불확실한 영혼 안식처로서의 교회조직 의미와도 심각하게 대립했다. 물론 중세세계의 이런 교회조직 개념은 교회조직에 대하여 서로 다른 방향의 확실한 교회조직 개념을 주장하며 상대자 입장을 창출했다. 법률가, 예언가, 철학가, 개혁가동아리, 이단자동아리 등은 서로 다른 방법으로 교회조직 개념을 규정했다. 교회조직 개념은 교회조직 법률을 존중하는 교회조직과 크리스트의 청빈을 실천하는 교회조직, 그리고 영혼을 구원하는 교회조직으로 갈라지고 당대 개인을 아주 활발하게 선동했다. 기존의 정통론자동아리 교회조직은 이런 교회조직 개념의 선동에 대하여 어떤 외부 기관의 필요함이나 인식조차 갖추지 못했음에도 이 교회조직 구성원의 신앙심은 새로운 방향을 지향함에 따라서 귀족동아리 교회조직에 감돌던 근심도 사라져갔다.

세속인 세계의 질서는 베긴계 수도자동아리와 베가르트계 수도자동아리의 통제

하에서 '내면세계 존엄함'(De votco moderna)을 추구하던 전문 지식 운동처럼 이동해갔다. 그래서 베긴계 수도자동아리와 베르가르트계 수도자동아리의 교리는 특히 네덜란드와 뵈멘지역으로 거의 이동했다. 구원은 신비를 통하여 이루어지고 진정한 크리스트(Christi)의 모방은 성사관습을 통하여 추구한다는 것이었다. 신비를 추구하고, 진정한 크리스트를 모방하면, 이것이 바로 사제교회를 대신한다는 것이었다. 이것은 곧 정통론자동아리 교회조직이 영혼을 구원한다는 이단자동아리 교회를 통하여 이단자동아리의 길을 열어 두고 있었던 셈이었다. 종교운동은 광범한 유럽세계 구석구석으로 이동했고 그 이면에는 점차 교역량이 증가하고, 언제나 외부세계로 향하던 전문 지식인과 전문 지식 원리가 상호 강하게 결합했던 상황과 맞물려 있었다. 잉글랜드 교회조직 개혁가인 위클리프는 청빈과 영혼, 그리고 세상의 불확실함을 교회조직이 해결해야 한다는 요구를 15세기 이전부터 주장하여 다시 수정단계를 맞이했다. 교회조직 운영관행의 수정요구와 함께 이단자동아리는 교회운영관행 수정요구와 성직에도 위계질서가 있다는 것과 교회가 구원장소라는 근거가 무엇이인가를 요구하며 무가치한 성직자를 공격하며 나섰다.

천년왕국설과 빈손으로 왔다가 빈손으로 간다는 빈곤자 의미

과격한 수도자동아리의 교의 실천은 정신이 빈약한 교회조직의 성직자를 공격했다. 피요르의 요하임계 수도자동아리(1130~1202)는 천년왕국설을 주장했다. 이 이단자동아리의 주장은 더욱 과격한 성향을 띠고 인간이 자유의지로 청빈을 추구하는 것이 천년왕국설에 부합한다는 것이었다. 요하임계 이단자동아리는 중세세계 후기에 '빈손으로 왔다가 빈손으로 간다'는 청빈한 빈곤자 의미를 추구하며 이 구절을 가난한 인간에 대한 표현양식으로 인식했다. 청빈한 빈곤자 의미는 물론 중세세계 후기에 나타났다. 이런 청빈한 빈곤자 의미는 1419년~1420년 후스계 이단자동아리가 천년왕국설과 그 천년왕국설 실천강령으로 무장하여 전체 유럽세계를 잠재우고 열악한 환경에 처한 개인동아리 사이에서 발아했다. 천년왕국설은 대중운동 구호로서 현존 세계질서에 대하여 양자택일의 흑백논리를 적용했다. 천년왕국설에 근거하면 앞으로 세상의 천지개벽과 함께 크리스트의 재림을 주장하며 크리스트는 외양간에서 빈 몸으로 태어났으나 세상을 구제한 엘리트였다는 것이다. 천년왕국설은 지식을 겸비한 정예병인 요하임계 이단자동아리의 실천강령이었다. 이런 천년왕국설은 후스계 이단자동아리가 대중을 선동하던 운동문구로 전락했다. 후스계 이단자동아리는 천년왕국설을 외치며, 대중을 선동했다. 이들의 천년왕국설은 네덜란드, 벨기에, 프랑스 북부지역에서 자유정신을 추구하던 반항자동아리에 접합되었다. 이것은 지금까지 널리 알려진 사실이다.

후스계 이단자동아리의 교회조직 개혁운동은 15세기 혁명이었다. 후스계 이단자동아리의 혁명은 교회조직 운영의 법정주의를 훨씬 뛰어 넘어 이미 알려진 네 프라그 학문동아리 연합체 교사의 논문에서처럼 성직자에게는 사도와 같은 생활을 실천할 것과 설교 자유를 보장할 것을 요구하고 나섰다. 세속인에게도 성배를 허용할 것과 죄에 빠진 세속 권력자를 처벌할 것을 요구했다. 후스계 이단자동아리의 교회조직 개혁운동은 교회조직의 표준권위를 부정하고, 세속인에게도 성배를 요구하는 한편, 교회조직에도 다수 개인동아리가 참여하는 공정한 운영관행 확립을 요구했다. 후스계 이단자동아리 이런 요구사항에 근거하여 판단하는 경우, 후스계 이단자동아리의 혁명은 짐작컨데 완벽한 현존질서 전복을 최종 목표로 설정했던 것이나 다름없었다.

수직형 사회조직의 변동요인으로서 신분 질서

아마 중세 유럽세계의 교회조직이나 국가조직을 망라한 사회조직 변화를 언급하려면 신분출현을 간과할 수 없다. 특히 유럽문화 여명시대(1050~1250) 세계의 사회조직과 유럽문화 정착시대(1250~1453) 세계인 중세 후기 세계 수직형 사회조직의 변화요인이 바로 신분출현이며 신분과 함께 중세 후기 다양한 사회조직이 출현하기 시작했기 때문인 것이다. 이런 맥락에서 중세 사회조직의 다원화 과정에서 교회조직은 여러 가지 사회조직 중에서도 두드러지게 결속했던 조직모형이었다. 교회조직에 대한 개혁 목소리가 성직자 사이에서 터져 나오기가 무섭게 왕국 정치조직에 대한 개혁 목소리도 합창이나 하듯이 터져 나왔다. 교회 법률은 교황보다 상위에 있다는 것이 성문 법률에 근거하여 교회조직을 운영해야 한다는 취지의 '교회조직 법정주의'였다. 교회조직 운용에 대한 법정주의는 최종단계에 이르러 크리스트라는 보편개념에 대한 논쟁으로 유럽세계를 뜨겁게 가열했다. 국민 군주 국가는 과거세대 황제관습을 탈피했다. 국민 군주 국가에서는 저절로 크리스트교 세계의 후견인으로서 로마인 왕의 역할을 언급하며 교회조직 개혁과 국가조직 개혁을 연계해 왔다. 도이취어계 제국도 개혁논쟁 옹호자 입장이었다. 서부 유럽세계와 동부 유럽세계의 국민 군주 국가에서는 국가 교회조직 영역에서 2가지 개혁문제를 언급했다. 성직자는 혈통이 아닌, 성직에 따른 신분사회 편입과 그 이후 자연스러운 성직자 관직 상실로 이어져한다는 개혁이었다. 본래 성직자 관직은 귀족동아리 위계질서에 따랐으나 성직자의 신분사회 편입은 자연히 귀족동아리의 위계질서 이탈이기 때문에 성직자 신분유지만 가능하다는 것이었다. 따라서 성직자는 신분사회에서 다수동아리구성원에서 저절로 동떨어진 이방인 신세로 변모했다. 교회조직은 자연히 신분으로 형성된 세속인 사회조직에 함몰되었다. 세속인 사회조직에 교회조직 편입은 교회조직이 사회조직인 기반조직 역할에 불과했다.

15세기 종교회의에서의 교회 법률 의결과정에서 물론 종교회의 역할을 중요하게 인식하고 교회조직 운영에 대한 법정주의 자체에 못지 않게 사회조직의 결속 측면을 중요하게 인식했다. 심상치 않게도 수직형 사회조직 변형요인은 신분으로 대체된 사회조직 질서에서도 나타났고 국가 권력동아리 정치에서도 권위는 급격하게 이동했다. 신분운동에서처럼 교회조직 운영에 대한 법정주의에 대해서도 전지전능한 통치권을 지닌 유력자동아리 반항은 최대 개혁운동 장애요소였다. 교회조직 운영에 대한 법정주의 실현이 교회조직 개혁운동 핵심과제였던 사례는 교회조직 운영에 대한 법정주의를 거부했던 유력자동아리의 반항사태에서도 입증되고 있다. 유력자동아리의 반항내용은 또한 교회조직 운영에 대한 법정주의를 반대했던 것과 동일한 범주에서 교황의 보편주의 통치에 대한 위기 역시 닥쳐오고 있었다. 헝가리, 뵈멘, 폴란드, 스칸디나비아, 잉글랜드, 프랑스, 아라곤, 카스틸리아 등의 지역에서는 유력자인 남작동아리가 한 지배자 통치를 반대하며 한 지배자의 권한을 법률로써 제한했고 자기네 주장에 지배자 권한의 제한을 연계하여 영방이나 광역 자치단체 전체 대표자 위치에 오르는 사례도 나타났다. 도이취어계 제국에서 선제후회의는 제국정치에 대하여 최대 영향력을 행사하며 왕위 계승싸움, 종족왕 감금, 종족왕 암살 등이 왕국정치의 전체조류를 이끌었다.

콘스탄츠 종교회의(1414~1418)는 각양각색의 풍부한 사례에 근거하여 전제군주의 시해사건을 다루며 모반자에 대한 그 방어자의 동맹 체결권과 자위권을 인정하고 부당한 계약위반 군주에 대하여 공동으로 제재를 가하기로 합의하고 나섰다. 공동의 제재 내용에는 부당한 군주를 상대로 정당한 전쟁을 치르는 것과 부당한 군주를 파문하는 것 등을 포함했다. 이런 변화를 거치면서도 주권재민 원칙은 중세세계 사회조직 토양에서 발아했으나 주권재민 원칙의 모든 내용이 권력동아리가 사회구성원 의지를 따르려고 했던 데서 발아하지는 않았다. 주권재민 원칙의 적용은 또한 국가구성원의 다양한 욕구를 자극하여 유력자동아리의 국가통치에 오히려 혼란을 가중했다. 고위귀족은 지배자에게 대항했다. 지배자와 이하의 다양한 신분구성원, 특히 중간부류의 신분구성원 사이에는 새로운 연합 사회조직이 등장했다. 지배자와 이하의 다양한 신분구성원의 연합 사례는 파리와 프라그에서 특히 중요한 의미를 지녔다. 뵈멘왕 벤첼의 사망과 이어서 1419년 8월 제 1차 프라그 폭동의 발발로 이어졌기 때문이다. 폭동 이후 뵈멘은 갑자기 왕이 없는 왕정 공백상태에 직면하여 갑자기 공화국으로 발전했다. 즉, 뵈멘은 신분대표가 합의하여 통치하는 정치체제로 발전했다.

뵈멘의 이런 정치상황에서 각 신분구성원의 다양한 요구가 터져 나왔고 무엇보다도, 프라그인과 공동 통치는 신분구성원의 다양한 요구를 봇물처럼 쏟아냈다. 도시 신분변화는 사회조직 변동요인으로 작용했다. 뵈멘과 유사한 정치상황은 유럽세계 전역에서 당분간의 정신병을 낳았고 특히, 프랑스에서 귀족은 샤를 6세를 옹립하여 최고 프랑스 귀족동아리 역시 유사한 사태에 직면했다. 도이취어계 제국에서는 15세기 말엽 처음으로 제국 도시가 신분대표로서 영방의회에 참석하며 비로소 신분제 정착을 예고했다. 도이취어계 제국의 풍부한 도시인 스위스지역의 베른에서도 1414년 도시와 부르크 시민과 왕 사이에 연합조직이 생겨나 국가조직으로 정착해갔다.

유럽세계 사회조직의 다원화 : 국가 믿음의 논증, 영방국가, 중심부 개역

이 시대의 국민국가는 교회조직, 제국황제와 왕의 통치조직, 영방 제후조직, 신분 위주의 통치조직 등으로 구성되었다. 국민국가의 조직체제는 당대 사회조직보다 훨씬 탄탄했다. '국가주의' 역시 중세 후기에 발흥했다. '국가주의'는 종교 대체물이 될 수 없었다. 근대세계 인간 역시 중세세계 인간의 국가주의를 실천했다. 그런데도 근대세계 인간은 후기 라틴어계 인종으로부터 자유롭게 태어난 순수한 인간에 지나지 않았다. 그래서인지는 알 수 없으나, 근대세계 인간은 국가주의 실천과정에서 시행착오를 거듭했고 귀족을 표준인간으로 설정하고 도시시민 지위를 차지했다. 이 도시민의 상용어휘 역시 '고귀한 귀족혈통의 국가'처럼 귀족의 표준인간으로부터 여러 가지 개념 원리를 전수받았다. 중세 후기 세계의 사회조직에서 새로운 가치를 지향했던 국가 결속운동은 국민의 국가조직 지탱자인 왕의 통치조직과 국가 교회조직, 그리고 국민의 반동과 혁명(시칠리아의 베스페르) 등을 통하여 결속기반을 확보했다. 물론 국민의 반동과 혁명은 주변세계와 적대관계에 놓였으면서도 주변세계와 시칠리아, 스코틀랜드, 아일랜드, 플랑드르 등의 사례에서처럼 이방인의 통치를 반대하여 저항운동 성향을 띠었다.

중세 후기 세계에서는 종교회의도 13세기부터 국가중심의 조직을 갖추었다. 생활언어는 뵈멘 사례에서 이미 예상했듯이 다른 국민을 식별 가능한 지역민이나 지방민 표지를 전달했다. 국민특성은 고전시대 세계의 문화와 예술, 내력, 성서에 근거하여 혈통 유래를 표현하기 시작했고 구세주를 주제로 했던 풍물, 언어관습, 규범 등으로도 표현했다. 이런 국민특성의 표현근거는 노르만계 법률가 피레 뒤보와(+1300년경)의 저작물이었다. 피레 뒤보와는 장 다크가 프랑스를 성자의 왕국이라고 언급했던 사례처럼 쟝 다크(Jeanne d'Arc)의 충성스런 국가주의를 고무했다. 혁명 주도세력이었던 후스계 반항자동아리는 국가주의를 탄생케 했던 주인공이었다. 국가주의는 전례없이 과격한 모습으로 당시 개혁을 이상으로 지향했다. 국가주의에 대한 공감대는 세속인 사회조직과 교회조직에 대한 개혁의 진행각본 속에서 흘러나왔다. 도이취어계 제국지역의 교회조직은 국가 교회조직으로 변모했으나 사회조직 변화추세를 수용할 이론까지 갖추지 못하여 다른 어떤 유럽세계 지역보다도 사회조직 변화과정에 함께하지 못했다.

도이취어계 제국 교회조직 개혁가의 관심사는 교회조직의 성직자조직 개편보다 오히려 순수한 신앙심에 집중했다. 경건한 신앙심과 교회조직의 성직자조직은 서로 전혀 다른 방향의 길을 갔다. 자유 신앙주의자는 대개 교회조직의 정통론자 보다 경건한 신앙심에 초점을 맞추고 15세기 도이취어계 인간 역시 경건한 신앙심과 로마계 정통론자 신앙을 거의 대등하게 수용했다. 도이취어계 제국에서는 후스계 반항자동아리와 전쟁 이후 자유 신앙주의자에 대하여 어떤 미래도 상상할 수 없었다. 도이취어계 제국 사회조직의 이런 불확실한 분위기 때문에 도이취어계 제국에서는 마녀 재판에 관한 뜬소문이 떠돌아 오히려 도이취어계 인간은 로마계 교회조직을 애호하며 성직자의 단점과 패륜을 비판하며 증오하는 정도였다. 도이취어계 인간은 심지어 교회조직에 대한 권리를 두고 성직자동아리와 서로 논쟁하는 정도였다. 로마계 정통론자동아리 교회조직에서는 도이취어계 인간의 욕구를 충족시키지 못하고 로마와 교황 역시 천년왕국에 대한 인식과정에서 도이취어계 인간을 반크리스트주의자로 파악하는 어리석음에 가득 차 있었다. 그런데도 도이취어계 인간은 크리스트의 천년왕국을 지상에서 기다렸으나 교황청 분열 때문에 도이취어계 제국 사회조직은 교회조직 분열이라는 외부요인에 휘말려 격심한 혼란을 겪어야 했다.

교회조직 분열은 1378년에 일어난 성직사건을 출발점으로 도이취어계 제국의 사회조직 분위기를 고조시키기 시작했다. 교황청 분열은 기존 오류에서 탈피하려는 인식은 물론 교회조직 개혁의 필요함을 도이취어계 인간에게 인식케 했다. 도이취인은 교회조직 개혁보다 국가통일 문제를 중시하며 적어도 콘스탄츠와 바젤 종교회의에서 조차 교회조직에 대한 개혁요구를 외면했던 결과였다. 도이취어계 제국 사회조직에서 표출된 종교개혁 의지 표출은 신비주의 수용집단인 신학동아리, 경건한 신앙심 열기 등의 표출로 이어져 결국 교회조직은 개혁 길로 들어섰다. 도이취어계 인간은 교회조직 개혁과 왕국 개혁의 진행계획을 후원하고 교회조직의 국제화를 추진해야 했다. 추기경 자리는 이탈리아인과 프랑스인의 독점물이 아니어야 했고, 교황청 성직은 다른 국적인에게도 돌아가야 했다. 특히, 도이취어계 인간과 잉글랜드인도 교황청 성직에 참여해야 한다는 것이 도이취어계 인간의 확실한 의중이었다. 또한 그리스어계 정통론자동아리 교회조직은 로마 정통론자동아리 교회조직과 화해해야 한다는 것이 두 교회조직 개혁의 필요함을 전제했던 데서 터져 나왔던 도이취어계 인간의 한결같은 목소리였다. 도이취어계 인간은 교황 지위를 두고 제한해야 하느냐, 아니면 그대로 유지해야 하느냐 논쟁을 벌였고 교황 지위 논쟁에서 교회조직 성직자 임명권 개혁으로 교회 구원을 알게 하자는 것이었다. 성직자 임명권 개혁에는 교황권 제한이 필요하다는 것이 도이취어계 인간의 공감대였다. 교황권 제한의 유보조항에는 주교 임명권, 교회조직 보호자 권한, 교회조직과 수도자의 선발권 등을 삽입해야 하며 교황청과 법황청 영향력이 사방으로 확산될 수 있게 개혁해야 한다는 취지까지 포함했다.

교황청이 국가에 대하여 과도한 권한을 요구한 나머지 국가와 교황청의 중앙집권체제 논쟁은 부분개혁이 아닌, 중심개혁으로 발전했다. 종교회의와 교회조직 운영의 법정주의는 교황청 주장을 누르고 승리를 거두어갔다.

이제 교회조직이 통치권의 독점물임을 인정했고 교회조직 운영의 법정주의 실천에 대하여는 1440년 이후 바젤 종교회의에서 결말을 찾아냈다. 이후 교황청은 다음부터 세속인 통치권인 국가 군주와 화해협약을 체결했다. 이 화해협약에서 교황청은 스스로 세속인 권위를 쟁취하여 이탈리아에서 대 권력자로 군림할 수 있게 되었다. 여기서부터 세속인 사회조직을 지배하게 될 지배권의 규범과 양식은 그 근거를 마련했다. 교황청은 세속인의 눈에서, 특히 도이취어게 인간의 눈에서 사라졌고 성직자 권위는 참회와 구원의 완성으로 귀결되어 개혁을 필요 불가결하게 만들어 놓았다.

도이취어게 제국 내부에서 생겨났던 교회조직 개혁의 관심사

도이취어게 인간의 교회조직 개혁은 내면에서도 특성 있게 진행되었다. 자연히 도이취어게 인간의 관심도 교회조직 개혁에 집중했으나 유별스럽게도 학문동아리 연합체는 여전히 교회조직 운용에 대한 법정주의를 견지하고 오히려 발전시켜 나갔다. 모든 교구와 대성당, 수도자동아리 은신처 등을 비롯하여 특히 도이취어게 인간의 영방국가, 영방국가 군주(Landesherr)에게도 교회조직 개혁의 분위기가 엄습해왔다는 것을 실감하며 모두 경건한 신앙심을 마음속에 간직했다. 또한 영방군주는 우선 자기네 영방의 통치조직과 정치조직을 최근세대 사고방식에 들어맞도록 변형하며 안정을 유지했다. 도이취어게 제국을 비롯한 여러 유럽세계 국가는 해묵은 전례를 이용하여 새로운 관행을 축적하며 종교생활과 정신을 철저하게 개혁했다. 여기서 부터 문화는 새로 발원했으나 기존 결속력을 이어주며 교회조직을 세속인세계에 흡수토록 보완해주었다. 그러나 교회조직은 창건자 이상과 교리를 이탈했음에도 세속인 세계, 즉 세속인 사회조직과 신분사회에 대한 판단력과 안목을 지니게 되었다. 수도자동아리는 낡은 금욕수행관습을 고수하며 스스로 시민 사이에 새로운 질서와 함께 동화하기 시작했다. 그러나 귀족동아리는 여전히 개인관계를 유지하며 영주 교회조직과 그 위치, 주교좌 위치, 돔 영주의 위치 등을 활용하여 영향력을 끊임없이 행사했다.

주교와 수도자동아리 좌장은 국가영주 위치를 차지하고 귀족으로서 경건한 신앙심을 발휘했다. 그런데도 세속인 영주는 성직자동아리의 법률 논쟁에 전혀 동요하지 않았고 고위 세속인 교직자는 주교와 수도자동아리 좌장의 이해관계를 역겨워하여 화를 내기도 했다. 15세기 수도자동아리 생활은 현저하게 향상했음에도 사회에서 귀족동아리는 자기네 원칙대로 성직자를 상급(maiores), 중간(minores), 하급(infimi) 등의 부류로 분류했다. 물론 교회조직도 성직자를 상급과 하급 부류로 분류했고 귀족의 관할 영지구성원도 성직자와 교회조직에 적용된 상급과 하급 구분 방식대로 분류했다. 이 영지구성원은 물론 귀족의 이런 성직자 분류방식에 대하여 불평하지 않았으나 도시에서는 시민정신이 활활 타는 불꽃처럼 활기차게 솟구쳤다. 더군다나, 시민의 자산과 활동은 귀족의 교회조직 뿐만 아니라, 귀족의 재산능력을 능가하여 곧 국가 재정과 경제를 이미 과거부터 시민에게로 돌아가 교회조직 창건 역시 시민의 활동영역으로 돌아왔다. 이제 진정한 교회개혁은 시민이 세속인이라는 이유 때문에 오히려 저지당하거나 흐트러지기도 했으나 시민도 이제 교회 창건취지를 선명하게 표방하며 교회조직을 창건했다. 교회조직의 성직자 계서체계는 기존 성직자 권한도 시민이 창건한 교회에는 미칠 수 없었으므로 시민의 새로운 교회조직 창건으로 인하여 더욱 혼란에 빠져들었다. 시민은 우후죽순처럼 교회를 창건했고 성직자는 14~15세기 세속인을 향하여 오히려 교회조직 운영에 대한 법정주의를 요구했다.

그러나 도시 교회조직은 교회조직 운영에 대한 법정주의를 반대하는 기류가 팽배해 있었다. 종교는 인식대상으로 변모했고 중세세계 인간생활 또한 이중체계를 지니게 되었다. 중세세계 인간은 복음에 제시된 인간 모습을 추구하고 기도 자체를 생활영역으로 흡수했고 지배하면서 노동하고, 봉사하면서 실천하려는 인간 모습을 찾아내게 되었다. 11세기 귀족은 개혁을 지향했다. 14~15세기 인간은 가난한 자 부유한 자에 관계없이 법률개정을 요구하며 인간의 통치가 아닌, 법률에 의한 사회조직 통치를 요구했다. 사회조직 구성원은 시민이었고 개인관계에서도 경건한 신앙심을 견지했다. 이들 사회조직 구성원은 경건한 신앙심을 통하여 흑사병, 기타 전염병과 같은 재앙을 극복하고 한발과 흉작의 공포로부터 위안을 찾기 위하여 교회를 찾아갔다. 사회조직 구성원은 각자 구원을 성자에게 관련 지워 위로받으며 성자까지도 신분에 따라서 구분했다. 이처럼 개인이익을 추구하는 기복성향의 신앙심은 극도에 달한 상황에서 일상 미사관습도 대규모 집회형태로 변모했다. 이런 미사규모 변화는 미사 담당 성직자까지 만들어 냈던 것이다.

물론 성직자 역시 신앙심과 관련된 미사에 국한하여 계약형식으로 얽매였다. 그렇기 때문에 성직자의 보수도 흔히 일정하지 않았다. 이것은 불성실한 성직자를 가난뱅이로 만드는 한편 시민이 일상 교회업무에 간섭하고, 교회조직 행정과 운영에 참여하는 계기로 작용했다. 세속인은 성직자의 축첩을 대단히 불쾌하게 받아들였고 특히 성직자는 인문주의자로부터 교양이 없다고 불신당하고 정신의 눈을 뜬 도시민으로부터 신앙에 무지하다고 조롱까지 당했다. 성직자는 마음속에 간직한 순진하고 천진난만한 소녀 같은 생각과 교활한 스콜라철학동아리의 전문 지식 원리와 현실에 대한 전문 지식 사이에서 언제나 중용을 유지하는 것처럼 우유부단하게 처신했다. 그러나 인문주의는 성직자를 외면하고 시민 품안으로 돌아가 있었다. 시민은 교양을 얻기 위하여 성직자에게 좋은 설교를 요구했고 교회조직은 권위 상징물인 서품식을 통하여 성직자에게 성직자 권능을 부여했다. 교회조직은 미사를 합당하게 봉축하는 성사관습에 대해서는 정당한 성직자 권능을 시민으로부터 찾아 달라는 요구로 최후까지 일관했다. 시민은 사회조직 변화에 적응하기 위하여 교육의 필요함을 점차 인식하기 시작했고 교양을 얻기 위하여 교육에 눈을 뜨기 시작했다. 지금까지 성직자는 교육을 독점했고 지금까지의 그 교육 독점권을 고수코자 했으나 교육 독점권은 성직자 손아귀로부터 빠져 나가 학문동아리 연합체로 들어갔다.

도시와 지방 사이에도 교육은 인간의 정신을 바꾸어놓기 시작했다. 도시와 지방의 교육 정신은 지방에서 개혁 물결의 보조수단이 되어 사회조직 변동을 주도하며 중세세계 사회조직에다 혁명 열기를 자극했다. 중세세계 인간의 상식은 농민, 귀족, 도시민 등이 추구했던 신비주의와 합리주의 요소를 포함한 전문 지식 원리까지 활용했던 다양한 생활 요소로 구성되었다. 14세기 중엽 이후 개인주의는 개인 관계의 기본 틀로 정착했다. 물론 중세세계 사회조직의 다원화는 무엇보다도 서로 종속되지 않은 개인 관계에서부터 출발했으나 불안과 공포를 유발했다. 불안과 공포는 점차 전문 지식 원리나 전문 개념 원리를 수용하여 이론으로 만들었던 토론 등의 과정에서 경쟁 심리 조장 요인이 되었다. 중세세계 사회조직의 이런 불안정과 공포는 비판의식 생성요인이 되었고 당대의 사회와 정치 토론 참여 동기이기도 했다. 도시민은 14~15세기 세습귀족을 밀어 젖히며 박진감 넘치게 일어서서 모든 중세세계 사회조직 잔재를 최근세대 사고방식에 맞게 개조해 나갔다.

10-2. 봉건법의 합법화와 제후 정치를 선택한 도이취어계 제국

유럽세계에서 프랑스는 보편주의를 추구하며 보편주의와 함께 강한 국가로 성장했다. 프랑스 왕 지위도 동시에 상승했다. 그런데도 황제라는 최정상 위치는 유럽에서 무너지고 있었다. 특히, 도이취어계 제국 황제 지위는 도이취어계 제국에서조차도 쇠퇴했다. 황제와 교황은 고위 성직자의 임명권을 둘러싸고 서로 논쟁하여 최후 세력 싸움에서 황제는 승리했다. 그런데도 황제와 교황의 싸움에서 최후 승리자는 황제나 교황이 아니라, 귀족과 이 양자의 싸움에 훈수를 두던 교회조직 성직자였다. 황제는 이제 봉건법을 가지고서는 자기 통치권을 더 이상 강화할 수도 없었고 분할된 국가를 통일할 수도 없었다. 도이취어계 제국은 잉글랜드와 프랑스와는 전혀 반대로 상호 자치관습에 근거한 제후정치와 영방체제라는 연결고리에 매달려 13세기 유럽세계에서 주도권을 지탱할 만한 통치기반을 이미 상실했다.

황제 프리드리히 1세 바르바로싸의 국가정치

살리어 가문의 최후 황제는 하인리히 5세(1106~1125)였다. 하인리히 5세의 사망으로 제국 귀족동아리는 분할상속 원칙을 거부했다. 도이취어계 제국 귀족들은 전적이 출중한 작센지 공작인 수프린부르크의 로타르(1125~1138)를 왕으로 선출했다. 귀족들의 이런 의도는 제국의 지배자를 살리어 가문과 친척관계였던 스타우퍼 가문의 콘라드 3세(1138~1152)로 교체하기 위한 조처였다. 베르펜 가문의 공작 하인리히 10세 오만자 왕(1108~1139)은 이에 반대하여 전쟁을 선포했다. 베르펜 가문과 스타우퍼 가문은 그 다음부터 흔히 무력 쌍벽을 이루듯이 맞서고 있었다. 프리드리히 1세 바르바로싸(1152~1190)는 원만하고 조직력을 갖췄고 자기 제국에서 기사를 거느린 궁중사회를 대표하는 표준형 인물이었다. 프리드리히 1세 바르바로싸는 경제체제와 사회조직에서 생성되는 새로운 결속력을 감각으로 파악할 수 있는 능력도 갖춘 지배자였으나 행정관행으로 굳어진 세습왕국, 기존 권력동아리 유력자의 결탁관계, 그 유력자의 요구 등을 해결해야 하는 멍에를 짊어지고 있었다. 어떤 측면에서라도 프리드리히 1세 바르바로싸가 이런 멍에를 외면하지 못했다는 것이 반동세력이나 제국주의자로 낙인찍기에 필요한 요인이었다. 그런데도 황제는 어떤 인간, 어떤 시대를 막론하고 상속재산과 재산증식이 대개 균형을 이룬다는 사실을 간과했다.

프리드리히 1세는 도이취어계 제국을 영방국가로 세우면서까지 국가평화와 황제의 중앙집권 체제를 갈망했다. 프리드리히 1세의 이런 제국정책은 스스로가 통치자로서 변화를 일으키면서, 다시 변화를 수용하려던 자세에서도 입증되고 있다. 프리드리히 1세 바르바로싸는 봉토정책 때문에 영지 교회조직의 자산에 대한 일부 법령을 즉각 폐기했다. 황제의 이런 제국정책은 군대와 함께 봉토의 계서조직에서 정상에 앉아있던 황제는 물론 자기 제국 거주자 대부분을 분리했던 요인까지 감수했고 귀족동아리와 교회조직 예속민까지도 황제와 분리케 했던 요인이 되었다. 물론 프리드리히 1세 바르바로싸의 이런 분리정책 때문에 제국도시는 등장하여 황제가 14세기 왕국 분할원칙과 신분운동을 반대하고 선제후 체제를 선택했던 국가에서 봉건법 영역과 분산된 힘의 기반을 확보하기 위하여 최고 봉건영주와 결탁할 수 있었던 요인도 되었다. 세력경쟁 상대자 하인리히 사자왕(1129~1195)과 베르펜 가문의 싸움은 대략 1180년 종결되어 봉토증여 자격자 공작인 작센 공작과 바이에른 공작을 제외했다. 그런데도 세력 싸움 승리자는 고위귀족과 상급 교회조직이었다. 이들 고위귀족과 상급 교회조직은 바로 그 해인 1180년 제국 선제후 신분을 선언하고 나섰고 두 가문으로부터 약탈했던 풍부한 영지는 그 이하 신분의 분 몫이었다. 선제후는 황제 선출권 확보와 함께 신분 지배하의 도이취어계 제국 사회조직에서 황제 선출권 보유자로서 특권 보유자로 등장했다.

중세 후기 세계의 제국통치와 제국의회에서도 선제후의 목소리는 높아지기 마련이었다. 쾰른, 마인츠, 트리어 등의 라인란트지방에서 자리 잡고 있던 세 대주교 역시 선제후와 동일한 황제 선출권 보유자가 됨과 동시에 제국 재상도 세 영방 영주 중에서 선출되었다. 11세기 이후 이 세 영방은 도이취어계 제국의 구성핵심이었다. 15세기 이후 도이취어계 제국의 세력과 위치위축과 함께 이 세 선제후는 도이취어계 제국이라는 국가를 신성 로마 제국이라고 지칭했다. 도이취어계 제국의 이런 세력축소는 부르군드와 이탈리아의 도이취어계 제국 이탈 때문이었고 부르군드와 이탈리아의 도이취어계 제국 이탈 이후부터 도이취인 국가로 인식되었다. 세속인 황제 선출자 또한 이제 라인란트 지방의 영지 백작, 작센 지방의 공작, 브란덴부르크의 마르크 백작, 뵈멘 왕 등으로 축소되었다. 황제 프리드리히 1세 바르바로싸는 부르군드 백작직 상속녀 베아트리셔와 결혼했고, 그 결혼에 대한 잉글랜드계 교황 하드리아누스 4세(1154~1159)의 반대 대가로 교황은 자기를 괴롭히던 로마인과 노르만인을 후원하지 않겠다는 것을 황제로 하여금 약속하라고 요구했다. 황제 프리드리히 1세 바르바로싸는 교황의 요구를 수용하고 교황 역시 자기를 세속인의 권리와 권한 행사자로 인정했다는 사실을 사회조직 구성원에게 과시했다. 이런 맥락에서 황제 스스로가 교황이 되려고 노력하며 대사제 휘장을 달고 말을 타고 다닌 데다 안장과 족쇄에다 복종의 상징물을 새겨 넣고, 교황청에 순응하고 있다는 점도 과시하고 다녔다. 스타우퍼 가문 황제가 도이취인 왕과 황제를 로마 법황청의 교황 봉신이라 지칭하려는 시도에 대하여 강력하게 반발했다는 사례는 황제 스스로가 도이취어계 제국을 신성로마제국으로 지칭했다는 점이다. 쉬라우퍼 가문 지배자는 자기네가 세속세계에 내려온 성자임과 동시에 교황이 아닌 신의 대행권자로서 세속세계에서 신의 임무를 수행하고 있음을 강조했다. 프리드리히 1세 바르바로싸는 이탈리아가 재정 집행능력과 이에 상응하는 담세능력을 갖추었기 때문에 이탈리아의 도이취어계 제국 통치조직을 새로 구축했고 특히 과거 롬바르디아지방과 이탈리아에 대하여 왕권을 확고하게 행사했다. 황제 프리드리히 1세 바르바로싸는 도이취어계 제국 통치조직의 재정수요를 확충하기 위하여 랑고바르드지역과 이탈리아의 담세변동 정책까지 행사했다.

황제 프리드리히 1세 바르바로싸는 롬바르디아와 이탈리아 도시에 대한 황제의 권한 대행자를 임명했고 1158년 모든 롬바르드 지방 도시 대표자회의를 소집하여 로느카그리아 제국 의회가 볼로냐 법률가동아리와 합의하여 로마인 법률에 따라서 황제의 권리와 의무를 규정해 주도록 요청했다. 황제 프리드리히 1세 바르바로싸의 이런 이탈리아 도시정책 이면에는 발트해지역이라는 도이취인 외부 거점지역과 함께 이탈리아까지 외부 거점지역으로 도이취인의 손아귀에 넣겠다는 의도가 포함되어 있었다. 이탈리아 교회조직은 주교의 도시지배권으로부터 벗어나 이미 귀족동아리 지배하에 들어가 강력한 세력을 구축했던 상황이어서 황제 권고의 묵살은 물론 더 이상 황제 옹호까지 포기하겠다는 의도로 반발하고 나섰다. 특히, 이탈리아 교회조직은 시민 출신 교황 알렉산더 3세(1159~1181)가 볼로냐 법률가동아리 보호를 받고 있다는 점을 적극 활용하여 이탈리아에서 교황의 승리와 함께 황제 파문으로 발전시켜 나갔다. 황제 프리드리히 1세 바르바로싸는 2년 동안 롬바르드인의 교회조직을 포위하여 괴롭힌 다음 당당하게 밀라노까지 점령했으나 롬바르드인 역시 베로나, 비체나, 파도바, 트레비소, 페라라, 만투아, 모데나, 밀라노 등의 도시와 도시동맹 결성으로 황제군과 대치하며 황제군대에 공동으로 저항했다. 도시 동맹군은 렉나노에서 황제군대를 격퇴하고 6년 만에 강제로 휴전을 받아냈다. 황제 프리드리히 1세 바르바로싸는 황제에게 반발하던 도시 동맹군과의 휴전에 동의하고 사회조직 변화와 세계변화에 순응할 수 있는 온건한 정책으로 전환해갔다. 황제 프리드리히 1세는 베네치아에서 교황과 평화협약을 1177년 체결하고 1183년 콘스탄츠 평화협약에서 도시 자치행정을 허용했다.

스타우퍼 가문 황제는 폴란드, 뵈멘, 헝가리를 경계하여 군사력을 유지하며 영방 교회조직을 제국 영향권에 끌어들여 평온을 회복했다. 황제 프리드리히 1세는 롬바르드인 도시동맹 때문에 곤욕을 치른 이후부터 시민경제력 신장을 도모하기 위하여 도시정책을 강력하게 추진했다. 황제 프리드리히 1세의 이런 국가정책이 빗나간 것은 사실이나 '근대국가' 예측자로서 선견지명은 부인할 수 없다. 황제 프리드리히 1세는 찬란한 자기지위를 축하하여 1184년 마인츠에서 기사축제를 개최하고 마인츠 기사축제에서 자기 궁전 한복판에 서서 찬연한 기사를 거느린 봉건영주처럼 신의 심부름꾼임을 세상에 선포했다. 황제는 서부 유럽세계 십자군 원정군을 뒷바라지하면서도 비잔티움세계와 서부의 유럽세계의 재통합을 강력하게 희망했으나 살레프의 개울에 빠져 1190년 갑작스러운 사망을 맞았고 모든 계획 역시 수포로 돌아갔다. 프리드리히 1세 바르바로싸는 이처럼 중요한 시기와 위치에 처했던 도이취인 지배자였다. 프리드리히 1세는 세계변화에 적응하며 성취할 수도 없는 정책목표를 달성하겠다고 틀림없이 온갖 노력을 경주했던 지배자였다. 여기서 황제 프리드리히 1세가 도이취어계 제국과 이탈리아에서 정의, 평화, 질서를 창출하여 모든 반목과 싸움을 종결했던 확실한 지배자였다는 것도 사실이요 도이취어계 제국과 도이취인 미래 왕국에 대하여도 황제 프리드리히 1세의 재임시대가 너무도 중요한 시대였다는 강한 인상 역시 지울 수 없다는 것도 부인할 수 없다. 시대 흐름에 따라서 프리드리히 1세 시대를 도이취인 제국 국민이 동경하는 것도 이룩 가능했던 도이취어계 제국 통일 때문이었다. 그래서인지는 모르겠으나, 황제 프리드리히 1세의 우화와 같은 영웅담은 도이취어계 제국 통일과 관련되어 지금도 회자하며 프리드리히 1세 바르바로싸의 영웅담에 대하여 새로운 통일 도이취어계 제국 의미에다 새로운 유럽 합중국 의미까지 찾아내고 있다.

하인리히 6세의 유럽 - 우월성에서 제국의 분열로

황제 하인리히 6세(1190~1197)는 프리드리히 1세 바르바로싸의 아들이었다. 황제 프리드리히 6세는 지중해 연안도시 제노아와 피사인의 협력으로 노르만인이 차지하고 있던 남부 이탈리아 지역과 시칠리아를 정복했다. 황제 하인리히 6세의 남부 이탈리아 지역과 시칠리아 정복은 중부 이탈리아 지역의 교회조직 국가에 대해서는 커다란 위협이 아닐 수 없었다. 즉, 당시 교회조직 국가는 중부 이탈리아 지역을 차지했다. 그러나 대개의 이탈리아 지역은 스타우퍼 가문의 지배하에 들어가 있었기 때문에 교회조직 국가 입장에서는 스타우퍼 가문의 세력확장이 커다란 위협이 되었다. 도이취어계 제국의 종족왕 대표자 황제 지위에는 프로방스, 도피네, 부르군드, 알사스, 로트링겐, 스위스, 홀란드, 도이취어계 제국, 오스트리아, 뵈멘, 뫼렌, 폴란드 등의 지역을 포함하여 이탈리아 지역까지 황제권에 들어와 있었기 때문에 스타우퍼 가문의 우월감은 하늘 높은 줄조차 몰랐던 것이다. 잉글랜드는 잠시 동안이나마 황제를 봉건 영주로 인정했고 황제 봉건 영주 역시 아프리카의 알모하덴에게 공물을 바치며 안티오키아, 킬리키아, 치퍼 등의 지역에 대해서도 영방 가입을 요구했다. 그러자 잉글랜드는 프랑스, 스페인, 비잔티움지역, 남부 이탈리아와 시칠리아 왕국 등의 황제 영주를 중심으로 영방 확대란 정치계획을 계속하여 추진한다는 점을 예의 주시했다.

그러나 황제 프리드리히 1세는 비잔티움지역 원정 중 개울에 빠졌다가 이질에 걸려 갑자기 사망했다. 황제는 황제의 갑작스런 사망은 원대한 제국실현의 계획을 수포로 돌아가게 만들었고 도이취어계 제국 운명도 황제 운명처럼 몰락 수렁으로 빠져들었다. 당시까지만 하더라도, 도이취어계 제국의 내부질서 역시 미완성이었다. 도이취어계 제국의 중앙권력은 아직도 여전히 강화되지 못한 상황이었다. 그래서 도이취어계 제국은 파국에 몰려 권력싸움이라는 혼란에 빠져들었고 교황 인노첸츠 3세 또한 공교롭게도 탁월한 교회조직 정치가였다. 교황 인노첸츠 3세와 타협 무산 이후에도 도이취어계 제국 황제는 성자 베드로 자리의 보호자였다. 미성년 황제 후계자 프리드리히 2세(1212/15~1250)는 어머니의 섭정으로 황제위를 유지했다.

교황은 여전히 도이취어계 제국의 왕위 계승싸움과 도이취어계 제국과 이탈리아인의 세력경쟁 중재자요 크리스트교 세계에서 교황권세와 군주의 관계를 이어지게 하고 있다는 의미와 다름없었다. 그래서 황제와 교황의 이런 관계를 운명이라 표현해도 무리가 없을 것 같으나 황제 프리드리히 2세는 성년 나이가 되어 통치권 행사자가 된 이후부터 서로 다른 보편주의를 추구하여 두 거대한 권력, 즉 황제권과 교황권 사이의 최후 타협점은 이탈리아 지역에서부터 점차 무너져갔다. 교황의 황제 파문은 황제위 폐위사건으로 이어졌고 도이취어계 제국의 황제 공백시대(1254~1273)로 발전했다. 폐위기간 동안 선제후는 나약한 인물만을 골라서 왕관을 팔아넘겼다. 즉, 황제 폐위기간에는 선제후가 영방국가를 세우더라도 이 선제후를 괴롭힐 인물이 없어지게 되어 있었다. 이런 선제후시대는 발랄한 성격 소유자로서 스타우퍼 가문 지킴이 앙주 출신 콘라드 황제비가 나폴리 시장에서 1268년 암살된 이후 본격화했다.

동방 진출 전략의 추진

합스부르크 가문 백작 루돌프는 왕위에 선출되었다. 루돌프가 왕위에 즉위하자, 도이취어계 제국의 진출전략은 서부지역에서 동부지역으로 전환했다. 동부지역으로 진출하려던 제국 전략변경은 뵈멘 왕 오토카르 2세 즉위와 함께 동부 지역으로 세력을 확장하면서 두드러지게 나타났다. 거기다 뒤른크루드 전투에서 합스부르크 가문의 루돌프가 승리한 이후부터(1278) 도이취어계 제국의 동방진출 정책은 더욱 확고했다. 백작 루돌프는 스위스 남서 지방의 귀퉁이에서 출생했다. 백작 루돌프는 가문의 대통이 끊어진 오스트리아의 바벤베르그에 자리 잡은 공작 영지에다 자기 가문 왕권을 창건했다. 종족왕 루돌프 왕국의 수도는 비엔나였다. 영방 영주는 종족왕보다 강력했다. 루돌프와 알베르트 1세는 물론 영방 영주였다. 루돌프와 아들 알베르트 1세는 과거 영방 재산을 복구하려고 시도하다 실패했으나 이후 종족왕 대통을 이어갔다. 루돌프 1세(1273~1292)는 도이취어계 제국에서 평온과 질서를 다시 회복했으나 황제가 아니었다. 그런데도 루돌프는 1279년 교황 권세 하에 있던 황제에게 자기가 철저하게 예속되어 있다는 해명서에 서명하고 남부 이탈리아 지방과 시칠리아에 대한 모든 요구까지도 포기했다. 룩셈부르크 가문의 황제 하인리히 7세(1308~1313)는 도이취어계 제국과 이탈리아의 통합을 시도하여 월른 종족의 기사군대와 도이취어계 제국 제후 군대를 이끌고 이탈리아 원정에 착수했다.

롬바르드지방의 도시는 일제히 이 나약한 황제 하인리히 7세 왕을 열렬히 환영했다. 황제 하인리히 7세의 환영 배경에는 이탈리아 도시 내부로부터 일고 있던 계급투쟁 일소 도시 간의 싸움 진정, 교회조직의 정치폭력 근절 등을 이탈리아인이 기대했기 때문이었다. 이탈리아의 위대한 문필가 단테도 이탈리아로 들어온 룩셈부르크 가문의 황제 하인리히 7세에게 경의를 표하고 자기 저작물 '군주의 세계'(Monachia)에서 세속인 권위가 성직자 권위로부터 벗어나야 한다고 피력하며 열렬한 하인리히 7세 후원자기 되어 황제 하인리히 7세가 이탈리아를 교황 통치권에서 벗어나게 해주기를 갈구하고 나섰다. 교황 통치권 때문에 이탈리아 반도는 국민 통일을 19세기까지 방해받고 있었고 15~16세기 교황 통치권은 이탈리아 권위의 주체를 약화케 했으나 이탈리아에서 폴로렌치아가 재정능력을 갖춘 이후 도시 영주는 점차 황제와 세력경쟁에서 우월권을 확보해갔다. 그런데도 도시 영주는 계급투쟁에 말려들어 도시와 싸움 과정에서 황제에게 구원을 요청하지 않을 수 없었다.

도이취인 동방운동

도이취어계 제국은 남부 유럽에서 통치권을 세우려고 시도했으나 실패했다. 도이취인의 이런 기도가 실패한 이면에는 보편주의를 추구하던 교황 통치조직이 작용했기 때문이다. 교황권의 이런 반작용은 앙주를 '국민주의 발원지'로 만들었다. 물론 앙주에서 발원했던 '프랑스인 국민주의'는 교회조직의 재정능력과 초기부터 발전했던 도시 프로렌치아의 재정능력의 대립과정에서 발원했다. 도이취인 경우 이탈리아 도시의 재정능력에 대응하는 한편 교황청은 황제 프리드리히 2세 시대 이후 이탈리아 교회조직을 비롯한 도시와 봉사관계를 유지해 왔다. 그런데도 도이취인은 제국정치 난관의 극복 차원에서 외부세계 진출 제국정책을 추진하여 동방원정에 성공을 거두었다. 도이취인의 동방진출 정책 성공으로 비엔나, 프라그, 브란데베르그, 니히스베르그 등의 도시는 도이취어계 제국 권력의 내륙 중심지가 되었다. 도이취인의 동방운동은 슬라브어계 종족의 도시이주 시기와 일치하게 전개되어 슬라브어계 종족에게 도이취인 도시법과 이주모형을 영지 소유관습과 영방통치권 영역에 적용하여 슬라브어계 종족과 도이취인의 혼합을 가능케 했다. 중부유럽의 동부 지역은 동부 유럽세계 인간과 서부 유럽세계 인간의 접합지가 되었다. 슬라브어계 종족은 중부유럽의 동부지역 거주자로 정착하여 로마인과 게르만어계 인간 사이에서 등장했던 '유럽세계 인간'처럼 새로운 유럽세계 종족으로 정착했다.

도이취어계 인간은 방랑자, 식민자, 영지 소유자, 정복자, 투자사업자로서, 그리고 상인, 수공업자, 베르그 거주자, 전문 지식인 등으로서 중부 유럽의 동부 지역으로 이주했다. 도이취어계 인간은 많은 숫자의 자녀를 둔 가족을 거느리고 도나우 강 유역을 따라 헝가리와 루마니아 지역(7개 부르크)으로 들어갔다. 도이취어계 상인동아리는 오데르 강변을 비롯하여 프랑크푸르트, 브레스라우, 프라그, 크라카우, 단치히, 리가, 레발, 도르파트 등의 도시에다 판매시장을 개설했다. 도이취어계 상인동아리는 북해와 발트해로부터 알프스 지역과 흑해 연안에 이르는 지역까지 상품 교류자, 선호상품 교환자, 자기네 정신과 종교, 기호품, 노동윤리와 기업윤리, 생활수준과 전문 지식 원리에 대한 교육관행 등의 교류자 역할을 담당했다. 슬라브어계 종족의 왕조는 실레지아와 폴란드지역으로 도이취어계 인간을 받아들였고 피아스텐 종족, 체크계 프레미슬리드종족, 도이취어계 제국 이주자, 상인동아리, 베르그 거주자까지도 영지로 오게 하여 특권을 부여했다. 물론 도이취어계 인간 특권은 10세기 이후 격렬한 정복전쟁 불씨를 낳기도 했으나 중부 유럽의 동부지역에서 국가체제 구성과 함께 경제와 문화 발원지가 되었다. 프레미슬리드 종족 영역은 가장 활발한 경제와 문화 발원지로서 독특한 동부지역의 국가 결속력 발원지가 되었다.

제국 영방화와 도시화

도이취어계 제국의 내륙지역도 서서히 변화하기 시작했다. 도이취어계 제국의 내륙지역에서는 11~12세기 이후 점차 귀족과 제후 세력의 영향력 확대와 함께 지방단위 예속체제가 등장했다. 지방단위 예속체제는 물론 농민 사이에서도 형성되어 사회조직 구성원의 지위 개선이나, 사회조직 구성원의 생활수준 향상보다는 중세세계의 사회조직 모형을 그려냈다. 주교와 수도자동아리 좌장은 거대한 부를 축적했고 세력가인 세속인 영방영주와 제국 선제후까지도 겸했다. 선제후는 종족왕 권한을 제한하여 제국 주요정책을 결정했으나 영지 재산과 영지 법률에 대해서는 손대지 않았다. 그런데도 도이취어계 제국은 연합체로 통일되지 않았으나 도이취어계 제국계 종족인 작센종족, 쉬바벤종족, 프랑크종족, 바이에른종족 등 도이취어계 지배자로 구성되었다. 도이취어계 제국 의회도 1338년 이후 처음으로 비중과 의미를 지니게 될 신분 대표자 회의로 출발하여 각 영방에서 더욱 활발하게 성장했다. 종족왕은 10~11세기 이후 관료제 발전에 집중하며 영방정치 확인기능과 영방정치 지속기능을 부여했다. 물론 도이취어계 제국 관료제는 제국정책을 결정했다. 당시까지만 하더라도, 도이취어계 제국은 확정된 수도를 갖지 못했다. 확실한 법률도 나타나지 않았다. '작센 슈피겔'(1225)과 '쉬바벤 슈피겔'(1215)같은 성문법률 모음집은 지역 특성을 그대로 간직한 채 고전시대 사법운용관습을 유지하던 상태였다.

오토 시대와 살리어 시대 제국은 통일유럽 기능을 담당했다. 스타우퍼 시대 제국은 도이취어계 인간의 문화와 도이취어계 제국 지역의 문명을 드러내기 시작했다. 도이취어계 제국은 사회조직 구성원의 새로운 결속력을 창출하여 발산하면서 도이취어 영역을 확장했다. 제국의 농민과 수공업자는 근면한 데다 뛰어난 손재주를 지녔고 상인동아리의 활동범위는 넓어 다양한 상품교류를 가능케 했다. 귀족은 교양을 갖추고 너그러운 성향을 지녔다. 황제 권력동아리는 유럽세계 인간에게 중요한 위치를 차지하고 교황과 함께 유럽세계 정치를 거의 주도했다. 이런 황제 권력동아리 기능은 잉글랜드와 북동부 지역에서도 마찬가지였다. 12세기 말엽 황제 권력동아리 조종자는 혼인으로 서로 인척관계를 형성했고 프랑스와 헝가리에서는 국왕 가문과 이 황제 권력동아리가 혼인으로 결탁하여 제국정치에서 기득권을 유지해 나갔다. 크로아티아 지배자는 실레지아의 피아스텐계 공작과 인척관계를 맺어 부르군드 백작 직까지 차지했다. 황제 권력동아리는 아쿠에레야 총대주교직과 밤베르그 주교직까지 차지하고 밤베르그 대성당을 프랑스인과 공동으로 설계하여 건축했다. 황제 권력동아리와 귀족동아리의 협력사례는 유럽 국가영역에서 고위귀족 혈족동아리가 인척관계를 형성하여 국가를 지배했던 주요한 증거물인 것이다.

도이취어계 제국 황제의 위치도 변화했다. 12~13세기는 전환시대였다. 12-13세기 이후 도이취어계 제국 종족왕의 통치영역은 바이크설강으로부터 라인강 서쪽 연안과 론강 유역까지 이렀고 라인강 유역에서 드라우강 유역에까지, 발트해 연안 지역에서 도나우 강의 중부 유역에까지 확장되었다. 도이취어계 제국 황제는 또한 북해 연안에서 시칠리아에 이르는 지역 등을 활동무대로 확보했고 새로운 도시 역시 발흥하기 시작하여 연맹형태로 경제력과 문화를 축적했다. 한자영역 도시와 동부 도이취어계 제국의 도시는 특히 경제력 축적과 함께 문화도 끊임없이 성장했다.

이중의 신분국가 및 영역(면적) 국가의 형성

13세기 이후부터 황제의 통치권은 개인관계의 영역을 완전히 탈피했고 개인관계를 가지고서는 중앙집권 형태의 통치권을 구축할 수 없었다. 잉글랜드에서 나타났던 신분의회 유형의 대표자 기관이 도이취어계 제국에는 당시까지만 하더라도 나타나지 않았기 때문에 선제후가 황제정치를 마음대로 주무르고 있었다. 도이취어계 제국 정치는 선제후 회의로 구성하여 아주 잠시 동안이긴 하지만 제국 통치권에 영향력을 행사했다. 그러나 선제후 회의는 새로운 영방의회의 제1차 제후회의로 변모했다. 궁중회의는 황제 폐위기간이 끝난 이후 순수한 제국의회로 탈바꿈했다. 제후는 제국의회에서 개인권리 때문에 더 이상 봉건 영주 의무를 수행할 수 없었기 때문에 제국회의에 참석하는 정도였다. 황제는 자유도시를 지배했다. 황제의 자유도시는 15세기 말엽 처음으로 제국에서 신분권을 유지하기 위하여 제국의회에 대하여 참정권을 주장하며 나섰다. 황제의 자유도시가 주장하던 제국의회 참정권 논쟁은 제국 신분질서 변화를 가져왔다. 황제의 자유도시는 제국의회 참정권 논쟁 이후 처음으로 제국 도시로 자리 잡았고 제국은 14세기 이후부터 영방형태를 유지하여 두 가지 통치조직으로 구성된 신분국가로 변모했다. 즉, 제국은 신분국가 형태였으나 제국 통치는 프랑스, 헝가리, 혹은 뵈멘, 그리고 잉글랜드 등에서도 마찬가지로 군주국가였다. 제국 통치형태는 황제를 중앙에 앉혀두었으나 황제 권력 축소된 영방체제로 구체화했다. 또한 영방의회는 영방 제후의 자율권 대표자 기관이었으나 제국은 단일국가가 아니었다. 국가의 운영도 영방으로부터 나왔다.

그럼에도 불구하고, 제후는 제국기능을 정지시킬 수 없었다. 그래서 제국은 1806년까지 생명력을 발휘할 수 있었다. '황제'와 '제국'이라는 귀에 익은 문구도 꼭대기와 제후 사이의 통합이 아니었고, 상호 견제를 의미했다. 제국은 강력한 영방 결속력을 필요로 했지만 소규모 영방국가 분리를 인정해야 했다. 제국의 이런 영방국가 사례는 바이에른, 오스트리아, 작센, 브란덴부르크 등이었다. 물론 제국은 왕조분할과 지역 한계 등을 이겨내야 했다. 영방국가 또한 점차 제후의 권한 강화와 함께 사회조직 구성원 중심의 영토국가 특성을 드러냈다. 영방국가 봉건 관계는 더욱 발전했음에도 영방국가는 중앙집권 국가와 관료국가를 만드는 데 성공했다. 영방국가는 도이취어계 제국에서 신분 대표자의 고유한 활동범위를 나타냈다. 신분 대표자회의는 세속인 귀족과 성직자 귀족, 기사 대표자, 도시 대표자와 농민 대표자 일부로 구성되었다.

황제는 제국의회에서 영방 자치관습을 억제하고, 제국과 영방 상충점을 조정하며 이미 1231년 영방 영주에게 적용될 수 있는 제국 법률을 제정했다. 영방영주 법률에는 영방 영주가 영방 유력자나 왕실 관료의 동의 없이는 귀족 영지의 교회 조직에 대하여 신하 강요, 조세, 부역 등을 부가할 수 없도록 금지했다. 조세 수용권은 신분대표자가 행사할 수 있는 핵심권한이었다. 영주 법률 출현으로 황제 통치권의 강화에 성공했으나 조세 수용권과 같은 핵심권한은 신분대표자의 권한을 떠나게 되었다. 신분대표자는 공동의 이해관계, 즉 국가구성원 이익을 다루는 사회조직 구성원의 권한 대행자를 의미했고 영방 영주와 군주권을 견제하는 지역 관할권자로서, 그리고 예속민 대표자로서 정착했다.

룩셈부르크 가문과 바이에른의 루드뷔히, 도나우 강 유역 군주의 출현

합스부르크 가문 왕 알브레히트 1세는 암살당했다. 룩셈부르크 가문 백작 하인리히(1275~1313)는 알브레히트 1세의 동생이자, 트리어의 대주교 발데빈의 후원으로 도이취어계 제국 왕위에 선출되었다. 룩셈부르크 가문의 왕 하인리히는 프레미슬리드 혈족의 대통이 끊어진 이후 뵈멘을 획득하여 도이취어계 제국에 대하여 우월권을 확보하고 로마 황제위에 오르려는 이상을 품고 있었다. 룩셈부르크 가문은 도이취어계 제국의 영방군주 위치를 차지하여 귀금속이 풍부한 뵈멘의 영주뿐만 아니라, 도이취어계 제국 가문의 성장을 방해하던 합스부르크 가문에 대해서도 대표자 위치를 차지했다. 그래서 룩셈부르크 가문은 도이취어계 제국에서 100년 동안이나 강력한 세력을 자랑하던 영방 군주 위치를 차지할 수 있었다. 뵈멘 왕 하인리히 후계자는 바이에른의 비텔바흐 가문 출신인 루드뷔히 3세(1313~1347)였다. 바이에른의 루드뷔히 3세는 왕관을 차지하기 위해서 합스부르크 가문의 상대자를 물리치고, 처음으로 바이에른 왕위에 올랐다. 루드뷔히는 브란덴부르크, 홀란드, 네델란드, 헤네가우, 티롤 등의 지방을 차지했고 이어서 13세기 이후 영방 영주인 백작직도 차지했다. 바이에른의 루드뷔히는 북부 이탈리아 총보좌 신부직에 임명된 이후 북부 이탈리아지역을 바이에른에 합병하려고 시도했다. 루드뷔히는 이탈리아와 바이에른의 합병을 성취했다. 비텔바흐 가문은 중부 유럽에서 가장 강력한 영방을 통치했다. 아비뇽의 교황청은 이탈리아의 교황 세력 약화를 우려한 나머지 이탈리아 북부지역 지배권과 도이취어계 제국의 왕위 계승싸움에 대하여 중재자 위치를 요구하고 나섰다.

교황은 바이에른의 루드뷔히 3세가 로마에서 1327년 로마인 황제임을 선언토록 조정하고 바이에른의 루드뷔히 3세에게 황제관을 넘겨주었다. 루드뷔히 3세는 교황이 아비뇽에 감금된 것을 반대한다고 선언하고 나서면서, 교황청이 뮌헨 궁전에 중심을 두고 있다는 유언비어를 유포하도록 사주했다. 도이취어계 제국의 선제후는 1338년 코플렌츠 남쪽에 위치한 렌세에서 아무런 근거도 없는 황제보다 질서에 합당하게 선출된 황제를 위하여 교황 비준권을 인정한다고 선언했다. 이런 선제후는 이런 제국 법률을 프랑크푸르트에서 발표하면서 오로지 선거를 황제칭호와 황제권리에 일치케 해야 한다는 내용을 이 법률 부가조항으로 명시했다. 루드뷔히 3세의 영방정치는 선제후 사주와 충성서약을 야기하여 도이취어계 제국의 선제후가 뵈멘 왕인 요한의 아들을 황제위에 선출하고 룩셈부르크 가문의 카를 4세를 프랑스 아비뇽에 있는 교황청에서 추방하여 폐위토록 사주했다. 카를 4세(1346~1378)는 중세 후기 세계의 도이취어계 제국에서 가장 중요한 위치를 차지한데다 여러 가지 언어까지 구사했다. 카를 4세는 외교와 현실 정치에 대하여 탁월한 감각에다 높은 교양과 선견지명까지 갖추고 미래를 예측했다. 카를 4세는 기사 중심의 궁중문화와 시민의욕을 로망스어와 도이취어 환경을 망라하여 자기와 인간관계를 통하여 조율하고 두루 교제하여 폭넓은 인간관계를 쌓았다. 카를 4세는 1356년 '황금칙서'의 발포, 영방에서 특별한 선제후 지위 인정, 영방에 대한 '신성한 제국' 선언 등을 통하여 영방 영주의 법률 제정자 프리드리히 2세처럼 영방 영주의 법률인 '황금칙서' 선포자가 되어 도시와 시민의 예리한 요구를 잠재웠다.

카를 4세는 '황금칙서'를 통하여 도시 사회조직 결속과 통합을 금지하여 도시의 자치행정 발전을 저지했다. '외부 거주 도시민'이 도시민의 자유로운 분위기에 접근하여 도시행정에 편입되는 것 자체까지도 금지했다. 경제와 사회 질서는 변화하여 시민사회 억압을 위한 법률과 제도 역시 더 이상 확고한 제국 통치수단이 될 수 없었다. 카를 4세는 도이취어계 제국의 서부지역에 대하여 도시공동체 해산을 요구하고 영지를 평화 공동체로 구성하려는 의향을 품었다. 카를 4세는 영지 공동체 구성원에게서 중재자 지위를 유지코자 시도했다. 동부지역에서 카를 4세는 뵈멘을 영방 권력의 중핵지대로 발전시키고 바이에른, 프랑겐, 실레지아, 라우시츠, 브란덴부르크 등의 지역으로 영방권력을 확장코자 시도했다. 프라그는 화려한 건축물로 수놓아진 중세세계 도이취어계 제국 도시로 자리 잡았고 카를 4세는 이탈리아에 대하여 황제 통치권을 요구하지 않았고 유력자를 서로 이간질하여 어부지리를 얻었다. 카를 4세는 잃었던 왕실재산을 프랑스 왕에게 돌려 달라고 요구하여 1356년 아레라트(Arelat=부르군드)의 왕위에 도이취인으로서는 마지막으로 오른 다음 아비뇽 교황청을 내세워 프랑스 군주를 제거토록 사주키도 했다.

카를 4세는 또한 교회조직 개혁을 추진하고 로마에서 개혁가 평의회는 코라 디 리엔치를 재판에 회부시키기 위한 조치를 강구했다. 이후부터 프랑스인 교황 우르반 5세(1362~1370)는 1367년 티베르 강변에 자리 잡은 로마 교황청으로 돌아왔다. 카를 4세는 일단 교황청을 아비뇽에서 로마로 귀환시키는 데까지 성공한 다음 자기 아들 벤첼을 자기가 살아 있는 동안에 왕위에 선출하여 후계자로 만들어 두었다. 벤첼시대(1378~1400)에 이르러 도시공동체 구성원과 영방 사이의 싸움은 공개리에서 일어났고 벤첼의 정치를 막을 인물도 없었다. 또한 벤첼시대에는 교회조직 역시 영향력을 행사할 수 있는 중재자 위치를 요구할 수도 없었다. 여러 교황도 국왕과 어떤 것을 쟁취하려고 논쟁을 일으킬 수도 없었다. 벤첼 왕은 동생 시기스문트를 제국의 총무 보좌 신부직에 임명했고 선제후는 제국 총무 보좌 신부인 시기스문트 파면을 요구하고 나섰다. 그래서 국왕은 총무 보좌 신부를 파면하고, 베텔바흐 가문의 루프레히트 1세(1427~1480)를 팔츠 지방에서 선출케 하여 제국은 혼란 상태에 빠졌다. 결국 황제위를 차지하기 위한 룩셈부르크 가문의 황제위 쟁탈전은 3갈래 세력으로 압축되었다. 최후 승리자로서 황제위를 차지했던 인물은 룩셈부르크 가문의 시기스문트(1368~1437)였다. 룩셈부르크 가문의 황제 시기스문트는 콘스탄츠 종교회의(1414~1418)에서 도이취어계 제국의 총무 사제직에 임명되었다. 시기스문트는 유럽세계에서 확고한 도덕상의 특권을 부여받고 단숨에 대외정치를 단념했으나 취약한 도이취어계 제국 내부정치를 은폐할 수 없었다. 룩셈부르크 가문의 시기스문트는 합스부르크 가문의 알브레히트 5세의 외동딸과 혼인하면서 합스부르크 가문까지 계승했다. 룩셈부르크 가문의 시기스문트는 합스부르크 가문의 군주시대 개창자가 되었다.

1301년 헝가리에서는 알파르 가문의 대통이 끊어진 상황이었다. 또한 뵈멘에서는 프레미슬리드 가문의 대통이 헝가리의 대통 단절 보다 5년 전인 1296년 끊어진 상황이었다. 프랑스에서도 앙주 가문의 방계혈통이 왕위에 올라 국가를 통치했다. 또한 황제 루드뷔히 2세인 바이에른 왕은 1370년 이후 헝가리와 폴란드의 왕위를 움켜쥐고 있었다. 투르크인은 도나우강 유역의 동부 평원지대를 중심으로 발칸반도 지역을 위협했다. 투르크인은 또한 14세기 중엽 이후 결속력을 과시하면서 강력한 방어력을 확보하고, 헝가리 왕 스테판의 통치영역을 호시탐탐 위협했다. 제국 주변의 이런 상황은 황제 시기스문트가 정책을 자신 있게 추진할 수 있게 만드는 계기로 작용했다. 거기다, 바이에른 왕 루드뷔히 1세의 사망으로 바이에른의 왕위는 사위 시기스문트에게 1370년 계승되었다. 따라서 황제는 도나우강 유역 지방의 강력한 군주시대를 개창했다. 황제 시기스문트는 이런 야망을 품고서 합스부르크 가문 공주와 결혼했다.

황제 시기스문트는 뵈멘을 획득하고 이단자동아리가 서로 뒤엉켜 있던 뵈멘 상황에서 특히 후스계 이단자동아리가 강력하게 태동하던 지역을 활용하여 종교동아리로 울타리를 만들었다. 황제 시기스문트의 정책목표는 베네치아인이 주도권을 행사하던 달마티아 지방과 프리아우르 지방을 비롯한 롬바르드인의 동부 도시동맹 지역을 완전히 차단하여 이 지역의 영향을 도이취어계 제국에서 배제하려는 것이었다. 시기스문트는 폴란드인 세력의 강성함에 위협을 느껴 붕괴일로를 치닫던 마르크 브란덴부르크를 뉘른베르그의 관세 징수자에게 위임했다. 황제는 당시 부르크 백작직에다 나약한 왕실 혈족을 1415년 앉혀 관활케 만든 다음 1433년 로마에서 황제위에 즉위했으나 1437년 헝가리 원정길에 사망했다. 황제 시기스문트 이후 합스부르크 가문의 혈족은 끊임없이 정복전쟁을 계속하여 중부 유럽을 차지하여 유럽과 도이취어계 제국의 내부와 외부 정책변화를 주도했다.

영방 영주와 다양한 신분

당대인의 인식도 바뀌기 시작했다. 당대인은 왕의 통치권이 다수 영주의 봉건법 범주에 귀속되어 있는 것에 불과하다는 사실을 깨닫게 되었다. 영방 영주는 국왕뿐만 아니라, 열세 신분인 제국 소속 도시 기사까지도 상호 견제하는 세력으로 둔갑했다. 프리드리히 3세 시대(1440~1490) 이후 도이취어계 제국 정치도 급격하게 변화했다. 황제 프리드리히 3세는 사회조직의 무질서를 극복하기 위하여 제시했던 다양한 정책 중에서도 '제국 평화교본'이 나타났다는 사실은 대단히 특이할 만한 결과였다. 황제 프리드리히 3세는 정치개혁을 1441년 발포했는데 이후부터 특히 카를 4세 시대까지도 제국 평화는 주요한 정책과제였고 제국 평화 정착의 목표를 향하여 황제는 정치개혁을 추진했다. 도이취어계 제국에 소속된 하위관리의 권한이나 도시 영주와 도시 거주자 권한도 성문법률에 담기기 시작했고 통치조직도 법률에 따라서 운용하기 시작했다. 정치를 탈피하고, 법률에 의하여 통치권을 행사하려는 기본 법률개혁에는 순수한 형법제도 개혁도 포함했다. 도이취어계 제국의 정치개혁 중심세력은 비텔바흐 가문 지배하의 바이에른과 팔츠 지방을 위시하여 뵈멘과 부르군드 영주였다. 황제 정치개혁을 주도하던 꼭두각시는 합스부르크 가문 황제권의 정착과 합스부르크 가문 중심의 정치안정을 개혁정책 목표로 설정했다.

영주 이하의 신분인 기사와 도시는 황제와 함께 영주를 견제할 수 없었다. 이후 기사와 도시는 스스로 동맹관계를 맺고 협력하면서 황제와 영주 세력을 견제하기 시작했다. 기사와 도시는 법률상에서 권리청원 형식으로 황제와 영주 세력을 견제했으나 법률상 권리청원 형식이 받아들여지지 않았을 경우, 결국 다수 촌락을 약탈하고 방화하겠다고 위협하며 자기네 목표를 이루기도 했다. 하위신분의 이런 협박사태는 결국 기사와 도시 기능의 정지에다 행정관리 무력화로 이어졌다. 도이취어계 제국 정치에서 중간 통치 도구의 약화와 함께 국가 통치권의 결속력은 사회조직 구성원 사이에서 생성하기 시작했다. 가난하거나 신분에 포함되지 못했던 사회조직 구성원까지도 국가통치에 참여하여 두 주먹을 불끈 쥐고, 맨발로 궐기하여 콘라드를 중심의 조직력을 갖추고자 농민전쟁 참여까지 마다하지 않았다. 영주관료는 전문지식과 능력을 겸비하고 법률의 정확한 절차에 따라서 냉정하고, 공평한 업무처리 정착을 도왔다. 영주관리의 이런 업무처리는 사회조직 구성원에게 영방

영주를 기업가나 기득권자로 인식시켰으나 이 시기에 이르러서야 표준인간의 가치를 설정했다. 영방영주와 지방 영주의 통치권은 이처럼 다양한 변화 과정을 답습하면서도, 여전히 견고하게 유지되었다.

10-3. 도시의 영주권과 유럽의 경제질서

중세세계 도시의 출현

중세 유럽세계에서도 도시와 시민은 출현했다. 도시와 시민이 유럽에서 형성되기 시작하자, 중세 유럽세계 도시는 고전시대 문화와 직접 어떤 형태의 계승관습도 없는 완전히 새로운 인간 거주모형을 나타냈다. 10세기 이후 상업과 교역은 활기를 띠었고 특히 상업은 직할 영주와 영지 소유자의 위탁에 따라서 활기를 되찾았다. 사막지역의 원거리 상업 역시 활기를 띠었다. 조합체 같은 개인 사업체도 생겨났다. 조합형태 사업체의 출현과 함께 수공업은 농업의 부역관계를 탈피하고 주교 도시는 영주 부르크에서 이탈했다. 인간의 거주와 생활을 위한 새로운 기반은 고전시대 후기 세계의 도시 잔재에서 발원했다. 특히, 고전시대 후기 세계의 도시영역에 잔존하던 시장위치도 상업로 방향에 따라 바뀌었다. 상업로와 지리상황은 새로운 시장권을 형성하며 도시 중심지역의 이동으로 변화했다. 생활기반의 이런 위치이동은 경제조직, 사회조직, 법률 등의 영역에서 새로운 생활이념을 필요하게 만들었다. 중세세계 도시는 로마인 도시와 주교 도시를 중심으로 하여 발전했다. 중세세계 도시는 수도자동아리 은신처, 직할 영지, 부르크 등과 인접한 지역으로 영역을 확장했고 중세세계 도시에로 인간이주가 진행되면서 도시인구도 증가했다. 농장영주와 도시영주는 특히 라인강 동부 유역 지역에다 법률에 합당하게 중세세계 도시를 새로이 창건하여 다양한 불입권을 행사하며 특권영역까지 독점했다.

중세세계 도시 영주는 여러 가지 특권을 유지하기 위하여 도시 거주자에게 필요한 것을 제공했다. 중세세계 도시는 또한 중심지역을 시장으로 만들면서 성장하기 시작하여 일종의 국가와 같은 단체를 형성했다. 중세세계 도시라는 단체는 영방영주의 권한에 귀속했던 비농업지역이었다. 도이취어계 제국 지역에서는 비농업지역 거주자에 대한 집단 명칭을 부르크(Burg)라 지칭했고 부르크 거주자는 가장 오래된 비농업지역 거주자 명칭 때문에 '시민'(Bürger)으로 지칭했다. 프랑스 지역에서 비농업지역 거주자 명칭은 '도시민'(Ville)으로 정착했다. 이런 도시 거주자 명칭에서 비롯된 빌라(Villa)는 농장(Guthof), 장원(Landsitz), 촌락 공동체, 혹은 초기 도시 거주자 공동체 등을 의미했다. 이런 도시명칭도 중세세계에 이르러 근대 개념의 도시로 발전했다. 프랑스어 '도시'(cité)는 앵글로색슨 언어의 '도시'(city)와 이탈리아어 '도시'(cittá)를 지칭했다. 중세세계 도시는 로마인 '주교 도시'(civitas)를 상기하면서 발전했던 반면 영어의 '울타리'(Toun=[Zaun])에서 비롯된 '도시'는 '좁은 구역'(Etter)과 도시 성곽을 상기해주고 있다.

도시영주와 시민공동체

도시영주는 이 시대를 풍미하며 유럽 도시를 표현하는 유행어가 되었다. 도시영주란 유행어로부터 상인동아리 관행을 축적하면서 사법과 전문가동아리는 발전했다. 상인동아리 관행의 축적, 사법의 출현, 전문가동아리 출현과 같은 사회조직 변화 과정에서도 황제 직할 도시는 도이취어계 제국, 프랑스, 뵈멘, 그 밖의 여러 지방에서 중심역할을 담당했다. 즉, 상인동아리는 황제 직할도시에서 운용되던 사법과 보호관습을 이탈하여 자치를 요구했다. 그래서 자유는 도시 거주자나 부르크 거주자의 징표를 나타냈다. 부유한 상인동아리와 금전상은 도시 자치를 주도하여 자유를 자기네 특권영역처럼 만들었다. 도시 자치에 도시 영주의 행정관리는 가세했고 도시지역 거주자는 공동체를 구성했다. 도시민 공동체는 법률상 자치관습을 행사하는 조합과 같은 단체여서 도시 영주를 견제했다. 도시민 공동체는 도시 영주로부터 행정 자치관습을 인정받았고 도시민은 방어단체를 조직하여 도시 공동체를 방어하기에 이르렀다. 시민 공동체가 시민으로 구성된 방어군대를 운영함에 따라서 도시 재정을 충당하기 위하여 시민의회는 조직되었다. 시민의회의 정상에는 시장이 앉게 되었고 도시민의 시장은 종족왕 영주와 농장 영주의 위치에 앉히고 시장을 부르크 백작이라 지칭했다. 부르크 백작은 '도시 보호자', '도시민 대표자', '도시 구역 대표', '도시 장관' 등과 같은 직책상 의미를 지녔다.

중세세계 도시에서 도시 백작의 관직 발전과 함께 도시민 자산은 원거리 상업을 통하여 급격하게 신장했다. 도시민의 자산 증가는 자연히 도시민에게는 시민 재정력과 조세 부담력을 또한 급격하게 가중시켰다. 시민에게 재정부담과 조세부담의 가중은 도시영주나 영방영주로 하여금 시민의 재정능력과 조세부담을 활용케 만들었다. 그런데도 도시영주와 영방영주는 확대된 공동체 재정을 충당할 수 없었기 때문에 시민 공동체의 성장과 함께 번영을 누려야 했다. 도시영주와 영방영주는 재정상황 개선에 초점을 맞추어 자치행정 주도 가능성을 찾아냈다. 따라서 도시와 영방 영주는 도시의 자치행정에서 주도권을 특권에 결부하지 않을 수 없었다. 도시영주와 영방 영주의 특권과 함께 특정한 수도자동아리 은신처는 성직자에게 모든 것을 맡겨 두었으나 언제든 도시 예속민의 등급분류를 거부했다. 특히, 수도자동아리 은신처는 등급에 따른 연부부과에 관한 처리규정을 반대했다. 이런 수도자동아리 반항으로 수도자는 노동력과 노동이윤의 자유를 획득했다. 이외에도 수도자는 자유민이면서도 부자유 상황에서 자유를 획득했고, 모든 개인권리를 속박당하지 않는 신체 자유까지 획득했다. 즉, 수도자동아리 은신처까지 부자유스런 부자유 상황으로부터 탈피함은 물론 개인 자유 의지로 예측 가능한 노동급부를 요구했다. 수도자동아리의 노동급부 획득은 곧 중세 형태의 노동조직 와해와 동시에 사회조직에서 수도자의 지위 상승을 반영했다.

새로운 노동윤리와 생활정서

도시민의 새로운 정신은 도시 '울타리'와 도시 성곽 내부에서 새로운 노동윤리를 만들어냈다. 이런 노동윤리는 돈, 이윤, 자율 등을 추구하는 노동 생산성 위주의 효율 골격으로 조합되었다. 노동, 수공업, 영리 등은 12~13세기 이후 예전의 중세세계 관습이나 관행 위주의 사회조직에서처럼 더 이상 천대받거나 외면당하는 계급이 아니었다. 도시민은 관습이나 관행 위주의 사고방식을 점차 탈피하고 귀족과 전혀 다른 생활정서를 지녔다. 도시민의 생활정서는 합리주의와 편협한 사고방식으로 바뀌었다. 종교영역에서는 새로운 생활체험이 도시민에게 유입되었다. 도시민은 이익 산출방식과 거래내역도 합리주의를 추구하여 이익 계산방식과 영업방식을 상품 관리와 처리 분야에도 도입했다. 즉, 도시민은 주먹구구식의 나약한 과거세대 관리 방식이나 처리방식을 탈피하고, 새로운 이윤 산정방식과 추구방식을 정착해 갔다. 도시성곽 내부에서 공동체 구성원의 생활은 공동영역으로 변화하여 더욱 질서와 자치의식을 지향했다. 도시 사회조직의 새로운 질서성향은 성장하여 다시 비도시 지역 사회조직에 대하여 새로운 문제까지 제기하기 시작했다.

특히, 도시 사회조직에서는 공동체 구성원 전체에 대한 책임문제를 비롯하여 대중의 의식문제까지 제기했다. 이런 도시 대중문제를 해결하기 위하여 사제직도 대중설교에 나섰다. 귀족과 기사는 도시 사회조직에서 부유한 상위부류에 가까웠다. 귀족과 기사도 새로운 질서의식과 생활양식을 수용했다. 도시 사회조직에서 귀족과 기사의 새로운 질서의식 수용과 함께 중간부류 신분은 모습을 드러냈다. 중간부류 신분은 하위부류 사회조직 구성원과 농촌지역 거주자보다 우월한 위치로 발전했다. 유럽세계 도시에서 중간부류 신분은 또한 본질상으로 새로운 유럽세계 사회조직 구성원과 문화구성원으로 자리 잡았고 과거 영주농장은 부역에 의존하던 독특한 촌락의 생산질서와 함께 자리 잡았다. 중세세계 장원양식으로 촌락의 변형과 함께 자급자족을 전제한 물질 운용원리를 활용하기 시작했다. 이런 자급자족의 경제원리는 지대경영과 소작제로 발전하기 시작했다. 지대 경영방식과 소작제 경영방식은 부역을 가격으로 환산하는 방식, 즉 임금을 돈으로 산정하는 경향을 띠었다. 그래서 부역은 현품과 노역으로 전환되고 현품과 노역으로 전환단계를 거치면서 현금으로 전환되었다. 화폐가 현물을 대신함에 따라서 주조화폐 유통량도 증가했다. 북해와 대서양에서 횡행하던 해적동아리도 정착생활을 영위하면서 유럽세계 인간의 물질운용 방식에 적응했다. 마자르종족도 아울러 헝가리지역에서 정착단계를 맞이했고 지중해지역에서는 상업활동을 목적으로 저지르던 이탈리아 상인동아리도 정복활동을 중단했다. 레방트지방은 십자군 원정자 때문에 개방되었다. 서부 유럽세계 인간은 크게 고무된 분위기에 휩싸였고 비잔티움세계와 이슬람세계의 관계도 교역 때문에 문화이동으로 이어지며 크게 호전되었다. 상업, 교통, 그리고 교역은 11세기 이후 도시경제 활성화에 힘입어 더욱 확대되었다. 산업생산활동의 향상은 도시민의 생활수준 향상으로 발전했다. 도시민에게 물질생활 향상은 문화와 생활양식에서도 여명시대 세계 모습을 반영했다. 새로운 국가체제와 정치도 문화 외형에 알맞게 12~13세기 새로운 단계를 맞이했다. 신의 평화운동은 11세기 전개되기 시작했다. 11세기는 신의 평화운동시대였다. 따라서 11세기에는 여행도 안전을 확보했고 여행의 안전 확보와 함께 사회조직 구성원은 새로운 정신풍토를 찾아냈다.

황제의 평화정책은 귀족권한을 성문법률에 얽어매고 여행자를 호송하던 귀족의 수익권도 점차 성문법률 영역으로 들어갔다. 황제법률 영역의 확대와 함께 사회조직에서는 무게와 길이 단위도 급속하게 통일되었고 성장단계의 황제권력은 오히려 축소되었다. 조세는 황제나 영주 권한에 귀속했다. 통행세도 황제권한에 귀속했으나 이제 법률에 따라서 징수되었다. 황제의 권한으로부터 통행세의 법률영역 편입은 통행영역 개방으로 발전했다. 따라서 황제권력은 급속도로 축소되었고 시간 구애를 받지 않고, 특정한 도로와 시장에 대하여도 통행세를 부과할 수 있는 법률을 제정했다. 중세세계의 상인동아리는 영주장원과 부르크의 일 년 시장을 활용하여 당시 교회조직과 대도시 울타리의 생필품 유통자였다. 지방시장은 기성품 유통 장소였으나 주로 지방 생산물 소비시장으로서 대단위 소매상과 도매상의 만남장소라는 이점을 활용하여 그 영역을 확장해갔다. 지역시장은 정기시장으로서 장소에 따라서 다른 날짜에 열렸다. 명성을 떨치던 정기 장날이 열리던 곳은 샹파뉴였다. 쌍파뉴 정기장날은 6주마다 열려서 7주까지 개장했다. 쌍파뉴 정기장날은 계절을 타지 않았고, 활발하게 거래를 진행했다. 사회조직과 문화는 가치 변화를 수용했고 상업과 교역 역시 여기서도 중요한 위치를 차지했다. 상업과 교역의 발전과정에서 값싼 운송과 편리한 교통은 경제와 사회조직 질서를 포함하여 정치와 문화의 공감대 영역변화로 나타났다. 운송과 편리한 교통은 육로보다는 해로와 수로를 활용하여 이루어졌다. 상품 운송비도 저렴한 가격형성과 함께 상업과 교역기능을 더욱 확대했다. 해로와 수로 운송과 교통 기능의 개선은 정치에서도 그대로 반영되었다. 사르디니아(1022년), 시칠리아(1090), 코르시카(1091) 등은 사라센 세력권에 넘어가 있었다. 메시나 도로망도 물론 사라센 영향권에서 벗어나지 못했다. 상업로는 아랍인 세력 하에 넘어가 있었으나 11세기부터 육로와 해로, 즉 수로가 지중해 중부지역으로부터 서부 유럽세계 인간에게 개방되었다. 십자군 원정을 통하여 지중해 남부지역의 모든 항구는 이미 크리스트교도의 세력권에 들어와 유럽세계 인간에게 개방된 상황이었다. 유럽세계 국가교역은 이제 중요한 사회조직 결속수단으로 등장했고 상업은 촘촘한 그물망 같은 거래 조직망과 유통 조직망으로 상호 결합했다. 상업은 여러 유럽세계 국가를 상호 긴밀하게 연결하고, 크리스트교 세계를 뛰어 넘어 아프리카와 아시아의 이슬람, 인도와 극동의 아시아세계 인간까지 결속하는 수단으로 변모했다. 상업은 중세 유럽세계 인간의 생활방식을 통합했다. 중세유럽세계 사회조직 결속력은 이제 종교와 신이 아니라, 생산물과 상업, 그리고 운송으로 자리 잡았고 다른 종교와 문화를 교류하면서 더욱 큰 세계 공감대 영역으로 유럽세계 인간을 개조해갔다. 생산물과 상업, 편리하고 저렴한 가격의 운송수단은 문화이동 매체 역할을 수행했다.

지중해 세계 교역

이탈리아는 지리상의 특수한 여건을 갖추고 비잔티움지역과 팔레스티나지역을 비롯한 이슬람지역과 유럽세계 지중해 교역에서도 여러 가지 지리상 이점을 지녔다. 이탈리아의 지리여건은 지중해 개방과 함께 이탈리아를 지중해 교역의 중심 위치로 올려놓았다. 플로렌치아에는 도시교역으로 은행업이 번성하여 지중해 교역의 거점지역이 되었다. 이탈리아의 아르노 강과 포 강은 지중해 교역품이 육지로 들어오던 유통로였다. 로마와 법황청은 십일세와 조세를 통하여 유럽세계 인간의 부를 거두어들였다. 유럽세계 인간은 종교상 크리스트 경배장소로서 팔레스티나 지역을 드나들어야 했고 이탈리아 로마 역시 크리스트 성지로 정착했다. 이탈리아의 크리스트 경배장소는 여러 지방으로부터 순례자가 운집하던 관광명소였다. 이탈리아의 성소는 크리스트교세계의 중심도시를 형성했다. 종교도시 성장과 함께 서부세계 인간의 자금은 사면팔방에서 중심지역인 이탈리아로 유입되었다. 특히, 시에나와 볼로냐는 십자군 거점지역이어서 서부세계의 자금을 거둬들이는 이탈리아의 자금창구 역할을 담당했다. 밀라노, 코모, 브레스치아, 베로나, 베네치아 등의 도시는 알프스 산맥을 넘어 도나우강 유역과 라인강 계곡의 상업을 장악하여 이탈리아 유통질서 거점지역을 이루었다. 프랑스 남부지역과 스페인의 지중해 연안 항구는 베네치아인과 전쟁으로 취약해진 제노아인 상권을 넘겨받았고 마르세이유는 갈리아인, 모슬렘, 유대인 등이 드나들던 관문이었다. 마르세이유는 또한 몽펠리에와 치열한 상권경쟁을 벌리며 지중해지역으로 두드러지게 진출했다. 사라센의 지중해지역 퇴각과 함께 곧 유대인 상인가문은 차츰 과거 본거지로 돌아왔다. 서부 유럽세계에서 유대인의 상업활동 개시와 함께 스페인의 바르셀로나는 경제 번성기를 맞이했다. 스페인지역의 교역발전과 함께 선박도 대서양 연안을 따라서 서부의 주요 교역지역인 루앙, 런던, 브뤼게까지 진출했다.

대서양 상업과 교역

지중해 중심의 교역은 알프스 산간 도로를 따라서 서부 유럽세계로 확대되었던 반면 지중해 중심의 교역은 1300년 이후 쇠퇴하기 시작했다. 지중해 교역 중심은 대서양 연안과 도시로 이동했다. 대서양은 15~16세기를 전환점으로 하여 아메리카와 아시아지역으로 뻗어가는 해상로 발견과 함께 세계교역과 세계교통로 위치를 구축했다. 프랑스는 대서양 연안의 교역발전과 함께 교역 흐름을 지배하며 농촌경제 역시 현저하게 발전했다. 브리타니아 섬은 여전히 상업과 교통과는 동떨어져 있었으나 도버해협의 5개 항구는 세계 상업, 교통, 교역의 중심권에 편입되었다. 템즈강은 12세기 이후 이미 유명한 조선소를 갖추었다. 양모, 직물, 주석 등은 템즈강 연안으로부터 아라비아, 중국, 러시아, 프랑스 등의 지역에서 생산된 향료, 비단, 모피, 포도주 등과 교환되는 상품이었다. 플랑드르지방의 관문도시 브뤼게는 풍부한 농산물과 산업 생산물 집산지로 변모했다. 브뤼게는 서부 세계 전체지역 중에서 가장 활기찬 상업도시로서 유럽세계의 북부와 남부지역을 연결함과 동시에 서부세계와 동부세계를 상업으로 연결하던 십자로의 중심에 위치했다. 해상교통의 쇠퇴와 함께 브뤼게의 해상교통 역시 점차 침체하면서 상파뉴 정기시장에다 유럽 상업의 중요 위치를 넘겨주었다. 그런데도 브뤼게는 대단위 금융시장으로 남아 중세 후기 유럽세계에서 주요 상인동아리 연합체 위치를 확보했다.

플랑드르지방에서는 1300년경 백작이 도시를 지배했다. 이 도시백작은 거대한 교회조직의 성직자를 능가하는 권한을 행사하여 성직자까지 도시백작의 통치하에서 최고 재판관직까지 수행했다. 플랑드르지방의 도시백작은 어떤 관섭도 받지 않고, 교역과 대외정책을 수행했다. 플랑드르는 도시백작의 이런 역할에 힘입어 잉글랜드보다 200년 앞서 화폐제도와 도량체제를 통일하여 발전시켰다. 플랑드르지방의 도시 거주자는 다양한 종족으로 구성되었다. 플랑드르지방 도시는 다양한 종족 진열장이나 다름없었다. 그런데도 사회조직 구성원 간의 반목 또한 진열장처럼 각양각색으로 표출되었다. 다양한 종족의 도시 거주자 때문에 플랑드르지방의 도시에서는 계급투쟁이 야기되었다. 그런데도 구성종족의 내부단결로 인하여 도시 사회조직 전체 분위기는 회생될 수 없을 정도였다. 도시백작은 숫자, 권위, 정열 측면에서도 점차 무산자를 압도하여 대다수 시민이 도시백작을 무시하고, 프랑스 왕 필립 2세 오귀스트 왕에게로 돌아섰다. 거기다 필립 2세 오귀스트는 플랑드르지방의 시민을 자기편으로 끌어들이며 양모시장을 잠식해갔다.

잉글랜드 생산물인 양모는 특히 주로 플랑드르지방 도시시장에서 거래되고 있었기 때문에 잉글랜드 군주도 플랑드르와 헤네가우 백작을 비롯한 브라방 공작과 프랑스에 대항하던 브라운쉬바이크의 도이취어게 제국 황제 오토 4세 등도 양모시장을 차지하기 위하여 연합하던 상황이었다. 프랑스인은 1214년 부벵전투에서 플랑드르지방의 도시 연합군을 격퇴하고 승리를 거두었다. 플랑드르지방의 도시백작을 중심으로 한 잉글랜드 군주의 연합체는 무너졌고 한편 프랑스 필립 2세 오귀스트는 상인동아리 자치운동 후원자로 등장했다. 프랑스는 필립 2세 오귀스트의 상인동아리에 대한 후원정책 때문에 세계시장인 브뤼게를 차지했다. 브뤼게 소상인은 유력자인 상인동아리 영주와 프랑스 동조자에 대항하여 반란을 일으키고, 브뤼게의 프랑스 영지 편입을 반대하고 나섰다. 프랑스의 필립 4세 미려왕은 이들 반항자인 플랑드르지방의 소시민에 대하여 보복조치를 취하고, 도시 노동자로 하여금 반란을 일으키도록 사주했다. 잉글랜드 군주를 지지하던 플랑드르의 도시 노동자는 기사와 용병을 1302년 꾸르트레의 유명한 곰팡이 전투에서 정복했다. 바로 이 곰팡이 전투에서 플랑드르의 도시 노동자가 도시 상인동아리의 기사와 용병을 물리쳤다는 사건 의미는 기병시대가 종말을 고하고 유럽 평지 전투에서도 보병이 중요한 위치를 차지했다는 기념비 같은 사건인 것이다. 플랑드르지방의 봉토 백작과 노동자는 10여 년 만에 내외 억압으로부터 해방을 쟁취했다.

스위스인 신서 공동체, 도시 자치와 합스부르크 가문과 부르군드에서 획득한 농민 자유

스위스지역에는 과거 도이취어계 제국의 통치체제와 황제의 통치조직이 잔존했다. 게다가, 스위스 북부지역은 체링거가문과 이어진 합스부르크 가문 통치영역과 이해관계가 맞닿고 있었다. 그러나 스위스지역에서 스타우퍼 가문 몰락 이후 다양한 세력단체가 모여 신서 공동체를 형성했다. 알프스 계곡의 농민은 처음으로 귀족의 지배 하에서 정치조직 단위로서 공동체를 구성하며, 지역평화를 공동으로 유지했다. 스위스지역의 농민은 도시 우리, 도시 쉬비츠, 운터발덴이라는 스위스 고유 자치구를 4개 호수를 중심으로 형성했다. 알프스 산록 도로상에는 스위스인의 거대한 도시인 주네브, 프라이부르크, 베른, 바젤 등이 자리 잡고 있었다. 알프스 산록의 도로를 따라서 형성된 스위스 지방 도시는 스위스의 상업, 교통망, 그리고 경제의 중심축을 이루었다. 그라우문덴지방의 교통로는 스위스인 정치에서 중요한 위치를 차지했다.

네델란드 도시는 플랑드르지방처럼 그렇게 활기차게 발전하지 못했다. 네델란드의 상업과 산업은 고르게 정비되어 있었다. 네델란드 영주는 처음에는 하르렘에 거주했으나 그 다음부터는 델프트에 거주하다가 대략 1250년경 이후 덴하그로 옮겼다. 덴하그에 정착한 네델란드 영주는 홀란드 백작이었다. 홀란드지역에서도 우트레히트는 가장 풍요한 영주도시였다. 그러나 암스테르담의 출현과 함께 암스테르 만의 봉건영주 성은 1204년 암스테르담으로 다시 복귀했다. 이런 홀란드지역에는 경제를 좌지우지하던 다수 유럽세계 유력자의 정착과 이 유력자의 자산축적과 함께 라인강 서부 유역으로부터 홀란드의 상업문화가 꽃피기 시작했다. 프랑스의 북부지역과 플랑드르지방, 홀란드와 브라방 지방 등은 11세기 이후 유럽세계에서 독특한 특성을 지닌 도시로 발전하여 이탈리아 상업도시나 한자영역의 도시와 다른 특성을 지니게 되었다.

그라우문덴지방의 교통로는 스위스인 생활질서에서 중심위치를 차지하여 스위스의 상업과 생활질서의 중심 역시 스위스 서부지역으로 이동했다. 그런데도 스위스인은 합스부르크 가문 백작과 종족왕 루돌프 1세의 영토확장에 대비했다. 스위스인은 1291년 3개 주가 '영원한 연합체'의 신서 공동체를 구축하면서 영토를 확정했다. 영원한 스위스인 공동체는 지역민의 평화 연합체, 상호 보호 동맹체로서 공수

동맹체 성격을 가졌다. 스위스인의 결속력은 드디어 국가를 형성했다. 스위스인 연합체에 루체른, 취리히, 그라우스, 추크, 베른 등의 도시가 가입함으로써 스위스는 처음으로 연방을 구성하는 한편 모르가르텐에서 스위스인 연합체에 가입한 쉬비처와 우르너의 보병부대가 합스부르크 가문 기사군대를 1315년에 물리쳤다. 스위스인 신서 공동체는 같은 해인 1315년 3개 주가 반목하지 않고, 서로 협력한다는 협약을 선언함에 따라서 스위스 연방은 출발했다. 스위스인 신서 공동체는 도이취어계 제국 봉건법으로 결속하여 황제 통치권을 받아들였다. 쳄파흐(1386)와 네펠스에서는 농민과 시민 공동체가 발흥하여 오스트리아 공작 레오폴드 3세에게 정복지역을 다시 돌려 달라고 요구했다. 1388년 스위스인 평화는 영구 스위스 독립을 보장받았고 도시독립 요구와 농민의 자유운동으로 스위스인의 결속력을 제고해갔다. 두 가지 스위스인 결속력은 공동체 형태의 통치양식 발전으로 이어졌다. 산간지역 농민은 취리히 도시조합에 가입했다. 스위스인은 또한 조합 주창자와 베른의 도시 귀족을 중심으로 연합하여, 도이취어계 제국 영주 통치에 대항했다.

합스부르크 가문은 과거 오스트리아지역에서 자기 통치체계 와해를 감지했다. 합스부르크 가문 군주는 부르군드 공작에게 알사스 영지를 넘겨주고 스위스인은 대신 티롤 보호권을 합스부르크 가문으로부터 넘겨받았다. 공작 카를(1466~1477)과 주권자 아들로 밝혀진 공작 필립이 스위스인 통치영역인 알사스 영지와 로트링겐

지방을 차지하려는데 대해서 스위스인은 반란을 일으켰다. 라인강 서편 유역에서 황제 프리드리히 3세는 1475년 이 반란군을 진압하는 한편 라인강 동편 유역에는 스위스인 연합군인 티롤의 공작 시그문트와 로트링겐의 공작 르네가 스위스인 반란을 진압했다. 스위스인 보병부대는 진압군 부르군드인에게 1476년 칸톤의 그란송과 무르텐에서 이중 패배를 안겨주었다. 합스부르크 가문 공작 카를은 낭시 전투에서 사망했고 스위스에서 합스부르크 가문 영향력 역시 영원히 종말을 고했다. 자유 부르군드 백작은 두 영지를 거느린 채 스위스를 방어했다.

스위스 농민은 평화 연합체를 조직하고 그 평화 연합체를 도시 지배 하에서 국가의 통치조직으로 바꾸어갔다. 스위스에서 모습을 드러냈던 농민 콤뮨 정치영역은 라인강 동편에서 도시국가인 밀라노와 접경했다. 스위스인 연합체에서 취리히는 가장 강력한 연방 구성원이었다. 합스부르크 가문은 영원한 심판에서 1474년 스위스 농민과 도시민 연방영역을 인정했다. 바젤 평화협약에서 바이에른 황제 막시밀리아누스 1세(1493~1519)는 완전한 스위스인 독립을 인정했다. 스위스인은 우선 1648년 '베스트팔렌 주민 종교협약'에서도 스위스와 도이취어계 제국의 완전한 분리를 최종 확인했다.

이탈리아 도시와 영주

이탈리아인의 결속력도 도시민으로부터 발원했다. 특이한 방법이지만, 이탈리아인의 생활수준은 높은 편이어서 스타우퍼 가문 몰락 이후 이탈리아는 도이취어계 제국 몰락단계에서 통치체제를 갖출 수도 있었다. 이탈리아 남부지역은 고전시대부터 외부 통치권이 넘나들던 지역이었다. 따라서 이탈리아 남부는 비잔티움인과 사라센인의 통치시대를 거쳐 다시 노르만인 세력 하에 넘어가 있었고 노르만인은 교황청과 연대관계를 맺고 있었다. 노르만인은 스타우퍼 가문, 스페인의 아라곤 가문, 프랑스의 앙주 가문과도 연고관계를 맺고 있었다. 아마르피, 살레르노, 팔레르모 등의 도시는 전체 지중해 세계를 이어주던 해상교통 중심 지역이었다. 로저 2세(1101~1154)는 위대한 시칠리아 왕국 노르만계 지배자 로저 2세의 근거지는 시칠리아의 도시 팔레르모였다. 로저 2세는 교황과 도이취어계 제국 황제, 비잔티움 지역과 아프리카 북부지역의 모슬렘과 싸우고 사라센, 유대인, 그리스인과 협력하며

이탈리아 남부지역에서 탁월한 통치체제를 세웠다. 로저 2세는 상업과 산업을 육성하고, 외부로부터 밀려들던 종교자유와 자율문화를 스페인지역으로 이동했다. 중세세계 교회조직 국가는 아낙니, 티보리, 로마 등의 도시를 포함하여 움브리아 지방의 페루지아에까지 통치했다. 도시 로마는 빈곤했고 로마인구는 40,000명에도 이르지 못했다. 로마인구는 원예, 포도재배, 아우렐리아 성곽내의 목축 인구를 포함하더라도 농업인구를 능가하지 못했다. 로마시에 거주하던 하위부류 도시민은 수공업과 교황청 구호물자로 살아갔고 로마 거주자 중간부류는 상인, 법률가, 교사, 은행업자, 수도자, 성직자 등으로 구성되었다. 로마 거주자 상위부류는 고위 성직자, 변화가 심한 위치이긴 하지만 교황을 감싸고돌며 영지를 소유한 귀족, 교황 족벌 등으로 구성되었다. 이 상위부류 혈족은 도시 본거지에서 확고한 족벌체제를 구축하고 어떤 이탈리아 도시에서든 교황 족벌체제에서 기생했다. 교황 족벌체제가 주름잡던 도시는 싼 지미그리아노, 플로렌치아, 볼로냐 등이었다.

이외에도 도이취어계 제국 지역의 레겐스부르크나 마그데부르크 같은 도시 역시 교황 족벌로 수놓아졌고 심지어 지금까지도 잠식되었다. 교황의 교회조직 정치, 황제의 전제정치, 귀족의 (과두)정치, 시민 공화정 등이 이런 이탈리아 도시에서는 격렬하게 충돌했다. 브레스치아의 아놀드(+1155)는 아우구스티누스계 수도자동아리 소속으로서 프랑스에서 유랑 설교자의 교리 해석에서 깨달음을 터득하여 1145년 로마시 거주자에게 교황 지배권을 무너뜨리고, 공화정을 펼쳐야 한다고 외쳐댔다. 아놀드를 중심으로 한 로마시민 다수는 과거 공화정 시대 카피톨의 재건, 베드로 교회조직 요새인 바티칸 점령, 순례자로부터 조세징수 등을 실현하려면 로마시민 콤뮨(Commune di Roma)의 건설로 공화정을 이룩해야 한다는 기치를 내걸고 10년 동안 로마시를 휩쓸고 다녔다. 황제와 교황은 아놀드 일파를 공격하여 아놀드를 교수형에 처했다. 볼로냐도 시대에 따라서 교회조직 국가에 귀속되었다. 도시 볼로냐에서는 법률가 학문동아리가 이끄는 강력한 공동체가 나타나 도시 볼로냐 역시 초기부터 황제의 도시 장관(podestá)의 통치 아래서 지쳐 있었다. 민중당원(popolari)의 선출 대표자는 상인동아리 출신의 자산가(capitano)에 대한 도시 장관직 선출에 반대했다. 이탈리아 중부지역과 북부지역에는 스타우퍼 가문의 쇠퇴 이후 도시국가 구성원과 영주(signorion)의 싸움으로 고전시대 전쟁터를 방불케 했다. 도시국가 영주는 외부세력을 더 이상 용인하려고 들지 않았다. 이탈리아 중부지역과 북부지역의 도시국가는 유럽세계의 교역, 교통, 경제를 장악하고, 유통질서의 중심위치를 확보했다. 프랑스는 이탈리아 도시국가 영향으로 새로운 문화 발원지가 되어 모든 신분을 결속했다. 이탈리아 도시국가 중에서도 베네치아는 이탈리아 상업에서 교두보 역할을 담당했고 콘스탄티노플을 정복하여 지중해 동부 지역과 흑해 연안 해상권까지 장악하여 지중해 중부지역과 동남부지역의 상업 주도권도 비잔티움세계 상업권까지 장악했다.

제노아인은 1261년 그리스인을 도와 그리스 중심도시를 다시 정복했고 그리스인은 제노아인 도움으로 중심도시를 회복하여 비잔티움지역과 상업경쟁에서 우월한 위치를 차지했다. 이와 반대로 베네치아인은 잠시 동안이나마 해상권을 상실했고 제노아인 라구넨 해상함대를 1264년 시칠리아에서 격파했다. 베네치아는 제노아인 해상함대 격파로 비잔티움지역에 대한 그리스인 해상권을 다시 탈환했다. 베네치아는 총독 그라데니오 통치하에서 과도기를 겪었다. 제2차 베네치아 혁명은 지배자 동아리에서 발발하여 베네치아 도시구성원 대다수가 모든 국가 관직자를 1297년 축출했다. 상위 부류구성원은 국가 공직에서 추방당하여 혈통귀족이 되었다. 이 귀족 생존 날짜는 '황금 책'에 기록되어 있다. 이런 베네치아 과도시대는 이탈리아에서도 콤뮨 형성 분위기를 조성했다. 이탈리아 도시 콤뮨 형성은 곧 도시국가 시대를 예고했다. 포강과 알프스 산맥 이내 지역에서 롬바르드인 도시국가의 확장과 동시에 도시국가 밀라노는 대담한 이단자동아리로서 자유 신앙주의자를 포함하여 13세기 거의 200,000명 인구를 거느린 부유한 경제력을 갖추었다. 이런 밀라노에는 어떤 종교동아리 교회조직도 발을 들여놓을 수 없었다. 또한 알프스 북부지역으로 향하던 상품 유통과 운반도 밀라노를 거치지 않을 수 없었다. 그래서 밀라노는 최후단계에서 전체 롬바르드인 상업을 지배했다. 프로렌치아는 베네치아, 밀라노, 제노아 중에서도 이탈리아와 유럽세계 자본을 독점하여 영주도시로 발전했다. 프로렌치아는 아르노강을 통하여 로마와 프랑스를 이어주는 십자로에 위치하여 당시 다수 양모 상인동아리가 조합조직을 결성했던 상황이었다. 경제질서 주축은 생산업이었고 생산업 중심의 경제질서는 청부 판매조직과 함께 제조업 중심으로 운용되었다. 자본투자와 함께 프로렌치아 상업과 산업은 더욱 활기를 띠었고 도시구성원의 경쟁의식은 도시 지배권 확보에 집중했으나 은행업에까지 파급되었다.

프로렌치아 은행업자는 13세기 이후 이미 이탈리아에서 교황청 자금을 독점했고 황제와 귀족에 반대했던 교황청 옹호자로서 앙주의 샤를이 재정과 금융 문제를 내세워 이탈리아를 침입했을 당시 교황 우르반 4세(1261~1264)의 전쟁비용 후원자였다. 프로렌치아 은행업자는 교황을 위하여 화폐 주조권과 조세 징수권을 비롯하여 비단, 기름, 밀랍 등의 상업 독점권을 확보했고 시칠리아 지배하에 있던 나폴리 왕국에 대한 무기 밀매권까지 획득했다. 이탈리아 금융업자는 이렇게 14세기부터 17세기까지 프랑스 화폐제도를 지배했다. 이탈리아 자본가 족벌은 프로렌치아로 돌아와서 자기네 상대자와 경쟁하며 부유한 상인 역시 신흥귀족이 되어 도시국가 관직을 차지했다. 실제 프로렌치아 통치권은 1282년 이후 자본가 중심의 동업자조합에서 선출된 6명 대표자가 공동으로 행사했다. 로렌치아와 시에나는 이탈리아 북부 지역에서 로마시로 들어오던 요충지여서 군사도로와 순례자 통행 도로인 '프란체스카 도로'(Via Francesca)를 장악하기 위하여 도이취어계 제국 황제 군대와 장기간에 걸쳐 싸웠다. 시에나는 프란체스카 도로를 차지하기 위하여 프로렌치아와 싸울 적에도 황제 편을 들었다.

도시국가 시에나의 융성시대는 1260년과 1360년 사이의 시대였다. 시에나는 융성기대와 함께 캄포와 유명한 캄파닐레에다 묵직한 궁전인 돔을 건축했다. 앙주의 샤를은 프로렌치아 유력자를 도와 시에나 통치권을 무자비하게 행사토록 선동했다. 13-14세기 이탈리아 역사는 도시국가 역사로 채색했다. 도시국가는 강력한 상업권을 바탕으로 이탈리아 통일을 추구했으나 도시국가 통일작업은 번번이 교황청과 도이취인 방해공작 때문에 수포로 돌아갔다. 토스카나와 포에베네 지방의 도시는 아비뇽의 교황 유폐사건이 발생한 이후 교회조직 국가는 와해되었다. 도시국가 자치관습은 도시민과 소 영주에게로 넘어가 도시국가 역시 사실상 공화정 형태로 통치되었다. 도시국가 통치체제는 거의 공화제 형태여서 소수 도시국가 가문 지배란 사실상 거의 불가능했다. 소수 가문 전쟁도 직업군대(condottieri)의 지휘 하에서 용병군대 대리전 형태로 수행되었다. 대부분 도시국가 권력은 반란이나 이양시대 혼란 때문에 전제자에게 넘어갔고 그 전제자 후손이 대부분 관직을 차지하여 전제자가 넘쳐나던 상황이었다. 이런 인물은 물론 전혀 스스럼없이 선거라는 수단을 악용하여 권좌에 앉았음에도 열렬한 예술과 문학 후원자가 되어 있었다.

단일 경제권으로서 유럽

유럽세계는 14~15세기 이후 단일 경제권을 형성했다. 양모시장은 유럽세계의 단일 경제권 구축과정에서 가장 중요한 위치를 차지했다. 플랑드르지방의 도시 브뤼게 양모시장은 전체 유럽세계의 경제질서를 재편하여 융성시대를 맞이했다. 브뤼게 시장경제 대세인 양모생산은 직물류 수출에다 천, 삼베, 무명베, 비단 등을 포함했고 이런 직물류를 금속제품과 교환하여 중심 상업지역까지 지중해 서부지역으로 이동케 했다. 지중해 서부 지역은 지브랄타르 해협, 도버해협, 서부 북해 지역까지를 연결했다. 주요 직물 생산지는 바르셀로나, 발렌치아, 마르로르카 등으로 이어지던 삼각지역이었다. 유럽세계의 북서 지방 상인동아리는 잉글랜드 양모를 거의 독점하여, 칼라이스를 거쳐 유럽대륙으로 가져왔다. 잉글랜드 양모는 유럽대륙으로 유입되어 다시 플랑드르지방에서 집산했다. 플랑드르지방은 주요 시장이었다. 잉글랜드 상인동아리는 플랑드르 시장으로 잉글랜드 직물류를 사러 오는 외국상인동아리를 위협했다. 마인 강변에서는 프랑크푸르트 시장기능이 활성화하기 시작했다. 프랑크푸르트는 중부 유럽과 도이취어계 제국 지역에서 브라방 지방과 헤쎈 지역의 나사우에 이르는 라인강 중부 유역으로부터 출하되는 중심 상품시장이었다. 프랑크푸르트 시장은 알프스 산맥을 넘어 중부·북부·동부의 도이취어계 제국 지역에 대한 유통 중심지였다. 또한 프랑크푸르트 시장은 이탈리아와 소 아시아인의 상품 유통지로서 소매상인 거점시장이었다.

15세기 말엽 중부 유럽과 동부 유럽의 주류 산물은 광물(은과 구리)이었다. 이러한 상황에서 프랑크푸르트지역은 은 용광로의 제련기술과 갱도 등을 개발하여 중부 유럽과 동부 유럽을 밀접한 경제관계로서 연결했다. 그래서 프랑크푸르트는 촘촘한 그물 모양으로 구성된 지방과 지역, 그리고 타 지역의 시장과 연계된 상업 조직망의 중심위치를 차지했다. 플랑드르지방의 브뤼게는 유럽에서 영향력을 상실하고 지방시장으로 전락했다. 안트워프는 브뤼게의 중심위치를 이어받았다. 안트워프는 브뤼게 시장기능을 물려받아 잉글랜드 양모제품을 이탈리아로 수출했다. 이탈리아에서는 광산업도 위축되었다. 제노아와 프로렌치아의 갈레르 선박이 1480년 안트워프로 들어와 정박했다. 안트워프는 잉글랜드 양모제품을 이탈리아 상인동아리에게 넘겨주는 중개 교역지였다.

한자 도시

유럽세계 도시 모습과 도시 주변에는 후기에 한자 도시로서 특성을 부여하게 될 도이취어계 제국 북부지역과 북부 유럽세계 지역은 빠져 있었다. 도이취어계 제국 북부 지역과 북부 유럽세계는 외부 경쟁자에 대항하여 도시국가 간의 이익 보호, 해적동아리 공격에 대한 공동방어, 기준통화 변동에 대한 공동대처, 대금지불 회피에 대한 공동방지, 조세와 관세에 대한 공동협약 등을 만들어 원거리 상인동아리 이익을 증대코자 공동으로 대처했다. 12세기 북부 유럽세계 상업도시는 서로 협력하여 일종의 도시 공동체를 창설했다. '한자'는 스스로의 이익을 보호하고 안전을 유지하기 위한 도시국가의 영역 공동체를 의미했다. 도시국가의 지역 공동체 의미에서 비롯된 '한자'는 '호송' 혹은 '기병군단'의 도이취어 의미였다. 런던인 한자영역은 런던, 브뤼게, 이페른, 트로예 등의 도시에 기초했다. 뤼베크는 도이취인이 스칸디나비아지역으로 진출하여 교역하던 상업 전초기지였다. 뤼베크는 1158년 잉글랜드 헨리 사자왕(1129~1195)이 창건하여 1210년 함부르크에 합병되었고 1252년에는 브뤼게에 합병되어 동등한 연맹체를 구성했다. 한자 공동체에는 단치히, 브레멘, 노브고르드, 도르파트, 마그데부르크, 토른, 베를린, 비스비, 스톡홀름, 베르겐,

런던 등도 이와 유사하게 서로 영역 공동체를 구성했다.

한자 영역 공동체는 거대한 하천인 라인강, 베저강, 엘베강과 바이크설강 등의 하구유역을 장악하고 대 하천 하구로부터 중부 유럽 상품 거래시장을 북해와 발트해 연안지역으로 확장했다. 한자영역 공동체는 또한 프랑스 루앙에서 러시아의 노브고르드지역에까지 북부 유럽세계 상업을 지배하고 수시로 발트해의 청어 어획권과 유럽 대륙과 잉글랜드 사이의 교역을 독점했다. 한자 영역 공동체는 동맹도시간의 분쟁을 재판을 통하여 해결했으나 정치영향을 받는 경우 한자 공동체에 전쟁불씨가 되는 경우도 있었다. 그런데도 한자 영역 공동체에 참여한 도시는 법률에 따라서 교역과 상거래 관행을 축적했으나 동맹에 참여하지 않은 도시를 거래에서 배격했다. 한자 영역 공동체는 형법을 제정하여 상품 납기일 지연, 무례한 거래, 훔친 물건 매매 등을 처리하고 소위 중세 후기 세계에 북부 유럽세계 전체 지역을 경제질서 영역으로 만들어 지역 결속력을 찾아냈고 근대 경제개념의 효율 의미에서도 도시국가 조직체의 능률 제고와 함께 도시를 공동체 권역으로 통합했다. 한자 영역 공동체는 발트해와 북해 지역에 대한 안정과 질서 수호, 한자의 영역시민 보호, 도시영주와 영방영주에 대한 공동대처로서 시민 자유와 발트해 연안지역의 언어와 문화를 지켜내는 한편, 도이취어계 제국과 상업을 지속했다. 한자의 영역 공동체는 도시간에 상품가격과 품질을 조정하고 영어의 봉토라는 어휘를 완벽한 가치를 표지하는 원산지 상표형식으로 차용했다. 한자영역 제품은 영어로 표기하여 '이스터링스'(Easterlings)란 브랜드의 표지에다 개별 표기 언어로 또한 은과 파운드로써 가격과 내용물을 표기했다. 수공업자와 노동자는 한자 공동체 독점권이 자기네를 괴롭히는 경쟁자가 될까 봐 두려워하면서도 내심으로는 그렇게 되지 않기를 바라고 있었다. 한자 공동체는 1160년 이후 스웨덴의 섬인 고트란드를 지배했다. 고트란드 섬에서 한자 공동체는 도시 비스비를 발트해 교역의 교두보로 건설하여 덴마크, 폴란드, 노르웨이, 스웨덴, 핀란드, 러시아 등의 지역과 상업 정치 영역에 이르기까지 영향력을 확장해 갔다.

러시아지역에서 한자 공동체의 중심지역은 보르코브지역의 노브고르드에 위치했다. 한자 공동체의 무장 수비대는 이 지역 상업을 보호했다. 노브고르드의 베드로 성당은 한자 도시 상인 교회였으나 실제로 한자 도시 상인으로부터 노브고르드인의 상품 구입 장소였다. 한자의 영역 공동체는 쾰른을 강제로 도시 동맹에 편입하고, 라인강 유역 상업을 장악한 다음 쾰른을 중심으로 하여 도이취어계 제국 남부지방으로 향하려 했으나 그 길목을 라인강 유역의 도시동맹이 차단하여 도이취어계 제국 남부 지방으로까지 넓힐 수 없었다. 쾰른은 1254년에 라인 강 유역의 도시동맹으로부터 봉쇄당하여 한자 공동체의 상인동아리가 이어서 마인츠, 보름스, 쉬파이어, 스트라스부르, 바젤 등의 도시를 봉쇄하고 나섰다. 남부 도이취어계 제국에서 이탈리아 상인동아리 상업은 레겐스부르크, 아우구스부르크, 뉘른베르크, 울름 등의 도시를 중심으로 지속했다. 이들 상업 대금은 대운하로 연결된 베네치아 테데쉬의 폰따크(Fondaco dei Tedeschi)로 유입되었다. 레겐스부르크와 비엔나는 도나우 강 유역의 상업을 장악했다.

대 물산의 생산물

유럽세계 상업에는 유럽세계 인간 이외에도 다수 유대인이 참여했다. 유대인은 시리아인, 아르메니아인, 그리스인 등과 함께 유럽세계 상업에 참여했다. 이 유대계 원거리 상인동아리는 용병과 무기로 무장하고 원거리를 장기간에 오가면서 도매 상인동아리로서 물자를 거래하던 대담한 승부사의 기질을 지닌 모험가동아리여서 각양각색의 위험을 극복했다. 원거리 상인동아리는 질서, 안전, 자기네 권리 등을 지키기 위한 싸움을 계속하고 장원법과 영지법이라는 울타리를 만들어 각양각색의 위험을 이겨내며 종족 혹은 국가 간의 교역권과 해상권을 법률과 관행으로 규정했다. 원거리 상인동아리는 한자 공동체 법령집을 향해 규정의 기본으로 만들고 산업생산 규모도 판매시장에 따라서 방대하게 늘어나갔다. 금과 은을 비롯한 여러 가지 광물을 채굴하기 위한 광산업이 유럽세계 전역에서 중요한 산업으로서 발돋움하던 시점에서 도이취어계 제국 지역은 유럽세계의 주요 귀금속 생산지가 되었다. 하르츠, 베스트팔렌, 오베르 팔츠, 쉬타이어 마르크, 베네룩스 3국, 잉글랜드와 프랑스, 스페인 등의 지역은 철을 생산하여 시칠리아의 엘바로 옮겼다. 덴비셔는 납 채굴, 데본, 코르발, 뵈멘 등의 지역은 주석 채굴, 이탈리아는 납과 명반의 채굴, 그 이외에도 바이에른지방의 암염 채굴 등의 산업 기반을 조성해갔다. 잉글랜드와 도이취어계 제국에서 황제는 광산 수입권을 독점하여 지주와 시민 기업가에게 이권형식으로 양도까지 했다. 13세기 플랑드르지방과 이탈리아지역의 직물 생산은 거의 산업자본 성격을 띠었고 직물생산은 수 천 명의 인력 고용에다 모든 지역 시장에 내다 팔기 위한 제품생산으로 더 이상 다른 사람 아래에 얽매여 일도 하지 않는 자본가에게 이윤을 제공했다.

직물생산에 종사하던 고용인력 중에는 남성뿐만 아니라, 여성인력도 포함했다. 직물을 취급하기 위한 대상인이 나타나서 필요한 색상을 지정하고, 거래대금을 결재하면서 거래상인의 요구에 따른 주문상품을 생산했다. 당시부터 산업 노동자 부류는 이미 가내노동을 밀어내던 상황이었다. 잉글랜드는 북부 유럽세계 지역에서 모직물 시장을 확실하게 독점하고 모직물 생산원료를 플랑드르 지방으로 운송하여 원료 독점권을 이용했고 플랑드르지역 정치 주류가 되었다. 명주는 아라비아로부터 시칠리아와 이탈리아로 들어와 거기서 다시 중계무역 형식을 거쳐 유럽세계로 갔다. 명주는 이탈리아 루카에서 자본을 축적했던 기업가 손을 거치면서 비단으로 변했다. 비단 생산업자는 취리히, 파리, 쾰른, 레겐스부르크 등의 도시에서 기업가로서 활동했다. 고전시대 후기 이후 이탈리아지역에서는 도기제조, 벽돌제조, 유리제조 등의 분야에서도 비단 생산처럼 기업형태로 제품을 생산했다. 도이취어계 제국 지역에서는 특히 양조업이 번창했는데 당시 함부르크에는 14세기에 이미 500여개 양조장이 자리 잡고 있었다.

금융업 발전

상업과 산업의 발전과 함께 화폐제도 역시 혁명에 가까우리만큼 변화하여 표준가치척도 정착은 물론 교환수단과 신용거래 정착을 가능케 하여 대부형태의 금전거래까지 가능케 했다. 화폐와 문명은 다양한 공존 체제 모습을 이루면서 새로운 가치를 생성하고, 기존 가치를 박물관으로 보냈다. 비잔티움지역은 수요를 충족시켜 주던 최고 금 본위제도를 여전히 유지했다. 도이취어계 제국 황제요, 시칠리아 왕인 황제 프리드리히 2세는 1228년 서부 유럽세계에서는 처음으로 황제 주화란 금화를 주조하여 유통케 했고 이 황제 금화는 제노아와 플로렌치아에서도 나타났다. 제노아와 프로렌치아의 금화는 플로렌치아(Florentinus, Florinus)라는 명칭을 지닌 1파운드 은의 가치와 동일했다. 잉글랜드는 조금 예외였으나 대다수 서부 유럽세계 제국은 1284년 주화를 주조하여 화폐제도로 채택했다. 교회조직은 크리스트교세계의 자본가와 자산가 위치를 차지했다. 치스터치엔스계 수도자동아리는 중세 유럽세계에서 최고 은행가였다. 수도자동아리를 포함한 신전 기사단은 13세기 광범한 조직망을 갖춘 전당포를 운영했다. 상업에서 신용은 상업거래 계약서 형식의 효력을 발효했다. 상업거래 계약서는 물품인도 계약서를 포함하여 특정한 인물이나 가문은 한 기업가에게 돈을 맡기고 상업거래 이윤에 대하여 부동의 몫을 금리 명목으로 분배받았다.

상업거래에 참여한 사업 공동체 구성원은 여러 가지 사업 몫을 주식형태로 보유했다. 즉, 중세세계 사회조직은 이미 사업이윤을 몫에 따라 분배하는 방향의 주식체제로 전환했다. 중세세계 사회조직에서는 14세기 소위 주식회사 체제가 이미 등장했고 이탈리아에서는 12세기 상업발전과 함께 눈부시게 성장하여 사업 공동체에서 올린 이윤을 다수 주주에게 분배했다. 환전체제와 금전대부는 은행제도와 전문직 은행가를 만들어 내며 사업에 자기 돈을 투자하거나, 황제나 귀족의 교회조직에 자기 돈을 대출키도 했다. 브뤼게 중매인동아리인 금융시장은 유럽세계에서 금전거래 중심지였고 13세기 금전거래를 더욱 대형화했다. 금전거래는 롬바르드 상인동아리 역할 때문에 대형화하여 거대한 자본가를 이탈리아 금융시장 지배자로 만들었다. 이탈리아 금융시장 고객은 교황과 황제였고 자본가는 교황이나 황제 같은 큰 손의 고객을 끌어들이기 위하여 조세징수까지 대행해 주며 화폐 주조창고를 운영하며 고객의 재정을 자본가인 자기네 마음대로 조정하고 교황이나 황제 같은 고객에게 정치 고문 역할까지 담당해주었다. 오늘날의 은행과 같은 금융업의 전조는 여러 가지 기능에서도 이미 13세기 이탈리아의 플로렌치아, 제노아, 베네치아에서 발전하여 유통어음에 대한 지급보증제도를 운용했다. 당좌수표와 당좌거래는 관행으로 개설되었다. 지급보증제도가 기존 주조화폐를 누르고 그 위치를 대신함에 따라서 금융업 정신영역도 기존 한계를 탈피하여 새로운 화폐 신용단계를 창출했다. 이것은 물론 점차 유럽세계에 대한 안전보장으로 발전 가능성을 예고했다.

교회조직은 이자수입을 한때 금지함에 따라서 은행제도 역시 타격을 받았으나 이자형태는 우회형태로 변화하며 은행제도 명맥을 이어갔다. 그럼에도 불구하고, 돈과 자본은 유럽세계 인간에게 영향력 원천으로 자리 잡았고 유럽세계 인간이라는 상표를 세계인에게 알리는 동량재처럼 인식되었다.

전문직 상인동아리(Gilde)와 전문 장인(규약)동아리(Zunft)

흔히 텍스트에서 길드와 춘프트라고 지칭하면 낯설기 마련이다. 그러나 오늘날 우리 사회에서 전국경제인 연합회나 중소기업 중앙회, 대한 상공인 회의소, 경영자

협의회와 같은 경제단체로서 법인 조직체가 우리 사회조직에서 담당하는 역할을 두고 보면 우리 생활의 주요 주체임은 틀림없다.

중세 후기 유럽세계에서 상업, 교역, 생산업 신장은 뚜렷했으나 전문 장인동아리 조합은 11세기 이후 출현했다. 전문 장인동아리 조합은 이탈리아에서 출현하여 고전시대 후기 관행에서 화제 실마리를 찾아냈다. 프로렌치아에서는 이미 12세기 전문 장인조합이 결성되어 광범위하게 활동했고 이탈리아 다른 도시에서도 다수 '전문 장인조합'(arti)이 활동했다. 프로렌치아 전문 장인동아리 조합은 비잔티움세계 전문 장인동아리 조합을 그대로 모방했다. 프로렌치아 전문 장인동아리 조합 유형은 프랑스와 플랑드르지역으로 이동했다. 프랑스와 플랑드르 지방의 전문 장인동아리 조합은 전문 장인동아리 자선조합(caritates, charites), 전문 장인동아리 친목조합(frairies)으로서 전문 장인동아리 동업자조합(compagnies)의 형태였다.

전문직 상인동아리 조합은 종교에서 의리와 지조를 서약했던 친목 의형제 단체를 골격으로 결성했다. 수공업자 전문 장인조합은 종교에 토대를 두었으나 전문직 상인조합은 상호간 경쟁을 지양하고 지방이나 국가 전체에서 황제나 공동체에 대한 상업 독점권을 획득하려고 시도했다. 전문직 상인조합은 공동체 발전과 함께 활동영역을 넓히며 강력한 법인단체로 발전했다. 전문직 상인조합은 도매상으로부터 거래물건 구입으로 다양한 상품까지 취급하며 취급상품에 대한 손실을 보험으로 보전했다. 전문직 상인조합은 식량과 같은 생필품 공급, 쓰레기 운반까지 주선하며 사회조직으로서 기능을 확대해갔다.

전문직 상인동아리 법인단체는 항구준설, 조선소 건설, 국가도로 건설 등을 담당하며 오늘날 경찰서의 시장통제, 임금책정, 가격제한, 노동시간이나 노동조건 등에 대한 규정까지 의결하여 감시기능까지 떠맡았다. 후기에 이르러 전문직 상인동아리 법인단체는 도시 자치행정의 통제임무까지도 떠맡아 사회조직 기능을 확장하여 공익성향을 넓혀갔다. 상인동아리 조합은 특히 전문직 상인 동업자조합으로서 도시 의회를 장악하고, 공동체의 주요정책을 발의하거나, 조정하며 사회조직의 중심 역할을 담당했고 교회건축, 교회건물의 장식공사의 건축자재 공급 등의 종교조직이나 국가조직에 대하여도 돈과 노동으로 참여하여 그 활동영역을 넓혀갔다. 또한 전문직 상인동아리 법인단체는 후기에 양로원, 자선단체, 고아원, 교육기관 등을 세웠다. 초창기 상인조합은 대개 상인 동업자동아리 조합 형태였다. 수공업자는 12세기 이후 처음으로 연합했다. 상인동아리 조합은 13세기 유럽세계에서 어디서나 조직했던 개인단체였다. 수공업자 장인조합은 과도기 전문직 상인 동업자조합과 평형을 유지했고 개별영역에서 이를테면 수공업자 귀족동아리를 결성했다. 이러한 수공업자동아리 중에서도 귀족동아리는 연합체를 결성했다. 지방 시장의 수용능력은 14~15세기 조합장 활동범위를 제한했다. 세계시장은 원거리 금전 대부자나 매점업자, 호경기와 경기위축 교차 등과 같은 시점에서 한계를 드러냈다. 그런데도 세계시장은 이런 경기변화 영향을 감지하지 못했다.

사회조직과 문화

도시는 11~12세기부터 발전하기 시작했고 이후부터 경제, 사회, 문화 영역에서 나타난 모든 중세세계 사회조직 변화를 주도했다. 이탈리아 북부지역 도시는 거대한 정치세력으로 성장했다. 이탈리아 도시 지배자는 상인시민으로서 뜻밖에도 현대 정책개념 핵심을 이루고 있는 사회조직 구성원의 복지개념을 체득하고 예술과 문학까지 애호했다. 또한 시민은 모든 봉건법률 언저리를 파괴했다. 귀족은 부르크에 자리 잡고 도시 시민인 상인과 장기간에 걸쳐 이미 서로 투쟁하며 억지로 자기네 성곽으로 도시시민을 끌어들여 충성의 신서를 강요하며 억지를 부리고 있었다. 교황도 롬바르드인 동맹 후원자가 되어 도시 지배자 주교세력을 급격하게 무력하게 만들어갔다. 주교세력 약화는 교황이 황제와 주교를 동일한 세력권으로 의식하는 데서부터 출발했다. 이탈리아 북부지역에서 번성하던 도시국가는 그 구성원 결속과정에서도 여전히 고전시대 모습과 양식을 거의 그대로 드러냈다. 프랑스에서 도시민은 도시 지배자 주교로부터 자유를 실현하기 위하여 장기간 격렬하게 논쟁하여 도시 분위기가 미쳐 날뛰듯이 폭발했다. 잉글랜드 왕은 시민협력으로 귀족동아리와 싸움에서 안전을 유지했으나 시민에게 도시 자치행정의 자율을 허용했다. 자유를 얻기 위한 싸움이 서부 유럽세계에서는 12세기 말경 절정에 이르렀고 상인으로서 시민은 공동체 생활을 지배하던 정치와 경제를 장악했다. 황제는 독점권을 휘두르며 공동체 의회 구성원과 관리를 내세워 도시 회의에서 경직된 주장을 되풀이했다. 상인동아리는 금권정치를 일삼고 수공업자 결속을 방해하며 금권으로 수공업자를 분열케 했다. 상인동아리의 이런 술수는 정치에서 수공업자 결속을 방해하기 위한 목적이었다. 그래서 상인동아리는 군주와 결탁하여 수공노동자와 농민을 통제했다.

도시 상인동아리는 상업수익을 독점하고 공동체 구성원으로부터 조세를 일일이 징수하여 공동체 내부 여론을 분열시켰다. 도시 상인동아리는 공동체 외부의 새로운 시장을 차지하기 위한 전쟁을 일삼아 왕국, 대상인, 상위부류 시민, 은행업자를 비롯한 새로운 공동체 외부의 시장에다 끊임없이 조세를 포함한 여러 가지 부담을 가중했으나 유럽세계에서 도시성곽은 자유 도피처가 되었다. 자유 도피처인 도시성곽 안에는 우리 현대인의 인식력으로서 더 이상 알아낼 수도, 측정조차 불가능했던 사회조직과 문화영역의 자유가 새로운 생기를 만들어냈다. 현대개념의 자유는 중세 유럽세계 도시에서 생겨나 강력한 결속력과 의무감을 잉태했다. 중세 유럽세계 자유는 개인의 강력한 결속력과 사명감에 가까운 의무감으로 사회조직 구성원을 무장하고 연령이나 세대별 마법처럼 모든 시민을 견고하게 결속했다. 그러면서도 자유는 권리와 생활 속의 삶에 대하여 존재규격을 부여하고 정당한 자치영역을 창출하여 세계로 하여금 더 이상 조직의 규격에 얽매이지 않도록 해방했다. 이런 개인 자유의지 작용으로 인하여 권위자인 권력자의 개인의지와 통치의지는 여러 가지 매래를 예시하며 사회조직 구성원 전부를 예측 가능한 공동복지 방향으로 개방했다.

시민 공동체는 유럽문화 여명시대 세계를 앞세우고 사회조직 구성원의 꿈을 싣고 왔던 자유라는 천진난만한 어린 아기를 만났고 자유의 어린 아기는 신분시대를 거치면서 확실하게 경제조직, 사회조직 질서, 문화와 권위체계를 이끌어 당겨 사회조직 중심체를 자유라는 어린 아기의 보호자인 시민 공동체로 바꾸어 놓았다. 시민 공동체는 자유의 어린 아기를 보기 위하여 모여들던 다수 사회조직 구성원 참여 폭을 확대하면서 무수한 변화를 수용했다. 자유 지향자인 시민 공동체는 사회조직 구성원을 도시로 끌어들여 도시 인구집중을 초래했다. 시민 공동체의 경제력 향상은 자유 후속문제인 노동력과 노동 가치문제를 제기하여 사회조직 구성원의 자유보장에다 영주예속의 탈피를 가속화했다. 자유 지향자인 도시 공동체는 노동과 그 가치를 만끽했고 농촌사회 구성원의 새로운 거주지로 변모했다. 새로운 정착지를 찾아서 농촌을 떠나는 인구는 점차 증가했다. 사회조직 구성원은 새로운 거주지인 도시에서 새로운 고향을 확보하고 영원한 영지 차지관습과 자유로운 개간지 권리를 확보했다. 영지 예속민은 상속받은 빵조각에 묶여 있었으나 장인조합과 유사한 형태의 장인동업자조합(confréries, conjurations)을 구성하여 영지 소유자로부터 공과금 면제를 달성했다. 영지 소유자는 영지 예속민의 연명거리인 빵조각으로 예속민을 계속 묶어 두기 위해서 다양한 대책을 강구하던 차에 소작지대로 수익을 관리하며 예속민에게 자유를 더욱 확대해 준다는 의미로 다양한 소작지대 면제영역 확대와 함께 기본 영지운영 방향을 바꾸어갔다. 영지 소유자는 이런 소작지대 방향 전환으로 모슬렘과 비잔티움세계 인간의 영지 전형을 모방하여 영지 관리방법을 유럽세계에 정착케 했다. 경제양식 변화는 저렴하긴 하지만, 현금지대 유입 요인이 되어 귀족, 기사, 도이취어계 제국의 하위귀족을 빈곤에 빠뜨리며 귀족과 기사의 몰락요인이 되었다.

한편 귀족이나 기사와 같은 기득권 세력 약화는 새로운 궁정지위 변화를 재촉했다. 국가 권력동아리 통치단위도 새로운 결속요인을 중심으로 재편했다. 국가 통치조직 역시 용병대와 보병을 비롯한 정규군대로 다시 편성되지 않을 수 없었다. 이런 경제양식 변화과정은 엘베강 서부지역에서 정도 차이와 시대 차이는 있을 지언정 12세기부터 16세기에 이르는 시기에 제 모습을 드러냈다. 13세기 도시에서와 유사하게 농민도 복지를 추구하기 시작했다. 농민은 촌락 공동체를 형성했다. 당시까지 상업과 산업의 팽창과 함께 노동력 이동과 기동력은 농촌 사회조직에서도 그대로 이어졌다. 귀족과 성직자 사이의 중간부류 신분인 시민은 정치에서 신분 상승으로 농민과 하위부류의 사회조직 구성원과 중세 봉건 사회조직 이면의 정서와 인간관계까지 확연하게 달라졌다. 13세기까지 정치에서 시민은 상위부류와 중간부류의 통치조직에 대하여 별다른 영향력을 미치지 못하고 우선, 정치에서 유력한 조합체로서 참여하는 정도에 그쳤으나 정치에서 신분상승 이후 영주 조합체나 제후 조합체에 편입되어 국가 통치조직에 참여했다. 귀족과 고위 성직자는 물론 국가 신분을 구성하여 국가 신분 대표자로서 잉글랜드 의회(Parliament), 도이취어계 제국 제국의회(Reichstag), 국회(cortes), 네덜란드 국민회의(generaltaaten), 프랑스 국민대표자 회의(Parlément) 등이 출현했다.

다양한 가치는 새로운 중세세계 사회조직 변화요인이 되었고 새로운 변화 충격은 중세세계 사회조직 불안요인이 되었다. 귀족은 권좌에 앉아서 도시민과 상인동아리, 금융업자를 얕잡아 보듯이 깔보다 결국 이들의 하수인으로 예속되고 말았다. 부유한 도시 상인동아리는 귀족의 혈통 신분이나, 기사와 왕실의 배타성향에 대하여 얼굴이 파래질 정도로 격렬하게 질투하다 재산을 가지고 점차 권위를 누리며 씀씀이 헤픈 생활과 사치를 일삼았다. 이런 도시 상인동아리 타락풍조는 귀족이 누리던 향락을 상인동아리 이상으로 수용했던 데서 비롯되었다. 흑사병과 같은 전염병 만연에다 인구 증가는 중세세계 사회조직을 경제팽창에 힘입어 장기간에 걸친 위기 늪에서 구출해냈지만 실직사태 누적을 감당하지 못하여 수공 노동자까지 시민 기업체에서 일자리 상실로 이어졌다. 이런 중세세계 사회조직 분위기에서 군주의 가신은 물론, 도제장인과 같은 무산자 출현으로 13세기 말경 이후 신분 구성원 간의 질투심으로 인한 신분부류 사이 논쟁은 본격화했다. 프랑스에서는 세대를 간격으로 농민반란이 일어났고 산업도시에서는 시위와 수공업자 조합 반란이 이어졌다. 국가 신분구성원은 상인동아리 경제력 독점과 정치횡포를 규탄했다. 프랑스 필립 4세 미려왕(1285~1314)은 1295년과 1307년 사이에 일어났던 모반사건 때문에 노동자 단체를 해체하기에 이르렀다. 수공업자 장인조합은 프랑스 남부지방에서 억지로 의회에서 쫓겨나고 관직에서도 추방당했다.

플랑드르지방에서는 직조업자 반란이 응축되었다. 직조업 종사자조차 필립 4세 미려왕에 대하여 반항하여 무기를 들고 1302년 쿠르트레에서 국왕까지 왕위에서 끌어내렸다. 신분구성원 간의 격렬한 싸움은 이탈리아에서 일어났다. 이탈리아에서는 상인동아리와 수공업자가 귀족에 대하여 반기를 들고 나섰다. 14세기 대상인 기업가와 수공업자는 격렬한 공격을 당했다. 중세세계 사회조직을 세차게 몰아치던 변화충격은 다양한 사회조직으로 밀려와 다양한 사회조직 구성원 욕구를 유발하며 사회조직 전체 분위기를 험악하게 고조시켰다. 이런 사회조직 분위기 긴장감은 서로 밀고 당기기 형식의 인력 시험장이 아니라 사회조직과 통치조직의 외면을 타도해야 한다는 외침이 끓는 물처럼 터져 나오기 직전까지 이르러 시시각각의 상황이 교차하며 위기 늪으로 치달렸다. 통치조직 주인공은 영주신분이었으나 중세세계 통치조직은 영주신분을 통하여 근대세계 구성원의 합리주의를 수용하는 국가 통치조직 개편에 접근하면서 견고하게 굳어져갔다. 중세세계 국가 통치조직은 합리주의 수용을 성문법률 사슬에 얽어매면서 더욱 튼튼한 밧줄을 갖게 되었다.

그러나 중세세계 도시는 국왕 통치조직에 반항자로서 자치 시민동아리 연합체를 결성했다. 중세세계에서 자치도시 시민동아리 연합체 출현은 도이취어계 제국의 도시연맹이었다. 이와는 다른 유형의 도시는 도이취어계 제국의 북부지역과 북부 유럽세계에서도 나타났다. 즉, 자치도시 시민동아리 연합체는 한자영역 도시 공동체였다. 한자영역 도시 공동체는 더욱 강화된 영방의 영주를 밀어냈고 13세기 급격한 경제체제 전복을 자극하며 봉건관습 와해를 가속했다. 한정된 귀족동아리 복지는 무너지고 화폐가 유통수단의 위치를 차지하며 경제질서 영역을 더욱 넓혀갔다. 15세기 유럽세계 인간의 생활영역에서 화폐는 신용 표지수단으로서 더욱 원활하게 유통하며 그 영역 확대와 함께 상업과 제조업 발전에 기여했다. 상업과 제조업 발전은 중세 유럽세계를 지배하던 이중주의 생활관습 와해와 권력 조직화에 눈

뜨게 하여 유럽세계 인간에게 문명과 계몽이라는 역사 선물 이외에도 전문 지식 원리 후원자 위치까지 부여했다.

10-4. 유럽세계 전체 현상으로서 지방민의 생활양식, 문화, 기사제

신분자의 윤리, 사회조직에서 피어났던 도덕, 사회조직을 알아야 했던 교육

기사제는 12세기 이후 유럽세계 전체 현상으로 이동하며 새로운 신분자 윤리를 형성했다. 기사제에서 발원했던 신분자 윤리는 독특한 생활양식으로 귀족사회를 채색하여 18세기까지 표준인간으로 남아 있었다. 유럽세계에서 기사제는 제후 장원과 관련하여 등장했던 최초 집단 사회조직이었다. 동시에 라틴어 해독력도 표준양식의 세포핵이자 인간의 평가기준으로 정착했다. 문학동아리의 작품 역시 세속인에게 문화이동 매체로 정착했다. 세속인 세계에는 전문 지식 원리로서 문화와 전문 지식 원리에 대한 교육관행이 학문동아리 연합체의 역할에 힘입어 정착했다. 문학동아리의 작품과 전문 지식 원리에 대한 교육관행은 기사를 표준인간으로, 그리고 영주 장원을 권위중심으로 인식케 했던 역사 출발점이었다. 전문 지식 원리에 대한 교육관행은 문화이동의 시대변화 수레바퀴를 회전하며 다양한 전문 지식 원리를 찾아내어 응용토록 보완해주기 시작했다. 바로 중세세계에서 스콜라 철학동아리는 새로운 전문 지식 원리로서 존재이론에 접근했고 고트계 건축물 양식을 스콜라 철학동아리의 존재이론 외형을 감싸게 보완하여 중세세계 인간을 공상세계에 빠지도록 자극했다. 전문 지식 원리로서 스콜라철학동아리의 새로운 존재이론과 고트계 건축물 양식은 프랑스어계 문화이동 영역에서 표준 건축물 모형으로 채택되었다. 물론 스콜라 철학동아리의 전문 지식 원리와 고트계 건축물 양식은 문화의 표준모형은 전혀 다른 여러 가지 전문 지식 원리로서 문화유입으로 등장했던 표준 생활모형이었다. 기사제는 상위가신과 하위가신을 이어 주었다. 도이취어계 제국 경우 기사제는 영주신분의 자유귀족과 관료귀족의 부자유신분을 이어주었다. 이런 유형의 기사제가 영주장원, 특히 국왕 장원에서는 공동 생활양식으로 발전했다. 기사제는 책임영역, 활동영역, 의무영역 등을 명시했다.

중세세계 궁중에서는 예의범절이 나타나고 있었다. 또한 기사로서 수행임무, 예의 바른 몸가짐, 세속인과 성직자에 대한 윤리 등이 나타나고 있었다. 중세세계에서 형성된 윤리는 이미 스콜라 철학동아리와 교부시대 신학동아리의 전문 지식 원리에서 탐구해냈던 세속인의 의무론과 양심론을 골격으로 발전했다. 이 의무론과 양심론은 물론 세속인의 종교운동, 즉 유랑 설교자동아리, 카타르계 이단자동아리, 아르비겐스계 이단자동아리 등이 외치던 신비주의까지 포괄했다. 기사양식 외형은 고전시대 게르만어계 종족 전사동아리의 입문관습은 물론 페르시아, 시리아, 스페인 등의 지역에서 유입된 사라센 전사동아리 입문관습, 성사관습, 개종관습 등을 비롯하여 크리스트교 표상관습에 망라되어 있던 로마인의 형식감각과 표현원리까지 수용했던 혼합윤리인 것이다. 귀족혈통인 엘베강 동부지방의 영지귀족(Junker)은 기사가 되려면 다른 교육관행, 즉 특정한 영주 장원에서 하인이나 종복으로 봉토 전사와 흉갑 기병의 무기 다루는 방식을 익혀야 했고 무사 교육기를 마치면서 성사 축전과 상징물을 결부시킨 의례관습을 거쳐 기사 신분에 올라 기사사회 일원으로 활동했다. 영지귀족은 상징물 중심의 의례관습에서 참회, 세례, 고백 등의 성사관습 절차를 거쳤다. 이런 절차관습은 수도자동아리에서는 예외에 가까웠으나 하인이나 종복은 직접 기사 서임관습을 거쳐야 했다.

세속인 도덕은 봉건영주가 하인이나 종사에게 던지는 질문으로 출발했다. 즉, 질문은 하인이나 종사가 근면하게 일하여 부자가 되어 활동하지 않고도 살아가기 위하여 기사신분을 받으려고 하는지, 기사로서 명망을 높이고 싶지 않는 지를 묻는 것으로 시작했다. 봉건 영주가 종복에게 이런 질문을 던지는 동기는 성직을 사고팔아 성직자로서 신분뿐만 아니라, 기사신분까지 망치게 된다는 점을 일깨우기 위한 것이었다. 기사는 힘을 축적하고, 기술을 연마하여 전쟁에 출정해야 하고 평화시대에는 무술시합에도 출전하여 자제력과 도량을 키웠다. 이런 기사 무술시합은 특히 프랑스에서 발전했다. 기사 중심의 장원양식은 풍부한 기존 의례관습에서 발원했다. 무술시합 승리는 국왕으로부터 기사라는 모든 집단 신분사회 가입 모두가 명예를 걸고 참가하여 자기 기량을 가늠하고 승리자를 대개 최고의 명예 기사라고 노래나 시로 송축했다. 기사 이상은 한 인간을 영웅, 귀족, 성자처럼 만드는 것이었다. 중세세계의 이교도동아리나 크리스트교도동아리의 기사표상은 크뤼니 수도자동아리 개혁 과정에서 신의 평화를 곧 세상 평화인 국가 평화와 혼합했다. 즉, 서로 다른 2가지 기사표상은 교회조직을 통한 신의 평화를 곧 세상의 국가 평화라는 크뤼니 수도자동아리의 개혁모형에 결합했다. 기사임무는 진실을 말하고, 교회조직을 수호하며, 가난한 자를 보호하고, 국가평화를 수호하며, (자유 신앙주의자들에 대하여) 비신앙자를 전쟁으로 박멸하는 것 등이었다. 이런 기사 임무는 물론 고래로부터 내려오던 크리스트교도 국왕 본분이었고 봉건영주에게 충성 서약자미며 여자에 대하여 순결 방어자였다.

모든 기사를 형제처럼 돕도록 허용하고, 포로도 손님처럼 대접해야만 했다. 기사는 무기를 지니고 귀족 일원으로 전쟁에 출정했으며, 전쟁에 대하여는 기사표상을 부여받게 되었다. 기사명예에서 사나이다운 용맹과 기백은 남성미덕으로 인식되었다. 기사가 사나이답고 용맹스러워야 한다는 것은 여성미덕에 대한 상대물이자, 표준 윤리모형으로 인식되었다. 교회조직은 여성 미덕을 강조하면서, 교회조직 만능주의를 배경으로 세속인 신분을 정착시켰다. 이런 기사 이상과 표상은 고위 귀족사회 구성원과 하위 귀족사회 구성원에게 표준인간으로 정착하여 실천 표상이 되었다. 이것이 고위 귀족사회 구성원과 하위 귀족사회 구성원에게 국한하여 윤리 지표가 되었던 것은 아니었다. 귀족사회 구성원은 기사 이상과 표상을 실천했다. 기사 이상과 표상은 더욱 세속인 세계로 이동하여 교양수준과 생활수준 향상을 자극했다. 그러나 세속인 세계가 모든 기사 표상으로 하나의 꾸러미처럼 묶였던 이면에는 기사 자기네 눈에 보이듯이 기사를 부자유스럽게 만들었던 수공노동자 경멸이 깔려 역사 수레바퀴를 구르고 있었다.

여성과 남성 관습

기사 영주 부류의 게르만어계 남성관습과 비교양은 여성관습과 교회조직을 위한 봉사관습과 전체를 위한 봉사관습으로 온화하게 중화했다. 교회조직은 성전, 즉 십자군 원정의 남성 결속력을 다른 방향으로 돌렸고 여성은 성모 마리아가 어머니라는 것을 종교에 관련 지우며 점차 여성의 지위 상승을 꾀했다. 기사에게 인간 어머니는 성모 마리아였다. 여성관습은 성모 마리아의 정신과 모습을 통하여 고상한 의미를 지녔다. 어떤 시대에나 사랑은 여성과 남성을 망라한 모든 인간에게 동경 대상이 되어 연인을 이상화했다. 사랑은 또한 그리움과 현실 사이에서 긴장감을 자아내며 꿈의 향기를 사방으로 날려 보냈다. 기사 사랑은 결혼생활과 관계없이 가문, 자산, 통치조직 구성원의 신분 등의 한계를 짊어진 채 부인과 결혼을 확정했다. 남성과 여성을 이어주던 내맡김과 쾌감은 배우자보다 다른 한계를 벗어나지 못했다. 구혼자와 애인은 신분격차가 너무 커서 서로 헤어지는 경우도 있었다. 그래서 이 두 연인의 뜨거운 사랑은 연애 시로 묘사되어 격찬을 받기도 했다. 이런 사회조직 한계에서도 맹렬한 여성도 등장했고 맹렬 여성 숫자도 적지 않았다. 이 맹렬 여성은 국가를 통치하거나 재산을 관리하며 국가 요직조직에다 자기 남편을 임명하는 경우도 있었다. 이런 여성은 남편이 수개월은 물론 수년간을 외지 전쟁에 출정하여 외부에 머물게 만들어 사랑과 결혼을 완전히 파경으로 맞은 경우도 있었다.

사랑과 결혼의 분리는 곧 도덕과 예의범절에서도 여러 가지 문제를 제기했다. 성직자 안드레아스 카펠라누스는 자기 논문에서 사랑과 그 치유법에 관하여 궁중연애를 중심으로 규칙과 원칙까지 제안했다. 그 규칙과 원칙은 귀족사회 구성원 사이에 통용되었다. 카펠라누스 시각에서는 기사의 사랑은 남자를 받들어 섬기고, 남성에게 순종하며 복종하던 여성을 달라지게 만들었다는 것이다. 신의 평화와 영지의 평화 때문에 전쟁과 반목이 점증했으나 남성과 여성의 재산과 수입은 증가하여 봉건법률 때문에 하는 일도 없었기 때문에 오히려 연애소설과 예절이 무르익었다는 것이다. 이런 연애소설과 예절에서 부터 여러 부류 음유시인(Toubaclours, Trouvères, Minnesänger)이 등장했다.

귀족 표상

기사제는 13세기에 완전히 절정기를 맞이했다. 기사 역시 귀족이상의 근본 취지를 유지했고 귀족이상의 근본취지를 수용했다. 도이취어계 제국 지역의 라틴어 저작물은 이미 10세기부터 기사이상에 대한 개요에서 기사 생활양식이 14~15세기 시민세계와 전혀 다른 방향으로 발전했다는 것을 제시했다. 그런데도 기사 생활양식은 사회조직 구성원에게 여전히 강하게 영향을 미쳤으나 시민세계로부터 급격하게 외면당했다는 것이다. 그럼에도 불구하고 기사의 영향력을 기사를 표준인간으로 제시하여 실천하려는 인간모형을 소설이라는 외형으로 포장하여 가공한 작품도 등장했다. 이런 맥락에서 기사이상은 축소되거나, 지방민 생활영역으로 오히려 이동했을 것이다. 기사의 외국 원정이 그렇게 흔한 일은 아니었다. 그런데도 기사의 외국 원정은 경제 질서의 변화로 이어졌다. 기사의 외국 원정은 도시와 시민의 수입 증대를 가능케 했던 한편 기존 사고양식과 반대되는 새로운 생활이상과 실천모형 유입을 가능케 했다. 도이취어계 제국에서는 1180~1250년경 고래의 왕조 귀족은 사라졌고 십자군 원정 실패에 이어 잉글랜드 역시 프랑스와 백년전쟁에서도 패배했다. 잉글랜드에서는 장미전쟁의 살육사태가 일어나 15세기 정치와 사회조직에서 기사위치를 완전히 바꾸어 놓았다.

기사위치는 완전히 무너졌다. 그런데도 기사 모습과 이상은 인간의 표상을 만들어내며 표준인간으로 인식되어 시민세계로 더욱 깊이 이동했다. 또한 기사의 이런 표상과 표준은 사회조직 구성원의 양식, 전문 지식 원리에 대한 교육관행, 의례관습, 문학, 예술, 근·현대 유럽어 관습 등의 뿌리로 정착하여 지금까지 되살아나고 있다. 잉글랜드, 프랑스, 도이취어계 제국, 이탈리아, 스페인 등의 국가에서는 무수한 기사단이 등장했다. 잉글랜드의 카터 훈장(Hosenbandorden, Bathorden, Orden von Goldenen Vlies) 등은 중요한 위치를 차지했던 기사단 표상이었다. 기사는 엘리트 사상에다 사회조직과 윤리라는 틀을 부여하고 글자해독력을 통한 문학의식을 유럽세계 세속인 문화에 접목하여 실천의식과 독특한 윤리 표준을 저작물에 담아 전달하며 교양 수준향상에 기여했다.

10-5. 교육, 학문, 학문동아리 연합체

교양인 신분 성직자

카롤루스 막뉴스는 서양세계에서 전문 지식인 신분을 창안했다. 카롤루스 막뉴스는 돔 교회 창설, 수도자동아리 육성, 지방 교회조직 육성, 유력자 자제에 대한 교양교육 개시 등과 같은 교육정책을 창안하여 교양교육 수준의 중요함을 일깨우기 시작했다. 서양세계에서 일반 세속인 자녀도 카롤루스 막뉴스 이후 교육의 중요함을 인식하여 수도자 서약자동아리에 가입하여 교양을 익히도록 수도자동아리 교육을 개방했다.

수도자동아리 교육으로 성직자는 라틴어해독력을 내세워 중세 후기세계에서 교육과 문화를 독점하고 세속인 성직서임과 신학동아리 교사신분을 만들어냈다. 성직자는 아울러 교육과 문화에서 성경 해석력을 비롯한 전문 지식 원리의 독점영역 때문에 특정한 신분위치를 차지했다. 전문 지식 원리 교육과 학문동아리 관행은 11세기 이후 등장하여 가문, 교회조직, 전문 지식 원리 교육기관 역시 문화 계승자 위치를 차지했다. 도덕교육은 삶의 방식에 합당한 계몽목적으로 완전한 경제질서 변화와 스콜라 철학동아리의 존재논리에 맞게 판단기준을 개화했다. 전문 지식 원리 교육기관의 교육 또한 사회조직 구성원에게 지리와 정신 영역까지 확대했다. 최초 중세세계 학문동아리 연합체로서 대학은 당연하게도 파리 학문동아리 연합체와 이탈리아 볼로냐 학문동아리 연합체로서 출발했다. 파리 학문동아리 연합체는 성서 문헌학동아리, 신학동아리, 인문학동아리, 로마시대 법률학동아리 등으로 구성되었다. 이탈리아 볼로냐에는 당시 여러 종류의 학문교육기관이 세속인을 교육했다. 이탈리아의 정신과 문화는 교회조직 중심의 체계라기보다는, 흔히 유럽세계에서 나타났듯이 성직자 교육을 위하여 우선시했다. 이탈리아에서도 돔이 전문 지식 원리 교육기관으로서 중요한 위치를 차지했다.

볼로냐와 법률

볼로냐 학문동아리 연합체(studium generale)는 최초로 로마시대 사법을 강의했던 도시였다. 이르네리우스(+1140년 이전)는 볼로냐 학문동아리 연합체에다 법률가 교육을 시작했고 그 이후부터 유럽세계에서 볼로냐 학문동아리 연합체는 법률학파를 주도했다. 이르네리우스가 법률교육과 법률용어 주해 교육을 시작한 이후 법률학은 새로운 법률연구영역을 개척하며 급속하게 발전하기 시작했다. 이르네리우스의 제자 그라티아누스(+12세기)는 '황제 유스티니아누스의 사법 사례 모음집'에서 터득했던 새로운 사법 해석 방법을 교회법률에 적용했다. 그라티아누스는 '그라티아누스의 법령 모음집'(Decretum Gratiani)을 1139년에 편찬하여 최초의 교회 법률 사례를 모아 정리한 '교회 법령 모음집'의 편찬자 위치에 올랐다. 유럽세계는 로마시대 법률을 수용하여 합리주의와 생활관습, 그리고 법률 적용 영역을 체계화하고 비로소 관행과 제도 운영방법을 로마인 법률에서 찾아냈다. 로마시대 법률에서 찾아낸 관행과 제도 활용방법 때문에 유럽세계 인간은 국가조직의 체계를 만들고 국가조직의 운영모형으로 활용했다. 이런 로마시대 법률은 유럽세계 인간의 언어관습이나 규범과 동떨어져 있었던 데다 사변위주로 가공된 단점도 지녔기 때문에 현실 사건 적용과정에서 관행역할을 담당했다. 교황청은 로마시대 법률이 국가조직 기능을 종교에서 나오게 만든다고 해서 교회법률에 유입되는 것을 끊임없이 막으려는 조치를 강구하여 로마시대 법률을 거부했다. 그런데도 도이취어계 제국 법률 수학자는 로마시대 법률을 배우기 위하여 볼로냐로 몰려들었고 그 이면에는 당시 새로운 법률학동아리가 로마 정통론자동아리 교회조직에 대한 반대기치를 내걸었고 거기다 냉철한 합리주의와 12~13세기 지방민 정서에 부합했던 데서도 연유했다. 즉, 새로운 법률학동아리는 사회조직 구성원과 대화내용을 중시했고 불법과 탈법 응어리로 얼룩진 일상생활 사건부담에 대한 용이한 해결방법을 제시했다. 한편 법률 전문가는 교회조직 역할까지도 국가권위에 편입하여 국가권위를 확대했다. 볼로냐 법률학동아리는 3학 4과의 7개 자유 교양과목을 중시하던 인문학동아리와 유명한 의학동아리까지 생겨났다. 이 전문 교육기관 교사는 교사동아리(collegium)을 조직하여 결합했다.

유럽세계 결속력 발원지로서 학문동아리 연합체

제자와 스승의 동아리로서 학문동아리는 '수도자 학문동아리'(*studium*)로 출발했다. 수도자 학문동아리는 1150년경 언젠가 사라지고 '학문동아리 연합체'(*studium generale, studia generalia*)로 발전했다. 수도자 학문동아리와 학문동아리 연합체의 차이는 한명 좌장(교사) 아래서 여러 학생이 배우는 소수 집단을 수도자 학문동아리라고 한다면 학문동아리 연합체는 오늘날 단과 종합학원처럼 여러 명의 교사를 두고 학생이 교사를 선택하여 이동하며 여러 가지 과목을 배우는 집단을 지칭했다. 오늘날 대학이란 명칭을 지닌 전문 지식 원리 교육기관은 소정의 교과과정을 이수한 수학자에게 전문가로서 인증자격을 부여하나 중세세계의 학문동아리 연합체는 소정의 교과과정도 갖추지 못했고, 인증자격증 체제도 갖추지 못했다. 이런 맥락에서 대학과 학문동아리 연합체로서 중세대학을 구분해두고자 한다. 거기다 학문동아리는 그리스세계나 로마인세계 어디나 그 명칭은 달랐겠지만 개인 가정교사 형태로 존속했다. 유럽문화 생성시대 세계인 11세기 이전 유럽세계의 학문동아리는 수도자 학문동아리로서 존속했으나 12세기 이후 전문 지식 원리로서 세속인세계의 문화 출현과 함께 세속인세계의 교양수요 급증으로 학문동아리 연합체로 발전하여 현재 대학에 이르게 된 것이다.

이런 학문동아리는 교사를 따라서 국가까지도 옮겨 다녔다. 학문동아리이동은 성장단계에 접어든 유럽세계에서 사회조직 구성원에 대하여 수평형의 유동요인을 유발했다. 또한 학문동아리는 다른 국가로까지 옮겨가면서 새로운 전문 지식 원리와 새로운 정신을 유럽세계 전역으로 전파했다. 이런 학문동아리이동은 또한 유럽세계 결속력 발원지가 되었다. 학문동아리는 물론 프랑스 사회조직 구성원에게 평등의식을 불어넣었고 유럽세계 서부지역과 남부지역에서는 평등의식 영향으로 국가조직과 사회조직을 결속했다. 한편 사회조직 구성원의 평등의식은 중부 유럽에다 교육을 전파했다. 중부 유럽의 교육영향은 동부 유럽까지 단일한 평등의식으로 유럽세계 구성원으로 편입했다. 황제 프리드리히 2세는 나폴리에다 처음으로 학문동아리 연합체인 나폴리 국립대학을 창설했다. 교황은 1244년 학문동아리 연합체에 대한 특허장을 교회조직 업무에 합당하게 발표하여 대학 설치 령을 승인했다. 교황 보니파츠 8세(1294~1303)는 로마 학문동아리 연합체(Sapienza)를 1303년에 창건했다. 스페인 왕도 학문동아리 연합체를 창건했고 13세기 이후 인문학(Salanianca an Ruhm)의 전문 지식 원리 수준을 볼로냐나 파리에 뒤지지 않을 정도로 유지했다. 12~13세기 유럽세계 정신생활에서 프랑스는 명실 공히 새로운 의식과 전문 지식의 발원지였다. 프랑스 성당 교육기관은 11세기 이후 이미 국가 사이에서도 명성을 널리 떨쳤다.

파리에서 교육자는 교사와 제자를 포함한 일종의 직업처럼 인식되었다. 잉글랜드인 마테우스는 교육자 직업이 탁월한 교사동아리 연합체로 구성된 전체 공동체에 해당된다고 해서 파리 학문동아리 연합체 명칭을 '교사동아리 연합체'(Universitas)라고 지칭했다. 탁월한 파리 교사동아리 연합체는 이미 오래 전부터 존속해 왔다. 파리 교사동아리 연합체는 네 부류의 교사동아리로서 네 가지 학부, 즉 신학동아리, 교회 법률학동아리, 의학동아리, 교양학동아리(철학, 문헌학, 예술학) 등으로 나누어져 있었다. 학문동아리 강의는 12세기 노틀담 수도자동아리와 쌩 쥬네비에브(St-Geneviève = 현 소르본) 수도자동아리의 십자형 뜰 악에서 진행했다. 유명한 아우구스티누스계 수도자동아리 창시자인 쌩 빅토르 역시 파리 학문동아리 연합체 교사로서 강의했다. 13세기 파리 학문동아리 연합체 교사의 강의는 이와 대조되게 교사 개인이 강의실을 임대하여 강의했다. 학생들 대부분은 숙박소에서 생활했다. 로베르 드 소르본(Robert de Sorbon)은 루이 9세 성자왕의 부사제였다. 루이 9세 성자왕의 부사제 로베르 드 소르본느는 1254년 장학재단과 함께 소르본 학문동아리 연합체를 창건하고, 16명의 수도자 신학동아리 구성원을 모집했다. 오늘날 파리 대학은 로베르 드 소르본이 창건한 건물로부터 발전했다. 파리 학문동아리 연합체는 12~13세기 교회조직과 국가 세력권을 형성했고 14세기 파리 학문동아리 연합체는 자유스러운 사색 성곽이었으나 15세기 정통론 사상과 보수사상의 높은 부르크가 되었다. 이런 파리 학문동아리 연합체는 쟝 다크(Jeanne d'Arc)에 대하여 사형선고를 내림으로써 실증법의 중요함을 일깨웠다.

잉글랜드 옥스포드 학문동아리 연합체는 12세기에 4개 학문동아리였고 1209년 학문동아리 구성원 숫자가 이미 3,000여명에 달했다. 옥스포드 학문동아리 연합체는 13세기 '교사동아리 연합체'(universitas)의 명칭을 지녔다. 이런 옥스포드 학문동아리 연합체 좌장과 학문동아리 좌장을 중심으로 교사동아리 연합체를 구성했다. 옥스포드 학문동아리 연합체 운영자는 링컨 주교와 왕이었다. 옥스포드 학문동아리 연합체는 1300년경 파리 학문동아리 연합체 정신과 영향을 확실하게 수용했다. 도시는 학문동아리 연합체의 성곽이었다. 도시는 학문동아리에 대하여 자유와 자치의 전위대였고 내력과 관계없이 시대상황에 따라서 전문 지식 원리로서 학문을 식별했다. 물론 이런 학문동아리 연합체는 지위와 신분을 포함한 모든 지혜를 생성해내는 사회조직이었다. 학문동아리 연합체는 교육이라는 공동의식, 라틴어와 국민문학을 비롯한 교회조직에 대하여 지대한 관심을 지니고 전문지식 원리와 문화를 창출하며 유럽세계 인간을 결속하여 유럽세계 구성원으로 만드는 일에도 지대한 관심을 지녔다. 그러나 학문동아리 연합체의 전문 지식 원리로서 이론은 세속인의 문화 발원지가 되어 미래로 향하는 세속인의 발전을 오히려 저해키도 했다. 도이취어계 제국 지역에서는 14세기 중엽(1348년) 처음으로 프라그 학문동아리 연합체를 창건했다. 프라그 학문동아리 연합체는 중부 유럽에서 처음으로 신학동아리와 법률학동아리가 활동을 개시하여 파리아 볼로냐로 도이취인과 뵈멘인이 가지 않아도 프라그에서 신학동아리와 법률학동아리의 전문 지식 원리를 탐구했다. 교황 클레멘스 6세(1342~1352)와 황제 카를 4세(1346~1378)는 프라그 학문동아리 연합체를 공동 협력으로 창건했다. 물론 카를 4세는 합리주의를 존중하는 정신과 근대 정치가 자질을 갖춘 인물이었다. 프라그 학문동아리 연합체라는 거대한 문화 연구소에는 1409년 이전 이미 11,000명에 달하는 학문동아리 구성원이 모여서 대륙 중추를 형성했다. 당시까지만 하더라도, 중부 유럽 문화는 서부와 남부에 비하여 뒤진 상황이었다.

그러나 중부 유럽 문화는 이미 200년 이상 동안 정착해왔고 라인강 동부 유역과 도나우강 북부유역 지역에서 성장하여 중부 유럽 성직자와 관료도 교육자 신분에 올라 있었다. 이에 대한 실례는 크라카우, 비엔나, 에어푸르트, 하이델베르크와 쾰른 등의 지방에서도 학문동아리 연합체가 창건되었던 점에서도 입증되고 있다. 또한 이런 학문동아리 연합체 모형은 어디에서나 프라그 학문동아리 연합체를 모방했다. 학문동아리 연합체는 전문 지식 원리의 변화를 파악하여 그 변화를 수용하면서 발전했다. 학문동아리 연합체는 또한 전문 지식 원리의 이동장소요, 판단력을 기르고 연구하는 것보다 사회조직 변화 특성을 찾아내던 국가체제의 중추기관이었다.

10-6. 정치조직과 사회조직 변화, 서유럽세계의 국민국주

프랑스는 1050년부터 1350년에 이르는 수 백 년 동안 괄목할만한 창의력과 추진력을 발휘하여 유럽세계 강력한 국가로 성장했다. 중부 유럽의 동부지역에서는 브란덴부르크, 도이취어게 제국 기사단 국가, 한자영역의 도시국가, 뵈멘, 합스부르크 가문 등이 새로운 정치세력으로 부상했다. 이 정치세력은 결속력을 형성하여 결속범위를 확대했다. 유럽세계 정치 주안점은 점차 서부지역으로 이동했다. 유럽대륙 중심지역에 나타났던 국가는 몰락하여 작게 분할된 영방국가로 전락했다. 또한 유럽대륙의 중심지역은 유럽세계 전체에 비하여 더욱 취약했기 때문에 소규모 분할영지는 국가로서 풍요한 문화를 구가했다. 이들 소규모 분할영지도 왕국과 왕을 중심으로 했던 영방권력의 와해상황에서 새로운 의식으로 다시 결속했다.

프랑스 발전

노르만종족은 1066년 잉글랜드를 정복했다. 잉글랜드 정복자 노르만종족은 프랑스 왕 가신이었다. 즉, 프랑스 왕 가신은 잉글랜드 왕위를 차지하였다. 그런데도 잉글랜드의 노르만종족은 프랑스를 오히려 위협했다. 노르만종족은 다시 프랑스로 진출했다. 노르만종족왕 지배 하에서 잉글랜드가 대륙보다 나은 위치를 차지했던 것이 유럽대륙에 대해서는 일종의 위협이 되었다. 유럽대륙에 대한 잉글랜드 위협 때문에 플랑드르와 앙주 백작은 프랑스 왕을 후원했다. 빌헬름 정복자는 1087년 억지로 노르만계 점령영지를 분할하지 않을 수 없었다. 프랑스 왕은 장기간에 걸친

1491년의 프랑스

귀족과 타협과정에서 자기 위치를 강화하여 근대 관료제를 발전시켰다. 한편 프랑스 왕은 귀족영지를 상속받아 국왕영지를 확장하고 중앙의 '프랑스인'(il de France)으로 구성된 귀족에게 압력을 가하는 한편 프랑스 북부지역에서 발흥하던 도시를 후원하여 도시백작으로 하여금 지방민을 지원토록 독려했다. 프랑스 왕은 귀족영지 발전을 저지하여 국가 통치권을 강화했다. 프랑스 왕의 지배권은 성직자 서임권 논쟁(1088년) 이후에도 도이취어계 제국 경우처럼 와해되지 않았다.

그런데도 당시 교황은 도이취어계 제국 황제에 대항하고 당시 프랑스에는 도이취어계 제국에서처럼 영지 교회조직이 없었기 때문에 프랑스 왕을 동맹자의 중추세력으로 활용했다. 프랑스 북부지역에서는 복지, 교육, 신앙심 등이 관심의 초점이었다. 고트계 건축물 양식은 시민정신 개화와 왕권 중앙집권화에 힘입어 프랑스 북부지역에서 발원했다. 이처럼 고트계 건축물 양식은 사회조직과 권력동아리이동

요인, 즉 프랑스 왕 루이 9세와 그 전임자의 정책목표인 프랑스에 대항하는 잉글랜드인 격퇴와 맞물려 있었다. 프랑스 왕 루이 9세는 이런 정책목표를 드디어 1214년 부벵 전투에서 잉글랜드를 물리치고 언제나 바랐듯 승리하여 실현했다. 루이 9세 왕은 잉글랜드와 전쟁에 승리하여 헨리 3세(1216~1272)와 백작을 비롯한 지방귀족과 대도시 시민연대의 싸움 조정자 위치를 차지했다. 잉글랜드 왕이 지방귀족과 런던시민을 포함한 대도시 시민의 반대요구를 수용하지 않았던 상황에서 프랑스 왕 루이 9세는 잉글랜드 왕을 두둔하고 나서 1265년 처음으로 잉글랜드 의회(Parlament) 소집을 결정하여 잉글랜드와 대륙의 정치에서 중요한 위치로 상승했다. 1265년 잉글랜드 의회는 지방의 소 귀족과 시민 대표자를 소집하여 후기 잉글랜드 하원 역할을 담당토록 조정했다. 고위 귀족인 백작은 국왕 관료기구 출현과정에서도 국가통치에 영향력을 상실한 나머지 지방의 소 귀족과 시민은 다양한 사회조직과 정치변화 수용과정에서 국가통치에 대한 영향력 기반을 다져 의회를 통한 자기네 정책추진은 물론 주요 국가행정과 왕실행정을 완전히 장악했다. 관료체제와 의회는 국가 지배체계를 국왕을 중심으로 구축하는 선구자 위치를 차지했다.

프랑스 루이 9세는 이런 잉글랜드 정치상황을 잊지 않았고 더욱이 프랑스에는 도이취어게 제국의 영방체제에 해당하는 귀족동아리 연합체인 '프랑스 파리 귀족동아리 연합체'(Paris de France)가 존속했다. 귀족동아리 연합체인 '프랑스 파리 귀족동아리 연합체'의 구성원은 국왕 가신이었다. 여기서 도이취어게 제국의 영방체제와 프랑스의 귀족동아리 연합체 차이는 왕국의 상속관습이 아니라, 바로 왕위계승관습이었다. 즉, 파리 귀족동아리 연합체는 귀족신분 구성원에 대한 최고 재판권을 자치형식으로 행사했으나 귀족동아리 연합체 자체의 재판권 행사가 왕위를 불리하게 만들어 통치조직 통일 체계를 구축하지 못했다. 국왕은 파리 귀족동아리 연합체 정상에서 중재자로서 통치권을 행사했다. 프랑스 정치통일은 최고 재판기구인 의회(Parlement)가 자체 의결에 대하여 법률상 효력을 발휘하여 국왕권위를 봉건영주의 장악 하에 있던 지방 법정으로까지 끌어내려 최고 소환권을 차지함에 따라서 이뤄졌다. 프랑스 정치통일 실현과 함께 국왕법률은 지방과 지역의 귀족, 즉 영주법률을 배제했고 관습법 보다 상위법률 면모를 갖추었다. 최고 회계 감사원은 노르만게 선례를 존중하여 국왕수입을 감독했다. 곰팡이 작전으로 시민 군대에 패배한 1302년 전쟁 이후 가신군대는 훈련을 마치고 기사단 군대를 용병으로 만들어 이리저리 끌고 다녔다. 도이취어게 제국의 스타우퍼 가문은 쇠퇴했고 교황을 정점에 앉힌 보편주의 세계 국가 역시 사라졌다. 그런데도 프랑스는 새로운 번성단계를 맞이하여 특히 교황 우르반 2세 이후 로마 법황청에 대하여 영향력을 강력하게 행사했다.

카스틸리아의 알퐁스는 프랑스 예속을 탈피하여 콘윌리스의 리차드(Richard de Cornwallis)와 대등하게 도이취어계 제국의 황제 폐위기간에 도이취어계 제국의 왕위에 참여코자 시도했다. 프랑스 왕의 정치목표는 콘윌리스의 리차드와 카스틸리아의 알퐁스의 프랑스 예속에다 로마의 법황청에 대한 영향력 강화였다. 프랑스 왕의 주요 정책목표는 유럽세계 주도권을 잡아 유럽세계 전체에 대한 프랑스 예속 추진이었다. 프랑스 왕권 강화와 함께 중부 유럽은 무질서한 시대를 맞이했다. 그런데도 당대 유럽세계 구성원은 카롤루스 막뉴스시대 선례를 잊지 않았고 자기 왕국을 유지코자 노력했다. 잉글랜드와 프랑스의 전쟁 종결과 함께 1259년 평화는 찾아왔다. 잉글랜드와 프랑스의 평화 정착과 함께 서부 유럽세계는 적어도 한 세대 동안 평화시대를 구가했다.

아라곤 왕국과 영주

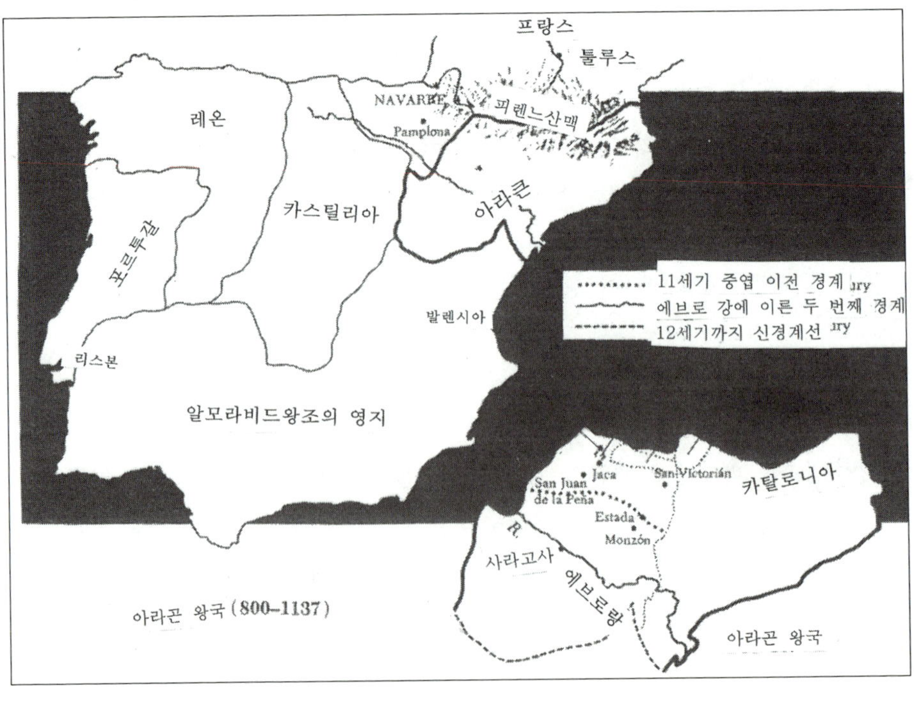

당시까지 프랑스 남부지역에서는 지중해 서부 연안에 대한 지배권을 둘러싸고 아라곤과 앙주를 비롯한 시칠리아 왕국 간의 전쟁은 이어졌다. 스페인에서 모슬렘 퇴각과 함께 스페인 왕국 역시 모습을 드러내며 발전하기 시작했다. 스페인에서 융성하던 왕국 중에서도 대륙세력인 카스틸리아 왕국, 해상세력인 아라곤 왕국과 포르투칼 왕국 등은 융성단계를 맞이했다. 서부 유럽세계에서 모슬렘 세력은 몰락했다. 스페인 지역에서는 20여개 자치국가가 생겨나서 서로 뒤엉켜 내전에 돌입했다. 이 자치국가는 스페인의 모슬렘 분할 왕국을 다시 정복하여, 크리스트교 지역인 북부 지역을 다시 정복하려고 시도했다. 스페인 결속력은 아스투리아의 레온 왕국에서 가장 활기차게 발전했다. 레온 왕국 지배자는 스스로를 황제라고 지칭하고 그라나다 왕국으로 차츰 넘어가던 이슬람 지배세력에 대항했던 스페인 복구전쟁에서 주도권을 장악했다. 그라나다 왕국으로 이슬람 지배세력의 퇴각과 동시에 아라곤 왕국의 끊임없는 팽창에도 불구하고 이슬람 지배하의 친 아랍계 크리스트교도는 마우어종족의 지배 하에서도 압제를 받지 않고, 생활하면서 군대와 행정분야에서 종사했다. 유대인과 아랍인은 크리스트교도 거주지역에서 자유롭게 이동했다. 수복지역에서 광신자의 신앙논쟁과 십자군 전쟁은 오히려 스페인 혼란을 가중했다. 스페인의 종교전쟁은 아프리카 베르브 종족의 가세와 함께 격렬한 상황으로 발전했다. 포르투갈은 카스틸리아 레온 왕국 때문에 와해되었다. 포르투갈은 또한

교황이 변경지역에다 백작 영지를 허용함으로써 1179년 왕국으로 발전했다. 프랑스인의 관심거리는 프랑스가 프로방스 지방과 사르디니아를 차지한 다음, 상실했던 아라곤 왕국 회복이었다.

앙주의 샤를은 이런 계획을 추진했다. 샤를의 팽창정책은 어린 왕 페터 3세(1239~1285)의 왕국을 곤경으로 몰고 갔다. 페터 3세 왕은 앙주의 샤를에 대항하여 프랑스 반대세력을 시칠리아 왕국으로 이동했다. 시칠리아인은 소위 시칠리아 왕국의 침몰위기에서 프랑스인을 피로써 쫓아냈다. 이 전쟁은 유럽사에서 최초로 일어났던 국민 저항운동으로 기록되고 있다. 1282년 3월 30일 교황 니콜라우스 3세(1277~1280)는 시칠리아인의 저항운동을 조용히 바라보았다. 아라곤 왕국의 페터는 시칠리아 왕위에 올랐다. 니콜라우스 후임 교황은 새로운 프랑스인이었다. 교황은 시칠리아를 교황청 봉토로써 프랑스 왕 아들에게 넘겨주려고 획책했다. 시칠리아 귀족은 잉글랜드의 막냐 카르타와 유사한 특권을 획득했다. 그래서 1409년까지 시칠리아는 아라곤 혈족 가문의 방계가문 지배하에 들어갔다. 카스틸리아 왕국은 1265년 카디츠에게 정복당함으로써 해상권을 장악했다. 카스틸리아는 포르투갈처럼 해상권을 유지하지 못했다. 포르투갈은 해상함대 건조를 위한 군비확충으로 해상함대를 강화하여 포르투갈 해상함대가 처음으로 대서양에 진출했다.

프랑스 왕 필립 4세 미려자 왕과 교황의 교회조직 정치

프랑스 왕 필립 4세 미려자 왕은 지중해 연안의 전략 요충지를 상실하여 서부와 동부지역에서 정치조직을 새로 개편하기 시작했다. 프랑스는 1290년과 1297년 사이에 잉글랜드와 격렬한 전쟁을 치렀고 잉글랜드 역시 웨일즈 소요사태 때문에 마비상황이었다. 플랑드르 지방의 백작과 상업도시는 프랑스에 반대하여 잉글랜드와 연합했고 잉글랜드와 연합했던 플랑드르 지방의 도시세력 역시 분열하여 일부 세력은 프랑스 왕 봉토로 편입되었다. 프랑스 왕 필립 4세 미려자 왕은 풍요한 직물과 교역도시 거래를 무모하게 간섭하고, 1302년 쿠트레에서 잉글랜드의 항복을 받아낸 다음 도이취어계 제국 서부국경에 대하여 압력을 더욱 가중했다. 합스부르크 가문은 라인강 동부지방에서 프랑스인 침입을 저지했고 프랑스 역시 합스부르크 가문과의 끈질긴 전투 끝에 백작 영지인 쌍파뉴를 차지했다. 쌍파뉴 영지에 대한 프랑스 영향력은 영주 없는 아레라트 지역을 넘어 1349년에는 리옹과 도피네 지방으로까지 그 영역을 넓혔다. 그런데도 사보엔 산간지대만은 자치관습을 유지했다. 프랑스 국력은 이러한 와중에도 지중해와 이탈리아 진출정책으로 더욱 활기차게 발전했다.

교황의 시칠리아 보존정책은 무위로 돌아갔고 교황청 추기경단에서는 시칠리아에서 프랑스인 추방 기류가 나타나기 시작했다. 신임 교황으로 1295년 볼로냐의 법률가인 보니파츠 8세가 선출되었다. 보니파츠 8세는 냉혹하고 성급한 인물이었다. 교황은 미래를 내다보는 정치가다운 여유가 없던 인물이었다. 보니파츠 8세는 마치 프랑스 왕궁의 교회 법률가처럼 교황관을 소지하고 로마 황제 법률이 자기를 위해 존속되어 주기를 요구했다. 거기다 교황은 1300여 년 동안이나 로마로 왔던 거대한 순례자 행렬 중심에 서서 유럽영주 지위에 오르게 된 사실 때문에 무한히 고무되어 열광했다. 프랑스 왕은 세속영주 때문에 칙서를 발표하여 교회조직 징세를 금지하고 영주와 잉글랜드 왕의 저항에 대항하여 프랑스로부터 금과 은의 인출 금지란 포고령을 발포하여 마비상태의 프랑스 사회조직에 활기를 불어 넣었다. 한 교령에서 교황 보니파츠 8세는 성자 베드로 후계자가 유럽영주 보다 높은 위치에서 확고한 통치권을 행사해야 한다고 지적하고 프랑스 필립 4세와 성직자에게 교황의 위치에 대한 해명서를 요구했다. 도이취어계 제국에서는 그로부터 200년이 경과하고 나서야 신분 대표자 기구가 등장했다. 도이취어계 제국의 신분 대표자 기구는 국왕이 배제된 가운데 성직자, 귀족, 시민으로 구성된 1302년 제1차 전체 신분 대표자 회의를 결성했다. 드디어 도이취어계 제국에도 신분 대표자 회의가 결성되는 위대한 시대가 도래 했다. 쿠르트레 전투 결과에 대하여 정확한 평가도 없던 상황에서 교황 보니파츠 8세는 '독 성자'(Unam Santum)란 서두로 시작되는 유명한 교서에서 세속인 권력의 하위질서를 가혹하게 추궁했다. 파리 법률가동아리는 교회조직과 관행의 지나친 과오를 교황에게 책망하면서도 세속인 권력의 공격을 막아냈다. 프랑스 왕 필립 4세는 로마와 모든 관계를 단절한다고 교황청에 통보하기 위하여 자기 법률 대변인을 이탈리아로 파견했다. 프랑스 왕 필립 4세의 이런 파견조치는 이탈리아에서 교황청 반대파 세력을 결속하기 위한 계략이었다. 보니파츠 8세는 프랑스 왕 필립 4세와의 관계 단절이라는 조치를 통보받고 곧 사망했다. 또한 서부지역에 대한 교회조직 통치권도 보니파츠 8세의 사망과 동시에 서양세계 무덤 속으로 사라졌다. 교황 클레멘스 5세는 보르도 대주교요, 잉글랜드 왕 가신이었다. 클레멘스 5세(1305~1314)는 프랑스인으로서 자기 시대를 개막했다.

클레멘스 5세는 프로방스 지방의 아비뇽 교황청 유폐 사건 이후 교황청이 프랑스인으로부터 통제당하고 있다는 것을 이미 알아차리고 있었다.

잉글랜드와 프랑스 국가의식과 백년전쟁(1340-1453)

백년전쟁은 잉글랜드와 프랑스 사이에서 1340년에 일어났다. 백년전쟁은 해상전쟁이었다. 백년전쟁은 해상봉쇄와 대륙봉쇄로 맞섰던 프랑스와 잉글랜드의 경제전쟁이었다. 중세 후기 세계의 경제전쟁으로서 백년전쟁은 잉글랜드를 통일국가로 만들었다. 플랑드르 지방 시장에서 잉글랜드의 수출품 양모는 오래 전부터 높은 가격을 형성했다. 프랑스 왕 필립 4세는 플랑드르지방 양모산업을 장악하고 플랑드르 지방에서 생산한 양모 일부를 잉글랜드가 소비하도록 촉구하고 나섰다. 잉글랜드 왕 에드워드 3세는 프랑스 왕 필립 4세의 이런 요구를 거절하고, 플랑드르 지방에 머물던 잉글랜드인 직조공을 잉글랜드로 소환했고 잉글랜드 직조산업까지 쇠퇴했다. 잉글랜드는 거기다 프랑스의 선박이 운송하던 물품까지 강탈했다. 프랑스는 잉글랜드의 이런 운송금지 조치에 대항하여 스코트인을 선동하고 나섰다. 잉글랜드 왕 에드워드 3세는 장기간의 너무나 취약한 국력 때문에 프랑스의 대륙봉쇄에 대처하지 않았다. 왕 에드워드 3세의 어머니 이사벨라는 프랑스 왕 필립 4세 미려자 왕의 공주였다. 이사벨라는 자기 형제 사망으로 프랑스 왕위까지 계승했다. 프랑스 바로와 가문 태생인 필립 6세는 잉글랜드 에드워드의 왕위 즉위를 방해하기 위하여 필립 4세 조카를 왕위에 오르도록 조정했다.

프랑스 왕 필립 4세의 조카인 잉글랜드 왕 에드워드 3세(1312~1350)는 플랑드르 지방의 직물생산에 타격을 가하고, 프랑스 왕 필립 6세와 불화에서 기선을 제압하기 위하여 잉글랜드 직물 수출을 1337년 대량으로 늘려 강력한 시장붕괴정책을 추진했고 1340년 프랑스 왕 칭호를 획득하여 플랑드르 지방에다 진지를 구축했다. 잉글랜드 왕 에드워드 3세는 플랑드르 지방에서 프랑스인을 반대하는 정치선전을 암암리에 개시하고 도이취어계 제국 황제 루드뷔히 바이에른 왕과 동맹을 체결했다. 프랑스에 대한 잉글랜드 왕 에드워드 3세의 외교정책은 노르웨이, 카스틸리아, 사보엔까지 위력을 발휘했다. 잉글랜드 왕 에드워드 3세는 여러 가지 프랑스 고립외교 정책을 강구하면서 유럽세계 전체를 프랑스와 적대관계에 놓이도록 유인했다.

프랑스는 봉쇄 상황에서 비밀리에 군대를 충원하는 한편 전쟁물자를 확보함과 동시에, 플랑드르 지방에 대하여 경제 수용 능력을 확대해갔다. 그래서 프랑스는 종교권위를 교황청에 집중하면서, 아주 침착하게 잉글랜드와 전쟁을 준비했다. 프랑스 왕 필립 4세 미려자 왕은 근대개념의 국가정치를 펼쳐 국내에서 대단한 반향을 불러일으켰다. 특히, 프랑스 왕의 이런 국내정치에 힘입어 프랑스는 봉건제를 오히려 강화하여 프랑스 기사 군대가 날렵한 잉글랜드 보병부대를 가볍게 격퇴하는 전과를 올렸으나 1346년 크레시 전투에서 패배로 1347년 카레스를 상실했다.

잉글랜드 왕 에드워드 3세의 왕세자를 '검은 왕자'라고 지칭했다. 잉글랜드의 왕세자는 모펠티스 전투에서 1356년 승리하여 프랑스 왕 존 2세(1350~1364)를 포로로 체포하여 '우리' 프랑스인의 국민의식을 발원케 했으나 전쟁 이후 흑사병과 용병단 준동으로 프랑스는 황폐화하여 프랑스 농민 폐해 역시 극심했다. 프랑스 농민은 왕에 반항하여 왕을 추방했고 귀족, 교회조직, 도시 등에 대해서까지 반항하면서 공동통치를 요구했다. 프랑스 농민은 리옹 주교와 파리 상인동아리 연합체 지도자인 에티앙 마르셀의 지휘를 받고 있었다. 농민은 나이 어린 왕세자 도펭을 수도 파리에서 추방하려 했으나 시민 공감대는 농민주장과 달랐다. 농민신분은 급속하게 무너지고 농민반항으로 추방당했던 왕세자 도펭은 파리로 돌아와 샤를과 1360년 신속하게 평화협약을 체결하고 선수를 쳐서 잉글랜드인으로부터 수도 파리를 인수했다. 잉글랜드는 르와르강과 피레네 산맥 사이에 봉쇄지역을 포함하여 지중해 연안까지 진출하여 방대한 프랑스지역을 손아귀에 넣었다. 잉글랜드의 세력이 광대한 프랑스지역을 장악했음에도 불구하고, 잉글랜드는 취약한 샤를 5세(1338~1380)를 프랑스인 군주로 인정했다. 프랑스 국민정신은 위기상황에 빠져 있었다. 프랑스 신분 대표자는 잉글랜드 군대를 전례로 삼아 군대개혁을 단행했다. 아퀴텐느지역에서는 반란이 일어나서, 1369년 전쟁으로 확대되었다.

황제 샤를 4세와 카스틸리아 왕국의 해상함대는 프랑스를 지원하기 위하여 잉글랜드 군대를 공격했고 잉글랜드와 프랑스 남부지역 연합군은 위기상황을 맞이했다. 프랑스 군대는 잉글랜드와 프랑스 남부지역 연합군과 결전의 순간을 맞이하여 잉글랜드 군대를 지중해 연안 해변에서 격퇴했다. 교황은 1375년 프랑스 획득 지역을 안정시키기 위하여 브뤼게 협약을 중재하고 나섰다. 잉글랜드의 프랑스 지배계획은 물론 수포로 돌아갔고, 결속력도 와해되었다. 잉글랜드의 전투력 약화는 되레 잉글랜드 왕 리차드 2세(1377~1399)의 통치체제에 대한 실패 표지로서 낙인찍었다. 잉글랜드에서도 농민이 격렬하게 동요했다. 잉글랜드 농민은 지주의 과중한 납세부담 때문에 억압당했으나 의회로부터 어떤 보호도 받지 못했다. 개인소유의 직물산업은 이런 상황에서도 오히려 발전했다. 물론 잉글랜드는 교역 확대와 함께 유럽 대륙 시장까지 확보했고 아비뇽 교황 유폐사건 이후부터 교회조직에 대하여 세금을 더 이상 부과하지 않았다. 그런데도 잉글랜드에서는 권리나 토지를 지니지 못한 무산자 증가했다. 이 무산자는 기업인에게 무자비하게 착취당했다. 잉글랜드 국민정서는 노르만계 생활양식을 유지하며 지배자요, 프랑스 왕 샤를 6세 사위인 왕 리차드 2세에 대한 탄핵을 원했고 왕 리차드 2세 또한 국민동의로 전쟁을 종결코자 시도했다. 랑카스터의 헨리가 지휘하던 반대파 귀족동아리는 강제로 리차드 2세 왕을 폐위하고 헨리 4세(1399~1421)를 신분 대표자 회의에서 국왕으로 선출했다. 그런데도 헨리 4세는 귀족동아리와 신분 대표자 의회의 이해관계가 서로 일치하지 않는다는 점을 발견했다.

프랑스 왕은 정신병자 샤를 6세(1368~1422)였으나 프랑스 정치 실세는 부르군드, 앙주, 베리, 부르봉 등의 지역 공작과 같은 유력한 왕실 가신이었다. 플랑드르 지방의 직물공업은 부유한 시민의 교역에 힘입어 번창했다. 플랑드르 지방 시민은 부르군드 공작과 혼인하여 방대한 자산을 획득했고 프랑스에다 경제 후원을 요구하는 한편 잉글랜드에 편승하려는 기미였다. 오를레앙의 루이는 이런 플랑드르 지방 위기극복 차원에서 자기 형의 샤를 6세 섭정자로 나서 부르군드 세력의 영향력을 왕실에서 차단코자 시도했다. 파리의 부르군드인은 샤를 6세를 암살한 다음 난폭한 천민정치를 단행하고 오를레앙의 루이 아들과 아르마냐크 백작을 진압했다. 대륙의 프랑스 정치의 이런 상황을 틈타서 잉글랜드 왕 헨리 5세(1413~1422)는 노르만디 상륙을 감행하고 프랑스인을 노르만디 아제쿠르 전투에서 물리치고 승리했다. 아제쿠르 전투에서 프랑스 왕 샤를 6세는 포로로 잡혔고 프랑스 왕 샤를 6세의 통치권은 아르마냐크의 베른하르에게 넘어갔다. 아르마냐크의 베른하르는 잉글랜드 왕 헨리 5세가 프랑스 왕위 상속자이며, 프랑스 왕 샤를 6세의 대리 통치권자라는 내용의 평화협약을 체결했다.

황태자 샤를 7세는 그런데도 샤를 6세에게 왕위 상속권이 없다고 해석하여 잉글랜드 왕 헨리 5세의 왕위 상속권을 부인함에 따라서 잉글랜드인은 파리를 함락했고 최후 프랑스 군대는 항복했다. 오를레앙도 포위되어 고통을 당했다. 프랑스인 국민의식은 수도 파리가 잉글랜드인 손아귀에 들어갔던 최고 위기에서 모습을 드러냈다. 프랑스인 국인의식은 순박한 농민 딸 잔 다크에 매혹되어 더욱 열화처럼 솟아나 잔 다크를 역사 주인공으로 만들었다. 잔 다크는 군대를 고무시키고, 황태자를 전쟁에 출정하도록 용기를 불어 넣는 데 성공했다. 잔 다크가 중세 후기 세계의 다른 어떤 성녀 보다 상위 위치를 차지했던 이면에는 종교에서 비롯된 잔 다크의 소명의식이 프랑스란 국가위기를 반전했기 때문이었다. 잔 다크는 오를레앙에 대한 잉글랜드 연합군의 포위망을 뚫고, 렝으로 가서 왕세자를 왕위에 즉위케 했다. 잔 다크는 콩피엔에서 잉글랜드인에게 붙잡혀 1431년 루앙에서 자유 신앙주의자와 마녀라는 죄명으로 선고를 받고 화형당한 이후 프랑스인 저항의식은 열화처럼 솟아났다. 부르군드는 요한의 정복으로 잉글랜드와 동맹에서 이탈하고 1435년 아르라에서 호혜 평화협약을 체결했다. 이 평화협약에는 공작을 독립 군주로 승인하고, 솜므강 유역 지역에 대한 상속권이 공작에게 있다고 명시했다. 파리는 잉글랜드인 포위망에 완전히 포위당했다. 섬나라 잉글랜드도 지칠 대로 지쳐 평화의지를 표명했다.

프랑스왕 샤를 7세(1403~1461)는 유력자 반대도 없이 국가조세를 올려 군대를 새로운 조직으로 개편했다. 1440년 이후 신분회의는 조세 승인권 때문에 더 이상 소집되지 않았다. 신분의회의 조세 승인관습은 국왕지위를 오히려 강화했다. 1449년 다시 전쟁 발발과 동시에 프랑스는 강력하게 무장하여 일 년 만에 루앙을 포함한 노르만디 지방을 탈환했다. 아퀴텐느에서도 프랑스는 잉글랜드 저항을 분쇄했다. 백년전쟁은 1453년 평화협약도 없이 종결되었고 잉글랜드인은 대륙 진출의 교두보인 카레스 만을 1558년까지 차지했다.

귀족 권력에 대한 중앙집권 국가 출현

백년전쟁은 종결되었다. 프랑스는 중앙집권 국가로 변모했다. 프랑스에서는 절대 왕정이 발전하고 귀족은 완전히 국가의식에 눈떴다. 국왕권한은 가신을 통제할 수 있을 정도로 강화되었다. 성직자는 국왕권한에 더욱 깊숙이 예속되었다. 잉글랜드에서도 모든 것이 전쟁 종결과 함께 성취되지 못했으나 붉은 장미와 하얀 장미라는 귀족전쟁은 완전히 종결되었다. 백작은 랑카스터 귀족가문과 요오크 귀족가문 간의 싸움에 휘말렸던 혈통귀족이었다. 백작이 지배하던 잉글랜드에도 봉건관습이 귀족전쟁 종결과 함께 완전히 사라지고 잉글랜드는 새로운 모습을 갖추어갔다. 에드워드 4세(1442~1483)와 함께 요크인은 시련기를 극복했다. 잉글랜드 왕위는 가통이 끊어진 대다수 고위귀족의 봉토를 흡수했다. 귀족은 대영지 소유자와 국왕 가문 일원에서 점차 쇠퇴했다. 국왕지위는 전쟁세 인상과 함께 상승했다. 국왕은 성장하는 상업에 대한 평화와 안전 보장과 함께 시민 지위 상승을 도모했다. 튜도어 가문 출신인 잉글랜드 왕 헨리 7세(1485~1509)는 랑카스터 귀족 가문의 후원을 받으면서 잉글랜드를 통치하며 잉글랜드 왕으로서는 처음으로 대륙에 대하여

'불간섭' 정책을 표방하여 대륙을 긴장케 했다. 대륙에 대한 헨리 7세의 불간섭 정책은 대륙과 잉글랜드를 완전히 분리했다. 잉글랜드 직물산업은 그런 와중에서도 플랑드르 지방의 직물산업과 경쟁관계를 유지하며 해상함대를 강화했다. 잉글랜드 해상함대는 서부 유럽세계 시장에서 한자영역 공동체에 참여한 도시와 경쟁을 피하도록 잉글랜드 상인동아리를 후원했다. 잉글랜드는 대륙으로부터 언제나 위협당했으므로 경제와 정치에서 해양 진출을 꾀하여 스페인과 포르투갈인의 신대륙 발견을 강력하게 고무했다.

제 11 장 맺음말

이제 중세 유럽세계의 역사 맺음말에 이르게 되었다. 도대체 중세 유럽세계 인간은 우리에게 무엇을 남겨주었고 우리는 그 문화유산을 어떻게 활용하고 있는가 문제에 대한 결과를 제시하지 않을 수 없다. 아마 인류에 대한 역사학의 공헌은 국가주의 체계를 세웠다는 점일 것이다. 어떻게 보면 역사학의 성과물은 국가주의 체계라 해도 지나치지 않을 것이다. 근대화론자동아리나 전통론자동아리를 비롯하여 자유주의자, 환경주의자, 보수주의자 등과 같은 다양한 이념가동아리는 모두 국가주의를 전제하고 있다. 따라서 현대 국가주의 출발점은 당연히 중세세계 인간의 문화유산에서 출발해야 한다는 전제 역시 정당하지 않을 수 없을 것이다. 이런 맥락에서 중세 유럽세계 인간은 고전시대 지중해세계 문화의 두 핵심 축인 고전시대 그리스인과 로마인의 문화유산 발굴자였다. 중세 인간은 각양각색의 이동종족이었으나 자기네 창의력으로 고전시대 그리스인과 로마인의 문화유산에 대한 활용방법 고안자 위치를 차지했다. 중세 유럽세계 인간은 근대세계 인간에게 다양한 사회조직을 만들어 운영할 수 있는 전문 지혜 원리의 시스템을 물려주었다. 물론 중세 유럽세계 인간은 우선 다양한 경로인 대개 아랍세계의 유대계 학문동아리, 예술가동아리, 상인동아리 손결을 거쳐 고전시대 그리스인의 문화유산인 예술과 학문동아리 운용 관행에 접근한 다음 전문지혜 원리의 시스템을 창안하여 자기네 현실문제를 해결하고 미래 세계에 확신을 갖게 되었다. 다음으로 중세 유럽세계 인간은 로마인의 문화유산인 라틴어 관습과 로마인 사법사례 운용관행을 대개 크리스트교 교회조직의 시스템에서 터득하여 다양한 사회조직 사이의 이해관계를 조정하며 종족언어 영역 중심의 영지 연합체로서 국가조직을 정착케 했다. 이런 맥락에서 중세세계 인간은 크리스트교 교회조직의 윤리, 계몽주의, 민족주의, 국가주의와 같은 다양한 이념, 권력동아리 연합체나 종교동아리 연합체, 학문동아리 연합체와 같은 다양한 인간동아리 연합체의 운영관행, 로마인 법률사례 운용관행의 시스템 등을 문화유산으로 현대세계 인간에게 물려주었다. 중세세계 인간의 역할을 현대세계 인간의 시각에서 평가하면 중세세계 인간은 고전시대 세계 인간의 문화유산 중계자, 현대세계 인간을 위한 새로운 문화 창안자, 새로운 세계 발견자 위치를 차지하게 되는 것이다.

이 책의 제1부는 오늘날까지 유럽이라는 지리 관습과 중세 관습에 초점을 맞추었다. 우선 유럽이라는 지리 관습 이면에는 유럽세계 국가가 다양한 종족과 다양한 종족언어로 수놓아져 있으면서도 유럽중심주의를 서로 시스템의 소통 전제로 설정하고 있는지 문제를 제기했다. 여기에는 크리스트교 연합체로서 교회조직의 윤리에 바탕을 두고 있기 때문임과 동시에 로마인 법률을 도덕이라는 타당한 판단 근거로 수용하는 연합체의 속성 때문이라고 지적했다. 다음으로 중세 관습에 대해서는 유럽어계 역사서술방식이지 아시아어계 역사서술방식이 아니라는 관점을 견지했다. 즉 크리스트교동아리 연합체의 교회조직 윤리는 유럽중심주의를 유럽인 통합 시스템 매체로 활용하는 역할을 담당하고 있다. 그리고 로마인 법률의 다양한 운용 시스템을 판단 근거로 수용케 보조하고 있다. 크리스트교동아리 연합체의 속성은 유럽대륙의 개별 국가주의를 신장시키면서도 유럽중심주의에 대한 필요함을 일깨워주고 있다고 지적했다.

이 책의 제2부는 오히려 유럽중심주의와 반대로 작용하는 유럽세계의 개별 국가주의를 조율하고 있는 지중해세계 문화유산을 크게 고전시대 그리스인의 예술가동아리와 학문동아리 유산, 크리스트교 교회조직과 성문법률 유산을 포함한 로마인 제국 문화유산으로 제시했다. 다양한 게르만어계 이동종족은 로마인 제국의 문화유산인 크리스트교를 받아들이면서 로마인 제국 영역의 정착종족으로 변모했다. 특히 크리스트교 교회조직을 통하여 장차 중세세계 주인공으로서 갖추어야 할 윤리의식을 갖게 되었고 라틴어 성서와 크리스트교 교회조직의 성문법률을 통하여 도덕이라는 판단기준을 지니게 되었다. 유럽중심주의 핵심 골격은 크리스트교 교회조직을 활용하여 갈고 닦은 생활방식으로서 윤리와 로마인 사법 운용 관행의 시스템에서 터득한 도덕으로서 판단기준의 근거이며 유럽인이라는 질긴 밧줄 역시 유럽인이라는 생활방식으로서 윤리와 유럽인의 판단기준으로서 도덕을 활용하여 개별 국가주의를 잠재울 수 있는 시스템의 토대를 구축했다는 시각과 현대세계처럼 다양한 사회조직의 시스템을 갖추기 이전까지 유럽세계에는 끊임없이 보편주의를 실현하려는 권력동아리, 종교동아리, 학문동아리의 세 가지 인간동아리가 서로 견제하거나 보완하는 시스템으로서 역사 수레바퀴를 굴러왔다는 시각을 견지하고 있다.

서양 중세세계에서 애송이와도 같은 이 세 가지 인간동아리가 보편주의를 실현해가는 과정 또한 녹녹치 않았음은 틀림없다. 이 세 가지 인간동아리의 상호작용 과정에서 복종관습, 계약관습, 결속관습, 소유관습 등도 라틴어 해독력과 생활언어 관습의 혼합물을 인간 의지실현 시스템의 매개체로 만들어 인간을 땅이라는 상징물에 얽어매었다. 특히 카롤루스 막뉴스가 800년 12월 24일 서부세계 황제에 올랐으나 당시 유럽세계 상황은 미무식자 사회였다. 이후 이 세 가지 인간동아리의 보편주의는 미무식자 사회상황을 극복하기 위해서도 이탈리아 반도의 로마 교황청이 주도하는 라틴어계 보편주의를 이념형으로 수용하지 않을 수 없었다. 도시 로마 시민의 라틴어계 생활관습이 서부세계 인간에게 일종의 표준 모델이 되었으나 서부세계 인간은 로마 시민의 라틴어계 생활관습에 담긴 회의체 시스템을 쉽게 모방할 수 없었다. 로마인의 라틴어 법률 운영관행이나 법정 운영관행의 시스템을 게르만어계 계약관습, 복종관습, 결속관습, 소유관습에 접목하여 실제로 사회조직의 시스템으로 활용하기까지는 수백년의 세월이 걸렸을 것이다. 이런 서부세계 상황을 염두에 두고 800년 12월 24일 카롤루스 막뉴스의 황제 대관식과 함께 도래했던 사도성자 베드로숭배관습은 크리스트교 선교활동으로 유럽세계를 하나의 통일왕국으로, 로마 교황청의 라틴어계 보편주의를 이념형으로 정착시키기에 부족함이 없었다. 이런 맥락에서 카롤루스 막뉴스의 세부세계 황제위는 로마인 사법과 교회법률에 담긴 회의체 시스템의 수용과 함께 게르만어계 계약관습, 복종관습, 결속관습, 소유관습에 지대한 영향을 미칠 것을 예고했다. 세부세계에 대한 카롤루스 막뉴스는 영지국가에 조직을 만들어 국가 체계를 부여했다. 따라서 황제 카롤루스 막뉴스의 유럽세계 통일왕국 상황을 두고 유럽세계 출현이나 유럽왕국 출현이란 표현 역시 타당할 수 있을 것이다. 이외에도 서부세계의 권력동아리, 종교동아리, 학문동아리라는 세 가지 인간동아리에 크리스트교 교회조직의 윤리 시스템으로 동질의식을 부여하여 '유럽인'이라는 질긴 한 가닥 밧줄의 원형질을 만들어냈을 뿐만 아니라 미래 교회국가와 세속인국가의 국가의식에 중요한 단서를 제공했다는 점을 파악하는데 도움이 되리라고 확신한다.

제3부는 유럽문화 생성시대 유럽세계와 그 주변세계 관계를 다뤘다. 특히 유럽 주변세계인 지중해세계의 아랍어계와 페르시아어계 종족, 유대종족, 비잔티움제국(500~1100)의 다양한 언어 종족이 유럽문화 생성시대 유럽세계에 미친 영향에 초점을 맞추어 설명코자 했다. 실제로 비잔티움제국은 동부 로마제국이었다. 이런 비

잔티움제국은 로마제국 문화 상속자였지만 그리스어계 종족의 문화영역과 지리상 아시아어계 종족의 문화영역까지 포괄하고 있었기 때문에 아시아어계 종족의 다양한 문화를 유럽어계 종족에게로 이동하는 문화 이동자 역할과 로마제국의 크리스트교를 러시아와 동부 유럽세계의 여러 슬라브어계 종족에게로 전파하는 종교동아리 이동자 역할까지 담당했다. 이외에도 비잔티움제국은 그리스어계, 이집트어계, 아랍어계, 페르시아어계 종족의 예술을 포함한 다양한 아시아어계 종족의 예술을 유럽어계 종족세계로 이동시키는 예술 이동자 역할까지 담당했다. 특히 유럽대륙의 스페인과 이탈리아는 지중해세계에 초점을 맞추어 분석하면 비잔티움제국의 예술 중계지요 비잔티움제국이나 아랍어계 세력의 유럽세계 침입에 대한 방어보루였다. 그러나 아랍어계 세력 등장과 함께 비잔티움제국도 지중해세계 주도권을 이슬람 세력에게 빼앗기고 비잔티움지역 국가로 전락하여 로마제국 상속자 모습을 잊게 했다.

아랍어계 세력은 지중해세계의 해상권 장악과 함께 지중해 연안의 아프리카, 포르투갈과 스페인을 장악했다. 또한 아랍어계 칼리프 세력은 중국, 인도, 페르시아어계 문화와 다양한 식용작물을 유럽대륙으로 이동시켰다. 몽골제국 칸의 침입으로 아랍어계 칼리프 세력이 몰락했지만 지중해세계는 로마어계 정통론자동아리 영역, 그리스어계 정통론자동아리 영역, 이슬람 영역, 유대교동아리로 분할되어 더욱 복잡한 지리환경을 갖게 되었다. 발칸반도는 로마어계 정통론자동아리와 그리스어계 정통론자동아리 세력의 각축장이었고, 후기에는 투르크종족의 이슬람 세력까지 끼어들어 복잡한 종교 환경, 종족 환경을 갖게 되었다고 지적했다. 이런 맥락에서 아랍인은 로마제국 영역의 일부 상속자였다. 또한 아랍인은 중국, 인도, 페르시아 등 아시아어계 종족과 이집트, 리비아, 튜니스 등 아프리카어계 종족의 문화와 예술을 포함하여 그리스어계 문화와 예술을 유럽인에게 이동하는 문화 이동자 역할을 담당했다. 무엇보다도 아랍어계 유대인은 바그다드 학문동아리에서 활동하며 고전시대 그리스어계 저작물을 발굴하여 톨레도와 세비예의 고전 저작물 번역소에서 서부 유럽어계 종족이 읽을 수 있는 라틴어로 번역하여 서부 유럽세계로 이동했다. 그런데도 당시 서부 유럽세계에서 고전시대 그리스어계 라틴어 번역물은 금서로 지정되어 있었다.

그 이외에도 다양한 종족이 참여했던 아랍어계 학문동아리는 메소포타미아의 바그다드, 루사파, 락가, 모술, 카스피 연안의 구르간, 중국으로 향하던 천산북로 주변에는 니시푸르와 마시하트를 비롯하여 메르보, 부카라, 사마라칸트, 이란지역의 헤라르, 시라스, 이스파한, 카산, 크움, 가스빈, 하마란, 키르반샤크, 사안나, 에집트

지역의 알렉산드리아, 베이루트, 안티오크, 하르탄, 니시비스, 시리아지역의 다마스쿠스 등의 다양한 도시를 중심으로 철학동아리, 자연학동아리, 문학동아리, 수학동아리, 천문학동아리, 해부학동아리, 안과학동아리를 포함한 의학동아리, 약학동아리 등으로 전문가동아리영역을 개척했다. 물론 이 학문동아리의 전문지식 원리는 서부 유럽세계로 번역물로 이동하여 서부 유럽세계 학문동아리 연합체의 교과서로 활용되기도 했다.

제4부는 동부와 북부 유럽세계의 다양한 종족이 유럽어계 문화구성원이 되는 출발점을 크리스트교동아리이동 영역과 라틴어 기본철자 영역의 확대에 초점을 맞추어 슬라브어계 종족이 그리스어계 정통론자동아리 교회조직에 편입되고 그리스어 철자관습을 활용하게 되는 시스템화 과정과 함께 설명했다. 무엇보다 불가르종족과 마자르종족 영역을 경계로 중부유럽과 동부의 슬라브어계 종족 영역이 분리되고 다양한 북방 게르만어계 종족이 출현하는 과정 역시 다루지 않을 수 없었다. 북부 유럽세계의 정착종족인 덴종족, 노르만종족, 앵글로색슨종족, 스코트종족 등이 유럽어계 문화권에 편입되는 크리스트교 선교자동아리의 시스템화 과정을 카롤루스 가문의 선교운동과 노르만종족의 해상활동 영향으로 설명했다.

9세기부터 12세기 유럽세계는 수도자 학문동아리의 등장, 문화의 출현, 로마인 법률의 발견, 다양한 물자유통 통로 등장 등의 영향으로 개인 등장과 함께 개인동아리와 학문동아리로부터 오늘날 시민단체와 같은 사회조직의 시스템화가 자리 잡기 시작했다. 특히 이슬람 영역으로부터 아리스토텔레스의 라틴어 저작물 유입은 금서임에도 불구하고 다양한 봉사단체와 같은 교회조직 시스템에도 영향을 미치기 시작했다. 또한 학문동아리의 로마시대 법률 강의 개설 역시 교회조직 운영의 법정주의와 함께 교회조직 운영에 대한 비판 시스템의 자양분이 되었다. 이어서 교회조직 법정이나 영지의 영주법정에서는 라틴어 로마인 사법사례 모음집도 활용하기 시작했다. 학문동아리에서도 교회조직의 성문 법률과 함께 로마인 사법사례 모음집을 강의하며 교회조직의 시스템화와 영지조직의 관료제, 상인동아리에 대한 가교로서 조화의 시스템을 만들어내며 교회조직의 시스템화나 영지조직의 관료를 막론하고 개혁가동아리 활동의 시스템화 영향으로 자유주의자와 현실주의자가 등장하기 시작했다. 중세세계의 개혁가동아리는 수도자 학문동아리에서 잉태하여 사회조직 다원화 닻을 올렸다.

서부 유럽세계의 개혁가동아리는 성사관습 절차와 예수 크리스트의 단성론 문제, 교회조직 법률의 타당성 문제, 고위 성직자의 부패 문제를 제기하며 교회조직 개혁을 주장했던 이단자동아리로부터 교회조직의 시스템화를 주장하며 출발했으나 사라센의 물자유통 통로 변화 역시 라틴어계 숫자관습을 아라비아 숫자관습으로 대체하며 중요한 시스템 변화 계기가 되었다. 이교도인 사라센의 물자유통 통로가 지중해세계보다 도나우강, 볼가강, 드네프강 등의 수로, 즉 동부 유럽세계와 러시아의 수로를 활용하기 시작했던 물자유통 운송로의 변화는 땅에 얽매여 있던 중세세계 인간을 고향 땅과 분리하는 역할을 담당했기 때문이다. 중세세계 인간과 고향 땅, 즉 영지의 분리는 삶의 환경까지 바꾸어 놓았다. 중세세계 인간은 농촌공동체를 떠나 황금보화를 꿈꾸며 북쪽으로 새로운 삶의 터전을 찾아 나섰다.

그리고 도시라는 새로운 생활환경은 주민 사이에 새로운 시민단체의 시스템을 구축하기 시작했다. 서양 중세세계에서 도시는 좁은 인구 밀집 공간이었으므로 자연히 원활한 생필품 유통과 정당한 시장가격에 부응하여 상인이면 누구나 관심을 갖지 않을 수 없었다. 따라서 상인은 도시 주인공이 되어 갔다. 특히 도시는 도시영주 중심의 관료조직이 성직자 권위와 영지 영주의 권위를 대체하며 세속인 영향력을 특권 영역인 신분 영역으로 확대하기 시작했다. 도시 성직자에게 상인 영주의 특권 획득은 성직자 권위를 위축케 자극했으므로 어지러운 도시 환경이 아닐 수 없었다. 우선, 도시 성직자가 이런 도시 환경에서 자기네 영역인 자기네 중심의 질서를 유지하기 위하여 도시 교구 자치운동과 같은 질서수호운동을 주도하고 나서는 도시도 있었다. 다음으로 이와 반대로 상인 시민이 도시 자치운동으로서 질서 수호운동을 주도하는 도시도 있었다. 어쨌든 이 두 유형의 도시는 함께 영주의 영지에 대한 가치 하락을 유발하며 자본가 지위를 높여주고 있었다.

중세 서부 유럽세계에서 인간과 고향 땅의 분리는 곧 이주로 이어지며 지역구조조차 바꾸어 놓았다. 서부 유럽세계의 지역구조는 중부유럽 등장, 뫼렌종족왕 영지출현, 프란치아와 게르마니아 분리, 성직자 서임권 논쟁과 함께 개혁가동아리 교황의 등장, 도이취어계 제국의 교회조직 분리, 살리어 가문 황제의 등장 등의 영향으로 성문법률을 향한 계약관습이 급변하기 시작했다. 이 시대의 유럽세계도 개인주의 영향을 외면할 수 없었던 시대였다. 특히 십자군 원정은 유럽인을 구체화하며 유럽인으로 하여금 개인주의와 합리주의를 찾아 나서도록 자극했다. 물론 사회조직도 개인주의 속성을 지니게 되었으며 학문동아리 연합체 역시 성서 인문주의를 실제 생활에서 실천토록 자극하며 신의 옷을 입고 인간을 통치하는 권력동아리 수장의 권위를 인간 지배자의 권위로 바꾸어 놓으며 신의 인간이 아니라 인간의 신을 만들어내기 시작했다. 12～13세기 발트 해와 아드리아 해 사이의 중부유럽의 동부지역은 도이취어계 교단국가 등장, 한자도시 등장, 상인동아리 중심의 정치조직 등장 등으로 신분조직이 발아하고 있었다. 브리타니아 섬의 잉글랜드 역시 유럽대륙과 정치관계를 청산하며 신분사회로 전환하기 시작했다.

제5부는 14~15세기 서부 유럽세계에서 교회조직의 보편주의를 실천하려던 수직형 권력동아리 와해, 신분 중심의 사회조직 등장, 다양한 개혁가동아리 등장, 종족왕 관료조직 시스템과 교회조직 시스템의 경쟁관계 정립, 성문법률에 근거하여 표방했던 개혁운동 시작 등에 관련된 변화를 설명코자 했다. 물론 성문법률에 근거하여 표방했던 개혁대상에는 보편주의 구현체제인 교황청 중심의 교회조직이나 황제 중심의 권력동아리 역시 예외일 수 없었다. '도시 공기는 자유를 만들어 주었다'는 표현처럼 도시는 영주 중심의 농촌과 전혀 다른 자치공간이었다. 도시는 자치공간으로서 영지 영주와 전혀 다르게 도시 영주를 정점에 앉히고 자치행정으로 질서를 유지해가는 생활공동체 공간이 되어 있었다. 그러나 농촌의 영주 농장공동체는 점증하는 화폐 농간으로 자기네 식구도 붙잡아 두기 어려운 생활환경으로 바뀌고 있었다. 그런데도 콤뮌 운동과 같은 기초 지방자치단체의 자치의식이나 스위스와 같은 광역 자치단체의 자율의식 성과물을 성문법률에 담아두어야 한다는 시스템화 취지에서 대의정치가 필요하다는 목소리가 터져 나오며 최상급 권력동아리 수장(왕이나 황제)의 권한을 바로 아래 권력동아리 구성원(귀족)이 계약관계로 제한하는 계약문서로서 성문 법률(막냐 카르타)이 등장하고 있었다.

서부 유럽세계 지배자는 종족왕이나 황제가 아닌 국가라는 인간동아리 연합체로 변모해 있었다. 국가는 신분대표자회의 중심의 대의정치와 조세 법정주의에 의한 재정개념을 도입하여 국민이라는 국가 주인의 등장을 예고하고 있었다. 서부 유럽세계는 한자 도시, 플랑드르지방의 도시 브뤼게와 아트워프, 마인강변의 프랑크푸르트와 브라방 지방, 발트 해의 양모교역 발전, 이탈리아 도시국가 영주의 상업영역 확대 등으로 단일 경제권으로 발전했다. 뿐만 아니라 지중해세계 상업시대에서 대서양 상업시대로 탈바꿈하며 잉글랜드의 런던, 플랑드르지방, 발트해 연안 등의 지역이 상업 중심지로 등장했다. 상인동아리와 장인동아리도 그 활동영역을 확대하며 교역품목을 다양화했다. 특히 한자 영역의 도시는 외부 경쟁자에 대하여 도시 서로의 이익을 보호하고 원거리 교역자의 수익을 공동으로 지키기 위하여 기준통화 변동, 대금지급 회피, 해적공격 대처, 관세와 조세 차등 등에 공동보조를 취했다. 한자영역의 도시 시장 확대와 함께 금과 은, 납과 철을 비롯한 광물 채굴산업도 발전했다. 특히 양모 직물은 거의 산업자본으로까지 발전했다. 이런 시장 발전과 함께 도이취어계 제국 황제요 시칠리아왕국의 지배자인 황제 프리드리히 2세는 1228년 황제 금화를 주조하여 주조화폐 시대를 개막했다. 특히 12세기 이후 상인동아리와 장인동아리도 등장하여 도시 의회를 장악하고 새로운 사회조직 시스템에 참여하기 시작했다. 상인동아리 조직은 양로원, 고아원, 교육기관 등을 세우고 사회조직 시스템 정착에 참여하기 시작했다. 이외에도 장인조합은 자선단체, 친목단체, 동업자동아리 등의 형태로 출발하여 도로건설, 쓰레기 운반, 조선소 건설 등에 참여했다.

세속인 세계 중심역할은 상인과 국왕 관료에게로 이동하기 시작했다. 국왕 중심의 세속인세계 관료는 국왕을 가신군대 지휘자로 만들고 사병집단과 같은 가신군대 소유자인 영지소유 귀족에게 법률 제정자로서 국왕 중심의 가신자문단회의 구성원이라는 특정한 대표자 신분을 제공하며 권력을 국왕에게 집중해갔고 상인이나 생산자인 장인과 협의하여 국왕 가신 자문단회의를 소재로 국왕의 통제영역을 성문법률 영역에 근거하여 확장했다. 또한 빈민구호단체, 약자보호단체, 정의구현단체, 사회평등실현단체 등과 같은 다양한 사회조직 시스템을 교회 법률에 토대를 두고 성문법률의 시행세칙과도 같은 조례를 지방민과 상인이 제정할 수 있는 가능성을 넓히며 세금을 조정하며 교회조직 시스템을 모방하기 시작했다. 국왕 중심의 가신자문단회의 구성원은 초기에는 대개 영지소유 귀족과 고위 성직자였으나 점차 영지 귀족과 고위 성직자 이외에 상인 대표자도 참여하며 신분사회 출현을 예고했다. 현대 역사 연구자에게 애매하게 다가오는 근대화나 세속화라는 용어 역시 중세세계의 사회조직 시스템화에서 찾아야 할 것이다. 중세세계의 사회조직 시스템화가 로마제국시대 카타콤페 땅굴에서 출발했든, 아니면 로마제국시대 원로원 정치에서 출발했든, 아니면 수도자동아리나 교구의 교직자단체에서 나왔든 그 출발점은 중요하지 않다는 점이다. 중세세계 인간이 교회조직의 다양한 시스템을 활용하여 자기네 일상생활과 관련된 생활관습과 관행을 개선하기 위하여 교양을 쌓으며 함께 체험을 축적했다는 점이다. 국왕 관료와 상인이 어떤 방식으로든 중세세계의 사회조직 시스템화를 주도하며 결국 교회조직 소유의 유형무형 재산과 권리를 국왕 소유나 국가 소유로 만들어 왔다는 점을 외면할 수 없다. 즉 국왕 관료와 상인이 교황 중심의 교회조직과 타협점을 찾아내어 중세세계 사회조직 시스템화라는 합법화를 찾아냈다는 점에 초점을 맞추어야 한다.

중세세계의 사회조직 시스템화 창안자는 수도자 학문동아리 연합체 구성원이었다. 수도자 학문동아리 연합체는 교황 중심의 교회조직을 이탈하지 않으면서도 세속인세계 중심 인물인 국왕과 그 관료조직에 대하여 다양한 시스템화를 주지시키며 끊임없이 새로운 존재원리를 제시했다. 소위 중세 학문동아리 연합체 구성원이 탐구해냈던 사회조직 시스템화라는 새로운 존재원리는 세속인세계에다 여론 형성이라는 보이지 않는 손의 구심점이 되어 기초의회 조례와 같은 윤리와 도덕의 이음새 역할을 담당했다. 여기서 학문동아리 연합체는 소위 인문주의 주인공으로서 교회조직의 소통원리인 일방통행식의 대화 시스템을 비판하고 국왕 관료에 대하여 새로운 세속인세계 사회조직의 다수 의결 시스템을 확장토록 자극했던 것이다. 학문동아리 연합체의 이런 의결 시스템은 결국 국왕 가신의결권이나 교황청 주교단 의결권에 대하여 타당한 시행세칙 의결권을 창안하여 다양한 언어 종족을 국민으로 만드는 효과를 낳게 되었다. 서양 중세세계 인간은 근대세계 인간과 전혀 다른 유형의 사회조직에서 살았지만 다양한 언어 종족을 국민으로 만드는 거의 강제력에 가까운 시스템 원리를 창안했던 것이다.

이제 마지막으로 필자는 중세 연구자로서 중세인은 고대 그리스인과 로마인의 지혜 중계자였던가! 아니면 고대 그리스인과 로마인의 지혜 모방자였던가! 아니면 중세인은 새로운 지혜 발명가였던가! 문제에 대하여 독자에게 지적해 두어야 하겠다. 필자는 중세 인간이 사회조직의 새로운 시스템 원리의 창안자였지 고대 그리스인과 로마인의 계승자였다고 지적하지는 않았다. 우선 중세인은 라틴어 관습을 활용하여 다양한 종족 언어를 창달했다. 중세인은 라틴어 해독력을 활용하여 생활언어와 글자언어를 일치시켰다. 다음으로 중세인은 서부 유럽세계의 국가 조직을 만들었고 로마인 법률 사례로부터 사회조직의 시스템 원리를 창안하여 후손에게 유럽인의 질긴 밧줄을 물려주었다. 그렇다면 중세인은 유럽인의 분열자인가. 아니다 중세인은 유럽인 완성자인 것이다. 중세인은 크리스트교 교회조직의 시스템화에서 유럽인의 윤리를 창안하여 유럽인이라는 특성을 부여했다. 또한 중세인은 다양한 로마인 법률사례 모음집과 그 유산을 활용하여 다양한 언어 종족이 함께 긍정할 수 있는 판단기준의 근거인 도덕 사례를 창안하여 유럽인으로서 갖추어야 할 교양 근거의 시스템화를 창달하여 유럽인 특성을 물려주었다. 이런 중세 유럽인 특성 때문에 적어도 17세기까지 아시아세계보다 낙후해 있던 유럽세계를 급속하게 다양한 사회조직으로 성장케 하여 19세기 세계화 주인공, 21세기 유럽연합국 주인공으로 만들었다고 평가하더라도 전혀 손색이 없으리라고 필자는 판단하는 바이다. 이 책을 마지막까지 읽은 독자 여러분의 행운을 빌고 싶다.

찾아보기

ㄷ

ㄹ

ㅁ

ㅇ

ㅊ

ㅌ

ㅎ

저자약력

지은이 **이원근(李源根)**

[약력]

고려대 사학과 학사, 석사, 박사
루드비히 막시밀리안 대학교(독일 뮌헨)
보스르 교수(Karl Bosl)와 함께 중세 관료제와 법정 연구
프린츠 교수 (Friedrich Prinz)와 함께
중세 수도자동아리 금욕수행관습 이동과정 연구
아우구스부르크대 쉼멜팬니히 교수(Bernhard Schimmelpfénnig)와 함께
중세 교황청 정치, 특히 12·13세기 교회국가 정치 연구

현재 국립 경상대학교 사학과 교수

[논문]

해석논리의 출현과 상징물의 변화(박사학위논문)

[저서]

상징물과 중세 유럽사회(중문)

서양중세 세계의 역사

2012년 2월 10일 1판 1쇄 인쇄
2012년 2월 15일 1판 1쇄 발행

저 자 이 원 근
발행인 김 광 식
조 판 아 람 기 획

120-837
발행처 서울시 서대문구 충정로 3가 8-5 동아아트B103호
도서출판 **탑 북 스**
등 록 2009.12.21 제 312-2009-000062 호
전 화 02)365-2223 팩스 02)365-2224

정가 34,000 원

ISBN 978-89-94318-99-8-93920